regulamentação autoaprendizagem autoestrada extraescolar infraestrutura autoestrada autoinstr
peraquecimento supereconômico superexigente superinteressante superotimismo girassol madre
o co-herdeiro macro-história mini-hotel proto-história sobre-humano super-homem ultra-hur
ra-atacar contra-ataque micro-ondas micro-ônibus semi-internato semi-interno hiper-requi
o além-mar além-túmulo aquém-mar ex-aluno ex-diretor ex-hospedeiro ex-prefeito ex-presi
aaçu anajá-mirim capim-açu a fim de à queima-roupa à toa à vontade abaixo-assinado ab-r
oindustrial água-de-colônia além-Brasil além-fronteiras além-mar amor-perfeito andorinha-do
morrágico anti-herói anti-higiênico anti-ibérico anti-imperialista anti-infeccioso anti-inflacio
s arqui-inimigo autoadesivo autoafirmação autoajuda autoaprendizagem autoeducação autoe
o ave-maria azul-escuro Baía de Todos-os-Santos belo-horizontino bem-aventurado bem-c
m-vestido bem-vindo bem-visto bendito benfazejo benfeito benfeitor benfeitoria benquer
a meu boi café com leite calcanhar de aquiles cão de guarda carboidrato causa-mortis centroafri
ão coeducação coenzima coerdar coerdeiro coexistente coexistir cofator coirmão comum de
lo contraofensiva contraoferta contraordem contrarregra contrassenha contrassenso coobrig
do-mudo decreto-lei dente-de-leão depois de amanhã desumano deus nos acuda dia a dia diss
r ex-presidente ex-primeiro-ministro ex-secretária extra-alcance extraclasse extraescolar extr
folha de flandres francofone general de divisão geo-história giga-hertz girassol grã-fina grão-d
rico hidrossolúvel hidroterapia hipermercado hiper-raquítico hiper-realista hiper-requintado
inter-racial inter-regional inter-relacionado intramuscular intraocular intraoral intrauterino inu
ura macrorregião madressilva mãe-d'água mal-acaba mal de Alzheimer mal-aca
ná-língua mal-limpo malnequer malnascido malpassado malpesado malquerer malquisto malsc
re-d'armas microcirurgia microempresa microestrutura micro-ondas micro-organismo microssis
ncia não-me-toques neoafricano neoexpressio xo norte-ameri
raquedismo paraquedista para-raios pé-de-me li-hidratação po
r pós-tônico predeterminado preenchido pré-e preexistente preexistir pré-história pré-
ó-reitor pseudo-organização pseudossigla quem quer que seja reabilitar reabituar reaver recém-ca
ar sala de jantar segunda-feira sem-cerimônia semiaberto semianalfabeto semiárido semei
-elevação sobre-estimar sobre-exceder sobre-humano sobrepor social-democracia social-demo
prego subestimar subdiretor subumano subfaturar sub-reitor sub-rogar sul-africano supcrestr
coronel tico-tico tio-avô tique-taque tomara que caia ultraelevado ultrarromântico ultrasse
-presidente vice-rei vira-casaca xique-xique xiquexique zás-trás zé-povinho zigue-zague zum-
heroico ideia jiboia joia paranoia platéia baiuca bocaiuva cauila feiura tuiuca para pera polo pelo C
regulamentação autoaprendizagem autoestrada extraescolar infraestrutura autoestrada autoinstr
peraquecimento supereconômico superexigente superinteressante superotimismo girassol madre
co co-herdeiro macro-história mini-hotel proto-história sobre-humano super-homem ultra-hur
ra-atacar contra-ataque micro-ondas micro-ônibus semi-internato semi-interno hiper-requi
co além-mar além-túmulo aquém-mar ex-aluno ex-diretor ex-hospedeiro ex-prefeito ex-presi
uaçu anajá-mirim capim-açu a fim de à queima-roupa à toa à vontade abaixo-assinado ab-r
oindustrial água-de-colônia além-Brasil além-fronteiras além-mar amor-perfeito andorinha-do
morrágico anti-herói anti-higiênico anti-ibérico anti-imperialista anti-infeccioso anti-inflacio
is arqui-inimigo autoadesivo autoafirmação autoajuda autoaprendizagem autoeducação autoe
ão ave-maria azul-escuro Baía de Todos-os-Santos belo-horizontino bem-aventurado bem-c
em-vestido bem-vindo bem-visto bendito benfazejo benfeito benfeitor benfeitoria benquer
a meu boi café com leite calcanhar de aquiles cão de guarda carboidrato causa-mortis centroafri
ão coeducação coenzima coerdar coerdeiro coexistente coexistir cofator coirmão comum de
do contraofensiva contraoferta contraordem contrarregra contrassenha contrassenso coobrig
do-mudo decreto-lei dente-de-leão depois de amanhã desumano deus nos acuda dia a dia diss
or ex-presidente ex-primeiro-ministro ex-secretária extra-alcance extraclasse extraescolar extr
folha de flandres francofone general de divisão geo-história giga-hertz girassol grã-fina grão-d
rico hidrossolúvel hidroterapia hipermercado hiper-raquítico hiper-realista hiper-requintado
inter-racial inter-regional inter-relacionado intramuscular intraocular intraoral intrauterino inu
tura macrorregião madressilva mãe-d'água má-fé mais-que-perfeito mal de Alzheimer mal-aca
ná-língua mal-limpo malnequer malnascido malpassado malpesado malquerer malquisto mals
tre-d'armas microcirurgia microempresa microestrutura micro-ondas micro-organismo microssis

Gramática de usos do português

FUNDAÇÃO EDITORA DA UNESP

Presidente do Conselho Curador
Mário Sérgio Vasconcelos

Diretor-Presidente
Jézio Hernani Bomfim Gutierre

Superintendente Administrativo e Financeiro
William de Souza Agostinho

Conselho Editorial Acadêmico
Danilo Rothberg
Luis Fernando Ayerbe
Marcelo Takeshi Yamashita
Maria Cristina Pereira Lima
Milton Terumitsu Sogabe
Newton La Scala Júnior
Pedro Angelo Pagni
Renata Junqueira de Souza
Sandra Aparecida Ferreira
Valéria dos Santos Guimarães

Editores-Adjuntos
Anderson Nobara
Leandro Rodrigues

Maria Helena de Moura Neves

Gramática de usos do português

2ª edição

editora
unesp

© 1999 Editora UNESP

Direitos de publicação reservados à:
Fundação Editora da UNESP (FEU)

Praça da Sé, 108
01001-900 – São Paulo – SP
Tel.: (0xx11) 3242-7171
Fax: (0xx11) 3 242-7172
www.editoraunesp.com.br
www.livrariaunesp.com.br
atendimento.editora@unesp.br

CIP-Brasil. Catalogação na fonte
Sindicato Nacional dos Editores de Livros, RJ

N425g
2.ed.

Neves, Maria Helena de Moura
   Gramática de usos de português / Maria Helena de Moura Neves. – 2.ed. – São Paulo: Editora Unesp, 2011.

   Apêndices
   Inclui bibliografia e índices
   ISBN 978-85-393-0080-8

   1. Língua portuguesa – Gramática.   2. Língua portuguesa – Uso.   I. Título.

10-6507.
CDD: 469.5
CDU: 811.134.3'36

Índice para catálogo sistemático:
1. Gramática: Português: Estudo e ensino   469.507

Editora afiliada:

Asociación de Editoriales Universitarias
de América Latina y el Caribe

Associação Brasileira de
Editoras Universitárias

A
Melina,
Fernando,
Leonardo,
Camila,
Daniela,
Gustavo,
Filipe.

À Lúcia Helena e ao Luís Roberto.

E ao Geraldo

Agradecimentos

À Fapesp,
por diversos auxílios outorgados,
e ao CNPq,
pelas bolsas de pesquisa que
permitiram a realização do trabalho.

SUMÁRIO

Apresentação   13

PARTE I.   A formação básica das predicações: o predicado, os argumentos e os satélites   21

Introdução   *23*
O verbo   *25*
O substantivo   *67*
Apêndice do substantivo   *119*
O adjetivo   *173*
Apêndice do adjetivo   *221*
O advérbio   *231*
Apêndice do advérbio   *283*
As conjunções integrantes. As orações substantivas   *333*
Os pronomes relativos. As orações adjetivas   *365*

PARTE II.   A referenciação situacional e textual: as palavras fóricas   387

Introdução   *389*
O artigo definido   *391*
O pronome pessoal   *449*
O pronome possessivo   *471*
O pronome demonstrativo   *491*

PARTE III.   A quantificação e a indefinição   509

Introdução   *511*
O artigo indefinido   *513*

O pronome indefinido   *533*

Os numerais   *587*

PARTE IV. *A junção*   *599*

Introdução   601

As preposições   *603*

A) As preposições introdutoras de argumentos   *603*
   a   *603*
   até   *624*
   com   *628*
   contra   *640*
   de   *644*
   em   *670*
   entre   *681*
   para   *691*
   por   *701*
   sob   *710*
   sobre   *714*

B) As preposições não introdutoras de argumentos   *719*
   ante   *719*
   após   *723*
   desde   *723*
   perante   *726*
   sem   *729*

C) As preposições acidentais   *732*

As conjunções coordenativas   *739*

A) As construções aditivas   *739*
   A coordenação com E   *739*
   A coordenação com NEM   *751*

B) As construções adversativas   *755*
   A coordenação com MAS   *755*

C) As construções alternativas   *771*
   A coordenação com OU   *771*

As conjunções subordinativas adverbiais   *787*

A) As conjunções temporais. As construções temporais   *787*

B) As conjunções causais. As construções causais   *801*

C) As conjunções condicionais. As construções condicionais   *829*

D) As conjunções concessivas. As construções concessivas   *862*

E) As conjunções finais. As construções finais   *884*

F) As conjunções comparativas. As construções comparativas   *893*

G) As conjunções consecutivas. As construções consecutivas   *913*

H) As conjunções conformativas. As construções conformativas   *924*

I) As conjunções proporcionais. As construções proporcionais   *927*

J) As conjunções modais. As construções modais   *929*

Textos examinados   931

Bibliografia   953

Índice remissivo   979

Índice geral   997

APRESENTAÇÃO

1 Apresentação geral

A *Gramática de usos do português* constitui uma obra de referência que mostra como está sendo usada a língua portuguesa atualmente no Brasil. Para isso, ela parte dos próprios itens lexicais e gramaticais da língua e, explicitando o seu uso em textos reais, vai compondo a "gramática" desses itens, isto é, vai mostrando as regras que regem o seu funcionamento em todos os níveis, desde o sintagma até o texto. A meta final, no exame, é buscar os resultados de sentido, partindo do princípio de que é no uso que os diferentes itens assumem seu significado e definem sua função, e de que as entidades da língua têm de ser avaliadas em conformidade com o nível em que ocorrem, definindo-se, afinal, na sua relação com o texto.

O que está abrigado nas lições é, portanto, a língua viva, funcionando e, assim, exibindo todas as possibilidades de composição que estão sendo aproveitadas pelos usuários para obtenção do sentido desejado em cada instância.

A *Gramática de usos do português* parte das tradicionais classes de palavras, ponto de partida escolhido apenas porque o leitor ou consulente comum, sem ser conhecedor do assunto, vai poder situar-se na sua busca, para chegar ao que quer saber. Entretanto, o agrupamento dessas classes pelas quatro grandes partes da obra já revela que há princípios teóricos dirigindo o tratamento das questões. As partes se codividem segundo os processos que dirigem a organização dos enunciados para obtenção do sentido do texto: a predicação, a referenciação, a quantificação e a indefinição, a junção. Tratam-se temas como o funcionamento da híbrida classe dos advérbios e da complexa classe dos indefinidos, a diferença de direções da referenciação, os níveis de atuação dos diversos subtipos de juntores, entre outros.

Embora uma gramática de usos não seja, em princípio, normativa, para maior utilidade ao consulente comum a norma de uso é invocada comparativamente, de modo a informar sobre as restrições que tradicionalmente se fazem a determinados usos atestados e vivos.

Os usos são observados em uma base de dados de 70 milhões de ocorrências que está armazenada no Centro de Estudos Lexicográficos da UNESP – Campus de Araraquara, a mesma que serviu à organização do *Dicionário de usos do português*, que acaba de ser elaborado por uma equipe coordenada por Francisco da Silva Borba, do qual Maria Helena de Moura Neves é coautora. Esse *corpus* abriga textos escritos de literaturas romanesca, técnica, oratória, jornalística e dramática, o que garante diversidade de gêneros e permite a abrangência de diferentes situações de enunciação, incluindo a interação, sendo notável a representatividade da língua falada, encontrada na simulação que dela fazem as peças teatrais. Infelizmente, como se sabe, não há disponível, no Brasil, nenhum banco de dados representativo da língua falada contemporânea.

2 Os objetivos

A *Gramática de usos do português* tem como objetivo prover uma descrição do uso efetivo dos itens da língua, compondo uma gramática referencial do português. É um produto prático, mas de orientação teórica definida, que visa a permitir a recuperação da investigação não apenas como conjunto de análises, mas também como conjunto de proposições.

Pretende-se que haja uma apropriação dos resultados por parte de toda a comunidade de usuários da língua:

a) o falante comum, que, nas diversas situações em que utiliza a linguagem, pode obter orientação sobre o uso eficiente dos recursos de sua língua;

b) o estudioso da língua portuguesa, que pode assentar suas explorações no conhecimento das investigações já efetuadas, evitando atuar de modo repetitivo e assegurando a seu trabalho o caráter de avanço e aprimoramento.

3 As bases de análise

Para facilidade de acompanhamento pelo público comum e estudantes, tomam-se os itens da língua e descreve-se o seu funcionamento levando-se em conta, como ponto de partida, a organização em classes preparada pela tradição da Gramática e da Linguística, o que significa que não é propósito da obra trazer uma proposta de classificação.

Dois são os pontos que a orientação teórica adotada tem como básicos para que se contemple a língua em uso:

1º) A unidade maior de funcionamento é o texto.

2º) Os itens são multifuncionais.

Nessa consideração de que a real unidade em função é o texto, o que está colocado em exame é a construção de seu sentido, numa teia que é mais que mera soma de partes. Nessa perspectiva, percebe-se que os limites da oração bloqueiam a consideração do funcionamento das unidades da língua. Isso significa que a interpretação das categorias linguísticas não pode prescindir da investigação de seu comportamento na unidade maior – o texto –, que é a real unidade de função.

Considerando que o princípio da multifuncionalidade constitui a chave para uma interpretação funcional da linguagem, assenta-se que muitos dos constituintes de uma construção entram em mais de uma configuração construcional. A investigação da multifuncionalidade prevê:

a) a verificação do cumprimento de diferentes funções da linguagem (apesar de sua indissociabilidade e implicação mútua);

b) a verificação do funcionamento dos itens segundo diferentes limites de unidade (desde o texto até os sintagmas menores que a oração).

Entrecruzam-se, pois, no tratamento, funções e níveis de análise.

Acresce, ainda, do ponto de vista semântico, a configuração de diferentes esferas nas quais os diferentes itens atuam: esfera dos participantes, esfera das relações e processos, esfera dos circunstantes.

4 Algumas indicações tópicas como amostra

Admitir que as unidades da língua têm de ser avaliadas com relação ao texto em que ocorrem não significa desconsiderar as diversas unidades hierarquicamente organizadas dentro de um enunciado. É evidente que as entidades da língua têm uma definição estrutural, tanto no nível da oração como no dos sintagmas menores que ela.

A consideração de níveis assenta, por exemplo, que a valência de um verbo se determina no nível da oração, enquanto a de um nome ou de um adjetivo (ou de alguns advérbios) representa uma deslocação do sistema de transitividade para o nível de sintagma componente da oração. Por outras palavras, as chamadas *classes lexicais* têm seu estatuto semântico definido pelo sistema de transitividade, sempre interior à oração, colocando-se num segundo nível as relações semânticas textuais, ou não estruturais, obtidas por expedientes como a reiteração por sinonímia, antonímia, hiponímia etc.

As palavras gramaticais, por seu lado, a par de constituírem peças da organização semântica frasal (ex.: preposições), podem ser privilegiadamente depreendidas e definidas na visão da organização semântica textual, ou coesão (ex.: artigo definido, pronomes de terceira pessoa, coordenadores), conjugada com a visão do texto visto como organização interacional (ex.: pronomes de primeira e de segunda pessoa).

A partir dos pressupostos sobre os quais se assenta a investigação pretendida, pode--se ilustrar com algumas classes de palavras a descrição que se efetuou.

4.1 Os advérbios são analisados no nível do sintagma, da oração, do enunciado e do discurso. Diferentemente, alguns elementos que expressam relações, como por exemplo, as preposições, só atuam no nível do sintagma ou da oração, enquanto outros, como as conjunções subordinativas, só atuam no nível do enunciado, e outros, ainda, como as coordenativas, atuam em todos os níveis que sejam superiores ao sintagma.

Isso significa que, para as classes gramaticais cuja função é operar dentro do sistema de transitividade (por exemplo, os subordinantes como as preposições e as conjunções subordinativas) e produzir sintagmas maiores que, assim, sobem prontos para o nível imediatamente superior (para o sintagma maior ou o próprio enunciado), o tratamento no nível frásico pode até, em alguns casos, esgotar a investigação. Elementos desse tipo têm um bom tratamento dentro de uma gramática de estruturas frásicas, segundo operações como:

- descoberta dos tipos estruturais;
- identificação das classes lexicais;
- descrição da combinatória léxica em cada posição estrutural;
- detecção dos esquemas funcionais das estruturas.

Para outras classes, como os coordenadores, que também expressam relações, a determinação do estatuto sintático-semântico se completa com exame de relações textuais.

4.2 O chamado *pronome pessoal* é visto, tradicionalmente, como substituto do nome. Cabe, entretanto, na verificação de seu uso, o exame segundo os níveis em que atua e as funções que cumpre:

a) No nível da oração, o pronome pessoal é da esfera semântica dos participantes, como o nome, mas tem com ele diferenças, por exemplo a não operação de uma definição descritiva do referente.

b) No nível do sintagma, o pronome pessoal tem a mesma distribuição de um sintagma nominal (nesse sentido é que se diria que ele é substituto).

c) No nível do texto, verifica-se, que, em princípio, só opera o pronome de 3ª pessoa, já que os de 1ª e de 2ª só referenciam textualmente em discurso dentro do discurso, isto é, no chamado *discurso direto*. Em segundo lugar, verifica-se, nesse nível, uma diferença fundamental entre o nome e esse pronome pessoal, que, em si, é referenciador textual.

Entretanto, na sua função textual, tanto o nome como o pronome pessoal são peças da organização da mensagem, embora se possa entender que o pronome pessoal, por não operar definição descritiva, seja mais votado para representar, não marcadamente, o *tema* (no nível da oração) e o *dado* (no nível do texto).

4.3 Tradicionalmente se aponta o pronome possessivo simplesmente como indicativo de posse porque se ignora a constituição do sintagma nominal em que ele entra, em termos de organização do sistema de transitividade; isso escamoteia o fato de que o que pode existir, na verdade, é uma organização prototípica do sintagma nominal com relação de posse, mas a investigação geral do funcionamento do possessivo deve prover o exame:

- das propriedades semânticas do nome predicador;
- da matriz construcional do nome, quando valencial;
- das relações contraídas (relações bipessoais) entre predicador e argumento.

A relação expressa será, então, descrita como um resultado semântico.

4.4 Os demonstrativos e o artigo definido são itens que aparentemente se resolvem por uma investigação interna ao sintagma nominal, já que são, em princípio, determinantes do nome. Entretanto, o tratamento do uso desses referenciadores de natureza demonstrativa deve abrigar, além do estudo da estrutura do sintagma nominal, a investigação das relações intraenunciado, bem como o das relações entre enunciação e enunciado: especificamente, a investigação de sua condição discursivo-textual de item fórico, com subespecificação segundo o campo de referenciação (a situação ou o texto).

Nessa consideração, o artigo definido e os demonstrativos formam grupo com os possessivos. Como há, aí, subespecificações, também, quanto à natureza da referenciação expressa por esses fóricos, o artigo definido, por exemplo, pode ocorrer junto com o possessivo (da subclasse pessoal) e com o comparativo (da subclasse demonstrativa, que é a mesma do artigo definido, dentro da qual, porém, ambos se distinguem por serem os demonstrativos – mas não os artigos – seletivos quanto a pontos do espaço de referência, seja este a situação seja o texto).

4.5 Os dicionários tratam as preposições como possuidoras de variadas acepções, tal como se fossem nomes. Entretanto, cabe observar que:

a) a preposição pertence à esfera das relações e processos;
b) seu papel se define:

• no sistema de transitividade, ou não;
• no nível intrafrásico, ou seja, no nível do próprio enunciado (transitividade de um predicado, isto é, de um verbo) ou no nível do sintagma (transitividade de um predicado nominal representado por um nome ou adjetivo valencial, que são tipos de predicado deslocado para o interior do sintagma).

Como peça do sistema de transitividade, a preposição, a partir de uma zona de acepção (expressão de processo, manifestação de *casos*), tira seu valor das relações contraídas entre os elementos cuja junção ela efetua.

Avaliam-se, então, na descrição do uso da preposição:

a) o seu significado unitário;
b) a natureza dos dois termos em relação;
c) a relação sintática entre o antecedente e o consequente;
d) os traços semânticos dos dois termos em relação e a relação semântica que entre eles se estabelece.

4.6 O uso dos coordenadores constitui uma evidência da dimensão textual do funcionamento dos itens gramaticais.

O estudo do grupo dos elementos chamados *adversativos* na tradição da gramática (elementos como *mas, entretanto, todavia, contudo*) mostra que o simples registro de um significado adversativo desses elementos (seja qual for a definição básica que se dê para *adversativo*) nada mais faz que indicar a presença neles de determinados traços, isto é, nada mais representa do que uma incursão pela semântica da palavra. Há, na verdade, uma diferença básica no funcionamento dos grupos, já que o uso de um advérbio conjuntivo como *entretanto*, ao invés de um coordenador como *mas*, que, do ponto de vista da semântica da palavra, seria visto como um caso de redução sinonímica, representa, na verdade, opção por uma amarração do segundo bloco ao primeiro por meio de uma retomada referencial anafórica, o que o coordenador *mas*, que é, basicamente, um sequenciador, não proveria. Desse modo, esses dois tipos de elementos do português (*entretanto* e *mas*), que, do ponto de vista da noção vocabular (que é a que orienta a classificação tradicional), constituem representantes de uma mesma classe, a das chamadas *conjunções coordenativas adversativas*, preenchem funções semânticas, na verdade, distintas, se se considera a organização do enunciado, o que, na contraparte, reflete uma definição sintática diferente, na organização frásica.

4.7 Desse modo, a análise apresentada pressupõe que, para as diversas classes de palavras, não se pode fornecer descrições que tentem resoluções, em todos os casos, no mesmo nível e com vistas à mesma função. Em outros termos, algumas classes de palavras gramaticais (como as preposições) se deixam analisar, privilegiadamente, no sistema de transitividade, que é o que define as relações semânticas na oração, e respondem, pois, primordialmente, pela função ideacional nesse nível. Outras, entretanto (como os pronomes pessoais) preferentemente se analisam, por exemplo, pela função semântica obtida no nível do texto (nível externo à oração, ou seja, externo ao sistema de transitividade), ou, mesmo, pela função interacional. Também os artigos e os demonstrativos, tradicionalmente vistos apenas como determinantes (isto é, no interior do sintagma nominal), só têm um tratamento completo se se contemplar a função textual e/ou a interpessoal.

Assume-se, pois, a necessidade de uma investigação gramatical que descreva o comportamento das diferentes classes gramaticais segundo a funcionalidade de seu emprego nos diferentes níveis em que atuam e segundo as funções que exerçam, nos diferentes níveis.

5 Indicações sobre pessoal envolvido

5.1 A autora obteve colaboração, especialmente para tratamento do *corpus*, de auxiliares de pesquisa e de bolsistas de Aperfeiçoamento e de Iniciação Científica. Pertenceram ao Projeto Integrado CNPq *Gramática de usos do português* (agosto 1996-julho 1998) os bolsistas de Aperfeiçoamento Eliana Cristina Domingos (1996), Liliana Aparecida Ramos Grande (1996-1997), Sandra Regina de Andrade (1997), Fabiana de Vito (1998), Mirna Fernanda de Oliveira (1998) e a bolsista de Iniciação Científica Graça Betânia Moraes (1996-1998). Com bolsa de Aperfeiçoamento do CNPq não abrigada no Projeto Integrado, fez pesquisas de *corpus* ligadas à obra, anteriormente, Silvana Zamproneo (1994). Como auxiliares de pesquisa financiados pela Fapesp, ligaram-se ao tratamento do *corpus* Luciane Alves Santos (1993-1994) e Celi Aparecida Consolin Honain (1993-1994). Finalmente, trabalhou como auxiliar técnica no Projeto Integrado CNPq e, em última análise, tornou possível a realização desta obra, Mara Lúcia Fabrício de Andrade (1997-1999).

5.2 Os diversos capítulos e subcapítulos desta obra foram submetidos à leitura de especialistas, que fizeram valiosas apreciações e sugestões. Obviamente, as imprecisões e impropriedades remanescentes são de inteira responsabilidade da autora.

Foram leitores críticos da obra:

Parte I: A formação básica das predicações: o predicado, os argumentos e os satélites – Francisco da Silva Borba (UNESP): *O verbo, o substantivo.* Maria Tereza Camargo Biderman (UNESP): *O substantivo.* José Luís Fiorin (USP) e Ataliba Teixeira de Castilho (USP): *O adjetivo, o advérbio.* Ingedore Villaça Koch (Unicamp) e Maria Luiza Braga (Unicamp): *As conjunções integrantes.* Beatriz Nunes de Oliveira Longo (UNESP): *Os pronomes relativos.*

Parte II: A referenciação situacional e textual: as palavras fóricas – Mary Aizawa Kato (Unicamp): *O artigo definido.* Ângela Cecília Souza Rodrigues (USP): *O pronome pessoal, o pronome possessivo, o pronome demonstrativo.*

Parte III: A quantificação e a indefinição – Rodolfo Ilari (Unicamp): *O artigo indefinido, o pronome indefinido.*

Parte IV: A junção – Sebastião Expedito Ignácio (UNESP) e Marize Mattos Dall'Aglio Hattnher (UNESP): *As preposições.* Lygia Corrêa Dias de Moraes (USP) e Roberto Gomes Camacho (UNESP): *As conjunções coordenativas.* Ingedore Villaça Koch (Unicamp) e Maria Luiza Braga (Unicamp): *As conjunções subordinativas adverbiais.*

O Sumário e a Introdução da obra foram objeto de apreciação de todos os leitores. Além disso, cada um deles apreciou a Introdução do capítulo sob seu exame.

PARTE I

A FORMAÇÃO BÁSICA DAS PREDICAÇÕES:
O PREDICADO, OS ARGUMENTOS E OS SATÉLITES

INTRODUÇÃO

Todas as palavras que constituem o léxico da língua podem ser analisadas dentro da predicação. Os predicados são semanticamente interpretados como designadores de propriedades ou relações, e suas categorias são distinguidas segundo suas propriedades formais e funcionais.

O predicado – que designa propriedades ou relações – se aplica a um certo número de termos que se referem a entidades, produzindo uma predicação que designa um estado de coisas, ou seja, uma codificação linguística que o falante faz da situação. Estão implicados aí os papéis semânticos e a perspectivização que resolve as funções sintáticas.

Um exemplo é uma predicação com o predicado *remeter* e os termos *Poder Executivo, texto* e *Congresso Nacional*, configurando-se um estado de coisas em que entram em relação esse predicado escolhido e as três entidades, que desempenham, cada uma, um papel semântico (agente, objeto, recebedor, respectivamente). Um estado de coisas é concebido como algo que pode ocorrer em algum mundo (real ou mental), e, assim, está sujeito a determinadas operações, isto é: pode ser localizado no espaço e no tempo; pode ter uma certa duração; pode ser visto, ouvido ou, de algum modo, percebido. Constituintes como *Poder Executivo, texto* e *Congresso Nacional*, que são exigidos pela semântica do predicado, são argumentos, enquanto outros possíveis constituintes como *no Brasil*, ou *neste mês*, que apenas trazem informação suplementar, são denominados *satélites*.

Uma predicação constitui um conteúdo proposicional, isto é, um *fato*, que pode ser conhecido ou pensado, pode ser causa de surpresa e de dúvida, pode ser mencionado, negado, rejeitado ou lembrado.

À proposição são aplicados, ainda, operadores ilocucionários, que fazem dela um ato de fala (declarativo, interrogativo etc.), isto é, um enunciado, como por exemplo:

A Formação Básica das Predicações

Em julho de 1991, o Poder Executivo remeteu ao Congresso Nacional o texto da Convenção 169. (ATN)

Em todos os níveis operam os satélites e em todos os níveis se efetuam, ainda, operações por meios gramaticais.

A estrutura de predicação se transfere também para o nível interno da oração, em torno de nomes que têm força predicativa, como por exemplo, *remessa*, que constitui um predicado ao qual se podem aplicar, por sua vez, os termos *Poder Executivo, texto* e *Congresso Nacional*, como em

remessa do texto ao Congresso Nacional pelo Poder Executivo.

Por outro lado, a complementação e a adjunção podem fazer-se com orações, introduzidas por conjunções integrantes e por pronomes relativos, respectivamente, elementos que as transformam em termos ou em partes de termos da predicação matriz, compondo enunciados complexos.

A verificação dos enunciados efetivamente realizados revela uma seleção, feita pelo falante, que organiza seu texto de modo que esteja expresso o conteúdo ideacional que ele quer transmitir, de modo que estejam distribuídas devidamente as peças da informação, e, ainda, de modo que esteja garantida a troca linguística em que cada ato de fala se constitui. Tudo isso implica, por exemplo, uma determinação de aspectos linguísticos ligados a diversas escolhas, como as de tema e rema, dado e novo, figura e fundo, todas elas implicadas no fluxo de informação do enunciado.

O fluxo de informação determina tanto a ordenação linear dos sintagmas na oração como a própria escolha do arranjo da predicação a ser ordenada, nos termos de:

a) *escolha* da natureza do predicado;
b) *seleção* dos argumentos;
c) *eleição* dos satélites.

O VERBO

1 A natureza dos **verbos**

Os **verbos**, em geral, constituem os **predicados** das **orações**. Os **predicados** designam as propriedades ou relações que estão na base das **predicações** que se formam quando eles se constroem com os seus **argumentos** (os **participantes** da relação predicativa) e com os demais elementos do enunciado.

A **predicação** constitui, pois, o resultado da aplicação de um certo número de **termos** (que designam entidades) a um **predicado** (que designa propriedades ou relações). A construção de uma **oração** requer, portanto, antes de mais nada, um **predicado**, representado basicamente pela categoria **verbo**, ou, ainda, pela categoria **adjetivo** (construído com um **verbo de ligação**).

O **predicado** tem propriedades sintáticas e semânticas, como a **forma lexical**, a **categoria**, o **número** e a **função semântica dos termos**, além das **restrições de seleção** a estes impostas.

Só não constituem **predicados** os **verbos** que modalizam (**poder**, **dever**, **precisar** etc.), os que indicam **aspecto** e os que auxiliam a indicação de **tempo** e de **voz**.

2 As subclassificações dos **verbos** que constituem **predicados**

2.1 Subclassificação semântica

A classificação semântica das **predicações** pode basear-se nas unidades semânticas presentes no **verbo**. Desse ponto de vista, há três classes principais de **predicados verbais**, dois **dinâmicos** e um **não dinâmico**.

2.1.1 Dinâmicos

2.1.1.1 Ações ou atividades (= o que alguém faz ou o que algo provoca)

Os **verbos** exprimem uma **ação** ou **atividade**. Esses **verbos** são acompanhados por um **participante agente** ou **causativo**, podendo haver, ou não, outro **participante** (**afetado** ou não), isto é, podendo haver, ou não, um processo envolvido:

> *O sambista **BATUCAVA** uma caixa de fósforo marcando o ritmo; um engraxate batucava na caixa.* (MPB)
> *O homem **CUMPRIMENTOU** o dono do bar, sorriu, bebeu lá o seu copo.* (MPB)
> ***SAPATEOU, CANTOU, ABRIU** os braços e **DEU** um longo agudo que quase **QUEBROU** as taças de cristal.* (BL)

2.1.1.2 Processos (o que acontece)

Os **verbos** envolvem uma relação entre um **nome** e um **estado**, e o **nome** é **paciente** do **verbo** (**afetado**):

> *As zínias do jardim embaixo **BROTAVAM** com dificuldade dos borrões de fumaça.* (UCC)
> *A miraculosa planta somente **FLORESCE** na solidão do inferno.* (CP)
> *O Alferes não **MORREU**, nem mesmo **ADOECEU**.* (ALF)

2.1.2 Não dinâmicos: estados

Os **verbos não dinâmicos** são acompanhados por um **sintagma nominal** (sujeito) que é **suporte do estado**:

> *Gumercindo **PERMANECEU** parado.* (VD)
> *Não **EXISTE** mais o edifício "Art Noveau".* (LM)

\# Além dessas três classes principais, há **verbos** que ocorrem em **orações** que não têm a presença de nenhum **sintagma nominal**. Essas **orações** implicam apenas um **predicado**, não havendo nenhum **agente** ou **paciente**. Fica implicado um **processo** ou um **estado** em um ambiente, sem que haja referência a nada particular dentro desse ambiente:

> *É já tarde: seu marido deve estar esperando.* (A)
> ***ESTÁ calor.*** (AF)
> *É domingo; dia, portanto, em que a gente pode fazer observações talvez não muito úteis.* (B)

2.2 Subclassificação com integração de componentes

A classificação das **predicações** pode, ainda, integrar outros componentes além do **dinamismo**, como por exemplo, o **aspecto** e o componente pragmático **controle**. Nessa consideração, a classificação se refere às **predicações**, ou seja, à codificação linguística dos estados de coisas, e não simplesmente aos **predicados**.

Os mais importantes parâmetros para uma tipologia semântica dos **estados de coisas** são: **dinamismo** e **controle**. Para as **predicações dinâmicas**, é importante também o parâmetro **perfectividade** ou **acabamento** (também chamado **telicidade**).

A partir desses parâmetros, as **predicações** podem ser classificadas em

2.2.1 Dinâmicas

2.2.1.1 Com **controle**. São as **ações**. Elas podem ser:

a) **Télicas**, isto é, acabadas

> *Nando LANÇOU um olhar aos companheiros. (Q)*
> *Ramiro ESFREGOU os braços. (Q)*

b) **Não télicas**

> *Ramiro FITAVA a porta, trêmulo. (Q)*
> *O passarinho e o corcunda CAMINHAVAM à frente do grupo. (N)*

2.2.1.2 Sem **controle**. São os **processos**. Eles podem ser:

a) **Télicos**, isto é, acabados

> *Altos muros RUÍRAM em silêncio. (Q)*
> *Você PERDEU o show. (N)*

b) **Não télicos**

> *Nós VIMOS, na escuridão, uma noiva. (AM)*
> *IA-lhe pelo corpo todo uma trêmula sensação de febre. (N)*

2.2.2 Não dinâmicas

2.2.2.1 Com **controle**

> *Outro dia você ESTAVA comigo quando o carro parou na esquina. (BH)*
> *O Rei ESTÁ em pé ao lado do trono. (BN)*

2.2.2.2 Sem **controle**

*Ela passou as mãos nos cabelos que lhe **CAÍAM** no mais completo desalinho pela fronte.* (MMM)

*Maneco Manivela **CONSERVA**-se naquela mesma tensão.* (DES)

2.3 Subclassificação segundo a **transitividade**

Outra classificação de **predicados verbais** pode basear-se na **transitividade**, com especificação do papel dos **complementos verbais**. Está implicada a **valência verbal**, isto é, a capacidade de os verbos abrirem casas para preenchimento por termos (sujeito e complemento), compondo-se a **estrutura argumental**.

Entre os **verbos transitivos**, aqueles cujo complemento, ou **objeto**, é **paciente** de mudança são os **transitivos** considerados **prototípicos**.

Segundo a **transitividade**, há quatro classes principais de **verbos**:

2.3.1 **Verbos** cujo **objeto** sofre mudança no seu **estado**

São **verbos** que possuem, pois, um **objeto paciente** da mudança (**afetado**) e, de outro lado, um **sujeito agente** ou **causativo**. O **objeto** que ocorre é um **objeto** não preposicionado, ou seja, um **objeto direto**.

Conforme o tipo de mudança registrada no **objeto paciente**, é possível uma subclassificação desses **verbos**. Exemplificando:

2.3.1.1 Criação do **objeto**: o **objeto** passa a existir

*Só Túlio **CONSTRUIU** em tempo **sua arca** e se salvou.* (ACM)

*Minha mãe **FEZ**-me **um bolo**.* (BB)

2.3.1.2 Destruição do **objeto**: o **objeto** deixa de existir

*Encarregamos uma firma de **DEMOLIR a casa velha**.* (LM)

*Campos Sales **DISSOLVEU a comissão nomeada**.* (FI)

2.3.1.3 Alteração física no **objeto**

*[Tobias] pôs-se a **QUEBRAR copos e garrafas**.* (CE)

*O frio **RACHA a boca**, **ENTORPECE os dedos**, mas a limpeza do tempo é ideal.* (DE)

2.3.1.4 Mudança na localização do **objeto**

*[Leonor] **MUDOU uma caixa** da mesa de cabeceira para a prateleira.* (A)

*Manuel João **PÔS** em cima do **cocho o cambão de traíras e a gamela que trouxera na cabeça**.* (ALE)

2.3.1.5 Mudança provocada por um instrumento que está implicado no próprio **verbo**

*Os membros do coro **MARTELAM as travas** nas janelas.* (CCI)
*O serrador põe-se a **SERRAR a madeira**.* (CT)

2.3.1.6 Mudança superficial no **objeto**

*Talvez aquela chuva **LAVASSE a estátua**.* (RIR)
***LIMPEI as joias**.* (CNT)

2.3.1.7 Mudança interna no **objeto**

*Zulmira já **TEMPERAVA a carne** para o obrigatório assado dominical.* (DM)
*A pretexto de **AQUECER o café**, fiquei de costas.* (DE)

\# No próprio **verbo** pode estar implicada a maneira como a mudança é operada:

*Nestor **ASSASSINARA** o irmão.* (FP)
    (= matar com intenção)
*Quando bebe, Atanagildo **SURRA** a mulher.* (RA)
    (= bater forte e repetidamente)
*O tal tijolo (...) pode **ESMIGALHAR** a minha [cabeça] a qualquer minuto.* (FE)
    (= quebrar completamente)
*[Camilo] **PICARA** o bilhete, não dera resposta.* (ED)
    (= rasgar completamente em pedaços pequenos)

\# Os **verbos** que se referem a criação de **objeto** são tradicionalmente denominados *efficiendi*. Os que se referem a mudança no **objeto** são denominados *afficiendi*.

2.3.2 **Verbos** cujo **objeto** não sofre mudança física, isto é, não é um **paciente afetado**

2.3.2.1 Com complemento **não preposicionado (objeto direto)**:

*Eles vieram **APEDREJAR dona Mocinha**.* (Z)
*O Brasil **APLAUDIU** (...) **essa maneira de administrar**.* (JK-O)
*Os amigos **te FLAGRARÃO** rindo sozinho.* (GTT)
*Batista Ramos **PRECONIZA a modernização da câmara**.* (CP)

2.3.2.2 Com complementos **preposicionados**. Os principais tipos de **complementos** que ocorrem são:

A Formação Básica das Predicações

a) **De lugar.** O **sujeito** localiza-se (lugar *onde*) ou movimenta-se (lugar *de onde* ou *para onde*), tendo como referência espacial o **complemento**:

Mário ESTÁ em casa de Dona Dedé. (A)
Você VEM de Barretos? (JC)
Quando você VAI a São Paulo? (CAS)

b) **De direção.** O **objeto** indica **meta** (alvo) ou **fonte** (proveniência):

Pantaleão sorriu, OLHOU para o alto. (AM)
Sua mãe GRITOU com ela. (LE-O)

\# O **objeto** pode indicar **meta** ou **fonte** de uma atividade mental do **sujeito** (relação):

PENSOU no pai senador. (BH)
ABORRECEU-SE com isso. (CNT)

c) **Associativo.** O **verbo** indica uma **ação recíproca**, e o **objeto** tanto pode ser **meta** como **associado**:

Mais tarde Terto CONVERSOU com Bentinho. (CA)
No ano passado, um homem de 26 anos escalou o muro da residência de Madonna e LUTOU com um segurança. (FSP)

A reciprocidade implica simetria, razão pela qual é possível que os dois **participantes** (**sujeito** e **objeto**) se coordenem, como em

Leopoldo e Américo LUTARAM como se quisessem dividir a morte em dois pedaços. (DE)

ou se condensem numa forma de **plural**, como em

Os índios entenderam e CONVERSARAM entre si. (ARR)

2.3.3 **Verbos** que possuem um **complemento** não preposicionado (**objeto direto**) e um **complemento preposicionado**

O **sujeito** mais comum é um **agente**, e o **objeto direto** mais facilmente encontrado é um **paciente de mudança**. O **complemento preposicionado** pode ser de vários tipos:

2.3.3.1 **De lugar:** a mudança do **objeto direto** é espacial, relacionada com o **complemento** (lugar *onde* ou *para onde*)

A irmã COLOCOU o roupão no cabide. (OE)
PONHO a lanterna no chão. (ML)

*Pensa também **MANDAR** alguns exemplares ao **Museu Britânico**.* (AL)
*O presidente da República **ENVIARÁ** mensagem especial ao **Senado Nacional**.* (DB)

2.3.3.2 **Beneficiário**: o **sujeito** mais comum é um **agente**. O **objeto indireto** mais ocorrente é um **dativo humano** representando aquele que se beneficia da transação

DEU ao genro um engenho *com setenta escravos.* (CGS)
*Caiá, você quer dar um pulo até a cozinha e **ENTREGAR** esse comprimido à Carolina?*
(ARR)

Há predicações com esta classe de **verbos** que são semanticamente mais complexas, estando implicado um outro **predicado** dentro do **complemento**:

*O governador Ari Valadão **PROMETEU** todo apoio aos empresários.* (OPP)
(= prometeu dar todo apoio aos empresários).

2.3.3.3 **Instrumental**: o **sujeito** é **agente**, e o **instrumental** vem como **complemento preposicionado**

*Rodrigo **BOMBARDEOU** Toríbio com nomes que ele evidentemente não conhecia.*
(TV)
*Você **ENCHEU** a bexiga de sangue?* (AC)

2.3.4 **Verbos que têm complementos oracionais**

Neste conjunto se abrigam **verbos de modalidade, de cognição, de manipulação, de elocução**.

Com essa classificação, especialmente com as classes dos **modais, cognitivos** e **manipulativos**, cruza-se outra classificação, na qual interfere a atitude do falante na situação do discurso. Essa classificação se refere a uma relação de **pressuposição** ou de **implicação** entre a **oração completiva** (**objetiva** ou **subjetiva**) e a **principal**, e separa dois grupos principais de **verbos**, os **factivos** e os **implicativos**, com subgrupos. É segundo essa classificação que os **verbos de modalidade, de cognição** e **de manipulação** serão apresentados a seguir, em 2.3.4.1 e subseções. Observa-se que:

a)   **verbos de modalidade**, bem como **de manipulação** (e alguns **de elocução**) estão nos subgrupos dos **implicativos**, uma classe muito ampla;

b)   **verbos de cognição** (e alguns **de elocução**) estão entre os **factivos**.

2.3.4.1 **Verbos** em que existe uma relação de pressuposição ou de implicação entre a **oração completiva** e a **principal**

Obs.: Esses **verbos** são estudados em **Conjunções integrantes** e em **Advérbios**, apêndice sobre **Negação**.

2.3.4.1.1 **Verbos factivos**

Chamam-se **factivos** os **predicados** que têm a propriedade de implicar, por parte do falante, a pressuposição de que a **proposição completiva** é factual (isto é, o fato expresso na **oração completiva** é verdadeiro). A característica dos **factivos** é ter **participantes** de estatuto **oracional** que, para o falante, não indicam um simples evento, mas um **fato**, que permanece afirmado quer o **verbo** da **oração principal** seja afirmado quer seja negado.

Os **predicados factivos** são dos seguintes tipos:

a) **epistêmico**, como *SABER, COMPREENDER, DESCOBRIR, IGNORAR, LEMBRAR-SE* (=*ter na lembrança*), *PERCEBER, NOTAR, OBSERVAR, APERCEBER-SE, RECORDAR--SE*, (e expressões como *DAR-SE CONTA, TER EM MENTE, LEVAR EM CONTA* e similares).

> *Eu, por mim, apenas **SEI que Carlos veio me trazer em casa.** (A)*
> ***COMPREENDA que sou um homem profundamente religioso.** (NOD)*
> *O povo **DESCOBRIU que o tal não era cego nem nada.** (CA)*
> *Bulhões não **IGNORA que Vileta era incorruptível.** (BHN)*
> ***PERCEBEMOS que o Brasil está começando a mudar** e isso num momento em que*
> *a situação no Chile e na Argentina permanece bastante estática. (VEJ)*
> ***NOTEI que ele continuava me olhando de maneira esquisita.** (BU)*
> ***LEMBRO-ME de que o Presidente disse ao General Golbery:** "Se está havendo reação*
> *ao nome desse deputado, vamos escolher outro". (TF)*

b) de **atitude sentimental**, como *ADMIRAR(-SE), LAMENTAR, DEPLORAR, MARAVILHAR-SE, ARREPENDER-SE, MAGOAR-SE, RESSENTIR-SE.*

> *Muito me **ADMIRA que venhas aqui a esta grande batalha, pretender pegar em**
> ***armas!** (VBP)*
> ***LAMENTO que tenha de sair tão cedo.** (Q)*

\# Alguns verbos desse tipo, como *LAMENTAR* e *DEPLORAR*, podem construir-se como de elocução, mantendo a expressão de atitude sentimental:

> *Marta **LAMENTOU** em espanhol **que eu não conhecesse o México.** (BHN)*

O Verbo

c) do **tipo declarativo** (de **elocução**), como *GABAR-SE, DESCULPAR-SE*.

> *Ela em troca me disse fingindo alguma solenidade "eu não vou te deixar, meu mui grave cipressu erectus", GABANDO-se com os olhos **de tirar efeito tão alto no repique**.* (U)

\# O **complemento** (o conteúdo daquilo que se declara) dos **verbos** de b) e c) pode vir em **discurso direto**:

> *– O elástico está frouxo – **DESCULPOU-SE** Virgínia esticando-as até os joelhos.* (CP)
> *– O Juco? Ai de nós se não fosse ele – **GABOU-SE** a Libânia.* (MMM)
> *O Padre **DEPLORAVA**: – Agora, fomos tocados, expulsos, jogados longe...* (VB)

d) do **tipo avaliativo**, como *RELEVAR, ESTRANHAR, IMPORTAR* (e construções **predicativas** como *SER SIGNIFICATIVO, SER TRÁGICO, SER RELEVANTE, SER ESTRANHO, SER IMPORTANTE*).

> *RELEVA, ainda, **que o século XX está marcado por uma incrível tendência de criar status para cada ramo de conhecimento**.* (CTB)
> *Se papai tem razão ou não, não importa aqui. **IMPORTA que**, assim pensando, **está inquieto, sofrendo por mim, ansioso por notícias**, como se eu estivesse correndo um perigo real, imediato.* (A)
> ***ESTRANHEI que meus colegas colhessem informações entre si e não da polícia ou dos bombeiros**.* (NBN)

Os **verbos factivos** admitem os seguintes tipos de construção:

a) Com **oração completiva** iniciada pela **conjunção** integrante *que*. O **sujeito** da **oração principal** e o da **completiva** podem ser

• correferenciais:

> ***SEI que** nasci para ser mãe.* (FIG)
> (Eu sei que [eu] nasci.)
> ***LEMBRO-ME de que** chamei um amigo arquiteto para planejar a chegada dos quinhentos figurantes.* (FIC)
> (Eu me lembro de que [eu] chamei.)

• não correferenciais:

> ***Eu**, por mim, apenas **SEI que Carlos** veio me trazer em casa.* (A)
> (Eu sei que Carlos veio.)
> ***Eu COMPREENDO que o momento** é difícil, mas **ACHO que nossos sentimentos devem estar acima de tudo**.* (MO)
> ***DESCOBRI que levar tiro** dá sede.* (MPF)

*Bulhões não **IGNORAVA** que **Vileta** era incorruptível.* (BHM)
ADMIRA** que ande solto **um sujeito assim. (DES)
***ESTRANHEI** que o portão estivesse ainda aberto.* (U)

b) Com **oração completiva** com **verbo** no **infinitivo**. O **sujeito** da **oração principal** e o da **completiva** podem ser:

- correferenciais:

  *Não **IGNORAVA** ter de me matar para viver.* (ML)
      (Eu não ignorava [eu] ter de me matar.)

- não correferenciais:

  *A **menina** foi **COMPREENDENDO** ser **aquela** a única criatura humana ali existente.* (TE)
      (A menina foi compreendendo aquela ser a única criatura humana ali existente.)
  ***DESCULPEM** de ter descuidado de algum detalhe.* (SAM)
  ***RELEVA registrar** que **uma delas** é de uma mulher.* (GLA)
  *Foi uma surpresa que o vimos certa noite responder a meu pai **que ESTRANHAVA** não ter **ele** pedido dinheiro para cigarro.* (BH)
  *Logo **DESCUBRO** tratar-se de uma menina.* (MEN)

c) Com **complemento** representado por uma **nominalização** da **oração completiva**.

  *Eu **COMPREENDO** a sua **indignação** diante do que está acontecendo.* (DZ)
      (= Eu compreendo que você se indigne.)
  *Uma negra **LAMENTA** a **morte** de seu filhinho.* (CP)
      (= *Uma negra* lamenta que seu filhinho tenha morrido.)
  *Nunes **IGNORA** a **intervenção**.* (NO)
      (= Nunes ignora que se tenha intervindo.)
  ***ESTRANHEI** a **incompreensão**.* (A)
      (= Estranhei que não tenham compreendido.)
  *O que me **ADMIRAVA** era a **rapidez** com que tudo ocorrera.* (CCA)
      (= O que me admirava era que tudo ocorrera rapidamente.)

d) Com truncamento da **oração completiva**, que fica reduzida a um dos **termos** da **predicação**. Isso ocorre com alguns **factivos**, como *IGNORAR, DESCOBRIR, COMPREENDER* e *RELEVAR*:

  *Venho aqui a chamado de Sua Excelência o Governador, declaro mais que **IGNORO a razão do chamado**.* (AM)
  (= ignoro qual é a razão do chamado)

O Verbo

*[Jesuíno] demonstrou grande interesse pelo embrulho, tentando **DESCOBRIR seu conteúdo**.* (PN)

(= tentando descobrir qual era seu conteúdo)

*Não **COMPREENDES** sequer **a gravidade de tuas palavras**.* (BN)

(= Não compreendes sequer qual é a gravidade de tuas palavras)

*Sim, pelo que vejo, conseguiram **DESCOBRIR o Mágico**.* (CEN)

(= conseguiram descobrir quem é o Mágico)

*Deu uma revista à menina, trancou-a no banheiro e foi deitar-se com ele, **QUE SE DESCULPAVA da barba comprida**, o pijama cheirando a suor.* (CE)

(= que se desculpava de ter a barba comprida)

*A noção de programa genético **RELEVA a noção e o papel da informação na organização dos seres vivos**.* (CIB)

(= releva qual seja a noção e o papel da informação na organização dos seres vivos)

\# Os **verbos factivos** *SABER* e *DESCOBRIR* admitem, ainda, outro tipo de construção, em que a oração completiva é reduzida a **sujeito acusativo** (representado por **pronome oblíquo átono**) seguido de um **predicativo** desse **sujeito acusativo**, ou de um **locativo**.

*Todos o **SABIAM gravemente doente**.* (HP)

(= sabiam ele [estar] gravemente doente)

*Como um namorado que **se SABE esperado**, queria ainda reter um pouco de glória naquele instante.* (CR)

(= sabe ele [ser] esperado)

*E agora Ângela **DESCOBRE-o capaz de hipocrisia**.* (CC)

(= descobre ele [ser] capaz de hipocrisia)

*Estou sofrendo por **te SABER no Rio** e não ter aqui perto de mim.* (LM)

(= saber tu [estares] no Rio)

2.3.4.1.2 Verbos implicativos

Nos **predicados implicativos** está envolvida a noção de condição necessária e suficiente, que apenas determina se o estado de coisas descrito na oração completiva ocorre ou não.

Os **predicados implicativos** podem ser:

a) **Afirmativos**

São **verbos** como *CONSEGUIR, CHEGAR A, LEMBRAR, LEMBRAR(-SE) DE* (= não se esquecer de; não deixar de), *PREOCUPAR, PREOCUPAR-SE COM, INQUIETAR-SE COM,*

35

*TER A DESGRAÇA DE, APROVEITAR A OCASIÃO DE, DAR-SE O TRABALHO DE, OCOR-
RER, ADVIR* e similares:

> *Minha situação é tão aflitiva, que **CHEGO** até **A** fazer perguntas tolas.* (FIG)
> ***LEMBREI-ME DE** pôr a limpo o caso do meu patrício.* (BU)
> ***OCORRE** que movi – e ganhei – uma ação.* (FSP)

Nos **enunciados afirmativos**, os **predicados implicativos afirmativos** se comportam como os **factivos** (eles implicam a **factualidade** do **complemento**), mas nos **enunciados negativos** seu **complemento** é entendido como não factual.

> *Instruindo-a [a chimpanzé] no uso dos objetos do lar, os Gardner **CONSEGUIRAM
> que ela aprendesse o significado de 150 sinais.*** (SU)
> (= aprendeu)
> *Os pais que entram com ações na Justiça perdem o direito à matrícula ou **NÃO
> CONSEGUEM** que os filhos assistam normalmente às aulas.* (CLA)
> (= não assistem)

b) **Negativos**

A implicação negativa pode ser expressa pelos **predicados** arrolados acima, construídos com a negação (*NÃO CONSEGUIR, NÃO CHEGAR A, NÃO LEMBRAR-SE DE, NÃO
PREOCUPAR-SE COM, NÃO INQUIETAR-SE COM* etc.). Há, entretanto, com o mesmo valor, **verbos implicativos negativos**, como *ESQUECER-SE DE, RECUSAR-SE A, EVI-
TAR, ABSTER-SE DE, DEIXAR DE*.

Num **enunciado afirmativo** com um desses **predicados** na **oração principal**, o **complemento** é não factual, porque eles representam uma condição necessária e suficiente para que não se entenda o **complemento** como ocorrente:

> *Você **DEIXOU DE ser um grande escritor verdadeiramente**.* (BV)
> (= você já não é um grande escritor)
> *Dona Almerinda Chaves (esposa do político Elói Chaves) viajou para a fazenda,
> **ESQUECEU DE deixar costura para ela.*** (ANA)
> (= não deixou costura)
> *Manda o recato que eu **ME ABSTENHA DE entrar em maiores detalhes sobre o
> assunto**.* (AL)
> (= não entra)
> *Eu **ME RECUSO a negar-lhe comida**.* (REA)
> (= não nego)

Num **enunciado negativo** com um desses **predicados negativos** na **oração principal**, o **complemento** é factual:

Isso *NÃO EVITAVA que os mais exaltados chegassem até a lhe encomendar surras homéricas.* (LIP)
(= permitia)

Os **verbos implicativos afirmativos** admitem os seguintes tipos de construção:

a) Com **oração completiva** iniciada pela **conjunção** integrante *que*. O **sujeito** da **oração principal** e o da **completiva** são não correferenciais:

Um dos médicos é também piloto de corridas e conseguiu que alguns dos seus colegas participassem de uma segunda série de experiências. (REA)
(= Um dos médicos conseguiu que alguns dos seus colegas participassem.)

Só então nos OCORREU que não havia gelo.

b) Com **oração completiva** com **verbo** no **infinitivo**. O **sujeito** da **oração principal** e **o da completiva** podem ser

• correferenciais:

Os consumidores CONSEGUIRAM absorver a alta de preços. (OD)
(Os consumidores conseguiram [os consumidores] absorver.)
CHEGO a ter alucinações. (OSA)
Também me LEMBRO de achar estranho que casas pudessem ser alugadas. (ATI)

• não correferenciais:

Não lhe OCORREU botar veneno no cálice dela. (AFA)
PREOCUPAVA-ME notar o isolamento de uma pessoa na multidão. (MEC)

Nesses dois casos, os **verbos** implicativos são **verbos unipessoais**: seu **sujeito** é a **oração infinitiva**.

c) Com **complemento** representado por uma **nominalização** da oração completiva:

Quer dizer que afinal ele CONSEGUIU a nomeação. (FA)
(= Quer dizer que afinal ele conseguiu ser nomeado.)
PREOCUPAVA-se com a demora do ônibus. (FA)
(= Preocupava-se com que o ônibus demorasse.)
A revista LEMBRA, por exemplo, a reação perplexa do ex-ministro. (ESP)
(= A revista lembra (...) que o ex-ministro reagiu com perplexidade.)
É nelas [mitocôndrias] que OCORRE a transformação do oxigênio captado pelo organismo em energia. (SU)
(= É nelas [mitocôndrias] que ocorre que o oxigênio captado pelo organismo se transforme em energia.)

d) Com truncamento da **oração completiva**, que fica reduzida a um dos **termos** da **predicação**. Isso ocorre com alguns **implicativos**, como *CONSEGUIR* e *PREOCUPAR*:

> *Já afundado até os peitos, **CONSEGUIU** sempre uma vantagem.* (JA)
> (= conseguiu sempre obter uma vantagem)
> *Caso o Dr. Antenor não **CONSIGA esse dinheiro**, a senhora não terá outra opção!* (DZ)
> (= não consiga obter esse dinheiro)
> *No século XIX, **PREOCUPA-SE** com **o imposto** de importação mais para fins de receita do que de proteção.* (TA-O)
> (= preocupa-se com pagar o imposto)

\# O **verbo** implicativo *CONSEGUIR* admite, ainda, outras possibilidades de complementação:

• Com transposição do **sujeito** da **oração completiva conjuncional** para a **oração principal**, como **objeto indireto** do **verbo** *CONSEGUIR*, que passa a ter dois **complementos** (**objeto direto oracional** e **objeto indireto**).

> *CONSEGUI-LHE que fosse nomeado.*
> (= Consegui que ele fosse nomeado.)

• Com transposição do **sujeito** da **oração completiva infinitiva** para a **oração principal**, como **objeto indireto** do **verbo** *CONSEGUIR*, que passa a ter dois **complementos** (**objeto direto oracional** de infinitivo e **objeto indireto**).

> *CONSEGUI-lhe ser nomeado.*
> (= Consegui que ele fosse nomeado.)

• Com transposição do **sujeito** da **oração completiva conjuncional** para a **oração principal**, como **objeto indireto**, e com o **objeto direto** representado pela **nominalização** do **verbo** da **oração completiva**.

> *Ignoro quem **me CONSEGUIU** alojamento.* (MEC)
> (= Eu ignoro quem conseguiu que eu fosse alojado.)

\# Com o **verbo implicativo** *LEMBRAR*(-se) ocorre um outro tipo de construção, em que a **oração completiva** é reduzida a **sujeito** representado por **pronome pessoal** preposicionado seguido de **predicativo do sujeito**. Esse tipo de construção é observável em possíveis ocorrências como:

> ***LEMBRO dele baixinho, mais moreno dos cabelos e barbicha brancos, troncudo, de poucas palavras.*** (CF)
> (= Lembro de ele [ser] baixinho.)

*Só me **LEMBRO** dele atrapalhado com aquela criança.* (TGG)
(= Só me lembro de ele [estar] atrapalhado com aquela criança.)

\# Quanto à **regência** particular do verbo *lembrar-se,* cabe observar-se que, de acordo com as lições da gramática tradicional, esse **verbo** – assim como o **verbo** *esquecer(-se)* – constrói-se com **objeto direto**, quando não pronominal, e com **objeto indireto** introduzido pela preposição *de*, quando pronominal:

*A revista **LEMBRA**, por exemplo, a reação perplexa do ex-ministro.* (ESP)
LEMBRO *que era de fachada cinzenta, de cômodos espaçosos de gente acolhedora.* (CF)
***LEMBRO-ME dele**, dos seus cabelos que se confundiam com as barbas.* (ML)
***LEMBRO-ME de** que chamei um amigo arquiteto para planejar a chegada dos quinhentos figurantes.* (FIC)
***LEMBREI-ME de** pôr a limpo o caso do meu patrício.* (BU)

Entretanto, ocorrem construções como:

***LEMBRO dele** na casa da Avenida do Contorno.* (CF)
*É bom **LEMBRAR de** que há poesia popular em todo o Brasil.* (LIP)
*O diretor do Teatro **LEMBROU-SE** que não dormira durante a noite.* (BB)

Os **verbos implicativos negativos** admitem os seguintes tipos de construção:

a) Com **oração completiva** iniciada pela **conjunção integrante** *que*. O **sujeito** da **oração principal** e o da **completiva** podem ser

• correferenciais:

*Não **SE ESQUEÇA** que **você** comeu do bom e do melhor.* (DEL)
(= Você não se esqueça que você comeu.)

• não correferenciais:

*Essa providência **EVITARÁ** que **você** esqueça os lanches.* (CLA)
(= Essa providência evitará que você esqueça.)
***ESQUEÇA** que **ele** existe.* (REI)
***ESQUECE-se o deputado Lira** de que o **MDB** foi dissolvido.* (OPP)

b) Com **oração completiva** com **verbo** no **infinitivo**. O **sujeito** da **oração principal** e o da **completiva** são correferenciais:

*Não **ESQUEÇA** também de mandar cotar.* (REI)
(= Você não se esqueça de [você] mandar.)
*Manda o recato que eu **ME ABSTENHA** de entrar em maiores detalhes sobre o assunto.* (AL)
*Eu **EVITO** dar-lhe todos os comprimidos.* (REA)

A FORMAÇÃO BÁSICA DAS PREDICAÇÕES

ESQUECI-me de mandar reservar acomodação para o doutor que vem aí. (AM)
Um hotel de São Paulo RECUSOU hospedar a cantora. (CT)

c) Com **complemento** representado por uma **nominalização** da **oração completiva**:

EVITAVA prosa. (CHA)
   (= Evitava prosear.)
As cidades são armazéns de ódio; fazem o homem ESQUECER sua insignificância.
(RC)
   (= As cidades fazem o homem esquecer que são insignificantes.)
Os Vacarianos RECUSARAM a homenagem. (INC)
   (= Os Vacarianos recusaram ser homenageados.)

d) Com truncamento da **oração completiva**, que fica reduzida a um de seus **argumentos**. Isso ocorre com alguns **implicativos**, como *ABSTER-SE DE, EVITAR, ESQUECER-SE DE, RECUSAR*:

Não ME ABSTIVE do líquido enjoativo. (MEC)
   (= Não me abstive de beber o líquido enjoativo.)
Tentando EVITAR uma tragédia, os vizinhos interferiram no caso. (JC)
   (= Tentando evitar que houvesse uma tragédia, os vizinhos interferiram no caso.)
Não se ESQUEÇA dos bezerros. (CT)
   (= Não se esqueça de prender os bezerros.)
Luísa RECUSOU seu dinheiro. (BRV)
   (= Luísa recusou receber seu dinheiro.)
Sem isso tudo a pessoa torna-se indiferente, RECUSA qualquer espécie de sensação. (Z)
   (= Sem isso tudo a pessoa torna-se indiferente, recusa ter qualquer espécie de sensação.)

\# Com o **implicativo negativo** *ESQUECER* ocorre um outro tipo de construção: com transposição do **sujeito** da **oração completiva** para a posição de **objeto direto** da **oração principal**.

Não ESQUEÇO você me perguntando se eu sabia ler. (PM)
   (= não esqueço você + você perguntando)

\# Com o **implicativo negativo** *EVITAR* ocorre um outro tipo de construção: com transposição do **sujeito** da **oração completiva** para a posição de **objeto indireto** da **oração principal** e com o **objeto direto** representado pela **nominalização** do **verbo** da **oração completiva**.

Soube que o Saturnino EVITOU-lhe o suicídio e ajudou-a financeiramente a criar o menino. (PCO)
   (= Soube que o Saturnino evitou que ela se suicidasse.)

O Verbo

\# Quanto à **regência** particular do verbo *esquecer(-se)*, cabe observar-se que, de acordo com as lições da gramática tradicional, esse **verbo** – assim como o **verbo** *lembrar(-se)* – constrói-se com **objeto direto**, quando não pronominal, e com **objeto indireto** introduzido pela preposição *de*, quando pronominal:

> *As cidades são armazéns de ódio; fazem o homem **ESQUECER** sua insignificância.* (RC)
> ***ESQUEÇA** que ele existe.* (REI)
> *Não **ESQUEÇO você** me perguntando se eu sabia ler.* (PM)
> *Não **se ESQUEÇA dos** bezerros.* (CT)
> ***ESQUECE-SE** o deputado Lira **de** que o MDB foi dissolvido.* (OPP)
> ***ESQUECI-me de** mandar reservar acomodação para o doutor que vem aí.* (AM)

Entretanto, ocorrem construções como:

> *Não **SE ESQUEÇA** que você comeu do bom e do melhor.* (DEL)
> *Não **ESQUEÇA** também **de** mandar cotar.* (REI)

2.3.4.1.3 Verbos causativos (verbos "se")

Os **verbos causativos** são **verbos implicativos** menos perfeitos, ou **implicativos simples,** já que indicam uma condição suficiente, e não uma condição necessária e suficiente ao mesmo tempo, como é o caso dos **implicativos** vistos em 2.3.4.1.2. Por essa razão, esses verbos são também chamados **verbos** *se*.

Os **verbos causativos** podem ser **afirmativos** ou **negativos**.

a) **Verbos causativos afirmativos:**

São **causativos afirmativos verbos** como *FAZER, CAUSAR, FORÇAR, PROVOCAR, ASSEGURAR, PROVAR, MOSTRAR, CUIDAR, IMPLICAR, SIGNIFICAR* e similares.

Num **enunciado afirmativo** com um desses **predicados** na **oração principal**, o **complemento** é implicado como factual:

> *Paulinho **CUIDOU que** Cartola (...) **chegasse intacto no seu samba.** (VIO)*
> *Os jesuítas (...) **FIZERAM que o Brasil fosse envolvido pela corrente revolucionária.*** (TGB)
> *Não quer nada com este mundo ou com esta cidade – e minha mão na sua lhe* ***ASSEGURA que lhe estou dando inteira razão.*** (DM)
> ***SIGNIFICA que preciso ter cuidado para não dar nenhum passo em falso.*** (MD)

Num **enunciado negativo** com um desses **predicados** na **oração principal**, o **complemento** fica neutro:

A classificação de suspeita **NÃO SIGNIFICA que a estaca seja condenada**. (FSP)
*Tudo isso **NÃO PROVA que a senhora não seja uma traiçoeira**.* (AS)

Os **verbos causativos afirmativos** admitem os seguintes tipos de construção:

a.1) Com **oração completiva** iniciada pela **conjunção integrante** *que*. O **sujeito** da **oração principal** e o da **completiva** podem ser

- correferenciais:

  *A **TV Plus** **ASSEGURA** que comprou os direitos da sinopse.* (FSP)
  (= A TV Plus assegura que [a TV Plus] comprou.)
  *Você **PROVOU** que é um líder.* (NOD)
  (= Você provou que [você] é um líder.)

- não correferenciais:

  ***O dia de sol**, cerca de 30ºC, **FEZ** que **muita gente** fosse ao parque para aproveitar o calor também.* (FSP)
  (= O dia de sol fez que muita gente fosse.)
  *Quem **ASSEGURA** que **ele** não seja um foragido da lei?* (PV)
  ***O Brasil PROVOU** que era possível **plantar combustível**.* (VEJ)
  ***Dados oficiais de Distribuidores de Veículos Automotores MOSTRAM** que essa **participação** caiu para 26% do mercado.* (OI)
  ***SIGNIFICA** que estamos sendo manipulados.* (SPI)

a.2) Com **oração completiva** com **verbo** no **infinitivo**. O **sujeito** da **oração principal** e o da **completiva** podem ser

- correferenciais:

  *Mas já que **você PROVOU** ser tão prestativo é de fato justo que receba uma recompensa.* (SPI)
  (= Você provou que [você] é.)
  ***O economista MOSTROU** compreender que Portugal tornara-se mero explorador ou transmissor de riqueza.* (CGS)

- não correferenciais:

  ***FAZEM ver** que **a citada senhora** (...) apropriou-se, de forma indébita, das verbas doadas pelo Estado à Legião.* (DZ)
  ***O advogado Omar Ferri**, procurador da mãe de Lilian no Brasil, **ASSEGURA ter havido** um caso estranho no aeroporto Salgado Filho.* (MAN)
  ***PROVOU** ser de todo inútil **pregar a abstenção do barulho**.* (OV)
  ***Corrigir as prestações** não **SIGNIFICA** dar um acréscimo ao volume.* (OD)

O Verbo

\# Pode ocorrer transposição do **sujeito** da **oração completiva infinitiva** para a **oração principal**. O **sujeito** da **oração principal** e o da **completiva** são não correferenciais, e o **complemento** da **oração principal** e o **sujeito** da **completiva** são correferenciais:

> *Se ela era tímida,* ***ele a FORÇARIA*** *a decidir.* (PCO)
>   (= ele forçar ela + ela decidir)
> *Atitudes como estas* ***nos FORÇAM*** *a acreditar naquilo que preconizou o nobre Líder*
>   *da oposição, que realmente o País está enfermo.* (GA-O)

a.3) Com **complemento** representado por **nominalização** da **oração completiva**:

> *Queriam* ***ASSEGURAR*** *meu descanso eterno!* (PEL)
>   (= Queriam assegurar que eu descansasse eternamente!)
> *Às vezes as nossas qualidades é que* ***CAUSAM*** *a nossa desgraça.* (PD)
>   (= Às vezes as nossas qualidades é que causam que nos desgracemos.)
> *Ah,* ***CUIDO*** *também de cessação de mênstruos.* (RET)
>   (= Ah, cuido também que cessem mênstruos.)
> *Duvido que alguém me* ***PROVE****, pela Escritura, a existência do Purgatório!* (DM)
>   (= Duvido que alguém me prove, pela Escritura, que o Purgatório existe!)
> *O malogro de um membro não pode* ***SIGNIFICAR*** *o malogro de toda a comunidade.*
>   (NE-O)
>   (= O malogro de um membro não pode significar que toda a comunidade malogre.)
> *A extinção* ***IMPLICARÁ*** *muitos remanejamentos.* (CB)
>   (= A extinção implicará que se remaneje muito.)

a.4) Com truncamento da **oração completiva**, que fica reduzida a um de seus **argumentos**. Isso ocorre com alguns **causativos**, como *ASSEGURAR*, *CAUSAR*, *PROVAR*:

> *Camomila-C* ***ASSEGURA*** *uma dentição normal.* (MAN)
>   (= Camomila-C assegura que haja uma dentição normal.)
> *O discurso* ***CAUSOU*** *escândalo.* (AM-O)
>   (= O discurso causou que houvesse escândalo.)
> *Tenho comigo documentos que* ***PROVAM*** *a identidade dos legítimos hóspedes deste*
>   *quarto: meu marido e eu.* (VN)
>   (= Tenho comigo documentos que provam qual é a identidade dos legítimos hóspedes
>   deste quarto: meu marido e eu.)

\# O **verbo** *ASSEGURAR* admite, ainda, **construção** com transposição do **sujeito** da **oração completiva** para a **oração principal**, na qual funciona como **objeto indireto** do **verbo assegurar**, que passa, então, a ter dois **complementos (objeto direto e objeto indireto)**. Esse tipo de construção é observável em possíveis ocorrências do tipo:

43

A Formação Básica das Predicações

Camomila-C ASSEGURA-lhe [que ele tenha] uma dentição normal.
(= assegura a ele que ele tenha)

\# O **verbo** *FORÇAR* admite uma outra possibilidade de complementação oracional, na qual ocorre a transposição do **sujeito** da **oração completiva** para a **oração principal**, sendo a **oração completiva** iniciada por **preposição** (**objetiva indireta**):

> *Caíram de pau em cima do ministro, até que no começo de 1891 FORÇARAM-no a renunciar ao Ministério da Fazenda.* (HIB)
> (= Forçaram a que ele renunciasse.)

\# O **verbo** *FORÇAR* admite ainda a mesma transposição do **sujeito** da **oração completiva** para a **oração principal**; o **complemento** iniciado por **preposição** ocorre como uma **nominalização**:

> *Não soubemos tirar partido de um sotaque ou de uma perturbação devida a tacanhice para FORÇAR um apóstolo ao ato de renegamento.* (NE-O)
> (= devida a tacanhice para forçar um apóstolo a renegar)

b) **Verbos causativos negativos**

São **causativos negativos** (**verbos** *se* **negativos**) **verbos** como *IMPEDIR, PROIBIR, DISSUADIR, DESENCORAJAR* e similares.

Num **enunciado afirmativo** com um desses **predicados** na **oração principal** o **complemento** é implicado como não factual:

> *O aiatolá Khomeini PROÍBE que seus funcionários toquem em outra mulher que não seja a sua mãe, mulher ou filha.* (VEJ)
> *Minha ex-mulher salta e põe a mão na mão da dona, conseguindo DISSUADI-la de chamar a polícia.* (EST)
> *O fazendeiro ameaçou ir embora, mas ela, de posse da Bereta, tentou IMPEDI-lo de sair.* (OP)

Num **enunciado negativo** com um desses **predicados** na **oração principal** o **complemento** fica neutro:

> *Religião que NÃO IMPEDIU que às vezes em termos de hoje fosse imperialismo puro e simples.* (ISL)
> *O fato de ser mulher NÃO IMPEDIU Semíramis de reinar na Síria.* (BOI)
> *Dr. Marcolino procurou Dissuadi-la da ideia.*

Os **verbos causativos negativos** admitem os seguintes tipos de construção:

b.1) Com **oração completiva** iniciada pela **conjunção integrante** *que*. O **sujeito** da **oração principal** e o da **completiva** são não correferenciais:

O Verbo

*Protegei os meninos ricos, pois **toda a riqueza** não **IMPEDE** que **eles** possam ficar doentes ou tristes.* (AID)
***A mãe PROIBIU** que **o filho** fosse vê-lo, mas Ternura desobedeceu e fugiu.* (JT)

b.2) Com **oração completiva** com **verbo** no **infinitivo**. O **sujeito** da **oração principal** e o da **completiva** são não correferenciais:

*O síndico já **PROIBIU** empinar papagaio no terraço.* (MP)

b.3) Com **complemento** representado por uma **nominalização** da **oração completiva**:

*A Lei de Diretrizes e Bases da Educação **IMPEDE** a discriminação de crianças.* (GLO)
(= A Lei de Diretrizes e Bases da Educação impede que as crianças sejam discriminadas.)
*Tal peculiaridade leva muitos a encarar o babaçu como uma "praga", pois facilmente se instala e é difícil de exterminar, o que **DESENCORAJA** o estabelecimento de outras culturas.* (BEB)
(= Facilmente se instala e é difícil de exterminar, o que desencoraja que se estabeleçam outras culturas.)
*Depois vêm os farmacêuticos querendo **PROIBIR** a venda de raiz.* (R)
(= Depois vêm os farmacêuticos querendo proibir que se venda raiz.)

b.4) Com truncamento da **oração completiva**, que fica reduzida a um de seus **argumentos**. Isso ocorre com alguns **causativos**, como *IMPEDIR* e *PROIBIR*:

*Os vizinhos **IMPEDIRAM** desgraça maior.* (PN)
(= Os vizinhos **IMPEDIRAM que houvesse** desgraça maior.)
*O Ato cuidou de banir professores, aposentar catedráticos, **PROIBIR** filmes.* (VEJ)
(= O Ato cuidou de proibir que se projetassem a filmes.)

b.5) Com transposição do **sujeito** da **oração completiva infinitiva** para a **oração principal,** ele passa a **objeto direto** do **verbo causativo negativo**, que se constrói, então, com dois **complementos**: um **objeto direto** nominal e um **complemento preposicionado** oracional, sem o **sujeito** expresso (havendo correferência entre o **sujeito** dessa **oração** e o **objeto direto** do **verbo** causativo negativo):

*Heloísa **me IMPEDIRA de amar**.* (SE)
(= Heloisa me impedira de [eu] amar)
*Para preservar a segurança dos filhos, Sandra Maria de Oliveira **os PROÍBE de brincar na rua**.* (ESP)
PROÍBO-te de falares desse modo! (CC)
*Pedrão **DISSUADIU o chefe de permanecer em Cumbe**.* (JA)

A Formação Básica das Predicações

\#   Os **verbos** *PROIBIR*, *IMPEDIR* e *DISSUADIR DE* admitem, ainda, transposição do **sujeito** da **oração completiva** (**conjuncional** ou **infinitiva**) para a **oração principal** com esse elemento passando a **objeto indireto** do **verbo** da **oração principal**. O **verbo** *PROIBIR* se constrói, então, com dois **complementos**: um **objeto indireto** nominal e um **objeto direto** oracional, sem o **sujeito** expresso (havendo correferência entre o **sujeito** da **oração** e o **objeto indireto** de *PROIBIR*):

> *Fui eu que lhe PROIBI terminantemente que contasse.* (LM)
>   (= Eu lhe proibi que [ele] contasse.)
> *PROÍBO-te falares desse modo!* (CC)
>   (= Eu te proíbo [tu] falares.)

\#   Os **verbos** *PROIBIR* e *IMPEDIR* admitem transposição do **sujeito** da **oração completiva conjuncional** para a **oração principal**, como **objeto indireto**, sendo o **objeto direto** representado pela **nominalização** do **verbo** da **oração completiva**:

> *O governo poderá incluir na CLT dispositivos PROIBINDO às empresas o pagamento de dias parados.* (CB)
>   (= proibindo às empresas que as empresas paguem)
> *A falta de luz IMPEDE-nos o prosseguimento desse amigável diálogo.* (VEJ)
>   (= impede-nos que nós prossigamos)

\#   O **verbo** *DISSUADIR* admite transposição do **sujeito** da **oração completiva conjuncional** para a **oração principal**, como **objeto direto**, e com o **complemento preposicionado** representado pela **nominalização** do **verbo** da **oração completiva**:

> *Tentar DISSUADIR Celita daquele amor?* (G)
> (= dissuadir Celita de Celita amar)

2.3.4.1.4 Verbos "somente se"

Outros **predicados** indicam uma condição necessária, mas não uma condição suficiente, e, por isso, são chamados **verbos** *"somente se"*.

a)   **Afirmativos**, como *PODER, TER TEMPO DE, TER PACIÊNCIA DE, TER CORAGEM DE, TER (A) OPORTUNIDADE DE).*

Num **enunciado afirmativo** com um desses **predicados** na **oração principal** não há implicação precisa. O **complemento** é uma **oração infinitiva**:

> *Eu sei que POSSO transformar você num grande ídolo internacional.* (ARA)
> *Verei o que POSSO fazer.* (DZ)

Num **enunciado negativo** com um desses **predicados** na **oração principal** o **complemento** é implicado como não factual:

NÃO PUDE esconder minha surpresa. (A)
(= Não escondi.)

b) **Negativos**, como *HESITAR.*

Num **enunciado afirmativo** com um desses **predicados** na **oração principal** o **complemento** é neutro:

HESITO em entrar nesse assunto do meio ambiente que reúne no Rio tantas sumidades. (JB)

Num **enunciado negativo** com um desses **predicados** na **oração principal** o **complemento** é factual:

Sérgio NÃO HESITOU em se mostrar desarvorado com o protesto. (A)
(= mostrou-se)
NÃO HESITARAM em matar ou mandar matar. (REI)
(= mataram ou mandaram matar)

Os **verbos** *"somente se"* negativos admitem os seguintes tipos de construção:

b.1) Com **oração completiva** com **verbo** no infinitivo.

[Milton] não HESITOU em pendurar-se no viaduto. (GTT)

b.2) Com **complemento** representado por uma **nominalização** da **oração completiva**.

Ricúpero não foi o único político que deixou de HESITAR na seleção das informações para uso público. (RI)

2.3.4.2 Verbos de elocução

2.3.4.2.1 Os **verbos de elocução** são **verbos** introdutores de discurso (**discurso direto** ou **discurso indireto**).

No **discurso direto**, o falante tem uma responsabilidade muito menor sobre a **oração completiva**, que é uma citação direta, ficando o controle das expressões **correferenciais** e **dêiticas** (de referência à situação) circunscrito à própria **oração** citada, e, portanto, independente de referência ao falante:

E o pior é que ela sabia assinar. Aí, diz que o padre tirou o papel do bolso e DISSE: "Então assine aqui". (ALE)

O **discurso indireto** não envolve citação literal do que o **sujeito** diz, mas construói uma paráfrase pela qual o falante assume a responsabilidade do que é referido, além de controlar a correferência dos **pronomes** e dos **advérbios dêiticos**, já que a **dêixis** deixa de ficar centrada no **sujeito** do **verbo** da completiva. A ocorrência anterior ficaria assim em **discurso indireto**:

> *E o pior é que ela sabia assinar. Aí, diz que o padre tirou o papel do bolso e **DISSE**
> que **ela** assinasse **lá**.*

2.3.4.2.2 São **verbos de elocução**:

a) **Verbos de dizer**, ou **verbos** *dicendi* – que são os **verbos de elocução** propriamente ditos –: são **verbos** de ação cujo **complemento** direto é o conteúdo do que se diz.

A esse grupo pertencem os **verbos** *FALAR* e *DIZER*, básicos, porque neutros, e uma série de outros **verbos** cujo significado traz, somado ao dizer básico, informações sobre o modo de realização do enunciado (*GRITAR, BERRAR, EXCLAMAR, SUSSURRAR, COCHICHAR* etc.), à qual podem acrescer-se ainda noções sobre a cronologia discursiva (*RETRUCAR, REPETIR, COMPLETAR, EMENDAR, ARREMATAR, TORNAR*, etc.):

> *O gordinho **GRITAVA** que aquilo era um desaforo.* (CV)
> ***BERROU** que em Ponta Grossa ninguém tirava dinheiro de cego ou de capenga.*
> (CL)
> *Michelângelo, diante de um bloco de mármore de Carrara, **EXCLAMOU** que ali
> dentro estava Moisés.* (VEJ)
> *deposto **SUSSURRAVA** que não queria desgraças.* (UQ)
> *Alguns disseram que só não gostaram mais da história porque não tinha fim, mas o
> cego **RETRUCOU** que nenhuma história tem fim, eles era que pensavam que as
> histórias tinham fim.* (VPB)
> *Clemente **REPETIU** que ia pensar.* (AGO)
> *E uma bela senhora, que ouvia a conversa, **EMENDOU** que era um galanteador
> barato, vulgar, e, para dizer tudo, gagá.* (B)

\# Entre os **verbos de dizer** há muitos que apresentam lexicalizado o modo que caracteriza esse dizer. São **verbos** como *QUEIXAR-SE, COMENTAR, CONFIDENCIAR, OBSERVAR, PROTESTAR, EXPLICAR, AVISAR, INFORMAR, RESPONDER, SUGERIR* etc., que podem ser parafraseados por *dizer uma queixa, dizer um comentário, dizer uma confidência, dizer uma observação, dizer um protesto, dizer uma explicação, dizer* *um aviso*, *dizer uma informação*, *dizer uma resposta*, *dizer uma sugestão*, e assim por diante.

> *Quércia QUEIXOU-SE de que não podia ser abandonado num momento tão grave.* (VEJ)
> *Buda COMENTAVA que é mais fácil vencer um exército do que a si mesmo.* (BUD)
> *Alain Prost CONFIDENCIOU que está com muita vontade de voltar à F-1.* (FSP)
> *Os pais se desesperam, mas o psicólogo EXPLICA que eles devem ser compreensivos com os pequenos.* (VEJ)
> *copeiro AVISA que o delegado está chegando.* (ACM)
> *A família INFORMAVA que Zeno estava dormindo.* (FSP)
> *Luiz OBSERVOU que procuravam realmente pensar numa resposta.* (OS)
> *Ela foi bulir na cozinha e quebrou o prato – SUGERIU de dedo no ar a morena das Dores.* (CR)

b) **Verbos** que introduzem discurso, mas não necessariamente indicam atos de fala.

Esses **verbos** subdividem-se em:

b.1) **Verbos** que instrumentalizam o que se diz:

São **verbos**, como *ACALMAR, AMEAÇAR, CONSOLAR, DESILUDIR, GARANTIR*, que indicam ações realizadas com o uso de um instrumento, que pode consistir, eventualmente, em um dizer. Pode-se, por exemplo, *AMEAÇAR* alguém com uma faca, com um gesto ou com palavras.

> *Eu o AMEACEI com um processo junto à corregedoria de Justiça.* (AL)
> *Raul AMEAÇOU-o com os punhos: – Olhe, que eu lhe dou uns tabefes.* (FR)

b.2) **Verbos** que circunstanciam o que se diz:

São **verbos** que expressam uma ação ou um processo que pode realizar-se ao mesmo tempo que o dizer. Indicam, então, as circunstâncias que caracterizam o ato de fala. Alguns desses **verbos** são: *RIR, CHORAR, ESPANTAR-SE, SUSPIRAR* etc.

> *"Quero saber quem foi esse bispo e poder voltar aos meus livros de medicina antiga."*
> *"E eu, aos meus textos sobre alquimia", SUSPIROU Bruno.* (ACM)
> *– Como? – ESPANTOU-SE. – Quer prestar exames no Ateneu e me vem com "um tiquinho" para Aritmética?* (CR)

2.3.4.2.3 O discurso introduzido pelos **verbos de elocução** pode estar contido em diferentes tipos de **complemento**, conforme se resume nos quadros a seguir:

A FORMAÇÃO BÁSICA DAS PREDICAÇÕES

a) Verbos de simples dizer e verbos que qualificam o que é dito:

VERBOS	TIPOS DE DISCURSO		FORMA DO COMPLEMENTO			
	DISCURSO DIRETO	DISCURSO INDIRETO	ORAÇÃO INFINITIVA	ORAÇÃO CONJ. QUE	ORAÇÃO CONJ. SE	SINTAGMA NOMINAL (nominalização)
aconselhar	x	x	---	x	---	x
afirmar	x	x	x	x	---	x
alegar	x	x	x	x	---	x
antecipar (-se)	x	x	x	x	---	x
anunciar	x	x	x	x	---	x
argumentar	x	x	x	x	---	---
arrematar	x	---	---	---	---	---
assegurar	x	x	x	x	---	x
avisar	x	x	x	x	---	de x
berrar	x	x	x	x	---	---
boquejar	x	x	x	x	---	---
citar	x	---	---	---	---	---
cochichar	x	x	x	x	---	---
comentar	x	x	x	x	---	x
completar	x	---	---	---	---	---
comunicar	x	x	x	x	---	x
concluir	x	x	x	x	---	---
concordar	x	x	x	x	---	com x
confessar	x	x	x	x	---	x
confiar	x	x	x	x	---	x
confidenciar	x	x	x	x	---	x
confirmar	x	x	x	x	---	x
considerar	x	---	---	---	---	---
contar	x	x	x	x	---	
continuar	x	---	---	---	---	---
criticar	x	---	---	---	---	---
declarar	x	x	x	x	---	x
determinar	x	x	x	x	---	x
destacar	x	x	x	x	---	x
diagnosticar	x	x	x	x	---	x
dizer	x	x	x	x	---	---
emendar	x	x	---	x	---	---
enfatizar	x	x	x	x	---	x
esclarecer	x	x	x	x	---	---

VERBOS	TIPOS DE DISCURSO		FORMA DO COMPLEMENTO			
	DISCURSO DIRETO	DISCURSO INDIRETO	ORAÇÃO INFINITIVA	ORAÇÃO CONJ. QUE	ORAÇÃO CONJ. SE	SINTAGMA NOMINAL (nominalização)
exclamar	*x*	*x*	*x*	*x*	---	---
explicar	*x*	*x*	*x*	*x*	---	*x*
expor	*x*	*x*	---	*x*	---	*x*
falar	*x*	*x*	*x*	*x*	---	*de/sobre x*
frisar	*x*	*x*	*x*	*x*	---	*x*
garantir	*x*	*x*	*x*	*x*	---	*x*
gritar	*x*	*x*	*x*	*x*	---	---
informar	*x*	*x*	*x*	*x*	---	*x*
insinuar	*x*	*x*	*x*	*x*	---	*x*
insistir (em)	*x*	*x*	*x*	*x*	---	*x*
jurar	*x*	*x*	*x*	*x*	---	---
lembrar	*x*	*x*	*x*	*x*	---	*x*
negar	*x*	*x*	*x*	*x*	---	*x*
observar	*x*	*x*	*x*	*x*	---	---
ordenar	*x*	*x*	---	*x*	---	---
participar	*x*	*x*	*x*	*x*	---	*x*
perguntar	*x*	*x*	---	---	*x*	*de/sobre x*
ponderar	*x*	*x*	*x*	*x*	---	---
pregar	*x*	*x*	*x*	*x*	---	*x*
prevenir	*x*	*x*	*x*	*x*	---	---
proclamar	*x*	*x*	*x*	*x*	---	*x*
prometer	*x*	*x*	*x*	*x*	---	---
protestar	*x*	*x*	*x*	*x*	---	
queixar-se	*x*	*x*	---	*x*	---	---
questionar	*x*	*x*	*x*	*x*	*x*	*x*
reafirmar	*x*	*x*	*x*	*x*	---	*x*
reconhecer	*x*	*x*	*x*	*x*	---	*x*
reiterar	*x*	*x*	*x*	*x*	---	*x*
relatar	*x*	*x*	*x*	*x*	---	*x*
repetir	*x*	*x*	*x*	*x*	---	---
replicar	*x*	*x*	*x*	*x*	---	---
resmungar	*x*	*x*	---	*x*	---	---
responder	*x*	*x*	*x*	*x*	---	---
ressaltar	*x*	*x*	*x*	*x*	---	*x*
retrucar	*x*	*x*	*x*	*x*	---	---
revelar	*x*	*x*	*x*	*x*	---	*x*

A FORMAÇÃO BÁSICA DAS PREDICAÇÕES

VERBOS	TIPOS DE DISCURSO		FORMA DO COMPLEMENTO			
	DISCURSO DIRETO	DISCURSO INDIRETO	ORAÇÃO INFINITIVA	ORAÇÃO CONJ. QUE	ORAÇÃO CONJ. SE	SINTAGMA NOMINAL (nominalização)
salientar	x	x	x	x	---	x
sugerir	x	x	x	x	---	x
suplicar	x	x	---	x	---	---
sussurrar	x	x	x	x	---	---
tornar	x	---	---	---	---	---

Os **verbos** de simples dizer, em geral, podem construir-se com **oração completiva** introduzida por *se*, quando o enunciado é **negativo** ou **interrogativo**:

*Ele defende a liberdade de expressão, mas não **diz SE** concorda com Ciro.*
*Ele **disse SE** ia passar nalgum lugar antes?* (AF)

b) **Verbos que instrumentalizam ou que circunstanciam o que é dito:**

VERBOS	TIPO DE DISCURSO		FORMA DO COMPLEMENTO			
	DISCURSO DIRETO	DISCURSO INDIRETO	ORAÇÃO INFINITIVA	ORAÇÃO CONJ. QUE	ORAÇÃO CONJ. SE	NOMINALIZAÇÃO
acalmar	x	---	---	---	---	---
agastar-se	x	---	---	---	---	---
aguilhoar	x	---	---	---	---	---
ameaçar	x	x	---	x	---	x
apelar	x	---	---	---	---	---
bronquear	x	---	---	---	---	---
bulir	x	---	---	---	---	---
caçoar	x	---	---	---	---	---
chamar	x	---	---	---	---	---
chorar	x	---	---	---	---	---
conchavar	x	---	---	---	---	---
consolar	x	---	---	---	---	---
cumprimentar	x	---	---	---	---	---
debicar	x	---	---	---	---	---
debochar	x	---	---	---	---	---
desafiar	x	---	---	---	---	---
desiludir	x	---	---	---	---	---
escarnecer	x	---	---	---	---	---
espantar-se	x	---	---	---	---	---
ferroar	x	---	---	---	---	---

O VERBO

| VERBOS | TIPO DE DISCURSO | | FORMA DO COMPLEMENTO | | | |
	DISCURSO DIRETO	DISCURSO INDIRETO	ORAÇÃO INFINITIVA	ORAÇÃO CONJ. QUE	ORAÇÃO CONJ. SE	NOMINALIZAÇÃO
inclinar-se	x	---	---	---	---	---
interceptar	x	---	---	---	---	---
interromper	x	---	---	---	---	---
maldizer	x	---	---	---	---	---
remediar	x	---	---	---	---	---
rir	x	---	---	---	---	---
suspirar	x	---	---	---	---	---
zombar	x	---	---	---	---	---

Obs.: Os **verbos de elocução** são também estudados em **Orações completivas**.

2.3.5 Verbos-suporte

Esses **verbos** são também chamados **verbos funcionais, verbos gerais, verboides** e **verbalizadores**.

2.3.5.1 O conceito de verbo-suporte

Os **verbos-suporte** são **verbos** de significado bastante esvaziado que formam, com seu **complemento (objeto direto)**, um significado global, geralmente correspondente ao que tem um outro **verbo** da língua:

*Odete **DEU UM GRITO**, alguém acendeu a luz.* (CE)
   (= gritou)
*E então o falante **DEU UM RISO** e soltou a injúria suprema.* (BP)
   (= riu)
*A Nana me **DEU UM BEIJINHO** e ficamos imaginando.* (FAV)
   (= beijou)
*Dava um puxão mais violento no ubre da vaca, que **DAVA UM CHUTE** para trás, acertando um sino, que assim, anunciava a hora.* (ANB)
   (= chutava)
*Aí então resolvi **DAR UMA INVESTIDA** de leve.* (GTT)
   (= investir)
*Severino **FAZ UM ACENO** para o Cangaceiro.* (AC)
   (= acena)
*Tenório **DÁ UMA OLHADA** no jornal.* (I)
   (= olha)

A FORMAÇÃO BÁSICA DAS PREDICAÇÕES

*Dois dias é preciso **DAR UMA VIRADA** nos cachos.* (GL)
(= virar)
*Por causa de D. Ritinha, era o caso de se **DAR UMA SURRA** nele.* (CBC)
(= surrar)

Algumas das construções com **verbo-suporte**, entretanto, não têm um **verbo** simples em relação de paráfrase com a estrutura **verbo + sintagma nominal complemento**:

DÁ UMA COTOVELADA em Chico. (AC)
*O próximo que **DER UM PONTAPÉ** vai ser anão.* (AVL)
*A polícia impede as manifestações, **DANDO CACETADAS** e prendendo todo mundo.*
(RV)
Bem que me aborreceu ter ele fugido, pois há tempos não tenho oportunidade de
***DAR UMAS CANELADAS** e bofetões.* (ALF)

Há outros tipos de construções com **verbo** semanticamente esvaziado + **objeto** que podem até manter relações de paráfrase com **verbos** simples, mas que não constituem **verbos-suporte** por serem **expressões fixas**, cristalizadas. São algumas delas:

*O homem **FAZ PARTE** da natureza.* (SL)
Por isso mesmo o adolescente não se compreende a si próprio inteiramente, porque
*não **FAZ IDEIA** de suas crises e evoluções.* (AE)
*Outra curiosidade que Juca **FAZ QUESTÃO** de citar é a multa de quinhentos dólares,*
aplicada a quem jogar papel no chão. (AMI)
*O suco da fruta, porém, **FAZ SUCESSO** no exterior.* (AGF)
*João Grilo depois que começou a enterrar cachorro então, **FAZ GOSTO!*** (AC)

Num outro extremo estão as construções de **verbo pleno** com **objeto direto**, que guardam, um e outro, total individualidade semântica. Esses **verbos plenos** são os mesmos **verbos** que também se constroem como **verbo-suporte**:

*Fiz exame pré-nupcial e descobri que era estéril, não podia **TER FILHOS**.* (AFA)
(= gerar filhos)

2.3.5.2 As construções com **verbo-suporte**

As construções com **verbo-suporte** compõem-se de:

(i) um **verbo** com determinada natureza **semântica** básica, que funciona como instrumento **morfológico** e **sintático** na construção do **predicado**;

(ii) um **sintagma nominal** que entra em composição com o **verbo** para configurar o sentido do todo, bem como para determinar os **papéis temáticos** da **predicação**.

Essa caracterização dá margem a um conjunto variado de construções, mais próximas ou mais distantes das construções propostas como **prototípicas**. A indicação básica é, prototipicamente, que os **verbos-suporte** têm como **complemento** um **sintagma nominal** não referencial, de modo que o **complemento** típico de **verbos--suporte** traz um **substantivo** sem **determinante**, como em

A par de que este Azeredão desejava **FAZER VISTORIA** de casamento em sua pessoa,
Bebé de Melo, livre dos restos da caxumba, tratou de ganhar estrada. (CL)
A Alquimia **DEU ORIGEM** à arte real. (ALQ)
O patrão mais a patroa **TOMAM BANHO** de banheira. (US)
Já **FIZ USO** da música em algumas peças. (REI)

Os mesmos **verbos** de significação genérica típica das construções com **verbo--suporte** (DAR, FAZER, LEVAR etc.) funcionam como **verbos plenos** (isto é, de alta carga de significação) se têm como **complemento** um **sintagma nominal** referencial:

Sem temer represália das facções feministas mais exaltadas, Juca de Oliveira **FAZ UMA**
DECLARAÇÃO, no mínimo, muito polêmica: "Quando há amor, há posse". (AMI)
A molecada **DAVA O GRITO** de alerta: "Lá vem seu Geraldo!". (CR)
Quando Chico aproximou-se, distraído, Matatu **DEU-LHE UMA FACADA** no peito.
(CAP)
Eu não lhe **DERA A CACETADA** pelas costas. (PR)

Entre os **verbos-suporte**, encontram-se **verbos** de diversos tipos semânticos:

a) **Ação**

Vem cá, **DÁ UM BEIJINHO**. (O)
A vontade que a gente tem é de **DAR UM CHUTE** naquela tela! (REA)

b) **Processo**

Há quinze minutos que este telegrama me foi entregue e já o mundo **TOMA CONHE-**
CIMENTO do seu texto. (PRE)
[A piedade litúrgica] **TOMOU** novo e vigoroso **IMPULSO**. (MA-O)

c) **Estado**

A Cleg **TEM CONHECIMENTO** do problema. (CB)
Seu Marra **TEM NOÇÃO** de hierarquia e tacto suficiente. (SA)

2.3.5.3 As funções das construções com **verbo-suporte** nos enunciados

A partir do fato de que muitas das construções com **verbo-suporte** correspondem a outras construções com o mesmo significado básico, é necessário entender que

A Formação Básica das Predicações

o falante deve optar pelo emprego de um **verbo-suporte**, porque com esse emprego ele obtém algum efeito especial.

Alguns efeitos que podem ser obtidos com o uso de uma construção com **verbo--suporte**, em vez de sua correspondente com **verbo** pleno, são os que seguem.

a) O uso da construção sintática **verbo-suporte + objeto** permite maior versatilidade sintática.

a.1) Permite que se possa adjetivar o **substantivo** do **complemento** e que, assim, ele possa ser:

• **qualificado**, como em

> *Dois soldados apertam o garrote sobre um prisioneiro louro, que SOLTA UM GRITO lancinante.* (CC)
> *[O homem] TEVE UM RISO vazio e largo.* (M)
> *O guarda resolveu FAZER UMA VISTORIA mais caprichada.* (FE)
> *[A piedade litúrgica] TOMOU novo e vigoroso IMPULSO.* (MA-O)

• **classificado**, como em

> *A Lalica DEU UMA RISADINHA amarela.* (CG)
> *Em vez de DAR os dois BEIJINHOS estalados na face da companheira, deixou escapar com uma ponta de medo a pergunta que durante toda a tarde pretendera fazer.* (VI)

\# Tem de ser observado que, em muitos desses casos, fica evidente que as construções correspondentes com **verbos plenos** não são viáveis, ou são estranhas: *gritar lancinantemente, *rir vaziamente e largamente, *vistoriar caprichadamente, *impulsionar vigorosamente e novamente.*

a.2) Permite que se possa indicar **posse reflexiva**, quando o **nome** do **complemento** mantém com o **nome** do **sujeito** uma relação correferencial:

> *Loureba esfarrapado chegou perto e DEU a sua RISADINHA.* (CT)
> *Primo Ribeiro VAI TER sua ALEGRIAZINHA.* (SA)
> *É através do brinquedo que ela FAZ sua INCURSÃO no mundo.* (BRI)

a.3) Permite que se possa fazer uma **quantificação** do **nome** do **complemento**:

> *A palmilha (...) aumenta o amortecimento e DÁ muito mais PROTEÇÃO.* (VEJ)
> *TENHO pouca INFORMAÇÃO sobre o que acontece no Brasil.* (VEJ)

Nesses casos, com o uso do **verbo** pleno correspondente se indicaria maior intensidade da ação, do processo, ou do estado (e não quantificação), como se vê em *proteger muito mais, informar pouco.*

a.4) Permite que se possa obter uma **restrição** do **nome** que entra na construção com **verbo-suporte**, mediante a adjunção de uma **oração relativa**:

Artur nunca TOMOU DECISÕES que pudessem magoar os outros. (OAQ)

O próprio **sintagma nominal** que é **objeto** do **verbo-suporte** pode ser restringido usando-se uma **oração** que contenha esse **verbo**:

PESQUISAS que fizemos nos convencem que a posição do poeta, (...) não foi totalmente fixada. (FI)
Isto vem coincidir esplendidamente com o que se disse antes e com a DISTINÇÃO que se fará abaixo. (TF)

a.5) Permite que se possa prescindir de termos, isto é, reduzir a **valência** de um **predicado**, já que é mais fácil deixar de exprimir o **complemento** de um **nome** do que o **complemento** de um **verbo**; assim, ao ser substituído um **verbo transitivo** por um **verbo-suporte + sintagma nominal**, torna-se mais fácil deixar de ocorrer aquele que seria o **complemento de especificação** do **verbo**:

Os fiscais da Secretaria de Obras FIZERAM VISTORIA mas não o interditaram. (CS)

Se o **verbo** correspondente do **enunciado** acima (*VISTORIAR*) fosse usado, seria menos provável que não houvesse um **complemento especificador**.

b) O uso da construção sintática **verbo-suporte + objeto** permite obter-se maior adequação comunicativa, o que ocorre de variadas maneiras.

b.1) Pode-se optar pelo **verbo-suporte** para se obter maior adequação de **registro**, isto é, a construção com **verbo-suporte** pode ser a mais adequada, por exemplo, à **fala coloquial**:

Eu devia DAR UMA SURRA de moer em você. (CH)
O garoto caiu, machucou a cabeça e tu LEVOU UMA bruta SURRA de teus padrinhos, e a menina não quis nada mais com você! (EN)

b.2) Pode-se escolher uma construção com **verbo-suporte** num texto científico ou técnico por essa construção pertencer ao jargão da área. As ocorrências a seguir são retiradas da literatura técnica:

[Em indústrias de galvanoplastia] SE FAZ O ACABAMENTO de peças metálicas. (PQ)
Hume FAZ UMA DISTINÇÃO entre ideias simples e ideias complexas. (CET)

b.3) Por meio da adequação de **registro**, podem-se obter efeitos pragmáticos, principalmente por algum significado especial do **nome** do **complemento**:

A FORMAÇÃO BÁSICA DAS PREDICAÇÕES

*Deixa, deixa eu **DAR UM BEIJINHO!*** (SE)
*Quando viu o meu sapato, **DEU UMA RISADINHA**, me invocou.* (DO)

Nessas ocorrências percebe-se que os **sintagmas nominais objetos** dos **verbos--suporte** caracterizam situações informais. O **nome** *BEIJINHO* remete a um beijo sem compromisso, e *RISADINHA* denomina uma risada, de certa forma, cínica.

b.4) A eficiência comunicativa pode ser obtida também pelo uso de determinados **verbos-suporte** que sugerem gestos, movimentos, atitudes, intenções e, assim, configuram mais propriamente **ações, processos** e **estados** verbalizados.

*Julião **DÁ UMA RISADA** alta.* (US)
*Ogum **SOLTOU UM GRITO** superior à canhoada.* (VPB)

Pode-se verificar que construções como *SOLTAR UM GRITO* e *ABRIR UM RISO* ou *DAR RISADA* conseguem ser mais vivas do que as correspondentes *GRITAR* e *RIR*.

b.5) O uso do **verbo-suporte** pode representar a alteração da organização informativa da oração, o que possivelmente provocará consequências no desenvolvimento do próprio **fluxo de informação** do texto:

*Nunca **TIVE DIFICULDADE** em conviver com meu pai.* (FA)

Nessa construção, o **tema**, isto é, a entidade de que se fala na oração, é *eu*, diferentemente do que ocorreria se a construção fosse:

*Nunca **ME FOI DIFÍCIL** conviver com meu pai.*

Ocorre que, em casos como esse, a relação entre o **tema** e o **rema**, ou **comentário**, na **oração** com **verbo-suporte** se altera, em comparação com as construções com o **verbo** simples correspondente.

c) O uso da construção sintática **verbo-suporte + objeto** pode levar à obtenção de maior precisão semântica. De fato, as construções com **verbo-suporte** e as construções correspondentes com **verbo pleno** têm, basicamente, o mesmo sentido, mas os resultados semânticos obtidos nas duas construções nunca são idênticos. O falante pode, com a opção de construção com um **verbo-suporte**, obter diversos efeitos semânticos.

c.1) Definir melhor o tipo de natureza **semântica** do **predicado** (**ação, processo** ou **estado**):

*O analista de Bagé **FEZ FORÇA** para se controlar.* (ANB)
*A restrição de sal não **FAZ DIFERENÇA** em metade dos casos de hipertensão.* (SU)

Verifica-se, nesses casos, que o **verbo-suporte** *FAZER* marca mais evidentemente a força agentiva ou causativa do que os **verbos plenos** correspondentes, respectivamente *ESFORÇAR-SE* e *DIFERENCIAR*.

O tipo **semântico** do **verbo** pode ser, mesmo, diferente. Na ocorrência:

O mundo TOMA CONHECIMENTO do seu texto. (LR)

o uso do **verbo-suporte** implica um **processo dinâmico**, sem **controle** e sem **telicidade**, ao contrário de seu **verbo pleno** correspondente *CONHECER*, que pode ser entendido como um **verbo** que indica **estado**.

c.2) Acentuar um determinado papel **semântico** do **participante**:

*A exemplo de tratamento dado ao Superior Tribunal Militar, DEU TRATAMENTO adequado **aos auditores**, que são substitutos legais dos ministros.* (OS-O)

*Kubo também TEM PREFERÊNCIA **por luxos importados**, principalmente carros americanos.* (FH)

*Chico FAZ UMA SAUDAÇÃO à **mulher**, que vem entrando, com dois pacotinhos de dinheiro e sai.* (AC)

Comparando-se, por exemplo, o último **enunciado** com um correspondente de **verbo** pleno

*Chico SAÚDA a **mulher**, que vem entrando, com dois pacotinhos de dinheiro e sai.*

verifica-se que o **nome** que está no **objeto direto** do **verbo-suporte** (*saudação*) tem, por sua vez, um **complemento** (*à **mulher***) que, por ser um **complemento nominal**, necessita ser introduzido por uma **preposição** (a **preposição** *a*), a qual verbaliza mais evidentemente a natureza da relação expressa, que é a relação de **destinatário** da ação.

c.3) Configurar um **aspecto verbal** particular:

Eu DEI UMA OLHADA no carro. (NBN)

Não aguentei e DEI UMA RISADA. (VEJ)

Na construção "*DEI UMA OLHADA*", o **substantivo** *OLHADA* implica certa duração, embora rápida. O possível uso da expressão correspondente *OLHEI*, por sua vez, implicaria um evento pontual, isto é, sem duração, como se vê em

Eu OLHEI no carro.

A construção *DEI UMA RISADA* possui um **predicado** aspectualmente diferente da construção correspondente *RI*

Não aguentei e RI.

que apresenta **aspecto pontual**.

A FORMAÇÃO BÁSICA DAS PREDICAÇÕES

Quanto ao **aspecto quantificacional**, pode-se atribuir um valor **frequentativo** ao **predicado** pela simples pluralização do **sintagma nominal complemento** do **verbo-suporte**, como nas ocorrências a seguir:

[André] ***FAZ VISITAS*** *regulares a uma neuropediatra.* (VEJ)
Fernando Henrique ***DÁ*** *as últimas* ***PINCELADAS.*** (VEJ)

c.4) Pela **focalização** do **substantivo** envolvido na construção, obter alguma operação **semântica** sobre ele. Essa focalização pode ser obtida:

• pelo emprego de algum elemento que destaque o **substantivo**

Nem ***BANHO*** *ele* ***TOMA*** *sozinho.* (OAQ)
TOMEI foi BANHO *de perfume.* (PD)

• pela anteposição do **substantivo**

Pouco ***CONHECIMENTO TOMA*** *dos negócios do marido.* (REI)

c.5) Obter, simplesmente, uma construção de significado não idêntico ao da construção com **verbo** pleno:

Eu também ***FAÇO PARTE*** *do fã-clube do Giovane.* (VEJ)
     (diferente de *participar*)
Quem ***TOMA CONTA*** *do filme é Tommy Lee Jones.* (FSP)
     (diferente de *cuidar*)

d)   O uso da construção sintática **verbo-suporte + objeto** permite a obtenção de efeitos na configuração textual. Pode-se, pelo emprego de construções com **verbo-suporte**, já não prototípicas, operar referenciação.

d.1) Fazer remissão textual com o uso de **determinantes fóricos** no **sintagma nominal complemento**. Essa remissão textual tem os seguintes tipos:

Referenciação demonstrativa

• **anafórica**

Sarney disse que sua maior missão era conduzir o país até as eleições. Itamar Franco não ***FEZ essa AFIRMAÇÃO.*** (FSP)

• **catafórica**

O fabricante Microprose ***FAZ o seguinte DESAFIO:*** *durante cem dias você terá que assumir o papel do príncipe.* (FSP)

Referenciação comparativa

- de **identidade**

    *Como já perguntei antes, isso **TEM** outro **NOME**?* (FSP)

- de **desigualdade** (**superioridade** ou **inferioridade**)

    *A Scotland Yard se recusou a **DAR** mais **DETALHES**.* (FSP)

d.2) Instituir **referente textual** para posterior retomada:

   *E então **DEU UM RISO** e soltou a injúria suprema.* (BP)

Verifica-se que o emprego do **verbo-suporte**, por implicar o uso de um **sintagma nominal complemento**, cria condições para uma possível retomada posterior, como a própria continuação do texto mostra:

   *E então **DEU UM RISO** e soltou a injúria suprema. O **RISO** provocou o descontentamento das pessoas ali presentes.* (BP)

No caso de ter sido usado o **verbo pleno** (*RIU*), a retomada do referente **textual** pelo **substantivo abstrato** correspondente não seria tão adequada:

   *E então **RIU** e soltou a injúria suprema. O **RISO** provocou o descontentamento das pessoas ali presentes.*

3 Os **verbos** que não constituem **predicados**

São **operadores gramaticais**, e não **predicados**, os **verbos** que indicam:
a) modalidade
b) aspecto
c) tempo
d) voz

A FORMAÇÃO BÁSICA DAS PREDICAÇÕES

3.1 Verbos modalizadores

Há verbos que se constroem com outros para modalizar os **enunciados**, especialmente para indicar **modalidade epistêmica** (ligada ao conhecimento) e **deôntica** (ligada ao dever). Esses verbos indicam, principalmente:

a) **Necessidade epistêmica**

> *Entendo que uma escola moderna **DEVE** ser eminentemente educativa, onde a fraternidade **DEVE** ser o meio e o amor **DEVE** ser o fim.* (ORM)
> *E você **DEVERIA** ser uma espécie de teólogo ou guru da nova doutrina.* (ACM)

b) **Possibilidade epistêmica**

> *Quando reina a ignorância, qualquer pequeno fato **PODE** se transformar em uma catástrofe.* (FSP)
> *Não **PODE** ser que eu tenha feito isso – é muito ruim.* (VEJ)
> *Carlos **DEVE** ter vindo.* (A)
> *Era professor associado em Bologna e **DEVERIA** ter, como eu, uns 40 anos.* (ACM)

c) **Necessidade deôntica** (obrigatoriedade)

> *E era ajuste que não **PODIA** demorar muito.* (CA)
> *Bentinho, amanhã **TENHO QUE** romper as estradas para Piranhas.* (CA)
> *O dono da casa **DEVE** comer antes de todos os hóspedes e terminar depois deles.* (ISL)
> ***PRECISAMOS** ser gratos a Deus pelo que recebemos.* (MAR)

d) **Possibilidade deôntica** (permissão)

> *É Bento? **PODE** entrar, menino.* (CA)
> *Se você é livre, **PODE** fazer o que quiser.* (FSP)
> *Mas você não **PODE** dormir aqui.* (OAQ)
> *Não se **DEVE** fumar na sala de necropsia.* (TC)

\# Os verbos que exprimem a chamada **modalidade habilitativa** (indicação de capacidade) na verdade constituem **predicados**:

> ***PODERIA** fugir de Domício?* (CA)
> *O bonde **PODE** andar até a velocidade de nove pontos.* (VEJ)
> *Se não lhe interessa, **SEI** defender a minha.* (ED)

\# Também não está no mesmo nível de uma **modalização epistêmica** ou **deôntica** a expressão de volição por meio de um verbo:

*Eu também **QUERIA** viver longe de tudo isto, eu bem que me **QUERIA** ligar ao povo do mestre Jerônimo.* (CA)

*Bentinho **QUIS** correr para o quarto e Domício não permitiu.* (CA)

*E **QUERO** que peça perdão, por mim, a padre Luís.* (A)

3.2 Verbos aspectuais

Formam-se **perífrases**, ou **locuções**, que indicam:

a) Início do evento (**aspecto inceptivo**)

***PASSOU** Camilo **A AGUARDAR** a desforra do Major.* (ED)

***PUS-ME A CAMINHAR**, enquanto a noite baixava.* (MAR)

*Silvia **DESANDOU A CHORAR** mais ainda do que havia feito, e Marcoré, (...) acompanhou-a soluçando.* (MAR)

*E as lágrimas da mãe **COMEÇARAM A CORRER** pelas faces rugosas.* (CA)

*Um dos soldados **COMEÇOU POR INDAGAR**.* (PFV)

b) Desenvolvimento do evento (**aspecto cursivo**)

*Ricardo **ESTAVA FALANDO** com João Camilo.* (ALE)

*Mesmo nesses casos a adaptação parece que se **VEM FAZENDO** com bastante facilidade.* (GHB)

*Laio e Creonte **CONTINUAM LUTANDO**.* (MD)

*O americano **CONTINUAVA a MASTIGAR**, os olhos voltados para o concorrente.* (BH)

*Motoristas **FICAVAM a BUZINAR**.* (FP)

\# O curso do evento pode configurar:

* hábito (**aspecto habitual**)

*E ele **VIVE A LESEIRAR** por aí.* (CA)

*Ela **VIVE FAZENDO** perguntas sobre a saúde do garoto.* (VEJ)

*Você precisa estudar mais. **ANDA LENDO** pouco.* (ACM)

* progressão (**aspecto progressivo**)

*O próprio cartão magnético **ESTÁ EVOLUINDO** para garantir maior segurança e inviolabilidade.* (NU)

*E a violência **VAI CRESCENDO** à medida que é silenciada.* (FSP)

*O tempo corre, já são duas horas, na feira o movimento **VAI DIMINUINDO**.* (ATR)

*A intenção no começo era de aprimorar o inglês que **VEM APRENDENDO** há 7 anos.* (FSP)

c) Término ou cessação de evento (**aspecto terminativo** ou **cessativo**)

***PAROU** Domício **DE FALAR**.* (CA)

*Mal **ACABARA DE FALAR** apareceu a velha, desfigurada, de olhos duros.* (CA)
*Não **DEIXOU**, porém, **DE SE OCUPAR** no que habitualmente se ocupava.* (ED)
*O doutor não **CESSA DE GRACEJAR**?* (RIR)
***BASTA DE PROTEGER** vândalos.* (ESP)
*O delegado bravateou que chamaria os empresários paredistas à falas, mas **TERMINOU POR DAR** o dito pelo não dito.* (GRE)

d) Resultado de evento (**aspecto resultativo**)

*O problema dos homens **ESTÁ RESOLVIDO**.* (MMM)
*Na negociação com o Banco Central, **FICOU ACERTADO** que o Banespa não será privatizado.* (FSP)
*O Supremo falou, **ESTÁ FALADO**.* (FSP)

e) Repetição de evento

- com ideia de frequência (**aspecto iterativo** ou **frequentativo**)

***TENHO SAÍDO** com ele, ido a todos os lugares que quero conhecer.* (FA)
***TEM COMPRADO** muitos diamantes?* (VB)
*Ele afirma que **COSTUMA FAZER** a revisão anualmente.* (FSP)
*A namorada do ateu **DEU DE TEIMAR** para que ele a acompanhasse nessa visita obrigatória.* (BP)

- sem ideia de frequência

*Fez-se um terrível silêncio até que Domício **VOLTOU A FALAR**.* (CA)
***TORNEI A ENTRAR**.* (MAR)

f) Consecução

*Tomavam a mãozinha rechonchuda, beijavam-na, **CHEGAVAM A TIRÁ**-lo do carro.* (MAR)

g) Intensificação

***CANSEI-ME DE AVISÁ**-la, agora se aguente.* (MAR)
*Ela **CANSOU DE IR** à minha casa e ao apartamento no Guarujá.* (FSP)

h) Aquisição de estado

*Bem queria que Aparício nunca **VIESSE A SABER** deste desespero da nossa mãe.* (CA)

3.3 Verbos auxiliares de tempo

Os verbos **ter** e **haver**, construídos com **particípio**, formam **tempos compostos** de **passado**:

*Em janeiro, Menem já **TINHA CORTADO** US$ 1 bilhão.* (FSP)
*A empresa **HAVIA DECIDIDO** retirar esse ponto do acordo.* (FSP)
*Não acredito que o presidente **TENHA FEITO** ameaça.* (FSP)
*Vamos dizer que a gente **TIVESSE ASSALTADO**, por engano, uma academia de caratê.*
(FSP)

A construção do verbo *IR* com **infinitivo** de outro **verbo** indica futuridade:

*Quando eu crescer **VOU COMPRAR** um carro bonito como o de seu Manuel Valadares.*
(PL)
***VAMOS ARRANJAR** uma tábua para sentar.* (CH)

\# Com verbo *IR* no passado, a indicação é de futuridade dentro do passado.

*O grande golpe **IA SER VIBRADO** e com o máximo de violência e rapidez.* (A)
*Em seguida, deteve-se, como se ainda **FOSSE VOLTAR**.* (A)

3.4 Verbos auxiliares de voz

A locução verbal de **voz passiva** é formada com o **verbo** *SER* e o **particípio** do outro **verbo**:

***FOI MORTO** com um tiro na nuca.* (AGO)
*O pagamento **SERÁ FEITO** antecipadamente.* (FSP)
*O restante ele quita depois de um mês, quando a mercadoria **FOR ENTREGUE**.*
(FSP)

É possível a formação de uma **voz passiva** que indique **estado**, usando-se o **auxiliar** *ESTAR*:

*O Pacaembu **ESTÁ INTERDITADO**.* (FSP)
*O delegado Maurício Freire disse que **ESTAVA IMPEDIDO** de falar mais sobre o assunto por ordens superiores.* (FSP)

\# A **voz passiva** pode ser indicada com o **pronome** *se* diretamente ligado ao **verbo transitivo**.

***DÁ-SE** manteiga e leite, alguma carne, roupas necessárias e pronto!* (OAQ)
*Na prática, porém, **VIRAM-SE** cenas como os dois rapazes palestinos amarrados sobre o capo dos jipes militares, formando um escudo humano contra as pedradas dos manifestantes.* (VEJ)

Obs.: Essas construções são examinadas na Parte II, **O pronome pessoal**.

O SUBSTANTIVO

1 A natureza da classe

1.1 A classe em geral

Os **substantivos** são usados para referir-se às diferentes entidades (coisas, pessoas, fatos etc.) denominando-as. Enunciados como os que seguem, nos quais ocorre o **substantivo** *NOME*, põem em evidência essa função denominadora do **substantivo**:

> *Começou a obter grande voga de flores ambíguas, isto é, as de NOME tomado a um sentimento humano.* (ESS)
> *Mas entendo: eu devo ter sido prejudicada pela troca de NOME.* (PEL)

Como se observa nessas duas ocorrências, a classe denominada dos **substantivos**, ou **nomes**, abriga dois grupos de elementos muito diferentes entre si. O próprio tipo de **denominação** que cada um desses tipos de **substantivo** faz difere conforme se trate de **substantivos comuns** (o primeiro exemplo, que se refere ao nome de uma classe de flores) ou de **substantivos próprios** (o segundo exemplo, que se refere ao nome de uma pessoa).

1.2 A natureza dos **substantivos comuns**

1.2.1 Cada **substantivo comum** tem, em primeiro lugar, um significado **lexical**, decorrente de seu próprio estatuto categorial, estatuto definido basicamente pelas funções de **denominação** e de **descrição da classe de referentes**.

1.2.1.1 Denominação

É com base nessa característica que a gramática tradicional assenta a sua definição de **substantivo** como "a palavra que designa ou nomeia os seres".

De fato, considerados independentemente de sua ocorrência no enunciado, os **substantivos** são **nomes** (designações) de entidades cognitivas e/ou culturais (como "homem, "livro", "inteligência") que possuem certas propriedades categorizadas no mundo extralinguístico. É o que está explícito em enunciados como os seguintes, que empregam os verbos *chamar(-se)* e *denominar(-se)*:

> *Que é que o senhor **chama de EXPERIÊNCIA**?* (BOC)
> *Não é o caso, porém, de aprofundarmos aqui esta questão, nem de tentarmos traçar, ainda que de forma esquemática, o que Bastide **denomina de "GEOGRAFIA"** das religiões africanas no Brasil.* (UM)

1.2.1.2 Descrição da classe do referente

Essa característica diz respeito à propriedade que tem o **substantivo comum** de descrever em traços gerais a classe de entidades à qual pertence o seu referente, e de colocar, portanto, dentro de uma determinada classe, qualquer elemento denominado por esse **substantivo**. Com efeito, todo e qualquer **substantivo comum** permite uma interpretação do referente pautada pela descrição da classe a que ele pertence: *GATO*, por exemplo, nomeia, em princípio, um indivíduo da classe animal, classe que tem as suas propriedades definitórias.

Assim, nos enunciados:

> *Como resposta, o **GATO** voltou a miar dentro da caixa.* (FE)
> *Em uma determinada foto deverá aparecer Armando embaixo de uma escada ao lado de um **GATO** preto.* (DEL)

o **substantivo** *GATO* tem, em cada caso, um **referente** diferente, mas todos os elementos designados como *GATO* estão descritos com os traços que a classe dos gatos possui.

Afinal, o que um **substantivo comum** faz é uma categorização (o estabelecimento de um tipo):

a)   rotulando a categoria estabelecida; e
b)   definindo o conjunto de propriedades que a identifica.

1.2.2 Os **substantivos comuns** ocorrem nos enunciados como núcleos de **sintagmas** preposicionados ou não:

- *Não é possível que os HOMENS adultos deste PAÍS tenham a sua LEITURA controlada pelo JUIZ DE MENORES e pela POLÍCIA.* (IC)

Não é possível que

| os HOMENS adultos |
| deste PAÍS |

tenham

| a sua LEITURA |

controlada

| pelo JUIZ DE MENORES |

e

| pela POLÍCIA. |

1.3 A natureza dos **substantivos próprios**

1.3.1 Os **substantivos próprios**, diferentemente, não são **nomes** que se aplicam, em geral, a qualquer elemento de uma classe. Fazendo designação individual dos elementos a que se referem, isto é, identificando um referente único com identidade distinta dos demais referentes, eles não evidenciam traços ou marcas de caracterização de uma classe, e não trazem, pois, uma descrição de seus referentes.

1.3.2 Em geral, os **substantivos próprios** constituem sozinhos um **sintagma nominal**:

JOCASTA pega a sua bolsa. (MD)

Quando há elementos acompanhando um **substantivo próprio**, em geral eles poderão ser dispensados sem que esse **substantivo** deixe de ter o mesmo estatuto de **sintagma nominal**.

	SINTAGMA NOMINAL	
Lá estava, inclusive,	*o velho J. MAFRA.*	(RO)
Lá estava, inclusive,	*J. MAFRA.*	

1.4 Palavras usadas como **substantivos**

Obs.: Esta questão é retomada nas partes II e III sobre **Artigos** (**definido** e **indefinido**). Aqui se faz uma exposição genérica.

A FORMAÇÃO BÁSICA DAS PREDICAÇÕES

1.4.1 Praticamente todas as palavras e expressões da língua podem ser usadas como **substantivos**.

a) **Adjetivo** (ou **sintagma** correspondente)

Os VELHOS são surdos e não gostam de ópera. (AGO)
Falem os FORTES ou os muito FORTES. Não pertenço nem a uma classe nem a outra. (A)
Naqueles IDOS, pneumonia matava muito. (BH)

b) **Numeral**

Já que não podia guardá-las no próprio cofre: – Partindo do QUATRO, uma volta à direita até o NOVE, duas voltas à esquerda até o DOIS. (FE)
E havia três bolas na mesa. Apenas. O CINCO, o SEIS e o SETE. (MPB)

c) **Verbo** no **infinitivo**

A dor reduziu-se a um LATEJAR regular mas suportável. (NB)
Lata, frigideira, panelas, tudo serve para acompanhar o CANTAR desafinado dos notívagos. (QDE)
Só chora é quem tem n'alma qualquer coisa boa pra botar pra fora, que este mundo está cheio de tristezas recolhidas e o CHORAR é o PURGAR da alma. (CJ)

d) **Pronome pessoal**

O EU meu que saiu – saiu pesado da carga completa de O Defunto – de que só me aliviei um pouco, quando o escrevi nos ainda futuros de 1938. (CF)
No ponto culminante do ritual de um amoroso sacrifício, derrubávamos as fronteiras entre a morte e a vida, o EU e o TU, o dar e o receber. (LC)

e) **Advérbio** (ou sintagma correspondente)

Só o AQUI e o AGORA são reais. (OV)
Me acompanhando até a janela, contemplam o LÁ FORA. (CNT)
Nem sei mesmo o PORQUÊ deste medo todo. (CA)

1.4.2 Também **sintagmas, orações** e **enunciados** podem ser substantivados:

Já se passaram 20 anos sobre aquele 25 DE ABRIL DE 1974. (FSP)
O SETE DE SETEMBRO, transformado em semana de férias parlamentares, tinha colaborado para esvaziar os arrufos entre PFL e PSDB. (FSP)
Esse "MUDANDO DE CONVERSA", com o Major Anacleto, era tiro e queda, pingava um borrão de indecisão, e pronto! (AS)

O SUBSTANTIVO

1.4.3 Uma palavra substantivada pode estar sendo tomada simplesmente como entidade da língua (uso **metalinguístico**):

> *Porque, ainda que o **SE** não seja nessas frases morfema de condição, está sujeito a todas as limitações gramaticais a que uma língua obedece, na construção do período hipotético.* (PH)

2 As funções sintáticas dos **substantivos**

2.1 O **substantivo** funciona como núcleo do **sintagma** em que ocorre. Esse **sintagma** pode ser:

a) **sintagma nominal** (com diferentes funções)

a.1) quando não preposicionado

- **Sujeito**

> *O **CAMINHO** que você está seguindo, em relação a Mário, está errado.* (A)
> *O senhor não acha que a **MADEIRA** vai suplantar tudo?* (ALE)
> *É difícil entender a atração que aqueles poucos **METROS** de areia grossa e escura exercem sobre os jovens.* (CH)

- **Complemento de verbo** (objeto direto)

> *Com um gesto impaciente, Bruna empurrou a **ALMOFADA** e ergueu-se.* (CP)
> *Estamos aqui esperando o **CAMINHÃO** de Seu Abubakir, que vem buscar madeira, pra ver se a gente arranja uma carona até o porto.* (ALE)
> *O bem-estar narcísico exige **DINHEIRO**, muito **DINHEIRO**.* (FSP)

- **Predicativo**

do **sujeito**

> *Na ex-União Soviética o xadrez é **EXEMPLO** para o resto do mundo.* (X)
> *Odacir era fascinado por palavras. Tornou-se o **ORADOR da sua turma**.* (ANB)

do **objeto**

> *Eu o considero **um FILME perfeito**.* (VIE)

- **Aposto**

> *Em relação a Mário, meu **FILHO**, não posso admitir críticas injustas, nem limitações a minha autoridade.* (A)

*Outras preciosidades, Dr. Armando: esta é Sebastiana, minha **MULHER**, e esta é Clotilde, minha **FILHA**, esposa de Emanuel, aquele.* (AM)

- **Vocativo**

*Não fala mais isso! Minha **CRIANÇA**, a luta é dura!* (AS)
*Pelo amor de Deus, meu **FILHO**, cale a boca!* (ALE)

a.2) quando preposicionado

- **Complemento de verbo**

objeto indireto

*Eu gosto de **OMELETES**.* (ACM)
*Em vez de obedecer ao **PROFESSOR**, o menino ajoelhou-se diante dele em sinal de respeito e como pedido de perdão.* (FH)
*Em sua carta, o prefeito refere-se a dois **CASOS** abordados em nosso noticiário de ontem.* (CS)

ou **objeto direto** preposicionado

*Nono Eugênio, velho católico, não queria ofender a **DEUS**.* (ANA)

- **Complemento de substantivo ou de adjetivo (complemento nominal)**

*Não estou com fome de **PEIXE**.* (EST)
*Fui eu que passei o telegrama ao senhor, dando notícia do **ATENTADO**.* (AM)
*Os Txucarramães mostravam-se mansos agora e sedentos de **CIVILIZAÇÃO**.* (ARR)

- **Agente da passiva**

*Já fomos assaltados por **PROFISSIONAL** competente.* (BPN)
*A maior parte dos artigos era escrita por **MULHERES**.* (IFE)
*O jovem é imediatamente julgado pelo **GRUPO**.* (MAG)

b) **sintagma** preposicionado (com diferentes funções)

- **Adjunto adnominal**

Retirou da mala (...), uma saca de lona reforçada com ilhoses de METAL. (AGO)
*Estavam duros, como que cobertos por uma fina capa de **PLÁSTICO**.* (BL)
*Tinham uma memória de **ELEFANTE**.* (INC)

- **Adjunto adverbial**

*Nesta **MANHÃ**, desde cedo, os pica-paus choraram muito nas tronqueiras do curral e nos palanques.* (CG)
*Aglaia reagiu com **PRESSA**.* (JM)

O Substantivo

2.2 O **substantivo** pode assumir a função classificadora ou qualificadora própria do **adjetivo**, tanto em posição adnominal como em posição predicativa:

*A palavra **CHAVE** do sistema internacional para os países centrais é ordem.* (II-O)
*Esse padre é muito **HOMEM**. Vir no meio dum fogo desse!* (GCC)

Obs.: Essa questão é desenvolvida em **O adjetivo** (1.3).

3 Os **substantivos comuns**

3.1 A subclassificação dos **substantivos comuns**

Pode-se encontrar na classe dos **substantivos comuns** uma série de subclassificações, que, entretanto, só se resolvem na função de referenciação do nome e, portanto, na própria instância da construção do enunciado, não sendo diretamente estabelecidas no **léxico** da língua. É o caso dos subconjuntos:

- **substantivo concreto** e **substantivo não concreto (abstrato)**;
- **substantivo contável** e **substantivo não contável (de massa)**.

A pertinência da natureza **contável / não contável** dos nomes se estende a um subconjunto particular de **substantivos**, os **coletivos**, que, na forma singular, nomeiam, descrevem, referem-se a todo um conjunto de elementos, e não a elementos individualizados de uma dada classe.

Outras duas subclassificações dos **substantivos** são determinadas morfologicamente:

- **substantivo primitivo** e **substantivo derivado**;
- **substantivo simples** e **substantivo composto**.

3.1.1 A questão da subclassificação semântica

Semanticamente, pode ser indicado um número indefinido de subconjuntos dos **substantivos comuns**. Por exemplo:

a) No caso dos **concretos**:

genérico, como *ANIMAL*;
específico, como *ZEBU*;

A FORMAÇÃO BÁSICA DAS PREDICAÇÕES

inanimado, como *PEDRA*;
humano, como *MENINO*;
locativo, como *PRAÇA*;
temporal, como *MÊS* etc.

b) No caso dos **abstratos**:

de estado, como *DOENÇA*;
de propriedade, como *TEMPERATURA*;
de qualidade, como *BELEZA*;
de ação, como *INTERVENÇÃO*;
de processo, como *DIMINUIÇÃO* etc.

Trata-se de indicações que os dicionários da língua devem orientar e que a contração de relações no enunciado estabelece definitivamente.

A investigação das marcas que compõem a noção expressa leva facilmente à proposição de subclasses semânticas mais específicas, também sugeridas pelas definições lexicográficas. Para os **substantivos concretos**, são pertinentes, por exemplo, na organização do espaço, traços como **extremidade** (subespecificado em **horizontalidade** ou **verticalidade**, **lateralidade**, **posição periférica** etc., por sua vez subespecificados, ainda, em **anterioridade** ou **posterioridade**, **superioridade** ou **inferioridade**, **circularidade** etc.). Essas subclassificações enquadram **substantivos** como:

PÉ	⇨ extremidade, com verticalidade inferior;
RABO	⇨ extremidade, com horizontalidade posterior;
	⇨ extremidade, com verticalidade superior (para os bípedes);
CABEÇA	
	⇨ extremidade, com horizontalidade anterior (para os quadrúpedes);
ASA	⇨ extremidade, com lateralidade;
ABA	⇨ extremidade, com posição periférica circular.

Essas subespecificações, por sua vez, podem, ainda, não ser suficientes para fixar a extensão significativa do nome, que encontrará delimitação apenas no contexto, que pode ser, ou não, o contexto imediato, como em

ABA de chapéu
ABA de paletó
ABA de morro
ABA de céu
ABA de janela
ABA de nuvem
ABA de capão de mato

O Substantivo

"Que arrepio – / No lugar da cebola, meu polegar. / A ponta quase se foi / Não fosse
*por um fio / De pele, / **ABA de chapéu**, / Branca e morta / E uma pelúcia rubra."*
(FSP)
*Dois agentes agarravam as **ABAS de** seu **paletó**, forçando-o a abaixar-se, enquanto*
caminhavam às pressas para o Legislativo estadual. (MAN)
*Cotegipe, a rua principal da cidade, levemente inclinada, fica na **ABA de** um **morro**. (NI)*
Com um desfalque de soltar fumaça pelos chifres e menina de leite a bordo, não tem
*   **ABA DE CÉU** que aguente. (NI)*
*Janjão (...) subiu na **ABA de** uma **janela** para cantar boleros. (NI)*
(...) Dona Gerundina Melo, (...) deu para ver o Arcanjo São Gabriel dependurado na
*   **ABA de** uma **nuvem**. (NI)*
*E, um dia, (...) se lutava num lugar sujo, **ABA de capão de mato**. (TR)*

O peso do **nome especificador** (*de* + **substantivo**, à direita) diminui na proporção em que diminui a extensão significativa do **nome especificado**. Assim, na série
seguinte, os **substantivos** da esquerda têm, na sua configuração semântica, uma definição mais independente do contexto do que *ABA*, da série anterior:

TECIDO de lã
ESCOLA de medicina
COMIDA de casa
GUARDANAPO de papel

São construções como:

*As fazendas mais usadas eram o briche (**TECIDO de lã grossa**), a saragoça, de lã*
*   fina, e a chita, a que estava muito em moda. (JO)*
*Em frente à **ESCOLA de artes**, os alunos tinham colocado uma gigantesca suástica*
*   de papel e ferro, toda partida. (BE)*
*Numa das salas do amplo laboratório da **ESCOLA de Medicina** de Houston (EUA),*
*   o Dr. Georges Ugar examina uma ampola que contém um líquido amarelado.*
*   (REA)*
*Não há **ESCOLA de engenharia** moderna que não associe estreitamente o ensino*
*   das disciplinas de ciência às disciplinas de ciência do engenheiro e às de*
*   tecnologia. (PT)*
*Mas era **COMIDA de casa**, comida escolhida, arroz escolhido, feijão escolhido, não*
*   tinha pedra, nem nada. (MPB)*
*Não suporto **COMIDA de restaurante**, você sabe como o meu estômago é delicado. (F)*
*O dentista botou o **GUARDANAPO de papel** no meu pescoço. (CNT)*

No ponto extremo ficam **substantivos** que, se construídos com *de* + **substantivo**
à direita, não serão colocados em subtipos, receberão apenas um acréscimo de informação:

75

A FORMAÇÃO BÁSICA DAS PREDICAÇÕES

- **identificação**, como em

> Com o passar das semanas, a *GRAVIDEZ de Olga* ficava mais evidente. (OLG)
> Acabara de ler uma *CRÔNICA de Carlos Drummond de Andrade*. (ATI)
> Um dia abriu o *LIVRO* de Manuel Bandeira, poeta de sua devoção, e um camundongo
> saltou do interior, entre duas folhas. (BOL)

- **mensuração**, como em

> Escolheram um hotel luxuoso, uma majestosa *CONSTRUÇÃO de seis andares* do fim
> do século passado. (OLG)
> O jeito é alugar por *TEMPORADA de dez dias* um chalezinho. (REA)

- **qualificação**, como em

> Como eu disse, é um *DETALHE sem importância*. (BH)
> As empresas foram trocadas por *PAPÉIS sem valor*. (EMB)
> A rigor, aliás, não há *ANIMAIS sem valor* entre as espécies ameaçadas. (SU)

3.1.2 As subclassificações de base morfológica

3.1.2.1 Como todas as **palavras lexicais** da língua, os **substantivos** podem ser:

- **primitivos**: isto é, que não derivam de nenhuma outra palavra da língua, como *BOLA*, *COR*, *CAFÉ*;
- **derivados**: isto é, que derivam de outra palavra da língua, como *BOLADA*, *DESCORAMENTO*, *CAFEZAL*;
- **simples**: isto é, formados de apenas um radical, como *ROUPA*, *FLOR*, *CAFÉ*, *LEITE*;
- **compostos**: isto é, formados de mais de um radical, como *GUARDA-ROUPA*, *COUVE-FLOR*, *CAFÉ COM LEITE*, *GIRASSOL*.

3.1.2.2 Os **substantivos derivados** podem formar-se a partir das diversas classes gramaticais:

- de um **substantivo**

> Aqui trabalhei de ajudante de *PEDREIRO*, vendedor de frutas, enfim, fazia de tudo
> para garantir a sobrevivência. (AMI)
> Sob a *ROSEIRA* de rosas carnudas e amarelas, encontrei Maria irmã. (SA)
> – Já experimentou *RATOEIRA*? – O *PORTEIRO* me emprestou uma, que até agora
> não pegou nada. (BH)

- de um **adjetivo**: são **substantivos** que expressam estados, qualidades e modalidades, abstraídos de seu suporte de predicação

O Substantivo

*Logo lhe perguntou em que poderia ser útil "a pessoa de tão grande **BELEZA** e **DISTINÇÃO**". (A)*

*O povo, na sua **CANDURA**, exprime-se às vezes com propriedade maior que os próprios homens de letras. (COR-O)*

*Sob um cenário de **ESTABILIDADE** monetária, o agricultor precisa apenas de mecanismos coerentes de política, compatíveis com os riscos da atividade. (AGF)*

*Há **POSSIBILIDADE** de se venderem lotes premiados durante os julgamentos da mostra. (AGF)*

- de um **verbo**

  *Esta **INDICAÇÃO** é particularmente válida em pediatria. (ANT)*

  *O programa de **TRANSFERÊNCIA** de embriões é realizado na própria fazenda. (AGF)*

  *O rapaz parecia um pouco cansado pela longa **CORRIDA** e o cavalo arfava ao lado, bastante suado. (GT)*

3.1.2.3 Os **substantivos** derivados de verbos podem ser de diversos tipos, dependendo da entidade ligada ao **verbo** que esteja sendo denominada.

3.1.2.3.1 Denominação da **natureza semântica** do verbo que derivou o **substantivo**:

- **Nomes de ação**

  *O **ATAQUE** aos insetos tem que ser feito em grande escala. (GT)*

  *O administrador da empresa aceitava a **ENTREGA** a Vilar da representação de seus produtos na América do Sul. (OLG)*

  *Mais recentemente (...) a empresa destacou-se pela criação de uma estrutura voltada para o **PLANEJAMENTO** estratégico. (EX)*

- **Nomes de processo**

  *A febre aftosa é uma doença que causa **EMAGRECIMENTO** no animal. (AGF)*

  *Os organismos podem apresentar consequências erosivas, escavando e promovendo a **DESAGREGAÇÃO** dos minerais das rochas. (GEO)*

  *O mercado das Station Wagons (...) continua exibindo estabilidade e **CRESCIMENTO** contínuo. (EX)*

  *O **DESENVOLVIMENTO** da personalidade do indivíduo está condicionado pela cultura. (AE)*

  *Suas fotografias (...) mostram a **EVOLUÇÃO** da moda. (VEJ)*

- **Nomes de estado**

  *E não poderia ter **ÓDIO** a ninguém, porque o mandato que o povo me deu exige de mim que esteja acima do **ÓDIO** e da **PAIXÃO**. (AR-O)*

A Formação Básica das Predicações

Fiquei, então, só com o meu vazio e o meu DESÂNIMO. (A)
Este cuidado estende-se aos textos escolhidos para ilustrar a coleção de fotos: trechos de Machado de Assis relatando a falta de INTIMIDADE dos namorados. (BA)

\# Entre os **nomes de estado** se incluem os de **modalidade**:

Há POSSIBILIDADE de se venderem lotes premiados durante os julgamentos da mostra. (AGF)
Sinto NECESSIDADE de refletir, de medir bem a decisão que vou tomar. (A)
Há muito se fazia sentir em nossa estrutura econômica a NECESSIDADE de uma grande indústria alcalina. (JK-O)
Já é mais que tempo para que empreendamos (...) o trabalho de homogeneização da CAPACIDADE de todos e de cada um. (JK-O)

3.1.2.3.2 Denominação de **papéis semânticos**:

Nomes agentivos

A posição do BNDE indica-o, naturalmente, como o organismo brasileiro destinado a exercer as funções de COORDENADOR. (CRU)
O Dr. Otávio Gouvea de Bulhões, autor da nova política e ORIENTADOR da excelente redação da 204, sabe disso. (CRU)
O regime de austeridade implantado pelo Presidente Quadros e a reforma cambial são dois argumentos que abrirão as portas das agências financeiras internacionais aos nossos NEGOCIADORES. (CRU)
Os DOMADORES servirão, naturalmente, para proteger as feras da terrível brutalidade infantil. (CRU)
Leia a lista dos COLABORADORES da obra – filólogos e EDUCADORES, poetas, ESCRITORES, cientistas de toda espécie. (CRU)
Iriam desfilar em primeiro lugar os CONCORRENTES ao prêmio de originalidade. (VA)

Nomes instrumentais

[O computador Baillmate] Pode ser usado como CALCULADORA, agenda, relógio, bloco de anotações e calendário. (FSP)
Paschoal pediu ao sargento José Vítor o PULVERIZADOR utilizado para matar pernilongos. (EMM)
Já na primeira fase, se a COLHEITADEIRA não estiver bem regulada 20% do que foi plantado e poderia estar sendo aproveitado são jogados fora. (JB)
Usando-se o ESCARIFICADOR para preparar o solo, é preciso que a PLANTADEIRA seja munida de discos. (GU)

O Substantivo

3.1.2.3.3 Denominação de um resultado (abstrato ou concreto) da **ação** ou do **processo** expresso no **verbo**:

*Tinha-se a impressão de que eles conheciam o problema da **ALIMENTAÇÃO** exígua do Xingu.* (ARR)
*Quem quer que fosse, estava chegando num momento bastante inoportuno; não só pela doença como pelo fato de o posto achar-se desprovido de **ALIMENTAÇÃO** suficiente.* (ARR)
*Perguntaram se aquela coxinha de galinha era um bom exemplo de **ALIMENTAÇÃO** na Terra.* (AVL)

3.1.2.4 Há, ainda, **nomes** que se obtêm pela recategorização de um outro **nome**, sobre base **metafórica** ou **metonímica**. Essa é uma fonte de **homonímia**, embora nem sempre os dois **nomes** sejam idênticos. As ocorrências mostram a frequência de produção de **nome humano** a partir de **nome não humano** (geralmente com especificação de **gênero** gramatical).

não humano: *A TROUXA*

> *Bernardo Ravasco entregou, entre relutante e aliviado, **a** pequena **TROUXA** de panos que continha a mão do alcaide.* (BOI)

humano: *O TROUXA*

> *Marli, você pode enganar **o TROUXA** do seu marido, mas a mim, não!* (PP)
> *Também, a Maria é **uma TROUXA**.* (NC)

não humano: *A LANTERNA, A LANTERNINHA*

> *Acendo **minha LANTERNINHA** do chaveiro e fico em posição de combate embaixo da escrivaninha.* (AVI)

humano: *O LANTERNINHA*

> *Garoto pobre, trabalhava nas horas vagas como **LANTERNINHA**, figurante, palhaço, ponto e bilheteiro do Teatro Folies, em Copacabana.* (VEJ)

não humano: *A FOME, A FOMINHA*

> *Passou a ser vigiado, **a FOME** crescia, estimulada pelo espetáculo de outros homens comendo.* (BH)

humano: *O FOMINHA*

> *Não tinha quem desconfiasse de que o homem era **um FOMINHA**, um velhaco, que preferia vender a alma ao diabo, a pagar o devido a um cristão.* (OSD)

A Formação Básica das Predicações

3.1.2.5 Os **substantivos compostos** mais comuns são formados por:

a) **substantivo + substantivo**

O governo esperava que 395 mil americanos solicitassem o AUXÍLIO-DESEMPREGO na semana que passou. (FSP)
A variedade nanicão está substituindo em Goiás, a tradicional produção de BANANA--MAÇÃ. (GL)
O corcunda (...) tirou do bolso a CANETA-TINTEIRO. (N)
Procura apresentar suas PERSONAGENS-TÍTULO. (VEJ)

b) **substantivo + adjetivo**

Assíria não desgrudou um minuto – fazendo as vezes de chofer e de AMA-SECA, é claro. (FSP)
São três grandes blocos, interligados por passarelas aéreas, transparentes, com iluminação natural e AR-CONDICIONADO. (P-VEJ)
– Nossa! Lá foi o prato de BATATA-DOCE! (BH)

c) **adjetivo + substantivo**

Seu BOM-HUMOR propagou-se, muitos sorriram em redor. (FP)
Não se curtia som em aparelhos de ALTA-FIDELIDADE. (ANA)
Seu BAIXO-ASTRAL começou cedo, hoje. (RE)

d) **substantivo + preposição + substantivo sem artigo**

Acostumei com isso e acabei usando sempre misturado com ÁGUA-DE-COLÔNIA. (GAT)
A maioria fica dois anos, tempo suficiente para fazer um bom PÉ-DE-MEIA, e volta para casa. (FH)
Entre as plantas usadas, estão boldo, espinheira-santa, guaco e ERVA-DE-BICHO. (FSP)

e) **substantivo + preposição *de* + substantivo com artigo**

Se for ÁCARO-DA-FERRUGEM e dez por cento dos frutos examinados tiverem mais de trinta deles no campo da lente, o limite foi ultrapassado. (GL)
A BANANEIRA-DO-CAMPO tem galhos horizontais, em ângulos retos com o tronco, simétricos. (SA)
Três espécies de BICHO-DA-SEDA são originárias da Índia. (CUB)
Entre chuva e outra, o ARCO-DA-VELHA aparecia bonito, bebedor. (COB)

O Substantivo

f) forma verbal + substantivo (singular ou plural)

*Um **BATE-BOLA** entre amigos numa rua ou numa praia é uma atividade de lazer.*
(LAZ)
*O menino magrinho de doze, treze anos, que vai empurrar o carrinho de **ABRE-
-ALAS** da Falcão tem dificuldades para colocá-lo em linha reta.* (PRA)
*Pelo meu gosto, filha minha não falava com um **BORRA-BOTAS** da sua laia, ouviu?*
(FO)
*Retirei da carteira as cédulas, dobrei-as, ocultei-as num compartimento do **PORTA-
-MOEDAS**.* (MEC)

g) forma verbal + mesma forma verbal

*As fãs preferiram brincar de **AGARRA-AGARRA**.* (VEJ)
*Porém, cá fora, a vaqueirama começava o **CORRE-CORRE, PEGA-PEGA, ARREIA-
-ARREIA**, aos gritos benditos de confusão.* (SA)
*Mas não: no quente do **ALCANÇA-ALCANÇA**, do **PEGA-PEGA**, do **MATA-MATA**... a
ocasião não era de discutir mandado nem de escolher obrigação.* (CHA)

\# Esses modos de composição podem combinar-se:

*Nunca, seu Bezerra, que vou ficar embaraçado nesse **CIPÓ-RABO-DE-MACACO**.*
(CL)
*Mesmo no Brasil, além de "barbeiro" poderemos citar "chupão", "chupança" (...),
"bicho-de-parede", "**BICHO-DE-PAREDE-PRETO**".* (IOC-T)
*O ethion foi eficiente no controle do **BICHO-MINEIRO-DO-CAFEEIRO**.* (PAG-T)

\# Qualquer sequência, na verdade, pode ser empregada como **substantivo** (com ou
sem hífen, conforme esteja regrado no Acordo ortográfico):

*Quem pretende analisar a ação parlamentar precisa, antes de tudo, conhecer o "**BÊ-
-Á-BÁ**" da política.* (FSP)
*Palmeiras irá enfrentar a Portuguesa, que anda em um **CHOVE NÃO MOLHA** daqueles.*
(FSP)
*Tenho experiência própria para duvidar de tanta pompa na hora de um **PEGA PARA
CAPAR**.* (FSP)
*Vai ser um **DEUS NOS ACUDA**, diz dona de cantina.* (FSP)
*Trabalhos desse tipo, nos quais entram tecidos e **COISA E TAL**, costumam pegar uma
poeira danada.* (INT)
*Não digo nem sim nem não antes pelo contrário e lá vai **COISA E LOISA**.* (SD-R)

3.1.3 As subcategorias nominais **contável** e **não contável**

3.1.3.1 A gramática tradicional não se mostra sensível à diferença entre as subcategorias **contável** e **não contável** dos **substantivos**. Entretanto, são várias as propriedades que distinguem essas duas subcategorias:

a) Os **substantivos contáveis** se referem a grandezas discretas, descontínuas e heterogêneas, suscetíveis de contagem e, portanto, de pluralização. Trata-se de referência a elementos individualizados de um conjunto passível de divisão em conjuntos unitários.

b) Os **substantivos não contáveis** referem-se a grandezas contínuas, descrevendo entidades não suscetíveis de numeração. Trata-se de referência a uma substância homogênea, que não pode ser dividida em indivíduos, mas apenas em massas menores, e que pode ser expandida indefinidamente, sem que sejam afetadas suas propriedades cognitivas e categoriais.

Embora as categorias **contável** e **não contável** sejam explicadas como uma propriedade lexical – sendo os **nomes** marcados no **léxico** com os traços **+contável /
-contável** –, a ativação dessa propriedade só se faz, realmente, na função nominal de **referenciação**. Isso se observa nas seguintes ocorrências:

CONTÁVEL

• um indivíduo referenciado:

> *Beth Faria tratou de arranjar **um FRANGO** de estimação*. (FSP)

• um conjunto de indivíduos referenciados:

> *Já mostrara os galos, mostrou então os **três FRANGOS***. (DE)

NÃO CONTÁVEL

• uma massa, ou substância

> *Segundo especialistas em nutrição, a opção de usar **FRANGO** para a alimentação de peixes pode não ser boa*. (AGF)

A questão é que a maioria dos **substantivos** pode referir-se a diferentes tipos de entidades, já que é frequente a flutuação de categoria, como por exemplo:

a) entre **substantivo próprio** e **substantivo contável**:

> *No meio da estrada restaram apenas as **quatro MARIAS**, muito tesas e caladas.* (CR)

*E há **PAULOS** demais por este mundo.* (EL)

b) entre **substantivo contável** e **substantivo não contável**:

*Você não viu como ele fez questão de mudar de rumo? – Por causa da estrada. **Muita PEDRA**.* (CJ)
*Agora você pode vir com a gente, já tem **MULHER** no grupo.* (REA)
*Papai desistiu de comer **CABRITO** assado, na Páscoa ou em qualquer outra ocasião.* (ANA)

c) entre **substantivo não contável** e **substantivo contável**:

*Juca, manda trazer **dois CAFÉS** bem bons.* (INC)
O bom cabrito não berra. (SE)

d) entre **substantivo coletivo** e **substantivo não contável**:

*Só aprecio briga de galo sem **muito POVO** em meu derredor.* (CL)
***Muita GENTE** ia para lá estudar filosofia e outras coisas.* (ACM)

É óbvio que essa flutuação categorial implica alteração de significado, já que o significado básico de um **substantivo não contável** se refere a um **tipo** de substância, enquanto o significado básico de um **substantivo contável** se refere a uma **unidade** de determinada classe.

3.1.3.2 Em princípio, os **substantivos concretos** são os que mais evidentemente têm a possibilidade de ser empregados tanto como **contáveis** quanto como **não contáveis**:

*– Vamos até o rancho, que eu quero beber **ÁGUA**.* (ALE)
(**substantivo não contável**)
*Foi o que aconteceu. O encontro estrondoso de **duas ÁGUAS** incompatíveis que vinham uma na direção da outra.* (VEJ)
(**substantivo contável**)

3.1.3.3 Em princípio, os **substantivos abstratos** (nomes de **ação**, de **processo** ou de **estado**) são **substantivos não contáveis**, já que se referem a grandezas contínuas e não discretas:

*O desespero foi grande, mas a **SOLIDARIEDADE** superou todos os obstáculos.* (C)
*O **AMOR** deve ter uma dimensão de verdade.* (ACM)
*Antiga companheira do ser humano, a **DOR** vem sendo combatida há séculos.* (APA)

A FORMAÇÃO BÁSICA DAS PREDICAÇÕES

Entretanto, podem constituir **substantivos contáveis**, por exemplo, **nomes** do **resultado** da **ação** ou do **processo**, como:

De repente, ouvi duas BATIDAS na parede. (REA)
Num esforço supremo continuou a caminhar, sem contudo conseguir desviar os olhos daquele casarão que contrastava enormemente com as CONSTRUÇÕES modernas do quarteirão. (ORM)

3.1.3.4 Na indicação de quais sejam os **substantivos contáveis**, é simples a verificação quando se trata de **substantivos plurais**. São **substantivos contáveis** todos os **substantivos** (núcleos de **sintagmas nominais**) dos seguintes tipos:

a) **substantivo plural** quantificado por qualquer elemento que identifique mais de uma unidade discreta (com ou sem exatidão numérica)

*Minha irmã Isabel Rainha garantiu a Justo que ia ter **mais** FILHOS do que mãe Josina.* (PFV)
*As carrocinhas e os burros estavam presentes em **todas as** PAISAGENS.* (ANA)
***Poucas** PESSOAS no acampamento.* (TGG)
*Era o que deveríamos ter feito há **dois** ANOS.* (A)

b) **substantivo plural** que permita oposição com um singular

*Manuel já está arrumando **as** GAVETAS para deixar o cargo.* (B)
*Rosália discutia comigo a abordagem do pai da reação **dos** IRMÃOS.* (ML)
*As deseconomias não afetam **as** FIRMAS, porque são pagas pela população.* (PGN)
*Agem eles como **os** MÉDICOS que não clinicam para as pessoas da família.* (BS)

\# Nos seguintes casos, por exemplo, os **substantivos** no plural são **não contáveis** porque a forma singular pode ser usada sem oposição semântica com a forma plural:

Não vá causar CIÚMES ao artista. (HP)
    (= Não vá causar ciúme ao artista.)
Não tive mais CONDIÇÕES para continuar. (FSP)
    (= Não tive mais condição para continuar.)
E o chão atestava isto a emitir vibrações, transmitindo sua agonia aos CÉUS. (CON)
    (= E o chão atestava isto a emitir vibrações, transmitindo sua agonia ao céu.)
Os ARES da serra não lhe curavam nem o corpo mole e nem a alma ferida. (CT)
    (= O ar da serra não lhe curava nem o corpo mole e nem a alma ferida.)

\# Também são não marcados por uma oposição com o **singular** os **substantivos** que só se empregam no **plural** (**substantivos** tradicionalmente denominados *pluralia tantum*), e que, portanto, podem ser **não contáveis** mesmo sendo **plurais**. Trata-se de um **plural** que apresenta, como se fosse um todo, uma série não discreta de eventos:

O SUBSTANTIVO

*Fazia a escola da nora, compunha a cena das **NÚPCIAS**, idealizava um bando de netos. (MAR)*

*Ninguém da família Dawson compareceria aos **FUNERAIS** de Ghris em Tóquio. (FH)*

3.1.3.5 Quando se trata de singular, a verificação da contabilidade do **substantivo** é mais difícil, e frequentemente se resolve pelo tipo de determinação do **sintagma nominal**.

3.1.3.5.1 Assim, são **contáveis os substantivos** que vêm determinados por:

a) um **quantificador não numerador** que opera acréscimo de uma grandeza, como ***outro***

*Haverá sempre **outra VEZ, outro ANO, outro CARNAVAL**. (BAL)*

b) um **quantificador não numerador** que opera distribuição, como ***todo*** e ***qualquer***

*Como em **todo LUGAR**, existem os que são cidadãos de Primeiro Mundo e os outros. (VEJ)*

*Dr. Armando observou falando sério que a cidade de São Pedro (...) merecia a atenção de **qualquer GOVERNADOR**. (AM)*

c) um **quantificador não numerador** do tipo de ***muito*** e ***pouco***, quando o significado é plural

***Muito CAVALO** superior se perdeu na Guerra dos Farrapos. (SA)*

*Ainda tem **muita CRIANÇA** nesse trem. (OAQ)*

*Há **muita MULHER** sem dignidade. (LE-O)*

d) um **quantificador numerador cardinal**

*Meu tesourinho, espera **um MINUTINHO**, sim? (PF)*

*Pedimos **uma "CAPRESE"** para cada um. Abelardo quis **uma CERVEJA** "Amstel" e Túlio pediu **um "ORVIETO"** para nós dois. (ACM)*

*Se não entendermos as suas linguagens, isso talvez se deva a **uma FALHA** nossa. (CET)*

e) um **determinante indefinidor (artigo indefinido** ou **pronome indefinido)**

*Quero lhe propor **um ACORDO**, delegado. (HG)*

*Conheci, ainda, Eurico e Hermengarda, (...) que eram filhos de **uma SENHORA** portuguesa. (ASV)*

*Talvez seja **algum AMIGO** que venha me desejar Feliz Natal. (B)*

*Não há **VANTAGEM nenhuma** em mostrar o livro que o senhor me deu. (F)*

O que se pode observar é que, no caso do emprego do **pronome indefinido** ou do **artigo indefinido**, ocorre a operação de extração de uma parte singular de um conjunto-base formado por grandezas descontínuas (**substantivos contáveis**); quando acompanhados de **nenhum**, ocorre a operação que atua sobre conjuntos vazios, indicando a cardinalidade zero do conjunto considerado, também formado por grandezas descontínuas.

f) um **artigo definido** ou outro **determinante** que constitua uma expressão definida (por exemplo, um **demonstrativo**), desde que o referente do **substantivo** seja identificável pelo falante e pelo ouvinte, de tal modo que ambos saibam que o **substantivo** designa uma grandeza discreta, parte singular única de um conjunto de grandezas discretas

*Fugiu **da ESCOLA**, não quis aprender nenhum ofício.* (PCO)
*Não quisera massacrar o infeliz com perguntas, adiara a enquete para **o DIA seguinte**.* (ANA)
***O antigo GENRO** procurava-a sempre, para ter notícias do garoto.* (BH)
*O senhor não imagina como **essa MENINA** me preocupava.* (BH)

3.1.3.5.2 **Substantivos não contáveis** no singular vêm determinados:

a) por um **artigo definido**, se esse determinante funciona apenas fazendo definição, não tornando individualizado e singularizado um referente

***A ÁGUA** do mar é mais fria.* (SU)
***O FOGO** destrói a cor.* (BL)
***O MEL** é agradável para o paladar e desagradável para a visão.* (CET)
***O VENTO** soprava **a AREIA** fina, tentando fazer um redemoinho aqui e ali.* (FR)

b) por um **quantificador não numerador** do tipo de **muito** e **pouco**, **mais** e **menos, tanto**

*Tive **muita DIFICULDADE** para fazer as sementes germinarem.* (GL)
*Ancel Keys observava **pouco INTERESSE** dos especialistas pelos estudos do metabolismo energético.* (NFN)
*É melhor que ele fique vivo mesmo, dá muito **menos TRABALHO**.* (SL)
*Nunca ouvi dizer que um "bichinho" assim tão pequeno possa fazer **tanto ESTRAGO**!* (GT)

3.1.3.6 A simples pluralização pode, em determinados contextos, converter **substantivos não contáveis** em **contáveis**:

*Eu e Aurora preparávamos **as CARNES**.* (P)
*A água fervia, **os FEIJÕES** pulavam dentro do caldeirão.* (CEN)

O *casamento é uma instituição que responde a* **muitos INTERESSES**, *menos* **aos** *do amor.* (SE)

3.1.3.7 A perda da pluralização, por sua vez, pode configurar o uso de **substantivos contáveis** como **não contáveis**:

Dr. Rivaldino Paleólogo, que já andava **DE BRAÇO DADO** *com a Glorinha, sofreu um baque.* (S)

Dan me beija, meio escondido no meu **CABELO SOLTO**. (CH)

Alberto passava a maior parte do dia numa cadeira de balanço (...) com os olhos fixados na página de um livro, que lhe descansava na **PERNA CRUZADA**. (LA)

3.1.3.8 Nos contextos em que o **substantivo** não tem referencialidade não é pertinente a distinção entre **contável** e **não contável**:

a) em **posição predicativa**

Quer ser **SOLDADO**. (CC)

Esse menino vai ser **ARTISTA**. (AF)

Você é um **AMARELO** *muito safado.* (AC)

b) em **posição de complemento** de significado genérico (casos em que o **verbo** e o **sintagma nominal complemento** formam um conjunto semântico)

Não tinha esse negócio de **escovar DENTE** *não.* (CF)

Ele **praticou NATAÇÃO** *quando era criança.* (ESP)

Joca viu Maria nua **tomando BANHO** *de rio.* (FO)

c) como **núcleo de um sintagma preposicionado que faz especificação**

Não tenho problemas **de SAÚDE**. (CPO)

Arvoredos de porte ou vassorinha-do-campo passavam noite e dia em tarefa **de VASSALAGEM**. (CL)

Ele ainda precisava repassar a lição **de CATEQUISMO**. (A)

Para casar suas filhas, os pais **de FAMÍLIA** *hipotecavam seu corpo.* (OP)

3.1.3.9 Existe um paralelo semântico entre os **substantivos não contáveis** e os **substantivos coletivos**, já que os **coletivos** também não fazem referência a elementos individualizados. Entretanto, mesmo no singular, eles pressupõem uma composição de indivíduos, o que não ocorre com os **não contáveis**:

A **BOIADA** *vai sair.* (COB)

   (= um conjunto de bois)

A FORMAÇÃO BÁSICA DAS PREDICAÇÕES

*Pamplona esperou o começo da tarde para soltar a **MATILHA**.* (VB)
   (= um conjunto de cães)
*Na manhã seguinte, voltamos ao mesmo **BOSQUE**.* (SE)
   (= um conjunto de árvores)

Obs.: Os **substantivos coletivos** são apresentados em apêndice a este capítulo.

3.1.3.10 Os **substantivos próprios**, designando entidades únicas, são, em princípio, indiferentes à propriedade da contabilidade. Entretanto, um **substantivo próprio** pode passar a designar um indivíduo de um conjunto, isto é, pode passar a **contável**, para designar:

a)   um dos indivíduos que têm aquele **nome próprio**

*Logo que cheguei, estava em serviço **uma MARIA**. Miudinha que, meses depois, morreu de parto.* (MMM)

b)   um indivíduo que tem características de algum indivíduo designado por aquele **nome próprio**

*O atacante da seleção ainda precisa tomar muito achocolatado para ter a fama de **um PELÉ** e os dólares de **um MICHAEL JORDAN**.* (VEJ)

3.1.4 **Substantivos concretos** e substantivos abstratos

É apenas na função de **referenciação** que os **substantivos** se definem como **concretos**, ou como **abstratos**. Os **substantivos concretos** têm referentes individualizados, enquanto os **abstratos** remetem a referentes que se abstraem de outros referentes (estes, por sua vez, denominados por outros **substantivos**, sejam **concretos** sejam **abstratos**).

Assim, em *EXATIDÃO DO COLORIDO*, como ocorre em

*Josué Montello não é apenas o escritor que sabe pintar costumes, que modela tipos humanos e que mergulha na profundeza da alma dos personagens, é também um paisagista que se serve de tintas finíssimas para realizar a **EXATIDÃO DO COLORIDO**.* (COR-O)

a *EXATIDÃO* é uma qualidade (constituindo um referente potencial) que pode receber uma denominação (o **substantivo** *EXATIDÃO*), mas que não subsiste senão no *COLORIDO* que é exato, e nos demais referentes que possuem a mesma qualidade, isto é, que também são exatos.

O Substantivo

Na verdade, quando um sintagma é formado por **substantivo abstrato** + *de* + **substantivo**, efetua-se uma operação de referenciação que abstrai uma propriedade do **substantivo** da direita a partir do **substantivo** da esquerda, que é o **abstrato** (ou o mais **abstrato**).

Daí que sejam possíveis **sintagmas** do tipo de:

INTENSIDADE DA PERTURBAÇÃO
ou
DURAÇÃO DA PERTURBAÇÃO

como em

> *Na desencarnação, a INTENSIDADE e DURAÇÃO DA PERTURBAÇÃO espírita varia dependendo do grau de evolução do espírito.* (ESI)

mas não sintagmas do tipo de

perturbação da intensidade
ou
perturbação da duração

como em

perturbação da intensidade espírita
ou
perturbação da duração espírita.

Isso acontece porque, nessa ocorrência, *INTENSIDADE* e *DURAÇÃO* são propriedades de *PERTURBAÇÃO*, mas *PERTURBAÇÃO* não é propriedade de *INTENSIDADE* nem de *DURAÇÃO*.

As subcategorias **concreto** e **abstrato** não são entidades discretas, pois a individualização se faz, na fala, em diferentes graus, de acordo com:

a) o modo como é feita a referenciação no **sintagma nominal**;
b) o modo como o **sintagma nominal** é inserido na **oração**;
c) a organização referencial do **texto**.

Há, pois, uma cadeia referencial em que se podem superpor operações de referenciação destinadas a abstrair propriedades de um **substantivo** da direita (regido por um *de*) por um **substantivo** da esquerda. É o que se vê em

> *Havendo discordância, mais de um candidato do mesmo partido poderia ser lançado, ainda que diminuísse a POSSIBILIDADE DE VITÓRIA.* (AM)
> *Uma SENSAÇÃO DE INSEGURANÇA me fez passar noites sem dormir.* (OSA)

> *Os governos que assinarem a convenção terão a tarefa de criar **MECANISMOS DE FINANCIAMENTO** e **DE TRANSFERÊNCIA DE TECNOLOGIA** com maior participação dos países em desenvolvimento.* (GLO)

Observe-se que, para os **substantivos** grifados em

> **MECANISMOS** *de financiamento,*
> **(MECANISMOS)** *de transferência*
> e
> **TRANSFERÊNCIA** *de tecnologia*

por exemplo, vai passar a existir uma interpretação mais abstrata se se permutarem as posições, como nos **sintagmas**

> **FINANCIAMENTO** *de mecanismos,*
> **TRANSFERÊNCIA** *de mecanismos*
> e
> **TECNOLOGIA** *de transferência*

nos quais os **substantivos** da direita passam a ter uma interpretação mais concreta do que têm no texto real, no qual eles ocorrem à esquerda.

Explicando de outro modo: numa ocorrência como

> *Aqui no Brasil a AT & T chegou para ficar, melhorando e expandindo a **QUALIDADE DA COMUNICAÇÃO** do nosso país.* (CAR)

o **substantivo** *COMUNICAÇÃO* tem um grau de concretude que não exibiria na construção invertida

> *a **COMUNICAÇÃO** da qualidade.*

A gradação de que se trata aqui pode chegar à passagem de **abstratos** a **concretos**, como no caso de

> *Sem dúvida esforço enorme despendeu a **ASSESSORIA** do Palácio do Planalto para assessorar, por sua vez, a V. Exa.* (JL-O)
> *Além disso, vários atentados se perpetravam contra **REPRESENTAÇÕES** diplomáticas de Cuba, aviões da empresa nacional e até barcos pesqueiros.* (NEP)

3.2 A **estrutura argumental** dos **nomes**

Dentro da **estrutura de predicado** de uma oração, o **sintagma nominal** é um termo, mas o **nome**, sendo de determinada natureza, pode constituir o núcleo de um **predicado**, selecionando **argumentos**. É o que ocorre com os **nomes valenciais**, que definem, do mesmo modo que o **verbo**, **estrutura argumental** e **regência**.

O SUBSTANTIVO

3.2.1 A **valência nominal**

Os **nomes valenciais** podem ter:

- apenas um **argumento** (**nomes** com **valência** 1 - V1), como

  Mas a QUEDA dos cílios pode também ser causada pela retirada do rímel. (CRU)

  QUEDA | dos cílios |
  A1

  O **CRESCIMENTO da audiência** indica que os projetos estão no rumo certo. (RI)

  CRESCIMENTO | da audiência |
  A1

  O que foi, na verdade a MORTE de Eliodora, não sei dizer. (A)

  MORTE | de Eliodora |
  A1

- dois **argumentos** (**nomes** com **valência** 2 - V2), como

  Minha PERCEPÇÃO da beleza e do sentido intrínseco das coisas é mais aguçada. (CH)

  | Minha | **PERCEPÇÃO** | da beleza e do sentido intrínseco das coisas |
  A1 | | A2

  Tudo começa com a DESCOBERTA do Novo Mundo por Colombo. (APA)

  DESCOBERTA | do Novo Mundo | por Colombo |
  A2 | A1

- três **argumentos** (**nomes** com **valência** 3 - V3) como

  Entre os pareceres, havia um acerca do FORNECIMENTO de cana. (EM)

  FORNECIMENTO | de cana | [por alguém] | [a alguém] |
  A2 | A1 | A3

  Ninguém pega Aids numa DOAÇÃO de sangue porque o material utilizado é descartável e esterelizado. (CAA)

  DOAÇÃO | de sangue | [por alguém] | [a alguém] |
  A2 | A1 | A3

  Amanhã será a grande festa de ENTREGA de prêmios do Troféu Mambembe 1978. (CB)

  ENTREGA | de prêmios | [por alguém] | [a alguém] |
  A2 | A1 | A3

3.2.2 Tipos de núcleos valenciais de **sintagmas nominais**

3.2.2.1 **Nomes valenciais abstratos**

Nem todos os **substantivos abstratos** que constituem núcleo de **predicado** são **derivados**, isto é, nem todos são resultantes de **nominalizações** de verbos ou adjetivos.

> *A árvore tem cerca de trinta e uma vez o **TAMANHO** de dona Mariza.* (GL)
> *Você vai ter seus cinquenta e nove, sessenta anos, exausta, do reumatismo, da **MENOPAUSA**, da vida.* (GA)

Entretanto, os **nomes valenciais** são, principalmente, os resultantes de **nominalizações**, ou seja, são **nomes deverbais** ou **deadjetivais**, que, em princípio, guardam a **estrutura de predicado** do **verbo** ou do **adjetivo** de que derivaram. Observe-se que as **nominalizações**, ao adquirir propriedades nominais, têm de adaptar-se à expressão dos **termos nominais**, o que ocorre com graus que vão levar a **nominalizações** com características mais **verbais**, ou **nominalizações** com características mais **nominais**.

3.2.2.2 **Nomes valenciais concretos**

Os **nomes valenciais concretos** são, em geral, denominações de **agentivos** ou de **instrumentais**:

> *Não vota também nenhum **APANHADOR** de café e laranja.* (SC)
> *A dez de abril próximo instalar-se-á no Rio a segunda assembleia de **GOVERNADORES** do Banco Interamericano de Desenvolvimento.* (CRU)
> *A **MANIPULADORA** do aparelho tomou a iniciativa de telefonar para o Ministro.* (CRU)
> *Assim se evita a briga entre o **PRESENTEADOR** de armas e o presenteado.* (CRU)
> *Já se distribuíam os verbetes aos **REDATORES** do primeiro volume.* (CRU)
> ***SOLICITADORES** de audiências ao Presidente da República há, que esperam dias seguidos a vez de serem recebidos.* (CRU)
> ***REPRESENTANTES** dos vinte e um países da América reúnem-se exatamente dois anos após ter sido aprovado em Washington o texto de seu convênio constitutivo.* (CRU)
> *Resolveu fabricar pequenas **LAVADORAS/SECADORAS** de roupa.* (VEJ)
> *Em 88, um grupo decidiu criar um **COADOR** de café descartável, para doses únicas.* (FSP)
> *Plataforma de corte de uma **COLHEITADEIRA** de soja.* (FSP)

3.2.3 Tipos de **argumentos** ligados a **nome valencial**

Como os **nomes deverbais** e os **deadjetivais** conservam, em princípio, a estrutura do **predicado** de que se derivaram (**verbos** e **adjetivos**), seus **argumentos** também guardam as **funções** e os **papéis semânticos** que desempenhavam na estrutura primitiva de **predicado**.

3.2.3.1 Sintaticamente, os **termos** podem corresponder a:

- **Sujeito**, ou **argumento externo** (A1), como em

> *O piloto de reconhecimento não é um guerreiro, mas um perito em informações, treinado para (...) escapar da PERSEGUIÇÃO do inimigo, realizando no céu as mais fantásticas manobras.* (MAN)
> (O inimigo persegue.)
> *O termo contracultura pode se referir ao conjunto de movimentos de REBELIÃO da juventude de que falávamos anteriormente e que marcaram os anos 60.* (CTR)
> (A juventude se rebela.)

- **Complemento**, ou **argumento interno**

objeto direto (A2), como em

> *Podemos fazer a ENTREGA das chaves pelas mãos de um astro de novela de televisão.* (SO)
> (Alguém entrega as chaves.)
> *Resta muito que fazer, tanto no que diz respeito ao CONHECIMENTO dos fatos econômicos, quanto à sua correta interpretação teórica.* (JK-O)
> (Alguém conhece os fatos econômicos.)

objeto indireto (A3), como em

> *No ofício dirigido ao senhor Antonio Vilar (...), o administrador da empresa aceitava a ENTREGA a Vilar da representação de seus produtos na América do Sul.* (OLG)
> (Alguém entrega a representação dos produtos a Vilar.)
> *Tentaram conhecer o teor do documento, formulando o PEDIDO a um dos homens públicos com maior tradição em Belo Horizonte.* (EM)
> (Alguém pediu algo a um dos homens públicos.)

A Formação Básica das Predicações

3.2.3.2 Semanticamente, os **termos** podem corresponder a diversos papéis, como, por exemplo:

• **Agente**

Este jogo começa involuntariamente a partir das imagens sem som de uma REBELIÃO sangrenta de presos no telhado de uma prisão peruana. (ESP)
Cresce a REVOLTA dos empresários que gostariam de se livrar desta ciranda da propina, mas não conseguem. (EMB)
A FUGA dos matadores de Chico Mendes revela o drama do Brasil, que não consegue punir seus criminosos. (VEJ)

• **Afetado**

Nos últimos anos temos ouvido inúmeros comentários sobre a DESTRUIÇÃO da terra, inclusive com a fixação de datas precisas. (AST)
Na rua, o ruído do motor se distanciando soava melancólico assim como o DESMO-RONAMENTO da última ponte que ainda a ligava ao mundo lá fora. (CP)
Se houver ruptura de algum ponto desconhecido debaixo da terra, o defeito será facilmente descoberto pela QUEDA de pressão. (GV)

• **Beneficiário**

O arrendatário comunicou aos subarrendatários a necessidade de começar a preparar as mudas de capim e o terreno, para a formação de pastagens e para a ENTREGA da terra ao proprietário. (BF)
Coutinho entregou a sesmaria a Mem de Sá, que fez a DOAÇÃO a Arariboia. (CRU)

3.2.4 O preenchimento da **estrutura argumental** dos **nomes**

Como acontece com os **argumentos** do **verbo**, os **termos** da **valência nominal** podem sofrer **elipse**, e isso ocorre com os **complementos nominais** com muito maior frequência do que ocorre com os **complementos verbais**.

Assim, o **nome valencial**, com qualquer número de **termos**, pode ter um ou mais de um desses **termos** não expressos. O mais comum é a **elipse** do que corresponde a **sujeito**.

3.2.4.1 **Nomes de valência 1**

• sem o **argumento** expresso:

Onde não ocorre CLIVAGEM nem PARTIÇÃO pode ocorrer FRATURA. (PEP)
Trata-se de uma miniestrutura que trouxe EXPERIÊNCIA, RAPIDEZ. (AM)

O Substantivo

- com o **argumento** expresso:

> *Um sistema muito mais abrangente, a **CIRCULAÇÃO GLOBAL da atmosfera**.* (VEJ)
> *O próprio Altino, aliás com uma carreira de quarenta e dois anos de casa, não deixa de ilustrar a **ESTABILIDADE dos quadros da agência**.* (EX)

3.2.4.2 Nomes de valência 2

- com nenhum **argumento** expresso:

> *Misturamos riso e choro, realidade e **INVENÇÃO**.* (PEM)
> *Nesta história se verá o quanto vale a **VONTADE** e o poder de decisão.* (PEM)

- com A1 (subjetivo) expresso:

> *Tal ofício [de benzedeira] é produzido e reinventado nas estreitas brechas do saber erudito e à sua revelia, quando este tenta impor-lhe a sua visão de mundo como se ela aproximasse as **NECESSIDADES da sociedade** em seu conjunto.* (BEN)
> *O alvo principal de **seu LEVANTAMENTO** foram mangues e florestas.* (VEJ)
> *Tão generoso julgamento da **PINTURA de Pedro Américo** é obra de seu genro e embaixador Cardoso de Oliveira casado com sua única filha Carlota.* (VEJ)

- com A2 (objetivo) expresso:

> *Essas religiões formam uma clientela que não procura apenas um tipo de bênção, mas recorre a várias igrejas ao mesmo tempo, sem que essa busca se antagonize no seu universo de compreensão e de **REPRESENTAÇÃO do mundo**.* (BEN)
> *Os advogados de Quércia têm quinze dias, a partir da **APRESENTAÇÃO da denúncia**, para fazer sua defesa.* (VEJ)

- com A1 e A2 expressos:

> *Este cuidado estende-se aos textos escolhidos para ilustrar a coleção de fotos: trechos de Machado de Assis relatando a falta de intimidade dos namorados, a **PREOCUPAÇÃO da noiva com os detalhes de cerimônia**.* (VEJ)

PREOCUPAÇÃO	*da noiva*	*com os detalhes de cerimônia*
	A1	A2

> *A oposição entre umidade atmosférica e intensidade luminosa pode ser documentada pela **EXPERIÊNCIA de Watson** (1942), **com Hedera helix**, a hera europeia.* (TF)

EXPERIÊNCIA	**de Watson**	**com Hedera helix**
	A1	A2

3.2.4.3 Nomes de valência 3

É muito raro que os três **argumentos** venham expressos. O que se expressa mais comumente é o A3 (**complemento** não direto):

Os últimos turistas da fila chegaram ao hotel quatro horas depois do desembarque, com ânimo ainda para consultar mapas do mundo e ver exatamente em que ponto do planeta estavam e fazer COMPARAÇÕES com suas experiências de viagens anteriores. (VEJ)

COMPARAÇÕES	[deles]	[de algo]	com suas experiências...
	A1	A2	A3

É um ato de súplica, de imploração, de PEDIDO insistente aos deuses. (BEN)

PEDIDO	[de alguém]	[de algo]	aos deuses
	A1	A2	A3

Quando há dois **participantes** expressos, o mais comum é que sejam o A2 (complemento direto) e o A3 (complemento não direto):

A tal equivalência salarial levou o casal a dois caminhos: a DEVOLUÇÃO do imóvel ao agente financeiro ou a CESSÃO de direitos e obrigações a terceiros. (AG)

DEVOLUÇÃO	[por alguém]	do imóvel	ao agente financeiro
CESSÃO	[por alguém]	de direitos e obrigações	a terceiros
	A1	A2	A3

O Ministério do Exterior patrocinou a REMESSA, à Liga das Nações, de uma Mensagem dos Estudantes das escolas Superiores do Brasil. (TA-O)

REMESSA	[por alguém]	de uma Mensagem dos...	à Liga das Nações
	A1	A2	A3

Dom Urbano deixou claro que os padres devem alertar o povo de que o cardeal de Porto Alegre não deu PERMISSÃO a ninguém de vender estes objetos. (CPO)

PERMISSÃO	[de alguém]	de vender...	a ninguém
	A1	A2	A3

3.2.5 O modo de expressão dos **participantes** da **estrutura de predicado** do **nome**

Para realização da **estrutura argumental** dos **nomes** é necessária, em princípio, a presença de uma **preposição**. Isso significa que o **complemento de nome** (**complemento nominal**) é, em geral, preposicionado, mas, quando a preposição é *de*, há outras formas correspondentes de expressão, como por exemplo, o **possessivo** ou o **adjetivo**.

São os seguintes os modos de expressão dos **participantes** da **estrutura de predicado** do **nome**:

O SUBSTANTIVO

3.2.5.1 **Preposição + substantivo** ou **oração**

O COMPORTAMENTO desta moça com relação à sua colega é vexamoso e indecoroso. (AQ)
Ainda encontraram energia para brincar num baile de carnaval no hotel Othon Palace às vésperas da PARTIDA para os Estados Unidos na quinta-feira passada. (VEJ)

Observações:

1ª) Com os **nomes** de **processo**, só a preposição *de* introduz **argumento** (A1)

Seu sorriso era apenas uma CRISPAÇÃO de lábios. (AFA)

2ª) Com os **nomes** V2 de **ação**, ao contrário do que ocorre com os **nomes** de **proces-so**, é o **argumento objetivo** (A2) que aparece introduzido por *de*

A região oferecia boas condições de AQUISIÇÃO de terras. (BF)
Dentro em breve sairão duas circulares autorizando o financiamento para AQUISIÇÃO de milho e sorgo para alimentação de bovinos e suínos. (CB)
A CRIAÇÃO de jacarés em cativeiro oferece a chance de altos lucros. (AGF)

3ª) É possível tanto o A1 (subjetivo) como o A2 (objetivo) terem a forma *de* + **subs-tantivo**

Trata-se de uma miniestrutura que trouxe agilidade, rapidez e eficiência, e faz parte de um esforço de adaptação às EXIGÊNCIAS da recessão. (EX)

EXIGÊNCIAS	*da recessão*	*[de algo]*
	A1	**A2**

Não contava com a EXPERIÊNCIA de Marialva, sua capacidade de fazer-se indispensável. (PN)

EXPERIÊNCIA	*de Marialva*	*[de algo]*
	A1	**A2**

Sidney Miller tem uma larga EXPERIÊNCIA de festivais, já que foi revelado através de um deles. (CB)

EXPERIÊNCIA	*(de Sidney Miller)*	*de festivais*
	A1	**A2**

Entretanto, quando o A1 é introduzido por *de*, o mais comum é que não ocorra o A2, como seria o caso de: *uma larga experiência de Sidney Miller de festivais.*

Isso não significa que não ocorram construções em que sejam expressos dois **argumentos** iniciados por *de*:

A Formação Básica das Predicações

*Iglesias reagiu com fúria à **EXIGÊNCIA do Tribunal de Valência de um exame** para comprovar se é o pai de Javier Banchez, 15 anos.* (VEJ)

EXIGÊNCIA	**do Tribunal de Valência**	**de um exame**
	A1	**A2**

*Achei meio estranha a **CERTEZA dele de que Anna gostaria do Pinot***. (ACM)

CERTEZA	**dele**	**de que Ana gostaria do Pinot**
	A1	**A2**

4ª) Com os **nomes** de **estado** V1, o **argumento** introduzido por *de* é **subjetivo** (aquele que é suporte do estado)

*A Ford, por sua vez, está apostando no **SUCESSO da Belina Quantum**.* (FSW)

5ª) Com os **nomes** de **estado** V2, a forma *de* + **substantivo** pode representar qualquer dos dois **argumentos**

*Jenner estava satisfeito: não era preciso ouvir mais nada para saber que as **NECESSIDADES do coronel** tinham sido definitivamente vencidas.* (ALE)

NECESSIDADES	**do coronel**
	A1

*Para atender as **NECESSIDADES de adubação** nitrogenada, pesquisadores sugerem o uso de 20 a 30 toneladas de esterco e seus semelhantes.* (AZ)

NECESSIDADES	**de adubação**
	A2

6ª) Também com os **nomes** de **estado** ocorre **argumento objetivo** na forma de *de* + **substantivo**, em casos em que o A1 não vem expresso no **sintagma nominal**, mas é apenas depreendido de um arranjo sintático exterior ao sintagma

*"Bastam esses algarismos para que tenhamos uma **IDEIA da importância** deste empreendimento."* (JK)

IDEIA	**[de nós / nossa]**	**da importância**
	A1	**A2**

7ª) As outras **preposições** que se constroem com **nome** para exprimir **argumentos** (*a*, *para*, *com*, *em*, *sobre*) introduzem apenas **argumentos objetivos** (A2 ou A3)

*Visto no conjunto diferenciado de formas de produzir desde curas até **PROTEÇÃO aos homens**, a bênção continua a existir como alguma coisa que possui, ainda que possa ser pequena, uma autonomia frente a outras formas de solução.* (BEN)
*É **CONSELHO para a vida**.* (PEM)
*Sempre com **DESCULPAS para seus próprios atos**.* (AQ)
*Falei-lhe do meu **ENCONTRO com sua irmã**.* (VA)

O SUBSTANTIVO

Eram simplesmente reuniões de discussões sobre nossa INTERVENÇÃO no movimento estudantil. (FAV)

Qualquer CONSIDERAÇÃO sobre Casanova envolve, de maneira urgente e indefectível, o inquietante e absorvente problema do amor. (FI)

Numa INVESTIGAÇÃO sobre 40000 nascimentos apenas uma mulher era leucêmica. (OBS)

8ª) Com **nomes simétricos** é comum a coordenação dos dois **argumentos** ou a condensação de ambos em uma forma de **plural**, sendo o **argumento plural** introduzido pela **preposição** *de*

É um projeto interessante do arquiteto Oswaldo Arthur Bratke que ainda conseguiu a UNIÃO da casa e do parque. (VEJ)

A UNIÃO dos dois bancos vai resultar em uma instituição com patrimônio de mais de R$ 400 milhões. (FSP)

\# Em alguns casos, esses **argumentos** podem vir introduzidos pela **preposição** *entre*:

• Coordenados entre si, como em

É para uma missão de APROXIMAÇÃO mais estreita entre mato-grossenses e goianos que aqui hoje inauguramos esta Ponte Ministro João Alberto. (JK-O)

• Condensados em uma forma de plural, como em

Quero também lembrar outros brasileiros eminentes que asseguraram a permanência das COMUNICAÇÕES entre os núcleos de população. (JK-O)

9ª) As **preposições** *de* e *em* introduzem também **argumentos** de forma **oracional** (**oração infinitiva** ou **conjuntiva**), que nunca são **subjetivos** (A1)

Não está resolvido o destino do Museu do Índio do Rio de Janeiro fundado em 1953 e que foi desativado no mês de abril, sob a ALEGAÇÃO de que suas instalações eram precárias. (VEJ)

Digo-lhe que tenho MEDO de que a casa caia a qualquer momento. (VA)

O trabalho realizado pela Companhia Nacional de Alcalis representou para mim um novo estímulo, uma razão a mais para a minha inabalável CONVICÇÃO de que o Brasil caminha a passos largos para o seu completo desenvolvimento. (JK-O)

Os estados devem ter todo o INTERESSE em que se use judiciosamente essa facilidade. (DIP)

Mas até agora só existe a IDEIA de lançar a pedra fundamental. (VA)

Conseguiu criar uma forma simples de grande beleza que não corre o RISCO de ser confundida como mais um filhote do Palácio da Alvorada, da Catedral ou do Itamaraty. (VA)

A Formação Básica das Predicações

\# É muito comum que ocorra elipse da **preposição** nos **complementos nominais** oracionais:

> *Ela está com **MEDO** Ø **que o menino se perca**.* (CA)
> *Existe sempre a **POSSIBILIDADE** Ø **que elas possam servir de disfarce para formas de dependência e domínio** que um grupo possa exercer sobre outro.* (JU)

10ª) A **preposição** *para* também introduz um A2 de forma **oracional**, mas apenas com **verbo** no **infinitivo**

> *Os últimos turistas da fila chegaram ao hotel quatro horas depois do desembarque, com **ÂNIMO** ainda **para consultar mapas do mundo**.* (VEJ)
> *A Companhia Nacional de Alcalis, criada em 1943 pelo Presidente Getúlio Vargas, encontrou grandes **DIFICULDADES para apresentar os resultados** que hoje apreciamos.* (JK-O)

3.2.5.2 Possessivo

O **possessivo**, como expressão de **argumento** de **nome valencial**, corresponde a *de* + **substantivo**:

> *Já é mais que tempo de que os poderes da República venham facultar-nos os elementos do progresso e de desenvolvimento econômico por que há tantos anos palpitam as **vossas ESPERANÇAS**.* (JK-O)
> *Mete lá a **tua CONFIDÊNCIA**.* (SEG)
> *Sempre com desculpas para **seus** próprios **ATOS**.* (AQ)

\# Esse modo de expressão, que é possível com qualquer tipo semântico de **nome**, alivia o sintagma, de modo a facilitar a expressão do A2 por **preposição + substantivo**:

> *Perdas mais leves como as do fazendeiro Marçal de sessenta e quatro anos que viu **sua CRIAÇÃO de aves** exterminada por consumir a água de um igarapé contaminado foram evitadas depois com uma solução bem simples.* (VEJ)

sua	*CRIAÇÃO*	*de aves*
A1		**A2**

> *Os últimos turistas da fila chegaram ao hotel quatro horas depois do desembarque, com ânimo ainda para (...) fazer comparações com **suas EXPERIÊNCIAS de viagens anteriores**.* (VEJ)

suas	*EXPERIÊNCIAS*	*de viagens anteriores*
A1		**A2**

3.2.5.3 Adjetivo

O **adjetivo**, como expressão de **argumento** de **nome valencial**, corresponde a *de* + **substantivo**. Trata-se de **adjetivo classificador**.

*O Brasil deverá ceder a livre navegação dos afluentes do rio Amazonas aos barcos de **PROPRIEDADE boliviana**.* (GI)

PROPRIEDADE |_____ *da Bolívia* _____|
          A1

*Seus instrumentos, de estruturas rústicas e pesadas, refletem com nitidez a imagem da **PRODUÇÃO industrial** na União Soviética.* (FSP)

PRODUÇÃO |_____ *da indústria* _____|
        A1

*É com orgulho que compareço a essas cerimônias, testemunhando, juntamente com toda a nação, as etapas da obra do meu Governo, assistindo a segura e por vezes vertiginosa execução do plano de **DESENVOLVIMENTO econômico**.* (JK-O)

DESENVOLVIMENTO |_____ *da economia* _____|
           A1

3.2.5.4 Pronome pessoal

O **pronome pessoal oblíquo** corresponde a um **argumento** de **nome valencial** em construções do tipo de:

*Imitemo-**las** na **CORAGEM** e **DESPRENDIMENTO**.* (JK-O)

CORAGEM e DESPRENDIMENTO |_____ *[delas]* _____|
            A1

*Eu não pretendia senão avaliar o relógio de ouro que foi do meu pai, e que levara comigo com intenção de vender, por não **me** ser de nenhuma **SERVENTIA**.* (AFA)

SERVENTIA |_____ *[para mim]* _____|
        A1

3.2.5.5 Pronome relativo *cujo*

O pronome relativo ***cujo*** pode expressar um **argumento** de **nome** porque equivale a uma construção de ***de*** + **substantivo**:

A FORMAÇÃO BÁSICA DAS PREDICAÇÕES

*Perplexo e desorientado, não sabia eu se ria, por estar livre do louco do meu amo (**cuja OCUPAÇÃO** consistia, pelo visto, em tentar acudir ao próximo e ao distante, fossem eles cobertos de couro ou de penas).* (TR)

OCUPAÇÃO | *[do meu amo]* |
A1

*Uma excursão exótica e inédita **cujo DESTINO** – misterioso – os participantes conheciam só quando lá chegassem.* (VEJ)

DESTINO | *[da excursão exótica e inédita]* |
A1

3.2.6 A recuperação de termo sem realização da valência

É possível que a **valência** de um **nome** não venha preenchida, mas que, dentro do próprio **sintagma nominal**, haja a recuperação do **termo**. Isso ocorre com o uso de:

a) **oração adjetiva**

A **oração adjetiva** pode representar o **argumento subjetivo** (A1) de um **nome valencial**, indicando, pelo **verbo** que contém, se o **nome** é de **estado**, de **processo** ou de **ação**:

> *A BÊNÇÃO **que ele faz** contém um poder de representação da vida e das necessidades.* (BEN)
> (predicado fazer: ação)
> *De outro lado, a obstinada LUTA pela autodeterminação e pela EMANCIPAÇÃO **que travam os povos atrasados e subdesenvolvidos**.* (AR-O)
> (predicado travar: ação)
> *Patenteio, assim, a deferência do Senado ao Tribunal de Contas, independentemente das MANIFESTAÇÕES **que devemos prestar ao Ministro e colega, Senador Henrique de La Roque**.* (JL-O)
> (predicado prestar: ação)

b) **palavra anafórica**

Elementos anafóricos não representam propriamente **argumentos** do **nome**, mas podem recuperá-los em porção anterior do texto. Isso ocorre, por exemplo, com:

• **Demonstrativos**:

> *Por que são diferentes entre si as pessoas que benzem? Em que consistem **essas DIFERENÇAS**?* (BEN)
> *Os investimentos nessa área, que é tida como uma das mais fortes da agência e uma das mais avançadas no mercado, passaram de um milhão de dólares. **Essa OPÇÃO**,*

O Substantivo

contudo, não significa que a agência pretende dedicar menos atenção aos outros departamentos. (EX)

*Os entusiasmos do patriotismo haverão de conduzir-nos ao momento ideal em que todos os brasileiros, os do litoral e os do sertão, os do Centro e os do Oeste, poderão orgulhar-se de haver conquistado, à custa de seus esforços, um estágio de progresso e de bem-estar à altura de seus merecimentos. **Nessa ARRANCADA, nesse RUMO** novo, **nessa CRUZADA DE REDENÇÃO**, podeis crer que tereis em mim um companheiro infatigável.* (JK-O)

- **Elementos comparativos de identidade**:

  *Ainda que continuasse a ter por ele o **mesmo SENTIMENTO** de antes, riscara-o.* (A)
  *Dona Sebastiana sorriu, fez **outra PERGUNTA** ao afilhado.* (AM)

3.2.7 A não expressão de **argumento**s do **nome** dentro do **sintagma nominal**

É muito comum que um ou mais **argumentos** do **nome valencial** não venham expressos. O que ocorre é que a indicação desses **termos** é frequentemente feita em outros pontos do enunciado, por outros expedientes que não a sua representação, no **sintagma nominal**, por uma **preposição + substantivo**, ou por um item equivalente (**possessivo, adjetivo** etc.). Muitas vezes a própria **estrutura sintática** da **oração** já faz indicação dos **argumentos** de um **nome valencial**, e, assim, não há necessidade de preenchimento da **estrutura argumental** do **nome** dentro do próprio **sintagma** em que ele ocorre.

Desse modo, o **argumento** não expresso na forma canônica pode ser depreendido do arranjo sintático exterior ao **sintagma nominal**, a partir de funções como:

a) **sujeito** de um **verbo** (sendo o **nome valencial** um **objeto direto**)

   *O **jornal** tinha grande **PRESTÍGIO** e a tipografia havia sido importada da Alemanha.* (GI)
   (= prestígio do jornal)
   *Talvez por isso **meu pai** tivesse o **SENSO DE HUMOR** tão incerto quanto as vagas do oceano.* (GI)
   (= senso de humor de meu pai)
   *O resultado de nossos trabalhos é a inauguração do primeiro grupo da Fábrica, com a sua ampla oficina mecânica, dotada de equipamento e **máquinas operatrizes** que deram completa **ASSISTÊNCIA** durante os trabalhos de montagem e instalação.* (JK-O)
   (= assistência das máquinas operatrizes)

A FORMAÇÃO BÁSICA DAS PREDICAÇÕES

*Vendo o francês transformar seu xale em lenço [**a passageira**] tomou CORAGEM e procurou reavê-lo* (GI)
  (= coragem da passageira)
Você só tem ÓDIO. (VA)
  (= seu ódio)
Não tive OPORTUNIDADE ainda. (GI)
  (= oportunidade minha)
*E sinto um **DESEJO** ardente.* (VA)
  (= desejo meu)

\# O **objeto direto** pode trazer um **possessivo** que acentua a relação:

*Eu tinha encontrado essa cigana no outono de 76 e desde então até a **figura de burguês** que eu idealizava tinha **seus TOQUES ARISTOCRÁTICOS**.* (GI)
  (= toques aristocráticos da figura de burguês)

b) **sujeito** ou **complemento** de um **verbo** (estando o **nome valencial** em um **sintagma preposicionado**)

*Ele já sumiu tantas vezes se metendo **em AVENTURAS** mas acontece que agora ele não está mais na idade.* (VO)
  (= aventuras dele)
*(Ele) irmanou-se com os paulistas à coluna do capitão Luís Carlos Prestes, **que** subia do sul com a **IDEIA** de uma revolução em movimento.* (AF)
  (= ideia do capitão)
*Fico é com **RAIVA** de gente que leva a vida parado, sempre no mesmo lugar!* (PEM)
  (= minha raiva)
*Como tenho uma semana para conseguir o documento e estou com **MEDO**, peço vênia aos leitores para contar um pouco da minha mocidade.* (GI)
  (= meu medo)

c) **sujeito** de um **verbo de ligação** (sendo o **nome valencial** um **predicativo** preposicionado)

*Será que **eles ficam com REMORSO** por causa dessas coisas?* (AS)
  (= remorso deles)
*Mas **eu estou com REMORSO** de ter tirado você dos seus estudos.* (Q)
  (= meu remorso)

d) **objeto indireto** de um **verbo** (sendo o **nome valencial** um **objeto direto**)

*Tio Ernest está quieto, voltou a beber muito; meu pai envelhece, preocupado com minha mãe, não despreza os olhos dela, o gesto de ternura ao colocar-lhe a manta nos joelhos **me** dá **VONTADE** de chorar.* (ASA)
  (= minha vontade)

O SUBSTANTIVO

*Não é bom ver esse lagarto, **me dá VONTADE** de desaparecer.* (SL)
  (= minha vontade)

3.2.8 Construções de **nomes valenciais** com **complementos adverbiais**

O complemento do **nome valencial** pode ser um **circunstancial**, isto é, um elemento **adverbial**, especialmente um **locativo**:

*Há uma **DIMINUIÇÃO** acentuada **nas operações**.* (TD)
*As soluções simplistas apresentadas são sempre no sentido de que se devesse fazer as construções o mais barato possível e que não houvesse nunca o **REAJUSTA- MENTO na prestação**.* (JL-O)
*Como consequência da **INDUSTRIALIZAÇÃO em alguns países subdesenvolvidos** podem ser citadas a burocratização e a urbanização.* (EG)

3.2.9 A não especificação de **termos** na estrutura de **predicado**

Há situações em que um **nome** potencialmente **valencial** deixa de projetar **argumentos**, e, então, fica impossível a inserção de **termos** que funcionem como **complemento nominal**. Ocorre uma espécie de bloqueio para a especificação de **argumentos** do **nome**.

Se se confrontarem as orações do par

a) *A **VIDA** é luta pra triunfo da verdade.* (PEM)
b) *Deixa **minha VIDA**.* (AQ)

verifica-se que, no primeiro caso, o **nome** *VIDA* não abre lugar para ser preenchido por um **termo**: o **estado de coisas** em questão constitui-se apenas de um núcleo de **predicado** que prescinde de **termos**, porque é tomado no geral, não implicando **participantes**, nem do ponto de vista semântico nem do ponto de vista sintático. No segundo enunciado, diferentemente, o **possessivo** representa um **argumento subjetivo** de *VIDA*.

Estes são outros exemplos de emprego absoluto do **nome valencial**:

*Por que é que você não entra no Exército da **SALVAÇÃO**, hein meu bem?* (HA)
*Mas veja, que **COINCIDÊNCIA**!* (AQ)
*Nesse sentido, o ato de **BÊNÇÃO** é um ato de **SÚPLICA**.* (BEN)
*Líder em **VENDAS** com a Parati, seu modelo mais compacto, a Volkswagem planeja fustigar a concorrência a partir de abril, com uma novidade, a Quantum.* (EX)

Uma posição sintática característica de **nomes** assim tomados é a de **termo** de **construção impessoal**, que é um caso de total descarte de **argumento subjetivo** (A1):

A FORMAÇÃO BÁSICA DAS PREDICAÇÕES

*Quanto a isso, não há **DÚVIDAS**. (GI)*
*Não há **NOVIDADE** nenhuma.* (AQ)

\# Outra posição típica para um **nome** assim empregado é a de núcleo de um **sintagma preposicionado de valor adverbial**:

> *Os nativos pobres eram escravizados pelos nativos ricos que só queriam viver **na LUXÚRIA**. (GI)*
> *É **sem DÚVIDA alguma** o mais belo ponto luminoso no céu.* (AST)
> *As secas que, periodicamente, têm sacrificado as safras de café em São Paulo e parte do Paraná influíram **de MANEIRA direta** na diminuição da produção cafeeira.* (CRU)

4 Os **substantivos próprios**

4.1 As subclasses dos **substantivos próprios**

4.1.1 **Substantivos próprios** são, basicamente, nomes específicos de pessoas (**antropônimos**), lugares (**topônimos**), datas, festividades, marcas de produtos, livros, revistas, peças, associações, agremiações, órgãos ou repartições etc.

> ***CONCEIÇÃO** poderia ter subido até a **BOCA DO MATO**. (RO)*
> *Há tempos passados, como estais lembrados, no **LARGO DA SÉ**, bateu a espada com três cavalheiros. (VP)*
> *Com a exploração das minas, a que dei o nome de **SÃO PEDRO**, a **ESPANHA**, se quisesse, poria um freio nos turcos e poderia entregar-se a outras grandes empresas. (VP)*
> *Nesse dia, o antigo vigário da paróquia, **PADRE CIRO MONTEIRO**, casava no civil com a ex-presidente das **FILHAS DE MARIA**. (REA)*
> ***DONA CLARA**, eu e o **NENECO** descêramos das Rocas ainda com o sol de fora para espiar o **CARNAVAL**. (CR)*
> *Prestarás à **IGREJA** um serviço inestimável, contribuindo, na terra, para a glória de Deus. (VP)*

4.2 O uso dos **substantivos próprios**

4.2.1 Um **antropônimo** pode ser usado como **substantivo comum**, deixando, pois, de ser o **substantivo próprio** de uma pessoa determinada. Isso ocorre:

• com nome de pessoa famosa ou popular, para designar uma classe ou um exemplar de uma classe de indivíduos de determinada característica, como em

---

106

O Substantivo

> *Dizem que um **PELÉ**, um **AYRTON SENNA**, uma **MARIA ESTER BUENO** e um **ÉDER JOFRE** nascem de cem em cem anos.* (FSP)
> *Um país para dar certo depende mais dos **DUNGAS** ou dos **ROMÁRIOS**.* (FSP)

- para fazer atribuição de uma característica própria da pessoa que tem aquele nome, como em

> *Mas o ator não se perturbou, respondendo: "Eu sou **o JESUS CRISTO** deste circo".* (RO)
> (= eu sou o mártir deste circo)

- com nome ou sobrenome de artista (pintor, escultor), para designar sua obra

> *Acho que o Rosa tem lido muito **NÉLSON RODRIGUES**.* (RO)
> (= muita peça de autoria de Nélson Rodrigues)
> *Logo fico sabendo ser o dono do quarto, e por conseguinte da cama e **do PICASSO** na parede.* (AL)
> (= tela de autoria de Picasso)

Quando se referem a **número plural**, esses **nomes** devem pluralizar-se, segundo as normas da gramática tradicional. Entretanto, é frequente que o plural venha indicado apenas pelos elementos que acompanham esses nomes (os **adjuntos adnominais**):

> *É por isso que **os TICIANOS**, os **MANETS**, os **DEGAS**, os **CEZANNE**, os **GAUGUIN**, os **MATISSE**, os **VAN GOGH**, os **PICASSO** já não constituem para a cultura popular o espetáculo impossível, privativo dos que podem visitar aqueles luminosos centros de civilização e bom gosto.* (JK-O)

4.2.2 Nomes de pessoas podem ser reduzidos a uma inicial:

> *Lá estava, inclusive, o velho **J.** Mafra.* (RO)

4.2.3 Constituem **nomes próprios** de pessoas as **alcunhas** ou **apelidos**:

> *Mataram o "**BOCA DE OURO**"!* (BO)
> ***O BAIANO** sorria sem arrogância, mas sem o menor temor.* (AM-O)

4.2.4 Também se comportam como **nomes próprios** as **siglas**, que podem formar-se:

- pelas iniciais dos **nomes** que as compõem, como em

> *A crise no **MDB** do novo Estado do Rio teria retardado sua decisão.* (VIS)
> (MDB = Movimento Democrático Brasileiro)

*Aumento do **IPTU** todo mundo sabe de cor e salteado.* (CB)
(IPTU = Imposto Predial e Territorial Urbano)

- por sílabas (em geral as primeiras) dos **nomes** que as compõem, como em

*Hipólito mora no Recife e trabalha na **Sudene**.* (REA)
(Sudene = Superintendência de Desenvolvimento do Nordeste)

4.3 A formação dos **substantivos próprios**

Quanto à **formação**, os **substantivos próprios** podem ser:

a) **Simples**

*Ontem fui ver o **COLISEU**. Não só é menor que o nosso **MARACANÃ**, como também inacabado.* (RO)
*No domingo sobe para **PETRÓPOLIS**, **TERESÓPOLIS**, **FRIBURGO** ou lá onde tem a família.* (RO)
***DEUS** é justo.* (VP)

b) **Compostos**

*Veio parar em Paris, acompanhando a seleção de futebol do Brasil, que disputou a **TAÇA DO MUNDO**.* (RO)
*O **CONCÍLIO DE GRANGES**, em trezentos e cinquenta, condenou essa atitude.* (REA)
*Convidado por uns amigos para ir pescar na **BARRA DA TIJUCA**, aceitou o convite e apareceu lá de espingarda.* (RO)
*Dizem que a **ASSOCIAÇÃO COMERCIAL** achou a ideia excelente.* (RO)

\# Os **nomes próprios**, especialmente os **nomes** de pessoas e os **nomes** de lugares, frequentemente se acompanham de **nomes** descritores, geralmente antepostos, formando com eles um conjunto unitário.

- Com nomes de pessoas, usam-se títulos, formas de tratamento, indicações de parentesco. Os títulos junto de **nomes próprios** podem ser abreviados, e ocorrem grafados com inicial maiúscula ou minúscula:

***D. RODRIGUEZ** é o amigo de sempre.* (VP)
*Declara **Dom SERAFIM FERNANDES DE ARAÚJO**, bispo-auxiliar de Belo Horizonte.* (REA)
*Cruzou conosco o **General ZENÓBIO DA COSTA**.* (RO)
*Voltou em novecentos e quatro apoiado pelo **Senador TEOFILACTO**.* (REA)

O Substantivo

> *Padre INÁCIO tem os olhos nas minas.* (VP)
>
> *Dr. RUI é um homem de muita importância política, com o qual o Sr. GOVERNADOR tem constantes contatos.* (RO)
>
> *Claro, Tia ZULMIRA poderia tê-lo alertado.* (RO)
>
> *Mas Primo ALTAMIRANDO achou formidável.* (RO)

- Antes de **nomes próprios** de locais, usam-se **nomes** que designam a natureza daquilo que é referido (seguidos ou não de preposição):

> *Relembrou o episódio da **Praça da SÉ**.* (VP)
>
> *A crise no MDB do novo **Estado do RIO** teria retardado sua decisão.* (VIS)
>
> *No entanto, parei na **Avenida QUINZE** da cidade serrana, manobrei o carro e coloquei na vaga indo tomar mais um na **Confeitaria COPACABANA**.* (RO)
>
> *Minha ossada irá para o **Cemitério SÃO JOÃO BATISTA**, debaixo de uma mangueira, de preferência.* (REP)
>
> *O Senhor Vinícius de Moraes está fazendo uma temporada de repouso na **Clínica SÃO VICENTE**.* (RO)
>
> *Aos vinte anos Rosamundo teve o seu primeiro emprego no **Ministério do TRABALHO**.* (RO)

\# Também podem formar um conjunto unitário **nomes** de pessoas seguidos por um **numeral** indicador de ordem, expresso em forma numérica ou alfabética:

> *Conversei com o próprio **FELIPE III**.* (VP)
>
> ***SÉRGIO TERCEIRO**, eleito papa em oitocentos e noventa e oito mas expulso de Roma por uma facção que elegera **JOÃO NONO**, voltou em novecentos e quatro apoiado pelo Senador Teofilacto.* (REA)
>
> *Nessa Carta Apostólica, que sob o ponto de vista da comunicação tem o mesmo valor de uma encíclica, **PAULO SEXTO** retornou à linha de progresso popular.* (MAN)
>
> *Na época do Papa **LEÃO PRIMEIRO**, não havia só diáconos, mas também subdiáconos.* (REA)

\# Outro processo de formação de **substantivos próprios compostos** é a junção de um **epíteto** ou **cognome** (**nominal** ou **adjetivo**):

- justaposto, como em

> *Ele a substituiu por Júlia Farnese, chamada **JÚLIA Bela**.* (REA)

- unido por hífen e formando, portanto, um composto, como em

> *Sou o **HOMEM-Pássaro** – respondeu o garoto.* (RO)

4.4 O **número** dos **substantivos próprios**

4.4.1 Há **substantivos próprios** que só têm **um número**.

a) Alguns só se empregam no **singular**, a não ser que recebam outra interpretação semântica:

*Zulmira correra as sete igrejas da devoção para beijar o **SENHOR MORTO**.* (DM)
*Exigiu que eu fosse esperá-lo nas margens do **SÃO FRANCISCO**.* (VP)

b) Outros só existem no **plural**, geralmente por sua formação a partir de um **nome comum**:

*Quantas vezes – nos **ESTADOS UNIDOS** – fiquei admirado com uma velhinha que vinha pela calçada.* (RO)
*Até hoje os navegantes contam histórias da nau fantasma e seu brumoso capitão, ali entre as **CANÁRIAS** e São Nicolau.* (AVL)
*Os gelos eternos dos **ANDES**, dos **ALPES** e das **MONTANHAS ROCHOSAS** diminuíram.* (MAN)

4.4.2 Há **substantivos próprios** que têm significado particular no **plural**.

a) **Sobrenomes** no plural referem-se a um casal ou às pessoas da família:

*Os **PEREIRAS** constituíam numerosa e patriarcal família.* (DEN)
*Ah, que não suscitaram os **MENESES** em matéria de invenção!* (CCA)
*Somente não tocava nos **RIBEIROS**, porquanto o assunto devia constrangê-la.* (FR)

\# Embora a recomendação da gramática tradicional normativa, nesses casos, seja que o **substantivo** empregado para referência plural receba a marca de plural, é comum que a pluralização seja feita apenas pelo **determinante**:

*Lembrei-me instantaneamente que **os LAMBETH** eram proprietários da residência de Renata.* (L)
*Os **BATTAGLIA** e os **MANFREDE** desconversavam.* (VN)

b) **Nomes de pessoas** no plural – que representam **substantivos próprios** usados como **substantivos contáveis** – referem-se a:

b.1) pessoas que tenham o mesmo nome

Eu confesso a vocês que descobri o segredo do coleguinha jornalista, poeta, diplomata e teleco-tequista Vinícius de Moraes numa tarde em que ambos (não ambos os

O Substantivo

VINÍCIUS, como ficara provado mais tarde, mas ambos: eu e ele) tomávamos umas e outras no bar. (RO)

E há PAULOS demais por este mundo. (EL)

b.2) pessoas com qualidades ou características semelhantes

Sempre há lugar para MADALENAS arrependidas. (FSP)

Aprecio sinceramente a coragem dos MELCHIORES e dos ROBÉRIOS que talvez não saibam distinguir a realidade da miragem. (VP)

\# Nesse caso, os **nomes** de pessoas tanto ocorrem com inicial maiúscula quanto com inicial minúscula. O emprego de inicial minúscula acentua o emprego do **substantivo** como designador de um atributo ou um conjunto de atributos da pessoa.

Nestes desertos, bem que novos CRISTOS poderiam nascer para morrer como líderes autênticos. (FSP)

No mesmo fim de semana, a média de público nos oito jogos da rodada do Brasileiro foi de apenas 9.576 CRISTOS. (FSP)

A torcida Raça Rubro-Negra escalou seus "CRISTOS" em uma faixa na arquibancada. (FSP)

\# Um nome de pessoa assim empregado vem frequentemente em posição **predicativa** (como **predicativo do sujeito**), sendo entendido, então, como um simples atributo, e, por isso mesmo, sendo grafado, preferentemente, com inicial minúscula:

Eu não era tão trouxa nem tão CAXIAS. (MPB)

b.3) membros de uma mesma dinastia ou família de imperadores

Quem fez a fama e a glória de Roma foram os CÉSARES ou os escravos e a plebe? (VPB)

4.5 O emprego de **iniciais maiúsculas** em **substantivos próprios**

Em princípio, **substantivos próprios** se empregam com iniciais maiúsculas. Entretanto, por convenção, escrevem-se com iniciais minúsculas, em português:

a) os **nomes** dos meses

Os primeiros, na América Latina, foram ordenados em AGOSTO último pelo Papa Paulo. (REA)

Em SETEMBRO ou OUTUBRO o gado aqui estava mais gordo do que no Maquiné. (COB)

A FORMAÇÃO BÁSICA DAS PREDICAÇÕES

b) os **nomes** das estações do ano

*Criança no **VERÃO** precisa de roupas leves, de preferência de algodão e linho fino, para que o suor se evapore.* (CRU)

*Giulio trouxe pão e um salame caseiro, do **INVERNO** anterior.* (ACM)

c) os **nomes** dos ventos

*O **MINUANO** pra enganar a miséria, geme e dança pela rua.* (ME-O)

\# Ocorrem, entretanto, nomes de vento com inicial maiúscula:

*Rosa contava e estremecia de medo do **AQUILÃO**, do **SIROCO**, do **GALERNO**, do **AUSTRAL**.* (BAL)

d) os **nomes** dos pontos cardeais e colaterais

*O veleiro acabou saindo da rota programada, sendo jogado para o **NORTE**.* (CP)

*A França se estendia desde suas fronteiras naturais até o Báltico, ao **NORTE**, e até Roma, ao **SUL**, dividindo-se em 130 departamentos.* (HG)

\# Os mesmos **substantivos** que se referem aos pontos cardeais e colaterais podem denominar regiões, e, nesses casos, escrevem-se com maiúsculas iniciais:

*Por exemplo, os pontos cardiais para a primavera são diferentes para os hemisférios norte e sul, porém, na interpretação astrológica se mantêm as linhas de comportamento válidas para o **NORTE**.* (AST)

4.6 O uso de **determinantes** e **modificadores** com **substantivos próprios**.

Em algumas situações, os **substantivos próprios** se usam com **determinantes** ou **modificadores**. São, especialmente, casos em que eles são identificados, especificados, qualificados, e, assim, adquirem certas propriedades dos **substantivos comuns**.

4.6.1 O uso do **artigo definido**

As regras variam conforme a subclasse dos **substantivos próprios** e também conforme o tipo de emprego.

Obs.: As indicações específicas sobre o uso de **artigos definidos** com **substantivos próprios** estão no capítulo referente aos **Artigos**. Aqui se fazem apenas indicações gerais.

O Substantivo

a) Há determinados **substantivos próprios** que se empregam **sem artigo definido**:

> *DEUS é testemunha.* (VP)
> *DEUS te ouça.* (VP)
> *Convidou o grupo para ir tomar um cafezinho no seu apartamento em GENEBRA.* (RO)
> *Dom Valdir Calheiros, bispo de VOLTA REDONDA, fará o seu casamento na Igreja.*
> (REA)

b) Certas subclasses de **nomes geográficos** sempre se empregam com **artigo**. São, por exemplo, os nomes de regiões, oceanos, mares, rios, lagos, arquipélagos, montanhas, serras, cordilheiras, vulcões, desertos, ventos, logradouros, estações do ano:

> *É necessário que se diga, porém, que o NORDESTE nem sempre foi isso que hoje somos.* (AR-O)
> *Após a conclusão da Segunda Guerra Mundial, o domínio americano sobre o PACÍFICO se fez hegemônico.* (GCS)
> *Na saleta de entrada, fazendo um painel, cai um pano com uma ponte sobre o SENA.* (S)
> *No MORUMBI, o São Paulo venceu o Botafogo.* (FSP)
> *Abriu os braços, me arrastou, sem ligar a protestos, para a quitinete que ele ocupava Na PAULISTA.* (LC)
> *Juntos, o VESÚVIO e o ETNA mataram 40 mil pessoas.* (SU)
> *Lá fora uma imensa caravana se preparava para cruzar o SAARA.* (OA)

c) Há outras subclasses de **substantivos próprios** que sempre se usam com **artigo**, como por exemplo, os nomes de órgãos da imprensa, obras de arte e marcas de produtos:

> *Em seguida, entre os anos 30 e 39, como redator e colaborador, atuou nos melhores jornais de Campos, entre os quais a FOLHA DO COMÉRCIO, a NOTÍCIA, a GAZETA DO POVO e o MONITOR CAMPISTA.* (CAR-O)
> *Os jornais informam que abreviaram o início da temporada e depois de amanhã um grande contralto canta a CARMEN.* (JM)
> *Entramos no OPALA e voltamos para casa.* (CNT)

\# Quando se referem a número plural, nem sempre esses **substantivos** se pluralizam, sendo o plural indicado apenas pelos elementos que os acompanham (**determinantes**, por exemplo), o que contraria as recomendações da gramática tradicional normativa:

> *A Pan Am voa diariamente para os Estados Unidos com os JUMBO 747.* (VEJ)

d) Em algumas subclasses de **nomes geográficos**, como por exemplo, as de países, estados, cidades e bairros, há **nomes** que se usam com artigo e outros que se usam sem artigo:

A Formação Básica das Predicações

*Vamos embora para **a ESPANHA**.* (T)

*O **PIAUÍ** é o único estado brasileiro povoado do interior para o litoral.* (NOR)

*Chovia aos potes, **a LAPA** já se inundava.* (CT)

*Em **PORTUGAL** então, minhas queridinhas, vocês entrariam pelo cano direto.* (RO)

*Pelo que soube, só houve encrenca no interior de **MINAS**.* (RO)

*Na noite antes da eleição, em seu apartamento em **HIGIENÓPOLIS**, em São Paulo, Fernando Henrique tentou relaxar e tomou um copo de uísque.* (VEJ)

*Rosana era namorada de um amigo de Zeca, que há cerca de um ano, convidou-a para um passeio a dois de asa-delta por cima de **SÃO CONRADO**.* (AMI)

e) Há **nomes próprios** que se comportam como os **nomes comuns** quanto ao emprego do **artigo definido**, isto é, que podem aparecer com ou sem **artigo**, em dependência da referencialidade:

*Segundo a família, Giovanni é um comilão e "viciado" em **COCA-COLA**.* (FSP)

*Na época em que a **COCA-COLA** foi lançada, a coca não era tão conhecida na Europa.* (DRO)

4.6.2 O uso dos **pronomes possessivos**

Pronomes possessivos podem determinar **substantivos próprios** fazendo indicações diversas.

a) Com **nome geográfico**, o **pronome possessivo** indica o lugar de onde é a pessoa referida:

*De falsidade em falsidade, o regime criou um falso país, que não se confunde, em absoluto, com **nosso BRASIL** verdadeiro. Esse falso país se tornou o campo ideal da demagogia.* (D)

***Nossa SÃO PAULO** fictícia e futurista teria pedaços das outras cidades, principalmente de Brasília, que me deslumbrou.* (FSP)

*Lembra um pouco o Brasil de Telê em 82, com a vantagem de já ter atropelado a **sua ITÁLIA**.* (FSP)

b) Com **nome de pessoa**, o possessivo *nosso* indica que essa pessoa é conhecida da comunidade a que o possessivo se refere:

*O **nosso ALCAIDE-MOR** quer falar-nos de um assunto que julga importante para nós.* (VP)

4.6.3 O uso dos **pronomes demonstrativos**

Um **pronome demonstrativo** determinando um **nome de pessoa** indica a existência de algum fato relevante referente àquela pessoa, podendo a referência ser depreciativa ou não:

Não sei que esquisita maldade se apoderou naquele instante do meu coração – ah,
aqueles MENESES! (CCA)

4.6.4 O uso de **modificadores**

Os **substantivos próprios** podem ser modificados por diversos tipos de elementos.

4.6.4.1 **Modificadores** que fazem **restrição**, casos em que o **nome próprio** vem precedido de determinante

a) Uma **oração adjetiva restritiva**:

*O BRENO que eu conhecia era ajustado, manobrava com habilidade nas direções
que desejava, não dava ponto sem nó, não deixava a vida escapar.* (BE)
*O MAURO que eu via agora, repentinamente exposto em fotografia e notícia, como
um herói que se despoja publicamente de seu mundo íntimo e indevassável,
começava a ser absurdo.* (AV)
*O RIO DE JANEIRO que é cantado pelo Picasso é o mesmo que hoje assusta por
causa da violência.* (FSP)

b) Um **sintagma especificador** ou **identificador**:

*Governar não é fácil nem é cômodo no **BRASIL de hoje**.* (AR-O)
*Politicamente, a **SÃO PAULO de dom Paulo Evaristo Arns** me parecia mais interessante do que o **RIO DE JANEIRO de dom Eugênio Salles**.* (VEJ)
*Senhoras e senhores, com um palanque armado especialmente para este baile público
que a **RÁDIO AMÉRICA, de São Paulo, Brasil,** transmitirá com exclusividade,
estamos iniciando as nossas atividades carnavalescas.* (RO)

\# Os tipos a) e b) ocorrem no seguinte enunciado:

*Sim era aquela mesma **HELOÍSA da minha infância**, a **HELOÍSA que eu,** vinte anos
atrás, **poderia imaginar mulher feita**, se para isso tivesse imaginação.* (SE)

4.6.4.2 **Modificadores** que fazem **qualificação** ou **classificação**, como um ad-jetivo anteposto ao **substantivo próprio** e precedido de determinante

*É com um sentimento de especial amizade para com **sua nobre PÁTRIA** e da mais
alta estima em relação a Vossa Excelência que levanto minha taça.* (ME-O)
*A Alemanha atualmente está mais interessada em auxiliar a **antiga ALEMANHA
ORIENTAL**.* (ESP)
*Aqui, o guia espiritual de você, que não acredita em nada sem antes consultar a
sábia TIA ZULMIRA esteve no casarão da Boca do Mato.* (RO)

A FORMAÇÃO BÁSICA DAS PREDICAÇÕES

*Da mesma forma pensa **o teólogo e psicanalista francês MARC ORAISON**.* (REA)
*Também no ano passado, **o teólogo alemão DARL RAHNER**, famoso pelas posições avançadas, em carta aberta onde fazia enérgica defesa da vida celibatária, declarou:* (REA)
*Quem não o conhecesse, logo imaginaria ser descendente do **velho JOAQUIM RIBEIRO**, tal a semelhança física.* (FR)
*Estou escrevendo esta coluna em nossa **querida SÃO PAULO**, mas quando você a ler, Joãozinho, já estarei a caminho de Nova York.* (FSP)

4.6.5 O uso de **expressões explicativas** ou **identificadoras**

Os **substantivos próprios** vêm frequentemente explicados ou identificados por:

a) Uma **oração adjetiva explicativa**

*Mas, então, **o CALUNDU, que era o garrote delas**, ainda parecia ser mais gaúcho do que era mesmo.* (SA)
*O exemplo do **DEPUTADO FEDERAL PEDRO VIDIGAL, que se casou em sessenta e seis** quando era ainda Padre Vidigal, é incomum.* (REA)

b) Um **aposto**

*No que me concerne – como diria o **DR. JÂNIO QUADROS, obscuro advogado do foro paulista** – é sempre válida a preocupação da ciência em ajudar a produção para fazer frente ao consumo.* (RO)
***D. LUIZ DE SOUSA, o novo Governador**, trazia para ele e não para mim o título de Marquês das Minas, caso viesse a descobri-las.* (VP)
*Catarina era filha de **TAPARICA, o grande chefe dos tupinambás**.* (VP)
*Entra **CLARA, jovem de vinte e dois anos**, bonita, vestida elegantemente de acordo com a época.* (VP)
*Em São Lourenço, Minas Gerais, **HIPÓLITO PEDROSA**, cinquenta e dois anos, **diretor de colégio, pai de uma menina de oito anos**, viu-se de repente na rua diante de um atropelado.* (REA)

5 Particularidades de construções com **substantivos**

5.1 Usam-se no **plural substantivos** que entram nas seguintes construções:

a) na indagação de horas

QUE HORAS SÃO, não sei. (A)
*A que **HORAS** começou o confronto?* (FSP)
*A que **HORAS** dorme e acorda?* (FSP)

O Substantivo

b) na designação numérica de páginas

Leia às PÁGINAS 8 e 9. (FSP)

c) em fórmula para indicação de datas

Dada e passada em Nossa Episcopal Cidade de Campos, sob o Nosso sinal e selo de Nossas Armas, AOS QUINZE DIAS do mês de agosto do ano de mil novecentos e sessenta e três, festa da Assunção da Bem-aventurada Virgem Maria aos Céus. (MA-O)

5.2 Questões de **concordância**

a) Quando um **substantivo** no plural é determinado ou qualificado distributivamente por dois ou mais adjuntos coordenados, esses adjuntos são usados no singular:

*Se somarmos os pontos dos **segundo** e **terceiro** LUGARES, que não são nossos concorrentes diretos, constataremos que ainda continuamos sendo o primeiro lugar.* (FSP)

*Vitrúvio, nos seus seis princípios, dedicou-se praticamente à estética do projeto arquitetônico, não se referindo a ela somente na **primeira** e na **sexta** CATEGORIAS.* (AQT)

*Os bancos dão uma guinada nos rumos da política de financiamento, liberando financiamento para projetos de desenvolvimento apenas quando acompanhados de políticas sensíveis aos **IMPACTOS** social e ambiental.* (AMN)

b) Recomenda a gramática tradicional normativa que se use no **singular** o substantivo determinado pela expressão *um e outro*:

*João de Oliveira deixou-se ficar num botequim próximo a conversar com **um e outro** INDIVÍDUO.* (MP)

De uma e de outra MARGEM, o mato se mostrava tão fechado que só se podia mesmo ir sempre em frente. (ALE)

*Santo Tirso intercalava **uma e outra** FRASE de louvor para desviar-se do ramerrão do texto.* (PFV)

Entretanto, o plural é bastante usado:

Um e outro INSTRUMENTOS podem, isoladamente, praticá-la, como está representado nas Figs. 13 & 14 e é o preceito dos tocólogos alemães. (OBS)

*É sempre imprecisa a fronteira que separa **um e outro** DELITOS.* (VEJ)

APÊNDICE DO SUBSTANTIVO

OS SUBSTANTIVOS COLETIVOS

1 Subclassificação

Os **substantivos coletivos** podem subclassificar-se segundo vários critérios que se entrecruzam:

a) sua genericidade ou especificidade;
b) a indefinição ou a definição numérica do conjunto;
c) indicações semânticas efetuadas.

Além disso, cada uma dessas classes pode subclassificar-se segundo o tipo de unidades que compõem a coleção (pessoas, animais, vegetais, coisas etc.).

1.1 Classificação segundo a **genericidade** ou **especificidade do coletivo**

1.1.1 Coletivos genéricos

Há **coletivos** que podem ser usados em relação a mais de uma classe de entidades. Eles podem ser.

1.1.1.1 Coletivos absolutamente genéricos

São **coletivos** que servem para as diversas classes:

*Aquele outro pobre-diabo do Terêncio também não afronta a sua **CLASSE**, ficando do lado do patrão?* (ANA)
*Dona Leonor e eu formávamos um terceiro **GRUPO**, bem no meio do aposento.* (A)

> *O problema é que alguns dessa **LISTA** não escreveram os fundamentos doutrinários de seus métodos.* (ACM)

\# Muito frequentemente os **coletivos genéricos** se seguem de um **sintagma especificador**:

> *A renda que se gerava na colônia estava fortemente concentrada em mãos da **CLASSE de proprietários de engenho**.*
> *Pensei que a **LISTA das sílabas** poderia compor algo como um catálogo dos livros.* (ACM)
> *As relações interpessoais correm o risco de ir se enquadrando no **ROL dos sentimentos descartáveis**.* (MOR)

1.1.1.2 Coletivos relativamente genéricos

São **coletivos** genéricos dentro de uma determinada classe. Por exemplo:

a) referem-se a pessoas, em geral

> *Os notáveis reuniram-se em **ASSEMBLEIA** para saber como fazer para dar sumiço a Belisário.* (SD)
> *O presidente falava para um **AUDITÓRIO** asfixiado e circunspecto.* (DE)
> *Os brasileiros sempre rirão maliciosamente cada vez que ouvirem de um português que ele entrou na **BICHA** para apanhar um cacete quentinho (entrar na fila para pegar uma bengala de pão quentinha).* (FSP)
> *Chorei baixinho, arrasada, vendo a **CARAVANA** partir.* (ANA)
> *Os partidos tendem à formação de uma **COLIGAÇÃO**.* (NEP)
> *A **COMITIVA** de Lacerda procurou não dar maior importância ao fato e voltou pela barca da Cantareira.* (AGO)
> *Sua pequena **POPULAÇÃO** forma o que de fato se pode chamar **COMUNIDADE**.* (ACT)
> *Fui submetido a um **CONSELHO** de guerra composto de 15.000 generais.* (AL)
> *Evandro não quer assumir um papel de chefe – seja embora da **COORTE** mais desfalcada.* (PRO)
> *Ascalon, que virtualmente não tem um leito próprio, muito menos moradia, forçosamente integraria a **FALANGE**.* (PRO)
> *Devo confessar que uma das grandes conquistas que tive neste **SODALÍCIO** foi ter conhecido Henrique de La Roque.* (JL)
> *A **TURMA** tinha um carinho especial pelo Cabeção.* (AVL)

\# Ao **coletivo** relativamente genérico para pessoas pode acrescentar-se um **sintagma especificador**:

> *O jeito mesmo é promover um **CONCILIÁBULO de parentes**.* (VN)

*E não tinha oito anos quando fizera a sua estreia vitoriosa num **GRÊMIO de amadores**
da sua terra.* (BH)

*Com dezessete anos convencera o velho a deixá-lo partir com uma **LEVA de retirantes**.*
(BH)

*Uma **MANGA de homens** chegava, a cavalo, naquele momento.* (RET)

*Olhando aquele **RANCHO de crianças** felizes, tive a compreensão nítida da minha
triste humildade.* (DEN)

*Eu voltava para a sala, para a **RODA das senhoras**.* (CF)

*Antes passara o palhaço, com o seu **SÉQUITO de moleques**, anunciando o espetáculo
da noite.* (COT)

*Um **TROÇO de mercenários** passou, cantando e rindo; um cão ladrou para o cavalo
e permaneceu rosnando enquanto nos distanciávamos.* (SE)

b)   referem-se a animais em geral

*O **BANDO** cercou o bicho e arrancou pedaços de carne fresca.* (BL)

*Visava-se, com isto, a preservação da **FAUNA** exótica.* (CNT)

*Preferiu mudar de palestra e Lalau condescendeu: já mostrara os galos, mostrou
então os três frangos, que me pouco reforçariam o **PLANTEL**, e fez demonstrações
de como os exercitava.* (DE)

\#   Ao **coletivo** relativamente genérico para animais pode acrescentar-se um **sintagma especificador**:

*Um **BANDO de morcegos** revoou para leste.* (FR)

*Grande parte da **FAUNA avícola** vive a beira-rio.* (ATN)

*Ele cria com carinho e manejo adequado seu **PLANTEL de quase mil galinhas** da
raça legorne.* (GL)

c)   referem-se a vegetais em geral

*Certa, antes, de saber em qual das palmeiras Jaci tinha trepado, Bárbara começou,
quando se aproximavam todos do **RENQUE** central, perto do pórtico das Artes, a
hesitar entre uma e outra, a apontar, com segurança, primeiro aquela, palmeira-
-padrão, que exibia no solo, ao pé do tronco, a placa que identificava todas.* (CON)

\#   Ao **coletivo** relativamente genérico para vegetais pode acrescentar-se um **sintagma especificador**:

*Um **RENQUE de jaqueiras** espessava a orla da mata.* (ALE)

d)   referem-se a coisas ou objetos em geral

*Às vezes Bulhões punha audaciosamente o processo no alto da **PILHA**.* (BH)

A FORMAÇÃO BÁSICA DAS PREDICAÇÕES

\# Ao **coletivo** relativamente genérico para coisas pode acrescentar-se um **sintagma especificador**:

*Ele apanhou a **PILHA de jornais** que estavam no chão.* (DE)

1.1.2 Coletivos específicos

Determinados **coletivos** denominam uma subclasse particular dentro de classes como as de:

a) pessoas

*Lá vinham com a **BANDA** de música alegre e contagiante, abrindo alas em festival de cores.* (ANA)

*Na travessia do rio das Velhas uma febre assolou a **BANDEIRA**, matando e maltratando muitos dos homens.* (RET)

*A tal da avulsa conhecera um sargento da **BRIGADA**.* (ANB)

*Com pouco mais a **CAVALARIA** entrava na rua.* (CR)

*Quem tinha inimigos na nobreza os teria, por consequência, no **CLERO**.* (ACM)

*A **CLIENTELA** crescia.* (ANA)

*Trabalham na lavoura do distrito (...) uma grande **COLÔNIA** italiana, alguns portugueses, raros espanhóis e alemães.* (DEN)

*A turma dispersara-se, impossível reunir de novo a mesma **COMPANHEIRADA**.* (V)

*Foram os inacianos que realizaram a difícil tarefa política de orientar o **CONCLAVE**.* (HF)

*Vovó ainda não era da **CONFRARIA**.* (VIC)

*Há entre eles um único judeu ortodoxo, que não tem uma **CONGREGAÇÃO** com a qual possa rezar.* (IS)

*Eu apresentei esta tese num **CONGRESSO** no México e fui vaiado.* (ANB)

*Os soldados brasileiros dispunham dos abundantes recursos e serviços do 4º **CORPO DE EXÉRCITO** americano.* (AGO)

*Tínhamos ensaiado até às cinco horas da tarde, **ORQUESTRA** estava afinada e o **ELENCO** parecia disposto.* (GI)

*Nessa época tenho muita **FREGUESIA** para o transporte; ganho mais.* (ATR)

*Marcos conhece a **GAROTADA**.* (DE)

*A **GURIZADA** veio cercá-lo festivamente.* (ARR)

*Freitas tinha também seus espiões nas **HOSTES** lacerdistas.* (AGO)

*Era a mais moça da **IRMANDADE** de nossa Mãe.* (BAL)

*Os filmes de Carlitos fascinavam a **MENINADA**.* (ANA)

*A **MOÇADA** vai se divertir.* (DO)

*O barulho da **MOLECADA** jogando aumenta cada vez mais.* (ARI)

*Não tinha mais receio da **PATRULHA** rodoviária.* (AGO)

O SUBSTANTIVO

*Sem oficiais, nosso **PELOTÃO** estava isolado.* (CNT)

*No galpão a **PEONADA** cantava cantigas tristes.* (FAN)

*Os holandeses, finalistas nos mundiais de 1974 na Alemanha Ocidental, e 1978 na Argentina, não conseguiram chegar às semifinais no Torneio Europeu, evidenciando-se a desintegração do talentoso **PLANTEL** da década passada.* (OP)

*Não tínhamos liberado o **PROLETARIADO** das garras da burguesia.* (CRE)

*Imaginei a **PROLE** de Martina dormindo em beliches.* (BL)

*A polícia suspeita da ação de uma **QUADRILHA** especializada em roubo de carga.* (FSP)

***SIMPÓSIOS** de cardiologia terão 32 conferencistas.* (ATA)

*O **SÍNODO** adiou todas as outras discussões para defender o celibato sacerdotal.* (FA)

*No dia do treino do **TIME**, você mostra suas qualidades.* (DM)

*Instalou-se uma polêmica, que terminou no **TRIBUNAL**.* (APA)

*Aos dezesseis anos me engajei na **TRIPULAÇÃO** de um grande veleiro.* (OLA)

*O do 8º, logo aderente (ou adesivo) ao chefe e à República, voltou ao quartel, botou a **TROPA** de prontidão e ficou na espera.* (ALF)

*Mandou avisar e convidar o **VIZINDÁRIO** para correr a bagualada.* (CG)

\# Ao **coletivo** específico para pessoas pode acrescentar-se, ainda, um **sintagma especificador**:

*Saiu de Quitaúna com seu **BATALHÃO de artilheiros**, juntou-se à revolução.* (AF)

*Os oficiais do 8º aderiram, entraram no Arsenal de Guerra e a **COMPANHIA de Operários** aderiu também.* (ALF)

b) animais

***ALCATEIA** é um grupo de lobinhos.* (PE)

*Vi a **COLMEIA** e o curral.* (CG)

*Coronel Moreira mandou soltar o **GADO** na roça de Sinhá Andresa hoje de madrugada.* (ALE)

*Ruduino Marçal, capataz desta ribeira, viu seis bois numa **MALHADA**.* (COB)

*Seu Tonho despachou outra **MANADA**.* (CHA)

*Um boi ervado está de pança esturricando ao sol, mas a **MATILHA** sarnenta da casa perto mantém os urubus a distância.* (R)

*A velha, por perto, abanava a **MOSQUITADA**, brandindo um pedaço de papelão.* (PV)

*Tudo parecia de uma tristeza inconsolável, o céu sem azul, a **PASSARINHADA** muda, o arvoredo sem vibração.* (GRO)

*Larguei ele vigiando a **TROPA** naquele mangueiral do piquete do matadouro.* (CHA)

\# Ao **coletivo** específico para animais pode acrescentar-se, ainda, um **sintagma especificador**:

A FORMAÇÃO BÁSICA DAS PREDICAÇÕES

*Lá fora, no deserto, uma **"CÁFILA" de camelos** (enfim, usei a palavra escolar) me examina, ruminando estranhamente.* (FSP)

***CARDUME de peixes** nada perto de recife de corais.* (FSP)

*Mergulhadores tentam investigar o naufrágio de um cargueiro e são atacados por um **CARDUME de piranhas**.* (FSP)

*Então eu achei, esquecida num canto, a folhona grande de taioba, a **CORREIÇÃO de formiguinha amarelinha**.* (CHA)

*Os grandes problemas do mundo tumultuam dentro do meu cérebro como um **ENXAME de abelhas**.* (AL)

*Nem uma **NINHADA de pinto** escapou.* (CL)

*Tinha um casaco, um livro que podia trocar por outro, e um **REBANHO de ovelhas**.* (OA)

c)   vegetais

*Bárbara, Jaci e Naé começaram, ao cruzar a **ALEIA** central, a positivamente correr.* (CONC)

*Idalina abria a porta e, depois de prender os cachorros, seguíamos apressados para o **ARVOREDO**.* (CE)

*Jamais vira uma natureza tão bela e selvagem, com sua **FLORA** típica.* (CJ)

*O Zezé disse que é bonita a vila: as casinhas e depois **FLORESTA** em volta.* (ATR)

*O Instituto de Botânica, que engloba o parque, tem um **HERBÁRIO**, com 300 mil hexicatas.* (FSP)

*Vi o **POMAR** e o rebanho.* (CG)

*A gameleira, fazedora de ruínas, brotou com o **RAIZAME** nas paredes desbarrancadas.* (SA)

\#   São frequentes, nesse grupo, coletivos formados com o **sufixo -AL**:

*O cultivo exige bastante cuidado para manter o **ARROZAL** sempre limpo.* (AZ)

*Isaac achou uma porção de retratinhos do telegrafista pregados no **BAMBUAL** onde tia Marina passava as tardes.* (JT)

*(seu Oscar) Fez um acaso, atravessando na frente da mulher, quando ela saía para procurar ninhos de galinha-d'angola no **BAMBURRAL**.* (SA)

*Vinham do **BAMBUZAL**, cada uma com uma vasilha na cabeça.* (ALE)

*Climério passou dois dias escondido dentro do barraco no meio do **BANANAL**.* (AGO)

*Eu vou ao **BURITIZAL**!* (COB)

*(a soleira) Ardia, canicular, em pleno **CAATINGAL**.* (CJ)

*Andamos por um caminho entre o **CAFEZAL**.* (DE)

*No décimo ano do pomar mais denso, é recomendável a eliminação de alguns anões para dar espaço aos mais crescidos, prática que não reduz o rendimento do **CAJUEIRAL**.* (GU)

*José de Arimateia guiou Camurça para os lados do **CANAVIAL**.* (CHA)

O Substantivo

Caminhamos meia hora pelo encharcado e bolorento **CASTANHAL** até avistarmos o barracão central do Versalhes. (GI)

O chão da terra é um **CIPOAL** entrançado que dá nó em qualquer um! (OSD)

Hóspedes fazem ginástica aeróbica no imenso **COQUEIRAL** à beira-mar do Club Med. (FSP)

Junto à fronteira paraguaia encontram-se os **ERVAIS**, em que se explora a erva--mate. (GHB)

No final do **FEIJOAL**, a variante se bifurca; tomo o carreador da direita. (SA)

O gemido ininterrupto do monjolo ziguezagueia por entre o **LARANJAL**. (DEN)

A onça fugiu por entre o **MACAMBIRAL** da encosta da serra. (FR)

Não só era difícil separar ou distinguir, na terrinha dela, o **MACONHAL** do **ROSEIRAL**. (CON)

Fugi para o **MANDIOCAL**. (ASA)

Vi fotografia do **MILHARAL** tão verde, tão bonito! (ATR)

É terra de trigo, de vinhas, de figueiras e **OLIVAIS**. (COR-O)

O museu tem enormes **ROSEIRAIS**. (VEJ)

Num ano de trabalho se podia fazer, num bom **SERINGAL**, dezenas de contos de réis. (TER)

d) coisas ou objetos

Maria Negra dominava as letras do alfabeto, sabia o **ABECEDÁRIO** de cor e salteado. (ANA)

Ele colocará ao seu dispor o **ACERVO** de suas galerias. (REA)

Tivera apenas alguns meses de escola, o suficiente para aprender o **ALFABETO** e as quatro operações. (ANA)

D. Emília ouvia tudo por curiosidade, pelo pitoresco do **ANEDOTÁRIO**. (DE)

(Miss Russel) Tinha lá os seus livrinhos: **ANTOLOGIA** de poetas e romances policiais. (CV)

O **APARELHO** de chá, o faqueiro, os cristais e os tapetes tinham ficado com ele. (DE)

Contam que a **ARMADA** real está navegando até hoje. (ANB)

Todo o **ARQUIPÉLAGO** não soma além de 26 quilômetros quadrados. (NOR)

A sua **BAGAGEM** tinha ido para aeroporto, onde ela deveria depor. (BB)

Camila parecia perdida entre as cartas do **BARALHO**. (DE)

Saíam da noite os versos mais lindos do **CANCIONEIRO** mineiro. (CF)

Atrás do pavilhão há ainda meia dúzia de trailers enfileirados feito um **COMBOIO**. (EST)

Vi à distância a nova iluminação do **CONDOMÍNIO**. (EST)

Localizei no céu a **CONSTELAÇÃO** de Escorpião. (INC)

O barqueiro parou com os arranjos que dava no **CORDAME** da barca. (ATR)

A **CORRESPONDÊNCIA** estava encerrada. (ACM)

Necessário fugir às tentações, para tingir a **CUMEADA** da montanha. (MAR)

Conhecia o **ENXOVAL** dos hóspedes como a palma da mão. (ALF)

A Formação Básica das Predicações

Outra irregularidade constatada foi a **EQUIPAGEM** da cozinha da carceragem com forno de micro-ondas e freezer. (FSP)

Com Churchill, a **ESQUADRA** inglesa atingiu o mais alto grau de eficiência e prontidão. (VEJ)

Terminada a **ESTROFE**, começa a se abrir o pano lentamente. (SM)

Falhas no concreto e na **FERRAGEM** causaram o desabamento. (FSP)

Convivo com **FILA** de banco, atrasos, trânsito e isso me entedia. (FSP)

Anda no ar um cheiro de pão fresco, a anunciar que do grande forno a lenha, mais uma **FORNADA** se vai retirar. (CV)

Vive em outra **GALÁXIA**, mas já morreu para nós. (AVI)

O **INSTRUMENTAL** de preparação utilizado vai desde o martelo e a talhadeira até as brocas rotativas e os aparelhos vibratórios. (AVP)

A Constituição de 1988 inova a **LEGISLAÇÃO** brasileira. (ATN)

(As sondagens rotativas) permitem a identificação das descontinuidades do **MACIÇO** rochoso. (PRP)

E eu levava boa **MATALOTAGEM**, na capanga, e também o binóculo. (SA)

Botei a **MATULA** na capanga. (CHA)

Além do **MOBILIÁRIO** comum, via-se uma mesa com a máquina de escrever. (PRE)

"Estão aqui!" exclama alegremente, brandindo o **MOLHO**. (CC)

Encontraram uma **OSSADA**. (AV)

O **PELAME** liso, sem bernes, em toda criação. (VB)

Valéria recebeu o **RAMALHETE**. (JM)

Ano entra, ano sai, o **REPERTÓRIO** dos músicos era sempre o mesmo. (ANA)

E o **RESPONSÓRIO** é mais interessante, mais flexível que o "concerto grosso" barroco. (FSP)

A gente ia pelo ramal de uma **SERRA**. (COB)

Minha mão fica presa no **TECLADO**. (AVI)

O **VOCABULÁRIO** de dona Angelina era reduzido. (ANA)

A música suave dá lugar a um ruído doido de gargalhadas, **VOZERIO** e demais sons da festa distante. (FSP)

\# Ao **coletivo** específico para coisas ou objetos pode acrescentar-se, ainda, um **sintagma especificador**:

Canoá entrou no rancho com uma **BRAÇADA de lenha** seca. (ARR)

Entregou a Wanda um **BUQUÊ de angélicas**. (ANA)

O **CACHO de banana** já madurou. (BH)

O negro apanhou um **CADERNO de papel** pardo. (CAS)

O presente trabalho é basicamente uma **COLEÇÃO de textos** comentados. (APA)

Justine andava recebendo **CORBELHAS de flores**, bebidas caras e joias. (GI)

O ex-general já comandou uma **ESQUADRILHA de bombardeiros** estratégicos no Báltico. (VEJ)

O Substantivo

*Tudo ia ganhando contorno na luz matinal – cercas, árvores, cancelas, um **FEIXE de lenha** desfeito.* (ALE)

*O cometa consistia numa **FIEIRA de 21 fragmentos** envoltos em nuvem gasosa.* (FSP)

*O estabelecimento trabalha com uma **FROTA de carros**.* (NI)

*Ele apontou o isqueiro sobre o **MAÇO de cigarros**.* (AFA)

*Com uma **MADEIXA de cabelos** caindo na testa, Ernesto lembrava Chopin.* (XA)

*Martina e suas brilhantes ideias; pegou um **MOLHO de chaves** do bolso do vigia duro na guarita.* (BL)

*A bodega há de ficar um **MONTURO de cacos**.* (PFV)

*Ele então tirou do bolso a **PENCA de chaves**.* (VN)

*O eleitor baixinho, que carregava consigo uma **RÉSTIA de alhos**, preferiu não encarar o exaltado candidato.* (FSP)

*Lembrei-me da minha **TROUXA de roupas**.* (ID)

\#   Certos **nomes** que abrigam a ideia de composição designam, entretanto, objetos, e não conjuntos de objetos, não sendo, pois, propriamente, **coletivos**:

*Bertha apanhou um **ÁLBUM**, retirou dele uma fotografia e entregou-a a Leopoldo.* (OE)

*Rei está sem a **ARMADURA** que se acha com seu escudo e sua espada numa poltrona ao lado.* (BN)

*O grande **ATLAS** estava sendo consultado continuamente.* (PE)

*Há na **BÍBLIA** minuciosas prescrições referentes à higiene corporal.* (APA)

*Se eu pudesse, escreveria uma gigantesca **ENCICLOPÉDIA** sobre as palavras "sorte" e "coincidência".* (OA)

*Os alunos chegam sem o **FASCÍCULO**, deixam para comprar depois.* (REA)

*Coloque uma **GUIRLANDA** tradicional ou ecológica na entrada, enfeite a escada com um festão.* (FSP)

*Ela era a "outra" a quem jamais seria concedido o direito de subir ao altar de véu e **GRINALDA**.* (FH)

*Visitei o **MUSEU** da Vila Borghese, em Roma.* (CH)

*E acolá, em **PALIÇADAS** compactas, formando arruamentos, arborescem os bambus.* (SA)

*Dei um nó na **TRANÇA** aparada.* (MMM)

*A fêmea voa durante todo o dia, mas no final da tarde retorna para perto do **VIVEIRO**.* (VEJ)

e)   ações, processos e estados

*Ao longo do extenso **ARRAZOADO** deverão encontrar-se os fundamentos jurídicos que embasam a ação.* (ESP)

*Atrás dele veio a **CAVALHADA**.* (LOB)

*O contato entre as duas torcidas inclui futebol de praia e até **CERVEJADA** na praia de Botafogo.* (FSP)

129

*A mais alegre da **FARINHADA** é a roda das raspadeiras da mandioca.* (CT)
*Que **GRITARIA** é essa?* (ANA)
*Luiz recebeu uma verdadeira **OVAÇÃO**.* (ORM)
*Deitei falação no 14 de julho, festejado com **PASSEATA**, banda de música.* (ALF)
*É proibido **VOZERIAS**.* (FSP)

1.2 Classificação segundo a **indefinição** ou a **definição numérica do conjunto**

1.2.1 Coletivos numericamente indefinidos

As ocorrências registradas indicam que os **nomes coletivos**, em geral, deixam indefinido o número de membros do conjunto, ou a medida desse conjunto.

\# Existe um conjunto particular de nomes aparentemente **coletivos**, que não constituem, realmente, conjuntos de elementos, e, assim, por princípio, não podem ter definição numérica. São nomes indicadores de quantidade significativa de uma massa, do tipo de:

*O homem vinha caminhando no vasto **AREAL**.* (FAB)
*A floresta transformou a terra num vasto **LAMAÇAL**.* (CEN)

\# A nomes **de massa** desse tipo pode acrescentar-se um **sintagma especificador**:

*Isso não é **MANTA de carne-seca**, seu Ramalho!* (CL)
*A **MOLE** humana agitou-se, rumo ao hotel.* (BH)
*Desaparecidos ou cavaleiros, se desfez a **NUVEM de pó** levantada pelos animais.* (ALE)

1.2.2 Coletivos numericamente definidos

Há **coletivos** que fazem indicação exata de número ou medida:

a) **Coletivos com medida**

*Basta lembrar, a título de maior esclarecimento, a existência de grandes fazendas de pecuária, nas quais a área média de pastagens, destinada a cada cabeça de gado, é de 1 **ALQUEIRE**.* (BF)

b) **Coletivos com definição numérica dos indivíduos**

*E lá fomos nós, conhecer o filho do **CASAL**.* (AFA)

*Algumas das minhas histórias podem esperar uma **DÉCADA** para serem escritas.* (AF)

***DUETO** com a patativa nunca mais cessou em vosso coração.* (AM)

*Prêmio da **QUADRA** R$ 1.825,37 para cada um dos 201 acertadores.* (FSP)

*Deve ficar de **QUARENTENA** até que se possa reexaminar criticamente aquele material.* (AVP)

*O **QUINTETO** provoca sorrisos e muitos aplausos.* (FSP)

*A mulher objeto, o homossexual e o machão ratificam a **TRÍADE** constante da pornochanchada, onde agora o último personagem se valoriza como "herói exemplar".* (FIC)

*Vê-se, portanto, que, nas últimas décadas do século passado, o assim chamado **TRÍDUO** momesco seguramente se havia dividido em duas partes bem visíveis.* (IS)

*O **TRIO** de arbitragem agradava a ambas as equipes pela competência demonstrada no decorrer de todo o campeonato.* (INC)

\# Ao **coletivo** com definição numérica dos indivíduos pode acrescentar-se um **sintagma especificador**:

*Um **CASAL de camponeses** e suas duas filhas moças haviam transformado três salas do casarão em uma espécie de taverna.* (ACM)

*Alguns militares sublevaram um quartel na Praia Vermelha, houve meia **DÚZIA de mortos**.* (BB)

*Bruno insultou um **PAR de cavalos** que caminhava perigosamente à margem da estrada e dirigiu-se a Lorenzo.* (ACM)

*Anatólio Pereira levava toda semana uma **RESMA de papéis** para a Secretaria de Fomento.* (NI)

*O seu "estoque particular" continha mais de uma **DÚZIA de garrafas de cachaça**.* (ARR)

\# Um **coletivo** numericamente definido pode deixar de fazer indicação numérica exata, para indicar, simplesmente:

• uma quantidade muito grande

*Disse seu nome lá sei quantas vezes, rabisquei-o em todos os papéis, dez, vinte, um **MILHÃO** de vezes.* (MPB)

*O filme custou R$ 219 mil, bancados por uma **MIRÍADE** de patrocinadores.* (FSP)

• uma quantidade muito pequena

*Pensei que iríamos embora frustrados, mas o líder do Grupo Veredas teve a brilhante ideia de se dirigir àquela **MEIA DÚZIA** de ouvintes seletos, para saber o que eles haviam achado da nossa apresentação.* (ACT)

A FORMAÇÃO BÁSICA DAS PREDICAÇÕES

1.3 Classificação segundo **indicações semânticas** efetuadas

No **coletivo** podem encontrar-se algumas indicações particulares de sentido, como, por exemplo:

a) o modo de ação de um grupo

*Com o estrondo de sua **ARTILHARIA** pesada, a legalidade se fortalece por alguns momentos. (JT)*

*Reuniam-se em **CENÁCULOS, GRUPOS, GRUPELHOS, FACÇÕES, CONTRAFACÇÕES.** (BB)*

*Ganhou o contrato coletivo de trabalho que chega desfilando em passarela freneticamente iluminada, com mais **CLAQUE** do que **PLATEIA**. (EM)*

*Queríamos cantar em **CORO**. (CEN)*

*Forma-se o **CORSO** aparatoso, doce de modinhas. (DE)*

*Caminha até a guarita, enquanto passa o **CORTEJO**. (ALF)*

*Como uma **HORDA** imensa que súbito tivesse se abatido sobre uma aldeia, vila, vilota indefesa, e tomado conta, e se fossem seus donos, únicos possuidores. (DE)*

*Com a saída de Murtinho, ficou no governo uma **JUNTA**, composta de três membros. (ALF)*

*Tínhamos saído em **PIQUETE** de descoberta. (CG)*

*Largava o balcão e seguia a **REVOADA** das crianças. (COR-O)*

*O investigador explicou que estavam fazendo uma **RONDA**. (AGO)*

*O FHC bombardeou Quércia com uma **SARAIVADA** de desaforos. (VEJ)*

*Caro Joãozinho, que lástima não podermos continuar tão erudita **TERTÚLIA**. (VEJ)*

*A caça que ouve o **TROPEL** dos caçadores junto de sua toca, e esperava enfim, serena, o seu sacrifício (ROM)*

b) abundância de elementos na classe

*Embora, em princípio, seja contrário a esse montante, a essa alavanca, a esse **ALUDE** de empréstimos, entendo que é necessário fazer uma diferenciação. (JL-O)*

*A **AVALANCHA** de dor precipitara-se sobre sua cabeça na desgraça irreparável. (PCO)*

*Derramava sobre nós, irado e congesto, uma **CHUVA** de injúrias e afrontas. (DEN)*

*A embolia pulmonar dita em **CHUVEIRO** tem a possibilidade de se espraiar pelos pequenos vasos pulmonares com posterior organização e fibrose. (CLI)*

*Sobre mim se derramou, como uma chuva, aquela **CORNUCÓPIA** de gentilezas. (CT)*

*Você nasceu mesmo para casar cedo, ter uma **ENFIADA** de filhos. (CC)*

*Que vozes! Mais abaixo, outra **MÓ** de gente. (PFV)*

*E diga que também tenho um **MONTE** de medalhas. (ALF)*

*O menino atribuía à moça um **MONTÃO** de qualidades magníficas. (MPB)*

*Uma **MULTIDÃO** cercava a igreja. (AGO)*

*Sinto uma **RUMA** de coisas. (SAR)*

O Substantivo

Dão essa indicação os **sufixos -*ADA*, -*AMA* e -*ÃO*:

*Ela precisa enfrentar uma **BATELADA** de testes.* (SU)
*Despertei, inúmeras vezes, ouvindo os latidos de sua **CANZOADA**.* (ML)
*Marcos conhece a **GAROTADA**.* (DE)
*A **GURIZADA** veio cercá-lo festivamente.* (ARR)
*Os filmes de Carlitos fascinavam a **MENINADA**.* (ANA)
*A **MOÇADA** vai se divertir.* (DO)
*O barulho da **MOLECADA** jogando aumenta cada vez mais.* (ARI)
*Perdi uma **DINHEIRAMA** do meu patrão.* (CG)
*Alguns estenderam seus panos ordinários no chão, onde um **MUNDÃO** de quinquilharias
    se amontoam.* (MPB)

c) qualidade **disfórica** (**coletivos** pejorativos, geralmente para pessoas, muitos deles indicando também abundância)

*Abaixo o governo da traição nacional de Vargas e sua **CAMARILHA** reacionária
    nos Estados.* (OS)
*Comigo não descobrem nada, nem que fique toda a sua **CAMBADA** atrás de mim!*
    (DZ)
*Ou segura as pontas firme, ou então a **CANALHADA** monta.* (DO)
*Será que a **GAUCHADA** já perdeu a vergonha?* (ANB)
*Mandei a **CORJA** toda embora.* (DE)
*Existem excelentes oficiais ingleses na Marinha, a própria **MARUJADA** conta com
    grande número de ingleses.* (VPB)
*Que história é essa de andar botando doidices na cabeça da **MATUTADA**?* (SE)
*A **MULHERADA**, de orelha em pé, atrás de tudo o que servisse para comentário.*
    (CHA)
*O **MULHERIO** se espalhou pela praça.* (CAS)
*Vocês dois ficam embasbacados, aí, como se a morte daquela **NEGRALHADA** fosse
    coisa do outro mundo!* (PR)
*A **PARENTALHA** continua empregada.* (VEJ)
*Uma **TURBAMULTA** no Catete desfilou aos berros.* (UQ)

Ao **coletivo disfórico** pode acrescentar-se um **sintagma especificador**:

*Numerosa **CATERVA de viajantes** se aproximava.* (RET)
*Senado está dominado por uma **CHUSMA de políticos** da pior espécie.* (FSP)
*Batia nos noventa anos o corpo magro mas sempre teso do Jango Jorge, um que foi
    capitão duma **MALOCA de contrabandistas**.* (CG)
*Passávamos entre todos como se fôssemos nobres exilados em meio a uma **MALTA
    de vagabundos**.* (AL)
*O mundo será nesta hora apenas um **MONTURO de gente putrefata**.* (DM)

A Formação Básica das Predicações

Eu, novinha, sadia, podia ainda ter uma **RÉCUA de filhos** para virem azucrinar os tios. (MMM)

Maldita a hora em que essa **SÚCIA de desordeiros malfeitores** recorreu aos forasteiros. (CID)

d) coleção (com o elemento **-TECA**)

Confortável **CINEMATECA** para projeção de passagens saudosas da vida dos entes queridos. (SO)

Visite um revendedor Toshiba e nunca mais deixe o professor na classe ou a **DISCOTECA** trancada em casa. (P-REA)

Localizado em uma antiga cidade cenográfica, o hotel tem um museu e **FILMOTECA**. (FSP)

A **MAPOTECA**, por incrível que pareça, segundo a sua diretora, não possui microfilmagem. (FSP)

(Iberê) Faz questão de manter uma **PINACOTECA** particular. (VEJ)

Observe-se que esses **nomes coletivos** facilmente passam a designar lugar.

2 Particularidades de construção

2.1 Pode ocorrer o emprego de um **coletivo** com transferência de classe, o que representa um emprego metafórico.

O projétil bateu musical na água, e deve ter caído bem no meio da **FLOTILHA de marrecos**. (SA)

O uso de um **nome coletivo** de coisas ou de animais para pessoas gera comumente efeito **disfórico**:

* de coisa para pessoa

E eu não creio que na **FORNADA dos eleitos** de 1982 haja insensatez. (VEJ)

* de animal para pessoa

O voto de 441 deputados a favor do seu julgamento no Senado, dado em alto e bom som na memorável sessão de terça-feira passada, apeou a **CÁFILA de salteadores** que ocupou a Presidência. (VEJ)

Havia toda uma **FAUNA de crianças pobres** pelas ruas. (PV)

Um **MAGOTE** de jagunços espasmados não fazia careta para ninguém macho correr. (J)

O SUBSTANTIVO

2.2 O sintagma especificador que se acrescenta a um **nome coletivo** faz indicação:

• de tipo

> *Eu também já participei dessa imensa **LEGIÃO de iludidos** que sonham ser um dia um grande campeão.* (MU)

\# O **nome** especificador de tipo pode ser outro **coletivo**:

> *Garrou vôo novo, se escondeu em baixo de arvoredos, em caminho para **FILEIRA** de **buritizal**.* (COB)

• de número

> *Negrinha teve uma **NINHADA de seis**.* (TG)

• de tipo e de número

> *Como sempre, a **HORDA de dois atores** invade e compartilha o palco-plateia.* (FSP)

• de lugar

> *Notável era também a **FAUNA planaltina**, atraída pelo sal do chão do barreiro.* (VB)

3 Especificação da composição de alguns **coletivos**

ABECEDÁRIO – de letras, numa sequência convencional. O mesmo que **alfabeto**: *Maria Negra dominava as letras do alfabeto, sabia o **ABECEDÁRIO** de cor e salteado.* (ANA)

ACERVO – de obras de uma coleção: *Ele colocará ao seu dispor o **ACERVO** de suas galerias.* (REA)

ALCATEIA – de lobos: ***ALCATEIA** é um grupo de lobinhos.* (PE)

ALFABETO – de letras, numa sequência convencional. O mesmo que **abecedário**: *Maria Negra dominava as letras do **ALFABETO**, sabia o abecedário de cor e salteado.* (ANA)

ALEIA – de árvores ou arbustos, quando em fileira: *Bárbara, Jaci e Naé começaram, ao cruzar a **ALEIA** central, a positivamente correr.* (CON)

ANEDOTÁRIO – de anedotas: *D. Emília ouvia tudo por curiosidade, pelo pitoresco do **ANEDOTÁRIO**.* (DE)

ANTOLOGIA – de trechos em prosa ou em verso: *A maioria dos classificados teve dois ou três poemas escolhidos para a **ANTOLOGIA*** (OP). São sinônimos: **florilégio** e **seleta**.

ARMADA – de navios, especialmente de guerra: *Contam que a **ARMADA** real está navegando até hoje.* (ANB)

ARQUIPÉLAGO – de ilhas: *Todo o **ARQUIPÉLAGO** não soma além de 26 quilômetros quadrados.* (NOR)

A Formação Básica das Predicações

ARRAZOADO – de razões expostas na defesa de uma ideia: *Ao longo do extenso ARRAZOADO deverão encontrar-se os fundamentos jurídicos que embasam a ação.* (ESP)

ARSENAL – de armamentos e munições: *A China tem ARSENAL nuclear e as maiores Forças Armadas do mundo.* (FSP)

ARTILHARIA – de canhões: *Com o estrondo de sua ARTILHARIA pesada, a legalidade se fortalece por alguns momentos.* (JT)

ASSEMBLEIA – de pessoas que estão reunidas para um determinado fim: *E todos cantaram entusiasmados o Hino Nacional, dando por encerrada a assembleia.* (ACT)

BAGAGEM – de
- objetos pessoais que os viajantes levam: *A sua BAGAGEM tinha ido para o aeroporto, onde ela deveria depor.* (BB)
- obras ou realizações de um artista, um escritor, um cientista: *De versões mais eruditas a outras marcadamente jazzísticas, cada músico projetou no repertório jobiniano sua BAGAGEM musical.* (FSP)

BAMBUAL, BAMBURRAL, BAMBUZAL – de pés de bambus: *Isaac achou uma porção de retratinhos do telegrafista pregados no BAMBUAL onde tia Marina passava as tardes* (JT); *(Seu Oscar) Fez um acaso, atravessando na frente da mulher, quando ela saía para procurar ninhos de galinha-d'angola no BAMBURRAL* (SA); *Vinham do BAMBUZAL, cada uma com uma vasilha na cabeça.* (ALE)

BANANAL – de bananeiras: *Climério passou dois dias escondido dentro do barraco no meio do BANANAL.* (AGO)

BANCA – de examinadores: *A BANCA estava a postos atrás da mesa solene, coberta dum pano verde borlado de amarelo, com a esfera armilar bordada a similor e ostentando copos reluzentes e moringa majestática.* (CF)

BANDA – de músicos: *Estouraram os primeiros foguetes e a BANDA de música começou a tocar.* (AM)

BANDEIRA – de homens em expedição. Nesse caso, é feminino: *Na travessia do rio das Velhas uma febre assolou a BANDEIRA, matando e maltratando muitos dos homens.* (RET)

BANDO – de homens (geralmente depreciativo) e de animais: *Um aliado ideal, pensei, para um BANDO de fanáticos por história do conhecimento* (ACM); *Os gansos se lançam então aos ares com outra formação ou alcançam seu próprio BANDO.* (FSP)

BATALHÃO – de soldados de infantaria ou de cavalaria: *Tenente-coronel Rawat é o primeiro militar a assumir BATALHÃO que serve ao Exército britânico há 180 anos.* (FSP)

BATERIA – de
- utensílios de cozinha: *Mas a mesa foi ele quem fez, o cabo das colheres foi ele quem moldou e até mesmo na BATERIA das panelas, nove em dez são obras suas.* (CV)
- para intrumentos de percussão: *O homem da BATERIA parecia um polvo a dar trabalho a todos os tentáculos.* (N)
- componentes elétricos associados: *Ele disse que a BATERIA estava boa, o resto do carro é que tinha que ser trocado.* (ANB)
- canhões: *E levou a carriola pra frente de uma BATERIA, instalou o saco na boca de um canhão, ateou o morrião pra canhoneá-lo.* (TR)

136

O SUBSTANTIVO

- objetos: *Por fim, uma **BATERIA** de recipientes que enchi de tinturas de beladona, acônito, amônia, e quanto mais.* (PFV)
- atos, processos, eventos, qualidades: *Botafogo, por exemplo, tinha um departamento médico capaz de submeter os jogadores a uma **BATERIA** de exames antes da contratação* (ETR); *O que há de mais imoral do que a **BATERIA** de valores abstratos de idolatria da pátria socada nos compêndios?* (MOR)

BIBLIOTECA – de livros organizados para consulta: *A **BIBLIOTECA** era, para nós, como um santuário, onde as palavras antigas, os velhos manuscritos, os exemplares de séculos passados eram guardados quase como amores proibidos.* (ACM)

BOSQUE – de árvores: *A janela dava simplesmente para um **BOSQUE** cheio de árvores.* (FAV)

BRAÇADA – de flores ou outras coisas que se abrangem com os braços para carregar: *Canoá entrou no rancho com uma **BRAÇADA** de lenha seca.* (ARR)

BRIGADA – de militares (corpo militar comumente composto de dois regimentos): *Em pouco tempo, tornou-se ele o maior admirador da **BRIGADA** e esta passou a ser sua tropa de confiança para o cumprimento das missões mais difíceis.* (OL)

BUQUÊ – de flores harmoniosamente arranjadas. O mesmo que **ramalhete**: *Entregou a Wanda um **BUQUÊ** de angélicas.* (ANA)

BURITIZAL – de buritis: *Eu vou ao **BURITIZAL**!* (COB)

CAATINGAL – de vegetais da caatinga: *(A soleira) ardia, canicular, em pleno **CAATINGAL**.* (CJ)

CABIDO – de cônegos de uma catedral: *Grande era a opressão de seus servos, pelo **CABIDO** de Notre-Dame de Paris, no reinado de São Luís.* (HIR)

CACHO – de frutas (bananas, uvas) e flores: *Meio quilo de café aqui, uma lata de óleo ali, um **CACHO** de bananas acolá, sal, açúcar, feijão, e ele (ou ela) vai enchendo o carrinho.* (VEJ)

CADERNO – de folhas de papel: *O negro apanhou um **CADERNO de papel** pardo.* (CAS)

CAFEZAL – de pés de café: *Andamos por um caminho entre o **CAFEZAL**.* (DE)

CÁFILA – de camelos: *Lá fora, no deserto, uma "**CÁFILA**" de camelos (enfim, usei a palavra escolar) me examina, ruminando estranhamente* (FSP). Em referência a pessoas, é coletivo depreciativo: *O voto de 441 deputados a favor do seu julgamento no Senado, dado em alto e bom som na memorável sessão de terça-feira passada, apeou a **CÁFILA de salteadores** que ocupou a Presidência.* (VEJ)

CAJUEIRAL – de cajueiros: *No décimo ano do pomar mais denso, é recomendável a eliminação de alguns anões para dar espaço aos mais crescidos, prática que não reduz o rendimento do **CAJUEIRAL**.* (GU)

CAMARILHA – depreciativo para pessoas que cercam um chefe procurando influir em suas decisões: *Abaixo o governo da traição nacional de Vargas e sua **CAMARILHA** reacionária nos Estados.* (OS)

CAMBADA – depreciativo para pessoas: *Na cidade, está bem, está certo, que aquilo tudo é uma cambada de sem-vergonha.* (VI)

CANAVIAL – de pés de cana-de-açúcar: *José de Arimateia guiou Camurça para os lados do **CANAVIAL**.* (CHA)

CANCIONEIRO – de canções: *Saíam da noite os versos mais lindos do **CANCIONEIRO** mineiro.* (CF)

A FORMAÇÃO BÁSICA DAS PREDICAÇÕES

CARAVANA – de peregrinos, mercadores ou viajantes: *Ao tempo de rapaz, numa CARAVANA de estudantes, Teles viajara até o Pará.* (LA)

CARDUME – de peixes: *CARDUME de peixes nada perto de recife de corais.* (FSP)

CASTANHAL – de castanheiros: *Caminhamos meia hora pelo encharcado e bolorento CASTANHAL até avistarmos o barracão central do Versalhes.* (GI)

CAVALHADA – de cavalos em movimento: *Atrás dele veio a CAVALHADA.* (LOB)

CERVEJADA – designa reunião festiva para se beber cerveja: *O contato entre as duas torcidas inclui futebol de praia e até CERVEJADA na praia de Botafogo.* (FSP)

CHUVA – refere-se a coisas que caem em abundância: *Derramava sobre nós, irado e congesto, uma CHUVA de injúrias e afrontas.* (DEN)

CIPOAL – de cipós: *As árvores escolhidas para seus ninhos estão sempre localizadas em altos morros, em meio a denso bambuzal, CIPOAL e caraguatazeiro.* (PAN)

CLAQUE – de pessoas contratadas para aplaudir: *Ganhou o contrato coletivo de trabalho que chega desfilando em passarela freneticamente iluminada, com mais CLAQUE do que plateia.* (EM)

CLERO – toda a classe de sacerdotes: *Quem tinha inimigos na nobreza os teria, por consequência, no CLERO.* (ACM)

COLÉGIO – colegas, pessoas da mesma categoria: *A decisão do DN reduziu o COLÉGIO de eleitores de 250 mil para cerca de 30 mil, o que favoreceu Quércia.* (FSP)

COLETÂNEA – de excertos seletos de obras: *"Pequenos Contos Fantásticos" é uma COLETÂNEA de mini-histórias que têm o sabor saudável de exercícios literários.* (FSP)

COLMEIA – de abelhas. O substantivo designa também o cortiço das abelhas: *Para o Corpo de Bombeiros, um dos dois deve ter atingido de forma involuntária a COLMEIA das abelhas africanas, que, nos últimos meses, atacaram e mataram cavalos, cães e vacas na área rural de Niterói.* (FSP)

COLÔNIA – de pessoas que se estabelecem em um país estrangeiro: *Conhecidos como dekaseguis, eles hoje integram a terceira maior COLÔNIA de estrangeiros no Japão.* (FH)

COMBOIO – de meios de transporte em movimento: *Na sexta-feira, quando passou pelo município de Pitanga, no Estado do Paraná, o COMBOIO já era formado por 256 caminhões* (VEJ); *O agora tenente-coronel Leônidas Cardoso tinha como uma de suas atribuições supervisionar a partida dos navios que, em COMBOIO, seguiam para o norte do país.* (VEJ)

COMUNIDADE – de pessoas que se unem por algo em comum: *A posição das populações indígenas dependerá de suas próprias escolhas, de políticas gerais do Brasil e até da COMUNIDADE internacional.* (ATN)

CONCÍLIO – de prelados reunidos para tratar assuntos dogmáticos, doutrinários ou disciplinares: *A Igreja Católica, depois do CONCÍLIO Vaticano, tornou-se madrinha de movimentos de oposição.* (VEJ)

CONCLAVE – de cardeais: *Foram os inacianos que realizaram a difícil tarefa política de orientar o CONCLAVE.* (HF)

CONFRARIA – de confrades, associação de pessoas da mesma categoria, particularmente com fins religiosos: *Vovó ainda não era da CONFRARIA.* (VIC)

O Substantivo

CONGREGAÇÃO – de religiosos: *Há entre eles um único judeu ortodoxo, que não tem uma CONGREGAÇÃO com a qual possa rezar.* (IS)

CONGRESSO – de pessoas congregadas para algum fim ou alguma tarefa: *Há mulheres participando de decisões no CONGRESSO, nas empresas e em outras profissões.* (VEJ)

CONJUNTO –

- com composição não indicada. O mesmo que **grupo**: *No fim do dia, instalava-se diante da televisão, no meio de um CONJUNTO de mesinhas.* (GD)
- de músicos: *O CONJUNTO musical que acompanhava a exibição dos filmes compunha-se de três figuras: piano, violino e flauta.* (ANA)

CONSELHO – designa corpo coletivo que opina, assembleia: *Politicamente, os fenícios encontravam-se divididos em cidades-Estado, cada uma governada por um rei e um CONSELHO de anciões, magistrados e sacerdotes.* (HG)

CONSISTÓRIO – de cardeais, reunidos em assembleia sob presidência do papa: *As nomeações devem ser feitas em um CONSISTÓRIO (assembleia de cardeais presidida pelo papa), em 22 de novembro.* (VEJ)

CONSTELAÇÃO – de estrelas: *Havia um diálogo entre a fumaça das fornalhas e as estrelas da CONSTELAÇÃO.* (UQ)

COQUEIRAL – de coqueiros: *Hóspedes fazem ginástica aeróbica no imenso COQUEIRAL à beira-mar do Club Med.* (FSP)

CORBELHA – designa ramalhete de flores arranjado em cesto decorativo: *Justine andava recebendo CORBELHAS de flores, bebidas caras e joias.* (GI)

CORDAME – de cordas: *O barqueiro parou com os arranjos que dava no CORDAME da barca.* (ATR)

CORDILHEIRA – de montanhas que se dispõem em fileiras: *A colossal CORDILHEIRA andina divide nitidamente o continente nas suas vertentes pacífica e atlântica.* (GPO)

CORJA – de pessoas desprezíveis, de mau comportamento. O mesmo que **súcia**: *Mandei a CORJA toda embora.* (DE).

CORO – de pessoas que cantam em conjunto, em apresentações: *Os cães ladram em CORO e param de ladrar de estalo.* (EST)

CORPO – de pessoas que trabalham juntas, consideradas uma unidade: *A Justiça mineira está quase que impossibilitada de escolher mulheres para figurar no CORPO de jurados.* (CRU)

CORREIÇÃO – de formigas movimentando-se em fila: *Então eu achei, esquecida num canto, a folhona grande de taioba, a CORREIÇÃO de formiguinha amarelinha.* (CHA)

CORRESPONDÊNCIA – de cartas, telegramas etc.: *Era uma das empregadas da loja, trazendo a CORRESPONDÊNCIA.* (CEN)

CORRIOLA – depreciativo para pessoas: *No meio da CORRIOLA, um garoto cabeçudo e orelhudo, metido num camisolão.* (FSP)

CORSO – de carros em desfile: *Forma-se o CORSO aparatoso, doce de modinhas.* (DE)

CORTEJO – designa comitiva pomposa. *Caminha até a guarita, enquanto passa o CORTEJO.* (ALF)

A Formação Básica das Predicações

CUMEADA – designa sequência de cumes de montanhas: *Necessário fugir às tentações, para tingir a **CUMEADA** da montanha.* (MAR)

DINHEIRAMA – de dinheiro: *Perdi uma **DINHEIRAMA** do meu patrão.* (CG)

DISCOTECA – de discos (indicando também lugar para dança): *Visite um revendedor Toshiba e nunca mais deixe o professor na classe ou a **DISCOTECA** trancada em casa.* (REA)

ELENCO – de atores: *A Globo já está escolhendo atores para completar o **ELENCO**.* (FSP)

ENFIADA – de objetos em linha, com ideia de abundância, o mesmo que "fieira": *Você nasceu mesmo para casar cedo, ter uma **ENFIADA** de filhos.* (CC)

ENXAME – de abelhas em revoada: *Os grandes problemas do mundo tumultuam dentro do meu cérebro como um **ENXAME de abelhas**.* (AL)

EQUIPAGEM – de equipamentos e de funcionários, especialmente de bordo: *Outra irregularidade constatada foi a **EQUIPAGEM** da cozinha da carceragem com forno de micro-ondas e freezer* (FSP); *Existe um controle mecânico da operação da frota, através de tacógrafos, que deram excelente resultado, na redução sensível dos custos de manutenção, além da gradativa melhoria nos índices técnicos da **EQUIPAGEM**.* (MAN)

ERVAL – de ervas: *Junto à fronteira paraguaia encontram-se os **ERVAIS**, em que se explora a erva-mate.* (GHB)

ESQUADRA – de navios de guerra: *Com Churchill, a **ESQUADRA** inglesa atingiu o mais alto grau de eficiência e prontidão.* (VEJ)

ESQUADRILHA – de aeronaves: *O ex-general já comandou uma **ESQUADRILHA de bombardeiros** estratégicos no Báltico.* (VEJ)

ESTROFE – de versos: *Terminada a **ESTROFE**, começa a se abrir o pano lentamente.* (SM)

FLORILÉGIO – de trechos em prosa ou em verso: *Só dá **FLORILÉGIO** universal de grandes autores* (FSP). É sinônimo de **antologia** e **seleta**.

FAUNA – de/para os animais de uma região: *Além disso, grande parte da **FAUNA** avícola vive à beira-rio.* (ATN)

FEIJOAL – de pés de feijão: *No final do **FEIJOAL**, a variante se bifurca; tomo o carreador da direita. (SA)*

FEIXE – de peças, com ideia de arranjo em paralelo: *Canoá vinha chegando em direção ao rancho, trazendo um **FEIXE** grande de lenha.* (ARR)

FIEIRA – de objetos em linha, com ideia de abundância: *O cometa consistia numa **FIEIRA de 21 fragmentos** envoltos em nuvem gasosa.* (FSP)

FILEIRA – de objetos, indicando posição em fila: *De volta ao quarto, abriu o armário e, atônito, deu com uma **FILEIRA** de vestidos e ternos dependurados, sapatos de mulher e de homem.* (FE)

FILMOTECA – de filmes (indicando também lugar especializado para guardar filmes): *Localizado em uma antiga cidade cenográfica, o hotel tem um museu e **FILMOTECA**.* (FSP)

FLORA – conjunto dos vegetais de uma região: *Jamais vira uma natureza tão bela e selvagem, com sua **FLORA** típica.* (CJ)

FLOTILHA – de navios ou outros meios de transporte: *A **FLOTILHA** será liderada pelo iate real Britannia, com a presença da rainha, membros da família real, Clinton e chefes de Estado dos países aliados.* (FS)

O SUBSTANTIVO

FORNADA – de pães ou biscoitos que se assam ao mesmo tempo: *Anda no ar um cheiro de pão fresco, a anunciar que do grande forno a lenha, mais uma **FORNADA** se vai retirar.* (CV)

FROTA – de meios de transporte: *O estabelecimento trabalha com uma **FROTA de carros***. (NI)

GADO – de reses: *Coronel Moreira mandou soltar o **GADO** na roça de Sinhá Andresa hoje de madrugada.* (ALE)

GALERIA – de quadros, esculturas etc. organizados artisticamente: *Leda Catunda pendura quatro babados vermelhos na parede de uma **GALERIA***. (INT)

GRITARIA – de gritos, indicando abundância: *Que **GRITARIA** é essa?* (ANA)

GROSA – conjunto de 12 dúzias: *Vi durante muito tempo o Dulles sentado ali, com uma **GROSA** de lápis na mão.* (VEJ)

GRUPO – com composição não indicada. O mesmo que **conjunto**: *Éramos um **GRUPO** de jovens idealistas e velhos assanhados e teimosos.* (ACT)

GUARDA – de vigilantes (coletivo): *Foram para a cantina do prédio **da GUARDA** pessoal.* (AGO)

HEMEROTECA – de periódicos semanais: *O novo museu terá uma área de exposição de 1,2 mil metros quadrados (mais 250 para exposições temporárias), biblioteca, **HEMEROTECA** e auditório para 200 pessoas.* (FSP)

HERBÁRIO – de plantas: *O Instituto de Botânica, que engloba o parque, tem um **HERBÁRIO**, com 300 mil hexicatas.* (FSP)

HORDA – de pessoas, incorporando ideia de indisciplina, violência do grupo: *Como uma **HORDA** imensa que súbito tivesse se abatido sobre uma aldeia, vila, vilota indefesa, e tomado conta, e se fossem seus donos, únicos possuidores.* (DE)

HOSTE – de pessoas, incorporando ideia de combate, luta: *A primeira impressão que tenho, diante do acúmulo de ídolos na mesa de trabalho de Freud, é a de que ele os via não como presença tutelar e mística, mas como uma **HOSTE** de inimigos* (FSP); *Freitas tinha também seus espiões nas **HOSTES** lacerdistas.* (AGO)

INSTRUMENTAL – de instrumentos: *O **INSTRUMENTAL** de preparação utilizado vai desde o martelo e a talhadeira até as brocas rotativas e os aparelhos vibratórios.* (AVP)

IRMANDADE – de **irmãos**: *Era a mais moça da **IRMANDADE** de nossa Mãe.* (BAL)

INSTRUMENTAL – de instrumentos: *O **INSTRUMENTAL** de preparação utilizado vai desde o martelo e a talhadeira até as brocas rotativas e os aparelhos vibratórios.* (AVP)

JUNTA – de
- pessoas, referindo-se a uma reunião para uma determinada função: *Com a saída de Murtinho, ficou no governo uma **JUNTA**, composta de três membros.* (ALF)
- bois, designando parelha reunida para trabalho: *Para ajudar viajor atolado, ele mantinha ao pé uma **JUNTA** de bois.* (SE)

JÚRI – designa comissão para julgamento: *Seu Vico respondeu a **JÚRI** e está cumprindo pena na cadeia de Tiradentes.* (SE)

LARANJAL – de pés de laranja: *O gemido ininterrupto do monjolo ziguezagueia por entre o **LARANJAL**.* (DEN)

A Formação Básica das Predicações

LEGIÃO – de
- pessoas em geral, indicando abundância: *Eu também já participei dessa imensa **LEGIÃO** de iludidos que sonham ser um dia um grande campeão.* (MU)
- componentes de exército: *Por essas alturas, o Ponce já conseguira arregimentar quase 3.000 homens na Legião Floriano Peixoto, e a situação piorava dia a dia.* (ALF)

LEVA – de pessoas, coisas ou eventos, com ideia de grupo formado em uma determinada etapa: *Ele participou da **LEVA** de sulistas que, nos anos 70, fizeram a marcha para o oeste.* (VEJ); *Tudo indica que no final do ano, quando o número de lojas tiver dobrado, o consumidor contará com uma nova **LEVA** de mordomias a seu dispor.* (EX)

LUSTRO – designa o conjunto de cinco anos: *A senhora d. Briolanja conta já mais de 12 **LUSTROS**.* (FSP)

MACAMBIRAL – de macambiras: *A onça fugiu por entre o **MACAMBIRAL** da encosta da serra.* (FR)

MACIÇO – de montanhas agrupadas em torno de um ponto culminante: *(As sondagens rotativas) permitem a identificação das descontinuidades do **MACIÇO** rochoso.* (PRP)

MAÇO – de coisas atadas no mesmo liame ou acondicionadas no mesmo invólucro: *Ele apontou o isqueiro sobre o **MAÇO de cigarros**.* (AFA)

MACONHAL – de pés de maconha (*Cannabis sativa*): *Não só era difícil separar ou distinguir, na terrinha dela, o **MACONHAL** do **ROSEIRAL**.* (CON)

MADEIXA – de cabelos: *Com uma **MADEIXA de cabelos** caindo na testa, Ernesto lembrava Chopin.* (XA)

MAGOTE – de pessoas ou animais. O mesmo que **bando**: *Um **MAGOTE** de jagunços espasmados não fazia careta para ninguém macho correr.* (J)

MALHADA – de bois, de ovelhas: *Ruduino Marçal, capataz desta ribeira, viu seis bois numa **MALHADA**.* (COB)

MANADA – de bois, de cavalos: *Seu Tonho despachou outra **MANADA**.* (CHA)

MANDIOCAL – de pés de mandioca: *Fugi para o **MANDIOCAL**.* (ASA)

MAPOTECA – de mapas: *A **MAPOTECA**, por incrível que pareça, segundo a sua diretora, não possui microfilmagem.* (FSP)

MATALOTAGEM – de víveres, de objetos pessoais. O mesmo que **matula**: *E eu levava boa **MATALOTAGEM**, na capanga, e também o binóculo.* (SA)

MATILHA – de cães: *Um boi ervado está de pança esturricando ao sol, mas a **MATILHA** sarnenta da casa perto mantém os urubus a distância.* (R)

MATULA – de víveres, de objetos pessoais. O mesmo que **matalotagem**: *Botei a **MATULA** na capanga.* (CHA)

MILHARAL – de pés de milho: *Vi fotografia do **MILHARAL** tão verde, tão bonito!* (ATR)

MÓ – de gente: *Que vozes! Mais abaixo, outra **MÓ** de gente.* (PFV)

MOLE – de gente em grande quantidade: *A **MOLE** humana agitou-se, rumo ao hotel.* (BH)

MOLECADA – de moleques: *O barulho da **MOLECADA** jogando aumenta cada vez mais.* (ARI)

MOLHO – de chaves: *Martina e suas brilhantes ideias; pegou um **MOLHO de chaves** do bolso do vigia duro na guarita.* (BL)

O Substantivo

MONTURO – de coisas sujas ou imprestáveis amontoadas: *A bodega há de ficar um MONTURO de cacos*. (PFV)

NINHADA – de aves paridas de uma vez: *Nem uma NINHADA de pinto escapou*. (CL)

OLIVAL – de oliveiras: *É terra de trigo, de vinhas, de figueiras e OLIVAIS*. (COR-O)

PATRULHA – de policiais que fazem patrulhamento: *Não tinha mais receio da PATRULHA rodoviária. (AGO)*

PELAME – de pelos: *O PELAME liso, sem bernes, em toda criação*. (VB)

PELOTÃO – de soldados: *Sem oficiais, nosso PELOTÃO estava isolado*. (CNT)

PENCA – de frutas, de objetos: *Ele então tirou do bolso a PENCA de chaves*. (VN)

PEONADA – de peões: *No galpão a PEONADA cantava cantigas tristes*. (FAN)

PINACOTECA – de quadros artísticos: *(Iberê) Faz questão de manter uma PINACOTECA particular*. (VEJ)

PIQUETE – de soldados, de pessoas fazendo reivindicação: *Tínhamos saído em PIQUETE de descoberta*. (CG)

PLANTEL – de jogadores; de animais de criação: *Os holandeses, finalistas nos mundiais de 1974 na Alemanha Ocidental, e 1978 na Argentina, não conseguiram chegar às semifinais no Torneio Europeu, evidenciando-se a desintegração do talentoso PLANTEL da década passada*. (OP); *Com um plantel de duzentas matrizes, ele entrega à empresa cerca de duzentos e oitenta suínos terminados por mês*.

PROLE – de filhos: *Imaginei a PROLE de Martina dormindo em beliches*. (BL)

RAMALHETE – de flores harmoniosamente arranjadas. O mesmo que **buquê**: *Ou então deveria ter escolhido um ramalhete qualquer, apenas bonito e gentil, para oferecer à mulher que partia*. (VI)

SELETA – de trechos em prosa ou em verso: *O próprio livro organizado por Hamilton é uma SELETA de textos garimpados nos quatro cantos da Europa* (FSP). É sinônimo de **antologia** e **florilégio**.

SÚCIA – de pessoas desprezíveis, de mau comportamento. O mesmo que **corja**: *Na hora de maior influência, apareceu uma SÚCIA de desordeiros e o pacato bleforé acabou de água suja com pancadaria e tiros*. (TG)

FORMAÇÃO DO FEMININO DOS SUBSTANTIVOS

1 Com mudança ou acréscimo na terminação.

1.1 Os **nomes** terminados em **-O** mudam o **-O** em **-A**:

MENINO – MENINA: *Não embroma a MENINA*. (AB)

1.2 Alguns **nomes** em **-ÃO** mudam a terminação em **-Ã**, outros em **-OA** e outros em **-ONA** (se aumentativos):

ANÃO – ANÃ: *"Para que a alma dele não retorne", disse a ANÃ, ao entregar-lhe as peças de ouro*. (RET)

CIDADÃO – CIDADÃ: *E ela é mulher inocente, boa CIDADÃ*. (ED)

IRMÃO – IRMÃ: *A casa da minha IRMÃ é uma pirâmide de vidro, sem o vértice*. (EST)

LEÃO – LEOA: *O leão por questões sentimentais já deu uma dentada na LEOA*. (FAN)

FOLIÃO – FOLIONA: *Depois de pintar e bordar no Carnaval baiano com uma FOLIONA local, ele estreou no show biz como o mais novo par romântico da atriz Lúcia Veríssimo, 35 anos*. (VEJ)

1.3 Os **nomes** em **-OR** formam geralmente o **feminino** com acréscimo de **-A**:

DOUTOR – DOUTORA: *Se é esta a dificuldade, por que não procurar uma DOUTORA?* (VID)

GENITOR – GENITORA: *Faz considerações pouco edificantes a respeito da GENITORA do presidente das corridas*: (SC)

INSTRUTOR – INSTRUTORA: *[As bruxinhas] Tentam sair de cena atrás da INSTRUTORA que também se arrasta*. (BR)

A Formação Básica das Predicações

PASTOR – PASTORA: *Entra Zefa, vestida de encarnado, de PASTORA, vinda da cozinha.* (US)

PROFESSOR – PROFESSORA: *A PROFESSORA abriu ao acaso um velho livro escolar.* (ANA)

SENADOR – SENADORA: *Depois de receber a filiação da SENADORA Júnia Marise, o PDT mineiro não para de crescer.* (EM)

\# Outros femininos terminam em **-EIRA**

ARRUMADOR – ARRUMADEIRA: *Os patrões chamaram a ARRUMADEIRA às falas.* (RO)

FALADOR – FALADEIRA: *A FALADEIRA quer saber se a rosa é bonita.* (BPN)

LAVADOR – LAVADEIRA: *Gostaria de ser LAVADEIRA.* (BF)

1.4 Dos **nomes** em **-E**, uns ficam invariáveis, outros mudam o **-E** em **-A**:

1.4.1 Não variam

AMANTE: *A esta hora está na casa da AMANTE!* (BO)

CLIENTE: *Filava a boia na casa da CLIENTE.* (ANA)

DOENTE: *Ouvindo minha voz, a DOENTE tornou a se agitar, virando de um lado para outro da cama.* (A)

INOCENTE: *Culpada ou INOCENTE, ela não dará no pé.* (BB)

OUVINTE: *Leio uma carta de uma OUVINTE de Taquaritinga.* (MAN)

SERVENTE: *A SERVENTE acaba de me trazer da lojinha lá em baixo.* (NB)

1.4.2 Variam

ALFAIATE – ALFAIATA: *Era ALFAIATA exímia e fazia os ternos do marido e dos filhos.* (BAL)

GOVERNANTE – GOVERNANTA: *Tinha certeza de que a GOVERNANTA o notara também.* (CP)

MONGE – MONJA: *Não sou MONJA hindu.* (SEG)

PARENTE – PARENTA: *É meio PARENTA do Governador.* (COR)

PRESIDENTE – PRESIDENTA: *No Congresso, só se falava do impeachment da PRESIDENTA.* (NBN)

1.5 Os **nomes** em **-ÊS**, **-L**, **-Z** têm acréscimo de **-A**:

FREGUÊS – FREGUESA: *A FREGUESA tinha pressa.* (BH)

CORONEL – CORONELA: *Era CORONELA do Exército da Salvação.* (GI)

PORTUGUÊS – PORTUGUESA: *Na casa, em lugar de Frau Herta, ficara uma PORTUGUESA chamada Inocência.* (CP)

JUIZ – JUÍZA: *A JUÍZA não teve dúvida em mandar prender o gerente.* (APP)

O SUBSTANTIVO

1.6 Indicam o sexo **feminino** vocábulos derivados por meio de *-ESA*, *-ESSA, -ISA*:

BARÃO – BARONESA: *As joias escorriam da **BARONESA**. (COT)

PRÍNCIPE – PRINCESA: *Ela tem hábitos de **PRINCESA**. (CNT)

DUQUE – DUQUESA: *Gelou-me o sangue nas veias, a última **DUQUESA** diante do patíbulo.* (CE)

ABADE – ABADESSA: *Um interessante entalhe medieval mostra uma **ABADESSA** que golpeia com um chicote as nádegas de um bispo.* (PO)

CONDE – CONDESSA: *Onde já se viu uma **CONDESSA** russa (...) dizer uma coisa dessas?* (SPI)

VISCONDE – VISCONDESSA: *Creio bem que vi ou senti a senhora **VISCONDESSA** suspirar de leve.* (AIB)

PAPA – PAPISA: *Mme. Martinez y Viola, descendente direta da **PAPISA** Joana.* (AL)

PÍTON – PITONISA: *Mas, como ouviu e não entendeu a **PITONISA**, teme as vitórias de Pirro.* (AVE)

POETA – POETISA: *A bonita Ivete Tannus é **POETISA**. (MAN)

PROFETA – PROFETISA: *Mas uma **PROFETISA** aconselhou-o a trocá-lo por dez camelos e assim fazer o sacrifício substitutivo.* (ISL)

SACERDOTE – SACERDOTISA: *"Norma", composta em 1831, trata da paixão de uma **SACERDOTISA** gaulesa por um romano na época da conquista da Gália.* (FSP)

1.7 Não se enquadram nos casos precedentes:

ATOR – ATRIZ: *Você é de fato uma excelente **ATRIZ**. (AFA)

AVÔ – AVÓ: *Sua **AVÓ** pode não gostar.* (I)

CAPIAU – CAPIOA: *Era uma **CAPIOA** barranqueira, grossa.* (COB)

CONFRADE – CONFREIRA: *Se for necessário, o feminino de – confrade – será consóror, que é melhor que – confrada – ou **CONFREIRA**. (VID)

CZAR – CZARINA: *Com o tempo (...) as grandes senhoras da Corte, e, talvez a própria **CZARINA**, aderiram ao estranho evangelho do monge siberiano.* (FI)

DOM – DONA: ***DONA** Leopoldina era sua bisavó, Pedro I, seu tataravô.* (EM)

EUROPEU – EUROPEIA: *Outra disputa entre uma chinesa e uma **EUROPEIA** deve ocorrer nos 100 m nado livre.* (FSP)

FRADE – FREIRA: *Mas aos poucos, a **FREIRA** foi se recuperando do choque* (CP); *A menina tinha os olhos inchados de tanto chorar e a **FREIRA** a consolava.* (CP)

GALO – GALINHA: *É a costumária **GALINHA** guisada* (AM); *Vendeu a primeira **GALINHA** para comprar milho para as outras.* (CAS)

GROU – GRUA: *Mas eu imaginei um meio de prepará-los, macerando-os junto com línguas de flamingos, de rouxinóis, de porfirione, e das longas **GRUAS**. (SE)

GURI – GURIA: *Que é que tu entende disso, **GURIA**, pensa que é brinquedo?!* (G); *O senhor achou a **GURIA** simpática?* (TGG)

HERÓI – HEROÍNA: *Angela Davis era apresentada como uma **HEROÍNA** na ilha* (CRE); *Rosa sorri, envaidecida, sentindo-se **HEROÍNA** também.* (PP)

IMPERADOR – IMPERATRIZ: *Não se repetira a decepção do solar em que nascera a **IMPERATRIZ** Josefina em Martinica.* (BH); *Carolina, que recebeu o nome em homenagem à primeira **IMPERATRIZ** do Brasil, é um antigo entreposto aéreo e fluvial da região do Tocantins.* (FSP)

JUDEU – JUDIA: *A **JUDIA** olhou para fora e começou a cantarolar* (ID); *Você não se esqueça de que eu sou uma **JUDIA**.* (OE)

MAESTRO – MAESTRINA: *A **MAESTRINA** Chiquinha Gonzaga compôs um tango intitulado Gaúcho.* (PHM)

PERU – PERUA: *Ovos: de galinha, pata, **PERUA**, codorna etc.* (CAA)

PIERRÔ – PIERRETE: *Foi no carnaval histórico de 1917 que vi as noites, as holandesas (...) as fadas, as castelas, as **PIERRETES**, as colombianas, as flores (todas) que dançavam decorosamente nas salas do clube.* (CF)

PIGMEU – PIGMEIA: *Uma mulherinha minúscula, quase uma **PIGMEIA**, de idade indefinida.* (NB)

RAPAZ – RAPARIGA: *A **RAPARIGA** aprende com a própria mãe ou com mulheres idosas* (AE); *Era uma **RAPARIGA** linda, mesmo.* (BOI)

REI – RAINHA: *Gonçalo Havasco olhou o rosto voluntarioso da **RAINHA**, a pele, o nariz, as luvas pretas* (BOI); *Não quero mais minha **RAINHA**, nem meu príncipe filho, nem minha princesa nora.* (CHR)

RÉU – RÉ: *Os depoimentos eram prestados ao vivo, para não se ofender a **RÉ**.* (AF)

SILFO – SÍLFIDE: *As **SÍLFIDES** nuas, sereias, nereidas, egérias na ilha encantada* (VES); *Subi à visão de deusas (...) lindas todas: Dária (...) Ragna e Aase; e Gúdrim (...) e Víviam, violeta; e Érica, **SÍLFIDE** loira.* (SA)

SULTÃO – SULTANA: *Pareciam ver uma **SULTANA** saída das Mil e Uma Noites.* (VB)

\# Para **embaixador**, segue-se a convenção de usar **embaixatriz** para a esposa do embaixador e **embaixadora** para a mulher que dirige uma embaixada. *Jamais faria isso sem ouvir a opinião de nossa mais conhecida, refinada e elegante **EMBAIXATRIZ*** (CAA); *Libertaram quase todos os reféns não diplomatas e todas as mulheres (entre as quais a **EMBAIXADORA** da Costa Rica Elena Monge).* (MAN)

2 Com palavras diferentes para um e outro sexo (**heterônimos**)

2.1 Nomes de pessoas:

CAVALEIRO – AMAZONA: *A águia não pode levar duas pessoas, tu e a **AMAZONA*** (CEN); *Não obedeceria à ordem de Salomão, não procuraria mais a tal **AMAZONA**.* (CEN)

CAVALHEIRO – DAMA: *Ela é uma **DAMA*** (SPI); *É uma **DAMA** de seus cinquenta anos, elegante, energética.* (TPR)

COMPADRE – COMADRE: *Minha **COMADRE** era uma mulher sensata* (CHU); *A fidalguia da **COMADRE** envernizou a pouca vergonha!* (PC)

FREI – SÓROR: *Viva **SÓROR** Joana Angélica!* (VPB)

GENRO – NORA: *Depois, dar-lhe uma boa **NORA** e uma penca de netos para encher-lhe a velhice* (MAR); *A família dela detesta o genro e a dele despreza a **NORA**.* (VIS)

HOMEM – MULHER *São esses pequeninos detalhes que estragam o homem diante da **MULHER*** (BB); *Ele já deve estar cansado de tanto ouvir conversa de **MULHER**.* (DZ)

MARIDO – MULHER: *Acaso ela é minha **MULHER**, minha esposa?* (A); *Com o senhor e sua **MULHER**, acho que já dá um bom enterro* (AC); *O que eu quero, agora, é uma **MULHER**.* (A)

PADRASTO – MADRASTA: *Andou negociando uns tempos, casou-se novamente e veio buscar Cidinho para morar com a **MADRASTA*** (CHI); *Não vou te pedir que aceite ela como sua mãe, ou mesmo sua **MADRASTA**.* (MD)

PADRE – MADRE: *Na semana passada, antes de deixar o Brasil, **MADRE** Teresa concedeu (...) entrevista* (VEJ); *No dia seguinte, quando a **MADRE** foi me buscar, eu já não queria mais descer.* (CP)

PADRINHO – MADRINHA: *A **MADRINHA** sorriu, gostou da alegria do afilhado* (AM); *Desde oito dias que não voltou mais à casa de sua **MADRINHA**.* (PC)

PAI – MÃE: *Lá estava Alice, com a **MÃE**, no serviço do roçado* (CA); *Enxugava a louça para a **MÃE**, sem quebrar um prato.* (CE)

PATRIARCA – MATRIARCA: *Sua amizade com a **MATRIARCA** dos Campolargos alimentava-se desses insultos* (INC); *Tudo é bem organizado na família Wolf, ao compasso da voz seca da **MATRIARCA**, minha avó.* (ASA)

2.2 Nomes de animais:

BODE – CABRA: *Ela cobrava caro, mas todos diziam que leite de **CABRA** prevenia contra a tuberculose, muito bom para as crianças* (ANA); *Pela escada de baixo, feita de bálsamo, com o passadeira de pelo de **CABRA** e, no patamar, grossos limpadores de pés.* (VB)

BOI – VACA: *Neste caso, está em comunhão com Deus quem ama um cão, ou quem adora uma **VACA*** (OSA); *Foi assim na introdução do leite Bônus, uma mistura de leite de **VACA** e de soja.* (EX)

BURRO – BESTA: *Esta **BESTA** não tem defeito* (CJ); *Um cavaleiro passou trotando na sua **BESTA** perto do grupo que chegava.* (GAT)

CACHORRO – CACHORRA: *Era **CACHORRA** Candeia, a pata na calçada, querendo subir e receando.* (EA)

CÃO – CADELA: *Rex foi visto pela última vez seguindo uma **CADELA** vira-lata, rua acima* (ANB); *No momento a **CADELA** está correndo pelo pomar, o focinho rente ao chão.* (IS)

CARNEIRO – OVELHA: *E o que dizer da **OVELHA** que entra tranquilamente no covil do lobo?* (SO); *Esperava um assado da paleta de **OVELHA**, que ele comeu com a tranquilidade dum justo.* (INC)

A FORMAÇÃO BÁSICA DAS PREDICAÇÕES

CAVALO – ÉGUA: *Ao cabo, arreou a **ÉGUA**, montou e botou-se para Itaoca como se nada houvera acontecido* (PH); *O preço mais alto foi atribuído à **ÉGUA** Anabela.* (AGF)

CERVO – CERVA: *E os casos em que Seu Persilva contava, de burro fujão, abridor de porteira e varador de **CERVA**, passador em pinguela de um pau só?* (CHA)

VEADO – VEADA: *Flecha a mãe sem sabê-la, disfarçada em **VEADA**.* (AU)

ZANGÃO – ABELHA: *Uma das amostras tinha até pedacinhos de **ABELHA*** (FOC); *A **ABELHA** também é usada em homeopatia.* (HOM)

JUMENTO – JUMENTA: *Deixou a **JUMENTA** amarrada no curral e saiu-se ao mato com os ferros.* (CT)

\# Incluem-se nessa relação alguns pares cujos termos usualmente se vêm apresentando nas listas de plural com palavras diferentes.

3 Com auxílio de outra palavra (**substantivos comuns de dois**)

Há **substantivos** relativos a pessoas que têm uma só forma para os dois sexos e, por isso, são chamados **comuns de (ou *a*) dois**. Tais **substantivos** distinguem o sexo pela anteposição de *O* (para o masculino) e *A* (para o **feminino**):

O ESTUDANTE – A ESTUDANTE: *Era UMA **ESTUDANTE** de Arquitetura de Mogi que estava em Campinas num encontro de estudantes* (FAV); *As primeiras mudas quem trouxe foi UMA **ESTUDANTE** de Minas, colhidas no quintal da avó.* (GL)

O CAMARADA – A CAMARADA: *Fui ao seu Ministério combinar alguns detalhes de envio soviético e, por acaso, encontrei A **CAMARADA** Furtsova à porta.* (MH)

O MÁRTIR – A MÁRTIR: *Tem aquela OUTRA **MÁRTIR** doméstica – a menina que, de garota se tomou "para criar"* (CT); *Passei a gostar mais de mamãe: para mim, ela era a heroína, A **MÁRTIR**.* (SM)

Os **nomes** terminados em *-ISTA* e muitos terminados em *-E* são comuns de dois:

O DENTISTA – A DENTISTA: *Continuo sendo um ÓTIMO **DENTISTA*** (ANB); *Anita Carrijo, **DENTISTA** e líder divorcista, morreu no dia 13 de maio de 1957, no seu apartamento na rua Braulio Gomes, no centro de São Paulo.* (FA)

O DOENTE – A DOENTE: *Ouvindo a minha voz, A **DOENTE** tornou a se agitar, urrando de um lado para outro da cama* (A); *Se for gasosa, A **DOENTE** terá de ser hospitalizada.* (MAR)

4 Substantivos com um gênero determinado, designando indiferentemente elemento do sexo masculino ou do sexo feminino.

4.1 Nomes de pessoas (**substantivos sobrecomuns**):

ALGOZ (masculino)

O SUBSTANTIVO

- referente a homem: *Seu olhar continuava fixado no rosto de seu **ALGOZ**.* (TS)
- referente a mulher (ou **substantivo** feminino): *Desta vez o **ALGOZ** foi para a Suécia* (FSP); *Os policiais e sem-terra em Rondônia são vítimas de um mesmo **ALGOZ**: a estrutura fundiária brasileira.* (FSP)

CRIATURA (feminino)

- referente a homem: *Seguia-lhe os passos como se fosse sua própria sombra, fazer de Luciano uma **CRIATURA** semelhante a ele* (AV); *Pensou absurdamente no irmão, pacata **CRIATURA** que nunca tivera um simples bate-boca em toda a vida.* (BH)
- referente a mulher: *O que importa é que, desde esse dia, ela mudou, tornou-se outra **CRIATURA*** (A); *O adolescente descobre que sua mãe, ao invés da **CRIATURA** idealizada pelos seus olhos e pela sua imaginação, não passa de uma mulher como as outras.* (AE)

PESSOA (feminino)

- referente a homem: *Sérgio, fora, podia ter sido uma boa **PESSOA**, um ótimo rapaz* (A); *É que nós não temos coragem de chamar uma **PESSOA** tão importante de Severino.* (AC)
- referente a mulher: *A senhora é uma **PESSOA** amiga, vai me compreender.* (ANA)

SER (masculino)

- referente a homem: *[Mauro] Por uma fresta da janela, o vento filtrou-se com o cheiro do mar sereno, de que ouvia apenas o vago rumor, longe, como um sinal da natureza viva, que lhe tocava o **SER**.* (AV)
- referente a mulher: *É preciso diferenciar o ser mulher do **SER** materno.* (VEJ)

TESTEMUNHA (feminino)

- referente a homem: *Dino seria a **TESTEMUNHA**, talvez ele mesmo telefonasse para a polícia.* (MAD)
- referente a mulher: *O depoimento da **TESTEMUNHA** Berenice Maria da Silva: "Vi o momento em que Edmilson levantou as mãos"* (VEJ); *Outra **TESTEMUNHA** do barulho é a atriz (...) Jennifer Peace.* (VEJ)

VÍTIMA (feminino)

- referente a homem: *Contaram que outra **VÍTIMA** da feiticeira foi o carpinteiro Wandice da Silva.* (AP)
- referente a mulher: *A filha dela é uma **VÍTIMA** da dissolução da família.* (BP)

ENTE (MASCULINO)

- referente a homem: *Um assassino pode ser um valente e mesmo um herói, já que um ladrão é um **ENTE** desprezível, um vilão.* (CJ)
- referente a mulher: *Dona Heloísa é um **ENTE** delicado.* (GCC)

\#   O **substantivo** *ENTE* ocorre também com concordância no **feminino**, quando referente a mulher:

*Agora **A ENTE** ouvia a risada alegre do Promitivo.* (COB)
*Para si mesma, **ENTE** despeitada e cômica.* (NAM)

CÔNJUGE (masculino)
- de modo geral, referente a homem ou mulher, indiferentemente. *As crianças chegam a ser usadas para punir, revidar ataques, dificultar a vida do **CÔNJUGE** (VEJ); O vice limita-se a cumprimentar os presentes, perguntar-lhes pela saúde do **CÔNJUGE**, e das crianças.* (VEJ)

\# O **substantivo** **CÔNJUGE** ocorre também com concordância no **feminino**, quando referente a mulher:

> *Uma forma sutil de aferir a americanização de um determinado país é verificar a importância atribuída À **CÔNJUGE** do chefe de Estado.* (VEJ)
> *O senador aludia À **EX-CÔNJUGE** como "aquela mulher".* (VEJ)

CARRASCO (masculino)
- referente a homem: *O **CARRASCO** amola o seu machado* (CCI); *O **CARRASCO** desfere o golpe!* (TEG)
- referente a mulher: *Vem devagar, imperiosa mas mansa, **CARRASCO** que tem qualquer coisa de enfermeira.* (L)

\# O **substantivo** **CARRASCO** ocorre também em forma feminina (***CARRASCA***). O significado, porém, é sempre metafórico, "pessoa cruel, desumana":

> *Olindona não se repetia, A **CARRASCA**.* (DE)

VERDUGO (masculino)
- referente a homem ou mulher: *Não sei se ele estaria beijando o cutelo do **VERDUGO** que mata o indivíduo em benefício da coletividade* (CRU); *E Augusto, o **VERDUGO** do poeta, estendia todo o seu poder sobre Roma subjugada.* (PRO)

4.2 Nomes de animais (**epicenos**):

> *Quando acordar de manhã, procure não olhar para a **ARANHA**.* (GD)
> *(Helena) Extrai de suas cordas sons que lembram o canto de pássaros, como o guaxo e a **ARAPONGA**.* (VEJ)
> *A pesca **da BALEIA** teve na colônia seus dias de grandeza.* (H)
> *A **COBRA** desapareceu com um rumor de folhas secas.* (MRF)

5 Substantivos com significados diferentes conforme o gênero

O ÁGUIA – A ÁGUIA: *"Bancando O **ÁGUIA**" (...) foi a primeira obra prima do cinema metalinguístico* (FSP); *Voar pelo mundo afora com a liberdade de UMA **ÁGUIA**.* (VEJ)
O CAIXA – A CAIXA: *Tenho que esperar uns fregueses e fechar O **CAIXA*** (CHI); *Ostentou para a Dodoca, que era O **CAIXA**, a carteira recheada* (S); *Tira-lhe A **CAIXA** de fósforos.* (OAQ)

O SUBSTANTIVO

O CABEÇA – A CABEÇA: *Consta, também, que **O CABEÇA** de tudo é um sargento reformado* (AP); *Sem querer, pus a mão NA **CABEÇA**.* (A)

O CAPITAL – A CAPITAL: *O **CAPITAL** total significa a soma do capital de terceiros e do capital próprio* (ANI); *A **CAPITAL** da laranja, Bebedouro, está se consolidando como uma das praças de maior liquidez para cavalos mangalarga* (AGF); *Os rebeldes cercam A **CAPITAL** e controlam todas a vias de acesso.* (CRU)

O LÍNGUA – A LÍNGUA: *A mando do comandante, **O LÍNGUA** chamou o caboclo à fala* (VB); *E o gato consulta com A **LÍNGUA** as presas esquecidas, mas afiadas* (CBC); *Parecido com o que fez (...) com A **LÍNGUA** inglesa.* (CT)

O LOTAÇÃO – A LOTAÇÃO: *O **LOTAÇÃO** arrancou* (CT); *A **LOTAÇÃO** do normal era de cinco passageiros.* (FA)

O MORAL – A MORAL: *A polícia queria primeiro quebrar **O MORAL** dos presos, para depois começar os interrogatórios* (OLG); *A **MORAL** aprecia o valor de nossos atos.* (HF)

O RÁDIO – A RÁDIO: *Abigail senta-se, recosta-se e liga **O RÁDIO*** (AQ); *A **RÁDIO** financiada pela associação tem a programação voltada para a educação ambiental.* (FOC)

O CISMA – A CISMA: *O Papa Pio VI resistiu à Constituição, consumando UM **CISMA*** (HG); *Com a morte deste rei, os hebreus dividiram-se (é O chamado **CISMA**) em dois reinos* (HG); *Eu sempre tive A **CISMA** de que acabaria morrendo em desastre da Central.* (BH)

O CRISMA – A CRISMA: *Quanto ao sacramento da confirmação, para o qual se usa o óleo DO **CRISMA**, só o bispo deve dar* (MAN); *Depois, somente com uns dois ou três repasses maneiros e A **CRISMA** leviana dos tamancos, o ensino principal acabava.* (CHA)

O CURA – A CURA: *E O **CURA** senta-se para ouvi-lo* (CF); *Esta é A melhor **CURA** para as peles ressecadas e envelhecidas.* (CT)

O ESTEPE – A ESTEPE: *O **ESTEPE** era o pneu da frente* (FA); *Nas partes mais altas, mais frias e secas, há UMA **ESTEPE** de gramíneas.* (TF)

O GRAMA – A GRAMA: *O proprietário das meninas administra a despesa, tomando como base o valor DO **GRAMA** do ouro* (MEN); *As patas dos cavalos soltos na relva, os dentes dos cavalos arrancando A **GRAMA** do chão.* (BOI)

O GUIA – A GUIA: *O professor é O **GUIA*** (BIB); *O Volks entrou num lamaçal e caiu NUMA **GUIA** afundada do calçamento* (CNT); *TODA **GUIA** de importação terá de ser liberada no máximo em cinco dias.* (OG)

O LENTE – A LENTE: *Falou-se num gesto coletivo, porque houve UM **LENTE** que se solidarizou com os discípulos e teve por pena paga de uma repreensão veemente* (AV); *Usa-se UMA **LENTE** que tenha um centímetro quadrado de campo de visão, observando bem cada fruto.* (GL)

O NASCENTE – A NASCENTE: *O **NASCENTE**, há pouco nublado, resplandecia à luz do sol* (FR); *Existe uma relação muito grande entre a quantidade de água de UMA **NASCENTE** e a vegetação da área que a circunda.* (GL)

O PALA – A PALA: *Traz o meu **PALA** também, Celita!* (G); *Dois jovens, de bonés verdes com a sigla Confederação Nacional dos Desempregados na **PALA** levantada, falaram com o motorista.* (GRE)

153

O **SOMA – A SOMA**: *A puberdade é a fase do crescimento em que o gérmen maduro provoca uma nova elaboração embrionária do **SOMA** para amadurecer, a seu turno, e despertar a função de reprodução* (AE); *Dúvidas e culpas foram a **SOMA** dos anos de infância.* (ASA)

6 Substantivos cujo gênero pode oferecer dúvida

6.1 São masculinos:

OS NOMES DE LETRA DO ALFABETO: *O -D- intervocálico cai e fundem-se OS dois -U- que se tornam contíguos.* (TL)

CLÃ: *Foi a partir de 1958 (...) que O CLÃ começou a ocupar o poder político e econômico em Juazeiro do Norte.* (VEJ)

CHAMPANHA: *Quem abre O CHAMPANHA é sempre o homem.* (TRH)

DÓ: *Domina Horrigan – Eastwood em seus "papos", mesclando sua admiração e seu DÓ por ele em todas as nuances.* (FSP)

ECLIPSE: *Os jornais anunciaram algum ECLIPSE, Paulo?* (EL)

FORMICIDA: *Sim, O FORMICIDA produz um gás, bem tóxico e mais pesado que o ar.* (GT)

LANÇA-PERFUME: *Beatriz afobada esconde O LANÇA-PERFUME, sentando-se comportadamente na poltrona.* (F)

MILHAR: *O volume de cartas recebidas supera O MILHAR, de longe.* (VID)

ORBE: *Battle provou ser forte. Resistiu a um dos públicos mais indomáveis do ORBE terráqueo.* (FSP)

PROCLAMA: *Embora não pudessem os algozes impedir que OS PROCLAMAS de sua morte (...) corressem o país.* (CNT)

SACA-ROLHAS: *Que fim levou O SACA-ROLHAS?* (CBC)

SANDUÍCHE: *O SANDUÍCHE dele é imenso.* (CH)

SÓSIA: *Agora, contratou UM SÓSIA do presidente Collor, para conversar com o Alves Correia.* (JA)

TELEFONEMA: *Recordo O TELEFONEMA, os soluços, aquele pranto, a minha passagem, o seu semblante.* (L)

\# O substantivo **jângal** é apontado como masculino nos dicionários, mas só ocorre no feminino.

6.2 São femininos:

ABUSÃO: *Era preciso aproveitar a ABUSÃO para livrá-los dos padres.* (ASS)

AGUARDENTE: *Os homens haviam partido para a floresta a fim de beber "pombe" (AGUARDENTE nativa).* (CRU)

ALFACE: *As folhas verdes da couve ou da ALFACE possuem mais caroteno do que as esbranquiçadas e de um verde-pálido, que se formam próximas ao centro da planta.* (NFN)

ALCUNHA: *Ele sempre admitia a ALCUNHA de "Budião", mas não o significado dela.* (CR)

ANÁLISE: *Evolução histórica DA ANÁLISE de investimentos.* (ANI)

BACANAL: *Agora não estão os vencidos, estão algumas mulheres lindas e uma orquestra afro-latina. É uma BACANAL.* (FSP)

CAL: *O sangue escorreu num fio PELA CAL da parede.* (CT)

CATAPLASMA: *Têm-lhe feito MUITA CATAPLASMA, cataplasma de farinha.* (DES)

CÓLERA: *Despejou SUA CÓLERA sem constrangimento e sem cerimônia.* (ANA)

DINAMITE: *A DINAMITE foi posta de lado.* (CS)

ELIPSE: *A ELIPSE não se prende a exigências do período hipotético.* (PH)

FÁCIES: *A expressão fisionômica e a configuração do rosto podem alterar-se na vigência de certas moléstias gerais, constituindo a chamada FÁCIES.* (CLI)

FARINGE: *NA FARINGE há mandíbulas.* (GAN)

FÊNIX: *É uma FÊNIX, está sempre ressurgindo.* (FSP)

FILOXERA: *Sou esperto em tamisação, pilonagem e assentamento, cocão, juntada e poagem, e com eles previno A FILOXERA, sano a crassidão saloia, retifico a desinvolução senil.* (TR)

FRUTA-PÃO: *O de comer sobre a mesa (...): FRUTA-PÃO cozida, carne seca chamuscada, farinha, inhame, jaca mole e mangas coração-de-boi.* (TG)

GESTA: *A palavra descobrimento (...) foi utilizada para assinalar A GESTA dos navegadores ibéricos.* (OMV)

LIBIDO: *Frigidez, vem a ser a diminuição DA LIBIDO.* (TC)

POLÉ: *Já é um progresso, em relação à coleira e ao garrote, À POLÉ e ao tronco.* (BPN)

SÍNDROME: *A SÍNDROME de Stevens-Johnson é rara.* (ANT)

TÍBIA: *Essa é outra espécie de prótese muito utilizada, para fortalecer A TÍBIA quando uma fratura não se consolida perfeitamente.* (MAN)

VARIANTE: *No final do feijoal, A VARIANTE se bifurca.* (SA)

Nomes terminados em *-GEM*:

CONTAGEM: *Acompanhou A CONTAGEM discreta e sutil em seus dedos.* (ANA)

VIAGEM: *Quem sabe, UMA pequena VIAGEM adiantaria?* (A)

GARIMPAGEM: *A GARIMPAGEM ficou mais cara com o aprofundamento das catas.* (VB)

FRIAGEM: *Deve ter sido ALGUMA FRIAGEM que apanhei.* (TV)

Caso especial:

PERSONAGEM: *Como O PERSONAGEM Sidney, achei que estava na hora de fazer televisão* (AMI); *A PERSONAGEM casa no último capítulo.* (VEJ)

6.3 São indiferentemente **masculinos** ou **femininos**:

ALUVIÃO: *Gente vinda do planalto araxano contava maravilhas da terra dos Araxás, exageradas pelo boato de que os índios se enfeitavam com pepitas de ouro da ALUVIÃO* (VB); *Fala-se pouco por outro lado, no polo contrário da questão, o que diz respeito ao ALUVIÃO de informações que desaba todos os dias sobre nossas cabeças.* (OV)

A Formação Básica das Predicações

AVESTRUZ: *A Via-Látea é identificada a UM AVESTRUZ gigantesco* (IA); *Pensar apenas no primeiro problema é fazer o jogo DA AVESTRUZ.* (LAZ)

CAUDAL: *O povo crescia: O CAUDAL aumentava* (S); *Logo que o gaiola penetrou A CAUDAL verde daquele afluente do Madeira, lançou ferros e apitou.* (ASV)

COMA (estado de inconsciência): *Carus é O COMA profundo* (TC); *A COMA é uma síndrome caracterizada pela inconsciência, insensibilidade e imobilidade.* (TC)

DIABETE: *O DIABETE melito é responsável por uma série de complicações oculares* (GLA); *Melhorou DA DIABETE?* (BH)

GAMBÁ: *Que jardim é esse com UM GAMBÁ no meio?* (NI); *Lá, é possível ver de perto UMA GAMBÁ com os filhotes em sua bolsa marsupial.* (FSP)

HÉLICE: *Se a temperatura do líquido ainda estiver alta, entra em ação um interruptor térmico que aciona (...) UM HÉLICE que aumenta o fluxo de ar* (FSP); *O indicador subia como UMA HÉLICE no ar.* (MRF)

LHAMA: *Fiz aquilo com a energia de UM LHAMA* (VEJ); *A América tropical (...) tem uma grande série de famílias (...) como o tamanduá, o bicho-preguiça e AS LHAMAS.* (ZO)

ORDENANÇA: *Ele tinha sido O ORDENANÇA fiel do nosso bravo instrutor* (CF); *A ORDENANÇA entrega uma papeleta ao comandante.* (JT)

SABIÁ: *Chove, chuva! para nascer capim, pro boi comer, pro boi sujar, PRO SABIÁ ciscar, para fazer seu ninho, para criar bichinho* (GE); *Mas eu queria era contar que UMA SABIÁ entrou aqui em casa, assustada.* (BPN)

SENTINELA: *Ouvi-o perguntando AO SENTINELA se eu poderia entrar* (NBN); *A SENTINELA, já se viu, não era de se meter com cadetes.* (ALF)

SOPRANO: *O papel de Rosina é interpretado por UM SOPRANO ligeiro* (VEJ); *De uns dois anos para cá, UMA SOPRANO italiana hesitava diante da ordem.* (VEJ)

SUÉTER: *E ainda ganhava uma SUÉTER à menor variação de tempo* (CR); *Bruna arregaçou até os cotovelos a manga do SUÉTER, subitamente invadida por uma onda de calor.* (CP)

TAPA: *O eco DO TAPA morreu num silêncio encabulado* (ASS); *Benedito dá-lhe UMA TAPA nas costas.* (PEL)

Notem-se os seguintes gêneros

O CHAMPANHA (vinho): *Quando saíram os dois e O CHAMPANHA foi servido, Ramiro disse ao criado que podia ir dormir.* (Q)

O ANGORÁ (gato): *Suzane tem UM MEIO-ANGORÁ cinzento, muito fujão.* (MRF)

O FILA (cão): *FHC decepcionou-se com seu cão de guarda, O FILA Ringo.* (FSP)

O HAVANA (charuto): *O filme traz (...) gente charmosa, que dança rumba bebendo dry martini e declara seu amor tragando UM HAVANA.* (VEJ)

7 Particularidades de construção

Tanto a forma **masculina** como a **feminina** dos **nomes** de animais podem ser usadas com outro significado, geralmente depreciativo, em referência a seres humanos:

BODE: *Bito chegara à maioridade, **BODE** feito.* (BB)

CABRA: *Severino do Aracaju que entrou na cidade com **UM CABRA** e vem para cá, roubar a igreja* (AC); *Se prepare pra morrer, **CABRA**!* (BP)

VACA: *Você acha isso bacana, é, **SUA VACA**?!* (RAP); *É **ESSA VACA** que está aí, essa vagabunda?* (PM)

BURRO: *Branquíssimo, alvo que só cebola descascada, João é **BURRO** e ruim, mas sem igual* (AM); *Eu posso parecer **BURRO**, mas, às vezes, sou cerebral.* (BO)

BESTA: *Vê se eu sou **BESTA** de sustentar homem.* (AB)

\#   Referindo-se a nomes abstratos, também é disfórico:

> *Mania **BESTA**, mania de ser rico.* (CAS)

CADELA: *Atrelou-se meu irmão a uma **CADELA** da nobreza de Portugal, que fede a mofo* (RET); *Sua **CADELA**, desonrando meu nome e esta casa.* (CH)

OVELHA: *Não eram juízes, mas irmãos, ele uma **OVELHA** desgarrada que se aproximava do aprisco, chamada ao bom chaminho.* (BH)

ÉGUA: *Manhã, somente manhã daquele filho duma **ÉGUA**.* (ED)

VEADO: *Foi esse **VEADO** mesmo que acordou a gente* (BA); *Esse rapaz é **VEADO**?* (MEN)

PERUA: *Ninguém sabe exatamente o que a **PERUA** de cabelos oxigenados vai contar em sua autobiografia* (VEJ); *Põe banca não, **PERUA**, que eu te manjo.* (O)

\#   Observe-se que o **substantivo feminino** *PERUA* é também designação de um veículo automotivo, de passageiros e de carga, uma espécie de camioneta:

> *Como se fosse um pacote de papelão, a **PERUA** foi arremessada na outra pista, por cima do passeio.* (CNT)
> *Manietaram-no e o colocaram dentro de uma **PERUA**.* (ESP)

FORMAÇÃO DO PLURAL DOS SUBSTANTIVOS

1 Com mudança ou acréscimo na terminação

1.1 Têm acréscimo de *s* os **substantivos** terminados em

a) **vogal oral** (átona ou tônica):

CADERNO – CADERNOS: *Deixou CADERNOS e mais CADERNOS.* (BAL)
SOFÁ – SOFÁS: *Defronte à parede principal, foram instalados dois SOFÁS em estampa Kilim.* (EM)

b) **ditongo oral** (átono ou tônico):

BOI – BOIS: *Lá avistamos os BOIS, com o carro, carreta de rodas altas.* (AVE)

c) **vogal nasal** (átona ou tônica):

A vogal nasal final *Ã* grafa-se com til:

ROMÃ – ROMÃS: *Tuas faces são como romãs...* (CEN)
ÍMÃ – ÍMÃS: *ÍMÃS para geladeira custam entre R$ 0,20 e R$ 0,25 cada.* (FSP)

Todas as outras vogais nasais grafam-se com *M* final, exceto *EN* (só em palavras paroxítonas), que é com final *N*. O plural é sempre grafado com *NS*:

RIM – RINS: *Sentiu uma dor forte nos RINS.* (ARR)
BOMBOM – BOMBONS: *Na semana passada mandou aquela caixa de BOMBONS em forma de coração.* (AVL)
ÁLBUM – ÁLBUNS: *Os ÁLBUNS de fotografias de professores costumam se resumir ao registro de festas de formatura, feiras de ciências e excursões a museus e parques.* (VEJ)

A Formação Básica das Predicações

HÍFEN – HIFENS: *Na verdade, trata-se de umas poucas mudanças que não chegam a atingir 1% das palavras, limitando-se a eliminar alguns acentos e **HIFENS**.* (FSP)

\#   As palavras paroxítonas terminadas em *N*, como *hífen*, têm acento. Não há acento, porém, no plural.

\#   Embora se indique a possibilidade de plural em *ES* para os substantivos terminados em *N* (*hífenes, dólmenes*), essas formas não são ocorrentes.

d)   os **ditongos nasais** *ÃE* (tônicos) e *ÃO* (átonos ou tônicos):

MÃE – MÃES: *As tias são segundas **MÃES**, assim como as avós.* (VEJ)
SÓTÃO – SÓTÃOS / VÃO – VÃOS: *Os livros facilmente se perdiam ou eram esquecidos em **SÓTÃOS**, porões, **VÃOS** de escada, velhos armários.* (ACM)

\#   Entretanto, nem todos os substantivos terminados em *ÃO* tônico fazem o plural assim.

1.2 Têm acréscimo de *-ES* os **substantivos** terminados em

a)   *R* (em sílaba tônica ou átona):

MAR – MARES: *Sair pelos **MARES** se tornou uma das raras possibilidades de aventura para o homem hoje.* (VEJ)

b)   *S* e *Z* (em sílaba tônica):

RÊS – RESES: *A tarefa exige certa disposição de açougueiro para descourar **RESES** gordas, aproveitadoras e muito poderosas.* (VEJ)
ATRIZ – ATRIZES: *Entre atores e **ATRIZES**, quem de seu convívio está sabendo envelhecer?* (VEJ)

1.3 Os **substantivos** em *-L* têm plural diferenciado conforme a vogal que preceda o *-L*

a)   Formam do mesmo modo o plural os substantivos terminados em **AL** – **AIS** / **EL** – **ÉIS** (tônico) e **EIS** (átono) / **OL** – **ÓIS** / **UL** – **UIS**:

CARNAVAL – CARNAVAIS: *Não estou para **CARNAVAIS** nem para subsequentes quaresmas* (CT)
ANEL – ANÉIS: *Vão os **ANÉIS**, mas ficam os dedos.* (CHI)
NÍVEL – NÍVEIS: *A civilização pós-renascentista, em contrapartida, se caracteriza, diz ... por uma ruptura que se evidencia em vários **NÍVEIS**.* (PSI)
LENÇOL – LENÇÓIS: *Ele pergunta o que bordo, respondo que são **LENÇÓIS** para as mães pobres da maternidade e do hospital.* (ASA)

O Substantivo

PAUL – PAUIS: *Os nari-naris povoavam a embarcação, desalojados dos **PAUIS** às primeiras enxurradas.* (ASV)

\# Há substantivos em **-L** que fazem o plural com simples acréscimo de **ES**:

MAL – MALES: *Tecnófilo arrependido, escreveu sobre os **MALES** da Internet neste ano.* (FSP)
CÔNSUL – CÔNSULES: ***CÔNSULES** questionam Cerqueira.* (FSP)
MÓBIL – MÓBILES: *A atividade é limpá-lo e, com o lixo, construir **MÓBILES**, esculturas e outras obras.* (FSP)

\# O nome **real** tem duas formas de plural, referindo-se a moedas instituídas em épocas diferentes:

REAL – RÉIS / REAL – REAIS: *Em 1867, os ativos de suas empresas contabilizavam 115.000 contos de **RÉIS** (VEJ); Custa mesmo os 80 **REAIS** de que se falou por aqui, o ingresso?* (FSP)

b) O plural dos **substantivos** terminados em *IL* se faz: IL tônico – IS tônico / IL átono – EIS átono:

BARRIL – BARRIS: *Hoje, como se sabe, apenas dezesseis países produzem mais de um milhão de **BARRIS** de petróleo por dia.* (JB)
FÓSSIL – FÓSSEIS: *Pesquisadores encontram **FÓSSEIS** do mais antigo hominídeo da Ásia.* (FSP)

\# Se o nome é usado com os dois acentos, ele tem os dois plurais:

RÉPTIL – RÉPTEIS: *Sem o trabalho somos **RÉPTEIS** a rastejar insanos no sentido contrário do tempo.* (HAR)
REPTIL – REPTIS: *Animais: **REPTIS**, dragão, pantera, leão de longa juba.* (PRO)

1.4 Os **substantivos** que têm singular em *X* alternando com *CE* fazem plural em *CES*:

CÁLIX / CÁLICE – CÁLICES: *Trouxe dois **CÁLICES** na bandeja.* (CE)
APÊNDIX / APÊNDICE – APÊNDICES: *Nos Mamíferos das regiões de clima frio observa-se importante redução da superfície dos **APÊNDICES**.* (ECG)

1.5 Além do plural com o simples acréscimo de *s* (Ver **1**), há outros dois tipos de plural para substantivos terminados em *-ão* tônico:

a) A maior parte dos **substantivos** em *-ÃO* tônico faz plural em *ÕES*. Incluem-se aí os aumentativos:

A Formação Básica das Predicações

CORDÃO – CORDÕES: *Em seguida, faz o mesmo com o papel e os* **CORDÕES**. (CH)
MELÃO – MELÕES: *MELÕES, pêssegos e maçãs, frutas de clima frio, são produzidos no Nordeste e exportados para a Europa.* (VEJ)

Entre os **substantivos** que fazem o plural em *ÕES* estão os que têm feminino em *ONA*:

FOLIÃO – FOLIONA / FOLIÃO – FOLIÕES: *Os salões acolhem os* **FOLIÕES** *sem mais aquela de arlequins e colombinas.* (PO)

b) Poucos **substantivos** fazem plural em *ÃES*:

PÃO – PÃES: *Inaugura, pois, a série de milagres com a reprodução dos* **PÃES**. (PAO)
CAPITÃO – CAPITÃES: *Lituari era considerado um dos maiores* **CAPITÃES** *do Xingu.* (ARR)

Outros desses substantivos são:

Somente em abril, os **ALEMÃES** *atacam por mar a Noruega, que pede socorro aos ingleses.* (VEJ)
De repente, quatro **CÃES** *enormes avançaram em nossa direção.* (ACM)
Entre os demitidos estão quatro majores, quatro capitães e dois **CAPELÃES**. (FSP)
CATALÃES *rejeitam projeto de González.* (FSP)
Os **ESCRIVÃES** *se queixam de que os detidos sorriem e apresentam raciocínios formais, alegando direitos, imunidades.* (AF)
Dois **TABELIÃES** *ficaram à disposição.* (FSP)

c) Os **substantivos** que fazem plural em *ÃOS* também são poucos. Alguns deles são:

Tenho tudo em cheiros dentro da cabeça. Cheiro das velas de carnaúba iluminando a trilha da Coluna na serra do Sincorá, cheiro dos **CHÃOS** *de queimada nova onde a pata do cavalo ainda ciscava brasas.* (Q)
Armados, postaram-se em todas as janelas, **DESVÃOS**, *telhados, em torno da casa de Viana e nas cercanias.* (RET)
O aço das rodas mói a areia, atirando à folhagem a poeira dos **GRÃOS**. (PV)
Levante cedo de manhã e lave com água fria as **MÃOS** *e os olhos.* (APA)

Entre os **substantivos** que fazem o plural em *ÃOS* estão os que têm o feminino em *Ã*:

CIDADÃO – CIDADÃ / CIDADÃO – CIDADÃOS: *Voltaremos até que as vozes de milhares de* **CIDADÃOS** *seja ouvida!* (PRE)

Outros substantivos desse tipo são:

O padre não aceitava nomes não **CRISTÃOS**. (GD)
Os **IRMÃOS** *logo vêm e sem palavras se põem a trabalhar.* (ATR)

O Substantivo

*A escrita demótica era usada principalmente pelos sacerdotes egípcios em templos **PAGÃOS**.* (FSP)

d) Para certos **substantivos** em *ÃO* tônico indica-se a possibilidade dos três plurais, embora nem todos estejam em uso:

*Seria impossível falar-se, entretanto, das liberdades individuais, no último século, dos negros americanos, ou mesmo dos mineiros ingleses ou dos **ALDEÕES** franceses.* (NEP)

*A situação dos cidadãos, **ALDEÃES** e servos confunde-se através de muitas fases.* (HIR)

*Os **ANCIÃOS** sempre tiveram soluções fáceis para a África.* (FSP)

*Ele surpreende os **ANCIÕES** do Templo com sua sabedoria.* (CEN)

*Nesta altura da cerimônia de iniciação, espera-se que alguns respeitáveis **ANCIÃES** da tribo apareçam para revelar alguns profundos segredos sobre o que realmente significa ser um homem.* (FSP)

*Eles já foram chamados de mercenários, apátridas e **CHARLATÕES**.* (FSP)

*Esta foi a época dos **CHARLATÃES** e pseudomédicos.* (ELE)

***ERMITÃOS**, anacoretas, monges e religiosas se autoflagelavam com grande frequência para castigar o diabo que traziam no corpo.* (PO)

*A Folha selecionou roteiros com alternativas tanto para foliões quanto para **ERMITÕES**.* (FSP)

*O povão o tem tratado com a reverência que normalmente dedica aos **VILÕES** da televisão.* (VEJ)

*Havia os "**VILÃOS**" que, ao que parece, eram servos com maiores privilégios pessoais e econômicos.* (HIR)

e) Para outros, indica-se a possibilidade de dois plurais:

*A redação mais parece um museu, onde todo o tempo dois funcionários passam flanela nos **CORRIMÕES** dourados nas escadas.* (FSP)

*Grades artesanais de ferro torcido foram recortadas e adaptadas para portas, janelas e **CORRIMÃOS**.* (FSP)

*Ninguém, naquele momento, ousava publicar uma crítica tão dura ao rei e aos **CORTESÃOS**.* (FSP)

*"The Agenda" é um livro perfeito para **CORTESÕES**: muita fofoca, escrita de maneira magistral.* (FSP)

*Tentou dobrar a resistência dos colaboradores de Angélica, zelosos **GUARDIÕES** da imagem da apresentadora.* (VEJ)

*Mesmo os **GUARDIÃES** da democracia, os Estados Unidos, optaram por um silêncio expressivo.* (VEJ)

*Eles são fãs do som brasileiro e chegam a cantar alguns **REFRÃOS** em português.* (FSP)

*Fui advertido pelo Folhateen de que o "Aurélio" adota somente as formas **"REFRÃOS"** e **"REFRÃES"**.* (FSP)
*Instituto Nacional do Seguro Social acusa padres e **SACRISTÃOS** do Nordeste de falsificar certidões de batismo.* (FSP)
*Mas a verdade, Dr. Ramiro, é que não queremos fazer **SACRISTÃES**.* (Q)

2 Alguns **substantivos** não mudam no plural

a) **Substantivos** terminados em *S*:

ÔNIBUS – ÔNIBUS: *Será que o que continua sendo bom para **os ÔNIBUS** não pode também ser bom para os automóveis e os caminhões?* (VEJ)
PIRES – PIRES: *Pegou uma pilha de **PIRES** e deixou cair.* (FE)

b) **Substantivos** terminados em *X* (com som de **ks**):

TÓRAX – TÓRAX: *Através de uma pesquisa feita entre as frequentadoras do Clube de Mulheres, Waldo Barreto, conhecido como "Focca", descobriu que os figurinos dos rapazes eram tão importantes quanto **seus TÓRAX** e ombros avantajados.* (VEJ)

c) Também não recebem marca de plural os nomes de tribos indígenas, seguindo convenção internacional dos etnólogos:

*Mato Grosso do Sul possui cerca de 51 mil índios das nações **GUARANI, CAIUÁ, TERENA, OFAYÉ-XAVANTE, KADIWÉU e GUATÓ**.* (FSP)
*O caso dos **NAMBIQUARA** também é ilustrativo.* (SOC)
*O moquém era um processo de cozinha típico dos **TUPI-GUARANI**, mas usado também por outras tribos indígenas.* (IA)

\# Entretanto, frequentemente se usam esses nomes pluralizados, como qualquer outro nome de povo:

De fato, o que Lévi-Strauss apreendeu da visista aos povos indígenas brasileiros (TUPIS, CADUVÉUS, NAMBIQUARAS e em especial os BOROROS do Mato Grosso) foi que estavam abertos aos brancos que a eles chegaram, mas que chegaram sem a menor disposição de interagir com selvagens. (FSP)

3 Há **substantivos** que marcam o plural não apenas pelo acréscimo de *s*, mas também por alteração do timbre da vogal tônica, que passa de fechada a aberta (**metafonia**). Alguns deles são:

*Patrulha as virilhas secas dos **ABROLHOS**?* (FSP)

O Substantivo

Mercadante e Conceição Tavares estavam comprometidos com o pior dos **ANTOLHOS***: a campanha.* (FSO)

Tenho quatro **CAROÇOS** *visíveis na cabeça.* (FSP)

Podia o bagual esconder a cabeça, berrar, despedaçar-se em **CORCOVOS***, que o chiru vilho batia o isqueiro e acendia o pito, como qualquer dona acende a candeia em cima da mesa!* (CG)

Limpemos nossas roupas, nossos **CORPOS***, nosso alimento, nossa água, e os mantenhamos limpos.* (APA)

CORVOS *voavam contra o azul desbotado e luminoso do céu.* (TV)

Ficava ali, emocionado, fitando os **DESPOJOS** *da luta por longos instantes.* (IS)

Vinha gente de longe pra ver de perto os **DESTROÇOS***.* (CJ)

Que caminhos ásperos, quantos obstáculos em cima de obstáculos, quantos **ESCOLHOS** *insuspeitados!* (VPB)

Todos os **ESFORÇOS** *feitos para ensinar Maria Negra a ler haviam sido inúteis até então.* (ANA)

Caminham para os lados da igreja de Santo Antônio, guiados pelo barulho e pelos **FOGOS***.* (DE)

Antes não existiam os **FORNOS***.* (P)

A Constituição trata sobretudo de terras indígenas, de direitos sobre recursos naturais, de **FOROS** *de litígio e de capacidade processual.* (ATN)

Canais levavam água do rio até uns **FOSSOS** *com fundo inclinado, que terminavam em bicas de taquara.* (RET)

Português tem que aprender a cobrar **IMPOSTOS***.* (CID)

Os **JOGOS** *de Robertinho com os objetos e pessoas o deixavam alerta.* (AF)

Ela olhou os **MIOLOS** *esbranquiçados destacando-se no arroz.* (CP)

Muitos adultos obrigados a trabalhar na infância se lembram da época com tristeza nos **OLHOS***.* (VEJ)

Vou ficar tão magra que meus **OSSOS** *vão bater uns nos outros para andar.* (VEJ)

Miguel Falabella se transformou na galinha dos **OVOS** *de ouro do poleiro artístico.* (VEJ)

Imagine se todos os **POÇOS** *de petróleo do mundo secassem amanhã.* (VEJ)

Os amigos já se foram com seus **PORCOS** *barulhentos, trepados numa carroça cujo cavalo era branco e o condutor branco.* (ATR)

Ponho minha bandeira em todos os **PORTOS** *da terra.* (SPI)

Favorecem-nos no Prata, mas atacam os espanhóis a partir de nossos **POSTOS***, de nossas fortalezas.* (CID)

O sistema que aqui introduzi, de produção em larga escala, um dia será adotado por todos aqueles que querem aumentar a riqueza dos **POVOS***.* (CEN)

Era preciso agir com presteza antes que chegassem **REFORÇOS** *dos Estados.* (JT)

E ante os **ROGOS** *da mãe aflita que recomendava tolerância, exigiu a presença do jovem.* (PCO)

Rogavam para o rugoso Céu, com estrelas, mas cheio de **SOBROLHOS***, se serenando na estrada de santiago.* (COB)

*Se a gravidade do acidente exigir proteção e **SOCORROS** imediatos para o atleta, o
árbitro apitará, simultaneamente, paralisando o jogo.* (FUT)

*Era um monte de coisas, **TIJOLOS** e tábuas, vigas e telhas, solas e ferramentas.* (ML)

***TOROS** de várias dimensões espalhavam-se em desordem no solo, rolados sobre
extensa e áspera esteira de cavacos – estilhas de madeira disseminadas durante
o corte das árvores.* (ALE)

*Turista pode ser vítima de trapaças nos **TROCOS** em postos de gasolina, guichês e
restaurantes.* (FSP)

*Mas sempre entram na programação uns **TROÇOS** meio independentes.* (FSP)

Outros substantivos que têm o singular muito semelhante ao desses, entretanto,
conservam no plural o *O* fechado:

*Foram celebrados **ACORDOS** entre o Brasil e esses países.* (DS)

*A mulher do fidalgo andava com **ADORNOS**.* (BOI)

*Uma opção que nunca falha nas festas de fim de ano são as ceias e **ALMOÇOS** nos
vários hotéis cinco estrelas espalhados pela cidade.* (FSP)

*Para não perder o hábito, revisto-lhe os **BOLSOS** quase vazios.* (AL)

*O filme reúne os **CACHORROS** de pelúcia da TV e ótimos atores.* (FSP)

*As mudanças no gabinete do premiê John Major oferecem poucos **CONSOLOS** para
seus críticos à direita do partido.* (FSP)

*Breve mudariam de vida, arranjando **ESPOSOS**.* (ARR)

*Temos **GOSTOS** muito diferentes.* (FO)

*Entender de cozinha não significa saber preparar **MOLHOS** ou temperos.* (P-VEJ)

*Tenho horror de **PESCOÇOS** longos.* (CD)

*Tomara que Hilda sente ao lado de mamãe, encoste a cabeça nela e lhe passe
PIOLHOS.* (ANA)

*Motocross reúne **PILOTOS** brasilienses e goianos.* (CB)

*Colha um pé de couve e dois **REPOLHOS**.* (CD)

*Os atores têm os **ROSTOS** maquiados no tom do figurino.* (FSP)

*A ausculta pode revelar a presença de ruídos ou **SOPROS**.* (CLI)

*Os estilistas são acusados de pagar **SUBORNOS** a fiscais federais.* (FSP)

4 Há **substantivos** que mudam a sílaba tônica ao passar para o plural

CARÁTER – CARACTERES: *O suplemento traz o nome do jornal em vermelho, em
CARACTERES chineses e em letras latinas.* (FSP)

JÚNIOR – JUNIORES: *Às 10h30m, começa a prova para **JUNIORES**, aspirantes e principais,
com 70 quilômetros de percurso.* (GAZ)

SÊNIOR – SENIORES: *O curso é dirigido a operadores SENIORES, coordenadores, supervisores
e empresários.* (FSP)

O Substantivo

5 Há **substantivos** que têm mudança de sentido na mudança de número:

BEM – BENS: *No balanço interno de final de ano, a cúpula do governo avaliou que Ruth foi **BEM**, mas o Comunidade Solidária foi mal* (FSP); *Órgão federal avalia que doações de fiéis estão sendo desviadas de objetivos religiosos e servindo para compra de **BENS**.* (FSP)

FÉRIA – FÉRIAS: *Dei cinco mil-réis pelo cachorrinho, o homem sorriu. Como a ninhada era de seis, ele faria uma bela **FÉRIA** se os vendesse a todos por aquele preço* (COT); *Tomamos vários cálices, enquanto Dom Attilio contava sobre suas **FÉRIAS** na villa, quando era criança.* (ACM)

FERRO – FERROS: *Eu sou muito magro e consigo passar entre as barras de **FERRO** dos portões* (ACM); *Em Buenos Aires (...) fui fichado como anarquista, comunista, trotsquista e terrorista (...) além de traficante de tóxicos e explorador do lenocínio, tendo sido posto a **FERROS** num navio.* (AL)

6 Há **substantivos** que só se usam no plural (*pluralia tantum*):

*Para todo canto que se olhasse topava-se com expressões beatíficas, **ADEMANES** de súplica, sacrifícios, rosários, escapulários, medalhas de todas as efígies e de todos os metais.* (OE)

*Recordava-se dos seus **AFAZERES** no Mangabal, iniciados desde cedo e que se prolongava até o entardecer.* (ALE)

*A todos, em meio às **ALVÍSSARAS** e louvores, golpeiam e chupam o veneno das vísceras.* (PAO)

*Quero deixar registrado nos **ANAIS** que a nossa fábrica ganhou um prêmio na Suécia...* (FSP)

*Passamos várias semanas em busca de uma fábrica nos **ARREDORES** de Lyon.* (FSP)

*Teshigawara formou-se em **BELAS-ARTES**, mímica e balé clássico.* (FSP)

*O amigo ministro decide inicialmente confiar a Chagall a direção da escola de **BELAS-ARTES** de Moscou.* (VEJ)

*Sinto afinal nas minhas **CÃS** os ventos da profecia, Forever.* (FSP)

*O papa João Paulo 2º enviou ontem mensagem de **CONDOLÊNCIAS**.* (FSP)

*É curioso que o caso Leeson tenha ocorrido em Cingapura, nos **CONFINS** da Ásia.* (VEJ)

*No ofício de **ENDOENÇAS**, a maioria dos presentes recebeu a comunhão da mão do bispo.* (RB)

*Espadilha era a primeira, a que mata – o ás de **ESPADAS**. Manilha a mais baixa – o sete de **COPAS** e o de **OUROS**, o dois de **PAUS** e o de **ESPADAS** – se não eram trunfo.* (CF)

A Formação Básica das Predicações

> *O casamento foi uma sensação, mas noite de NÚPCIAS, que é bom, só daqui a algumas semanas.* (VEJ)
> *Os ÓCULOS estão interferindo cada vez menos na fisionomia.* (VEJ)
> *Quem merece os PÊSAMES é o senhor.* (VEJ)
> *Saiu uma faísca azulada perto dos fusíveis e o Teatro mergulhou em TREVAS.* (BB)
> *As suas tropas não estão melhor fornecidas de VÍVERES.* (C)

7 Plural dos substantivos compostos

Os substantivos compostos, conforme o tipo de sua composição, indicam plural de três maneiras diferentes.

a) Apenas o segundo elemento vai para o plural.

a.1) Quando os elementos de composição estão ligados numa só palavra, sem hífen:

> *A Heublein tem uma produção diversificada e entrou agora no setor de AGUARDENTES sofisticadas com a marca Berro D'Água.* (FSP)
> *A estatal das FERROVIAS tem uma dívida de US$ 35 bilhões.* (FSP)
> *O que está a seu lado é filho de FIDALGOS.* (RET)
> *Corro ao meu jardim de GIRASSÓIS.* (CB)
> *Há quatro anos, [Jorge Coelho] responsabilizou a novela "Roque Santeiro" por difundir entre as crianças o medo dos LOBISOMENS.* (FSP)
> *Mas as MADRESSILVAS tremiam como uma lagartixa antes de morrer.* (M)
> *A única maneira de parar os húngaros era aos PONTAPÉS.* (ETR)
> *Desiludido com os VAIVÉNS da economia, voltou ao design.* (FSP)
> *É essa mágica do querer que transforma um bando de VARAPAUS mal acabadas em deusas voadoras.* (FSP)
> *Entre bocejos, resmungos, ZUNZUNS confusos de conversas, Etelvina e a filha iniciavam a labuta cotidiana.* (VER)

a.2) Quando o primeiro elemento de composição é uma forma verbal:

> *Não se ouviam os BATE-BOCAS, os palavrões, as ameaças, os desafios.* (REA)
> *Os 700 BEIJA-FLORES soltos na Chácara do Ipê tinham vidrinhos pendurados no beiral, com água, groselha e açúcar.* (CRU)
> *Acho que ela não se incomodaria se eu deixasse a mala por uns tempos num daqueles GUARDA-ROUPAS.* (EST)

a.3) Quando o primeiro elemento de composição é uma palavra invariável:

> *Foram recolhidos ABAIXO-ASSINADOS com mais de 50 mil assinaturas, que serão levados ao governador.* (FSP)

O SUBSTANTIVO

*A Arlen (fabricante de **ALTO-FALANTES**) oferece kits para todos os modelos de veículos.* (FSP)

*Como são quatro denúncias, há **EX-DIRETORES** cujos nomes aparecem em todos os processos.* (FSP)

*O Rashtrapati Bhavan foi a última residência dos **VICE-REIS** ingleses em terras indianas.* (FSP)

a.4) Quando o primeiro elemento de composição é uma forma reduzida, como em:

***GRÃO-DUQUES** da indústria da comunicação queimaram milhares de litros de querosene voando em seus jatinhos desde a Califórnia para reverenciar os ambientalistas de Washington.* (VEJ)

a.5) Quando o segundo elemento de composição repete o primeiro, total ou parcialmente:

*Há o som dos **RECO-RECOS** e das matracas. Há o berreiro dos cordões improvisados nas calçadas.* (MRF)

*Nas paredes, o brasileiro pendurou cerca de 1.000 relógios que entoam **TIQUE-TAQUES** em intervalos de tempo diferentes.* (VEJ)

b)   Apenas o primeiro elemento vai para o plural.

b.1) Quando os elementos são ligados por preposição:

*Se o circo parasse alguns dias, se cada dia não viajasse, teria **ERVAS-DE-PASSARINHO** nas frestas do sujo velame.* (JCM)

b.2) Quando existe entre os dois elementos uma ligação do tipo estabelecido por preposição:

*Acomodados num carro, fazemos todos os percursos, os necessários e os outros, às custas dos **CAVALOS-VAPOR** da máquina.* (OV)

b.3) Quando existe entre o segundo elemento e o primeiro uma relação de finalidade:

*No caso especial dos trilhos, os **AÇOS-LIGA** devem conter elementos que permitam aumentar a sua resistência, sobretudo ao desgaste.* (EFE)

*Pela manhã, FHC visita os **NAVIOS-ESCOLA** Brasil e Minas Gerais, no Distrito Naval da Marinha no Rio.* (FSP)

b.4) Quando existe entre os dois elementos uma relação de semelhança:

*Satélite monitora botos e **PEIXES-BOI**.* (FSP)

c) Os dois elementos vão para o plural.

c.1) Quando se trata de um substantivo e um adjetivo, em qualquer ordem:

> *Relógio das Flores, um dos principais pontos de atração turística de Curitiba, também terá somente **AMORES-PERFEITOS** no inverno. (FSP)*
>
> *Tenho a impressão de estar vendo as ilustrações dos contos de Maupassant onde aparecem cenas em que gravitam **GENTIS-HOMENS** e **GENTIS-DONAS**... (BAL)*
>
> *O investigador e os dois **GUARDAS-CIVIS** entraram no gabinete. (AGO)*
>
> *Os **LUGARES-COMUNS** na TV não são muitos, são absolutamente todos. (FSP)*
>
> *Dos pesquisados que ganham entre 10 e 20 **SALÁRIOS-MÍNIMOS**, 61% acham que o governo agiu bem. (FSP)*
>
> *Darcy Ribeiro escreve às **SEGUNDAS-FEIRAS** nesta coluna. (FSP)*

8 Particularidades do **plural** dos **substantivos**

8. 1 Os **diminutivos** com sufixo *-ZINHO* recebem o **s** de plural no sufixo, e, além disso sofrem no radical as alterações próprias da passagem para o plural.

> *São uns **ANIMAIZINHOS** de quarta categoria precisamente. (FSP)*
>
> *Enchi dois pratos com queijos, bolinhos, **PÃEZINHOS** e frutas, um pote de manteiga, uma jarra de iogurte, mel. (BU)*
>
> *Das ceras e dos **PAPEIZINHOS**, que puxam e repuxam, nem vamos falar. (P)*
>
> *Estendeu um lençol em sua cela decorada com bichos de pelúcia, **CORAÇÕEZINHOS** bordados e frases de amor. (VEJ)*

8.2 Nomes estrangeiros que mantêm no singular a forma da língua de origem fazem o plural segundo as regras dessa língua.

a) Do latim:

CAMPUS – CAMPI: *As listas serão afixadas nos **CAMPI** da Fatec. (FSP)*

CORPUS – CORPORA: *Essa Arqueologia factualista tinha como propósito a coleção, descrição e classificação de objetos antigos, o que correspondia, em termos de abordagem epistemológica, ao período da constituição, ainda no século XIX, das grandes coletâneas de fontes escritas (**CORPORA** documentais) pelos historiadores. (ARQ)*

CURRICULUM – CURRICULA: *O leitor Renato Luz, de Uberaba, Minas Gerais, teve dúvidas sobre a conveniência de utilizar a expressão latina "curriculum vitae" (curso da vida) e* *seu plural, "**CURRICULA** vitae", assim, cruamente, como Nero exigia antes de espetar as vítimas.* (FSP)

\# Da forma aportuguesada *currículo*, porém, faz-se o plural *currículos*.

*Vi fotos, li **CURRÍCULOS** e quando me interessava, marcava uma entrevista.* (FIC)

b) Do grego:

TOPOS – TOPOI: *Contrariamente à versão romântica de poeta e poesia, que destaca no poema apenas o produto espontâneo de experiências elaboradas pelo temperamento individual, o exame dos "**TOPOI**" liga o artista literário objetivamente à tradição herdada.* (FSP)

c) Do alemão:

BLITZ – BLITZE: *A Administração Regional tem feito **BLITZE** nos fins de semana.* (FSP)

\# Entretanto, o plural com **S** também é usado:

*Às 15h, policiais da PF e do Bope saíram em duas **BLITZES**.* (FSP)

d) Do inglês:

DANDY – DANDIES: *Os goleiros, desde então, se tornaram os **DANDIES** espalhafatosos do futebol fashion.* (FSP)

LADY – LADIES: *Vários lordes e **LADIES** chegaram muito perto de desmaiar ou de imitar o comportamento dos bulímicos.* (FSP)

PENNY – PENNIES / PENCE: *FHC vai a Londres pra gente ficar sabendo quantos **PENNIES** vale um real* (FSP); *Aos sábados, o "The Times" será vendido a 35 **PENCE**.* (FSP)

8.3 Os nomes das letras e dos números, como qualquer substantivo, fazem indicação de plural.

*Pronunciava este nome com um excesso de **ERRES**.* (TV)

*Quando a base é paralela à régua, **OS** "**ZEROS**" do disco e do arco coincidem.* (FRE)

*Tanto ele quanto Luisa Strina são a prova dos **NOVES** de que a estratégia funciona.* (FSP)

No caso das letras, entretanto, essa indicação também é feita, na escrita, pela sua duplicação:

*Assim, por exemplo, não se sabe por que motivo o sr. Serafim da Silva Neto propõe "substituir as letras U e I, quando em função consonântica, por V e J", e, ao mesmo tempo, respeitar outras grafias medievais: "deve manter-se o y; os **FF** -, **RR** -, **SS** - iniciais; os **LL** - finais de sílaba (...)" etc.* (ESS)

A FORMAÇÃO BÁSICA DAS PREDICAÇÕES

8.4 Do mesmo modo, qualquer palavra substantivada faz indicação de plural.

*Um não que vale muitos **SINS**. (FSP)*

*Reis afirmou que seu ato representava um protesto contra os "**NÃOS**" que recebeu no Rio. (FSP)*

*É compreensível: adiar o desgaste do organismo é, afinal, um empreendimento complicado, não só porque os cientistas não têm controle sobre a vida que os homens levam, mas principalmente porque ninguém conhece tintim por tintim os **COMOS** e os **PORQUÊS** do envelhecimento.*

*Os **PRÓS** e os **CONTRAS** das âncoras. (FSP)*

8.5 Nomes próprios de pessoas (tanto nomes como sobrenomes) se pluralizam normalmente, como os **substantivos comuns**.

*E minha mãe era Ferreira, **DOS FERREIRAS** de Viana do Castelo. (VPB)*

*Os **PEREIRAS** constituíam numerosa e patriarcal família. (DEN)*

*Ah, que não suscitaram os **MENESES** em matéria de invenção! (CCA)*

*Somente não tocava nos **RIBEIROS**, porquanto o assunto devia constrangê-la. (FR)*

*Aprecio sinceramente a coragem dos **MELCHIORES** e dos **ROBÉRIOS** que talvez não saibam distinguir a realidade da miragem. (VP)*

\# Entretanto, é comum que, especialmente no caso dos sobrenomes, a pluralização seja feita apenas pelo **determinante**:

*Lembrei-me instantaneamente que os **LAMBETH** eram proprietários da residência de Renata. (L)*

*Os **BATTAGLIA** e os **MANFREDE** desconversavam. (VN)*

*De algumas donas e donzelas gabava-se francamente a beleza, a distinção. Dona Heloísa, Dona Berta, **AS MOURA, AS FRANCO, AS OLIVEIRAS, AS ROSSO**. (CF)*

Obs.: Este assunto é tratado no capítulo **Substantivo (nome próprio)**.

O ADJETIVO

1 A natureza da classe

1.1 A classe em geral

Os **adjetivos** são usados para atribuir uma propriedade singular a uma categoria (que já é um conjunto de propriedades) denominada por um **substantivo**. De dois modos funciona essa atribuição:

a) qualificando, como em

> *Lembro-me de alguns, Dr. Cincinato Richter,* **homem GRANDE, GENTIL e SORRI-DENTE***, que às vezes trazia seu filhinho Roberto e a esposa,* **moça BONITA e SIMPÁTICA***.* (ANA)

b) subcategorizando, como em

> *Foi providenciada* **perícia MÉDICA** *e* **estudo PSICOLÓGICO***.* (ESP)

1.2 Na língua portuguesa existem:

a) **adjetivos simples**, como *AMIGO* e *DESAGRADÁVEL*, em

> *Pus-me a dar pancadinhas* **AMIGAS** *no dorso onde a transpiração produzia uma* **DESAGRADÁVEL** *umidade.* (BH)

b) **adjetivos perifrásticos**, ou **locuções adjetivas**, como *DO INTERIOR*, em

A Formação Básica das Predicações

> *Um jovem **DO INTERIOR**, que acabara de chegar a Berlim, estava iniciando seus estudos de chinês para entender, pois não confiava em traduções.* (CRE)

\# Neste caso, pode-se até encontrar um **adjetivo** da língua que seja correspondente exato da locução usada:

> *Um jovem **INTERIORANO**, que acabara de chegar a Berlim estava iniciando seus estudos de chinês para entender, pois não confiava em traduções.*

Não é necessário, entretanto, que isso ocorra para que uma expressão se configure como **locução adjetiva**, já que a existência, ou não, de um **adjetivo** correspondente é questão do **léxico**, e não da **gramática** da língua. Assim, também é uma **locução adjetiva** a construção *DE TRANSPORTE*, que ocorre em

> *Entende-se, assim, o aparecimento dos sistemas digestivo, respiratório, **DE TRANS-PORTE**, excretor.* (FIA)

independentemente de ser possível, ou não, o uso de um **adjetivo** como *TRANSPOR-TADOR, TRANSPORTATIVO, TRANSPORTATÓRIO* ou *TRANSPORTANTE*, por exemplo, em substituição.

Nessa ocorrência, a posição sintática de *DE TRANSPORTE*, claramente correspondente à de um **adjetivo**, pode ser invocada para responder pela determinação da classe. Basta observar a ocorrência de *DIGESTIVO, RESPIRATÓRIO* e *EXCRETOR* nessa mesma posição.

\# As **locuções adjetivas** compreendem principalmente expressões formadas por:

a) **preposição *de*, *em* ou *a*+substantivo**, como as que ocorrem em

> *O Partido Democrático Social propõe-se: (...) garantir aos trabalhadores o poder aquisitivo dos salários, a liberdade sindical e **DE ASSOCIAÇÃO**, salário mínimo justo (...).* (AP)
>
> *A princípio, mal podia suportar a presença daquela massa melancólica, refestelada na cama da amiga, ocupando-lhe o armário com seus objetos **DE MAU GOSTO**, apossando-se de tudo, desajeitada, indolente.* (CP)
>
> *Passei o resto da manhã caída sobre a cama, **EM LÁGRIMAS**. (A)*
>
> *A canção **A SOLO**, aliás, era recebida com muita reserva.* (PHM)

b) **preposição *sem*+substantivo**, unidos por hífen, como as que ocorrem em

> *Bife **SEM-VERGONHA!** (BH)*
>
> *Vamos pelo centro, cavalo **SEM-VERGONHA!** (BH)*
>
> *As duas mais cobiçadas ali no Capão de Cedro, duas descobertas dele, educadas no preceito dele... feiosas, **SEM-GRAÇA**...* (CHA)

O Adjetivo

\# Embora o Vocabulário Ortográfico registre hífen nesses casos, verifica-se que a grafia varia; em certos casos porque não fica evidente a perda de individualidade de cada um dos elementos:

> *Escuta, negro SEM VERGONHA.* (BO)
> *Era um instante SEM MEDIDA, que parecia se encher da substância incorpórea do nada.* (PRO)
> *Ao sair de um dos corredores, foi dar num polígono vazio donde partiam novos corredores cinzentos e SEM FIM.* (JT)
> *Canta um sabiá SEM AÇÚCAR.* (AVE)

\# Uma locução adjetiva iniciada por *sem* pode conter dois **substantivos**, coordenados por *nem*:

> *Quando lá chegamos, já noitinha, havia muita gente, cachaceiros, vadios, gente SEM EIRA NEM BEIRA.* (TR)

1.3 Um **substantivo** pode deixar de ser referencial e funcionar como se fosse um **adjetivo**. Ele pode atribuir o conjunto de propriedades que indica, como se fosse uma única propriedade, a um outro **substantivo**, isto é, atuar como **qualificador** ou como **classificador**. Isso ocorre especialmente em função predicativa:

> *Romãozinho, que era assim chamado por ser pequeno: era MENINO; e malévolo.* (LOB)
> *CHAVE para o Brasil é o acordo de terceira geração, que está praticamente finalizado com a CEE.* (JL-O)

Entretanto, também em função **adnominal** esse tipo de modificação ocorre: um **substantivo** é colocado à direita de outro para qualificá-lo ou classificá-lo.

> *Havia um jeito GAROTO dela de dizer as coisas.* (DE)
> *Em frente ao barracão de Orfeu veem-se agrupamentos de pessoas que conversam "ad lib", em tom grave, atentas aos acessos de choro e, por vezes, gritos ANIMAIS de dor que provêm de Clio no interior da casa.* (O)
> *Por estas províncias ainda existe muito pai CARRANCA que só deixa a filha sair para ver Deus ou aos parentes.* (CT)
> *Chegaríamos à situação LIMITE em que o que se garantiu não foi o valor médio dos salários.* (OG)
> *Meio século antes de Bill e Hillary Clinton despontarem como o primeiro-casal MARAVILHA, a Casa Branca já fora sacudida ao avesso pela dupla Franklin e Eleanor Roosevelt.* (VEJ)
> *A PF investiga uma conta FANTASMA.* (VEJ)
> *A conta foi movimentada por um casal FANTASMA.* (VEJ)

A Formação Básica das Predicações

O **substantivo** usado como não núcleo em um **sintagma nominal** pode manter, ou não, as suas propriedades de **substantivo** como por exemplo:

a) não ser suscetível a intensificação;

b) não concordar com o nome nuclear do sintagma.

Nos casos em que o **substantivo** da direita (o modificador) concorda com o **substantivo** da esquerda (o modificado) fica mais evidente a adjetivação:

> *Aproximar ainda mais os nossos **povos IRMÃOS**.* (COL-O)
> ***Deputados MÉDICOS** acham inquietante o quadro clínico.* (FSP)
> *Dirigido a todos os **bispos MEMBROS** das conferências episcopais nacionais, o documento ostenta ilustrativo título.* (VEJ)

Os casos em que não há concordância representam uma relativa conservação do estatuto de **substantivo** pelo elemento da direita. Eles se limitam à posição adnominal:

> *Outras 34 **cartas CONSULTA** estão em análise.* (AGF)
> *Procura apresentar suas **personagens-TÍTULO**.* (VEJ)
> *As **batatas-SEMENTE** devem ter formato regular.* (GU)

A suscetibilidade à **intensificação** é exclusiva dos casos em que o **substantivo** da direita atua como **qualificador**, e, nesses casos, a manifestação da **intensificação** será evidência de sua função semântica qualificadora, bem como da **adjetivação** do **substantivo**:

> *Esse **padre** é **muito HOMEM**.* (GCC)
> *O nome gafieira não era associado à ideia de **ambiente** perigoso, **pouco FAMÍLIA**.* (REA)
> *A Amazônia é uma **região tão BRASIL** quanto São Paulo.* (CT)
> *Esfaqueava-o o morto porco, com a **faca mais NAVALHA**.* (AVE)

Uma evidência da manutenção das propriedades de **substantivo** é a ocorrência de um **adjetivo** junto do **substantivo** da direita:

> *Minha geração não admite mais conviver com um Brasil **gigante ECONÔMICO** mas **pigmeu SOCIAL**.* (COL-O)

Assim:

...um Brasil	gigante	ECONÔMICO	e	pigmeu	SOCIAL
	substantivo	adjetivo		substantivo	adjetivo

Nesse exemplo, a ocorrência de **adjetivos**, como *ECONÔMICO* e *SOCIAL*, comprovam que *gigante* e *pigmeu* conservam propriedades de **substantivos**. Compare-se essa construção com uma possível construção como a seguinte, em que *GIGANTE* e *PIGMEU* aparecem modificados por **advérbios**, e, portanto, são **adjetivos**:

...um Brasil	economicamente	GIGANTE	e	socialmente	PIGMEU
	advérbio	adjetivo		advérbio	adjetivo

Os dois **substantivos** postos lado a lado (modificado + modificador) podem ocorrer:

a) apenas justapostos

*Olha aquela **aratanha ARAÇÁ**, que veio de Montes Claros.* (SA)
*A personalidade do **artesão ARTÍFICE** sempre foi a de um produtor de algo novo.* (MK)
*Você acaba de inventar um **carro ESPORTE ANFÍBIO** e conversível, mais veloz e versátil do que qualquer modelo até hoje lançado no mercado.* (MK)

b) unidos por hífen, o que configura um **substantivo composto**

*São Paulo tenta hoje **gol-RELÂMPAGO**.* (FSP)
*Ao ocultar com essa **marca-FANTASIA** o verdadeiro nome dos autores, a editora libera interpretações pouco lisonjeiras.* (VEJ)
*O povo de Carangola tem tanto orgulho dessa **árvore-SÍMBOLO** que a municipalidade acabou aprovando uma lei que determina o seu tombamento.* (GL)

O **substantivo** que, no conjunto dos dois **substantivos**, se posiciona à direita pode fazer indicação:

a) do tipo daquilo que vem referido no **substantivo** da esquerda

*A **bomba RELÓGIO** começava sua contagem regressiva.* (FSP)
*A **bomba-RELÓGIO** ainda não foi desmontada.* (FSP)
*O **nado GOLFINHO** ainda não alcançou sua completa maturidade.* (NOL)
*Uma nova **bomba LANÇA-GRANADA** foi testada no local.* (FSP)
*Postos a salvo das goteiras os **documentos LIVROS** sofrem dano mínimo.* (CRS)
*Os meninos acionaram os gatilhos dos **revólveres CALIBRE** 22.* (VEJ)
***Milho SAFRINHA** é opção para perdas com soja.* (FSP)

b) de uma qualidade referente ao **substantivo** da esquerda

*Também tive uma **ideia MÃE**.* (CON)
*Esse escravo é **negro OURO EM PÓ**.* (VB)
*Ela procurou assumir um **ar ADULTO**.* (FE)
*Um urubu anda voando sobre alguns dos **casais-PASSARELA** da cidade.* (FSP)

A Formação Básica das Predicações

c) de uma finalidade referente ao **substantivo** da esquerda

*Documentos e **calendário BRINDE**.* (VEJ)
*Jac Leirner faz **incursão RECICLAGEM** pela Vila Madalena.* (FSP)

Esse **substantivo** que vem à direita pode, também, constituir um complemento duplo do **substantivo** da **esquerda:** nesse caso, ele é um composto de dois elementos, sendo cada um deles um **complemento** do **substantivo** da esquerda, e estando os dois complementos em relação simétrica:

*O perfil de uma nova Europa Oriental faz ver como encerrada uma fase na história das relações internacionais, dominada pelo confronto **ideológico LESTE-OESTE**.* (COL-O)
*O projeto de Brás de Pina, porém, seria aplicado em apenas duas ou três outras favelas, e finalmente abandonado pelas autoridades governamentais, que já em 1971 desativariam a Codesco, oficialmente sepultada nos trâmites da **fusão GUANABARA-ESTADO DO RIO**, em 1974.* (VEJ)
*No mês de junho ocorreram mais dois "rounds" de uma conflagração clássica na imprensa carioca, o **conflito** "O GLOBO" VERSUS "JORNAL DO BRASIL".* (FSP)

Em muitos casos, a frequência do emprego de determinados **substantivos** como qualificadores do **substantivo** da esquerda faz que esses **substantivos** sejam recategorizados como **adjetivos** na apresentação das gramáticas e dos dicionários. São casos como:

*Mário Amato, depois de analisar as **linhas MESTRAS**, identificou pontos comuns entre a filosofia do governo e a da Fiesp.* (OG)
*Uma **noviça SERVENTE** passava o espanador no móvel.* (CON)
*O **boletim MÉDICO** oficial é lacônico.* (FSP)
*E então agora se imagine o que não fará outro moço, que alimente não o **ideal BESTA** de ser Mister Universo, mas um ideal de verdade.* (CT)

Os dois **substantivos** podem, ainda, em conjunto, fazer a indicação de um binômio que representa um resumo daquilo que os dois elementos indicam:

*Depoimento do **Major AVIADOR** Gilberto S. Toledo.* (ESP)
*Qual o papel da mulher com o perfil próprio quando parceira de um **marido PRESIDENTE**.* (VEJ)
*No auge da guerra de bastidores que antecedeu o recuo final do presidente João Baptista Figueiredo, o **major DEPUTADO** Curió afirmava, em Belo Horizonte, após um encontro com o governador Tancredo Neves, que o fechamento do garimpo "será um outro Canudos".* (FSP)

178

O Adjetivo

Essa indicação geralmente leva a uma interpretação do conjunto dos dois **substantivos** como um **substantivo composto**, o que se evidencia no emprego de hífen entre esses dois nomes:

> *O **major**-AVIADOR repetiu a façanha umas trinta vezes, salvando cerca de 100 pessoas.* (FSP)
>
> *"Chicotinho" e o **jornalista**-EMPRESÁRIO fazem planos.* (FSP)
>
> *O **engenheiro**-GARIMPEIRO quer saber as notícias que o coordenador costuma dar.* (FSP)
>
> *O **presidente**-CARTUNISTA da Funarte propõe a distribuição de alimentos.* (FSP)
>
> *O **narrador**-PROTAGONISTA é, como nos livros anteriores, um outsider irremediável.* (FSP)
>
> *O **artesão**-ARTÍFICIE maneja o seu próprio instrumento.* (MK)
>
> *Eleanor descobriu que o **marido**-PRESIDENTE estava mantendo um caso com sua assistente e amiga.* (VEJ)

A ocorrência seguinte mostra os dois tipos de emprego (com e sem hífen):

> *E segundo o comandante do 1º e do 10º Grupo de Aviação, **Tenente**-CORONEL AVIADOR Lauro José Ferreira, já estão prontos para receber equipamentos mais sofisticados, como os F-5.* (MAN)

Há casos em que o **nome** da direita faz uma **denominação** do referente do **nome** da esquerda, e, então, ele não corresponde a um **adjetivo**:

> *Faz também uma análise da União Soviética na **era** GORBATCHEV.* (FSP)
>
> *A grande consequência do **episódio** WATERGATE não foi apenas o fortalecimento da imprensa.* (FSP)
>
> *Depois do **período** COLLOR eu achei que a cabeça do país tinha mudado.* (FSP)
>
> *Construção da **ferrovia** MARANHÃO-BRASÍLIA.* (FSP)
>
> *Entre as obras citadas no resumo do Plano Plurianual, estão previstos investimentos para a conclusão da **ferrovia** NORTE-SUL.* (FSP)

O **substantivo** que ocorre como **predicativo** ou em função **adnominal** à direita de outro pode, por sua vez, vir qualificado por um **adjetivo**. Embora o Vocabulário Ortográfico registre hífen nesse tipo de compostos, já que a acepção de qualidade se trata de elementos de natureza nominal e adjetiva, verifica-se que a grafia varia:

> *E alegre, generoso, **MÃOS ABERTAS**.* (CF)
>
> *Os novos entusiastas da cultura **CHAPA BRANCA** se apresentam como defensores da "racionalidade".* (FSP)
>
> *Os pais trabalharam muito tempo na fábrica, eram **BOA GENTE**.* (DEN)
>
> *Dona Antonieta e Dona Cida são **GENTE FINA**.* (SEG)

*Nunca vi homem mais **MÃO-ABERTA** do que Vossa Majestade.* (CG)
*Disse que eu sou muito **PORRA-LOUCA**.* (DO)

Nessas mesmas funções pode ocorrer um **conjunto de dois substantivos coorde-nados**. Pela ortografia oficial eles não devem ser unidos por hífen, mas o entendimento de que se forma uma unidade sintagmática e semântica pode levar à união por hífen.

*Esse mudando de conversa, com o Major Anacleto, era **TIRO-E-QUEDA**.* (SA)
*Dava-lhe um bom vermífugo e o resultado era **TIRO E QUEDA**, não falhava nunca.* (ANA)

\# Na ocorrência que segue

*A mulher de preto estava **DE PÉ, RÍGIDA, AS MÃOS MUITO BRANCAS**.* (FAV)

verificam-se, na mesma posição sintática,

a) uma **locução adjetiva** da forma **preposição + nome**: *DE PÉ*;
b) um **adjetivo** simples: *RÍGIDA*;
c) uma **locução adjetiva** da forma "**substantivo** determinado qualificado": *AS MÃOS MUITO BRANCAS*.

2 As funções sintáticas dos **adjetivos**

Os **adjetivos** exercem as seguintes funções:

a) FUNÇÃO DE ADNOMINAL – O **adjetivo** é **periférico** no **sintagma nominal**. Ele acompanha, pois, o **substantivo**, exercendo a função tradicionalmente denominada **adjunto adnominal**.

*A aplicação **LOCAL** da morfina em análogos **SINTÉTICOS**, diretamente à fibra **NER-VOSA**, não afeta substancialmente a condução do influxo **NERVOSO**.* (FF)
*A regressão **HISTÓRICA** deve deter-se em um determinado ponto, pois é contraproducente pretender explicar um sistema **FILOSÓFICO** em função de suas origens mais **REMOTAS** e **LONGÍNQUAS**.* (ESS)

b) FUNÇÃO DE PREDICATIVO – O **adjetivo** é **núcleo** no **sintagma verbal**, e é, portanto, **núcleo** do predicado.

Se o verbo é de ligação, só o **adjetivo** é núcleo do predicado, e ele exerce a função tradicionalmente denominada **predicativo do sujeito**. O predicado, nesse caso é um **predicado nominal**:

*Os movimentos podem ser **HORIZONTAL, VERTICAL** e **COMBINADOS**.* (TC)

*É **INCRÍVEL** isso, o espírito de ajuda que se criou em volta de mim.* (FAV)
***BONITONA** ela é.* (BS)
*Ela não esteve **DOENTE**.* (CC)
*As noites andavam **FRIAS**.* (ANA)
*Suas mãos estão ficando **FRIAS**.* (CH)

\# O **adjetivo predicativo** pode ocorrer sem que o **verbo de ligação** esteja expresso na oração:

*Apesar de **AMÁVEIS**, era evidente que também os Barros estavam constrangidos.* (A)
(= apesar de serem amáveis)

\# O uso de um mesmo **adjetivo**, no mesmo enunciado, como **adjunto adnominal** e como **predicativo**, pode ser visto na ocorrência:

*Nunca houve rei **LOUCO** ou ditador **FEROZ**, **BASTANTE LOUCO** ou **BASTANTE FEROZ** para confessar em praça aberta sua maldade e seus crimes.* (CT)

Nunca houve rei	LOUCO	ou ditador	FEROZ
	adjunto adnominal		adjunto adnominal

BASTANTE LOUCO	ou	BASTANTE FEROZ	para confessar...
predicativo		predicativo	

\# O sujeito pode ser uma oração (**oração subjetiva**):

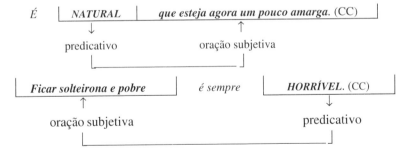

Outras ocorrências do mesmo tipo são:

*É **TRISTE** envelhecer.* (CC)
*A experiência me ensinou que é **MELHOR** ser exibicionista num clima quente.* (ANB)

Se o **verbo** não é de ligação, há, além do **adjetivo**, um **núcleo** verbal, e o **predicado** é **verbo-nominal**. Nesse caso, pode ocorrer que o **adjetivo** seja:

A FORMAÇÃO BÁSICA DAS PREDICAÇÕES

- **Predicativo do sujeito**

Outras ocorrências com **adjetivo predicativo do sujeito** são:

– *Você assumiu um compromisso! – contestei, **EMOCIONADO**.* (AV)
*A **imaginação** voando **SOLTA**, transformando tudo em festa.* (ANA)
*Essas paisagens que a gente vê nas serras, com **o trem** correndo **ALEGRE** na estrada.* (DE)

- **Predicativo do objeto**

Objeto direto

São do mesmo tipo as ocorrências:

*Todo mundo gosta de ser bom, mas essa vida maluca faz **as pessoas FRIAS, DURAS** umas com as outras.* (FAV)
*Atropela gentilmente e, vespa furiosa que morde, ei-**lo DEFUNTO**.* (CBC)
*Fizera questão de imaginá-**la VÍTIMA** de Sérgio.* (A)
*Ouvir falar em frango ao molho pardo deixou-**me** ainda mais **ALEGRE**.* (BU)
*Angela **o** julgou tão **FRACO**, tão **TRISTE** e **DESANIMADO**, que logo percebeu: haviam chegado a um limite além do qual a situação não podia ir.* (A)

Objeto indireto

O ADJETIVO

*Só me lembro **dele** ATRAPALHADO com aquela criança, quase chorando.* (TGG)
*Me lembro **dela** LIMPINHA, jogando vôlei, de branco.* (CNT)
*Seu Joca Ipanema, velho como a serra, me contou que se lembra **dele** FEDELHO, ainda fedendo a cueiro.* (SE)

\# Independentemente de o predicado ser **verbal** ou **verbo-nominal**, pode ocorrer **adjetivo** como predicativo do **complemento nominal**:

c) FUNÇÃO DE ARGUMENTO – O **adjetivo** tem **função** na **estrutura argumental** do nome com o qual ocorre, isto é, ele exprime o que seria um **complemento** do nome (**complemento nominal**).

Anita fugia, sem puritanismo, àquela obsessão MATRIMONIAL e àqueles destemperos do sexo. (BH)
(= obsessão pelo matrimônio)
Livre navegação dos afluentes do rio Amazonas aos barcos de propriedade BOLIVIANA. (GI)
(= propriedade da Bolívia – a Bolívia tem os barcos)
Nos anos cinquenta, o debate da reforma agrária estava ligado à discussão mais geral dos rumos da industrialização BRASILEIRA. (AGR)
(= industrialização do Brasil)
Mas o pessoal do Levita tem de investigar a infiltração COMUNISTA nessa festa. (AF)
(= infiltração de comunistas)

d) FUNÇÃO APOSITIVA – O **adjetivo** pode constituir uma expansão de um termo ocorrente na estrutura da oração, podendo, de tal modo, ser omitido sem afetar essa estrutura.

PRETA INCLINADA PARA MULATA, muito BONITA, DE CORPO QUE FARIA INVEJA A QUALQUER BRANCA, muito ALEGRE, muito INTELIGENTE, era viúva de um soldado americano 100% branco, morto num combate de aviação quase ao fim da última guerra. (BH)
Viu o cano, RELUZENTE, parecia de prata. (SE)
Faz esforço para lembrar algum incidente – AGRADÁVEL ou DESAGRADÁVEL, pouco importa. (SE)
INDIFERENTE AO LUTO NACIONAL, o americano sorria. Tinha o regulamento a seu favor. (BH)

e) FUNÇÕES PRÓPRIAS DE **SUBSTANTIVOS** – O **adjetivo** passa facilmente a designar um conjunto de propriedades, ou seja, um tipo de indivíduos, e passa, então, a ser usado como núcleo do **sintagma nominal**.

*E agitou-se pela primeira vez a ideias de um Concurso Mundial de **COMILÕES** no Maracanãzinho.* (BA)

\# Isso acontece especialmente com **adjetivos** que, à força de ocorrer constantemente junto do mesmo **substantivo**, acabam por assumir o papel desse **substantivo**, passando a denominar o referente:

*Os **ANTICONVULSIVANTES** estudados no Subcapítulo anterior, de grande utilidade no tratamento da epilepsia.* (FF)
(= os remédios anticonvulsivantes)

A partir daí, esses elementos passam a:

i) aceitar determinação

*O **BRASILEIRO** quer que doa tudo, naturalmente.* (Q)
*Por razão de interesse mesmo, **as duas NORTE-AMERICANAS** que surgiram no espelho deveriam ser apresentadas em todos os detalhes.* (CRE)
*Certamente lá encontraria **a FUGITIVA**.* (ANA)
*Não desejavam perder a oportunidade de prestar homenagem **aos PATRÍCIOS**.* (ANA)
*Em geral, **as BONITAS** acumulam funções, dividindo-se entre o escritório e a cama subsidiária do patrão.* (CH)
*Ouço dizer que até **um MULATO** vai se candidatar a prefeito daqui.* (AM)
*Maria caiu de amores por **um MALANDRO**.* (DE)
*Não era fácil a **um RECÉM-CHEGADO** adivinhar que eu não fazia parte da criadagem.* (CCA)

ii) admitir qualificação

*A conversa de Rufina era cheia de **COLORIDOS mutáveis e doces**.* (DE)
*Éramos um grupo de **JOVENS idealistas** e **VELHOS assanhados e teimosos**.* (ACT)
***MALANDRO fino**, **vadio** de **muita linha**, tinha a consideração dos policiais.* (MPB)

3 As subclasses dos **adjetivos**

3.1 Os **adjetivos** podem ser:

3.1.1 Qualificadores ou **qualificativos** – Esses **adjetivos** indicam, para o **substantivo** que acompanham, uma propriedade que não necessariamente com-

O ADJETIVO

põe o feixe das propriedades que o definem. Diz-se que esses **adjetivos** qualificam o **substantivo**, o que pode implicar uma característica mais, ou menos, subjetiva, mas sempre revestida de certa vaguidade. Essa atribuição de uma propriedade constitui um processo de **predicação**, e, por isso, esses **adjetivos** podem ser considerados de tipo **predicativo.**

Nossa vida SIMPLES era RICA, ALEGRE e SADIA. (ANA)

Nesse enunciado:

SIMPLES é, sintaticamente, **adjunto adnominal**
e *RICA, ALEGRE e SADIA* são, sintaticamente, **predicativos do sujeito**.

Entretanto, os quatro **adjetivos** usados fazem uma atribuição ao **substantivo** que acompanham, e, portanto, **predicam**, isto é, são os **adjetivos** prototipicamente **predicativos**. A partir dessa característica, são qualificadores:

a)   todos os **adjetivos** com prefixos negativos, como

É DESAGRADÁVEL pensar nele. (AV)
Deixou cair lentamente a mão em meu ombro, o olhar DESCRENTE, fixo adiante, como se atravessasse, para ir morrer nalgum lugar INDISTINTO da noite pontilhada de luzes. (AV)
E, quando este, brutalmente (como sempre), abrira seus olhos IMPENITENTE idealista para a triste realidade, por que não se afastara logo, insistindo em revê-la? (A)
Acho seu irmão muito IMATURO. (MD)
Tatiana percebeu que um dos grupos estava INCOMPLETO. (BB)
Sou INDIFERENTE, a minha opinião não conta. (AM)
Famosa pela eficiência neste trabalho, seu método era INFALÍVEL. (ANA)
Era um instante sem medida, que parecia se encher da substância INCORPÓREA formadora do nada. (PRO)

b)   todos os **adjetivos** terminados por sufixos que formam derivados de **verbos**, como
-do/-to e -nte

E logo era aquela correria DESENFREADA pelo soalho de tábuas APODRECIDAS. (CAS)
Tatiana viu Betinha PETRIFICADA. (CAS)
O Anjo continuava, TRANSFIGURADO, a falar. (BH)
Em face do hóspede ou do estrangeiro, RESPEITADO, e ao mesmo tempo TEMIDO e ODIADO. (IA)
Mente a princípio por orgulho ESPICAÇADO. (CC)
Coitadas, como estão ACABADAS. É triste envelhecer. (CC)

Às vezes elas são bonitas e **PRENDADAS**, até mesmo **ARRANJADAS**, com alguma renda ou propriedade, e contudo o elusivo marido não apareceu. (CT)

A imaginação voando **SOLTA**, transformando tudo em festa, nenhuma barreira a impedir meus sonhos, o riso **ABERTO** e franco. (ANA)

O paletó **ABERTO** mostrava-lhe o peito de negrura **RELUZENTE**. (ED)

O clangor do pistom era como um clarão **CEGANTE** que obrigava a apertar os olhos. (N)

Uma **BRILHANTE** carreira de magistrado o esperava. (BOI)

3.1.2 Classificadores ou **classificatórios** – Esses **adjetivos** colocam o **substantivo** que acompanham em uma subclasse, trazendo em si uma indicação objetiva sobre essa subclasse. Eles constituem, pois, uma verdadeira denominação para a subclasse, e, portanto, são **denominativos,** e não **predicativos**, possuindo um caráter não vago:

Interessaram-se todas as companhias de indústrias **ALIMENTÍCIAS**, que entraram com fortes somas. (BH)

(Sabe-se que há várias classes de indústrias, de acordo com o que fabricam, e uma dessas classes é a que fabrica alimentos, denominada alimentícia).

É contraproducente pretender explicar um sistema **FILOSÓFICO** em função de suas origens mais remotas e longínquas. (ESS)

(Sabe-se que há várias classes de sistemas, de acordo com o campo que abrangem, e um desses campos é o da filosofia, denominado filosófico).

3.2 Os adjetivos qualificadores

3.2.1 Os **adjetivos qualificadores** têm algumas propriedades ligadas ao próprio caráter vago que se pode atribuir à qualificação:

a)   São graduáveis

Outras seriam **mais BONITAS, mais MODERNAS, mais PIMPONAS, mais ARREBA-TADAS** na cama, nenhuma contudo **mais SOLICITADA**, por nenhuma se lhe comparar no trato. (TG)

Como vê, foi **mais FÁCIL** do que você imaginava. (AFA)

Era Savério, filho **mais NOVO** de seu Roque. (ANA)

Rosa tinha fama de ser uma das moças **mais BONITAS** da cidade, senão **a mais BONITA** de todas. (BOC)

Viu estar ele realmente disposto a iniciar uma política **menos AFRONTOSA**. (BH)

Desse modo, são qualificadores os **adjetivos** formados por sufixos que dão ideia de abundância de qualidade, como **-oso, -udo** e **-ucha**.

O Adjetivo

*Pessoalmente encaro o xadrez como um **GOSTOSO** vício do pensamento.* (X)

*Arraia-miúda não muda, está muda, **CARRANCUDA, TARTAMUDA, BOCHECHUDA, BARRIGUDA**, arraia-miúda só ajuda.* (C)

*Suas mãozinhas **GORDUCHAS** folheiam com desembaraço a velha edição em espanhol da Crítica da Faculdade de Julgar.* (NB)

*Era cerimonioso, inteligente, fino de observações, **MALICIOSO** de intenções e limpo de boca.* (CF)

*Lisa criou uma receita nova e **DELICIOSA**.* (ACM)

*As enfermeiras de olhos **BONDOSOS**, feições agradáveis, aproximaram-se oferecendo--me a maca.* (PCO)

*É proibida a distribuição, gratuita ou **ONEROSA**, do lixo domiciliar ao vivo para adubo ou alimento de animais.* (AMN)

b) São intensificáveis

*Nesta casa, a realidade, infelizmente, hoje em dia, não é, não pode ser... **muito GRAVE**.* (A)

*Arrisquei alguns passos, maquinalmente, parei **meio SUFOCADO** por um cheiro acre, forte, desagradável.* (MEC)

*População **extremamente RELIGIOSA**, **profundamente PATRIOTA**, de sangue quente.* (ANA)

*O sol **bem BAIXO**, quase encostado na água, espalhava raios dourados pelo céu.* (FOT)

*Mostrou-se ele **extraordinariamente VIVO** e **ALEGRE**.* (CCA)

*As mulheres **BONITAS demais** são colocadas sempre na frente de uma família.* (AF)

*Assim, esteticamente, a barata pode ser objeto de admiração, ganhar casos, e até mesmo, se for **bastante COLORIDA**, ganhar uma manchete.* (BOC)

*Os cabelos estavam **completamente BRANCOS**.* (MEC)

*Uma pessoa **pouco CORAJOSA** poderia vomitar à fragrância imunda.* (M)

*Diógenes – **tão ATIVO, tão EQUILIBRADO** – não pudera ocorrer consigo uma dessas coisas sobrenaturais e inexplicáveis, que lhe tomou por instantes o uso da razão.* (CH)

\# Desse modo, os **adjetivos** formados com **prefixos** intensificadores são **adjetivos qualificadores**:

*Eu sabia que, quando se conhece uma pessoa numa viagem, depois fica um relacionamento **HIPERVAZIO**.* (FAV)

*As aulas pareciam **SUPERSIMPLIFICADAS**.* (CRE)

*As crianças são **HIPER-REATIVAS** aos entorpecentes e hormônios.* (TC)

*Nos Estados Unidos a série foi definida como um hiperdocumentário, uma referência ao estilo **HIPER-REALISTA** de Lynch.* (IS)

A Formação Básica das Predicações

Também são, em princípio, **qualificadores** os **adjetivos** que admitem **sufixo superlativo**, ou **sufixo diminutivo** com valor de intensificação:

O leite C é FRAQUÍSSIMO, uma água. (FSP)
É óbvio que a religião empresta um apoio VALIOSÍSSIMO para a felicidade conjugal.
(CRU)
Me lembro dela LIMPINHA, jogando vôlei, de branco. (CNT)
As freiras iam visitá-lo quando era PEQUENININHO. (CT)

\# Com adjetivos classificadores o sufixo diminutivo não tem o mesmo efeito intensificador, podendo, até, atenuar a qualificação:

Assoma por entre as finas grades a cabecinha TRIANGULARZINHA. (AVE)

3.2.2 Os **adjetivos qualificadores** expressam diversos valores semânticos:

3.2.2.1 De **modalização**

Modalização **epistêmica**: os adjetivos exprimem conhecimento ou opinião do falante.

- De **certeza**, ou de **asseveração**

É ÓBVIO que a religião empresta um apoio valiosíssimo para a felicidade conjugal.
(CRU)
CLARO que o Bereco é o xerife. (BA)
É EVIDENTE que não tendes nenhuma pretensão à santidade. (AM-O)
Olham para os pais com piedade, e para as mães que antes adoravam, com EVIDENTE
sentimento de reprovação. (FIG)
A consequência ÓBVIA é a total desinformação sobre problemas de saúde. (MEN)
Carlos resmungou, depois brincou que estava CERTO de que devia haver coisas
terríveis contra ele. (A)

- De **eventualidade**

É POSSÍVEL que eu esteja sendo submetida a uma prova. (OSA)
Pareceu-me o meio mais simples de evitar uma POSSÍVEL crise na família. (A)
É IMPOSSÍVEL que uma comunidade continue, sempre, consumindo mais do que
ela mesma produz. (JL-O)
É PROVÁVEL que nunca mais nos vejamos nestas terras. (C)

Modalização **deôntica**: os adjetivos exprimem consideração, por parte do falante, de necessidade por obrigatoriedade.

O Adjetivo

*É **NECESSÁRIO** que o plano seja organizado tendo em vista o efetivo desenvolvimento nacional.* (AR-O)

*Para que um instrutor possa realizar um trabalho bom, é **IMPRESCINDÍVEL** que já tenha sido nadador.* (PFI)

*O ensino primário é **OBRIGATÓRIO**.* (D)

*É **OBRIGATÓRIO** ter suco na merenda Montenegro.* (CP)

*Íamos e voltávamos a Niterói – era o passeio **OBRIGATÓRIO** e enfadonho de todos os domingos.* (BB)

3.2.2.2 De **avaliação**

Avaliação psicológica: os **adjetivos** exprimem propriedades que definem o **substantivo** na sua relação com o falante.

- Na direção da coisa nomeada para o falante:

*O sol vai descendo por trás das cordilheiras. Um pôr de sol **FANTÁSTICO**. Venham ver...* (FAN)

*Um trovão distante, **ESPANTOSO** ecoando num céu tão puro.* (NB)

*O hotelzinho da Praça da República era **LAMENTÁVEL**.* (BH)

\# Nessa subclasse, são frequentes adjetivos em **-NTE** derivados de verbos:

*Prefiro essa mendicância, junto de meu pai, e minha liberdade, a essa gaiola dourada, e **ASFIXIANTE** que vocês me oferecem.* (A)

*Seu tom era tão **DECEPCIONANTE** que o mentor atalhou calmo.* (PCO)

*Ouvi dela, com seus 86 anos de idade uma mensagem de fé e senti nela o **SURPRE-ENDENTE** poder espiritual que ela alcançou.* (CB)

*Eram altos, baixos, gordos, magros – mas tinham **IMPRESSIONANTE** ar de família.* (GAT)

*O mundo é assim. Para quem não o conhece ele se apresenta **FASCINANTE**, encantador, **ATRAENTE**.* (LE-O)

- Na direção do falante para a coisa nomeada:

*Sou **SINCERA**: apesar de tudo (do sangue fervendo), não soube o que responder.* (A)

*– Ah! não, Seu Marçal, eu sou **HONESTA**...* (S)

*Os amigos erguem-lhe um olhar **CURIOSO**.* (PRO)

*Descontraída e **INDIFERENTE** à nossa concentração, Janaína vai contando seus prazeres.* (MEN)

Avaliação de propriedades **intensionais**: os **adjetivos** exprimem propriedades que descrevem o **substantivo**.

189

A FORMAÇÃO BÁSICA DAS PREDICAÇÕES

- Em qualidade: os **adjetivos** são **eufóricos** (de indicação para o positivo, para o bom), **disfóricos** (de indicação para o negativo, para o mau) ou **neutros**:

> *A noiva reparou naquele rapaz **BONITO**.* (BB)
> *Estava tudo **LIMPO**.* (NBN)
> *Vamos ver se é **BOM** mesmo no tiro, ou se tudo é conversa.* (GCC)
> *Não chegou a ser **FEIA**, com o tempo e a doença.* (BOC)
> *Na plateia, o primeiro ato deixara impressão **RAZOÁVEL**.* (BB)
> *O brasileiro pode ser **FEIO**, **POBRE** e **DOENTE**.* (BPN)
> *É muito **DIFÍCIL** pra uma mãe – sozinha – educar filha mulher.* (FEL)
> *A verdade é que nossa vida poderia ter sido muito **DIFERENTE**.* (MD)

- Em quantidade: os **adjetivos** são, em princípio, **neutros**:

i) Com **substantivos concretos**: os **adjetivos** indicam dimensão ou medida

> *Agora já não éramos **PEQUENO** rebanho a escorregar num declive: constituíamos boiada **NUMEROSA**.* (MEC)
> *Tinha o cabelo **COMPRIDO** encobrindo-lhe o rosto.* (REA)
> *O negrão é **GRANDE**, mas não é dois.* (DO)
> *Giulio vinha imponente, trazendo uma **ENORME** travessa de louça esmaltada.* (ACM)

ii) Com substantivos abstratos

a) De **intensificação**

> *Ia dar início a **PROFUNDAS** modificações em suas pessoa.* (MP)
> *Angela deveria ser excluída de qualquer modo, ainda que isso significasse – o que não poderia admitir sem **FUNDO** horror – o caráter escabroso dos meus próprios pensamentos.* (AV)
> *Nossa casa ficou repleta de parentes e amigos que vieram de longe para apreciar os festejos, movimento mais **INTENSO** ainda que no carnaval ou nos dias de finados.* (ANA)

\# Não necessariamente a intensificação é elevada:

> *Agarrou-me pelo pescoço e sacudiu-me violentamente várias vezes, levantando-me a uma altura **RAZOÁVEL** do solo.* (AL)

\# A intensificação frequentemente implica uma avaliação pessoal. Por isso mesmo, podem usar-se, para intensificação, **adjetivos de avaliação psicológica**:

> *Era um sucesso **TREMENDO**, e eu não via a cor do dinheiro há meses.* (EXV)
> *A relação incestuosa entre empresários e governo coleguinhas já levou as elites do país a uma situação de atraso **INACREDITÁVEL**.* (EMB)
> *Angela conseguira um abatimento **IMPRESSIONANTE** na compra.* (BH)

190

O Adjetivo

b) De **atenuação**

*Senti falta deste Diário, deste registro permanente de meus sentimentos e dos fatos exteriores que ainda me permite um **RELATIVO** controle nesta minha vida.* (A)

*É verdade que o Banco Central interveio, mas a **RELATIVA** estabilidade se deu mesmo devido ao fato de que não há prenúncios de uma crise maior.* (ESP)

c) De **definição** – ligada a uma base quantitativa – do modo, ou qualidade, do **estado de coisas**

*A Alta Mogiana paulista foi surpreendida com uma queda **BRUSCA** de produção.* (AGF)

*João promete aparecer no hotel para uma conversa mais **DEMORADA**.* (CH)

*Arrastava-se em passos **LENTOS** pela rua numa lamúria dolorosa, entrecortada de estridentes gritos.* (ANA)

*As cabrochas seguiram, após um **RÁPIDO** exame, possivelmente convencidas.* (BH)

*O Brasil não precisa de um ajuste fiscal, mas de um combate **RIGOROSO**, implacável, à sonegação de impostos.* (MIR-O)

*O primeiro-bailarino que dançaria o papel de Florestan ficou acamado, gripe **VIOLENTA**, Sampaio substituiu-o.* (BB)

*Para ele é mister **CUIDADOSA** orientação.* (AE)

Avaliação de **termos linguísticos**: os **adjetivos** são **epilinguísticos** no sentido de que predicam o próprio termo (o **substantivo**) empregado:

• De **autenticação:** o **substantivo** é qualificado como legítimo em seu uso

*O Brasil conhece a cada minuto (e não exagero) um **AUTÊNTICO** massacre silencioso, incapaz, porém, de gerar indignação.* (EM)

*O **CLÁSSICO** exemplo do que se poderia chamar de Referencial Excêntrico Peculiar, ou REP, é o de Garrincha quando lhe fizeram uma pergunta sobre Roma.* (VEJ)

*Ao receber a atenção de uma pessoa narcisista pode-se diferenciar essa simulação de um **GENUÍNO** carinho oriundo de um ato autenticamente generoso, impulsionado pelo amor.* (CAA)

*A Igreja exercita com vigor o culto da autoridade pública, obstruindo o acesso ao **LÍDIMO** profetismo.* (EV)

*Quem já passeou pelos jardins de Ensuji sabe que aquele é um exemplo **PERFEITO** de shakkei, uma elaborada arte de jardinagem que os japoneses desenvolveram há mais de milênio.* (FH)

*Neste subcapítulo vamos estudar um grupo de drogas, cujo exemplo **TÍPICO** é a mianesima, as quais produzem relaxamento muscular no indivíduo normal.* (FF)

*Entre os Maias as cerimônias assinaladoras da puberdade eram realizadas em **VERDADEIRO** estado de purificação.* (AE)

A Formação Básica das Predicações

- De **relativização**: o **substantivo** tem sua aplicabilidade relativizada, sendo seu uso considerado apenas aproximado

  > *Como muitos de seus pares, Ramos acredita que cada espécie tem uma duração máxima de vida programada por um calendário biológico que passa dos pais para os filhos. No homem, convencionou-se estabelecer esse teto **TEÓRICO** em 1220 anos. (SU)*
  >
  > *O governo pretende adotar o reajuste automático da inflação para salários mais baixos, com um teto **APROXIMADO** de dois ou três mínimos. (ZH)*
  >
  > *Contentou-se Pantaleão com o que a sorte lhe reservou e manifestou em voz baixa o **RELATIVO** contentamento. (AM)*

3.3 Os **adjetivos classificadores**

Os **adjetivos classificadores** correspondem, em geral, a **sintagmas nominais** do tipo *de*+**nome** (**locuções adjetivas**). Eles têm, portanto a mesma distribuição, no texto, que essas locuções, e frequentemente se coordenam com elas:

> *Entende-se, assim, o aparecimento dos **sistemas DIGESTIVO, RESPIRATÓRIO, DE TRANSPORTE, EXCRETOR.** (FIA)*

	DIGESTIVO (de digestão)
sistemas	*RESPIRATÓRIO* (de respiração)
	DE TRANSPORTE
	EXCRETOR (de excreção)

> *O Partido Democrático Social propõe-se: (...) garantir aos trabalhadores o poder aquisitivo dos salários, a **liberdade SINDICAL e DE ASSOCIAÇÃO**, salário mínimo justo, seguro desemprego, participação nos lucros da empresa. (AP)*

	SINDICAL (de sindicato)
liberdade	e
	DE ASSOCIAÇÃO

Os **adjetivos classificadores** têm um caráter não vago, e, a partir daí, os **adjetivos** com prefixos de valor numérico são sempre **classificadores**:

> *Todos os seres vivos, sejam eles animais ou vegetais, **UNICELULARES** ou **PLURI-CELULARES**, têm, para a manutenção da vida, necessidades semelhantes. (FIA)*
>
> *As melhores reproduções de fotografias **MONOCROMÁTICAS** são obtidas com duas impressões. (FOT)*
>
> *Estevão Pinto destaca os propósitos **AMBIVALENTES** da saudação lacrimosa. (IA)*

> Em termos profissionais o diplomata se considera realizado quando constata que conseguiu defender os interesses de seu país e, ao mesmo tempo, contribuiu para maior aproximação **BILATERAL**. (DIP)
>
> O capitalismo **MULTINACIONAL** contém extremos de integração e fragmentação. (IS)
>
> Ruschel, que estava mais para analista de Bagé, faz um pintor **POLIGLOTA**, sofisticado. (VIE)
>
> As gorduras **MONOINSATURADAS** do tipo cis, a maioria das naturais, funcionam no corpo como ácidos **POLI-INSATURADOS**. (FSP)

\# Há **prefixos** que dão força **predicativa** a **adjetivos classificadores**:

> Os **ANTI-HISTAMÍNICOS**, atropínicos e inúmeras outras drogas podem apresentar ação anestésica local. (FF)
>
> O sabonete Johnson's (agora em novo formato) é neutro e ideal para as peles sensíveis; perfume agradável e **ANTIALÉRGICO**. (REA)
>
> O plano **ANTI-INFLACIONÁRIO** do governo Collor, que diminuiu a liquidez da economia, não prejudicou o comércio de animais leiteiros. (AGF)

\# Também são **classificadores** os adjetivos derivados de **nomes próprios**. Eles tipificam os **substantivos** que acompanham, segundo um conjunto de características ligadas às atividades do indivíduo de cujo nome se derivam:

> Se usassem bigodes, eles na certa seriam **NIETZSCHEANOS**, na imposição enérgica de uma rude filosofia. (CV)
>
> É perigoso entregar a um só homem, por mais competente ou virtuoso que seja, a tarefa de preparar, mobiliar, ornamentar o palácio **NIEMEYERESCO** para as suas funções diplomáticas e representativas. (MH)
>
> Formastes o vosso estilo pelo método **MACHADIANO** do despojamento. (ANO)
>
> O palco deve ser imaginado à maneira **SHAKESPEARIANA**. (TPR)
>
> Quando dizemos que alguém é **ACACIANO**, estamos pensando no Primo Basílio. (ESP)

Muitos **adjetivos classificadores** expressam noções adverbiais:

a) **Delimitação**, ou **circunscrição**: o **adjetivo** restringe o domínio de extensão daquilo que é referido pelo nome.

a.1) Do ponto de vista de um domínio de conhecimento:

> De 1924 a 1933 o mundo **CIENTÍFICO** internacional foi enriquecido de numerosos trabalhos do prof. B. Mirkine Buitzevitch. (CPO)
>
> O seu autor, com coerência e bravura, jamais deixou de considerar um elemento básico do ofício **LITERÁRIO**. (VIS)
>
> Antes o debate se dava no círculo **IDEOLÓGICO**. (ESP)

A Formação Básica das Predicações

*Os antiguanos preservavam com extremo carinho o seu patrimônio **HISTÓRICO**.* (BH)

*O quadro **GEOGRÁFICO** exerceu poderosa influência na história grega.* (HG)

*Como é próprio das línguas naturais, a sintaxe **LÓGICA** é rica e complexa, o que faz do sistema linguístico mais adequado à comunicação de conceitos.* (LIJ)

a.2) De um ponto de vista individual:

*Aquilo, no entanto, trouxe um problema **PESSOAL**.* (EXV)

*Tomaria as providências necessárias para que Dona Leonor não tornasse a se intrometer na minha vida **PARTICULAR**.* (A)

*Ninguém está sujeito à interferência na sua vida **PRIVADA**.* (AQ)

*Convém ter sempre presente que a vida **INDIVIDUAL** é uma.* (AE)

b) **Localização no espaço**: os **adjetivos** localizam tanto **objetos** como **ações, estados** e **processos**.

b.1) Localização absoluta:

*Historiador abalizado, jurista de repercussão **INTERNACIONAL**, humanista, poeta sensível, eminente homem público, orador conhecido, vibra, nesse escritor ilustre de São Paulo, a alma dos grandes cidadãos.* (FI)

*A produção era destinada ao consumo **LOCAL** e o excedente não tinha perspectiva de boa comercialização.* (AGF)

*Leu a política **NACIONAL**.* (AF)

*O abrigo **SUBTERRÂNEO** era inescrutável.* (CRU)

*As virgens sagradas atraíam a si, na morada **CELESTE**, a alma daquelas que se purificavam a serviço delas.* (ESS)

b.2) Localização relativa:

*Tratava-se, pelo jeito, de uma nave **CENTRAL** e duas naves **LATERAIS**, como convém a qualquer igreja que se preze.* (ACM)

*A corrente fluvial, ao transpor as margens, é freada e abandona parte de sua carga permitindo a edificação do dique **MARGINAL**.* (GEM)

*Havia outros pesquisadores que trabalhavam nas salas do pavimento **SUPERIOR**, exatamente sobre as nossas.* (ACM)

*O pórtico, de fato, ocupava, na parte **INFERIOR** da fachada, o espaço das três janelas centrais.* (ACM)

*Tio Heitor nadava prudentemente, **PARALELO** à praia.* (CF)

*Mesmo com a claridade ou com a parede **PERPENDICULAR** ao setor de pintura levantada, a visão do pátio é parcial* (OAQ)

*Eu ficava oculto no capão **PRÓXIMO** e, depois de ouvir o apito do trem, é que me dirigia aos fundos* (CE)

O Adjetivo

> *Ao chegar ao Rio, em vez de ir para sua casa procurou alugar um quarto num lugar* **DISTANTE** *dos bairros que costumava frequentar.* (AGO)
> *Mas era um lugar bonito* **AFASTADO** *da cidade,* **AFASTADO** *de tudo.* (BL)
> *No outro sobrado* **VIZINHO** *habitava um letrado.* (BOI)

\# Há a possibilidade de determinados **adjetivos de localização** ocorrerem graduados. Isso se liga à relativa vaguidade de determinadas localizações:

> *Na extremidade* **mais INTERNA**, *cada nefrádio se abre diretamente na cavidade do corpo por meio de um funil ciliado.* (FIA)
> *Esmalte: é a estrutura mais mineralizada do organismo e corresponde à superfície* **mais EXTERNA** *das coroas dos dentes.* (HB)

\# Há **adjetivos** que indicam **ordem** ou **posição não numérica** numa série:

> *Não indo, pelo menos pouparia ao seu amor próprio aquele* **ÚLTIMO** *vexame.* (A)
> *Mais um dos muitos sonhos que, desde menino, sua difícil e supersensível natureza insistia em manter para seu maior tormento* **FINAL**, *no instante do desmoronamento do castelo de cartas.* (A)
> *E, ele, autor de calamidades também indefinidas. Inculpado, dava seus* **DERRADEIROS** *passos no mundo.* (PRO)

A natureza desses **adjetivos** se aproxima da dos **pronomes indefinidos**. Eles estão para os **numerais ordinais** assim como os **pronomes indefinidos de quantidade** estão para os **numerais cardinais**.

c) Localização no tempo.

c.1) Em relação ao momento da enunciação (**exofóricos**, ou **dêiticos**):

• Anterioridade (adjetivos pospostos):

> *Pelas histórias que ouvi de minha tia no mês* **PASSADO** *ainda existe muito a explorar na mansão.* (ACM)
> *Durante o ano* **RETRASADO**, *quando estava quase aposentado, ele escreveu dois artigos para o Diário da Libertação, de Xangai.* (EX)

• Posterioridade (adjetivos antepostos ou pospostos):

> *O grupo Libra está reformando o navio próprio Comodal, previsto para voltar aos tráfegos em fevereiro* **PRÓXIMO**. (ESP)
> *No* **PRÓXIMO** *sábado a gente vai fazer um piquenique na chácara.* (CP)
> *O Imperador sem entranhas debruça-se com minha mãe sobre o meu* **FUTURO** *cadáver.* (AL)

• Concomitância (adjetivos antepostos ou pospostos):

A FORMAÇÃO BÁSICA DAS PREDICAÇÕES

*Estive com meu pai e, até o **PRESENTE** momento, não tenho de que me arrepender.* (A)

*A vida não visa ao momento **PRESENTE** mas à eternidade do espírito.* (PCO)

*E nunca se roubou tanto, nunca se fez tanta negociata à sombra do Getúlio e em nome dele como neste seu **ATUAL** quatriênio.* (INC)

*Na época **ATUAL** (...) buscar conceituar alguma coisa é penetrar por um mundo de choque de ideias e de interesses.* (CTB)

*A produção de óleo cru, no **CORRENTE** ano, deverá ser de 5,5 milhões de metros cúbicos.* (EM)

*Fui pela primeira vez à concessionária em abril deste ano **CORRENTE**.* (FSP)

\# Os adjetivos ***HODIERNO*** e ***CONTEMPORÂNEO*** só ocorrem pospostos:

*A cultura **HODIERNA** apresenta desafios sempre maiores à nossa conduta.* (FSP)

*Nesta ordem de investigações também é grande a influência do marxismo em todo o pensamento **CONTEMPORÂNEO**.* (DIR)

c.2) Em relação a um momento de referência (endofóricos):

• Anterioridade (**adjetivos** pospostos)

*Giulio trouxe pão e um salame caseiro, do inverno **ANTERIOR**.* (ACM)

*Além dos raros concertos futuristas na Itália, na década **PRECEDENTE**, três apresentações de sua música foram realizadas, em junho de 1921.* (FSP)

*Na China, a produção de cereais foi 3% superior a do ano **ANTECEDENTE**, mas a de algodão permaneceu no mesmo nível.* (ESP)

• Posterioridade (**adjetivos** antepostos ou pospostos)

*No ano **SEGUINTE**, eu estava morando numa pensão na Bela Vista, São Paulo.* (BL)

*Os primeiros padres (...) vieram com o governador-geral Tomé de Sousa, embarcando em Belém no dia 1º de fevereiro de 1549 e chegando à Bahia, a 29 de março **SUBSEQUENTE**.* (TGB)

*Não ficaria sentida, nem teria vexame, pois esse possível **FUTURO** comprador ou agiota não seria um conhecido.* (ALF)

*A mãe pairando entre as nuvens de anjos, o príncipe montado num cavalo branco, a fascinante imagem do seu rosto **FUTURO** – tudo desapareceu como uma bolha ao tocar no chão.* (CP)

*A redação é **POSTERIOR** a 1403.* (ACM)

• Concomitância (antepostos ou pospostos)

*Alguns estudiosos no assunto acreditam em uma vida "feliz" para a planta somente com a aplicação **CONCOMITANTE** dos dois tipos de adubação, através de uma prática equilibrada e balanceada.* (AZ)

O ADJETIVO

*Com Nietzsche à frente, começa-se a pôr em voga, na Europa, o **CONTEMPORÂNEO** sentimento de niilismo diante dos valores morais.* (MOR)

d) Quantidade de tempo transcorrido (sempre relativa a um passado).

d.1) Quantidade definida:

Alguns são antepostos ou pospostos:

*De mãos dadas fazemos a volta completa no muro **CENTENÁRIO**.* (CH)
*O **CENTENÁRIO** Habacuc chamou-os, pronunciando-os marido e mulher.* (CEN)
*A tia lembrou, então, que seu amigo pároco não sabia o que fazer com a mansão **SECULAR** da família.* (ACM)
*O supergol modificaria o quase **SECULAR** sistema de marcação dos pontos nas tabelas de classificação.* (FA)
*A resposta do menino deve ter tido sua origem num sonho **MILENAR** da humanidade.* (FOT)
*Quem nunca ouviu ou leu esta **MILENAR** expressão latina?* (GUE)
*Quase todos os passageiros vindos da Europa tinham saltado no Rio, inclusive – graças a Deus! – o **SEXAGENÁRIO** coronel Marcílio.* (MAD)
*O **SEXAGENÁRIO** esquema de proteção da agricultura norte-americana não está ameaçado pelo empenho da maioria republicana em cortar o déficit orçamentário.* (FSP)

Alguns são só pospostos:

*Outra meta é a parceria com aquelas entidades que são o sonho de toda ONG **MAIOR** de idade, como as fundações Bradesco, Roberto Marinho, Boticário e outras, que todos os anos dispõem de cerca de 100 milhões de dólares para gastar.* (VEJ)

d.2) Quantidade indefinida:

Ocorrem pospostos e antepostos os **adjetivos VELHO, IDOSO e JOVEM**:

*Depois de alguma hesitação, entrou no quarto atravancado de objetos: um caixote com um baú **VELHO** em cima, esteiras estendidas no chão, uma enxada e uma foice encostadas à parede.* (ALE)
*Mauro me saudou com efusão, mostrando um **VELHO** código criminal que tinha trazido para Abelardo* (ACM).
*Olha o rio, o **VELHO** amigo nosso, ele não fica desanimado e a gente sabe bem como é difícil seu percurso.* (ATR)
*O senhor **IDOSO** voltou a exaltar-se.* (ASV)
*Moral da história: aos 74 anos, o mais **IDOSO** candidato à Presidência na História do Brasil, metido numa verdadeira maratona política de cinco meses de campanha, sabe que não pode parecer velho em público.* (VEJ)

A Formação Básica das Predicações

> *Entre os dois irmãos, uma figura delicada e nobre de mulher JOVEM, com um esboço de sorriso.* (ACM))
>
> *Uma JOVEM mulher, casada, mas sem filhos, adoeceu por causa do excesso de humores fluindo para seu pescoço e ali causando grandes feridas.* (APA)

Ocorrem apenas pospostos, na indicação genérica de idade, os **adjetivos** *NOVO* e *ANTIGO*:

> *Desde Jerusalém para trás, viajando pela estrada NOVA, cujo asfalto foi colocado na véspera, Hermes, o meu motorista, faz com que o ponteiro de seu carro ultrapasse a 60 milhas.* (CPO)
>
> *Tem e não tem, depende do texto que você ler; mas seguramente não existe mais nada do conceito ANTIGO nos textos de hoje.* (ACM)

Em indicação técnico-científica, ou absolutamente **denotativa**, os **adjetivos** que indicam idade cronológica de pessoas ou animais ocorrem pospostos:

> *Nessa concorrência pelo emprego, muitas vezes, essa população JOVEM tem vantagens.* (EG)
>
> *Agora, visivelmente desapontado e, ao mesmo tempo, furioso diante do ataque frontal da mulher contra seu irmão mais VELHO, a quem tanto respeitava, papai resolveu terminar de vez com aquela falação desagradável, tão sem cabimento.* (ANA)

\# Os **adjetivos** indicadores de idade tornam-se **qualificadores** se, à noção de quantidade de tempo transcorrido, se somar uma avaliação sobre a idade:

> *Eu não acredito que exista algum livro ANTIGO num raio de pelo menos três quilômetros.* (ACM)
>
> *Queria ter algum indício NOVO sobre Lutércio.* (ACM)

e) Substituição no tempo (sempre antepostos).

e.1) Do presente para o passado:

> *O dono do cinema, que o comprou do VELHO dono, não soube informar nada, apenas comunicou às autoridades o seu achado.* (AF)
>
> *O ANTIGO presidente do BC Paulo César Ximenes manteve os juros sempre estáveis.* (VEJ)

e.2) Do passado para o presente:

> *Os moradores poderiam ou não permanecer nas terras, conforme o acordo com o NOVO proprietário.* (CRO)
>
> *José Romualdo Bahia é o NOVO presidente da Associação Comercial de Minas Gerais.* (CRU)

O Adjetivo

f) **Aspecto**: o **adjetivo** confere uma noção aspectual (**aspecto pontual, durativo, frequentativo** etc.) à ação, processo ou estado referido pelo nome.

f.1) Sem implicação numérica:

Foi despertado de seu MOMENTÂNEO desequilíbrio pelo salto do menino. (ARR)
Em seu silêncio HABITUAL, Maria Luiza ouve a conversa. (MEN)
Nada alterava o seu bom humor COSTUMEIRO. (DEN)

f.2) Com implicação numérica:

A revista "Veja", sob a direção de Mino Carta, foi a primeira publicação que regularizou a cobertura noticiosa dos meios de comunicação com uma rubrica SEMANAL. (FSP)
Quando comecei essa viagem MENSAL mandei um bilhete pra minha noiva. (SD)
Na realidade pretendia fazer o chim assinar oportunamente um compromisso de compra de toda a sua safra ANUAL de soja. (INC)
Além de aprender a cuidar das ervas e a usá-las, eles têm oportunidade de repousar num lugar perfeito para fugir do corre-corre DIÁRIO. (CLA)

3.4 A permeação entre as subclasses

Em dependência do **substantivo** com o qual se constroem, os **adjetivos classificadores** podem passar a **qualificadores**, em uso **metafórico**, com possibilidade de anteposição:

Desconhecido olhava a cena tomado dum SUBTERRÂNEO temor. (N)
A POLIVALENTE personalidade de César Salgado impõe, à crítica, o dever de partir de um determinado critério, para situá-la no panorama da cultura brasileira. (FI)
A mancha que lhe adviera com o parto da filha dava lugar ao júbilo CELESTE do chorinho da neta. (VB)

Com diferentes efeitos de sentido, **adjetivos classificadores** recebem gradação ou intensificação, o que revela um valor de **qualificação**:

Marisaura, de sapato baixo, grosseiro, num vestido claro, simples e não muito FEMININO, olha concentradamente através da janela. (GCC)
Conversamos e desde o início foi minha ideia fazer o que fosse o mais BRASILEIRO possível. (AS)

Certos **adjetivos** são em princípio **qualificadores**, mas, junto de determinados **substantivos**, podem operar a sua colocação em uma subclasse:

*Era o **vestido BRANCO** da filha, os **sapatos BRANCOS**, o **véu BRANCO**, as flores de laranjeira.* (CG)

(**qualificador**)

*Finalmente, o **homem BRANCO** se apresenta aos índios.* (AVL)

(**classificador**)

**Adjetivos qualificadores** podem passar a **classificadores**, especialmente em sintagmas cristalizados:

Água DOCE, o mar e o solo úmido. (GAN)

*O mar fica a trinta léguas de distância mas diz o povo que escuta o estrondo da estrela cadente quando se afoga na **água SALGADA**.* (BP)

A ocorrência seguinte mostra o mesmo adjetivo *DOCES*, *no* **sintagma** *batatas* ***DOCES***, como classificador e como qualificador:

*Ele planta as suas **batatas DOCES** e as come – elas são **batatas DOCES**.* (EC)

...suas batatas	DOCES		...são batatas	DOCES
	↑			↑
	classificador			qualificador

Certos **adjetivos** são, em princípio, **classificadores**, mas, pela própria natureza da classe em que colocam o nome, podem ser usados predicativamente, isto é, atribuindo características ou qualidades consideradas típicas daquela classe:

• **Classificador**

*Todos os pugilistas aprendem da mesma maneira que a esquerda vem na frente, quando o cara é **DESTRO**, e a direita à frente, quando o cara é canhoto.* (IS)

• **Qualificador**

*Talvez você seja mais **DESTRO** com arma branca do que com arma de fogo.* (N)

Na posição de **predicativo**, a característica **denominativa** do **adjetivo classificador** facilmente se afrouxa:

*A representação é **LEGAL, SOCIAL, PROTOCOLAR** e **SIMBÓLICA**.* (DIP)

4 A posição dos **adjetivos**

A primeira observação quanto à posição que o **adjetivo** ocupa no **sintagma nominal** diz respeito ao fato de que existem diferenças no comportamento das duas grandes subclasses de **adjetivos** – os **qualificadores** e os **classificadores**.

O Adjetivo

4.1 A posição dos **adjetivos qualificadores**

Em regra geral, pode-se dizer que o **adjetivo qualificador** usado como **adjunto** do **substantivo** (ou seja, **adjunto adnominal**) pode ser **posposto** ou **anteposto** ao **substantivo**.

a) **Posposto** – Essa é a posição mais frequente na linguagem comum, a menos marcada:

> *Estevão Pinto destaca os propósitos ambivalentes da* **saudação LACRIMOSA**. (IA)
> *Atropela gentilmente e,* **vespa FURIOSA** *que morde, ei-lo defunto.* (CBC)
> *Transmitiram à casa uma impressão de* **luxo DISCRETO**. (CCA)
> *Uma* **pancada SUAVE** *na porta, e aparece a dona do hotel.* (MP)
> *Que* **manhã DESAGRADÁVEL**! *Que* **dia ENFADONHO**! (VN)

b) **Anteposto** – Essa é a posição mais marcada, e, por isso mesmo, ela é bastante ocorrente nas obras literárias, já que dá grande efeito de sentido, especialmente o efeito de maior subjetividade:

> *Mino de Azougue, todo pessoa e curiosidade,* **FORTE pingo de vida**. (AVE)
> **INDEFESO homem**, **FRÁGIL máquina**, *arremete* **IMPÁVIDO colosso**, *desvia de fininho o poste e o caminhão.* (CBC)
> *E ninguém ali a ignorava ou podia ignorar, não obstante os* **INGÊNUOS esforços** *em contrário de Dona Teresa.* (A)
> *Em seu lugar, ficou a* **NEBULOSA Luela**. (CP)
> *Em suas mãos eles continuavam como no tempo da escravidão ou início da revolução industrial na* **VELHA Inglaterra**. (BH)
> *Mesmo que quisesse, que já não estivesse cansada de tudo, da minha resistência inútil, da* **FALSA felicidade** *junto a Hélio, poderia?* (A)
> *Pus-me a dar pancadinhas amigas no dorso onde a transpiração produzia uma* **DESAGRADÁVEL umidade**. (BH)

Os **adjetivos** que mais aceitam anteposição são os que indicam qualidades atribuídas a termos que têm uma relação específica com aquele tipo de entidade qualificada. Assim, em *forte pingo de vida*, o **adjetivo FORTE** não tem valor absoluto: ele se refere a uma "força" especificamente ligada à entidade *pingo de vida*. Do mesmo modo, o que se diz no enunciado seguinte, é que o *homem* é *indefeso* como homem, e que a *máquina* é *frágil* como máquina.

\# Embora o **adjetivo qualificador** não tenha, em geral, uma posição fixa dentro do **sintagma nominal**, não se pode dizer, entretanto, que a ordem seja absolutamente livre. Há restrições a determinadas colocações, e, além disso, ocorrem diferenças, em maior ou menor grau, nos resultados semânticos, em decorrência de diferenças da posição dos elementos nos **sintagmas nominais** que contêm adjetivos.

Pode-se propor três situações gerais, quanto à determinação da ordem dentro do **sintagma nominal** que contém **adjetivos qualificadores**:

a) A ordem é livre, isto é, o **adjetivo** tanto pode ser **posposto** como **anteposto** ao **substantivo**

> *Fisicamente bem posto, também de aparência mais jovem do que a idade que tem, embora não seja um **homem BONITO**. (E)*
> *Tio Gígio podia até ser um **BONITO homem** – cabelos pretos encaracolados, olhos azuis – não fosse tão relaxado. (ANA)*
> *Os padres são gente séria e fazem **trabalho IMPORTANTE** no mundo inteiro. (Q)*
> *Em Porto Alegre não podemos esquecer o **IMPORTANTE trabalho** de Emy de Mascheville. (AST)*

b) A ordem é fixa

• O **adjetivo** é obrigatoriamente posposto, como em

> *Íamos e voltávamos a Niterói – era o **passeio OBRIGATÓRIO** e enfadonho de todos os domingos. (BB)*
> *Sou muito ocupada e não tenho paciência para aturar **gente IMATURA** como você. (CB)*
> *A volta antecipada das festas de final de ano e o **tempo RUIM** anteontem reduziram o movimento de veículos nas estradas de acesso à capital paulista. (VEJ)*
> *Quando se conhece uma pessoa numa viagem, depois fica um **relacionamento HIPERVAZIO**. (FAV)*

Obviamente são pospostos todos os **adjetivos** representados por formas de **substantivos** que se usam para classificar ou para qualificar, incluindo **adjetivos** de cores que têm origem em **substantivo**:

> ***Bancada GELATINA** troca votos por dinheiro. (FSP)*
> *De chapéu de palha para ficar protegida do sol forte e **vestido LARANJA**, Marisa cantou por mais de 15 minutos. (VEJ)*
> *Passam **batom ROSA**, colocam pulseira e brincos dourados. (VEJ)*
> *No conjunto de salas da assessoria das comissões do Senado há um **cofre CINZA**. (VEJ)*

• O **adjetivo** é obrigatoriamente anteposto, como em

> *Teria em mim forças para recusar, para deixar Eliodora morrer em **PLENA dúvida**? (A)*
> *Uns sorriam e, com seu **MERO sorrir**, já mil mulheres se rendiam. (BH)*

*O desenvolvimento mental não é pois um **MERO processo** de desenvolvimento biológico.* (AE)
*Pois é um lugar onde se exige a **MÁXIMA discrição**.* (CN)

\# A fixidez da ordem pode dever-se ao fato de o sintagma ser reproduzido tal como ocorre em um texto de domínio público, o que configura **intertextualidade**, como em

*Indefeso homem, frágil máquina, arremete **IMPÁVIDO colosso**, desvia de fininho o poste e o caminhão.* (CBC)

c) A ordem é pertinente, isto é, altera-se o resultado de sentido conforme o adjetivo esteja **posposto** ou **anteposto**

*Enrolei o **lenço GRANDE** na mão esquerda, punhal firme na direita.* (AM)
    (lenço grande = lenço de tamanho grande)
*Não deixarei **GRANDE coisa**.* (AV)
    (grande coisa = coisa de grande valor)
*Quem me contou foi um **homem VELHO** que esteve lá.* (B)
    (homem velho = homem de idade avançada)
*Apresento-te um **VELHO amigo**, companheiro de colégio.* (AV)
    (velho amigo = amigo de longa data)

Em geral, a anteposição do **adjetivo** cria ou reforça o caráter avaliativo – mais subjetivo – da **qualificação**. Esse fato pode ser verificado não apenas nos casos da **ordem pertinente**, como também nos casos da **ordem livre**. Isso significa que, mesmo nos casos em que, com as duas colocações, se chega a uma mesma acepção básica, na verdade não resultam construções de valor absolutamente idêntico, do ponto de vista comunicativo.

Assim, nas ocorrências

*Depois de rezar o paciente durante três ou quatro dias, dava-lhe um **BOM vermífugo**.* (ANA)
*Metiam-se pelos cômodos ermos e escuros, cobertos de grandes teias de aranha, exalando um **DESAGRADÁVEL cheiro** de mofo e urina.* (CAS)

a anteposição dos **adjetivos qualificadores** marca a interveniência de uma avaliação subjetiva do falante na qualificação efetuada.

Pelo contrário, em possíveis enunciados correspondentes, com os **adjetivos** colocados após o **substantivo**, como

*Depois de rezar o paciente durante três ou quatro dias, dava-lhe um **vermífugo BOM**.*
*Metiam-se pelos cômodos ermos e escuros, cobertos de teias de aranha grandes, exalando um **cheiro DESAGRADÁVEL** de mofo e urina.*

a qualificação diria respeito mais evidentemente a **propriedades intensionais** entendidas como objetivamente indicadas, configurando-se um uso mais descritivo.

As diferenças de sentido ligadas às diferenças na ordem de colocação dos elementos no sintagma podem ser atribuídas a alguns fatores, especialmente os seguintes:

a) A subclasse a que pertence o **adjetivo**

Os **adjetivos** de subclasses indicativas de qualificações ligadas mais objetivamente ao referente são mais geralmente pospostos:

- **Adjetivos** de **modalização deôntica**

  > *Essas normas deverão orientar os criadores em relação às instalações do criatário e **material NECESSÁRIO** para a ordenha e transformação do leite. (AGF)*

- **Adjetivos** de **avaliação de propriedades intensionais** (**quantitativas** ou **qualitativas**) (ver 3.2.2.2)

  > *Os **cabelos GRISALHOS** misturados com o **cabelo CLARO**, um **rosto PEQUENO**, **lábios CARNUDOS**, olhos à flor da pele de um **castanho** quase AMARELO. (NB)*
  > *Enxugando as mãos num **avental SUJO**, vem do fogão D. Estela. (TGG)*
  > *"Coisas de **menino VADIO**", dizia ela. (OE)*
  > *Aposte no guri de **cabelo CURTO**. (GD)*
  > *O precioso monograma era um **C bem GRANDE**. (DE)*

Os **adjetivos** de subclasses indicativas de qualificações mais subjetivamente atribuídas ao referente são, de modo geral, antepostos:

- **Adjetivos** de **modalização epistêmica**

  > *E ainda o via, apartando-a com o dedo, como se procurasse mostrá-la, a **POSSÍVEIS circunstantes** invisíveis. (A)*
  > *Pareceu-me o meio mais simples de evitar uma **POSSÍVEL crise** na família. (A)*

- **Adjetivos** de **intensificação**

  > *Pois é um lugar onde se exige a **MÁXIMA discrição**. (N)*
  > *Ia dar início a **PROFUNDAS modificações** em sua pessoa. (MP)*
  > *Angela deveria ser excluída de qualquer modo, ainda que isso significasse – o que não poderia admitir sem **FUNDO horror** – o caráter escabroso dos meus próprios pensamentos. (AV)*

- **Adjetivos** de **atenuação**

  > *Eles são muito patriotas. Por isso mesmo o fundo terá como presidente o Mr. Smith (...) Como acionistas principais alguns senhores da mais **RELATIVA confiança** e da mais absoluta influência. (SPI)*

O ADJETIVO

\# Nas diversas subclasses que se reúnem sob o rótulo de **adjetivos "de avaliação" (qualitativa ou quantitativa)** é que se verifica mais facilmente o efeito de maior envolvimento do falante na qualificação, portanto o efeito de **conotação** obtido com a anteposição do **adjetivo**:

> *Eram altos, baixos, gordos, magros – mas tinham IMPRESSIONANTE ar de família.* (GAT)
>
> *Tina, abreviatura de Albertina, era o GRANDE vira-corações de Saint John.* (BP)
>
> *Discutiam de janela a janela, batiam nos filhos, à moda italiana: VIOLENTOS tapas na cara.* (ANA)
>
> *De 1924 a 1933 o mundo científico internacional foi enriquecido de NUMEROSOS trabalhos do prof. B. Mirkine Buitzevitch.* (CPO)
>
> *Interessaram-se todas as companhias de indústrias alimentícias, que entraram com FORTES somas.* (BH)
>
> *Ruffus Senior fora eleito por ESMAGADORA maioria.* (BH)
>
> *As mais MÍNIMAS coisas, os MENORES acontecimentos, tomavam corpo, adquiriam ENORME importância.* (ANA)

\# Efeito semelhante se verifica nos **adjetivos de intensificação**, os quais, se pospostos, são mais **denotativos**, indicando menor envolvimento do falante na intensificação:

> *Movimento mais INTENSO ainda que no carnaval ou nos dias de finados.* (ANA)
>
> *Sim, uma para as sutilezas dos tons claros e outras para obter um preto PROFUNDO.* (FOT)

b) A natureza do **substantivo** qualificado pelo **adjetivo**: os **substantivos abstratos** favorecem mais a anteposição de **adjetivos qualificadores**, exatamente porque a qualificação de **abstratos** é sempre menos objetiva – mais apreciativa e menos descritiva – que a de **concretos**

> *Sentiu o DOCE sabor de ser aclamado ídolo do rádio durante os anos de 58, 59 e 60.* (AMI)
>
> *Juro-lhe que deixou-nos as mais SUAVES recordações.* (PC)

Menos usuais, e, por isso mesmo, de maior efeito, são as ocorrências de **qualificadores** antepostos a **substantivos concretos**:

> *Descobrimos VELHOS objetos colocados fora de uso.* (CCA)
>
> *A outra era o refeitório, com GRANDES fragmentos de afrescos do Trecento.* (ACM)
>
> *Todo o Instituto, aliás, estava acomodado entre os muros venerandos do que fora uma PEQUENA abadia do século VIII.* (ACM)
>
> *Sim, ele me aparece com seus TRISTES olhos de homem que muito amou.* (NOF)
>
> *O mundo se tinge com as tintas da antemanhã, e o sangue que escorre é doce, de tão necessário. Para colorir tuas PÁLIDAS faces, aurora.* (DDR-O)

A Formação Básica das Predicações

Observe-se, por exemplo, como um mesmo **adjetivo** se comporta diferentemente conforme a natureza do **substantivo** qualificado e a colocação relativa dos
constituintes do **sintagma nominal**. Alguns exemplos são:

POBRE

a) Com **nome** humano

• Posposto = "sem recursos", "sem dinheiro" (descritivo):

> *Eu sou um **homem POBRE**. (DEL)*

• Anteposto = "desgraçado", "infeliz" (apreciativo):

> *O **POBRE homem** sofria. (BH)*

b) Com nome de animal (sempre **anteposto**) = "desgraçado", "infeliz" (apreciativo)

> *Um dia peguei um dos meus escravos maltratando uma **POBRE mula**. (TV)*

c) Com **nome** concreto = "modesto", "de baixo custo"

• Posposto (descritivo)

> *O pano se ergue e mostra cenário de um **quintal POBRE**. (NOF)*

• Anteposto (apreciativo)

> *Encarou uma imagem que, da sua **POBRE mesa de cabeceira**, o fixava sempre. (ROM)*

d) Com **nome** abstrato

• Posposto = "despojado", "sem recursos"

> *Repete-se como o realejo de Nicola, a **linguagem POBRE**, carecendo de imagens*
> *convincentes. (MAR)*

• Anteposto = "sem valor", "humilde" (apreciativo)

> *As rendas e franjas douradas e prateadas, em profusão, tornavam tudo que me cercava*
> *irreal, estranho, sustentando com seu ingênuo e esquisito artifício a minha **POBRE***
> ***tentativa** de vida e de humanização. (ROM)*
> *Reflexionava sem segurança mas desejoso de ficar bem com a minha **POBRE moral**.*
> *(AV)*

RICO

a) Com **nome** humano = "com recursos", "com dinheiro".

• Posposto (descritivo)

*Ele é um raro **homem RICO** que não ostenta a riqueza.* (AM)

- Anteposto = (apreciativo)

*A família grande e conflitante do **RICO comerciante** de Pecado Capital agora é pobre, mas continua grande e conflitante.* (ISO)

b) Com **nome concreto** não humano = "de luxo"

- Posposto (descritivo)

*O portador, um retinto de feição de branco, veio em **cavalo RICO**.* (CL)

- Anteposto (apreciativo)

*Mudou-se para Nova Iorque e com o dinheiro comprou um **RICO apartamento** em Park Avenue.* (CV)

*A mulher reclamava ainda que não havia dinheiro que pagasse o seu **RICO chapéu**.* (CV)

> **BOM**

a) Com **nome** humano = "de boas qualidades", "bondoso"

- Posposto (descritivo)

*O senhor é um **homem BOM**, neste mundo de maldade.* (IN)

- Anteposto (apreciativo)

*Você é um **BOM rapaz**, mas agora me criou um problema.* (CNT)

b) Com **nome** animado = "de bom desempenho", "eficiente"

- Posposto (descritivo)

*Lá havia um **rapaz BOM** nisso.* (VEJ)
*E só podia ser mesmo, porque um **cavalo BOM** como aquele eu nunca tinha visto.* (AC)
***Cachorro BOM** tanto caça com a vista como com o olfato.* (AM)

- Anteposto (apreciativo)

***BOM aluno**, o menino ou o rapaz educado sabe manter-se tranquilo.* (AE)
*Você tem **BOM animal**, Pantaleão?* (AM)
*Continuo sendo um **ÓTIMO dentista**, um **BOM marido**, **BOM pai**.* (ANB)

c) Com **nome concreto** = "de boa qualidade"

- Posposto (descritivo)

A FORMAÇÃO BÁSICA DAS PREDICAÇÕES

> *Não precisa pegar na enxada, tem sempre manteiga para a macaxeira e o cará, mora numa **casa BOA**.* (FO)

- Anteposto (apreciativo)

> *Vim aqui, correndo, a fim de pedir ao senhor a fineza de reservar um **BOM cômodo** para pessoa ilustre que chegará no próximo dia trinta, depois de amanhã, portanto.* (AM)

d) Com **nome abstrato** = "adequado", "apreciado"

- Posposto (descritivo)

> *Para que um instrutor possa realizar um **trabalho BOM**, é imprescindível que já tenha sido nadador.* (PFI)
> *Desenvolvido com estilo, cabeçada firme, **resultado BOM** dum centro inteligente do ponta. Dando tudo certo.* (MPB)

- Anteposto (apreciativo)

> *A perspectiva é de **BOM desempenho**.* (AGF)
> *Se houve um **BOM trabalho**, se se gravaram imagens sãs, belas, nobres, tudo a seguir é fácil.* (AE)
> *O tambacu tem **BOM sabor**, mais resistência que o tambaqui e melhor desenvolvimento que o pacu.* (AGF)
> *Um **BOM exemplo** desse tipo de oportunidade é o investimento em pesquisa pura.* (ANI)

e) Com nome quantificável (sempre **anteposto**) = "em quantidade significativa"

> *Quem determina a forma de utilização é o seu estado físico-químico e também uma **BOA dose** de bom senso.* (AGF)
> *Nós começamos em cinquenta e oito, com um açougue no bairro do Bexiga, e ficamos sós um **BOM tempo**.* (AGF)

> **CARO**

a) Com **nome concreto** não humano (sempre **posposto**) = "de alto custo (para aquisição ou para uso)"

- Posposto (descritivo)

> *Com o dinheiro curto e o **combustível CARO**, muita gente prefere deixar o carro na garagem.* (ESP)
> *Estou hospedado num **hotel CARO**.* (CRE)

O ADJETIVO

b) Com **nome** humano = "querido"

- Posposto (descritivo)

  Um amigo CARO é sempre prestigiado.

- Anteposto (apreciativo)

  Obrigado, meu CARO Mateus! (PEL)
  Venha você, meu CARO ouvinte, venha para diante do palanque da Rádio América, brincar seu Carnaval. (RO)

c) Com **nome abstrato** = "dispendioso"

- Posposto (descritivo)

  Bezerra tinha um hobby CARO e luxuoso como o seu apartamento: gostava de participar dos desfiles de fantasia no baile de carnaval do Teatro Municipal. (FA)

- Anteposto (apreciativo)

  A meta de uma produção de 14,6 milhões de toneladas em 1985 exige muito esforço, (...) e exige, ainda, a realização de um CARO sistema de vias de transporte. (JL-O)

d) Com **nome** de qualquer subclasse e com **complemento** da forma *a*+**nome humano** (sempre **posposto**)

  Esse fora sempre um dos projetos mais CAROS a Chico Vacariano, agora já próximo dos 80 anos. (INC)
  Pois ordem e estabilidade espero poder garantir-vos, a par da dedicação integral com que me devotarei à missão (...) de conduzir este Brasil, tão CARO a todos nós. (ME-O)

> **GRANDE**

a) Com **nome concreto** não humano = "de grande porte", "volumoso"

- Posposto (descritivo)

  Enrolei o lenço GRANDE na mão esquerda, punhal firme na direita. (AM)
  O gado pinzgauer possui caixa toráxica GRANDE. (AGF)

- Anteposto (apreciativo)

  O Presidente João Pessoa estava despachando em seu gabinete quando viu na parede uma GRANDE borboleta negra. (DZ)
  Atrás do GRANDE portão de barras verticais, não havia propriamente um vestíbulo ou salão. (ACM)

A Formação Básica das Predicações

\# A atitude valorativa ligada à anteposição do **adjetivo** fica evidente em ocorrências como:

> *Que o otimismo é uma GRANDE coisa não resta a menor dúvida.* (AL)
> (grande coisa = "coisa de grande importância")
> *A GRANDE vantagem que o analfabeto americano leva sobre o analfabeto brasileiro é justamente o de saber ler e escrever.* (CV)
> (grande vantagem = "vantagem de grande importância")

b) Com **nome** humano

- Posposto (descritivo) = "de grande porte"

> *Dona Emília Bulção esmerava-se para conseguir trazer ao mundo, sem causar muitos danos à parturiente, a já denominada Zélia, menina GRANDE e gorda.* (ANA)

- Anteposto (apreciativo) = "importante", "de muito valor"

> *É um GRANDE administrador, uma águia a quem nada escapa.* (AC)

c) Com **nome abstrato** = "de grandes proporções", "profundo"

- Posposto (descritivo)

> *O clima parece ter influência GRANDE pelas suas consequências na determinação da luz, do calor ou do frio, da habitação, da dieta, do regime de vida.* (AE)

- Anteposto (apreciativo)

> *Senti que um GRANDE mal-estar reinava.* (A)
> *Logo lhe perguntou em que poderia ser útil a "pessoa de tão GRANDE beleza e distinção".* (A)

d) Com **nome coletivo** (anteposto ou posposto) = "de muitos elementos"

> *Nesse trabalho de pesquisa, tem sido de inestimável valor a colaboração de uma GRANDE equipe de correspondentes que aos poucos reunimos.* (CRU)
> *Os vermes não constituem um só GRANDE grupo biológico.* (GAN)
> *Depois, um grupo GRANDE, forte, se organizaria à esquerda da praça e se dispersaria pela cidade.* (AF)

4.2 A posição dos **adjetivos classificadores**

Em função **adnominal**, os **adjetivos classificadores** (aí incluídos os **adjetivos** que exercem papel na **estrutura argumental** do **nome**) aparecem normalmente pospostos:

> *Esclareceu ainda aquele dirigente SINDICAL que deverá também, iniciar entendimentos com as empresas Viplan, Pioneiras e Alvorada.* (CB)

O Adjetivo

> *Reconhece nos cavalos o **direito UNIVERSAL** de alimentar-se.* (BH)
> *Em suas mãos eles continuavam como no tempo da escravidão ou início da **revolução INDUSTRIAL** na velha Inglaterra.* (BH)
> *Por uma **razão CRONOLÓGICA**, o trem deveria seguir correndo dentro dos limites de Cuba.* (CRE)
> *Na extremidade mais interna, cada nefrídio se abre diretamente na cavidade do corpo por meio de um **funil CILIADO**.* (FIA)
> *É um **hábito GAÚCHO**, que me volta quando vejo Bilu e Sinhazinha. Coitadas como estão acabadas.* (CC)
> *Cada vez mais seguro de si, o pai discutia a estratégia da derrota **ALEMÃ**.* (AF)

\# Pode haver, entretanto, construções cristalizadas em que o **adjetivo** vem sempre anteposto, guardando a posição da língua de origem:

> *O **PÁTRIO poder** era exercido pelo homem, com a ajuda da mulher, até 1997, quando saiu a lei do divórcio.* (VEJ)
> *Como é que eu posso ser doméstica em Copacabana e dar conta do tal **PÁTRIO poder** e dos meninos?* (BP)

Nesta última ocorrência se pode bem verificar, a partir da construção com **o tal**, que o **substantivo** e o **adjetivo** são percebidos como formando um todo.

\# Observe-se que, se se cria um sintagma paralelo a um sintagma cristalizado existente, mantêm-se as características de posição dos elementos:

> *Se pátrio é de pai, devia ser era **MÁTRIO poder** quando só a mãe é quem dá conta.* (BP)

4.3 Posição e determinação da subclasse

A classe de um **adjetivo** pode ser determinada pela sua posição no **sintagma nominal**. Em geral, se duas formas de **adjetivo** aparecem em sequência, formando um **sintagma nominal**, o primeiro elemento é referencial, e é, portanto, um **substantivo**:

> *Eis-me de novo ouvindo os Beatles na Rádio Mundial às nove horas da noite num quarto que poderia ser e era de um **santo MORTIFICADO**.* (CNT)

Num quarto que poderia ser e era de um	*santo* substantivo	*MORTIFICADO.* adjetivo

> *Hélio nos alertara para a importância que a **esquerda ALEMÃ** dava à preparação teórica contando casos incríveis.* (CRE)

Hélio nos alertara para a importância que a	*esquerda* substantivo	*ALEMÃ* adjetivo	*dava à preparação...*

211

A Formação Básica das Predicações

Outras ocorrências do mesmo tipo são:

*Segura as grades, empunha-as com os bracinhos para trás e o peito ostentado, num desabuso de **prisioneiro VETERANO**.* (AVE)

*Sim, uma para as sutilezas dos tons claros e outras para obter um **preto PROFUNDO**.* (FOT)

Entretanto, o contexto pode determinar diferente interpretação:

*Ia à sinagoga apenas para ver, aos sábados, um **JOVEM seminarista**.* (BH)

Nesse exemplo, facilmente se percebe que, no contexto de uma sinagoga, é mais natural que se vá ver um seminarista, e, não, um jovem. E o seminarista, no caso, é qualificado como jovem.

\# No caso de três formas de **adjetivo** em sequência, a do centro geralmente será um **substantivo**:

*Dona Deolinda e seu Antonio, **BONS patriotas PORTUGUESES**, não desejavam perder a oportunidade de prestar homenagem aos patrícios.* (ANA)

Dona Deolinda e seu Antonio,	***BONS***	*patriotas*	***PORTUGUESES,***	*não desejavam perder...*
	adjetivo	**substantivo**	**adjetivo**	

Os **adjetivos** em **função apositiva** podem ser:

a) Antepostos

***PRETA INCLINADA PARA MULATA**, muito **BONITA**, **DE CORPO QUE FARIA INVEJA A QUALQUER BRANCA**, muito **ALEGRE**, muito **INTELIGENTE**, era viúva de um soldado americano 100% branco, morto num combate de aviação quase ao fim da última guerra.* (BH)

*E, ele, autor de calamidades também indefinidas. **INCULPADO**, dava seus derradeiros passos no mundo.* (PRO)

*Abaixando a cabeça, **INCAPAZ** de contrariar-me, demonstrou sua censura nas palavras lentas e aparentemente calmas.* (ML)

b) Pospostos

*Eu não gostei muito da **mulher** dele... **CABOCLA** um pouco **SEMOSTRADEIRA**, muito **ARRUMADA**.* (BS)

*Meneando a cabeça, num **lamento**, **INDISTINTO** e **GRAVE** ao mesmo tempo.* (AV)

*Mas estava presa no emaranhado das trepadeiras, só havia uma saída e por esta vinha a **mulher**, **RETA**, **IMPLACÁVEL**.* (CP)

O Adjetivo

5 Particularidades de construções com **adjetivos**

5.1 Em certos **sintagmas** formados por **substantivo + adjetivo**, ou **adjetivo + substantivo**, esse conjunto apresenta um valor unitário, formando uma verdadeira **unidade lexical**.

a) Com **qualificadores**

*Em outros termos: mais permeável ao **BOM SENSO**, a possíveis palavras (aceitáveis) de harmonia e, quem sabe, de reconciliação. (A)*

*Margô, ex-atriz, mãe de Armando, veste-se sempre com muito **MAU GOSTO** e exagero. (DEL)*

*Pantaleão sorriu, disse ao filho que o **BOM HUMOR** ajuda muito. (AM)*

*O senhor comprovará ao comer o frango ao **MOLHO PARDO** que servimos hoje no almoço. (BV)*

***MENORES CARENTES**, migrantes, posseiros, favelados, índios e outros grupos destituídos de condições de vida. (AP)*

*De pronto, **CARA FECHADA**, respondeu Pantaleão Siqueira de Araújo. (AM)*

*Outro elemento que sempre parece muito útil é o **PRETO VELHO**. (BS)*

*Afinal, pelo menos juridicamente, fui considerado um **BOM LADRÃO**. (AFA)*

*Desconhecido na **CIDADE GRANDE**, pobre, desbravando o caminho, tinha de principiar assim mesmo. (BA)*

*Entre tais exercícios de piedade pessoal, a adoração ao **SANTÍSSIMO SACRAMENTO** solenemente exposto, a ação de graças pessoal após a Missa e a **SAGRADA COMUNHÃO** são meios utilíssimos de saborear o alimento celeste. (MA-O)*

*Para onde fugiu a **SAGRADA FAMÍLIA** e até quando ficou escondida? (PE)*

*Quero a vida. Mas somente o **EXCELENTÍSSIMO SENHOR PRESIDENTE** pode concedê-la. (SOR)*

*Era inútil tentar evitar a nova "**PEQUENA ADVERTÊNCIA**". (A)*

Observa-se, nessa última ocorrência, o uso das aspas como uma marca formal da composição de unidade **lexical**.

b) Com **classificadores**

*[O Partido Democrático Social propõe-se a:] Garantir aos trabalhadores o poder aquisitivo dos salários, a liberdade sindical e de associação, **SALÁRIO MÍNIMO** justo, seguro desemprego, participação nos lucros da empresa. (AP)*

*Mas a tal **ASSISTENTE SOCIAL** estava era com muita folga. (BP)*

*Por fim, existe o problema de **DIREITOS AUTORAIS** das imagens. (FOT)*

*O nistagmo é um tremor involuntário, rítmico, bilateral e simétrico dos **GLOBOS OCULARES**. (TC)*

*Tanto assim que comecei como **DEPUTADO FEDERAL**. (AU)*

A FORMAÇÃO BÁSICA DAS PREDICAÇÕES

Mais do que os **adjetivos qualificadores**, os **classificadores** formam um todo semântico com o **substantivo** que acompanham. O fato de o conjunto se comportar como uma **unidade lexical** se comprova pelo fato de que pode até ser suposta a existência de uma palavra da língua que apresente o mesmo valor desse conjunto.

*Até **choque ELÉTRICO** me deram = Até **ELETROCHOQUE** me deram.* (AFA)

\# Exatamente por essa possibilidade de formação de **unidades lexicais**, os **adjetivos**, tanto **classificadores** como **qualificadores,** podem compor camadas de modificação. Com **adjetivos** pospostos, essas camadas se formam, sempre, a partir do **adjetivo** que está mais próximo do **substantivo**, em direção ao que está mais distante (da esquerda para a direita):

*Em doses mais elevadas, a coramina pode estimular o **SISTEMA NERVOSO CENTRAL** até o ponto de produzir convulsões.* (FF)
{[sistema nervoso] central}
(= O sistema é classificado como *nervoso*, e o *sistema nervoso* é, subsequentemente, classificado como *central*.)
*Observe, no desenho seguinte, a sequência de estruturas do **APARELHO RESPIRATÓRIO HUMANO**.* (FIA)
{[aparelho respiratório] humano}
*Isso é **QUESTÃO PARTICULAR PRIVADA**.* (A)
{[questão particular] privada}

\# Se dois **adjetivos** se pospõem, mas vêm separados por vírgula, configura-se uma **coordenação**, e, portanto, não se formam camadas de modificação:

*Deixou cair lentamente a mão em meu ombro, o **olhar DESCRENTE, FIXO** adiante, como se atravessasse, para ir morrer nalgum lugar indistinto da noite pontilhada de luzes.* (AV)

\# Na formação de camadas, a **locução adjetiva** – sempre posposta – fica numa camada mais externa que o **adjetivo** simples, quando ambos coocorrem:

*O proprietário contemplava os dançarinos com um **SORRISO PATERNAL DE ORGULHO**.*
{[sorriso paternal] de orgulho}
*A planária locomove-se por contração muscular ou por deslizamento, provocado pela ação de cílios situados na **SUPERFÍCIE VENTRAL DO CORPO**.* (GAN)
{[superfície ventral] do corpo}
*Até hoje, contudo, os pesquisadores procuram o local exato do relógio biológico do **SISTEMA NERVOSO DOS ANIMAIS**.* (SU)
{[sistema nervoso] dos animais}

214

O Adjetivo

5.2 Um mesmo **substantivo** pode vir antecedido de um **adjetivo** e seguido de outro (**adjetivo + substantivo + adjetivo**):

*Do cigarro, entre os dedos, fumegante, desprendeu-se um troço de cinza: era agora um **PEQUENO ponto INCANDESCENTE**.* (AV)

*Naquele **PROLONGADO delírio EGOCÊNTRICO** ela era incapaz de saber onde começava ou acabaria a interpretação.* (AF)

*Empurravam a porta do oitão, que rangia nas **VELHAS bisagras ENFERRUJADAS**.* (CAS)

*O mundo de fora feito um sossego, coado na quase sombra, e, de dentro, **FUNDA certeza VIVA**, subida de raiz.* (SA)

Nesse caso, a formação de camadas de significado que se superpõem funciona da seguinte maneira:

ADJETIVO	[SUBSTANTIVO + ADJETIVO]

Assim:

PEQUENO	[PONTO INCANDESCENTE]

que significa

a) o ***ponto* é *INCANDESCENTE***;

b) o ***ponto incandescente* é *PEQUENO***.

PROLONGADO	[delírio EGOCÊNTRICO]

que significa

a) o ***delírio* é *EGOCÊNTRICO***;

b) o *delírio egocêntrico* é *PROLONGADO*.

Isso ocorre mesmo que o **adjetivo** que segue o **substantivo** seja uma locução:

*Remanso de águas calmas, doçura de cafunés, **TRANQUILO seio DE DESCANSO**.* (PN)

TRANQUILO	[seio DE DESCANSO]

Se, além de o **substantivo** vir precedido e seguido de **adjetivo**, ainda se seguir uma locução adjetiva, esta recai sobre todo o complexo à sua esquerda, haja ou não vírgula antes da locução:

*Sua **HONESTA astúcia MEANDROSA, DE REGATO SERRANO**.* (AVE)

{HONESTA	[astúcia MEANDROSA]}	DE REGATO SERRANO

A FORMAÇÃO BÁSICA DAS PREDICAÇÕES

Verifica-se, pela própria posição, que, se um dos **adjetivos** é **classificador** e o outro é qualificador, o **classificador** fica na primeira camada, quanto à formação de blocos de significação. Isso é determinado pela mais íntima relação de sentido que o **classificador** tem com o **substantivo**, já que o conjunto **substantivo + adjetivo classificador** funciona como uma denominação especificadora, que, a seguir, é qualificada. Essa condição é visível no próprio fato de, nesses complexos, o **classificador** vir posposto e o **qualificador**, anteposto:

Naquele mesmo ano respondeu a dezessete processos por atentado ao pudor e assalto ao decoro público, um NOVO recorde MUNDIAL. (ANB)

NOVO	*[recorde MUNDIAL]*
qualificador	classificador

Compreendeu [o embaixador] que, para a estabilidade da vida interna do pequeno país, e mesmo para evitar que o incidente fosse o barril de pólvora de NOVA conflagração MUNDIAL, seria melhor esquecer. (BH)

NOVA	*[conflagração MUNDIAL]*
qualificador	classificador

5.3 Adjetivos da mesma subcategoria podem ser coordenados, com ou sem **conjunção coordenativa**. Isso ocorre em especial com os qualificadores, exatamente pela sua maior autonomia de sentido dentro do sintagma nominal:

Falando, batendo os beiços um no outro, produzia um som BAIXO, CONFUSO, raramente COMPREENSÍVEL. (OS)

Andei eliminando tanta passagem RUIM, DESAGRADÁVEL. (BE)

Arrisquei alguns passos, maquinalmente, parei meio sufocado por um cheiro ACRE, FORTE, DESAGRADÁVEL. (MEC)

Animais INDUSTRIOSOS, COMPREENSIVOS, SIMPÁTICOS, sabem que a vida é assim mesmo, e não se queixam. (BOC)

Horas antes, com sua atitude FRIA, ALHEIA, DESINTERESSADA, acabara de esmigalhar aos pés o que acaso ainda restava como possibilidade de voltar a Angela. (A)

Percebera a plateia INDIFERENTE, FRIA, quase HOSTIL. (BB)

Eram FEIOS de noite, ASSUSTADORES. (CNT)

Mostrou-se ele extraordinariamente VIVO e ALEGRE. (CCA)

Ficar SOLTEIRONA e POBRE é sempre horrível. (CC)

*População extremamente **RELIGIOSA**, profundamente **PATRIOTA**, **DE SANGUE QUENTE**. Comprava barulho por um dá cá aquela palha mas, ao mesmo tempo era **TERNA** e **ALEGRE**.* (ANA)

*Às vezes elas são **BONITAS** e **PRENDADAS**, e até mesmo **ARRANJADAS, COM ALGU-MA RENDA OU PROPRIEDADE**, e contudo o elusivo marido não apareceu.* (CT)

*Diógenes – tão **ATIVO**, tão **EQUILIBRADO** – não pudera ocorrer consigo uma dessas coisas **SOBRENATURAIS** e **INEXPLICÁVEIS**, que lhe tomou por instantes o uso da razão.* (CH)

*Mais um dos muitos sonhos que, desde menino, sua **DIFÍCIL** e **SUPERSENSÍVEL** natureza insistia em manter para seu maior tormento final.* (A)

*Dois e três homens, armados de laços, contra **POBRE** e **INDEFESO** animal.* (ANA)

*Os divertimentos, como já disse, eram **POUCOS**, porém **SUFICIENTES**.* (ANA)

*Talvez porque elas se revelaram menos **AGRESSIVAS**, ou mais **INEPTAS**, ou menos **AJUDADAS** da família, na alçada matrimonial.* (CT)

*Não sei por que me lepravam por ser **INOCENTE** ou **BURRO**.* (CNT)

5.4 Os **adjetivos** podem ser circunscritos por **delimitadores**:

*A ideia só é **DESAGRADÁVEL na aparência**.* (Q)

*Seu físico de homem empinado enxuto não parecia **de todo DESAGRADÁVEL**.* (MP)

*As pessoas que dormiam pouco pareciam **relativamente SEGURAS**, adaptadas e satisfeitas.* (NOV)

Verifique-se a delimitação:

DESAGRADÁVEL	*DESAGRADÁVEL*	*SEGURAS*
⇩	⇩	⇩
na aparência	de todo	relativamente

5.5 Sobre o **adjetivo** pode incidir uma palavra de **inclusão**, ou de **exclusão**, como em

*Hoje é um dia **também IMPORTANTE** porque é epílogo de uma das mais trabalhosas investigações dos nossos especialistas de desvios sexuais.* (CCI)

*Afinal de contas, por alguma razão, por algum motivo **também PESSOAL**, e não puramente idealista, Xavier tinha enterrado os anos de sua mocidade nas matas perigosas do Brasil.* (CON)

*E vinham as palavras sem qualquer carência decorativa, **apenas EMBARAÇADAS**.* (AV)

A FORMAÇÃO BÁSICA DAS PREDICAÇÕES

5.6 Um **sintagma nominal** cujo núcleo seja um **substantivo abstrato** denominador de qualidade pode atribuir a um **substantivo** essa qualidade, atuando, pois, do ponto de vista semântico, como um **adjetivo**:

a) predicativamente, como em

> *Onde estava, pagava ele o caldo de cana, o café e o sorvete. Era A VERACIDADE em pessoa e A LEALDADE.* (CF)

b) numa construção **adnominal** em que o **substantivo abstrato** (qualificador) seja o núcleo, e o **substantivo** qualificado venha em posição **adnominal**, precedido pela **preposição de**, como em

> *Não se pudera furtar à tentação de rever Silvio, de esclarecer o ABSURDO da situação que se formara naqueles últimos dias.* (A)
> (= situação absurda)
> *Maria de Lourdes Teixeira apontou nele ESTILO e LIMPEZA de linguagem.* (DE)
> (= linguagem com estilo e limpa)

5.7 Um **adjetivo** pode referir-se a dois ou mais **substantivos coordenados**:

Se o **adjetivo** em função **adnominal** estiver posposto, o mais comum é que a **concordância de gênero** se faça com a soma dos gêneros dos **substantivos** (masculino + masculino = masculino; feminino + feminino = feminino; masculino + feminino = masculino), embora ocorra também a concordância com o **gênero** e o **número** do **substantivo** mais próximo:

> *[Paris Match] dedicara um número às favelas do Rio, com estatísticas e fotografias CLAMOROSAS.* (BH)
> *No rosto dela ainda a emoção e ansiedade GERADAS pelo sonho.* (ARA)
> *Fontenelle é tido como o mais legítimo dos que governaram o Território, com a conta de quarenta anos de convivência com a terra e o povo ACREANOS.* (CRU)
> *Todos são homens e mulheres TRISTÍSSIMOS.* (NOF)
> *– Impossível – disse o rei, com suco de véspera correndo pela pauta e o jargão REAL.* (AUB)
> *Durante as refeições, não sou mais a "presença" que rouba a naturalidade e o bom humor GERAL.* (A)

Se o **adjetivo** (em função **adnominal** ou **predicativa**) estiver anteposto, o mais comum é que a **concordância de gênero** e **número** seja feita com o **substantivo** mais próximo, mas também ocorre concordância com o conjuntivo dos **substantivos**:

O Adjetivo

*Fica bem **CLARA a natureza e posição** dos grupos e pessoas que encaram a ordem.*
(DIR)
*Acho muito **BONITO o realismo e a precisão** dos retratos daquela época.* (VEJ)
*Tão **PARECIDOS** são o **tom** e o **delírio**.* (VEJ)

5.8 Adjetivos podem ser empregados sozinhos no enunciado, constituindo as tradicionalmente chamadas **frases nominais**. Em cada caso, pode--se subentender a parte elíptica do enunciado, e determinar a função em que o **adjetivo** se emprega

*Já na rua, já a caminho, ainda hesitara. **INÚTIL**.* (A)
(= Fora inútil hesitar.)
*Outras seriam mais bonitas, mais modernas, mais pimponas, mais arrebatadas na cama, nenhuma contudo mais solicitada, por nenhuma se lhe comparar no trato. **DELICADA e TÍMIDA, ATENCIOSA**.* (TG)
(= Ela é delicada e tímida, atenciosa.)

5.9 Um **adjetivo qualificador** pode constituir sozinho um **enunciado exclamativo**, em função atributiva, em contextos interacionais como

– *COVARDE!* (BH)
– *SUJO!* (BH)

APÊNDICE DO ADJETIVO

FORMAÇÃO DO FEMININO DOS ADJETIVOS

1 Os **adjetivos uniformes** são os que apresentam uma só forma para acompanhar **substantivos masculinos** e **femininos**. Geralmente os uniformes terminam em *-A, -E, -L, -M, -R, -S,* e *-Z:*

LUSÍADA: *Na cólera de Herculano gritava o espírito **LUSÍADA*** (CRU); *É uma pesquisa expressional arraigada na mais pura tradição **LUSÍADA**.* (FI)

INTELIGENTE: *Era cerimonioso, **INTELIGENTE**, fino de observações, malicioso de intenções e [limpo?] de boca* (CF); *Queixar-se dele é matéria **INTELIGENTE** para os inimaginativos.* (BS)

ÚTIL: *Mas a vida **ÚTIL** de um carro, como a de um cachorro, é curta* (BP); *Tudo que fosse bom treinamento de pernas deveria ser considerado **ÚTIL** e necessário.* (FB)

RUIM: *Não vou sonhar mais sonho **RUIM*** (CP); *Como é que se pode dar com jeito uma notícia **RUIM**?* (BP)

MUSCULAR: *Nos estados de langor doentio o remédio por excelência é o exercício **MUSCULAR*** (AE); *Ela a tudo assistiu sem uma contração **MUSCULAR**, um suspiro que fosse.* (FR)

SIMPLES: *Lembrava momentos **SIMPLES*** (B); *Todos os de casa usavam este método prático e **SIMPLES*** (ANA); *Nossa vida **SIMPLES** era rica, alegre e sadia.* (ANA)

VELOZ: *Driblador **VELOZ**, bom na marcação, quebrou dentes, nariz, mão e clavícula* (PLA); *Alta ou baixa, lenta ou **VELOZ**, gorda ou magra, todas podem praticar.* (REA)

2 Os **adjetivos biformes** possuem uma forma para o masculino e uma para o feminino.

2.1 Os terminados *-ÊS, -OL, -OR* e *-U* acrescentam, no feminino, um *A*, na maioria das vezes:

A Formação Básica das Predicações

IRLANDÊS – IRLANDESA: *Diz que um xisgaravis deitara à luz, morgado de um presbítero **IRLANDÊS**, com a boca de cargueiro de alcatruz* (BOI); *Seu terceiro trabalho no gênero, O homem de Aran, de 1934, sobre uma comunidade **IRLANDESA**, mistura documentação e ficção neo-realista.* (LIJ)

ESPANHOL – ESPANHOLA: *Intrigava-me o sotaque **ESPANHOL** dos animadores da função* (ANA); *As humilhações impostas por Napoleão à família real **ESPANHOLA** despertaram o sentimento nacional.* (HG)

ACUSADOR – ACUSADORA: *– Você! – disse ela, com um acento **ACUSADOR*** (LC); *E no sonho ouve vozes **ACUSADORAS**.* (CRU)

CRU – CRUA: *Essa gente viveu no sertão **CRU*** (AM-O); *Veio uma resposta **CRUA**.* (PFV)

\# Casos particulares, sem variação:

a) *-ÊS*

CORTÊS: *A simplicidade, a honradez e a piedade constituem-se em protestos contra a frivolidade e a prodigalidade da vida **CORTÊS**.* (PER)

PEDRÊS: *Nem a nucazinha **PEDRÊS**?* (SA)

b) *-OR*

INCOLOR: *A mesma casca branquinha, a clara **INCOLOR**, a gema amarela, até o mesmo cheiro e tamanho.* (GL)

MULTICOR: *Em seguida, exprime o seu "prazer" (...) diante das telas de Djanira, da procissão **MULTICOR** de Elisa Martins e do autodidatismo espontâneo de José Antonio da Silva.* (MH)

MELHOR, MENOR, PIOR (comparativos): *Você não teve amiga **MELHOR** do que eu, nesta casa* (A); *Você não teria uma nota **MENOR**, talvez cinco mil* (ANC); *Pomada é a coisa **PIOR** de todas as coisas ruins!* (BP)

b.1) Outros em *-DOR* ou *-TOR* fazem **feminino** em *-TRIZ*, além do feminino regular

MOTOR – MOTRIZ, MOTORA: *Sim, a sensibilidade é **MOTRIZ** em tudo o que o homem faz* (MH). *Mas no primeiro exemplo, a hemiplegia **MOTORA** é consequência de processo circunscrito à área **MOTORA** do cérebro.* (BAP)

b.2) Outros em *-DOR* fazem **feminino** em *-EIRA*.

ENGOMADOR – ENGOMADEIRA: *Então me arranje um trabalho (...) que não seja de costureira, nem muito menos de lavadeira e **ENGOMADEIRA**.* (VPB)

2.2 Os terminados em *-EU* em geral passam a *-EIA*:

EUROPEU – EUROPEIA: *Mas o que se importava, na etapa inicial, eram os equipamentos e a mão de obra **EUROPEIA** especializada.* (FEB)

O Adjetivo

ATEU – ATEIA: *Valores orgânicos e resistentes ao igualitarismo utópico da metafísica ATEIA.* (EV)

\# Comportam-se diferentemente:

JUDEU – JUDIA: *Os principais representantes da filosofia JUDIA são: Isaac Israeli, Avicelbron e Maimónides.* (HF)

RÉU – RÉ: *Benevides ingressou na justiça com o pedido de desquite em que Luizinha era RÉ de adultério.* (JM)

2.3 **Adjetivos** terminados em *-oso* mudam, no feminino, a vogal tônica fechada *-o* em vogal aberta (metafonia):

GENEROSO – GENEROSA: *A terra sergipana fora GENEROSA e rica.* (AM-O)

LABORIOSO – LABORIOSA: *Resulta disto uma nação LABORIOSA, boa administradora de riquezas.* (FI)

2.4 **Adjetivos** terminados em *-ÃO* passam a *-Ã, -OA, -ONA*:

• Em *-Ã*

BARREGÃO – BARREGÃ: *Na casa da BARREGÃ Cipriana, o alcaide-mor Teles de Menezes, antes de deitar-se, retirou a cabeleira branca que usava e o pelicé azul.* (BOI)

BRETÃO – BRETÃ: *A jornalista Annick Lagadec, 44, conhece a realidade de duas minorias: é de família BRETÃ e viveu com um basco.* (FSP)

CRISTÃO – CRISTÃ: *Mas não estava em paz com a sua consciência CRISTÃ.* (ORM)

ERMITÃO – ERMITÃ: *Afinal de contas, a quem aproveita a tua vida ERMITÃ e que te lucram os andrajos e o jejum?* (VES)

ÓRFÃO – ÓRFÃ: *Esta criança hoje mesmo será ÓRFÃ.* (CT)

• Em *-OA*

CAPIAU – CAPIOA: *Minas Gerais, inconfidente, brasileira, paulista, emboaba (...) Minas magra, CAPIOA, enxuta, groteira, garimpeira.* (AVE)

PEÃO – PEOA: *A fazendeira-PEOA paulista Mônica Ribeiro é uma das atrações nas provas do Potro do Futuro.* (FSP)

TABELIÃO – TABELIOA: *Socorrido a tempo pelo pai na sucessão TABELIOA, as coisas se harmonizaram, ficando então na família da consorte com a posição dominante de marido da mais velha – respeitável, conselheiral.* (BS)

• Em *-ONA* (é o mais geral)

BONACHÃO – BONACHONA: *Tibério soltou uma risada BONACHONA.* (INC)

CHORÃO – CHORONA: *Perdeu o seu cabedal e foi se agarrar na batina do vigário, como beata CHORONA.* (SE)

A Formação Básica das Predicações

ESPERTALHÃO – ESPERTALHONA: *Precisando muito mesmo desta gente **ESPERTALHONA**, como é que eu podia ter ficado no remanso da Taiçoca, carecendo do tal caixote atufado de dinheiro?* (OSD)

FOLIÃO – FOLIONA: *O enredo deste ano é uma homenagem à jornalista, escritora e **FOLIONA**, querida Eneida.* (REA)

FORMAÇÃO DO PLURAL DOS ADJETIVOS

1 A maior parte dos **adjetivos** faz o plural com mudança ou acréscimo na terminação, segundo as mesmas regras seguidas pelos **substantivos**.

1.1 Com acréscimo de *S*:

MAGRO – MAGROS: *O garoto estende-lhe os bracinhos **MAGROS**.* (AS)
CRU – CRUS: *Na França, o consumo de ovos **CRUS** foi proibido nas creches e hospitais.* (FSP)

1.2 Com acréscimo de *ES*:

ENCANTADOR – ENCANTADORES: *Foi um dos artistas mais **ENCANTADORES** que já vi, tinha uma belíssima voz.* (FSP)
VELOZ – VELOZES: *A Sauber pode fazer boas atuações, porque nossos carros estão muito **VELOZES**.* (FSP)

1.3 Com mudança de *AL, EL, OL, UL* em *AIS, EIS / ÉIS, ÓIS, UIS*, respectivamente:

ORIENTAL – ORIENTAIS: *Lanternas **ORIENTAIS** sempre dão charme ao ambiente.* (FSP)
INCRÍVEL – INCRÍVEIS: *O futuro reserva surpresas **INCRÍVEIS**.* (EX)
ESPANHOL – ESPANHÓIS: *Os burros **ESPANHÓIS** gozavam de grande prestígio pela desenvoltura do porte e beleza de linhas.* (BS)
AZUL – AZUIS: *O velho entreabriu os miúdos olhos **AZUIS**, cheios de remela.* (ANA)

A Formação Básica das Predicações

1.4 Com mudança de *IL* em *EIS* ou em *IS*, conforme a palavra seja **paroxítona** ou **oxítona**, respectivamente:

ÚTIL – ÚTEIS: *A anatomia lida com conhecimentos evidentes, palpáveis e ademais ÚTEIS.* (APA)
SUTIL – SUTIS: *Esses processos mentais são muito SUTIS e sempre me fascinaram.* (CRE)

1.5 Com *ÕES*, para os **adjetivos** em *ÃO*:

SOLTEIRÃO – SOLTEIRÕES: *Desde que enviuvou, ficou morando com os três filhos, todos SOLTEIRÕES.* (FE)
VALENTÃO – VALENTÕES: *Tanta criatura estranha, aqueles cabras VALENTÕES (...).* (COB)

2 Como os **substantivos**, alguns **adjetivos** apresentam a mesma forma no singular e no plural. São os **adjetivos** terminados em *-S*:

SIMPLES – SIMPLES: *Tinham um traçado SIMPLES, quase de um românico tardio.* (ACM)
ISÓSCELES – ISÓSCELES: *AOC é um triângulo retângulo ISÓSCELES, cuja hipotenusa é igual à unidade.* (MTE)

\# Outros **adjetivos** não variam, mas em razão do modo de emprego. São exemplos os **substantivos** que, denominando um **objeto** com determinada cor, são usados como **adjetivos** para qualificar com essa cor:

> *Repare nas **cores** e **tons**: amarelo, **CREME**, **ROSA**, **LAVANDA**, azul.* (FSP)
> *Ano passado você odiava **tons PASTEL**.* (FSP)

O outro modo de fazer essa indicação é explicitar *(da/de) cor de*:

> *O gordinho humorista virava apresentador e tinha os mesmos cabelos **DE COR DE GESSO** do seu colega do "Jornal Nacional".* (FSP)
> *As cortinas **COR DE VINHO** estavam descerradas.* (CP)

3 Os **adjetivos** compostos em geral recebem marca de plural apenas no último elemento:

> *É flagrante a disparidade entre o nível dos conhecimentos **MÉDICO-CIRÚRGICOS** e os obstétricos, dos árabes.* (OBS)

□ Adjetivo

*Francisca engordava seus álbuns nos saraus **LÍTERO-MUSICAIS** que promovia em sua casa em Laranjeiras, na Zona Sul do Rio – bairro do qual, aliás, era praticamente dona.* (VEJ)

\# No **adjetivo** surdo-mudo, os dois elementos recebem marca de plural:

*Afinal, o que se diz em campo estará sendo flagrado por câmaras de televisão e digitado em legendas pelos intérpretes **SURDOS-MUDOS**.* (VEJ)

\# Para os **adjetivos** compostos referentes a cores, há observações particulares:

a) Se o primeiro elemento é a cor e o segundo é um **adjetivo** referente a ela, faz-se o plural, normalmente, apenas no último elemento:

*A mão risca na terra uma trilha por onde passam agora formigas pressurosas carregando folhas de roseira **VERDE-ESCURAS**.* (EM)

*As rendas imaculadas da colcha, e do cortinado, os panos de crivo que cobriam os dois almofadões, os laçarotes de fita **AZUL-CLAROS**, o retrato de minha avó na mesma moldura art-nouveau que estou contemplando neste momento, no meu escritório da Rua da Glória...* (BAL)

\# Usadas como **substantivos**, como denominações das cores, essas palavras têm geralmente os dois elementos pluralizados:

*E que cores! cerejas riquíssimas, **VERDES-ESCUROS**, maravilhosos matizes de azul e toda uma gama de cinzentos sutis.* (VID)

b) Se o primeiro elemento é a cor e o segundo é um **substantivo** referente a um **objeto** que possui a cor mais exata que se quer caracterizar, há três possibilidades de pluralização: nos dois elementos ou em cada um deles. Entretanto, o mais comum é que a palavra não varie:

*As ruas cercadas, os **caminhões VERDE-OLIVA**, escuros, fechavam todas as saídas para a Conselheiro Crispiniano.* (DE)

*Topázio, os de maior valor gemológico são os de **cor** amarelo, **AMARELO-PALHA**, ou **AMARELO-VINHO** de Ouro Preto, Minas Gerais (topázio imperial).* (PEP)

Os dois tipos de **adjetivos compostos** referentes a cores são atestados na ocorrência:

*Já alterações nos ângulos de incidência de luz provocarão variações de reflexos **AZUIS-ESVERDEADOS, AZUIS-VIOLETA** e até mesmo algumas nuances de **VERMELHO-PÚRPURA**.* (SU)

O ADVÉRBIO

1 A forma dos **advérbios**

Na língua portuguesa existem:

a) **advérbios simples**, como *AMPLAMENTE* e *JUSTAMENTE*, em

> *Espero continuar cada vez mais firme na execução do meu programa de Governo, que um dia há de ser **AMPLAMENTE** compreendido e **JUSTAMENTE** julgado.* (JK-O)

b) **advérbios perifrásticos**, ou **locuções adverbiais**, como *DE TODO*, e *SEM DÚVI-DA*, em

> *Quando escureceu **DE TODO**, ele saiu da toca. (SA)*
> *O inconsciente é, **SEM DÚVIDA**, universal. (PS)*

\# Nos casos citados, pode-se até encontrar **advérbios** da língua que correspondem perfeitamente às locuções usadas:

> *Quando escureceu **TOTALMENTE**, ele saiu da toca.*
> *O inconsciente é, **INDUBITAVELMENTE**, universal.*

Não é necessário, entretanto, que isso ocorra para que uma expressão se configure como **locução adverbial**, já que a existência, ou não, de um **advérbio** correspondente é questão do **léxico**, e não da **gramática** da língua. Assim, são também **locuções adverbiais** construções como as que ocorrem em

> *É... deste jeito eu não arranjo nada, e fico me acabando **À TOA**. (SA)*
> *Quero dizer-lhe baixinho, **EM SURDINA**, um segredo. (FAN)*

A Formação Básica das Predicações

*Trazia-os pra casa **ÀS ESCONDIDAS**, **DE NOITE**, envolto em panos.* (FAN)
*O queixo, peguei **DE RASPÃO**.* (IS)
*Medida de tamanho alcance tomada assim **DE AFOGADILHO** explica-se pelas circunstâncias do momento.* (H)

\# As **locuções adverbiais** compreendem principalmente expressões formadas por:

a) **preposição + substantivo/adjetivo/advérbio**

DE REPENTE, *chega gente aí.* (SM)
ÀS VEZES, *com 20% do que pedem se arranjam as coisas.* (SM)
EM VERDADE, *vos digo que toda a sabedoria do mundo não vale um copo do róseo espumante das vinhas de Canaã.* (FAN)
*O diabo é que, se me decidisse a narrar **POR MIÚDO** a conversa do capitão, tachar- -me-iam de fantasista.* (MEC)
*Nasci lá **POR ACASO**.* (SM)
*Juntos entreabríamos **SEM PRESSA** os lábios.* (AF)
*Ficaria **POR DEMAIS** ansiosa sem saber notícias.* (BOI)

b) **substantivo quantificado**

*Perdera-se **ALGUMAS VEZES** na confusão das faces, umas contra as outras.* (AV)
*Inventei **MUITAS VEZES** dor de estômago para ganhar algumas das deliciosas pastilhinhas.* (ANA)

c) **preposição + substantivo quantificado**

*Mas não vou embora sem lhe provar **DE ALGUMA MANEIRA** minha gratidão.* (BOC)
*Não os perturba, **DE MODO NENHUM**, a violação da lei moral.* (MA-O)
*Se bem que fosse grande o meu desejo, não podia **DE FORMA ALGUMA** prolongar minha permanência naquele quarto.* (CCA)

d) **substantivo + preposição + substantivo**

*Mas era-lhe talvez, como sempre acontece nas conspirações que, **VIA DE REGRA**, conduzem o destino das celebridades.* (AV)

e) **substantivo/pronome quantificador + preposição + mesmo substantivo/pronome**

*Nós vamos achegando, **PASSO A PASSO**, da treva completa.* (MEC)
*Depois deixa cair **GOTA A GOTA** a informação.* (FAN)
DIA POR DIA, *alternam-se as condições e as circunstâncias sociais.* (D)
POUCO A POUCO, *consegui acalmar papai.* (A)
*A família foi **POUCO A POUCO** chegando.* (CBC)

O Advérbio

f) **preposição + sintagma nominal/pronominal + preposição + sintagma nominal/pronominal**

Fique você sabendo DE UMA VEZ POR TODAS. (SM)
DE VEZ EM QUANDO, tio Emílio se lembrava de perguntar por mais um parente longínquo do seu amigo. (SA)

g) **preposição + nome/pronome + preposição + mesmo nome/pronome**

Obtém-se a sua conservação passando, DE TEMPO EM TEMPO, um pouco de graxa de máquina, sebo ou óleo gordo na ferragem. (MPM)
A polícia pode voltar e tenho que matar vocês DE UM POR UM. (AC)
DE QUANDO EM QUANDO aparecem frases como "a noite chegou silenciosa e envolvente". (FAN)

h) **as formas verbais *HÁ/FAZ, HAVIA/FAZIA* + substantivo quantificado**

Minha avó morreu antes de Leo, FAZ ALGUNS MESES. (ASA)
FAZIA MUITO TEMPO que planejava fugir. (TS)
Convivo com ele HÁ DOIS ANOS e o conheço bem. (HP)
Estou HÁ DOIS ANOS parado. (VA)

2 A natureza do **advérbio**

A conceituação de **advérbio** tem diversos pontos de partida.

2.1 De um ponto de vista morfológico, o **advérbio** é uma palavra invariável:

Entram Fernando e Vanessa de mãos dadas e MUITO contentes. (DEL)
Os Tenentes Juracy e Agildo estiveram ontem aqui e conversaram a respeito... Realmente confirmaram que as ordens são BASTANTE claras. (DZ)
Apesar de terem respondido que eu estava MEIO indisposta, papai insistiu em que me chamassem. (A)
Parece que estão MEIO desparafusados. (ACM)
Notou que as crianças ficaram MEIO desapontadas (ARR)
Assim o namoro marchava DOCEMENTE, pelas trilhas habituais, e talvez desse em casamento, no tempo hábil. (BP)

\# Encontram-se, entretanto, casos restritos de **advérbio** flexionado em **gênero** e **número**. Esses usos, que se referem a **quantificadores**, pertencem a um registro mais distenso e são considerados erros pela gramática normativa:

A Formação Básica das Predicações

*É que ela tá **MEIA** doente, já não tem vontade. (EN)*
*Será que mecê não tem por lá alguma enxada assim **MEIA** velha pra ceder para a gente? (VER)*

\# Alguns **advérbios** são empregados com **sufixo diminutivo**, mas, em geral, o **sufixo** adquire outro valor que não o de diminuição de tamanho, especialmente o de intensificação:

AGORINHA mesmo. (BO)
   (agorinha = neste exato instante)
*Os castigos vinham **DEPRESSINHA**. (MPB)*
   (depressinha = bem depressa)
*O povo esquece **LOGUINHO**. (PD)*
   (loguinho = bem logo)

2.2 De um ponto de vista sintático, ou relacional, o **advérbio** é uma palavra periférica, isto é, ele funciona como **satélite** de um núcleo.

2.2.1 O **advérbio** (ou **locução adverbial**) atua nas diversas camadas do enunciado.

a) O **advérbio** é periférico em um **sintagma**, incidindo sobre o seu núcleo (um constituinte), que, conforme a subclasse do **advérbio** que esteja em questão, pode ser:

- um **verbo**

  *Não **grita TANTO** homem! (EN)*
  *Lembrava-se **CLARAMENTE**. (FP)*
  *E mesmo quando tudo **anda RAPIDAMENTE**, os dias têm extensão de anos. (BS)*
  *Nunca se **discutiu TANTO** pelos cantos. (AS)*

- um **adjetivo** (ou **sintagma com valor adjetivo**)

  *Seus sentimentos são **MUITO delicados**. (FIG)*
  *Conheço quase todo este Estado, que não é **TÃO grande** como o de Minas e possui também as suas montanhas e serras sagradas, nas missões dos jesuítas e dos capuchinhos. (CJ)*
  *Agonia era uma coisa **MUITO sem graça**. (VEJ)*

- um **advérbio** (ou **sintagma com valor adverbial**)

  *Não passa **TÃO cedo**, não. Deixa chover que espanta o calor. (EN)*
  ***NOVAMENTE no táxi**, ele me chama a atenção para a boa educação dos pombos britânicos. (RO)*
  *E é **EXATAMENTE nesse ponto**, Senhores Congressistas, que o vosso papel assume uma relevância decisiva. (JK-O)*

*Incrementando, por fim, programas de aperfeiçoamento no estrangeiro, **NOTADA-
MENTE nos Estados Unidos da América e na Europa**.* (JK-O)
*MAIS **facilmente** conheceria a vida e a gente da terra.* (BH)

- um **numeral**

  *O destino do Hospital do ex-IAPI também mudou, só que para pior para a
  contrariedade de seus **QUASE 1.500** habitantes.* (CB)
  *É um imperativo de segurança da causa, que todos esposamos, valorizar também a
  América Latina, com os seus **duzentos milhões** de habitantes **APROXIMADA-
  MENTE**, fazê-la adquirir maior relevo.* (JK-O)

- um **substantivo**

  *Não diz bobagem. **Greve AGORA** não vai nada bem.* (EN)
  *Ninguém atenta que uma **viagem ASSIM** com cheiro de derradeira não pode ser
  encaminhada enquanto dura um suspiro.* (OSD)
  ***Portas À DIREITA e À ESQUERDA**.* (FAN)

- um **pronome**

  *E quem sabe se de tudo que pudesse fazer, se entre todas as reações possíveis, não
  era **JUSTAMENTE isto** – ceder, pagar.* (FP)
  *E por **isso MESMO** tão cansados e não querem sabe de arriscá o emprego.* (EN)

- a **conjunção *embora***

  *Alguns inquéritos solicitados pelo Saps à polícia arrastam-se morosamente sem
  chegar à apuração policial dos crimes, **MUITO embora** as autoridades da mais
  alta hierarquia se empenhem nisso.* (ESP)

b) O **advérbio** é periférico em um **enunciado**, incidindo sobre a **oração**, ou **proposição**:

  ***PROVAVELMENTE** você não gostará da resposta.* (CLA)
  ***REALMENTE**, sentia fome.* (ARR)

c) O **advérbio** é periférico no **discurso**, incidindo sobre todo o **enunciado** (já
  modalizado):

  *Assim igual colher de suas terras, ter uma vaca engordando com os seus capins.
  AGORA, todavia, se permanecesse no Surrão, só o faria pagando arrendamento.*
  (FP)
  ***ENTÃO**, mãe, como é que foi a reunião em Palácio?* (DZ)

2.2.2   Essa atuação em camadas fica muito evidente quando **advérbios** de diferentes tipos coocorrem:

*Alguém tinha, **OBRIGATORIAMENTE**, de jogar **DEFENSIVAMENTE**.* (FB)
1º Alguém tinha de jogar defensivamente.
2º Obrigatoriamente [alguém tinha de jogar defensivamente].

*"**PESSOALMENTE, REALMENTE NUNCA senti nenhum tipo de discriminação**",
afirma Van Sant.* (ESP)
1º Nunca senti nenhum tipo de discriminação.
2º Realmente [nunca senti nenhum tipo de discriminação].
3º Pessoalmente {realmente [nunca senti nenhum tipo de discriminação]}.

3 As subclasses dos **advérbios**

Os **advérbios** formam uma classe heterogênea quanto à função. Abrigam-se tradicionalmente sob o rótulo de **advérbios** duas grandes subclasses.

3.1 Advérbios modificadores

São **advérbios** que afetam o significado do elemento sobre o qual incidem, fazendo uma **predicação** sobre as propriedades desses elementos, isto é, modificando-os. Essa é a noção que está por trás da definição tradicional de **advérbio** como **modificador**.

Semanticamente, os **advérbios modificadores** se subclassificam em

3.1.1 **Advérbios de modo** (ou **qualificadores**): qualificam uma ação, um processo ou um estado expressos num **verbo** ou num **adjetivo**.

*Sei muito **BEM** que ninguém deve passar atestado da virtude alheia.* (FP)
*Tenho uma cabeça que **pensa** muito **DEPRESSA**.* (AMI)
*O tempo foi passando e **DEBALDE** ele **tentou** conquistar o amor daquela mulher.*
(PCO)
*Nos momentos de aflições em que buscava o apoio materno nunca encontrou palavras
mas apenas dois braços que o **enlaçavam AMOROSAMENTE**.* (BS)
*A cerveja **desceu**-lhe **DOCEMENTE** garganta abaixo.* (BH)
*Os dedos encarquilhados exibiam pedras **ESCANDALOSAMENTE falsas**.* (CP)

3.1.2 **Advérbios de intensidade** (ou **intensificadores**): intensificam o conteúdo de um **adjetivo**, um **verbo** ou um **advérbio**.

*Acho que, por hoje, você já **ouviu BASTANTE**.* (A)
*O delegado é meio intrometido, **fala MUITO**.* (AM)

O Advérbio

*E eu poderei ser vítima de coisas **MUITO piores!** (FIG)*

*(José) Julgava-se **POUCO inteligente**, porque nunca dera para os estudos. (MRF)*

*Os paulistanos e seus vizinhos sabem **MUITO pouco** a respeito da acidez das chuvas que caem sobre suas cidades. (FOC)*

*As mulheres são fiéis aos maridos e **MUITO raramente** há disputas sérias entre eles. (IA)*

\# O advérbio *BEM*, muito usado como **advérbio de modo**, emprega-se, também, como **de intensidade**, desde que aplicado a propriedades graduáveis (**adjetivo** ou **advérbio**):

*João mudou-se para o Bacacheri, de lá para o Batel (nasceu mais uma filha, Maria Aparecida) e, de momento, está **BEM feliz** numa casinha de madeira no Cristo Rei. (DE)*

*O sujeito perde o emprego, se oferece um outro, mas o cara não aceita porque ganha menos ou porque não quer viver fora do **BEM bom** a que está acostumado. (GRE)*

*Já bebi demais, **BEM mais** do que posso... e vou parar. (A)*

Aplicado a propriedades não graduáveis, o **advérbio *BEM*** indica verificação, focalizando o elemento sobre o qual incide (ver 3.2.2.4).

*Não era **BEM isso** o que quis dizer. (ARR)*

3.1.3 **Advérbios modalizadores**: modalizam o conteúdo de uma **asserção**.

3.1.3.1 **Epistêmicos** ou **asseverativos**: indicam uma crença, uma opinião, uma expectativa sobre a asserção.

*Mas, **CERTAMENTE**, não era o seu desejo. (A)*

*Os três outros netos, Oswaldo, Fernando e Ricardo, estão viajando de carro para Recife e, **POSSIVELMENTE**, não chegarão a tempo para o enterro do avô. (OG)*

*Se falharmos desta vez, será **PROVAVELMENTE** também a falência de nosso sistema econômico de fidelidade absoluta aos interesses do mundo ocidental. (JK-O)*

3.1.3.2 **Delimitadores** ou **circunscritores**: delimitam o ponto de vista sob o qual uma asserção pode ser considerada verdadeira.

*Pelas tradições que **HISTORICAMENTE** o vinculam ao Ocidente, o Canadá se encontra, estou certo, associado em espírito à unanimidade ora constituída em nome dos mais legítimos interesses dos povos americanos. (JK-O)*

*Múltipla pela pluralidade de seus objetos e pela diversidade de seus métodos, a ciência é, pelo menos **TEORICAMENTE**, una pelo sujeito que a concebe e a produz. (IP)*

*Nós temos barcos capacitados **TECNICAMENTE** para essas pesquisas. (CB)*

*O ferro já está **QUASE afiado**. (BA)*

3.1.3.3 **Deônticos**: apresentam como obrigação uma necessidade.

*Trem parador, desses que devem parar **OBRIGATORIAMENTE** em todas as estações.* (UC)

*Tinham **NECESSARIAMENTE** de estar exaustos, sedentos de sono e descanso, depois de tantos dias de provação.* (A)

*Não que pense em evitar a conversa que, **NECESSARIAMENTE**, tenho de ter com ele.* (A)

3.1.3.4 **Afetivos** ou **atitudinais**: indicam um estado de espírito do falante em relação ao conteúdo da asserção.

***FELIZMENTE** os povos irmãos da América Latina compreenderam, como compreenderam os Estados Unidos, que o movimento ensejado pela Operação Pan-Americana não pode fracassar.* (JK-O)

***INFELIZMENTE** não podemos nos divertir na cidade em que moramos.* (CB)

***FRANCAMENTE**, comissário, o senhor me deixa confusa.* (APA)

3.2 Advérbios não modificadores

São **advérbios** que não afetam o significado do elemento sobre o qual incidem. Os **advérbios não modificadores** também são de diversos tipos:

3.2.1 **Advérbios** que operam sobre o valor de verdade da **oração**.

3.2.1.1 **Advérbios de afirmação:**

*Aquele rapaz do retrato apareceu **SIM** no posto dizendo que acabara a gasolina do seu carro ali perto, se não podia vender um galão.* (AF)

3.2.1.2 **Advérbios de negação:**

*Sozinho, você **NÃO** descobriria nada.* (A)

***NÃO** faltam crianças, adolescentes e até adultos incapazes de aceitarem situações de colaboração.* (AE)

*Nos últimos tempos eu passava raramente junto ao mar, e creio que **NEM** o olhava.* (B)

*Os homens **NEM** sempre aceitam certas coisas.* (ANA)

\# Em **enunciados interrogativos** ou **exclamativos** iniciados por **pronomes** específicos para interrogação ou exclamação, o ***NÃO*** não torna o **enunciado** negativo:

O Advérbio

Quantos NÃO se reciclaram para uma rotina com inflação baixa e mais concorrência internacional? (FSP)
Poucos animais e plantas sobreviveram até os dias de hoje. Imagine quantos NÃO devem ter existido no passado! (FSP)

\# Alguns **advérbios negativos** fazem indicação temporal:

NUNCA se discutiu tanto pelos cantos. (AS)
Garota impressionada perde algumas vezes o apetite, mas NUNCA o sono. (CRU)
JAMAIS se deixou abater. (SPI)
E você creia: JAMAIS acreditei que pudessem existir remorsos assim. (A)

Obs.: A **negação** é estudada em apêndice a este capítulo.

3.2.2 Advérbios que não operam sobre o valor de verdade da oração.

3.2.2.1 Advérbios circunstanciais (de lugar e de tempo):

Havia uma densa penumbra LÁ DENTRO. (ACM)
O que ANTES não era problema, e em certos casos foi até motivo de orgulho, passa AGORA a ser obstáculo à superação do subdesenvolvimento e do atraso. (AR-0)
Eu mesmo não sei por que não acabo LOGO de uma vez com essa bobagem! (A)
Ela levantou-se da mesa, pois estava demasiado TARDE. (AV)

\# Há um **advérbio de lugar** e um **advérbio de tempo** usados para interrogar (**advérbio interrogativo**). Essa interrogação pode ser **direta**, mas pode também ocorrer integrada em uma **oração nuclear**, funcionando como seu **complemento** (**interrogação indireta**):

• **de lugar** (*ONDE*?)

ONDE está o Eduardo? (DE)
Quis saber ONDE se encontrava o camarada. (ALE)

O advérbio *onde?* significa "em que lugar?". Quando ele está precedido das preposições *para/a* e *de*, a indicação passa a ser de **direção** ou de **origem**, respectivamente:

De ONDE você tirou esse nome? (DE)
Para ONDE iria Angela, então, não sabia. (A)

Com a preposição *a*, o advérbio *onde* faz uma combinação, formando uma só palavra:

AONDE você quer chegar? (ACM)
A senhora sabe AONDE eu posso encontrar esse pai de santo?

A Formação Básica das Predicações

- **de tempo** (*QUANDO?*)

  E então? QUANDO é que embarca? (AFA)
  Leia e depois me diga QUANDO pode sair na gazeta. (AGO)

  Outros **advérbios** interrogativos são *como?* (de **modo**) e *por que?* (de **causa**)
  (ver 4.1).

3.2.2.2 Advérbios de inclusão

a) Inclusão com incorporação de outros elementos:

  *Emocionalmente o indivíduo **TAMBÉM** amadurece durante a adolescência.* (AE)
  *w = número de dias úteis contidos no intervalo compreendido entre o dia da emissão
  (**INCLUSIVE**) e o seu correspondente no mês seguinte (exclusive).* (FSP)
  *Eu soube **ATÉ** que ele vai usar palmatória em quem agir contra os interesses do
  município.* (AM)

b) Inclusão com exclusividade:

  *A alavancagem operacional é determinada **EXCLUSIVAMENTE** em função de suas
  operações de produção e comercialização necessárias à venda de cada produto
  (exclusive despesas financeiras).* (ANI)
  *Após o desmate, a vegetação original tenta se recompor **SOMENTE** durante os anos
  iniciais.* (AGF)
  *Dona Sebastiana declarou que tudo já estava no quarto, o trabalho era **SÓ** mudar de
  roupa e o lanche já estava na mesa.* (AM)
  *Laio **APENAS** resmunga, mas não desperta.* (MD)

3.2.2.3 Advérbios de exclusão:

  *w = número de dias úteis contidos no intervalo compreendido entre o dia da emissão
  (inclusive) e o seu correspondente no mês seguinte (**EXCLUSIVE**).* (FSP)
  *Wj = índice diário da remuneração média, sendo "j" cada dia entre as datas-base
  "m", inclusive, e "n", **EXCLUSIVE**.* (FSP)

3.2.2.4 Advérbios de verificação:

  *O segredo do vosso estilo está **JUSTAMENTE** na sua sábia simplicidade.* (AM-O)
  *Pessoas e bichos saíam desesperados para a rua engasgados com a fumaça, sem
  saberem **EXATAMENTE** o que estava acontecendo.* (CBC)
  *O outro sabe que não é **BEM** assim.* (OSD)

O ADVÉRBIO

\# Observe-se, nessas ocorrências, que os **advérbios de inclusão, de exclusão** e **de verificação** atuam como **focalizadores** da parte do **enunciado** que vem a seguir, isto é, colocam-na como foco da mensagem.

3.2.3 Advérbios que operam conjunção de **orações:** são **advérbios juntivos**, de valor **anafórico**, que ocorrem numa **oração** ou num **sintagma**, referindo-se a alguma porção da **oração** ou do **sintagma** anterior (ver nota da p.272)

a) indicando contraste:

> *Muito áspera foi e está sendo a jornada que vivemos a partir de 1964. Os resultados*
>   *alcançados são, **PORÉM**, indiscutivelmente, positivos, marcantes mesmo.* (ME)
> *Pelo menos teríamos um final de temporada com o estádio bem mais animado.*
>   ***CONTUDO**, isto dificilmente ocorrerá.* (OI)
> *Alguns empresários, **ENTRETANTO**, preferem o sistema de parceria a 35%.* (BF)
> *O espiritismo define-se então como religião, ciência e filosofia. Será **TODAVIA** tratado*
>   *aqui como religião.* (ESI)
> *Descobrimos velhos objetos colocados fora de uso, e que **NO ENTANTO** transmitiram*
>   *à casa uma impressão de luxo discreto.* (CCA)
>
> *(**PORÉM, CONTUDO, ENTRETANTO, TODAVIA, NO ENTANTO** = apesar disso)*

b) indicando conclusão:

> *Os ruídos matinais estavam, nessa manhã de domingo, diferentes e **PORTANTO***
>   *perturbadores.* (CON)
> *Quem quer que estivesse no palco, a hora do crime, poderia ter passado, minutos*
>   *antes, por um dos corredores e, **POR CONSEGUINTE**, pela ponte.* (BB)
> ***ENTÃO**, não conto mais nada!* (A)
>
> *(**PORTANTO, POR CONSEGUINTE, ENTÃO** = em consequência (disso))*

\# A gramática tradicional coloca esses advérbios como **conjunções coordenativas** (**adversativas** e **conclusivas**, respectivamente), admitindo, assim, orações **coordenadas sindéticas conclusivas**. Na verdade, são elementos em processo de gramaticalização. Nesse processo, está em estágio mais avançado o elemento conclusivo *logo*, que tem o comportamento próximo ao de uma conjunção coordenativa.

4 Os **advérbios de modo**

4.1 Os **advérbios de modo** constituem a subclasse mais característica dos **advérbios**, já que eles são **qualificadores** de uma ação, um processo ou um estado, isto é, modificam propriedades de **verbos** e **adjetivos**.

Têm, pois, uma função correspondente à que têm os **adjetivos** qualificadores, em relação aos **substantivos**:

Venha DEPRESSA, Manuel João. (ALE)
Um carro era freado BRUSCAMENTE. (BH)
Sempre os negócios de terras, de sítios de seus clientes lhe excitavam a imaginação
    e tratava deles CARINHOSAMENTE como se fossem próprios. (BS)
Neste momento, por toda parte, onde quer que exista uma noite, lá estarão os pastores
    – na vigília DOCEMENTE infinita. (RI)

\# Existe um **advérbio de modo** usado para interrogar (**advérbio interrogativo de modo**): *como?*

COMO retornar, agora? (A)
Guísela, sabe COMO nascem os bebês? (ASA)

\# Funciona semelhantemente a *como?* o **advérbio interrogativo de causa** *por que?*

– POR QUE, então veio armado de faca? (PFV)
P: *O senhor pode explicar POR QUE requisitou essas bonecas?* (MD)

Quando no final da interrogação, esse **advérbio** é tônico, e, por isso, é acentuado:

Preso POR QUÊ? (AF)
Mas hoje quando Beatrice me contou sobre o seu achado fiquei feliz, muito feliz, não
    sei bem POR QUÊ. (ACM)

Observe-se que, em português, não existe **advérbio de causa** para enunciados asseverativos, apenas para interrogativos.

4.2 Em princípio, os **advérbios de modo** constituem, pois, uma categoria não fórica, mas o **advérbio** *ASSIM*, que indica modo, tem uma natureza pronominal, funcionando como referenciador textual (compartilhando propriedades com as palavras abrigadas na Parte II)

Não custa muito dizer "sim senhor, padrinho". No meu tempo de rapaz era ASSIM
    que se dizia. (ATR)
    (**assim** = desse modo que acaba de ser indicado – **anáfora**)
Medida de tamanho alcance tomada ASSIM de afogadilho explica-se pelas
    circunstâncias do momento. (H)
    (**assim** = desse modo que a seguir vai ser indicado – **catáfora**)

\# O **advérbio de modo** *ASSIM* pode ocorrer incidindo sobre um **substantivo**, isto é, na mesma posição sintática de um **adjetivo**:

O Advérbio

*E você creia: jamais acreditei que pudessem existir **remorsos ASSIM**.* (A)

Essa condição pode ser bem observada quando o *ASSIM*, em emprego **catafórico**, vem a seguir especificado por um **sintagma de valor adjetivo**:

*Deixe disso mano: você não é **ASSIM tão materialista**.* (CHI)

*Desculpe, mas sempre que falo em Desdêmona eu me ponho **ASSIM um pouco imbecil**.* (DM)

*Principalmente quando ouvia de alguma das suas ovelhas uma expressão **ASSIM de confiança e respeito**, como a de Delfino que Marta lhe transmitia tão naturalmente, ele sentia um grande pesar no coração. (MC)*

\# Em posição predicativa seguido de **sintagma** especificador, o elemento **fórico** *ASSIM*, sem deixar de fazer qualificação, pode indicar grande quantidade:

*Essa estrebaria está **ASSIM de pulgas**.* (DO)

*Ah, senhor editor, está **ASSIM de gente** querendo aprender São Paulo numa só lição.* (GTT)

4.3 Os **advérbios de modo** constituem uma classe aberta na língua, uma vez que, em princípio, os **adjetivos qualificadores** em geral podem converter-se em **advérbios de modo** pelo acréscimo do **sufixo -MENTE** à forma **feminina**:

*Idelfonso **surgiu, INOPINADAMENTE**, aos berros, exigindo que interrompessem a briga. (DM)*
  (= de modo inopinado)

*Se pensa num coronel paulista, ocorre logo a ideia de um gaúcho empanturrado de empáfia e **vestido ESPALHAFATOSAMENTE**. (BS)*
  (= de modo espalhafatoso / com espalhafato)

*Você poderá **dizer**-lhe, **CONFIDENCIALMENTE**, que lembro seu nome para um posto diplomático importante. (PRE)*
  (= de modo confidencial / em confidência)

\# Um **adjetivo** pode, porém, ser gramaticalizado como **advérbio** mesmo sem o acréscimo de *-mente*:

*O outro, moreno também, barba feita e incríveis costeletas pelo rosto abaixo, **falava DURO, DIFÍCIL**, os lábios cerrados. (BH)*
  (= duramente / com dureza)
  (= com dificuldade)

*Corinthians **jogou LIMPO**, foi melhor em campo e derrotou o Grêmio. (FSP)*
  (= limpamente, lealmente)

A Formação Básica das Predicações

*O norte-americano Ralph Lauren **fala CLARO** e evoca uma cerimônia de premiação
de Oscar para encerrar seu desfile.* (FSP)
(= claramente / com clareza)

4.4 Além disso, podem criar-se indefinidamente **locuções adverbiais de modo** iniciadas por **preposição**:

***DE REPENTE**, paramos de falar, como se não tivéssemos mais nada a nos dizer.* (A)
*Agora me comunicavam **DE SUPETÃO** uma viagem.* (MEC)
*A luz do sol atingiu-a **DE CHOFRE**.* (CP)
*Espirrei **DE PROPÓSITO**.* (AM)
*É verdade que nem todos leem a minha verdade plural, escrita em linguagem simples,
    e eu não me sinto obrigado a dizê-la **DE VIVA VOZ** como quem recita uma lição
    de catecismo* (AL)
*Súbito, corta o riso e faz a pergunta **À QUEIMA ROUPA**.* (BO)
*Estendi os braços com indizível receio, e avancei **ÀS CEGAS** com os movimentos
    trôpegos de quem vai cair sem amparo* (ROM)
*Se você não quer fazer as coisas **ÀS CLARAS**, faz no escondido.* (S)
*Dizia-se, **ÀS ESCONDIDAS**, que era um homem doente, sujeito a ataques.* (CJ)
*Fui chamado **ÀS PRESSAS**, e a licença que me deram se gastou quase toda em viagem.*
    (ALF)
*E protegendo-se contra o frio nas dobras da capa, olhou o céu **ÀS TONTAS**.* (LA)
*As feiras, ao contrário, eram imensas, e negociavam mercadorias **POR ATACADO**,
    que provinham de todos os pontos do mundo conhecido.* (HIR)
*Só mesmo **POR MILAGRE** é que a gente conseguiria algo de espetacular.* (ASS)

5 Os **advérbios modalizadores**

5.1 Os **advérbios modalizadores** compõem uma classe ampla de elementos adverbiais que têm como característica básica expressar alguma intervenção do falante na definição da validade e do valor de seu enunciado: modalizar quanto ao valor de verdade, modalizar quanto ao dever, restringir o domínio, definir a atitude e, até, avaliar a própria formulação linguística.

O uso dos **advérbios** e das **locuções adverbiais modalizadoras** constitui uma das estratégias para marcar essa atitude do falante em relação ao que ele próprio diz. Outras estratégias dizem respeito ao emprego de recursos prosódicos, de auxiliares

O Advérbio

modais, de expressões parentéticas, de comentários marginais e de **verbos** subordinadores de **orações**, como por exemplo, os **factivos** e os **implicativos** (ver capítulo sobre **Verbos**).

Verifique-se, no caso dos empregos dos **advérbios** assinalados a seguir, seu papel de marcador de uma apreciação do falante a respeito das significações contidas no enunciado:

*A equipe anterior **REALMENTE** não ia bem.* (EX)
***PROVAVELMENTE** você não gostará da resposta.* (CLA)
*Por ele os homens devem **OBRIGATORIAMENTE** orientar suas vontades particulares*
de acordo com a vontade geral, que exprime o consenso dos cidadãos. (JU)
*Estou **PRATICAMENTE** impossibilitado de agir!* (DZ)

Pela ampla rede de possibilidades de avaliação do falante sobre seu enunciado, essa classe de **advérbios** é bastante heterogênea, e comporta diversas subclasses.

5.2 Subclasses dos **advérbios modalizadores**

As principais subclasses são:

5.2.1 Modalizadores epistêmicos

Os **advérbios modalizadores epistêmicos** expressam uma avaliação que passa pelo conhecimento do falante. O que se avalia é o valor de verdade do que é dito no enunciado. Desse modo, o que os **advérbios modalizadores epistêmicos** fazem é asseverar, é marcar uma adesão do falante ao que ele diz, adesão mediada pelo seu saber sobre as coisas. Por isso, são **advérbios asseverativos**.

A asseveração pode ser **positiva**, **negativa** ou **relativa**, e, a partir daí, pode-se, ainda, subclassificar os **advérbios modalizadores epistêmicos**.

5.2.1.1 Subclassificação dos **modalizadores epistêmicos (asseverativos)**

5.2.1.1.1 **Asseverativos afirmativos** (de factualidade = sei que, é certo que)

O conteúdo do que se afirma ou do que se nega é apresentado pelo falante como um fato, como fora de dúvida, o que é reforçado pelo **advérbio**. Esses **advérbios** podem ter diferentes acepções, sempre ligadas ao saber do falante, como por exemplo:

* evidência: *EVIDENTEMENTE*, *RECONHECIDAMENTE*;

A Formação Básica das Predicações

- irrefutabilidade: *INCONTESTAVELMENTE*; *INDUBITAVELMENTE, INDISCUTI-VELMENTE*;
- verdade dos fatos: *VERDADEIRAMENTE, REALMENTE, NA REALIDADE*;
- naturalidade dos fatos: *NATURALMENTE, OBVIAMENTE, LOGICAMENTE*;
- simples crença ou certeza do falante: *EFETIVAMENTE, CERTAMENTE, SEGU-RAMENTE, COM CERTEZA, SEM DÚVIDA (ALGUMA), MESMO*.

Os **advérbios asseverativos** se constroem:

a) com **enunciados afirmativos**

EVIDENTEMENTE sabia de muita, muita coisa. (A)

A experimentação em animais é RECONHECIDAMENTE falha quando seus resultados são extrapolados para os seres humanos. (HOM)

Nossos pilotos já provaram INCONTESTAVELMENTE sua capacidade. (CRU)

A separação, de qualquer modo, é INEGAVELMENTE mais saudável que um casamento capenga. (VEJ)

Somos INDISCUTIVELMENTE uma grande terra, em que nada nos falta, senão esse aprimoramento das nossas artes e a mais absoluta honestidade. (VID)

INDUBITAVELMENTE esse e outros aspectos do problema geral hão de ser repensados. (EM)

Naquela noite de desengano e amargor, de desprezo de toda e qualquer mulher, não sabe, VERDADEIRAMENTE não sabe o que fazer senão perambular pelas ruas, arrastando o seu sonho desfeito. (A)

Havia muita gente que queria saber o que os outros sabiam, ao mesmo tempo que não queriam revelar o que NA REALIDADE sabiam. (CRU)

Você sabe NATURALMENTE por que estou aqui. (ML)

Nem tudo, OBVIAMENTE, são triunfos e grandezas neste País. (CPO)

LOGICAMENTE, temos diferentes capacidades na compreensão de certos aspectos da religião. (LE-O)

Era cão sem dono e sem nome, apesar de não dar impressão de desnutrido, ele saberia SEGURAMENTE se defender na batalha pelos ossos da rua. (BH)

COM CERTEZA é essa mesma a opinião de Deus, pois ainda que Deus não exista, ele só pode ter a mesma opinião de uma criança. (B)

SEM DÚVIDA o perigo que receávamos nesses primeiros tempos era mais imaginário do que real. (CBC)

Se eu fosse escolher santos escolheria SEM DÚVIDA NENHUMA São Cosme e São Damião. (AID)

Seu Eduardo sabia MESMO agradar ao companheiro. (CHA)

b) com **enunciados negativos** (mas para **asseverar** a negação)

ABSOLUTAMENTE não sabíamos que, naquela hora, não muito longe, vinha chegando a Taperoá, pela estrada, o alumioso rapaz do cavalo branco. (PR)

NATURALMENTE não falta quem diga que imoral mesmo é a miséria. (C-JB)
NA REALIDADE, não há idades para as surpresas. (BS)
*EFETIVAMENTE não sabia ele como proceder de modo a corrigir palavras legítimas
    e impecáveis, e que correspondiam à verdade.* (REP)
Não me sinto segura, não sei, REALMENTE, o que fiz. (A)
CERTAMENTE, ela ainda não sabia de nada. (A)

5.2.1.1.2 **Asseverativos negativos** (de contrafactualidade = sei que não, é certo que não)

O conteúdo do que se diz é apresentado pelo falante como indubitavelmente não factual:

Não deixaria de ir ao cinema aquela noite, DE JEITO NENHUM. (ANA)
*Não saberia DE FORMA ALGUMA distinguir o que fora feito por minhas próprias
    ou o que fora reposto por mãos inimigas.* (ROM)

5.2.1.1.3 **Asseverativos relativos** (de eventualidade = acho que, é possível que)

O conteúdo do que se diz é apresentado como uma eventualidade, como algo que o falante crê ser possível, ou impossível, provável, ou improvável. Ele não se compromete com a verdade do que é dito, e, com isso, revela baixo grau de adesão ao enunciado, criando um efeito de atenuação:

*Ao caso de Pedro Nilson de Oliveira, TALVEZ seja possível aplicar a tese da
    inexperiência do candidato.* (VEJ)
PROVAVELMENTE havia um certo exagero no julgamento. (ANA)

O grau de probabilidade que o falante confere ao conteúdo de seu enunciado pode variar bastante, e a formulação reflete essas diferenças, de algum modo. As duas maneiras mais comuns de marcar menos probabilidade, ou seja, maior incerteza, são o emprego do **subjuntivo** ou do **futuro do pretérito**, além do emprego de outras marcas de eventualidade, como por exemplo, um **verbo auxiliar modal**:

*Agora aqui há um sossego cinzento e frio que TALVEZ seja meio triste, mas me faz
    bem.* (B)
EVENTUALMENTE, poderia testar o conhecimento teórico utilizado. (BF)
*O nu poderá POSSIVELMENTE não ser casto, no restrito sentido do termo, mas
    jamais é imoral.* (CRU)

No reverso, uma maneira de marcar maior grau de certeza ou de probabilidade é empregar o **indicativo**:

A Formação Básica das Predicações

*Ela, **PROVAVELMENTE**, nem se **lembra** deles.* (ACM)
*Os três outros netos, Oswaldo, Fernando e Ricardo, estão viajando de carro para
Recife e, **POSSIVELMENTE**, não **chegarão** a tempo para o enterro da avó.* (OG)

É necessário observar, entretanto, que o emprego do **modo verbal** pode ser automático, já que um **advérbio asseverativo relativo**, como *EVENTUALMENTE*, só se emprega com **indicativo**:

*EVENTUALMENTE, porém, esse tipo de texto já não **é** suficiente para traduzir, para
conter a ansiedade – ansiedade médica, ansiedade humana – diante da doença,
do sofrimento, da morte.* (APA)
*EVENTUALMENTE, quase por farra, e não por prazer ou necessidade, **cometia** uma
reincidência.* (BB)

O **advérbio** *TALVEZ*, por sua vez, tem como típica a construção com **subjuntivo**:

*A marcha silenciosa ao lado do homem desconhecido **TALVEZ** não **significasse** outra
coisa.* (BH)
***TALVEZ** **tenhamos** entrado numa outra dimensão que tenha modificado o tempo.* (BL)

É raro, e limitado a tempos verbais de valor pouco definido (como por exemplo, o **pretérito imperfeito**), o uso de *TALVEZ* com **indicativo**:

*Ali, **TALVEZ**, **escrevia** para leitores de outros tempos ou nações.* (ACM)

Mesmo nos casos de maior fixidez de emprego, entretanto, o falante dispõe de estratégias para imprimir ao seu enunciado o grau de certeza que melhor reflita sua intenção. Por exemplo, uma atenuação da incerteza elevada de *TALVEZ* pode ser obtida com a **focalização** desse elemento, por meio da **clivagem** com *é ... que*, o que implica, aliás, o uso do **modo indicativo**:

*Tudo que vive (e **é** isso, **TALVEZ**, **que** divide as coisas vivas das coisas sem vida) é
arbitrário.* (CT)

5.2.1.2 Observações sobre o modo de emprego dos **advérbios asseverativos**

5.2.1.2.1 Pela sua natureza, **advérbios asseverativos** com facilidade são entendidos como subordinadores de **oração**, construindo-se com a **conjunção** *que*:

*Nos clubes, **LOGICAMENTE** **que** não em todos, mas num grande número deles, o
que está imperando é o mais cruel individualismo.* (FIL)
***EVIDENTEMENTE** **que** isso não serve de desculpa.* (ETR)
***CERTAMENTE** **que** minha nora se lembra da senhora, Dona Teresa.* (A)

O ADVÉRBIO

OBVIAMENTE que não concordo com o ministro. (FSP)

NATURALMENTE que a terra é de Deus. (ASS)

PROVAVELMENTE que a vitória dos comunistas significava uma ameaça para a propriedade privada da classe dominante. (HIR)

Fiz um gesto que significava da rua, imaginando SEM DÚVIDA que o militar não tardasse a surgir. (CCA)

5.2.1.2.2 O emprego de **advérbios asseverativos** não garante que o conteúdo do que se diz seja, realmente, verdadeiro, ou não verdadeiro, ou possível etc. O que, com certeza, esses **advérbios** indicam é que o falante quer marcar seu enunciado como digno de crédito, quanto a tais variáveis. Por isso mesmo, há muito de individual no modo de emprego desses elementos, havendo pessoas que, antecipando-se a uma possível desconfiança de seu interlocutor, modalizam continuamente o seu enunciado com elementos asseverativos. Por outro lado, há tipos de interlocução muito frouxos, nos quais a falta de consistência, e, a partir daí, a baixa credibilidade do que é dito se compensa com uma manifestação repetida de certeza ou de crença. Veja-se um exemplo disso nestas passagens, nas quais o falante tira grande proveito do uso dos **modalizadores**:

M: *(...) Estudamos sua proposta com muita atenção, sr. Stragos. REALMENTE com muita atenção. Infelizmente não consegui... – qual foi o termo que o senhor empregou, sr. Stragos? Ah, digerir. EXATAMENTE, digerir. Como eu dizia, infelizmente não consegui digerir a sua proposta, sr. Stragos. Como eu lhe disse estamos assoberbados de serviço, VERDADEIRAMENTE assoberbados e não creio que a nossa firma fosse capaz de dar aos seus negócios a atenção que eles merecem. Acho que o senhor nos compreende, não é verdade, sr. Stragos?* (Stragos está apoplético, mas não fala) *CLARO QUE compreende. Passe bem, sr. Stragos e me acredite que foi REALMENTE um prazer tê-lo conhecido.* (Estende a mão que Stragos não aceita.)

S: (Guagueja tomado pela raiva.) *Vocês... todos vocês... um dia... todos vocês... um dia.* (Vira as costas e sai.)

M: (Calmo.) *Sr. Stragos, por favor, seu cheque.* (Stragos não volta. Munhoz ri comedido e rasga o cheque.) *Um rapaz REALMENTE simpático. Um tanto quanto arrebatado, mas REALMENTE simpático.* (SPI)

5.2.1.2.3 Na conversação, **advérbios asseverativos** podem empregar-se de maneira absoluta, valendo por um enunciado. Iniciando respostas, esses elementos funcionam predicando toda a fala anterior do interlocutor, sem que seja necessário repeti-la, embora a repetição possa acontecer. Exatamente porque

A FORMAÇÃO BÁSICA DAS PREDICAÇÕES

se trata de uma **função atributiva**, os **advérbios** que assim se empregam são os que têm uma **base adjetiva**:

– *Se você recorrer à História, verá que as concepções variaram.*
– *EXATAMENTE.* (FIG)
  (= Exatamente: Se você recorrer à História, verá que as concepções variaram.)

Ocorrem, mesmo, formas de **adjetivo** gramaticalizadas como **advérbios**:

EXATO, é o que se tem receio que aconteça pelo número de escolas de engenharia que se fundam todos os anos. (PT)
CLARO, ora, pois ele é bruxo! (BR)
CERTO, Ângela lhe podia ter feito bem, pelo menos durante algum tempo. (A)
LÓGICO, se há mais jogadores jogando beisebol, é muito mais fácil encontrar gente que não está conseguindo acertar a bola. (REA)

O **advérbio** *TALVEZ* também se emprega de maneira absoluta:

Não sei... talvez eu me deixe levar pela vida. Talvez ela tenha medo das pessoas.
A: TALVEZ... Ela me lembra uma colega que tive no trabalho. (OAQ)

5.2.2 Modalizadores delimitadores

5.2.2.1 Esses **advérbios** não garantem nem negam propriamente o valor de verdade do que se diz, mas fixam condições de verdade, isto é, delimitam o âmbito das afirmações e das negações. O que ocorre nessa modalização é que o falante circunscreve os limites dentro dos quais o enunciado, ou um constituinte do enunciado, deve ser interpretado, e dentro dos quais, portanto, se pode procurar a factualidade, ou não, do que é dito:

BASICAMENTE as pirâmides funcionavam como templos, centros administrativos e depósitos de tecidos e cerâmicas. (SU)
Pelo fato de cada cromonema ser muito fino, ele é PRATICAMENTE invisível ao microscópio óptico. (BC)
Embora também se possa utilizar os pés dando chutes, o jogo [rúgbi] é FUNDA-MENTALMENTE com as mãos. (FB)
Em sessenta e quatro trabalhava PROFISSIONALMENTE como radiador. (AMI)
Além disso, as palavras usadas são RIGOROSAMENTE das mais banais da língua. (ATI)
No tocante à posse de capital, trata-se, EM PRINCÍPIO, de gente desprovida de qualquer quantia em dinheiro inicial. (BF)
A independência, se DO PONTO DE VISTA MILITAR constituiu uma operação simples, DO PONTO DE VISTA DIPLOMÁTICO exigiu um grande esforço. (FEB)

O Advérbio

*Já disse que quero passear **PURA** e **SIMPLESMENTE**, eu e esta donzela puríssima que tenho aqui ao meu lado.* (DM)

5.2.2.2 De dois modos principais se faz a delimitação adverbial dos enunciados:

a) Delimitando-se a validade do enunciado segundo a perspectiva do falante

*   **PESSOALMENTE** *não vejo nenhuma vantagem para eles que eu assine.* (RE)

\# Os **advérbios** desse tipo são votados a ser **advérbios** do enunciado, mesmo que ocorram no interior dele:

*   *Eu, **PARTICULARMENTE**, sou a favor do Estado exato, que tenha independência, inclusive para intervir no mercado, caso seja necessário.* (MIR-O)

b) Fixando-se a validade do enunciado dentro de um domínio do conhecimento

*   *No que se refere à cultura, embora **GEOGRAFICAMENTE** distante da Europa, o Brasil nunca esteve alheio às mudanças aí ocorridas.* (PS)
*   *As mulheres são **BIOLOGICAMENTE** iguais aos homens?* (REA)
*   *Eu não tenho, como não têm Vossas Excelências, o direito de ignorar que, pelo menos **HISTORICAMENTE**, a era do indiferentismo e do faz de conta já acabou.* (AR-O)

\# Os **advérbios** desse tipo nunca são **advérbios** do **enunciado**.

5.2.2.3 Embora a delimitação sugira principalmente redução de âmbito, ou restrição, ocorre que os **advérbios delimitadores** podem marcar, como limite, um todo genérico. Desse modo, a delimitação pode ser feita:

a) Com generalização

*   *São **EM GERAL** terras ricas em ferro, em cálcio ou em fósforo.* (AE)
*   *Sempre, do pouco que obtinha, sobrava um mínimo que ela **GERALMENTE** empregava em ajudar os mais pobres.* (BAL)

\# A generalização pode abranger não atingimento (com aproximação) de limite. Esse é o valor de **QUASE**:

*   *Celeste **quase** não agradece.* (REA)
*   *Mesmo assim, o conjunto todo, que estava orçado inicialmente em vinte e quatro milhões de dólares, custou **QUASE** o dobro.* (REA)

Como os **advérbios asseverativos**, o **QUASE** pode ser entendido facilmente como subordinador, construindo-se com **que**:

*E sem maiores mágicas, **QUASE que só** dando palpites, suas ideias permitiram que o
Santos ressuscitasse depois que ele tirou um presidente e pôs outro, seu amigo de
longos anos.* (FSP)
*Ele **QUASE que literalmente** esticava o pescoço para enxergar bem.* (CON)

b) Com restrição

*É antiga e perversa a pretensão da espada substituindo a lei, ainda que se impondo,
pelo menos **TEORICAMENTE**, para fazer prevalecer a lei e a ordem.* (GUE)
*É a barra que vai preparar **FISICAMENTE** e **TECNICAMENTE** um bailarino.* (BAE)
*Um dos trabalhos que atraiu atenção era importado de São Paulo, mais **ESPECIFI-
CAMENTE** do Hospital das Clínicas.* (SU)

5.2.3 Modalizadores deônticos

O enunciado é apresentado pelo falante como algo que deve ocorrer, necessariamente, dada uma obrigação que alguém tem:

*Os atletas da equipe posta aquela a que couber a execução do tiro de meta,
OBRIGATORIAMENTE, ficarão a uma distância de três metros da bola e fora da
área adversária, enquanto estiver sendo cobrado, o tiro.* (FUT)
(= os atletas têm de / são obrigados a ficar)

\# Por isso mesmo, é comum que esses **advérbios** ocorram com **predicados** já mo-
dalizados deonticamente (geralmente com **auxiliares modais**):

*O pessoal da antiga Polícia Marítima **deverá OBRIGATORIAMENTE** fazer cursos
de adaptação à Guarda Civil.* (ESP)
*Se Itaipu fosse uma usina de 100 mwh, ou 200 mwh, mas quarenta e quatro por cento
de Itaipu chega e **tem que** ser comprado **OBRIGATORIAMENTE pelo mercado
paulista**.* (POL-O)
*Vamos incluir apenas aqueles pequenos produtores que organizam a produção com
base no trabalho da família e que **têm NECESSARIAMENTE de** se assalariar fora
certas épocas do ano para conseguir sobreviver.* (AGR)
*Teria eu realmente, como romancista, o direito de escrever, prejulgando, que, ao
fim das páginas deste romance cristão, essencialmente cristão, Angela Soares se
iria suicidar, **teria NECESSARIAMENTE de** se suicidar?*(A)
*É **preciso** abandonar os sindicatos e organizar **OBRIGATORIAMENTE** uniões
operárias "paralelas e livres".* (SIN)

\# O âmbito de incidência do **modalizador deôntico** pode ser:

O Advérbio

a) a **oração**

OBRIGATORIAMENTE as empresas aplicariam 30% do Imposto de Renda no Programa de Integração Nacional – PIN. (NOR)
Evidentemente não estamos querendo dizer que essa ampliação do mercado interno tivesse que ser NECESSARIAMENTE feita dessa maneira. (AGR)

b) um **constituinte**

*Porque é preciso sair, como todo aquele que vem aportar num hotel, – lugar **OBRI-GATORIAMENTE de passagem**.* (PRO)
*Qualquer análise da evolução do custo de vida está **OBRIGATORIAMENTE sujeita à crítica**.* (ESP)
*O arqueólogo não vive, **OBRIGATORIAMENTE, na região a ser escavada**.* (ARQ)
*A sua atuação deve estar **OBRIGATORIAMENTE sob a responsabilidade de um psicólogo supervisor devidamente registrado no Conselho de Psicologia**.* (PE)
– Nunca ouvi. Sabe, Marianinha, ando com vontade de dar um sumiço.
– Agora?
*– **PRECISAMENTE, EXATAMENTE e NECESSARIAMENTE agora**.* (JM)

5.2.4 Modalizadores afetivos

Com esses **modalizadores**, o falante exprime reações emotivas, isto é, manifesta disposição de espírito em relação ao que é afirmado ou negado. Essa manifestação pode ser apenas subjetiva, isto é, envolver simplesmente as emoções ou sentimentos do falante, como felicidade, curiosidade, surpresa, espanto, mas pode, também, ser intersubjetiva, interpessoal, isto é, envolver um sentimento que se defina pelas relações entre falante e ouvinte, como por exemplo, sinceridade, franqueza.

5.2.4.1 Modalizadores afetivos subjetivos:

*Nós, aqui no Brasil, **FELIZMENTE**, só temos a visita de gafanhoto a cada dez ou quinze anos.* (GT)
***INFELIZMENTE** não podemos nos divertir na cidade em que moramos.* (CB)
*Meu filho Jorge já havia quase perdido os hábitos infantis enquanto Jacques os conservava **SURPREENDENTEMENTE** aos dezessete anos.* (AE)
*O problema, **LAMENTAVELMENTE**, vem de muitos anos.* (EM)
*O cerrado é **ESPANTOSAMENTE** rico em plantas acumuladoras.* (TF)
***CURIOSAMENTE** o quadro mais bonito é um esboço histórico que a neta do pintor não pretende tirar da parede de sua casa.* (VEJ)

5.2.4.2 **Modalizadores afetivos interpessoais:**

*Não sei, **SINCERAMENTE** não sei o que teria sucedido, o que Dona Leonor me teria
respondido.* (A)
*Eu, **FRANCAMENTE**, não achava lá muita graça nas piadas de tio Angelim.* (ANA)
***HONESTAMENTE** não sei o que faria.* (SPI)

5.3 Distribuição e posição dos **advérbios modalizadores**

Os **advérbios modalizadores** podem incidir sobre:

- Um **sintagma adjetivo** (tanto em **função adnominal** como em **função predicativa**). O **advérbio** é anteposto

*As canelas **REALMENTE** importantes provêm do sul e, sobretudo, de Santa Catarina.*
(BEB)
*A hora é **REALMENTE** propícia.* (JK-O)
*Esta crença num mundo melhor está **REALMENTE** relacionada aos antigos mitos
tupis da destruição do mundo.* (IA)

- Um **sintagma verbal**

*Sem este teste do palco, nenhum dramaturgo pode **REALMENTE** avaliar a eficácia
da própria obra, corrigir-lhe eventuais falhas, tentar uma evolução.* (AB)
*Acho que esse livro vai **REALMENTE** preencher uma lacuna inestimável.* (IS)
*Quer dizer que a produção está caminhando à frente do nosso crescimento demo-
gráfico, o que demonstra que a nação está **REALMENTE** trabalhando.* (JK-O)
*O Procon **teve** PRATICAMENTE triplicado o número de seus servidores.* (FSP)

- Um **sintagma nominal** ou **pronominal**. O **advérbio** é anteposto

*Conheço **QUASE** todo este Estado, que não é tão grande como o de Minas.* (CJ)
*Nem espiar o movimento da rua ela podia, porque além das grades, que atrapalham,
a janela é baixinha, a parede é grossa e o peitoril deve ter **QUASE** um metro de
fundo.* (AU)
*E um sonho é muita coisa aqui dentro... na cabeça mas fora, no dia a dia, um sonho
é **QUASE** nada.* (FEL)
*Você não é padre... ou já não é **QUASE** isso?* (SEN)

- Um **sintagma adverbial**

Com o **advérbio** anteposto:

*Então, **QUASE** inaudivelmente, murmurou: "– Ele não quis vir, foi?".* (A)
*Os antibióticos incluídos nesta categoria agem **QUASE** que exclusivamente sobre
fungos.* (ANT)

Com o **advérbio** posposto:

Pois olhe, escute bem: no que me diz respeito, TALVEZ, você tenha bastante razão. (A)

- Uma **predicação** (um **estado de coisas**)

Com o **advérbio** anteposto ao **verbo**:

Quero cumprimentar a V. Exa. pelo fato de trazer à discussão um assunto que,
REALMENTE, tem que ser profunda e amplamente discutido. (MIR-O)
A cebola REALMENTE tem estragado vários romances, mas, em compensação já
salvou o coração de muita gente. (REA)
Creio mesmo que os seus perpetuadores SINCERAMENTE creem na justeza do que
fizeram. (IS)
Suzanna Fleischman PROVAVELMENTE soltaria algum comentário sardônico, no
que teria toda a razão. (SL)

Com o **advérbio** posposto ao **verbo**:

Eu não acho nada, que dizer, nunca pensei... REALMENTE... (GA)
A rubrica "sai e/ou entra em cena" (...) indica que o ator se retira ou entra
EFETIVAMENTE no palco. (COR)
O berço do marketing se encontra INDISCUTIVELMENTE nos EUA. (MK)

Com o **advérbio** intercalado (entre o **verbo** e um **complemento**, ou entre o **verbo de ligação** e o **predicativo**):

A Receita Federal americana conseguiu prender REALMENTE aquele famoso e
legendário mafioso. (FOR-O)
Tenho, REALMENTE, outros interesses nisso, mas por ora é segredo, segredo de
Estado. (BB)
Tal fato é devido, PROVAVELMENTE a uma ação irritativa sobre o tecido muscular.
(ANT)
A natureza é REALMENTE sábia. (VEJ)
Todas estas aparentes contradições são REALMENTE a execução de um plano
revolucionário implacavelmente realizado. (SI-O)
Seria, PROVAVELMENTE, um método mais econômico de convivência. (VES)
Porém é no âmbito das regras e técnicas e problemas do jogo que essa obra medieval
se destaca REALMENTE como marco na história do xadrez. (X)

- Um enunciado

No início do **enunciado**:

REALMENTE você não é de jogar fora! (RE)
TALVEZ, entre nós, ninguém a quisesse com real amizade, com amor. (A)
BASICAMENTE, Kennedy estaria sujeito à mesma paralisia de que Carter é vítima.
(FSP)

No final do **enunciado**:

> *As críticas – acaba de informar a nobre Senadora Eunice Michiles – foram feitas por três médicas, críticas candentes ao Governo, porque há um desespero, **REALMENTE**. (JL-O)*
>
> *Cerca de setenta e nove por cento do volume de ar contido na atmosfera é composto de nitrogênio gasoso, molecular e nessa forma ele não é utilizável **BIOLOGICA-MENTE**. (ECO)*

6 Os **advérbios circunstanciais**

6.1 A natureza dos **advérbios de lugar** e **de tempo**

Lugar e tempo são categorias **dêiticas**, isto é, categorias que fazem orientação por referência ao falante e ao ***aqui-agora***, que constituem o complexo modo-temporal que fixa o ponto de referência do evento de fala.

Lugar e tempo de tal maneira se implicam que é fácil o trânsito de uma para outra categoria. Assim, é possível encontrar-se:

• **Advérbio** de lugar indicando tempo

> *Domício e Bento saíram para o copiá e lá ficaram de boca fechada à espera de qualquer coisa. Foi **AÍ** que eles ouviram um choro alto. (CA)*
>
> *O Partido tem exigido sempre (o que não é verdade), e exigirá d**AQUI** por diante, uma atitude compreensiva para com tais cidadãos. (SIG-O)*
>
> *Eles chegam d**AQUI** a pouco e eu os apresento a você. (OE)*

• **Advérbio** de tempo indicando lugar

> ***DEPOIS** da sala de jantar vinha um terraço espaçoso. (OE)*
>
> *Por ocasião dos atendimentos de emergência, os motoristas das ambulâncias têm ordem de desligar a sirene algumas quadras **ANTES** do local onde se encontra o paciente, a fim de não conturbá-lo. (CRU)*
>
> *A imprensa tem a mania de colocar uma vírgula **DEPOIS** do nome, acrescentando uma cifra. (BE)*

\# A relação direta entre lugar e tempo pode ser observada em uma ocorrência como esta:

> *– **QUANDO**? perguntou Sarmento.*
>
> *– Depois d**AQUI**. (OE)*

6.2 As subclasses dos **advérbios circunstanciais**

O subagrupamento básico dos **advérbios circunstanciais** é governado pelas relações que se dão dentro do enunciado e pelas relações que se dão entre enunciado e enunciação.

Existem, entre os **advérbios** de **lugar** e de **tempo**, dois tipos de elementos:

a) **Advérbios** em si mesmos **fóricos**, isto é, que remetem a algum outro elemento, dentro ou fora do enunciado (compartilhando propriedades com as palavras abrigadas na Parte II)

> *Quando chega AQUI gente fina da Capital, procura logo seu Pantaleão.* (AM)
> *Este filme de HOJE é apavorante, não presta pra crianças de tua idade.* (ANA)

b) **Advérbios não fóricos**

> *Por FORA ele pode se lavar, mas por DENTRO é encardido, emporcalhado com as suas próprias tratantadas.* (AM)
> *Terá de se preparar para uma concorrência ANTES inexistente.* (AGF)

Esses **advérbios não fóricos** podem, no entanto, entrar na composição de **sintagmas adverbiais fóricos**, como se vê em:

> *Nós AQUI DENTRO só sabemos lidar com gente morrida e gente matada.* (AFA)

Os **advérbios fóricos** têm natureza pronominal, comportando-se como **proformas nominais**, o que lhes permite, aliás, funcionar como **argumentos**. Esses **advérbios** são muitas vezes chamados de **advérbios pronominais**, ou **pronomes adverbiais**.

6.2.1 Advérbios de lugar

6.2.1.1 Fóricos

Os **advérbios** de lugar **fóricos** referem-se a circunstâncias, mas em si não exprimem uma indicação circunstancial substancial. Essa indicação tem de ser recuperada:

- na situação, configurando **exófora**

> *Eu vou LÁ em cima.* (AB)
> *AQUI neste sertão a gente precisa viver com cautela.* (CA)

- no texto, configurando **endófora** (**anáfora** ou **catáfora**)

> *Nada há no mundo de estável em sua essência. AQUI entra a teoria marxista sobre o movimento.* (SI-O)
> *Sim, tudo isto era verdade, mas que tinha eu com a história do juiz? AÍ é que entra o tangerino Moreno.* (CA)

A Formação Básica das Predicações

Por definição semântica, esses **advérbios** indicam circunstância, relacionando-se com o eixo falante/ouvinte. Trata-se de uma circunstanciação ancorada no circuito de comunicação, referida aos participantes do discurso ou a pontos de referência do texto, numa escala de proximidade espacial. Assim, em princípio, *AQUI* indica lugar próximo ao falante (**primeira pessoa** do discurso), *AÍ* indica lugar próximo ao ouvinte (**segunda pessoa** do discurso) e *LÁ* indica lugar distante do falante e do ouvinte (**terceira pessoa** do discurso):

> *AQUI nesta mesa **eu** não quero conversa sobre este cabra Aparício.* (CA)
> *E **você AÍ**, como é seu nome?* (RO)
> *O menino chegou todo ensanguentado, **AÍ** mesmo neste lugar onde **tu** estás.* (CA)
> *Eu penso que se chegarmos **LÁ** na tarde do sábado, poderemos pegar as chaves para dar uma olhada rápida na mansão.* (ACM)

6.2.1.2 Não fóricos

Os **advérbios** de lugar **não fóricos** efetuam simplesmente a expressão da circunstância de lugar. Exemplo:

DENTRO / FORA = relação de interioridade ou inclusão / exclusão

Havendo **referenciação fórica** no sintagma, ela pode ter expressão em um **complemento** iniciado por **preposição**:

> *Permaneceu severa e ausente, mas de conversa comum, **FORA de toda aquela exaltação que o aterrara**.* (CA)

6.2.2 Advérbios de tempo

6.2.2.1 Fóricos

Os **advérbios** de tempo **fóricos** indicam circunstância, que é referida ao momento da **enunciação**, numa escala de proximidade temporal. Um exemplo é *HOJE*, que pode indicar um período (maior ou menor) considerado próximo do momento da **enunciação**, e, portanto, ligado ao **enunciador**:

> *O perigo é **HOJE** muito maior do que naquela ocasião.* (SI-O)
> *O que se sabe **HOJE** dos processos de formação da personalidade ensinam que a velha forma "natureza contra educação" se deve substituir por "natureza mais ou menos educação".* (AE)

A expressão de tempo pode ligar-se a escalas concretas de medição determinadas fisicamente: a relação com o momento da **enunciação** (o falante-agora) pode representar um período demarcado. Um exemplo é *HOJE*, que pode significar "neste dia do calendário civil em que o falante emite o **enunciado**":

> *HOJE eu tenho que dar um jeito na tacha de cozinhamento que está vazando.* (CA)
> *Seu Bentinho, o senhor HOJE fica para o café.* (CA)

Os **advérbios** não ligados a escalas concretas de medição, como *AGORA*, não exprimem momento ou período fisicamente delimitado; apresentam variação de abrangência que pode reduzir-se a um mínimo (pontual), mas pode abranger um período maior ou menor, não só do **presente**, mas também do **passado** ou do **futuro**, desde que toque o momento da **enunciação** ou se aproxime dele:

> *Destas considerações que fizemos até AGORA, resulta para a pesquisa esta sequência de funções.* (PT)
> *AGORA a coitada só tem mesmo nós.* (CA)
> *Vejamos AGORA o valor que tem a afirmação de que as Ordens Religiosas são comunistas ou socialistas.* (SI-O)

6.2.2.2 Não fóricos

Os **advérbios** de tempo **não fóricos** efetuam simplesmente a expressão da circunstância de tempo. Exemplos:

CEDO / TARDE	= relação de um momento ou período inicial/final com um período includente

> *Meu marido é um homem muito regrado, queridinha. Dorme sempre CEDO.* (RO)
> *Dou toda a razão a você, Severino, mas está ficando TARDE e eu tenho o que fazer.* (AC)

ANTES / DEPOIS	= relação de anterioridade/posterioridade de um momento ou período com outro

> *Senti a mesma impressão de morte de dois dias ANTES, quando ali penetrara pela primeira vez.* (A)
> *Carlos resmungou, DEPOIS brincou que estava certo de que devia haver coisas terríveis escritas contra ele* (A)

Havendo referenciação **fórica** no **sintagma**, ela pode ter expressão em um **complemento** iniciado por **preposição**:

> *O trabalho foi todo feito ANTES do amanhecer do dia e com a manhã saíram de volta.* (CA)
> *Efetuei um voo de reconhecimento da pista logo DEPOIS do desembarque.* (NOD)
> *DEPOIS de limpar a área, o produtor deve preparar a aração e a gradagem.* (AGF)

A Formação Básica das Predicações

6.3 Funções sintático-semânticas dos **advérbios circunstanciais**

As funções dos **advérbios** de lugar e de tempo são:

6.3.1 Função argumental (nuclear): o **advérbio** preenche uma casa da **valência** do **verbo**, pertencendo ao **sistema de transitividade**. Os **advérbios** são, pois, **complementos**.

6.3.1.1 Atuam como **participantes**, ou **argumentos**, que carregam circunstanciação, preenchendo uma casa de terceira pessoa. Têm essa função as **proformas**, ou **advérbios pronominais**

Gostei imensamente de LÁ. (RO)
Você sabe que eu gosto dAQUI como se fosse a minha casa. (OE)

6.3.1.2 Indicam circunstância relativa a **participantes** localizáveis no espaço/no tempo, ou a **estados de coisas**. São tanto os **fóricos** como os **não fóricos**:

a) São **circunstantes** de **sintagma nominal**, com **verbos não dinâmicos intransitivos**

LÁ DENTRO estava a mãe, com as suas dores, devorando-lhe a alma. (CA)
– Alguém esteve AQUI? Roberto não esteve AQUI? (ML)

b) São **circunstantes** de **sintagma verbal**

Eu não vou LÁ hoje, está ouvindo? (FO)
Meus filhos comiam rápidos e distraídos quando moravam AQUI. (E)

6.3.2 Função adjuntiva adverbial: o **advérbio** é periférico, ou **satélite**, no **sintagma verbal**. Ele efetua circunstanciação, sendo locativo (no espaço ou no tempo) do **estado de coisas**.

Os **advérbios**, tanto os **fóricos** como os **não fóricos** são, pois, **adjuntos**:

Fala LOGO, Veludo! (NC)
*Havia o lago PERTO e para matar o tempo, todas as manhãs ia pescar lambaris
  naquelas águas barrentas.* (BB)

6.3.3 Função adjuntiva adnominal: o **advérbio** é periférico no **sintagma nominal**. Ele efetua circunstanciação de **nome** de algo que seja localizável, situável no espaço ou no tempo. São tanto os **fóricos** como os **não fóricos**:

Não diz bobagem. **Greve AGORA** não vai nada bem. (EN)
Portas À DIREITA e À ESQUERDA. (FAN)

6.3.4 **Função juntiva**: há circunstanciais que operam na esfera das relações e processos, efetuando junção temporal de **enunciados**, de **orações** ou de **sintagmas**:

> O mestre demorou-se um pouco, **DEPOIS** voltou-se para o companheiro num tom de mando. (CA)
> Pantaleão tornou a encher o copo de cerveja, **EM SEGUIDA** explicou: boatos dirigidos costumam produzir os efeitos esperados. (AM)

6.4 O esquema sintático

Considerada a **valência**, encontram-se **advérbios circunstanciais** dos seguintes tipos:

6.4.1 **Não completáveis**, **intransitivos** ou **avalentes**. São

a) os **advérbios pronominais**

> Nós estamos **AQUI**. (CA)
> Se pudesse, ficaria **ALI** a noite inteira. (CA)

b) os **advérbios não fóricos** que não se constroem com um antecedente e um subsequente entre os quais exista uma relação espacial ou temporal

> Bentinho viu **LOGO** que o ataque a Jatobá não podia ser mais naquele tempo. (CA)
> Corri ao pátio do palácio, saltei sobre o dorso de minha águia que **IMEDIATAMENTE** alçou voo, transportando-me através do oceano. (CEN)

6.4.2 **Completáveis** ou **transitivos**. São os **não fóricos** relacionais: o **advérbio** vem completado por um **sintagma** iniciado por **preposição**

> Corria lá de **DENTRO DE SUA ALMA** um sangue que ninguém via. (CA)
> Todos os meus filhos nasceram **DEPOIS do casamento**. (MD)
> Parou **ANTES de chegar em casa**. (CA)

6.5 Traços semânticos dos **advérbios de lugar**

A característica semântica geral dos **advérbios** de lugar é que eles indicam **circunstância de lugar**. São várias as **circunstâncias de lugar**.

A Formação Básica das Predicações

6.5.1 Situação, ou seja, lugar propriamente dito, o que configura um valor **estático**.

Os **advérbios** desse tipo constituem resposta à pergunta: "onde?". Eles indicam:

6.5.1.1 Posição absoluta. São **fóricos (advérbios pronominais)**

AQUI, por estes lados de Bom Conselho, não conheço coisa melhor. (CA)

6.5.1.2 Posição relativa. São **não fóricos**, exprimindo

- interioridade ou inclusão

  *Rasga a carta em pedacinhos e põe tudo **DENTRO do** cinzeiro.* (B)

- exterioridade ou exclusão

  *Este trabalho pode ser feito **FORA da** classe, dando ao aluno oportunidade de trabalhar, independentemente, na biblioteca.* (BIB)

- adjacência

  *Acabei seguindo Carlos e indo para **JUNTO do** leito de Eliodora.* (A)

- sobreposição

  *Deixou a pasta **em CIMA da** mesa.* (AF)

- sotoposição

  *A munição vai toda **por DEBAIXO das** panelas de barro.* (CA)

- anteposição

  *Severino do Aracaju não mata ninguém **DEFRONTE da** igreja.* (AC)

- posposição

  *Escondeu-se ele **ATRÁS de** uma moita de cabreira.* (CA)
  *Nada me induzia a suspeitar de uma mentira oculta **por TRÁS daquela** afirmativa.* (CCA)

- proximidade

  *Saiu uma faísca azulada **PERTO dos** fusíveis e o Teatro mergulhou em trevas.* (BB)

- longinquidade

  *Eu também queria viver **LONGE de** tudo isto.* (CA)

- ultraposição

  *Aperto o botão do elevador. E é nele que chego ao quinto pavimento. **DEPOIS do** elevador, a terceira porta está entreaberta.* (CH)

O Advérbio

6.5.2 Percurso (resposta à pergunta: "por onde?")

Não há **advérbios** desse tipo em português, como há, por exemplo, em inglês. Para a indicação de **percurso** usa-se um **nome** com o traço [lugar] precedido de **preposição**:

> *Estava ocupado, sobrecarregado de serviço, agarrado também ao meu diário que urgia tocar PARA A FRENTE.* (AV)

6.5.3 Origem e direção. Não há **advérbios** desses tipos em português. A expressão adverbial dessa circunstância se faz com o uso de **preposição + advérbio situativo / nome** com o traço [lugar].

6.5.3.1 Origem (resposta à pergunta: "de onde?")

> *Vou mostrar, de LONGE, hein?* (SM)
> *Você viu fogo de PERTO?* (SM)

6.5.3.2 Direção (resposta à pergunta "para onde?")

> *Eu corria para LÁ e para CÁ, procurava um esconderijo, passos na escada, girava no escuro em torno do mesmo ponto.* (AFA)
> *Apressei o trem que me levaria para LONGE.* (CE)

6.6 A semântica dos **advérbios** de tempo

6.6.1 A relação tempo entre tempo e aspecto

Tradicionalmente os **advérbios** que indicam **aspecto** se abrigam, nas gramáticas, no capítulo dedicado aos **advérbios de tempo**.

É inegável que à categoria **tempo** se acopla a categoria **aspecto**. Há uma oposição entre:

a) a natureza **dêitica** da categoria **tempo** (propriedade da **sentença** e da **enunciação**), que relaciona temporalmente o evento e a enunciação;

b) a natureza **não dêitica** da categoria **aspecto** (propriedade da **sentença**, mas não da **enunciação**), que se refere à constituição interna do desenvolvimento temporal do processo.

Desse modo, **tempo** se liga a **dêixis**, mas **aspecto** se liga não apenas a **não dêixis** (definição negativa de **aspecto**), mas a **quantificação**, isto é, a **intermediação na**

polaridade (definição positiva de **aspecto**). Nessa intermediação se abrigam os componentes **frequência** e **duração**, que se resolvem, ambos, no desenrolar do processo visto em sua constituição temporal interna. É nessa constituição interna, portanto **não dêitica**, que momentos ou intervalos de tempo se estendem (**duração**) ou se somam (**frequência**).

Assim, pois, **frequência** e **duração**, enquanto indicações semânticas, tocam a **semântica** temporal, situando-se em um **estado de coisas** que evolve, temporalmente, de um estado inicial para um estado final, embora desconsiderada a ancoragem no tempo da **enunciação**.

A maior evidência do valor **aspectual** de certos **advérbios** tradicionalmente considerados como de **tempo** são as restrições que certos **advérbios** que indicam **duração** e **frequência** sofrem no enunciado. Assim, um enunciado como

> *HABITUALMENTE traz os olhos baixos, severos.* (BP)

pode abrigar um **advérbio** de **duração contínua**, como **habitualmente**, porque esse valor aspectual é compatível com o valor aspectual da **predicação** que tem por núcleo a forma verbal de **presente**, *traz*. Esse **advérbio** não poderia ocorrer, por exemplo, se a forma verbal fosse **télica**, **pontual**, como o **pretérito perfeito** *trouxe*:

> * *HABITUALMENTE trouxe os olhos baixos, severos.*

Do mesmo tipo são os **advérbios** que ocorrem em

> *As faces ainda lhe sangravam e ele as limpava CONTINUAMENTE com as mangas do casaco.* (N)
> *Porque você usa CONSTANTEMENTE esses óculos escuros?* (CH)
> *É ORDINARIAMENTE quieto, sem grandes pretensões.* (CRU)
> *Ivo hoje me parece pior que DE HÁBITO, nem sequer tocou na comida!* (DM)
> *De ORDINÁRIO vê-se unicamente estatura, perímetro toráxico e peso.* (AE)

Outros **advérbios** ou sintagmas equivalentes que exprimem diferentes noções aspectuais, como por exemplo, a **reiteração não contínua**, tanto podem ocorrer com **predicados télicos** como com **predicados não télicos**:

> *E antes de sair recolhia REGULARMENTE o apurado da caixa, como "lucro".* (CT)
> Recolheu **REGULARMENTE** o apurado da caixa.
> *Este tipo de arrendamento, entretanto, é usado COM FREQUÊNCIA apenas na pecuária.* (BF)
> Este tipo de arrendamento foi usado **COM FREQUÊNCIA**.
> *Nos últimos tempos eu passava RARAMENTE junto ao mar, e creio que nem o olhava.* (B)
> Eu passei **RARAMENTE** junto ao mar.

O Advérbio

As determinações aspectuais sempre se vinculam a uma indicação temporal, o que tem levado a uma consideração desses **advérbios** como subclasse dos temporais.

6.6.2 Traços semânticos e aspectuais dos **advérbios de tempo**

Uma característica semântica geral dos **advérbios** de tempo é que eles indicam circunstância de tempo.

São circunstâncias de tempo:

6.6.2.1 **Situação** (resposta à pergunta "quando?")

6.6.2.1.1 **Situação absoluta**: momento ou período situado na escala do tempo.

Há **advérbios** que se referem a um momento ou período determinado da **enunciação** ou de outro ponto do **enunciado** (**fóricos**):

a) O tempo em questão é cronológico, isto é, ligado ao calendário.

HOJE	= neste dia

*Até **HOJE**, um ano depois de concluídas as pesquisas, não apareceu ninguém interessado na utilização industrial do processo.* (RES)

AMANHÃ	= no dia posterior a este dia

*Eu volto **AMANHÃ**, se for necessário.* (A)

AMANHÃ	= em época posterior a esta

*Uma vez que o cérebro evolui, pode ser aquilo que me parece hoje verdadeiro, **AMANHÃ** pareça errado.* (SI-O)

ONTEM	= no dia anterior a este dia

*Mamãe me avisou, **ONTEM**, que você estava de volta.* (OE)

ONTEM	= em época anterior a esta

*Ele se encontra então numa hora intermediária, na qual já não é a criança de **ONTEM** e ainda está longe do maturo de amanhã.* (AE)

\# A partir desses **advérbios** formam-se **compostos** como:

ANTEONTEM	= no dia anterior a ontem
TRASANTEONTEM **TRASANTONTEM**	= no dia anterior ao dia anterior a ontem

A Formação Básica das Predicações

ANTEONTEM a gente nem se conhecia. (REI)
E o burrinho, também, se ele tivesse morrido TRASANTEONTEM, não estava fazendo falta a ninguém! (SA)
Meu filho nasceu TRASANTONTEM. (R)

b) O tempo em questão é não cronológico, sem ligação com o calendário.

AGORA	= neste momento

– Só AGORA é que a senhora se lembrou disso? (A)

AGORA	= na época atual

Estava dizendo um matuto, na venda, que Aparício anda AGORA com mais de duzentos homens. (CA)

AGORA	= neste momento ou período, prolongando-se para o período imediatamente seguinte a este

Mas vamos passar AGORA à parte principal do nosso programa. (RV)

AGORA	= no momento/período imediatamente anterior a este

E AGORA houve uma mula que tenha parido? (PRO)

AGORA	= nos últimos tempos

A vida da gente é esta mesma que está aqui e o melhor é acabar com ela. E AGORA aparece menino novo, para ainda mais me sucumbir. (CA)

HOJE	= na época atual

O perigo é HOJE muito maior do que naquela ocasião. (SI-O)

ANTERIORMENTE	= em momento ou período anterior ao presente

Disse que, ANTERIORMENTE, as indústrias trabalhavam com rentabilidade elevada, pois vendiam seus produtos na faixa de dois a três salários mínimos. (EMM)

ATUALMENTE	= na época atual

Nos Estados Unidos existem, ATUALMENTE, cerca de cinquenta mil revistas ou jornais técnicos. (PT)

RECENTEMENTE	= em momento ou período anterior bem próximo do presente

O Ministério da Fazenda RECENTEMENTE elaborou um estudo sobre as consequências de ordem fiscal da importação de tecnologia. (REA)

O Advérbio

ANTIGAMENTE	= em época bem anterior a esta

ANTIGAMENTE o eleitor era cego, acompanhava os passos do guia, que era qualquer político esperto. (AM)

ANTES	= em momento ou período anterior ao presente

O Partido Comunista prega o mais acendrado patriotismo, e apela para todos os motivos que ANTES condenava como "burgueses". (SI-O)

DEPOIS	= em momento ou período posterior ao presente

Conversaremos melhor DEPOIS. (DZ)

FUTURAMENTE	= em momento ou período posterior ao presente

Não teremos, FUTURAMENTE, outra saída senão pelo absurdo. (OE)

LOGO	= em momento ou período seguinte bem próximo do presente momento

Eis sua refeição. Mamãe disse para você tomar LOGO. (FR)

ENTÃO	= neste momento, naquele momento

Era ENTÃO adolescente e gostava de exibir-se nu. (FR)

Há **advérbios** que não se referem a um momento determinado da **enunciação** ou de outro ponto do **enunciado** (**não fóricos**):

CEDO	= na parte inicial/no começo de um período

Acordou CEDO e foi comprar um presente bem bacana para aquela, cujo dia se comemorava. (RO)

TARDE	= na parte final de um período

Na manhã seguinte, ela apareceu TARDE. (FR)

LOGO	= em tempo curto, sem demora

Na primeira casa onde pararam para descanso, o morador foi LOGO perguntando. (CA)

PRONTAMENTE	= em tempo curto, sem demora

A Chancelaria norte-americana reagiu PRONTAMENTE à proposta soviética. (DIP)

IMEDIATAMENTE	= em tempo muito curto

Tia Emiliana, IMEDIATAMENTE, ajoelhou-se. (ROM)

A Formação Básica das Predicações

| NUNCA/ JAMAIS | = em momento nenhum |

NUNCA pensei que você pudesse ser tão miserável. (NC)
O resultado fora aquela noite, que JAMAIS esqueceria. (BH)

| SEMPRE | = em todos os momentos |

Toda nossa segurança virá SEMPRE da lei. (JK-O)

6.6.2.1.2 Situação relativa

A situação pode ser referida a um momento da **enunciação** ou do **enunciado** (**fóricos**). Na seguinte ocorrência está bem exemplificada essa situação:

INICIALMENTE, protegê-la; DEPOIS, tentar recuperá-la; FINALMENTE, julgá-la. (OSA)

São desse tipo **advérbios** ou locuções adverbiais como:

| NOVAMENTE DE NOVO | = outra vez, além desta/dessa/daquela vez |

Pouco a pouco reinaria, NOVAMENTE, para desespero geral de empregados e em-pregadores. (RO)
Reconheço que me perco, DE NOVO, em detalhes inúteis. (A)

| AINDA AINDA UMA VEZ | = em/até este/esse/aquele momento ou período, considerado como subsequente a outro(s) |

Você AINDA não ouviu nada, sua miserável! (NC)
Cabe assinalar, AINDA UMA VEZ, a diversidade de pontos de vista em jogo. (ESI)

| JÁ | = neste/nesse/naquele momento ou período, considerado como precedente de outro(s) |

JÁ o sol da manhã espalhava-se sobre o sertão florido. (CA)

| SIMULTANEAMENTE | = ao mesmo tempo |

Foram surgindo em todos os países do mundo Institutos de Pesquisa tecnológica, ora ligados diretamente, ora coexistindo com outro de pesquisa pura, ligados à Universidade e à Indústria, SIMULTANEAMENTE. (PT)

| FINALMENTE | = no final, para encerrar |

Mas vamos passar agora à parte principal do nosso programa, apresentando nossa grande revelação, FINALMENTE com vocês. (RV)

O Advérbio

| **INICIALMENTE** | = de início, para começar |

*Mesmo assim, o conjunto todo, que estava orçado **INICIALMENTE** em vinte e quatro milhões de dólares, custou quase o dobro.* (REA)

A situação pode não ser referida a um determinado momento da **enunciação** ou do **enunciado** (**não fóricos**). Exemplos:

| **ANTES** | = em período anterior a
(**+de+sintagma nominal** ou **oração infinitiva**) |

***ANTES dos quinze anos** já amava violentamente.* (AF)
***ANTES de fazer** suas manchetes, pense na viuvez de minha filha, Pardal!* (VIU)

| **DEPOIS** | = em período posterior a
(**+de+sintagma nominal** ou **oração infinitiva**) |

***DEPOIS** da temporada na França, junto com D. Dolores, ela e Jair decidiram que a união seria celebrada o mais cedo possível.* (FA)
*Noivo e noiva só dormem na mesma casa **DEPOIS** de se casar.* (DEL)

6.6.2.2 **Duração**: período visto na sua duração.

6.6.2.2.1 Período referido a um momento da **enunciação** (**fóricos**):

| **ULTIMAMENTE** | = durante período passado próximo a este |

*Métodos cada vez mais aperfeiçoados têm sido desenvolvidos **ULTIMAMENTE** por volta de mil, novecentos e trinta.* (REA)

| **DORAVANTE** | = em período posterior a este, a começar deste |

*Agora, a Secretaria de Transportes do Estado de São Paulo divulga nota pela imprensa afirmando que, **DORAVANTE**, fará cumprir a norma legal.* (EM)

6.6.2.2.2 Período não referido a um momento determinado da **enunciação** ou do **enunciado** (**não fóricos**):

| **TEMPORARIAMENTE** | = durante certo período, por algum período |

*O lar dos Mastroianni está **TEMPORARIAMENTE** salvo.* (MAN)

| **INDEFINIDAMENTE** | = por tempo indeterminado |

E não estava em seu poder afastá-la indefinidamente.

A Formação Básica das Predicações

\# Em português só há **advérbios** para expressar a **duração** absoluta, ou a relacionada com o momento da **enunciação**, como os apontados acima. Para a expressão da **duração** relativa a um ponto de orientação (de partida ou de chegada), usa-se um sintagma preposicionado com núcleo indicativo de tempo:

> *A cidade está em pé de guerra DESDE ONTEM.* (REB)
> *Como medida preventiva, a Reitoria da Universidade do Brasil decidiu estender ATÉ AMANHÃ a suspensão das aulas em todas as faculdades sediadas na Guanabara.* (EM)
> *Ivo deverá ser emprestado ao Juventus ATÉ FEVEREIRO DO PRÓXIMO ANO.* (FSP)
> *A inchação do peito do pé é transitória e desaparece DENTRO DE UMA SEMANA APÓS O PARTO.* (PFI)

6.6.2.3 **Frequência**: repetição / não repetição de momentos ou períodos. Essa indicação nunca é referida a um determinado momento da **enunciação** ou do **enunciado**: todos os **advérbios** de **frequência** são **não fóricos**. Na verdade, como se apontou, tais elementos exprimem **aspecto** (categoria **não dêitica**) vinculado a **tempo**:

ANUALMENTE	= todos os anos

> *A taxa de crescimento das despesas com pesquisa e desenvolvimento tem oscilado entre dez e vinte por cento, ANUALMENTE.* (PT)

DIARIAMENTE	= todos os dias

> *Dez mil passam DIARIAMENTE sobre o gramado do Aterro.* (GLO)

SEMPRE	= contínuas vezes

> *A grande empresa está SEMPRE pesquisando no sentido de reformar seus planos.* (PT)

DE VEZ EM QUANDO / DE QUANDO EM QUANDO	= a intervalos

> *Ataíde, DE VEZ EM QUANDO, tinha uma dor de dente horrível.* (AF)
> *Olga, na poltrona, faz tricô, interrompendo o serviço DE QUANDO EM QUANDO para um vago devaneio.* (F)

\# Muito frequentemente **sintagmas de valor adverbial** que indicam **duração** ou **frequência** apresentam um **quantificador**:

> *POR MUITO TEMPO achei grotesco o amor entre dois velhos.* (CH)
> *Luís já esteve VÁRIAS VEZES na serra, na região colonial.* (DES)

O Advérbio

A tinta romana era, **MUITAS VEZES**, composta de fuligem, goma e água. (CRS)
Eliodora exigia minha presença, já tendo chamado por mim **MAIS DE UMA VEZ**. (A)
São Paulo **UMA VEZ MAIS** é pioneiro. (JK-O)

6.7 Propriedades distribucionais dos circunstanciais de lugar e de tempo

Há dois grupos de **advérbios de lugar** e **de tempo**, segundo sua distribuição:

6.7.1 Advérbios que têm a mesma distribuição de um **sintagma nominal** (precedido por **preposição**).

6.7.1.1 Fóricos: o **sintagma nominal** comutável seria determinado por um **demonstrativo** (= **este, esse, aquele lugar / tempo**)

Ficou mudo, espiando as três galinhas, que ciscam e catam por **ALI**. (SA)
(ali = aquele lugar)

Existe uma distinção entre a Dorinha de **ONTEM** e a de **HOJE**, mas ela não perdeu
a essência de vida dela. (AMI)
(ontem = o dia anterior a este dia)
(hoje = este dia)

6.7.1.2 Não fóricos

O palhaço perguntava, de **CIMA** dum burrinho. (FAN)
Pois, por **DETRÁS** dos tropeços de linguagem e dos jogos de palavras, esconde-se
um outro sentido que não o corriqueiro. (PS)
A mesma coisa de **ANTES**, da época do meu tolo e ingênuo casamento? (A)

\# Nesta última ocorrência, verifica-se facilmente que *ANTES* ocupa, no enunciado,
a mesma posição do **sintagma nominal** *a época do meu tolo e ingênuo casamento.*

6.7.2 Advérbios que têm a mesma distribuição de **sintagma preposicionado**
(***em*+nome** com o traço [lugar / tempo]).

6.7.2.1 Fóricos (o **substantivo** regido pela **preposição** no **sintagma preposicionado** comutável seria determinado por um **demonstrativo** (= *neste, nesse, naquele lugar / tempo*; *por este, esse, aquele lugar / tempo*)

A vida da gente é esta mesma que está **AQUI**. (CA)
(aqui = neste lugar)

AGORA me diga o senhor: o que pode fazer um sertanejo com Aparício chegando na sua casa? (CA)

(agora = neste momento)

6.7.2.2 Não fóricos

DEPOIS chamou Bentinho para DENTRO de casa. (CA)
Bentinho ouviu FORA de si a fala da moça. (CA)
Escolhesse melhor ANTES de casar. (AS)

O que se verifica é que a distribuição relativa de **fóricos** e **não fóricos** é diferente. Isso se evidencia quando eles coocorrem:

LÁ DENTRO estava a mãe, com as suas dores, devorando-lhe a alma. (CA)
O meu menino está enterrado com a mãe, ALI EM CIMA. (CA)
HOJE CEDO fui à sua casa, Augusto, para me aconselhar com você. (VN)

7 Os **advérbios juntivos anafóricos***

7.1 A natureza dos **advérbios juntivos adversativos**

O **advérbio juntivo (ou conjuntivo) adversativo**, do mesmo modo que a **conjunção coordenativa** *mas*, marca uma relação de desigualdade entre o segmento em que ocorre (**enunciado, oração** ou **sintagma**) e um segmento anterior.

Apesar da semelhança, no valor semântico, entre o **coordenador** *mas* e esses **advérbios**, a diferença de estatuto gramatical se evidencia pela possibilidade que eles têm de:

a) deixar de ocorrer como primeiro elemento da **oração** ou **sintagma**

Meus amigos, meus irmãos, a própria Isabel, já me julgavam morto. Ninguém sabia de mim. Eu, PORÉM, em companhia de Gabiru, da tribo dos carirés, irmão de Lourenço, tua mãe, que também me acompanhava, descobri o que procurava. (VP)
Esses choques rasgam as membranas externas dos núcleos celulares – sem, CONTUDO, matar a célula. (VEJ)
E a tribo está revoltada contra o teu procedimento? Esteve no começo (...) Quando, PORÉM, souberam da verdade, não deram mais ao caso a mínima importância. (VP)
No começo, Paul Newman foi acusado de utilizar o automobilismo apenas como mais um recurso promocional para a sua carreira de ator. O tempo, CONTUDO, se encarregava de provar o contrário. (FA)

---

* Essas palavras compartilham propriedades com as abrigadas na Parte II.

*Não havia ninguém. Pôde escutar **ENTRETANTO** pisadas rápidas se afastando...* (ED)

b) poder coocorrer com as **conjunções coordenativas** (contíguos ou não, e separados por vírgula, ou não), mesmo com o ***mas***

*Ando por aqui como um forasteiro, **e ENTRETANTO** tudo isso já foi meu.* (AM)

*Sim, ele lhe falara no quanto era bela a morte **e CONTUDO** continuava vivo, ele e Luciana vivos, sozinhos dentro de casa!* (CP)

*É isso que se chama de herói. Aquela coragem tranquila e inexorável. **E, CONTUDO,** que vontade deve sentir ... o herói de correr dali, de procurar uma cara amiga, um braço irmão.* (CT)

*Aqui o ódio continuava mais intenso ainda **e, TODAVIA,** foram obrigados a conviver na mesma senzala e como mercadoria de um mesmo proprietário.* (ZH)

*Eles se falam, **e NO ENTANTO** nunca se entendem.* (FEG)

*Dante é um homem da Idade Média e Petrarca é um homem do Renascimento **e, NO ENTANTO,** são homens de uma mesma época.* (AU)

*dinheiro fica aqui em cima. Eu disse que dava os cem pacotes e dou, claro! **Mas dou, PORÉM,** com uma condição!* (BO)

*Sem chuva fenece. **Mas PORÉM** resiste.* (FR)

*Gostava dela, sim, **mas PORÉM** não podia esquecer que fora infelicitada e que nenhuma união seria possível enquanto o cabra vivesse.* (FR)

*Aí está Minas: a mineiridade. **Mas, ENTRETANTO,** cuidado.* (AVE)

*Dá-se ênfase à intenção plástica enquanto se busca o que existe de mais moderno na técnica construtiva (...) **mas, NO ENTANTO,** imaginam-se programas nem sempre compatíveis com a realidade social.* (AQT)

Pode-se indicar que os elementos adverbiais são fontes de **conjunções coordenativas**, e que são fluidos os limites entre um papel semântico-discursivo e um papel basicamente relacional de tais elementos. Entretanto, pode-se verificar que, entre esses elementos, há os que estão mais próximos do comportamento de uma **conjunção coordenativa** como o *porém* e os que ainda se comportam mais caracteristicamente como um **advérbio**, embora com função **juntiva**. Assim, por exemplo, *mas porém* é ocorrente, o que colocaria *porém* no mesmo grupo de *todavia, contudo, entretanto, no entanto* e *não obstante*, enquanto *e porém* e *ou porém* não ocorrem, o que o retiraria desse grupo e o colocaria no grupo do *mas*, como mais gramaticalizado que os outros.

7.2 O valor semântico dos **advérbios juntivos**

Como a **conjunção coordenativa** *mas*, os **advérbios juntivos** *porém, todavia, contudo, entretanto, no entanto* e *não obstante* podem indicar relações semânticas

A FORMAÇÃO BÁSICA DAS PREDICAÇÕES

baseadas na desigualdade dos elementos postos em ligação, relações que vão desde uma simples desigualdade pouco caracterizada até a rejeição, passando pelo contraste, pela contrariedade, pela oposição, pela negação e pela anulação.

O valor semântico desses **advérbios** tem as seguintes especificações:

a) **Contraposição sem eliminação**: o segmento em que o **advérbio anafórico** ocorre não elimina o elemento anterior; admite-o explícita ou implicitamente, mas a ele se contrapõe.

a.1) Contraposição em direção oposta:

a.1.1) Marcando contraste. O contraste pode ser

- entre expressões de significação oposta, ou entre positivo e negativo (e vice-versa)

*Atestados de Antecedentes, de Residência, de Bom Comportamento, Médico e de Saúde (estes últimos parecidos e até semelhantes, **PORÉM** completamente diferentes). (GTT)*

*Numerosíssimas são as espécies de Crotalaria que nada têm de tóxico, abrangendo muitas utilizadas para cobertura do solo, adubação verde, e como forrageiras. Outras tantas, **PORÉM** são com notoriedade venenosas, portadoras de alcaloides já bem conhecidos. (BEB)*

*Um olhar de apelo e de tristeza, onde, **ENTRETANTO**, ainda havia uma inútil, resignada esperança. (B)*

*Tudo naquele círculo social antigo dava a ideia de errado e, **ENTRETANTO**, estava certo, pois não havia outro caminho. (BS)*

*"O homem nasce livre, e **NO ENTANTO**, por todas as partes está acorrentado", dizia o pai da Revolução, Rousseau. (SI)*

- entre, simplesmente, diferentes

*O teor em tanino existente na casca varia muito, indo desde 10 até 40%. Os dados nacionais, **PORÉM**, acusam 15-25%. (BEB)*

*E assim, calcado em uma história de lutas e sofrimentos, tivemos o início de uma arte que muitos já praticam, **PORÉM** de que poucos conhecem a origem e os fundamentos. (CAP)*

*Em 1878, Sinimbu nomeou Machado de Assis membro de uma comissão encarregada de elaborar um anteprojeto de reforma da Lei de Terras, sobre o qual foi apresentado, no ano seguinte, um relatório pelo Ministro. **ENTRETANTO**, foi em 1905 que Machado esteve a ponto de tomar parte ativa nos acontecimentos políticos. (FI)*

*Além do mais, como empregado de Madruga, não devia frequentar os mesmos lugares que ele. Para desgosto de Madruga, que lhe cobrava a presença. Venâncio **NO ENTANTO** primava em acentuar suas diferenças. (REP)*

O ADVÉRBIO

*Os escravos, nos dias e nos momentos de folga, nos terreiros das casas-grandes, nas senzalas ou nas portas dos mercados enquanto esperavam que este se abrisse, formavam círculos e jogavam capoeira, sem **NO ENTANTO** ela ser identificada como arma.* (CAP)

*Como disse o poeta, ainda que a rosa tivesse outro nome seu perfume seria o mesmo. **NÃO OBSTANTE** é bom sabermos precisamente o que entendemos por "rosa".* (DIP)

a.1.2) Compensação: a compensação resulta da diferença de direção dos argumentos

*Com isso não ganhou nem fama, nem dinheiro – e até foi tomado por demente. Teve, **PORÉM**, singela compensação: recebeu o apelido de Homem Borboleta.* (GH)

*Convém explicar que esse André Leite, ou general, fora colega de turma de Gonzales Floriam. Muito menos inteligente, consoante avaliação do Basílio. **PORÉM**, muito mais comportado.* (ALF)

*Não existem dados seguros e completos para se avaliar o montante das inversões inglesas no Brasil. Conhecemos **CONTUDO** uma de suas parcelas, com certeza a mais importante, que são os empréstimos públicos.* (J)

*É certo que o aproveitamento do anedótico, nem menos na situação do que nas falas, limita o alcance das comédias de Guilherme Figueiredo. Diversas peculiaridades, **CONTUDO**, lhe conferem inegável interesse.* (ESS)

*Muitas festas desapareceram, outras estão desaparecendo; **ENTRETANTO**, nas regiões das novas culturas, algumas estão aparecendo.* (FN)

a.1.3) Restrição: o segundo segmento restringe o primeiro por refutação, por acréscimo de informação, por pedido de informação etc.

*Punam-se os maridos que agridem as mulheres, fazendo-o, **PORÉM**, com imediatismo.* (ESP)

*Outra coisa: a rua dos Estudantes, não obstante as obras em andamento, continua desembocando no largo da Liberdade, **PORÉM**, só com mão única.* (GH)

*Ela conta que as mulheres se comportam como crianças: brincam o tempo todo, riem muito – **PORÉM** sem excitação.* (FOT)

*Modéstia à parte, eis que também o fiz, e daí? Jamais **TODAVIA**, com declarada disposição, como agora, de que seja para sempre.* (FE)

*José Ubirajara Timm confirmou a intenção do governo de proibir a pesca da baleia no mar territorial brasileiro (...). Salientou, **CONTUDO**, que a proibição vai ficar condicionada à diversificação das linhas de produção da COPERBRAS.* (CB)

*O Governo Nacional, mediante lei especial, pode intervir em empresa econômica particular. A intervenção, **ENTRETANTO**, só se fará a título de exceção.* (D)

*Em tal caso, a unidade tendia a perder a capacidade. Essa redução de capacidade teria, **ENTRETANTO**, de ser um processo muito lento.* (FEB)

a.1.4) Negação de inferência: vem contrariada a inferência a partir de um argumento enunciado anteriormente; na primeira **oração** há asseveração, com admissão de um fato; na segunda **oração** expressa-se a não aceitação da inferência daquilo que foi asseverado

As bandeirolas das janelas do segundo andar achavam-se quase todas iluminadas, como se o sobrado estivesse em festa. Delas, **PORÉM**, não vinha o menor sonido de vozes ou música. (N)

Aproximei-me em silêncio, **PORÉM**, fui notado. (FR)

Os piolhos de livro (psócidos) são insetos minúsculos, de cor branca ou escura (...) Seu corpo tem forma semelhante ao cupim, **TODAVIA** é relativamente fácil distingui-lo. (CRS)

Considero o perdão antes, e muito mais, um dever do que mesmo qualidade ou virtude. Isto, **TODAVIA**, não significa que eu perdoe indiscriminadamente, o que seria imperdoável. (T)

O resultado é que na natureza tem lugar uma forte mortalidade que **ENTRETANTO** não impede a espécie de sobreviver. (ECG)

Eram sonhos de certa forma repetidos. Lugares que ele nunca vira antes **ENTRE-TANTO** não lhe pareciam desconhecidos. (ORM)

Consumiu a mocidade em mostrar os bons caminhos, **NO ENTANTO** os discípulos se transviaram. (MAR)

Crisipo, tua mulher te engana, e **NO ENTANTO** não tens chifres. (TEG)

\# A insuficiência da asseveração para permitir a inferência pode vir explicitamente indicada:

Ao plenilúnio, seus olhos não tinham a fosforescência das noites escuras, **PORÉM mesmo assim** brilhavam muito, tanto que o cavalo se assombrou, erguendo-se sobre as patas traseiras. (FR)

Sabe-se que Tales tinha contatos com os assírios, persas e egípcios; Pitágoras conhecia os sacerdotes egípcios. **Apesar disso, PORÉM**, não se pode chegar a extremos; nem é lícito dizer que a filosofia grega seja (...) inteiramente independente das influências orientais e egípcias. (HF)

Agora, felizmente, não havia mais motivos para insônia. **Ainda assim, PORÉM**, ao deitar-se tomou um comprimido do vidro que tirara do armarinho de remédios da irmã. (VN)

A implantação de melhores vias de comunicação entre os mercados reduziu o número de intermediários marginais, que foram substituídos por agentes de comercialização, os quais contribuíram para a conservação, melhoria e distribuição dos produtos. **ENTRETANTO, apesar de** transformações profundas na comercialização, elas não foram suficientes para atender às necessidades impostas pelo crescimento urbano. (DS)

O ADVÉRBIO

A admissão também pode vir lexicalizada:

*Eu sabia que não estava morto, **PORÉM**, não compreendia como podia estar fora do meu corpo, e sempre que a ele eu queria voltar, sentia-me mal.* (PCO)

*Portanto, os mistérios da mercadoria não estão contidos em seu valor de uso. Também não há mistérios quanto às atividades produtivas necessárias para a realização do seu tênis. Elas diferem entre si, **é verdade!** **PORÉM**, todas representam trabalho humano, dispêndio do cérebro, dos nervos, músculos, sentidos etc. do homem.* (MER)

a.2) Contraposição na mesma direção. O segundo argumento é superior, ou, pelo menos, não inferior ao primeiro, e a valorização é comparativa ou superlativa:

*Eles vinham em busca de luz e ar. **PORÉM**, vinham **principalmente** para recordar um lugar que já tinham esquecido.* (ELL)

*Bem sabemos que isso não é tranquilizador para os que fizeram da fraude e da corrupção as suas armas principais nas batalhas políticas. Parece-nos **PORÉM**, que lhes devem ser **menos** amedrontador que o golpe.* (ESP)

*O já histórico "inquérito do Galeão" apresentou muitos aspectos emocionantes e sensacionais. Nenhum deles, **TODAVIA**, **mais** estarrecedor que a revelação sobre a faustosa e nababesca vida de Gregório Fortunato.* (GLO)

*As variedades (de amendoim) mais cultivadas em SP são o amarelo, o roxo, o Porto Alegre, o comum, o jambo, o rateiro, o tatu, e o nhambiguara. **ENTRETANTO**, a variedade tatu foi **mais** recomendada.* (DS)

*A geopolítica é o instrumento intelectual da guerra. **ENTRETANTO**, as relações sociais internas aos Estados são **também** relações de guerra.* (GPO)

a.3) Contraposição em direção independente. No segundo segmento, é enunciado um argumento ainda não considerado. O argumento anterior, embora admitido, é considerado menos relevante do que o que vem acrescentado:

*De Robério, nada me espanta, pois o tenho em casa e sei o trabalho que me dá. Devo dizer-te, **PORÉM**, d. Antão, que Melchior é o culpado de tudo.* (VP)

*Os cursos de água em leito rochoso são por sua natureza essencialmente estáveis; **ENTRETANTO** as irregularidades do vale podem causar dificuldades para a medição das descargas.* (HID)

*Devo esclarecer que ocupava um modesto aposento dos fundos, mal iluminado e de assoalho periclitante, cuja única vantagem era me oferecer guarida durante a noite, próximo à loja, podendo assim atender algum freguês que surgisse em horas avançadas. Corria **NO ENTANTO** a notícia de que alguns ladrões andavam operando em nossa pequena cidade.* (CCA)

A desconsideração do argumento anterior pode vir lexicalizada (= o que importa é):

Todos esses compassos dissonantes coexistiam em nossa aprendizagem, misturando as reações que nos causavam os ensinamentos dos velhos mestres com as nossas *próprias ideias e inclinações de espírito. **O que mais importava, PORÉM**, no meu entendimento, eram o estado de alma, a inspiração, o sentimento oculto no tema, a expressão da mensagem.* (TA-O)

*Sem ler não é possível iniciar nenhuma obra de educação. **O indispensável, PORÉM, é que**, tendo a criança aprendido a "decifrar hieróglifos", leve ao sair da escola, o estímulo para continuar, por si só, a empregar este meio de obter conhecimentos – em outras palavras, ganhe o hábito da leitura.* (BIB)

*Cláudio não sabe quantos gols fez no Pacaembu. Para ele, **ENTRETANTO**, "**o que importa** são as lembranças que o local traz a você".* (FSP)

b) **Contraposição com eliminação.** O segmento em que ocorre o **advérbio** anafórico elimina o segmento anterior. Suposta ou expressa essa eliminação, o elemento eliminado pode ser, ou não, substituído.

b.1) Eliminação no tempo. Elimina-se a subsequência temporal natural, ou a consecução do que vem enunciado no primeiro segmento:

b.1.1) Sem recolocação. Negada a subsequência, nada se põe no lugar.

\# A negação da subsequência ou consecução é explícita (pelo uso de elementos negativos ou da expressão léxica de anulação, contenção, protelação, desistência, irrealização):

*Ascalon ainda ensaia uma fuga. Sem seguimento **PORÉM**.* (PRO)

*Tentara-se também importar coolies chineses, e chegou-se mesmo a formar uma corrente imigratória do Oriente. A ideia não foi **CONTUDO** por diante.* (H)

*Esse intercâmbio poderia ter-se iniciado em 1904, quando os paulistas convidaram os ingleses do Northingan Forest, que se exibiram na Argentina, a realizar alguns jogos em São Paulo. **ENTRETANTO**, apesar de aceitar a proposta, o Northingan não deu sinal de vida na capital bandeirante.* (TAF)

*Em Capivari e Elias Faresto, aguardavam esses trabalhadores que, depois de publicado, em 11 de janeiro, o acordo do dissídio coletivo que lhes concedeu aumento de salários, iriam às firmas empregadoras dar cumprimento à decisão da justiça trabalhista. As usinas, **NO ENTANTO**, embora notificadas para iniciar o pagamento do reajuste de 25% concedido pelo T.R.T., não o fizeram.* (ESP)

*Mas ele não tinha coragem de expor seu plano. A ideia de parecer mesquinho, cortava-lhe as palavras. Por alguns instantes, julgou ser fácil convencê-las de que pretendia agir daquela forma para abreviar-lhes o sofrimento ante a presença da mãe morta. **NÃO OBSTANTE**, a consistência dessa razão sucumbia em presença do argumento decisivo: o dinheiro.* (ESS)

A negação da subsequência ou consecução pode vir implícita, vindo expressa a causa dessa eliminação no tempo:

*No quarto da viúva o choro havia recrudescido e ouviam-se de novo os gritos histéricos da rapariga. O corcunda agitou-se na cadeira, como que prestes a saltar. A mão do mestre, **PORÉM**, caiu-lhe autoritária sobre o ombro, contendo-o. (N)*

*Quis acercar-me, **PORÉM** recebi instrução para telefonar ao pronto-socorro, pedindo uma ambulância. (FR)*

*O que interessava agora era a caça aos prêmios para os de casa, justificada por este argumento de arromba: a finalidade da lei, nascida de recursos paranaenses, só podia premiar obras de escritores paranaenses. **TODAVIA**, esqueceram-se os "paranaensistas" de dizer o que se deve entender por escritor paranaense. (ESS)*

*Verificaram-se condições excepcionais para o plantio em algumas zonas da Bacia do Rio São Francisco. **ENTRETANTO**, faltavam sementes melhoradas. (DS)*

*Ao formarmos posse da veneranda Sé Metropolitana de Diamantina (...) era nosso desejo enviar-vos uma Pastoral de Saudação. **NO ENTANTO**, as condições de nossa saúde, naquela época, não permitiram que tal desejo se realizasse. (SI-O)*

b.1.2) Com recolocação. Nega-se a subsequência, mas há uma recolocação, isto é, vem expresso um evento que substitui a subsequência natural eliminada.

A negação da subsequência é explícita, e em seguida se faz a recolocação:

*Fidel Castro entrou em Havana como o libertador do povo de um regime corrupto, sujo e canalha (...) De posse do poder, **CONTUDO** (...) ao invés de libertador, passou a ser ditador. (CRU)*

*Substituem-no (o ouro) a princípio os já referidos pesos espanhóis de prata; mesmo estes **CONTUDO** começarão logo a escassear, em seu lugar aparecerá uma moeda depreciada de cobre; e finalmente papel-moeda de valor instável e sempre em acelerado ritmo. (H)*

*Assim, desde o momento em que pisou a cidade converteu-se no centro de interesse geral, fazendo os próprios Meneses recuarem para um discreto segundo plano. Aos poucos, **NO ENTANTO**, esse interesse, por falta de alimento, foi-se desvirtuando – e o que antes era elogio irrestrito, converteu-se num jogo de dúvidas e probabilidades. (CCA)*

A negação da subsequência natural vem suposta pela própria recolocação que se efetua:

*Dona Leonor esboçou um sorriso. Logo, **PORÉM**, tornou a fechar o semblante. (A)*

*Celeste, fascinada, decide-se a apanhar o pacote. "Boca de Ouro", **PORÉM**, recolhe o pacote e o põe em cima do móvel. (BO)*

*Tranquila a velhinha se foi, dizendo mesmo que já sentia muito melhor. Dali a uma semana, **TODAVIA**, lá estava ela, pedindo que lhe tirassem a pressão. (FE)*

*Ainda quando rompe o dia, está bom. Sereno. Logo depois, **ENTRETANTO**, começa um vento violento e constante. (DES)*

> No primeiro ano, "deu até bem". Chegou ao fim da safra, "sem dever para o patrão". A partir do segundo ano, *ENTRETANTO*, foi ficando cada vez mais endividado e, no fim do quarto ano, percebeu que "não dava mais. (BF)

b.2) Eliminação sem relação temporal. A eliminação não se refere a uma relação temporal entre os segmentos.

b.2.1) É negado o que é enunciado no primeiro membro.

A negação é explícita e se refere ao que está posto, pressuposto ou subentendido no primeiro segmento:

> *Fontes extraordinárias afirmam que os sequestradores do avião são militantes do grupo guerrilheiro urbano Movimento Dezenove de Abril (...) CONTUDO, fontes da diretoria de Aeronáutica Civil assinalaram que **não** havia ainda nenhuma indicação sobre a identidade dos assaltantes. (JB)*
> *Suspeitas de úlcera, de hepatite, de nefrite: as possibilidades são riquíssimas. CONTUDO, essas suspeitas vagas **não** são nada, até que o infeliz chega à faixa crucial – a dos cinquenta anos. (CT)*
> *Nível de inteligência maior ou menor constitui para alguns, fator de desabrochar pubertário mais precoce, devendo os débeis mentais iniciar sua puberdade mais tardiamente que os anormais e esses depois dos supernormais. TODAVIA a **dissociação** entre a inteligência e o despertar da puberdade é bem conhecida. (AE)*

A negação vem implícita. Ou se nega o preenchimento de uma condição necessária, ou se ratifica uma irrealidade, ou se nega uma potencialidade. O que vem expresso é a causa desse não preenchimento da condição, dessa irrealidade ou dessa não potencialidade:

> *A vontade de tomar um café nos fará parar no drugstore em frente à vivenda da Mister Douglas G. Burro. Esse estabelecimento, ENTRETANTO ignora a nossa brasileira necessidade de café e quaisquer outras. (CV)*
> *O velho Porfírio deveria das boas gargalhadas, se me visse em tal estado. Não lhe dei, CONTUDO, este prazer; escondi-me. (VID)*
> *O crescimento em extensão possibilitava a ocupação de grandes áreas, nas quais se ia concentrando uma população relativamente densa. ENTRETANTO, o mecanismo da economia (...) anulava as vantagens desse crescimento demográfico como elemento dinâmico do desenvolvimento econômico. (FEB)*

b.2.2) É rejeitada a oportunidade do primeiro segmento. Está em questão se é oportuno, e não se é verdadeiro, o que vem aí enunciado; isso implica uma desconsideração, mesmo que provisória, desse primeiro enunciado:

O ADVÉRBIO

*E no momento que admitisse uma ou outra dessas verdades deixaria de ser comunismo marxista. Mas nem assim poderia ser aceito por um católico. Disto, **PORÉM**, falaremos mais tarde.* (SI-O)

*Ah, senhor editor, está assim de gente querendo aprender São Paulo numa só lição. Coitada dessa gente. Passemos, **PORÉM**, a coisas outras.* (GTT)

*Certas extirpações são, às vezes, muito penosas, mas guardam sempre o tamanho exato da culpa. Isso, **ENTRETANTO**, não importa.* (ORM)

*O poder aquisitivo do salário mínimo oficial tende a cair abaixo do mínimo necessário para a subsistência da classe trabalhadora. Essa questão será, **ENTRETANTO**, mais detalhada na Segunda Parte deste trabalho.* (BF)

8 Particularidades das construções com **advérbios**

8.1 Numa sequência de **advérbios** em **-*mente***, pode-se dispensar esse **sufixo** nos primeiros **advérbios** e usá-lo só no último:

*Olivetto acha que está ocorrendo diminuição do racismo no Brasil, mas que o negro ainda precisa ascender **SOCIAL** e **ECONOMICAMENTE**.* (FSP)

*Navon formou-se **HUMANA** e **POLITICAMENTE** no convívio de David Ben Gurion, de que foi secretário-particular e chefe de gabinete.* (MAN)

*A possibilidade de viver **DIRETA** ou **INDIRETAMENTE** de subsídios do estado fez crescer o número de pessoas economicamente inativas.* (FEB)

*Há, evidentemente, muitos países cuja situação é melhor, mas há também maior número onde a vergonha criminológica é pior e muitas vezes as situações mais graves e mais sórdidas nem se acham entre os povos mais ou menos miseráveis **MORAL, ESPIRITUAL E SOCIALMENTE**, mas entre aqueles que se proclamam civilizados, quando desde depois da última conflagração nenhum povo pode ser reconhecido como civilizado.* (IS)

8.2 O **comparativo de superioridade** de *BEM* e de *MAL* pode ser **sintético** (*MELHOR* e *PIOR*, respectivamente) ou **analítico** (*MAIS BEM* e *MAIS MAL*, respectivamente), embora a gramática normativa recomende o emprego do comparativo analítico junto de particípio:

*Acho que já foram dizer a ela que eu acho você o caboclo **MAIS BEM acabado** que até hoje deu com os costados no Juazeiro.* (ASS)

*trabalho em equipe, mesmo harmônico, não basta como garantia de qualidade. Torna-o apenas mais fácil e geralmente **MELHOR acabado**.* (ROT)

A FORMAÇÃO BÁSICA DAS PREDICAÇÕES

*A cabeça da personagem Priscilla, considerada pelos idealizadores do programa como o boneco **MAIS BEM resolvido** tecnicamente, pesa 8 quilos, graças à parafernália eletrônica que carrega.* (VEJ)

MELHOR resolvido *é o trabalho de Nando Reis.* (FSP)

*cérebro dos homens estaria **MAIS MAL equipado** para isso.* (VEJ)

*Inúmeras desvantagens – turmas maiores, escolas **PIOR equipadas**, professores menos credenciados e renda "per capita" bem mais baixa – não impediram que a Coreia do Sul desse um baile educacional.* (FSP)

*Não é sem razão que os países **MAIS MAL colocados** na lista são aqueles em que o Estado se esfacelou em rivalidades tribais e religiosas.* (VEJ)

*Este ano, o país só terá torneios válidos pelo ATP Challenger, no qual competem esportistas **PIOR colocados** no ranking.* (FSP)

*Depois, **conversaremos MELHOR**.* (A)

\#   Observe-se que as formas analíticas só ocorrem com **adjetivos participiais**.

APÊNDICE DO ADVÉRBIO

A NEGAÇÃO

1 A natureza do processo

A **negação** é uma operação atuante no nível sintático-semântico (no interior do **enunciado**), bem como no nível **pragmático**. É um processo formador de sentido, agindo como instrumento de **interação** dotado de intencionalidade. A **negação** é, além disso, um recurso argumentativo (ou contra-argumentativo).

Sendo um modificador, o elemento que opera a negação tem um **âmbito de incidência**, o que tem sido chamado de *escopo*. O **escopo da negação** define-se como o segmento de enunciado em que a negação exerce o seu efeito, ou seja, como o conjunto de conteúdos afetados pelo operador de negação. É a noção de **escopo** que permite distinguir, por exemplo, uma negação de **oração**, como em

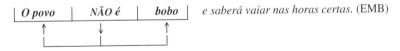 *e saberá vaiar nas horas certas.* (EMB)

de uma negação de constituinte, como em

Queria amar –  *muito, como as heroínas.* (AF)

Merece observação o fato de que o elemento *NÃO*, além de operador de negação, de uma **oração** ou de um constituinte, pode funcionar, sozinho, com o estatuto de **enunciado negativo**, como antônimo de *sim*, especialmente em contextos de resposta a interrogativas **gerais**, isto é, interrogativas cuja resposta é exatamente do tipo *sim/NÃO*:

A Formação Básica das Predicações

AL: Você andou muito tempo com eles?
J: NÃO. (AS)
(≠ Sim.)

Entendeu? NÃO. (AS)

T: Já dormiu, Paco?
P: NÃO. (DO)

Já viu o menino?
NÃO. (FIG)

Muito frequentemente, esse *NÃO* que constitui um **enunciado** vem seguido por um novo **enunciado** no qual o elemento *NÃO* – ou outro qualquer elemento de negação – entra como operador de negação:

– *Eu o matarei assim que nasça, juro pelo corpo de pai!*
– *NÃO, você **não** fará isso!* (ML)
– *Eu sei.*
– *NÃO, você **não** sabe.* (SPI)

O operador de negação *NÃO* é, via de regra, anteposto à parte do enunciado sobre a qual incide, mas, em enunciados mais marcados e para efeitos comunicativos, especialmente num registro mais coloquial ou popular, esse elemento pode vir no final do enunciado. Também nesse caso ele é o oposto de *sim*.

Sei NÃO. (AS)
   (≠ sei *sim*)
Sei de nada, NÃO. (BA)
Sei mais nada NÃO. (IN)
Liga NÃO! (AS)
Nem não tivesse a asa aparada queria NÃO. (COB)

Outra observação se refere ao fato de que, numa **oração negativa**, podem estar elípticos e ser recuperáveis no contexto alguns, ou mesmo todos os demais membros, permanecendo expresso o elemento de negação, como em

Toma lá, toma lá, cão, tu ficarás aguado, meu filho NÃO! (ANA)
Comumente, tais tegumentos são permeáveis à água, mas NÃO aos gases. (TF)

2 O modo de expressão da **negação**

2.1 Dentro do sistema da língua portuguesa, a partícula *NÃO* é o elemento básico que opera o processo de negação. Outros elementos adverbiais

O ADVÉRBIO

negativos, como *NUNCA* e *JAMAIS*, também produzem negação no nível da **oração**:

NÃO quero morrer. (FP)
NUNCA estudei. (CR)
JAMAIS se permitiria uma liberdade daquelas. (A)

Entretanto, o *NÃO* é, por excelência, o elemento usado para **negar**, já que esse é o seu valor exclusivo, enquanto *NUNCA* e *JAMAIS* mesclam ideia **aspectual** e **temporal** ao valor negativo.

Assim, os enunciados

NUNCA estudei. (CR)

e

JAMAIS se permitiria uma liberdade daquelas. (A)

equivalem, respectivamente, a:

NÃO estudei **em tempo algum**.

e

NÃO se permitiria uma liberdade daquelas **em tempo algum**.

Por sua vez, o enunciado

NÃO quero morrer. (FP)

é, simplesmente, a negação de

Quero morrer.

2.2 Outro elemento muito usado para negar é *NEM*, sempre anteposto. Diferentemente dos outros elementos de negação, a partícula *NEM* funciona não apenas como elemento **adverbial**, como em

*A patroa quer dar umas voltinhas, **NEM quer saber de jogo**.* (UC)

mas ainda como **conjunção coordenativa**, ocorrendo entre segmentos de valor **negativo**, como em

Mas como era sujeito distinto, NÃO telefonou NEM procurou pessoalmente Monticelli. (VN)

Obs.: A **conjunção coordenativa** *NEM* é estudada no capítulo **Conjunções coordenativas aditivas**.

A Formação Básica das Predicações

2.3 A **preposição** privativa *SEM* inicia **sintagma adnominal** ou **adverbial**, operando **negação** por exclusão.

Podem distinguir-se dois tipos de construções com *SEM (QUE)* iniciando oração.

a) Uma construção do tipo de

> **p** (afirmativa) *SEM (QUE)* q

embora não contenha, na sua segunda parte, nenhum dos elementos considerados **de negação**, é semanticamente **negativa** nessa segunda parte, valor (com matiz **modal**, e, por vezes **concessivo**) que é obtido pelo significado **privativo** de *SEM*:

A gargalhada explodiu,
__**afirmativa**__

                 SEM QUE Geraldo lhe percebesse a razão. (BH)
                      negativa (= não percebeu)

Do mesmo tipo são as ocorrências:

Se tens elementos para realizar os teus projetos SEM QUE haja sacrifício de ninguém, não nos oporemos. (BN)

SEM QUE ninguém veja a facada, João Grilo dá uns meneios e saltos de gato na frente do cangaceiro. (AC)

Helô reage SEM abrir os olhos. (CHU)

b) Uma construção do tipo de

> **p** (negativa) *SEM (QUE)* q

na qual a **oração** inciada por *SEM (QUE)* também tem valor negativo, embora mesclado com valor **condicional**:

Isso não pode ser feito
__**negativa**__

                 SEM QUE haja ressentimentos de privilegiados. (AR-O)
                    condicional negativa (= se não houver)

Esse componente de **eventualidade negativa** da **subordinada** com *SEM QUE* construída com **oração principal** negativa pode ser observado nestas outras ocorrências:

Provam eles que NÃO há reforma política ou revisão institucional consolidadora da paz interna SEM QUE tal transição seja acompanhada de uma democracia econômica. (G-O)

(= caso não seja)

A democracia NÃO será efetiva sem liberdade de informação e não será exercida SEM QUE esta seja assegurada a todos os veículos de comunicação social. (AP)

(= caso não esteja)

O Advérbio

De todo modo, uma **subordinada** iniciada por *SEM QUE* tem valor negativo, seja afirmativa a **oração principal**, como em

A gargalhada explodiu, SEM QUE Geraldo lhe percebesse a razão. (BH)

seja ela negativa, como em

Isso não pode ser feito SEM QUE haja ressentimentos de privilegiados. (AR-O)

As próprias características sintáticas da subordinada iniciada por *SEM QUE* são as de uma **oração negativa**. Observe-se, por exemplo, que, se dentro do segmento **subordinado** iniciado por *SEM QUE* houver duas ou mais **orações coordenadas**, a coordenação pode ter uma expressão do tipo negativo:

NÃO se passava uma noite SEM QUE ele assaltasse um palacete, arrombasse um cofre, mestre no ofício. (ANA)
(= Não se passava uma noite sem que ele assaltasse um palacete nem arrombasse um cofre.)

2.4 A ideia de negação é expressa por meios linguísticos diversos, exatamente porque abriga fenômenos de tipos diferentes.

2.4.1 A partícula negativa *NÃO*, como se explicou antes, apenas nega. Assim, os **enunciados**

NÃO havia lua. (FP)
O inibidor NÃO tem influência no processo germinativo. (TF)
Manguari NÃO se deixa arrastar. (RC)

constituem negação, respectivamente, de

Havia lua.
O inibidor tem influência no processo germinativo.
Manguari se deixa arrastar.

Do mesmo modo, um **substantivo** como *não realização* é simplesmente a **negação** de *realização*, como se vê em

Uma tal pergunta implica a expectativa da NÃO REALIZAÇÃO do ato. (ANC)

2.4.2 Certos elementos adverbiais e pronominais atuam como **quantificadores negativos**.

Os **adverbiais** *NUNCA* e *JAMAIS*, como também já se explicou em 2.1, negam quantificando dentro do **sintagma verbal** (relação **aspecto-temporal**):

JAMAIS pensara em outra coisa senão em si mesma. (A)
(= "em nenhum momento", "com nenhuma duração", "com nenhuma frequência" etc.)

NUNCA me passara pela cabeça que alguém pudesse fazê-lo. (MEC)
(= "em nenhum momento", "com nenhuma duração", "com nenhuma frequência" etc.)

Os elementos pronominais negativos (como *NINGUÉM*, *NADA*, *NENHUM*) também negam quantificando dentro do sintagma nominal:

Assim, o enunciado

Mas NINGUÉM de senso perfeito joga fora os seus bens. (MEC)

equivale a

Mas NENHUMA PESSOA de senso perfeito joga fora os seus bens.

E o enunciado

NADA entendia de amor, era evidente. (CR)

equivale a

NENHUMA COISA / NEM UM POUCO entendia de amor, era evidente.

Verifica-se, nesses dois enunciados, que, do ponto de vista semântico,

- **o quantificador pronominal negativo** *NINGUÉM* constitui **sujeito** negativo (= nenhuma pessoa);
- **o quantificador pronominal negativo** *NADA* constitui **complemento** ou **adjunto** negativo (= nenhuma coisa / nem um pouco).

Esse valor de **quantificador negativo** fica bem evidente no uso do **pronome** *NENHUM*:

NENHUMA das hipóteses me atrai. (CH)
Em NENHUMA parte do mundo existe outro. (PFV)

Os **quantificadores negativos pronominais** têm uma distribuição bem definida:

NINGUÉM é o **quantificador universal negativo** para pessoas (= nenhuma pessoa do mundo):

NINGUÉM sabe o dia de amanhã. (AB)

NINGUÉM também é usado para quantificar negativamente todo um conjunto de pessoas:

O Advérbio

*Todo mundo foi embora e **NINGUÉM** me disse adeus.* (MPF)

NADA é o quantificador universal negativo para não animados (= nenhuma coisa do mundo):

> *NADA para contar. NADA para acrescentar à queixa dos dias anteriores.* (A)
> *Não estou dando NADA. Estou devolvendo.* (FEL)

NENHUM é usado para quantificar negativamente qualquer classe de elementos, tanto pessoas como animais e coisas. Diferentemente de *NINGUÉM* e *NADA*, que são sempre **núcleo de sintagma**, *NENHUM* funciona:

a) como **adjunto adnominal**, geralmente anteposto

> *Nunca, NENHUM homem foi tão sincero como eu neste momento.* (SER)
> *Ora, amigo NENHUM eu tive como meu marido, Mário.* (A)

b) como **núcleo** do **sintagma nominal**, com **complemento partitivo**:

> *NENHUM dos alunos da Escola de Polícia teve qualquer envolvimento com os fatos ocorridos.* (CP)
> *NENHUM deles nasceu aqui?* (DZE)

c) sozinho no **sintagma nominal**, por **elipse** do **substantivo** núcleo do sintagma, ou do **partitivo**:

> *NENHUM usa gravata.* (GCC)
> *Não sobrou NENHUM.* (AS)

ALGUM é um indefinido positivo que funciona como **adjunto adnominal** e que, quando posposto, se torna negativo:

> *A meus olhos, você não tem direito ALGUM aqui.* (A)
> *Consideração ALGUMA terá sentido, se os brasileiros não corresponderem ao que deles se requer.* (JK-O)

2.4.3 O elemento *SEM* inicia **sintagma** de valor negativo obtido pelo significado de privação ou exclusão que esse elemento tem. O **sintagma** iniciado por *SEM* se articula a outro **sintagma** – não oracional ou oracional –, e, neste último caso, o que se nega é um **estado de coisas** que ocorre em concomitância com o **estado de coisas** expresso na **oração principal**:

> *Enquanto fala, SEM se levantar do piano, Helô põe a audição do gravador para funcionar.* (CHU)
> *Ao vê-los, Abelardo fecha a cara e se retira SEM se despedir de ninguém.* (CHU)

Por isso mesmo, essas **orações** com *SEM* – ou com *SEM QUE*, se a **oração subor-dinada** tiver **verbo** em modo finito – constituem a contraparte negativa das **orações** de **gerúndio**, que mantêm relação de concomitância com as suas **orações principais**:

> *Enquanto fala, **levantando-se** do piano, Helô põe a audição do gravador para funcionar.*
> *Ao vê-los, Abelardo fecha a cara e se retira **despedindo-se** de alguém.*

2.4.4 O elemento **adverbial** *NEM* não nega neutramente como o *NÃO*, já que ele tem um componente de significado restritivo que coloca a porção do enuncia-do negada como um extremo a que se chega nesse ato de negar:

> *NEM te conto!* (CM)
> *Se eu tivesse voltado ia ser fogo. Já pensou? **NEM brinca!*** (UC)

Isso impede, por exemplo, que o *NEM* possa ser usado prefixadamente a um item lexical, como ocorre com o *NÃO*, por exemplo, em **não realização**.

Observa-se que, entre um primeiro elemento negado por *NÃO* e um elemento negado por *NEM*, pode estabelecer-se uma hierarquia de relevância, recuperável pelo **contexto** pragmático. O elemento negado em acréscimo poderá ser o mais alto ou o mais baixo numa escala ideal:

> *Grávida é pior: aqui não cabe **NEM** um magro, quanto mais mulher recheada!* (MPF)

A condição de extremo da escala pode ser marcada por elementos como *MESMO* (inclusão) e *SEQUER* (exclusão):

> *Nunca poderia contar a ninguém, **NEM mesmo** à avó, o que viu.* (CC)
> *Jamais um artista, **NEM mesmo** o mais genial, pudera igualar a fidelidade absoluta das imagens da câmara obscura.* (FOT)
> *Vocês **NEM sequer** se conheciam!* (GCC)
> ***NEM sequer** sei eu o que é chantagismo.* (NOD)

2.4.5 Certos **verbos** de significado negativo, como ***recusar, impedir, abster-se de***, constituem negações particulares de outros lexemas de significado oposto (afirmativo).

Assim, o enunciado

> *Você **RECUSOU** a responsabilidade pela salvação!* (CH)

tem, em princípio, o mesmo significado do enunciado

*Você **NÃO ACEITOU** a responsabilidade pela salvação!*

e, portanto, significa o oposto do enunciado

*Você **ACEITOU** a responsabilidade pela salvação!*

Do mesmo modo, o enunciado

*Aliás, a última mocinha que você teve a audácia de me recomendar, eu **RECUSEI**.* (OM)

significa, em princípio, o mesmo que

*Aliás, a última mocinha que você teve a audácia de me recomendar, eu **NÃO ACEITEI**.*

3 Níveis de manifestação da **negação**

Do ponto de vista lógico, a **negação** pode operar em qualquer nível da **oração**. Num enunciado como

*Você **NÃO** tem coragem de matar um homem.* (FP)

a **negação** atua sobre a relação entre **sujeito** e **predicado**. Numa **oração** sem **sujeito** como:

***NÃO** havia pavor em sua voz.* (FP)

ela age sobre o próprio evento (o **predicado**).

Num **enunciado complexo** como o que segue, pode observar-se a **negação** operando tanto no nível do enunciado como no nível de cada uma das **orações** que compõem o enunciado:

Quem	*NÃO*	*tem*	*duzentos*	*réis*	*NÃO*	*toma*	*sorvete.* (RC)
sujeito	negação		predicado		...		
oração subjetiva					negação	oração principal	

Além disso, qualquer constituinte da **oração** pode ser negado. O mesmo enunciado já comentado:

*Você **NÃO** tem coragem de matar um homem.* (FP)

que, com entoação neutra, tem negada a relação entre **sujeito** e **predicado**, pode ser entendido de outras maneiras, conforme a entoação indique que a negação incide sobre um ou outro componente da **oração**, e não simplesmente sobre a relação predicativa oracional. Suponha-se, por exemplo, que

A Formação Básica das Predicações

a) o acento caia no **sujeito** (*você*): <u>*Você*</u> NÃO *tem coragem de matar um homem.*
   [O que se nega é que seja *você*, e não outra pessoa, que "*não tem coragem de matar um homem*".]

b) o acento caia no **complemento** de *tem* (*coragem*): *Você* NÃO *tem* <u>*coragem*</u> *de matar um homem.*
   [O que se nega é que seja *coragem*, e não outra coisa, que "você não tem".]

c) o acento caia no **complemento** de *matar* (*um homem*): *Você* NÃO *tem coragem de matar* <u>**um homem**</u>.
   [O que se nega é que seja *um homem*, e não outro ser, que "você não tem coragem de matar".]

d) o acento caia no **verbo** da **oração subordinada** (*matar*): *Você* NÃO *tem coragem de* <u>**matar**</u> *um homem.*
   [O que se nega é que seja *matar*, e não outra ação, que "você não tem coragem de" praticar.]

   Nega-se, pois, em diversos níveis do enunciado.

3.1 Negação no nível sintático-semântico

3.1.1 Negação predicativa

Quando a negação atua sobre as relações sintáticas e semânticas que se estabelecem no interior do enunciado, o tipo que se distingue em primeiro lugar é a negação que atua sobre a relação **predicativa**.

A **negação predicativa** pode ser:

3.1.1.1 Negação predicativa oracional. É o contexto típico de negação: a negação age no nível da própria **oração**, e a **oração** é sintaticamente **negativa**, comportando pelo menos um elemento negativo.

3.1.1.1.1 A negação predicativa oracional é de dois tipos:

a) Nega-se o vínculo existente entre **sujeito** e **predicado**, afirmando-se que não é legítima a atribuição de um determinado **predicado** a um determinado **sujeito**

   Eles NÃO *terão o gosto. Donana* NÃO *vai sair do degredo.* (ED)
   Mas também NUNCA *tinha visto nada igual antes.* (OA)
   Ora, Olívia, tenha calma. Ainda NEM *resolvemos se vai haver, de fato, este troféu.* (T)

O Advérbio

b) Nas **orações** em que o **predicado** não é atribuído a nenhum **sujeito** (seja porque a **oração** não tem **sujeito**, seja porque o **sujeito** é **indeterminado**) apresenta-se como não existente o **estado de coisas** designado pela predicação

NÃO havia pavor em sua voz. (FP)
NÃO chove mais como antigamente. (PQ)
Tal ação retardadora do tegumento costuma ser chamada de efeito tegumentar, visto NÃO se tratar de dormência imposta pelos envoltórios. (TF)

3.1.1.1.2 Do ponto de vista semântico, uma **negação predicativa oracional** equivale a uma **oração** que contenha um **verbo** da classe dos **implicativos negativos**:

Há interesse em EVITAR um incidente público. (DID)
Você DEIXOU DE ser um grande escritor verdadeiramente. (BV)
Dona Almerinda Chaves (esposa do político Elói Chaves) viajou para a fazenda, ESQUECEU de deixar costura para ela. (ANA)

Essas **orações**, em que ocorre o que se pode chamar de **negação oracional implicada**, correspondem às seguintes, que apresentam o elemento de **negação NÃO**:

Há interesse em NÃO deixar acontecer um incidente público.
Você passou a NÃO ser um grande escritor verdadeiramente.
Dona Almerinda Chaves (esposa do político Elói Chaves) viajou para a fazenda e NÃO se lembrou de deixar costura para ela.

A **negação oracional implicada**, entretanto, é diferente da **negação predicativa oracional**. Observa-se, por exemplo, que, nas **orações** com **verbos implicativos negativos**, não podem ocorrer **indefinidos negativos**

* *Há interesse em EVITAR nenhum incidente público.*
* *Você DEIXOU DE ser nenhum grande escritor verdadeiramente.*
* *Dona Almerinda Chaves (esposa do político Elói Chaves) viajou para a fazenda, ESQUECEU de deixar nenhuma costura para ela.*

enquanto nas **orações** correspondentes com **negação predicativa oracional**, esses **indefinidos negativos** podem, perfeitamente, ocorrer, e são até muito usuais

Há interesse em NÃO deixar acontecer nenhum incidente público.
Você passou a NÃO ser nenhum grande escritor verdadeiramente.
Dona Almerinda Chaves (esposa do político Elói Chaves) viajou para a fazenda e NÃO se lembrou de deixar nenhuma costura para ela.

Uma **oração** com **verbo implicativo negativo** negado (isto é, acompanhado de um elemento de negação, como o *NÃO*) passa a comportar-se, entretanto, como uma oração de **negação predicativa oracional**, admitindo **indefinidos negativos**, como se pode observar em

*Há interesse em NÃO EVITAR **nenhum** incidente público.*
*Você NÃO DEIXOU DE ser **nenhum** grande escritor verdadeiramente.*
Dona Almerinda Chaves (esposa do político Elói Chaves) viajou para a fazenda,
*NÃO ESQUECEU de deixar **nenhuma** costura para ela.*

Uma ocorrência desse tipo é

*Deixa ver se NÃO **esqueci** NENHUM detalhe.* (ANB)

Esse mesmo enunciado não admitiria o **indefinido negativo** se o **verbo implicativo negativo** *esquecer* não estivesse negado pelo *NÃO*

Deixa ver se **esqueci NENHUM detalhe.*

3.1.1.1.3 A **negação** pode ocorrer na estrutura

> *NÃO (É) QUE* + **sujeito** + **predicado**.

Trata-se de construções em que o conjunto formado por **sujeito** e **predicado** vem encaixado na estrutura negativa *não (é) que*.

Essas **orações** correspondem a **orações** com *não* (**negação predicativa oracional**) apenas se não ocorrem **quantificadores** do tipo de *algum(ns), muitos, todos* etc. no **sujeito**. Quando o **sujeito** contém esses **indefinidos**, é sobre a quantificação que a negação age, não sobre a relação entre o **sujeito** e o **predicado**.

Assim, um enunciado como

NÃO QUE ALGUÉM precisasse ficar sabendo. (ID)

tem um significado em que é o elemento *alguém* que é negado

*"NÃO seria preciso que **alguém** ficasse sabendo."*

e não um significado em que é a relação entre o **sujeito** e o **predicado** que é negada

* *"Alguém*	*NÃO*	*precisa ficar sabendo."*
⇩	⇩	⇩
sujeito	**negação**	predicado

Observe-se o que ocorreria com enunciados desse tipo com os quantificadores *MUITOS* e *TODOS*.

Pode-se observar que os enunciados

O Advérbio

NÃO QUE MUITOS precisassem ficar sabendo.

e

NÃO QUE TODOS precisassem ficar sabendo.

têm um significado em que são os elementos *MUITOS* e *TODOS* que são negados

"Não é preciso que muitos fiquem sabendo."
"Não é preciso que todos fiquem sabendo."

e não um significado em que é a relação entre o **sujeito** e o **predicado** que é negada

"Muitos	*NÃO*	*precisam ficar sabendo."*
⇩	⇩	⇩
sujeito	**negação**	predicado

"Todos	*NÃO*	*precisam ficar sabendo."*
⇩	⇩	⇩
sujeito	**negação**	predicado

São de dois tipos essas construções:

a) Um tipo argumentativamente mais marcado, representado por *NÃO QUE* seguido da **oração encaixada**, que ocorre normalmente com **verbo** no **subjuntivo**

NÃO que a esse ideal sacrificásseis o vosso inato sibaritismo de gozador da vida. (AM-O)
NÃO que a insistência fosse maior do que em outras ocasiões. (A)

\# Num registro bem popular, há casos de **verbo** no **indicativo**:

Ultra-Shoph NÃO QUE notou nada de errado na sua casa da Avenida Foch em Paris quando retornou aquela noite de uma breve temporada em St-Moritz. (AVL)

b) Um tipo argumentativamente mais neutro, isto é, que pode ter valor basicamente informativo, representado pela construção *NÃO É QUE* seguida da **oração encaixada** (positiva ou negativa), que ocorre com **verbo** no **indicativo** ou no **subjuntivo**.

NÃO É QUE queiramos insistir num modo de pensar esquemático e teleológico. (MOR)
NÃO É QUE queremos voltar ao ponto de partida. (TE)
NÃO É QUE esta questão antropológica envolvente da teoria NÃO existia nas fases do labor experimenal. (TE)

A Formação Básica das Predicações

As construções com a estrutura *NÃO (É) QUE* + **sujeito** + **predicado** vêm frequentemente seguidas de segmentos que, de algum modo, colocam alguma outra coisa no lugar daquilo que foi negado:

i) uma **oração** ou um outro **enunciado adversativo**, que vem em compensação ao que é rejeitado no segmento anterior

> *NÃO QUE ela se incomodasse com política, **porém** existia um abafamento geral que pesava, e Yvone não gostava da situação.* (GD)
> *NÃO QUE estivesse com raiva, **mas** o garoto não parava.* (FAB)
> *NÃO É QUE a acusação seja, a nosso ver, particularmente depreciativa, **mas** realmente não vai ao fundo das coisas.* (MH)
> *NÃO É QUE eu não tenha prazer em hospedá-lo. **Mas** acho que a ideia de sua mãe não foi das melhores.* (DM)

ii) uma outra **oração afirmativa** (muitas vezes iniciada por *É QUE*), a qual constitui uma asserção que vai substituir o que é rejeitado no segmento anterior

> *NÃO QUE filho apanhado fosse caso único na família. **Apareciam** sempre, um ou dois por geração, como os ratos brancos recessivos das experiências do Padre Mendel.* (CT)
> *NÃO É QUE tenha aceito... É que de uns tempos para cá vejo tudo errado.* (NOR)
> *NÃO É QUE fui herói, falava Santana. "**É que** isso que aconteceu com o Adriano podia ser comigo e eu ia querer que alguém me ajudasse.* (ESP)

Especialmente a negação com *NÃO QUE*, argumentativamente mais marcada, costuma vir reiterada por uma refutação de marca **negativa**. Também nesse caso é frequente seguir-se uma **adversativa**, ou um **enunciado afirmativo**, ou, ainda, ambos:

> *NÃO QUE seja mal desenhada, NÃO é isso, **mas** parece uma âncora de tão pesada, afunda.* (CP)
> *NÃO QUE Jacqueline seja uma mulher rica. NÃO, NÃO é. **Mas** a vila de casas na Penha que John lhe deixou e o cabeleireiro muito bem localizado na Cidade de Deus, herança de Aristóteles, lhe dão um dinheiro garantidor de certa tranquilidade.* (T)
> *NÃO QUE eu trate mal os meus serviçais. NÃO. Eu permito que eles comam carne uma vez por mês e **até consinto** que bebam uma Coca-Cola semanalmente.* (T)
> *NÃO QUE Otávio fosse interesseiro, **isso NÃO**, os favores sempre os fizera desinteressadamente, **porém**, tanta ingratidão o magoava muito.* (PCO)
> *NÃO QUE seja ela difícil ou somente inteligível nos altos meios intelectuais. **NADA DISSO**. É que uma concepção falsamente tecnocrata se apossou de algumas autoridades financeiras, tornando letra morta qualquer tentativa de diálogo.* (EM)
> *NÃO QUE Biluca tivesse ódio do cara, **NÃO tinha raiva de ninguém, LONGE DE ter raiva**. É que falava de um jogo que perdêramos.* (CP)

Uma construção com *NUNCA QUE*, além de negar a **oração** que segue, quantifica negativa e universalmente a validade temporal, dado o valor temporal do elemento *NUNCA*. A diferença implica também a possibilidade, e, mesmo, a maior frequência de verbo no modo **indicativo**, na predicação encaixada:

> *NUNCA QUE esse novo plano, com essa ideia de sábio, vai concretizar-se.* (JL-O)
> (= em tempo nenhum)
> *Ela NUNCA QUE abrisse a boca para fugir da verdade.* (CA)
> (= em tempo nenhum)

O acréscimo de *NÃO* a predicações que já são **negativas** em razão do uso de elementos pronominais ou adverbiais antepostos pode exprimir uma intensificação do valor negativo da **oração**. Essa "negação dupla" ocorre especialmente em linguagem mais popular e regional:

> *Era até bonito. Mas NINGUÉM NÃO queria; fazer o que com aquilo?* (COB)
> *NINGUÉM NÃO quer passar mais lá por perto.* (O)
> *Era uma crioulinha de treze anos, por nome Júlia, que ela criava. A qual era órfã de pai e mãe, e NINGUÉM NÃO tinha por si no mundo, desde os dez anos.* (LOB)
> *NEM NÃO estava mais lembrado daquela dúvida no pé, o dia inteiro não tinha esbarrado de andar, e agora ainda ambicionava de andar mais, NADA NÃO lastimava.* (COB)
> *E sem casa, NEM NÃO sei como seria a vida aqui na cidade.* (VER)

Pode haver uma concentração ainda maior de elementos negativos:

> *A valença que a porteira era nova e NUNCA NINGUÉM NÃO tinha visto visagem ALGUMA.* (VER)

3.1.1.2 **Negação predicativa** de constituinte

3.1.1.2.1 A negação *NÃO* age no nível de um constituinte (nominal, verbal ou de outro tipo). A relação negada é do mesmo tipo da relação que ocorre entre **sujeito** e **predicado**, isto é, ela é uma relação **predicativa**.

Um exemplo é a relação entre **adjetivo** e **substantivo**. Assim, na ocorrência a seguir, a relação entre *completo* e *desprestígio* (em que o **adjetivo** *completo* predica o **nome de qualidade** *desprestígio*) pode ser negada por meio da negação do **adjetivo**:

> *As razões de desinteresse do eleitorado pela eleição dos parlamentares reduzem-se, afinal, a uma só: o completo desprestígio do Parlamento.* (D)
> *As razões de desinteresse do eleitorado pela eleição dos parlamentares reduzem-se, afinal, a uma só: o NÃO completo desprestígio do Parlamento.*

Desse tipo são as ocorrências:

*A alimentação com grãos **NÃO descascados**, lêvedo de cerveja ou diversos extratos vitaminosos, no início da avitaminose experimental, impedia os acidentes graves e curava os animais.* (AE)

*As áreas com pedras são pouco utilizadas e **NÃO representativas** da mesma forma que os solos secos e duros não representam problemas.* (AGF)

*A mangueira pode ser enxertada durante todo o ano, desde que disponha de um porta-enxerto, garfos maduros e borbulhas **NÃO brotadas**.* (AGF)

Além do **adjetivo**, podem ser negados com *NÃO*:

a) **um substantivo**

*Saí-me bem, o **NÃO criminoso** foi absolvido, o resultado final foram as pazes entre os rivais.* (AM)

*Engano d'alma ledo e cego, dizia o **NÃO cego** Lula de Camões, ao tratar de D. Lindinês, creio que a própria do "agora é tarde, Inês é morta".* (ALF)

b) **um pronome quantificador**

*Quanto ao beribéri, considerado até **NÃO muito** tempo, na Amazônia, uma das maiores calamidades do clima palustre, escreve Raul Rocha: "São muito nítidas e características as manifestações de carência da vitamina B".* (AE)

*Fora dos poucos que lhe emprestara dinheiro, meses antes. **NÃO muito**: tinha família e ganhara um ordenado modesto no Bilhar.* (FP)

c) **um advérbio (intensificador** ou não)

*Veste-se **NÃO muito** discretamente.* (DEL)

*O moço que tem o pai de uma raça e a mãe de outra (mestiços ou imigrantes) **NÃO raro** constitui um campo de batalha.* (AE)

*Poderia parecer a muitos, mas **NÃO certamente** à Assembleia Nacional Constituinte, que o "Estado de Direito" é forçosamente democrático, e, portanto, pleonástica a adjetivação legislativa.* (OS-O)

d) **sintagmas** (dos diversos tipos)

*Rezava **NÃO para si: para a filha**.* (VB)

*Seu problema deve ser resolvido **com Mário:**– e **NÃO comigo**.* (E)

e) **orações** em posição de **sintagmas nominais**

*O **NÃO compartilharmos**, senão simbolicamente, da direção de uma política, o **NÃO sermos muitas vezes ouvidos nem consultados** – mas ao mesmo tempo estarmos sujeitos aos riscos dela decorrentes – tudo isso já não é conveniente ao Brasil.* (JK-O)

O Advérbio

3.1.1.2.2 O elemento adverbial de negação *NEM* faz negação predicativa de um sintagma constituinte da **oração**, nunca simplesmente de um item lexical, porque a negação com *NEM* sempre implica uma restrição (ver 2.4.4), do tipo de *ao menos*, *pelo menos*. Nega-se com o elemento *NEM*:

a) um **sintagma verbal**

Não se pode NEM dormir. (UC)

b) um **sintagma nominal** (preposicionado ou não)

Isso NÃO resolveria NEM o problema dessas famílias. (AR-O)
Estou esperando há dez dias e dez noites, e NEM o Anjo e NEM o Espírito Santo. (CM)
Não é bom NEM de português, mas tira de letra. (RO)

c) um **sintagma de valor adverbial**

Vim rapidamente para casa, mas NEM de leve tive ideia do que me esperava. (A)
Nunca te vi dançando. NEM uma só vez. (BE)

3.1.1.2.3 A **preposição** *SEM*, indicando privação, inicia **sintagma** em que se exclui um constituinte oracional, o que corresponde a um valor de negação predicativa de constituinte:

O último botequim funcionando no domingo, SEM fumaça dos cigarros, SEM burburinho de vozes, SEM o bafo azul dos bebedores. (DE)
SEM mate ele não era gente. (CE)
Aquela mesa era como uma cidade de arquitetura perfeita, mas absolutamente desértica, SEM qualquer tipo de vida, uma planta sequer. (SL)

3.1.2 Negação de relação semântica

Além da negação da **relação predicativa**, pode ocorrer a negação de qualquer outra relação semântica existente entre constituintes da **oração**.

Nesse tipo de negação ocorre uma correção, que pode constituir uma refutação (posterior ou prévia), marcando esse emprego como particularmente implicado na atividade argumentativa.

Fica bastante claro que a força entonacional que seja colocada em determinado constituinte do enunciado deve marcar a afirmação (ou a aceitação) de um constituinte e a negação (ou a refutação) de outro.

Dois tipos de negação entre as relações semânticas de constituintes podem ser apontados.

A Formação Básica das Predicações

3.1.2.1 Nega-se que um dado constituinte mantenha com o resto da **oração** um particular vínculo semântico. Podem negar-se, por exemplo, relações como as de **modo**, de **companhia**, de **tempo** etc. Isso geralmente ocorre em contextos contrastivos.

Quanto à ordem, pode ocorrer que

a) o que é negado na primeira parte da **oração** seja afirmado, e, portanto, corrigido na segunda:

> *NÃO te tratava como mãe, e SIM como madrasta.* (BN)
> *A rotina NÃO como monotonia, como uma obra de arte.* (E)
> *Vida de peão é oito segundos em cima de um touro na arena! NÃO é sete nem seis. É oito.* (ARA)
> *Queria amar – NÃO pouco, muito, como as heroínas.* (AF)

\# O contexto de refutação propicia o emprego da **adversativa** *mas* iniciando o constituinte que vem substituir o **negado**; indica-se, afinal, uma inclusão do que vem afirmado após a **negação**:

> *Eu, sim, vos direi a verdade, atenienses, NÃO com frases elegantes, MAS com as expressões que me vierem.* (TEG)
> *O meu governo está mandando fazer o levantamento de todos os investimentos em Brasília, NÃO como uma satisfação aos que a combatem, MAS para que o povo brasileiro esteja a par do que vai se passando com a sua futura capital.* (JK-O)

b) o que é afirmado na primeira parte da **oração** seja negado na segunda; nesse caso, a correção precede aquilo que é refutado; indica-se, afinal, uma exclusão do que vem negado após a afirmação:

> *Quero dizer, bem alto, como vejo um Ministro de Estado. Vejo-o consagrar-se, de toda a alma, à sua imensa tarefa – como um fim, NÃO como um meio.* (ME-O)
> *Em Sílvio, nem era bom pensar (...) Fora uma ilusão – NÃO um homem.* (A)

3.1.2.2 Nega-se que um determinado constituinte deva entrar na oração.

Quanto à ordem, pode ocorrer

a) que se negue o constituinte ilegítimo e, a seguir, se afirme o legítimo, isto é, se apresente o constituinte que deve entrar no lugar do outro, configurando-se uma correção (com inclusão do que vem afirmado após a negação):

> *NÃO é a procriação que realiza a mulher, e SIM o amor!* (FIG)
> *NÃO havia pavor em sua voz. E SIM uma espécie de recusa obstinada.* (FP)

302

O Advérbio

*O verdadeiro parceiro literário da ópera, **NÃO** é o drama e **SIM** o romance – e, sobretudo, pela mesma lógica, o romance psicológico.* (ESP)

b) que primeiro se afirme o constituinte legítimo e depois ele seja negado, fazendo--se, pois, a correção por antecipação (com exclusão do que vem negado após a afirmação):

> *Cris, eu me casei com **você** e **NÃO** com **a família de seus filhos**.* (SPI)
> *Nós queremos políticos preocupados com **a Nação** e **NÃO** com **o seu quarteirão**.* (AF)

O segundo constituinte não necessariamente vem expresso: ele pode ser depreendido do contexto linguístico, ou da situação. Não estando expresso o constituinte que explicita o mecanismo de correção, e se não houver **clivagem** (*NÃO é... que*), fica implicado que é a entoação – na fala – ou a entoação suposta – na escrita – que revela a existência de um constituinte afirmado ou aceito, em confronto com outro negado ou não aceito. Assim (voltando aos enunciados já dados), uma **oração** como "*NÃO ...*" (com o *NÃO* entonacionalmente marcado) sugere outro elemento que substitua o elemento negado. Sem o acento enfático em um determinado constituinte, entretanto, a negação será entendida como **predicativa oracional**, não como **de relação semântica** (de algum constituinte com o restante da **oração**).

Retomando uma das ocorrências invocadas aqui, compare-se um possível enunciado *"Não te tratava como **mãe**"* (com *mãe* acentuado) – que, por contraste, sugere outro elemento em substituição a *mãe* (no caso, "*madrasta*") – com o possível enunciado *"Não te tratava como mãe"* (entonacionalmente neutro) – que simplesmente nega a relação entre o sujeito e seu predicado (**negação predicativa**).

A **negação relacional de constituinte** é bastante compatível com mecanismos de realce da informação, como

- a **topicalização**

> *NÃO SÓ isso era desmerecedor para ela.* (SL)

- a **clivagem**

> *Olhei de longe a comida feia, mas **NÃO foi** o aspecto desagradável **que** me fez evitá--la.* (MEC)

3.1.3 A **negação exclusivo-restritiva**

A **negação exclusivo-restritiva** é uma negação na qual o mais importante não é o que é assegurado no enunciado, mas a existência de alternativas.

A FORMAÇÃO BÁSICA DAS PREDICAÇÕES

Na **negação exclusivo-restritiva**, as alternativas são apresentadas em um segmento negativo introduzido por elementos do tipo de *QUE NÃO*, *A NÃO SER* e *SENÃO*, após uma **oração** negativa.

O que se oferece são

a) Eventuais alternativas

Em verdade, NUNCA ele tivera em si NADA de que se pudesse valer ou para que
    *pudesse apelar, **senão a sua flama íntima, senão o próprio pensamento**. (AV)*
*NÃO tive remédio **senão aceitar**. (AFA)*
*É o gato mais arisco do mundo. NÃO vai com NENHUM freguês do café **a não ser***
    ***com esse cretino**. (N)*

\# No caso de alternativas eventuais, o **enunciado** pode ser **interrogativo**; e sem marca de negação, ele tem valor negativo:

*Que poderia eu fazer, **SENÃO o que fiz**? (A)*
*Que devo pensar de tudo isso, **SENÃO que, apesar de tudo estar correndo bem, há***
    ***sombras, muitas sombras, ao meu redor**? (A)*

Tais ocorrências correspondem, respectivamente, a:

*Em verdade, **SÓ** tivera em si, de que pudesse se valer ou para que pudesse apelar,*
    ***sua flama íntima, o próprio pensamento** (**não outra** coisa).*
***SÓ** tive o remédio de aceitar (**não tive outro**).*
***SÓ** vai com esse cretino (**não com nenhum outro** freguês do café).*
*Eu **SÓ** poderia fazer o que fiz (**não outra** coisa).*
***SÓ** devo pensar de tudo isso, que, apesar de tudo estar correndo bem, há sombras,*
    *muitas sombras, ao meu redor (**não outra** coisa).*

b) Uma alternativa oposta

***NEM** podíamos namorar meninas **que não fossem ideologicamente ajustadas**. (BE)*
*Um exercício **NÃO** é verdadeiramente higiênico **senão quando a criança ou o homem***
    ***o realiza com alegria**. (AE)*

Tais ocorrências correspondem, respectivamente, a:

***SÓ** podíamos namorar meninas **que fossem ideologicamente ajustadas** (**não** que*
    ***não** fossem).*
***SÓ** é verdadeiramente higiênico um exercício quando a criança ou o homem o realiza*
    *com alegria (**não** quando isso **não** ocorre).*

Também têm valor **exclusivo-restritivo** construções **comparativas negativas** do tipo de:

***NÃO fez mais do que** levantar uma proibição que inibia o mercado. (JB)*

O ADVÉRBIO

*É que ela, agora, **NÃO faz outra coisa senão** tomar conta de minha vida.* (A)
***JAMAIS tive outro pensamento que NÃO fosse** o de evitar que o país pudesse sofrer*
as desgraças de uma guerra. (G-O)
***NINGUÉM se interessou mais por outra coisa que NÃO** ouvir o que ela contou.* (SL)

3.2 No nível **morfológico**

Existe negação **prefixal**, na qual uma palavra é negada por meio de um **prefixo** negativo:

moral	*Amoral*
normal	*Anormal*
partidário	*Apartidário*
normalidade	*Anormalidade*
sistematicamente	*Assistematicamente*

obedecer	***DES**obedecer*
organização	***DES**organização*
prazer	***DES**prazer*
preparo	***DES**preparo*
serviço	***DES**serviço*
agradável	***DES**agradável*
favorável	***DES**favorável*
necessária	***DES**necessária*
humano	***DES**umano*
conhecer	***DES**conhecer*

capaz	***IN**capaz*
feliz	***IN**feliz*
dispensável	***IN**dispensável*
tolerável	***IN**tolerável*
puro	***IM**puro*
real	*Irreal*
mortal	*Imortal*

Elementos de valor negativo ainda não gramaticalizados como **prefixos** podem ser usados em posição prefixal. O elemento de negação *NÃO*, por exemplo, pode ter um uso quase prefixal, como em

As verdades matemáticas são estabelecidas apenas pela aplicação do princípio de
*   **NÃO CONTRADIÇÃO**. (CET)*
A partir da independência nacional e da previdência dos direitos humanos, o Brasil
*   reafirma o respeito à autodeterminação dos povos e ao princípio de **NÃO***
*   **INTERVENÇÃO** na vida dos outros países.* (OS-O)

A FORMAÇÃO BÁSICA DAS PREDICAÇÕES

*Fortaleceu-se nossa histórica posição **NÃO INTERVENCIONISTA**, concretamente manifestada em relação à América Central.* (OS-O)
*O **NÃO FUMANTE** pôs-lhe a mão no ombro com familiaridade.* (FE)

O mesmo ocorre com a **preposição** indicativa de privação *SEM*:

*A tática comunista da luta de classes procura lançar os assalariados contra os patrões, e os **SEM-TERRA**, ou donos de pequenas glebas, contra os médios e grandes proprietários.* (SI-O)
*Oitenta guardas e um **SEM-NÚMERO** de damas-de-companhia isolam os aposentos das candidatas aos olhares da multidão de curiosos.* (CRU)
*Pelo menos topava com o que se armar e se valer agora – via José de Arimateia, escondido por detrás do monte de lenha, o **SEM-CONTA** de rachas de angico espalhadas ao derredor.* (CHA)

4 A coocorrência com **indefinidos** na **negação predicativa oracional**

Com muita frequência a **oração negativa**, seja a negada por *NÃO* seja a negada por **quantificadores** (**pronomes** ou **advérbios**), contém **pronomes indefinidos** (**positivos** ou **negativos**).

4.1 A interpretação de elementos indefinidos na **oração negativa**

Em contextos particulares, a negação *NÃO* tem o efeito de transformar a interpretação **indefinida específica** de um **sintagma nominal** de uma oração positiva em uma interpretação **indefinida não específica**, na oração negativa correspondente.
Vejam-se as ocorrências **afirmativas**:

*Você tem que fazer **uns** exames.* (OM)
*O senhor tem de fazer **um** preço.* (SL)

Nessas ocorrências, os **sintagmas nominais objeto** contêm elementos **indefinidos específicos**, isto é, que denotam uma entidade particular do mundo extralinguístico. A negação da **oração** muda o caráter referencial do **sintagma nominal**, que se torna **indefinido não específico**, isto é, passa a referir-se a uma variável, a um tipo, e não a uma entidade particular. Isso fica muito evidente na possibilidade de o elemento indefinido (**artigo** ou **pronome**) deixar de ocorrer, no objeto da **oração** negativa:

*Você **NÃO** tem que fazer (**uns**) exames.*
*O senhor **NÃO** tem de fazer (**um**) preço.*

Tais construções negativas abrigam uma quantificação negativa, e, por isso, admitem a ocorrência de um elemento **indefinido** negativo, que representa a negação de todas as entidades que pertençam a esse gênero:

> *Você NÃO tem que fazer **nenhum** exame.* (= nenhuma entidade que seja do gênero **exame**)
>
> *O senhor NÃO tem de fazer **nenhum** preço.* (= nenhuma entidade que seja do gênero **preço**)

Observem-se ocorrências negativas desse tipo, como

> *Ter de partir – e NÃO ter **nenhum** caminho diante de si.* (A)
> *Aparício, neste dia, NÃO falou com **ninguém**.* (CA)

Nas afirmativas correspondentes, o que se verifica é que os **sintagmas nominais indefinidos positivos** são **específicos**, isto é, referem-se a uma entidade particular, não mais a um **gênero**:

> *Ter de partir – e ter **um** caminho diante de si.*
> *Aparício, neste dia, falou com **alguém**.*

Verifica-se, pois, que um constituinte **indefinido** situado dentro do âmbito da negação **predicativa oracional** efetuada pelo *NÃO* pode passar a ser entendido como **não específico**, e mesmo como negativo universalmente quantificado.

4.2 A ocorrência de indefinidos no contexto de **negação predicativa oracional**

4.2.1 Dentro do âmbito da negação, o mais comum é que sejam usados **indefinidos negativos**:

- seja no caso de negação efetuada por *NÃO*

> *Mas essa desconfiança **NÃO** tem **NENHUM** sentido, Caio!* (NAM)
> *O povo precisa aprender que **NÃO** está recebendo presente **ALGUM**.* (AR-O)
> *NÃO se metia na vida de **NINGUÉM**.* (ANA)
> *NÃO tinha **NADA** que falar de aniversário com **NINGUÉM**.* (AM)
> *E o fato de, até agora, ainda **NÃO** ter avistado **NENHUM** dos Soares (fora Mário),*
> *NÃO significa **NADA**.* (A)

- seja no caso de negação efetuada por um **quantificador negativo**

> *NENHUM dos dois disse palavra **ALGUMA**.* (A)

A Formação Básica das Predicações

NINGUÉM me disse NADA aqui no Brasil. (VA)
O pior era que NINGUÉM falava NADA com NINGUÉM. (PL)

- seja no caso do emprego de *SEM*

Lembrei as incertezas da primeira vez que desembarquei aqui, SEM conhecer NADA, nem NINGUÉM. (VEJ)

SEM querer esperar por comentário algum, retirei-me da sala. (AE)

Osvaldo está parado, SEM expressão nenhuma no rosto. (AAB)

4.2.2 Os **indefinidos positivos** têm um uso restrito a classes particulares de contextos negativos, como

NÃO haveria risco de acordar algum. (CC)

No desterro NÃO há questão de alguém achar ou não achar que está obrigado a isto ou àquilo. (GAT)

JAMAIS alguém pensou penetrar no grande Museu dos Membros amputados. (CCI)

NINGUÉM vai querer participar de algo que simplesmente seja perder dinheiro, jogar dinheiro fora. (POL-O)

De cara gemida, respondeu Malaquias ser tudo castigo de Deus por NÃO ter ele dado atenção a algum pecado que passou rente de sua batina. (CL)

Você NÃO tem coragem de matar um homem. (FP)

4.2.3 Numa **oração** negativa, o indefinido *UM*, precedido do elemento *SEQUER*, é usado com valor negativo:

O senhor NÃO perderá sequer um dia de vendas. (P-MAN)

NINGUÉM me deu sequer uma oportunidade para o trabalho com o microfone. (AMI)

NUNCA minerou sequer um grão de ouro ou de qualquer pedra preciosa. (OLA)

NENHUM pescador vende sequer uma sardinha ao condenado. (REA)

4.2.4 **Indefinidos** indicadores de abundância ou de totalidade quantificando um **substantivo** dentro de **complemento** do **verbo** ou dentro de **adjunto adverbial**, em **oração negativa**, têm sobre si a força da negação:

NÃO vejo muito sentido em montar clássicos que pouco têm a ver com a nossa realidade. (MD)

(= Vejo sentido mas não muito.)

Ah, minha amiga, a gente NÃO pode ficar com muito luxo quando quer viver bem assim, não. (PM)

(= Pode ficar com luxo, mas não muito.)

O Advérbio

4.2.5 Em contextos **indefinidos negativos** pode também deixar de ocorrer o elemento **indefinido**, tanto negativo como positivo:

- no singular, especialmente quando se indica habitualidade

  A dor NÃO pede grito e a tontura NÃO vira vertigem. (CT)
  O Eder NÃO come carne? (DE)
  NÃO come pão NÃO, menino. (FE)

- no plural, sempre

  NÃO poderá haver novos investimentos privados nacionais ou estrangeiros. (OG)
  NÃO poderá prestar concursos públicos NEM assinar contratos com o Governo. (VIS)
  Hoffman tem um contrato escrito com sua mulher na vida real, de que NÃO fará cenas de cama com atrizes em filmes. (ESP)

5 Contextos particulares de expressão da polaridade (positivo/negativo)

5.1 Grau dos **adjetivos** em contextos negativos

Um contexto particular de **orações negativas** é o que combina a **negação** com um **superlativo** do tipo de:

- **o menor / o mínimo + substantivo;**

- **o mais** (**+ adjetivo** com significado ligado a pequena quantidade, a insuficiência, a carência etc.):

  NÃO quer ter o menor trabalho. (ES)
  NÃO tenho o mínimo interesse em conhecer os detalhes do seu grande plano de vendas anual. (CV)
  Mas NÃO paire sobre os vossos espíritos a mais ligeira dúvida. (JK-O)
  Aumentam os preços de tudo quando querem, SEM o mínimo respeito, SEM a mínima consideração. (ANA)

Nesses casos, a negação, atingindo o extremo superior na escala de grau, atinge toda a escala. Assim,

  NÃO quer ter o menor trabalho.

e

  NÃO tenho o mínimo interesse em conhecer os detalhes.

A Formação Básica das Predicações

implicam, respectivamente,

NÃO quer ter trabalho.

e

NÃO tenho interesse em conhecer os detalhes.

É desse tipo a **expressão fixa** popular *"NÃO DAR A MÍNIMA"*, que significa "não dar nenhuma importância":

– E você NÃO se importa? – NÃO dou a mínima! (REA)

5.2 Enunciados interrogativos negativos

5.2.1 Um **enunciado interrogativo geral** não está associado a nenhum valor de verdade. Seja afirmativo seja negativo, ele constitui uma solicitação do locutor ao interlocutor para que este atribua um valor de verdade à proposição nele contida:

O senhor benze o cachorro, Padre João? (AC)
   (= Benze ou não benze?)
Você NÃO disse que o jantar ia ser de paz? (A)
   (= Disse ou não disse?)

Assim, um enunciado **interrogativo** não é, a rigor, nem positivo nem negativo, já que o elemento negativo ocorrente em um **enunciado interrogativo** não significa o mesmo que significa num **enunciado declarativo**.

5.2.2 Entretanto, há **enunciados interrogativos** nos quais se pode perceber que o locutor já tem uma ideia a propósito da resposta e espera do interlocutor uma resposta conforme essa expectativa. São interrogações que abrigam um elemento **negativo**, como as seguintes:

NÃO viu a placa escrito: entre sem bater? (OM)
   (= Será que não viu? Acho que viu.)
Mas NÃO me ouviu ali aos berros? (OM)
   (= Será que não ouviu? Acho que ouviu.)
NÃO terá havido falta de ética? (TF)
   (= Será que não houve? Acho que houve.)
E vós mesmos, Senhor Gilberto Amado, NÃO sois também um mundo de contradições? (AM-O)
   (= Será que não sois? Acho que sois.)

O Advérbio

5.2.3 **Enunciados interrogativos negativos** de expectativa marcadamente positiva são os que apresentam a **negação** num segmento final, que vem após a **oração** completa (**sujeito-predicado**), separado por pausa e entonacionalmente marcado. Esse tipo de enunciado é conhecido em inglês como *tag question*, ou seja, "interrogativa de apêndice":

Vocês se amarram mesmo nesse negócio de proteínas, NÃO É? (RC)
Já sei, não diga, o bichinho está doente, NÃO É? (AC)
Você sabe por que nós estamos aqui, NÃO? (A)

Esse apêndice que sugere resposta positiva pode ter forma **alternativa**, isto é, constituir um apêndice **positivo** alternando com um **negativo**, nessa ordem:

Eu sempre incomodei vocês, É OU NÃO É? (AS)

A expectativa positiva que o elemento *NÃO* transmite pode ser reforçada pela inserção de outros elementos, como *SERÁ QUE*:

Mas, será que você NÃO soube sempre disso? (A)
***Será que NÃO** posso entrar tarde uma noite?* (SEN)

A existência de uma expectativa **positiva** em **interrogações negativas** desse tipo fica mais evidente ainda em ocorrências do tipo de

SERÁ QUE NÃO** serei eu que mereço perdão, **e não ele? (ALF)

na qual o apêndice **negativo** "*e não ele?*" vem contrastar com a primeira parte do enunciado.

5.2.4 Uma expectativa **negativa** pode ser marcada

- pela entoação (com elevação da voz no final da interrogação):

Eu sou menino, senhor? Hein? Sou menino? (FP)
É continuar. Preciso repetir? (FP)

- pelo uso de um elemento de reforço negativo:

– Não sabe ler, NÃO?

5.2.5 Há, ainda, **enunciados interrogativo-exclamativos** nos quais a negação pode criar efeito de incredulidade e surpresa:

*Você **NÃO** percebe o desprezo?!* (AS)
*Ué! Você **NÃO** estava aqui ainda agora?!* (DEL)

5.3 Enunciados com elemento de negação e com valor positivo

5.3.1 Enunciados exclamativos e interrogativo-afirmativos iniciados com quantificador

Em certos **enunciados exclamativos** construídos com **quantificador** – especialmente de sentido temporal – ocorre o elemento *NÃO*, exatamente como no caso de uma **negação predicativa oracional** normal, mas a negação não diz respeito à relação entre **sujeito** e **predicado**. Pelo contrário, essa relação não é questionada pela negação, e o efeito é o de uma **oração** positiva, podendo a **negação** ser entendida como uma **negação retórica**:

> *Jean Gabin, quantas vezes o Jean Gabin NÃO fez essa operação!* (GTT)
> (= Quantas vezes o Jean Gabin fez essa operação!)

\# Observe-se que nem sempre o autor registra graficamente, com um ponto de exclamação, a natureza exclamativa do enunciado, e que o **enunciado exclamativo** pode ser, ao mesmo tempo, **interrogativo**:

> *Quantas vezes NÃO devia de ter rezado, a Do-Carmo!* (CHA)
> *Quantos bois já NÃO esmigalhara.* (JT)
> *[Ana] Pensa que estou inventando mais uma de minhas histórias, quantas NÃO criei para ela se divertir.* (BE)
> *Nesta madrugada em que escrevo, em Ipanema, quantas mulheres NÃO estarão esperando os maridos?* (AID)
> *Quantos hóspedes NÃO chegaram depois que você está aqui?* (OAQ)
> *Quantas obras NÃO foram edificadas com a argamassa desse pecado? E quando não trabalham, quantos cristãos NÃO dissipam o dia do Senhor em divertimentos que se louvam, quando não vão além do profano?!* (MA-O)

Na contraparte, um enunciado como

> *O exemplo serve para mostrar a quantas anda a justiça nesta terra.* (JB)

continuaria com valor positivo se lhe fosse acrescentado o operador de negação *NÃO*:

> *O exemplo serve para mostrar a quantas NÃO anda a justiça nesta terra.*

O valor positivo de **orações** negadas que apresentam elemento de negação desse tipo fica evidente no fato de nelas:

a) não ocorrer o **advérbio de tempo** *AINDA* como correspondente do advérbio de tempo *JÁ* das **orações negativas** típicas;

b) não ocorrer reversamente, o **advérbio de tempo** *JÁ* como correspondente do **advérbio de tempo** *AINDA* das **orações negativas** típicas.

Assim, um enunciado como

*Naquela época o sol **ainda** girava em torno da Terra e Darwin **ainda** NÃO nascera.* (BU)

se tiver sua polaridade invertida, nos dois segmentos, passa a:

*Naquela época o sol **já** NÃO girava em torno da Terra e Darwin **já** nascera.*

E um enunciado como

*Isso eu **já** falei.* (BU)

se tiver sua polaridade invertida, passa a

*Isso eu **ainda** NÃO falei.*

O mesmo não ocorre nas orações do tipo **exclamativo** que contêm elemento de negação mas têm valor positivo. Assim, o enunciado de forma negativa

*Quantos bois **já** NÃO esmigalhara.* (JT)

corresponde exatamente ao enunciado positivo com o mesmo **advérbio** *já*:

*Quantos bois **já** esmigalhara.*

Desse modo, pode-se dizer que a **negação retórica** não provoca os efeitos semânticos, sintáticos e pragmáticos provocados pela **negação predicativa oracional**.

**Enunciados interrogativo-exclamativos** iniciados por *NÃO É QUE* criam efeito de verificação de um fato, equivalendo, pois, a **enunciados assertivos positivos**:

E NÃO É QUE foi aquele diabo que me deu forças? (TGG)
   (= Aquele diabo me deu forças.)
NÃO É QUE estava ali mesmo? (IDE)
Isso mesmo! NÃO É QUE eu ia me esquecendo? (MMM)
NÃO É QUE o senhor tem razão, Dr. Viriato? (VIC)

5.3.2 **Enunciados assertivos** com a expressão adverbial *por pouco*

Orações negativas introduzidas por **expressões adverbiais** como *por pouco* também induzem uma interpretação **positiva**, embora incompleta, pelo fato de expressões desse tipo indicarem um "quase evento".

*Fui interrogado na época, **por pouco** NÃO confesso.* (AFA)
   (= quase confesso)

A Formação Básica das Predicações

*Já não estava no sobradinho o coronel que mês antes quase suspendeu Juca pelos colarinhos e **por pouco NÃO** varejou com ele porta afora.* (CL)
(= quase varejou)

5.4 Enunciados de valor negativo sem elemento de negação

5.4.1 Enunciados exclamativos contrafactuais

Ao contrário dos **enunciados exclamativos** com **negação retórica**, há **enunciados exclamativos** que não abrigam elemento de negação mas têm valor negativo. São enunciados como, por exemplo,

***Como se** alguém pudesse "forçar" padre Luís a fazer alguma coisa!* (A)

nos quais a noção de **condicional contrafactual** é responsável por essa interpretação negativa (= **Ninguém** pode "forçar" padre Luís a fazer alguma coisa!).

Essa mesma interpretação e o mesmo valor negativo se encontram nas **orações comparativas contrafactuais** do tipo de

*Entre assobiando, **como se isso acontecesse com você todos os dias**.* (ANB)
(= Isso não acontece com você todos os dias.)
*É logo um deus nos acuda, um destampatório, **como se eu estivesse cometendo algum crime!*** (A)
(= Eu não estou cometendo nenhum crime!)

5.4.2 Enunciados assertivos com o quantificador *pouco*

O **quantificador** *pouco*, pelo fato de ser o oposto semântico de *NÃO muito*, traz interpretação negativa para o enunciado em que ocorre:

*Luís **pouco** entende disso.* (DES)
(= Luís *não* entende *muito* disso.)
*Atrapalhação e barafunda: a alguns **pouco** importava mas outros se inquietavam e se afligiam.* (TG)
(= A alguns *não* importava *muito*.)

5.4.3 Enunciados com expressão de substituição

Em determinados contextos, o emprego de expressões de valor **comparativo** substitutivo, como por exemplo, ***em vez de, ao invés de, em lugar de, longe de***, resulta em **orações** de valor negativo:

O Advérbio

Em vez de ser mera associação e simples Casa do Jornalista, é uma árvore para os seus membros. (JK-O)

(= *Não* é mera associação e simples Casa do Jornalista, é uma árvore para os seus membros.)

Ao invés de ódios, de dissensões, de conflitos insanáveis, assistimos neste congresso a uma autêntica assembleia da vida brasileira. (G-O)

(= Assistimos neste congresso a uma autêntica assembleia da vida brasileira, *não* a ódios, dissensões, conflitos insanáveis.)

Em lugar de se cuidar da seleção e melhoria das condições do pessoal existente, empregavam-se as parcas disponibilidades que para isso poderiam ser aplicadas em novas nomeações e contratos. (AR-O)

(= Empregavam-se as parcas disponibilidades que para isso poderiam ser aplicadas em novas nomeações e contratos, *não* se cuidava da seleção e melhoria das condições do pessoal existente.)

Essa interdependência, longe de ser um mal, deve ser entendida como um fator de unidade nacional. (AR-O)

(= Essa interdependência deve ser entendida como um fator de unidade nacional, *não* como um mal.)

Tratando-se de um mecanismo de base **comparativa**, é necessário que haja um eixo de similaridade entre os fatos ou os elementos postos em cotejo. Isso pode ocorrer de diversas maneiras, como por exemplo:

a) Os **sujeitos** são idênticos e os **estados de coisas** diferem por **predicações** alternativas pertencentes a um mesmo tipo de **estado de coisas** (ação e ação, processo e processo, estado e estado)

EM VEZ DE vir, ele é que saiu correndo. (AFA)

Por que o marido não comprava um terreno EM VEZ DE gastar as magras economias em reformas de casa alheia? (AFA)

Porque, EM VEZ DE dar despesas, esse gato dá lucro. (AC)

b) As **orações** são idênticas, menos por um constituinte (um **argumento**, um **circunstante** etc.), sendo frequente, também, a **elipse** do **verbo** na **oração** que faz a substituição

EM VEZ DE vinte e seis costeletas, passam a ter trinta e duas. (RO)

5.4.4 **Enunciados** com determinados **advérbios**

São dois os tipos principais de **advérbios** que não constituem palavras de **negação** e que, no entanto, conferem certo valor negativo à **oração**:

A Formação Básica das Predicações

a) os **advérbios** indicativos de baixa frequência, como ***raramente***, ***raro***, que equivalem a expressões negativas de valor temporal e aspectual como "***não sempre***", "***quase nunca***"

*Foi recebido com surpresa, pois Pantaleão **raramente** visitava alguém. (AM)*
*E o curioso é que **raramente** são as moças feias, as imprestáveis, as geniosas, que ficam no caritó. (CT)*
***Raro** aparecer um macaco pelas bandas de ao redor. (J)*
*Tão **raro** passar um navio! (L)*

b) os **advérbios** indicativos de difícil consecução, ou de quase consecução, como ***dificilmente***, ***mal***, que equivalem à expressão negativa "***NÃO*** com facilidade"

***Dificilmente** conseguirei resistir. (A)*
*Golpes assim **dificilmente** os Soares os suportam sem perder a calma. (A)*
***Mal** consegue caminhar erecto. (AS)*
***Mal** podia falar, a falta de fôlego atrapalhava as palavras. (AM)*

5.5 Expressões fixas negativas

Também ligadas, de certo modo, a um significado **superlativo** são certas expressões fixas de polaridade negativa, como

| **NÃO DAR A MÍNIMA (+ compl.)** | = não atribuir a mínima importância |

*Barrichello admite que você é muito rápido, mas não mais do que ele. Ele se preocupa muito com isso. Você parece **NÃO dar a mínima**. (FSP)*
*A Volkswagen parece **NÃO dar a mínima** ao velho "besouro". (FSP)*

| **NÃO FECHAR OS OLHOS** **NÃO PREGAR OS OLHOS** | = não dormir nada |

*Quando voltei pra casa raiava o dia, eu **NÃO fechei** mais os olhos, só fiz chorar. (JT)*

| **NÃO ABRIR A BOCA** | = não dizer nada |

*Ouvi muito. **NÃO abri a boca**. (VEJ)*

| **NÃO DIZER PALAVRA** | = não dizer nada |

*Ele lhe prometera que **NÃO diria palavra** à mulher e levara a promessa ao extremo de deixá-la desesperada de convicção. (ASS)*

| **NÃO MOVER UMA PALHA** **NÃO MEXER UMA PALHA** **NÃO LEVANTAR UMA PALHA** | = não fazer nada |

***NÃO movia uma palha** e estava tão juntinho da água que parecia uma estátua de mármore flutuando no rio. (REL)*

NÃO mexeria uma palha para dispensá-lo, por vontade própria ou em virtude de circunstâncias políticas. (CB)
Uma mulher que dorme até a hora que bem entende NÃO levanta uma palha do chão nem por misericórdia. (DEL)

NÃO MOVER UM DEDO	
NÃO MEXER UM DEDO	= não fazer nada
NÃO LEVANTAR UM DEDO	

Quando Calvin Coolidge estava prestes a deixar a presidência para ser sucedido por Herbert Hoover, NÃO moveu um dedo para contribuir para a eleição deste. (CRU)

Nessas expressões, a neutralização da polaridade pode ocorrer restringindo-se o **sintagma nominal** por meio do elemento de restrição *só, somente, apenas*. Os elementos de polaridade negativa são, então, reinterpretados em **orações** positivas que trazem, porém, uma circunstanciação que restringe o evento:

Só fechei os olhos de madrugada.
Ele só abriu a boca para se defender.

5.6 Reforço da **negação**

5.6.1 O reforço da negação pode ser obtido por **expressões adverbiais negativas**, como as locuções *de modo algum / nenhum, de maneira alguma / nenhuma, de jeito algum / nenhum, de nada, por nada, por nada do / deste mundo* etc.

O que locuções reforçadoras negativas fazem é quantificar negativamente as circunstâncias, modalidades etc. que poderiam influenciar os valores de verdade. Elas podem incidir sobre diversos elementos da **oração**, desde um **sintagma** até a predicação toda:

As Forças Armadas NÃO podem aceitar de jeito nenhum a quebra da hierarquia e da disciplina. (DM)
Acho que NÃO sou de modo algum uma figura odiada em círculos religiosos. (FSP)
Estes quatro fatores de civilização que, deixando o litoral, penetraram o interior do país, NÃO quebram de nenhum modo o bucolismo da paisagem. (DEN)
NÃO acho de modo nenhum que eu mereça. (LC)
Era nessas noites que mamãe ia sempre, levando consigo as três filhas: Wanda, Vera e eu, e também Maria Negra, que a bem dizer era quem mais ia, adorando filmes e artistas, NÃO abrindo mão de seu cinema por nada do mundo. (ANA)
Aqui ninguém é dono de ninguém, fazemos o que bem entendemos com o nosso corpo, ele NÃO tem nenhum preço e NEM eu quero lhe comprar o seu por nenhum dinheiro deste mundo. (DM)

A Formação Básica das Predicações

\# Elementos do tipo desses reforçadores podem ocorrer em **orações** que não têm nenhum outro elemento negativo e garantir sozinhos a negação:

> *Pânico, DE MODO ALGUM. Não o conheci antigamente, em outras ocasiões, não o sinto também agora.* (ML)
>
> *Marinheiro precisa de saúde e fé em Deus, que a sabença tirada dos livros DE NADA ajuda.* (CR)

\# O **advérbio** *absolutamente* também pode aparecer reforçando a negação, do mesmo modo como reforça a afirmação.

a) Afirmação

> *Você ficou **absolutamente** doido.* (BE)
>
> *É **absolutamente** necessário que o Estado moderno disponha de instrumentos de defesa da sociedade.* (FSP)
>
> *Eu me senti **absolutamente** segura.* (ELL)

b) Negação

> *Algumas há cujos cursos são comparáveis aos de outras matérias, tão bem organizadas são; em outras, NÃO há curso **absolutamente**.* (BIB)
>
> *Mas, o real motivo NÃO foi, **absolutamente**, aquele que a princípio imaginei.* (A)
>
> *Nada, **absolutamente** NADA.* (A)
>
> *Este conceito é o atual, o novo, o em voga naturalmente até que surja algum outro que o substitua, se surgir, porque **absolutamente** NENHUMA coisa, no curso do tempo, tem sido estável na própria contabilidade.* (CTB)

O **advérbio** reforçador *absolutamente* pode ter função de reforço da refutação negativa:

> *– O que é, então?*
>
> *NÃO é **absolutamente** isso. Não é nada do que você está pensando.* (A)

Ele ocorre, também, do mesmo modo que o *NÃO*, como o oposto de *SIM*, com o estatuto de enunciado negativo (ver 1).

> *A Senhorinha, parteira, dizia que era menino. Os médicos, que **ABSOLUTAMENTE**! Não pode ser gravidez, não, dona Senhorinha.* (BAL)

5.6.2 O reforço da negação pode também ser feito pela repetição da partícula *NÃO* no final do **enunciado**:

• seja **asseverativo**

> *NÃO estou caçando briga com ninguém NÃO.* (CAS)

318

NÃO era ninguém NÃO, tio Sinhó. (ED)
NÃO quero conhecer ninguém NÃO, menina: já conheço muita gente, chega. (FE)
NÃO falo nada NÃO senhor. (NAM)

- seja **interrogativo**

    Você NÃO tem vergonha, NÃO? (BR)
    Quanto nome, meu Deus NÃO será grupo dele, não? (AS)
    NEM mais forte, NÃO? (ARI)

5.6.3 O uso de **advérbios** e expressões adverbiais intensificadores também constitui um expediente de reforço da negação:

*O velho Geremia NÃO se entusiasmou **nem um pouco** com o encontro, fechou a cara.* (ANA)
*Também a crítica NÃO foi **nem um pouquinho** boazinha com você!* (RE)
*NÃO gostei **nadinha** daquele paletó de traje a rigor, do meu adorado José Ricardo.* (RR)
*Agora a banda de couro cerrava SEM esbarrar **nem um tiquinho** e as vozes rudes dos congos vinham na brisa até os ouvidos do coronel.* (VER)

6 A **negação** em contextos de **subordinação**

6.1 Em princípio, a negação ocorrente em uma **oração completiva** afeta apenas essa oração **completiva**, e a negação na **oração principal** afeta apenas a **oração principal**:

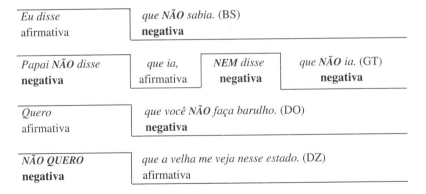

6.2 Empregando-se determinados **verbos** na **oração principal**, entretanto, a negação da **oração completiva** pode alçar-se a essa **oração princi-**

pal sem que haja alteração significativa na extensão do conteúdo negado. Isto significa que, se usado com esses **verbos** na **oração principal**, o operador de **negação** afeta não apenas essa **oração**, mas o **enunciado** como um todo. Assim, quem diz

Acho que NÃO faz sentido eu viajar com o balé. (BB)

diz, basicamente,

NÃO acho que faz sentido eu viajar com o balé.

e quem diz

Julgo que NÃO sou capaz de repetir, palavra por palavra, o diálogo que mantivemos. (A)

diz, basicamente,

NÃO julgo que sou capaz de repetir, palavra por palavra, o diálogo que mantivemos.

Obviamente, alterando-se o âmbito da negação, ocorre uma diferença na força dessa negação sobre um, ou sobre outro elemento do enunciado. Se o item negativo está incorporado na **oração principal**, o **sujeito** e o **predicado** dessa **oração** são realçados e colocados no foco de interpretação negativa do destinatário. Exatamente por isso, essas construções com a negação deslocada para a **oração principal** ocorrem especialmente com **sujeito** de **primeira pessoa** do **singular** nessa **oração**, o que implica que é a atitude do falante que é marcada. Trata-se de uma estratégia de envolvimento do falante, que minimiza polidamente a força de sua intervenção no julgamento.

Os **verbos** que permitem o deslocamento da negação da **oração completiva** para a **oração principal** são os **verbos epistêmicos**, ou **de julgamento**, do tipo **não factivo** e **não implicativo**. São **verbos de opinião** (como *achar*, *julgar*, *supor*, *acreditar* e similares) ou **adjetivos** usados predicativamente (como [*ser*] *provável* e similares):

NÃO acho que esta vida valha muito a pena. (NOF)
NÃO acredito que ele esteja liderando um movimento contra mim. (JB-O)
NÃO penso perder esta chance. (VIS)
NÃO é possível que a nossa escola secundária continue no marasmo da passividade. (PE)

Obs.: Esses **verbos** são estudados no capítulo sobre **Verbos** e no capítulo sobre **Conjunções integrantes**.

\# Observe-se que, com a negação transferida da **oração completiva** para a **oração principal**, é muito mais comum o emprego do **subjuntivo** na completiva, com efeito na atenuação do que está sendo declarado nessa oração. Isso evidencia o fato de que o mecanismo de transferência da negação para a **oração principal** funciona como um atenuador de certeza no enunciado, compatível com o valor de incerteza do **subjuntivo**. Desse modo, são mais raros enunciados como

*NÃO **acho** que é ofensa.*

do que enunciados como

*NÃO **acho** que **seja** ofensa.* (PP)

O significado mais **eventual** (e não **factual**) da **oração completiva**, em enunciados desse tipo, é dependente do fato de o **verbo** da **oração principal** ser de **atividade mental**, portanto, com modalidade **possível** ou **contingente**. Com a **negação** na **oração principal** (e tendo em vista o fato de que o **sujeito** é, geralmente, de **primeira pessoa do singular**), o falante consegue marcar um certo descomprometimento em relação à sua declaração; e, com o modo **subjuntivo**, ele age no mesmo sentido, reforçando essa sua intenção.

É assim que, por exemplo:

a) Num enunciado com a negação na **oração completiva** e com **indicativo**, como

*Eu **acho** que NÃO **tem** vantagem NENHUMA esse negócio de procurar dentro do chão aquilo que a gente não guardou.* (CAS)

tem-se que o fato expresso na **oração completiva** é **necessário** (não há nem a incerteza do **subjuntivo** nem uma atenuação de certeza operada por transferência da negação para a **oração principal**).

Outras ocorrências do tipo são:

*Acredito que a felicidade de um casal NÃO **está** na idade que tem.* (AMI)
*Julgo que NÃO **sou** capaz de repetir, palavra por palavra, o diálogo que mantivemos.* (A)

b) Num enunciado com negação na **oração completiva** e com **subjuntivo**, como

*Imagino que NÃO **seja** tanto assim.* (Q)

tem-se que o fato expresso na **oração completiva** é tido como **possível** (há a incerteza do **subjuntivo**, mas não há uma atenuação de certeza operada pela transferência da negação para a **oração principal**).

Outra ocorrência do tipo é:

*SUPONHO que NÃO **tenha** nenhuma importância.* (NB)

A Formação Básica das Predicações

c) Num enunciado com **negação** na **oração principal** e **indicativo** na **oração completiva**, como

Eu NÃO acho que sou elitista. (FSP)

tem-se que o fato expresso na **oração completiva** é **contingente** (não há a incerteza do **subjuntivo**, mas há uma atenuação de certeza obtida pela transferência da negação para a **oração principal**).

Outra ocorrência do tipo é:

Eu podia até dizer... se achasse que valia a pena. Mas NÃO ACHO que vale. (PD)

d) Num enunciado com **negação** na **oração principal** e **subjuntivo** na **oração completiva**, como

Eu NÃO acredito que exista qualquer articulação política. (DZ)

tem-se que o fato expresso na **oração completiva** é tido como **impossível** (há a incerteza do **subjuntivo**, somada à atenuação de certeza obtida pela transferência da negação para a **oração principal**).

Outra ocorrência do tipo é:

NÃO julgo que ele esteja, como disse, pregando no deserto. (DP)

\# Nem todos os **verbos** que admitem transferência da negação (**de julgamento, não factivos** e **não implicativos**) se empregam com **oração completiva negativa** no **subjuntivo**, mas apenas **verbos** de suposição, como *supor* e *imaginar*.

\# Com formas verbais do **indicativo**, mas de tempo **futuro** (**futuro do presente**, ou **do pretérito**), não há valor **factual**, como nas outras formas de **indicativo**, já que todo futuro é eventual (e o **futuro do pretérito** é, especialmente, incerto):

Eu NÃO acredito que a Xuxa iria podar. (INT)

6.3 Com **verbos factivos** não ocorre a extensão da **negação** ao conteúdo da **oração completiva**, porque **verbo factivo** é exatamente aquele cujo complemento permanece afirmado (permanece um "fato"), quer seja o **verbo** da **oração principal** afirmado quer seja negado.

Eu compreendo
afirmativa   *que o momento é difícil.* (MO)
                      fato afirmado

O Advérbio

Lamento
afirmativa | *que o Brasil esteja vivendo dias como esses.* (MIR-O)
fato afirmado

Ignoravam
afirmativa | *que o latim é uma ginástica para a inteligência.* (BPN)
fato afirmado

NÃO compreendo
negativa | *que o chefe da nação se conserve permanentemente no Rio de Janeiro.* (JK-O)
fato afirmado

NÃO lamento nada
negativa | *morrer quase todos os dias.* (CRE)
fato afirmado

NÃO ignoro
negativa | *que a inadequação, tantas vezes assinalada, dos métodos até hoje usados para ordenar as relações sociais, principalmente na ordem estatal, constitui uma das fontes permanentes de sofrimentos para o homem.* (ME-O)
fato afirmado

Obs.: Os **verbos factivos** são estudados no capítulo sobre **Verbos** e no capítulo sobre **Conjunções integrantes**.

6.4 Também com verbos **implicativos** não é possível o alçamento da negação da **oração completiva** para a **oração principal** porque, nas **orações afirmativas**, os **verbos implicativos** se comportam como os **factivos** (eles implicam a factualidade do complemento), mas, nas **orações negativas**, seu **complemento** é entendido como falso.

Consegui
afirmativa | *que terminassem os exercícios de letra gótica.* (ASA)
fato afirmado

Lembrei-me de
afirmativa | *que precisava passar uma escova no tanque.* (MPB)
fato afirmado

Teve igualmente ocasião de
afirmativa | *aprofundar o entendimento com a Argentina.* (II-O)
fato afirmado

A Formação Básica das Predicações

Tem a desgraça de

afirmativa	*ser neto de uma escrava!* (TS)
	fato afirmado

Os pais que entram com ações na Justiça perdem o direito à matrícula ou
NÃO conseguem

negativa	*que os filhos assistam normalmente às aulas.* (CLA)
	falso

***NINGUÉM NEM MAIS se lembrava** de*

negativa	*que havia lua no mundo.* (BP)
	fato afirmado

Ainda com os **implicativos negativos** é impossível o alçamento da **negação**, pelo fato de que:

a) Numa oração **afirmativa** com um desses **verbos** como **verbo principal**, o **complemento** é falso, porque eles representam uma condição necessária e suficiente para que não se entenda o complemento como ocorrente

*Com o tempo, ela até **se esqueceu***

afirmativa	*de mudar o livro* *já que NÃO a interessava a leitura.* (PCO)
	falso

*Alguns dos bispos simplesmente **se recusaram***

afirmativa	*a assumir qualquer posição contra os nazistas.* (IS)
	falso

Evitou-se

afirmativa	*fazer aqui uma análise mais detalhada dos dados de cada uma das caselas.* (BF)
	falso

Abster-se de

afirmativa	*opinar pode NÃO ser hiprocrisia.* (LE-O)
	falso

Deixei de

afirmativa	*trabalhar em boates a pedido de Izaurinha.* (RR)
	falso

b) Numa **oração negativa** com um desses **verbos** como **verbo principal**, o **complemento** é verdadeiro

NÃO se esquecendo de

negativa	*salientar que são 25 anos de funcionamento.* (SO)
	verdadeiro

□ Advérbio

*Extremamente profissional, Ney **NÃO se recusou***

negativa	*a atuar fora de quadro.* (VIE)
	verdadeiro

Tais medidas apenas impedirão que eles se transfiram para o PTB mas
NÃO evitarão

negativa	*que façam a política do Governador.* (JB-OLI)
	verdadeiro

NÃO deixar de

negativa	*acompanhar a evolução do estado da criança.* (CRU)
	verdadeiro

Obs.: Os **verbos implicativos** são estudados no capítulo sobre **Verbos** e no capítulo sobre **Conjunções integrantes**.

6.5 Outras duas classes de **verbos** (ou **sintagmas verbais**) que têm **complementos oracionais** devem ser lembradas quanto ao comportamento da negação no complexo formado por **oração principal** e **oração completiva**.

6.5.1 Os **verbos causativos afirmativos**, que indicam condição suficiente, mas não necessária (chamados "*verbos **SE**"):

a) Numa **oração afirmativa** com um desses **verbos** como **verbo principal**, o **complemento** é implicado como verdadeiro

Significa

afirmativa	*que o povo brasileiro está de parabéns, porque economizou botijão de gás.* (EMB)
	verdadeiro

O delegado Brivaldo Soares, da polícia civil do Pará, que preside o inquérito,
assegurou

afirmativa	*que já dispõe de provas para responsabilizar o cacique pelo crime.* (ESP)
	verdadeiro

b) Numa **oração negativa** com um desses **verbos** como **verbo principal**, o **complemento** fica neutro

*A inexistência de confidentes **NÃO significa***

negativa	*que Tancredo não tenha informantes de confiança.* (VEJ)
	neutro

A FORMAÇÃO BÁSICA DAS PREDICAÇÕES

O fato de não ter sido apontada qualquer prova
NÃO significa

negativa	*que a acusação é insensata.* (ESP)
	neutro

6.5.2 Os "**verbos *SE***" negativos:

a) Numa **oração afirmativa** com um desses **verbos** como **verbo principal**, o **complemento** é implicado como falso

Resta impedir

afirmativa	*que você sofra.* (TPR)
	falso

b) Numa **oração negativa** com um desses **verbos** como **verbo principal**, o **complemento** fica neutro

*O fato de ser mulher **NÃO impediu***

negativa	*Semíramis de reinar na Síria.* (BOI)
	neutro

6.5.3 Os **verbos** que indicam uma condição necessária, mas não uma condição suficiente (chamados "**verbos *SOMENTE SE***"):

a) Numa **oração afirmativa** com um desses **verbos** como **verbo principal**, não há implicação precisa

***Era capaz** de*

afirmativa	*sustentar nesse instante a mais desbragada mentira.* (CP)
	sem implicação precisa

*Enquanto se encaminhava para ele Ruana **teve tempo** de*

afirmativa	***planejar o que faria.*** (G)
	sem implicação precisa

b) Numa **oração negativa** com um desses **verbos** como **verbo principal**, o **complemento** é implicado como falso

*A Secretaria de Educação **NÃO era capaz** de*

negativa	*informar sequer quantas professoras havia no Estado.* (CRU)
	falso

*O Sr. Eliseu Resende **NÃO teve tempo** de*

negativa	*estabelecer outra política além do "Plano Itamar".* (ESP)
	falso

O Advérbio

6.5.4 Os "verbos *SOMENTE SE*" negativos:

a) Numa **oração afirmativa** com esse **verbo** como **verbo principal**, o **complemento** é neutro

Chagas hesitou em
afirmativa | *abandonar seus correligionários.* (VIS)
neutro

b) Numa **oração negativa** com um desses **verbos** como **verbo principal** não há implicação precisa

Sérgio NÃO hesitou em
negativa | *se mostrar desarvorado com o protesto.* (A)
sem implicação precisa

Obs.: Os **verbos causativos** são estudados no capítulo sobre **Verbos** e no capítulo sobre **Conjunções integrantes**.

7 A **negação** em contextos de **coordenação**

As **orações** negativas e os **sintagmas** situados dentro do âmbito da **negação** podem ser coordenados de dois modos.

7.1 **Coordenação** com **conjunções coordenativas** neutras quanto à **polaridade**, como **e (aditivo)** e **ou (alternativo)**, que podem coordenar segmentos indiferentemente positivos ou negativos:

a) *Furioso consigo mesmo, afastou-se* | **e** | *pôs-se a andar no sentido inverso.* (A)
positivo | positivo

b) *Uma mulher dura e insensível*
que NÃO amava | **e** | *NÃO podia entender.* (A)
negativo | negativo

c) *Discernia o bem do mal* | **e** | *NÃO se aventurava a tornar o partido mais difícil.* (F)
positivo | negativo

d) *Ela sabia muito bem que*
eu NÃO gostava da velha | **e que** | *seria muito capaz de sair na disparada.* (ANA)
negativo | positivo

327

A FORMAÇÃO BÁSICA DAS PREDICAÇÕES

7.2 Coordenação com o **coordenador** negativo *nem*, quando se faz **adição** de dois segmentos negativos. Desse modo, na **coordenação** operada por *nem*, o primeiro segmento coordenado necessariamente abriga um operador de negação:

NÃO tugiu	*NEM mugiu.* (TG)
negativo	negativo
negativo	

Eu me despeço de vocês também porque eu ainda NÃO terminei NEM sei terminar. (MPF)
NUNCA mais Pablo me falou em Marta NEM perguntei por ela. (BH)

Com o coordenador negativo *NEM*, acentua-se o caráter negativo do conjunto coordenado: o segundo segmento negativo, iniciado pela **conjunção** *nem*, corresponde a um grau mais elevado na hierarquia de exclusão, o que pode vir lexicamente expresso por elementos como *tampouco* ou *mesmo* (para inclusão), ou *sequer* (para exclusão):

Contudo, essas razões NÃO são as únicas, NEM tampouco as fundamentais. (IP)
NÃO desejava refletir nem inquietar-me, NEM mesmo tornar a ver Angela. (AV)
Senhor Ernesto, NÃO guardo rancor, NEM sequer tenho queixa do senhor. (AM)

Essa operação é semelhante à que esses elementos realizam junto do **advérbio** *nem* (ver 2.4.4).

7.2.1 O **advérbio** *NEM* também tem um papel em contextos de **coordenação** de segmentos negativos operada por uma **conjunção coordenativa** de **polaridade** neutra (*e* ou *ou*), focalizando o segundo segmento e realçando seu caráter negativo, o que pode ser reiterado por elementos particulares, como *mesmo, tampouco*:

Jamais esqueci e NEM mesmo chego a entender como esta frase não consta dos livros de provérbios. (T)
Nessas estimativas que estamos fazendo não estão computados nem as eclusas (...) e NEM tampouco o aproveitamento hidrelétrico do potencial hidrelétrico. (DP-O)

7.2.2 Nessa adição de dois segmentos **negativos**, pode ocorrer que o elemento de **negação** do primeiro segmento seja também o *NEM*, o que configura uma construção **correlativa**: *NEM... NEM*. Essa **correlação** é suficiente por si para estabelecer como negativos os dois segmentos coordenados, desde que o elemento *NEM* venha anteposto aos **verbos**, como em

NEM sei NEM quero saber. (GCC)

NEM ele pecou NEM seus pais. (LE-O)

Sei que ele usa expressões que NEM a senhora, NEM eu usamos. (CM)

\# Especialmente quando a **correlação** vem posposta ao **verbo**, o *NEM* impõe uma focalização sobre o conjunto que introduz:

*V. Exa. não recebe o mesmo tratamento, **NEM da liderança do PMDB NEM do Senador José Fragelli**.* (JL-O)

*Chico Buarque não vota hoje, **NEM Tom Jobim**, Baden Powell também não. **NEM Roberto Carlos, NEM Maria Bethania, NEM Elis Regina, NEM Elizeth Cardoso**.* (SC)

Obs.: A **conjunção** *NEM* é estudada no capítulo referente às **Conjunções coordenativas aditivas**.

7.2.3 Um primeiro segmento de valor negativo pode não vir expresso, sendo depreendido do contexto ou do conhecimento partilhado entre os interlocutores, como se percebe neste diálogo:

– Chupa essa fumaça!

NEM por bem NEM por mal! (NC)

(= *Não* chupo essa fumaça *nem* por bem *nem* por mal.)

8 A **negação** como **operação pragmática**

8.1 O tipo mais comum de negação é a **predicativa**, que, do ponto de vista pragmático, podemos chamar **descritiva**, como a que ocorre em

O significado da "propriedade produtiva" NÃO está fixado na Constituição e, portanto, no máximo será obra da legislação ordinária. (FSP)

Entretanto, na situação concreta de interação linguística, a negação serve, muito frequentemente, a fins comunicativos. Um desses fins é **fornecer** uma **informação**, ante um pedido do interlocutor (real ou virtual), como em

Que quer dizer isso? NÃO quer dizer NADA, isso tudo é uma mitologia primitiva. (SL)

Além disso, a negação é amplamente usada, por exemplo, para negar crenças esperadas pelo ouvinte em contextos nos quais a afirmativa correspondente foi suposta. Quando o falante compõe um **enunciado negativo**, ele indica ter mais suposições sobre o conhecimento do ouvinte do que quando compõe um **enunciado afirmativo**. A partir daí, do ponto de vista comunicativo, pode-se dizer que os **enunciados negativos** não são empregados primariamente para expressar informação nova, mas sim para assentar uma manifestação acerca de informações já expressas, ou supostas na interação linguística.

Assim, a negação é usada, na interação, para fins como

1) **polemizar**, após um enunciado **afirmativo**

a) **refutando**

> – *Chega até a ser engraçado...*
> > – *NÃO vejo graça nenhuma...* (AS)
>
> – *Gozado é que as condições aparecem quando a gente dá a bronca!*
> > – *NÃO! NÃO! NÃO vamos discutir em má-fé!* (AS)
>
> Homem: *Lutador valente!... Nosso irmão. Nossa esperança!*
> Mulher: *Minha desgraça!*
> Homens: *Nossa certeza!*
> Mulher: *NÃO é pai!*
> Homem: *Lutador valente. Nosso irmão. Nossa esperança!* (AS)
>
> – *Você é louco.*
> > – *Louco NADA.* (D)

\# A refutação pode implicar concessão, geralmente marcada por ***mas***:

> – *O filho é meu! É o meu sangue, é a minha carne! É a minha vida!*
> > – *Mas NÃO é o produto do seu amor!* (FIG)
>
> – *Sou da Diretoria do Centro Acadêmico.*
> > – *Mas NÃO é do Partido.* (MD)

b) **retificando**

> *Você matou em cima, só que NÃO é de ovos, é de larvas.* (SL)
>
> – *É por causa do quarto (...).*
> > *NÃO é quarto, não. É vaga.* (AS)
>
> – *Vosmecê sabe, sogra e nora nunca se entendem (...).*
> > *Mas NÃO é só isso. Deve haver coisa mais séria.* (TV)

2) **ratificar**, após outro enunciado negativo

> – *Doutor, qualquer coisa que aconteça, NÃO vou esquecer!*
> > *NÃO esquecerá...* (AS)

Esse jogo entre negação e afirmação pode, ainda, dizer respeito ao próprio enunciado, configurando uma **negação metalinguística**, que é empregada:

□ Advérbio

a) para valorizar, ou para desvalorizar

Pedro é meio lelé, mas NÃO é tanto. (TGG)

b) para rejeitar uma implicação (geralmente num contexto **adversativo**)

Pode ser destemperada, mas NÃO é burra. (PDP)
A gente é solteira, mas NÃO é criança... (PED)

c) para rejeitar um enunciado

Não pense você que ele veio ao Brasil (e NÃO para o Brasil) por medo de Buonaparte, o covarde. (VB)

8.2 Informativamente, pode-se falar em **foco da negação**, entidade sem estatuto na estrutura sintática da **oração**, que, entretanto, é uma porção do **enunciado** determinada pela interação de enunciados particulares em contextos particulares, sendo sua interpretação guiada, em maior ou menor extensão, pela **entoação**, que a linguagem escrita busca, de alguma forma, registrar. A **entoação** destaca partes do enunciado, estabelecendo a base para uma avaliação dos blocos de informação, em termos de **novo** e **dado**.

Foco da negação não é o mesmo que **escopo da negação**. Em linhas gerais, ocorre que, com marca entonacional especial, pode ser individualizado um **foco** no interior do âmbito da negação, por meios gramaticais ou graças a informações contextuais.

O **foco da negação** é indicado, além da entoação:

a) pelo contraste com um elemento do mesmo tipo, como em

*Também NÃO compra mais **vagem manteiga**, compra **vagem macarrão**.* (RC)

b) pelo emprego de elementos **focalizadores**, como em

NEM MAIS um movimento, um arfar. (FP)

c) pelo deslocamento de palavras negativas para a esquerda

A NINGUÉM ouvia, a NINGUÉM reconhecia e a NINGUÉM se dirigia. (MU)
Manuelzão estendeu a mão. Para NINGUÉM ele apontava. (CHI)

d) por mecanismos de realce da informação, como por exemplo, a **clivagem**

NÃO foi com esse homem que sabe tudo e discute política que eu casei. (AF)
NÃO foi com o futuro padre que vinha falar... foi com o meu irmão. (SEN)
É que NÃO foi a gente que fez. (DEL)

AS CONJUNÇÕES INTEGRANTES.
AS ORAÇÕES SUBSTANTIVAS

1 Modo de construção

1.1 Há **orações** que equivalem a um **sintagma nominal**, e que são, por isso, tradicionalmente chamadas **orações substantivas**. Desse modo, as **orações substantivas** têm as características de um elemento nominal, o que se verifica pela correspondência que elas, em geral, apresentam:

a) com um **substantivo** (+ determinante)

É preciso esperar A VINDA de outro outono. (B)
    (= É preciso esperar que venha outro outono.)
Grande número de pessoas aguardava A CHEGADA de Roberto Carlos e Vanderleia.
(EM)
    (= Grande número de pessoas aguardava que chegassem Roberto Carlos e Vanderleia.)

b) com o **sintagma** *O FATO DE QUE, O FATO DE+VERBO*, como se vê nos pares

Não é segredo O FATO DE QUE técnicos alemães, no fim da última Grande Guerra, estavam já em fase experimental com um aparelho conhecido como "helicóptero supersônico", ou "V-7". (CRU)
    (= Não é segredo QUE técnicos alemães, no fim da última Grande Guerra, estavam já em fase experimental com um aparelho conhecido como "helicóptero supersônico", ou "V-7".)
O senhor notou O FATO DE QUE frei Tito teve enterro religioso, mesmo sendo suicida.
(VEJ)
    (= O senhor notou frei Tito ter tido enterro religioso, mesmo sendo suicida.)

A Formação Básica das Predicações

*Não se pode **negar** O FATO DE QUE a Rússia vem lançando cerca de quatro projéteis por mês.* (CRO)

(= Não se pode negar que a Rússia vem lançando cerca de quatro projéteis por mês.)

*O FATO DE **eu ter porte de arma** não me obriga a andar armado.* (FE)

(= Eu ter porte de arma não me obriga a andar armado.)

c) com um **infinitivo substantivado**

*Para o paciente, o aparecimento de sintomas que limitem a sua qualidade de vida denuncia a ele **O ESTAR doente**.* (HOM)

(= Para o paciente, o aparecimento de sintomas que limitem a sua qualidade de vida denuncia a ele que está doente.)

*Ouve-se o **PARTIR violento** de vidros.* (SOR)

(= Ouve-se que vidros se partem violentamente.)

1.2 As **orações substantivas** constroem-se com **verbo** no **infinitivo** ou em um **modo finito**. Quanto ao modo de conexão, as **orações substantivas**:

a) Vêm introduzidas por uma **conjunção integrante** (**que**, em alguns casos pode estar elíptica), estando o **verbo**, nesse caso, sempre em uma forma **finita (indicativo** ou **subjuntivo)**

> **QUE**

*Não surpreende **QUE** esta feira ocorra em nosso país.* (EM)

*Confesso **QUE** não me agrada usar violência.* (EL)

*Coitada, já não se lembrava mais de **QUE** ele está fora, em viagem.* (A)

> **SE**

*Fiquei pensando **SE** valia a pena viver.* (FR)

*Ontem Mariana me perguntou **SE** eu acreditava já ter sido outra pessoa numa vida anterior.* (FE)

*Não sei **SE**, ao passar por mim, me identificou.* (A)

Com o **verbo** em forma **infinitiva**, não ocorre **conjunção**:

BASTA voltar a arma na direção dele e meter-lhe uma bala no olho. (N)

*Não tenho vergonha de **CONFESSAR ter sido casado com uma negra**.* (T)

\# As construções com **oração completiva** introduzida pela **conjunção SE** podem conter uma disjunção:

Não sei **SE** eu estava bonito na época, **OU SE** minhas músicas a encantavam. (FAV)

Não sei **SE** não deixam ou **SE** são as mulheres que não o aceitam. (Q)

As Conjunções Integrantes. As Orações Substantivas

b) Vêm **justapostas**, iniciando-se por **palavras interrogativas** ou **exclamativas**, podendo os **verbos** estar em forma **finita** ou **infinita**

Diz COMO aconteceu a desgraça. (B)
Ensinara aos pequenos COMO preparar alguns refrescos de frutas. (GT)
Não quero que perceba QUANTO sofri. (A)
Sei QUANDO a briga está perdida. (CH)
Serpa, atento, perguntou POR QUE ele omitira aquilo no inquérito. (AFA)

2 As funções das **orações substantivas**

As **orações substantivas** são **orações encaixadas** ou **integradas** em uma outra **oração**, considerada **matriz**, ou **principal**, na denominação tradicional. Equivalendo a um **sintagma nominal**, as orações desse tipo exercem todas as funções que o sintagma nominal pode exercer.

2.1 Orações substantivas em **função argumental**

As **orações** introduzidas por **conjunção integrante** geralmente funcionam como **complemento** de um **termo** da outra **oração**. Essas **orações completivas** têm papel de um **argumento**, ou **participante**, em relação a um **termo valencial** da **oração principal**.

Os tipos de argumento são:

a) **Argumento de verbo**: quando é um **verbo** da **oração principal** que exige a **oração completiva**. A **oração completiva** pode exercer todas as funções **argumentais** ligadas a **verbo** exercidas por um **sintagma nominal**.

• Sem **preposição**:

Sujeito

Mas não lhe ocorreu QUE não é o único João deste mundo? (CR)
Parece QUE tenho asa. (MPF)
Mas acredita-se QUE o número de assaltos por ele praticado seja bem maior. (CS)
E é uma pena QUE ainda sejam tão tímidas. (CPO)
É fácil identificar o clímax. (ANB)
Mesmo para os seus olhos de alcance, era difícil localizar o alimento. (SA)

Objeto direto

Geisel respondeu QUE considerava seus serviços imprescindíveis ao Governo. (TF)
E explicou QUE a subversão acaba loguinho, até porque nem era muita. (SC)

335

A Formação Básica das Predicações

*Fiquei pensando **SE valia a pena viver**.* (FR)

*César, com aquela afonia que lhe é característica, explicou **tratar-se da "mascote" do novo transmissor da Rádio Globo**.* (VID)

*O sr. Adams disse **ter chegado à sede pouco depois das 8 horas**.* (CS)

*Respondeu **não ser aquele o seu ofício**, ganhava a vida com o trabalho na oficina.* (TG)

- Com **preposição**:

Objeto indireto

*Todo êxito da manobra tendo em vista a imposição do candidato preferido dependia **de QUE o Presidente estivesse inteiramente prisioneiro da vontade do grupo**.* (TF)

*Apesar de terem respondido que eu estava meio indisposta, papai insistiu **em QUE me chamassem**.* (A)

*Entretanto, ele confia **em QUE as autoridades deverão divulgar, em breve, soluções compatíveis com as necessidades setoriais**.* (VIS)

*Não se lembra **de ter ido a um bar da praia**?* (AFA)

*A vitória dessa causa depende **de nos unirmos e nos conhecermos**.* (JK-O)

b) **Complementação de substantivo** (com **preposição**): quando é um **substantivo** que exige a **oração completiva**. A oração completiva é tradicionalmente denominada **completiva nominal**.

*Eu tenho a **impressão de que o QUE desagrada você é a ideia de integrar o índio nas populações do interior, não é**?* (Q)

*A educação linguística põe em relevo a **necessidade de QUE deve ser respeitado o saber linguístico prévio de cada um**.* (DIE)

*Tenho **certeza de QUE ela não o teria deixado se você fosse rico**.* (AC)

*Não há **dúvida de QUE havia um ambiente de quase animosidade nas relações do Presidente com o Ministro do Exército**.* (TF)

*O Capitão Custódio lhe tinha entregue a engenhoca na **certeza de confiar em homem de muita cabeça**.* (CA)

*O Sr. Juscelino Kubitschek não terá **dúvida de entregar-lhe a pasta**.* (CRU)

c) **Complementação adjetiva** (com **preposição**): quando é um **adjetivo** que exige a **oração completiva**. Como no caso da complementação de **verbo**, a **oração completiva** é tradicionalmente denominada **completiva nominal**.

*Todo mundo neste país está **interessado em QUE se melhorem as condições de existência, que se aumentem os salários, que se assegure a cada um maior participação no produto nacional bruto**.* (EM)

*Mas me calei, prudente, **desejoso de QUE ela pusesse fim às suas confissões e me servisse outra dose**.* (SE)

336

As Conjunções Integrantes. As Orações Substantivas

*Papai ria divertindo-se com seu plano, **contente de sentir a minha emoção**.* (ANA)
*Julgo que não sou **capaz de repetir, palavra por palavra, o diálogo que mantivemos**.* (A)
*Parou **admirada de presenciar tanto ajuntamento de homem em compartimento de cozinha**.* (CL)

Obs.: A questão da **valência nominal** e a da **estrutura argumental dos nomes** são estudadas no capítulo sobre **Substantivos**.

2.2 Orações substantivas em função predicativa

As **orações completivas** podem ser **predicativas**, isto é, funcionar como **predicativo do sujeito** da **oração principal**:

*O problema é **QUE não conseguia ampliar a produção**.* (AGF)
*O fato é **QUE trabalho desde os 13 anos de idade**.* (FA)
*O caso é **QUE não fui prisioneiro de guerra nem propriamente desertor**.* (DE)
*A verdade é **QUE iniciavam ali uma longa viagem**.* (OLG)
*O difícil é **ser eficiente** depois que o capital de giro ficou bloqueado com o plano econômico.* (AGF)
*O problema é **evitar os que adoram pisar as plantinhas**.* (PLA)

\# O mais comum é que as **orações predicativas** venham **pospostas**, mas a **anteposição** também é possível:

***QUE haja um só rebanho e um só pastor**, sempre foi a maior preocupação da Igreja.* (CRU)
***Saber fazer bem o que se deve fazer** é a obrigação de todo artífice que ame seu ofício.* (JK-O)

\# Num tipo similar de construção, o **verbo de ligação**, ou **cópula**, não instaura uma relação de **predicação**, mas de identidade, e, por esse motivo, a **oração** – com forma verbal **infinitiva** – identifica-se com o **sintagma nominal sujeito**. Esse **sintagma nominal** não é de um tipo qualquer: ele não remete a um referente objetivo, mas indica uma ação mental, ou uma atitude, ou ainda simplesmente um conceito, cujo significado seja correspondente ao de uma **oração**:

*Seu grande **PROGRAMA** é **ficar ali, à tardinha, vendo televisão**.* (FA)
*A **RECOMENDAÇÃO** é **ficar de olho nas árvores, retirando e queimando os galhos atacados**.* (GL)
*Tua **SORTE** foi **ter encontrado Tião**.* (EN)

337

A Formação Básica das Predicações

Há construções mistas em que a **oração completiva** é **predicativa**, mas, como o **substantivo** que é núcleo do **sintagma nominal sujeito** é **valencial**, ou **transitivo**, a **oração completiva** ocorre preposicionada, nos moldes de um **complemento nominal**:

> *A conclusão é de QUE seria difícil ele estar vivo depois de passar pelas mãos das nossas heroicas "Forças Armadas".* (FAV)
>
> *O medo é de QUE os preços sejam jogados para baixo.* (FSP)
>
> *Em Xique-Xique, marco zero da barragem de Sobradinho, a previsão é de QUE apenas dentro de quinze dias as águas do Rio São Francisco atingirão o centro da cidade.* (AP)
>
> *A sensação é de QUE tudo se move lenta e pesadamente.* (CRE)
>
> *A esperança é de QUE "a livre competição estabeleça os parâmetros das negociações".* (ZH)

2.3 Orações substantivas em função apositiva

As **orações completivas** podem ser, ainda, **apositivas**, isto é, podem funcionar como **aposto** de um termo da **oração principal**. Trata-se, em geral, de um **aposto explicativo**, que vem separado por **vírgula** ou por **dois-pontos** Essa **oração apositiva**, mesmo com **verbo** em **forma finita**, pode prescindir da **conjunção integrante**:

> *–V. Exa. acabou de afirmar **isto, QUE o Tribunal se inspirou numa fórmula que seria a do PMDB.*** (JL-O)
>
> *O meu mandamento é **este: QUE vos ameis uns aos outros, assim como eu vos amei.*** (SO)
>
> *Para eles só há **uma norma de ação: ser útil ao movimento.*** (MA-O)
>
> *Tudo que ele queria era exatamente **isto: conhecer mundos novos.*** (OA)
>
> *Foi Deus quem ditou **este mandamento** a Moisés: **"Honra a teu pai e a tua mãe".*** (LE-O)
>
> *O método seria **este: eu tomaria a primeira dose da beberragem e deitaria na cama.*** (BU)

3 Os subtipos semânticos de **orações substantivas**

3.1 Um grupo significativo de construções com **orações completivas** tem natureza **factual**, isto é, tem predicado do tipo denominado **factivo**:

> *Só **lamento QUE a proposta, aprovada em clima emocional e político, tenha partido de um contumaz sonegador de impostos.*** (AR-O)
>
> *O povo **descobriu QUE o tal não era cego nem nada.*** (CA)

As Conjunções Integrantes. As Orações Substantivas

*E só então **percebi QUE** sua felicidade vinha do fato de que o futuro presidente fala francês fluentemente.* (SC)

*Noto **QUE** duas moças me olham e cochicham.* (AID)

Admira-me **QUE** até agora pudesse ter vivido apenas em companhia de meu pai. (CCA)

É importante QUE antes de utilizarmos a antibioticoterapia atentemos para certos detalhes. (ANT)

*É **lamentável QUE** os grupos folclóricos se profissionalizem no mau sentido.* (CH)

3.2 Outro tipo de construções com **complemento oracional** são as que abrigam **predicados** do tipo denominado **implicativo**

a) **Afirmativos**

Conseguiu Felipe **QUE ele vestisse o casaco.** (CE)

Preocupava-me **notar o isolamento de uma pessoa na multidão.** (MEC)

b) **Negativos**

Manda o recato **QUE eu me abstenha de entrar em maiores detalhes sobre o assunto.** (AL)

*Eu **me recuso a negar-lhe comida.*** (REA)

3.3 Outras duas subclasses de **predicados** ligados a preenchimento de condições têm **complementos oracionais**:

a) **Predicados** que indicam condição suficiente, mas não necessária (chamados **verbos causativos** ou **verbos** *se*).

a.1) **causativos afirmativos**:

Cuida-se de atenuar ou evitar sequelas. (GLA)

*Você **provou QUE é um líder.*** (NOD)

Dados oficiais de Distribuidores de Veículos Automotores **mostram QUE essa participação caiu para 26% do mercado.** (OI)

a.2) **causativos negativos**:

Fechou o laboratório para **impedir QUE a vaca entrasse.** (VD)

A cultura da inflação **desencoraja o investimento e a mentalidade produtiva.** (COL)

b) **Predicados** que indicam uma condição necessária, mas não uma condição suficiente (chamados **verbos** *"somente se"*).

A Formação Básica das Predicações

b.1) **verbos *"somente se"* afirmativos**:

Eu sei que posso transformar você num grande ídolo internacional. (ARA)

b.2) **verbos *"somente se"* negativos**:

Hesitei em aceitar a incumbência de prefaciar este volume. (II-O)

4 Os subtipos funcionais de **orações substantivas**

4.1 As orações subjetivas

4.1.1 A questão da **ordem**

As **orações** que exercem a função de **sujeito** vêm comumente **pospostas** à **oração principal**. A anteposição é possível – seja com verbo em modo finito seja com **verbo** em **forma infinitiva** –, mas representa uma construção mais marcada, na qual a oração **subjetiva** vem **topicalizada**.

> *QUE havia um obstáculo, o General Frota, mas este seria afastado logo que possível é certo.* (TF)
> *Acreditar nas vozes do morto é possível.* (CBC)
> *Pois estar ao seu lado para mim é festa.* (AM)

Especialmente com alguns **verbos**, a anteposição da **oração subjetiva** é bastante excepcional. Observe-se a estranheza de construções com **orações subjetivas antepostas**, como as que se supõem, a seguir, em correspondência com ocorrências reais, que trazem as **orações subjetivas** pospostas:

> *Pensou-se QUE um tal trabalho poderia ser desenvolvido nos moldes do realizado.* (BF)
> (?) Que um tal trabalho poderia ser desenvolvido nos moldes do realizado pensou-se.
> *Acontece QUE, pelo menos formalmente, o PPB será um partido de oposição.* (OI)
> (?) Que, pelo menos formalmente, o PPB será um partido de oposição acontece.

4.1.2 **Orações subjetivas e factualidade**

A **oração subjetiva**, mais evidentemente que qualquer outra, corresponde a um **sintagma nominal**, já que, na maioria dos casos, ela está por uma estrutura do tipo de "O FATO DE". Observe-se que:

As Conjunções Integrantes. As Orações Substantivas

É lamentável QUE os grupos folclóricos se profissionalizem no mau sentido. (CH)

equivale a

É lamentável o fato de os grupos folclóricos se profissionalizarem no mau sentido.

Essa correspondência pode ser observada também nos casos em que **a oração subjetiva** é infinitiva, e, portanto, não iniciada por **conjunção**.

Assim:

É lamentável os grupos folclóricos se profissionalizarem no mau sentido.

equivale a:

É lamentável o fato de os grupos folclóricos se profissionalizarem no mau sentido.

Desse modo, é muito comum que **predicados** que têm **sujeito oracional** pressuponham a factualidade da **oração subjetiva**, isto é, sejam **factivos**:

É certo QUE havia um obstáculo. (TF)
Não surpreende QUE esta feira ocorra em nosso país. (EM)
Parece que a finalidade dessas reuniões é o debate e é uma pena QUE ainda sejam tão tímidas. (CPO)

Em alguns casos, uma interpretação **factiva** é menos nítida, e é decidida pelo modo do **verbo** da **subjetiva**. A pressuposição de factualidade é obrigatória se o modo verbal da **subjetiva** for o **finito**, mas é opcional, ou ausente, se for o **infinitivo**. Assim, tem interpretação factiva um enunciado como

Não nos pode surpreender QUE os marxistas, a soldo da Rússia, procurem dominar e controlar as nossas organizações sindicais. (SI-O)

mas não necessariamente um enunciado como

É uma sensação horrível estar sendo seguido por alguém de aspecto tão sinistro. (VA)

4.1.3 Os subtipos funcionais de construções com **orações subjetivas**

Os **predicados** que têm **sujeito oracional** são de diversos tipos.

a) **Predicados** formados por um **verbo de ligação** e um **predicativo**. Alguns **adjetivos** selecionam apenas o verbo SER, enquanto outros se constroem com **estar, ficar, tornar-se**, e outros ainda admitem qualquer dos **verbos de ligação**. Pode ocorrer na posição de **predicativo**:

• **Sintagma adjetivo**

A Formação Básica das Predicações

É claro que não vai. (HA)

É importante QUE antes de utilizarmos a antibioticoterapia atentemos para certos detalhes. (ANT)

Para o cético, tornou-se claro que a cada discurso filosófico se poderia opor um outro de igual força. (CET)

É importante notar que tal ameaça foi feita em nome do Presidente, mas realmente à revelia dele. (TF)

É melhor guardar mesmo num lugar seguro. (VA)

\# Nesse tipo de construção é muito frequente o uso de uma forma de **particípio passado** na posição predicativa:

Já está decidido QUE clubes, escolas e entidades públicas terão prioridade na compra dos terrenos localizados perto de suas sedes. (OG)

Caso fique comprovado QUE os japoneses foram mortos pelos policiais paulistas, uma reviravolta pode ocorrer. (CB)

Ficou provado para o pai como para mim, declaram Godin, QUE Jorge era púbere e Jacques não o era. (AE)

Ficou decidido QUE os estudantes daquele órgão participariam da passeata. (EM)

\# O **verbo** de ligação pode não vir expresso:

Proibido tocar. (CNT)

- **Sintagma nominal**

Hélio Silva considera que é uma pena QUE o Presidente da República não tenha lido a lei do candidato. (FSP)

É uma surpresa QUE você me fale desse jeito. (OE)

Afirmara que estávamos bem e era tolice esperar coisa melhor. (MEC)

Seria tolice fazer tamanho investimento. (VEJ)

\# O **verbo de ligação** pode não vir expresso:

Tolice imaginar ali perto o imbecil do recitativo. (MEC)

b) **Predicados** formados por **verbos** como **importar, parecer, acontecer, bastar,** que são tradicionalmente chamados **unipessoais,** exatamente porque aparecem, nessas construções, apenas na **terceira pessoa do singular.** É comum, também, dar-se a denominação **impessoais** a esses **verbos,** mas essa denominação não pode ser entendida como referindo-se à inexistência de **sujeito.** Na verdade, o que ocorre é que os verbos que se constroem com **sujeito oracional** têm apenas um **argumento** na sua **estrutura argumental,** isto é, têm **valência 1:**

Parece até QUE foi ontem. (AF)

Ocorre QUE, com o uso continuado, apareciam rasgões no revestimento que eram consertados. (FIL)

Aconteceu QUE nós, os viajantes, queríamos atravessar. (GT)

Não importa QUE o cliente não venha nunca, não importa que a propaganda não surta efeito. (CV)

Bastava os pequenos fazerem-lhe cócegas na barriga. (GT)

c) **Predicados** formados por **verbos psicológicos**, que exprimem a reação emotiva de um **experimentador** (**objeto indireto**, expresso ou não) em relação a um **estado de coisas**:

Não me interessa QUE seja uma peça do papelório governamental. (PRE)

Não nos pode surpreender QUE os marxistas, a soldo da Rússia, procurem dominar e controlar as nossas organizações sindicais. (SI)

Não me agradava QUE minha mãe lavasse roupa para fora. (T)

Preocupava-me notar o isolamento de uma pessoa na multidão. (MEC)

*Quero ser feliz com Leo, mas **alegra-me QUE o luto adie o casamento**.* (ASA)

d) **Predicados** formados por **verbos** que fazem identificação entre o **sujeito oracional** e o **complemento oracional**:

Admitir que Tito tenha enlouquecido significa *reconhecer a vitória dos seus algozes.* (VEJ)

e) **Predicados** formados por **formas verbais** na **voz passiva**:

• **Passiva analítica**, como em

Foi aconselhado QUE rezasse a Deus! (VID)

• **Passiva sintética**, como em

Acredita-se QUE a Groenlândia seja uma gigantesca ilha flutuante e estacionária. (CRU)

Nota-se QUE são termófilas. (TF)

Conclui-se QUE a dormência do embrião situa-se na plúmula. (TF)

Ameaçou-se fechar o Congresso. (TF)

*Assim, enquanto oficialmente **se afirma terem sido disparados três tiros contra o carro presidencial**, diversas outras fontes, como o famoso escritor Cook, chegaram à conclusão de que foram quatro os tiros.* (FA)

4.2 As **orações completivas verbais**

4.2.1 A questão da **ordem**

As **orações completivas verbais** vêm geralmente **pospostas** à oração **principal**. É muito rara a **anteposição**, que representa uma construção muito marcada, até estranha.

Comparem-se as seguintes ocorrências, com as construções correspondentes em que a **oração completiva** se deslocasse para antes da **oração principal**:

a) de **orações** que exercem a função de **objeto direto**

Vovó disse QUE banho de mar não é bom pra mim, não. (CR)
(?) Que banho de mar não é bom pra mim, não, vovó disse / disse vovó.
Geisel respondeu QUE considerava seus serviços imprescindíveis ao Governo. (TF)
(?) Que considerava seus serviços imprescindíveis ao Governo Geisel
respondeu/ respondeu Geisel.
E explicou QUE a subversão acaba loguinho, até porque nem era muita. (SC)
(?) E que a subversão acaba loguinho, até porque nem era muita explicou.
Fiquei pensando SE valia a pena viver. (FR)
(?) Se valia a pena viver fiquei pensando.

b) de **orações** que exercem a função de **objeto indireto**

Apesar de terem respondido que eu estava meio indisposta, papai insistiu em QUE me chamassem. (A)
(?) Apesar de terem respondido que eu estava meio indisposta, em que me chamassem papai insistiu.
Entretanto, ele confia em QUE as autoridades deverão divulgar, em breve, soluções compatíveis com as necessidades setoriais. (VIS)
(?) Entretanto, em que as autoridades deverão divulgar, em breve, soluções compatíveis com as necessidades setoriais ele confia.
Todo êxito da manobra tendo em vista a imposição do candidato preferido dependia de QUE o Presidente estivesse inteiramente prisioneiro da vontade do grupo. (TF)
(?) De que o Presidente estivesse inteiramente prisioneiro da vontade do grupo todo êxito da manobra tendo em vista a imposição do candidato preferido dependia.
Lembro-me de QUE o Presidente disse ao General Golbery: "Se está havendo reação ao nome desse deputado, vamos escolher outro". (TF)
(?) De que o Presidente disse ao General Golbery lembro-me: "Se está havendo reação ao nome desse deputado, vamos escolher outro".

4.2.2 Os subtipos funcionais das **orações completivas verbais**

4.2.2.1 As **orações objetivas diretas**

Muitos tipos de **verbos** se constroem com **oração completiva direta**.

a) **Verbos de elocução**: são **verbos** introdutores de discurso.

Os **verbos de elocução** anunciam um **discurso direto** ou um **discurso indireto**. O **discurso indireto** constitui uma **oração completiva**, que pode ter as seguintes formas:

As Conjunções Integrantes. As Orações Substantivas

- **Conjunção que+oração** com **verbo** no **modo indicativo**

    *Os médicos **disseram QUE voltará** a andar.* (HA)
    *E **explicou QUE** a subversão **acaba** loguinho, até porque nem era muita.* (SC)
    *Emerson **afirma QUE** as chances de ter de voltar a usar o velho F-5 **são** mínimas –
        mas existem.* (REA)
    *Stokes (1965) **informa QUE se tem concluído**, em numerosos casos, que a testa e/ou
        o pericarpo reduzem a disponibilidade de oxigênio ao embrião...* (TF)
    *O homem da flor **declarou QUE não era supersticioso**.* (N)

\#   O **verbo** da **oração completiva** de **verbos de elocução** vem no **subjuntivo** quando se expressa **injunção**, isto é, quando indica ordem, sugestão etc.

    *Não **digo QUE acredite em astrologia**.* (MAN)
    *Seu pai **berrou QUE abandonassem** o serviço.* (GT)
    ***Gritei** que o gaiteiro **tocasse** Saudades do Matão.* (CE)

Alguns **verbos de elocução** expressam sempre **injunção**, e, por isso, construem-
-se sempre com **oração completiva** no **subjuntivo**:

    ***Sugiro QUE procuremos** ouvi-lo.* (CCI)
    ***Ordenei QUE ocupasse** cadeira.* (CL)
    *Então lhe **aconselhei QUE aceitasse** a luta.* (DE)

- **Conjunção integrante se+oração** com **verbo** no **modo indicativo**

    Esse tipo de construção se faz especialmente com **verbos**

i) de **inquirição**: a construção constitui uma **interrogativa indireta**:

    ***Perguntou SE** eu estava com falta de ar.* (SC)
    *No meio da conversa, **perguntou SE** a Celita ainda estava solteira.* (G)

ii) de **problematização**: a construção também constitui uma **interrogativa indireta**:

    *Ele então se **questionava SE** sua vida fora obra do destino.* (REP)

iii) **declarativos**: negando ou interrogando:

    *Ele defende a liberdade de expressão, mas não **diz SE** concorda com Ciro.* (VEJ)
    *Ele **disse SE** ia passar nalgum lugar antes?* (AF)

- **Oração** com **verbo** no **infinitivo**

    ***Dizia ser glicose**, para reanimá-la.* (VEJ)
    *Foram advertidos pelo presidente do Creci, João Baduíno, que **alegou estarem se
        opondo baseados em problemas estritamente pessoais**.* (JB)

A Formação Básica das Predicações

*Vera **sugeriu subirem na máquina de costura**.* (ANA)

*César, com aquela afonia que lhe é característica, **explicou tratar-se da "mascote" do novo transmissor da Rádio Globo**.* (VID)

*Já Thomé (...) – que também **anunciou ter obtido a fusão a frio** – dá outras explicações sobre os neutrons detectados.* (FOC)

*Às autoridades policiais o porteiro **declarou não ter visto qualquer pessoa suspeita no edifício**.* (FOC)

*O engenheiro Lowrival Rei de Magalhães **afirmou não fazer promessas**.* (AP)

*Geraldo Pereira dos Anjos **reafirmou ter cometido o crime**.* (AP)

*De qualquer modo, **prometi fazer o possível**.* (T)

*Eu confesso **ter garantido ao Al Capone que somente os trouxas pagavam impostos**.* (T)

\# As **orações completivas diretas** de **verbos de elocução** que não trazem **sujeito** expresso, ou marcado, pela **desinência verbal**, como diferente do **sujeito** da **oração principal**, são entendidas, em princípio, como tendo **sujeito** correferencial ao do **verbo** da **oração principal**:

*Omar Sharif **confirmou QUE queria vir para o nosso carnaval**.* (REA)
  – sujeito de **confirmou**: Omar Sharif
  – sujeito de **vir** (elíptico): Omar Sharif

*Ouvidor **explicou** ao preto **precisar** de umas coisas para vergar o coração de uma donzela.* (VB)
  – sujeito de **explicou**: Ouvidor
  – sujeito de **precisar** (elíptico): Ouvidor

*Mas Dondona vinha apenas **PERGUNTAR se já podia** servir o almoço.* (ALE)
  – sujeito de **vinha**: Dondona
  – sujeito de **perguntar** (elíptico): Dondona

A **oração completiva** de **verbos de elocução** pode trazer expresso seu sujeito, mesmo que ele seja correferencial ao da **oração principal**.

Se o **sujeito** da **oração completiva** for expresso por um **pronome pessoal**, este será interpretado preferencialmente como não correferencial ao da **oração principal**, mesmo que seja da mesma **pessoa gramatical** que ele. Assim, um enunciado como

*Omar Sharif **CONFIRMOU que ELE queria vir para o nosso carnaval***

deve ser preferencialmente analisada como

  – sujeito de **confirmou**: Omar Sharif
  – sujeito de **ir**: ele (não Omar Sharif)

As Conjunções Integrantes. As Orações Substantivas

\# O **verbo** *dizer* tem a possibilidade de construir-se com **oração completiva infinitiva** iniciada pela **preposição** *PARA*. Isso ocorre principalmente quando o sujeito da **oração principal** e o da **completiva** não são correferenciais:

> *Eu não disse PARA matar o sujeito.* (AGO)
> – sujeito de **disse**: **eu**
> – objeto indireto (destinatário) elíptico de **disse**: **ele / você / alguém**
> – sujeito de **matar**: **ele / você / alguém**

Observe-se que o **sujeito** da **oração completiva** e o **objeto indireto** da **oração principal** (destinatário da elocução nela expressa) são correferenciais:

> *Você mesmo me disse PARA ir sozinha.* (AFA)
> – sujeito de **disse**: **você**
> – objeto indireto (destinatário) de **disse**: **eu**
> – sujeito de **ir**: **eu**
> *Chamei a Elma e disse-lhe PARA ligar pro Dr. Miguel.* (FAV)
> – sujeito de **disse**: **eu**
> – objeto indireto (destinatário) de **disse**: **Elma**
> – sujeito de **ir**: **Elma**

\# O **verbo** *pedir* também tem a possibilidade de construir-se com **oração completiva infinitiva** iniciada pela **preposição** *PARA*, construção que é condenada pela gramática normativa. Comumente o **sujeito** da **oração principal** e o da completiva são correferenciais, sendo este último não expresso:

> *Pedi PARA voltar à cidade.* (CE)
> *Pedi PARA ficar com você na mesma cela a fim de criar coragem.* (PRE)
> *Quando pedi PARA pintar, procurava uma tábua de salvação.* (OAQ)

Obs.: Os **verbos de elocução** são também estudados no capítulo sobre **Verbos**.

b) **Verbos de atividade mental** (julgamento, opinião, crença etc.).

Os **verbos de atividade mental** (como **aceitar**, **achar**, **acreditar**, **admitir**, **calcular**, **compreender**, **considerar**, **certificar**, **crer**, **descobrir**, **duvidar**, **entender**, **fingir**, **ignorar**, **imaginar**, **pensar**, **prever**, **predizer**, **reconhecer**, **supor**) constroem-se com **complemento** oracional das seguintes formas:

• **Conjunção** *QUE*+**oração completiva** com **verbo** em forma **finita**

No **modo indicativo**

> *Não achas QUE estás sendo injusto?* (HP)
> *Acredito QUE não serei preso.* (JA)

A Formação Básica das Predicações

*Julgo que não **sou capaz** de repetir, palavra por palavra, o diálogo que mantivemos.* (A)

*Por alguns momentos **penso QUE** não **chegaremos** ao pico, mas ninguém cogita desistir.* (MAN)

*Quando começar a fazê-lo, nós saberemos imediatamente. Mas **suponho QUE** não o **fará**.* (BN)

*Imagino QUE não **usarei** nenhuma delas.* (B)

No **modo subjuntivo**

*Não **creio**, mesmo, **QUE** o Presidente **tenha participado** inicialmente da manobra.* (TF)

*Não **acredito QUE**, no Terceiro Mundo sobretudo, o Estado **possa** ser uma entidade ausente.* (POL-O)

*Não **julgo QUE** ele **esteja**, como disse, pregando no deserto.* (DP)

*Não **penso QUE seja** bom o Estado desembolsar dinheiro do Tesouro.* (POL-O)

*Primeiro **pensei QUE fosse** alguma performance de mágicos, depois **achei QUE fosse** uma daquelas brincadeiras de televisão, qual é a finalidade disso?* (FSP)

*Não **imaginei QUE fosse** do seu conhecimento.* (Q)

• **Oração completiva** com **verbo** em forma **infinitiva**

*Pessoalmente, **achava ser** inútil qualquer entrevista, com qualquer jornalista.* (REA)

*Ontem Mariana me perguntou se eu **acreditava** já **ter sido** outra pessoa numa vida anterior.* (FE)

*Ele não podia jurar, mas **acredita ter vislumbrado** até mesmo um faisão.* (FE)

***Penso estar** perfeitamente consciente das responsabilidades que implica.* (AR-T)

*Como eu poderia **admitir amar** outra sueca?* (T)

\# As **orações completivas diretas** de **verbos de atividade mental** que não trazem **sujeito** expresso ou indicado pela **desinência verbal** são, em princípio, entendidas como tendo sujeito **correferencial** ao do verbo da **oração principal**:

*Papai ACHA que não **é** muito apreciado, aqui.* (A)
 – sujeito de **acha**: papai
 – sujeito de **é** (elíptico): papai

*Se bem que houve momentos em que puderam encarar-se outras vezes, e em todas essas vezes ela ACHOU **ter** visto no rosto dele que era a vencedora.* (SL)
 – sujeito de **achou**: ela
 – sujeito de **ter visto** (elíptico): ela

\# Quando o **complemento** dos **verbos de atividade mental** não é oracional, o **sintagma nominal** que o compõe é representado por uma **nominalização**:

*Minha filha, eu **compreendo o seu sofrimento**.* (OSA)

*Na Copa do Mundo de 1950 ninguém **entendia a convocação** de Nílton Santos.* (TAF)

As Conjunções Integrantes. As Orações Substantivas

\# Os **verbos** *acreditar* e *crer* podem construir-se com **complemento** introduzido pela **preposição** *em* (**objeto indireto**). Nesse caso, conforme o **complemento** seja ou não oracional, o âmbito da acepção se altera.

Se o **complemento** for não oracional, o significado pode ser:

i) crença, como em

> *É possível **acreditar nas vozes do morto**.* (CBC)
> *Acontece que **só acredito no processo de trabalho de um ator** quando é realizado em grupo.* (AMI)
> *Não **acredito no diabo** nem em almas do outro mundo.* (TV)
> *Ele mesmo **acreditava na liberdade**, tanto assim que preferia morrer a viver sem ela.* (UPB)

ii) julgamento, opinião, como em

> Os tais cientistas **acreditam na possibilidade** de novas experiências, noutros animais. (RO)

Se o **complemento** for oracional, o significado é apenas de "crença". Trata-se de construções pouco usadas

> *Declarou que era um homem de boa-fé e portanto **acreditava** em QUE era eu **mesmo** um colecionador de plantas e passarinhos.* (INC)
> *Um senhor chamado Chamberlain era apenas membro do Parlamento, mas já **acreditava** em QUE se podia confiar nos alemães.* (SPI)

\# Com **complemento** oracional sem **preposição**, os **verbos** *CRER* e *ACREDITAR* têm sempre o significado de "julgamento", "opinião", o mesmo significado que haveria se o **complemento** não fosse oracional:

> *Não **creio**, mesmo, **QUE** o Presidente tenha participado inicialmente da manobra.* (TF)
> (= Não creio, mesmo, na participação do Presidente na manobra.)
> *Os líderes políticos de Acailândia **acreditam QUE** muita coisa poderá acontecer.* (OI)
> (= Os líderes políticos de Acailândia acreditam na possibilidade de muita coisa acontecer.)

c) **Verbos avaliativos factivos.**

Os **verbos avaliativos factivos** caracterizam-se por expressar uma avaliação do falante e, ao mesmo tempo, ter a propriedade da **factualidade**, isto é, ter o **complemento** assegurado sempre como um "fato", seja afirmado ou seja negado o **estado de coisas** expresso na **oração principal**. São desse tipo os **verbos adorar, gostar, aprovar, detestar, censurar, reprovar, lamentar, deplorar, suportar, tolerar.**

Nessas construções, as estruturas de complementação são dos seguintes tipos:

A Formação Básica das Predicações

- **Conjunção** *QUE*+**oração completiva** com **verbo** no **modo subjuntivo**; nesse caso, os **sujeitos** dos **verbos** da **oração principal** e da **oração completiva** – sejam ou não expressos – não são correferenciais:

  *As crianças **adoram** QUE os pais **repitam** as histórias.* (VEJ)
  *Não **gosto** QUE **atrapalhem** o pessoal da minha firma com pedidos bobos de auxílios infantis.* (T)
  *Ele próprio [o profeta de Waco] se definia como o maior pecador de todos os tempos, **detestava** QUE o **chamassem** de Vernon e o FBI azucrinava-o recusando-se a chamá-lo de David.* (VEJ)
  *Marta **lamentou** em espanhol QUE eu não **conhecesse** o México.* (BH)
  *Ela os aproveitou ao máximo. Mas não **lamenta** QUE **tenham acabado**.* (CH)

- **Oração completiva** com **verbo** em forma **infinitiva**. Nesse caso:

i) se não houver **sujeito** expresso, os **sujeitos** dos **verbos** da **oração principal** e da **oração completiva** são entendidos como correferenciais:

  *(Eu) **Lamentava deixar** Vera.* (CRE)
  – sujeito de **lamentava**: eu
  – sujeito de **deixar** (elíptico): eu

  *Eu **adorava assistir** aos trabalhos da restauração da obra de arte.* (ANA)
  – sujeito de **adorava**: eu
  – sujeito de **assistir** (elíptico): eu

  ***Detesto estar viajando**, **detesto falar** a língua desses gringos, **detesto ficar** sem fazer nada.* (MPF)
  – sujeito de **detesto**: eu
  – sujeito de **estar viajando** (elíptico): eu
  – sujeito de **falar** (elíptico): eu
  – sujeito de **ficar** (elíptico): eu

  *Não **suportava** mais **ficar** a noite inteira à espera dela.* (BE)
  – sujeito de **suportava**: eu
  – sujeito de **ficar** (elíptico): eu

ii) se o **sujeito** da **oração completiva** estiver expresso, ele normalmente não é correferencial ao da **oração principal**:

  *Eu **lamentava** Norberto não **aparecer** para me tirar daquela situação.* (AFA)
  – sujeito de **lamentava**: eu
  – sujeito de **aparecer**: Norberto

  Mesmo num possível enunciado como

  *Ela **lamentava** ela ser tão desobediente*

As Conjunções Integrantes. As Orações Substantivas

em que os dois **sujeitos** teriam a mesma forma (*ela*), eles seriam entendidos como não correferenciais.

d) **Verbos volitivos.**

Os **verbos** que exprimem "vontade" ou "desejo" constroem-se com **complemento** oracional das seguintes formas:

- **Conjunção** *QUE*+**oração completiva** com **verbo** no **modo subjuntivo**. É a construção mais empregada quando o **sujeito** da **oração principal** e o da **oração completiva** não são correferenciais, caso em que o **sujeito** da **oração completiva** vem expresso:

  > *Prefiro QUE você tenha outra namorada e **trabalhe**.* (MO)
  > *Os publicitários envolvidos não **pretendiam** QUE o objeto **fosse** apenas uma marca registrada do candidato.* (ESP)
  > *Receei QUE ele fosse se zangar.* (ID)
  > *Eu **temia** QUE ela **fizesse** alguma asneira.* (TRH)
  > *Desejo QUE o povo **confie** também.* (AP)
  > *E o que é que você **quer** QUE eu **faça**?* (HO)
  > *Gostaria também QUE me **contassem** tudo.* (SC)
  > *Espero QUE tudo já **esteja** normalizado.* (AP)

  Se o sujeito da **oração completiva** é correferencial ao da **oração principal**, ele não vem expresso:

  > *Mas agora é hora de retomar as coisas. Nos anos 60, o meu terror inspirou muita gente: Sganzerla, Capovilla. **Espero** QUE com isso que estou começando hoje, **influencie** a nova geração.* (ESP)
  > *Posto hoje no alto da gávea, **espero** em Deus que em breve **possa gritar** ao povo brasileiro: Alvíssaras, meu Capitão.* (SIM-O)

  \# A **conjunção** *QUE* pode estar elíptica:

  > *Esta primeira reunião ministerial é o marco inicial de uma ação de equipe que **espero venha** a se estender, coordenada e perseverantemente, por todo o nosso período governamental.* (ME-O)
  > *V. Exa. é humano, justo e generoso, e **espero** não **duvidará** em cooperar para o bem desta minha Pátria.* (TA-O)

- **Oração completiva** com **verbo** no **infinitivo**. É a construção mais empregada quando o **sujeito** da **oração principal** e o da **oração completiva** são correferenciais, caso em que o **sujeito da oração completiva** não vem expresso:

  > *Todos **desejam ver** o Brasil sair das dificuldades em que se encontra.* (AU)

A Formação Básica das Predicações

*Já disse a pai que detesto Felício Santana e **desejo morrer** sozinho.* (ML)
Detestava sair *à noite.* (ANA)
*O Japão não **quer depender** do exterior.* (AGF)
Espero dedicar *minha vida a eles.* (Q)
*Carolina me contou **pretender tentar** o Artigo 97 no ano próximo, para, no futuro, cursar comunicação na PUC.* (T)
Queria ser *boazinha, mas **receava prejudicar** o menino.* (MAR)
*Nunca **temi ficar suspenso** no meio de um discurso, sem saber como prosseguir.* (ESP)
Tenciono, *de fato, **seguir** as grandes linhas das programações levadas a efeito pelos três últimos governos.* (ME-O)
Preferia, *evidentemente, não ser obrigado a falar, não participar do negócio e voltar para o meio do barro.* (ML)

Se o sujeito da **oração completiva** não é correferencial ao da **oração principal**, ele vem expresso:

*Vou ter que **esperar** o dia **raiar** e apanhar cachaça, galinha morta e farofa dos macumbeiros.* (CNT)

e) **Verbos factitivos** e **verbos de percepção**.

Os **verbos factitivos**, ou seja, de "fazer fazer" (**mandar**, **deixar**, **fazer**) e os **verbos de percepção** (**ver**, **ouvir**, **sentir**) compartilham propriedades construcionais. Eles podem ter como **complemento** uma **oração completiva direta**, sendo os **sujeitos** da **oração principal** e da **oração completiva** não correferenciais:

e.1) Os **verbos factitivos** constroem-se das seguintes formas:

• **Conjunção** *QUE*+**oração completiva** com **verbo** no **modo subjuntivo**

Mandei *QUE ela **trouxesse** o remédio.* (BU)
*Juvenília **deixou** QUE essas emoções **fluíssem**.* (AV)
*Perdoe Eliodora e **deixe** QUE ela **morra** tranquila.* (A)
Eu fiz que *ele aqui se **renovasse**.* (CF)
*Paulinho **cuidou** QUE Cartola grande mestre no início da carreira nas noitadas do restaurante Zicartola, chegasse intacto no seu samba.* (VIO)

\# Frequentemente a **oração** completiva do **verbo fazer** vem iniciada pela **preposição** *COM*, o que contraria as normas da gramática tradicional:

*Esse argumento **fez com** QUE ele dominasse a imperatriz.* (FI)
*Isto **faz com** QUE a realização do par não seja adjacente.* (ANC)
Fazem com *QUE o som seja audível por toda a plateia.* (CCI)
*As botas de sete léguas **fizeram com** QUE madrugásseis na Academia.* (COR)

352

As Conjunções Integrantes. As Orações Substantivas

- **Oração completiva** com **verbo** no **infinitivo**

  *O grupo **mandou tirar** várias cópias.* (TF)
  *Por que **deixar partir** este homem? Para que amanhã assalte a minha casa ou a tua?* (CNT)
  *Angela abre seu Diário e **deixa cair** os olhos.* (A)
  *O padeiro **mandou** você **arranjar** o padre.* (LD)
  ***Mandei** a cachorrinha **calar** a boca.* (SA)

\# Se o **sujeito** da **oração completiva infinitiva** é um **pronome pessoal**, ele toma a forma **oblíqua**, segundo as normas da gramática tradicional, mas é bastante ocorrente, na linguagem coloquial, a forma reta:

  *Ele **te manda andar**.* (AB)
  ***Manda ele fugir** daqui!* (PEM)

  Esse **pronome oblíquo** pode ser reflexivo.

  *Discursava em tempos idos Capitão Zé da Penha, que depois **se fizera matar** no Ceará pelo seu ideal de moço.* (CR)
  *E se chegamos lá e o padre não está, ou não gosta da minissaia de Beatrice, ou simplesmente acha que somos da Superintendência das Belas Artes, fica com medo de desapropriação e **nos manda passear**?* (ACM)
  *O síndico esteve aqui hoje de manhã reclamando... umas tolices. E **lhe fiz ver** que ele não tinha razão nenhuma de reclamar.* (IC)
  *Essa reflexão **fazia-lhe doer** o estômago e o coração.* (AGO)

\# O **sujeito** da **oração completiva infinitiva** pode estar **indeterminado**:

  ***Mandei dizer** ao juiz que procurasse outro.* (CA)
  – sujeito de **mandei**: eu
  – sujeito de **dizer**: (?)
  *Eu até **mandei oferecer** mercadoria a ele.* (FP)
  – sujeito de **mandei**: eu
  – sujeito de **oferecer**: (?)

e.2) Os **verbos de percepção**, sensorial ou mental (*ver, ouvir, sentir, perceber, notar* etc.), compartilham com os **verbos factitivos** algumas propriedades construcionais. Há entretanto algumas diferenças no modo de construção das estruturas de complementação.

Os **verbos de percepção** podem ter como **complemento** uma **oração completiva direta**. Os **sujeitos** da **oração principal** e da **oração completiva** são, em princípio, não correferenciais.

Os **verbos de percepção** constroem-se das seguintes formas:

- **Conjunção** *QUE*+**oração completiva** com **verbo** no **modo indicativo**

    Ouviu QUE batiam na porta. (B)
    Ele viu QUE uma onça ali agasalhara a ninhada. (BP)
    Ele vê QUE alguma coisa não vai dar certo. (GU)
    Eles perceberam QUE a imaginação e a esperança do ser humano são ricas, amplas e variadas. (SC)
    – Sinto QUE nunca mais verei meu filho. (OLG)

\#   As **orações completivas diretas** de **verbos de percepção** que não trazem **sujeito** expresso ou indicado pela **desinência verbal** são entendidas, em princípio, como tendo sujeito **correferencial** ao do **verbo** da **oração principal**:

    Havia leveza no meu coração, pois percebia QUE cada vez mais pisava no chão da minha infância. (CHI)
    Mauro sentiu QUE perdera boa percentagem de sua capacidade de atrair os olhares femininos. (BH)
    De repente, notei QUE estava com um pensamento mau: porque não namoraria a minha prima? (SA)
    Já se viu QUE ia discordar. (VEJ)

Entretanto, o **sujeito**, mesmo correferencial, pode vir expresso:

    E [eu] desesperava, ao sentir QUE eu acumulara comigo tanto amor que estava inútil, sem ter onde pousar. (SA)

- **Oração completiva** com **verbo** no **infinitivo**

    Assim ouviu o amigo começar. (A)
    Esta geração viu soar para o Brasil a sua hora. (JK-O)
    Vi cair um velho fantasiado de palhaço, com um enorme rombo no meio da testa. (AL)
    Sentia ser impossível harmonizar sua índole escrupulosa com uma atitude de renúncia definitiva. (AV)
    Bem cedo notou-se ser possível aumentar o campo magnético de um fio condutor de corrente quando se enrola o fio em uma bobina. (EET)
    Ouço, cada dia, crescerem as preces, os lamentos. (AF)
    Sentia suas mãos pesarem como chumbo e uma vontade de fugir. (ARR)
    Assim que os bondes chegaram à estação e comunicaram que havia uma nova parada no caminho, os fiscais perceberam tratar-se de uma molecagem. (XA)

\#   Também no caso de **orações completivas diretas** de **verbos de percepção** no **infinitivo**, quando não há **sujeito** expresso ou indicado pela **desinência verbal**, entende-se que esse sujeito é **correferencial** ao do **verbo** da **oração principal**:

    De súbito, Jenner percebeu ter-se demorado no local mais do que devia. (ALE)

As Conjunções Integrantes. As Orações Substantivas

\#   Se o **sujeito** da **oração** completiva infinitiva é um **pronome pessoal**, ele toma a forma **oblíqua**, segundo as normas da gramática tradicional, mas é bastante ocorrente, na linguagem coloquial, a forma reta:

*De olhos fechados, **vi-o se aproximar**.* (A)
*****Percebi-a colérica**, os olhos querendo pular para fora das órbitas.* (A)
*****Sentira-o aproximar-se** como num sonho, e recebera, nas trevas, o seu beijo imundo.*
(ROM)
*Nem **vi ela gemer**.* (AB)

\#   O **sujeito** da **oração completiva infinitiva** que estiver **indeterminado** é entendi-do como não correferencial ao da **oração principal**:

*****Ouvi dizer** que alguns populares, portando estandartes revolucionários, chegaram a invadir o recinto.* (AVL)
– sujeito de **ouvi**: eu
– sujeito de **dizer**: (?)

Uma particularidade da **oração objetiva direta** é a possibilidade de omissão do complementador *QUE*. A omissão é condicionada pelo **verbo** regente:

*****Decidi Ø fosse estabelecido** um plano de aumento de consumo interno.* (JK)
*Mas mesmo selecionando o que **acredita Ø seja** o melhor, a Globo realiza uma minicobertura de fazer dó.* (AMI)
*****Pensei**, na ocasião, **Ø tivesse decidido** que, para melhor combater a corrupção, era necessário conhecê-la por dentro.* (SC)
*Decidi-me por um depoimento pessoal, que **espero Ø seja** de utilidade aos cidadãos menos atentos aos fatos ou que não disponham de um guia minucioso da cidade.*
(GTT)

Alguns **verbos** que podem reger uma objetiva direta sem a **conjunção** *QUE* são: *****crer**, **pensar**, **acreditar**, **imaginar**, **compreender**, **duvidar**, **esperar**, **deduzir**, **concluir**, **supor**, **pretender**, **decidir**, **temer**.*

4.2.2.2 As **orações objetivas indiretas**

As construções com **orações completivas indiretas** são dos seguintes tipos:

a)   **Oração principal + preposição** *a / de / com / em / para+que*+**oração completiva** com **verbo** em forma **finita**; nesse caso o **sujeito** da **oração principal** e o da **ora-ção completiva** não são correferenciais:

• No **modo indicativo**

*Esqueceram-se **de QUE** o Cristo dos pentecostais pretos **era** um Cristo negro, liber-tador da raça negra.* (PEN)

*Entretanto, ele confia **em QUE** as autoridades deverão divulgar, em breve, soluções compatíveis com as necessidades setoriais.* (VIS)

*Isto deve-se **a QUE** eles **conferem** igual peso, como explicação para a organização xerofítica, às ações morfogenéticas da radiação solar e da secura.* (TF)

*O próprio presidente João Figueiredo aludiu **a QUE** o momento que atravessamos é de "economia de guerra".* (ZH-AGF)

*Acabou por se advertir **de QUE** me não **apresentara** ainda a esposa.* (AV)

*Mauro persuadira-se **de QUE estava** em suas mãos atirar-se a essa busca fremente.* (VB)

*Mas este paradoxo torna-se compreensível se atendermos **a QUE** os nossos professores, em grande parte (...) não têm o necessário preparo pedagógico para saber o que se deve ensinar às crianças.* (TE)

- No **modo subjuntivo**

  *Todo êxito da manobra tendo em vista a imposição do candidato preferido dependia **de QUE** o Presidente **estivesse** inteiramente prisioneiro da vontade do grupo.* (TF)

  *Valdo se opunha **a QUE** ela **partisse**.* (CCA)

  *Nada obsta **a QUE** o estrangeiro **adquira** esta ou aquela gleba.* (CPO)

  *O estudo e controle, a que nos referimos, objetiva **a QUE se forneçam** (...) informações precisas sobre as alterações experimentadas em sua composição.* (CTB)

  *Concito a todos **a QUE nos unamos**.* (EM)

  *E o pior é que um tipo destes obrigava **a QUE** um outro que soubesse jogar **tivesse** também de ficar ali parado.* (FB)

  *Em geral ignoram as estruturas sociais levaram **a QUE não se preocupem** com os processos sociais nem com as desigualdades sociais.* (PGN)

  *Caso este órgão se recuse a homologar o acerto ou force **a QUE** o mesmo **seja feito** perante o sindicato dos trabalhadores, o melhor é contratar um advogado para que o acordo seja feito judicialmente.* (GU)

b) **Oração principal + preposição** *a / de / com / em / para*+**oração completiva** com **verbo** no **infinitivo**: os **verbos** que não trazem **sujeito** expresso são entendidos, em princípio, como tendo **sujeito correferencial** ao do **verbo** da **oração principal**:

  *É verdade que insistiu **em ficar** com três cabelos do meu peito para guardar num livro.* (ANB)

  *Li recentemente um artigo de Robin W. Winks examinando em profundidade, embora de forma sucinta, as influências que estão contribuindo **para** modificar o jogo da política externa do seu país.* (CRU)

  *Não gosta **de dançar**?* (N)

  *Esqueci-me **de fazer** as apresentações.* (N)

  *(Algumas gramáticas) Limitam-se, contudo, **a organizar** as conjunções coordenativas de acordo com seus valores lógico-semânticos e a fornecer um exemplário de ocorrências.* (SUC)

As Conjunções Integrantes. As Orações Substantivas

*Nuvens claras ajudavam **a acentuar** a alvura lá em baixo.* (AM)

*Um dos companheiros que me induziram a **fazer** movimento no banco veio tirar conversa.* (R)

*Os soldados foram forçados **a abrir** fogo para revidar os ataques.* (ZH)

*Minha fé em um Brasil grandioso, me leva **a crer** que nada, nem ninguém, poderá deter ou modificar as etapas de sua ascensão.* (ESP)

*Chiquinha desistiu **de cultivar** tristezas.* (VER)

*Tratador de porcos também é bom, depende **de gostar**.* (TE)

*[Radagásio] Achou **de mandar** roscas frescas a Mahlde.* (PM)

Constroem-se com **oração completiva objetiva indireta**:

a) Alguns **verbos** reflexivos, como por exemplo, *lembrar-se*, *esquecer-se*, *recordar-se*, *conscientizar-se*, *assegurar-se*, *aperceber-se*, *recusar-se*, *opor-se*, *dispor-se*, *destinar-se*:

Lembro-me de QUE o Presidente disse ao General Golbery. (TF)

*Padre Cícero diz que eu **me oponho a QUE** se criem mais Escolas em Juazeiro.* (REB)

*Precisa **conscientizar-se de QUE** a chamada abertura não está empacada coisa alguma.* (OPP)

*Por isso quer ele próprio fazer a reforma, para **assegurar-se de QUE** a ordem revolucionária seria mantida.* (EM)

*Falou sem se **aperceber de QUE** o pai contraíra o rosto.* (FR)

*Não **me recuso a tratar** do assunto.* (PR)

*Armando se **dispunha a fazer** qualquer coisa.* (ED)

*As citações em língua estranha se **destinam a deslumbrar** o leitor.* (RB)

Os **verbos *lembrar-se*** e ***esquecer-se***, entretanto, frequentemente ocorrem

i) sem o **pronome reflexivo**:

*Nas conversas com o galo nunca **esquecia de recomendar**.* (CL)

ii) sem **preposição** no **complemento**:

Esqueci-me QUE nesta casa não se deve pedir nada. (VES)

*Lindauro **lembra-se QUE** rira alto ao ver o companheiro de viagem imitar os gestos e a voz do fazendeiro seu patrão.* (ATR)

*Mino **lembra-se QUE** ele se manteve a maior parte do tempo silencioso.* (IS)

Lembrava-se QUE o caminho seguido por Manuel João ia ter ao local da pescaria. (ALE)

iii) sem o **pronome** reflexivo e sem **preposição** no **complemento**:

Lembro que era de fachada cinzenta. (CF)

A Formação Básica das Predicações

b) Alguns **verbos** não reflexivos (como por exemplo, *aconselhar*, *obrigar*, *levar*, *visar*, *duvidar*, *insistir*, *cuidar*, *tratar*, *desesperar*):

*Papai **insistiu em QUE** me chamassem.* (A)
*Os bons estrategistas **aconselham a QUE** se abatam os inimigos por partes.* (CRU)
*A instalação da nova capital **obrigou a QUE** fossem atacadas obras de infraestrutura fundamentais.* (JK-O)
*O contingente excessivo de mão de obra disponível **levou a QUE** esse processo mantivesse e acentuasse seu ritmo.* (GTC)
*E esta advertência (...) **visa a QUE** os operários se sintam mais dignificados no cumprimento de seus deveres.* (MA-O)

Alguns **verbos** (como por exemplo, *duvidar* e *insistir*) admitem a construção típica dos transitivos, isto é, sem **preposição**:

*Não **duvido QUE** pense fazer essa longa viagem em tua companhia.* (PRO)
*Não **duvido** nada **QUE** amanhã ou depois, caindo um presidente qualquer de empresa estatal, ele... Ele, o quê?* (BOC)
***Insistiu QUE** todos deveriam entrar no trem em paz e ficar quietinhos.* (AF)

\# Alguns verbos têm um **objeto direto** não oracional dentro da **oração principal**, além de ter a **oração completiva indireta**. Nesse caso, há as seguintes formas de apresentação da **oração completiva indireta**:

a) Com **verbo** em forma **finita**

*Eu o **convenci de QUE era preciso** trabalhar pelos homens da comunidade.* (CHR)
*Andei tentando **convencer** Fonseca **de QUE** a gente **devia** entrar forte no comércio de compra.* (CL)
*Ao lhe fazer a proposta pela primeira vez, o **advertira de QUE desmentiria** se a história fosse levada a público.* (ESP)
*Alguém me **preveniu de QUE viajavam** conosco vagabundos e ladrões.* (MEC)

b) Com **verbo** no **infinitivo**

*A custo meu pai o **convenceu a ficar**.* (BH)
*O primeiro-ministro **convenceu**-o **a retirar** o apoio a Rahimi.* (CB)
*O imenso respaldo da opinião pública, do povo pernambucano e brasileiro **autoriza**-nos **a proclamar** que este é, neste momento, o caminho escolhido.* (AR-O)
*A polícia não me deixou subir ao palco mas nada me **impede de descer** ao poço da orquestra.* (BB)
*Eles **autorizaram** a gente **a pegar** o avião e **se mandar**.* (MPF)

\# Em qualquer dessas construções, se o **sujeito** da **oração completiva indireta** não vier expresso, ele é correferencial ao **objeto direto** da **oração principal**.

AS CONJUNÇÕES INTEGRANTES. AS ORAÇÕES SUBSTANTIVAS

*Convenci-**a** de **QUE** não **tinha** mais ninguém.* (MAR)
(= Convenci-a de que (ela) não tinha mais ninguém.)
*Nada impede **você de voltar**.* (A)
(= Nada impede você de (você) voltar.)
*A portaria (...) do Banco Central autoriza **os bancos a usar parte do dinheiro disponível**.* (AGF)
(= A portaria (...) do Banco Central autoriza os bancos a (os bancos) usar parte do dinheiro disponível.)

\# Há alguns outros **verbos** – como *gostar, duvidar, insistir* – que se constroem com **objeto indireto** quando esse **complemento** é não oracional, mas que, com **complemento** oracional, podem ter a **preposição** omitida. Essa construção não é bem-aceita pela gramática normativa.

Assim, ao lado de construções como

*Eu **gostaria de QUE** V. Exa. respondesse ao que estão me perguntando.* (JL-O)
*Não **duvido de QUE** o fosse [fosse justo], mas era também rico.* (VES)
*Ele quis partir, e então pretextei que era tarde, e **insisti em QUE** ele usasse o leito vizinho ao meu.* (TEG)

ocorrem construções como

*Sobre isso, por exemplo, **gostaria** também **QUE** me contassem tudo.* (SC)
*Não **duvido QUE** pense fazer essa longa viagem em tua companhia.* (PRO)
***Insistiu QUE** todos deveriam entrar no trem em paz e ficar quietinhos.* (AF)

\# Por outro lado, com o **verbo** *fazer*, que rege **objeto direto**, pode ocorrer que o complementador seja precedido da **preposição** *COM*, o que é não recomendado pela gramática normativa:

*A crise generalizada que a Europa atravessava naquela época **fazia com QUE** as viagens longas fossem um hábito pouco comum.* (OLG)

Ocorre que, quando os **complementos** são não oracionais, a distinção entre o **objeto direto** e o **objeto indireto** é mais nítida do que quando os **complementos** são oracionais. Assim, não há **objeto indireto** que não se inicie por **preposição**, mas, como se observou antes, há **orações completivas** em posição de **objeto indireto** que prescindem da **preposição** sem causar estranheza.

*Não **CREIO**, mesmo, **que** o Presidente tenha participado inicialmente da manobra.* (TF)

4.2.3 Os subtipos funcionais das **orações completivas nominais**

As **orações** que exercem a função de **complemento nominal** – **complemento** de **substantivo** ou **adjetivo valencial** – vêm pospostas ao **substantivo** ou **adjetivo** de

A Formação Básica das Predicações

que são **complemento**. Em regra, é impossível a anteposição, especialmente de **orações** completivas de **substantivos**.

Comparem-se as seguintes ocorrências, já apresentadas aqui, com as construções correspondentes em que a **oração completiva** se deslocasse para antes da palavra completada:

Tenho certeza de QUE ela não o teria deixado se você fosse rico. (AC)
(?) Tenho de que ela não o teria deixado se você fosse rico certeza.

Todo mundo neste país está interessado em QUE se melhorem as condições de existência, que se aumentem os salários, que se assegure a cada um maior participação no produto nacional bruto. (EM)
(?) Todo mundo neste país está em que se melhorem as condições de existência, que se aumentem os salários, que se assegure a cada um maior participação no produto nacional bruto interessado.

Mas me calei, prudente, desejoso de QUE ela pusesse fim às suas confissões e me servisse outra dose. (SE)
(?) Mas me calei, prudente, de que ela pusesse fim às suas confissões e me servisse outra dose desejoso.

4.2.3.1 As **orações** completivas de **substantivos**

O esquema das construções com **orações completivas** de **substantivos** é:

substantivo valencial + preposição *de*, *em*, *por***+oração completiva**, estando o **verbo** dessa **oração completiva**:

a)   em forma **finita**

No **modo indicativo**

O fato de QUE um mesmo elemento em uma mesma palavra pode ser ou um afixo ou uma raiz é bastante eloquente. (TL)
Fica-nos a certeza de QUE a rejeição do projeto por parte de MDB foi provocada com o objetivo de criar condições para levar à colocação do Congresso em recesso. (TF)
Não há dúvida de QUE havia um ambiente de quase animosidade nas relações do Presidente com o Ministro do Exército. (TF)
Os políticos oportunistas são pessoas simplórias que se baseiam na hipótese de QUE a população é mais simplória ainda. (TF)
E uma alma não pode ser grande nem pequena pela simples razão de QUE não existe. (N)

As Conjunções Integrantes. As Orações Substantivas

No **modo subjuntivo**

*Temos **confiança em QUE** nossos professores **possam** dar o exemplo de sua capacidade de enfrentar com coragem e inteligência um problema que hoje prejudica as relações familiares.* (JB)

*É de cinquenta por cento a **probabilidade de QUE** esses casais **possam ser** identificados e ajudados.* (FOC)

*Existe a possibilidade **de QUE** um ou mais microorganismos **estejam implicados** no estágio inicial da cárie.* (HB)

b) no **infinitivo**

*Esplendida a **ideia de conservar** a Farmácia antiquada.* (Q)

*E como todos se agradassem de cantorias, logo concebeu o cego a **ideia de jerico de rimar** a biografia de um daqueles bandidos, do que ia nos saindo muito mal.* (TR)

*O MDB decidia apoiar, correndo o **risco de ser visto** como usuário de favores.* (FSP)

*Sua **insistência em** não **ser simpático**, mesmo quando só a simpatia o salvaria, também foi contraditória.* (JB)

*Parece que não deve haver **ansiedade em consultarmos** as urnas.* (EV)

*As células têm **tendência a perder** potássio e receber sódio quando há insuficiência circulatória.* (NFN)

*Triste é o teatro que se reduz a ter seus textos lidos na **impossibilidade de vê-los** encenados.* (AB)

*Numa cidade imensa como esta, com milhares de cães perdidos, a **probabilidade de encontrar** o seu bichinho é muito limitada.* (BOC)

*Sinto **necessidade de voltar** um pouco mais detidamente sobre a natureza dos meus sentimentos.* (A)

\#   Num registro mais informal ocorre **oração completiva** de **substantivo** sem **preposição**:

*Não há **dúvida QUE** irei embora daqui.* (CCA)

*Tenho **certeza QUE** o entrevistado não chegará antes das dez.* (CH)

*Tenho **certeza QUE** na frente dele, no Palácio, falei bonito e convenci.* (CJ)

\#   Não importa qual seja a função sintática do **sintagma nominal** onde está o **substantivo valencial**:

• **sujeito**

*E foi o **medo de serem descobertos e presos** que levou Olga a querer sair também de Bruxelas.* (OLG)

*Passou-lhe pela mente a **ideia de fugir**.* (N)

• **complemento verbal** (**objeto direto** ou **indireto**)

A Formação Básica das Predicações

*Eu tenho a **impressão de QUE** o que desagrada você é a ideia de integrar o índio nas populações do interior, não é?* (Q)

*O último problema consiste na **possibilidade de expor o paciente aos efeitos colaterais do antimicrobiano**.* (ANT)

- **predicativo**

  *Eu tenho a impressão de que o que desagrada você é a **IDEIA de integrar o índio nas populações do interior**, não é?* (Q)

- **núcleo de adjunto adverbial**

  *E uma alma não pode ser grande nem pequena pela simples **razão de QUE não existe**.* (N)

  *O declarante fez disparos contra um homem na **suposição de ser Naval**, matando-o.* (GLO)

4.2.3.2 As **orações completivas de adjetivos**

O esquema das construções com **orações completivas** de **adjetivos** é:

adjetivo valencial + preposição *de*, *em*, *por*+**oração completiva**, estando o **verbo** desta **oração completiva**:

a) em forma **finita**

   *Mas me calei, prudente, **desejoso de QUE** ela **pusesse** fim às suas confissões e me servisse outra dose.* (SE)

b) no **infinitivo**

   *O Brasil não fugirá aos seus compromissos de nação pacífica, **desejosa de manter** universais relações de amizade.* (G)

   *Abelardo Paulinho, você está **proibido de se casar** com ela!* (CHU)

   *É porque você encheu tanto a boca com Calabar que eu estou **contente de o ter levado** ao cadafalso.* (C)

   *Estou muito **contente em conhecê-los**.* (ORM)

   *Nando estava **ansioso por mudar** de roupa.* (Q)

Num registro mais informal, ocorre **oração completiva** de **adjetivo** sem **preposição**:

   *Alves cumpriu instruções da direção do seu partido, desejosa Ø **QUE** ele conversasse a sós com o ex-governador de São Paulo.* (CRU)

   *Estou **contente Ø que** vocês tenham se encontrado.* (EL)

\# Como se observa nessa última ocorrência, a **oração completiva** do **adjetivo** pode ter **sujeito** referencialmente autônomo:

[eu] Estou **contente QUE vocês** tenham se encontrado. (EL)

Ilustra o mesmo fato o enunciado:

*Mas [eu] me calei, prudente, **desejoso de QUE ela** pusesse fim às suas confissões e me servisse outra dose.* (SE)

Entretanto, o mais comum é que o **sujeito** da **oração principal** e o da **oração completiva** sejam correferenciais, especialmente se a **completiva** é da forma **infinitiva** sem **sujeito** expresso:

*[eu] Estou quase **contente de [eu] estar aqui**.* (DE)
*[eu] Fico contente **de [eu] ver você contente**.* (GA)
*[eu] Fico **contente em [eu] saber**.* (HA)
*[eu] Fico **contente por [eu] ouvi-la falar assim**.* (CP)

Se a completiva tiver **sujeito** expresso, ele não é correferencial ao sujeito da **oração principal**:

***Ele** me escrevia **contente de eu ter topado com entusiasmo a ideia**.* (ATI)

\# Com determinados **adjetivos**, a **oração completiva** de forma **infinitiva** sem **sujeito** expresso tem sentido **passivo**:

*É **difícil de achar**. Só quem conhece acha minha casa.* (GTT)
*Um aumento de dez ordens de magnitude é muito **difícil de explicar**.* (FOC)
*Se a mutação direta fosse boa, não seria tão **difícil de achar**.* (FOC)
*Mas há nuances **difíceis de descrever**.* (LIJ)
*Aos espanhóis revertem em sua totalidade os primeiros frutos, que são também os mais **fáceis de colher**.* (FEB)

OS PRONOMES RELATIVOS.
AS ORAÇÕES ADJETIVAS

1 A natureza dos **pronomes relativos**

Os **pronomes relativos** introduzem uma **oração** de função adnominal, isto é, uma oração adjetiva:

Mas a mulher que Aristófanes defende não tem direito à paixão. (ACM)

Nesse enunciado, a **oração** iniciada pelo **pronome relativo** *QUE*

QUE Aristófanes defende

exprime uma propriedade

"ser defendida por Aristófanes"

de uma entidade

"a mulher"

à qual se atribui o **predicado**

não tem direito à paixão

Como se observa, o **pronome relativo** ocupa, na **oração** em que ocorre (a **oração adjetiva**), a mesma posição que seria ocupada pelo constituinte que ele representa ("a mulher"):

QUE	*Aristófanes defende*	=	***a mulher***	*Aristófanes defende*
objeto direto	sujeito		objeto direto	sujeito

2 Os subtipos dos **pronomes relativos**

2.1 Dentro da classe dos **pronomes relativos** há dois tipos principais:

a) **Pronomes** que são "**relativos**" propriamente ditos, já que se referem a um antecedente, isto é, são **fóricos**

*É este o **homem** QUE vê na obra de Eurípides um perigo aos bons costumes!* (ACM)

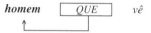

b) **Pronomes** que não se referem a um antecedente, constituindo um elemento nominal, isto é, correspondendo, no seu ponto de ocorrência, a um **sintagma nominal**

QUEM dá aos pobres empresta a Deus. (AF)

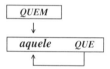

\# Uma mesma forma de **pronome** pode pertencer a mais de um tipo, como é, por exemplo, o caso de QUEM que também pode referir-se a um antecedente:

*Esse grupo de **pessoas** de QUEM falei tem muita capacidade intelectual e através deles talvez se possa ver o peso das ideias na condução da política.* (FSP)

2.2 Além disso, há, dentro da classe dos **pronomes relativos**, uma subtipologização ligada à natureza dos elementos referidos.

2.2.1 **Pronomes** que se referem indiscriminadamente a pessoas ou a coisas.

• QUE, QUAL, que não tem significado próprio, e se usa sempre com antecedente:

*Pega **a moringa** QUE [a moringa] está sobre o criado-mudo e serve-se de água.* (TGG)
*Contra isso tinha protestado Mirabeau **num panfleto do** QUAL [do panfleto] foi extraída a frase em epígrafe.* (APA)

- *QUANTO*, que é indicador de **quantidade indefinida**, e que

i) ou tem como antecedente um indefinido (**tanto(s), todos, tudo**):

> Portanto, não temos dúvidas ao afirmar que os Capítulos referentes ao Poder Judiciário consubstanciam um conjunto de avanços dos mais expressivos de **tantos** QUANTOS foram propostos até aqui. (OS-O)
> Assim, conto, em 1959, visitar a altiva e nobre cidade de Assunção, transpondo já o rio Paraná nessa ponte que é uma das mais belas obras de arte, senão a mais bela, de **todas** QUANTAS concebeu a engenharia sul-americana. (JK-O)
> Quem disser ou pensar que as coisas voltaram ao começo estraga **tudo** QUANTO Marta fiou. (ALF)

ii) ou não tem antecedente, constituindo, em si, o equivalente a "tanto quanto", "tantos quantos", "todos quantos":

> A partir daí passou-se à construção de um computador no qual o programa a ser executado ficasse armazenado na memória, podendo ser repetido QUANTAS vezes fosse necessário. (ISO)

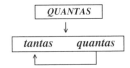

- *CUJO*, que tem valor de um caso **genitivo** (= *do QUAL / de QUEM*), sempre com antecedente:

> O botânico, CUJO **nome** não gravei, me dá um cartão que esquecerei sobre a mesa. (CH)
> (= não gravei o nome do botânico)
> Na América o mais famoso médico e pioneiro da Hidroterapia foi Simon Baruch, CUJO **trabalho** é ainda hoje considerado do maior valor. (ELE)
> (= o trabalho de Simon Baruch é ainda hoje considerado do maior valor)

\# Assim, constituintes **relativos** introduzidos por *CUJO* correspondem a constituintes **relativos** introduzidos pelos **pronomes relativos** *QUE, QUEM, O QUAL* precedidos pela **preposição de**:

Desse modo, no enunciado

> Enquanto isso, o Exército, depois de investigar o caso, salomonicamente mandou prender o fazendeiro Jacques, CUJO **título** de propriedade é assinado por Raimunda Oliveira Machado, tabelião do 1º Ofício em São Miguel do Guamá. (IS)

a estrutura

A FORMAÇÃO BÁSICA DAS PREDICAÇÕES

> *CUJO título de propriedade é assinado por Raimunda Oliveira Machado*

corresponde à estrutura:

> **De** *QUEM o título de propriedade é assinado por Raimunda Oliveira Machado*

\# No uso dessa construção com *de* seguido dos **pronomes relativos** *QUE*, *QUEM*, *O QUAL* não há necessidade de que o **sintagma nominal** se desloque para depois do relativo, como acontece quando o **relativo** usado é *CUJO*:

> *Como nos quadrinhos, ele é um ex-trapezista de circo* CUJA ***família*** *é morta pelo crime organizado.* (VEJ)
> (= do qual / de quem a família é morta)
> (= a família do qual / de quem é morta)

Entretanto, é comum ocorrer essa deslocação:

> *O escritor escocês Robert Louis Stevenson,* **de** QUEM *se comemora o centenário de morte no próximo dia 3 de dezembro, criou alguns dos maiores clássicos da literatura de viagem e suspense da época vitoriana.* (FSP)
> (= o centenário de quem se comemora)

\# Em princípio, só constituintes iniciados por *de* podem corresponder a um constituinte **relativo** introduzido por *CUJO*. Entretanto, ocorrem estruturas **relativas** em que o constituinte introduzido por *CUJO* corresponde a um complemento nominal normalmente iniciado por outra preposição:

> *Consultou papéis abertos ao público e também semiclassificados,* CUJO ***acesso*** *é mais reservado.* (VEJ)
> (= acesso a papéis)
> *O coordenador do trabalho, Marty Rimm, admitiu que seu universo era pequeno demais e levava a distorções, já que incluiu micros de redes particulares,* CUJO ***acesso*** *é rigorosamente controlado e só permitido a adultos.* (VEJ)
> (= acesso a redes)

Que o **complemento** de *acesso* é introduzido pela **preposição** *a*, verifica-se facilmente em ocorrências como

> *Tinha* **acesso a** *manuscritos raros e possivelmente lia grego, porque citava tragédias ainda não traduzidas.* (ACM)
> *O desejo permanente de realização, por seu turno, garante a conformidade com tais normas, que asseguram o* **acesso a** *posições de carreira, estabelecidas em ordem crescente pela alta administração.* (BRO)

O acesso a espaços públicos – murais em instituições governamentais, igrejas e locais de grande circulação – lhe restituiria uma dimensão social e uma função ideológica. (VEJ)

A explicação para o emprego de **CUJO** em casos como esse pode estar no fato de o **substantivo** *acesso* também poder construir-se com **complemento** iniciado por *de*, quando ele tem outro estatuto e outro significado:

A Dersa informou que se o movimento ultrapassar os 3.000 veículos por hora, os **acessos da Tamoios** *e* **da Dutra** *serão fechados.* (FSP)

Nesse enunciado, a construção relativa correspondente é, indiscutivelmente, a introduzida por *CUJO*:

A Tamoio e a Dutra, CUJOS **acessos** *serão fechados, são rodovias brasileiras de grande tráfego.*

\# Não tem justificativa o emprego de *CUJO* iniciando constituinte de valor **locativo**, como ocorre nesta passagem de literatura jornalística:

A região vem passando por uma transformação urbanística com a desocupação dos galpões e antigas casas, **em CUJOS locais** *há grandes possibilidades de surgirem empreendimentos.* (FSP)

A indicação **locativa** dentro do constituinte **relativo** teria de ser expressa por *ONDE* ou *EM QUE / NO QUAL*:

A região vem passando por uma transformação urbanística com a desocupação dos galpões e antigas casas, **locais** ONDE / *NOS QUAIS / EM QUE há grandes possibilidades de surgirem empreendimentos.*

\# **Constituintes relativos** precedidos por um *de* que não marque relação **possessiva** não correspondem, normalmente, a constituintes **relativos** introduzidos por *CUJO*. Estão nesse caso, por exemplo, construções em que a **preposição** *de* introduza complementos partitivos:

a) **complemento** de **nomes** de valor **numérico** (**definido** ou **indefinido**), como *maioria, parte, metade, dezena, milhão*

Galeno escreveu cerca de quatrocentos tratados médicos, **a maioria dos** QUAIS *se perdeu.* (APA)
(* cuja maioria se perdeu)

Antes do casamento, Ben Jor fez lenda como um grande namorador. Em suas músicas pululam incontáveis musas, **a maior parte das** QUAIS *o cantor conheceu em shows e nem teve um envolvimento mais profundo.* (VEJ)
(* cuja maior parte o cantor conheceu)

b) **complemento** de **quantificadores**

*Na semana em que deveria estar se cuidando, Garrincha desbravava descalço os buracos do terreno e as caneladas dos seus adversários de Pau Grande, **alguns dos QUAIS** jogavam de sapatos – tênis eram artigo de luxo.* (ETR)
(* cujos alguns jogavam)

\# O constituinte introduzido pelo **pronome relativo *CUJO*** só pode ser um constituinte com **determinação definida**. Assim, os **possessivos** assinalados nos seguintes enunciados podem ser representados por ***CUJO***, em uma possível construção **relativa**, porque têm **determinação definida**:

*A **inocência** deste rapaz me impressiona como um furacão.* (CRU)
(o rapaz cuja inocência me impressiona)
(= a inocência do rapaz)
*O capim cheio de água molhava seu sapato e **as pernas** da calça.* (ATI)
(a calça cujas pernas o capim cheio de água molhava)
(= as pernas da calça)
***Os cabelos** de Otávia eram perfumados e frescos como se tivessem sido lavados há pouco.* (CP)
(Otávia cujos cabelos eram perfumados e frescos como se tivessem sido lavados há pouco)
(= os cabelos de Otávia)

Observe-se a impossibilidade de estruturas em que o ***CUJO*** introduza um **sintagma nominal** de **determinação indefinida**, como ocorreria a partir de enunciados como

***Uma atitude** deste rapaz me impressiona como um furacão.*
(* o rapaz cuja uma atitude me impressiona)
(= uma atitude do rapaz)
***Alguns objetos** de Otávia eram perfumados.*
(* Otávia cujos alguns objetos eram perfumados)
(= alguns objetos de Otávia)
*O capim cheio de água molhava seu sapato e **umas partes** da calça.*
(* a calça cujas umas partes o capim cheio de água molhava)
(= umas partes da calça)

Aliás, os artigos indefinidos e os pronomes indefinidos têm o mesmo ponto de ocorrência que os **artigos definidos**, e, por isso, esses elementos se excluem mutuamente.

Nos casos de constituinte **relativo possessivo** com **determinação indefinida**, o que se usa é a **preposição *de*** seguida dos **pronomes relativos** *QUE, QUEM, O QUAL*:

*o rapaz **do QUAL uma atitude** me impressiona.*

Otávia de QUEM alguns objetos eram perfumados.
a calça da QUAL umas partes o capim cheio de água molhava.

Do mesmo modo, o **pronome relativo *CUJO***, por sua característica de definição, não pode ocorrer junto de **nome** comum que esteja sendo usado sem **determinante**:

Seu principal oponente é o ucraniano Kazimir Malevich (um dos maiores nomes da arte do século XX, de QUEM a Bienal de São Paulo expôs Ø quadros no ano passado). (VEJ)
(* um dos maiores nomes da arte do século XX, cujos quadros a Bienal de São Paulo expôs)

\# Possuindo tal característica definida, o **pronome relativo *CUJO***, além disso, só pode ser seguido de **determinantes** que possam coocorrer com o **artigo definido**, como por exemplo, os **numerais**:

*Nasceu assim a monarquia hebraica, CUJO **primeiro** soberano foi David, a qual conheceu seu apogeu com Salomão (972-932 a. C.).* (HG)
*Contra quem se investe num país cuja maior cidade, Nova York, tem mais da metade da população de origem estrangeira e CUJA **segunda** metrópole, Los Angeles, será dentro de vinte anos 70% hispânica?* (VEJ)
*Folha recupera na Holanda, em Portugal e no Brasil a história documentada do maior herói negro do país, CUJOS **300** anos de morte completam-se no próximo dia 20.* (FSP)
*Já em "DreamWeb", o jogador tem de equilibrar uma rede de comunicação eletrônica que atua no plano do subconsciente e CUJOS **sete** nós estão controlados pelas forças do mal.* (FSP)
*Passando por cima do prosaísmo do assunto, melhor será falarmos da escada, CUJOS **dois** lances Augusto Frederico Schmidt um dia gloriosamente galgou, para chegar bufando lá em cima e proporcionar-me a alegria de uma visita, trazendo-me algumas frutas que ele mesmo comeu.* (CV)

É fácil verificar-se que, no valor do elemento *CUJO*, se inclui o valor de um **artigo definido**, pelo fato de que a simples substituição desse **pronome relativo** por *de QUE / de QUEM / do QUAL* implica a necessidade de que o **nome núcleo** do **constituinte relativo** seja introduzido pelo **artigo definido**:

monarquia da QUAL o primeiro soberano foi David.
país do QUAL a segunda metrópole (...) será (...) 70% hispânica.
herói do QUAL os 300 anos de morte completam-se.
rede da QUAL os sete nós estão sendo controlados.
escada da QUAL os dois lances Augusto Frederico Schmidt (...) galgou.

A FORMAÇÃO BÁSICA DAS PREDICAÇÕES

Desse modo, não se prevê o uso do **artigo definido** no **sintagma nominal** que o **pronome relativo** *CUJO* introduz. Entretanto, especialmente na imprensa, tem ocorrido o emprego indevido desse **artigo**, talvez pela falsa ideia de que o som vocálico final desse **pronome relativo** represente a existência do **artigo definido**, e que, então, esse elemento deve ser registrado na grafia:

> *Depois encontrei um serviço de informação independente, de atualização semanal,*
> *CUJO o responsável abria o texto de forma honesta. (FSP)*
> *O lado mundano está nos "teatros calças de fora", CUJO o nome diz tudo. (FSP)*
> *Outro campeonato europeu que encerra a temporada hoje é a F-3 inglesa, CUJO o*
> *título foi conquistado por antecipação pelo dinamarquês Jan Magnussen. (FSP)*
> *O prefeito Paulo Maluf afirma que o aumento não é razoável em uma economia*
> *CUJA a inflação tende a zero. (FSP)*
> *O procurador admitiu que, eventualmente, pode não encaminhar à Justiça o nome*
> *de algum parlamentar, CUJA a atuação não se encaixe em irregularidades. (FSP)*
> *"Se vencermos, temos condições de brigar pela vaga nas semifinais", ressaltou Hélio*
> *dos Anjos, CUJA a equipe quer a liderança de Grupo B, como o Corinthians quer*
> *se manter na do A. (FSP)*

2.2.2 Um **pronome** que só se refere a pessoas: *QUEM*, com ou sem antecedente

> *E QUEM casa com uma inglesa, Stragos, mesmo que seja um cão, somente terá*
> *inglesinhos. (SPI)*
> *Ouvi algumas pessoas em QUEM confio e decidi tirar o excesso de palavrões na*
> *peça. (VEJ)*

2.2.3 **Pronomes** que nunca se referem a pessoas: *ONDE, COMO*.

- *ONDE*, indicador de **lugar**, que se emprega com ou sem antecedente:

> *Climério passou dois dias escondido dentro do barraco no meio do bananal, a maior*
> *parte do tempo deitado no colchão esburacado de ONDE saíam tufos de palha de*
> *milho. (AGO)*
> *Ramsey observou que ONDE há fumaça, há fogo. (JM)*

- *COMO, indicador de modo, que*

i) ou tem como antecedente um **sintagma nominal** de tipo especial (com os substantivos *modo, maneira, forma*, ou sinônimos):

> *Os que a conheciam apreciavam a maneira COMO [da qual maneira] ela cuidava da*
> *casa e criava os filhos, os de sangue e os recolhidos: mulher como se requeria*
> *para um tal marido. (TG)*

*Achei simpático o **modo COMO** [do qual modo] me explicou que uma caixinha custava uma coroa e cinco custavam três.* (T)

\# Dependendo do **verbo** da **oração adjetiva**, entretanto, além do **pronome relativo** *COMO* é usado o **pronome relativo** *QUE*, nesse contexto:

*Este estudo apoia nossa crença de que a natureza nos criou da **forma** QUE somos e não há nenhum motivo para consertar nada porque nada está quebrado, afirmou Robert Bray, porta-voz da Força Tarefa de Gays e lésbicas em Washington.* (CB)
(= da forma como somos)

ii) ou não tem antecedente, equivalendo, então, a "o modo como", "a maneira como", "a forma como":

*Foi no automóvel do Gusmão, um dos que escaparam as agressões e ao qual eu habitualmente servia como bagageiro ou como auxiliar de choferagem, onde vi **COMO** se conduz e **COMO** se manobra um carro.* (DE)

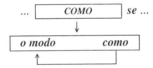

2.3 Quanto à **flexão**

a) Alguns **pronomes relativos** são **invariáveis** em **gênero** e em **número**, como *QUE*, *QUEM*, *ONDE* e *COMO*.

b) Outros têm flexão de **gênero** e/ou de **número**, isto é são **variáveis**, como *QUAL* (*QUAIS*), *QUANTO* (*QUANTA, QUANTOS, QUANTAS*) E *CUJO* (*CUJA, CUJOS, CUJAS*).

3 A função dos **pronomes relativos**

3.1 Os **pronomes relativos** podem ser nucleares ou periféricos dentro do sintagma.

a) São **nucleares** aqueles elementos que por si próprios constituem o núcleo de um **sintagma**, com a mesma distribuição de um **sintagma nominal**. São os tradicionalmente chamados **pronomes substantivos**: *QUE, QUEM, ONDE, COMO*:

Perfeitamente sozinhos, os segundos corriam, sem piedade de uma angústia QUE começava a não conhecer limites. (A)

A Formação Básica das Predicações

Fiz, porém, amizade com Pero Lopes, um dos seus criados de confiança a QUEM dei valiosos presentes. (VP)

Tínhamos sido obrigados a deixar a casa ONDE morávamos, ir para essa na mata: aí se isolavam os bexiguentos. (CBC)

O treinador pretende que sua equipe volte a sacar da maneira COMO o fez na primeira fase da Liga Mundial deste ano. (FSP)

b) São **periféricos** aqueles elementos que incidem sobre um **substantivo**, exercendo, assim, a função de **determinante** (**pronomes adjetivos**). Ficam à margem do **núcleo substantivo**, sempre antepostos a ele. São tradicionalmente chamados "**pronomes adjetivos**":

Olhei para o teto. No meio dele havia uma figura regular CUJO centro era um hexágono vazio. (ACM)

\# O **pronome relativo QUAL**, sempre precedido de **artigo**, pode funcionar como elemento nuclear no **sintagma** (por elipse do substantivo), ou como elemento periférico:

Severino de Jesus não seria anunciado por nenhuma estrela, mas por um mero disco voador. Que seria seguido pela reportagem especializada. O QUAL disco desceria junto à Hospedaria Getúlio Vargas, em Fortaleza, Ceará, abrigo dos retirantes. (AID)

Tendo a cabeça descansada sobre um coxim de cetim azul claro, com fronha da cam-braia de linho, orlada de renda de França, e a face coberta com um lenço de cambraia de linho com a marca P. I., que é a abreviatura de Príncipe Imperial; o QUAL Sereníssimo Príncipe, na sexta-feira, onze do corrente mês de junho, pelas cinco horas e meia da tarde, faleceu da vida presente, no palácio da imperial quinta da Boa Vista. (CRU)

Mas quem lhe falou dela? Aquele brasileiro para O QUAL trabalhei. (BH)

Sua descrição da varíola – enfermidade sobre A QUAL escreveu um tratado – é clássica. (APA)

3.2 Os **pronomes relativos** iniciam **orações adjetivas**

3.2.1 As **orações adjetivas** são de dois tipos:

a) Orações adjetivas restritivas

• com antecedente

O médico QUE dera o atestado chamava-se Pedro M. Silva. (BU)

O potentado hindu a QUEM vendi minha coleção de palitos agora deu para colecionar pulgas, vivas ou mortas. (AL)

Esta noite o aquecimento do edifício ONDE moro não funcionou. (CV)

374

Os Pronomes Relativos. As Orações Adjetivas

- sem antecedente

> *QUEM vê cara não vê coração.* (MAR)
> *ONDE há é nos Araújos, orgulhosos e desgraçados, onde até os filhos roubam dos*
> *pais.* (CJ)

b) Orações adjetivas explicativas (sempre com antecedente)

> *Parei sob o **jataí**, QUE vi crescer, abracei-me ao seu tronco, em desespero.* (MAR)
> *Em **Soweto**, ONDE vivo, as pessoas nem sequer têm dinheiro para pagar eletricidade*
> *e outros serviços do governo, não dá para querer cobrar agora esses serviços.*
> (FSP)

A diferença entre **orações adjetivas restritivas** e **explicativas** pode ser explicada comparando-se os dois enunciados do seguinte par:

> *De acordo com um levantamento da Trevisan, **as empresas** QUE trabalham em setores*
> *mais competitivos conseguiram reduzir seus preços entre 15% e 22% nos últimos*
> *dois anos.* (VEJ)

- **Oração adjetiva restritiva:** a informação introduzida serve para identificar um subconjunto dentro do conjunto de empresas: o daquelas *que trabalham em setores mais competitivos.*

> *De acordo com um levantamento da Trevisan, **as empresas**, QUE trabalham em setores*
> *mais competitivos, conseguiram reduzir seus preços entre 15% e 22% nos últimos*
> *dois anos.*

- **Oração adjetiva explicativa:** a informação introduzida é suplementar, não servindo para identificar nenhum subconjunto dentro do conjunto de empresas.

Assim, na ocorrência transcrita, a **oração adjetiva** restringe o número de empresas que teriam conseguido reduzir seus preços. Ou seja: dentre todas as empresas existentes, só teriam conseguido reduzir seus preços, nos últimos dois anos, *as QUE trabalham em setores mais competitivos.*

Já no enunciado modificado, a presença das vírgulas marca uma **oração adjetiva explicativa**, isto é, que não predica um grupo delimitado (particular) de empresas, mas introduz uma informação adicional. Ela não possibilita identificar algumas empresas, mas acrescenta uma informação acerca daquelas empresas de que se fala.

Outro par do mesmo tipo é:

> *Desde os primeiros dias de seu governo **os médicos** QUE trabalham em hospitais que*
> *recebem verbas do governo federal podem discutir a opção de aborto com suas*
> *pacientes.* (VEJ)

A FORMAÇÃO BÁSICA DAS PREDICAÇÕES

- **Oração adjetiva restritiva:** a informação introduzida serve para identificar um subconjunto dentro do conjunto de médicos: *o daqueles QUE trabalham em hospitais que recebem verbas do governo federal.*

    Desde os primeiros dias de seu governo os médicos, QUE trabalham em hospitais que recebem verbas do governo federal, podem discutir a opção de aborto com suas pacientes.

- **Oração adjetiva explicativa**: a informação introduzida é suplementar, não servindo para identificar nenhum subconjunto dentro do conjunto dos médicos.

    O exercício oposto de transformação pode ser observado neste par:

    *Mas a maior vantagem é para **os professores de 5ª a 8ª série e de 2º grau**, QUE poderão completar a jornada em uma única escola.* (FSP)

- **Oração adjetiva explicativa**: a informação introduzida é suplementar, não servindo para identificar nenhum subconjunto dentro do conjunto dos professores de 5ª a 8ª série e de 2º grau.

    Mas a maior vantagem é para **os professores de 5ª a 8ª série e de 2º grau** QUE poderão completar a jornada em uma única escola.

- **Oração adjetiva restritiva**: a informação introduzida serve para identificar um subconjunto dentro do conjunto dos professores de 5ª a 8ª série e de 2º grau: *o daqueles QUE poderão completar a jornada em uma única escola.*

    Assim, na ocorrência apresentada, a **oração adjetiva explicativa** acrescenta uma informação acerca do antecedente a que se refere (*os professores de 5ª a 8ª série e de 2º grau*), não fazendo nenhuma delimitação. No enunciado transformado, a **oração adjetiva restritiva** delimita, dentro do contexto, um subgrupo dentre *os professores de 5ª a 8ª série e de 2º grau*: são só aqueles *QUE poderão completar a jornada em uma única escola.*

\#   Pelo fato de uma **oração adjetiva restritiva** restringir a extensão de seu antecedente, esse antecedente não pode ter unicidade referencial. Assim, ele nunca é constituído por uma palavra com função identificadora, como o **nome próprio** e os **pronomes** de primeira e de segunda pessoas:

*Pedro M. Silva QUE dera o atestado era médico.
*Eu QUE dera o atestado era médico.
*Você QUE dera o atestado era médico.

No caso de uma **oração adjetiva explicativa**, o antecedente, que já está delimitado independentemente dela, pode referir-se não apenas a um conjunto, como nas ocorrências citadas (*empresas; médicos; professores de 5ª a 8ª série e de 2º grau*), mas ainda a um indivíduo único, como em

> *Pedro M. Silva,* QUE *dera o atestado, era médico.*

ou como em

> *Diferente de **seu mestre Magendie, a** QUEM sucedeu na cátedra na Universidade de Paris, e de Brown-Séquard, ambos médicos praticantes, Bernard devotava-se só ao laboratório.* (APA)

3.2.2 As construções que contêm uma oração adjetiva restritiva envolvem uma pressuposição. Essa pressuposição pode ser:

a) factual, se o verbo da **oração adjetiva restritiva** estiver no **modo indicativo**; assim, a ocorrência

> *O médico* QUE *dera o atestado chamava-se Pedro M. Silva.* (BU)

pressupõe

> *Um médico dera o atestado.*

b) não factual, ou hipotética, se o **verbo** da **oração adjetiva restritiva** estiver no **modo subjuntivo**; assim, a ocorrência

> *Ganha aquele* QUE *fizer menos erros psicológicos.* (VEJ)

pressupõe

> *Ele ganha* SE *fizer menos erros psicológicos.*

Também é hipotética a pressuposição envolvida nas construções com **orações relativas restritivas** que têm formas verbais **infinitivas**:

a) com antecedente

> *Em matéria de gordura há **muito** QUE malhar e **pouco** QUE comer.* (VEJ)
> *Um especialista em cervejaria tem um leque pequeno de **empresas** ONDE trabalhar no Brasil.* (FSP)

b) sem antecedente

> *Esopo, dê-me **com** QUE escrever!* (TEG)
> *Eu gostaria de me sentar e ter **com** QUEM conversar.* (ES)

A Formação Básica das Predicações

Quando não teve ONDE ficar, e o rapaz lhe disse francamente que não podia hospedá--la, tampouco guardou rancor. (CH)

Essas **orações relativas restritivas** construídas com formas verbais **não finitas** podem ser introduzidas pelos **pronomes relativos QUE, QUEM e ONDE.**

3.2.3 O antecedente de um **pronome relativo**, e, portanto, de uma **oração adjetiva**, pode ser:

a)   um **sintagma nominal**.

a.1) um **substantivo** com **determinante**(s):

*Atracado o barco, procuramos **uma picada** QUE possibilitasse atingir a figueira.* (PAN)

a.2) um **substantivo** sem **determinante**:

*Para se fazer holografia, é preciso iluminar o objeto com a luz do raio laser. Além disso, o objeto deve receber luz no mesmo momento e em todas as direções determinadas pelo hológrafo – **pessoa** QUE faz holografia.* (FSP)

b)   um **pronome**

b.1) um **pronome indefinido**:

*Não tinham mais **nada** QUE fazer ali.* (ORM)
*A conversa tomou outro rumo, falou-se de **tudo** QUE a boa digestão sugeria.* (AM)

b.2) um **pronome demonstrativo**:

Aqueles QUE estavam sentados colocaram um dedo sobre o cálice virado. (XA)
Aquilo QUE eu te disse foi na hora da raiva. (BO)

\#   Tem comportamento particular, como antecedente do **pronome relativo QUE**, o **pronome demonstrativo *o***, que ocupa sempre posição nuclear no **sintagma**, e que não é nem **masculino** nem **feminino**:

*É uma coisa assustadora **o** QUE está acontecendo.* (VEJ)
*Não compreendo **o** QUE você está querendo dizer.* (A)
*Sem saber **o** QUE responder, esperou.* (A)

O enunciado com **oração adjetiva** pode, por sua vez, ter um **sintagma nominal** ou esse **pronome demonstrativo *o*** já usados como **apostos**, formando-se, então, uma cadeia anafórica:

a)   um aposto de **sintagma nominal** (nesse caso, as **orações adjetivas** são sempre do tipo **restritivo**).

*O sr. Euryalo Cannabrava publica as "Diretrizes da Enciclopédia Brasileira", **obra** QUE constitui um dos objetivos do Instituto e da qual ele é diretor.* (ESS)
*Em todo caso, minha cidadezinha é a da minha infância, **aquela** de QUE me lembro, e que é muito diferente de agora, porque mudou.* (FSP)
*Na festa do segundo turno, **aquela** em QUE o Fernando gritou "Viva o PC", eu estava triste.* (JA)

b) um **aposto** de **oração**.

b.1) um **sintagma nominal** (a **oração adjetiva** é **restritiva**):

*As comédias, por exemplo, raramente fazem sucesso fora de seu próprio país de origem, **fato** QUE é muito problemático.* (FSP)
*Pois a premiação da Feira Pixinguinha será exatamente essa possibilidade de registro de obra, **coisa** QUE é inalcançável para todo criador novo.* (CB)
*Hoje, principalmente o público feminino dá grande importância ao fato de se poder dirigir nos grandes centros com vidros fechados e porta travada, **situação** QUE é tolerável só com ar-condicionado.* (FSP)

\# Nesse **sintagma nominal** cabe bem um **determinante anafórico**, como é o caso do **demonstrativo** *essa* em

*Com 1,2%, basicamente se retorna a uma situação que existia no início do ano, **situação essa** QUE sofreu uma alteração em função da conjuntura que existia ao longo dos meses de fevereiro e março.* (FSP)

b.2) o **pronome demonstrativo** *o*:

*Foi uma ameaça concreta à integridade física e à vida das pessoas que frequentam o local, **o** QUE constitui crime.* (FSP)
*O acusador não possui as provas e é o acusado que tem de se defender, **o** QUE constitui uma inversão total da ordem jurídica.* (VIS)
*Sempre fomos uns irmãos desunidos, **o** QUE fizera mamãe sofrer, com suas preocupações de bem criar a família.* (CHI)

\# Pode acontecer, entretanto, que, na aposição à **oração** anterior, esse **pronome demonstrativo** *o* não ocorra. Nesse caso, o **relativo** QUE inicia uma **oração adjetiva não restritiva**:

A mudança teria o objetivo de ampliar a eficiência desses equipamentos, principalmente no transporte de cargas e baixo peso e grande volume, QUE é o caso dos produtos eletroeletrônicos, bastante comercializados hoje em todo o mundo. (CB)
Teoricamente, a inflação cai porque a moeda nacional passa a ser garantida por uma moeda forte, QUE é o caso do dólar. (VEJ)

A Formação Básica das Predicações

3.3 Os **pronomes relativos** exercem função sintática na **oração adjetiva** a que pertencem.

3.3.1 O **pronome** QUE pode exercer as segui. s funções

a) Não precedido de **preposição**.

a.1) Sujeito

> *Ao porteiro vesgo QUE está na entrada anuncio candidamente o objetivo da minha visita.* (AL)
>
> *Onisciente, sabia a qualidade das pessoas chamadas Soares – aqueles Soares QUE a tinham espezinhado de modo tão mesquinho, tão inumano.* (A)
>
> *Dom Ivo revelou ontem durante a palestra que concedeu na Trigésima Oitava Convenção do Serra Internacional, que entre as cerimônias "históricas oficiadas pelo Papa no Brasil, **a** QUE mais o deixou entusiasmado foi a ordenação dos setenta e quatro diáconos no Maracanã, dia dois de julho.* (OP)

a.2) Objeto direto

> *Quero reformar **uma casa** QUE comprei já em construção.* (FSP)
>
> *Estou falando que meu pai não sabe mais **o** QUE faz.* (ES)
>
> *Não posso fazer uma avaliação técnica ainda, tenho **muito** QUE aprender.* (FSP)
>
> *E também ele traduzirá aquilo que ouviu, **aquilo** QUE constatou, aquilo que pensa, em palavras.* (APA)

\# Em alguns casos, porém, o **pronome objeto direto** pode vir antecedido da **preposição** *a*, constituindo um caso que vem tradicionalmente denominado como de **objeto direto preposicionado**. Com o **relativo** QUEM, a preposição sempre ocorre:

> *Agora, visivelmente desapontado e, ao mesmo tempo, furioso diante do ataque frontal da mulher contra seu irmão mais velho, **a** QUEM tanto respeitava, papai resolveu terminar de vez com aquela falação desagradável, tão sem cabimento.* (ANA)

\# Ocorrem casos de introdução indevida de **preposição** antes de **pronome relativo** que funciona como **objeto direto**, o que não encontra nenhuma explicação na **estrutura argumental** do **verbo**:

> *Para ficar no bairro onde mora desde criança, excetuando-se os períodos **em** QUE passou fora do país, Cleo gastou os R$ 120 mil que levantou com a indenização na compra de sua nova casa.* (FSP)

A estrutura argumental é "passar **algum período**", e não "passar **em algum período**".

*Itamar Franco não fez essa afirmação, mas já deixou de pegar duro no batente faz tempo. É claro que o presidente não pode admitir o catatonismo **ao** QUAL impinge ao país.* (FSP)

A estrutura argumental é "impingir algo", e não "impingir a algo".

*Gide levou sete anos para escrever suas lembranças do êxodo de cinco anos **a** QUE se impôs na virada do século, entre a Tunísia e a Argélia.* (FSP)

A estrutura argumental é "impor algo", e não "impor a algo".

b) Precedido de **preposição**.

b.1) Objeto indireto

*Sorri e fiquei me perguntando, curiosa, se se tratava **daquele mesmo reitor a** QUE padre Luís tantas vezes se referira diante de mim.* (A)
*Relatou o que a nação queria ouvir e **aquilo a** QUE ela realmente aspira.* (REA)
*Meu maior medo é perder as pessoas **de** QUE gosto.* (VEJ)
*E para mim vira uma coisa pessoal tocar uma obra **de** QUE gosto.* (FSP)
*O referente do ato inconsciente, **aquilo a** QUE "se refere" o inconsciente, só pode ser encontrado no interior de intenções linguisticamente formadas.* (FSP)

\# Frequentemente, a **preposição** é omitida antes de **pronome relativo objeto indireto**, especialmente a **preposição** *de*, e especialmente com o **verbo** *gostar*:

Tomei banho, fiz a barba, coloquei a roupa ∨ QUE eu mais gostava, camisa preta e calça jeans. (OMT)
Rubem Fonseca era bom exatamente na matéria ∨ QUE mais gostava na Escola de Polícia – psicologia. (FSP)
Folhateen pra mim é sinônimo de perfeição. É o caderno ∨ QUE mais gosto na Folha. (FSP)
Relendo a matéria hoje, bem abrigado em casa, com direito a votar para prefeito, sem medo de ir preso só por escrever coisas ∨ QUE os homens lá de cima não gostam, posso até achar esse texto meio piegas, com pouca informação. (PRA)
E terminaria minha conversa com a franqueza ∨ QUE a juventude carece. (FSP)

\# Essa supressão ocorre quase categoricamente quando o antecedente é o **pronome demonstrativo** *o*:

*Se você não faz **o** ∨ QUE gosta, não é feliz e não tem condições de fazer o outro feliz.* (FSP)
*Uma pessoa só se sentirá realizada se fizer **o** ∨ QUE gosta.* (FSP)
*É só a gente querer, lutar para fazer **o** ∨ QUE gosta e fazer bem.* (VEJ)
*Acredito que vai haver o dia em que ela poderá dizer **o** ∨ QUE gostaria, seja no próprio Sítio, ou onde for.* (AMI)

b.2) Complemento nominal

*Será que estamos vivendo aquilo **de** QUE Toqueville tinha medo: "O declínio do civismo?"* (FSP)

*O mais importante é a coragem que passei a sentir para lutar e conquistar tudo **aquilo a** QUE eu tenho direito.* (VEJ)

*A intimação policial, **de** QUE tenho cópia, era de 31 de janeiro.* (NBN)

b.3) Complemento ou adjunto adverbial:

*A casa **em** QUE mora, em Munique, é considerada modesta pela imprensa alemã, porque o craque doa parte de seu salário e prêmios para organismos assistenciais no Brasil.* (VEJ)

*João da Silva, famoso por ser exímio jogador de dama, mais conhecido por João Queixinho, consequência de inchação vitalícia em dentes estragados, razão **por** QUE falava tresandando a ácido fênico, disse baixinho ao parceiro de jogo:– Boatos, meu caro Vigário.* (AM)

\# Em estruturas adverbiais locativas (espaciais ou temporais) que contêm **pronomes relativos**, ocorrem, normalmente, duas **preposições** locativas (diferentes, ou repetidas):

a) a primeira precedendo o **sintagma nominal** ou o **pronome demonstrativo** que constitui o antecedente da **oração adjetiva**;

b) a segunda precedendo o **pronome relativo** *QUE* ou *O QUAL*.

*O resultado do inquérito foi enviado **à** casa **em** QUE Olga e Prestes se escondiam, no Meyer, juntamente com dois bilhetes de Miranda, em que o dirigente preso reclamava, preocupado, com a ausência da mulher, que havia muitos dias que não o visitava na cadeia.* (OLG)

*Escrevo-lhe sabendo se quer vender os móveis, que estão **na** casa **em** QUE você morou aqui.* (VB)

*É o ídolo das empregadas domésticas **na** rua **em** QUE trabalha.* (EST)

*Ilídio mandou um emissário procurá-lo **numa** casa **em** QUE o Turco Velho costumava ficar, um sobrado na rua Salvador de Sá.* (AGO)

*Os espíritos são criados **num** "ponto zero" **no** QUAL há uma igualdade na imperfeição.* (ESI)

*Mas pesquisas aqui mesmo realizadas revelam o verdadeiro drama do regresso: quase 90% dos que voltam, voltam porque são analfabetos e por isso não conseguem inserir-se **numa** sociedade **na** QUAL o domínio das técnicas elementares de ler, escrever e contar é condição indispensável para o trabalhador.* (AR)

*O mercado mundial de computadores vive uma guerra de preços tão intensa que só tem similar **naquela em** QUE a aviação comercial se meteu nos anos 70.* (VEJ)

*Procurou-me **num** momento em QUE estava só.* (A)

Os Pronomes Relativos. As Orações Adjetivas

*Ficou popular **no dia em** QUE trocou socos com o professor mais odiado da Politécnica.* (BL)

*Desde o dia maldito do seu casamento até **à hora em** QUE expirou no hospital, com os olhos meigos fitos na irmã de caridade, jamais articulou um queixume, nem tão pouco a agitou movimento altivo de revolta.* (DEN)

*É igualmente claro que essas pessoas têm todo o direito de suicidar-se **à hora em** QUE bem entenderem.* (FSP)

Entretanto, nesses casos em que o **sintagma nominal** que é antecedente do **pronome relativo** já é preposicionado, é frequente a omissão da **preposição** antes do **pronome**:

*Mais ou menos **na época** ∨ QUE cheguei de Minas.* (P)

*Isso já foi tentado **no tempo** ∨ QUE o Delfim era ministro e depois na época do Collor.* (FSP)

*Aliás, não seria tempo da Casa Jorge Amado tirar da parede o "Prêmio Stalin" recebido pelo romancista **no tempo** ∨ QUE ainda era comunista?* (FSP)

\# A **preposição** também é omitida antes de **pronome relativo** que funciona como **complemento** ou **adjunto adverbial**, mesmo nos casos em que não há **preposição** antes do **sintagma nominal** que precede o **pronome relativo**:

Mas a época ∨ QUE fomos para a Rua Caraca todo o terreno encheu-se da festa dos pés de mamona com suas folhas parecendo de papel recortado e inseridas nos troncos, por tubinhos cor de púrpura. (CF)

\# Com a **preposição** *com*, que usualmente introduz **adjuntos de modo**, não ocorre **elipse**, nas construções com os **pronomes relativos** *QUE* ou *O QUAL*:

*Por isso, faz parte de deliciosas guloseimas, com o mesmo carinho **com** QUE cuida da beleza das mulheres, com o mesmo cuidado **com** QUE repara produtos farmacêuticos e com a mesma preocupação **com** QUE pensa na ecologia.* (QUI)

*Rapazes de dezoito, dezenove e vinte anos, frequentemente sofrem verdadeiros fracassos nos estudos, nos colégios, pela depressão que neles causa a ausência do lar, no qual sempre foram tratados com as carícias e o desvelo **com** QUE se tratam crianças.* (AE)

\# A **preposição** *por*, quando introduz **adjunto de causa** representado pelo **pronome relativo** *QUE*, como em:

*Desta vez o motivo **por** QUE vim eu ainda desconheço.* (AM)

não pode ser grafada unida com esse **pronome**, já que se trata da coocorrência de dois elementos de diferente estatuto (**preposição + pronome relativo**). Assim, não tem justificativa um emprego como:

Desta vez o motivo **porque vim eu ainda desconheço.*

A Formação Básica das Predicações

3.3.2 O **pronome** *O QUAL* pode exercer as seguintes **funções**:

a)   Em posição nuclear.

a.1) Sujeito

> *Foram assoprar nos ouvidos de João Abade, **o QUAL**, sem mesmo consultar O*
> *Conselheiro, mandou logo arrasar a minha casa e matar a minha mulher.* (CJ)
> *Era o célebre Candinho, das rodas alegres da noite, **O QUAL** deslumbrava as crianças*
> *com balas de mel e mágicas de baralho.* (DE)

a.2) Objeto direto

> *Cortava as unhas e os calos com canivete, o mesmo que usava para picar o fumo de*
> *corda – **o QUAL** enrolava num cigarro de palha e acendia com um isqueiro Vospic.*
> (ETR)
> *Mas um jacaré foi descoberto, encalhado na areia, o único que restava dos outros; **o***
> ***QUAL** os índios mataram e comeram.* (LOB)

a.3) Objeto indireto

> *Houve **uma risadaria à QUAL** reagi inchando o peito como um frango de briga.* (CR)
> *Inclusive sua ênfase no combate à pobreza, apesar de ocupar lugar de destaque*
> *na liturgia das posses presidenciais mexicanas, conferiu um toque menos triun-*
> *falista do que **aquele ao QUAL** Carlos Salinas vinha acostumando os mexica-*
> *nos.* (FSP)

a.4) Complemento nominal

> *O sr. Euryalo Cannabrava publica as "Diretrizes da Enciclopédia Brasileira", **obra***
> *que constitui um dos objetivos do Instituto e **da QUAL** ele é diretor.* (ESS)
> *Na terça-feira, uma intervenção desastrada de Inocêncio Oliveira (PFL-PE) teve*
> *peso decisivo na derrota **do governo do QUAL** se julga aliado.* (VEJ)

a.5) Complemento ou adjunto adverbial

> *É **um assunto** sobre **o QUAL** o músico baiano gosta de especular.* (GAZ)
> *É o processo político mediante **o QUAL** as posições de política externa de um governo*
> *são inicialmente sustentadas e logo orientadas para o objetivo de influenciar as*
> *posições políticas e a conduta de outros governos.* (DIP)
> *O que a emoção deseja é emocionar **aqueles** pelos **QUAIS** está emocionado.* (OD)

b)   Em posição periférica: adjunto adnominal.

> *Logo pensei no surucucu que de uma feita picou a perna do raçudinho e **DA QUAL***
> *ofensa ele nunca mais esqueceu.* (CL)

Os Pronomes Relativos. As Orações Adjetivas

3.3.3 O **pronome** *QUEM* com antecedente só se usa preposicionado, e, portanto, só exerce função de **complemento** introduzido por **preposição**:

a) Objeto direto preposicionado

> *Agora, visivelmente desapontado e, ao mesmo tempo, furioso diante do ataque frontal da mulher contra seu irmão mais velho, **a** QUEM tanto respeitava, papai resolveu terminar de vez com aquela falação desagradável, tão sem cabimento.* (ANA)

b) Objeto indireto

> *Ele fiou-se em deixar a mulher porque havia no bando uma pessoa **em** QUEM ele julgava poder confiar.* (ED)
> *O pedido de interdição foi feito pelo estilista Karl Lagerfeld, **a** QUEM se refere no filme como "ladrão" e "plagiador".* (FSP)

c) Complemento nominal

> *Loyola ligou para **o ex-ministro Mailson da Nóbrega**, **de** QUEM era sócio na consultoria MCM antes de assumir a presidência do Banco Central.* (VEJ)
> *Livre afinal do parasita por uma prescrição de **Paracelso**, **de** QUEM se tornou seguidor, decidiu combater as ideias galênicas, o que, na Espanha, lhe trouxe problemas com a Inquisição: chegou a ficar preso por dois anos.* (APA)

3.3.4 O **pronome** *CUJO*, incluindo o valor de um **artigo definido**, é sempre periférico, e, portanto, sempre funciona como adjunto adnominal do **substantivo** que acompanha, seja qual for a função que esse **substantivo** tenha na **oração** a que pertence:

> Pecados Safados *é também um livro de denúncia* CUJA **autora** *não assume quem é.* (VEJ)
> *"Basta", pede o luminoso, pago por um empresário* CUJO **irmão** *morreu baleado.* (VEJ)

O **pronome** *CUJO* pode, portanto, vir precedido por qualquer **preposição**, a qual introduz o **sintagma nominal** a que o **pronome relativo** pertence:

> *A boa música é garantida pela acústica especial do Festspielhaus, que lembra um instrumento de madeira gigantesco **em** CUJAS **paredes** o som é absorvido e equalizado.* (FSP)
> *Há, entretanto, consciências voltadas a esse escopo, como a de Guimarães Rosa, **com** CUJA **obra** deve-se, constantemente, retomar contato.* (FI)
> *Estamos certos de que, nesta hora, não nos faltarão o apoio e a colaboração das elites econômicas do País, **a** CUJO **alto senso cívico** e **a** CUJO **patriotismo** formulo*

um caloroso apelo, no sentido de ajudar o País a vencer as graves dificuldades
que enfrentamos. (G-O)

Por causa daquela mulher **de** CUJAS **entranhas** *nascera é que seu pai havia se*
tornado assassino, vingando o adultério e satisfazendo deste modo a uma
sociedade que exigia a morte do amante como única forma de reabilitação do
marido enganado. (G)

Refere-se a Raúl Salinas, irmão do ex-presidente, e a José Francisco Ruiz Massieu,
secretário-geral do PRI, de CUJO **assassinato** *é acusado Raúl Salinas.* (FSP)

3.3.5 O **pronome** *ONDE* sempre funciona como adjunto ou complemento adverbial de lugar

A **casa** ONDE *mora há quase 40 anos, desde que saiu do Colégio Sacré Coeur de*
Jésus, está encravada numa encosta da Gávea, na rua que leva o nome do sogro,
o desbravador João Borges.(CAA)

Ciosa de sua independência, a menina voltou a sentar-se **na cadeira** *de* ONDE *saíra.*
(FR)

Todo o esforço estava voltado para **o Brasil***, para* ONDE *retornaríamos um dia.*
(CRE)

\# O **pronome relativo** *ONDE* que possui antecedente é sempre equivalente a *em*
QUE. Desse modo, nas seguintes estruturas, a expressão do locativo por *em QUE* corresponde à expressão pelo **relativo** *ONDE*:

A região **em** QUE *vive Pedro Belmonte, o pampa, começa na campanha do Rio Grande*
do Sul, e abrange também o atual território uruguaio e o leste argentino. (REA)

\# O **pronome relativo** *ONDE* é muitas vezes empregado equivalendo a *em QUE*,
mas sem valor locativo, o que não tem justificativa:

Na prática, a venda com caderneta funciona como **um negócio** ONDE *o dinheiro tam-*
bém é virtual, só que sem a sofisticação dos modernos cartões magnéticos. (FSP)

A diminuição dos empréstimos bancários que alimentam a produção cria **uma**
situação ONDE *não é o consumidor que para de comprar.* (FSP)

PARTE II

A REFERENCIAÇÃO SITUACIONAL E TEXTUAL: AS PALAVRAS FÓRICAS

INTRODUÇÃO

Existem termos da língua que têm a função particular de fazer referenciação, sem, entretanto, nomear, ou denominar como os substantivos. Podemos designar como *pronominais* essas palavras:

> *O arroz vermelho é considerado planta invasora. A tendência é **ELE** dominar a*
> *lavoura no segundo ano de infestação.* (GL)
> *PC nega **SEU** envolvimento com o narcotráfico.* (JA)
> *Uma noite, quando Alfredo já se despedira e se afastava, na estrada, ela correu a*
> *falar com Matilde. No quarto **dESTA** havia luz e a porta se achava entreaberta.* (PV)
> ***O** marido estava trabalhando e **O** menino **nO** colégio.* (CNT)

Essas palavras são fóricas (lat. *fero*, gr. *phéro*: "levar", "trazer"), isto é, elas remetem a algum outro elemento.

A função de referenciação é fundamental no uso da linguagem, para:

1º a interlocução: no discurso, alguém fala com alguém, e as palavras fóricas fazem referência a esses participantes do discurso;

2º a remissão textual: no texto, fala-se de pessoas e coisas que participam dos eventos, e as palavras fóricas fazem referência a esses participantes.

1º A interlocução

Na interlocução, um falante (primeira pessoa) se dirige a um interlocutor/ouvinte (segunda pessoa), tendo, para isso, de introduzir no discurso os participantes do ato de fala: ele mesmo e o seu interlocutor.

Essa introdução se faz com palavras referenciais, que são:

a) os pronomes pessoais de primeira pessoa, para o falante;

A REFERENCIAÇÃO SITUACIONAL E TEXTUAL

b) os pronomes pessoais de segunda pessoa e os pronomes de tratamento, para o ouvinte.

Dessas palavras se diz que são exofóricas, isto é, que fazem referência a elementos que estão fora do texto, ou seja, na situação de discurso.

2º A remissão textual

No exercício da linguagem, o falante usa constantemente termos que fazem referência a outros termos do próprio texto para assim tecer a "teia" do texto. Nessa referência, ele obtém uma relação de sentido entre esses dois termos, que são:

1) o termo que faz referência ao outro (o referenciador textual);
2) o termo ao qual o outro se refere (o referente textual).

Tal relação pode ver-se nesta passagem de texto:

> Contudo, não queria acusar *ÂNGELA*. Era até covardia – dado o estado a que chegara. E que seria *dELA (ÂNGELA)*, agora que largara *SÉRGIO*? Certamente, voltaria a *ELE (SÉRGIO)*, no dia seguinte, ou no outro. (ACM)

Essa relação semântica textual se faz com palavras referenciais:

a) os pronomes pessoais de terceira pessoa;
b) os pronomes possessivos;
c) os pronomes demonstrativos;
d) os artigos definidos.

Dessas palavras de referenciação textual se diz que são endofóricas, isto é, que fazem referência a elementos que estão dentro do texto. Todas elas são da terceira pessoa (que pode ser chamada de não pessoa) do discurso, porque a referência não é a nenhum dos interlocutores, mas a um elemento que não é nem o falante nem o ouvinte.

Quando a referência é feita a algum elemento que está na porção anterior do texto, ocorre a anáfora; o que a palavra anafórica faz é recuperar semanticamente um elemento que já estava no texto, com todas as informações de que ele já se revestia.

Quando a referência aponta para a frente no texto, ocorre a catáfora; o que a palavra catafórica faz é sinalizar um termo que ainda vai aparecer no texto.

O ARTIGO DEFINIDO

1 O emprego do **artigo definido**

O **artigo definido** precede o **substantivo**. Ele ocorre, em geral, em **sintagmas** em que estão contidas informações conhecidas tanto do falante como do ouvinte. O que determina sua presença, entretanto, é a intenção do falante e o modo como ele quer comunicar uma determinada experiência. O uso do **artigo** é, pois, extremamente dependente do conjunto de circunstâncias, linguísticas ou não, que cercam a produção do enunciado.

De um modo geral, pode-se dizer que o **artigo definido** ocorre em **sintagmas** referenciais:

Sintagmas referenciais, em que a definição é obtida no contexto extralinguístico (**exófora**, ou **referência situacional**):

- **referência direta**: o falante se refere a um elemento presente na situação de enunciação

  *A **égua** tem arreios?– perguntou à criada.* (FR)
  *O **guarda** mete o dinheiro no bolso e vai saindo.* (UC)
  *Pensa que não vi **O garoto** sair do seu quarto?* (NC)

- **referência indireta**: a referência depende exclusivamente do conhecimento compartilhado entre falante e ouvinte, e os interlocutores sabem a que entidade se faz referência, apesar de ela não estar presente na situação de fala

  *Talvez os investidores temam que **O congresso** possa, de repente, regulamentar a TV a cabo, restringindo a atuação dessas emergentes potências.* (EX)
  *O jantar de ontem **nO restaurante** me trouxe recordações do nosso namoro, da época em que você escreveu Hortênsia.* (F)

A REFERENCIAÇÃO SITUACIONAL E TEXTUAL

*E chega de telefonar, de me procurar **nO teatro**, de mandar recados.* (DE)
*Assim, um grande número de investidores sofreu graves prejuízos, ao mesmo tempo em que a emissão da moeda agravou **A inflação** já existente.* (HB)

Sintagmas referenciais, em que a definição é dada pelo próprio contexto linguístico: faz-se referência a elementos que se encontram em uma porção do texto (**endófora, ou referência textual**):

a) Uma porção anterior do texto (**anáfora**)

- **referência direta**

*Bom dia, dona Angelina. Vim cá lhe procurar pois preciso de sua ajuda, estou a fazer uma simpatia portuguesa, lá de minha aldeia, para curar o meu sobrinho Sílvio. **O menino** não anda bem.* (ANA)
*Os três homens avançam com cautela. **O homem** 1 traz alguns fuzis enrolados em sacos de aniagem.* (D2)
*O menor pisou em um "despacho" que havia sido colocado na porta de sua casa. **O despacho** atingiu em cheio o menor.* (AP)

- **referência indireta, ou associada**

*Um concerto a quatro mãos só funciona quando **O roteirista** e diretor tocam a mesma melodia.* (ROT)
*É sua lâmpada de Aladino a bicicleta e, ao sentar-se **nO selim**, liberta o gênio acorrentado ao pedal.* (CBC)
*Mas ninguém está maltratando o Corpo de Baile! É uma medida de prudência, para o bem de todos! Quanto mais cedo apurarmos isso, melhor para todos. Afinal, houve um crime **no Teatro**, é do interesse geral que o crime seja desvendado. Enquanto não conhecermos o criminoso, todos serão suspeitos.* (BB)

b) Uma porção posterior do texto (**catáfora**)

***O dinheiro** é todo meu, que ela roubou.* (UC)
*As **sementes** que ele planta hoje, não verá, usualmente, frutificar.* (BIB)
*O **navio** que hoje lançamos às águas ostenta, como um chamado constante e vigoroso à realização de novas iniciativas.* (G-O)
*A **história** de que falamos aqui é a história das classes populares, mais precisamente dos trabalhadores urbanos.* (PEN)

Sintagmas referenciais genéricos

*A **abelha** também é usada em homeopatia.* (HOM)
*"**O homem** nasce livre, e no entanto, por todas as partes está acorrentado", dizia o pai da Revolução, Rousseau.* (SI-O)

O Artigo Definido

*A **biblioteca** é um reflexo da capacidade e da personalidade do bibliotecário dela encarregado.* (BIB)

*A **mulher** feminilizou os paletós, as camisas e até os chapéus da indumentária masculina.* (VID)

Incluem-se entre as referências genéricas os usos atributivos do **artigo definido**:

*O **ganhador** receberá um troféu "Bronze" e deverá concorrer posteriormente com os classificados dos outros municípios.* (OP)

(o ganhador = "quem é/quem for o ganhador")

*Certos cursinhos praticam um verdadeiro terrorismo: espalham que **o concorrente** está ensinando errado.* (REA)

(o concorrente = "quem é/quem for o concorrente")

2 A natureza do **artigo definido**

2.1 De um modo geral, pode-se apontar que o **artigo definido** singular determina um **substantivo** comum particularizando um indivíduo dentre os demais indivíduos da espécie:

*Não demorou e teve a má sorte de conhecer um guia de cego: **O garoto** metia-se nas multidões levando o seu homem.* (PV)

*Arranjaram-lhe uma cadeira perto **dA mãe** de Raul.* (FR)

*Veio uma carroça e **O filho dO carroceiro** (...) pareceu-lhe bonito que nem soldado de bota e quepe.* (PV)

A partir daí se verifica que o **sintagma** com **artigo definido** singular necessariamente faz referência a um objeto único, quer o **substantivo** seja grafado com **maiúscula** (considerado como **nome próprio**) quer não:

*Estou podre de pancada, devem ter me quebrado **O nariz**, mas penso.* (AS)

*Conheço todo o percurso que **O sol** faz neste quintal.* (NOF)

*A gente estava espiando **A lua**, ele agarrou na minha mão.* (US)

*A **Terra** não é mais o centro **dO Mundo**. **O Ocidente** não é mais o centro **dA Terra**.* (IP)

*Não foi educado cumprimentar **O Papa** dizendo "Saravá".* (T)

*Sabe quanto ganha **O Presidente**?* (CM)

\# Se o objeto único é qualificado (por exemplo, por um **adjetivo**), pode ocorrer também o **artigo indefinido**:

*Ficou olhando a fila imensa de caminhões, estacionados debaixo de **UM sol ardido** no acostamento.* (GD)

A REFERENCIAÇÃO SITUACIONAL E TEXTUAL

*Descia **UM sol violento**, ardência vertical que fazia da terra um forno insuportável.* (BH)
***UM sol frio** e somente eu a atravessar a rua em direção à Praça da República.* (DE)
*Vai pelo céu **UMA lua minguada**.* (MRF)

\# Essa construção pode ter valor intensivo:

*Ele é engraçado mesmo, mas tem **UMA boca suja**!* (DEL)

\# Se o objeto não é único, mas a referência é feita como se ele fosse único, o **artigo definido** também se usa:

*Passou **A mão** pelos olhos, esfregou-os ligeiramente e voltou a tentar maior precisão.* (A)
*Fraturou **O pé** numa exibição de Bodas da Aurora.* (BB)
***A perna** vai inchando e acabou-se.* (CA)
*Pede com **O dedo** nos lábios para ele fazer silêncio e se esconder.* (BR)
*Esquivou mas o murro ainda pegou **A orelha**.* (DE)

Compare-se com

*Passou **UMA mão** pelos olhos, esfregou-os ligeiramente e voltou a tentar maior precisão.*
*Fraturou **UM pé** numa exibição de Bodas da Aurora.*
***UMA perna** vai inchando e acabou-se.*
*Pede com **UM dedo** nos lábios para ele fazer silêncio e se esconder.*
*Esquivou mas o murro ainda pegou **UMA orelha**.*

2.2 A partir daí facilmente se entende que o **artigo** possa transformar um **nome** classificador em um **nome** identificador. Veja-se esta série de enunciados:

Voz de Ø criança: Mãe!... Mãe!... Quero água... (AS)
Choro de Ø criança... (TGG)
Torna-se evidente que as nossas tradições se formaram à luz dos princípios de Ø união. (ME-O)
O dinheiro já nos bastava para suportar os meses mais duros de Ø inverno. (CRE)
D. Querubina pediu ao gaiteiro que bisasse a valsinha "Lágrimas de Ø Virgem". (CE)

Compare-se com a possibilidade de:

*Voz **dA** criança: Mãe!... Mãe!... Quero água...*
*Choro **dA** criança...*

O Artigo Definido

*Torna-se evidente que as nossas tradições se formaram à luz dos princípios **dA** união.*
*O dinheiro já nos bastava para suportar os meses mais duros **dO** inverno.*
*D. Querubina pediu ao gaiteiro que bisasse a valsinha "Lágrimas **dA** Virgem".*

2.3 O fato de o **artigo definido** particularizar um indivíduo não significa que, mesmo usado com **nome** no singular, ele não possa ter – como já se apontou – um uso que se pode entender como genérico, desde que seja em referência:

a) a toda uma classe de pessoas ou coisas

*Nem sempre **O médico** está à cabeceira do doente, para examiná-lo, segundo por segundo, como aconteceu com Marcos.* (TPR)
*Hoje em dia, **O trem** pára dois minutos na estação e vai embora de novo.* (ALE)
***O homem** passa a tomar consciência de si num universo indefinidamente ampliado.* (IP)

b) a todo um sistema ou um serviço

***O telefone**, criado há 70 anos por um escocês, tem hoje cores e usos os mais variados e permissivos.* (CB)
***O telégrafo**, **O cinema**, os jornais e revistas que vinham de fora, a estrada de ferro e, depois de 1925, **O rádio** – contribuíram decisivamente para aproximar o mundo de Antares ou vice-versa.* (INC)
*O progresso está na cidade. As máquinas, os prédios, os carros, as fábricas, as lojas, os cinemas, **A televisão**, é tudo lá.* (COR)

c) a uma instituição da sociedade

***O teatro** começou na Grécia como um ato religioso.* (ESP)
*Sabíamos que, com a eliminação da mensalidade do colégio particular, poderíamos reter parte desse dinheiro para tornar **A escola** mais habitável.* (CLA)
*É com base nesses princípios que **A universidade** pode crescer e realizar a sua função social de investigação e socialização do conhecimento.* (GLO)

d) a uma categoria abstrata, caso em que o núcleo do **sintagma nominal** tanto pode ser um **substantivo abstrato** como um **adjetivo substantivado**

*Não dá para distinguir **A verdade** entre o que acontecia e o que a imaginação recriava.* (AFA)
*Solidariedade deve ser oferecida, acima de tudo, àqueles que defendem **O direito** e **O justo**.* (JL-O)

\# O **artigo** pode não ocorrer em determinadas construções, especialmente quando o **sintagma** não ocupa a posição de **sujeito**, com qualquer dos quatro grupos acima:

A REFERENCIAÇÃO SITUACIONAL E TEXTUAL

a) toda uma classe de pessoas ou coisas

*"Observação brilhante e objetiva. Típica reação de Ø **homem**", retrucou Anna com ironia.* (ACM)

b) todo um sistema ou um serviço

*Foi difícil achar Ø **telefone**. Preferi esperá-lo aqui mesmo.* (BB)

c) uma instituição da sociedade

*(Saturnino) Sofria uma espécie de desmaio sempre que alguém lhe falava em Ø **escola**.* (ACT)

d) uma categoria abstrata (**substantivo abstrato** ou **adjetivo substantivado**)

*O povo está nas ruas reclamando a punição dos criminosos, exigindo Ø **justiça**.* (AGO)

3 A função do **artigo definido**

A função do **artigo definido** pode ser interpretada sob dois aspectos diferentes, o da **determinação** e o da **substantivação**. No primeiro caso, o **artigo definido** é tido como simples **determinante** do **substantivo**. No segundo caso, o **artigo definido**, precedendo outros elementos que não o **substantivo**, define-os como **substantivos**.

3.1 O **artigo definido** como **determinante** do **nome**

3.1.1 Com **substantivo comum**

Podem ser indicados como os casos mais gerais do uso do **artigo** determinando um **nome**

3.1.1.1 No **singular** ou no **plural**

3.1.1.1.1 Junto de **substantivo** apresentado pelo falante como referente a algo ou alguém que o leitor ou o ouvinte, por uma razão ou por outra (Obs.: como já se explicou em 1), sabe exatamente quem é, ou o que é:

*E ganhei de quem, Padre Alonso, se **nO momento** estou parado?* (AM)
*Olhe Maria, é bom atiçar **O fogo**, o quanto antes.* (ANA)
*Eu quero saber o que foi que ele conseguiu com **O fazendeiro**.* (GE)

O Artigo Definido

*Alguns dos industriais **dA região** estão procurando atender ao esforço que vimos desenvolvendo.* (AR-O)
***o homem de calção** estava coberto por uma curiosa cor levemente esverdeada.* (GTT)

\# Pode-se observar que, nesses casos, o **artigo definido** corresponde, no geral, a um **demonstrativo** (quer a referência seja **situacional** quer seja **textual**):

*E ganhei de quem, Padre Alonso, se **NESTE momento** estou parado?*
*Olhe Maria, é bom atiçar **ESSE fogo**, o quanto antes.*
*Eu quero saber o que foi que ele conseguiu com **AQUELE fazendeiro**.*
*Alguns dos industriais **DESTA região** estão procurando atender ao esforço que vimos desenvolvendo.*
***AQUELE homem de calção** estava coberto por uma curiosa cor levemente esverdeada.* (GTT)

3.1.1.1.2 Antes de **substantivo** que se refere a alguma coisa que está na experiência da humanidade, ou também a alguma pessoa, coisa ou atividade que está associada com a vida do dia a dia:

*Vento forte, **O mar** estava agitado.* (ISO)
*Pensava **nO futuro**, na minha clínica, não imaginava o que iria acontecer.* (AV)
*A poeira saía **dA escuridão**, correndo uma neblina amarelada.* (COB)
*Eu tinha um certo medo de ir **aO médico**, descobrir que não poderia jamais ser mãe.* (PFI)
*Ele é que vai separar **As águas** e tirar **As trevas** da face do abismo.* (B)

3.1.1.1.3 Equivalendo a um **pronome possessivo**, junto de **substantivos** que designam:

• partes do corpo

*O corpo ensanguentado do porco-do-mato sobre **O dorso** nu, o alforje repleto pendurado **aO ombro**, um pano amarrado **nA cintura**.* (TG)
*Eu podia ter quebrado **O braço**.* (FP)
*Abre o vestido e mostra **As costas**, marcada de vergastadas vermelhas.* (AQ)
*Sentiu que seu corpo ia afundando, moveu levemente **Os pés**, sentia o sol quente na cara molhada.* (B)
***As pernas** de Andréa aos dezessete anos provocaram brigas nos bares de Vassouras.* (AF)
*Esboçou um movimento de busto e **Os lábios** se lhe abriram.* (B)
*Cala **A boca**.* (MPF)

\# O uso de **possessivos**, nesses casos, é menos usual, implicando uma especificação mais marcada:

A Referenciação Situacional e Textual

De madrugada, pareceu-lhe ouvir o pleque-pleque da chuva na folha de zinco sobre
__A sua cabeça__, de mistura com o cheiro de terra molhada. (TS)
O ônibus parte devagar, e agora a cabeça do morto vai girando para trás, sempre
olhando para mim, como se __O seu pescoço__ fosse uma rosca. (EST)
Todo o rosto brilhava e __A sua boca__ era perversa e fina como a boca dos anjos. (VES)
O homem foi embora, e o carcereiro voltou com um jornal, desdobrou-o n__AS suas__
__mãos__. (CNT)

- relações de parentesco

Os filhos do casal ficarão sob a guarda d__A mãe__, não podendo __O__ pai nunca mais
visitá-los quando aprouver. (CM)
Evitou mesmo, aquela noite, acompanhar __A esposa__ à vila Florentina. (VN)
Trabalhava como nunca, pouco usufruindo __A família__. (REP)
Findo o jantar, meu amigo, ainda assombrado, chamou __A tia__ de lado e pediu uma
explicação. (FE)
Não, não era casado – morava com __Os pais__, que sustentava com seu trabalho. (B)
Cozinhava para __Os irmãos__, cuidava d__As irmãs__ menores. (ANA)

- peças de uso pessoal

Puxou __A carteira__ de cigarros d__O bolso__, precisava refletir. (ANA)
Tirou __A camisa__ e deixou-a na cama. (AF)
Ergueu __O vestido__ para exibir as marcas roxas. (CE)
Mete as mãos nos operários, tirando-lhes __AS carteiras__. (UC)
Ele também deu um grito, o rosto retorcido e vermelho, quis andar em minha dire-
ção, atrapalhou-se com __AS calças__, eu saí correndo sem fechar a porta. (ASA)

- faculdades do espírito ou sentimentos

Extravagaria sem perder __A memória__, diria ao concluir um disparate. (MEC)
Mas, por prudência, contive __A alegria__ e resolvi me esconder. (GI)
Morrer ainda não. Só quando perder __A esperança__. (CH)
Em primeiro lugar, colocava ordem n__O raciocínio__, dispunha __A inteligência__ para o
trabalho metódico. (AV)
Mas __As lembranças__ amargas persistiam. (GRO)
Mastigando sem pressa, mirando-os, esqueceu As __angústias__ e Os __tormentos__. (TER)

\# Com nenhum desses **substantivos** relacionados ocorre **artigo** se se tratar de uma
locução adverbial.

Quando aparece o padre, fica todo o mundo bobo, todo o mundo quer logo cair __de Ø__
__joelhos__. (ASS)
Os vencedores não sairão __de Ø bolsos vazios__ de Maringá: os organizadores distri-
buem Cr$ 50 milhões em prêmios. (AGF)

O Artigo Definido

Tendo dificuldade para escrever, Antônio sempre guardou seus poemas de Ø memória, mas esqueceu a maioria das canções que compôs. (CPO)

3.1.1.1.4 Precedendo um **nome** que esteja acompanhado de **adjetivo** em forma **comparativa**, o que resulta em um **superlativo relativo** (**de superioridade** ou **de inferioridade**):

Elas são A coisa mais bonita do mundo. (SE)

Anna acenou sorridente e Lorenzo, no banco de trás, nos olhou com O mais olímpico desprezo. (ACM)

Simonsen (...) teve a preocupação de reter apenas As referências mais conservadoras. (FEB)

Uma dAs questões mais controversas em antibioticoterapia é o problema da ligação a proteínas plasmáticas. (ANT)

A gula é A mais bela das virtudes romanas. (SE)

\# Pode ocorrer a repetição do **artigo** quando a expressão do **superlativo** relativo se acompanha de elemento que exprime ideia concessiva, como em

O parto, ainda O mais fácil, constitui sempre, para o feto, um traumatismo. (TI)

Uma dificuldade que não pode ser esquecida é que AS mulheres, mesmo AS mais liberadas e bem-sucedidas, são, na sua maioria, românticas. (FSP)

3.1.1.1.5 Em **sintagmas partitivos**:

Somos mortais porque pecamos, e pecamos porque ousamos comer dO "fruto proibido". (ER)

Habite o Eu o estado de pânico da presa sendo comida viva ou seja o Eu envultado pelo nosso inseparável chacal – na sua vez de rasgar e beber dO sangue. (CF)

– Mas se com fome está, por que não comeu dO peixe? (LOB)

Mas quando eu fundei a minha indústria de massas alimentícias Giacometti, quanta criancinha comeu dO meu macarrão. (TB)

Dançou, bebeu refrescos, licores, comeu dOS manjares domingueiros do Jabota. (VB)

3.1.1.1.6 No complemento de **verbos-suporte** ou em **sintagmas verbais** cristalizados, como **adjunto** de **substantivo** marcado por relação de posse inalienável com o **nome sujeito**:

A Uet tomou A decisão, face o problema, de formar uma comissão de representantes e diretores. (CB)

Laio grita, perdendo O controle. (MD)

A Referenciação Situacional e Textual

*Caetano de Melo, compromissado em dar a mão da prima Bebé ao seu vizinho de pasto, **perdeu As estribeiras**. (CL)*

*Em vez de tomar vergonha é que o Geraldinho **perdeu A compostura** de uma vez. (CHU)*

*O olhar adolescente denuncia que, apesar da fama rápida, **não perdeu O jeito** simples de garoto de periferia. (PLA)*

*Também os jornalistas que pregam a falsidade da URV como indexador dos salários vão ter que **guardar O silêncio** por algumas semanas. (FSP)*

*Para o bispo, as pessoas devem **ter O direito** a uma morte digna. (EM)*

*Dalva está sentada diante de uma manicure que lhe **faz As unhas** dos pés. (MD)*

\# Grande número de construções desse tipo, entretanto, ocorrem com o **nome complemento** sem **artigo**:

***Tenho Ø direito a** viver tranquilamente o pouco que me resta. (CCA)*

*Não **tive Ø coragem** de dizer nada, de fazer o menor sinal. (A)*

*O General Peri Bevilaqua, que até poucos dias defendia a tese de que militar não devia pronunciar-se (botões amarelos devem **guardar Ø silêncio**), também veio a público. (MAN)*

***Tenho Ø horror** de pescoços longos. Eles me lembram cisnes. (CD)*

3.1.1.1.7 Junto de **substantivo** que se refere a um grupo ou um tipo, podendo-se entender que esse substantivo denomina o conjunto de pessoas do grupo, ou que ele se refere ao protótipo, ou elemento típico, do grupo (**referência genérica**):

***O geógrafo** não é mais nem menos capaz de elaborar uma síntese pelo fato de ser geógrafo. (PGN)*

***O banheiro** é o lugar ideal para se ler livros de provérbios. (T)*

***Os comunistas**, como **Os católicos**, têm uma grande preocupação da formação ideológica. (SI-O)*

*Nessa época, nesse período de recesso, **As tartarugas** geralmente não procuram comida. (GTT)*

*Para **Os escravos** era muito difícil lutar e reagir. (CAP)*

3.1.1.2 Apenas no **singular**.

3.1.1.2.1 Junto de **nome não contável** quando esteja acompanhado de um especificador:

*Foi **O ouro do rio Abelhas** que mais tarde ergueria a igreja de pedra do Desemboque. (VB)*

O Artigo Definido

*Vamos garantir **O leite das crianças**.* (VC)

*Gabriel Soares de Souza (...) parece ter sido o primeiro a descrever **A geografia do Brasil**.* (AE)

3.1.1.2.2 Na expressão de taxas, razões, preços e medidas, para definir quantas unidades se aplicam a cada um dos itens em questão (valor distributivo):

*As duas mil toneladas de feijão estocadas e que foram encontradas pelos fiscais da SUNAB no Rio já foram para as prateleiras para serem comercializadas ao preço tabelado de CR$ 23,00 **O quilo**.* (AP)

*As melhores qualidades, como a garoupa e a pescada, são vendidas ao povo ao preço máximo de 45 cruzeiros **O quilo**.* (CRU)

3.1.1.2.3 Junto de **nome** designativo de valor, para indicar posse de quantia suficiente para algum propósito particular:

*Posto de lado **O dinheiro** para a passagem de segunda, organizou o programa de despedida.* (SA)

*Encontravam nas apostas e nos prêmios dos torneios **O dinheiro** para seu sustento.* (X)

*Para você, Léo, **A grana** que você precisa para fazer teu jornal!* (RE)

3.1.1.2.4 Precedido do **pronome indefinido** *todo*, quando o que se indica é:

• totalidade, inteireza

*Deixando de ser assunto privado, secreto, o caso Pedro Moreno ocupou **todo O jantar**, prolongando-se, ainda, durante a conversa na sala de estar.* (A)

*Gritei de novo. Apagaram **toda A casa**.* (CBC)

*Embora umas e outras não sejam de nenhum de nós, mas de **toda A Nação**.* (TA-O)

*Passou-se em revista **toda A marcha**.* (PEP)

\# Ocorre, entretanto, sem **artigo**, nessa mesma acepção:

*Sinto gás por **toda Ø casa**.* (AVI)

*Já era conhecido em **todo Ø país** como o padre dos humildes.* (OAQ)

*O achado foi comentado por **toda Ø cidade**.* (OPV)

• completude, maximização (o que implica intensificação)

*Peço **todo O silêncio** e respeito do auditório, porque a grande figura que se aproxima é, além de bispo, um grande administrador e político.* (AC)

*Com **toda A calma**, fui aos apetrechos de comer arrumados em cima da escrivaninha.* (PFV)

Aquele que hoje a contempla assim, prisioneira do imóvel gesso, mas libertada de
toda A dor *e* **toda A paixão** *tumultuária da vida...* (ACI)
Gisa baixa os olhos, escondendo **todo O ódio** *reprimido sob as pálpebras.* (CH)

\# Quando **todo** tem o significado de "qualquer", a gramática normativa não recomenda o uso do **artigo**, no caso do singular. Com esse sentido, o **sintagma** não é referencial:

Todo Ø homem *percebe apenas pequena parte daquilo que é capaz de ver ou de*
ouvir. (MAG)
Como **toda Ø criança** *saudável, possui grande sensibilidade e criatividade, qualida-*
des estas que são, aliás, peculiares a todas as crianças. (C-JB)
Se **todo Ø animal** *inspira sempre ternura, que houve, então, com o homem?* (AVE)

Entretanto, também ocorre **artigo**, nesse tipo de construção:

E **todo O homem** *dentro da morte se torna um cão.* (SPI)
Toda A criança *que não for nutrida pelo seio materno deve tomar caldo de laranja,*
tomates e outros alimentos antiescorbúticos. (AE)
Acho que **toda A mulher** *deve lutar pela sua igualdade, desde que não interfira com*
o serviço da casa. (ANB)

\# O **artigo definido** ocorre em diversos sintagmas de valor adverbial com **todo**:

Após algumas semanas constatei, desesperado, que continuava pensando nela **a todo**
O instante. (CEN)
Muitas famílias não poderiam viajar por causa da reposição das aulas e os pais
vinham **a toda A hora** *aqui querendo saber se era possível liberar o filho.* (FSP)
Acho que você cometeu uma asneira muito grande, José – opinou, num tom paternal.
– Em **todo O caso**, *o que passou, passou.* (CAS)
O dito de Rousseau, "O homem nasce livre, mas **em toda A parte** *está acorrentado",*
não era, no hospício, uma metáfora, mas sim uma cruel realidade. (APA)
Logo de cara, o enorme lustre de cristal do hall fez da nossa entrada um espetáculo;
um efeito esplêndido: refletiu pingos de luz **por toda A parte**. (BL)

\# Entretanto, os sintagmas de valor adverbial com **todo** também ocorrem sem **artigo**:

Após algumas semanas constatei, desesperado, que continuava pensando nela **a todo**
Ø instante. (CB)
Nessa noite não dormia direito, acordava **a toda Ø hora**, *no medo de não despertar*
a tempo e de perder o trem. (ANA)
O senhor me desculpe, seu Luiz, mas, **em todo Ø caso**, *tenho de lhe falar isto.* (ORM)
A guerra deles é tudo e todos. Está **em toda Ø parte** *e também aqui e estamos todos*
lutando nela (CCI)

O Artigo Definido

*Havia espelhos **por toda Ø parte**; era uma mulher narcisista.* (BL)
*E sem esperar mais fechou a porta **a toda Ø pressa**.* (PCO)
*Às vezes me parece que a atitude mental do Armando poderia ser simbolicamente representada por um homem montado num belo cavalo **a todo Ø galope** com uma bandeira colorida na mão, desfraldada ao vento.* (RIR)

3.1.1.2.5 Para indicar que alguma coisa é a mais representativa, importante ou melhor dentro do grupo a que pertence:

*Shakespeare é **O roteirista** da temporada.* (FSP)
*Horácio Lafer Piva, do Departamento de Pesquisa da Fiesp, prepara estudo sobre a competitividade do produto brasileiro em relação ao importado. "É **O assunto** do momento. Os empresários gostariam de ter índices confiáveis."* (FSP)
*O Jacksonville é **O azarão** da fase eliminatória, mas, no último fim de semana, despachou, surpreendentemente, o Buffalo Bills ao vencer, em Buffalo, por 30 a 27.* (FSP)

3.1.1.2.6 O simples uso do **artigo definido** antes de um **substantivo** no **singular**, acompanhado de entoação particular, pode conferir valor **superlativo** ao **sintagma**. Isso ocorre na linguagem coloquial:

*Ter que pedir pousada num rancho miserável destes, é **O fim**.* (COR)
*Da Rússia ao Brasil, da Alemanha à Tailândia, a esmagadora maioria faz suas as palavras de Caetano Veloso – política é **O fim**.* (VEJ)

3.1.1.3 Apenas no plural.

3.1.1.3.1 Antes do **substantivo** *anos* seguido de **numeral cardinal** múltiplo de dez, designando década:

*Os hippies se acabaram, se acabaram com **Os anos** sessenta.* (GD)
***Os anos** trinta, época da oficialização, é também (...) a época áurea: época de Noel Rosa e Lamartine Babo.* (ISO)
*O novíssimo Bourbon & Tower antecipa **Os anos** noventa.* (VEJ)

3.1.1.3.2 Precedido de ***todos*** e acompanhado de **substantivo** (que pode vir, ou não, precedido de **numeral**):

***Todas As moças** solteiras te invejarão a sorte.* (PC)
***Todas As ciências** são de síntese.* (PGN)
*Em **todos Os cinco** dias inicia-se a sessão de ginástica com os costumeiros exercícios de aquecimento seguidos dos exercícios de força.* (NOL)

A Referenciação Situacional e Textual

\# Mesmo sem o **substantivo** o **artigo** se mantém, se houver o **numeral**:

> **Todos OS dois** *não passam de medíocres.* (S)
>
> *O chegante vinha com mais dois – **todos Os três** de carabina, capa e alforge de viagem, tropa nova e bem ferrada.* (CHA)
>
> *Eu cá não quero dar sentença, porque **todos Os dois** têm razão e nenhum não tem, também.* (SA)
>
> **Todos Os seis** *moram no referido bairro.* (RO)

\# Entretanto, contrariamente ao que recomenda a gramática normativa tradicional, a construção também ocorre sem **artigo**:

> *Como **todas Ø pessoas** submetidas a tal espécie de tratamento, Joan tem momentos de euforia alternados com momentos de depressão.* (MAN)
>
> *Mas **todas Ø mulheres** poderão se matar.* (BB)
>
> **Todos Ø cinco** *têm a mesma expressão de atordoamento.* (IN)
>
> **Todos Ø dois**, *mesmo sendo primos do senhor, como são, o senhor vai deixar eu dizer que eles são uns safados.* (SA)

3.1.1.3.3 Precedido de *ambos*:

> *Para **ambos Os sexos**, a partir dos dezesseis anos e meio de idade os cursos já estão abertos.* (DP)
>
> *Como os muros laterais do quintal eram muito baixos e havia vizinhos de **ambos Os lados**, eles só podiam ir ao banheiro à noite.* (OLG)

3.1.2 Com **substantivo próprio**

3.1.2.1 Antes de **antropônimos**:

a) Nomes de pessoas conhecidas ou famosas (especialmente no registro coloquial)

> **A Neusa Sueli** *sabe como eu sou.* (NC)
>
> *Resolvi dar uma olhada nas plantas **dO Marcos**.* (T)
>
> *Eu vi uma vez **O Glenn Ford** fazer num filme e morri de inveja.* (SC)
>
> *Se a Folha não enxergar isso rapidinho, vou começar a assinar o "Estadão". Pelo menos eles têm **O Paulo Francis**.* (FSP)
>
> *Nosso povo é direcionado, faz o que **O Roberto Marinho** manda.* (VEJ)

\# Esse uso do **artigo** é, entretanto, ligado a costume regional, familiar ou pessoal. Desse modo, também é comum que o **artigo definido** não seja usado:

> *Achei Ø **Elvira** meio esquisita.* (VN)

O Artigo Definido

> *Ø **Chico Buarque** não vota hoje, nem Ø **Tom Jobim**, Ø **Baden Powell** também não. Nem Ø **Roberto Carlos**, nem Ø **Maria Bethania**, nem Ø **Elis Regina**, nem Ø **Elizeth Cardoso**. (SC)*

\# Especialmente não se usa **artigo** se o registro é elevado, e se se trata de **nome** de pessoa famosa, mas não popular:

> *Ø **Antero de Quental** foi budista, asseverando Ø **Penha** que Ø **Junqueiro** também o teria sido (...) Ø **Darwin** e Ø **Tolstói** (...) também o foram, inconscientemente. (FI)*
>
> *Os historiadores afirmam (...) não foi Ø **Rui** o seu autor. (EV)*
>
> *Era o reconhecimento tácito de que o futuro da história de Portugal estava no Brasil, como o proclamou Ø **Almeida Garret**, nos célebres versos finais do poema Camões. (DC)*
>
> *Enquanto eles cortejavam Ø **Osório**, os conservadores endeusavam Ø **Caxias**. (MAD)*
>
> *Justamente um daqueles jovens turcos que Ø **Lima Barreto** descreve constelando-se em torno de Ø **Floriano**, dentro do Itamarati. (CF)*
>
> *Ø **Dante** é um homem da Idade Média e Ø **Petrarca** é um homem do Renascimento. (ESP)*
>
> *A esse piloto se refere Ø **Camões** nos "Lusíadas". (CRU)*

b) Alcunhas

> *E tu não soubeste? Tu não sabes que **O Tico** quis ir aos tapas com o Padre Clemente André. (VPB)*
>
> *Na varanda ficaram apenas os filhos do Major, este e a mulher, **O Chico Queijeiro**. (ED)*
>
> ***O Tião** tá apaixonado. (EN)*
>
> *Olha **A Zefa**. (US)*
>
> *Também **O Tônio**, **O Neco**, ói, eu gostei mesmo foi da roupinha da Valdeci, com aqueles bordadinhos. (ATR)*

\# Ocorrem também alcunhas sem **artigo**:

> *Pela cor de suas barbas se impunha a personalidade de Frederico Barba-Roxa e de Ø **Barba-Azul**, dois grandes conquistadores. (CV)*

\# A ocorrência seguinte bem mostra as duas possibilidades:

> *E o rapazinho viu-se, depois, sentado a uma mesa comprida, ao longo da qual se enfileiravam diversas crianças, nas quais reconheci os seus companheiros da rua. Lá estava **O Juca**, **O Zeca Burro**, **O Mané Bobo**, Ø **Lula Vaca**, **O João Macaco**, todos, todos. (ID)*

c) Nomes designando dinastia

> *Mas contemplando os arcos de triunfos espalhados pela Roma antiga, lembrei-me do hábito que **Os Césares** impuseram a si mesmos. (SC)*

405

*Quem fez a fama e a glória de Roma foram **Os Césares** ou os escravos e a plebe?* (VPB)

d)   Sobrenomes designando um casal, uma família

*Somente não tocava **nOs Ribeiros**, porquanto o assunto devia constrangê-la.* (FR)
*Assim, era inadmissível que ela viesse a se interessar por qualquer "fato estranho" que estivesse ocorrendo na casa **dOs Meneses**.* (CCA)
***Os Andradas** jamais deixaram de ter um representante no Congresso Nacional.* (IS)

\#   A recomendação da gramática normativa é que os sobrenomes assim usados se pluralizem, mas isso nem sempre acontece, usando-se, muitas vezes, no plural, apenas o **artigo definido**:

***Os Figueiredo** de hoje e de ontem diferem até fisicamente.* (VEJ)
*A última vez que se avistaram foi quando vinha de volta **dOs Castra** Peregrina.* (PRO)
*Tradicionalmente católicos, **Os Kennedy** se divorciam e se recasam.* (BRN)
***Os Warner** se entusiasmaram.* (EF)
***Os Del Picchia** fazem todos os gêneros.* (EF)

e)   Nomes ou sobrenomes de artista (pintor, escultor), referindo-se ao plural, para designação de suas obras

*Logo fico sabendo ser o dono do quarto, e por conseguinte da cama e **dO Picasso** na parede.* (AL)
*É por isso que **Os Ticianos**, **Os Manets**, **Os Degas**, **Os Cezanne**, **Os Gauguin**, **Os Matisse**, **Os Van Gogh**, **Os Picasso**, já não constituem para a cultura popular o espetáculo impossível, privativo dos que podem visitar aqueles luminosos centros de civilização e bom gosto.* (JK-O)

f)   Títulos, seguidos ou não do nome da pessoa

*Até 15 de junho, às segundas e quintas-feiras (...) serão proferidas palestras aos leigos católicos sobre **O Papa** e a importância de sua missão dentro da igreja.* (CPO)
*Enxergara **O Capitão** antes de cometer a loucura de meter-lhe a mão na cara* (TG)
*Nós outros nada temos a chiar quando **O Ministro da Saúde** nos manda comer jornais e o da fazenda nos manda comprar à vista.* (SC)
*Escrevendo estas linhas, tenho em mente **O General Rondon** e sua obra nas fronteiras do Brasil.* (TA-O)
*Existe uma ampla correspondência trocada entre Colbert e **O governador da Martinica**.* (FEB)

g)   Uma designação colocada como cognome, em aposição a um **nome próprio**

*Em qualquer parte que meus irmãos me encontrarem, digam apenas – Isabel, **A redentora** – porque estas palavras obrigar-me-ão a esquecer a família e tudo o que me é caro.* (CAP)

O Artigo Definido

As conquistas de **Alexandre, O grande**, da Macedônia, que viveu de 356 a 323 A.C.,
revolucionaram a estrutura geopolítica e o pensamento no mundo antigo. (ALQ)
Achou estranho que os reis já mortos estivessem ali e não houvesse nenhum retrato
de **Pedro, O Pacífico**. (BOI)

\# Ocorrem também cognomes em aposição sem **artigo**:

Pela cor de suas barbas se impunha a personalidade de Frederico Ø **Barba-Roxa** e
de Barba-Azul, dois grandes conquistadores. (CV)
A boca do traficante Ricardo Ø **Coração de Leão** funcionou a todo vapor. (FSP)

h) Uma classe de indivíduos, caracterizada por atributos semelhantes aos da pessoa
designada pelo nome próprio (que se usa, ou não, com inicial **maiúscula**):

Um país para dar certo depende mais d**Os Dungas** ou d**Os Romários**? (FSP)
Na tua cruz simbólica se crucificaram AS **Madalenas** arrependidas, AS **Marias
Egipcíacas**, milhares de anacoretas do deserto, encarcerados que longamente
expiaram o crime acaso cometido. (NE-O)
Temos de professar a fé nos teus Evangelhos, sem respeitos humanos, como OS **Josés**
e OS **Nicodemos** depois da tua Morte. (NE-O)
Vá dizer-lhes que nós, os representantes de classe de todas as faunas, estamos orga-
nizando nossa ofensiva salvadora, na qual carnívoros e herbívoros seremos OS
Alexandres, os Gengis. (GLO)
Em compensação, entendi a iconoclastia nacional, essa vocação generalizada para
a tábula rasa, para vaiar o minuto de silêncio, malhar OS **judas** e tascar. (FSP)

3.1.2.2 Antes de **topônimos**:

a) Nomes dos continentes

Afinal quem descobriu A **América**? (SU)
Os primeiros, n**A América Latina**, foram ordenados em agosto último pelo Papa
Paulo. (REA)
A **Europa** está longe de atingir esse consumo. (CRU)
Daí para baixo já é A **África**. (JB)
A máquina estava praticamente pronta no fornecedor inglês, devido a um embarque
para A **Ásia** que não tinha cômodo. (EMB)
Graebner assinalou-lhes as analogias com a cultura totêmica d**A Oceania**. (IA)

\# Os **nomes** dos continentes podem ocorrer sem **artigo**, embora isso não seja o mais
comum:

E tem excursões para todas elas, para cada uma delas e para qualquer tipo de viagem que alguém queira fazer para os Estados Unidos. (Só para Ø **América do
Sul** temos 57 tipos diferentes.) (REA)

A Referenciação Situacional e Textual

*Se ela te escolheu, gosto não discuto. Tentei... Falei de Ø **Europa**, ela não quis.* (GA)

*Ai, terras de Ø **África**, Moçambiques tranquilos, sois o punhal baixando sobre o meu coração.* (CHR)

*Circula amanhã o sexto fascículo da edição de sexta-feira do atlas Folha, com mapas que apresentam a divisão de Ø **Ásia** e Ø **Oceania**.* (FSP)

b) Nomes de regiões

*Dentro do Brasil, é **O Norte** que sofrerá mais com esta situação.* (H)

*A combinação de geadas e seca nas principais regiões produtoras de alimentos, **O Sul** e **O Sudeste**, bagunçou a oferta e os preços de gêneros.* (GAS).

*A lei do celibato teve histórias diferentes **nO Oriente** e **nO Ocidente**.* (REA)

*A divisão significa uma mudança na estratégia governamental de ocupação **dA Amazônia**.* (VIS)

c) Nomes de oceanos, mares, rios, lagos

*Aquele dia **O Atlântico** amanhecera enfurecido pela ressaca.* (MP)

*A França se estendia desde suas fronteiras naturais até **O Báltico**, ao norte, e até Roma, ao sul.* (HG)

*Mas **O Mediterrâneo** é considerado italiano, não é?* (INT)

*Há dois anos o país convive com hordas periódicas de albaneses famintos que atravessam **O Adriático** em busca de oportunidades ou simplesmente de comida.* (VEJ)

*Andamos dois dias beirando **O São Francisco**.* (CA)

*[Os acuem] Habitam a região situada entre **O Tocantins** e **O Araguaia**.* (IA)

*Fui à Vila de Guimarães conhecer familiares, passei muitas horas à margem **dO Tejo** olhando as frotas.* (BOI)

*Ao cortar a Bolívia, você vê **O Titicaca**.* (FSP)

***A Rodrigo de Freitas** só se tornava incômoda por ocasião da mortandade dos peixes.* (XA)

d) Nomes de arquipélagos

*Observamos que a Espanha agiu da mesma forma e com o mesmo objetivo no território da atual República Oriental do Uruguai, utilizando para isto colonos **dAs Canárias**.* (H)

*Ao surgir o grande mercado **dAs Antilhas** eles lá apareceram em seus próprios barcos.* (FEB)

*Temos outra associada nossa, a Andrade Gutierrez, executando obras de grande complexidade, embora não de porte muito grande, em Portugal e **nOs Açores**.* (POL-O)

*Turismo cresce 10% ao ano **nAs Maldivas**.* (FSP)

e) Nomes de algumas ilhas

*Entre sexta-feira e sábado, pelo menos quatro bombas explodiram na França e **nA Córsega**, sem causar vítimas.* (FSP)

408

O Artigo Definido

As cefalosporinas foram obtidas em mil, novecentos e quarenta e cinco, **nA Sardenha**, por Brotzu. (ANT)

\# Grande parte dos **nomes** de ilhas, porém, ocorre com ou sem **artigo definido**:

Os irmãos de João Albano chamavam-se Maria de Jesus, Júlia (morta numa viagem dos pais à Europa e lançada ao mar nas proximidades **dA Madeira**), Antônio Xisto e José que foi o pai do poeta José Albano (Albaninho). (CF)

Em Ø **Madeira**, o padre mudou de paróquia várias vezes e não era um modelo de boa conduta. (VEJ)

Após a derrota ateniense **nA Sicília**, é fato histórico, muitos soldados escaparam da morte porque sabiam declamar ou cantar versos de Eurípides. (ACM)

A vida dos homossexuais de Taormina, em Ø **Sicília** (Itália), fotografada por Wilhelm Von Bloeden, no início do século e que surpreendeu o mundo, também está na mostra. (FSP)

O sol é a grande fonte de vitamina "D" nos trópicos, sol que é um luxo em certos climas temperados ou frios, como os da Inglaterra, da Dinamarca, e **dA Islândia**, onde o raquitismo grassa a solta. (AE)

Os 96 milhões de hectares reservados aos indígenas correspondem ao tamanho somado de Ø **Islândia**, Irlanda, Reino Unido, França, Espanha e Portugal. (FSP)

A milésima resolução, ontem, prevê a renovação do mandato das forças de paz da ONU **nO Chipre**. (FSP)

Houve operações desse tipo no Congo, na Palestina, **em Ø Chipre**, no Afeganistão e, muito recentemente, em Angola, esta última sob o comando de um general do Exército brasileiro. (DIP)

O primeiro, "Entre Trópicos", mostra uma viagem de catamarã (embarcação pequena) do Trópico de Câncer, em Miami, EUA, até o de Capricórnio, **nA Ilha Bela** (SP). (FSP)

O filme de estreia, "Caiçara", com direção (pesada e acadêmica) de Adolfo Celi, totalmente ambientado **em Ø Ilha Bela**, litoral norte de São Paulo (...) provocou uma enorme discussão em torno dos propósitos da Vera Cruz. (VIE)

f) Nomes de montanhas, serras, cordilheiras, vulcões

Em oito anos de pesquisa na área, encontrou fósseis de paleolhamas, ancestrais dos lhamas que hoje habitam **Os Andes**. (VEJ)

No entanto, **Os Alpes**, o frio, a neve... (P)

Não deve ser verdade que certa vez **O Etna** entrou em erupção, ameaçando afundar a Sicília. (JB)

Garraram a se ensinar, letras e tons, tudo ótimo. E, tarde da madrugada, com o trem a rolar barulhento nas goelas **dA Mantiqueira**, no meio do frio bonito, que mesmo no verão ali está sempre tinindo. (SA)

Todo o mundo ambiciona encontrar **A Serra Branca**, de uma terra tão fina como a cal, onde se encontra escondido o velocino de prata. (VP)

Este país inteiro é assim mesmo: você dá dois passos pra direita, está em cima **dO Aconcágua**. (MPF)

g) Nomes de desertos

Lá fora uma imensa caravana se preparava para cruzar **O Saara**. (OA)

Devemos recordar que no deserto **dO Saara** as noites são bem mais frias do que os dias ensolarados, sobretudo no inverno. (TF)

h) Nomes de ventos

Ao certo bem mais de dez anos, gurizote ainda, havia chegado certa noite à estância – numa noite de inverno em que **O minuano** assobiava pelas frinchas dos ranchos – e pedira pouso junto ao fogo de chão. (G).

Desde cedo soprava tão forte **O nordeste** com seu cheiro de mar, com seu ímpeto de espumas e cavalos empinados. (B)

i) Nomes de logradouros (locais e ruas)

Em dias de grandes jogos, quando mais de 50 mil pessoas comparecem para ver seus times do coração, **O Morumbi** vibra. (GAS)

Naquele dia todos foram a**O Maracanã** para as despedidas do genial jogador. (MAN)

Camilo Castelo Branco e Graciliano Ramos se convertem em autores para antigas mocinhas **dO Sion**. (BPN)

O povo, em Paris (...) procurou armar-se ocupando o Palácio dos Inválidos, e tomou **A Bastilha**, em 14 de julho de 1789. (HG)

Enfim, daquele concerto a que fomos **nO Municipal** faz uns quinze ou vinte dias. (CC)

Edson Cordeiro marca o lançamento do disco com shows **nO Palace** a partir de 10 de dezembro. (ESP)

O programa mostrou ainda a homenagem silenciosa a Lennon de milhares de jovens **nO Central Park**, domingo. (JB)

Era mais importante que **O Pátio da Matriz**. (FP)

Rodas de carroças e patas de burro jamais tocaram no bem cuidado calçamento **dA Paulista**. (ANA)

A dois passos de nossa casa, numa bifurcação que separava **A Consolação dA Rebouças**, entre **A Avenida Paulista** e **A Alameda Santos**, havia um enorme bebedouro redondo. (ANA)

Custou a atravessar **A São João**. (DE)

j) Nomes dos pontos cardeais ou colaterais

Ordenarás que vá para **O oeste**, tomará o rumo **dO leste**. (CEN)

Tinham a copa entortada para **O sudeste**. (MP)

O eixo longitudinal, ou seja a extensão mais longa, é voltada para **O norte** verdadeiro. (GU)

O Artigo Definido

\# Na indicação de direção e de origem, o **artigo** pode não ocorrer:

*Um bando de morcegos revoou para Ø **leste**, vindo da casa-grande.* (FR)
*Que pensam fazer as viúvas ante a vanguarda de arranha-céus que avança de Ø **leste**?* (JT)
*A ideia desenvolvida por Colombo, como se sabe, também era chegar às Índias, mas navegando para Ø **oeste**, de maneira a dar uma volta em torno da terra.* (SU)
*A muralha andina e a imensidão do Pacífico parecem afastar hipotéticas ameaças provenientes de Ø **oeste**.* (GPO)
*Tempo bom com nebulosidade forte, por vezes, temperatura estável; ventos de Ø **sul** a Ø **leste** moderados.* (ESP)
*Várias expedições de reconhecimento desceram pela costa (...) anotando o tempo que navegavam para Ø **norte** ou Ø **sul**, e chegando assim a um contorno do continente.* (SU)
*O caso, que revoltou a opinião pública de Ø **norte** a Ø **sul**, é emblemático.* (OES)

\# Na localização, feita mediante a **preposição *a***, o **artigo** não ocorre:

*E já estava francamente **a nordeste**, quando embicou para a frente, para o norte, e bruscamente sumiu.* (CI)
*Vós ides subindo, orgulhosos, as armações que armais, e breve estareis vendo o mar a leste e as montanhas azuladas **a oeste**.* (B)

k) Nomes dos seguintes Estados brasileiros: ***Acre, Amazonas, Bahia, Ceará, Espírito Santo, Maranhão, Pará, Paraíba, Paraná, Piauí, Rio de Janeiro, Rio Grande do Norte, Rio Grande do Sul***.

*Só os índios lá viviam e **O Acre** era evitado até pelos exploradores mais corajosos.* (GI)
*Meu Deus, que vontade de ir para **O Amazonas**.* (BP)
*Conheço **A Bahia** como a palma de minha mão.* (VP)
*Ainda não é desta vez que volto para **O Ceará**.* (TER)
*Tinha placa **dO Espírito Santo** no carro.* (MC)
***O Maranhão** não tem glória mais alta.* (TS)
*O Guilherme chegou hoje **dO Pará**.* (BH)
*Em pouco tempo estava recuperada e pôde voltar à vida normal, vindo passar alguns dias comigo antes de voltar para sua casa **nA Paraíba**.* (UQ)
*Ele conhece boa parte da Europa. Morou na França dois anos e lá voltou algumas vezes. Do Brasil, só não esteve **dO Paraná** para baixo.* (CH)
*O coronel não barganha seu galo de guerra por cem reses **dO Piauí**.* (CL)
*"Ele foi para **O Rio de Janeiro**", disse a mãe do Turco Velho.* (AGO)
*Você escreveu que Macau fica **nO Rio Grande do Norte** e escreveu bem, mas não lhe ocorreu que não é o único João deste mundo?* (CR)
***O Rio Grande do Sul** já possuía o seu Pingo crioulo, mas apascentava gados europeus puros ou cruzados.* (BS)

A Referenciação Situacional e Textual

\#   Embora o mais comum seja que esses **nomes** de estado se empreguem com **artigo**, é possível, para quase todos eles (exceto *Acre*), que, em determinadas construções, não ocorra o **artigo**:

> *Segundo ele, apenas o governador de Ø **Amazonas**, Amazonino Mendes (PMDB), foi contra sua proposta, porque defende a ampliação da refinaria de Manaus. (FSP)*
>
> *Município do interior de Ø **Bahia** é administrado por dois "prefeitos". (FSP)*
>
> *O bombeiro Francisco, que desembarcou em Brasília, vindo de Ø **Ceará**, na véspera do Plano Cruzado, trabalha na Fazenda desde os tempos de Zélia Cardoso. (FSP)*
>
> *Nas comparações ministro de Ø **Espírito Santo** ficava lá embaixo, às voltas com o rigorismo das cobranças federais, também concorreu para essa imagem. (CRP)*
>
> *Projetos similares em Ø **Maranhão**, Piauí e Tocantins também são citados no relatório. (FSP)*
>
> *A Companhia Vale do Rio Doce irá convocar assembleia geral para estender benefícios de seu fundo de desenvolvimento a Ø **Pará**, Maranhão, Sergipe e Bahia. (FSP)*
>
> *Os investimentos industriais foram para Ø **Paraíba**, Ceará ou Sergipe? (FSP)*
>
> *A frente fria está se deslocando para o norte do país e deve atingir os Estados de Ø **Paraná** e São Paulo. (FSP)*
>
> *O presidente Fernando Henrique Cardoso disse ontem, no início da tarde, em Ø **Piauí**, onde esteve para inaugurar uma ponte (...) que não vai demitir seu ex-secretário particular. (FSP)*
>
> *Quando D. Pedro I lançou o brado de Independência ou Morte, às margens do Ipiranga, o raio de ação de seu governo se restringia, praticamente, a Ø **Rio de Janeiro**, São Paulo e Minas Gerais. (OMA)*
>
> *Mudara-se de Ø **Rio Grande do Norte** para Olinda, onde o pai foi assassinado. (FSP)*
>
> *Ele avalia que o descolamento ocorreu em águas com temperatura em torno de –2° Celsius, enquanto a temperatura da água na altura de Ø **Rio Grande do Sul** (RS) já é em torno de 25° Celsius. (FSP)*

\#   Outros **nomes** de estados brasileiros empregam-se mais comumente sem o **artigo definido**: *Goiás, Pernambuco, Rondônia* e *Sergipe*:

> *Os primos da Tudinha vão todo ano comprar boi em Ø **Goiás**. (BS)*
>
> *Aparício tinha atravessado para a Bahia por causa da tropa de Ø **Pernambuco**. (CA)*
>
> *Foi o que ocorreu em Ø **Rondônia** com a exploração da cassiterita, e em Paranaíba (Alta Floresta, MT) com a exploração do ouro. (AMN)*
>
> *O Capitão estava agora em Ø **Sergipe**, na Fazenda do Coronel Carvalho, cujo filho mandava na política. (CA)*

Entretanto, em determinadas construções, eles podem ocorrer com **artigo**:

> *Fora do governo d**O Goiás** a partir do dia 2 de abril, Iris Rezende poderá entrar na disputa pela presidência da República. (FSP)*

O ARTIGO DEFINIDO

*Pelo boletim de ocorrência, o líder do grupo, José Domingos da Silva (Sassá), veio do **Pernambuco**, tem 27 anos e é analfabeto.* (FSP)

*Até hoje, no Acre e n**A Rondônia**, existem comunidades que veneram esta planta e praticam rituais em que fazem uso dela.* (BEB)

*Não porém aqui na biboca d**O Sergipe**, onde uma redada de fazendeiros, ainda refestelada pela degola dos onze, vai matar junta de boi.* (OSD)

\#   Há, ainda, outros **nomes** de estados do Brasil que só se empregam sem **artigo**:

*O diamante é explorado sobretudo em Ø **Roraima**.* (AMN)

*As canelas realmente importantes provêm do sul e, sobretudo, de Ø **Santa Catarina**.* (BEB)

*Esta sim, foi uma boa revolução para o reintegrado capitão Müller, secretário do interior em Ø **São Paulo** em trinta e dois.* (AF)

\#   Ocorrem indiferentemente com e sem **artigo** os **nomes** dos seguintes estados: Alagoas, Amapá, Mato Grosso, Mato Grosso do Sul, Minas Gerais e Tocantins:

*Logo no raiar do outro dia Coriolano arreia o meladinho e se amonta, cruza o rio, e já pisando no chão d**AS Alagoas**, emburaca pegando a reta no encalço do seu tio.* (OSD)

*O ministro Chiarelli não era de Ø **Alagoas**.* (EX)

*Foi uma ideia de Dantas, que é sócio de Eike Batista, o filho do secretário, na CMP, uma mineradora que explora ouro n**O Amapá**.* (VEJ)

*A sentença de três acusados da chacina da família Magave, na fazenda Campo Grande, em Ø **Amapá** (AP), deve ser anunciada amanhã.* (FSP)

*Ia dizer que Neno, o ladrãozinho, tinha fugido para **O Mato Grosso**.* (OMT)

*Também das antigas missões jesuíticas dos Moxos (Bolívia), vinham-nos cavalos para Ø **Mato Grosso**, comércio que se iniciou em 1771.* (H)

*Viaja fascinado pelas notícias que lhe chegam das riquezas do Rio, de São Paulo, das fazendas do Paraná, d**O Mato Grosso do Sul**.* (NOR)

*Uma pesquisa com a capivara em liberdade se desenvolve em Ø **Mato Grosso do Sul** e seus coordenadores podem também dar informações úteis.* (GL)

*Com eles identificado, sentia-se igualmente a galgar as mulas, vencendo picadas, atravessando os caminhos para **AS Minas Gerais**.* (REP)

*Foi pela escada. Dez andares de mármore de Ø **Minas Gerais**, claro e escorregadio.* (BH)

*Os Avá-Canoeiro são, hoje, 14 pessoas vivendo em dois agrupamentos, em Goiás e n**O Tocantins**, separados 400 km em linha reta.* (ATN)

*O colombiano, que está preso em Manaus, foi flagrado no ano passado com 7.500 kg de cocaína em Guaraí, em Ø **Tocantins**.* (FSP)

l)   Nomes de muitos países

*Tomaram parte nessa Conferência A **Argentina**, O **Brasil**, O **Chile**, A **Colômbia**, O **México**, O **Paraguai**, O **Peru** e O **Uruguai**.* (CPC)

A Referenciação Situacional e Textual

*Essas colônias pareciam fadadas a um lento desenvolvimento o que aliás ocorreu com os grupos de população francesa situados **nO Canadá**. (FEB)*

*Quando pintou a tal viagem para **A Alemanha**, ele andava cabreiríssimo, disse que ela tinha de ir junto. (BE)*

*Hoje Olga da Silva tem casa montada **nA Finlândia**, **nA Suíça** e na Escandinávia. (RO)*

*E consta como sendo do goleiro Manga a mancada havida em Lima, **nO Peru**. (RO)*

*Não sei se isto é verdade, pois nunca fui nem a Cuba nem **À Rússia**. (RO)*

*O rio na divisa entre **O Canadá** e **Os Estados Unidos**, praticamente não transporta material em suspensão. (GEO)*

*Os países escandinavos, **A Arábia** e, mais recentemente, **Os Estados Unidos** também contribuíram com manuais sexuais para o esclarecimento da matéria. (ANB)*

No caso de o **nome** do país ou continente ser usado em **aposição** ao **nome** de uma localidade, para indicar que ela aí se localiza, não se usa o **artigo**:

*Em Medellin, **Colômbia**, no início de setembro passado, os bispos disseram que "os padres que abandonaram o sacerdócio são respeitados como irmãos e amados como filhos, embora sua decisão tenha causado sofrimentos". (REA)*

\#   Certos **nomes** de países não se usam com **artigo**:

*Mas em Ø **Portugal** Gregório de Matos ainda escrevia pouco. (BOI)*

*Ø **Israel** não vai ceder e repatriar os deportados. (OLI)*

*Na semana passada, instalado num hotel em Ø **Andorra**, (...) José Luiz Barbosa procurava polir a cabeça. (VEJ)*

\#   Certos **nomes** de países se usam com **artigo**, mas, em determinadas construções, o **artigo** não ocorre:

*Vamos embora para **A Espanha**. (T)*

*Somos pela liberdade de Ø **Espanha**. (BH)*

*Mas os homens da corte, lá de Portugal e de Ø **Espanha**, querem tratar-me com desprezo porque sou filho de uma índia. (VP)*

*A **França**, naquela ocasião, recusou-se a assinar. (ESP)*

*Não é de admirar que se tenha tornado o cirurgião de quatro reis de Ø **França**, Henrique II, Francisco II, Carlos IX, Henrique III. (APA)*

*O Montand, italiano, foi logo no colo da mãe pra Ø **França**. (BPN)*

*Meu intento ao criar a Companhia de Vinhos do Alto Douro era retirar da iniciativa privada o comércio dos vinhos exportáveis para **A Inglaterra**. (CID)*

*Ele vai pra Ø **Inglaterra**! (NAM)*

*E tenho lãs de Ø **Inglaterra**. (REI)*

*N**A Itália**, setenta mil estão trabalhando, mas quinze mil já casaram. (REA)*

*A Suíça era azarão em seu grupo eliminatório, atrás de Ø **Itália**, Portugal e Escócia. (VEJ)*

O Artigo Definido

*Há situações menos cerebrais, por certo, como quando dois idiotas tentam se enviar mutuamente pelo correio de Belfast para **A Escócia**, ou quando dois irmãos brigam para saber quem herdará a doença do pai.* (VEJ)

*Ademais, beijando Alain Chartier, Margarida de Ø **Escócia** osculou a todos os poetas do mundo, simbolizando o preito da beleza à inteligência que a enaltece e que nela se inspira.* (FI)

m) Nomes de algumas poucas cidades, especialmente se se trata de nome próprio derivado de nome comum

*Tanto em Portugal como no estrangeiro, semelhantes processos não duram acima de um mês, e quanto mais demorado for o processo d**O Porto** mais fracos são os seus efeitos.* (CID)

*Suzy era dona de uma butique n**O Rio de Janeiro**.* (BU)

*O mundo é muito largo. Eu podia estar n**O Cairo**, em Bombaim, em Cantão, em Caracas.* (TV)

*As crianças d**O Havre** nunca tinham visto uma laranja!* (IS)

\# O **nome Recife** ocorre com e sem **artigo**:

*Hipólito mora n**O Recife**.* (REA)

*Os detalhes pesquisei nos jornais de Pernambuco, dentro do carro mesmo, ao chegar em Ø **Recife**.* (RI)

\# Em geral, entretanto, os **nomes** de cidades não aceitam o **artigo**:

*Po Yi-Po era membro do Politburo de Mao, e suas palavras em Ø **Bucareste** foram repetidas pela rádio de Pequim.* (NEP)

*Segundo o governo, 1.500 pessoas foram mortas ou feridas, deixando Ø **Cabul** sem água ou eletricidade e muito pouco auxílio médico.* (GP)

*Este idiota não pode ficar mais em Ø **Éfeso**!* (TEG)

*Até a sua volta de Ø **Genebra**! Ainda estarei por aqui.* (RC)

*Quando a barca desamarrava, no Pharoux, de volta para Ø **Niterói**, Balbino observou que a cabrocha lá vinha correndo, para embarcar outra vez.* (BH)

*A cada dia, entre oito e dez famílias vindas de áreas rurais desembarcam em Ø **Florianópolis**.* (GU)

*Quando cheguei a Ø **Belo Horizonte**, para as férias, encontrei minha família instalada na Floresta, à Rua Jacuí, 185.* (CF)

n) Nomes de alguns bairros

*Deixou a loura na estação e caminhou até **A Lapa**.* (JT)

*Basta comparar as flores dos canteiros das avenidas centrais com as azaleas que florescem n**Os Jardins** ou n**O Morumbi**.* (VIS)

*No ano seguinte, eu estava morando numa pensão n**A Bela Vista**, São Paulo.* (BL)

*Rosamundo das Mercês (...) nasceu n**O Encantado**. (RO)*

*Vamos estourar um banco n**A Penha**. (CNT)*

*Horácio acabou prometendo que não faltaria às festividades, uma n**A Tijuca**, outra n**O Leme**, a terceira no centro, todas no mesmo horário. (BOC)*

\#   Alguns **nomes** de bairros se empregam com ou sem **artigo**:

*Maria do Céu nasceu n**O Andaraí**, no final do século passado. (OG)*

*– Eu vou até Ø **Andaraí**, ver se arranjo um remédio. (ALE)*

*O retrato estava em milhares de jornais, os jornais circulavam pela cidade, os jornais já deviam, de há muito, ter chegado a**O Catumbi**. (BH)*

*O namoro começara duas semanas antes, numa viagem em que Anália fora ao Rio visitar uma parenta que trabalhava em Ø **Catumbi**. (BH)*

\#   Alguns **nomes** de bairros se empregam sem **artigo**:

*O estudante Luiz Felipe Portela Magalhães, 13 anos, sequestrado no dia 5, foi libertado também na madrugada de ontem em Ø **Cascadura**, Zona Norte do Rio. (ATA)*

*Pegou o primeiro lotação para Ø **Copacabana** que apareceu. (AGO)*

*Tomou um ônibus e foi para Ø **Icaraí**. (CRU)*

o)   Nomes de grande parte das constelações

*Era um céu limpo, de muito poucas estrelas. Nítidos mesmo, de chamar a atenção, **O Cruzeiro do Sul** e A**S Três-Marias**. (ALF)*

*Vê-se também parte d**A Ursa Maior**. (AVL)*

*Acreditavam que **A Via Láctea** era o Universo todo e que as massas chamadas nebulosas, vistas através dos telescópios, eram corpos gasosos. (FSP)*

\#   Há, entretanto, **nomes** de constelações que se usam sem **artigo definido**:

*O Sol passa por 14 constelações. Além de Ø **Áries**, Ø **Gêmeos** etc. há Ø **Ofiúco** e Ø **Baleia**. (FSP)*

*Durante o mês de janeiro você pode ver como é o céu nas noites de verão e as constelações (conjunto de estrelas) visíveis de São Paulo, como Ø **Orion**, onde estão as estrelas Três Marias. (FSP)*

\#   **Nomes** de estrelas e planetas usam-se, comumente, sem **artigo**:

*A lista de desaparecidos inclui diversos astros bem conhecidos, a começar por Ø **Sírius**, a mais reluzente estrela do céu hodierno. (SU)*

*Ø **Marte** em domicílio produz um enorme potencial e até o exagero no campo das emoções. (AST)*

*Os sete céus islâmicos são os mesmos de Dante: Lua, Ø **Mercúrio**, Ø **Vênus**, Ø **Sol**, Ø **Marte**, Ø **Júpiter**, Ø **Saturno**. (ISL)*

O Artigo Definido

3.1.2.3 Antes dos **nomes** das estações do ano (que se escrevem com **minúscula** inicial):

> *As ruas de Praga são muito cinzentas **nO inverno**.* (CRE)
> *Em setembro de 1973, no começo **dA primavera**.* (CRE)
> *Criança **nO verão** precisa de roupas leves, de preferência de algodão e linho fino, para que o suor se evapore.* (CRU)
> ***O verão** carioca foi um dos mais quentes dos últimos anos e invadiu **O outono** sem maiores cerimônias.* (VIS)

3.1.2.4 Antes de **nomes** de instituições ou agremiações:

> *Quem fazia serenata? Os músicos **dA Philarmônica**?* (FR)
> ***O Pentágono** negou, entretanto, que existia um bloqueio noticioso.* (OLI)
> *Para surpresa de Nottoli, **A Fiat** convidou-o, há cerca de dois meses, para assumir o cargo de diretor-adjunto de comunicação e publicidade da empresa.* (RI)
> *Somente para saber disto eu o chamara, já que por duas horas estivera fora de casa assistindo ao treino **dO América**.* (T)

3.1.2.5 Antes das designações de datas:

a)   datas festivas, comemorações (grafadas com **maiúscula** ou não)

> *Convidado, contudo, a dizer alguma coisa sobre **O Ano Novo**.* (VID)
> *Aproximava-se **O Natal**.* (PV)
> *Já é uma tradição a montagem de peças baseadas em passagens bíblicas, às vésperas **dA Aleluia**.* (RO)
> *O que muito me impressionou (9 anos) foi **O Centenário** da Independência; esperei com ansiedade o dia 7 de setembro.* (ATI)
> *Não basta que **O Carnaval** permaneça bonito.* (ISO)
> *Qualquer coisa era um escândalo. Mas, **nO carnaval**, só dava eu.* (AB)
> ***A páscoa** está chegando e os ovos também. É verdade que os chocolates aumentam minhas espinhas?* (FSP)

\#   Se o **nome** da data é empregado adverbialmente (como **adjunto adverbial de tempo**, sem **preposição**), não se usa **artigo**:

> *Ø **Quarta-Feira de Cinzas**, aí por volta das nove horas da manhã, tocaram a campainha na casa de Ari.* (RO)

\#   Em determinadas construções genéricas, esses **nomes** de datas festivas também ocorrem sem **artigo**:

> *Ø **Sexta-Feira da Paixão**. No meu tempo de menino os cinemas também aderiram e todos apresentavam a mesma fita: "O Rei dos Reis".* (RO)

A Referenciação Situacional e Textual

b) dias da semana (que se escrevem com **minúscula** inicial)

*A **segunda-feira** é o único dia sagrado para não sair de casa, nem receber, estabelece Cristiane.* (VEJ)

*A estudante Miriam Esteves (...) também considerou as questões de Química mais difíceis, mas não mais que as de Matemática, **nA terça-feira**.* (AG)

*Os dois últimos saques ocorreram **nA quinta-feira** e ontem.* (OD)

*Antes, passava a semana toda viajando, só via minha família **nO domingo**, quando muito.* (EXV)

*Os grandes carnívoros jejuam **aOS sábados**.* (AVE)

\# Se o **nome** do dia da semana é empregado adverbialmente (como **adjunto adverbial de tempo**, sem **preposição**), não se usa **artigo**:

*Ø **Segunda-feira** procuro um médico e, desta vez, não fugirei.* (CH)

*Ø **Quinta-feira** eles estavam lá, disputando prêmios que vão de televisores a geladeiras.* (AP)

*Ø **Sexta-feira** decidi mudar minha estratégia e não matar mais ninguém de surpresa.* (OMT)

*Pelo telefone, avisou os amigos que somente Ø **sábado** ou Ø **domingo** poderá viajar.* (EM)

c) horas do dia, nas **expressões adverbiais** iniciadas por **preposição**

*À**s duas horas** atingimos 2550 metros de altitude, e passamos a descer por uma encosta íngreme.* (MAN)

*Quando a relojoaria abriu, aproximadamente À**s oito horas**, comprou um relógio, marca Cooper, para presentear o seu pai.* (CB)

*Vínhamos, dois ou três amigos, lavados, barbeados, penteados, assim pelA**s cinco horas** da tarde, fazer o "footing" na Cinelândia.* (B)

\# O **artigo** não é usado nas indicações de horas do dia feitas com o **verbo ser**:

*Não, a paca não vem, é Ø **uma hora**, são Ø **duas horas**, a paca está correndo, parece que virou o morro.* (ACI)

*Pobre Marisa! São Ø **seis horas**.* (CH)

*Já é Ø **meio dia**.* (FN)

*A que horas é Ø **meia noite**?* (CV)

d) dias do mês, identificados com **numerais**, esteja ou não expresso o **substantivo** *dia*

*O **15 de novembro** caiu **nO 14** e **nO 15**.* (VEJ)

*A partir de então **O 1º de Maio** tornou-se um dia de luta de toda a classe operária.* (SIN)

*Tanto Varnhagen como Tobias Monteiro (...) relatam **O 7 de Setembro** com o apoio de apenas dois depoimentos, o de Marcondes e Canto e Mello.* (IS)

O Artigo Definido

*Como o Natal foi criado no século 4º d. C. e ninguém mais lembrava quando Cristo tinha nascido, escolheram **O dia 25 de dezembro** para a comemoração.* (FSP)

*Mesmo assim, pensando em esquecer, ele não consegue. À toda hora tem de contar aos amigos ou aos jornalistas como foi o seu sequestro, feito pelos "Tupamaros", **nO dia 9 de setembro** e de quem ficou prisioneiro até **O dia 21 de novembro**.*

\# Não se usa, comumente, **artigo** nas datações:

*As propostas foram apresentadas a Ø **26 de janeiro** de 1971, tendo comparecido 5 dos 7 fabricantes pré-selecionados.* (ENE)

*Em Ø **5 de maio de 1789** abriu-se a sessão dos Estados-gerais.* (HG)

*Na véspera, sábado, Ø **treze de julho**, tendo estado em Sêbadas.* (CRU)

\# Ocorre, entretanto, o **artigo definido** quando, especialmente em narrações, se faz a datação com marcação da pluralidade existente no dia do mês:

***AOS 31 de agosto de 1956**, o Conselho de Segurança Nacional aprovou as recomendações de uma comissão incumbida de estudar a política de energia nuclear mais adequada ao interesse e segurança nacionais.* (ENE)

*Nesse mesmo ano, **aOS 23 de dezembro**, foram aprovadas novas Diretrizes que deveriam nortear, a partir de 1º de janeiro de 1968, a Política Nacional de Energia Nuclear e que estão em vigor até hoje.* (ENE)

*O menino do interior, nascido (**aOS 30 de setembro de 1947**) numa fazenda do município paulista de Lençóis, de pai lavrador e mãe empregada doméstica que se mudavam sempre para onde houvesse trabalho, não consegue fixar os cenários de seus primeiros anos.* (REA)

e) meses do ano, desde que identificados com o seu nome próprio (que se escreve com **minúscula** inicial), ou com **numerais**, após o **substantivo *mês*** expresso

*Veio **O mês de abril** de 1964 e eu me encontrei com um hóspede indesejado em casa.* (DM)

*A mais Santa das Mulheres, oferecida aos devotos da Virgem Maria, durante **O mês de maio**, com a infância de Jesus.* (SD)

*Na hipótese de este mesmo preço, ou seu equivalente na nova moeda, ficar constante durante todo **O mês 3**, a taxa de inflação seria de 22,11%.* (FSP)

\# Sem o **substantivo *mês***, os **nomes próprios** dos meses não se usam, em geral, com **artigo**:

*Além do frio de rachar os ossos e do poeirão das estradas, Ø **julho** é mês de alto risco aqui na roça.* (AGF)

*Hoje não mais existem os avós e bisavós, e nem mesmo é Ø **julho**, tempo possível, mas Ø **fevereiro** sufocado.* (DE)

*Numa manhã encardida de Ø **março**, Coriolano esfolava as unhas arrematando o enervamento de uma canga.* (OSD)

*Nas eleições parlamentares de Ø **dezembro**, a FIS derrotou a FLN.* (ESP)

*Durante Ø **setembro** e Ø **outubro**, não só em Frankfurt, mas por toda a Alemanha, 320 eventos mostraram ao mundo literário a cultura brasileira.* (VEJ)

*E o mais impressionante é que, depois de firmar-se como canção no teatro, durante Ø **dezembro** de 1928 e Ø **janeiro** do ano seguinte, o samba Iaiá teria o ritmo acelerado espontaneamente pelo povo.* (PHM)

*Chicão conhecera Pedro Lomagno em Ø **janeiro** de 1946, no Clube Boqueirão do Passeio, na rua Santa Luzia.* (AGO)

*Em Ø **junho** próximo, a Abril Cultural lançará sua nova coleção de fascículos.* (REA)

\# Entretanto, quando especificados (por um **adjetivo**, por um **sintagma** preposicionado, por uma **oração relativa**), os **nomes** de meses podem ocorrer com **artigo definido**:

*E eu, com os meus 73 anos bem vividos, dos quais 50 passados na advocacia militante a se completarem n**O dezembro próximo**, aqui estou, cidadão de Ouro Preto, para dizer de minha gratidão e reconhecimento.* (CPO)

*Na comparação com **O fevereiro de 94**, o item utilidades domésticas apresenta crescimento de 110,14% no quesito vendas físicas.* (FSP)

*Vida de Solteiro não tem a força de clássicos como Juventude Transviada (1955), protagonizado por James Dean, ou o delicioso A Chinesa (1967), de Jean-Luc Godard, que antecipa na tela os impasses d**O maio de 1968**.* (VEJ)

*1968 tinha tido **O maio da revolta dos estudantes** na França.* (VEJ)

***O agosto que dá título à minissérie da Globo** é uma referência célebre na História brasileira.* (VEJ)

f) séculos, identificados com numerais, após o **substantivo *século***

*A renda per capita (da população de origem europeia), na passagem d**O século XVI** para **O XVII**, corresponde a cerca de 350 dólares de hoje.* (FEB)

*Havia também a escrita uncial capital em códices escritos até **O século XI**.* (ACM)

*A medicina ocidental não entrou no país senão n**O século XIX**.* (APA)

3.1.2.6 Antes das designações de obras de arte: peças, óperas, quadros, esculturas etc.:

*Acabara a reportagem para o dia seguinte, sobre um grupo de amadores de Nilópolis, que estava ensaiando, como peça de estreia, nada menos que **A Antígona**, de Sófocles.* (BH)

***A "Gioconda"** só está em exposição às quintas e sábados...* (RO)

O Artigo Definido

> *Num dos muitos motéis controlados por Kubo-san em Kabukicho, o Love's Nest,*
> *fomos saudados no lobby por uma réplica (em plástico imitando mármore) dA*
> ***Vênus de Milo.*** *(FH)*
> *Estive na sala – onde A **"Santa Ceia"** ficava por cima de uma mesa de jantar. (REA)*
> *No Louvre, diante do quadro "La Gioconda", **A Monalisa** de Leonardo da Vinci, o*
> *líder cubano perguntou: "Qual é o valor dela no mercado?" (FSP)*

3.1.2.7 Antes das designações de obras construídas: aviões, embarcações, carros, teatros etc.:

> *Nas dependências do aeroporto Charles de Gaulle, você encontra o requinte, a finesse*
> *e a mesma finesse a mesma tecnologia avançada que fizeram do seu vôo **nO***
> ***Concorde** ou **nO Jumbo** 747 uma viagem agradável. (MAN)*
> ***O Titanic** era muito maior do que esse, papai? (BH)*
> ***NO Opala**, um dos dois ocupantes, ambos de terno e gravata, esticava o pescoço*
> *ostensivamente, procurando ver se não havia ninguém abaixado no banco de trás*
> ***dO Chevette.** (VEJ)*
> *A oferta de automóveis na faixa de preços básicos, onde se inclui **O Gol**, está caminhando para a modernização. (CP)*
> *Sempre que pode, Jorginho deixa **O Monza** na garagem, pega sua camionete e vai*
> *com a família para Marília de Dirceu. (PLA)*

3.1.2.8 Antes das designações de órgãos da imprensa: jornais, revistas etc.:

> *A **Folha**, jornal que ele fundou e dirigiu, marca uma época. (FI)*
> *Foi A **Isto É** que quebrou o tabu, com uma reportagem de Villasboas Correia, que*
> *saiu uma semana depois daquela missa. (NBN)*
> *Para você ler as reportagens **dO Times**, Vogue ou Newsweek inteirinhas e não ver*
> *somente as fotografias. (CRU)*

\#   Observe-se que há órgãos de imprensa cujo título já contém o **artigo definido**:

> *Uma revelação sensacional e documentada faz hoje **O Globo**: a do que o Sr. João*
> *Goulart pertencia à famosa guarda pessoal do ex-presidente Vargas. (ESP)*
> *Papai não apareceu para o almoço. Só voltou quando todos já haviam terminado de*
> *comer, trazendo um novo exemplar do "**O Estado de São Paulo**". (ANA)*

Nesses casos, o **artigo**, que faz parte do **nome próprio**, pode, ou não, contrair-se com uma **preposição** que o preceda:

> *João Máximo, que por anos cobriu futebol nos mais destacados jornais do país, e*
> *que hoje escreve sobre música popular **em O Globo**, é um dos que condena o*
> *envolvimento de determinados jornalistas. (RI)*
> *A notícia foi publicada **nO Globo** e o médico chama-se R. D. Laing. (BUD)*

A REFERENCIAÇÃO SITUACIONAL E TEXTUAL

3.1.2.9 Antes de designações de obras literárias:

*Craque em matemática e cobra em biologia, leu **O Dom Casmurro** e disse: Aprendi muito com este livro.* (BPN)

*Zombava-se, até agora, da grandiloquência do Peri, de **O Guarani**, da prosa poética **dA Iracema**.* (ESP)

*Eu estava deslumbrado com **O Quincas Borba**, lido dois anos antes.* (BPN)

*Canto **O Cântico dos Cânticos** e recito salmos.* (CM)

*Veio depois o seu interesse **pelAs** "Páginas Escolhidas da Academia de Letras".* (TA-O)

*Sua inusual lucidez crítica que, inclusive, considerava a "imaginação graduada em consciência" como está **nAs Memórias Póstumas de Braz Cubas** (Capítulo XLIV) (...) teria realmente que nos dar uma contribuição intelectual marcante.* (FI)

\# É comum, entretanto, a ausência do **artigo**:

*Ø "**E o vento levou** foi escrito por uma dona de casa velhota, que nunca mais fez nada", disse Orion.* (BU)

*Lidos, treslidos, decorados: Ø **Toutinegro do Moinho**, Ø **Amor de Perdição**.* (BP)

\# Observe-se que há obras literárias cujo título já contém o **artigo definido** (singular ou plural). Nesses casos, o **artigo**, que faz parte do **nome próprio**, pode, ou não, contrair-se com uma **preposição** que o preceda:

*Nos meus tempos de adolescente, quando ainda existia ginásio, não me conformava com aquele destino de **OS Lusíadas** – por tão pouco, não seria obrigado a enfrentar as frases complicadas.* (MEN)

*É o que nos conta Milton, **nO** "Paraíso Perdido".* (CRU)

*Em raras ocasiões nós ríramos, às ocultas de Tia Emiliana eu a ler e ela ouvindo, uma velha edição **dO Paraíso Perdido**.* (ROM)

3.1.2.10 Antes de **nomes próprios** em geral.

a) Com **nomes próprios** acompanhados de qualificativo anteposto, o **artigo definido** é sempre usado:

• **Antropônimos**

*Mas citou **O sábio Paulo Francis** que se lembrava do pensamento de lorde Acton.* (SC)

*Decerto se assustara ao pensar na reação dela – afinal era namorada firme do seu amigo, **O bom Helmut**.* (BP)

*Para continuar falando dos artistas-candidatos (...) há ainda, por exemplo, **O impagável José Mojica Marins**.* (IS)

O Artigo Definido

> *Longe da marcação do maridinho, Tom Cruise, **A bela Nicole Kidman**, 28 anos, botou as pernocas de fora, num vestido que mais parecia homenagem às dançarinas de flamenco.* (VEJ)
>
> *Despido de qualquer camisa de clube ou preconceito, quem, assim como nós, de uma maneira ou de outra, não admira **O incomparável Telê Santana**?* (FSP)
>
> *Terá dois jogadores avançados, **O habilidoso Martin Dahlin** e **O irrequieto Tomas Brolin**.* (VEJ)

• Topônimos

> *Diversão é eterna **nA doce e velha Roma**.* (FSP)
>
> *Belém, até junho passado, juntamente com **A velha Jerusalém**, pertencia à Jordânia.* (CPO)

\#   Também é sempre usado o **artigo definido** quando o **nome próprio** vem acompanhado de restrição ou qualificação referente a algum aspecto, época ou circunstância ligada à pessoa ou ao lugar referido, já que esse é um contexto em que é obrigatório o uso de **determinante**

Obs.: O uso de determinantes e modificadores com **nomes próprios** é estudado no capítulo sobre **Substantivos**, item 4.6.

• Antropônimos

> ***O Manuel jardineiro*** *sabe que Monticelli esteve aqui terça-feira.* (VN)
>
> *De certa forma, não muito clara, **A Heloísa da minha infância** não era mais aquela da tarde anterior, na cidade.* (SE)
>
> *"É preciso ousar, minha querida", costumava dizer à repórter, sábio, **O Guilherme Araújo dos tempos da Tropicália**.* (INT)
>
> *Conta-se (isto é, o meu dicionário) que **O Dionísio dos tempos remotos** era uma barra: que seu culto espalhou-se pela Grécia como um rastilho de pólvora, devido, sobretudo, ao êxtase que provocava, notadamente, entre as mulheres.* (IS)
>
> *Seu amor ao futebol começou no campeonato mundial de mil novecentos e trinta e oito, quando, ouvindo falar das famosas bicicletas de Leônidas da Silva, **O Pelé da época**, ficou tão entusiasmado que o futebol integrou-se na sua vida.* (FA)
>
> ***O Mauro que eu via agora**, repentinamente exposto em fotografia e notícia, como um herói que se despoja publicamente de seu mundo íntimo e indevassável, começava a ser absurdo.* (AV)
>
> ***O Breno que eu conhecia*** *era ajustado.* (BE)

• Topônimos

> *Hoje vive no coração dos portugueses, de Portugal Continental e **dO Portugal peregrino** que se espalha pelo mundo.* (OMU)
>
> *Um quadro célebre de Jacques-Louis David, o pintor da Revolução Francesa, ilustra bem como o século de Montesquieu via **A Roma antiga**.* (VEJ)

A diferença – fundamental – é que **A Roma renascentista** do papa Júlio II produziu obras-primas como a Capela Sistina e os aposentos papais. (VEJ)

E não seria má ideia se refizessem Veneza à imagem d**A Veneza de gesso e cartolina** pela qual ele desfilou com Ginger Rogers em O picolino. (SS)

Ressalve-se que o livro se situa numa época específica, a da juventude de Otto, em que a autoridade do catolicismo não se vexava em impor-se pelo terror, e num lugar específico, A**S Minas Gerais das pequenas aldeias**. (VEJ)

Para ele, o Brasil é o mais fascinante lugar do universo, o índio é um ser superior e o mameluco, um herói d**A Roma imperial**. (VEJ)

Sempre cultivastes, como A **Inglaterra de outrora**, um esplêndido isolamento. (AM-O)

A China da época do filósofo Confúcio é uma sociedade sobre a qual a burocracia reina soberana. (BRO)

N**A Europa do século passado**, os médicos recebiam uma educação ampla, liam textos literários, eram músicos e pintores amadores. (APA)

Acontecia-nos, a mim, diante de uma catedral estar vendo projetado na fachada grandiosa o humilde rosto da igrejinha d**O Sergipe da minha infância**. (AM-O)

Não poderíamos imitar o modelo paraguaio em um país mais desenvolvido, e nem tentar, na década dos 70 repetir os melhores momentos d**A Espanha de Franco ou dO Portugal de Salazar**. (NEP)

A Roma que eu amo é A **Roma da renascença**, A **Roma dos seus artistas**, A **Roma de seu povo alegre e generoso**, A **Roma que foi invadida e saqueada** e que ficou a cidade eterna, sorrindo irônica das platitudes passageiras deste mundo vão. (SC)

Tinha a cabeça baixa e não a erguia para ver Roma, que surge, feita de mármore, depois do incêndio, as vias largas, os banhos e os aquedutos, os templos e as fontes, os verdes e retos ciprestes por entre os muros tintos de rosa, A **Roma que não conheces**. (SE)

b) Com **nomes** no plural referindo-se a indivíduos do mesmo **nome**:

Eu confesso a vocês que descobri o segredo do coleguinha jornalista, poeta, diplomata e teleco-tequista Vinícius de Moraes numa tarde em que ambos (não ambos **OS Vinícius**, como ficara provado mais tarde, mas ambos: eu e ele) tomávamos umas e outras no Bar. (RO)

OS Pedros que seríamos inseparáveis nos dias de terror, até o quinto ano: meu primo Pedro Jaguaribe Maldonado, com seu pincene de trancelim; o meu caro Pedro José de Castro, já míope, e que o destino faria novamente meu colega de profissão média e meu colega de Assistência Pública: Pedro da Silva Simões e eu, misérrimo, também Pedro, também da Silva, mas só que Nava. (CF)

E é assim que elas estão na Bíblia. Sulamita ou a Rainha de Sabá, Maria de Betânia ou A**S Marias** do Sepulcro, só aparecem no Testamento de Israel e no Evangelho, como "portadoras de perfumes". (VES)

Você não vai casar, Marisaura. Nem tempo de sol, nem tempo de chuva. / M: Não somente A**S Heloísas** que casam. A**S Marisauras** também, mesmo sem cabedal. (GCC)

O Artigo Definido

*Mas embora OS dois **Ayatollahs** tivessem superado sua discórdia, permanecem as divisões profundas que dilaceram o país.* (CB)

*OS dois **Renaults** largarão na primeira fila, seguidos pelo canadense Gilles Villeneuve, com Ferrari e por Nelson Piquet.* (FSP)

3.1.2.11 Antes de **siglas**:

*O representante d**O MEC** confirmou que todos os nove países membros reconhecem formalmente a China.* (VIS)

*A **ONU** nasceu num clima de maior realismo.* (DIP)

3.1.3 Em **sintagmas** em que há **elipse** do **substantivo** núcleo (com **pronomes substantivos**).

3.1.3.1 Antes de **possessivos** empregados como núcleo do **sintagma nominal**:

*Respeito quem tem um outro estilo de vida mas **O meu** é esse e eu não abro mão.* (INT)

*Ai! Armando, que ideia **A sua** de tirar essa foto.* (DEL)

*O de Munhoz, não **O nosso**.* (SPI)

*Vou por aí, num caminho que não é **O meu**.* (DE)

*Não serão menores que **Os meus**!* (FIG)

*Vera toma as mãos de Jocasta entre **As suas**, como para lhe dar força.* (MD)

*Mas se Sebastião não perdera a fé, Dona Aninha perdera **A dela**, em pecado de blasfêmia.* (LOB)

\# Quando está expresso o **substantivo**, o **possessivo** pode usar-se com **artigo** ou sem ele:

*É bom que saibas, Gardênia, que **O meu amor** é muito maior do que o dele... e muito diferente.* (TRH)

*Eu vos amo. Ø **Meu amor** é todo vosso, meu rei.* (RET)

*Não se preocupe com **A sua mãe** e **A sua irmã**. Elas continuarão a ser bem tratadas.* (TS)

*– Pronto, fique aí conversando com Ø **sua irmã**. Não demoro.* (CP)

\# Observe-se, entretanto, que não se emprega, sistematicamente, o **artigo definido** quando o **possessivo**:

a) é parte integrante de uma fórmula de tratamento ou de expressões como *Nosso Pai* (referente ao Santíssimo), *Nosso Senhor*, *Nossa Senhora*

*Não tenho obrigação nenhuma de fornecer a Ø **V. Exa**. qualquer papel que me solicite.* (JL-O)

*Queremos Deus, que é Ø **Nosso Pai**. (CR)*

*Sabemos que nos comportamos mal na vida diária, mas queremos muito que Ø **Nosso Pai** chegue com a sua lei, às vezes rígida, para fazer com que nos comportemos bem. (LE-O)*

*Todos os santos foram provados. Ø **Nosso Senhor** foi pregado na cruz! (BH)*

*Ajoelhou-se diante da imagem de Ø **Nossa Senhora** num nicho lateral da igreja e rezou. (BOI)*

b) faz parte de um **vocativo**

*Perdão, Ø **meu amo**. Não me bata. Não me bata que não sou burro! (FAB)*

*Está bem, Ø **meu senhor**, obedeço! (VO)*

*Amanhã, Ø **meu amigo**, deixa isso para amanhã. Boa noite, viu? (AF)*

*– Agora você pode abrir o seu negócio, Ø **meu pai**. (BH)*

c) vem precedido de um **demonstrativo**

*Seu personagem principal foi **aquele meu** condiscípulo e colega de cantoria, Lino Pedra-Verde. (PRE)*

*– Deus Nosso Senhor está me dando saúde para que eu possa pagar os pecados do meu povo, com **estes meus** olhos abertos e **estes meus** ouvidos na escuta. (CA)*

*Célebres na cidade eram **esses nossos** almoços, aos domingos, com cerca de trinta pessoas em derredor da mesa. (CHI)*

\# Se o **possessivo** está posposto ao **substantivo**, este vem normalmente precedido de **artigo**:

*Oh, metade adorada de mim / Lava **OS** olhos **meus** / Que a saudade é o pior castigo. (OM)*

*Levou-me para ver **AS** coisas **dele**, os brinquedos, soldados e animais ferozes, tanques e barcos e, em menos de meia hora, deixei de ser a novidade perturbadora e obsedante. (A)*

*Agileu e **OS** amigos **dele** mandaram entregá isso! (AS)*

*Os pais de Pedro não aceitariam **A** amizade **dele** com um negro. (AGO)*

*Meu estômago nacionalista reclama feijão-preto, carne-seca, lombo, enfim **A** comida **nossa** vernácula, da terra. (JM)*

\# Não se emprega, geralmente, o **artigo definido** quando o **possessivo** pertence a certas **expressões** feitas, como *em minha opinião, em meu poder, a seu bel-prazer, por minha vontade* etc.

*A doença chamada sagrada não é, **em Ø minha opinião**, mais divina ou mais sagrada que qualquer outra doença. (APA)*

***Em Ø sua opinião**, deve haver igualdade completa e absoluta entre homem e mulher? (REA)*

*Esses são os documentos que tenho **em Ø meu poder**.* (DZ)

*Quando um animal é morto, o direito de propriedade sobre a presa é de quem a viu primeiro e não de quem matou. E mesmo esse que viu primeiro não poderá dispor dela **a Ø seu bel-prazer**.* (CTB)

*Estou afastado, mas não é **por Ø minha vontade**.* (VEJ)

*Não podemos expiar uma culpa que não temos e um pecado que não cometemos **por Ø nossa vontade** livre.* (FAN)

Entretanto, essas expressões também ocorrem com **artigo**:

*N**A minha opinião**, este aqui é o tecido da moda.* (PRE)

*O molequinho judiado, osso e pele, não saia do Sobradinho: – Fica **nO meu poder**, no sanativo e na engorda da velha Francisquinha.* (CL)

*Esse acesso não pode, todavia, ser permitido indiscriminadamente a funcionários públicos para uso **aO seu bel-prazer**, como costumam reivindicar algumas categorias.* (FSP)

*Agora, não vou fazer mais as coisas **pelA minha vontade**. Vou ter que ter mais calma.* (VEJ)

3.1.3.2 Antes do **indefinido** *outro* (**singular** ou **plural**) empregado como núcleo do **sintagma nominal**. Nesse caso, o **artigo** opera referenciação, já que, sem o **artigo**, o indefinido *outro* ainda é núcleo de **sintagma**:

***O outro** permanecia infantil não indicando a menor aptidão para coisa alguma.* (AE)

*Um estragou **O outro**.* (AF)

*Um ganha, **O outro** perde.* (AMI)

*Você agora fica e vai morrer com **OS outros**.* (AC)

*Deixava de comer para ajudar **OS outros**.* (ANB)

\# Observe-se que *outro* é precedido de **artigo** em sentido particularizado, obtido pelo valor *anafórico* desse elemento:

*Filomena acomodou-se sem maiores caprichos, trancamos tudo e fomos descendo. **OS outros** já estavam no pátio, contemplando o que restava de luz no horizonte.* (ACM)

*Sempre intrigado por ser diferente de seus irmãos – ele era loiro, dos olhos claros, e **OS outros** eram moreninhos, de cabelos crespos – acabou por descobrir que era filho do padre.* (ACT)

*– O que... o que foi que você disse ? – perguntou um neto mais decidido, enquanto **OS outros** recuavam, espantados.* (ANB)

Em sentido genérico, o **artigo** não ocorre:

*Há os que penetram mares ignotos / E a ferro invadem as cortes dos potentes / Ø **Outros** abatem cidades e demolem lares / Apenas por beber em preciosa taça / E adormecer em púrpura de Tiro.* (ACM)

*Era melhor que, enquanto alguns explorassem a villa, Ø **outros** fossem visitar o livreiro ou encadernador em Cisterna d'Asti.* (ACM)

*Quando fosse preso, diziam uns, Climério faria declarações que certamente causariam ainda maior agitação; se deixarem Climério vivo, Ø **outros** responderam.* (AGO)

3.2 O **artigo definido** na substantivação de outros elementos

O **artigo definido** pode preceder palavras de outras classes ou, mesmo, **sintagmas** e **enunciados**. Assim, ele é usado:

3.2.1 Antes de **adjetivo** (ou **sintagma de valor adjetivo**)

a) quando se refere a tudo ou a todos que possam ser descritos por aquele **adjetivo**; formam-se, desse modo, tanto **substantivos concretos** como **abstratos**:

*Eu sou **pelO direito**.* (UC)
*Quem ama **O feio** tem algum outro objetivo.* (FAB)
*Ai **dOs tímidos** que enveredam pelos caminhos do mundo!* (RO)
*Esses sacanas vivem de botar na alma **dO pobre**.* (UC)
*E como só encontrou **O velho**, meteu-lhe a mão na cara.* (FP)

b) quando se refere a algo particular que é descrito por aquele **adjetivo**:

*Você vai ver como a Xerox 1090 pode transformar **O impossível** em bastante provável.* (VEJ)
*Um destacado membro do governo disse que as autoridades não aceitam **O anexo**.* (JB)
*Você sabe que eu falo muito mal **O inglês**.* (RO)
*Por que o coração? **O de metal** tornará o homem mais cordial, dando-lhe um ritmo extracorporal?* (CAR-O)

3.2.2 Antes de **numerais**

a) **cardinais**:

*Abaixo do número três nada poderia existir além de conceitos abstratos, como é o caso da unidade expressa **pelO um** e do princípio da dualidade expresso **pelO dois**. **O três** passaria a ser o número da realidade.* (TA)
*Quando a base é paralela à régua, **OS "zeros"** do disco e do arco coincidem.* (FRE)

b) **cardinais** ou **ordinais**, usados como denominação de entidade:

*Como cidadão filho de Bagé, não foi outra a minha formação, nem foram diferentes os motivos que me conduziram, juntamente com os camaradas **dO 12 de Cavalaria**, para a Revolução de 1930.* (ME-O)

Deixou O décimo segundo de Cavalaria e mudou-se para o Rio de Janeiro, onde fez os cursos de aperfeiçoamento e Estado-Maior. (REA)

3.2.3 Antes de **verbos** no **infinitivo**:

O brincar ganha, então, densidade, traz enigmas, comporta leituras mais profundas, vivas, ricas em significados. (BRI)

Quando se interrompia O cantar, os cachorros zangados latiam. (COB)

A idade é outro fator que altera as suas percepções, assim como O dormir ou O estar acordado. (CET)

Sexo é uma função do corpo, como O comer e O respirar. (CRU)

3.2.4 Antes de **pronomes pessoais**:

E O eu mais antigo, O eu que era eu mesmo – começou a ceder para que esse novo eu não sofresse. (TRH)

Assim, O eu mais profundo vem à tona, você aprende a aceitar suas limitações e a responsabilizar-se por sua vida. (CLA)

E assim, no ponto culminante do ritual de um amoroso sacrifício, derrubávamos as fronteiras entre a morte e a vida, O eu e O tu, o dar e o receber. (LC)

Estando em frente ao primeiro signo, Libra se refere ao relacionamento com O "tu". (AST)

3.2.5 Antes de **advérbios**, **preposições** e **conjunções**, ou **sintagmas** por eles formados:

Nos casos em que examinaremos agora, também, O se não é índice de período hipotético, embora lembre uma hipótese. (PH)

Porque, ainda que O se não seja nessas frases morfema de condição, está sujeito a todas as limitações gramaticais a que uma língua obedece, na construção do período hipotético. (PH)

E daí eu esperar notáveis coisas, para O depois. (SA)

Nando não tinha nenhum interesse em discutir o jantar e O depois do jantar. (Q)

3.2.6 Antes de datas indicadas pelo número do dia e pelo mês, e marcadas por alguma particularidade:

Mas veio O Sete de Setembro e nossa grande formatura, dessa vez não no campo mas na cidade. (CF)

Deste precioso documento que historia com singeleza e verdade os acontecimentos que prepararam O quinze de novembro de um mil oitocentos e oitenta e nove, podem-se tirar as seguintes lições. (CRU)

3.2.7 Antes de **orações** ou **enunciados**:

*Lembro **O nós somos da Pátria guardas** e um dobrado que chamávamos irreverentemente de três com goma.* (CF)
*O **"sinto muito"** vem como pronúncia do coração, e é um coração instável, o dela.*
(EST)
*Na amurada de granito ficou um tempo parecendo O **"eu era mudo e só"** do Guerra
Junqueiro.* (ALF)

\# Observa-se, nessas ocorrências, que o falante pode marcar graficamente (por **aspas** ou por grifo) a substantivação, especialmente se se trata de substantivação de **orações** ou **enunciados**.

3.3 Casos de não emprego do **artigo definido (artigo zero)**

3.3.1 Há situações comuns de ausência do **artigo** definido no **sintagma nominal**.
Algumas são as relacionadas a seguir.

3.3.1.1 Em **sintagma nominal sujeito** posposto de **verbos intransitivos existenciais** ou **apresentativos** (**verbos** cujo **sujeito** tem a mesma natureza de um **objeto direto**, e ocupa a sua posição), ou de formas **passivas**:

a) Em **sintagma nominal indeterminado** não específico, com **nome contável** no **plural**

*Já **existem Ø doadores profissionais**, Plácido!* (FIG)
*À medida que a apertava, **saíam Ø sons** da garganta dela, como de uma boneca de
mola.* (JT)
*Do aparelho de rádio agora **saíam Ø músicas alegres**, entremeadas de anúncio.* (INC)
*Pulsa na tela uma figura semelhante a um intestino, em cujos tubos **correm Ø
animaizinhos verdes**.* (EST)

b) Em **sintagma nominal indeterminado**, não quantificado, não específico e não qualificado, com **nome não contável**

*Que da boca e dos ouvidos **escorria Ø sangue** e que os cabelos estavam desgranhados,
como se ela tivesse lutado com alguém antes de cair.* (BB)
*Das paredes da igreja **escorria Ø água** como se fosse suor.* (SJ)
*Dá-se **Ø manteiga** e **Ø leite**, alguma carne, roupas necessárias e pronto!* (OAQ)

\# Com **nomes contáveis**, emprega-se o **artigo**:

*Surgiu **O rosto de um homem**, com poucos fios de cabelo longos, vermelhos, desgrenhados.* (RET)

O Artigo Definido

*Por que estas crianças têm de brincar no pátio, se existe **O parque**, a cinco quadras?* (BE)

c) Em **sintagma nominal indeterminado**, em **oração negativa**

*Tem coisas de uns dois anos que **não aparecia Ø onça** nestas redondezas.* (ALE)
***Não existia Ø rádio**, e **Ø televisão**, nem em sonhos.* (ANA)
*A primeira delas era a total ausência de hierarquia entre os pesquisadores: **não havia Ø assistentes, Ø mestres, Ø doutores**, ou **Ø catedráticos**.* (ACM)
*Como **não se encontravam Ø universidades** na Colônia, como não as encontraria hoje uma pessoa muito exigente, não existia classe intelectual poderosa, fora do Estado.* (DC)

3.3.1.2 Em **sintagma nominal** com **sujeito anteposto** marcado estilística ou informativamente, em uso literário:

***Ø Transeuntes paravam, Ø janelas se abriam**, o que teria acontecido àquela mulher?* (ANA)
*Pela escada de baixo, feita de bálsamo, como passadeira de pêlo de cabra e, no patamar, grossos limpadores de pés, **Ø tecidos de oco do Reino espalhavam-se** vastos.* (VB)
***Ø Decisões isoladas deste tipo** não **vão equacionar** a problemática ambiental.* (PQ)

3.3.1.3 Em **sintagma nominal objeto**:

a) com **verbo-suporte**, em seu emprego prototípico (com **complemento** não referencial)

*Os russos resolveram, então, mandar quatro funcionários **fazer Ø estágio** no McDonald's do Brasil para aprender como se opera num país de inflação galopante.* (VEJ)
*Neste mês, a Nielsen começa a **fazer Ø pesquisa** para a televisão de Silvio Santos.* (VEJ)
*Tratou-se então de **manter Ø contato** por ondas de rádio com o brasilsat em seu giro inaugural em redor do planeta.* (VEJ)
*Mulher é pra ler jornal e dormir com a gente, não é pra **dar Ø palpite** em negócio de homem não.* (PM)
*Já para **dar Ø conselho** não sirvo, fico sem saber o que dizer.* (CR)

\# Há casos, porém, em que o **complemento** do **verbo-suporte**, mesmo que seja não referencial e, portanto, não definido, vem precedido de **artigo**:

*É fácil **fazer A verificação**, passo a passo na história, de que as épocas de calamidade, sofrimento e desespero têm coincidido com os profetas do realismo.* (CRU)

A REFERENCIAÇÃO SITUACIONAL E TEXTUAL

*Paulo chamava-o sempre, para **dar A opinião** final, depois de prontas as varas de bambu-jardim.* (V)

*Nesses tempos de doenças fatais como a AIDS todos são obrigados a usar a mesma gilete para **fazer A barba**.* (FH)

b) em **sintagma nominal** indeterminado não específico, com **nome não contável** ou **nome no plural**

*Paravam de comer Ø **batatas**.* (NOF)

*Mas eu nunca obriguei você a comer Ø **fritada**.* (DEL)

*O homem precisa beber Ø **cachaça**.* (CHI)

*Lá onde os nossos deuses comiam o néctar, os americanos vão comer Ø **pipocas**.* (SPI)

c) em **sintagma nominal** indeterminado posposto no singular, em **orações negativas**

*Não encontrei Ø **espaço** para comentar o assunto com eles, embora toda a minha família saiba dos meus companheiros.* (VEJ)

*Eu nunca dei Ø **apoio**.* (VEJ)

*Nunca dei Ø **solidariedade** à tortura porque até como método é uma violência contraproducente.* (VEJ)

*Nunca encontrei Ø **iraquiano** tão arrogante e desagradável.* (VEJ)

*Contudo **nunca encontrei** Ø **hipos** mortos, pois os crocodilos que habitam as mesmas águas devoram suas carcaças sem vida.* (CRU)

d) em **sintagma nominal** em forma de saudação, ou em **exclamações**

Atenção! (ARA)

Socorro! (PED)

Fogo, fogo! (JT)

JO: Bom dia! Prazer!... (AS)

Observe-se que todo **sintagma nominal** pode ser usado na forma **exclamativa**, desde que certas condições pragmáticas sejam satisfeitas.

3.3.1.4 Em **sintagma nominal predicativo**:

a) em construções do tipo **SN+verbo de ligação+SN**, em que o segundo **sintagma nominal** é usado para indicar uma característica do primeiro, que exerce a função de **sujeito** ou de **objeto**

*Fernando Henrique Cardoso é Ø **presidente eleito**, mas não é.* (GAS)

*Ele é Ø **marinheiro de um Kibbutz** e acaba de chegar de uma viagem.* (IS)

*Quatro meses, todos sabem, é o tempo necessário para eleger o senador Fernando Henrique Cardoso Ø **presidente da República**.* (VEJ)

432

O Artigo Definido

*A maioria negra (...) vai eleger Nelson Mandela Ø **presidente**.* (VEJ)

b)   em construções nas quais um **sintagma nominal**, introduzido por **preposição**, indica características do **sintagma nominal sujeito** ou **objeto**

*De aluno passa **a professor de Português e de Literatura Brasileira**.* (ATA)
*O sonho a qualquer momento pode transformar-se **em pesadelo**.* (VEJ)
*Por esse mesmo processo, o produto se transforma em **mercadoria**.* (PGN)

3.3.1.5 Em **sintagma nominal** em **aposição**, introduzido por *como* ou *qual*:

*Eu, **como** Ø "**professor de arte**", poderia escolher qualquer um dos quadros pendurados na parede.* (IS)
*A respeito da sua dança de São Vito, digo-lhe, **como** Ø **médico**, que pastilhas de ópio têm surtido excelentes resultados no tratamento da moléstia.* (XA)
*Lamento os acontecimentos deploráveis ocorridos na porta deste hospital, **como** Ø **médico e** Ø **ser humano**.* (OPV)

3.3.1.6 Em **exclamações** constituídas de um **sintagma nominal** com adjetivo:

*Não acha que ele vai sentir-se abandonado? Ø **Pobre menino**!* (FIG)

3.3.1.7 Em **sintagma nominal** indeterminado não específico, preposicionado:

a)   em diversos tipos de **complementos** de **verbos**, **nomes** ou **adjetivos**

• **verbo+*a*+sintagma nominal**

*Alguns ministros já **confidenciaram a** Ø **amigos** que o próprio mandato de segurança (...) pouco fundamentou esse aspecto.* (OLI)
*Livros baratos, em formato de bolso **encomendados a** Ø **professores e especialistas** em assuntos que variavam da filosofia à história, se tornaram o fato editorial de 1980.* (ESP)

• **verbo+*de*+sintagma nominal**

*Por favor, não vamos **falar de** Ø **futebol**.* (AUL)
*Você sempre **gostou de** Ø **ovo de codorna**, disse Liliana.* (VA)
*Tinha aprendido a **gostar de** Ø **figuras** na edição de Eugène Sue, que havia no escritório do Major.* (BAL)

• **verbo+*em*+sintagma nominal**

*Capitão Custódio lhe tinha entregue a engenhoca na certeza de **confiar em** Ø **homem** de muita cabeça.* (CA)

*Acaso este matuto pensa que sou besta para **acreditar em Ø mentira**?* (AM)

*Você precisa **pensar em Ø outras coisas**.* (A)

*Os marxistas se **constituem em Ø partidos comunistas**.* (SIG)

*A terra se converteu **em Ø lama**.* (ML)

*O médico para se transformar **em Ø monstro** bebia qualquer coisa, não bebia Inês?* (TRH)

- **verbo+*por*+sintagma nominal**

*Ali estava para **lutar por Ø muitas coisas** e ninguém lhe poderia ensinar melhor o emprego de suas armas.* (AV)

*E logo a abrem, se **esperar por Ø resposta**.* (A)

*Com um pouco de atenção ao que vem acontecendo em Brasília, possivelmente a Petrobrás não precisasse **esperar por Ø agosto** para descobrir em que direção soprarão os ventos governamentais.* (VEJ)

*Pela primeira vez em sua vida aquela mulher **ansiava por Ø alguém**.* (VI)

- **adjetivo+*a*+sintagma nominal**

***Indispensável a Ø estudantes**, professores e profissionais em geral, de qualquer idade.* (MAN)

*Norah, de uma discrição absoluta, **refratária a Ø confidências**, **a Ø perguntas**, **a Ø intimidades**, tomara por Aglaia afeição rápida.* (JM)

- **adjetivo+*para*+sintagma nominal**

*A segunda derrota de Lula, terceira majoritária se contarmos a quase tão **importante para Ø governador de SP**, significam repulsas insistentes à queima de etapas e ao saudosismo pelo avesso do PT.* (FSP)

*O concurso era um acontecimento **importante para Ø concorrentes** e **Ø julgadores**.* (REA)

- **adjetivo+*de*+sintagma nominal**

*Hélvio Fiedler diz que nem mesmo o feijão está **livre de Ø problemas**.* (ESP)

*Como resultado houve uma mesa **farta de Ø guaraná** fratellivita e bolinhos de siá Claudina Culatrão.* (SD)

*Estou **cansada de Ø detetives**!* (PRE)

- **adjetivo+*em*+sintagma nominal**

*Sou **esperto em Ø tamisação**, pilonagem e assentamento, coção, juntada e poagem.* (TR)

*O nosso principal intérprete das leis e que dirigia o Departamento Técnico da Federação era um americano, excelente administrador e homem sério, mas que era **perito em Ø basquete**.* (FB)

*Você já pode contar com um **especialista em Ø investimentos**.* (VEJ)

O Artigo Definido

- **substantivo+*de*+sintagma nominal**

  *Não há **necessidade de Ø tratamento fitossanitário** depois da colheita.* (AGF)

  *Uma análise minimamente abrangente ou com alguma **pretensão de Ø aprofunda-mento** de um assunto tão vasto e espinhoso exigiria teoria e história demais.* (CNS)

  *Mas ele não pudera resistir à indignação, ao **desejo de Ø vingança**.* (BH)

  *Não sendo punição divina, não havia **necessidade de Ø penitências**.* (APA)

- **substantivo+*a*+sintagma nominal**

  *O registro indica que o dinheiro foi destinado a "**auxílio a Ø pessoa** carente".* (FSP)

  *O governo gasta dez vezes mais em bolsas de estudo do que em **auxílio a Ø pesquisa**.* (FSP)

  *Para conseguir a supermuda, a Citrovita desembolsou cerca de 200.000 dólares com **financiamento a Ø pesquisas** na Universidade de São Paulo e na Universidade do Estado de São Paulo.* (VEJ)

  *"É um serviço de **ajuda a Ø famílias** de baixa renda, que não têm condições de limitar o número de filhos por outros meios."* (VEJ)

- **substantivo+*para*+sintagma nominal**

  *Após 25 anos de **contribuição para Ø aposentadoria** (...) recebo da Capemi a informação de que terei direito a algo em torno de 70.000 cruzeiros.* (VEJ)

  *Já está havendo muito mais pedidos de **auxílio para Ø pesquisa** no setor tecnológico propriamente dito.* (PT)

  *Na verdade, meu sogro andava macambúzio, feito um jaburu, desencorajado, sem **ânimo para Ø nada**.* (MAR)

  *Para atrair a nova fábrica, as duas cidades oferecem à empresa isenção de impostos (...) **financiamento para Ø casas populares**, aeroportos e terminais portuários.* (VEJ)

- **substantivo+*entre*+nome+*e*+nome**

  *A **associação entre Ø amor e sexo** sofreu, desse modo, uma deformação também enorme.* (OV)

  *Reduz-se o **limite entre Ø sonho e Ø realidade**, induzindo as pessoas a trocarem a utopia pela segurança imediata.* (FSP)

Os **substantivos** não precisam ser **abstratos**, porém, se forem **concretos**, devem ser **contáveis**:

  *O menino foi abrindo **caminho entre Ø pernas e Ø braços** de móveis, contorna aqui, esbarra mais adiante.* (COT)

b) em **especificadores** introduzidos por *de* (**adjuntos adnominais**), indicando:

A Referenciação Situacional e Textual

- assunto

*Ophuls encontrou a metáfora da justiça numa citação de um **livro de Ø história contemporânea**. (ISO)*

*Um dos grandes momentos da minha vida foi uma **aula de Ø português** no Colégio Rio Branco. (ELL)*

*Pediam um homem que batesse a máquina com **experiência de Ø serviços de escritório**. (HAR)*

- matéria

*E, por uma frágil **ponte de Ø madeira** atravessamos o igarapé. (REL)*

*Elegante e durável **gabinete de Ø plástico** a cores. (REA)*

*Do fundo surge um homem vestindo um **blusão de Ø couro**. (AS)*

*E os pequenos peixes que habitam o **aquário de Ø vidro** serão libertados para todo o número de sua geração. (AID)*

*O **colarinho de Ø rendas** fechava-lhe o pescoço, que a idade tornara mais esguio. (LA)*

- qualidade ou classe

*Tudo para garantir, aos seus clientes, produtos com **padrões** adequados **de Ø qualidade e Ø durabilidade**. (EX)*

*Nesse momento, Solange – uma **moça** linda, **de Ø beleza diferente** da beleza de Débora, se aproxima de Álvaro, fazendo grande festa, abraçando-o, beijando-o. (FEL)*

*Eram as pequenas flores de uma árvore imensa que voavam naquela **noite de Ø inverno**, sob a tortura do vento. (B)*

*Lá fora, a luz e o movimento de uma intensa **tarde de Ø verão**. (CHU)*

*Era comum nas **noites de Ø chuvas** sair em serviços dessa natureza. (JT)*

3.3.1.8 Em **especificadores** de **nome** introduzidos por *a*, indicando **instrumento**:

*Ancorado no cais de Luderitz estava o seu pequeno **barco a Ø remo**. (VEJ)*

*Entre os dois lados, são dois minutos de **barco a Ø motor**, as voadeiras. (MEN)*

3.3.1.9 Em **especificadores** de **nome** introduzidos por *para*, indicando **finalidade**:

*O segundo foi o de uma **roupa para Ø meninos**. (IFE)*

*Essas **tangas para Ø homem** têm suas desvantagens! (CH)*

*É **artigo para Ø homem**, coisa de prestança? (V)*

3.3.1.10 Em **adjuntos adverbiais**:

a) de **causa**, introduzidos por *por* ou *de*

*A gente **brigou por Ø nada**, por um balaio de sem-vergonhas. (NI)*

O Artigo Definido

Manuel **sofria de Ø amor**. (Q)

Diante do pacote, Ludmila **comichava de Ø curiosidade**. (E)

Vi um longo corredor de quartos numerados, e **por Ø curiosidade** olhei também para a minha porta. (VES)

Mas uma bala estúpida, bala de briga alheia, de homem na mulher infiel, de marido no amante da esposa, de operário matando o patrão, de irmãos **brigando por Ø questões** de herança. (BH)

b) de **modo**, introduzidos por *com* ou *sem*

Demonstrando vocação e trabalhando **com Ø amor**, fui promovido a olheiro. (REI)

Vivo **sem Ø nota** e **sem Ø amor**. (MRF)

Minha filha Rita encarando a vida **sem Ø medo**, mas séria, com dignidade. (ACI)

Se nada disso aconteceu, foi porque eu agi **com Ø inteligência** e **Ø bom-senso**. (OSA)

Se o Bispo não queria atender-lhe **com Ø bons modos**, tinha de obedecer à força. (TS)

c) de **união**, introduzidos por *com* ou *sem*

Comem o seu pão **com Ø leite** ou a sua sopa de verduras como se estivessem apenas num internato. (AL)

São numa lanchonete, onde eu costumava tomar leite **com Ø chocolate**. (NBN)

Sei de um velho que até hoje está esquecido numa masmorra da Tunísia por haver roubado um pedaço de pão **sem Ø manteiga**. (AL)

A mastigar o **bife com Ø batatinhas**, foi assaltado por tropel de imagens libidinosas que lhe provocaram dispepsia. (DE)

Soube mesmo pela empregada, que Dona Leonor não quis se levantar da cama e pediu, apenas, um **chá com Ø torradas**. (A)

d) de **instrumento**, com **nome concreto**, introduzido por *com* ou *a*

Enfronhando-se, pelos escravos, dos mexericos sobre roupa suja dos outros, tinha ramos de urtiga dos canteiros do Padre, para irritar muitas pessoas, com quem brincava de ferir **com Ø alfinete**. (VB)

Ramiro levantou o toldo da rua e depois abriu **com Ø chave** a velha porta de madeira da Farmácia. (Q)

Fui abrir a valise, retirei o bloco de papel, escrevi **a Ø lápis** um bilhete narrando o miserável estado em que nos achávamos. (MEC)

Agora podia pregar **com Ø alfinetes** os versos que outrora deixava voar longe de si como borboletas mortais. (Q)

e) de **lugar**, introduzidos por **preposição** com valor locativo

Tenho **em Ø mãos** um bom material, com o testemunho ocular da escravidão que tanto procuro. (MEN)

A REFERENCIAÇÃO SITUACIONAL E TEXTUAL

3.3.1.11 Em **sintagmas preposicionados** subcategorizados por **verbos** ou **substantivos**:

a) Formando certas **expressões verbais**

- com **preposição** após o **verbo**, como em

> *Ele me **perdeu de Ø vista** e eu vim me embora. (GE))*
> *Eu **tinha por Ø certo** que aqueles diabos nos buscavam por alguma treta que meu amo lhes armara. (TR)*
> *"Toda empresa deve **ter por Ø objetivo** dar poder aos funcionários para agirem criativamente na satisfação de todos os clientes." (ESP)*
> *Ela correu para fora e **deu de Ø cara** com a lua, em pleno dia, cortada por uma faixa escura, atravessando o espaço rápido. (CBC)*
> *Sérgio **deu de Ø ombros**, ostensivamente desinteressado. (A)*

- sem **preposição** após o **verbo**, como em

> *Você me **deu Ø carta branca** pra resolver. (PD)*
> *O desespero, nesse momento, **deu Ø lugar** à revolta. (GLO)*
> *Gastou nisso muito tempo, sem **dar-se Ø conta**, fugindo sempre das pessoas que procuravam conversar com ele. (PCO)*
> *Foi o que verificamos quando nossas casas deram para **pegar Ø fogo** sem nenhum motivo aparente. (CBC)*

b) Formando expressões de valor **adverbial** com **preposições**, como, por exemplo

- *de*

> *João recua **de Ø costas** ainda apertando o braço magoado. (AS)*
> *Ela ficou **de Ø bruços**, respirando forte exausta. (BL)*

- *a*

> *Eu nunca monto nele, prefiro andar **a Ø pé** ou **a Ø cavalo**. (OSA)*
> *Monta, laça, campeia, corre e atravessa o rio **a Ø nado**. (JM)*

- *em*

> *A mulher sentou-se, pôs o menino no colo, e o soldado ficou **em Ø pé**. (AM)*
> *Ficaram um momento **em Ø silêncio**, não querendo desligar, esperando uma gentileza, um abraço uma saudade. (AF)*

- *em matéria de*

> *Mulher é de fácil compaixão. Reconheço: ganham de nós, homens, **em matéria de Ø coração**. (AM)*

438

O Artigo Definido

- **em referência a**

  *Já recebimento vai ser utilizado em larga escala como nominalização de receber **em referência a** Ø dinheiro e mercadoria em geral.* (Q-DI)

- **em meio a**

  *Silvia beijava-me as mãos **em meio a** Ø lágrimas e súplicas desesperadas.* (MAR)

- **em meio de**

  *E a partida começou **em meio de** Ø risos e zombarias dos jogadores.* (CP)

- **em homenagem a**

  *O relógio deu as horas e como o jantar era **em homenagem a** Ø padre Magno.* (JM)

3.3.1.12 Em expressões de especificação do tipo de:

- **no cargo de**

  *Eis a narração fiel dos fatos de que tenho conhecimento **no cargo de** Ø chefe de polícia.* (CRU)

- **na posição de**

  *Com essa visão do xadrez, Botwinnik se alternou **na posição de** Ø campeão mundial com Wassily Smyslov e Mikhail.* (X)

- **na função de**

  *Os lisossomos são bolsas cheias de enzimas digestivas, que atuam **na função de** Ø digestão intracelular.* (BC)
  *O bibliotecário age **na função de** Ø bibliográfico quando escolhe livros, investiga preços, editores etc.* (BIB)

3.3.1.13 Em estruturas paralelas, ou seja, estruturas formadas por dois **substantivos** colocados lado a lado, unidos por **preposição**:

***Dia a dia**, a França e a Itália atiram nesse mar outrora transparente cerca de três mil e quinhentas toneladas de detritos tóxicos.* (OV)
*Há de ver que ali estavam **lado a lado** duas almas que se procuram e, distraídas, disso não se deram conta.* (BPN)
*Os dois se olham **cara a cara**, tensos, medindo as mútuas disposições.* (REI)

3.3.1.14 Em estruturas com dois **substantivos** precedidos ambos por **preposição**, na indicação de origem-destino, ou com o significado de "trânsito de um a outro":

A Referenciação Situacional e Textual

De norte a sul o país era sacudido por tomadas de posição contra a pornografia. (PO)
E de parente em parente, de pai para filho, e de filho para neto, em papel de testamento, veio a ser dono dela meu tio Lucas. (LOB)
De grão em grão o copo se enche; de gota em gota a galinha enche o papo; de bula em bula enchemos o saco do papa. (CID)

3.3.1.15 Nos **vocativos**:

"Oh, Ø céus! Quanta coisa temos que suportar para iluminar a humanidade", conformou-se Lorenzo. (ACM)
Ø Querido! Será que tu estás com vontade de morrer? (TRH)
Ø Pai! Você prega cada susto na gente! (NB)
Tchau, Ø amor! Procura dormir. (UNM)

3.3.1.16 Nos **apostos** que fazem atribuição:

Aquela mulher, Ø flor de poesia, era agora aquilo! (MP)
A encarnação surge em seu sentido pleno: como lugar onde simultaneamente se sofre e se constrói o carma, como espaço decisivo de exercício do livre-arbítrio relativo que define o homem, Ø espírito encarnado. (ESI)

\# Entretanto, essa construção também ocorre com **artigo**:

Demorei-me mais alguns momentos em palestra e voltei ao povoado, sem lograr ver D. Maria, o anjo disfarçado. (DEN)

3.3.2 Há alguns nomes comuns que não se empregam com **artigo** em determinadas situações.

3.3.2.1 *Casa*

a) Em localizações **adverbiais**, emprega-se sem **artigo** quando, desacompanhada de qualificação, se refere à residência, ao lar da pessoa de quem se trata.

Ao chegar a Ø casa, Aglaia tocou a sineta. (JM)
Alice ao sair de Ø casa deixara uma carta para Lomagno. (AGO)
Cornélio sempre fora excelente cumpridor de suas obrigações, suas contas sempre estavam em dia, tanto que os cobradores só vinham à noite, horário em que ele nunca estava em Ø casa. (ACT)
Eu já não vinha cedo para Ø casa. (AFA)
A sua verdadeira vida se passa fora de Ø casa, naquele ambiente de festas e alegrias que vislumbrou durante as férias, e do qual a privam as aulas. (CC)
Tínhamos os nossos jarros, dentro de Ø casa. (CJ)

O Artigo Definido

\# Encontram-se casos de emprego de *a* **craseado** (à) antes da palavra *casa* usada nessa acepção, emprego que talvez se deva à não percepção de que o *a* craseado implica a utilização do **artigo definido** *A*:

> *No seu entusiasmo de chegar À casa, como a um porto franco, Evandro minimiza tempo e espaço.* (PRO)
> *Não descurava a rua, na esperança de ver a moça passar de volta À casa.* (PRO)

b) Quando, nessa mesma acepção, vem indicado, num **sintagma** preposicionado, o proprietário, é mais comum o emprego do **artigo definido** antes de *casa*

> *Um a um os potentados emboabas chegaram À casa de Viana, com seus cavalos ajaezados e salvaguardas ostensivas.* (RET)
> *Depois de tomar banho nA casa de Zuleika, Chicão ligou para o escritório de Lomagno, conforme haviam combinado.* (AGO)
> *Nossa partida foi marcada para as oito da manhã do sábado diante dA casa de Lorenzo, em via Piacenza.* (ACM)
> *Quando, no dia seguinte, sem se mostrar interessada, foi para A casa de Laura, na hora da passagem do ônibus, viu que dois olhos a buscavam com ânsia.* (BH)
> *Ele disse que ia até A casa de Ulisses, não ia demorar.* (PD)
> *Ouvi risos de Érica, fui até a rua, o som vinha dA casa do vizinho.* (OMT)

\# Ocorrem, porém, casos sem **artigo**:

> *Quando saíra de Ø casa de Nestor, o Cabo, embora fosse outro o seu caminho, viera subindo pelo Barateiro, onde fica o Armazém.* (FP)
> *Desde o meio-dia, Mário está em Ø casa de Dona Dedé, prima de mamãe.* (A)
> *Ele deu uma palmada em você? Quando? – Quando eu estava muito levado e Glória me mandou para Ø casa de Dindinha.* (PL)

c) Em **adjuntos adnominais** e **complementos nominais** iniciados pela **preposição** *de*, referindo-se à própria residência ou à da família

> *Pela primeira vez, senti grande nostalgia e saudade de Ø casa, das minhas coisas, de minha irmã.* (ID)
> *– Olha: manda teu tio recolher o lixo mais cedo. A lata ainda está na porta de Ø casa.* (BH)
> *Havia um ponto exato onde forçar com o ombro: bastava comprimi-lo de leve e a porta se abria na maciota, sem fazer o mínimo ruído. Todos os de Ø casa usavam este método, prático e simples.* (ANA)
> *Fomos recebidos como gente de Ø casa.* (ID)

\# Facilmente se verifica o contraste existente entre essas expressões (em que ocorre *de casa*) e as expressões abaixo, em que há **artigo definido (da casa)**:

A REFERENCIAÇÃO SITUACIONAL E TEXTUAL

> *Lembro-me de Guilherme Giorgi, um dos primeiros clientes a aparecer na oficina, que se tornou amigo **dA casa**.* (ANA)
>
> *A mãe de Bentinho tinha passado por lá. A velha estava toda alterada. Parou na porta **dA casa** e abriu a boca para dizer muita coisa feia.* (CA)

\# Na expressão muito corrente ***dona de casa***, fica bem evidente que a palavra ***casa***, referindo-se à casa da própria pessoa ou da família, é tomada em sentido genérico, contrastando com ***dona da casa***, em que há referência a uma casa particular que pode ser ou não a residência própria ou da família:

> *Ser boa dona **de casa** significava entrar na cozinha, mexer em coisas desagradáveis, preparar, calcular, acertar, ouvir reclamações, suportar olhares de desaprovação.* (ASA)
>
> *Ao chegarem à loja, Das Dores escolhe, pechincha, mostra que sabe fazer compras, que pode ser dona **de casa**, do dinheiro e pelos olhares dengosos, do coração de Lindauro.* (ATR)
>
> *Outra mulher reclamava que passou numa casa e pediu uma esmola. A dona **dA casa** mandou esperar.* (QDE)
>
> *Se fosse recebido pela dona **dA casa**, sua pergunta era se o compadre estava.* (ETR)

d) Não se põe **artigo** na **expressão interjetiva** *ó de casa*

> *Lá para as tantas lhe deu, porém, o espicaçar acima enunciado, a fome bateu-lhe às portas da barriga: "pan, pan, pan, **ó de Ø casa**!* (FAB)
>
> *(Ouvem-se palmas do lado de fora e uma voz dizendo): **ó de Ø casa**!* (IC)
>
> *"**Ó de Ø casa**, nobre gente, / Escutai e ouvireis, / Lá das bandas do Oriente / São chegados os três Reis."* (FSP)

3.3.2.2 *Palácio*

\# Designando a residência de um soberano ou mandatário, indica a gramática tradicional que não ocorre **artigo** quando se trata de construção adverbial e quando o **nome palácio** não vem qualificado nem determinado. Muitas vezes esse substantivo vem grafado com maiúscula inicial

> *Jantou em Ø **palácio** com o Governador e regressou com uma equipe de técnicos, tendo antes convidado deputados, secretários, senadores para a sua posse.* (S)
>
> *E ele só nos recebeu em Ø **Palácio** ao final do expediente.* (DZ)
>
> *Até nós, do Pirotécnico, fomos chamados a Ø **Palácio** para garantir a "República ameaçada".* (ALF)

\# Com determinação ou qualificação do **substantivo** *palácio*, a gramática tradicional indica que ocorre **artigo**:

O Artigo Definido

> *Alguém de dentro do Catete, talvez o próprio chefe do Gabinete Civil, passava ocultamente para o arqui-inimigo Lacerda informações confidenciais sobre o que acontecia nas reuniões reservadas **dO palácio** do governo.* (AGO)
> *Teriam que caminhar um pedaço para chegar **aO novo palácio** de arcebispo.* (BOI)
> *Então um dia os ladrões foram **aO palácio** do príncipe e roubaram todo o dinheiro dele.* (FAN)

\# Entretanto, é comum o emprego do **artigo**, mesmo sem qualificação ou determinação de ***palácio***:

> *Freitas tinha um amigo altamente colocado **nO palácio**, o chefe do Gabinete Civil, Lourival Fontes, que fazia um jogo duplo.* (AGO)
> *Tenho certeza que na frente dele, **nO Palácio**, falei bonito e convenci.* (CJ)

3.3.2.3 *Bordo e terra*

\# O **substantivo** *bordo* usa-se sem **artigo definido** nas expressões *a bordo* e *de bordo*. O **substantivo** *terra*, quando tem acepção oposta a *bordo*, também se emprega sem **artigo**:

> *Mais de cem presos que haviam participado da rebelião em Natal e Recife chegavam ao Rio de Janeiro **a Ø bordo** do navio Manãos.* (OLG)
> *Mas tais produtos deterioravam-se **a Ø bordo**.* (APA)
> *Um automóvel foi, pista adentro, buscá-lo ao avião acabado de chegar e só depois os outros passageiros foram autorizados a sair **de Ø bordo**.* (OMU)
> *Desafia os vagalhões na sua nau Catarineta, eis que um pirata lhe bateu no braço e o herói saltou **em Ø terra**.* (CBC)
> *Você saiu à sua mãe, foi feito para ficar **em Ø terra**.* (CR)
> *Até que, determinado dia, percebeu que o peixe estava completamente acostumado a viver **em Ø terra**.* (FAB)

3.4 Particularidades de construções com **artigo definido**

Várias questões ligadas a **repetições** merecem ser apontadas:

a) Recomenda a gramática tradicional normativa que, quando empregado com **substantivos** de uma série, o **artigo** deve anteceder cada um dos **substantivos** (ainda que sejam todos do mesmo **gênero** e do mesmo **número**)

> *Que faria eu, que amo **O sol, O calor**, num mundo de céu cinzento e invernos cada vez mais longos e frios?* (CH)
> *Tirar-lhe **O sol, O ar, O espaço** e cercá-la de trevas, trevas onde o Diabo é rei?* (OSA)

A distância, vejo nós dois, tal como éramos àquela época, **O quarto, A cama**, e nós, contornados de aura noturna. (DM)

Como companheiros, eles têm apenas **O sol, A chuva, O silêncio do casebre.** (OAQ)

OS homens, AS cidades, OS códigos, até OS pr.. ·es **intervalares da vida social** lhe causam pavor. (BOC)

OS eventos, OS homens, AS ideias são mostrados em toda sua ambiguidade e complexidade. (IS)

Isto quer dizer que **O Sol, A Lua, AS estrelas** e toda a paisagem do Céu aparecem verticalmente no horizonte. (ATE)

A luz do candeeiro iluminava **O quarto, AS paredes nuas, A cama de ferro, A pequena mesa.** (OS)

O sol de um dia limpo coado pela velha árvore, pinta de manchas coloridas **O quarto, AS cobertas, O roupão de Heládio.** (NB)

A ninguém é desconhecido o prestígio de que gozam na afetividade da criança, **AS histórias, OS contos, AS lendas e AS ficções em geral.** (PE)

Na modéstia de sua condição, parecia satisfeito só em sentar na sala abastada, não se cansando de admirar **OS móveis, AS cortinas, OS quadros, AS peças da casa.** (LA)

Sabe, sempre tive a impressão de que todo mundo estava de olho em mim. Todo mundo. **A família, OS professores, AS garotas, O mecânico do meu carro, O porteiro do meu prédio, O cara da padaria, O jornaleiro.** (BL)

b)   Geralmente não se repete o **artigo definido**

- quando os **substantivos** que vêm em sequência, coordenados por *e*, são **correferenciais**, isto é, se referem ao mesmo indivíduo:

  Pretextando comentar o clássico de Stenthal, sobre **O amigo e Ø mestre**, José Duarte fez, realmente, um significativo trabalho de escrita musical, a respeito do célebre compositor. (FI)

  Nereu Corrêa foi, desde então, **O companheiro e Ø amigo.** (CPO)

  A cantora e Ø compositora aceitou com o maior prazer fazer uma participação especial na novela Perigosas Peruas. (OD)

  Elizabeth tem muito da beleza de Lena Horne (**A cantora e Ø estrela de Cinema**) e seu grande sonho é ser atriz. (RR)

  Outro recurso para "envenenar" o equipamento é o teleconversor, o que levou **O professor e Ø fotógrafo** Cláudio Sitrangulo, 34, a escolhê-lo para produzir seus trabalhos fotográficos. (RI)

- quando os **substantivos** podem representar-se mentalmente como um todo estreitamente unido:

  E lá iam eles, infestando **AS ruas, Ø praças e Ø feiras** do Rio de Janeiro, de Salvador e Recife. (CAP)

O ARTIGO DEFINIDO

Negócios ligados com o povo e com AS mulheres, Ø joias, Ø móveis, Ø vestuários, Ø roupas etc. (CRU)

Um mulherio surgiu trazendo OS pratos, Ø travessas, Ø panelas. (GAT)

Chegando a hora, Carlão repetia os comentários, enquanto os demais, enfileirados com OS pratos, Ø colheres e Ø pães à mão, se empurravam na fila como fiéis em procissão, brigando pelo pouco espaço. (CP)

Posição semelhante ocupavam OS cachorros, Ø pássaros, Ø macacos e Ø vasinhos de plantas, cujos únicos lugares de acesso, excetuados os terraços, seriam os jardins de inverno, verdadeiros terraços fechados. (ARU)

Todas AS pessoas, Ø animais, Ø plantas e Ø coisas da Terra têm um direito e um avesso, uma fachada e um fundo de quintal, uma aparência e uma essência, um sim e um não. (BOC)

Jane tornou-se adepta da alimentação naturalista e hoje prefere AS frutas, Ø verduras e Ø cereais, combate a carne em excesso, sugere o banimento do sal e aconselha que se evite o álcool. (VEJ)

A miséria de 220 mil seringueiros que, vivendo sete meses por ano na selva, extraindo a borracha, mal ganhavam para A comida, Ø roupa e Ø munições. (HIB)

Uma dessas modalidades foi o anarco-sindicalismo (...) que canalizou as aspirações dos trabalhadores urbanos para AS greves, Ø sindicatos e Ø congressos operários. (PEN)

A Constituição estabeleceu o voto universal masculino para os maiores de 21 anos (não votavam AS mulheres, Ø mendigos, Ø analfabetos, Ø membros de ordens religiosas e Ø soldados). (HIB)

\# Desse modo, em várias das ocorrências apresentadas, em a), poderia não ocorrer a repetição do **artigo**:

OS homens, Ø cidades, Ø códigos, até os prazeres intervalares da vida social lhe causam pavor.

OS eventos, Ø homens, Ø ideias são mostrados em toda sua ambiguidade e complexidade.

Isto quer dizer que O Sol, Ø Lua, Ø estrelas e toda a paisagem do Céu aparecem verticalmente no horizonte.

A ninguém é desconhecido o prestígio de que gozam na afetividade da criança, AS histórias, Ø contos, Ø lendas e Ø ficções em geral.

Na modéstia de sua condição, parecia satisfeito só em sentar na sala abastada, não se cansando de admirar OS móveis, Ø cortinas, Ø quadros, Ø peças da casa.

c) Repete-se o **artigo** antes de dois **adjetivos** antepostos, unidos por uma das **conjunções** *e* e *ou* quando eles são antônimos

Há trinta anos tenho esta loja. Conheço O bom e O mau cristal, e conheço todos os detalhes do seu funcionamento. (OA)

445

A partir da percepção da utilidade das virtudes morais, certos homens ensinariam a outros a distinção entre **A boa e A má** *ação.* (CET)

Trataremos aqui da pornografia como uma forma de consciência, sem a preocupação de rotular A *"boa" e* A *"má" produção.* (PO)

Muito escura mas difícil de se dizer se nela predominava a ascendência índia, **A negra ou A branca.** (NB)

Não se repete, porém, o **artigo** se os dois **adjetivos** antepostos, coordenados entre si (com ou sem **conjunção**), se conciliam como uma qualificação complexa do **substantivo**:

Meus nobres pares, aqui estou, cumprindo **O velho,** Ø **sábio** *rito acadêmico de incorporar-me à nossa Casa, recordando aqueles que me antecederam na Cadeira Onze.* (DDR-O)

Nos acompanhávamos com remorso **A longa,** Ø **atormentada** *agonia.* (BH)

Herdamos a responsabilidade de continuar no tempo e no espaço **A grande,** Ø **nobilíssima,** Ø **extraordinária** *obra dos que nos antecederam no Brasil.* (TGB)

O resto, **A escura,** Ø **imensa** *plebe, só nela sofre, e com sofrimentos especiais que só nela existem!* (PH)

Pulmão: sei o que é. Órgão destinado à hematose (graças à qual **O escuro,** Ø **grosso,** Ø **ominoso** *sangue venoso transforma-se n***O rútilo,** Ø **fluido,** Ø **alegre** *sangue arterial), o pulmão tem cor rósea na criança, mas acinzentada no adulto.* (CEN)

A longa *e* Ø **estafante** *viagem, as emoções da chegada, o peso das confidências paternas, haviam-no derreado.* (SEN)

Antes de guardá-lo no bolso, Janjão examinou com interesse e satisfação **A longa** *e* Ø **fina** *lâmina de aço.* (TG)

Haviam há vários sóis abandonado a terra natal para enfrentar tudo, inclusive **O novo** *e* Ø **singular** *estado das coisas.* (OE)

d) Não se repete o **artigo definido** quando, entre dois **substantivos** unidos por *ou*, há uma relação de sinonímia ou quase-sinonímia

A anamnese, *ou* Ø **história clínica,** *era completada com o exame do paciente.* (APA)

O pasmo, *ou* Ø **susto,** *é uma situação em que o indivíduo acredita ter perdido a alma como um castigo de espíritos guardiães da natureza.* (APA)

Descrever-lhe **A evolução** *ou* Ø **gênese** *era traçar a genealogia das várias concepções e levar em conta a possibilidade de saltos evolutivos, por obra de algum gênio.* (ACM)

*Depois disso, oscilava entre seus dois amores: a história d***O movimento muscular,** *ou* Ø **comportamento motor,** *como definia Lorenzo, e o projeto de ter uma filha bailarina.* (ACM)

Os artistas entram em cena, dizem o seu recado e fazem o possível para agradar, nem que seja, conforme confessa o Paulinho Rodrigues diante das câmeras, na base da apelação – isto é, **O rebolado ou** Ø **trejeito** *que forçam o auditório a rir.* (RR)

O Artigo Definido

Inclui-se nesse caso o do emprego de denominações próximas e alternativas para o mesmo referente:

O saju ou Ø sapaju, um macaquinho, apenas: quiromantes podem ler-lhe a sorte, nas muitas linhas da mão. (AVE)

A gorila-fêmeo. **A chimpanza ou Ø chimpanzefa.** *A orangovalsa.* (AVE)

e) Recomenda a gramática tradicional normativa que se repita o **artigo definido** quando uma série de **superlativos relativos** qualifica um mesmo **substantivo**

Este foi o fim do nosso amigo, um homem que eu penso ter sido **O mais sábio, O mais justo, O melhor homem** *que conheci.* (TPR)

Sendo **O maior, O mais profundo** *e* **O mais discreto** *lugar da Terra, o mar tem sido durante séculos o receptáculo mais seguro para tudo que não se deseja.* (OMA)

Para você sou **O mais manso, O mais generoso, O mais apaixonado** *dos namorados!* (PEL)

A Sudene fica habilitada a se integrar na plenitude das suas responsabilidades, cujo atendimento constitui **O mais premente, O mais grave, O mais inadiável** *dos deveres do Governo Federal.* (G-O)

É lição da História que todo triunvirato termina na ditadura de um só homem: **O mais forte, O mais hábil, O mais audaz.** (CRU)

Sim, eu sei, **O mais bravo** *dos homens,* **O mais inteligente, O mais nobre, O mais justo, O mais sereno, O mais digno!** (TEG)

Um documento dessa ordem tem que ser **O mais pessoal, O mais íntimo** *possível.* (VN)

Entretanto, há ocorrências sem a repetição do **artigo**:

Respectivo esse holandês, eu até que acho mesmo que é **O mais sujo, Ø trapaceiro, Ø fedido, Ø cainho** *e* **Ø sumítico** *sujeito que veio lá das Europas.* (TR)

Constituíram uma república que ficou conhecida pelo nome de Quilombo ou Palmares e, por ser de todos **O mais forte, Ø valente** *e* **Ø ágil,** *Zumbi foi escolhido como chefe dessa república.* (MU)

Timothy assinara uma declaração dizendo que o menino tivera como pai **O mais compassivo, Ø honesto** *e* **Ø corajoso** *ser humano que o mundo contém.* (MAN)

f) As enumerações obtêm maior efeito de acúmulo quando não se emprega o **artigo definido**

Alongou os olhos: tudo ia ganhando contornos na luz matinal – **Ø cercas, Ø árvores, Ø cancelas,** *um feixe de lenha desfeito.* (ALE)

Nunca saímos do Giovanni sem uma rosa. Se Luciana ia para casa, despetalava toda, e colocava dentro da agenda onde havia de tudo: **Ø endereços, Ø ideias, Ø bilhetes meus, Ø pedaços de ingresso de cinema ou teatro,** *um do Pacaembu,* **Ø retratos, Ø notícias de jornal, Ø cheques, Ø folhas de árvores, Ø fitas, Ø folhetos de rua, Ø bulas de remédio.** (BE)

A REFERENCIAÇÃO SITUACIONAL E TEXTUAL

> *Elas estavam ali, milhares delas, voando desordenadamente por entre Ø **postes**, Ø **telhados**, Ø **árvores**, Ø **bancos**, Ø **pombais**. (BL)*
>
> *Ao bater na sineta, oito horas em ponto, já estávamos – Ø **compêndios arrumados**, Ø **cadernos**, Ø **lápis**, Ø **penas**, Ø **borrachas** – tudo em ordem, para o tocar livros. (CF)*

\# Ao efeito de acúmulo pode agregar-se a sugestão de rapidez na enunciação:

> *Milhões de pessoas, em milhares de cidades, acordam diariamente a bordo de um gigantesco carrossel: Ø **filas**, Ø **ônibus**, Ø **semáforos**, Ø **buzinas**, Ø **engarrafamentos**, Ø **pressa**, Ø **relógio**, Ø **trabalho**, Ø **elevador**, Ø compra, Ø vende, Ø **fome**, Ø **almoço**, Ø **sanduíche**, Ø **jornal**, Ø **conversa**, Ø **cafezinho**, Ø **olhares**, Ø **cobiça**, Ø **criança**, Ø **escola**, para, anda, Ø **faróis**, Ø **novela**, Ø **família**, Ø **contas**, Ø **amor**, Ø **sonhos**; e no dia seguinte... tudo de novo. (X)*

O PRONOME PESSOAL

1 A natureza dos **pronomes pessoais**

1.1 O **pronome pessoal** tem uma natureza **fórica**, isto é, ele é um elemento que tem como traço categorial a capacidade de fazer **referência pessoal**:

a) a uma pessoa ou coisa que foi (**função anafórica**) ou vai ser (**função catafórica**) referida no texto; é o caso, especialmente, dos **pronomes** de **terceira pessoa**

- **Anáfora**

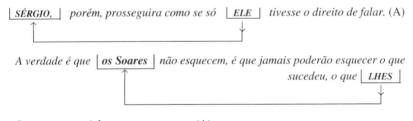

fiz, o que por minha causa aconteceu. (A)

- **Catáfora**

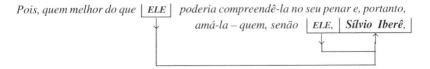

que trazia da longínqua infância a marca da predestinação ao sofrimento? (A)

A Referenciação Situacional e Textual

b) a um dos interlocutores (**função exofórica** ou **dêitica**), isto é, a uma pessoa que pertence ao circuito de comunicação; é o caso da **primeira** e da **segunda pessoas**:

Estamos diante do Marrocos e EU estou com sede. (A)
Não te atrevas a me ensinar cirurgia, TU que nada mais fizeste a não ser ler livros.
    (APA)

\# É mais raro que um **pronome** de **terceira pessoa** faça referência a alguém ou algo da situação de comunicação:

Olha Olha ELA aí, Valdemar. (ESP)

\# Apenas em discurso relatado, ou seja, em discurso dentro de discurso (**discurso direto**) a recuperação referencial de um **pronome** de **primeira** ou de **segunda pessoa** se faz no texto:

*Enérgica, **Angela** interveio:*
– E você acha que EU ia ouvir calada? (A)
(eu ⇒ Angela)
*Por fim, **Sílvio** respondeu:*
– Acabou o quê, Sérgio? Nunca houve nada, VOCÊ sabe. (A)
(você ⇒ Sérgio)

1.2 O traço definidor dos chamados **pronomes pessoais** (*EU, TU, ELE, ELA, NÓS, VÓS, ELES, ELAS, ME, TE* etc.) é sua capacidade de identificar de forma pura a **pessoa** gramatical, já que os outros **pronomes** que têm relação com a **pessoa gramatical**, como os **possessivos** e **demonstrativos**, fazem alguma outra relação:

- os **possessivos** relacionam duas pessoas gramaticais;
- os **demonstrativos** localizam algo, em relação com as pessoas do discurso.

2 As formas dos **pronomes pessoais**

2.1 Há **pronomes pessoais** para referência às três **pessoas gramaticais** do singular e do plural:

	SINGULAR	PLURAL
1ª pessoa	eu	nós
2ª pessoa	tu, você	vós, vocês
3ª pessoa	ele, ela	eles, elas

O PRONOME PESSOAL

2.2 As formas de **terceira pessoa** se flexionam em **gênero**:

ELE voltava, ELA ria; ELE sumia, ELA chorava. (AS)
ELES e ELAS, adultos, têm a saúde estiolada. (OS-O)

2.3 Além dessas formas (**tônicas**) que podem ocorrer como **sujeito** de **verbos** em forma **finita**, existem outras formas que não exercem essa função, para as três **pessoas**, e para **singular** e **plural**:

a) **formas átonas**

	SINGULAR		PLURAL	
1ª pessoa	me (*)		nos (*)	
2ª pessoa	te (*)		vos (*)	
3ª pessoa	o, a, lhe (***)	se (**)	os, as, lhes (***)	se (**)

(*)   formas reflexivas ou não reflexivas
(**)   formas reflexivas
(***) formas não reflexivas

b) **formas tônicas**

	SINGULAR	PLURAL
1ª pessoa	mim, comigo (*)	nós, conosco (*)
2ª pessoa	ti, contigo (*)	vós, convosco (*)
3ª pessoa	si, consigo (**)	si, consigo (**)

(*)   formas reflexivas ou não reflexivas
(**)   formas reflexivas

As formas **reflexivas** representam um **complemento** da mesma pessoa do **sujeito** (o **sujeito** e o **complemento** são correferenciais):

Vi-ME, sem querer, em um espelho baço, e me achei mais feio e mais velho. (B)
É, saíra com vontade de dar uma rabanada, mas disfarçou e desceu para a suíte, onde Angelo Marcos ainda dormia de peruca e boné, e SE olhou no espelho com raiva. (SL)
Mais do que isso, não somos capazes de conhecer nem mesmo a NÓS próprios: não conhecemos nossa alma, nem o nosso corpo. (CET)
Faze para TI e teus filhos, e a tua mulher, e as mulheres de teus filhos, e de tudo o que vive, dois de cada espécie, macho e fêmea, uma arca, pois o fim de toda a carne é vindo. (AVL)
Levou o dia caminhando pelas ruas desertas, e apenas teve algum alívio quando, indo ao Mocha, viu a SI própria no espelho das águas, entre ramos de maria- -mole que tremiam ao vento. (FR)

*Ainda assim, é o melhor presente que **dei** a MIM mesmo quando completei outro dia*
94 anos (64 de jornalismo). (RI)

As formas de **plural** que podem ser **reflexivas** podem também ser **recíprocas**. São construções **recíprocas** aquelas em que cada um dos termos – o **sujeito** (um **sintagma nominal** ou um **pronome**) e o **complemento** (sempre um **pronome pessoal**) – representa em si mesmo os dois termos (e, portanto, as duas **pessoas**) da relação transitiva:

*NÓS NOS **castigamos** e **perseguimos uns aos outros**, estudamos modos de NOS **preju-***
*dicarmos**, de NOS **ferirmos mutuamente** com ódio, abusos e injúrias.* (APA)
Onde VOCÊS SE encontraram? (AGO)
Era a primeira vez que ELES SE enfrentariam de igual para igual. (AVI)

3 As funções dos **pronomes pessoais**

3.1 A partir da sua natureza fórica, o **pronome pessoal** tem duas funções básicas:

a) **função interacional**: representar na sentença os papéis do discurso, função que remete à situação de fala;
b) **função textual**: garantir a continuidade do texto, remetendo a elementos do próprio texto.

3.2 Além disso, os **pronomes pessoais**, ainda por causa de sua natureza referenciadora, têm, na **oração**, uma terceira função, a de explicitar a natureza temática do referente, dispondo, para isso, de formas particulares.

3.2.1 Algumas formas, como *EU* e *TU* são, em princípio, restritas à função de **sujeito**:

TU vais adiante; logo mais EU sigo, se não morrer neste amanhã. (CG)
TU és igual a uma flor, tão doce, tão bela e tão pura. (CD)

\# A forma *TU*, assim como *VÓS*, pode, ainda, ser usada como **vocativo**:

*Ó TU **que estudas** esta máquina, o corpo, não deves te sentir ressentido por receber*
o conhecimento que resulta da morte de um semelhante. (APA)
*"Lasciate ogni speranza, voi ch'entrate" – deixai toda esperança, ó VÓS **que entrais**:*
o lema do Inferno de Dante caberia como epígrafe nesta introdução sombria e
corrosiva aos estudos literários. (FSP)

O Pronome Pessoal

3.2.2 São restritas a funções **completivas** as formas **oblíquas átonas**:

Não ME leve a mal, eu não gosto de TE ver triste e não quis TE magoar. (ACM)

Se não NOS tivéssemos encontrado, não teria havido maior diferença. (A)

Em suma: nada mais VOS peço senão que afugenteis a Morte da minha vista. (AL)

\# Há um tipo de construção, entretanto, em que a forma **oblíqua átona** do **pronome pessoal** ocorre como **sujeito**: é o caso de **sujeito** de uma **oração infinitiva** que constitui **objeto direto** do **verbo** junto do qual o **pronome átono** se coloca como **clítico**:

Deixe-ME falar-lhe de minha felicidade. (PRE)
    (= deixe que eu fale)
Faça-O subir, tenha a bondade. (MP)
    (= faça que ele suba)
Mas se você, como velha teimosa que é, quer que ela volte ao colégio, mande-A voltar. (I)
    (= mande que ela volte)
Súbito, ouvi-O quase gritar, o rosto transtornado de felicidade. (BH)
    (= ouvi que ele gritava)
Os companheiros, mãos enfiadas nos bolsos, cigarrões pendidos da boca, viram- -NO desaparecer a distância, no campo. (GRO)
    (= vi que ele desaparecia)

\# Também é comum, na conversação, o emprego dos **pronomes tônicos** como **sujeito** do **infinitivo**, nessas construções:

Deixa EU contar primeiro as minhas coisas, dona Angelina, não tenha tanta pressa! (ANA)
Manda ELE fugir daqui! (PEM)
Da outra vez creio que você ouviu EU dizer que o Governador, tantos outros colegas e eu acudíamos também por numeração. (AM)
Nem vi ELA gemer. (AB)

Entretanto, essa construção já aparece em textos literários.

Mas foi apenas um instante de desconfiança, o dele, e ele sorriu pegando-a, toda e suave como ela era, e tão curiosa como uma mulher é curiosa, o que fez ELE se lembrar de sua esposa. (M)

3.2.2.1 Os **pronomes pessoais átonos não reflexivos** de **terceira pessoa** têm formas particulares para

a) **objeto direto**: é a forma *O*, e suas variantes de gênero e número, como em

Em Sílvio, nem era bom pensar. Ainda que continuasse a ter por ele o mesmo sentimento de antes, riscara-O. (A)

A Referenciação Situacional e Textual

> *O porteiro não conteve o riso. Lorenzo, rindo também, tomou-A pelo braço, saudou o monge, que balançava a cabeça, talvez a perguntar-se se Beatrice não tinha razão.* (ACM)
>
> *Depois pegou os dois pesos com uma só mão e levantou-OS com facilidade sobre a cabeça.* (AGO)
>
> *Ao longo das janelas, encortinando-AS, pendiam as ramas de um maracujazeiro plantado no quintal.* (ALE)

\# As formas *O* e *A* de pronomes pessoais, quando **procliticas,** podem sofrer alterações.

- Depois de forma verbal com final em vogal+**-r** ou **-s**, passam a **-LO** e **-LA**, respectivamente, enquanto a forma verbal perde a **consoante** final, conservando a **sílaba tônica**:

> *Unamo-nos, a esta adorável Cabeça, e **adoremo-LA**.* (BAL)
>
> *Ela ficou calada, sentindo a alegria de **tê-LO** de volta e o medo de voltar a **perdê-LO**.* (AF)
>
> *Ia **visitá-LA** com frequência.* (CBC)
>
> *Se alguém quisesse **ouvi-LA**, **conhecê-LA** na sua terrível sorte, era só percorrer aquelas páginas de confissões.* (A)

- Depois de forma verbal com final em nasal, passam a **-NO** e **-NA**, respectivamente, não havendo alteração na forma verbal:

> *Bem, acho que as pessoas simplificam Borges, **vêem-NO** como uma pessoa desumanizada, que não gostava da vida.* (FSP)
>
> ***Viram-NA** ao lado do marido.* (TG)
>
> *Xantós, procura uma solução, mostra que não precisas dele, **põe-NO** a ferros, parte- -lhe os ossos!* (TEG)
>
> ***Põem-NO** numa esteira que é presa a uma trave por meio de dois laços de corda em cada extremidade.* (IA)

\# Construções com o **pronome** *LHE* funcionando como **complemento** de **verbos** que se constroem com **objeto direto** não são aceitas como de norma culta:

> *Cruzaram-se, olá como vai VOCÊ, nunca mais LHE **vi**, que fim levou (...).* (SD)
>
> *Nunca LHE **vi** desse jeito. Que foi, afinal?* (DZ)
>
> *Quando LHE **vi** fiquei meio sem jeito, mas vi logo que você era pessoa de confiança de madrinha...* (DZ)
>
> *Ora, delegado... o senhor tava era perdido no mato quando eu LHE **encontrei**...* (PD)

b) **objeto indireto:** é a forma *LHE(S)*, como em

> *O Cruz foi até ele, levar-LHE um exemplar de "Pocilga" e indagar sobre o horário em que a praça se povoaria.* (ACT)

Antes de entrar, cumprimentou Jenner e Ricardo, lançando-LHES um olhar isento de curiosidade. (ALE)

\# As formas de **objeto indireto** podem ser empregadas junto de **sintagma nominal** para indicar referência do tipo **possessivo**:

*Resolvi aliviar-LHE **o constrangimento**: "Você tem alguma ideia sobre esse prezado Bruno?".* (ACM)

3.2.2.2 Os **pronomes pessoais átonos reflexivos** e **recíprocos** têm as mesmas formas para **objeto direto** e para **objeto indireto**.

a) **Reflexivos**

a.1) **objeto direto**:

*Assim como ME **olho** no espelho, a fim de saber se estou em ordem, experimento também a voz, para ouvir se tenho bom timbre.* (AM)
*O rapaz SE **matou** com um tiro na cabeça.* (CNT)

a.2) **objeto indireto**:

*Quando de novo se fez silêncio para que outro orador falasse, Tibério SE **deu** o luxo duma reminiscência em voz alta.* (INC)
*Verdade é que não ME **dei** grandes chances.* (PV)

\# As formas de **objeto indireto** também podem ser empregadas para fazer referência do tipo **possessivo**:

Conheci também um sujeito que um dia chegou em casa, olhou a mulher, os filhos, a sogra, os retratos pregados na parede e uma Última Ceia pendurada em cima do piano, e de repente compreendeu que nada daquilo lhe pertencia nem poderia pertencer-lhe nunca – e de vergonha se fechou no quarto e SE cortou os pulsos com uma gilete usada, sem soltar um gemido sequer e como se cumprisse apenas uma obrigação muito importante. (AL)
(= cortou os seus pulsos)

b) **Recíprocos**

b.1) **sujeito + objeto direto**:

*Valdo, tudo é possível, **nós** NOS amamos.* (CCA)
***Os dois** SE olharam, caminharam mais alguns passos e se viravam ao mesmo tempo, como se fosse coreografado.* (AVL)
*Na mesa, **todos** SE entreolharam.* (A)

A REFERENCIAÇÃO SITUACIONAL E TEXTUAL

b.2) sujeito + objeto indireto:

E convoco todos a que, filhos do mesmo Deus, NOS demos, uns aos outros, as graças e as mãos. (ME-O)

Com que direito tomaram eles da minha indivisível vida e dela fizeram um cristal devassável e quebradiço. E SE deram de presente o meu corpo, a minha honra, a minha dor, a minha lágrima? (CNT)

3.2.3 Também são restritas a funções **completivas** as formas **oblíquas tônicas** *MIM* e *TI*, que ocorrem regidas de **preposição**:

*Mas papai **sem** MIM, não dá nem para pensar. (COR)*

*Mas isso não é novidade **para** MIM, Sérgio! (A)*

*Faze-lhe uma visita, **por** TI e por MIM. (TER)*

*Oh Júpiter, que **de** TI não conheço mais que o nome. (ACM)*

*A luta **entre** MIM e o Governador é de igual para igual. (VP)*

*E mais ainda pois noto que hoje não houve rixa **entre** TI e meu marido. (VP)*

\# Diz a tradição da gramática que as formas *EU* e *TU* não podem ser regidas por preposição (e só podem ser **sujeito**). Entretanto, não apenas na linguagem popular, como, ainda, na linguagem literária e na jornalística, esses pronomes ocorrem construídos com *entre*, estejam eles na segunda posição – caso que é mais tolerado pelos gramáticos – ou na primeira:

*Diga só no meu ouvido, só **entre você e** EU. (FSP)*

*Claro que **entre ele e** EU havia dificuldades. (FSP)*

*Mas, reaparecendo, sentando-se **entre** EU e Jerônimo, Rosália não podia esconder o que havia muito sabíamos: crescia no seu ventre o filho do irmão. (ML)*

*Coisas há que devem ficar **entre** EU e ela. (VI)*

*Cristo me disse que havia apenas uma diferença **entre** EU e Artur. (OAQ)*

*As relações **entre** EU e meu marido só a mim diziam respeito. (P)*

*Foi um cansativo e monótono jogo de gato e rato, **entre** EU, Keffel e o confuso senhor de nome estranho. (CRU)*

Casos em que o **pronome** fica em destaque obviamente favorecem o uso da forma reta:

*Não vai ter diferença **entre** EU **advogado** e VOCÊ **cabocla**. (COR)*

3.2.4 Funcionam como **sujeito** e como **complemento** as formas **tônicas** *ELE* (e flexões), *NÓS* e *VÓS*.

Hoje ELE está homem feito. (ALE)

O velho se dirigiu a ELE por cima da minha cabeça. (AFA)

456

NÓS temos a Ilha dos Bugres, que não tem bugres. (BOC)
A biblioteca era, para NÓS, como um santuário. (ACM)

Agradeço-vos, Senhor, pelo alimento que VÓS me proporcionais hoje. (SO)
Oro a Deus por todos VÓS. (OAQ)

\# A gramática normativa só admite que essas formas ocorram como **complemento** se preposicionadas. Entretanto, especialmente na linguagem falada, mas também na escrita, ocorrem enunciados como:

Não sei – respondia a recepcionista, que trabalhava com ele há quinze anos. – Nun-ca vi ELE assim. (ANB)
Benê levou ELE. Levou quase à força. (IN)
Quando Ludmila chegou encontrou ELE morto, no banheiro. (E)

Na conversação essas formas são sempre usadas quando sua posição no enunci-ado tem de ser tônica:

Virgem! Olha ELE. Liquida o Joca e dá pêsames. (FO)
Olha ELE lá. Vamos aproveitar... (MD)

3.3 Uma das funções básicas dos **pronomes pessoais** é a de constituir expressões referenciais que representam, na estrutura formal dos enun-ciados, os interlocutores que se alternam na enunciação:

a) **primeira pessoa**: aquela de quem parte o discurso, e que só aparece no enuncia-do quando o locutor faz referência a si mesmo (autorreferência);

b) **segunda pessoa**: aquela a quem se dirige o discurso, e que só aparece no enunciado quando o locutor se dirige a ela;

c) **terceira pessoa**: aquela sobre a qual é o discurso.

Isso implica que há dois eixos envolvidos:

a) um eixo subjetivo, que abriga as pessoas implicadas na **interação verbal**, isto é, as pessoas que têm papel discursivo, e que são o **locutor** (a **primeira pessoa**) e o **alocutário**, ou **receptor** (a **segunda pessoa**);

b) um eixo não subjetivo, que abriga as pessoas ou coisas não implicadas na **intera-ção verbal**, que são as entidades a que se faz referência na fala (a **terceira pes-soa**, também chamada de **não pessoa**).

No eixo da **terceira pessoa**, a oposição básica é entre

A REFERENCIAÇÃO SITUACIONAL E TEXTUAL

- uma **terceira pessoa determinada**, como em

    Amanhã mesmo, eu partirei com ELE para São Paulo. (A)

e

- uma **terceira pessoa indeterminada**, como em

    Fala-se *em grande lucro, mas o que existe são despesas e mais despesas, impostos e mais impostos.* (AS)

4 Os empregos dos **pronomes pessoais**

4.1 As formas *VOCÊ* e *VOCÊS* se referem à 2ª pessoa, mas levam o **verbo** para a 3ª pessoa, do mesmo modo como ocorre com os **pronomes de tratamento**, como *VOSSA SENHORIA, VOSSA EXCELÊNCIA, O(A) SENHOR(A)*:

*VOCÊ se **arrependeu, pagou** um pouco dos **seus** pecados, **sofreu** – **deve** ter sofrido bastante –, e **foi** perdoada.* (A)
*– VOCÊS **servem** mal, mas a comida é ótima.* (A)

O emprego de ***VOCÊ*** é muito mais difundido do que o emprego de ***TU***, para referência ao **interlocutor**. Além disso, ocorre frequentemente (embora mais especialmente na língua falada), que se usem formas de segunda pessoa em enunciados em que se emprega o tratamento *VOCÊ*, de tal modo que se misturam formas de referência pessoal de **segunda** e de **terceira pessoa**:

E se meu carro TE incomoda, lembre-SE que o transporte é grátis. (ACM)
A única coisa que TE peço é que não vá magoá-la: VOCÊ é o seu primeiro entusiasmo, o seu primeiro flerte! (S)
Não é um pouco estranho que VOCÊ tenha medo de que SUA mulher se suicide e não tenha medo de que ela TE mate? (AFA)
Queremos TE conhecer, lemos coisas SUAS. (BE)

\# Esse uso ocorre especialmente na conversação espontânea, e são abundantes os exemplos nos diálogos de peças teatrais:

Pode ditar o que VOCÊ quiser, eu escrevo. Sei fazer contas, também. Eu já TE falei que meu nome é Érica? (OMT)
Eu já TE falei, Armando, os dois únicos vagabundos nesta casa são VOCÊ e a estrela cadente. (DEL)
Já TE falei que se me pegaram o azar é SEU. (DO)
Nenéca, é uma peça burlesca, já TE disse, ou VOCÊ acha que o pessoal quer a HH, aquela metafísica croata? (CD)
Já TE disse, você não tem jeito. (DE)

458

Se mal *LHE pergunto, quem TE disse que a minha irmã não ia mais ser freira?* (DEL)
VOCÊ nunca pediu a SUA mãe para TE levar lá? (DE)

4.2 No **plural**, os **pronomes pessoais** fazem referência simultânea a indivíduos que podem desempenhar diferentes papéis, do ponto de vista do discurso.

4.2.1 Os **pronomes** plurais de **terceira pessoa** (*ELES, OS, LHES*) referem-se exclusivamente a **terceiras pessoas**, isto é, a **não pessoas** do discurso:

Porque, para eu ficar, é evidente que ELES, os Soares, têm de me propiciar as condições necessárias, isto é: ar para respirar, liberdade, tranquilidade. (A)
O casal de adolescentes ainda conversava na balaustrada, ajoujados como um feixe. Frederico Sarmento viu-OS de longe e saudou-OS com a imaginação. (OE)
Todas as Constituições subsequentes mantiveram e desenvolveram esses direitos, e a Constituição de 1988 deu-LHES sua expressão mais detalhada. (ATN)

4.2.2 Os **pronomes** plurais de **primeira pessoa** (*NÓS, NOS*) nunca se referem apenas à **primeira pessoa**, isto é, sempre envolvem um **não eu**:

a)   Ou representam a soma de **primeira pessoa** com **segunda**, como em

Não NOS afastemos do assunto, por favor. (A)
   (eu+tu / você)
Depois NÓS conversamos. (AGO)
   (eu+tu / você)
– É, os importantes são VOCÊS dois! Mas, importante ou não, de NÓS três, quem foi intimado fui eu! (PR)
   (eu+vocês dois)

b)   Ou representam a soma de **primeira pessoa** com **terceira**, como em

NÓS, eu e a Das Dores, vamos fazer um arranjo no tapiri. (ATR)
   (eu+ela: a Das Dores)
Quem está realmente em perigo somos NÓS, eu e Clemente, homens visados e chefes de facções políticas importantes! (PR)
   (eu+ele: Clemente)
– E como foi que NÓS não vimos você entrar? (PR)
   (eu+ele(s) / ela(s))
Voltou-me de repente a ideia, quase alucinante, de que Lutércio tinha pensado em mim, em NÓS, Anna, Lorenzo, Bruno e todos do Galilei, quando escrevia o Commentarium. (ACM)
   (eu+eles: Anna, Lorenzo, Bruno e todos do Galilei)

A REFERENCIAÇÃO SITUACIONAL E TEXTUAL

c) Ou representam a soma de **primeira** com **segunda** e com **terceira pessoa** como em

Estou querendo dizer o que já disse, um dia, a Zé Otávio... O que é que NÓS, que não usamos cartola, não vestimos casaca nem vestido de baile, temos a ver com essa luta? (DZ)
(eu+tu / você+eles e elas: todos os que não usam cartola)

*Escuta, Nicolino, não **vamos** falar de gente que já entregou a alma ao Criador (...) Vamos falar de NÓS, que ainda estamos aqui na terra pecando. (REI)*
(eu+tu / você+eles e elas: todos os que ainda estão aqui na terra pecando)

4.2.3 Os **pronomes** plurais de **segunda pessoa** (*VÓS, VOCÊS*, e as correspondentes formas **oblíquas**) referem-se:

a) à soma de mais de uma **segunda pessoa**:

Suportar os mares como clandestino é para VÓS, jovens heróis. (BOI)
Qual de VÓS é Sócrates? (TEG)
Eu, ir ao supermercado e deixar VOCÊS dois aqui sozinhos? (DEL)

b) à soma de **segunda pessoa** e **terceira**:

*É por isso que não posso esquecer o que você, ainda que involuntária, impensadamente, veio a causar. Seria trair o meu pobre Mário, tão bom, tão meu amigo, tão honrado e digno, tão superior a essas misérias em que VOCÊS, **dessa geração de hoje**, vivem atolados! (A)*
(você+eles: todos os dessa geração de hoje)

*Primeiro, não sabemos se "o consultor" é mesmo um homem; segundo, VOCÊS, **mulheres**, detestam homens que não querem alguma outra coisa; terceiro, se você quer falar de outro assunto, é só dizer. (ACM)*
(você+elas: todas as outras mulheres)

4.3 Além disso, os **pronomes plurais** se destinam a outros usos que não o de simples pluralização.

4.3.1 Com a **primeira pessoa**.

O falante institui a sua fala como se ela fosse de todo um grupo, com o qual ele se identifica:

O problema é o seguinte, Márcio... NÓS já tivemos muitas vidas, antes desta, entendeu? (ORM)
(nós = os seres humanos)

Na verdade NÓS adoramos as mulheres, desde que sejam belas, inteligentes e... inseguras. Seria isso uma prova de nossa misoginia? (ACM)
(nós = os homens)

De vez em quando, Seu Pantaleão, *NÓS*, **adultos**, *fazemos coisas que criança não faz.*
(AM)

(nós = os adultos)

\# É muito comum a referência com o pronome *NÓS* a uma comunidade ou a uma empresa à qual o falante se liga:

Mas o professor é um homem que precisa progredir mais que os outros. NÓS somos uma imagem diariamente colocada à frente de centenas de espíritos ainda imaturos, e por isso mesmo sujeitos a toda sorte de induções. (ORM)

NÓS somos a maior fornecedora comercial do mundo. (QUI)

Se você precisa de um revestimento anticorrosivo ou de um piso industrial de alta qualidade, capaz de resistir a qualquer tipo de agressão, NÓS somos a empresa mais qualificada para o trabalho. (EX)

4.3.2 Com a **segunda pessoa**.

O **pronome** *VÓS* é usado em estilo cerimonioso.

a) Em referência **singular** ou **plural** (um ou mais interlocutores)

a.1) No gênero oratório:

Até VÓS, ao que parece, não tivestes confiança na vossa juventude e procurastes ampará-la em outras juventudes que aqui entraram antes de VÓS. (SIG-O)

A VÓS, desta Universidade do Rio Grande do Sul, tocará uma grande parcela da glória de haver preparado o futuro de nosso país. (JK-O)

\# A referência **singular** fica bem evidenciada quando o **pronome pessoal** se acompanha de um outro elemento que com ele faz **concordância**:

*Fosse como fosse, **vossa** presença me parecia muito forte ali, conquanto não **estivésseis** em parte alguma, ou ali **estivésseis** apenas em espírito, como um pressentido fantasma de VÓS **mesmo**. E eu me perguntei, perguntando ao mesmo tempo aos canaviais, que indiferentes e solitários se estendiam até o horizonte: "Por onde andará José Cândido? Que é feito do romancista de Olha para o céu, Frederico!" (...) O mais estranho, porém, é que sendo VÓS o autor de um livro inencontrável, **éreis VÓS próprio** inencontrável nesta cidade.* (CAR-O)

a.2) No gênero literário, para um escritor dirigir-se a seu(s) leitor(es) (geralmente seguido de **vocativo**):

*Infelizmente não VOS posso dar uma ideia, a VÓS, **leitores** frios e distantes nos vossos quarenta graus à sombra.* (CV)

*O ano passou. Não sei se VÓS, **leitor** amigo, ou VÓS, distinta **leitora**, o passastes bem.* (B)

A Referenciação Situacional e Textual

b) Em referência **plural** (mais de um interlocutor):

b.1) Na linguagem bíblica, ou religiosa oficial:

> *"Vinde a mim – dizia Ele – VÓS que estais fatigados, e eu VOS aliviarei; VÓS que tendes sede e eu a mitigarei."* (DEN)
>
> *E por falar em premiação, o terceiro princípio diz respeito exatamente a isto, e encontra-se no cap. 9 vers. 24 e 25 da carta que Paulo escreveu aos crentes de Corinto, no país berço dos jogos olímpicos, a Grécia. Não sabeis VÓS que os que correm no estádio, todos, na verdade correm, mas um só leva o prêmio?* (CB)
>
> *É a seguinte a integra do telegrama do papa: "Ao abrirem-se os trabalhos da XIX Assembleia Geral da CNBB, em união fraterna CONVOSCO, caríssimos irmãos bispos do Brasil, desejo afirmar-VOS minha presença espiritual, acompanhando- -VOS com afeto em Cristo e preces nestes dias de encontro, oração, estudo e compartilha fraternal de vida e experiências pastorais.* (OG)

b.2) No gênero dramático, para uma personagem dirigir-se a seus espectadores:

> *(Terminada a canção, Bárbara encara o público.)*
> *Bárbara:*
> *Se fazeis questão de saber porque motivo me agrada aparecer diante de VÓS com uma roupa tão extravagante, eu VO-lo direi em seguida, se tiverdes a gentileza de me prestar atenção. Não a atenção que costumais prestar aos oradores sacros. Mas a que prestais aos charlatães, aos intrujões e aos bobos da rua.* (C)

c) Em referência **singular** (apenas um interlocutor):

c.1) Em preces ou invocações a Deus, caso em que é usual que o pronome venha grafado com maiúscula:

> *Tudo é blasfêmia e tudo é lodo/ VÓS não vedes, Senhor, não vedes todo/ Este povo a sofrer?* (VEJ)
>
> *Meu Deus, tenho muita pena de ter pecado, pois mereci ser castigado, ofendi a VÓS, meu pai e meu salvador, perdoai-me, Senhor, não quero mais pecar.* (OMT)
>
> *A VÓS, portanto, Pai Clementíssimo, o filho pródigo volta, lembrai-VOS de abraçá- -lo à sua chegada, lembrai-VOS de alegrá-lo com a presença de seus amigos e amigas, ele vem faminto de amor e quer se comunicar com todos como VÓS comunicais aos vossos amigos a chegada do pródigo.* (VES)

c.2) Em linguagem ditada por cerimonial próprio de algumas comunidades particula- res (especialmente, da oratória parlamentar ou acadêmica):

> *E nessa época desabotoada e tumultuosa, VÓS, senhor Josué Montello, VÓS apresentais um homem tranquilo, com uma prosa bem vestida, talhada na serenidade eterna dos moldes clássicos.* (SIG-O)

O PRONOME PESSOAL

\# A referência **singular** fica bem evidenciada quando o **pronome pessoal** se acompanha de um outro elemento que com ele faz **concordância**:

> *Há, porém, mais, Senhor Aurélio de Lyra Tavares:* **VÓS mesmo** *citais um discurso proferido no Congresso em 21 de agosto de 1895, por destacado discípulo de Benjamin Constant.* (TA-O)

c.3) Em linguagem literária que reproduz tratamento dado a um membro da nobreza ou do clero:

> *As mãos de frei Francisco eram finas, os dedos se contorciam quando ele falava. "Já ouvi falar em* **VÓS**", *disse Mariana. "Que sois um homem... notável. Tive notícias* **vossas** *por todo o caminho. As lendas sobre* **VÓS** *se acumulam. Contam que* **sois** *o maior comerciante das Minas, homem muito poderoso."* (RET)

\# A referência **singular** fica bem evidenciada quando o **pronome pessoal** se acompanha de um outro elemento que com ele faz **concordância**:

> *Está certo e bem ponderado, meu Marquês. Todas as mulheres que tomaram parte na arruaça tornaram-se, ipso facto, fêmeas de fácil vida.* **VÓS mesmo** *o* **determinastes**. (CID)

4.4 Os **pronomes pessoais** podem fazer referenciação genérica.

4.4.1 O **pronome VOCÊ**, embora seja forma de pessoa envolvida no discurso (**segunda pessoa**), pode indicar referência genérica. A indeterminação, nesse caso, é muito forte (**VOCÊ** = uma pessoa, seja qual for):

> *Ela quer tudo, tudo! Quer mandar, dominar, ser amante, ser mulher-esposa, ser mãe, ser tudo... sei lá! Cuidadosa, tirânica, absorvente, toma conta de* **VOCÊ**, *bebe* **VOCÊ**, *asfixia* **VOCÊ**! (A)
> *É uma sensação como nunca existiu outra no mundo, estar rodeada por uma pessoa que te quer bem, procura fazer de* **VOCÊ** *alguém, se preocupa por* **VOCÊ**. (DE)
> **VOCÊ** *vai lá, fica dois dias fazendo curso, eles te catequizam, fazem* **VOCÊ** *comprar uma tonelada de sabão e abrir o seu negócio.* (OMT)

4.4.2 Também a forma pronominal **EU** – que, em princípio, é altamente determinada, já que é de **primeira pessoa** – ocorre em referência genérica. Assim, retomando a construção anterior, pode-se pensar num enunciado em que o falante imagine o que qualquer pessoa pode vir a fazer, ou o que pode acontecer, em um determinado lugar, e construa um enunciado de atribuição genérica colocando-se como sujeito do enunciado:

A REFERENCIAÇÃO SITUACIONAL E TEXTUAL

– *EU vou lá, fico dois dias fazendo curso, eles ME catequizam, ME fazem comprar uma tonelada de sabão e abrir o meu negócio.*

4.4.3 Entretanto, a forma pronominal mais citada quanto à propriedade de fazer referenciação genérica é o **pronome** de **terceira pessoa do plural masculino (eles)**. A indeterminação, porém, é parcial, já que ela só abrange o universo das terceiras pessoas, ficando excluídas as outras duas pessoas do discurso:

> *Você é jovem e quer ganhar dinheiro? Sou. Quer ter o seu próprio negócio? Sabão. Sei como é que é isso, ELES te recrutam para vender sabão. Você vai lá, fica dois dias fazendo curso, ELES te catequizam, fazem você comprar uma tonelada de sabão e abrir o seu negócio. (OMT)*
>
> *Todo o mês é a mesma coisa! na hora que eu convenço o pediatra a operar a garota, o cara vai embora... não sei o que ELES fazem com os médicos. (RE)*
>
> *Sabe como é, quando a gente se acostuma com uma coisa, ELES inventam outra. (E)*

Mais comum, ainda, é que esse tipo de referência genérica feita com **a terceira pessoa do plural** se obtenha sem o uso do **pronome sujeito**:

> ***Jogaram** alguém na piscina; a velha cena da festinha em que todo mundo cai na piscina. (BL)*
>
> *Estou certa de que Absalão foi assassinado! – interrompeu Angela – **Encontraram** uma ossada. (AV)*
>
> *Não estamos num hotel, e sim num tenebroso campo de concentração, com tortura e tudo, a julgar pela que me **infligiram** ontem. **Levaram**-me, logo pela manhã, a uma câmara de gás onde havia uma cadeira elétrica (que logo constatei ser uma cama e não uma cadeira) e na qual sem dúvida **pretendiam** extorquir-me algum segredo de Estado, de que sou portador mas que sinceramente ignoro qual seja. (AL)*

4.4.4 Menos comum e de registro mais popular é o emprego da **terceira pessoa do singular** para **indeterminação do sujeito**, como nesta construção:

> *Lá tira título de eleitor, documento. (HO)*

4.4.5 Tipicamente genéricas, isto é, de **sujeito** maximamente **indeterminado**, já que todas as **pessoas** do discurso ficam abrangidas, são as construções de **terceira pessoa do singular** com o **pronome SE** (referida em 3.3) do tipo de:

> *Pensa-SE em reduzir as importações fomentando a produção interna no setor manufatureiro. (FEB)*
>
> *Falava-SE de Pedro. (A)*
>
> *Precisa-SE de porteiro. (OMT)*

464

Ainda hoje, insiste-SE em cultivar milho e feijão em climas totalmente inadequados a tais culturas, que exigem chuvas regulares. (NOR)

Os **verbos** dessas construções são **verbos intransitivos**, ou **verbos** de **complemento preposicionado**, já que, com **verbos** que se constroem com **objeto direto**, a construção com o **pronome SE** tradicionalmente se entende como de valor passivo, embora essa análise venha sendo bastante contestada:

> *Na prática, porém, viram-SE cenas como os dois rapazes palestinos amarrados sobre o capo dos jipes militares, formando um escudo humano contra as pedradas dos manifestantes.* (VEJ)
>
> *Na segunda parte deste livro, viu-SE o quanto a mulher trabalhadora é prejudicada no seu tempo livre em relação ao homem.* (LAZ)
>
> *Entre os papéis, encontrou-SE um documento sobre a exploração do urânio em Minas Gerais.* (MP)
>
> *Somente depois de algum tempo, percebeu-SE que os microssomos nada mais são do que fragmentos de retículo endoplasmático rugoso.* (BC)

4.4.6 Também a **primeira pessoa** do **plural** é usada na indeterminação do **sujeito**. A indeterminação, porém, não é total, já que, na forma **NÓS**, pelo menos uma referência é determinada, porque sempre está incluído o falante (o **EU**):

> *"Não bastassem o descontentamento e a miséria", continua mais adiante, "o homem é um demônio para seu semelhante; NÓS NOS castigamos e perseguimos uns aos outros, estudamos modos de NOS prejudicarmos, de NOS ferirmos mutuamente com ódio, abusos e injúrias; como aves rapinantes predamos, devoramos."* (APA)
>
> *NÓS, todos NÓS, o ser humano não suporta o sucesso de outro ser humano, NÓS odiamos o Pelé.* (OMT)

5 Particularidades do emprego de **pronomes pessoais**

5.1 As formas de **pronomes pessoais COMIGO, CONTIGO, CONSIGO, CONOSCO** e **CONVOSCO**, correspondem, respectivamente, a **com MIM, com TI, com SI, com NÓS** e **com VÓS**, e se empregam, especialmente, quando não se segue nenhuma especificação:

> *Eu vou CONTIGO e a gente há de descobrir um recurso para levar a velha para casa.* (CA)
>
> *Conseguiu acalmar-se após o conflito que tivera CONSIGO mesmo.* (ARR)
>
> *O que há CONVOSCO, amigos?* (RET)

A REFERENCIAÇÃO SITUACIONAL E TEXTUAL

Em caso contrário, emprega-se, normalmente, a **preposição** *com* seguida do **pronome oblíquo tônico**:

Ou então são seres extraterrestres, humanoides perversos, reflexos dos nossos próprios medos sociais, do que somos capazes de fazer COM NÓS mesmos. (FSP)

Ensino precioso para nós, crentes, que muitas vezes, somos indulgentes para COM NÓS mesmos, considerando-nos dignos de receber Jesus em nossos lares, nos nossos templos. (LE-O)

Essa resposta deve ser vista com reservas, porque, mesmo diante de uma situação difícil, as pessoas tendem a identificar os problemas mais com os outros do que COM SI próprias. (FSP)

Tem uma coisa: este cavalo pisado que estou montando não vai poder COM NÓS dois. (MMM)

"Seja o que está havendo, COM NÓS dois aqui, nada pode dar certo nem para eles nem para nós." (FSP)

Não sou eu, isso acontece COM todos NÓS. (FSP)

Amanhã celebraremos no estádio do Maracanã o Ato Testemunhal, COM todos VÓS que trouxestes aqui a imensa riqueza, as preocupações e as esperanças de vossas igrejas e povos (...)! (FSP)

Entretanto, são ocorrentes construções como

E pensava COMIGO próprio que era preciso restituir aos portugueses o orgulho de serem portugueses, criar as condições para que pudessem vencer na sua própria terra. (OMU)

Colocando no plano físico a dor astral, temos a exata noção da crueldade que cometemos CONOSCO mesmos. (FSP)

5.2 O **pronome oblíquo átono não reflexivo** de **terceira pessoa** *LHE* e os **pronomes oblíquos átonos** de primeira e de segunda pessoa do singular (*ME* e *TE*) podem contrair-se com o **pronome oblíquo átono não reflexivo** de **terceira pessoa** *O*, numa forma que represente ambas as funções sintáticas (*MO, TO, LHO*), embora esse emprego se restrinja ao uso literário ou a um registro mais formal:

Ele folheava o livro que eu deixara dentro da rede. Mostrou-MO: – E este livro? (CR)

Em suma, tia Vi: contenta-te com amar-me, enquanto eu TO permita! (MAD)

O gerente do Banco era seu amigo: se Robertoni fosse candidato à compra da fazenda, ele LHO teria dito! (ALE)

E a costela que o Senhor Deus tomara ao homem, transformou-a numa mulher e LHA trouxe. (LE-O)

O Pronome Pessoal

> *Recebi aqui uma carta de uns paulistas que andam nos sertões, escrita a meu ante-cessor, em que lhe pediam umas patentes de Capitão-mor e capitães para con-quistarem aqueles gentios, e como isto encontrava (contrariava) as ordens de V.M. LHAS não mandei.* (FSP)

No caso dos **pronomes *NOS* e *VOS*,** de primeira e de segunda **pessoas do plural,** respectivamente, é possível uma combinação semelhante (**objeto indireto** seguido do **objeto direto** de terceira pessoa *O*), mas a forma resultante tem os dois elementos unidos por hífen, com redução fonética do primeiro elemento:

> *Um polícia meio ríspido nos indagou que jornal era: e NO-LO foi tomado das mãos. Causou-nos desagrado.* (VID)
>
> *Estejam sempre prontos a dar razão da vossa esperança a todo aquele que VO-LA pede.* (FSP)

5.3 O **pronome oblíquo átono** pode aparecer reforçado pelo **pronome oblí-quo tônico** da mesma **pessoa** (anteposto ou posposto), precedido de **preposição.** Esse caso vem tradicionalmente tratado como **pleonasmo** do **objeto** (**direto** ou **indireto**):

> *Assim, cumpre-NOS A NÓS, homens de Estado, lutar com decisão e por todos os meios para, tendo em conta o que é realizável, evitar o envelhecimento de normas militares e a situação onerosa e inútil de meios obsoletos.* (JK-O)
>
> *A hora do almoço, chamaram-ME, A MIM e a Mário.* (A)
>
> *Que alguém, calado por séculos, tinha algo a dizer-ME, A MIM, ou a nós cinco do Galilei.* (ACM)
>
> *E a ELE LHE repetiram aquilo de que já era sabedor.* (LOB)
>
> *Também a ELE LHE faltava o apoio.* (NE-O)
>
> *A MIM nunca ninguém ME proibiu de roubar.* (CCI)

No caso do **pronome oblíquo átono** de **terceira pessoa *LHE*,** o reforço também pode ser dado por um **sintagma nominal preposicionado,** colocado antes ou depois do **pronome pessoal:**

> *Mas também a João LHE falta alguma coisa para fundamentar sua proposta.* (BOC)
>
> *Contanto que não prejudicasse os colegas, a estes pouco se LHES dava o que Aparício fizesse.* (ORM)
>
> *Não conseguiram alcançá-lo, por muito que o Imperador serenamente LHES gritas-se, a esses marotinhos, que o fizessem, sob pena de terem eles de comer outros dois dias a comida servida a bordo.* (TR)

A Referenciação Situacional e Textual

5.4 Na colocação em sequência de **pronomes** de diferentes **pessoas**, a ordem sugere precedência ou preferência; de tal modo, por razões sociais, ou culturais, é comum que o falante:

a) coloque o **pronome** de **primeira pessoa** em primeiro lugar, quando quer assumir responsabilidade por algo desagradável:

> "A torcida errou. Todo mundo foi vaiado, EU, o Índio, o Cafu, o Edílson, o Rivaldo...", reclamou o volante Mancuso. (FSP)

b) coloque o **pronome** de **primeira pessoa** em último lugar por delicadeza ou modéstia:

> Foi um prazer intenso descobrir que **Anna** e EU tínhamos um objeto comum de afeto. (ACM)

5.5 As formas **oblíquas reflexivas** dos **pronomes pessoais** fazem parte integrante de determinados **verbos**, denominados **pronominais**:

> Um transeunte **admirou**-SE do berro. (AM)
>
> José **comoveu**-SE com a dedicação do companheiro e abraçou-o. (MRF)
>
> [Arlequim] **chateou**-SE de ter perdido o melhor da noite com Maria Calango. (JA)
>
> **Chocou**-SE meu amigo com aquele cinismo da moça rica e frívola. (BA)
>
> Rosa, apreensiva, nervosa, **desinteressa**-SE da capoeira. (PP)
>
> Já vi tudo e já ME **decepcionei**. (MPF)
>
> Os homens são crianças grandes, **maravilham**-SE diante do mistério. (DI)
>
> Se você não SE **zangar**, eu quero ver de novo. (AC)
>
> A proteína **concentra**-SE principalmente nas sementes, por onde se faz a reprodução. (ATN)
>
> Os meninos **decidiram**-SE a vingar a morte de sua mãe. (IAB)
>
> Porque a Argentina pareceu SE **decompor** depois do doping de Maradona? (FSP)
>
> Em dois dias aquela gente começava a **familiarizar**-SE comigo. (MEC)
>
> E eles [os rapazes], satisfeitos, vibrantes ... não SE **fatigavam** de cantar a letra toda, do princípio ao fim. (RIR)
>
> Quem disse que o menino precisa ir SE **habituando** a essas coisas? (CE)
>
> [Os Soares] não SE **preocupam** tanto comigo. (A)
>
> O sorriso **reanimou**-SE por um instante. (VB)
>
> Os pequenos delinquentes sangram nos interrogatórios bárbaros e nunca mais SE **reabilitam**. (MEC)
>
> [Pacuera] **tranquilizara**-SE. (RA)
>
> A associação Francana **sagrou**-SE campeã da II Taça Cidade de Goiânia. (OPP)
>
> Gusto **silenciou**-SE por algum tempo. (REP)

*A gente almoça e **SE** **vicia**.* (GA)

*Alexandre **graduara-SE** em três profissões diferentes.* (DI)

*[Sérgio Porto] **doutorou-SE** em Física nos Estados Unidos.* (VEJ)

*Agora seria difícil **desintoxicar-ME** por completo.* (RIR)

*Os pássaros que comeram dos frutos **embriagaram-SE**.* (IAB)

*Rosalinda **abraçou-SE** ao corpo de Jacob.* (VI)

*ZÚ de Peixoto **sentou-SE** numa pedra.* (CAS)

*Havia um banco na areia (...) onde as meninas **SE** **bronzeavam**.* (GIA)

*No céu, como um peixe de prata, a lua branca e enorme **SE** **descamava** num mar de claridade.* (CR)

5.6 Na linguagem coloquial o **sintagma nominal** *A GENTE* é empregado como um **pronome pessoal**:

a) para referência à **primeira pessoa** do **plural** (= *NÓS*):

*É. Vamos... Mais adiante, **A GENTE** toma um táxi e manda rumar para o Marrocos.* (A)

*Depois **A GENTE** conversa.* (AGO)

*Que tal **A GENTE** se encontrar lá na Beira Mar?* (AGO)

*Não sei que espécie de negócio o senhor vai poder fazer com **A GENTE**.* (ALE)

*O senhor me desculpe, seu vigário, mas lá na roça, depois do que aconteceu, **A GENTE** ficou sem um grão de farinha pra matar a fome...* (ALE)

\# Chega a fazer-se concordância plural com **a gente**:

*Vou montar uma casa pra você e **A GENTE** vai ficar sempre **juntos**.* (ETR)

b) para referência genérica, incluindo todas as **pessoas** do discurso:

*Dizem que **A GENTE** se habitua a tudo, que é só questão de vontade, ou melhor: de força de vontade.* (A)

*Nessas horas **A GENTE** não pensa em nada, perde a cabeça.* (AFA)

*Sorte é como topada, que **A GENTE** dá sem querer.* (AM)

*Olhe, seu Pantaleão, **A GENTE** pra se dar bem com o mundo tem que viver de tocaia.* (AM)

*Não, é lá perto. **A GENTE** vai de Belém a Altamira pelo rio, um rio grande chamado Xingu – vai de barco, dorme nele, demora quatro noites e três dias. Chega a Altamira que é como Parapitinga, depois levam **A GENTE** de caminhão para as tais agrovilas.* (ATR)

*Não se pode falar desse assunto com Carlinhos. **A GENTE** quer fazer um bem, vira pecado mortal.* (AF)

Observe-se, neste último exemplo, que as duas construções:

não SE pode falar desse assunto com Carlinhos

e

A GENTE quer fazer um bem, vira pecado mortal

têm praticamente as mesmas características, quanto à **indeterminação** do **sujeito**, embora a forma *A GENTE* sempre deixe indicado o envolvimento da **primeira pessoa** no conjunto.

\# Outros **sintagmas nominais** fazem referência genérica, especialmente na linguagem coloquial ou popular, mas seu estatuto não tem identificação com a classe dos **pronomes pessoais** como o sintagma *A GENTE* tem. Trata-se de **sintagmas** cujo núcleo é um **substantivo** de aplicação muito generalizada:

> *O próprio nome está dizendo: masculino... quer dizer que O CARA quando nasce homem tem que obedecer ali a natura.* (TRH)
> *O trem atrasa o quê? Nem meia hora e O CARA quebra tudo.* (GA)
> *Um número e um nome simples, que acompanharam O CIDADÃO até a sepultura modesta do cemitério de São Francisco Xavier.* (CRU)
> *Eu gosto de você, mas O PESSOAL fala que você é meio biruta.* (ANB)
> *A indisciplina no colégio é de assustar, mas O PESSOAL parece que não liga muito para isso.* (ORM)

\# O **sintagma nominal** *A PESSOA*, que também se usa em referência genérica, não pertence necessariamente ao registro popular:

> *O erro é sempre o fruto da ignorância. Ou A PESSOA erra por que ignora que está agindo mal ou, então, quando ela erra sabendo que está em falta, é porque ainda aí é ignorante também, não tendo descoberto que está atraindo maldições sobre si mesma: não sabe que, mais dia, menos dia, receberá de volta, na vida, tudo o que fez a outrem...* (ORM)

\# A seguinte ocorrência mostra a alternância de dois recursos de referenciação genérica: o uso genérico de um **pronome pessoal** e o uso de um **sintagma nominal genérico**.

> *Cuidadosa, tirânica, absorvente, toma conta de VOCÊ, bebe VOCÊ, asfixia VOCÊ! Devora, antes que A PESSOA tenha percebido ou tentando se defender.* (A)

O PRONOME POSSESSIVO

1 A natureza **pessoal** da relação **possessiva**

Um tipo de **referência pessoal** é a que é feita pelos elementos tradicionalmente chamados **possessivos**. Assim, se alguém diz *MEU* livro, está relacionando duas pessoas: a pessoa que fala (1ª pessoa) e o livro (3ª pessoa). Em *TEU* livro, por sua vez, as pessoas relacionadas são a 2ª e a 3ª, e assim por diante. Isso significa que, quando se usa um **possessivo** como **determinante** do **nome**, há sempre uma 3ª pessoa (representada por um **nome**, ou **substantivo**) posta em relação com outra pessoa, que pode ser a 1ª, a 2ª ou a 3ª, sendo essa diferenciação marcada pela própria forma do **possessivo**:

POSSESSIVO	SUBSTANTIVO
1ª / 2ª / 3ª pessoa	3ª pessoa

1ª e 3ª: *Todas as MINHAS predileções vão para o passado.* (MH)
2ª e 3ª: *Tenho a TUA ficha!* (BO)
3ª e 3ª: *Cada país tem SEU uso, cada roca tem SEU fuso.* (MPF)

A relação expressa nas construções possessivas é, pois, uma relação bipessoal.

2 O elenco dos **possessivos**

2.1 Há cinco **possessivos** para referência às três **pessoas gramaticais** do singular e do plural, o que já significa que a correspondência não é um a um:

A REFERENCIAÇÃO SITUACIONAL E TEXTUAL

	SINGULAR	PLURAL
1ª pessoa	meu	nosso
2ª pessoa	teu	vosso
3ª pessoa	seu	

2.2 Todas essas formas se flexionam em **gênero** e em **número**, conforme acompanhem **substantivo** no **masculino** ou no **feminino**, no **singular** ou no **plural**:

	SINGULAR		PLURAL	
Referência à:	masculino	feminino	masculino	feminino
1ª pessoa do singular	meu	minha	meus	minhas
2ª pessoa do singular	teu	tua	teus	tuas
3ª pessoa do singular	seu	sua	seus	suas
1ª pessoa do plural	nosso	nossa	nossos	nossas
2ª pessoa do plural	vosso	vossa	vossos	vossas
3ª pessoa do plural	seu	sua	seus	suas

*Mas antecipo que honraremos NOSSO **compromisso** com Deus por meio dos mais pobres.* (VEJ)
Nosso – determinante de 1ª pessoa do plural, no masculino singular (para concordar com compromisso).

*Numa das viagens encontrou no caminho o objeto dos MEUS **cuidados**.* (MEC)
Meus – determinante de 1ª pessoa do singular, no masculino plural (para concordar com cuidados).

*Doutor, então o Senhor acha que MINHA **doença** é psicológica?* (HOM)
Minha – determinante de 1ª pessoa do singular, no feminino singular (para concordar com doença).

As formas *SEU, SUA, SEUS, SUAS*, que são formas de 3ª pessoa, podem referir-se à 2ª pessoa, isto é, à pessoa com quem se fala, se o **pronome** escolhido para referência a essa pessoa for *VOCÊ*, ou um **pronome de tratamento**, como *VOSSA SENHORIA*, *VOSSA EXCELÊNCIA*:

Você se arrependeu, pagou um pouco dos SEUS pecados, sofreu – deve ter sofrido bastante –, e foi perdoada. (A)
*Cumpri as instruções do SEU telegrama trezentos e vinte e cinco, e apresso-me a transmitir a **Vossa Excelência** a resposta do ministro Alvarez.* (DIP)

\# A grande difusão, no Brasil, do emprego de *você*, em vez de *tu*, para referência ao interlocutor, faz que, muitas vezes (embora mais especialmente na língua falada), se misturem formas de referência pessoal de 2ª e 3ª pessoas:

O PRONOME POSSESSIVO

*Não é um pouco estranho que **você** tenha medo de que SUA mulher se suicide e não*
*tenha medo de que ela **te** mate? (AFA)*
*Queremos **te** conhecer, lemos coisas SUAS. (BE)*
***Você** nunca pediu a SUA mãe para **te** levar lá? (DE)*

2.3 A expressão da **relação possessiva** pode ser operada não apenas pelo
elemento formalmente **possessivo** (ver 2), mas ainda pelas expressões:

de+**substantivo**,
de+**pronome pessoal** (só de 3ª pessoa) ou
de+**pronome de tratamento** (aí incluída a forma *VOCÊ*).

	SINTAGMA POSSESSIVO	
	pronome possessivo	
SUBSTANTIVO	*de* + substantivo	
	de + pronome pessoal de 3ª pessoa	
	de + *você, Vossa Senhoria* etc.	

- **Pronome possessivo**

    *Aos doze anos, diz o pai, MEU **filho** Jorge já havia quase perdido os hábitos infantis*
    enquanto Jacques os conservava surpreendentemente aos dezessete anos. (AE)

- **Substantivo+*de*+substantivo**

    *Previa muita coisa, menos aquela **fraqueza** DE SÍLVIO. (A)*

- **Substantivo+*de*+pronome pessoal de 3ª pessoa**

    Agora Candinho quase não conversa comigo. Fico falando sozinha no jantar só
    *para distrair a **cabeça** DELE, o médico disse que é bom. (AF)*

- **Substantivo+*de*+*você* ou um pronome de tratamento**

    *Olha que eu boto a boca no mundo e sei os **podres** de todos, DE VOCÊ e de seus*
    amigos. (BB)
    *E o **gado** DO SENHOR, bem "empastado" como é... E o capim das águas para o gado*
    que sofreu seca não dá peso. (BS)

\# Muitas vezes o emprego de *de*+**substantivo** ou **pronome**, no lugar de um **possessivo**, evita dupla interpretação, pela possibilidade de deixar expressos:

a) a **pessoa** do possuidor

    *Estou impressionado com as **pastagens** DO SENHOR. Nunca vi terras tão boas para*
    capim. (ALE)

b) o **gênero** do possuidor

> *De importante, além disso, só o diálogo de Beatrice com o monge da portaria, sobre o **bustiê** DELA, que afrontava ostensivamente a gravidade do batistério.* (ACM)
> *Uma mulher da vizinhança disse que um membro da guarda pessoal teria seduzido a **filha** DELA.* (AGO)

Em alguns casos, para resolver a ambiguidade, opta-se pelo emprego dos dois tipos de construção possessiva, ao mesmo tempo:

a) *de*+**substantivo** ou **pronome pessoal**;
b) **pronome possessivo** (seguido ou não do **nome** do possuído):

* em contiguidade direta

> *Só o senhor do Vilamão era quem alcançava competência de usar um, **SEU DELE**, resguardado em tão rica velhice, o derradeiro cavour que nesse mundo sobrara.* (COB)

* separados por vírgula

> *Até onde um podia se lembrar, o velho Camilo parava não bem um parecença, mas o avultado de maneira, que tirava com o **de SEU pai, DELE** Manuelzão, recordado de longo muito, porque era ainda menino quando aquele tinha morrido.* (COB)

* separados por hífen

> *"Muito riso, pouco siso" disse dela a marchande Luisa Strina depois que Leda a trocou por **SUA–DELA**, Luísa Strina–grande rival, Regina Boni.* (INT)

* com a expressão *de*+**substantivo** ou **pronome pessoal** entre parênteses

> *Uma das coisas que mais preocupam a mulher é a idade, não só a **SUA (DELA)** como – e principalmente – a de suas amigas.* (MAN)
> *O papagaio viu no olhar da dona o **SEU (DELE)** terrível destino e tentou escapar.* (FAB)

* com repetição do **possessivo**, numa estrutura coordenada:

> *Celita, inconscientemente, passou a descuidar-se dos afazeres domésticos, pois seu pensamento estava voltado agora para a **SUA casa**, **SUA DELA**, não mais a casa paterna.* (G)

3 Posições sintáticas dos **possessivos**

3.1 O **possessivo** funciona como **determinante** do **nome**, ocupando a segunda posição no **sintagma nominal**. Assim, ele pode vir precedido dos

O Pronome Possessivo

determinantes que ocupam a posição 1 nesse **grupo** e também do elemento *todo*, que é um **pré-determinante**:

*Cada um tem **a** SUA maneira de reagir.* (MPF)
*Mas **esse** TEU discurso é uma plataforma de governo.* (REA)
*Os efeitos **desta** SUA declaração política e delicada, porém extemporânea, estão atenuados.* (BE)
*Posição de destaque que ocupou durante **toda** SUA existência.* (JSP)

\# Não é necessário, entretanto, que ocorra nenhum **determinante** antes do grupo formado por **possessivo+substantivo**, isto é, a posição 1 pode estar vazia:

Abrão Lincoln e Ø SEU amor à leitura. (BIB)
Embora não mais como armação para Ø SUAS criações. (MH)

\# O deslocamento do **possessivo** para depois do **substantivo** é possível, ocorra ou não outro **determinante** na posição 1, e qualquer que seja o **determinante** de primeira posição que ocorra:

*E ainda corria o boato de ter sido **ideia** MINHA a criação dos senadores biônicos, o que me deixava profundamente mal colocado com a juventude.* (T)
*Ele buscava-a, queria **uma** palavra SUA.* (FP)
*Meu filho, tivemos **notícias** TUAS pelo teu tio que chegou ontem.* (JT)
*Eu queria tanto que esta casa estivesse cheia de **amiguinhas** TUAS!* (SOR)
*Isso é **negócio** SEU?* (FP)
*Sabia mesmo: estava esperando por **um sinal** SEU, nesse sentido.* (A)
*Vou vender as pedras para o Maurício, **aquele amigo** MEU.* (VA)
*E a **cada** partida SUA, as velinhas se acendiam ao pé da Virgem.* (BS)
***Toda** palavra SUA, indagou de si mesmo.* (FP)
*Estás falando sozinho, **filho** MEU?* (O)

3.2 O **possessivo** pode ser empregado como **predicativo de nomes** ou de **pronomes pessoais**. Nesse caso, a relação **possessiva** é estabelecida entre o **nome** ou **pronome suporte da predicação**, ou seja, entre o **sujeito** (1ª, 2ª ou 3ª pessoa) e o **possessivo** (1ª, 2ª ou 3ª pessoa). Nos dois casos, o **possessivo** instrui a recuperação dessa outra pessoa, seja no texto (como é o caso da 3ª pessoa), seja na situação (como é o caso da 1ª e da 2ª pessoa):

*Esta **casa** é VOSSA.* (CAR-O)
*A **culpa** é SUA.* (MEC)
*A **Amazônia** é NOSSA.* (VEJ)

475

A REFERENCIAÇÃO SITUACIONAL E TEXTUAL

Volte aqui eu disse. **Você é** MINHA, *está me ouvindo?* **Você é** MINHA. MINHA. **Você é**
MINHA. (SPI)
Eu *sou toda* TUA*!* (PD)

\# O mesmo ocorre com as expressões equivalentes (*de*+**substantivo** ou **pronome**):

*Na verdade ela não pagava aluguel do rancho, o **rancho** era* DELA. (CAS)
*O **dia** de hoje é* DELE *e acabou.* (OG)

4 Relações semânticas expressas pelo **possessivo**

A denominação **possessivo** refere-se a um dos resultados de sentido que um grupo formado por esse elemento + um **substantivo** pode apresentar.

Assim, *MEU **livro*** pode significar:

a) "o livro que eu possuo" (= que eu comprei, que eu ganhei etc.),

ou

b) "o livro que eu escrevi",

o que indica que **posse** é apenas uma das relações que são indicadas quando se usa um **possessivo.**

Todas as relações de sentido que um **determinante possessivo** pode indicar também podem ser indicadas por meio da **preposição** *de*+**substantivo** ou **pronome pessoal / pronome de tratamento.**

4.1 Junto de **nomes concretos** sintaticamente **avalentes** ou **intransitivos,** os **possessivos** ou as **expressões possessivas** formadas por *de*+ **substantivo** ou **pronome pessoal / pronome de tratamento** expressam diversas relações semânticas.

4.1.1 Posse propriamente dita: o **possessivo** remete ao **possuidor**; o **substantivo** indica o **possuído**:

Lá seguiram eles, proprietários para a SUA ***propriedade***. (BJ)
*E o **gado** DO SENHOR, bem "empastado" como é...* (BS)
*Mas o senhor já conhece a **fazenda** DELE, não é?* (BS)

4.1.2 Pertença.

4.1.2.1 Constituição de um todo inteiro: o **possessivo** remete ao todo; o **substantivo** indica a parte ou peça. Inclui-se a chamada "**posse inalienável**", que é a

476

que se refere a "possuídos" que não podem, em princípio, ser separados do "possuidor", como ocorre, por exemplo com as partes do corpo:

TEU olho está claro, claro, virou água. (BE)
Os cabelos DELA eram claros. (BS)
E novamente inflamou o SEU espírito. (FP)
Vê como ultimamente TEU lado machista tem vindo para fora? (BE)

\# A posse inalienável é frequentemente expressa, em português, pelo simples **artigo definido**:

Moveu lentamente OS pés. (B)
Eu podia ter quebrado O braço. (FP)

4.1.2.2 Inclusão em um todo abrangente (um conjunto)

a) O **possessivo** remete ao **incluído**; o **substantivo** indica o todo **includente**.

a.1) o **includente** é uma coletividade, uma classe ou grupo, um ambiente:

Estou em casa, esta é a MINHA família. (CH)
Na MINHA rua, no MEU bairro, na MINHA cidade, no MEU país... rapaz, nada disso é teu! (MPF)
Afinal, é de noite, nos bares, que as pessoas do NOSSO meio se revelam, se abrem. (VEJ)
O ser humano é capaz de adoecer a partir de SEU mundo emocional e a partir de SEU mundo social. (HOM)

a.2) o **includente** é uma época ou fase:

Não é aquela neurose do NOSSO tempo, que por milagre não transformou uma geração em bandos de marginais. (BE)
Tenho saudades imensas na aridez dos NOSSOS dias. (JC)

b) O **possessivo** remete ao todo **includente** (coletividade, classe, grupo); o **substantivo** indica o **incluído**:

Mas, ao aconselharem SEUS fiéis à resignação e à passividade, as próprias religiões não seriam também responsáveis pelo estado de pobreza em que muitos vivem? (VEJ)
Sim, talvez, mas a ilha também tinha SEUS sofrentes, muitos, a maioria e ele fazia o que podia. (SL)

4.1.2.3 Pertença a comunidade político-geográfica: o **possessivo** (sempre de referência plural) remete à nação, região, cidade etc. da pessoa referida (1ª, 2ª ou 3ª); o **substantivo** indica um **produto, atividade** ou **instituição**:

A REFERENCIAÇÃO SITUACIONAL E TEXTUAL

A importação de máquinas e equipamentos tornará NOSSA **indústria** *mais competitiva no exterior, disse ela.* (OG)
Ela [a miserabilidade] decorre, em essência, da situação de miserabilidade de nossa população, no despreparo material da NOSSA **polícia**. (OG)
Pra quem não entendeu direito eu explico que Gunila é a **Teresa** *lá* DELES... *Mulata lá é loira e branca, é albina.* (MPF)

4.1.3 **Relação espacial** entre elementos: o **possessivo** remete a um dos elementos; o **substantivo** referencia a localização espacial relativa do outro elemento:

Ali, à MINHA **esquerda** *fica o guarda-roupa.* (FP)
O doente à SUA **frente**. (HOM)
Quero você do MEU **lado**. (FP)
À SUA **volta** *acontecem prodígios.* (VEJ)

4.1.4 Oposição semântica relativa: quando empregado com **nomes** de significado relativo, isto é, com **nomes** que formam par opositivo semântico com outros **nomes**, o **possessivo** pode indicar, no **grupo nominal**, uma das pontas da relação semântica opositiva, sendo a outra ponta representada pelo **nome** possessivizado. O **possessivo** e o **nome** que ele acompanha indicam um par semanticamente converso:

4.1.4.1 **Oposição relativa assimétrica**:

Sedutor, parece MINHA **avó** *falando.* (BE)
   (minha – remete ao neto)
Traga SEU **chefe**, *querido.* (BE)
   (seu – remete ao chefiado)
Melhor exemplo está na linguagem frequente dos próprios médicos ao se referirem aos SEUS **pacientes** *internados.* (HOM)
   (seus – remete ao médico)
Breno foi processado. (...) Os **advogados** DELE *e da outra emissora onde ele trabalhava provaram que não tinha havido intenção.* (BE)
   (dele – remete ao cliente)

4.1.4.2 **Oposição relativa simétrica**:

SUA **mulher** *conhece o trabalho do marido.* (BE)
   (sua – remete ao marido)
Quem falou com ele foi MEU **cunhado**. (BS)
   (meu – remete ao (à) cunhado(a))

478

Se fores escolhido pelos TEUS pares, acho que deves aceitar o cargo. (REA)
(teus – remete aos pares)
Combater SEUS adversários políticos. (VEJ)
(seus – remete aos adversários políticos)

4.2 Junto de **nomes valenciais**, os **possessivos** ou suas equivalentes **expressões possessivas** iniciadas por *de* podem referir-se a um dos **argumentos** desse **nome predicador**.

Como **argumento** do **nome**, o **possessivo** pode exercer uma série de **papéis semânticos** em relação ao **nome predicador**, que é o núcleo do **sintagma nominal** em que o **possessivo** entra como **determinante**. Dessas relações decorre o efeito de sentido do **sintagma** possessivizado.

Alguns desses papéis semânticos são:

4.2.1 **Possessivo Agente**: junto de **nomes abstratos** ou **concretizados** que implicam **ação**, o **possessivo** pode remeter ao **argumento** que exerce o papel de **Agente**.

Quanto maior for a diluição do remédio, mais profunda será SUA ação. (HOM)
(Ele age)
MEU louvor a cada um de meus compatriotas. (COL)
(Eu louvo)
– Até hoje não me lembro de ninguém que tenha recusado NOSSA ajuda. (VEJ)
(Nós ajudamos)
A todos que assistem a este MEU regresso, muito obrigado. (CAR-O)
(Eu regresso)
Ehrlich, então, retirou SEU pedido de demissão. (VEJ)
(Ele tinha pedido)
Estendi MEU passeio um pouco. (CF)
(Eu passeei)

\# O **nome** possessivizado pode ter, ainda, um segundo **argumento**:

Carter reitera SEU apoio inabalável a Chung Hee. (FSP)
(Carter apoia Chung Hee)
Mas ninguém poderá dizer que ele será rompido se São Paulo, que tantas vezes ajudou o Brasil com seu espírito bandeirante, mais uma vez der SUA ajuda à Petrobrás. (VEJ)
(Se São Paulo ajudar a Petrobrás...)
Os proprietários de terra reforçam SEU apoio ao partido. (NAZ)
(Os proprietários de terra apoiam o partido)

A REFERENCIAÇÃO SITUACIONAL E TEXTUAL

\# O **possessivo Agente** pode ser **determinante** não de um **nome** designativo de **ação**, mas, sim, de um **nome** designativo de **modalidade de ação**. Nesse caso, esse **substantivo** se segue por ***de*+verbo** ou **nome** de ação.

> *A única coisa que me faltava era achar as frases adequadas para comunicar a Mário a* MINHA **necessidade de partir**, *subitamente, para São Paulo.* (A)
> *Um esplêndido testemunho de* NOSSA **capacidade de realização**. (JKK)
> *O homem passa a ser valorizado pela* SUA *capacidade* **de conhecimento**, *pela* SUA **possibilidade de voltar-se às coisas do mundo e dominá-las pelo saber**. (PER)

4.2.2 **Possessivo Afetado**: junto de **nomes** que implicam **processo** do tipo *afficiendi*, o **possessivo** pode remeter ao **argumento** que representa o **Afetado** pelo **processo**.

> *Galas acadêmicas, com que tanto sonhastes como candidato, e com que eu tanto sonhei como* VOSSO **eleitor**. (CAR-O)
> (Eu vos elegi)
> *Ontem, Léa Penteado reafirmou a disposição de Roberto Medina de não falar mais sobre* SEU **sequestro** *com jornalistas.* (OG)
> (Ele foi sequestrado)
> MINHA **eleição** *retrata e confirma as liberdades cívicas.* (COL)
> (Eu fui eleito)
> *Teve o* SEU *[da empresa]* **enquadramento** *definitivo em maio de 1988.* (JC)
> (A empresa foi enquadrada)
> *É importante que os médicos colaborem no sentido de detectar novos focos da doença e evitar a* SUA **propagação**. (JC)
> (A doença se propaga)
> *Não basta* SUA *[da Lei da Informática]* **flexibilização**. (OG)
> (A lei se flexibiliza)

4.2.3 **Possessivo Efetuado**: junto de **nomes** que implicam **processo** do tipo *efficiendi*, o **possessivo** pode remeter ao **argumento** que representa o **Efetuado**.

> *Ao morrer, como é que vou explicar a* MEU **Criador** *não ter sido um famoso astro de televisão?* (VEJ)
> (O Criador me criou)
> *O conhecimento e a análise de qualquer terapêutica médica não podem ser realizados de forma compreensiva sem uma visão do contexto médico na época de* SUA **descoberta** *e* **aplicação**. (HOM)
> (Descobriram a terapêutica. Aplicaram a terapêutica)

Aí está o exemplo recente da finada República. Que contraste, o de grande parte de
SEUS fundadores*, entre o tempo em que foram oposição e o tempo em que ocupa-*
ram o poder! (JC)
(Fundaram a República)

4.2.4 **Possessivo Experimentador**: junto de **nomes** indicativos de experiência/ sensação, que podem ser de **processo** ou de **estado**, e junto de alguns **adjetivos** também indicativos de experiência/sensação, o **possessivo** pode remeter ao **argumento** que representa o **Experimentador**.

*Quem sabe os fracassos que vêm acontecendo em SUA **vida**.* (BE)
(Ele vive)
*Em SEU **entender** [do secretário da Economia], é consenso, atualmente, que a modernização é uma questão de sobrevivência da indústria nacional.* (OG)
(Ele entende)
*E o MEU **medo** diante delas.* (BE)
(Eu tenho medo)
*Funcionalismo tem todo o MEU **apreço**.* (VEJ)
(Eu tenho apreço)
*Esqueceu por anos SUAS **dores** pessoais.* (BE)
(Ele tem dores)

4.2.5 **Possessivo Objetivo**: junto de **nomes concretos** e de **nomes abstratos** que indicam **ação**, ou **estado** (qualidade, características, propriedades), o **possessivo** pode remeter a um **argumento não afetado**, que, no caso dos **nomes de estado**, é simples **suporte do estado** (de qualidade, características ou propriedades).

*O documento ainda não teve tempo de chegar às mãos de todos os SEUS **destinatários** vários.* (VEJ)
(O documento foi destinado a eles)
*Com o tempo SUA **magreza** mais se acentuava.* (BS)
(Ele é magro)
*Acácia-negra por SUA **beleza**, é sempre lembrada como árvore ornamental.* (GL)
(Acácia-negra é bela)
*Patinhos amarelos nadavam em pocinhas imensas para o SEU **tamanho**.* (BS)
(Patinhos amarelos têm tamanho)
*Isso também contribuiu para que o indeciso Juvêncio mais se firmasse na SUA **importância** de homem.* (BS)
(O indeciso Juvêncio tem uma importância)
*(Heleno Nunes), hoje aparecendo bem mais velho que os SEUS **60 anos**.* (VEJ)
(Heleno tem 60 anos)

A Referenciação Situacional e Textual

Junto de expressão numérica referente às características do indivíduo (idade, peso etc.) o **possessivo** pode indicar aproximação:

> *Abre-se a porta e aparece um rapaz de SEUS 23 anos.* (REA)
> (O rapaz tem cerca de 23 anos)
> *Mrs. Fraser, uma senhora gorda de SEUS quarenta anos, é a minha senhoria.* (CV)
> (Mrs. Fraser tem cerca de quarenta anos)

4.2.6 **Possessivo Beneficiário**: o **possessivo** pode remeter ao **Beneficiário** de uma **ação** ou de um **processo**.

4.2.6.1 Junto de **nomes** (**concretos** ou **abstratos**) que indicam vantagem ou prejuízo:

> *Mas elas não estariam dispostas a reduzir o montante físico de SEUS lucros.* (VEJ)
> (Elas recebem os lucros)
> *Ao notar meu embaraço, viestes em MEU auxílio.* (CAR-O)
> (Eu recebi auxílio)
> *Os dois advogados (...) adotam na valorização de SEUS honorários atitudes idênticas sem os sentimentos correlatos.* (BS)
> (Os dois advogados recebem os honorários)
> *Apesar disso, é inegável que, com ela, o telejornal conseguiu marcar um ponto a SEU favor.* (VEJ)
> (Houve benefício ao telejornal)
> *Se é do agrado DELE que eu seja uma figura pública, eu o serei.* (VEJ)
> (Se agrada a ele)

4.2.6.2 Junto de **nomes** designativos de atividades profissionais:

> *MINHA cozinheira tem os filhos em pé.* (BO)
> (Ela cozinha para mim)
> *Chego a esta casa com MEUS escreventes e meus sonhares.* (CAR-O)
> (Eles trabalham como escreventes para mim)
> *Os advogados DELE e da outra emissora onde ele trabalhava provaram que não tinha havido intenção.* (BE)
> (Eles trabalham como advogados para ele)
> *O presidente acatara a sugestão de SEUS assessores.* (VEJ)
> (Eles prestam assessoria ao presidente)

4.2.7 **Possessivo Causativo**: junto de **nomes** que indicam resultado, consequência ou efeito, o **possessivo** pode remeter ao **argumento** que exerce o papel de **Causativo**.

O Pronome Possessivo

*Não que estas medidas e operações sejam erradas em si mesmas. Mas SEUS **benefícios** sociais dependem do objetivo por elas visado.* (JC)
(Estas medidas e operações causam benefícios)
*Experimentação em animais é reconhecidamente falha quando SEUS **resultados** são extrapolados para os seres humanos.* (HOM)
(Experimentação em animais traz resultados)
*Qualquer música é na verdade uma droga psicotrópica universal, daí SEUS **efeitos** misteriosos.* (SL)
(A música produz efeitos)

4.2.8 **Possessivo Origem**: junto de **nomes** que indicam produto, o **possessivo** pode remeter ao **argumento** que indica **Fonte** ou **Origem**.

*Não concebemos (...) o progresso sem que todos possam beneficiar-se de SEUS **frutos**.* (COL)
(Do progresso saem frutos)
*O turismo é hoje o segundo negócio mundial, só superado pelo setor de petróleo e SEUS **derivados**.* (LS)
(Do petróleo se originam derivados)

4.2.9 **Possessivo Meta**: junto de **nomes** que implicam **ação**, o **possessivo** pode remeter ao **argumento** que indica **meta** dessa **ação**.

*Sem as pernas eu não posso ir ao TEU **encontro**.* (MPF)
(Eu vou encontrar-me contigo)
*Deu dois passos cautelosos em SUA **direção**.* (SL)
(Deu dois passos para ele)
*Voltou-se outra vez na **direção** DELA.* (SL)
(Voltou-se para ela)
*Vinte e quatro horas depois me enviaram para lugar distante, e o MEU **interlocutor** no regulamento, no ofício, na ordem do dia.* (MEC)
(Eu tenho interlocução com ele)

4.2.10 **Possessivo Comitativo**: junto do termo **companhia**, ou equivalente, o **possessivo** remete ao indivíduo em cuja companhia alguma coisa é feita.

*Convidando-me para conhecer em VOSSA **companhia** o verdadeiro cenário da história de Frederico.* (CAR-O)
(Conhecer acompanhado de vós)
*Agora me vou, já tive o prazer da SUA **companhia**.* (AM)
(Estar acompanhado de você)

A Referenciação Situacional e Textual

4.2.11 **Possessivo** que exerce mais de um papel semântico concomitantemente.

O **possessivo** pode colocar-se em dois polos da **relação argumental**. Trata-se de **possessivo** de referência plural, isto é, **possessivo** que se refere a mais de uma pessoa, cada uma delas com um papel semântico em relação ao **nome predicador**. Nas seguintes ocorrências, por exemplo, o **possessivo**, junto de um **nome** de **ação**, remete ao Agente e à Meta, simultaneamente:

> *NOSSOS relacionamentos são cada vez mais superficiais.* (HOM)
> (Eu me relaciono com meu semelhante. – Nós nos relacionamos)
> *Vamos bater o NOSSO papinho.* (BO)
> (Eu bato papo com você. – Nós batemos papo)

4.3 Mesmo junto de **nomes** que não sejam **valenciais**, o **possessivo** pode remeter a um outro **nome** que tenha papel semântico em **ações** ou **processos** implicados na relação entre os dois **nomes**.

4.3.1 Remete à pessoa ou entidade que executa uma obra (relação produtor/produto):

> *O programa induzirá a indústria brasileira a melhorar a qualidade de SEUS produtos.* (OG)
> (A indústria produziu os produtos)
> *Tirei-o de uma das MINHAS crônicas para o Jornal do Brasil.* (CAR-O)
> (Eu escrevi as crônicas)
> *A Fiat automóveis tem uma linha de mil e trezentos cilindradas, o que facilita a adaptação de SEUS automóveis a um motor de menos de mil cilindradas.* (OG)
> (A Fiat produziu os automóveis)
> *Kung questionou a doutrina da infalibilidade em SEU livro.* (OG)
> (Kung escreveu o livro)
> *Assim será mais fácil achar as provas DE VOCÊS no meio das outras.* (REA)
> (Vocês produziram as provas)

4.3.2 Remete a um **Agente controlador**. Nesse caso, o **nome** possessivizado pode não referenciar a **ação**, mas, sim, o **instrumento da ação**:

> *Encetarei NOSSA estratégia de extermínio da praga inflacionária.* (COL)
> (Nós usamos a estratégia)
> *Montastes VOSSO esquema de trabalho.* (CAR-O)
> (Vós usastes o esquema)
> *Evidentemente a MINHA sintaxe divergia da de Miguel.* (MEC)
> (Eu usava a sintaxe)

Esses técnicos julgam improvável, entretanto, o reconhecimento do vínculo empregatício. SEU **argumento**: *nesse caso (...) as entidades médicas simplesmente extinguiram suas residências.* (VEJ)
(Os técnicos usaram o argumento)

4.3.3 Remete a diversos outros tipos de participantes em eventos ou situações:

O Presidente da Banca já ia a certa hora pelo SEU **quarto bule de chá**. (CF)
(= o quarto bule que ele tomava)
O moço ouve com atenção enquanto lhe conto MEU **caso**. (REA)
(= o caso que ocorreu comigo)
Após defender em Arlangen SUA **tese** *de doutorado*. (HOM)
(= a tese que ele/ela elaborou)
Nestor aproximou SUA **cadeira**. (FP)
(= a cadeira na qual ele se sentava)
Não chegou a MINHA **hora**. (BO)
(= a hora em que algo ocorre comigo)
O Major teve a SUA **enxaqueca**, *e depois o* SEU **mal de próstata**. (SA)
(= a enxaqueca e o mal de próstata que o acometem)
Tenho a TUA **ficha**! (BO)
(= a ficha referente a ti)
SEU **remédio** *é Lycopodium clavatum*. (HOM)
(= o remédio indicado para ele)
Cada um pro SEU **caminho**. (MPF)
(= o caminho que cada um faz)
Na voz de Frank Sinatra, falando em SEU **inglês** *pausado*. (VEJ)
(= o inglês que ele fala)
Não posso calar a satisfação de reconhecer em Vossa Excelência um governante jovem, preocupado com os problemas de SEU **Estado**. (G-O)
(= o Estado que ele governa)

4.4 Junto de determinados **nomes valenciais**, o papel semântico exercido pelo **nome** a que o **possessivo** remete não pode ser determinado no âmbito interno do **sintagma nominal**, devendo recorrer-se às **relações frasais**, ou, mesmo, a um **contexto** maior. Isso ocorre:

4.4.1 Com **nomes** que têm mais de uma possibilidade de interpretação semântica, isto é, que podem ser usados como **nomes** de **ação**, de **processo** ou de **estado**.

Saíra de madrugada. E a cada **partida** SUA, *velinhas se acendiam ao pé da Virgem*. (BS)
  – **partida**: **nome** de ação (= "saída")
  – sua: **Agente**

A REFERENCIAÇÃO SITUACIONAL E TEXTUAL

Só que alguma coisa tinha se quebrado e o mundo jamais voltaria a ser o mesmo.
*Por que me lembro de Élvis nesta Alemanha? a **partida** DELE, poríamos.* (BE)
– **partida: nome** de processo (= "morte")
– **ele: Afetado**

4.4.2 Com **nomes** que remetem a mais de um **argumento** possível de ser representado por **possessivo**:

No exemplo

*Você sabe que eu li SUA **carta** para Júlia?* (B)

SUA remete ao **Agente**, isto é, a quem escreveu a carta.

No exemplo

*Escrevo as SUAS **cartas**, faço as suas contas.* (MMM)

SUAS ainda remete a um **Agente**, que é, porém, quem assina as cartas, mas não é seu autor.

Em outro contexto, como:

*O carcereiro abria SUAS **cartas** e escolhia as que podia ou não receber.* (UQ)

SUAS representa o Destinatário.

Nos seguintes pares de ocorrências:

a) *SUAS **fotografias** ganharam prêmios da The Hague e da Tass.* (REA)
a') *Imediatamente a polícia francesa fez transmitir a SUA **fotografia** pela tevê.* (REA)
b) *O que eu sei é que SUA **comida** era inigualável.* (BAL)
b') *SUA **comida** será fornecida por uma companhia aérea.* (FSP)

é o contexto que indica que:

em *a)*, *SUA* remete ao **Agente** (isto é, à pessoa que fotografou), enquanto em *a')* *SUA* remete à **meta** (isto é, à pessoa que foi fotografada);

em *b)*, *SUA* remete ao **Agente** (isto é, à pessoa que preparou a comida), enquanto em *b')* *SUA* remete ao **Destinatário** (isto é, à pessoa para a qual a comida foi preparada).

5 Particularidades de construções possessivas

5.1 Uma forma **possessiva** de determinada **pessoa** pode simplesmente indicar o envolvimento dessa **pessoa** no que se expressa:

O Pronome Possessivo

*NOSSO **herói**, ainda no rol dos bons partidos, aproveitava a situação.* (CT)
*Mas a gente sabe que o NOSSO **juiz** está acima de nossas cabeças.* (AMI)
*Já estou quase com cinquenta anos, se não durmo as MINHAS **oito horas**, fico estragado.* (BB)

5.2 O **possessivo** pode simplesmente indicar certa **indeterminação numérica**:

*Ele teve SEUS excelentes **momentos** no governo da Paraíba.* (VEJ)
*A sala, que ainda preserva poltronas e afrescos originais da década de 20, já teve SEUS **dias** de glória.* (VEJ)
*Alguns dos maiores gênios da humanidade não foram tão brilhantes na vida privada. Ou pelo menos tiveram SEUS **momentos** ruins.* (VEJ)

5.3 O elemento *próprio* constitui reforço do **possessivo**:

*Roberto Medina depõe hoje em SUA **própria** casa.* (OG)
*Obedece a TUA **própria** lei.* (TGG)
*Nunca! Jamais poderei perdoar a MINHA **própria** mulher, na MINHA **própria** casa, começando uma frase com pronome oblíquo!* (ACT)

5.4 Os **possessivos femininos** de **terceira pessoa** do **singular** e de **segunda pessoa** do **plural** entram na composição de **pronomes de tratamento**:

*Venho aqui a chamado de SUA **Excelência** o Governador, declaro mais que ignoro a razão do chamado.* (AM)
*Esta manhã se falou a SUA **Majestade** no negócio da assistência e ajuda de custo.* (CID)
*Não está VOSSA **Senhoria** me reconhecendo?* (ACT)
*VOSSA **Excelência** deve tomar medidas enérgicas.* (GI)

5.5 Em vocativo, junto de **adjetivos qualificadores** de **conotação negativa**, as formas *SEU, SUA, SEUS, SUAS* expressam uma provocação:

*"Fala baixo, SUA **idiota**."* (VA)
*Pode escolher as suas armas que eu acabo com você, SEU **porco** traidor.* (FSP)
*Não notou a tranca antes de entrar, SEU **banana**?* (FSP)

A Referenciação Situacional e Textual

5.6 A forma *MEU* (e suas flexões) é usada em **vocativos**:

- Indicando tratamento cerimonioso

  *Pois não, MINHA **senhora**, às suas ordens. (CCA)*
  *Há uma evidente contradição entre a escada e o leito, MEUS **senhores** e MINHAS
  senhoras. (VI)*

- Indicando afetividade ou intimidade

  *"Aceito a sua coroa de flores ideal, MEU **caro** Ricardo Reis", disse Pessoa. (FSP)*
  *Perceba, MEU **caro**, quanto esse tipo de cuidado com o sentimento dos outros é pura
  opressão machista. (ACM)*
  *Volte sempre, MINHA **querida**, volte sempre! (CP)*

\# Nesse tipo de expressão podem estar implicados ironia e desprezo:

  *Se você, MINHA **querida**, um dia bater em minha porta, juro que vou esmagar sua
  cabeça. (FSP)*

5.7 O **possessivo** *SEUS* é empregado substantivado, referindo-se à família,
aos parentes:

  *Ela própria rápida no gatilho, de toalhas molhadas ao 38 que costuma carregar
  na bolsa, Denilma teve provas recentes de que quem sai aos SEUS não degenera. (VEJ)*

5.8 A forma masculina *SEU* é usada, junto de **nome próprio** masculino, em
fórmula de tratamento respeitoso. Não é possessivo:

  *SEU **Antonio** disse que greve é coisa de vagabundo. (EN)*
  *SEU **José Maria**, o senhor hoje perdeu a hora ! (MP)*

5.9 Pronomes pessoais oblíquos átonos podem ter o valor de **possessivos**:

  Vendo-me, segurou-ME o braço. (CBC)
  (= segurou o meu braço)
  A Ruiva enxugava-LHE os cabelos. (N)
  (= enxugava os seus cabelos)

O PRONOME POSSESSIVO

5.10 O **pronome possessivo** é usado reflexivamente na expressão *ter de SEU*, que significa "possuir":

*Ela era a formosa senhora do homem mais poderoso do lugar e ele um recém-chegado que nada **tinha de** SEU além de umas poucas moedas e da roupa do corpo.* (OLA)

*Para um rei que não **tinha de** SEU nem um só caco de posse em cima da terrona toda deste mundo.* (OSD)

O PRONOME DEMONSTRATIVO

1 A natureza dos **pronomes demonstrativos**

Os **demonstrativos** são palavras **fóricas**. Eles sempre fazem referenciação:

- seja ao contexto, como em

  *Quando me davam um **texto**, eu já sabia como ia fazê-lo. Aí, AQUELE **texto** não me interessava.* (AMI)

- seja à situação do discurso, como em

  Eu lhe agradeço a presença nESTA mesa, nESTA ceia. (CP)

2 As formas dos **demonstrativos**

2.1 Há **demonstrativos** de forma invariável e há **demonstrativos** com forma variável em **gênero** e **número**, que se altera para concordar com o **substantivo** determinado. Em cada uma dessas duas séries, há três demonstrativos que se pode indicar como relacionados com cada uma das três pessoas do discurso:

	VARIÁVEIS		INVARIÁVEIS
	MASCULINO	FEMININO	
1ª	este estes	esta estas	isto
2ª	esse esses	essa essas	isso
3ª	aquele aqueles	aquela aquelas	aquilo

A Referenciação Situacional e Textual

2.2 Além desses, existem **pronomes demonstrativos** que não fazem seleção:

a) de **pessoa** (são todos de 3ª pessoa)

- *O, A, OS, AS*

> *Eu também possuía meus troféus, menos adoráveis que OS de Isabella, mas seguramente menos sem graça que OS de Abelardo.* (ACM)
> *Pulava com as damas, ora de um jeito, ora de outro; bailava com AS que eram moças e AS que não eram e, se alguém se doesse, que viesse tirar satisfação.* (CE)

- *TAL, TAIS*

> *É claro que nem Aristófanes nem seus protetores acreditariam em TAL fábula.* (ACM)
> *Mas TAIS produtos deterioravam-se a bordo* (APA)

b) de **pessoa** e de **número**: *O* (3ª pessoa do singular)

> *É esse um desvio que pode nos levar a pecados muito mais nocivos que elas lhes pareçam – e, aliás, O são.* (MMM)
> *A principal delas é que o meio de produção fundamental na agricultura – a terra – não é suscetível de ser multiplicado (reproduzido) ao livre arbítrio do homem, como O são as máquinas e outros meios de produção e instrumentos de trabalho.* (AGR)

2.3 Têm valor **demonstrativo**, ainda, os elementos:

a) *MESMO*, que é

a.1) reforçador de identidade:

> *Hoje, o genro de seu Juquinha, moço de poucos escrúpulos, organiza as sessões de cura, num salão que ele MESMO improvisou, pedindo a quem tem que contribua e quem não tem peça emprestado para contribuir.* (ACT)
> *Ela MESMA não sabia de si, o que faria logo, onde estaria amanhã.* (PV)

a.2) indicador de identidade idêntica:

> *Quando o meu gracioso soberano tornou-se violento, achei que era meu dever sujeitá-lo com o MESMO sistema de coerção que teria usado em um de seus jardineiros.* (APA)
> *Alguns meses depois, em Joinville, estado de Santa Catarina, repetiu o espetáculo contra a MESMA pessoa, em benefício de um orfanato.* (MU)

b) *PRÓPRIO*, reforçador de identidade:

> *Depois, eu PRÓPRIO reconheço, a traseira é parte escondida, ninguém nota.* (AM)

O Pronome Demonstrativo

*O **PRÓPRIO** homem, no entanto, vítima do marasmo do cotidiano, ao querer saciar sua curiosidade, vai ao seu encontro, precipita o destino.* (PAO)

3 As posições sintáticas dos **demonstrativos**

3.1 Os **demonstrativos** variáveis – **ESTE, ESSE** e **AQUELE** (e suas flexões) – ocorrem

a)   num **sintagma nominal**:

• como **determinante** de um **nome (pronome adjetivo, adjunto adnominal)**

> *ESTE bilhete, aliás, ao voltar, ainda há pouco, encontrei-o ainda intocado.* (A)
> *Aliás, o que nos importa o que ESSE imbecil possa fazer ou dizer?* (A)
> *AQUELE cachorro, só porque é amigo de Antônio Morais, pensa que é alguma coisa.* (AC)

• na mesma posição de **determinante**, mas com o **nome elíptico**

> *E, quando ESTE, brutalmente (como sempre), abrira seus olhos de impenitente idealista para a triste realidade, por que não se afastara logo, insistindo em revê-la?* (A)
> *ESSE não vive de reza, não.* (AS)
> *AQUELE, sim, era um santo.* (AC)

b)   na posição de **predicativo**:

> *A grande diferença é ESTA: cada ano que passa é mais um ano nos costados.* (AM)
> *Eu tenho medo, a verdade é ESSA.* (SL)
> *O resultado era AQUELE?* (A)

3.2 Os **demonstrativos** invariáveis – **ISTO, ISSO** e **AQUILO** – ocorrem sempre como núcleo do sintagma (**pronome substantivo**):

> *E preciso de amor simplesmente para ISTO: para não morrer de isolamento e asfixia.* (A)
> *Tulio achava que também ISSO era herdado de Pio XII.* (ACM)
> *AQUILO, se é o que eu penso, tem nomes esquisitos, Rinaldo.* (ACM)

3.3 Os **demonstrativos** variáveis (em **número**) **TAL, TAIS** ocorrem

a)   num **sintagma nominal**:

• como **determinante** de um **nome (pronome adjetivo)**, precedido ou não de **artigo**

A Referenciação Situacional e Textual

– Escreva aí o endereço do TAL médico. (AFA)
– Não – sei por que disse TAL coisa. (PRE)
Então, ante uma TAL reticência, lhe perguntei se queria que avisasse você. (L)

- sem que haja **substantivo** no **sintagma** (**pronome substantivo**), sempre precedido de **artigo** (**definido** ou **indefinido**)

  Ele mora ali. O TAL! (AM)

b) na posição de **predicativo**, precedido ou não de **artigo**:

  Seus antagonistas também são cavaleiros. São os TAIS designados por signos do zodíaco. (VEJ)

3.4 Os **demonstrativos** variáveis *O, A, OS, AS* ocorrem sempre especificados:

a) por um **sintagma de valor adjetivo**

  *Na categoria dos óxido destacam-se OS **de alumínio**.* (PEP)
  *Eu nunca vi espigas de milho tão bonitas como AS **de lá**.* (SA)

b) por uma **oração adjetiva**

  Evidentemente, eu sou A que não é Soares, A que não aceitou as regras de vida dos Soares, A que traiu um Soares e causou a morte de outro Soares. Sou a leviana, a louca, A que pecou – A que foi "perdoada" pelos Soares. (A)
  Vestiu a calça. Passou a carteira do bolso da outra calça para A que vestia. (AF)
  O que pôde fazer foi beber mais um gole de vinho e murmurar. (A)

3.5 O **demonstrativo** invariável *O*, que equivale a *ISSO, ISTO*, emprega-se

a) como **predicativo** do **sujeito** em substituição de uma expressão qualificativa já expressa (**anáfora**):

  *Fora a situação de **fugitivo** (que O é) para revelar-lhe esse aspecto antipático do semelhante.* (PRO)
  (O é = é fugitivo)
  *Sim, **um escolhido**. E por que O era, porque sentia ser um condenado, por mais que tentasse, não sabia explicar.* (OS)
  *Que o responda seu **sobrinho torto**, se é que O é realmente.* (AL)

b) como **objeto direto**, do verbo *fazer*, retomando uma **predicação** já expressa (**anáfora**):

Procurou uma bruxa na Normandie, *parente distante de Marie-Thérèse. E O fez apesar das ponderações do sábio Jean Bodin.* (CEN)

(*O* fez = procurou uma bruxa na Normandie)

Assistiu-o, certa feita, rezando uma menina picada de jararaca*, e O fez do seguinte modo: colocou o pé direito sobre o esquerdo, estando de pé, e orou três vezes, com os braços abertos.* (TR)

A isto dedico-me atualmente*: nesta cidade, cujo setor terciário expande-se fantasticamente, armazeno dados, informações. Faço-O há algum tempo; mais precisamente, desde que comecei a crescer.* (CEN)

O leitor deve ter observado que, sempre que me referi aos números "imaginários", ***coloquei entre aspas o adjetivo****. Faço-O porque julgo (e não estou sozinho nesse julgamento) infeliz a palavra, uma vez que em certo sentido, todos os números são imaginários.* (MTE)

c) como **objeto direto**, apontando para uma predicação a ser expressa (**catáfora**):

Tal fato se deve às condições peculiares de sensibilidade individual e constituem-se num indício de que, por mais que O desejemos, a Medicina não é uma ciência exata. (ANT)

(*O* desejemos = desejemos que a Medicina não seja uma ciência exata)

4 O emprego dos **demonstrativos**

4.1 O **demonstrativo** pode ser empregado como referenciador textual (uso **endofórico**). Nesse caso, ele se refere:

a) a uma pessoa ou coisa que já foi referida ou sugerida em qualquer porção precedente do texto (**anáfora**)

Bons momentos, título de seu primeiro LP, é a reunião de **coisas boas** *que eu e meus parceiros conseguimos recolher durante vários anos. Entre* ESTAS *coisas boas está a música Monalisa.* (AMI)

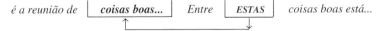

Sorriu, lembrando-se do **pessimista profissional Chiquinho da Veiga**. ESTE, *sim, tem filosofia primitiva e proveitosa.* (AMI)

"Se a verdade é relativa, a mentira é relativa." ESSE *aforismo é do Nietzsche.* (BU)

A REFERENCIAÇÃO SITUACIONAL E TEXTUAL

> *O que mata Esther é o contexto do cacau. Morre sufocada com as coisas que AQUE-LE mundo exige das pessoas.* (AMI)
>
> *O que há de terrível, nela, é que não quer ser, apenas, o que a vida fez dela: uma mulher fácil, uma "amante" que a gente escolhe, usa, abusa, larga. ISSO é muito pouco!* (A)
>
> *Muita gente gosta de valorizar seu trabalho pela dificuldade, fazendo-o complexo como se poucos fossem capazes de executá-lo. São TAIS pessoas os que desfigu-ram suas ocupações em "tarefas-tabus".* (NP)

\# As formas preposicionadas *NISTO* e *NISSO* são muito usadas, anaforicamente, com significado temporal (= "nesse momento a que se acaba de aludir"):

> *Deteve-se: era a sua mulher. Na semiobscuridade que envolvia o resto da clareira, divisou Jenner. NISTO ouviu atrás de si, quebrando o silêncio da mata, o rumor dos passos de Ricardo.* (ALE)
>
> *– Desde então, não consigo parar de pensar em mim – continuou Silas. – Dormindo ou acordado, só vejo o meu rosto na frente. Penso nos meus gestos, nas pequenas coisas... Nesta cicatrizinha que tenho aqui...*
>
> *NISSO chegou a Vanda Vai Lá.* (AVL)

\# Há várias expressões com os **demonstrativos** *ISTO* e *ISSO* usadas muito comu-mente em **referenciação anafórica**:

- *ALÉM DISSO / DISTO*:

> *"Três é demais", foi a resposta dela. "ALÉM DISSO, minha especialidade é canto gregoriano. Tragédias, não."* (ACM)
>
> *Evidência, como depois eu constataria, de sua má situação financeira, o guarda--chuva, ainda que portátil e automático, estava com as varetas quebradas. Falta-va-lhe, ALÉM DISTO, o elástico que segura o pano.* (CEN)

- *ISTO É*:

> *Na criança, a aquisição da linguagem, quer dizer, do sistema de signos coletivos, coincide com a formação do símbolos, ISTO É, do sistema de significantes indivi-duais.* (AF)
>
> *Minha avó me chamava de "lambido", ISTO É, sem-vergonha, na terra dela.* (ALF)

- *POR ISTO / POR ISSO*:

> *– A saúde da minha família em primeiro lugar. POR ISTO, aqui em casa só uso óleo Paladar.* (AVL)
>
> *E eu queria ouvir o que pensavam sobre meu trabalho, antes que chegasse Giulio com o almoço. POR ISSO continuei no assunto.* (ACM)

O Pronome Demonstrativo

- *NEM POR ISSO / ISTO*:

> *Vivaldi é um gênio, tanto como Beethoven ou Mozart, e NEM POR ISSO se pode falar em progresso na arte de compor música.* (ACM)
>
> *Numa votação democrática, demos-lhe o nome de Grupo Veredas, título imposto pelo líder, NEM POR ISTO menos sugestivo.* (ACT)

b) a uma pessoa ou coisa que a seguir vai ser referida no texto (**catáfora**)

Essa porção de texto que é anunciada e que segue ao **demonstrativo catafórico** pode constituir:

b.1) um **aposto**, como em

> *O prefeito pigarreou, repetiu ESTAS palavras: "**local condigno... local condigno.**"* (AM)
>
> *... repetiu | ESTAS | palavras: | "**local condigno...** | local condigno.*

> *Já viu bobagem dESTA, chuvarada **de dezembro em julho?*** (R)
>
> *... bobagem | dESTA, | chuvarada **de dezembro em julho?***

> *Agora estou trabalhando NESSE (sambinha): **o Samba da Carne-Seca.*** (MPF)
>
> *ESSE trecho pode mostrar: **o povo, que apoia a Revolução.*** (REA)
>
> *A prostituta da notícia certamente era DISSO, **de pegar homem a qualquer hora e a qualquer lugar.*** (FSP)

b.2) uma **oração adjetiva**, como em

> *Palavreado difícil é bom apenas para ESSES filósofos franceses **que entram na moda e dela saem ciclicamente.*** (BU)
>
> *Fantásticos tempos, AQUELES, **em que dois colecionadores, milionários** (mas não pertencentes a nobreza) **emergiam da sombria Rússia czarista.*** (VEJ)
>
> *E também ele traduzirá AQUILO **que ouviu**, AQUILO **que constatou**, AQUILO **que pensa, em palavras.*** (APA)

b.3) um **adjunto adnominal** (só os variáveis)
[**adjetivo**, ou **particípio**, ou sintagma do tipo *de*+**substantivo**]

> *E nós dançamos uma valsa como AQUELAS **antigas**, e eu rodopiava pela rua, rindo.* (FSP)
>
> *Daí a necessidade das frases de impacto, como AQUELAS **dirigidas ao autor de "Vulcão".*** (FI)
>
> *Nunca mais uma omeletezinha como AQUELAS **de primeira classe de voo internacional.*** (SL)

497

A REFERENCIAÇÃO SITUACIONAL E TEXTUAL

b.4) um **complemento** iniciado por *de*: se se tratar de **demonstrativo** variável, ele vem seguido de **nome** de sentido bem geral (do tipo de *ESSA* **coisa**, *ESSE* **negócio** etc.)

Esse **complemento** é representado por:

- **uma oração completiva infinitiva**

  *Na minha visão do mundo, eu via competição, eu via ESSA coisa **de você ter que ser mais esperto** do que o outro.* (REA)
  *Não tinha ESSE negócio **de escovar dentes** não.* (CF)
  *ESSE negócio **de escrever** é penoso.* (CD)
  *ISTO **de comer, dormir e pôr a roupinha para ir ao colégio**, não está direito!* (DEN)

- um sintagma do tipo *de*+**substantivo**

  *O biquíni já é sacrifício, além do mais ESSE negócio **de pouca roupa** não dá futuro.* (BP)
  *O meu menino tem queda para ESSE negócio **de arte**, e quer ser pintor.* (FE)
  *ESSE negócio **de BNH** não quero, por que sei que não vou poder pagar.* (JL-O)
  *Bobagem ESSE negócio **de luto**.* (SM)

- um **enunciado**

  *ESSA coisa **de Viva o Brasil!** me cansa.* (BU)

c) a uma pessoa ou coisa que já foi referida no texto, mas cuja classe vai ser a seguir tipificada (**anáfora+catáfora**)

  *Quando o rapaz do cavalo branco apareceu aqui, minha esperança era que ele fosse um iluminado, **um Cavaleiro DESSES com que o povo sonha e que os comunistas não são capazes de lhe oferecer**, por causa do plebeísmo e da mania igualitária.* (PRP)
  *Não podia ver uma mulher mais ou menos, que não saísse atrás. Foi quando passou **uma uruguaia DESSAS de fazer jogador largar concentração em véspera de decisão do Mundial.*** (RO)
  *Impressiona perceber que, no dia a dia da redação, muitas vezes nos esquecemos **DISSO – de que todo erro, num jornal, desmonta parte dessa credibilidade construída com enorme sacrifício.*** (FSP)

4.2 O **demonstrativo** pode ser empregado como referenciador situacional (uso **exofórico**).

Quando faz referência à situação, cada uma das três formas de **pronomes demonstrativos** variáveis – *ESTE, ESSE, AQUELE* –, se refere em especial a uma das três

O Pronome Demonstrativo

pessoas gramaticais. Essa relação com as pessoas do discurso fica bem evidente nas construções em que o demonstrativo co-ocorre com um dos três **advérbios pronominais** de lugar, como *aqui*, *aí* e *lá*:

- *ESTE ... aqui*

  – *Tenho tudo que quero, brinquedos, roupas... – Puxou a manga do casaco: – ESTE aqui meu pai comprou ontem.* (CP)

- *ESSE ... aí*

  Você se esquece que ESSE cálice aí era o seu e não o dela. (AFA)

- *AQUELE ... lá*

  – *AQUELE mulato sanfoneiro que mora lá no Cedro.* (DM)

\#   À expressão que remete à situação pode seguir-se uma especificação, representada, por exemplo, por uma oração adjetiva (**exófora+catáfora**):

  Por ESSA luz que me alumia! (BO)

- *ESTE*

  Refere-se mais diretamente ao falante (1ª pessoa):

a) acentuando sua inclusão na situação do discurso, posicionando-o em seu tempo e seu lugar (*AQUI* e *AGORA*)

  E todos aqui nESTE prédio dependem de mim. (AB)
  Eu sei que você tem um vestido pra cada ocasião, mas ESTA é uma ocasião muito especial! (MPF)
  Liberdade que finalmente se abriu sobre o céu dESTE outono espanhol. (SC)

b) indicando proximidade espacial do falante, ou relação corporal com ele

  Atenção: nada nESTA mão, nada na outra... (HA)
  Este que ainda não nasceu, este que é dESTE tamanhinho. (MPF)

\#   O mesmo emprego tem *ISTO*:

  (Começando a retirar o "lixo" de cima da sua mesa) Mas que coisa! É só a gente faltar dois dias e a mesa da gente vira depósito de lixo! Olha ISTO aqui! (RE)

c) indicando proximidade temporal do momento de fala

  Veja só, a ESTA hora da noite, estou quebrando o galho. (BB)
  Não vamos confiar muito na boa casualidade, como ESTA de agora. (FAO)

A REFERENCIAÇÃO SITUACIONAL E TEXTUAL

\#   O efeito pode ser de proximidade espacial e temporal ao mesmo tempo:

*Foi armado por alguém que se encontra **aqui**, **agora**, **nESTA** casa...* (HO)

\#   Na ligação temporal com o falante, pode haver uma projeção.

i) Para o passado

*O freguês saiu **nESTE** minuto.* (AB)
*O pior de tudo é que **nESTES** quinze anos fomos privados de liberdade.* (SC)
*Liguei todos **ESTES** dias para a sua casa e disseram que você estava viajando.* (BU)

ii) Para o futuro

***NESTE** mês deverão viajar para a Amazônia, onde o trabalho será menos de descoberta que de levantamento sistemático do que já se conhece e tem sido estudado de forma esparsa.* (REA)
*O ministro-chefe da Secretaria de Planejamento, Mário Henrique Simonsen, leva **nESTA** quarta-feira ao Conselho de Desenvolvimento Econômico uma alentada análise do desempenho das contas externas.* (CDE)

\#   Um **adjetivo** pode explicitar a futuridade:

*Categorias que têm dissídios **nESTES** meses **próximos** do programa de estabilização.* (OG)

\#   A vinculação de *ESTE* com o falante, entretanto, muitas vezes se afrouxa; falante e ouvinte podem ficar envolvidos na relação:

*Logo que você, Simpla, estiver inteiramente bom, vamos dar um passeião por **ESTE** mundo afora.* (AM)

A relação chega a estender-se da **primeira** para a **segunda pessoa**:

*O menino chegou todo ensanguentado, **aí** mesmo **NESTE** lugar onde **tu** estás.* (CA)

• *ESSE*

Refere-se mais diretamente ao ouvinte:

a)   acentuando sua inclusão na situação de discurso (o lugar é *AÍ*)

*Você vai querer que eu engula **ESSA** conversa?* (DO)
*Pra que **ESSE** bafafá todo na minha porta?* (BO)

\#   O mesmo emprego tem *ISSO*:

*– Deixe **ISSO** **aí**, mano. Jogue essas canas fora...* (CHI)

O lugar pode, entretanto, ser um *AQUI* compartilhado entre as duas pessoas do discurso, caso em que *ESTE* e *ESSE* podem, praticamente, alternar-se:

> *ESSE pessoal d*AQUI *fala demais.* (FP)
> *ESTAS ondas* AQUI, *olhe* AQUI, ESTAS *mais gordinhas* AQUI, *que dão* ESSA *achatada-zinha* AQUI. (SL)

b) indicando proximidade espacial do ouvinte

> *A sensação visual de que há agora um livro em* **suas** *mãos é tão clara que garante a você que* ESSE *livro realmente existe.* (CET)
> **Vai** *tomar vergonha n*ESSA *cara.* (BO)

c) indicando proximidade temporal do momento de fala (que inclui o ouvinte)

> *O Boca de Ouro é um defunto. A* ESSA *hora, está no necrotério.* (BO)

\# Nessa ligação temporal com o falante, pode haver uma projeção.

i) Para o passado

> *Nós o viemos educando, durante* ESSES *meses... ou anos como se já fosse um homem.* (A)
> "NESSES *quatro anos", disse ele, "minha mulher morreu e três dos meus sete filhos se casaram."* (VEJ)

ii) Para o futuro

> *– E a nós, Bernardo, quando é que você paga?(...)*
> *– Quanto antes. Logo que possível.* NESSES *dias, eu mando qualquer coisa.* (FP)
> *– Sabemos só que vamos.*
> *– Vamos de repente, um dia d*ESSES, *sem tempo de dizer adeus.* (MPF)

\# A vinculação de *ESSE* com a segunda pessoa, singular, entretanto, muitas vezes se afrouxa; falante e ouvinte ficam envolvidos na relação:

> *Tire* ESSE *moço de* **meu** *lado, arraste para o canto do compartimento.* (DM)
> *Doutor, tira* ESSE *guardanapo de cima de* **mim**. (BO)
> *(Berrando e sacudindo o colar no alto.) A que tiver os peitinhos mais bonitos ganha* ESSE *colar.* (BO)

• *AQUELE*

Não se refere nem ao falante nem ao ouvinte, mas a algo ou alguém que não constitui pessoa do discurso (uma não pessoa). A referência com *AQUELE* pode remeter a algo que esteja na própria situação de fala, mas nunca indica proximidade das pessoas do discurso (o lugar é *LÁ, ALI*):

A REFERENCIAÇÃO SITUACIONAL E TEXTUAL

*AQUELA estrelinha que está nascendo **ali**... está vendo AQUELA estrelinha?* (CP)
*Pega AQUELA malinha **ali** de executivo.* (MPF)
– Você, Foguinho, quanto tempo você levaria, você ou ela, pra lavar AQUELA monta-
nha de pratos? (MPF)

\# O mesmo emprego tem *AQUILO*:

A Clara voltou muito feliz da viagem a Manaus, conta Glória, terminando de se
*arrumar. Você precisa conhecer AQUILO **lá**, era o que ela dizia.* (CEN)

Referindo-se à **não pessoa** do discurso (3ª pessoa), o **demonstrativo** *AQUELE*
pode remeter a algo que esteja fora da situação de fala:

Onde é que eu acho AQUELA tratante? (PEM)
Que homens eram AQUELES que arrumavam encaixados, tábuas em cima, embaixo,
à frente, à retaguarda, à esquerda, à direita? (CF)
*Alguma meu irmão deve estar planejando, que AQUELE **lá** não dorme em serviço.*
(PD)

O distanciamento das pessoas do discurso pode ser

i) espacial:

A luz de algo parecido com uma vela não permite distinguir o que foi colocado
***nAQUELA** esquina.* (UM)
– É no centro da cidade, NAQUELA casa branquinha bem na esquina da matriz! (PEM)

ii) temporal:

Tive que tomar os pontos, na ignorância. Isso foi NAQUELE tempo. Agora, não. (BO)
Nós ganhamos, NAQUELA época o Bangu ganhava sempre. (CHU)

\# Os efeitos de distanciamento espacial e de distanciamento temporal podem so-
mar-se, no texto:

*Quem era AQUELA criatura modelada em mármore que, todos os anos, **nAQUELA***
praça aberta ao mar, recebia a festa das escolas? (COR-O)

5 A organização do espaço situacional entre os três **demonstrativos**

Cada uma das três formas de pronomes demonstrativos – ESTE, ESSE, AQUELE –,
quando faz referência textual, seleciona uma porção do texto. Duas dessas formas –
ESTE e AQUELE – se opõem, especialmente:

502

O PRONOME DEMONSTRATIVO

- *ESTE*

Se houver mais de um nome antecedente, a referência com *ESTE/ISTO* seleciona o mais próximo:

Ambiente pesado. Cores entre o VERMELHO e o PRETO, com predomínio dESTE. (AQ)

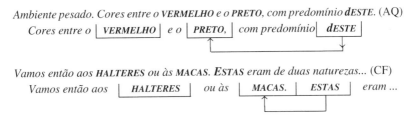

Vamos então aos HALTERES ou às MACAS. ESTAS eram de duas naturezas... (CF)

Entretanto, não é necessário que o antecedente do *ESTE* anafórico esteja bem próximo dele.

\# É possível que a **referência anafórica** indicada pelo **demonstrativo** recupere informação que se encontra difundida em porção do texto relativamente distante:

Mesmo com a redução do Imposto sobre Produtos Industrializados para carros populares e abaixo de mil cilindradas, a Autolatina não fará nenhum projeto neste sentido. É o que afirmou Ex-Presidente da Empresa, observando que até o antigo "besouro" tinha motor mais potente (...) Sauer criticou os carros econômicos fabricados pela Fiat e Gurgel, que se enquadram NESTAS CARACTERÍSTICAS afirmando que são o maior problema para os revendedores Volkswagen quando são trocados por um Gol. (OG)

O laboratório espacial Sylab, celebrado por sua espetacular volta à Terra no último dia 11, fragmentou-se em milhares de detritos inofensivos em algum remoto deserto da Austrália. Certo? Não necessariamente. A acreditar em uma das manchetes do jornal americano Washington Post, publicada na quarta-feira, outra engenhoca DESTE TIPO teria sido detectada, na semana passada, nos céus de Washington. (VEJ)

- *AQUELE*

Se houver mais de um nome antecedente, a referência com *AQUELE/AQUILO* seleciona o mais distante:

*Nessa sala ficavam **homens** esperando o ajantarado e depois deste as **senhoras**, enquanto AQUELES jogavam na sala de jantar.* (CF)

Essa organização do espaço textual entre os **demonstrativos** *ESTE* e *AQUELE* pode ser observada em:

– Mas um homem e uma mulher loucamente apaixonados não são nenhuma novidade.

A REFERENCIAÇÃO SITUACIONAL E TEXTUAL

– Eu sei. A diferença é que estes fizeram um pacto de amor: AQUELE que traísse o parceiro seria morto por ESTE. (BU)

\# O jogo entre as posições indicadas pelos diferentes **demonstrativos** é aproveitado no jogo entre **discurso direto, discurso indireto** e **discurso indireto livre**. Especialmente interessante é o uso de *AQUELE* no **discurso indireto livre**:

Levantou-se, começou a andar. Bernardo ficou de pé, olhando para fora. Estava aferrolhada a única janela; mas além da porta grossa e tosca, pela grade de ferro que lhe reforçava a segurança, via-se o quintal: mato rasteiro, sarrafos, latas velhas (...) Então AQUELE era o quarto de um homem tão poderoso. Conforto algum e AQUELA vista exígua. (FP)

Ao levantar um pouco os quadris para jogar um toco de cigarro na privada, viu, saindo de seu corpo, como de uma torneira mal fechada, um jorro contínuo de sangue, que já transformara tudo abaixo numa poça rubra (...) Que hemorragia louca era AQUELA, ia entrar em choque, ia morrer? (SL)

6 Particularidades do emprego dos **demonstrativos**

6.1 A forma **demonstrativa** pode ocorrer em **aposição** ao elemento recuperado:

As mães irresponsáveis tornam-se depois vítimas, e os casais estrangeiros, ESSES são os tentáculos do imperialismo. (MAN)

Os estribos, os guarda-lamas, ESSES acham-se ruços, esbranquiçados com a perda gradual, lenta, da camada de tinta. (DES)

Mas, meia-noite em ponto, estando os dois à janela, a cigana levantou para o céu aqueles verdes olhos, ESSES, sim, históricos, e, pela primeira vez, acreditei que entendesse alguma coisa além daquilo em que nos entretivéramos há tão pouco. (ALF)

Seus cabelos laqueados, os chapéus tão enterrados quanto os das melindrosas – ESTAS de cintura cada vez mais alta e saia progressivamente mais curta. (CF)

Estou escrevendo um poema sobre o mico-leão-dourado, ESSE que foi repatriado dos Estados Unidos. (BU)

À forma democrática está inerente a possibilidade de avanços para a maioria e, portanto, de enfrentar o maior de nossos desafios, o social, AQUELE que ao longo de nossa história ainda não temos sido capazes de vencer. (FSP)

\# Determinando um **substantivo** que vem como **aposto**, o **demonstrativo** pode ocorrer:

i) posposto, quando se segue uma **oração adjetiva restritiva**

O Pronome Demonstrativo

*Evidentemente essa concepção baseada sobre o mecanismo das oxidações biológicas, como eram compreendidas na época, levava à ideia de que a ação anestésica devia depender de uma depressão da respiração celular, **ideia ESSA que não estava muito afastada das modernas concepções** que procuram explicar os efeitos anestésicos e hipnóticos como resultados da depressão de enzimas de óxido-redução nos neurônios centrais.* (FF)

*Isto por via do falado encanto, de que fiquei sabendo, tal como de fato era, só naquele justo dia e exata hora. **Encanto ESSE que adiante vai contado**, da forma pela qual ouvi da boca de Joaquim.* (LOB)

ii) anteposto, quando o **substantivo** é qualificado

*Até o filho de Joana da Graça, AQUELE **leproso todo inchado**, estava ali perto, gritando e rebolando pelo chão.* (ASS)

*Nunca deixávamos de ir ver o monumento dos mortos na tragédia do Lombardia e tia Candoca rezava por todos os marinheiros invocando o nome de um, AQUELE **Incoronato Felice paradoxal e impróprio para a desgraça.*** (BAL)

6.2 Os **demonstrativos** usam-se, com entoação acentuada, dando ideia de exatidão:

– Porque sorrira, era algo que eu precisava esclarecer, mas não NAQUELE momento. (CEN)

(= não naquele exato momento)

6.3 Os **demonstrativos**, usados junto de determinados **substantivos abstratos** de qualidade, podem levar a que esses **substantivos** se refiram ironicamente a pessoas:

E é ela... é ela, ESSA belezura toda, que vai entregá o prêmio pro grande vencedor desse grande rodeio de Treze Tílias. (ARA)

– Seu compadre, onde anda ESSA beleza? (CL)

Eu não avisei a ESSA beleza, quando ela chegou, quem era Romeu? Ela se perdeu por gosto. (US)

6.4 Os **demonstrativos**, usados junto de **adjetivos qualificadores disfóricos**, fazem referência desairosa a uma pessoa, especialmente num **registro** mais popular:

*– Não permitirei que ESSA **desavergonhada** fique mais um só dia nesta casa.* (MAR)

A Referenciação Situacional e Textual

Deus um dia há de castigar seu Nonato e eu vou dizer: mande sua filha parar de procurar meu filho, AQUELA sem-vergonha. (AF)

E tudo, por quê? Uma besteira – por causa dAQUELE idiota do barbeiro, que mal tinha onde cair morto. (SE)

– Mataram aquele cachorro! AQUELE nojento! (BO)

6.5 Também num registro distenso, o **demonstrativo** *AQUILO* é usado, como **sujeito** do verbo *ser*, para fazer uma definição irônica e geralmente depreciativa de algo:

– Que atelier qual nada: AQUILO é casa de mulher à toa! (S)

Eu conheço vários tipos de bordéis espalhados pelo país. Entretanto nunca vi um igual àquele. Mais de cem prostíbulos, AQUILO é a Disneilândia da viração. (IS)

Olha, AQUILO é terra de jararaca. (CA)

\# Especialmente se aplicado a pessoas, é evidente a ironia, já que se acresce o fato de ser usado para pessoas um **demonstrativo** que se refere normalmente a coisas:

– Qual. AQUILO é um boboca. Você deve abrir o olho é com Clarita. COT)

AQUILO é que é uma fêmea, Seu Marcolino. (CAS)

E não é por causa do dinheiro dele não. É porque eu gosto dele. AQUILO é que é um macho! (CAS)

6.6 A referência com *DESTE*, *DESSE* ou *DAQUELE* pospostos a um substantivo pode indicar tipificação, e, geralmente, com valor negativo:

Como é que se passam coisas DESTAS em sua casa, a cem metros da minha, e você não me chama, não me avisa? (VN)

(destas = deste tipo)

Pensava que Miguel morreria pelas suas mãos. Como se maldava um horror DESTE? (FP)

(deste = deste tipo)

Ciúmes de Bebel, pode uma coisa DESSAS? (SL)

(dessas = desse tipo)

Eu podia ter quebrado o braço. Uma altura DESSA! (FP)

(dessa = desse tipo)

Não ia arriscar-se a ter a mão, esquerda ou não, reduzida a uma almôndega, na boca de um paquiderme DAQUELES. (SL)

(daqueles = daquele tipo)

O Pronome Demonstrativo

6.7 O **demonstrativo** *AQUELE*, seguido por **substantivo** qualificado, pode indicar que a referência se faz a algo muito especial:

O terno de linho bege, que dá AQUELE charme amassado, com uma gravata cor de vinho. (SL)
[O bicho-de-pé] dá AQUELA coceirinha gostosa. (SL)

6.8 O **demonstrativo** feminino *AQUELA*, seguido de *de*+**nome humano**, refere-se a "anedota", "piada":

Você conhece AQUELA do nordestino que ia passando na frente do restaurante? "Ah, quem me dera um pouquinho de farinha pra comer com esse cheirinho...". (MPF)

6.9 O demonstrativo feminino *ESSA* aparece em contextos em que poderia ser usado *ISSO* (= essa situação, esse fato, esse dito):

Não entendi. ESSA eu não entendi. (CNT)
Barra: – Agora falando sério: tudo isso é uma questão de saber por que você se meteu NESSA. (MPF)
Maya: – É o contrário? A razão é a força da besta!
Doutor: – ESSA não tem jeito! (MPF)

7 Os **demonstrativos** entram na composição de **expressões fixas**

7.1 São correntes expressões referentes à situação, como: *NESTA / NESSA / A ESTA / A ESSA ALTURA* **(dos acontecimentos / do campeonato)** = "neste / nesse ponto", "nesta / nessa conjuntura":

A crua estratégia a expulsar Heleno Nunes de campo, NESTA altura dos acontecimentos, poderia contrariar o projeto de abertura política do governo. (VEJ)
Nem minha irmã, que, A ESTA altura, já está virando também "bicho-grilo". (FAV)
Napoleão queria porque queria ter um templo grego em Paris, NESSA altura, já possuidora da catedral de Notre Dame, uma das mais belas igrejas do mundo. (SC)
É claro que Armando Bógus não é, A ESTA altura do campeonato, nenhuma revelação. (OD)
Dizer que traiu o príncipe Charles, A ESTA altura do campeonato, é coisa de mulher ressentida e mal-amada. (FSP)

A REFERENCIAÇÃO SITUACIONAL E TEXTUAL

7.2 A expressão *ESTE OU AQUELE* significa "qualquer", "seja qual for":

Sei bem que sou ilógico; a consequência tornou-se causa, leva-me a proceder DESTA
OU DAQUELA maneira, desejar mortandades. (MEC)
A formação de um consenso, sem dúvida, teria as vantagens de facilitar a votação do
texto e de evitar que ESTA OU AQUELA CORRENTE se sinta prejudicada em seus
direitos. (FSP)

7.3 Outras expressões que envolvem **demonstrativos** são:

ENTRAR NESSA	= deixar-se envolver

E eu, naquela época, ainda muito boba, apaixonada por ele, achando pó a maior
maravilha do mundo, acabava ENTRANDO NESSA, entrei mesmo. (SL)

ESSA NÃO! ESSA, NÃO!	= Não aceito isso! (Marca discordância veemente)

ESSA NÃO! Tem gente que acha que mulher deve apanhar... (SEG)
O senhor acredita que a sua senhora, a sua senhora, afinal de contas, ESSA, NÃO,
"seu" Agenor! (BO)

ORA ESSA!	= Onde se viu isso?! (Marca rejeição com espanto)

– Estou bem, não falta nada. ORA ESSA! Muito obrigado. Não é necessário. (MEC)
Supusera-me funcionário da polícia. Piquei-me: ORA ESSA! Nunca me passara pela
cabeça que tal confusão fosse possível. (MEC)

MAIS ESTA!	= Só faltava acontecer mais isso! (Marca crítica com espanto)

As escravas davam-lhe escalda-pés, apunham-lhe na barriga da perna um sinapismo
de casca de laranja.
– MAIS ESTA, pensou o velho, retirando-se. (VB)

ESTA / ESSA É BOA!	= O que está em questão / o que foi feito ou dito é espantoso! (Marca crítica com espanto)

Tóxico, ESTA é boa. (CEN)
Tamanduás, no Museu do Ipiranga? ESSA é boa. (BL)

PARTE III

A QUANTIFICAÇÃO E A INDEFINIÇÃO

INTRODUÇÃO

Os indefinidos, por princípio, são não fóricos, isto é, não constituem itens com função de instruir a busca de recuperação semântica na situação ou no texto. São também não descritivos, isto é, não dão informação sobre a natureza dos objetos, operando sobre um conjunto de objetos previamente delimitados em razão de suas propriedades.

A gramática tradicional denomina *indefinidos* dois tipos de elementos, os artigos indefinidos e os pronomes indefinidos. A classe dos artigos indefinidos é representada unicamente pelo elemento *um* e suas flexões, mas a classe dos pronomes indefinidos abrange uma série heterogênea de elementos que se unem pela noção comum de indefinição semântica, a qual pode catalogar-se como *de identidade*, para alguns, e *de quantidade* para outros.

A quantificação, por sua vez, constitui uma noção de base semântica que se assenta sobre as noções prévias de

- condição não fórica;
- propriedade de não descrição (ligação com a determinação, isto é, com a classe dos determinantes).

Os quantificadores se combinam com os nomes para indicar o tamanho de um conjunto de indivíduos ou de uma substância referida. A quantificação é, de certo modo, partitiva, já que todos os elementos que a operam quantificam uma porção (que pode ser o inteiro) de um todo ou de um total.

Os elementos da língua que operam quantificação distribuem-se por mais de uma classe dentre as fixadas na tradição da gramática, especialmente para exprimir quantidade definida (numerais) ou quantidade indefinida (pronomes indefinidos).

O ARTIGO INDEFINIDO

1 O emprego do **artigo indefinido**

1.1 Diferentemente dos **artigos definidos**, os **artigos indefinidos** são palavras **não fóricas**. Usam-se antes de **substantivos** quando não se deseja apontar ou indicar a pessoa ou coisa a que se faz referência, nem na situação nem no texto. Assim, o **sintagma nominal** com **artigo indefinido** apresenta uma pessoa ou coisa simplesmente por referência à classe particular à qual ela pertence, ou seja, apresenta-a como elemento de uma classe.

> *Meu pai uma vez viu* UM **índio** *e pensou que fosse* UM *japonês fantasiado.* (BP)
> UMA **tarde***, no cinema, verifiquei que* UMA **normalista** *esperava alguém.* (FR)

1.2 Mais que isso, o **artigo indefinido** tem, frequentemente, um uso **não referencial**, aplicando-se a todo e qualquer membro da classe, grupo ou tipo que é descrito pelo **sintagma**, o que constitui uma generalização.

> *Todo mundo que tem* UM **cão** *é porque gosta dele.* (BOC)
> *Você pode arranjar* UM **emprego** *e levar* UMA **vida** *reajustada.* (ODE)

Em certos empregos do **artigo indefinido** fica muito bem caracterizado que o **substantivo** que o **artigo** acompanha indica uma classe, não um indivíduo:

> *Somente* UM **maluco** *se atreveria a duvidar do capitão Natário da Fonseca.* (TG)
> UM **cachorro** *não pesa muito mas pesa mil vezes mais que uma borboleta.* (CCI)
> UM **padre** *termina o Seminário maior aos vinte e oito anos.* (REA)

A Quantificação e a Indefinição

1.3 O **artigo indefinido** tem como emprego bem característico a introdução, no texto, de um referente que, na sequência, poderá ser referenciado por qualquer das palavras **fóricas**, especialmente pelo **artigo definido**:

*A membrana timpânica (...) que se encontra no final de UM **conduto** do ouvido, **o** **conduto** auditivo.* (ON)

| UM *conduto* | ... | *o conduto* |

*Ela nasceu de UM **sincretismo cultural**, mas prefere esquecer **esse processo** e se enxergar como presa.* (VEJ)

| UM *sincretismo cultural* | ... | *esse **processo*** |

*O diretor Jerry Zucker, enquanto cavalga entre artes marciais e duelos pelo poder, ilustra a saga da educação de UM **homem** do povo que, do nada, se acaba tornando dr. graças ao suor do **seu rosto**.* (VEJ)

| UM ***homem*** | ... | ***seu*** *rosto* |

1.4 A oposição entre **sintagmas nominais referenciais** e **não referenciais** iniciados por **artigo indefinido** pode ser observada nos seguintes conjuntos, em que se contrastam usos atestados com usos possíveis:

a) Com uso **referencial** (o **artigo** singulariza, para referenciação):

*Não posso crer na sinceridade de UM homem que **vende** a todas as mulheres o que deveria dar, por amor, a uma só.* (FIG)
*Mas também não estou obrigada a casar com UM homem que **tem** uma cabeça tão diferente da minha.* (MD)

\# Num possível uso **não referencial** correspondente, poderia haver:

*Não posso crer na sinceridade de UM homem que **venda** a todas as mulheres o que deveria dar, por amor, a uma só.*
*Mas também não estou obrigada a casar com UM homem que **tenha** uma cabeça tão diferente da minha.*

b) Com uso **não referencial** (o **artigo** singulariza, para atribuição):

*Dr. Cândido, como os outros ginecologistas, só poderia ter apelado para homens de seu meio social, ou do seu círculo de trabalho. UM enfermeiro, UM interno, ou UM amigo que ele **considere** fiel.* (FIG)

*Não se esqueça que essas coisas exigem um estimulante. UMA mulher que nos **desperte** o interesse.* (F)

\# Num possível uso referencial correspondente, poderia haver:

*Dr. Cândido, como os outros ginecologistas, só poderia ter apelado para homens de seu meio social, ou do seu círculo de trabalho. UM enfermeiro, UM interno, ou UM amigo que ele **considera** fiel.*
*Não se esqueça que essas coisas exigem um estimulante. UMA mulher que nos **desperta** o interesse.*

\# O uso do **artigo indefinido** não constitui a única maneira existente para se falar de um grupo como um todo. Quando se quer fazer uma referência que se aplique a todos os elementos de um grupo particular, pode-se usar também, em contextos determinados:

a) o **substantivo** no **plural** não acompanhado de **determinante**:

Ø Estudantes agitam o mundo. (REA)
Ø Decisões isoladas deste tipo não vão equacionar a problemática ambiental. (PQ)

b) o **substantivo** no **plural** acompanhado de **artigo definido**:

*OS **comunistas**, como OS **católicos**, têm uma grande preocupação da formação ideológica.* (SI-O)
*Nessa época, nesse período de recesso, AS **tartarugas** geralmente não procuram comida.* (GTT)

c) O **substantivo** no **singular** acompanhado de **artigo definido**:

*A **abelha** também é usada em homeopatia.* (HOM)
*A **mulher** feminilizou os paletós, as camisas e até os chapéus da indumentária masculina.* (VID)
*O **banheiro** é o lugar ideal para se ler livros de provérbios.* (T)

2 A natureza do **artigo indefinido**

De um modo geral, pode-se apontar que o **artigo indefinido** acompanha um **substantivo comum** destacando um ou mais indivíduos dentre todos os indivíduos da classe ou espécie:

*O gato preto foi conduzido como deve ser conduzido UM **gato** preto caseiro e morto: com unção.* (GTT)
*Teme, entretanto, ouvir UM **parecer** de outra pessoa.* (DES)
*Lorenzo diz que há UNS **amarelos** característicos da escola de Masolino.* (ACM)

A partir daí se verifica que o **sintagma** com **artigo indefinido**, em princípio, é generalizante, não fazendo referência a um objeto que seja o único de sua classe. É nos sintagmas com **artigo definido** que isso ocorre, como se verá a seguir.

2.1 O valor do **artigo indefinido** em contraste com o valor de outros **determinantes**

O valor do **artigo indefinido** em um **sintagma** pode ser avaliado, de um lado, em relação com o **artigo definido** e com a ausência de **artigo**, e, de outro, em relação com o **numeral cardinal**.

2.1.1 Enquanto o **artigo definido** é encontrado no **sintagma nominal** em que a referência é tida como conhecida tanto do falante como do ouvinte, o **artigo indefinido** é encontrado em **sintagma indeterminado**, que pode ser de dois diferentes tipos:

a) **Indeterminado** específico

O **sintagma nominal indeterminado específico** ocorre quando o falante identifica um referente, mas o ouvinte não:

> *Assim, eu pedi a UM amigo que trabalha numa seção de crédito se poderia usar seu computador por algumas horas.* (FA)
> *Atanagildo, dia sim, dia não, vai vender galinhas, na venda do Teofrasto, a UM comprador que vem da cidade e faz ali o seu ponto de arrematação.* (R)

b) **Indeterminado** não específico

O **sintagma nominal indeterminado não específico**, por sua vez, ocorre quando do falante e ouvinte não fazem identificação de referente:

> *E se viesse UM convite para televisão?* (P)
> *Na adolescência naturalmente sonhou com UM príncipe encantado, com UM amor ideal.* (UN)
> *Preciso comprar UM rádio.* (SAR)
> *Tenho que encontrar UM pato nestas ruas transversais.* (CCI)

\# O emprego prototipicamente **indeterminado não específico** do **artigo indefinido** é aquele em que se pode entender a possibilidade de alternância entre *UM* e ***qualquer***, como em

> *É uma doçura fácil ir aprendendo devagar e distraidamente UMA língua.* (B)
> (= qualquer língua / uma língua qualquer)

O Artigo Indefinido

> *O contato com UMA língua nos permite observar numerosos fatos de ordem extralinguística que atuam nas relações entre palavras e coisas, língua e pensamento.* (ELD)
> (= qualquer língua/uma língua qualquer)
> *Rompendo o branco desta folha como quem guia UM carro pela neblina, eu compreendo que só tenho o tempo que passou.* (CNT)
> (= qualquer carro/um carro qualquer)
> *Mas o mecanismo sentimental de UMA pessoa que chega a uma cidade estrangeira é complexo e delicado.* (B)
> (= qualquer pessoa/uma pessoa qualquer)

De qualquer modo, não se pode desconhecer que o uso de *qualquer* no lugar de *UM* registra muito mais explicitamente a inespecificidade do **sintagma**.

\# Os **substantivos** que designam coisas únicas, dentro de um determinado universo de discurso consensual entre falante e ouvinte, e que, portanto, constituem denominações específicas, se empregam comumente com **artigo definido**:

> *Conheço todo o percurso que O sol faz neste quintal.* (NOF)
> **Conheço todo o percurso que UM sol faz neste quintal.*
> *Estou podre de pancada, devem ter me quebrado O nariz, mas penso.* (AS)
> **Estou podre de pancada, devem ter me quebrado UM nariz, mas penso.*

Entretanto, esses **substantivos** podem construir-se com o **artigo indefinido** quando alguma característica circunscrita espacial ou temporalmente está sendo indicada pelo uso de um **modificador**, ou **qualificador**. Trata-se de um uso de grande efeito, e, por isso, muito comum na linguagem literária:

> *Vai pelo céu UMA lua **minguada**.* (MRF)
> *Era UM céu **limpo, de muito poucas estrelas**.* (ALF)
> *Os olhos dela tinham um pavor vítreo e manso, estampando paisagens de UM céu **fumacento**, imensas pradarias amarelentas pela seca.* (VER)
> *No segundo domingo do mês, UM sol **ralo** rompeu a crosta de nuvens e durante horas ficou enxugando os telhados, também a própria umidade agarrada no ar.* (DM)
> ***UM sol frio** e somente eu a atravessar a rua em direção à Praça da República.* (DE)

2.1.2 O **artigo indefinido** também tem de ser avaliado na sua relação com o **numeral cardinal** *um*.

Em primeiro lugar tem de apontar-se a seguinte diferença: com o **artigo indefinido** *UM*, o que se afirma é a indeterminação, não a singularidade (embora ela exista), enquanto com o **numeral *um*** o que se afirma é a singularidade, ou a qualidade de único (embora a indeterminação possa existir). Do ponto de vista da quantidade, isso significa que, no caso do **artigo indefinido**, fala-se de "pelo menos um", enquanto, no caso do **numeral**, fala-se de "exatamente um".

Desse modo, são **numerais**, e não **artigos indefinidos** as formas marcadas em

*Ganhava nos cálculos de hoje metade de **um** salário mínimo.* (CAA)
*Bem, eu mesmo nunca tinha ouvido falar nisso até menos de **um** ano atrás.* (SL)
*O faturamento total de "Heaven's Gate", não atingiu **um** milhão e meio de dólares.*
(VIE)
*É Alfredo Stroessner Matiauda, do Paraguai, que no dia 4 de maio último comemorou **um** quarto de século à frente dos destinos de seu país.* (VEJ)

\# Apesar disso, em muitos enunciados tal diferença é neutralizada, pois fica difícil concluir-se se o que está no primeiro plano é um ou outro valor:

Pelo menos metade de UMA parede de sua sala é coberta com livros sobre futebol.
(PLA)

Primeira interpretação:

> "UMA parede, e não DUAS ou mais"
> **NUMERAL**

Segunda interpretação:

> "UMA parede qualquer, e não uma parede determinada"
> **ARTIGO INDEFINIDO**

2.2 O valor do **artigo indefinido** em relação com a posição sintática do **sintagma nominal** por ele determinado

2.2.1 Sujeito

A natureza genérica ou não genérica do **substantivo** núcleo do **sintagma nominal sujeito** depende basicamente da natureza do **verbo** da **oração**.

Em **sintagmas nominais** na posição de **sujeito**, a condição de **genericidade** ou **especificidade** é condicionada pelo **número** gramatical (**singular** ou **plural**) e é, em princípio, determinada pela natureza do **verbo**.

O **substantivo** no **singular** acompanhado de **artigo indefinido** será:

a) **genérico**, ou **não específico**, se o **verbo** for **genérico** ou de **estado relativo**

UM **professor** preso a um intenso esforço mental à mesa em sua biblioteca **aumentaria,**
em uma hora, o seu gasto energético, como resultado da atividade mental. (NFN)
UM **matrimônio se mantém** com a conjugação também das rendas, não apenas dos
corpos. (PRO)
UM **espírito** errante não **é**, contudo, necessariamente superior a um espírito encarnado. (ESI)

b) **não genérico**, ou **específico**, se o **verbo** for **não genérico**, ficando um membro
da classe representado

UM **calhau rolou** vertiginosamente. (FR)
UM **cachorro latiu** ao longe, outros respondiam cada vez mais perto. (CE)
UM **rato passou** correndo e entrou debaixo de um caixão. (CAS)
saltou UMA **vaca** china, estabanada, olhando para os lados ainda indecisa. (SA)

2.2.2 Predicativo

Em **sintagmas nominais** na posição de **predicativo**, o **artigo indefinido** caracteriza o **substantivo** como:

a) **Atributo** do **sujeito** (uso **não referencial**).

a.1) O atributo é expresso pelo próprio **substantivo** determinado pelo **artigo**; o **substantivo**, nesse caso, adquirindo valor atributivo, exerce papel **classificador** ou **qualificador**, semelhantemente a um **adjetivo**:

Então ela é UMA **artista**? (DEL)
Ela é UMA **deusa**, como o nosso rei. (VO)
Você parece UM **beija-flor**. (VB)
Desde então minha vida tornou-se UM **paraíso**. (HP)
Durante muito tempo, Vespúcio foi considerado UM **usurpador**. (SU)

Em geral, a construção **predicativa** com **artigo indefinido** tem certa correspondência com uma construção sem **artigo**, com o **substantivo** exprimindo simplesmente uma característica do **sujeito**. Comparem-se as ocorrências acima com as possíveis:

Ela é Ø **artista**?
Ela é Ø **deusa**.
Você parece Ø **beija-flor**?
Vespúcio foi considerado Ø **usurpador**.
Eles me consideram Ø **rês** desgarrada porque sou muito radical.

Observe-se, ainda, que, em algumas dessas construções, o **predicativo** com **substantivo** chega a corresponder a um **predicativo** expresso por **adjetivo**:

- seja porque a língua dispõe de um **adjetivo** correspondente ao **sintagma nominal predicativo**, como em

  *Ela é **divina**.*

- seja porque o **sintagma nominal** usado já resulta do uso nominal de um **adjetivo**, como em

  *Ela é **artista***

Não se pode desconhecer, entretanto, que, em qualquer caso, o **substantivo** precedido de **artigo indefinido** continua fazendo apresentação de um indivíduo por referência a uma classe particular, o que não ocorre com o **adjetivo**.

a.2) O atributo é expresso não apenas pelo **substantivo** que é núcleo do **sintagma predicativo**, mas, especialmente, por **modificadores**, ou **qualificadores** desse **substantivo**, os quais trazem a informação **nova** ou mais relevante:

*Eu era UMA **criança meiga**. (FAN)*
*Ele é UM **homem preocupado** e **comprometido** com a cultura baiana. (ATA)*
*Lavou tudo que havia de Carlos no seu corpo e tornou-se outra vez UMA **mulher limpa, casada**. (AF)*
*No apartamento, Cidinha rodopia pela sala, toca nos móveis, nos objetos, parece UMA **criança deslumbrada** e **feliz**. (CH)*
*Eles me consideram UMA **rês desgarrada** porque sou muito radical. (ANB)*

b) Referência a um indivíduo pertencente a uma classe particular (uso **referencial**).

*Henry V. Dicks é UM **médico** psiquiatra inglês. (REA)*
*Jorge é UM **escritor** universal, por isso o traduzem tanto nos lugares mais remotos daquilo que a Bahia tem. (CRU)*
*O Sr. Gerson Boson é UM **professor** universitário e tem vivência do problema educacional. (EM)*
*Ribeirão Couto é UM **cronista** diferente. (ESS)*

Observe-se que, nesses casos, estabelece-se uma predicação equitativa:

*Henry V. Dicks = UM **médico** psiquiatra inglês*
*Jorge = UM **escritor** universal*
*O Sr. Gerson Boson = UM **professor** universitário*
*Ribeirão Couto = UM **cronista** diferente*

3 A função do **artigo indefinido**

A função do artigo indefinido pode ser interpretada sob três aspectos diferentes:

O Artigo Indefinido

a) o da simples **adjunção**: o **artigo indefinido** é tido como **adjunto** do **substantivo**;

b) o da **pronominalização**: o **artigo indefinido** tem um uso **pronominal**, isto é, pode ocorrer como núcleo do **sintagma**;

c) o da **substantivação**: o **artigo indefinido**, precedendo outros elementos que não o **substantivo**, define-os como **substantivos**.

3.1 O **artigo indefinido** como **adjunto do substantivo**

3.1.1 Com **substantivo comum**

Podem ser indicados os casos mais gerais do uso do **artigo indefinido** como **adjunto** de um **substantivo**.

No **singular** ou no **plural**.

a) Quando não se faz nenhuma referência, ou quando a pessoa ou coisa a que se faz referência não é apontada na situação nem foi mencionada anteriormente:

*Se UMA **criança** cresce, a mudança se opera no campo do peso, tamanho, órgãos, faculdades.* (SI-O)
*Guio UM **caminhão** de carga.* (PEL)
*Aparece a moça com UMA **chaleira** d' água fervendo.* (DES)
*Flávia encontrou UM **menino** que lhe fez sérias denúncias sobre a vida na Febem.* (VEJ)
*Chegaram UNS **amigos** que se divertiram em me ver assim perplexo.* (B)

b) Com nomes de partes do corpo (ou objetos a elas ligados) cujo **número** pode ser precisado sem necessidade de expressão numérica, vindo esses **substantivos** acompanhados de **qualificadores** ou **classificadores**:

*Tinha UMA **cara de gatinho simpático**.* (DE)
*Tinha UM **nariz da História Universal**: longo, sinuoso, recurvado, susceptível e projetando-se qual orgulhosa e rompente carena.* (GAT)
*Eram UMAS **orelhas bonitas**.* (CJ)
*Ao sorrir mostrava através da barba hirsuta de mulato UNS **dentes brancos**, pontudos, de uma ferocidade pacífica.* (AM-O)
*Vinha mais magra, abatida, rugas fundas no rosto esguio, todas de preto e com UNS **brincos enormes** nas orelhas repuxadas.* (LA)

c) Em determinadas posições sintáticas, junto de **substantivo abstrato**, quando este é acompanhado de **adjetivo** e/ou seguido por expressão que o descreva ou especifique:

A Quantificação e a Indefinição

*Você nem sabe que me dá UMA **grande alegria**, dizendo isso.* (FIG)
Você nem sabe que me dá UMA **alegria, dizendo isso.*
*Continue hipnotizada e podemos ter UMA **grande noite**.* (MD)
Continue hipnotizada e podemos ter UMA **noite.*
*Era a luta pela vida, UMA **nova vida**, a vida de hoje.* (EXV)
Era a luta pela vida, UMA **vida, a vida de hoje.*
*O que você faz quando tem uma mulher, casa, filhos, fez sucesso no trabalho e descobre que tudo isso não é UMA **grande coisa**?* (EXV)
O que você faz quando tem uma mulher, casa, filhos, fez sucesso no trabalho e descobre que tudo isso não é UMA **coisa?*

d) Para conferir acentuado valor intensivo ao **sintagma** (em posição predicativa):

*Mas ninguém tem tal mandato... UM **absurdo**!* (HO)
*Dizem que a festa é UMA **beleza**.* (CH)

\# Em alguns casos pode-se considerar que o falante atribui alguma qualificação intensiva ao **substantivo** precedido do **artigo indefinido**:

*Mas o menino da encefalografia, um sergipaninho amarelinho que estuda como um celerado, é muito bom e tem UMAS **ideias**, me explicou tudo, não tenho dúvida.* (SL)
(= ideias muito boas/interessantes/originais/nunca expressas/que impressionam etc.)
*O velho Camilo estava em pé, no meio da roda. Ele tinha UMA **voz**.* (COB)
(= voz notável/extraordinária/impressionante etc.)
*Queria que o coisa ouvisse tudo, ainda mais porque fazia jeito de que não estava aí nem ia chegando e tinha UMA **confiança**.* (SAR)
(= confiança extraordinária/inabalável/incrível etc.)

\# Essa intensificação pode ser explicitada por algum **modificador** do **substantivo**:

*Ele é engraçado mesmo, mas tem UMA **boca suja**!* (DEL)

\# A gramática tradicional recomenda, em geral, que não se use o **artigo indefinido** se o **sintagma** já contém como **adjunto** do **substantivo** um **pronome adjetivo indefinido**:

*No apartamento 2, Izabel, segurando um espanador, lê a folha de papel que Vicente deixou na máquina de escrever; sorri com ternura e com **certo** orgulho.* (ES)
***Qualquer** animal tratado com carinho, mesmo o mais selvagem, com exceção da onça, poderá viver solto, se o dono souber educá-lo.* (CRU)
*Senti-me de tal modo desarvorada, sem saber o que fazer, o que pensar, o que decidir em relação a minha vida, que não me ocorreu **outro** recurso.* (A)

Entretanto, são bastante ocorrentes, mesmo na língua escrita, construções como

*Poderia pensar que ainda esperava por uma explicação. UM **qualquer** pedido de desculpas.* (A)

*Eu até tinha UM **certo** desprezo por você.* (C)

*No Renascimento, aparece UMA **outra** concepção de doença e de cura, cuja ênfase estava centrada no corpo.* (BEN)

O **indefinido** é normalmente usado quando essas formas de **indefinido** ou **demonstrativo**, pospostas ao **substantivo**, adquirem matiz de **qualificação**:

*Preciso aguentar mais um pouco até decidir UMA **coisa certa**.* (ATR)

*NUMA **esquina qualquer**, de UMA **cidade qualquer**, um homem espia passivamente o movimento ao seu redor e espera o instante de condenar o mundo com a sua morte.* (CV)

\#   Outra indicação apresentada em manuais tradicionais é para que não se use **artigo indefinido** em comparações do tipo de

*Esse dealbar (...) espalhava-se **qual** Ø camada de azeite louro sobre as águas da baía, chegava à praia, ao Campo, ao bairro São Cristóvão.* (CF)

*Talvez houvesse alguma ironia nas palavras, mas encaixou-se direitinho, **qual** Ø traquejado boxista.* (DM)

*Fico, precisamente, **como** Ø balão que acabou de desinchar.* (A)

*Talvez para abreviar a discussão, talvez por achar que o silêncio se impunha **como** Ø pré-clímax do discurso.* (ACM)

Entretanto, são frequentes construções como

*Todas as histórias seriam protegidas da maresia do esquecimento, **qual** UM arquivo do tempo.* (HAR)

*O setentrião lançará as ondas sobre ti num referver de espumas **qual** UM bando de carneiros em pânico.* (AID)

*Bebi, de um gole, a minha taça de espumante e, **como** UM bom soldado, entrei em forma.* (ACM)

*E, desse modo, o que hoje seriam conflitos, frustrações, desejos ou impulsos era vivido **como** UM jogo caprichoso dos deuses.* (ACM)

• **No singular apenas.**

Junto de **nome não contável**, em referência a uma única porção, tipo ou marca de alguma coisa:

*Toma UM **café** com leite?* (FEL)

*Vou mandar fazer UM **chá** de folha de laranjeira pra ele.* (TV)

*E o espaço interno tem que ser bem distribuído para que seus ocupantes tenham o conforto que só UM **Ford** pode oferecer.* (MAN)

• No plural apenas.

Anteposto a **numerais cardinais** ou **fracionários** acima de *um*, o **artigo indefinido** indica aproximação numérica. Observe-se que o **artigo indefinido** tem papel especial iniciando **sintagmas nominais quantificados** explícita ou implicitamente:

> *O bicho vale* UNS ***duzentos***, *isso pagando barato!* (PEM)
> *Egon contou o número das tais armações de bambu.* UMAS ***trinta***. (GAT)
> *A classe alta e a classe média bem poderiam celebrar, no entanto, a sua maior*
> *liberdade e o reconhecimento dos seus direitos humanos, ainda não estendidos a*
> UNS ***dois terços*** *da população.* (FSP)
> *Conversaram* UMA ***meia hora*** *na porta.* (DE)
> UMA ***meia dúzia*** *já está nas grades, à espera de mais.* (CRU)
> *Era* UMA ***meia légua*** *de aspecto pobre e tristonho.* (N)

3.1.2 Com **substantivo próprio**.

Em princípio, o emprego do **artigo indefinido** antes de um **substantivo próprio** coloca-o na condição de um **substantivo comum**, referindo-se a um indivíduo de uma classe que é definida pelas características da pessoa ou da coisa que tem aquele nome:

a)   Antes de **antropônimos**

Nome de pessoa que é considerada símbolo de uma espécie, para indicar que essa pessoa tem características e qualidades similares; nesses casos, o **substantivo próprio**, na verdade, passa a ser usado como um **substantivo comum**:

> *Cada habitante é* UM ***Robinson Crusoé****, alimentando-se de solidão.* (CV)
> *A classe média e os ricos também gostaram do discurso do bonitão. A classe média*
> *porque tem sempre a esperança de subir um dia e não quer* UM ***Lula*** *estragando*
> *seus planos.* (DP)
> *Lula, por exemplo, é definido hoje como* UM ***Fernando Collor*** *às avessas.* (GAS)
> *De simples especulador te promoveste a* UM ***Nestor*** *de volta à mocidade.* (PRO)
> *No entanto, tenho para mim que Maria Sinhá seria a honra da família, uma guerrei-*
> *ra famosa,* UMA ***Anita Garibaldi****, se não vivesse neste fundo poeirento de provín-*
> *cia mineira.* (CCA)

• **Nome de pessoa** que se celebrizou em alguma atividade e que é citada como modelo:

> *São unânimes os testemunhos de quantos foram seus alunos e especialmente a ativi-*
> *dade magisterial de* UM ***Souza da Silveira****.* (TE)
> *Se a acusação contava com* UM ***Ibrahim Nobre****,* UM ***Soares de Mello****,* UM ***Ataliba***
> ***Nogueira****,* UM ***Ulysses Coutinho****, ainda,* UM ***Basileu Garcia*** *e* UM ***Canuto Men-***

*des de Almeida, a defesa possuía UM **Cirilo Júnior**, UM **Covello**, UM **Marrey**, UM* *João Dante e UM **Roberto Moreira**.* (FI)

- **Nome ou sobrenome de artista** (pintor, escultor, ou escritor), para referência a uma obra sua:

> *O Picasso na parede não chega a ser propriamente UM **Picasso**, mas um espelho* *sem brilho e quase surrealista, no qual eu me vira refletido sem poder reconhe-* *cer-me.* (AL)
> *Ultra-Soph apenas queria ter UM **Picasso** mais autêntico do que qualquer outro.* (AVL)

- **Nome de pessoa** que o falante não conhece ou sobre a qual nada sabe, a não ser o nome; nesse caso, ocorre a expressão demonstrativa *tal (de)* entre o **artigo indefinido** e o **substantivo**:

> *UM **tal de Henrique** não sei de que, médico.* (BH)
> *Havia sido UM **tal de Ribas**, recém-saído da Escola de Polícia.* (BU)
> *O delegado, UM **tal major Quaresma**, teve a família massacrada.* (CA)

- **Sobrenome**, para indicar pertença à família que tem esse sobrenome:

> *Mas eu, é evidente, não sou UMA **Soares**.* (A)

b)   Antes de **topônimos**

- **Nome de lugar** que venha modificado ou qualificado:

> *Não é um fenômeno que tenha sido tão lido, pois falavam de UMA **Paris que pouca*** ***gente conhecia?*** (MAN)
> *Olga e Prestes poderiam, assim, misturar-se facilmente aos um mil e setecentos ale-* *mães e cinco mil portugueses que haviam trocado a Europa em crise por UM **Rio*** ***de Janeiro onde as oportunidades pareciam ser mais animadoras**.* (OLG)
> *Fixado na esquina da Rua Diário de Pernambuco, desde 1945, Covardia conheceu* *os dias de UM **Recife mais calmo, porém mais atrasado, com movimento muito*** ***fraco**.* (DP)
> *A imagem de Darcy Ribeiro, comparando o Brasil a UMA **Roma tardia**, não tem* *nada de crepuscular.* (FSP)
> *Assim ele escreve, para explicar uma paixão da adolescência e relacioná-la ao ago-* *ra, em UM **Rio de Janeiro ideal**.* (FSP)
> *UMA **Europa febril**, possuída por visões de imaginações incendiadas.* (CEN)
> *Ao lado do vertiginoso progresso da região Centro-Sul, que já atinge níveis com-* *paráveis aos dos países desenvolvidos, subsiste UM **Nordeste com renda de*** ***baixíssimo nível e UM Extremo Sul com alarmantes tendências à paralisação**.* (G-O)

A Quantificação e a Indefinição

c) Antes de **nomes de instituições** (grafadas, ou não, com **maiúsculas** iniciais):

> Era UMA **Secretaria de Desenvolvimento Econômico** voltada para trazer investimentos à Zona Franca de Manaus. (MIR-O)
>
> Na última conversa que tive com o presidente, notei que ele gostaria de formar UM **ministério** com a participação das grandes correntes políticas nacionais. (EX)
>
> Por esse plano, a tarefa de vender estatais seria transferida para UMA **secretaria de desestatização**. (VEJ)

d) Antes de **nomes de marcas de produtos**, que podem, ou não, vir grafados com **maiúsculas** iniciais, e que podem ter a referência estendida a toda uma classe de produtos similares, não necessariamente a classe definida pela marca registrada:

> Se eu fosse a senhora, trocava rapidinho por UMA **Brastemp** nova. (VEJ)
>
> Tinha UM **Alfa Romeo** com chofer, picape, haras. (EXV)
>
> Na sua avaliação com a proposta, por exemplo, UMA **aspirina** não teria o seu preço subsidiado mas remédios para o câncer, contra a asma, para o coração ou para combater a pressão alta, por exemplo, seriam gratuitos para os aposentados e carentes. (ESP)
>
> Quanto a mim, na falta de suco natural e guaraná, enfrento UMA **coca-cola**, que deverá durar a noite toda. (CH)
>
> Mais tarde um pouco, vinha minha mãe com UM **danone** (já estava viciado, eram cinco copos por dia) e o jornal. (FAV)

e) Antes das designações de datas:

- Datas festivas, comemorações (grafadas com **maiúscula** ou não):

> UM **Natal** muito distante no tempo ficou gravado em mim. (OP)
>
> Sabia muito bem que ela ia ter UM **Natal** envenenado. (CP)
>
> Para quem prefere UMA **Páscoa** longe da agitação da cidade, vale a pena conferir os pacotes dos hotéis-fazenda para o feriado. (FSP)

- Dias da semana (que se escrevem com **minúscula** inicial):

> Na noite de UMA **terça-feira**, meu pai, como era de esperar, não regressou. (DEN)
>
> O feriado do dia 12 caía no meio da semana, UMA **quarta-feira**. (NBN)
>
> Luiz chegara na madrugada de UMA **quinta-feira**. (ORM)
>
> E aquela era UMA **sexta-feira**, dia em que o padre, desde manhã cedo, esperava as beatas para a confissão. (MMM)
>
> Era UM **sábado**, 10 de março. (NBN)
>
> UM **domingo**, isto faz anos, o Hélio Pellegrino e eu encontramos na igreja São José o José Cândido Ferraz. (BPN)

O Artigo Indefinido

- Dias do mês, identificados com **numerais**:

> *De posse do poder, contudo, ele, que era um homem sem passado político, de que se sabia apenas, vagamente, que tomara parte nos distúrbios de Bogotá e que atacara, loucamente, um quartel em* UM *"**26 de julho**" qualquer, ao invés de libertador, passou a ser ditador.* (CRU)
>
> *Clarinda entrou para minha casa a quatro de fevereiro e Emilieta a 13 de maio de 1912.* UM ***13 de maio*** *às avessas.* (BAL)
>
> *O Hotel Simon, no alto de Itatiaia (...) já me serviu de refúgio de última hora no Natal e* nUM ***31 de dezembro**.* (REA)

- Meses do ano (que se escrevem com **minúscula** inicial):

> *Alguns dizem: o tempo da infância é* UM ***abril**.* (CBC)
>
> *E ela, quarentona, aparece* nUM ***maio*** *tanto mais imoral quanto expõe figuras de tatuagens deformadas pela gordura.* (CV)
>
> *O meu foi* UM ***agosto*** *ventoso e atormentado.* (CBC)
>
> *Minha lembrada prima Sinhá Azeredo, lá* nUM ***agosto*** *destes, levou uma facada de vento que jogou com ela na cama.* (CL)

f) Antes das designações de **obras de arte** (peças, óperas, quadros, esculturas etc.) ou obras literárias:

> *Especialistas enviados pela Galeria de Dresolen localizaram* UMA ***Madona*** *assinada por Tintoretto em algum lugar dos Estados Unidos.* (VEJ)
>
> *Villanova (Carlos Vereza), um traficante de obras de arte, se empenha em roubar* UMA ***Madona*** *de Aleijadinho.* (FSP)

\# Quando se usam as **preposições** *em* e *de* antes de **artigo indefinido** que integra o título de obras, elas necessariamente permanecem separadas desse **artigo**:

> *Se esta recente crônica é urbana muito do que escreveu deveria chamar-se crônica introspectiva, mesmo aqueles seus poemas **de** "*UM ***Dia e Outro Dia***" *ou de "Outono havias de vir" acerca dos quais ela sugeria ao leitor que considerasse prosa ou verso.* (ESS)
>
> ***Em*** UMA ***Linda Mulher*** *(Pretty Woman), de 1990, Richard Gere pagava 3.000 dólares para passar uma semana num hotel com Julia Roberts e todo mundo, na tela e na plateia, achava uma exorbitância.* (VEJ)
>
> *O ator já fez coisas piores, como mastigar uma barata – de verdade – durante as filmagens **de** UM **Estranho Vampiro**.* (VEJ)
>
> *Na melhor cena **de** UM **Estranho**, Cristiana, que faz a filha de Belmondo, o abraça e começa a falar como tinha sido difícil suportar um pai indiferente.* (VEJ)
>
> *Mas Nicholson foi também, ao longo de sua carreira, o detetive de "Chinatown", o jornalista de "Profissão: Repórter" (74), o psicopata **de** "UM **Estranho no Ninho**" (75), o advogado de "Sem Destino" (69), o amante de "O Destino Bate à Sua Porta" (81).* (FSP)

3.2 O uso pronominal do **artigo indefinido**

O **artigo indefinido** pode ter um uso pronominal, isto é, ele pode ocorrer como núcleo do **sintagma**, o que não ocorre com o **artigo definido**:

Quero UM limpo. (AB)
   (= quero um [quarto] que seja limpo)

\# Esse emprego não deve ser confundido com os casos em que simplesmente não é expresso o **substantivo**, casos em que também é possível o emprego do **artigo definido**:

Quando uma família é sorteada, é automaticamente eliminada da amostra e substituída por UMA nova. (VEJ)
Retira-se um copo de álcool e troca-se por UM de água, hidratando o álcool. (GL)
Chuvão na certa, e não demora... Graças a Deus! Perdedeira de gado como a deste ano, nunca vi! Quer UM de palha? (V)
À frente da vendola formou-se uma roda de capoeira. Dois tocadores de berimbau, UM de pandeiro e UM de reco-reco. (PP)

\# Um dos usos frequentes do **artigo indefinido** sem **substantivo** é nas construções partitivas, especialmente as que envolvem emprego do **superlativo relativo**, na expressão partitiva:

*Caetano é UM **dos músicos e letristas mais importantes do século**.* (CB)
*O senador Fernando Henrique Cardoso é UM **dos homens mais brilhantes da minha geração**.* (CAA)
*Kubo é UM **dos chefões da Yakuza** em Tóquio.* (FH)
*Gouveia Peres é UM **dos políticos mais inteligentes, mais patriotas, mais honestos deste país**.* (IC)

3.3 O **artigo indefinido** na substantivação de outros elementos

O **artigo indefinido** pode preceder palavras de outra classe que não o **substantivo**, ou mesmo **sintagmas**, **orações** e **enunciados**, tornando essas palavras ou expressões núcleo de um **sintagma nominal**. Assim, ele se usa antes de:

a) **verbos** ou **sintagmas verbais**

*Houve UM **despertar geral**, envolvendo todos os ramos do conhecimento, inclusive a tecnologia da construção.* (AQT)
*Você tem UM **pensar muito inteligente**. UM **pensar forte!!!** (VO)
*E era UM **correr à farmácia**, UM **atender contínuo de pequenos cuidados**.* (BH)
*Abriu no rosto um ar entupigaitante e UM **falar manso de narinas acesas**.* (PFV)

b) **pronomes pessoais**

> *Tal experiência de UM eu aprisionado acarreta consigo um sentimento de falta de autorrealização genuína.* (PFI)

c) **possessivos** empregados como **núcleo do sintagma**

> *Segundo os ensinamentos do Buda, a ideia de um eu é uma crença falsa e imaginária que carece de uma realidade correspondente, de um fundamento, e tem causado profundos danos a toda a humanidade, a partir do momento em que há UM meu, um eu, UM teu e assim por diante.* (BUD)

d) **advérbios, preposições** e **conjunções**

> *Outro qualquer insinuaria a dúvida de UM "talvez", de um "vamos ver", de um "quem sabe?", de um "faremos força".* (REA)
> *Eu já estava ali há mais de cinco minutos e ainda havia UM "porém"?* (T)
> *E aqui, justamente aqui o mundo inteiro vai por UM se na vida de Spiros Stragos.* (SPI)
> *Fio condutor de deslocamentos, cria UM antes e UM depois, estabelecendo um princípio de unidade que orienta a leitura das imagens.* (FIC)

e) **adjetivos**

> *UM verde mais verde que as folhas se mexe na árvore em frente.* (A)
> *São todos UNS sem-vergonha.* (AB)
> *Deve ser terrorismo de UM ressentido, interessado em complicar as coisas.* (FSP)

f) **sintagmas, orações** ou **enunciados**

> *Sua primeira notícia era UM "Meu bom dia aos Municípios de Pernambuco".* (PFV)
> *Outro qualquer insinuaria a dúvida de um "talvez", de UM "vamos ver", de UM "quem sabe?", de UM "faremos força".* (REA)
> *Afastou-se também da turma do jornal, chocada com uma espécie de torneio em que se pressentiu prêmio, UM agora vamos ver quem pega primeiro.* (AF)

g) o **pronome indefinido** *outro* (singular ou plural) empregado como núcleo do **sintagma nominal**

> *Se você não aceita o filho da Natália, poderemos arranjar UM outro, de mãe desconhecida.* (FIG)
> *UM outro tentou dar dois tiros em mim, mas acho que a arma falhou.* (ESP)
> *Americanos, japoneses, ingleses, franceses, espanhóis e brasileiros bem comportados ficam na fila: tem UNS outros mais principescos que não precisam nada disso.* (SC)

3.4 O uso do **artigo indefinido** na **aposição**

3.4.1 O **artigo indefinido** pode ser usado no início de um **sintagma apositivo** configurando uma relação semântica de atribuição entre o **aposto** e o seu **sintagma** fundamental:

> *Desce a ladeira, passo mole, preguiçoso, Dedé Cospe-Rima; mulato, cabeleira pixaim, sob o surrado **chapéu-coco** – UM **adorno necessário à sua profissão de poeta--comerciante**.* (PP)

3.4.2 O **artigo indefinido** também se usa no início de um **sintagma apositivo** que se segue a um **sintagma nominal** já determinado, quando os **substantivos** núcleos dos dois **sintagmas** são repetidos, ou têm entre si uma relação do tipo de **sinonímia**, **hiperonímia** ou **correferencialidade**. Essa indicação também se estende a **apostos** de **nomes próprios**:

> *Conta-se que é nessas galerias que se encontra adormecida A **Grande Serpente**, UM **animal fantástico** que a qualquer momento poderá despertar e fazer desaparecer, com movimentos convulsos, toda a ilha de São Luís.* (DP)
>
> *É, assim, comum a presença dO **tubarão corta-garoupa** (Carcharias limbatus), UM **animal** que chega a medir 3 metros.* (SU)
>
> *Uma pesquisa realizada em Sergipe encontrou uma solução para a plantação em pomares, sítios e fazendas dA **mangaba**, UMA **fruta nativa típica do Nordeste**.* (FSP)
>
> *A despesa com O **avião**, UM **Boeing da Vasp** fretado por aproximadamente 400 mil cruzeiros, será rateada entre o governo de São Paulo e os 50 empresários que acompanham o governador na viagem.* (ESP)
>
> ***Maureen Bisilliat** – UMA **excelente fotógrafa brasileira** – filmou e fotografou as tribos indígenas do Xingu.* (FOT)
>
> ***Anna**, UMA **mulher refinada**, não aceitaria qualquer indelicadeza.* (ACM)
>
> *Esses estudos isolados adquiriram maior sistematização com **William Farr** (1807-1883), UM **médico** que dirigiu por mais de quarenta anos o órgão de registros vitais da Inglaterra.* (APA)
>
> ***Carlos Alberto Dias**, por exemplo, UM **excelente jogador**, que trate de continuar a exercer a função que lhe foi atribuída pelo treinador Gil.* (OD)

\#   O emprego do **artigo indefinido**, entretanto, não é necessário nesses casos:

> *E para que ofender o meu velho, Ø **homem tão bom quanto músico**, ele que me ensinou tudo o que eu aprendi.* (O)

3.5 A omissão do **artigo indefinido**

Há várias situações que favorecem não empregar-se o **artigo indefinido**, em **sintagmas nominais indefinidos**:

O Artigo Indefinido

a) A existência de outro elemento determinativo anteposto ao **substantivo**, como por exemplo, uma forma indicativa de identidade ou de comparação

*Como pudera ter **semelhante ideia**? (ALE)*
*Bem sei que não esperava por Ø **semelhante coisa**. (PRE)*
*Se alguém ousa dizer que praticou **tal** ato, é logo tachado de mal educado, primitivo, vulgar, sei lá mais o quê. (ACT)*

Entretanto, o **artigo indefinido** pode ocorrer, especialmente se essas formas adquirem certo valor de **adjetivo** (= "de tal tipo"; "de semelhante tipo"):

*O seu desgarre (do cidadão) de UM **semelhante** comportamento deverá trazer, como consequência inelutável, uma sanção. (ESP)*
*Não podemos atingir UMA **tal** mulher ao lado do Rei. (BN)*

Isso ocorre particularmente quando a forma indicativa de identidade ou comparação vem posposta ao **substantivo**:

*E cristão no mundo, de sentimento e vergonha isto presenciando, jamais poderá perdoar UMA afronta **tal**. (CJ)*

A expressão ***uns TAIS*** é particularmente usada com significado metalinguístico do tipo de "assim ditos", "assim chamados":

*Catulo Mendes ensinara-me UNS **tais** modos ou regras de "incompatibilidades" nos preparos; de "idiossincrasias a olho nu", nas pessoas, e de quantum satis, na preparação da receita. (PFV)*

b) O contexto comparativo

b.1) **comparativo de igualdade** formado com ***tanto***:

*Eles faziam o trabalho com Ø **tanta indiferença quanto** se estivessem montando um carrinho de mão! (CT)*

\# Entretanto, é comum o emprego do **artigo indefinido** em **construções comparativas** como:

*UM **homem tão forte quanto** Jerônimo, grosseiro e violento, Felício Santana raramente falava com Rosália, sua filha. (ML)*
*Não valia a pena o risco do sacrifício de UM **homem tão notável como** Viana, o mais capaz para a chefia dos reinóis no conflito que parecia iminente. (RET)*
*As dificuldades naturais de UMA **viagem tão comprida como** esta que nós estamos fazendo. (MPF)*

b.2) **comparativo de superioridade** ou **de inferioridade**, principalmente quando expresso sob a forma negativa ou interrogativa:

*Concluiu que não haveria Ø **melhor** forma de fazê-lo do que ter carimbado nele um*
visto de entrada e saída nos Estados Unidos. (OLG)

*Não há Ø **pior discriminação do que** a miséria.* (SIM-O)

*Existe Ø **maior** melancolia que o caminhar sonolento e indisposto, o rosto suado, sol*
queimando, a gente arrotando caipirinhas e couve, o corpo querendo tombar no
primeiro banco de praça, sombra de esquina? (BE)

c) A ocorrência de uma expressão de quantidade constituída por **substantivos não**
contáveis (como *coisa*, *gente*, *infinidade*, *multidão*, *número*, *parte*, *porção*, *quan-*
tia, *quantidade*, e equivalentes), ou por **adjetivos** (como *escasso*, *excessivo*, *su-*
ficiente e sinônimos)

À época, epidemias eram frequentes em Londres, o que permitiu a Sydenham obser-
*var Ø **grande número de casos** de uma mesma doença.* (APA)

*Este homem, gordo e falador, passou Ø **boa parte do tempo** fazendo um comício*
contra a derrubada da floresta amazônica. (CEN)

Fora das regiões à grande empresa militar-mineira espanhola, o continente apre-
*sentava Ø **escasso interesse econômico**.* (FEB)

Conviver com outrem em termos de permanente incompreensão, de desconfiança, de
*hostilidade (...) me parecia Ø **suficiente motivo** para considerá-la mais do que uma*
criatura digna de lástima, alguém essencialmente, estupidamente infeliz. (AV)

\# O **artigo**, entretanto, pode ocorrer:

*Havia UM **grande número** de perigosos crocodilos.* (CRU)

*A campainha do cinema atraiu UMA **boa parte** dos que passeavam.* (AID)

*A proposta de privatização para reduzir o estoque da dívida pública teria UM **escas-***
***so** significado no reequilíbrio global das contas públicas.* (FSP)

É preciso que as autoridades monetárias e financeiras, em especial os Bancos Cen-
*trais, mantenham entre si UM **suficiente grau de cooperação**.* (FSP)

O PRONOME INDEFINIDO

1 A natureza dos **pronomes indefinidos**

1.1 Os **pronomes indefinidos** são, em princípio, palavras **não fóricas**, isto é, não constituem itens com função de instruir a busca de recuperação semântica na situação ou no texto.

Uma palavra **indefinida** não necessariamente é **indeterminada**, já que ser **indefinido** significa ser não particularizado, não restrito, e ser **indeterminado** significa ter uma extensão não determinada ou não fixa. Assim, no enunciado:

TODO homem é mortal. (GES)

a palavra *homem* é **determinada**, pois é tomada em toda a sua extensão, mas não é **definida**, porque não aparece particularizada na **proposição**.

Dentro do grande conjunto de **pronomes indefinidos**, o único elemento que entra em **sintagmas fóricos** é *OUTRO*, que faz, porém, apenas uma referência comparativa genérica, concernente a identidade:

*É um homem de **reações** normais, mas tem OUTRAS.* (REA)
   (= outras reações que não as/diferentes das normais)
Os que amam contam suas virtudes, os OUTROS os acusam, se não de cometer delitos, de serem perigosos. (ACM)
   (= os outros que não os/diferentes dos que amam)

1.2 A classe dos tradicionais **pronomes indefinidos** é composta por elementos de natureza heterogênea. Uns são indefinidos quanto à referên-

A Quantificação e a Indefinição

cia, enquanto outros são indefinidos quanto à quantidade. Há, entretanto, um traço comum que os une: a indefinição semântica.

1.2.1 São considerados **indefinidos de identidade** os **pronomes** cuja referência não pode ser identificada:

> *Eu procurei ALGUM precursor da técnica e achei.* (ACM)
> *Apagava as evidências, procurando aflito ALGUM detalhe que pudesse me trair.* (AFA)
> *Torci para que entrasse ALGUÉM na sala, para me tirar daquela situação quase ridícula de incapacidade total.* (ACM)

1.2.2 São considerados **indefinidos de quantidade** os **pronomes** que indicam de modo indefinido, ou não exato, o tamanho do conjunto de indivíduos ou a totalidade da substância que está sendo referida.

> *Durante os anos que moraram em Higienópolis, conseguiram economizar ALGUM dinheiro.* (ANA)
> *O pessoal veio para a cidade trabalhar na fábrica de iogurtes. Que consome TODO o leite.* (GD)
> *Não tenho NENHUM bicho de pelúcia.* (IS)
> *Alguns acham que isto não é conveniente, que é preferível ter uma escola, que é preferível começar com uma escola do que começar com VÁRIAS escolas.* (PT)

Observe-se que a quantificação é partitiva, pois os elementos que a operam quantificam uma porção de um todo. No caso do **pronome** *TODO*, aquilo que é tomado coincide com o total de elementos do grupo.

2 A função dos **pronomes indefinidos**

2.1 O comportamento do **pronome indefinido** dentro do **sintagma nominal**

2.1.1 Os **pronomes indefinidos** podem ser **nucleares** ou **periféricos** dentro do **sintagma nominal**.

a) São **nucleares** aqueles elementos que por si próprios constituem um **sintagma**, com a mesma distribuição de um **sintagma nominal**. Esses são os tradicionalmente chamados **pronomes substantivos**:

> *Só avisei que ALGUÉM aqui está tuberculosa.* (AB)
> *NINGUÉM vai decidir a hora da minha morte.* (AF)
> *Apanhou o jornal largado pelo marido, folheou-o procurando ALGO que muito a interessava.* (ANA)
> *Não tenho NADA, o capitão compreende.* (AC)

534

O PRONOME INDEFINIDO

b) São **periféricos** aqueles elementos que incidem sobre um **substantivo**, constituindo um **adjunto adnominal**. Esses **pronomes** que ficam à margem do **núcleo substantivo** são os tradicionalmente chamados **pronomes adjetivos**:

> *Tratar-se-ia de ALGUM crime recalcado?* (A)
> *Não se trata de NENHUM sacrilégio.* (AC)
> *VÁRIOS amigos da família foram convidados para comemorar o evento.* (CB)

Essa diferenciação específica não representa apenas uma especificação **sintática**, mas corresponde também a uma especificação **semântica**, pois:

a) os elementos **periféricos** operam indefinição para o **nome** que acompanham (são **indefinidores** do **nome** que é núcleo do **sintagma nominal**);

b) os elementos **nucleares** constituem, em si, **sintagmas indefinidos** (são os **indefinidos** propriamente ditos).

Os elementos **periféricos** são, pois, responsáveis pela **indefinição** do **sintagma nominal** do qual fazem parte, mantendo o **nome** sua propriedade descritiva: [+humano] / [-humano], por exemplo. É o que acontece na seguinte ocorrência, na qual, apesar de ser **indefinido**, o elemento *homem*, que ocorre acompanhado por *ALGUM*, mantém claramente seu traço [+humano].

> *Quem por acaso passasse por ali, visse os moleques, os velhos cuidando da criação*
> *e da plantação, não ia pensar que se abrigava ALGUM **homem** armado à beira*
> *daquela lagoa.* (MMM)

Os elementos **nucleares**, por sua vez, são sempre **determinados**: os traços [+humano] / [-humano], por exemplo, ficam inseridos neles, como se observa nas ocorrências a seguir, nas quais os **pronomes** *ALGO* e *ALGUÉM* são **determinados**. Eles não são, porém, **definidos**.

> | *ALGO*: [-humano] |
>
> *Tentei dizer ALGO, mas ela selou meus lábios com o dedo.* (ACM)

> | *ALGUÉM*: [+humano] |
>
> *Hoje fico aí esperando ALGUÉM telefonar, sozinha nessa casa.* (AF)

> | *NADA*: [-humano] |
>
> *Não leria NADA, jurava.* (A)

> | *NINGUÉM*: [+humano] |
>
> *Nunca conheci NINGUÉM como você.* (ANB)

A QUANTIFICAÇÃO E A INDEFINIÇÃO

2.1.2 Há alguns **pronomes indefinidos** que só são **nucleares**, alguns que só são **periféricos**, e outros que podem ser tanto **nucleares** como **periféricos**.

Além disso:

- Alguns são **invariáveis** em **gênero** e em **número**, como *ALGUÉM, NINGUÉM, OUTREM, ALGO, TUDO, NADA, CADA, MAIS, MENOS, DEMAIS.*
- Outros têm flexão de **gênero** e/ou de **número**, isto é, são **variáveis**, como *ALGUM, NENHUM, TODO, QUALQUER, CERTO, OUTRO, POUCO, MUITO, BASTANTE, VÁRIO, TANTO, QUANTO, AMBOS, DIVERSOS.*

DIVERSOS só se usa no **plural**, pertencendo ao tipo de palavras tradicionalmente denominadas *pluralia tantum*.

2.1.3 Cruzando-se elementos **nucleares (indefinidos)** e **periféricos (indefinidores)** com a referência de **gênero**, obtém-se a seguinte subespecificação

a) **indefinidores (pronomes adjetivos)**

- **masculinos**:

  Juntos havíamos sido felizes ALGUM tempo. (A)

- **femininos**:

  Traz uma saca com ALGUMAS compras. (AS)

b) **indefinidos (pronomes substantivos)**: sempre invariáveis, e referindo-se, portanto

- a coisas designadas por **substantivos** de qualquer **gênero**:

  Há ALGO no ar, na Bahia. (CH)

- a pessoas de qualquer sexo:

  Cheguei a achar que houvesse ALGUÉM aqui com você. (AFA)

2.1.4 Adjetivos construídos em função predicativa com **pronomes indefinidos** não marcados quanto ao **gênero** podem flexionar-se no **feminino**, fazendo concordância com a ideia expressa, e não com o masculino, que é o gênero não marcado (**silepse de gênero**):

ALGUÉM estava bastante saudosa.
NINGUÉM era mais dedicada que a mãe.

O Pronome Indefinido

2.1.5 Um **pronome adjetivo** pode aparecer como núcleo do **sintagma** pelos seguintes expedientes:

- por **elipse** do **substantivo**:

  Reunião da SBPC, mas com audiências magras – ou até NENHUMA. (VEJ)
  Parece que alguns livros ficaram com os descendentes da família. E não eram MUI-TOS, pelo que se sabe. Hoje talvez haja ALGUM com a condessa. (ACM)

- por **substantivação** do **pronome** (nunca precedido de **artigo definido**):

  Não gosto de ver meu nome solteiro dela, em intimidade que não dou a NENHUNS. (CL)
  Quero ser sincera, absolutamente sincera: que ninguém espere isso de mim. Nem mesmo Deus ... ou um QUALQUER de seus prepostos! (A)

2.1.6 Os **pronomes indefinidos adjetivos** em geral precedem o **substantivo**. Os casos de posposição se restringem a alguns elementos.

a) o **pronome** *TODO*, que, indicando inteireza ou totalidade, comumente se usa anteposto ou posposto:

  *Você quer ser livre para TODAS **as pessoas** ao mesmo tempo?* (CBC)
  *Se houvesse menos desigualdade, se **as pessoas** TODAS tivessem uma condição mínima decente de vida, haveria uma tendência a um crescimento populacional menor.* (VEJ)
  *Pensei TODO **o dia** em Maria.* (BH)
  ***A cidade** TODA recebe luz elétrica de uma usina.* (UQ)

b) o **pronome** *ALGUM*, que, posposto, adquire valor negativo:

  *Não existe **problema** ALGUM.* (AGF)
  *Não, não a encontraria em **parte** ALGUMA.* (A)

c) o **pronome** *QUALQUER*, que, com **substantivo** precedido de **artigo indefinido**, usa-se indiferentemente anteposto ou posposto:

  *Se Sílvio imaginara diferente do que era, se se apaixonara, se lhe pusera sobre a cabeça **uma** QUALQUER **auréola** de martírio e destino, mesmo sabendo-a amante de Sérgio, fora porque o quisera, porque fizera questão de imaginá-la vítima de Sérgio.* (A)
  *Insisti para que fosse mais claro, isolasse **um caso** QUALQUER.* (A)

d) o **pronome** *NENHUM* e o **pronome** *POUCO*, no **singular**, que podem usar-se, indiferentemente, pospostos ou antepostos:

  *Ter de partir – e não ter NENHUM **caminho** diante de si?* (A)

*Não admitia **negociações NENHUMAS** de paz com o chefe inimigo.* (FI)
***POUCAS pessoas** conseguiram completar a subida do pico da Neblina.* (MAN)

\# Alguns **indefinidos**, quando pospostos, passam a **qualificadores**:

*Dizia as **palavras CERTAS**, na **hora CERTA**, com a **pessoa CERTA**.* (BL)
*Você ia se deixar enlear, enredar que nem um **tolo QUALQUER**!* (A)
*Não sou **mulher BASTANTE** para tomar resolução.* (TRH)
*As diferenças assinaladas em gêmeos idênticos, criados em **circunstâncias DIVER-SAS**, provam essa afirmação.* (AE)
***Conflitos VÁRIOS** já aconteciam em pleno regime escravocrata.* (CAP)

2.2 O papel discursivo dos **pronomes indefinidos**

A função discursiva dos itens marcados pela **indefinição** não diz respeito ao modo de recuperação da informação (na situação ou no contexto), pois tais elementos não têm natureza **fórica**. O papel discursivo desses itens diz respeito à modalidade de enunciado em que eles se empregam:

a) Há **pronomes indefinidos** que não determinam o modo de interação, ocorrendo tanto em **enunciados declarativos** quanto em **interrogativos**. Esses **pronomes** não são, então, operadores de **atos ilocutórios**, são elementos que não interferem na natureza interativa do enunciado

*É difícil imaginar que existe **ALGUMA** pessoa nas Lavras que não lide com diamantes.* (ALE)
*Acha que foi **ALGUÉM** mais, então?* (AFA)

Neste grupo encontram-se os pares polarizados (positivo/negativo): *TUDO/NADA, ALGUÉM/NINGUÉM, ALGUM/NENHUM*:

*Parou, mas já havia dito **TUDO**.* (A)
*Aposto minha cabeça como não vão encontrar **NADA** que preste.* (CCI)
*Então **ALGUÉM** propôs encerar.* (RO)
*Porque até hoje **NINGUÉM** disse que você furta.* (AFA)
*Silvio teria de dizer **ALGUMA** coisa.* (A)
*Dinheiro arrecadado com as corridas de cavalos não vai para **NENHUM** programa social.* (LS-O)

Além desses, há elementos sem polarização, como *CADA, MUITO, POUCO, VÁRIOS, DIVERSOS* etc.

*Nós, os veteranos, combinávamos quem retiraria **CADA** livro e o passaria aos demais, sem complicações.* (ACM)

O Pronome Indefinido

MUITO homem superior morreu nessa guerra – corrigiu-o. (TV)
Eu beijei achando que na primeira noite ficaria por aquilo. Só o beijo. Não apenas um, VÁRIOS beijos, mas nada mais. (RI)
A máquina deve estar regulada de acordo com o tipo de grão a ser colhido, nos DIVERSOS momentos do dia, seguindo-se as regulagens do fabricante. (MAQ)

b)   Há outros **pronomes indefinidos** que operam **atos ilocutórios**, isto é, que definem a natureza **interativa** do enunciado

b.1) Definem uma natureza **interrogativa** (**interrogação direta** ou **indireta**):

Constituem tais elementos os chamados **pronomes interrogativos** *QUE, QUEM, QUAL* e *QUANTO*:

QUE tipo de hidratante deve ser usado na manhã seguinte? (ELL)
QUE é aquilo ali? (AB)
QUAL criança não gostaria de ter na escola um aprendizado cultural que incorporasse a experiência lúdica trazida pelo brinquedo artesanal? (BRI)
QUAL é a doença? (AC)
Mas QUEM disse a você que eu me escandalizei? (A)
QUANTO dinheiro seria necessário para reunir professores e escritores de renome num projeto que contasse a verdadeira História do Brasil? (VEJ)

\#   As interrogações iniciadas por esses **pronomes** podem integrar-se a uma **oração nuclear** funcionando como seu **complemento** (**interrogação indireta**):

Quando alguém perguntou QUE sistema era esse, Zezé Moreira o determinou como sendo "marcação por zona". (TAF)
Quero saber QUEM é o escultor. (MC)
Mas antes me diga QUAL é o seu nome. (ACM)

\#   É possível ocorrer a elipse do núcleo do **sintagma** com o **interrogativo** *QUAL*, o que não acontece em relação a *QUE*. Observe-se a ocorrência abaixo:

QUAL livro exerceu maior influência na sua formação? (REA)
QUAL Ø exerceu maior influência na sua formação?

Mas:

QUE livro exerceu maior influência na sua formação?
* QUE Ø exerceu maior influência na sua formação?

Ocorre que o **pronome interrogativo** *QUE* pode ser um **pronome substantivo**, como no enunciado:

QUE é aquilo ali? (AB)

e pode ser também um **pronome adjetivo**, como no enunciado:

QUE tipo de hidratante deve ser usado na ma.. ˜eguinte? (ELL),

mas, quando é **pronome adjetivo**, não ocorre sem o **substantivo** núcleo do **sintagma** expresso. Assim, um enunciado como:

QUE Ø deve ser usado na manhã seguinte?

nunca significaria *Que **tipo de hidratante** deve ser usado?.*

Embora não abonada pela gramática normativa tradicional, é frequente a interrogação com *O QUE*:

O QUE é, então? (A)
O QUE fora sua vida, afinal? (A)

b.2) Definem uma natureza **declarativa (declaração)**:

Isso ocorre com o elemento indefinido de natureza quantitativa *QUANTO*:

Mamãe recolhia e tratava QUANTOS aparecessem por lá. (ANA)
Apanhei QUANTOS pude e corri para o mar. (CH)
QUANTOS não são os que estão no Legislativo, no Judiciário, todos conhecem, que fizeram certamente muito pior. (FSP)
QUANTO já tinha perdido dela, QUANTO dela já tinha ido embora. (ED)

b.3) Definem uma natureza **exclamativa** (ao mesmo tempo que quantificam ou intensificam):

QUE coragem, João! (MP)
Meu Deus, QUE horror! (FSP)
Ah, QUANTOS não gostariam de ter uns centímetros a mais! (FSP)

3 O emprego dos **pronomes indefinidos**

3.1 **Pronomes indefinidos** marcados quanto a **gênero** e/ou **número** (variáveis)

Trata-se de **pronomes indefinidos** referentes a pessoas ou a coisas:

> **ALGUM**

a)   **Anteposto**

Em princípio, *ALGUM*, no **singular**, usado antes de **nome contável**, indefine quanto à identidade; usado antes de **nome não contável**, indefine quanto à quantidade. No **plural (nome contável)**, a indefinição é quanto à quantidade.

a.1) **Singular**

Em referência a objeto, pessoa, atividade, situação, comentário, ideia (**nome contável**) etc., não identificado:

> *Por ALGUM **motivo** não esclarecido, sempre me repetia conversa iletrada de espíritos.* (JC)
> *Tanto seus textos quanto seus filmes serão desestruturados por uma saraivada de sintagmas desferidas por ALGUM **comunicador** profundo.* (VEJ)
> *Não será surpresa se ele for para ALGUM **clube** da Holanda ou Espanha.* (JC)

\# Especificamente com o **substantivo** *coisa*, pela genericidade extrema desse **nome**, forma-se um **sintagma** que tem correspondência com um **pronome substantivo indefinido** como *ALGO*:

> *Deixava ALGUMA **coisa** a desejar, na aparência, no tipo, nessas questões de velocidade.* (DES)
> (= algo a desejar)

\# É comum ocorrer essa referenciação **indefinida** dentro de uma construção com **modalização eventual**:

> *Ele talvez tenha ALGUM conselho.* (DES)
> *Será que ele levou coice de ALGUM animal?* (GT)

Construído com o **substantivo** *coisa*, seguido de **adjetivo**, para indicar que existe um aspecto notável em relação a essa coisa, mesmo sem indicação de características de tal aspecto. De qualquer modo, com essa limitação, a indefinitude fica atenuada:

> *Apurou a vista, aprumou os óculos e não conseguiu saber direito se o que via era ALGUMA coisa **distorcida ou imaginária**.* (SL)
> *Quando o cara começa a querer andar de trás pra frente, pular do bondinho do Pão de Açúcar, querer emoções muito fortes, é porque tem ALGUMA coisa **errada** com ele.* (INT)

\# O **adjetivo** pode vir precedido da **preposição** *de*, caso em que fica invariável (no **masculino singular**):

> *Valia a pena sacrificar ALGUMA **coisa de sério**, de sólido, pela instabilidade em que eu vivia?* (A)
> *Pela primeira vez, acha nela ALGUMA **coisa de triste**.* (CC)
> *Mas se acontecer ALGUMA **coisa de ruim**, a polícia pode descobrir que ela saiu daqui.* (CH)

Em contraste com o correspondente negativo:

- Contraste implícito, como em

> *Precisamos fazer* ALGUMA *coisa!* (GT)
> (Em oposição a: *Não precisamos fazer* NENHUMA *coisa/*NADA*!*)
> *Todos sentimos que urge fazer* ALGUMA *coisa em defesa da segurança do indivíduo.* (TC)
> (Em oposição a: *Não urge fazer* NENHUMA *coisa/*NADA *em defesa da segurança do indivíduo.*)
> *Se formos olhar a questão de maneira genérica, quase não teremos coragem de fazer* ALGUMA *coisa.* (VEJ)
> (Em oposição a: *Não teremos coragem de não fazer* NENHUMA *coisa/*NADA.)

- Contraste explícito, como em

> *Aturdido procurou agarrar-se em* ALGUMA *coisa mas não encontrou* NADA. (PCO)
> *Deu-se uma pausa e, dessa vez, ficou esperando, como se achasse que me cabia dizer* ALGUMA *coisa. Mas, como antes (e talvez mais ainda do que antes), eu* NADA *tinha para falar.* (A)
> *Rui apanhou a máquina, "vou ver o que é isso, talvez de* ALGUMA *coisa, pra não dizerem que a gente está fazendo* NADA *por aqui".* (DE)

a.2) **Singular** e **plural**

Em relação a uma quantidade (com **nome não contável**) ou a um número de pessoas ou coisas (com **nome contável** no **plural**), que se quer indicar como razoavelmente pequenos:

> *A cara do rapaz tem* ALGUMA ***decisão****.* (DES)
> *Onde as mulheres se empregam nos serviços domésticos e os desocupados sempre conseguem* ALGUM ***biscate*** *para completar o orçamento.* (VEJ)
> *A presença de apenas* ALGUMAS ***homeomérias*** *diversas nos seres explica também a possibilidade de sua transformação.* (HF)
> *Bastava que se afastassem* ALGUNS ***metros*** *da aldeia.* (ETR)

Em relação a uma quantidade (com **nome não contável**) ou a um número (com **nome contável** no **plural**) que se quer indicar como razoavelmente grande:

> *Pelo visto, acha-se de pé há* ALGUM ***tempo****.* (DES)
> *Basta ter gosto pelo negócio, sensibilidade para perceber o que o consumidor quer e disposição para assistir a* ALGUNS ***quilômetros*** *de fitas.* (EX)

Seguido de **complemento** da forma *de* + **sintagma nominal** no **plural** (**complemento partitivo**).

O Pronome Indefinido

- No **singular**, em referência a um indivíduo dentre um grupo de pessoas ou coisas:

> *O fiscal do salão ou ALGUM **dos diretores** no meio do baile dava os gritos famosos.* (REA)
> *Por isso, havia sempre ALGUM **de nós** que (...) apanhava a farinheira e a colocava bem longe da cadeira dele.* (BH)
> *ALGUM **de vocês** puxou a ele na vitalidade?* (BOC)

- No **plural**, em referência a um conjunto dentro de um grupo de pessoas ou coisas, sem indicar precisamente o tamanho desse conjunto:

> *ALGUNS **dos industriais da região** estão procurando atender ao esforço que vimos desenvolvendo.* (AR-O)
> *ALGUNS **dos desembargadores** rodearam o prelado.* (BOI)
> *ALGUMAS **das pessoas** que estavam no carrossel escutavam, interessadas.* (N)

a.3) **Plural**

Em referência a um número não definido de pessoas ou coisas:

> *Admitiu que ALGUNS **setores** da economia têm feito pressões contra a liberação das importações.* (OG)
> *A cavalhada relinchava ALGUMAS **noites**, longe, talvez no braço da floresta.* (ML)
> *Primeiro, remanejaram-se os barracos localizados onde deveriam passar ALGUMAS **ruas** para uma área vizinha, que havia sido desocupada ALGUNS **anos** antes.* (VEJ)

b) **Posposto**

No **singular**, equivalendo a *NENHUM*. A **oração** em que se emprega *ALGUM* posposto apresenta uma marca negativa ou privativa (*não*, *nem*, *sem*), se o **sintagma** que contém o elemento *ALGUM* vier após o **verbo** da **oração**:

> *O povo precisa aprender que **não** está recebendo presente ALGUM.* (AR-O)
> *Pelo menos esse atleta para uso externo, para efeito visual, **não** terá, de modo AL-GUM, alterado o equilíbrio interior.* (AE)
> *Era bem possível que melhorasse e acabasse a noite **sem** cometer desatino ALGUM.* (A)
> *Em tempo ALGUM de sua história, nosso povo deu, quanto agora, provas de serenidade e de maturidade.* (AR-O)

Comparando-se este último enunciado com um seu correspondente em que o **sintagma** *em tempo ALGUM* estivesse posposto, verifica-se que se tornaria necessária a marca negativa do **enunciado**:

> *Nosso povo **não** deu, em tempo ALGUM de sua história, provas de serenidade e de maturidade quanto agora.*

c) Como **núcleo do sintagma**, no feminino:

Como **complemento** do **verbo de ação**, referindo-se avaliativamente a uma atitude desagradável, estranha, criticável:

Será que o Malan vai aprontar ALGUMA esta semana? (FSP)

NENHUM

a) **Anteposto** ou **posposto**, indiferentemente

a.1) **Singular** e **plural**

Para referir-se a alguma coisa, negando a sua existência (**oração negativa**). A **oração** exibe, normalmente, uma marca negativa ou privativa (***não, nem, sem***), se o **sintagma** que contém o elemento *NENHUM* vier após o **verbo** da **oração**:

> *Imaginemos que a imprensa e o rádio de todo mundo silenciassem a respeito, que NENHUM comentário ou debate, ou informação fosse publicada.* (CRU)
> *Dentre os temas existenciais (...) NENHUNS se tornaram tão populares quanto a disponibilidade, a paixão e a morte.* (NE-O)
> *O carro não me dá NENHUM prazer.* (CBC)
> *Juro que não sei de dinheiro NENHUM!* (NC)

\# Entretanto, essa marca negativa pode não ocorrer, em determinadas posições sintáticas:

> *É uma capelinha branca com tanta parede e janelas NENHUMAS, tão pequenina cruz, piando de pobre.* (COB)
> *No Nada, no Céu, no Purgatório, onde quer que ela estivesse, seus cuidados seriam outros – ou NENHUNS.* (CT)

\# Por outro lado, mesmo que o **sintagma** que contém *NENHUM* venha antes do **verbo** da **oração**, a marca negativa pode ocorrer, em linguagem coloquial ou regional:

> *NENHUMAS ruindades deste mundo não têm poder de segurar a gente pra sempre.* (SA)
> *Pois bem NENHUM não sairá dessa nova liberdade.* (CT)

\# O **pronome** *NENHUM* evidentemente faz contraste com *ALGUM*, o que, em certas ocorrências, é explicitado:

> *Ainda não recebi NENHUMA notícia do casal. Vocês receberam ALGUMA coisa?* (MD)

a.2) **Singular**

Junto de **nome contável**, em referência a cada membro de um conjunto, quando a negação inclui todos os elementos:

O Pronome Indefinido

> *Por fim os ânimos serenaram e* NENHUM **estudante** *se atreveu a bater a porta de automóvel à frente da escola.* (CBC)
>
> *Seu* **instrumento** *qual é? Virou-se com tristeza na voz: – Atualmente* NENHUM. (BOC)

O **substantivo** pode vir no **plural**, antecedido da **preposição** *de*, como **complemento partitivo**:

> *Não perdi* NENHUMA **das folhinhas** *de João Batista Lusitano.* (PFV)
>
> *Horácio não pode comprometer-se a estar presente em* NENHUMA **das comemorações**. (BOC)
>
> *Se os grupos econômicos tivessem que escolher não seria* NENHUM **dos candidatos** *em questão.* (CH)

Junto de **nome não contável**, para sugerir que algo é muito pequeno ou sem importância:

> **Distância** NENHUMA *entre o metro curto e a balança viciada e o quarto com oratório cheio de santos.* (FP)
>
> *Num canto o tripé com a lavandeira e o jarro d'água. Depois a canastra-arca de madeira de pinho, também já sem* NENHUMA **cor** *que não fosse a de velhice, o tampo ensebado, esfregado, lustrado, porque era onde as pessoas as assentavam.* (DE)

b) Anteposto, singular

Junto de **adjetivo**, para enfatizar que algo ou alguém definitivamente não possui a característica indicada. Nesse caso, NENHUM equivale ao **indefinido** *um*:

> *Não sou* NENHUM **bobo**. (NC)
>
> *Não sou* NENHUM **criminoso** *para sair!* (NOF)
>
> *Não sou* NENHUM **especialista**, *mas não deve ser difícil.* (BL)

O **pronome** NENHUM distingue-se da expressão *nem um* por ser mais impreciso.

• A expressão *nem um* – com o **advérbio** *nem* e o **numeral cardinal** *um* – individualiza, define por unidade, tendo frequentemente o significado de "nem mesmo um":

> *Atacaram Jurema e como o destacamento tivesse reagido aos primeiros tiros, não ficou vivo* **nem um soldado**. (CA)
>
> **Nem um cão** *latiu à sua passagem.* (ARR)

• A expressão *nem um* – com o **coordenador aditivo** *nem* e o elemento *um* (**indefinido** ou **numeral**) – equivale a "também não um":

> *Mas nunca tive irmão,* **nem um companheiro** *da minha idade, nunca um amigo.* (MMM)

A Quantificação e a Indefinição

> **TODO**

a) **Anteposto**

a.1) **Singular**

No sentido de "qualquer", "seja qual for", junto de **substantivo concreto**. Nesse caso, a gramática normativa condena o uso do **artigo definido**:

> *Sempre em todos os instantes, lhe dissemos que TODO Ø carro é uma arma.* (GTT)
> *Exprimir uma opinião é direito de TODO Ø homem.* (D)
> *TODA Ø história tem um começo, um meio e um fim.* (COR)

Entretanto, o **artigo** é ocorrente:

> *Tento sempre me fazer notar e ficar aberta a TODO o tipo de trabalho.* (AMI)
> *Belarmino, como faz quase TODO o barbeiro, participou do comentário.* (AM)
> *TODO o amor que não transmita essa luminosidade, essa alegria clara, esse estado de leveza sideral, não será amor mas puro vício.* (AV)

\# Nessa acepção, pode usar-se a expressão, muito mais explícita, *TODO E QUALQUER*:

> *Quando as duas ondas opostas se chocam no ar, TODO E QUALQUER barulho desaparece.* (SU)
> *Tosta pão de forma, pão francês ao meio, pão italiano em fatias, panetone, enfim, TODO E QUALQUER tipo de pão.* (VEJ)

Junto do **nome** de uma qualidade particular, para indicar que ela é completa e total. Também nesse caso o **substantivo** que segue o **pronome** *TODO* vem acompanhado, ou não, de **artigo**:

• Com **artigo**:

> *Quero, portanto, falar-te com TODA a sinceridade a fim de nos entendermos definitivamente.* (BN)
> *Tratado com TODO o carinho, adotado, Flox tornou-se o nosso melhor e mais fiel amigo.* (ANA)
> *É necessário combater, com TODO o rigor, os incitamentos ao vício.* (MA-O)

• Sem **artigo**:

> *Com TODA Ø sinceridade de sua alma, acha que uma mulher feito minha mãe ia se prestar a um papel desses?* (PD)
> *E a tampa então desceu com TODO Ø seu peso.* (ACM)
> *Para falar com TODA Ø franqueza, disponho de muito pouco tempo.* (SPI)

O Pronome Indefinido

Junto de **nome** de determinados sentimentos, qualidades, ações, para indicar que eles são corretos e necessários em situações particulares. Também nesse caso o **substantivo** que segue o **pronome** *TODO* vem, ou não, acompanhado de **artigo**:

* Com **artigo**:

> *Mas você tem TODA **a razão**: aquilo é bonito.* (AM)
> *E você tem TODO **o direito** de ficar escandalizado, se o próprio narrador confessa que não os domina bem.* (CRE)

* Sem **artigo**:

> *Sara tem TODA Ø **razão**.* (E)
> *O adquirente das estatais terá TODO Ø **direito** de renegociar **seus** débitos com a Previdência Social.* (MIR-O)

Junto de **substantivo** acompanhado de **artigo indefinido**, significando "o total de". Esse emprego é particularmente ocorrente com **nomes não contáveis** e com **nomes** que, de algum modo, impliquem um conjunto de coisas (**coletivos**):

> *Lembrava-se dos pormenores, como se estivesse repondo coisas nos lugares: TODA **uma existência** não bastaria para esquecer o acidente.* (ALE)
> *Em quinze anos de selva erguera TODO **um fabuloso patrimônio**.* (BH)
> *O canhão roqueiro troa em homenagem à dama que vencera TODA **uma tribo**.* (VB)
> *Um dos duques da casa de Saboia assinou um tratado que dividia ao meio TODA **uma cadeia de montanhas**, seguindo a linha de divisão das águas.* (ACM)

Na expressão *TODO **mundo**/TODO **o mundo***, em referência a todas as pessoas do mundo, ou de um grupo, ou, ainda, a um grande número de pessoas:

> *Mãe, manda TODO **mundo** embora.* (AS)
> *TODO **mundo** diz que o mais importante é a cabeça.* (FAV)
> *TODO **o mundo** sabe, Santos, que boatos não têm procedência conhecida.* (AM)
> *Não se falava em outra coisa, TODO **o mundo** mandando mil forças, rezando, torcendo, fazendo macumbas.* (FAV)

a.2) **Singular e plural**

Junto de **substantivo** que designa período de tempo, para dar ideia de frequência, indicando que algo ocorre em períodos regulares de tempo. No caso do **singular**, a gramática normativa recomenda que não se use o **artigo**, mas esse emprego é ocorrente:

> *TODO Ø **dia** ele vinha, nunca se esquecia.* (FAV)
> *Tu não dá comida pra ele TODA Ø **segunda-feira**?* (TG)

A Quantificação e a Indefinição

TODOS os dias Tito ia levá-lo ao pasto. (ANA)
TODO o dia aparece novidade. (BP)
Adeus rixas de TODO o dia! (FAN)
É TODO o dia a mesma história, que o sabão acabou. (IM)

Junto de **nomes genéricos** como *espécie*, *tipo*, *classe* (no **singular** ou no **plural**), para indicar grande variedade ou quantidade.

* Compondo uma expressão anteposta:

Casas de tábua (...) por baixo delas, TODA espécie de imundície e lama onde rasteja-vam porcos. (CBC)
Triatop é dermatologicamente testado e pode ser usado em TODO tipo de cabelo. (VEJ)
TODA classe de medidas administrativas e de ataques ultrajantes contra o clero e os crentes somente poderá causar prejuízo. (SI-O)
Este esquema é representativo de TODAS as classes de vertebrados. (GAN)

* Compondo uma expressão posposta:

Nós precisamos de um médico, de uma enfermeira e de remédios. Remédio de TODA espécie. (ARR)
Fui assediada por homens de TODAS as espécies. (I)
Moedas de TODOS os tipos e países. (DE)

\# Também nesses casos ocorre **artigo definido** antes do **substantivo** acompanha-do pelo *TODO*, no **singular**, embora esse emprego não seja o recomendado pela gra-mática normativa:

Dentro do possível tento sempre me fazer notar e ficar aberta a TODO o tipo de trabalho, lógico que na medida de gabarito. (AMI)
Como a minha natureza refugava estado de rebuliço e de TODA a espécie de algazar-ra, na classe do trem não me ambientei. (CJ)
O Fundo Naval, administrado pelo Ministério da Marinha, tem entre suas finalida-des a compra de material de TODA a espécie. (FSP)

Em construções que abrigam **pronome demonstrativo** seguido de **pronome rela-tivo**, como *TODO o que*, *TODO aquele que*, referindo-se a todo e qualquer elemento de uma classe indicada, isto é, indicando totalidade numérica dentro de uma restrição:

Inseguro é TODO aquele que não se conhece. (PV)
TODOS os que denunciam são pessoas de confiança. (CNT)
E ele falava encontrando frases de amor e de conforto para com TODOS aqueles que não tinham condições de entender o porquê das suas dores. (PCO)

548

Na expressão adverbial *por TODA parte/por TODAS as partes*, em referência a todo e qualquer lugar no mundo ou mesmo dentro de um país ou região particular:

> *Por TODA parte, em todos os continentes, o mau uso e os abusos da tecnologia, assim como as informações mentirosas, são bem piores que na Antártica.* (ISO)
> *A verdade parece estar um pouco por TODA parte.* (PSC)
> *Um diminuto país de menos de 22.000 quilômetros quadrados, cercado de inimigos por TODAS as partes.* (VEJ)

\# Também neste caso, em discordância com as normas da gramática normativa, ocorre **artigo definido** antes do **substantivo** acompanhado pelo **indefinido** *TODA*:

> *Logo de cara, o enorme lustre de cristal do hall fez da nossa entrada um espetáculo; um efeito esplêndido: refletiu pingos de luz por TODA a parte.* (BL)
> *Por TODA a parte vocês estão comentados.* (JM)

\# O **pronome** *TODO* pode desvincular-se do **sintagma nominal sujeito** e ocorrer após o **verbo**, junto de **qualificador** ou **circunstante**:

> *A cara da moça da folhinha está TODA engordurada.* (ORM)
> *Suas profecias estão TODAS bentas, meu afilhado!* (PFV)
> *Entretanto, como não gosto de nada "embrulhado", me "arrebentei", mas a coisa está TODA aqui.* (ORM)

a.3) **Plural**

Antes de **substantivo** quantificado por **numeral cardinal** e determinado por **artigo definido**, emprego que é condenado pela gramática normativa. Essa condenação tem justificativa, já que o **sintagma** com **artigo definido** e **numeral cardinal** já faz referência a um conjunto total:

> *Foi uma luta feia e braba, com tiros e emboscadas de TODOS os dois lados.* (CJ)
> *TODOS os quatro oficiais brasileiros que estiveram em Mar del Plata são detentores da "Medalha do Pacificador".* (FSP)
> *Em TODOS os cinco dias inicia-se a sessão de ginástica com os costumeiros exercícios de aquecimento.* (NOL)
> *O representante do MCE confirmou que TODOS os nove países membros reconhecem formalmente a China.* (VIS)

Na **expressão partitiva** *de TODOS* (**artigo + substantivo**) funcionando como **complemento** de um **superlativo relativo**, ou das palavras *primeiro* e *último*:

> *Você é o mais justo e o melhor de TODOS os homens.* (OSA)
> *Quando todas as campeiras indicam o mesmo lugar, portanto, o melhor de TODOS, o enxame então se desloca para ali.* (SU)

*Nela estuda o ser como ser e o **primeiro de** TODOS os seres, Deus.* (HF)

b) **Anteposto** ou **posposto**

b.1) **Singular**

No sentido de "na totalidade", "na inteireza". Segundo a gramática normativa, nesse caso deve empregar-se o **artigo definido** antes do **substantivo**:

> *Bajé andou* TODA *a manhã com um sujeito, já maduro, tipo nortista.* (DES)
> *Vai quase todos os dias à Escola, lá ficando durante* TODA *a tarde.* (CI)
> *Quero logo um uísque, duplo. E quero me divertir. Farrear **a noite** TODA.* (A)
> *Procurei convencê-la de que era inadmissível eu ficar preso em casa **o dia** TODO, sentindo-me tão bem.* (AFA)

\# Entretanto, estando o **indefinido** anteposto, também ocorre o **substantivo** sem **artigo**:

> *Escancarou as janelas e foi apagar o abajur que deixaram aceso* TODA Ø *noite.* (DM)
> *O ar se encheu, então, de um cheiro esquisito, que nos tirou o apetite por* TODO Ø *dia.* (GT)
> *Sinto gás por* TODA Ø *casa.* (AVI)

b.2) **Plural**

Em referência ao total de elementos de um grupo particular, geralmente formado por mais de dois elementos. O **substantivo** vem precedido de **artigo definido**:

> *Ângela é esperta... como* TODAS *as mulheres!* (A)
> *Despejaram a água fervendo na bacia de flandre comprada a crédito no armazém do turco como quase* TODOS *os demais pertences.* (TG)
> *Não compreendo por que **os homens** TODOS se vestem de preto, à europeia, num país tropical.* (XA)
> ***As mulheres** TODAS assomaram a varanda, a velha com um Xale na cabeça, negro.* (DE)

Considerando todos os elementos de um grupo, mas enfatizando a referência a cada um dos membros do grupo:

> *Vendi* TODAS *as profecias, também as poesias minhas e dos outros.* (PFV)
> *Olhava para* TODAS *as pessoas que por mim passavam como querendo desenterrar fisionomias conhecidas.* (CHI)
> *E deixou **os livros** TODOS para você, você herdou os livros.* (CP)

b.3) **Singular** e **plural**

Junto de um **pronome** ou **sintagma nominal definido**, para indicar que ele se refere à coisa inteira ou a todas as coisas e/ou pessoas definidas pela referenciação **fórica**:

O Pronome Indefinido

Janjão trouxe nova provisão de cachaça e entre os três desmontaram a cama enor-
*me, obra-prima do carpina Lupiscínio, TODA **ela** em madeira de lei trazida da*
mata onde cresciam jacarandás. (TG)
*Liguei **TODOS** **estes dias** para a sua casa e disseram que você estava viajando.* (BU)
*Padre, se não soltarem ele, a gente vai voltar e vão ter de acabar com **nós TODOS**.* (TG)
*É mais fácil culpar disso aquele gênero de alimentação que vem tendo **nestes dias***
***TODOS**.* (DES)

c) **Posposto**, no **singular** ou no **plural**.

Seguido de um **adjetivo**, significando "na sua inteireza", "na totalidade", "em todas as suas partes", "completamente". O valor, na verdade, é adverbial, mas o comportamento morfossintático é de **pronome**, já que existe **concordância** de **gênero** e
de **número**:

*A moça passou a mão pela testa, a alma TODA **congestionada**.* (M)
Uma lágrima escorreu-lhe pelo canto do olho esquerdo, quando o caixeiro viajante,
*embora tendo o rosto **TODO suado**, baixou os olhos e, tristemente, concluiu.* (SE)
*Disso estamos **TODOS cansados** e ninguém há de lutar por uma liberdade que garan-*
ta apenas isso. (OV)
*Segundo ele, não fossem tomadas urgentes providências, estaríamos **TODOS fadados***
a terminar nossos dias puxando cabo de enxada. (ACT)

d) Como **núcleo do sintagma**, *TODOS* frequentemente significa "todas as pessoas".

• seja em geral:

*Sua pequena população forma o que de fato se pode chamar comunidade. **TODOS** se*
conhecem e não há segredos. (ACT)
*A educação é um direito de **TODOS** quantos possam pagá-la.* (ACT)

• seja com referência a pessoas determinadas:

*Entram outros operários. **TODOS** riem vendo o rosto espantado de Alice e João. O*
barulho das máquinas aumenta a ponto de cobrir as gargalhadas. (AS)
*Espere um pouco... vou ver se **TODOS** estão dormindo.* (US)

e) O **indefinido** *TODOS* é usado em várias **expressões adverbiais**:

• ***de uma vez por TODAS***, significando "definitivamente", "de modo a acabar com qualquer dúvida ou incerteza":

*Nosso objetivo é resolver **de uma vez por** TODAS o problema da amostragem.* (FOC)
*Então resolvi acabar com aquilo **de uma vez por** TODAS.* (T)

A Quantificação e a Indefinição

- **sob _TODOS os pontos de vista_**, significando "sem restrição", "categoricamente":

  > _Com efeito, a puberdade não tardou a chegar transformando a criança em homem,_ **sob _TODOS os pontos de vista._** (AE)
  >
  > _Casou com uma rapariga companheira de trabalho, seu contraste_ **sob _TODOS os pontos de vista._** (DEN)

- **de _TODOS os tempos_**, após um **superlativo relativo**, para indicar que a relação superlativa é temporal:

  > _Acabais de presenciar_ **a mais revolucionária mágica de _TODOS os tempos!_** (FOT)
  >
  > _Em Volstock, base russa do Polo Sul, foi registrado, este ano,_ **o máximo de frio de _TODOS os tempos_**: _oitenta e quatro graus abaixo de zero._ (MAN)

- **para _TODO o sempre_**, significando "para sempre":

  > _Não se pode esquecer o nome desses benfeitores, gravados em meu coração_ **para _TODO o sempre_**: _José Moreira e José da Cruz._ (CID)
  >
  > _Quarenta anos sem vê-lo e foi como se o tivesse encontrado de ontem quando o recuperei como cliente, no meu consultório – para logo depois perdê-lo_ **para _TODO o sempre._** (CF)

QUALQUER

a) **Anteposto**

a.1) **Singular e plural**

Em **enunciados afirmativos**, para implicar um procedimento de escolha não empreendida (seleção aleatória). Em razão disso, o uso de _QUALQUER_ facilmente se liga a contextos **não factuais**, ou, simplesmente, **possíveis**.

- Em referência a uma pessoa ou coisa particular, ou a pessoas ou coisas de um modo geral, com a ideia de que a escolha não importa (= ou um ou outro, seja um seja outro):

  > _O quadro está digno de figurar em_ **_QUALQUER exposição_** _de pintura._ (HP)
  >
  > _Descobria o que fazer para amarrar um homem no rabo de saia de_ **_QUALQUER fulana_** _ou vice-versa._ (TG)
  >
  > **_QUAISQUER desvios_** _nestas concentrações podem ocasionar ora desidratação das células, ora entrada de água em excesso._ (BC)

\# O **substantivo** núcleo do **sintagma** pode estar determinado por um **numeral cardinal**:

  > _Agora, quando encontrava qualquer mandioqueiro ou_ **_QUALQUER um andejo_**, _tinha lérias e embustes para indagar._ (SA)

Mas que podia acontecer a **QUALQUER** **um mestre** *de mais sertão, pessoa perita nas solidões e tudo.* (COB)

Não sei se o glorioso esportista respondeu alguma coisa, mas desde então o americano está pronto a responder a qualquer chinês o que ele faz de **QUAISQUER** **dez segundos** *que possam sobrar de suas atividades cronometradas.* (CV)

Assim, temos: um par – duas cartas de mesmo valor e três quaisquer (...) full – três cartas de um valor e duas de outro; flush – **QUAISQUER** **cinco cartas** *de mesmo naipe.* (SU)

- Em referência a coisas, eventos ou ideias, sem deixar claro a quais coisas, eventos ou ideias se faz referência (= seja o que for). A referência não é precisa, ou porque isso não é possível, ou, ainda, porque a exatidão não tem importância:

Luís está mordiscando **QUALQUER** **coisa.** (DES)

Pela quarta vez, na semana passada, Joaquim Seixas, candidato a **QUALQUER** **coisa** *na linha de montagem enfrentou o frio matinal do ABC paulista.* (VEJ)

Anastasio Somoza Debayle, talvez mais do que **QUALQUER** **outra coisa**, *foi o último grande representante de uma espécie em extinção na América Latina.* (VEJ)

Embora eu não seja muito de acreditar nessas coisas, nem mesmo em **QUAISQUER** **outras coisas.** (AL)

Em enunciados negativos quando se quer mencionar alguma coisa, mas não se quer afirmar que ela realmente existe (= nenhum):

Não *o moveu* **QUALQUER** *ganância quando decidiu fabricar carne-de-sol.* (TG)

Tenho certeza de que haverá sempre o caminho democrático, isto é, o que **não** *admite* **QUAISQUER** *extremismos.* (CRU)

\# Essa construção é condenada pela gramática normativa, o que se explica pelo fato de que, nela, o âmbito de abrangência da generalização excede o da negação. Assim, para a primeira dessas duas ocorrências, tem-se: "**tudo o que** é ganância **não** o moveu".

Seguido de **complemento** da forma **de+sintagma nominal** no **plural**, em referência a um ou mais elementos de um grupo (**complemento partitivo**), indicando que não importa qual (ou quais) dos elementos é escolhido (são escolhidos):

Qualquer tentativa de composição entre eles impede a realização dos objetivos de **QUALQUER** **dos dois** *e apenas mantém uma situação de compromisso sempre instável.* (VIS)

Mas este lado de abstração (...) não deve nem desvincular a teoria da prática, nem menosprezar **QUALQUER** **dos polos da relação.** (TE)

A Quantificação e a Indefinição

*Em QUAISQUER **das hipóteses**, o valor do empréstimo poderá exceder a 80% do preço do imóvel. (VEJ)*

*Uma mínima alteração no valor de QUAISQUER **dos símbolos do calendário** inviabiliza sua leitura. (SU)*

\# Pode ocorrer um **numeral** antes do **complemento** da forma *de* + **sintagma nominal** no **plural**:

*Eu, como "professor de arte", poderia escolher QUALQUER **um dos quadros** pendurados na parede. (IS)*

*Se QUALQUER **um dos candidatos** fizesse a metade do que tem prometido, São Paulo ficaria, de fato, um brinco de cidade! (ESP)*

\# Se o **complemento partitivo** é representado por um **pronome pessoal**, o **numeral** geralmente ocorre:

*Prefiro Jango a QUALQUER **um deles**! (MD)*

*A realidade é que QUALQUER **um** de nós gostaria de ver sua profissão dignificada. (AMI)*

a.2) Singular

Seguido do **substantivo *coisa***, e com especificação da forma ***de*+adjetivo**, para indicar que existe um aspecto estranho e surpreendente em relação a uma situação, pessoa ou coisa anteriormente mencionadas, sem indicação de certeza sobre tal aspecto. Neste caso, o **sintagma *QUALQUER coisa*** corresponde a "algo":

*Na civilidade há QUALQUER **coisa** de coercitivo. (RB)*

*Está se passando QUALQUER **coisa** de novo em seu país, Mário Pedrosa. (MH)*

*Notei QUALQUER **coisa** de estranho na fechadura da gavetinha e logo percebi o que de estranho na minha ausência sucedera. (A)*

Seguido do **substantivo *coisa***, e seguido de especificação da forma ***entre*+ sintagma nominal quantificado+*e*+sintagma nominal quantificado**, para referência a quantidade, tempo, qualidade, dentro de um conjunto estipulado, quando não se busca ser exato na referência.

*QUALQUER **coisa** entre 4,8 bilhões de dólares e 5,3 bilhões foram arrecadados na boca do caixa. (FSP)*

*O prazo de pagamento do comércio encolheu. Passou de 40 a 60 dias para QUALQUER **coisa** entre 25 e 30 dias. (FSP)*

Na expressão *QUALQUER **um***, que sempre se refere a pessoas, e que significa:

• "seja quem for"

554

O Pronome Indefinido

> *QUALQUER um, inclusive rapazolas imberbes e armados, sente-se agora com direito de parar os estranhos e pedir documentos.* (VEJ)
> *Isto pode acontecer a QUALQUER um.* (PCO)

- "uma pessoa desqualificada"

> *Elas ficam se entregando a QUALQUER um (...) ficam se entregando a troco de **nada**.* (OM)
> – *Ora, mingau, vê lá se as meninas são pra QUALQUER um!* (S)

b) **Anteposto** ou **posposto**, no **singular**

b.1) Para indicar simples indefinição ou indiscriminação, em **sintagma** com o **artigo indefinido** *um*:

> *Mesmo sem álcool, **uma** QUALQUER grosseria de Sérgio era possível, perfeitamente compreensível.* (A)
> *Poderia pensar que ainda esperava por uma explicação. **Um** QUALQUER pedido de desculpas.* (A)
> *Pediria **uma** bebida QUALQUER, facilmente descobriria uma mulher com quem acabar aquela desastrosa noite.* (A)
> *Percorri alguns livros com os olhos e com o dedo, retirei **um** QUALQUER, abri, folheei.* (L)

\# Posposto, o elemento *QUALQUER* pode passar a atribuir certa ideia qualificativa depreciativa ao **substantivo**, significando "sem qualificação", "sem valor", "reles". Esse significado é uma decorrência natural da noção de escolha não empreendida, que está na base do indefinido *QUALQUER*. Nesse emprego, se o **substantivo** está no **singular**, ele vem precedido do **artigo indefinido** *um*:

> *Não se demite quem foi nomeado por pressão de **um político** QUALQUER.* (VIS)
> *E não **um teatro** QUALQUER: tem de ser aquele teatro.* (AMI)
> *E não **eram pessoas** QUAISQUER, não.* (AMI)

b.2) Na expressão *um QUALQUER*, que representa uma substantivação do elemento *QUALQUER* e se refere a uma pessoa sem importância, ou que não ocupa posição importante. Também para esse emprego, pode-se recorrer à noção básica de escolha não empreendida:

> *Bertrand Russell não é **um** QUALQUER.* (ESP)
> *Não esqueçamos que não eram olhos de **um** QUALQUER, ou mesmo de um construtor.* (CV)
> *Tanto **um** QUALQUER podia cair em graça como em desgraça.* (J)

CERTO

Emprega-se anteposto, no **singular** e no **plural**:

Usa-se em referência a objeto, pessoa, ação, atividade, situação, comentário, ideia etc., não identificados. Segundo a gramática normativa, não se deve usar **artigo indefinido** antes de **pronome indefinido** *CERTO*, mas esse emprego é ocorrente:

> *CERTO dia ela me "contratou" para servir de modelo.* (BL)
> *Eu mesmo persegui CERTA mulher de ancas altas e tornozelo fino, que trazia uma lisa beleza de égua adolescente.* (VES)
> *Senti um CERTO desconforto: por um átimo ela me pareceu etérea, feita de névoa.* (ACM)
> *A voz era calma e denotava um CERTO tom terno e educado.* (CHI)

\# A forma *CERTO*, quando posposta ao **substantivo**, é um **qualificador**, tendo, conforme a subclasse de **substantivo** que acompanha, os significados de

• "correto":

> *"Talvez", hesitou ela, "a cor justa, ou o nome CERTO seja... faisão... alabastro."* (ACM)

• "exato":

> *Ao sentir o momento CERTO, Lomagno correu para o quarto, atirou-se sobre Luciana que estava deitada de costas na cama dizendo palavras obscenas.* (AGO)

• "seguro":

> *Pode-se prever que o setor dos dietéticos tenha um desenvolvimento tão CERTO quanto o dos carros importados.* (VEJ)

• "infalível":

> *Ao amigo CERTO das horas incertas", que, no dia 29 de outubro de 45, foi o primeiro a ir ao palácio Guanabara para defender o Getúlio no dia da deposição.* (FSP)

OUTRO

a) **Anteposto**

a.1) **Singular**

Em referência ao segundo elemento de um grupo binário, sendo já conhecida a identidade do primeiro elemento:

> *Ele se recordava de ter visto uma venda ali por perto, do OUTRO lado do arroio.* (DES)

O gungalhão ali – o hoteleiro – ouve uma conversa, numa pequena roda, quase no OUTRO extremo do salão. (DES)

Junto de **nome** referente a fração de tempo, indicando sempre alteridade, e significando, mais especificamente:

* "um qualquer que seja anterior a este momento"; "passado":

OUTRO dia, levei um tombo que me largou quase uma semana na cama. (CH)
Eu venho pra cá, ele disse ainda OUTRO dia que logo, logo vai falar com o pai! (CP)

* "um qualquer que seja posterior a este momento"; "futuro":

A senhora está com sono, eu volto OUTRO dia. (VB)
Virei um OUTRO dia, não tenha cuidado. (OE)

* "um qualquer que seja subsequente à fração de tempo referida"; "seguinte":

Naquela noite houve danças e cantos e todos estavam felizes ao máximo. No OUTRO dia, bem cedo, voltamos ao nosso acampamento. (CRU)
Se a sementinha da mulher não encontra a sementinha do homem, ela sai da barriga da mulher, junto com um pouquinho de sangue. E no OUTRO mês a mulher faz outra sementinha, e assim por diante. (FSP)

a.2) **Plural**

Em referência aos demais elementos de um grupo, estabelecendo uma relação de complementaridade:

O programa tem OUTROS bons momentos. (RR)
O Ministro Portella informou que a Polícia Federal nada tinha de novo a oferecer em relação às 68 OUTRAS pessoas dadas como desaparecidas. (VEJ)
Ele era um padre diferente dos OUTROS e por isso mais confiável. (BOI)

No final de uma lista ou grupo de exemplos, referindo-se a pessoas ou coisas de algum modo semelhantes às que foram previamente mencionadas na lista:

(Américo Jacobino) Autor de Abismo de Rosas, Marcha Triunfal Brasileira, Marcha dos Marinheiros, Delírios e OUTROS clássicos do violão. (ARI)
Cadê anel, correntinha e OUTROS parangolés? (BA)
Uma prostituta beirando a menopausa, preocupada com a sorte dos animais, ecologia e OUTROS babados. (RAP)
Abandonar a casa paterna para tentar o sucesso nos conhecidos "programas de calouros" e OUTROS. (RR)

Na expressão *entre OUTROS* (**+substantivo**), indicando que há diversos fatos, pessoas ou coisas semelhantes aos que já foram mencionados, sem que, entretanto, se pretenda referi-los ou discuti-los particularmente:

*Hoje, ela é portadora, **entre** OUTRAS **coisas**, de reivindicações de cunho social e político.* (LIP)

*Essa análise revelara, **entre** OUTRAS **coisas**, o papel que cabe às leis e às teorias científicas.* (EC)

*Assim, Miguel Reale, **entre** OUTROS, recusaria a classificação como positivista.* (DIR)

a.3) **Singular** e **plural**

Em referência a coisa ou pessoa do mesmo tipo de outra que acaba de ser mencionada, indicando a adição de uma unidade ou uma quantidade a outra previamente estabelecida:

A argentina Gabriela Sabatini deve ter OUTRO ano típico. (FSP)

*Trabalha OUTRA **vez** ao lado de Hélio Souto.* (RR)

Toda criança que não foi nutrida pelo seio materno deve tomar caldo de laranja, tomates e OUTROS alimentos antiescorbúticos. (AE)

O núcleo se cinde em dois OUTROS mais leves e libera dois ou três nêutrons. (FSP)

Em referência a coisa ou pessoa que é diferente daquela sobre a qual se falava, ou que é estabelecida como diferente em relação à situação do discurso (a pessoa, o lugar, o tempo):

*Mas os filhos de João Popó não se apresentaram nesse dia, nem em nenhum OUTRO **dia**.* (VPB)

*Ainda não estive no OUTRO **mundo** e não lembro da minha encarnação anterior.* (RR)

*Na siderurgia, por exemplo, o Brasil se destaca na produção de itens de baixo preço e pouca tecnologia, enquanto OUTROS **países** apostam em aços mais sofisticados.* (EX)

*Tais espetáculos atraem grande quantidade de menores, até de OUTROS **estados**.* (RR)

\# Essa diferença pode não significar simples não identificação, mas ter um valor qualitativo, especialmente quando o *OUTRO* está posposto ou em posição predicativa:

José tornou-se OUTRO, calmo, sereno, digno e amadurecido. (PCO)

O tom de voz de Marcos é OUTRO, cheio de dor contida. (TPR)

*Mas sei que virá e, se **motivos** OUTROS não houvera (...) virá pelo motivo mais poderoso de todos.* (VPB)

*Citando **autores** OUTROS, o eminente constitucionalista demonstrou que apenas preceitos deste teor podem operar a coesão do conteúdo político e do conteúdo social do texto constitucional.* (OS-O)

Na expressão ***OUTRO(S) tempo(s)***, que equivale a "tempo(s) passado(s)", "tempo(s) antigo(s)":

O Pronome Indefinido

Os pais é que reprovaram. Eram de OUTRO tempo, tinham outra ideias, conserva-
vam mil tradições e preconceitos. (MRF)
Confinada num recanto escuro, abandonada e em desuso, a vestimenta parecia alu-
dir a um corpo vivido em OUTRO tempo. (REL)
"E é por isso", emendou Lorenzo, "que as palavras conservam significados de OU-
TROS tempos mesmo que tenham novas conotações no presente." (ACM)
Mesmo as coisas em uso, os grampos de prata, o espelho de três faces montado em
charão, a cestinha de costura com inúmeras divisões, pertencem a OUTROS tem-
pos. (CC)
Não era assim no OUTRO tempo! (OSD)

Em correspondência com **um / uns**, com referência a elementos de um grupo que mantêm relação entre si, ou que afetam um ao outro de alguma maneira (relação de reciprocidade):

Um crente batista fala a OUTRA crente batista. (PEN)
Uma mão lava a OUTRA. (DES)
Ao contrário da crença bastante difundida de que uma cultura prejudicaria o desen-
volvimento da OUTRA, elas até que se dão bem quando plantadas juntas, na mes-
ma área. (GL)
Com esforço supremo impele uns sobre os OUTROS, escapa aos que o seguram. (PC)
Não parecem pensar em outra coisa que mostrar uns aos OUTROS que são ricos. (B)
Gerações, sucedendo-se umas às OUTRAS, vão e vêm as raparigas, risonhas ou tris-
tes. (PN)

\# Mesmo que os elementos referidos sejam de **gêneros** diferentes, é comum que se faça uma referência genérica, sem discriminação de **gênero**, isto é, que se use **gênero** não marcado, que é o **masculino**: *um* (*uns*) e *OUTRO* (*OUTROS*):

Um olhando nos olhos do OUTRO, eu ficava quente como aquele olhar. (AF)
   (= ele e ela)
Um estragou o OUTRO. (AF)
   (= ele e ela)
Tiram a roupa um do OUTRO. (AMB)
   (= as pessoas, de qualquer sexo)

Coordenado a *uns*, para indicar adição de dois ou mais conjuntos que já foram referidos (**referência anafórica**) ou que vão ser referidos (**referência catafórica**):

*Encorajou-me ele a desistir de **heroicos protagonistas** e de **sentimentos pretéritos**,*
uns e OUTROS buscando combinações paralelas que só artificialmente teriam se
integrado à narrativa. (PAO)
*Os **transportes ferroviários** e **marítimos**, desde longos anos, vêm-se constituindo em*
perigosos pontos de estrangulamento econômico. Estamos enfrentando uns e
OUTROS com igual coragem e determinação. (JL-O)

A Quantificação e a Indefinição

*Dos vidalistas, desprenderam-se "**vieiristas**", "**henriquistas**", "**albuquerquistas**", "**barretistas**". Uns e OUTROS não só arengavam lado a lado, mas variavam de visitas a sítios históricos.* (PFV)

Uns e OUTROS – bicho ou gente – *aprendiam com os mais velhos.* (LOB)

Em correspondência com *um / uns*, para marcação de alteridade, sem ideia de reciprocidade. Faz-se, na verdade, uma referenciação **anafórica distributiva**:

*Angeli diz que, fisicamente, FHC não é mais interessante para um chargista do que os ex-presidentes Itamar Franco e José Sarney, **um** por causa do topete e da baixa estatura e OUTRO por causa do bigode e do rosto ovalado.* (FSP)

*À medida que o campeonato evoluía, dois times distanciavam-se na tabela sobre os demais. **Um** porque possuía jogadores de nível excelente, sem destaques individuais, mas de qualidade técnica no conjunto. O OUTRO, porque jogava Tião.* (INQ)

*Você é sócia de uma companhia da qual já foram lançados dois filmes no mercado: Gaikin e J. S. Brown. **Um** fez sucesso, o OUTRO **não**.* (FIC)

\#   Há flexão de **gênero** quando interessa que se faça a distinção:

*Mas o tempo é lerdo e inimigo, e algoz a noite; **um** vagaroso, **a** OUTRA é enorme.* (VI)

*Ao contrário, sendo mulher e homem, em lugar de se chocarem, se completam. **Um** é forte, **a** OUTRA é paciente.* (CT)

*Vêem, alinhados nesta mesa, dois pernambucanos, **um** do vale do Capibaribe e, **a** OUTRA, de Apipucos, vizinha da Porta d'Água, minha conhecida, e da hoje extinta Bomba do Hemetério.* (EM)

b)   Como núcleo do **sintagma**:

b.1)Fazendo referência às demais pessoas em geral, excluído o falante:

O meu período de isolamento e reflexão proporcionou determinadas qualidades, uma sensibilidade em relação ao OUTRO. (VEJ)

Não quero passar o resto da vida contando histórias para os OUTROS. (COR)

Quero erguer para os OUTROS uma imagem de coragem que não tive. (CCA)

b.2)Coordenado aditivamente com *um / uns* para indicar adição de dois ou mais elementos ou conjuntos que já foram referidos (**referência anafórica**) ou que vão ser referidos (**referência catafórica**). Quanto ao **gênero**, mesmo que a referência seja a dois **nomes de gêneros** diferentes, a preferência é pelo uso do **masculino**.

Na coordenação com *e*, o sentido se refere ao total geral da adição (= todos, ambos). A **concordância** com *um e outro* se faz no **plural**.

O Pronome Indefinido

*Antônio e Cleópatra assumem conscientemente muitos papéis, mas também são, de fato, esses papéis. **Um e OUTRO** sabem muito bem como assumir o papel de si mesmos e como ser eles mesmos. (FSP)*
*Mas há dois tipos de delito que têm vindo à tona: o roubo das verbas orçamentárias e a manipulação do dinheiro das campanhas eleitorais. Precisamos distinguir entre **um e OUTRO**. (VEJ)*
*Mas é como se alongasse a piada, que se repete até perder a graça. Não perde inteiramente, mas deixa a sensação de que **um e OUTRO**, Débora Bloch e Mauro Rasi, podiam mais. (FSP)*

\#   No caso de um dos elementos ser **plural**, a própria pluralização pode deixar de ser feita na retomada:

*Existe sempre uma grande diferença de propriedades entre o carvão e as impurezas, e **um e OUTRO** se apresentam em condições de serem facilmente separados. (RM)*

Na coordenação com ***ou***, o sentido se refere a um total parcial e restrito, ou seja, a um pequeno subgrupo dentro de um grupo (= alguns apenas). A **concordância** com ***um ou outro*** se faz no **singular**:

*Enfim, cumprimentavam-me e iam para o canto do quarto encontrar algum conheci-do. **Um ou OUTRO** ficava comigo. (FAV)*
*Tempos depois, iam voltando desenganados; e mais pobres do que partiram, quase todos. Lá **um ou OUTRO** trazia o seu frasquinho de ouro em pó. (MMM)*
***Um ou OUTRO** balançava a cabeça na concordância. (SD)*

b.3) Na expressão ***um*** (**+substantivo**) ***atrás do OUTRO***, para afirmar que uma coisa acontece continuamente durante um longo período de tempo:

*Tinha pesadelos **um atrás do OUTRO**, via nosso filho coberto de aleijões. (MAR)*
*De repente, ei-lo a repetir **uma tentativa atrás da OUTRA**, disposto até ao sacrifício da vida. (DE)*
*Era uma porca russa, com sete leitões da mesma cor dela, **um atrás do OUTRO** gru-nhindo. (LOB)*
*Passamos por quatro ou cinco casas, **uma atrás da OUTRA**, amontoadas, como num labirinto. (REA)*

c)   Fazendo contraste com ***um*** (***uns***) ou ***algum*** (***alguns***), e estando **elíptico** o **subs-tantivo** núcleo do **sintagma**:

*Trazia **uma** bandeja com um bule de leite, **OUTRA** de café, pão e manteiga. (REA)*
*Albany é o único cigarro brasileiro com filtro duplo: **um** de acetato e **OUTRO** de carvão ativado. (MAN)*
***Alguns** têm proteção quase total e **OUTROS** são jogados aos leões da concorrência internacional. (EMB)*

561

*O número de espécies reunidas em um gênero é muito variável; **alguns** englobam milhares de espécies, OUTROS são constituídos por uma só. (GAN)*

POUCO

a) **Anteposto ou posposto**

a.1) **Singular**

Para indicar que algo existe em pequena quantidade, quase sempre insuficiente (indicação avaliativa):

*A rua vivia de POUCA **iluminação** dos postes. (PL)*
*Não faz mal, meu filho, **miséria** POUCA é bobagem. (BO)*

\# O sintagma pode vir determinado por **artigo**. Com **artigo indefinido**, o **pronome** *POUCO* é geralmente posposto:

*Todo mundo sabe que o ouro, **o** POUCO **ouro** que conseguimos no Brasil, foi parar na Inglaterra. (CID)*
*Deixei tudo ali, saco, embornal, perdi inclusive minha roupa e **o** POUCO **dinheiro** que tinha, cigarros, e saímos só com a metralhadora pelo meio do mato. (CNT)*
*Arlequim só escrevia a um amigo de Salvador, alfaiate e funileiro, a quem devia **um dinheiro** POUCO. (J)*

a.2) **Plural**

Indicando um número pequeno de pessoas ou coisas, em especial quando esse número é menor que o esperado (indicação avaliativa):

*Confesso que POUCAS **vezes** vi alguma coisa que estivesse bem explicada. (AFA)*
*Enfrentando **concorrentes** POUCAS e mixes, Epifânia reinou quase absoluta na Baixa dos Sapos. (TG)*
***Coisas** POUCAS, em verdade, aquela existência tão estreita, os pecados que não pecara, as pessoas que não conhecera, a vida que eu estava toda por viver. (CT)*

\# O sintagma pode vir determinado por **artigo definido** ou **artigo indefinido**, caso em que o **pronome** *POUCOS* é geralmente anteposto:

*São setenta bilhões de dólares destinados apenas a ele nos próximos POUCOS **anos**. (MAN)*
*Ali estão os padrinhos e **uns** POUCOS **amigos**. (TGG)*
***Umas** POUCAS **arrobas**, ninharia bem certo se comparadas à produção de outras fazendas. (TG)*

O PRONOME INDEFINIDO

b) Como núcleo do **sintagma**:

b.1) Significando "poucas pessoas":

> *Queria conhecer tudo, provar tudo, ser brasileiro como POUCOS seriam.* (MAN)
> *Vendo pouco a POUCOS, para vender caro.* (CM)

b.2) Indicando pequena quantidade de algo, na expressão *um POUCO* (*de*+**substantivo**):

> *Às vezes, sentia necessidade de* **um POUCO de** *liberdade e abandonava ... temporariamente.* (MAN)
> *Com* **um POUCO da** *experiência acumulada na selva, fotógrafos, repórteres e cinegrafistas derrubam palmeiras para fazer a gruta da imprensa.* (MAN)
> *Talvez ainda sobrasse* **um POUCO**, *mas muito pouco.* (DES)

MUITO

---

a) Usa-se **anteposto**, e mais raramente **posposto**.

a.1) **Singular**

> Em referência a grande quantidade ou grande proporção de algo (nome não contável):

> *Aproveitaram as sobras de ouro que existira ali, havia MUITO tempo, sob os eucaliptos.* (DES)
> *Havia MUITA gente detida ali.* (DES)
> *Não tive, seu Major. Só fome MUITA, isso sim.* (SA)

\# Com esse valor, também se usa, invariável, como núcleo do **sintagma**, referindo-se a "muita coisa":

> *E não há MUITO que fazer.* (VEJ)
> *Mas tinha MUITO que contar, para o resto da vida.* (BH)
> *Já ao chegarem ali, Luís observava que o "salão" deixava MUITO a desejar.* (DES)

b) **Singular** e **plural**

> Em referência a um número grande e impreciso de pessoas ou coisas:

> *Era domingo, e trabalhei MUITAS horas.* (REA)
> *Havia MUITAS mulheres disponíveis.* (BOI)
> *Por causa do sermão, MUITOS cristãos logo renunciaram livremente ao casamento.* (REA)
> *Há MUITOS anos não vou a San Andrés.* (REA)
> *MUITO rapaz gastava o ordenado para fazer um terno branco e não faltar ao baile.* (REA)

A Quantificação e a Indefinição

O **substantivo** pode vir antecedido da **preposição** *de*, formando um **sintagma** à direita do **indefinido** (**complemento partitivo**):

MUITOS desses padres ocupavam importantes funções na igreja. (REA)

Com esse valor, também se usa como núcleo do **sintagma**, referindo-se a "muitas pessoas":

> *Desde logo, MUITOS acharam que o melhor seria adotá-la tal como vigorava no Oriente.* (REA)

> **BASTANTE**

a) Usa-se no **singular** e no **plural**.

a.1) Para indicar o atingimento de um limite. Nesse caso, em que *BASTANTE* adquire certo valor qualitativo (= suficiente), é comum a ocorrência de um **complemento** da forma *para*+**substantivo abstrato** ou **oração**:

Em posição **predicativa**:

> *Pois numa economia socialista planificada, o plano elaborado pelos peritos ainda não é BASTANTE.* (HIR)
>
> *Quatro meses de exercícios de natação e de jogos à beira mar (...) de exercícios moderados, mas diários, em casa, e o retorno à praia por um semestre no verão seguinte, foram, porém, BASTANTES não só **para a reconquista** da saúde como **para o nosso completo reajustamento social**.* (AE)
>
> *E o asmático elevador que nos baixa do décimo oitavo andar para o térreo e nos aprisiona ao pousar por quase um minuto (...) não é BASTANTE **para abalar** o nosso ânimo.* (IS)
>
> *As inabilidades governamentais e a contraposição de interesses já são BASTANTES **para configurar** um quadro complicado.* (FSP)

Posposto, em posição **adnominal**, geralmente com **complemento** representando **oração infinitiva** introduzida por *para*:

> *Nunca me faltou **discernimento** pessoal BASTANTE **para tirar de cada mestre uma lição**.* (AM-O)
>
> *Ainda hoje tenho **coragem** BASTANTE **para tomar um ônibus** ou mesmo uma lotação.* (B)
>
> *Bentinho calou-se um momento, mas teve **ânimo** BASTANTE **para animar** a mãe alarmada.* (CA)
>
> *Ele terá **motivos** BASTANTES **para evitar o teatro**.* (BB)

a.2) Para indicar grande quantidade ou grande número, em posição adnominal, anteposto:

*Pois olhe, escute bem: no que nos diz respeito, talvez, você tenha **BASTANTE razão**. (A)*
*No meio do campo de aviação, resolveu banhar-se antes e beber **BASTANTE água**.*
(ARR)
*Dr. Hugo franziu a testa, receitou-lhe umas injeções, disse-lhe que se alimentasse bem – leite, ovos, frutas, **BASTANTES frutas**. (MRF)*
*Na América do Sul não andina encontramos **BASTANTES variações** sobre o tema da liderança política em sociedades indígenas. (SOC)*

b)   Como núcleo do **sintagma**, usa-se precedido de **artigo definido**, significando "o que basta/bastou/bastará". Constrói-se com **complemento** da forma *para*+**substantivo** ou **oração**:

*O outro nada respondeu e isso foi **o BASTANTE** para Benevides. (CNT)*
*A Terra, por exemplo, poderia não ter se resfriado **o BASTANTE** para formar uma superfície sólida em apenas 700 milhões de anos. (ISO)*
*Tenho vivido muito, **o BASTANTE** para crer em tudo. (VB)*

> **VÁRIO**

Usa-se **anteposto**, no **singular** e no **plural**

Para indefinir quantidade ou número. O emprego no **singular** é raro, e, na verdade, embora a forma seja **singular**, a referência é **plural**:

*(...) o homem brasileiro, sobre cuja base se ergueria, como se vem erguendo, a nação brasileira, com a participação de outras raças de **VÁRIA procedência**. (TGB)*
*Escaparia ao escopo do presente ensaio um estudo aprofundado da organização e funcionamento das Câmaras Municipais da Colônia que conheceram **VÁRIA sorte** conforme os lugares. (DC)*
*Ainda me fez **VÁRIOS sinais** querendo significar que ficava à minha espera. (A)*
***VÁRIOS usuários** estão utilizando o aparelho fora da lei. (AGF)*

\#   Posposto, o elemento *VÁRIO* é **adjetivo**, significando "variado":

*Por respeitar a **cultura VÁRIA** sou contrário à unificação, à generalização grotesca imposta pelo mercantilismo global com que querem dotar a língua. (FSP)*
*Na realidade, desde tempos imemoriais, a humanidade tem utilizado "tranquilizantes", isto é, substâncias de **natureza VÁRIA**, com o objetivo imediato ou velado de reduzir a tensão criada pelas preocupações da vida de todo o dia. (FF)*
*À noite vinham da margem argentina barcas carregadas de peças de seda, de **origem VÁRIA**, e que eram levadas para a "fábrica". (INC)*

A QUANTIFICAÇÃO E A INDEFINIÇÃO

Observar que, nesse caso, é possível até a coordenação de *VÁRIO* com um adjetivo, o que demonstra seu valor de qualificador:

*A mata rebentava numa floração **agreste e** VÁRIA. (ALE)*
*Nessa tarefa **dificuldades** VÁRIAS surgiram. (CPO)*
*Muitas destas devem sua ação farmacológica a princípios ativos conhecidos, vindo mesmo a fornecer, em **casos** VÁRIOS, matéria-prima para a indústria farmacêutica. (BEB)*

\# Quando precedido de **artigo definido**, também o **pronome** *VÁRIOS* (**plural**) se refere à qualidade "variedade" (= variados):

*A maturidade física se vai estabelecer pelo aumento das dimensões **das** VÁRIAS **partes** do corpo. (AE)*
*No ângulo da financeira, **os** VÁRIOS **estágios** de manufatura de um produto, de um serviço e da revenda de mercadorias irão determinando um acúmulo de dispêndios. (CTB)*
*Ele deverá fazer um diagnóstico referencial entre **os** VÁRIOS **medicamentos** mais semelhantes aos sinais e sintomas do paciente. (HOM)*
*O estudo de uma coleção dessas peças existentes no museu Goteborg permitiu a Métraux mostrar **os** VÁRIOS **métodos** de fabricação daqueles vasos. (IA)*

\# Nesse caso também é possível até a coordenação de *VÁRIOS* com um **adjetivo**:

*Dentre **os** VÁRIOS **e rudimentares** processos de fabricação do papel, alguns existiam em que a pasta deslizava por entre numerosos cilindros de madeira. (FIL)*
*Não ficaram aí, entretanto, **as** VÁRIAS **e significativas** observações do arcebispo de Porto Alegre. (CPO)*

> **TANTO**

a) Usa-se **anteposto**, no **singular** e no **plural**.

Indicando, intensivamente, grande quantidade ou grande número:

*A velha dizia TANTA **coisa** à toa. (CA)*
*Tudo àquela hora conspirava à confidência e ao perdão. Pena ter TANTA **gente** em volta. (CJ)*
*Tenho vergonha de possuir algo tão caro, numa cidade em que TANTAS **pessoas** passam privações. (UQ)*
*Mas nunca vira TANTOS **homens** de alma leve, tanta despreocupação, tamanha doçura. (BH)*

\# A intensificação pode implicar a expressão de uma consequência: forma-se uma construção **correlativa** com uma **oração adverbial consecutiva** iniciada por *que*:

*Perdia TANTO tempo a corrigir as pessoas noite a dentro, **que** se esquecia da própria família.* (ACT)

*E TANTO fiz, reconheço, **que** acabei pondo Hélio fora de si.* (A)

b) Como núcleo do **sintagma**, usa-se com o significado de "tanta quantidade":

Ele me pagava por dia. Nunca na minha vida ganhei TANTO. (BH)

O padre vai dizer que o beijo é na sacristia, mas olha os altares iluminados, as flores, o órgão, quem gastou TANTO pode beijar onde quiser. (CV)

\# Permanecendo invariável na forma **masculina**, o **pronome** TANTO pode ser substantivado pelo emprego do **artigo definido**, com o significado de "a quantidade", "a soma". Nesse caso, segue-se uma especificação por **adjetivo**, por **oração adjetiva** ou por **sintagma preposicionado**:

*Seu Persilva não dormira **o** TANTO **precisado**.* (CHA)

*E do mínimo que lhe davam em troca da sua vida, dos seus nervos gastos, da sua exaustão, deste mínimo formou **o** TANTO **que libertou o filho**, o único que sobrou da viagem.* (CHR)

*Tenho de reconhecer cada vez mais **o** TANTO **de decadência, degradação e perversão moral e espiritual** a que o homem e a sociedade chegaram.* (VEJ)

\# O conjunto formado pelo **pronome** TANTO precedido pelo **artigo indefinido** *um* constitui um **intensificador** moderado (= em certa quantidade, não muito grande):

*Era **um** TANTO esquisito que após quinhentos ou seiscentos anos a capela e a villa, como um todo, estivessem tão conservadas.* (ACM)

*Meus expedicionários, já **um** TANTO cambaleantes pelo contínuo exercício de esvaziar as canecas, falavam ruidosamente.* (GI)

QUANTO

Usa-se **anteposto**, no **singular** e no **plural**

Indicando, exclamativamente (com ou sem **ponto de exclamação**), uma grande quantidade ou um grande número (= que quantidade de, que número de):

*Meu Deus, QUANTA **ignorância**!* (ACM)

*QUANTA **vez** ficara na ponte do Paraíba vendo as águas rolarem...* (ATR)

*E QUANTAS **coisas** viu mergulhadas no passado!* (G)

Interrogando, direta ou indiretamente, quanto a quantidade ou número (**pronome interrogativo**):

*QUANTO **tempo** me resta de vida, nesta encarnação?* (BH)

A QUANTIFICAÇÃO E A INDEFINIÇÃO

*E de QUANTOS **dias** será essa viagem?* (DEL)
*QUANTO **valeria** aquela pedra e aquele ouro?* (BOI)
*Falei quatorze, mas só Deus sabe QUANTOS **haverá** por aí, desconhecidos da gente.* (BOC)
*É maravilhoso! Dá para planejar o final do mês, o orçamento de casa – QUANTO **vou** **gastar** com a escola das crianças, no supermercado, QUANTO eu **vou pagar** para a empregada.* (VEJ)

Na expressão **uns QUANTOS**, que corresponde a *ALGUNS*:

*Não custaria muito, apenas **uns** QUANTOS mil-réis, além do vinho obrigatório para os músicos.* (ANA)
*Na sal do estancieiro havia **uns** QUANTOS paisanos.* (CG)
*A ciência econômica há muito deixou de ser uma disciplina esotérica, própria apenas para os debates teóricos, travados por **uns** QUANTOS iniciados nos mistérios de um jargão abstruso (...).* (JK-O)

3.2 Pronomes indefinidos de forma plural

3.2.1 Marcados quanto ao gênero (variáveis)

Trata-se de **pronomes indefinidos** referentes a qualquer tipo de elemento:

> **AMBOS**

Usa-se **anteposto**
Em referência a dois elementos quando se faz uma afirmação que é verdadeira para cada um deles ("um e outro", "os dois"):

*Em AMBOS **os casos**, há várias outras identicamente dotadas além das citadas na tabela.* (TF)
*Os mais ricos têm escravos de AMBOS **os sexos**.* (CG)

\# Embora a gramática normativa só admita o uso de *AMBOS* antecedendo **sintagma nominal** com **artigo definido**, há ocorrências sem **artigo**:

*AMBAS **interpretações** correntes e ambas em épocas diferentes aceitas pelo próprio criador recebeu do artista uma resposta aparentemente contraditória.* (MH)
*Em AMBAS **facções** se mostrara insuperável na criação de slogans incendiários.* (AGO)

\# *AMBOS* pode vir seguido do **numeral** *dois*, precedido de **artigo definido**:

*AMBOS **os dois**: mais ética na demagogia! Ordem na pensão, como já dizia Getúlio Vargas!* (FSP)

568

O PRONOME INDEFINIDO

Pode, também, ser núcleo do **sintagma**:

AMBAS, tanto a abstração quanto a interpretação são espontâneas, naturais e intuitivas. (MH)
Mas em AMBOS ficara da luta contra os mouros o ódio profilático ao herege. (CG)
Existe sempre a chance de que um deles, ou AMBOS caiam. (CH)

Como núcleo do **sintagma**, usa-se, ainda, em **referência anafórica** a duas classes ou grupos de elementos, representados por **sintagma nominal** no **plural** ou por **sintagma** com **coletivo** ("uns e outros"):

*Os três **homens** caminhavam na sua direção, protegidos pela sombra que os cinamomos alastravam na calçada. **Os cicerones** disputavam entre si a vez de falar e informar. AMBOS pareciam encantados com a chegada do engenheiro.* (RIR)
*A dose é de oito a dezesseis gramas por dias, em **adultos**, e de cem a duzentos miligramas por quilograma ao dia, em **crianças**. Em AMBOS, a dose total deve ser dividida e aplicada com intervalos de quatro a seis horas.* (ANT)
*Interpretação: o ascendente representa o povo, a 10ª casa representa as autoridades constituídas. **As autoridades** estão preocupadas com **o povo**, mas AMBOS permanecerão em seus respectivos lugares, conforme os desígnios.* (AST)
*Compondo decisivamente o cenário social, onde evoluiu o coronelismo, destacavam-se, ainda, **os pequenos proprietários dos bairros rurais** e **os habitantes dos centros urbanos**, AMBOS constituindo-se na maior parte do eleitorado rural.* (CRO)
*Dessa maneira, há um relacionamento muito grande entre **as formas** e **os processos**; o estudo de AMBOS pode ser considerado como o objetivo central desse ramo do conhecimento, como os elementos fundamentais do sistema geomorfológico.* (GEM)

DIVERSOS

Usa-se **anteposto**

Com significado de imprecisão numérica, em referência a um número de pessoas ou coisas, quando esse número não é necessariamente grande, mas é maior que dois:

*A febre aftosa é uma doença causada por DIVERSOS **tipos** de vírus.* (AGF)
*DIVERSAS **modificações** foram realizadas nos serviços de arrecadação.* (AR-O)
*Um mesmo conjunto de objetos pode, portanto, ser agrupado de DIVERSAS **maneiras**.* (ARQ)

DIVERSOS é, propriamente, um **pronome indefinido** apenas quando está anteposto ao **substantivo** que determina. Quando posposto, o elemento *diversos* é **plural** do **adjetivo** *diverso*, que tem o significado de "diversificado", "variado":

Uma mesma substância é capaz de gerar **manifestações clínicas** DIVERSAS *em dife-rentes indivíduos.* (ANT)
A própria Consolidação das Leis Trabalhistas contém muitos pontos contraditórios a esse respeito, dando margem a **interpretações** DIVERSAS. (AP)
Surgiram **posições** DIVERSAS *a respeito do modo de classificar tipologicamente os artefatos.* (ARQ)

\# Especialmente quando vem precedido de **artigo definido** ou quando está em cons-trução **comparativa**, mesmo anteposto, o elemento *diversos* é **qualificador**, o que fica evidenciado pela possibilidade de intensificação:

Até o dia 31 do corrente, estão abertas inscrições para **os** DIVERSOS **cursos** *– ao todo 19 – que funcionam na Universidade Católica de Pelotas.* (CPO)
Se a escola é vocacional ou industrial, deve ter variedade de livros sobre **as** DIVER-SAS **profissões***, e assim por diante.* (BIB)
Mas professam uma doutrina, a boa doutrina sobre **os mais** DIVERSOS **problemas** *da filosofia.* (ACM)
Ocuparam durante bem mais de uma semana todo o tempo livre da reduzida popula-ção que parecia multiplicar-se no remate de tantas e **tão** DIVERSAS **empresas***.* (TG)

\# Observe-se que, nesse caso, é possível até a coordenação de *DIVERSOS* com um **adjetivo**, o que demonstra seu valor de qualificador:

O Concílio (...) afirma o primado da ordem moral, que deve subordinar todos os campos da atividade humana – também o da arte – pois que lhe compete orientar **as** DIVERSAS **e específicas** *atividades humanas.* (MA-O)

\# O próprio **pronome indefinido** DIVERSOS pode guardar um significado qualificador – que, aliás está na sua origem – dependendo do **substantivo** com que ocorre (espe-cificamente, se o **plural** do **substantivo** remete a indivíduos "diversificados"):

Notei que ela virava a cabeça para DIVERSAS **direções***.* (AV)
Leu tudo que encontrou sobre o assunto: gradações e permanência, sob DIVERSAS **formas***, no psiquismo dos gênios.* (CH)
Embora, na verdade, ele tenha enaltecido não poucas vezes as mulheres, com ex-pressões honrosas, mostrando ao povo DIVERSAS **heroínas***, excelsas na virtude.* (ACM)

3.2.2 Não marcados quanto ao **gênero** (invariáveis)

DEMAIS

É anteposto. Usa-se, como o **indefinido** *OUTROS*:

O Pronome Indefinido

Em referência aos demais elementos do grupo, estabelecendo uma relação de complementaridade.

> *Como manda a educação, firmei interesse no passadio de Caetano de Melo e DE-MAIS **pessoas** da família dele.* (CL)
>
> *As necessidades diárias das crianças e das gestantes são de 400 a 800 unidades internacionais; as DEMAIS **pessoas** precisam de cerca de 400 unidades.* (FSP)
>
> *Por que não morro como as DEMAIS **pessoas**?* (DM)

No final de uma lista ou grupo de exemplos, referindo-se a pessoas ou coisas de algum modo semelhantes às que foram previamente mencionadas na lista. O **substantivo** com o qual o *DEMAIS* ocorre é, em princípio, um **hiperônimo** do anterior.

> *Alguns indicadores sociais ilustram bem a terrível desigualdade existente entre **nordestinos** e DEMAIS **brasileiros**.* (NOR)
>
> *Quando, à hora habitual, os **professores** e DEMAIS **funcionários** chegaram, as Ordens Internas já estavam afixadas no quadro geral de avisos.* (ORM)
>
> *As casas onde residem são bem construídas, forradas e assoalhadas, possuem **instalações sanitárias, eletricidade, fogão a gás, máquina de costura, rádio, móveis** e DEMAIS **utensílios** domésticos.* (BF)
>
> *Na minhoca, a excreção já é mais complexa. A **água** e DEMAIS **resíduos** são eliminados através de um sistema excretor especial.* (FIA)

3.3 Pronomes indefinidos não marcados quanto a gênero e/ou número (invariáveis)

3.3.1 Com referência a pessoas

ALGUÉM

Em referência a uma pessoa qualquer, sem identificá-la:

> *Ele viu ALGUÉM beijando ou vocês puseram na cabeça dele alguma coisa.* (CCI)
>
> *Por que o arrepio na nuca de ALGUÉM atrás de mim?* (CE)
>
> *Odete deu um grito, ALGUÉM acendeu a luz.* (CE)

\# Mesmo que ocorra uma **oração adjetiva** (**restritiva** ou **explicativa**) o *ALGUÉM* continua a referir-se a uma pessoa não identificada:

> *Eles acharam estranho que a empresa de ALGUÉM **que mexe com preços no governo** pudesse dar consultoria privada sobre esse tema.* (VEJ)
>
> *Alguém **que não gostava de mim** deve ter plantado a informação.* (VEJ)
>
> *ALGUÉM, **que com ele se encontrara**, transmitira a moléstia.* (ML)

A Quantificação e a Indefinição

Em referência a uma pessoa qualquer que se destaca positivamente no tipo de atividade que exerce. Nesse caso, o elemento *ALGUÉM* ocorre em posição **predicativa**, e pode ser tido como uma referência qualificadora:

> *Eu era ALGUÉM, eu era um peso fácil de levar e as calças não estavam sujas e a urina estava presa e correta.* (CCI)
>
> *(O operário) Era ALGUÉM, tinha raízes, tinha tradições, uma situação econômica estável e uma situação social definida.* (SI-O)

Em **enunciados interrogativos** e em **orações condicionais**, com referência a uma pessoa, sem afirmar que tal pessoa realmente existe:

> *Então havia ALGUÉM se interessando por ele?* (JT)
>
> *Se ALGUÉM entrar na curva, vai nos bater de frente.* (CH)

NINGUÉM

Significando "nem uma única pessoa" ou "nem um único membro de um grupo particular":

> *O soldado, depois que o carcereiro se recusou a abrir a grade de ferro, olhou para os lados, como quem procura alguma coisa, e perguntou, dirigindo-se a NINGUÉM.* (AM)
>
> *NINGUÉM aprende essas coisas sozinho.* (PL)
>
> *Mas NINGUÉM engraxa no Natal.* (PL)

Em enunciados com marca negativa, indicando que não existe uma pessoa na situação referida:

> ***Não*** *havia NINGUÉM na sua grande varanda.* (BU)
>
> ***Não*** *passava NINGUÉM, só o tempo.* (PL)
>
> *Por que **não** apareceu NINGUÉM para fazer o rico?* (VEJ)

Na expressão ***um NINGUÉM***, designando pessoas sem importância, ou que não ocupam posição importante. Trata-se de um caso de substantivação do *NINGUÉM*:

> *Se continuo a ser aquilo que sempre fui e continuo a ser, isto é, **um NINGUÉM**?* (AM)
>
> *Às vezes uma grande autoridade se rebaixa e comunica-se com **um NINGUÉM** igual a mim.* (AM)
>
> *Veja que o homem que morreu era **um NINGUÉM**, um cabra de terreiro, sem nome nem valia.* (GCC)

OUTREM

Com o sentido de "outra pessoa", sem qualquer determinação:

Ler é assimilar o pensamento de OUTREM, por intermédio de caracteres gráficos. (BIB)

Quem poderia cuidar dos negócios se ele sempre fizera tudo sozinho jamais permitindo a OUTREM conhecer os detalhes e segredos da sua administração? (PCO)

Uma justiça reparadora ou penal, aplicada aos que dolosamente ou culposamente causem danos a OUTREM. (JU)

A coerção não pode ser totalmente eliminada, mas sim reduzida ao mínimo necessário para impedir que indivíduos ou grupos exerçam coerção arbitrária sobre OUTREM. (FSP)

QUEM

Indicando, **exclamativamente**, indeterminação quanto a uma pessoa:

Ando devagar até a borda, usufruindo com deleite a admiração que provoco (menina feia, sardenta e desconfiada, QUEM diria!).

QUEM diria, hein Marcelo, você que se orgulhava tanto do seu corpo! (FAV)

Interrogando, direta ou indiretamente, quanto à identidade de uma pessoa (**pronome interrogativo**):

Afinal, QUEM é a mãe dele? (A)

Junto de QUEM? (A)

Então apareceu na biblioteca o diretor da escola e perguntou QUEM fazia aquela alaúsa. (FAB)

Quero saber QUEM foi. (SPI)

3.3.2 Com referência a coisas

ALGO

Em referência a um objeto, ação, atividade, situação, comentário, ideia etc. (acompanhado ou não de **adjetivo**), sem especificar-se exatamente aquilo a que se faz referência:

R. insiste em falar ALGO para a mãe. (CCI)

Deu-se então ALGO que os corumbas não entenderam. (TG)

Presenciou ALGO de que nunca mais se esqueceria. (PFV)

Acompanhado de um **adjetivo**, para indicar que existe um aspecto notável em relação a uma situação, pessoa ou coisa, mesmo sem indicação de características de tal aspecto. De qualquer modo, com essa limitação, a indefinitude fica atenuada:

Se ALGO atroz não ocorresse durante um ano, as gentes apelavam para a memória. (REL)

A QUANTIFICAÇÃO E A INDEFINIÇÃO

*Operamos ALGO **prodigioso** de que não são capazes os grandes deste mundo.* (PFV)
*ALGO **estranho** continuava se passando com ele.* (ORM)

\# O **adjetivo** pode vir precedido da **preposição *de***, sempre invariável, no **masculino singular**:

Sem cerimônia, já que as casas estavam vagas, inspecionavam tudo, para ver se
*ALGO **de útil** fora esquecido.* (ARR)
*Se o Flávio Cavalcanti rasgou a música, é porque ela tem ALGO **de bom**.* (RR)

Com **complemento** do tipo **partitivo** com núcleo **nominal abstrato**, para indicar que alguém possui qualidades particulares ligadas à que um grupo apresenta:

Horace Walpoe, autor de "O Castelo de Otranto", livro de grande repercussão em
*sua época e que possuía ALGO **do clima shakespeariano**.* (FI)
*Ainda falava alemão com minha avó, só que agora com ALGO **do sotaque brasileiro***
de minha mãe. (ASA)

Na expressão ***há ALGO em***, para indicar que uma pessoa, coisa e/ou lugar possui qualidades que não se consegue descrever ou entender:

*Meu rosto é igual mas **há ALGO em** minha expressão que me faz sentir outra pessoa.*
(DM)
*Mas **há ALGO nele**, algo que aprendi, mas ainda não consigo explicar.* (CH)

Nas expressões ***ALGO como***, ***ALGO em torno de***, em referência a números, quantias, tempo, enfim, valores não exatos (= cerca de):

*Fala-se em ALGO **como 15 milhões** de anos atrás, quando viviam os Dryopithecus,*
dos quais teriam descendido tanto o homem como os primatas modernos. (SU)
As ilhotas de Langerhans, como ficaram conhecidas, correspondem a apenas 1 por
*cento do peso do pâncreas, ou seja, ALGO **como 0,5 grama**.* (SU)
*A vinda dos críticos ao Brasil custaria ALGO **em torno de 2 milhões** de cruzeiros.*
(VEJ)
*O corpo sempre guarda alguma reserva energética – ALGO **em torno de 6.000 calorias**.* (VEJ)

Na expressão ***ALGO entre***, para indicar um conceito que fica no meio termo entre dois outros
(= não exato):

*ALGO **entre** uma canção e um monólogo.* (CCI)
*Parece ALGO **entre** um mictório e uma capela.* (CCI)
*O recalque é uma etapa preliminar do julgamento de condenação, ALGO **entre** a*
fuga e o juízo de condenação. (PSI)

O Pronome Indefinido

TUDO

Em referência a todos os possíveis objetos, ações ou situações quando se está fazendo uma afirmação genérica sobre eles:

> *Juliana fez que sim com a cabeça, **comeu TUDO** e ficou esperando a dor do vento começar.* (AF)
>
> ***TUDO estava** nos lugares de sempre.* (AFA)
>
> ***TUDO parecia** tão simples: mover as pernas, proteger o queixo, socar o inimigo.* (REA)
>
> *Não quero me ocupar da análise dessa mania que tem o mundo de hoje de questionar e de **revisar TUDO**.* (VEJ)

\# Entretanto, em registro popular, ***tudo*** aparece relacionado a pessoas. É o que podemos observar na ocorrência:

> *Cambada de bobas, **tudo** doida por Tição, a começar por eu.* (TG)

Em referência a todos os objetos, ações, atividades ou fatos de uma situação particular. Nesse emprego, ***TUDO*** ocorre das seguintes maneiras:

• *TUDO o que*

> *Papai empregava **TUDO o que** ganhava na compra de máquinas.* (ANA)
>
> *Aquela criança era **TUDO o que** ainda o comovia.* (AV)
>
> *Sabe como são as cabras: comem **TUDO o que** encontram e são ariscas.* (PFV)
>
> ***TUDO o que** pode fazer é desenvolver algumas potencialidades militares.* (CRE)

• *TUDO que/quanto*

> *Fazia **TUDO que** ele queria, era sua escrava.* (CE)
>
> ***TUDO que** tenho depende disso.* (AGF)
>
> *É **TUDO que** eu tenho comigo.* (OM)
>
> *Um talento especial para **TUDO quanto** interessa o passadio, o "serviço".* (DES)

• *TUDO isto/isso/aquilo*

> *O Gunga, como ele observa, tem o seu ar de dono despótico de **TUDO aquilo**.* (DES)
>
> *O resultado de **TUDO isto** se observara na eclosão e desenvolvimento de uma crescente animosidade contra o estrangeiro.* (H)

\# Em registro distenso, usa-se a expressão ***TUDO quanto é*** para indicar a totalidade no **plural** ("a totalidade de"; "todos os") :

> *Angelina, que socorre **TUDO quanto é** cachorro da rua e que não vai deixar um pobre velho morrer à míngua.* (ANA)

A QUANTIFICAÇÃO E A INDEFINIÇÃO

Em referência à atmosfera geral que existe em uma situação:

No Recôncavo TUDO estava pronto e acabado; ali TUDO estava por ser feito. (TG)
TUDO se passava ao mesmo tempo, em contados minutos. (TG)
TUDO está quieto. (BN)
Do lado de dentro, TUDO abandonado, às escuras e vazio. (VEJ)

Como **predicativo do sujeito**, para afirmar que alguma coisa ou uma determinada qualidade é essencialmente importante:

Ouro é TUDO. (CHR)
O trabalho não é TUDO na vida. (EXV)
Meu marido é TUDO para mim. (SER)
Amor é TUDO, Chico. (CHR)
A força é TUDO. (CNT)

Como **aposto resumitivo** (= tudo isso), após uma enumeração. Nessa construção o **verbo** é levado para o **singular**:

*A atmosfera era irrespirável: **sofrimento de falsidade**, **convenções sociais e irreprimíveis realidades humanas**, TUDO se misturava ali e não havia como separar o joio do trigo.* (A)
*O nosso problema aqui é que temos **muitos mistérios**, **muita beleza**, **muitos sinais**, **símbolos**, **alegorias**, TUDO carregado de memórias e significados que não entendemos.* (ACM)
*Havia algo de orgasmo naquele prazer múltiplo que acariciava **a boca**, **a língua**, **a garganta**, **o estômago**, **os olhos**, **o nariz**, TUDO ao mesmo tempo.* (ACM)

Para introduzir um **aposto especificador** (= tudo o que segue):

TUDO igual: o mesmo velho gradil, idêntico arvoredo em torno, o clássico ar mansão escondida e secreta. (A)
Eurípides foi TUDO isso: brilhante nas ideias, crítico e honesto em seu pensamento, pronto a mudá-lo quando a verdade assim exigiu. (ACM)

Na expressão *TUDO bem*, em referência a toda uma situação ou à vida em geral, em especial em relação a algo que afeta o falante:

O presidente Figueiredo o faria assessor para a desburocratização, ele não ganharia um centavo, não perderia sua renda e o Tesouro Nacional não pagaria por mais um funcionário. TUDO bem. Foi feito assessor. (VEJ)

Na expressão ***tem TUDO a ver***, para marcar a relevância de uma relação estabelecida com um aspecto ou qualidade referidos:

*É um animal que **tem TUDO a ver** com velocidade e liberdade.* (CAA)

O baixo índice de credibilidade da imprensa tem TUDO a ver com a situação que atravessamos há vinte anos. (VEJ)

Na expressão *e TUDO (o) mais*, depois de uma lista de elementos, para indicar que se trata apenas de exemplos, e que outros elementos, ainda, podem ter sido envolvidos na situação em questão:

Até no alambicado sotaque carioca afetam, com artigos antes dos nomes de gente,
***vogais indecentemente espichadas** e TUDO mais.* (SL)
*Ele deve estar com **a família** e TUDO mais.* (CH)
*Sou, de fato, **provinciana, saudosista, sonhadora, infantil,** e TUDO o mais.* (CB)
Nem só as crianças arregalam os olhos diante dos trenzinhos elétricos, por exemplo,
*que reproduzem em escala **trilhos, vagões, desvios** e TUDO o mais.* (FOT)

Na expressão ***acima de TUDO***, para enfatizar o fato de que um elemento de uma lista, especialmente o último deles, é mais importante que os outros:

Os personagens são todos criados por mim, inéditos e genuinamente brasileiros,
*sempre mostrando o lado positivo da vida, o **otimismo acima de TUDO.** (AMI)
*Devemos procurar, **acima de TUDO,** a nossa **felicidade**.* (BH)
Aos poucos é que a surpresa foi fugindo, o choque – e em seu lugar chegaram a
*angústia, a cólera e, **acima de TUDO,** o **medo**.* (BP)

Na expressão ***isso é TUDO***, no final de um enunciado, para explicar, justificar ou corrigir alguma coisa, enfatizando que nada mais acontece:

*Digam aos seus chefes que vivemos num mesmo espaço, mas que **isso é TUDO**.* (CCI)
*Estou me demitindo, Marcos, **isso é TUDO**.* (RE)
*Eu estava errado: eu gosto de você e **isso é TUDO**.* (LC)

> **NADA**

Para afirmar que certos objetos, eventos, ideias não se encontram em determinadas situações:

Poderá voltar sozinho ao Quintão, NADA impede. (DES)
Mas não há mais NADA a dizer. (DES)
NADA existia para ela, naquele momento, além da sua imagem. (VA)
No menor, que servia de cozinha, NADA encontraram além da trempe e dos improvisados vasilhames. (TG)

Para indicar alguma coisa pequena, sem relevância ou sem importância:

Tudo isso é para NADA? (GE)
    (= coisa tão sem importância)

Elas ficam se entregando a qualquer um (...) ficam se entregando a troco de NADA. (OM)
(= pouca coisa)

Para indicar uma pequena quantidade de dinheiro:

O homem tornara-se um nababo revendendo com ágio implacável o que comprara
  por NADA. (GAT)

Antes de **sintagma** formado por ***de*+adjetivo** ou antes de **oração adjetiva** que se refere a uma situação, evento ou atividade, para indicar que tais situações, eventos e atividades não apresentam a qualidade expressa no **adjetivo** ou na oração adjetiva:

Que admiráveis são essas pessoas que conseguem atravessar a vida toda sem fazer
  NADA ***de admirável!*** *(VEJ)*
Não há NADA ***de novo*** *no que estamos dizendo.* (FSP)
Deus sabe que daquelas bandas não vem NADA ***que preste***. (TR)

Antes de um **sintagma** formado pela **preposição** *de* seguida de um **possessivo** no **masculino**, que faça referência a uma pessoa. O **sintagma** equivale a "de propriedade dessa pessoa":

Ele não possuía NADA ***de seu***, *recebia do patrão e devia ser-lhe grato, como lhe*
  ensinara o pai, desde pequeno. (ATR)
Mas você sabe que eu não tenho NADA ***de meu!*** *Dinheiro nenhum!* (DZ)

Em um **enunciado negativo**, antes de **adjetivo** com gradação **comparativa**, em referência a uma qualidade que se quer atribuir em grau máximo à entidade designada pelo **substantivo**:

Descubro que não há NADA ***tão carente*** *como um homem impotente.* (CH)
Não há NADA ***pior*** *no mundo do que um produtor ansioso cheio de ideias.* (VA)

Em uma **oração negativa**, como **complemento verbal**, indicando que não há nenhum elemento que possa ser adequadamente selecionado para a posição de complemento:

*O hoteleiro **não** disse* NADA. (AM)
*Este nome, aliás, **não** significa* NADA *para os nativos.* (ESS)
***Não** sabia* NADA *de mulher, nem de samba.* (GA)
*Isso **não** prova* NADA. (AFA)

Em um enunciado **interrogativo negativo**, como **complemento verbal**, com valor de demanda de informação sobre negação de existência:

Não podemos fazer NADA *no sábado e no domingo, podemos?* (BU)
(= Não há nada que possamos fazer, há?)

O Pronome Indefinido

O senhor não pode fazer NADA? Ela me arruinou, ainda não está satisfeita. (CE)
(= Não há nada que o senhor possa fazer?)
Não deu pra você fazer NADA, interferir, gritar? (FH)
(= Não houve nada que desse para você fazer?)
Mas você não quer beber NADA mesmo? (FSP)
(= Não há nada que você queira beber, mesmo?)

Em uma **oração negativa**, em posição predicativa, qualificando alguém como sendo uma pessoa sem características interessantes ou importantes:

*Quando o avião subiu, eu **não** era NADA.* (BE)
*Só desprezo é o que eu sinto por você, sabes muito bem que para mim você **não** é NADA.* (DE)

Usado como um **nome contável**, no **plural**. Trata-se de um caso de substantivação do *NADA*:

Pensei também como o amor nasce radiante e glorioso e depois pequeninos NADAS transformam-se em gigantescos obstáculos. (CRU)
Horas horas minutos segundos que eu tinha vontade de captar como quem colhe uma flor, fazendo um ato presente entre dois NADAS. (CF)

Do mesmo modo que *TUDO*, usado como **aposto resumitivo** (= nada disso), após uma enumeração, levando o **verbo** para o **singular**:

*Eles não têm **história**, **cultura**, NADA, só dinheiro.* (AGO)
*Porque **a minha honra**, **o meu nome**, **a minha carreira**, NADA disso o comove.* (ALF)
*Tenta **gás**, **forno**, NADA dá certo.* (AF)
*O que eu faço com isso: **um romance**, **um conto**, **uma crônica**, NADA?* (AF)

Para introduzir um **aposto especificador** (= nada do que segue):

Não ouvia mais NADA: nem violino, nem piano, nem flauta. (ANA)
E foi até lá, foi como de coisa que não tivesse havido NADA: nem lívusia de cachorro (...) nem entrando pela janela (...). (LOB)

Na expressão *um NADA*. Esse sintagma:

- designa coisas ou pessoas sem importância, ou sem valor:

*Eu sei que não é da minha conta. Afinal, eu sou só o pai da noiva. **Um** NADA.* (ANB)
*Aquele manco sim que, repentino, repito, e me deixando estupefato, sem ação, aquele manco que com um pluft!, **um** NADA, sumiu.* (HAR)
*Fizeram dos seus ombros, do seu cheiro e das suas palavras **um** NADA.* (CCI)

- quantifica um **sintagma verbal**, significando "um pouco"/"pouco":

A Quantificação e a Indefinição

> *O busto empombava-se o bastante para **escapar um** NADA *do pano côncavo que o sustinha.* (DM)
>
> *Os próprios flâmulos **movimentaram-se um** NADA.* (SE)

- entra na expressão ***por um*** NADA, que significa "por um triz":

> *Tropecei no degrau da porta, **por um** NADA *não me estendi na cozinha.* (MAR)

Na expressão ***tudo ou*** NADA, junto do **verbo *ser***, para indicar que algo deve ser feito completamente, chegando-se ou não ao êxito:

> *Cada jogo é um jogo, principalmente tratando-se de decisão. Aí **é tudo ou** NADA, resumia o armador João Santos.* (PLA)
>
> *Ele só ia poder dar um tiro. Tinha que **ser tudo ou** NADA.* (MMM)

Na expressão NADA ***mais que*** + **sintagma nominal/oração infinitiva**, para indicar que alguma coisa não excede o que está expresso nesse **sintagma** ou nessa **oração**:

> *Demonstrou-se experimentalmente que as granulações existentes nos leucócitos (...) são* NADA ***mais que*** *lisossomos.* (BC)
>
> *Eles não fazem* NADA ***mais que*** *enganar.* (VEJ)
>
> *O homem é um simples animal bem equipado, diferente dos outros, complicado, porém* NADA ***mais que*** *um animal.* (SI-O)

Na expressão NADA ***menos que***:

- para enfatizar o **sintagma** subsequente, sempre indicando que algo é surpreendente ou importante:

> *Nesse terreno, o Brasil precisa de* NADA ***menos que*** *uma revolução educacional.* (COL)
>
> *Sônia, meus amigos, está pagando* NADA ***menos que*** *um apartamento que o Gouveia lhe deu no Grajaú.* (Q)

- antes de uma indicação numérica, sugerindo que esse número é surpreendentemente grande:

> *A cidade, que conta hoje com cerca de 450 hotéis e pousadas, oferece* NADA ***menos que*** *90 quilômetros de praias ainda limpas.* (FSP)
>
> *O Rio de Janeiro assistiu à montagem de* NADA ***menos que*** *120 revistas.* (ESP)
>
> *Estamos hoje com uma fila de* NADA ***menos que*** *dois milhões de interessados na aquisição de novas linhas telefônicas.* (EX)

Na expressão ***por*** NADA:

- em referência a uma ação para cuja realização não existiram bons motivos, ou cujos resultados não foram satisfatórios:

*Está aceitando a loucura de seu filho e lutando **por** NADA. (GCC)*
*Era besteira deixar um lugar seguro, se arriscar **por** NADA. (DE)*
*Não era minha hora de lutar **por** NADA. (AS)*

• para enfatizar o fato de que não se quer fazer determinado tipo de coisa ou não se quer desempenhar determinadas funções:

*Os moradores da vila não queriam, **por** NADA, sair de onde estavam. (GT)*
*Porém, não se esquece **por** NADA dos estudos, tendo certeza de que um dia será médica. (RR)*
*Não perco isso **por** NADA, meu compadre. (TR)*

3.3.3 Com referência a pessoas e coisas

CADA

Usa-se anteposto a **substantivo** ou **pronome** no **singular**

Em referência a todos os elementos de um grupo, considerados um a um de forma individual:

A CADA momento Leo sonda o tanque. (DES)
Entreguei a CADA um a tira de papel dobrada. (BU)
No olhar de CADA um, leio uma alma limpa. (JK-O)
Sobre CADA um deles você escreveria uma crônica, patética, amarga, revoltada. (CV)
CADA um de nós vai receber uma cópia, ler com atenção e assinar. (RE)

\# Só ocorre **substantivo** ou **pronome** no **plural** se houver quantificação por um **numeral cardinal**:

*De CADA **vinte** casas de uma rua, entrevista-se um morador da vigésima, por exemplo, ou de CADA **dez** casas entrevista-se um morador da quinta casa, e assim por diante. (ETT)*
*E a medida de seus picotes, por convenção, é expressa em função do número de furos existentes em CADA **dois** centímetros de margem. (FIL)*

Acompanhando um **substantivo** que se refere aos elementos de um conjunto, considerados um a um, e indicando distribuição:

*Um em CADA **cabeceira de fila**, mas trinta e nove no final de cada fila. (GL)*
*Falar nos quatro bares, um em CADA **esquina**, que despejavam todas as noites uma legião de bêbados em cantoria pelas ruas. (CV)*
*Os zingadores, um de CADA **lado**, fincam os varejões para trás. (AV)*
*E fiquei estudando CADA **coisa** de CADA **canto**. (PL)*

A Quantificação e a Indefinição

Para indicar que a referência se faz ao número total de elementos de um conjunto, referindo-se às suas menores partes, uma a uma (*CADA = TODO*):

> CADA **minuto**, CADA **ponto**, *na linha da minha existência pode ser um milagre ou um desastre, uma estrela ou um precipício.* (AM-O)
> *Uma noite de carinhos onde* CADA **pedaço** *de sua pele ressoava em minha pele cheio de excitação.* (OLA)
> *Estamos chegando, contudo, a* CADA **canto**, *a* CADA **parcela** *do território nacional.* (CPO)

Em **sintagma de valor adverbial** (preposicionado ou não), precedendo um **substantivo** cardinalmente quantificado, em referência a frequência de tempo, para indicar que alguma coisa acontece em períodos regulares:

> *Precisava escrever um Bufo & Spallanzani a* CADA **dois anos**. (BU)
> *A metragem de fibras ópticas para as TV a cabo vem dobrando a* CADA **ano desde 1988**. (EX)
> *Diante do nome do diretor, que se alternava, na agenda,* CADA **dois dias**, *havia uma cruz.* (DE)

Em **sintagma preposicionado**, depois de um **numeral** e antes de outro **numeral** de quantidade igual ou maior, para indicar proporção:

> *Sabemos que mais ou menos* **um em** CADA **cinquenta** *recém-natos que apresentam evidências de contaminação vai apresentar infecção clínica.* (ANT)
> *De um modo geral a incidência da septicemia é de* **um a cinco em** CADA **mil** *nascimentos.* (ANT)

Com acento marcado (com ou sem ponto de exclamação), implicando avaliação do falante, com valor intensivo:

> *Olhe, minha filha, juro como às vezes tenho vontade de fugir, ir embora para a Groenlândia. Se lá se fala grego, eu levaria o prefeito como intérprete. É* CADA **uma**! (AM)
> *Se tu trancar a tua mãe num quarto ela arrebenta tudo e foge para mais longe. Acontece* CADA **uma**! (CA)
> *Pensei que você já tivesse esquecido... que bom você ter pensado em mim... eu também, o tempo todinho. Você me deu* CADA **susto** ! (F)
> *Essa Dona Calu tem* CADA **ideia**! (BH)
> *Essa agora de papai! ... Que negócio era aquele, de óleo de rícino? Papai inventava* CADA **uma**. (ANA)
> *Mulher tem* CADA **coisa**, *nem Deus entende.* (BE)

O Pronome Indefinido

MAIS

Usa-se com **substantivo** no **singular** ou no **plural**

a) **Anteposto**

Para indicar que há um número ou quantidade maior do que havia antes, do que está envolvido, do que foi indicado, ou do que se esperava que houvesse:

Hoje, há muito MAIS ***homens*** *fazendo (ou tentando fazer) o amor.* (REA)

Não há como não ver (...) uma sincera inquietação, um cuidado que é muito MAIS ***sofrimento*** *do que desassossego.* (A)

Viam-se no meio da copa das mangueiras os telhados e as vidraças dos Gomes Pereira e olhando o poente, MAIS ***mangueiras***. (CF)

Agora a experiência me ensina que existem muito MAIS ***coisas*** *entre o céu e a terra do que supõe a nossa vã filosofia.* (RO)

b) **Anteposto** ou **posposto**

Em referência a uma quantidade ou número de coisas adicionais:

O candidato da oposição tem MAIS ***dois filhos***. (VEJ)

Dina, faça MAIS ***café!*** (VI)

*Se tivesse o topete de **dar um passo** MAIS.* (CL)

c) Como núcleo do **sintagma**, na expressão para indicar que há outras coisas, pessoas, eventos, além dos que já foram mencionados, sem especificá-los ou identificá-los:

*Nessa luta surda de bastidores entre o Brasil e o México **há** MAIS a dizer.* (VB)

Há muito MAIS *ainda, senhores senadores.* (OS-O)

MENOS

Usa-se **anteposto**, com **substantivo** no **singular** ou no **plural**

Para indicar que há um número ou quantidade menor do que havia antes, do que está envolvido, do que foi indicado ou do que se esperava que houvesse:

Mamãe, agora a senhora está dando MENOS ***pão*** *pra gente!* (BH)

Cada vez recebe MENOS ***gente***, *disse Adriano sombrio, e precisa de maior número de objetos em sua volta.* (MC)

Entrei no restaurante, afobado, procurando. Havia MENOS gente nas mesas. A loura inexpressiva continuava no caixa. (BH)
Aqui existe MENOS lugar ainda? (BE)
Eu não sei se há MENOS pessoas vendo novelas. (VEJ)

3.4 Locuções pronominais indefinidas

São **locuções pronominais indefinidas**:

- *CADA QUAL* (= cada um, respectivamente)

  Havia um hábito intolerável dos adultos: plantavam-se de pé, CADA QUAL ao lado de sua criança. (ANA)
  Era aquele movimento de sempre, de gente acordando para pegar firme no trabalho, CADA QUAL tratando de sua ocupação. (CAS)
  É claro que CADA QUAL dava seu palpite, e cada palpite era tão bom quanto outro. (CBC)

- *TAL OU QUAL* (= um qualquer)

  Por isso é que, quando alguém vocifera que TAL OU QUAL comportamento é uma ameaça às instituições, por atrasadas e caducas, nem são mais instituições e constituem crime contra a vida de milhões de patrícios nossos. (AR)
  Na realidade, o problema é bastante mais grave do que determinar até que ponto TAIS OU QUAIS medidas são justas ou adequadamente construídas do ponto de vista técnico ou jurídico. (FSP)
  Em vez de dizer que o termo "ego" tem um referente TAL OU QUAL, dizemos que a primeira sentença é verdadeira se e somente se a segunda o for. (EC)

- *QUEM QUER QUE* (= qualquer pessoa que)

  O nosso bom e paciente homem salvou e desceu decidido a manter um longo papo reconfortante com QUEM QUER QUE fosse o visitante insistente. (ACT)
  QUEM QUER QUE estivesse no palco, a hora do crime, poderia ter passado, minutos antes, por um dos corredores e, por conseguinte, pela ponte. (BB)
  Jamais conseguira isso, jamais contara com a ajuda de QUEM QUER QUE fosse. (ED)

- *SEJA QUEM FOR* (= qualquer que seja a pessoa)

  O desafio, porém, teve uma resposta certa: SEJA QUEM FOR o presidente – o cargo é puramente decorativo –, Torrijos continuará como Chefe da Guardia. (REA)
  Pois daqui por diante, SEJA QUEM FOR, com o prestígio de que disponha, se não andar na linha, se facilitar, vai pular como minhoca em cinza quente. (HO)
  O conceito permanece de pé, SEJA QUEM FOR que o tenha utilizado. (FSP)

O Pronome Indefinido

- *SEJA QUAL FOR* (= qualquer que seja a coisa)

   *Vim aqui para ouvi-la, para aconselhá-la e para socorrê-la **SEJA QUAL FOR** o impasse que se encontre.* (VN)

   *Nenhum chefe procurará depor outro chefe, **SEJA QUAL FOR** a hipótese.* (CRO-O)

   ***SEJA QUAL FOR** a cultura, **SEJA QUAL FOR** a etnia, **SEJA QUAL FOR** a época, sempre há regras que impõem o modus vivendi em sociedade.* (PO)

OS NUMERAIS

1 A natureza dos **numerais**

Como **quantificadores**, os **numerais** são palavras **não fóricas**. Diferentemente dos **pronomes indefinidos**, porém, eles operam uma determinação definida, numérica.

Há subclasses de **numerais**, e a determinação numérica tem diferente natureza, em conformidade com a subclasse.

Também é diverso o modo de emprego do **numeral** conforme a subclasse a que ele pertence. Há tipos de **numerais** que apenas se empregam como **núcleos** de **sintagma**, outros que apenas podem ser **periféricos** (**adjuntos**) dentro do **sintagma nominal**, e outros, ainda, que têm os dois empregos.

2 As subclasses de **numerais** e seu emprego

Os **numerais** podem ser **cardinais, ordinais, multiplicativos** e **fracionários**.

2.1 Os **numerais cardinais**

2.1.1 Os **numerais cardinais** são os que mais especificamente indicam uma quantidade numericamente definida.

2.1.1.1 Como **adjunto**, o **numeral cardinal** indica quantidade numericamente certa de unidades.

Das SEIS crianças que foram receber a merenda, somente TRÊS estudam na escola.
(ESP)

A QUANTIFICAÇÃO E A INDEFINIÇÃO

*Eu colocara em ordem perfeita os países dos CINCO **continentes**.* (CF)

2.1.1.2 Como **núcleo** do **sintagma**, o **numeral cardinal** indica número absoluto.

CENTO E SESSENTA menos DEZ, CENTO E CINQUENTA. (ATR)
Se eu e o Lula dizemos que DOIS e DOIS são QUATRO, isso não significa que formamos uma aliança, apenas que sabemos contar. (VEJ)

Milhar, milhão, bilhão, trilhão etc. são sempre **núcleo** de **sintagma nominal**, ocupando no sintagma a posição do **substantivo** (**masculino**), podendo seguir-se de **complemento** da forma *de*+**substantivo** no plural:

Do produto de uma noitada ofereci-lhe um colar de um MILHÃO. (CEN)
*Debaixo de todos, o chão dos mortos, do Acari a baía de Todos os Santos, comprime-se ali num MILHAR **de braças quadradas**.* (PFV)
*Ao vencedor, **um MILHÃO de cruzeiros**.* (CEN)

2.1.2 Quanto à forma, os **numerais cardinais** podem ser de três tipos.

2.1.2.1 **Simples**, como *dois, três, dez, vinte.*

Apesar de só estar de volta nesta casa há DOIS dias, já sinto abismos praticamente intransponíveis. (A)
(**dois** = 2)

2.1.2.2 **Coordenados**, havendo relação aritmética de adição entre as quantidades representadas nos elementos coordenados.

O patrão deixou cinco para o gasto dele, trouxe CENTO E CINQUENTA E CINCO. (ATR)
(**cento e cinquenta e cinco** = 100 + 50 + 5 = 155)

A coordenação se faz às vezes com, e às vezes sem, a **conjunção coordenativa** *e*, no seguinte padrão:

MILHARES		CENTENAS		DEZENAS		UNIDADES
–	–	–	–	cinquenta	e	cinco
–	–	cento	e	cinquenta	e	cinco
mil	–	cento	e	cinquenta	e	cinco
mil	–	–	e	cinquenta	e	cinco
mil	–	cento	–	–	e	cinco
mil	–	–	–	–	e	cinco
mil	e	cem	–	–	–	–

Os Numerais

Se se tratar de coordenação longa, é comum que, a partir da classe dos **bilhões**, ocorra a conjunção *e*:

> *A lei orçamentária para 1966 estimou a receita da União em Cr$ 4.381.000.000.000 (QUATRO TRILHÕES E TREZENTOS E OITENTA E UM BILHÕES de cruzeiros), e a despesa em Cr$ 4.679.000.000.000 (QUATRO TRILHÕES Ø SEISCENTOS E SETENTA E NOVE BILHÕES de cruzeiros (...) para o corrente exercício.* (EM)

2.1.2.3 Justapostos (em uma mesma palavra ou em duas, sem vírgula), havendo relação aritmética de multiplicação entre as quantidades representadas nos elementos de composição.

> *Nunca fui esclarecido nesse ponto, mas há pelo menos OITOCENTOS anos que cheguei a esta conclusão.* (BH)
> **(oitocentos** = 8 x 100 = 800)
> *O país tem OITO MIL quilômetros de fronteira!* (OM)
> **(oito mil** = 8 x 1.000 = 8.000)

2.1.3 A forma em uso para o **numeral cardinal** referente ao número 100 é *cem*, mas a forma *cento*, não reduzida, é usada nos seguintes casos:

a) na indicação de números acima de 100 e abaixo de 200

> *Cento e DUAS famílias tiveram suas plantações destruídas por um incêndio que atingiu o sul do Piauí durante cinco dias.* (FSP)
> *Cento e DOIS deficientes auditivos (surdos-mudos) trabalham como empacotadores na rede de supermercados Peti Preço, em Salvador (BA), a segunda maior da Bahia.* (FSP)

b) na designação de um conjunto de cem unidades (**substantivo**)

> *O CENTO de bananas está por R$ 3,00.* (FSP)
> *Também um conjunto de objetos pode representar uma unidade, como: **um CENTO**, uma semana, uma caixa de lápis.* (ATT)

2.1.4 Há **numerais cardinais** que têm mais de uma forma:

• *catorze* e *quatorze*

> *Lá pelo século CATORZE ou quinze, algum valdense deixou de queimar livros e passou a cuidar deles.* (ACM)
> *Esta, nascida em 1897, desabrochava então, na graça de seus QUATORZE anos em flor.* (BAL)

A QUANTIFICAÇÃO E A INDEFINIÇÃO

- *bilhão* e *bilião*, *trilhão* e *trilião*, *quatrilhão* e *quatrilião* etc.; entretanto, só estão ocorrendo as formas com **lh**

Na Saúde, ocorre o mesmo: de um investimento global de dezesseis BILHÕES, *apenas um* BILHÃO *e seiscentos milhões de cruzeiros provêm de recursos diretos da União.* (FA)

O dispêndio anual chega a um TRILHÃO *de ienes* (AGF)

Estima-se que o homem possua 10 QUATRILHÕES *de células (o número 1 seguido de dezesseis zeros), junto às quais vivem 100* QUATRILHÕES *de bactérias (1 mais dezessete zeros).* (SU)

2.1.5 Numerais cardinais de valor elevado são muitas vezes usados para indicar **quantidade indeterminada** considerada exageradamente grande (= muitos), enquanto **numerais cardinais** de valor baixo são usados para indicar **quantidade indeterminada** considerada reduzida (= poucos):

Dona Aureliana pedimos MIL *desculpas por estarmos aqui a esta hora.* (DZ)

Disse seu nome lá sei quantas vezes, rabisquei-o em todos os papéis, DEZ, VINTE, UM MILHÃO *de vezes.* (MPB)

Havia DEZENAS *de ideias a serem formuladas, organizadas.* (ACM)

Olhava para uma jovem qualquer na rua e logo esta me lembrava Angela em DOIS OU TRÊS *traços fisionômicos.* (AV)

José de Arimateia pedira a Seu Tonho Inácio apenas uns TRÊS OU QUATRO *dias de prazo.* (CHA)

2.1.6 Os **numerais cardinais** são, em geral, **invariáveis**, mas alguns deles se flexionam.

a) São variáveis em **gênero**.

a.1) os **numerais** *um* e *dois*:

Claro que antes de voltar ouviremos os DOIS *a lamentarem reumatismos e a lembrarem sua infância.* (ACM)

"Chegamos", disse Bruno, "lá estão as DUAS*".* (ACM)

Pela porta do bar, UM *homem entrou, gritando.* (A)

Eu, juro, estava meio atordoado: era UMA *mulher belíssima.* (ACM)

\# Também varia em **gênero** o elemento *ambos*, que pode substituir o **cardinal** *dois*:

AMBOS OS *casos serão um triste fecho para um episódio tão perfeito.* (CH)

Júlio senta-se, mergulha a cabeça entre AMBAS AS *mãos.* (NOF)

a.2) os **numerais** referentes a **centenas**, a partir de *duzentos*:

O trajeto de DUZENTOS *quilômetros deveria ser percorrido sem pressa, para apreciarmos a beleza da região.* (ACM)

Os Numerais

*Mais de **DUZENTAS** emendas foram encaminhadas ao Congresso revisor.* (ATN)
*Encomendei **TREZENTOS** litros de uísque escocês.* (REI)
*Compareceram cerca de **TREZENTAS** mil pessoas – e o desastre foi total.* (CTR)

b) São variáveis em **número *milhar*, *milhão*, *bilhão*, *trilhão*** etc.

***MILHARES** de ruídos enchiam a mata.* (ARR)
*Era um conterrâneo, chapa velho, desde os longínquos dias do Internato, uns **DOIS***
***MILHÕES** de anos atrás.* (LC)
*Teremos retrocedido uns **DOIS BILHÕES** de anos na história evolutiva.* (GAI)

2.2 Os numerais ordinais

2.2.1 Os **numerais ordinais** indicam ordem numérica dentro de uma série. São, na verdade, **adjetivos classificadores** com indicação de ordem numericamente definida. Como os **adjetivos**, empregam-se como **adjunto** dentro do **sintagma nominal**. São geralmente antepostos, mas podem aparecer pospostos.

*Aperto o botão do elevador. E é nele que chego ao **QUINTO** pavimento. Depois do elevador, a **TERCEIRA** porta está entreaberta.* (CH)
*Seu filho, seu **herdeiro PRIMEIRO**, que ficou sendo de posse dono da fazenda, não aguentava tomar conta do cavalo.* (COB)

O **substantivo núcleo** do **sintagma** pode, entretanto, não vir expresso:

*Eu seria o **PRIMEIRO**, depois de vários séculos, a ler, em primeiríssima mão, o Commentarium.* (ACM)

\# Os **ordinais** *primeiro* e *segundo*, empregados frequentemente para exprimir qualidade, categoria, são verdadeiros **adjetivos qualificadores**, muito semelhantes a **adjetivos** que denotam posição numa série, sem indicação numérica, como ***último*, *penúltimo*, *anterior*, *posterior*** etc.:

*Costumamos receber estudiosos e músicos europeus de **PRIMEIRA** categoria.* (FSP)
*Segundo o laudo, a carne comprada pela prefeitura era de **SEGUNDA** qualidade.* (FSP)

Essa característica se evidencia na possibilidade de **coordenação** com **adjetivos**:

*Caçula, fui o **PRIMEIRO** e **único** dos filhos de meus pais a ter pajem.* (ANA)

\# **Primeiro** também pode ser **advérbio** (= em primeiro lugar):

*Se ele entrasse no elevador **PRIMEIRO**, eu fecharia a porta.* (BH)

A QUANTIFICAÇÃO E A INDEFINIÇÃO

2.2.2 Os **numerais ordinais** variam em **gênero** e **número**:

Fui o PRIMEIRO ou o único a responder, com efusão. (ACM)
A PRIMEIRA, nesta casa, a perdoar você, fui eu. (A)
Vocês foram os PRIMEIROS a chegar. (AGO)
As PRIMEIRAS serviam para os exercícios de força, as SEGUNDAS, para os decorativos. (CF)

2.2.3 Ao lado de *primeiro*, que é forma própria do **ordinal**, existe a forma *primo*, que é um latinismo, usada em certos contextos restritos, especialmente em **compostos**:

Esse livro, que seria a OBRA-PRIMA de Bábel, foi confiscado e destruído, junto com todos os outros papéis que estavam na sua casa. (VA)
Mas o barro era apenas a MATÉRIA-PRIMA. (CEN)
A PRIMA-DONA era Ida Edelvira. (TV)

2.3 Os **numerais multiplicativos**

2.3.1 Os **numerais multiplicativos** indicam quantidade resultante de multiplicação numérica.

2.3.1.1 As formas da série *triplo*, *quádruplo*, *quíntuplo* etc. empregam-se como **adjuntos** ou como **núcleos** do sintagma.

No caso dos correspondentes à multiplicação por 2, as formas são diferentes:

* para **adjunto**: *duplo*;
* para **núcleo**: *dobro*.

a) Como **adjuntos**. Podem ser antepostos ou pospostos ao **núcleo**:

Alguns garimpeiros compreenderam logo o DUPLO sentido da frase e começaram a rir. (CAS)
No salto TRIPLO, os 18 metros eram uma dessas barreiras mitológicas que dão graça ao atletismo. (VEJ)
O programador de computadores italiano Leonardo Cioce, 28, foi submetido a um inédito transplante QUÍNTUPLO de órgãos. (FSP)
(...) o caminho que nos leva ao entendimento das coisas, também chamado de nobre senda ÓCTUPLA (BUD)

São, na verdade, **adjetivos** com indicação numérica multiplicativa. Observe-se, por exemplo, que *salto triplo* é um tipo de *salto* (**adjetivo classificador**) e que, em *duplo sentido*, há uma qualificação de *sentido* (**adjetivo qualificador**).

Os Numerais

b) Como **predicativos**:

A lista para que o presidente escolha o reitor passa de SÊXTUPLA para TRÍPLICE. (FSP)

c) Como **núcleos**. Têm um complemento iniciado por *de*, o qual indica a quantidade que sofreu multiplicação pelo número indicado no **numeral**. Ocupam, na verdade, a posição de **substantivos**:

Tenho o DOBRO de tua idade e ando cheio de desgosto. (LC)
(= o número correspondente à idade multiplica-se por 2, que é o número indicado em dobro.)
O valor é o TRIPLO do despendido cinco anos antes. (VEJ)
(= o número de anos (5) multiplica-se por 3, que é o número indicado em triplo.)
Os equipamentos rastreadores custaram quase o QUÁDRUPLO do helicóptero. (FSP)
(= o número correspondente ao preço do helicóptero multiplica-se por 4, que é o número indicado em quádruplo.)

Apenas os **numerais multiplicativos** de valor baixo são usuais na língua (especialmente *dobro*, *duplo* e *triplo*). Para os outros valores, emprega-se geralmente a indicação multiplicativa obtida com **cardinais** e com o **substantivo** *vezes*:

Mas se o auto vale CINCO vezes mais! (SOR)

2.3.1.2 As formas da série *dúplice*, *tríplice* etc. são **adjetivos**, funcionando apenas como **adjuntos** (antepostos ou pospostos)

Esse discurso prévio tinha, assim, uma função DÚPLICE: informar e motivar. (ACM)
O seu objetivo é fazer conhecer as possibilidades do livro, e para isso deverá estar animado de um TRÍPLICE espírito. (BIB)

2.3.2 Quanto à **flexão**

2.3.2.1 São variáveis os **numerais multiplicativos adjuntos**:

- em **gênero** e **número** os da série *duplo*, *triplo*, *quádruplo* etc.

*Seu casamento foi de interesse, seu lar de aparência, sua **vida DUPLA**.* (PCO)
*Fora obrigado a fazer **turnos DUPLOS** na sala das máquinas, porque a tripulação estava desfalcada.* (IS)
*Caminhou ao longo do muro de São Tomé de Souza, atravessou o casario apertado até o topo do monte onde ficavam as **portas DUPLAS** de São Bento.* (BOI)

A QUANTIFICAÇÃO E A INDEFINIÇÃO

- em **número** os da série *dúplice*, *tríplice* etc.

O governador Leonel Brizola, mutilado na prerrogativa de escolher um quinto dos desembargadores em listas TRÍPLICES de advogados, recorreu ao STF. (VEJ)

2.3.2.2 São **invariáveis** os **numerais multiplicativos** que são **núcleo** do **sintagma**:

Demorava na barba o DOBRO do que demorava no banho, na ginástica e no lanche. (BB)

Projetou-se, em consequência, uma siderurgia com capacidade para produzir 20 milhões de toneladas de aço em 1980, o que representara quase o QUÁDRUPLO da produção atual. (ME-O)

2.4 Os numerais fracionários

2.4.1 Os **numerais fracionários** designam parte resultante de divisão de inteiro numericamente definida.

2.4.1.1 Empregam-se apenas como **núcleo** de **sintagma**, constituindo verdadeiros **substantivos** de valor fracionário numericamente definido:

Getúlio perdoou a METADE da dívida dos cafeicultores. (RC)

Pode-se expressar, em algarismos simples, MEIOS de doze, TERÇOS de doze, QUARTOS, SEXTOS e DOZE AVOS de doze, enquanto que no sistema decimal isso é possível apenas para os MEIOS, QUINTOS e DÉCIMOS de dez. (MTE)

\# Formas de **numerais fracionários** chegam a constituir designações de porções de um corpo (**substantivos comuns**):

A parte superior é ocupada, adiante, pela fossa ilíaca interna e, nos dois QUINTOS posteriores, por superfície articular, em forma de crescente. (OBS)

Cheio de feridas do rodoleiro começando a zangar, feridas na região dos TERÇOS superiores dos glúteos, na zona onde a socação da sela faz dobrar a pele que de tanto esticar e encolher acaba em bolha d'água como queimadura e em ferida parecendo corte. (GAT)

Já a contração isolada do músculo estapédio faz com que a base do estribo gire ao redor de um eixo vertical posterior (eixo passando através da junção dos TERÇOS posterior e médio), num movimento de báscula. (ACL)

2.4.1.2 Os contextos de emprego dos **numerais fracionários** geralmente implicam a sua **quantificação** por **numerais cardinais**:

E o pior é que eles eram mesmo donos de dois TERÇOS da herança, eu sabia. (MMM)

Há apenas um **numeral fracionário** que pode ser **adjunto**: *meio*

Tomou MEIO litro de leite e foi pegar um bonde no Taboleiro da Baiana. (AGO)

2.4.1.3 *Metade, meio* e *terço* são os únicos **numerais fracionários** que constituem formas próprias, sendo os demais expressos:

a) pelo **ordinal** correspondente, quando este se compõe de um só elemento

> *Porque, a verdade manda que se diga, não admiti a hipótese de ficar ali nem mais um QUARTO de hora.* (A)
> *Somente o número de pessoas empregadas – cerca de trezentos e cinquenta mil – se aproxima de três QUINTOS do da indústria de automóveis.* (PT)
> *Contém um SEXTO da população do império (hoje reduzida a um treze avos).* (CRU)
> *Considerando a população da cidade, então, esta Bienal atraiu de metade a um SÉTIMO das pessoas que prestigiaram edições bem-sucedidas das últimas décadas.* (FSP)
> *Os postos, feitos de madeira, ficaram conhecidos por "três OITAVOS", numa referência à medida dos parafusos usados.* (VEJ)
> *[Esse dinheiro] Representa um NONO dos investimentos públicos previstos no Orçamento federal este ano.* (FSP)
> *Do valor do produto total de 10 horas de trabalho, seis DÉCIMOS correspondem ao salário, quatro DÉCIMOS são iguais à mais-valia, que fica em poder do patrão e constitui seu lucro.* (HIR)

b) pelo **cardinal** correspondente, seguido do substantivo *avos* – que é a parte final do numeral *oitavos* – quando o **fracionário** se compõe de mais de um elemento

> *Este limite de um DOZE AVOS não vale para tudo.* (FSP)
> *Não recebemos os seis DOZE AVOS do orçamento a que teríamos direito neste primeiro semestre.* (FSP)

\# Quando a quantidade de frações é muito grande, costuma-se registrá-la em **algarismos**:

> *Cada folha tem cerca de 4.000 AVOS de centímetro de espessura.* (FSP)

2.4.2 Os **numerais fracionários** se flexionam em **número** em conformidade com os **cardinais** que quantificam as partes tomadas:

> *No primeiro ano da recepa, o cafezal deve receber um TERÇO da dose normal de nitrogênio. No segundo ano, dois TERÇOS da dose normal de nitrogênio.* (GL)

A QUANTIFICAÇÃO E A INDEFINIÇÃO

Meio se flexiona em **número** e em **gênero**:

Com apenas um olho via somente MEIOS pecados. (BOI)

Carlos não me deixou tempo para concatenar nem MEIA frase. (A)

Afinal, também tenho o direito de me conceder algumas MEIAS verdades! (CH)

O que escrevi foi uma série de informações acumuladas que eu tinha e que fiquei burilando durante uma semana e MEIA. (VEJ)

\# Na indicação de fração de hora, o **numeral fracionário** *meio* vai para o **feminino**, concordando com o **substantivo** *hora*, mesmo que esse **substantivo** esteja elíptico:

Cada andança completa durava exatamente três horas e só às duas e MEIA os chinelos cansados se arrastavam até à chave no nosso dormitório. (CF)

O senador olhou o relógio de pulso. Meio-dia e MEIA. (AGO)

3 Particularidades de emprego dos **numerais**

3.1 Em casos específicos, e quando pospostos, usam-se, para indicar posição numa sequência, os **numerais ordinais** só até *décimo*, e os **numerais cardinais** a partir daí. Isso ocorre:

a) na designação de papas e soberanos

*Assim mesmo, o imperador **Ferdinando** PRIMEIRO, em mil quinhentos e sessenta e quatro, e posteriormente seu sucessor **Maximiliano** SEGUNDO pediram ao Papa **Pio** QUARTO que suprimisse a obrigação para o clero alemão e o dos países vizinhos. (REA)*

*Um dia fui ao palácio **Pio 12** agradecer ao cardeal pela bênção. (CAA)*

b) na designação de séculos

*É como se no ocidente as crianças citassem Sócrates – uma personalidade do mesmo **século** QUARTO antes de Cristo. (VEJ)*

*Estamos no **século** VINTE, hoje as pessoas encaram tudo de uma maneira diferente. (SAM)*

*Os textos literários mais antigos da língua portuguesa são composições poéticas reunidas em cancioneiros de fins do **século** DOZE e também dos **séculos** TREZE e QUATORZE. (PER)*

c) na designação de partes em que se divide uma obra e na numeração de artigos de leis, decretos e portarias

*Diz o **artigo** PRIMEIRO que fica instituída a URV, dotada de "curso legal" para servir "exclusivamente" como padrão de valor monetário. (FSP)*

Não resta nenhuma dúvida, foi tudo legal, certo e permitido. Código Canônico, arti-go 368, **parágrafo** TERCEIRO, letra b. (AC)

O **capítulo** SEGUNDO *do Decreto conciliar lembra aos fiéis a obrigação dupla que lhes incumbe, de combater os instrumentos de comunicação social nocivos.* (MA-O)

No caso de reincidência será aplicada ao capoeira, no grau máximo, a pena do **artigo** QUATROCENTOS. (CAP)

Dá um estalo com os dedos e sorri de orelha a orelha; aponta o alto da página; diz:
*– "***Parágrafo*** QUARENTA E OITO".* (NB)

Desta feita deu uma fora. Isto está em Mateus, **capítulo** QUINZE, *mais ou menos.* (NOD)

\# Entretanto, ocorre também o **cardinal** para designações abaixo de ***décimo***:

Veja aí o Evangelho de São João, **capítulo** TRÊS. *Achou?* (DM)

Quando o **numeral** antecede o **substantivo**, sempre se emprega, porém, o **ordinal**:

No TERCEIRO **ato** *muda tudo, o herói vira vilão, o vilão herói.* (FSP)

Seu olho clínico, ou seu SEXTO **sentido** *fazia soar uma sineta de alarme toda a vez que ele via Luzia Silva.* (TV)

3.2 Usam-se os **numerais cardinais** para referência a horas, anos e dias do mês, exceto quando se trata do primeiro dia do mês, a que mais comu-mente se faz referência com o **numeral ordinal** *primeiro*:

Voltei a lutar, após alguns meses de treinamento, no dia VINTE E DOIS *de maio de 1943.* (MU)

Eram DUAS *horas da manhã quando me deitei. Lá pelas* TRÊS *peguei no sono.* (ACT)

Quem estava na festa do Roberto em MIL NOVECENTOS E SESSENTA? (AF)

O livro foi escrito antes dos acontecimentos de PRIMEIRO *de abril de 1964.* (CPO)

3.3 Na enumeração de páginas ou de folhas de um livro, usam-se **numerais cardinais**, quando **pospostos**, e **numerais ordinais**, quando **antepostos**:

Esse Regulamento, impresso na **página** UM *de vossa interessante Lista (...) é mesmo uma leitura que recomendo a todas as almas cristãs.* (B)

Tranquei-me na sala e comecei na **terceira** PÁGINA. (ACM)

3.4 Na numeração de casas, apartamentos, quartos de hotel, cabinas, pol-tronas de casas de eventos, usam-se **numerais cardinais pospostos**:

Rua Pernambuco, mil setecentos e dezessete, **apartamento** TREZENTOS E SEIS. (AF)

A QUANTIFICAÇÃO E A INDEFINIÇÃO

3.5 Tanto se pode dizer *dois e MEIO milhões / bilhões* etc. como *dois milhões / bilhões e MEIO* etc.:

O Pnd prevê um total de QUINZE BILHÕES E MEIO de cruzeiros. (FA)
(= Pnd prevê um total de quinze e meio bilhões de cruzeiros.)

3.6 Há verdadeiros **substantivos coletivos** com indicação **numérica** cardinal:

Há três DÉCADAS falava-se que o automatismo iria auxiliar o homem no aprimoramento da matéria. (RI)
Na semana passada, a história do esporte olímpico começava um novo DECÊNIO. (VEJ)
Rosas. Rosas vermelhas. Traga duas DÚZIAS. (F)

PARTE IV

A JUNÇÃO

INTRODUÇÃO

Algumas palavras da língua que pertencem à esfera semântica das relações e processos atuam especificamente na junção dos elementos do discurso, isto é, ocorrem num determinado ponto do texto indicando o modo pelo qual se conectam as porções que se sucedem.

Esses elementos podem ter seu estatuto determinado dentro da estrutura da oração ou dentro de subestruturas dela (caso das preposições, das conjunções subordinadoras e das conjunções coordenadoras), além de poder determinar-se fora da estrutura oracional, ou seja, no âmbito textual (caso das conjunções coordenadoras).

A subordinação estrita ocorre na complementação e na adjunção, representadas no uso das preposições (entre sintagmas ou entre orações).

A junção concernente às relações entre satélites adverbiais e seus núcleos (que são relações como as de tempo e de causa, por exemplo) se representa não apenas no uso das preposições, mas também no uso de algumas conjunções tradicionalmente designadas como *de subordinação*, denominação aqui mantida para facilidade de consulta. Essa denominação, entretanto, pode refletir uma ignorância do estatuto que possuem as orações que são satélites adverbiais, em oposição às orações tradicionalmente denominadas *substantivas* e a algumas das *adjetivas*.

Utilizando muitas vezes o conceito de dependência estrutural, ou sintática, contraposta a independência semântica, a gramática tradicional dá indicações da percepção da especificidade dessas relações, mas não questiona a diferença de estatuto. Dentro da visão de uma gramática de usos, as relações entre uma oração nuclear e uma oração adverbial são vistas como análogas às relações retóricas que constroem o texto. Assim, entende-se que essas relações permeiam e governam todo o texto, independentemente do nível das unidades (micro ou macroestruturais) envolvidas (sintagmas, orações, enunciados, parágrafos, capítulos etc.), penetrando nas suas subpartes, como reflexo e consequência da organização geral a que estão subordinadas.

A JUNÇÃO

Nessa mesma linha de raciocínio se apoia a atribuição, às orações adverbiais antepostas, de funções ligadas à questão do relevo informativo, como por exemplo, a indicação de que elas podem preparar moldura de referência para o conteúdo da oração que se segue, como ocorre em:

Quando falou em Pedro, não acusei as referências ouvidas de Dona Leonor. (A)
Se tudo está desse jeito, eu não posso confiar! (PEM)
E ainda que isto pudesse ser uma temeridade editorial, insisti no meu propósito. (CAR-O)

O uso dos coordenadores, que são sequenciadores, por sua vez, constitui uma evidência da dimensão textual do funcionamento dos itens gramaticais. Possuindo efeito de progressão textual, um elemento como *mas*, por exemplo, se distingue de elementos de significado semelhante, como *todavia* e *no entanto*, que constituem, em si mesmos, satélites adverbiais, e que, além disso, têm caráter fórico, fazendo retomada de alguma porção anterior do texto (= apesar disso).

AS PREPOSIÇÕES

A) AS PREPOSIÇÕES INTRODUTORAS DE ARGUMENTOS*

A

1 A preposição *A* funciona no **sistema de transitividade**, isto é, introduz **complemento**.

1.1 A preposição *A* introduz **complemento de verbo**.

1.1.1 O **complemento** se refere a um ponto de chegada ou a um ponto final de referência (**meta**).

1.1.1.1 Com **verbos +dinâmicos** que indicam:

a)   aproximação, contato

A mocinha se agarra À mulher. (DM)
Maria abraça-se AO bombeiro. (ELC)
Colei os braços AO corpo. (CBC)
[Tati] Aconchegou-se bem AO colo dela. (MP)
Fazia um esforço para me agarrar À ideia de que não era culpado. (MPB)
Você se aferrou A essa ideia frívola do jantar. (Q)
[Gina] afincou-se À obsessão de morrer. (ID)

---

* Verifica-se, pois, que algumas preposições também poderiam ser tratadas na Parte I, referente à Predicação, mas optou-se por uma organização sustentada por maior generalização.

A Junção

b) adição, agregação

*Na pronúncia descuidada brasileira uma vogal sempre se **adjunge** às **consoantes mudas**.* (ESP)

***Acresce** o combate sem tréguas à **pirataria**.* (EV)

*Alguns seringueiros, ambicionando um melhor preço, **adicionavam** impurezas ao **produto**.* (GI)

*Ao **pranto**, que é livre, **ajunte-se** o rosário de desculpas.* (CB)

*Que **aduzir** então ao **que** Ângela estava a pensar?* (VB)

*Terei de me **agregar** à **linha** política do Presidente da República.* (CB)

*São Tomás, com sua obra, sistematizou a Escolástica e **incorporou** Aristóteles ao **pensamento** cristão.* (HF)

*De fato, Ângela **reúne**, à **obsessão** da louca, uma alegria, uma exuberância que nunca mostrava.* (CC)

c) associação, ligação

*A parte dianteira do foguete se **acoplou** à **sua base** com precisão milimétrica.* (FSP)

*Vários autores **associaram** a estrutura xerofítica à **ação** da luz sobre a organização vegetal.* (TF)

*Tristeza que o fiel sente pelo pecado que o **acorrenta** à **sua paixão**.* (MA-O)

*A esse **fator** dinâmico interno **aliava-se** um fator externo.* (RS)

*Não são poucos aqueles que **ligam** esse fenômeno aos **problemas** sexuais mal dirigidos nessa idade.* (AE)

*Seria possível **relacionar** tal fato à **sugestão** do uso do simples pronome.* (RB)

***Prende-se** a isto uma transformação econômica profunda.* (HE)

*Estranha simpatia desde logo **uniu** seu Meireles àquele **pirralho**.* (G)

d) adaptação, adequação, ajuste

*Pretendemos, com esse esforço, **adaptar** as pesquisas às **realidades** nacionais.* (JK-O)

*O homem deve **conformar** sua conduta à **santidade** de Deus.* (SI-O)

*O Gustavo Franco muda os fatos para **adequá-los** à **teoria**.* (VEJ)

*A economia brasileira se **ajustará** inteiramente a **este sistema** de equilíbrio.* (HE)

*Quanto ao Monticelli, poderemos **amoldá-lo** aos **nossos costumes**.* (VN)

***Afizera-se** ao ambiente.* (MEC)

*Não soubemos **acostumar** o povo ao **amor** do sacrifício.* (MA-O)

*Mas [a ave] deverá **aclimatar-se** logo ao **seu novo habitat**.* (JB)

*A professora buscava atividades para acalmá-los [os dois grupos], conseguindo, pela educação física, **afeiçoá-los** à **vida normal**.* (AE)

e) adesão

*Nenhum dos membros do meu grupo **aderiu** à **radicalização**.* (SV)

As Preposições

f) comparação, equiparação

*Sim, **compara** o Nordeste à **Terra Santa**.* (BP)
*Os 600 mil palestinos serão excluídos, já que Cartes **equipara** a OLP A **Hitler**?* (FSP)
*Uma vez ou outra tiveste inveja desses apaixonados que, entretanto, no íntimo, **asse-melhas** um pouco AOS **místicos** e AOS **fumadores de ópio**.* (BA)
*"Mas Clemente é negro e comunista!" – disse Samuel, desesperando-se ao ver que o cafre **iria ser igualado**, talvez A **ele**.* (PR)

g) movimento em direção a um lugar

*Saímos para **ir** AO **cinema**, ela adiante com Silvia, eu e Seu Camilo.* (MAR)
*A pouco e pouco fui melhorando, e já **saía à esquina**, à procura de amêndoas.* (FR)
*E você, Lígia das Graças, quando **regressa** A **Serras Azuis**?* (SA)
***Vinde** A **mim**, os que sois exaustos e oprimidos.* (VC)
*Em andar vagaroso **cheguei** AO **muro** dos fundos.* (MAR)
*E nem a memória é tão pronta a **acudir** AO **meu chamado**.* (CCA)

h) indução, persuasão, aliciamento

*Um clima de tolerância e uma atmosfera de compreensão é que se respira, **levando--nos** A **uma aproximação** maior com Deus.* (LE-O)
*É imperioso abdicar ao discurso estéril e irrealista, do pseudonacionalismo que **induz** AO isolamento.* (COL)
*[Os camaradas deviam] **persuadir** membros da Igreja A **virem** à China.* (SI-O)
*Um dos companheiros que me **induziram** A **fazer** movimento no banco veio tirar conversa* (R)

i) chamamento, convocação

*E nesse instante eu tenho o prazer de **chamar** AO **palco** a presidente da Morada da Mãe Solteira.* (OM)
*Ao **convocar** AO **seu gabinete** o delegado Menelau Pulmann, [o doutor Siqueira Polim] pretendia evitar acidentes que pusessem a polícia em choque com a população.* (GRE)

j) limitação, restrição

*A alta concentração de renda **restringiu-se** A **determinadas** regiões e A **grupos** privilegiados da alta burguesia.* (BRI)
*A luta política deve **ater-se** À **competência**, à **ideologia** e A **princípios morais** verdadeiros.* (FSP)
*Joaquim Arão **limitou-se** A **relembrar** o depoimento-confissão do réu.* (PFV)

k) diminuição, rebaixamento

*Uma dor profunda **reduziu**-a [a velha] A **um trapo**.* (CAN)
*[Deus] era capaz de mandar **rebaixar** você A **soldado raso**.* (REB)

A Junção

l) expansão

> *A complexidade e a diversidade dos problemas (...) relegou para muito longe os conceitos sediços que, até bem pouco, lhes confinava a participação na vida nacional a um reduzido número de seus aspectos, para **alargar-se** A **quase todos os setores**.* (JK-O)
>
> *A racionalização não somente contaminou dois subsistemas (economia e Estado) mas já **expandiu-se** A **certas instituições** do mundo vivido.* (HAB)

m) postulação a cargo ou posição

> *Ouço dizer que até um mulato vai **candidatar-se** A **prefeito** daqui.* (AM)
>
> *Não me diga que está pretendendo escrever uma obra assim, para **se candidatar**, com ela, A **Gênio da Raça Brasileira**!* (PR)

1.1.1.2 Com **verbos -dinâmicos** que indicam:

a) tendência, inclinação

> *Uma vez esse [crescimento] terminado, as duas correntes **tendiam** AO **equilíbrio**.* (AE)
>
> *A lei número 589 não **tende** AOS **interesses** da política municipalista.* (FM)

b) ligação, vinculação

> *A defesa nacional **liga-se** À **realidade** econômica do país.* (JK-O)
>
> *Todos esses símbolos **vinculam**-se agora A **mim**.* (MO-O)

c) limitação, restrição

> *Estava em germe a ideia da grande união das nações da América em torno de objetivos que não **se adstringissem** AO **campo político**.* (JK-O)
>
> *E a questão não **se confina** A **nós**, aqui no Brasil.* (MH)

d) comparação, cotejo

> *A alma (...) **compara-se** A **um carro** puxado por dois cavalos alados.* (HF)
>
> *O artista criador **equiparava-se** perfeitamente AO **trabalhador** produtor não propriamente artista.* (MH)

1.1.2 O **complemento** se refere a um ponto de origem

1.1.2.1 Com **verbos +dinâmicos** que indicam **distanciamento**:

> *Cada qual por seus motivos se **alheava** AO **grupo**.* (G)
>
> *Não se pode **fugir** À **realidade**.* (ESP)
>
> *É melhor **resignares** AO **teu posto**, que os deuses não te ajudarão.* (TEG)

As Preposições

1.1.2.2 Com **verbos -dinâmicos** que indicam **distanciamento**:

O voto parlamentar não foge à regra, embora seu patamar seja mais elevado. (OLI)

1.1.3 O **complemento** se refere ao **objeto** não afetado da ação verbal.

1.1.3.1 Com **verbos +dinâmicos** que indicam:

a) referência

Aludia o autor de "O Selvagem" A um livro raro de 1550. (IA)
[Livínia] Reportava a lenda A embustes. (CBC)
A racionalização refere-se A processos de transformação institucional segundo a racionalidade instrumental. (HAB)

b) presenciação

As crianças assistiam emudecidas ÀQUELE grande acontecimento. (DE)
E agradeço, ainda, a Vossas Excelências Senhores Ministros do Estado e Senhores Governadores que se dignaram comparecer A este ato. (ME-O)

c) correspondência

Creio que corresponderei À sua expectativa. (DN)

d) sequenciação

A esse movimento de independência, que não fugia ao espírito universalista da cultura, seguiu-se o da libertação intrínseca, eminentemente nacionalista, que foi o modernismo. (TA-O)

e) obediência

Mas mesmo assim, doente e raivoso, não obedecia A ninguém. (CJ)
Nossa ação futura deverá ser a de prosseguir na mesma trilha, obedecendo A essa mesma filosofia. (ME-O)

f) conformação

Mas na verdade conforma-se A um padrão definido de leis que podem ser descobertas. (HIR)
Agora me resignava AO pão seco, AO líquido repugnante e adocicado. (MEC)

g) recusa

Não me recuso A tratar do assunto. (PR)
Não pude me furtar A uma resposta em tom agressivo. (A)

h) oposição, resistência

Ele acredita que não ousaremos a nos contrapor A seus desígnios. (BN)

A Junção

> *Para **obviar A esses riscos**, como sabeis, propus recentemente, aos Governos dos Estados Unidos e dos países latino-americanos, uma nova doutrina econômica para a América Latina.* (JK-O)
>
> *Não tenho a menor dúvida de que Flávio Moreira da Costa ama os autores que inclui em sua antologia. Por isso mesmo, deveria **opor-se A tal operação**.* (VEJ)
>
> ***Resistimos A essa dolorosa incerteza.*** (MEC)

i) condicionamento

> *A lei (...) não **condiciona** o pagamento à **situação** financeira da autarquia.* (SB)

j) submissão

> *Rodrigo estava decidido a conquistar Santa Fé, a **submetê**-la à **sua vontade**.* (TV)
>
> *Qualquer resposta falsa a alguma das perguntas acima constitui crime e **sujeita** o requerente Às **penas** da lei.* (OLG)

1.1.3.2 Com **verbos -dinâmicos** que indicam:

a) correspondência

> *Na prática, a não reeleição do parlamentar **equivale À revogação** de seu mandato.* (CB)
>
> *A alma, em seu estágio originário, **compara-se A um carro** puxado por dois cavalos alados.* (HF)

b) propriedade ou qualidade

> *O quarto **cheirava A cerveja**.* (ASA)
>
> *A madrugada principiando **cheirava A acácias** em noite de lua cheia.* (JM)
>
> *De certo modo **sabia A uma vingança**, aquilo, a uma doce vingança.* (CEN)

c) oposição

> *O egoísmo se **opõe À felicidade** total.* (VN)

1.1.4 O **complemento** se refere ao **destinatário** ou **receptor** da ação verbal. Com **verbos +dinâmicos** que indicam:

a) elocução

> *Apareceu Bentinho para **falar AO irmão**.* (CAN)
>
> *A **ela se dirigia** o médico em suas ordens.* (MAR)

b) comunicação, relato

> ***Escrevi À tia** Alice carta que releio comovido.* (CF)
>
> *Vou **contar À mamãe** que você me chamou de monstrinho.* (PF)
>
> *O que teria Eulália **dito A meu pai**?* (DM)

Relatava Martins Fontes, A amigos, que, em Paris, após as bebidas e a palestra nos cafés, todos iam à vida noturna e Bilac regressava só ao hotel. (FI)

*Zefa **participou** AO **irmão** que ia morar com o coronel Eleodegário.* (SA)

c) solicitação, requerimento

*Por isso desafia os deuses e provoca o povo, para que **peça** AO **rei** a sua demissão.* (TEG)

*Para dois clandestinos, atravessar a Polônia, a Tchecoslováquia e a Alemanha era **pedir** À **polícia** que os prendesse.* (OLG)

*A diretoria **solicita** AOS **quotistas** (...) providenciarem o preenchimento das fichas.* (EM)

***Rogo** AO **homem** que me desculpe.* (R)

d) promessa, garantia

*Eu **garanto** A **você** que Tomas não quis ofendê-la.* (A)

*Amanhã eu **prometo** A **você** que arranjo vários empregos.* (ELC)

e) instrução

*Ide, **ensinai** A **todos** os povos.* (SI-O)

*Como é que eu iria **explicar** A **ele** que meu ofício é o de viver embodocado.* (R)

f) indagação

*Mal **indagou** isto A **si mesma**, viu uma forma veloz deslizar pelo tapete.* (BOC)

***Perguntei** A **meu pai** o que achava.* (ASA)

g) resposta

*Era tia Quinquinha quem **respondia** A **Gumercindo**.* (VD)

h) ordem

*– Puxa a almofada e sente-se aqui – **ordenou** ela À **irmã**.* (CP)

i) confissão

*Não teria coragem de **confessar** A **Alice** a sua história inteira.* (CAN)

*E Jesuíno **confiava** A **Jesus** suas dúvidas.* (PN)

j) agradecimento

*E **agradeço**, ainda, A **Vossas Excelências** Senhores Ministros de Estado e Senhores Governadores.* (ME-O)

k) venda, transferência, negociação

*O padre recebe as velas e **vende**-as depois AOS **fiéis**.* (FN)

A JUNÇÃO

*O proprietário não **transfere** AO **trabalhador** nada que se assemelhe à posse da terra.* (BF)

l) envio, entrega

*Elody **envia** abraços A **todos** os amigos.* (AT)
***Enderecei** À **informante** um sorriso chocho.* (MEC)
*A Arena de Mato Grosso **encaminhou** representação AO **TRE**.* (FSP)
*Ganhou dinheiro fazendo versos não para **mandar** AO **mercado**, mas para **mandar** ÀS **livrarias**.* (COR-O)
*O recém-nascido fora **entregue** A **outro** casal para que o criassem* (ETR)

m) delegação

*Nada mais cômodo (...) do que **delegar** a responsabilidade AO **orientador**.* (PI)

1.1.5 O **complemento** se refere ao beneficiário.

1.1.5.1 Com **verbos +dinâmicos** que indicam:

a) doação, oferecimento, oferta, homenagem

*AOS **grandes mosteiros** (...) os particulares **doaram** várias terras.* (CJ)
***Deu** AO **genro** um engenho com setenta escravos.* (CGS)
***Concedi** passaporte AO **condenado**.* (CL)
*Punha-me a **oferecer** as flores AOS **viajantes**.* (PA)
*De noite (...) **ofertei** jantar AO **aposentado**.* (A)
*Esteja certo Vossa Excelência de que está recebendo o aplauso mais profundo e mais verdadeiro que esta nação pode **prestar** A **alguém**.* (JK-O)
*Ramiro Magalhães era uma criança estourada e ruidosa, A **quem tinham conferido** insensatamente o cargo de prefeito de Natal.* (MEC)
*Porque nela estão o passado, o presente e a imagem da Pátria que **legaremos** AO **futuro**.* (G-O)
*As rixas nunca esfriaram o bem que **dedico** A **todos** desta casa.* (VP)

b) benefício, favorecimento

*A iniciativa tomada pelo prefeito **beneficia** diretamente AOS **belenenses** que nos finais de semana se dirigem para a área de praias de Outeiro e, também, A **30 mil moradores**.* (APP)
*O Plano Nacional de Habitação (...) **favoreceu** grandemente à **população** rio-grandense.* (ME-O)

c) atribuição, conferimento

*Chegou-se a **atribuir** poderes curativos à **urina** do novilho.* (VEJ)

As Preposições

*Tinha-me esquecido de **adjudicar** AO **físico** o meu suplemento de altura.* (MP)
*AO **nos[so país coube** prêmio secundário.* (MH)
*AO **Poder Executivo compete** a administração de caráter geral.* (DC)
*Sinto, no meu voto, a força das antecipações, certo de que Deus **reserva** AO **nosso** **povo,** neste ano de 1970, um feliz ano novo.* (ME-O)

\# Introduz **complemento** de **perífrases** formadas por **verbo + objeto direto** representado por **sintagma nominal**, com o **complemento** preposicionado indicando a pessoa possuidora daquilo que é referido no **objeto direto**:

*Edilberto teve que largar a desgraçada da Cigana no curral, **tomar um cavalo emprestado** AO **Vitô** para regressar.* (VER)

1.1.5.2 Com **verbos -dinâmicos** que indicam:

a) conveniência

*Tens a alma grande e indiferente como **convém** A **uma rainha**, uma deusa, uma cortesã.* (CT)

b) pertença, posse

*Esta terra **pertence** mais A **mim** do que AOS **portugueses e espanhóis**.* (VP)
*Algumas [armas] **pertencem** A **coleções** particulares.* (LM)

c) falta, carência

*A **ambos faltaram** sempre os recursos materiais.* (JB)
*Se algumas qualidades **faltavam** A **Lopes**, sobrava-lhe a da liderança.* (FI)

d) dívida

*Devo **este financiamento** AO **BNH**.* (TA)
*Já **devemos** AO **armazém**, À **farmácia**, o aluguel.* (PCO)

1.1.6 O **complemento** se refere ao experimentador de um **estado** ou **processo**. Com **verbos** que indicam satisfação, agrado:

*Formava uma fila dos impacientes e via-se atrapalhado sem saber como arranjar papel para **satisfazer** A **todos**.* (ARR)
*Mas parece que o noivado não **agrada** À **rainha**.* (BN)

1.1.7 O **complemento** é o causativo:

*A alegria deles **se deveu**, em grande parte, AO **entusiasmo** do gaúcho pelos bailes, nas fazendas ou nos ranchos.* (G)
*Isto não **se deve** AO **acaso**.* (FS)

A JUNÇÃO

1.1.8 O **complemento** é o fim, destino, utilização.

Neste caso, a maior parte dos **complementos** é oracional, geralmente de **infinitivo**.

1.1.8.1 Com **verbos +dinâmicos** que indicam:

a) destinação, aplicação

*O cientista **aplicou** suas descobertas às **usinas** hidrelétricas.* (MA)

b) favorecimento

*Nuvens claras **ajudavam** A **acentuar a alvura** lá em baixo.* (AM)

c) chamada

*A corregedoria da PM **convocou** anteontem o major Osvaldo Santana (...) A **dar explicações** sobre seu depoimento.* (FSP)

d) coação, indução

*Foi a politicagem que **forçou** Coutinho A **não convocar** Marinho.* (CB)
*Rendido pelos assaltantes, Quintans Novo foi **coagido** A **levá-los** até seu apartamento.* (VEJ)
*Minha fé em um Brasil grandioso me **leva** A **crer** que nada, nem ninguém, poderá deter ou modificar as etapas de sua ascensão.* (ESP)

e) disposição

*Armando se **dispunha** A **fazer** qualquer coisa.* (ED)

1.1.8.2 Com **verbos -dinâmicos** que indicam:

a) destinação

*As citações em língua estranha se **destinam** A **deslumbrar** o leitor.* (RB)

b) adequação

*Como Sophia, nem Lollo, nem Claudia foram excepcionais atrizes, simplesmente se **adequavam** Aos **papéis**.* (VIE)
*A palavra se **presta** A **confusão**.* (ACM)

1.1.9 O **complemento** é o **afetado** pela ação verbal. Com construções verbais de ação-processo que marcam qual a transformação que se dá no complemento:

*As ideias gerais que mais tarde vão **dar corpo** à **problemática** da sociologia do conhecimento são encontráveis nas obras de vários pensadores.* (FS)

*Ribeiro ainda conseguiu **impor** o seu ritmo Aos **demais**.* (CB)
Governadores que se dignaram comparecer a este ato e, assim, testemunhando-o,
dão realce *ainda maior A **seu alto significado**.* (ME-O)

1.1.10 O **complemento** é um **efetuado**, a partir da ação verbal. Com **verbos** de ação-processo que indicam criação:

*Na primeira estudaremos as doutrinas que **dão origem** AO **comunismo**.* (SI-O)
*Esta dupla etimologia **deu nascimento** A **duas acepções** que, pelo menos à primeira*
vista, parecem opostas. (EM)

1.1.11 O **complemento** é **locativo**.

1.1.11.1 Com **verbos +dinâmicos** que indicam mudança de lugar (com direção):

*Suplicou-me fizesse um pouco de sala a sua excelência e, **conduzindo**-me A **um can-***
to, perguntou misteriosamente se eu apreciaria como protetor tão bonito pedaço
de homem. (CE)

1.1.11.2 Com **verbos -dinâmicos** que indicam situação. Nesse emprego, a **preposição** A equivale a **em**:

*O que **está** À **nossa frente** é o retrato contrário ao que enxergamos.* (PAO)
*Noé **está** À **mesa**.* (FAN)
*Antônio Carlos já **estava** A **bordo**, para dar suas ordens.* (TER)

\# A gramática normativa não recomenda o emprego da **preposição** A no valor da **preposição** *em*, como em:

*O Centro Cultural São Paulo **fica** À **Rua** Vergueiro, 1.000.* (FSP)

1.1.12 O **objeto direto** de um **verbo** pode vir precedido pela **preposição** A (**objeto direto preposicionado**), fato que é condicionado

a)   pelo tipo de **sintagma** que constitui esse **complemento**:

a.1) A **preposição** A é obrigatória antes de **objeto direto** expresso por **pronome pessoal tônico**

*Quem sabe resolvem **ajudar** A **nós** todos?* (OPV)
***Corrigimos** A **nós mesmos** ou aos parceiros, fazendo reparos sintáticos, lexicais,*
fonéticos, semânticos ou pragmáticos. (ANC)

A JUNÇÃO

\# Especialmente na linguagem falada, mas também na língua escrita, em registro mais distenso, ocorre **pronome pessoal tônico** como **objeto direto**, sem **preposição**, construção que é condenada pela gramática tradicional normativa:

> **Encontrei** ELE *agorinha e ele disse que viesse.* (PEM)
> *O que interessa é que eu saí no rastro desse homem e* **encontrei** ELE *num pouso.* (GCC)

\# Uma situação particular do uso de **pronome oblíquo tônico** como **objeto direto**, precedido de **preposição**, é como reforço de um **pronome átono** da mesma função (**pleonasmo**):

> *A hora do almoço, chamaram-me,* **A mim** *e a Mário.* (A)

a.2) A **preposição** A é facultativa e é rara antes de sintagma nominal

> *Essa lei, entretanto, não transcende* **AO homem**, *ela não existe fora do homem.* (IS)
> *O alcance deste fenômeno* **transcende o aspecto clínico** *da psicanálise e se inscreve em sua dimensão mais teórica.* (PSI)

a.3) A **preposição** A é facultativa e é menos rara antes de

• **pronomes indefinidos** como *alguém*, *ninguém*, *ambos*, *todos* etc.:

> *Comecei a* **amar** A **todos** *como eram, com defeitos e virtudes.* (VEJ)
> *Bastava, entretanto, topar com uma outra em sua frente e lá ia o cabo, e se uma terceira surgisse, a ela se atiraria como se pudesse e devesse* **amar todas as mulheres do mundo.** (PN)
> *Como está distante do espírito de Cristo,* A **luz** *verdadeira que* **alumia** A *todo homem que vem* A *este mundo!* (LE-O)
> *Sim, irmãos, se Cristo* **alumia toda criatura** *que vem a este mundo, como podemos, em sã consciência, dizer que este ou aquele indivíduo não é de Deus?* (LE-O)
> *Não podemos esquecer que a educação dos adultos interessa particularmente todas as organizações democráticas, não apenas* **chamando** A **todos** *os indivíduos para participarem da cidadania.* (BIB)
> *Em 1988* **surpreendeu** A **todos** *os analistas derrubando Antonio Cafiero, um peronista histórico e "moderno", na convenção partidária.* (FSP)
> *A deliberação, agora assentada,* **surpreendeu todos** *os segmentos da opinião pública nordestina.* (CB)
> *Incapaz de* **ofender** A **alguém**, *sempre atencioso.* (S)

\# A **preposição** não é, porém, facultativa, se o **objeto direto** for pleonástico:

> *E sabia que esse projeto* **nos entusiasmava** A **todos**. (ACM)
> *É com pasmo que* **nos vejo** A **todos** *sentados sobre este metro quadrado de terra e de sombra* (AL)

- **nomes próprios**, especialmente o nome *Deus*:

> *Nenhum dos dois potentados parecia amar A Deus e muito menos ao vigário.* (INC)
> *E amar A Deus é amar as coisas que Ele fez para o nosso prazer.* (OSA)

b) pela ordem dos termos: a **preposição** *A* é de uso comum quando se coloca o **objeto direto** antes do verbo

> *A homem pobre não se rouba.*
> *A médico não se deve enganar.*

\# Em alguns casos, a **preposição** *A* antes do **objeto direto** evita ambiguidade, por distinguir formalmente o **sujeito** (posposto) do **complemento** do **verbo**:

> *Ao bem venceu o mal.*
> *Ao cavalo favorito o outro superou.*

1.2 A preposição *A* introduz complemento de adjetivo.

As mesmas relações indicadas como expressas na complementação dos **verbos** aparecem na complementação dos **adjetivos**, que expressam, por exemplo:

a) junção

> ***Juntos A estes** o Mestre Oiticica, do Colégio Pedro II, com que gostava de prolongar meus estudos.* (TA-O)

b) adaptação

> *Cada nação possui sua realidade, suas tradições e seu destino, cada qual tem que buscar uma solução **adaptada ÀS suas necessidades**.* (PT)

c) necessidade

> *Mas, de outro lado, é também evidente que certo grau de desenvolvimento seja **imprescindível à própria segurança nacional**.* (ME-O)
> *Estas e muitas outras noções **essenciais à formação** humanística nós aprendíamos.* (TA-O)
> *O alimento é **necessário à existência** do homem.* (EG)

d) comparação

> *O futebol é marcado pela era **anterior e posterior A Pelé**.* (FSP)
> *Sem que esta [segurança nacional] venha a ser elevada a um plano **superior AO daquele [desenvolvimento]**.* (ME-O)
> *A quase totalidade do café por nós exportado era de qualidade **inferior À de diversas outras** proveniências.* (GHB)

e) alheamento

> *Almoçou em nossa mesa, introduziu com habilidade assuntos **estranhos** AO **que** nos preocupava.* (MAR)
> *Naldo me pareceu estranho, **alheio** AO **que** se passava à volta dele.* (SEN)

f) lugar

> *Assim permaneceu até 1953, quando em outubro deste ano, conseguiu um emprego na firma de Aloísio Coelho dos Santos, **sita** À **rua** Brazilina nº 16.* (GLO)

Nesses casos, usa-se também a **preposição *em***, construção que é mais recomendada pela gramática tradicional:

> *Assim permaneceu até 1953, quando em outubro deste ano, conseguiu um emprego na firma de Aloísio Coelho dos Santos, **sita** NA **rua** Brazilina nº 16.*

1.3 A preposição *A* introduz complemento de substantivo.

As mesmas relações indicadas como expressas na complementação dos **verbos** aparecem na complementação dos **substantivos valenciais**, que expressam, por exemplo:

a) direção

> *Buscam bênçãos quando fazem uma peregrinação em **romarias** A **santuários** como Aparecida do Norte.* (BEN)
> *Como o objetivo da **viagem** AOS **Estados Unidos** era só obter os carimbos no passaporte, o tempo estava praticamente livre para o namoro.* (OLG)

b) impedimento

> *Poderão ressurgir como **obstáculo** À **própria instauração** das ciências.* (FS)
> *Ela e as filhas eram **empecilhos** À **sua felicidade**!* (PCO)
> *Saía do colégio como entrara, com a blusa branca sem nenhuma condecoração e para aquelas mulheres devia ser esse o maior **impedimento** À **sua felicidade**.* (CP)

c) solução, resolução

> *Ao realizarem a sua bênção, padres e pastores fazem uma manipulação dos membros da sociedade dos mortos para produzirem **soluções** A **problemas**.* (BEN)

d) comunicação, relato, enunciação

> *Qualquer **resposta** falsa A **alguma das perguntas** acima constitui crime.* (OLG)

e) orientação

> *Nós vemos a função do jornal da televisão em termos de oferecer um **guia** AO **público** para os acontecimentos do dia.* (VEJ)

As Preposições

*Adotar certos princípios metodológicos como **guia** seguro AO **processo** decisório e À **própria ação governamental.** (ME-O)*

f) postulação de cargo

*A **candidatura** do ex-governo Eupátrum Perfoliátum À **Presidência** é a que aparenta melhor perfil para o cargo. (BOC)*
*Hoje, o PMDB tem **candidatos** A **prefeito** em nada menos do que seiscentos e oitenta e sete cidades. (IS)*

g) inclinação

*Com grande satisfação comprovou-se seu aumento contínuo, o qual, com o floresci-mento crescente das **vocações** AO **sacerdócio,** auguram dias felizes. (ESP)*
*As células têm **tendência** A **perder** potássio e receber sódio quando há insuficiência circulatória. (NFN)*

h) subordinação, sujeição

*A perfeição técnico-operacional do piloto, metáfora da ciência da cibernética, não nos pode fazer esquecer a sua **subordinação** A **objetivos predeterminados.** (CIB)*
*A razão está na **sujeição** da imprensa provincial AOS **enlatados metropolitanos.** (RI)*

\# Esses **substantivos** são, em geral, **abstratos** (nomes de ações, processos, esta-dos). São raros os **substantivos concretos valenciais.**

1.4 A **preposição** A introduz **complemento de advérbio.**

Algumas das relações indicadas na complementação dos **verbos** aparecem na complementação dos **advérbios:**

*Precisava colocá-lo **frente** A **evidências** irrefutáveis. (BU)*
*O Sr. Paulo Campos Guimarães vem efetuando consultas **junto** AOS **seus** correligio-nários. (JB)*
*Em suma, acredito ser uma contribuição inicial válida a ser utilizada **juntamente** A **programas** mais versáteis e interativos. (FSP)*

2 A **preposição** A funciona fora do **sistema de transitividade,** esta-belecendo relações semânticas.

2.1 A **preposição** A estabelece relações semânticas no **sintagma verbal** (**adjunto adverbial**): **verbo+A+sintagma nominal** ou **oração não argumental.**

Relação de circunstanciação (expressão adverbial):

A JUNÇÃO

a) De tempo

a.1) Com **sintagma nominal** (ponto no tempo)

*A lua **nasce à meia-noite**. (SU)*
*Vezes sem conta, **levantava-me à noite**, pensando que corria algum vento no quintal. (FR)*
*Mas **caminham** ousadamente **à luz do dia**. (SI-O)*
***Ao jantar tomou** apenas uma sopa leve. (INC)*
***Aos quinze anos** o adolescente **entende** tudo, mas pode desestruturar-se por carências afetivas familiares. (VIS)*

a.2) Com **infinitivo** precedido de **artigo** (concomitância entre dois eventos)

***Ao ver-me** chegar ansioso, Norberto **sorriu**. (FR)*
***Ao retornar** à casa, Lígia **notou** que dona Leocádia tinha um ar de extrema aflição. (OLG)*

a.3) Com **sintagma nominal** no **plural**, sendo o núcleo um **nome** relativo a dia da semana (tempo **frequentativo** ou **habitual**)

***Aos domingos** a mãe **cozinhava**. (ANA)*
*Ela acaba de descobrir uma forma de sobreviver: **organizar** festas **às sextas-feiras**. (CRE)*

a.4) Com datação, horário ou idade (ponto final no decurso do tempo, sendo que o ponto inicial se marca com a **preposição** *DE*)

***De 21 de fevereiro a** 21 de março o sol **se encontra** em peixes. (AST)*
*A safra do Pará **vai de julho a** março. (AGF)*
***De sete às** sete e quinze. (CF)*
*Todos os franceses **de 20 a** 25 anos deviam cumprir o serviço militar, cuja duração era ilimitada em tempo de guerra. (HG)*

b) De lugar (com **sintagma nominal**)

b.1) localização no espaço

*A bela sinhá Leandro (...) **ajoelhou**-se **ao pé** do moribundo. (BP)*

b.2) ponto final de uma extensão no espaço (o ponto inicial se marca com a **preposição** *DE*)

*Diante de mim, alumiado **de ponta a ponta, rolava** o mar. (CL)*
***Era da cabeça aos pés**, da mesma grossura. (CF)*
*A costa, **de cabo a rabo, veio apreciar** a rixa. (CL)*

c) De proximidade ou contiguidade (com **sintagma nominal**)

*Maria **sentou-se à mesa**, depois de insistentes pedidos. (ROM)*

*Quando Gregória apareceu aquela manhã com o chimarrão, **encontrou** o médico À **mesa** escrevendo uma carta.* (TV)

d) De exposição (com **sintagma nominal**)

*Latas vazias de gasolina **reluziam** AO **sol**.* (ALE)
*Seus dentes **brilhavam** À **luz** da Lua.* (CAS)

e) De instrumento (com **sintagma nominal** sem **determinante**)

*Arnaldo se pôs a **desenhar** A **graveto** um busto de mulher.* (FR)
*Voltou com um sovado mapa de Mato Grosso onde se **delimitara**, A **lápis de cor** vermelho, o Parque Nacional do Xingu.* (Q)
*Meu tio, dotado de uma habilidade manual fantástica, não ficava quieto: pintava, desenhava, modelava, **desossava** patos A **bisturi**.* (BAL)
*A fumaça dentro do bar Cassino el Cubano é tamanha que dá a impressão de poder **ser cortada** A **faca**.* (HO)

f) De modo (com **sintagma nominal**)

São inúmeras as expressões modais iniciadas por *A*, tanto com **nome** no **singular** como com **nome** no **plural**:

*As fãs condenam unanimemente a atitude traiçoeira do rei, **casando-se** À **revelia**, sem prévia autorização.* (VP)
*Meninos de rua **desapareciam** A **rodo**, sem ideia do que seria um pai.* (EMB)
*Agora, o produto é **oferecido** A **granel**.* (JB)
*A **passos lentos**, cansados, **entra** na praça, seguido de Rosa, sua mulher.* (PP)
*Os olhos da gente iam-se **acomodando** AOS **poucos**.* (CF)
*A gripe tinha-se assenhoreado de mim, de tal maneira que eu não podia conciliar o sono, **emagrecendo** A **olhos vistos**.* (FR)
*Desde que não seja possível **guardar** os materiais bibliográficos ÀS **escuras**, o melhor é reduzir sua exposição à luz.* (CRS)
*Não foi preciso me **dizer** isto ÀS **claras**, porque há coisas que não se dizem.* (BPN)

\# O **sintagma** *A distância* constrói-se, em princípio, sem **artigo** antes do **nome**, embora ocorra também com o **artigo**:

*Os dois irmãos de Carlos se **mantinham** A **distância**, de olhos baixos, como se não me tivessem visto.* (A)
*Geraldo tinha requintada perícia em **seguir** A **distância**.* (BB)
*E a primeira coisa que **avultava**, A **distância**, era justamente o retrato.* (BH)
*Mesmo À **distância**, papai **percebeu** o que estava acontecendo* (CEN)
*Andamos mais um pouco até que pude ver o que já **entrevira** À **distância**.* (MMM)

Entretanto, o **artigo** ocorre necessariamente:

A JUNÇÃO

- quando a distância é especificada:

> **Ficou** *à espera de que, à **distância de pouco menos de um metro**, a porta se descerrasse.* (LA)
>
> *Rabichos são blocos de pedra **enterrados à distância de dois metros do poste*** (GL)

- quando a falta do **artigo** pode trazer ambiguidade:

> *Não ameis à **distância**, não ameis, não ameis!* (ATI)

diferente de

> *Não ameis A **distância**, não ameis, não ameis!*

\# São **locuções adverbiais** de modo expressões formadas por um **nome, pronome** ou **numeral**+*A*+o mesmo **nome, pronome** ou **numeral**. O modo expresso tem, no caso, matiz **quantitativo distributivo**:

> *Depois deixa **cair gota** A **gota** a informação.* (FAN)
>
> **Página** A **página vai sendo cumprido**, *como menino que dá lição na escola – dando e recordando – até saber de cor.* (CRU)
>
> **Pouco** A **pouco, consegui** *acalmar papai.* (A)
>
> **Chamou um** A **um** *dos que necessitavam de xarope.* (ARR)
>
> *Nostradamus escreveu suas previsões em quadras, quatro versos **rimados dois** A **dois**.* (TA)

Observe-se que são equivalentes da expressão *pouco A pouco* as expressões *AOS poucos* e *A pouco e pouco*:

> *A*OS *poucos*, *uma visão mais científica do assunto **foi** se afirmando.* (APA)
>
> *A **pouco e pouco**, porém, eu **fui** pondo alegria nos seus dias tristes.* (DEN)

g) De causa (com **sintagma nominal**)

> *Ao amanhecer o dia, a Vila **acordou** AO **estridor** das cometas tocando alvorada.* (VB)
>
> *Para saber porque as seis freiras não **sucumbiram à AIDS**, descobriu-se que todas tinham algo em comum: tratavam-se, há muitos anos, pela homeopatia.* (OLI)
>
> *Desta, sabe-se, "os rios e as fontes secaram, **pereceram à fome e à sede** os animais domésticos e as feras silvestres, além de muitas pessoas".* (NOR)

h) De conformidade (com **sintagma nominal** ou **adjetivo**)

> *Ia quase **dizer**, AO **modo de** Hauser, que, no que se refere às relações entre arquitetura e lote urbano, o século XX inicia-se por volta de 1914.* (ARU)

\# Expressando essa relação semântica existem sintagmas iniciados pela **preposição** *A* nos quais a expressão *moda de* vem elidida:

AS PREPOSIÇÕES

*A não ser que hajam passado a **andar à paisana**, como os padres e os militares mais discretos.* (FE)

*Abandonou a roupa de brim e se **vestiu à moderna*** (BS)

*Por mais que procurasse ser espontâneo não o conseguia: **vestia-se à europeia**, usava uma boina.* (S)

*Certa vez, o fotógrafo **saiu à francesa** de uma recepção para não ter que cumprimentar o imperador.* (FSP)

i) De assunto ou referência (com **sintagma nominal**)

***Ouvi o que** os próprios mestres do marxismo **ensinam A esse respeito**.* (SI-O)

j) De limite **superior** (em correlação com **sintagma** iniciado por **de**)

*A porcentagem **varia de 10 A 50%***. (BF)

k) De restrição ou limitação (com **sintagma nominal** sem **determinante**)

Ficou A pão e água. (S)

l) De preço (com **sintagma nominal** quantificado)

*O milho não está caro **comprei A 6 cruzeiros 4 quilos**.* (ACI)

*Em agosto, a cebola pode **chegar A trinta cruzeiros** o quilo.* (OP)

m) De fim (com **oração infinitiva**)

*Logo depois de me entender com o Candinho **corri A ajudar os colegas**.* (CF)

*Aglaia sentou-se no seu canto favorito na varanda, na poltrona de vime, com o cão que **correu A fazer-lhe companhia**.* (JM)

n) De termo de movimento

*A gente **vai de Belém A Altamira** pelo rio, um rio grande chamado Xingu.* (ATR)

*E **de junho A outubro** o pasto **descansa**.* (BS)

\# Quando o termo do movimento é expresso pelos **advérbios pronominais** de lugar (**cá**, **aqui**, **lá** etc.) não se usa a **preposição A**. Essa construção é própria do registro coloquial:

***Daqui lá** é um estirão.* (IN)

*Ora, vó, **daqui lá** pra beira do rio tem mais de meia légua.* (LOB)

o) De condição (com **oração infinitiva**)

*Lá encontrarás a alemãzinha... **A não ser lá**, só no tênis.* (RIR)

***A não ser** Paulina, que a visitava regularmente, **não tinha ninguém** por si.* (SE)

A JUNÇÃO

2.2 A **preposição A** estabelece relações semânticas no **sintagma nominal (adjunto adnominal).**

2.2.1 **nome+A+nome:**

A canção A solo, aliás, era ainda pelos fins dos 1600 recebida com muita reserva. (PHM)

2.2.2 **nome+A+infinitivo (oração subordinada adjetiva reduzida de infinitivo):**

Documentar a relação crítica entre clientes, lucro e funcionários representa um **desafio A ser mensurado.** *(ESP)*
Nas especulações que brotaram imediatamente após o vazamento da informação de que Rubens Luduvig deixaria o MEC, o primeiro **nome A surgir** *em Brasília foi o do senador Murilo Badaró.* (IS)

2.3 A **preposição A** introduz **sintagma** em **função predicativa (predicativo):**

A **igreja** *está* **Aos pedaços.** *(DM)*
A **cena** *está* **Às escuras.** *(IN)*
Como a **logística da viagem** *estava* **A seu cargo,** *foi ela que decidiu que tomariam um trem até Paris.* (OLG)
Quando uma **biblioteca ou arquivo** *está fechado, fica* **Às escuras.** *(CRS)*

2.4 A **preposição A** entra nas construções indicativas de circunstância.

2.4.1 Nas construções **A+nome+preposição** (tradicionalmente: **locução prepositiva):**

A Brasilarte pertence ao grupo Brasilinvest e pretende editar toda a obra de Chopin, com Moreira Lima, em vinte e um discos, **Ao longo dos** *próximos quatro anos.* (IS)
Já lançara mão de todos os recursos **Ao alcance de** *um apaixonado em pleno delírio.* (BH)
Os ídolos e noções falsas que ora ocupam o intelecto humano e nele se acham implantados não somente o obstruem **A ponto de** *ser difícil o acesso à verdade.* (FS)
É bem verdade que não podemos ser tolerantes **A tal ponto de** *abrirmos mão de princípios fundamentais.* (LE-O)
Achamos por bem dirigir-lhes umas palavrinhas **À guisa de** *introdução.* (OM)

As Preposições

*A escola buscou mostrar desempenho À **altura de** sua tradição.* (VIS)
*O Padre Coelho encaminhou-se para a sala, **Ao encontro de** Jenner.* (ALE)

2.4.2 Nas construções **preposição+nome+A** (tradicionalmente: **locução prepositiva**).

*A apuração foi então interrompida, **em meio** A brigas.* (VIS)
*Apeei **de modo** A apreciar de rente tamanha imensidade junta.* (CL)
*É preciso que a conjuntura histórico-social esteja organizada **de tal modo** A provocar sua emergência.* (FS)

2.5 A **preposição** A entra na construção de perífrases verbais (**+infinitivo**) que indicam:

a) mudança de estado

*Em pouco tempo esse diminutivo genérico **passaria** A **indicar** especialmente o tipo de canção importada do Brasil.* (PHM)
*Sem que esta **venha** A **ser** elevada a um plano superior.* (ME-O)

b) início de ação ou processo

*Eu, que sou impressionável demais, **comecei** A **oscilar** sentindo uma tonteira danada.* (PR)
***Punha-me** A **oferecer** as flores aos viajantes.* (PA)

c) consecução

*[Ciloca] **chegou** mesmo A **hesitar**.* (MA)
***Chegou-se** A **atribuir** poderes curativos à urina do novilho.* (VEJ)

d) continuidade

*O americano **continuava** A **mastigar**, os olhos voltados para o concorrente.* (BH)
*D. Leonor **continuou** A **ter** amantes.* (CBC)
*Motoristas **ficavam** A **buzinar**.* (FP)

e) repetição de ação ou processo

*E eu **voltei** A **dobrar-me** a seus pés, A **suplicar**, A **pedir**, como um doido.* (BH)

2.6 A **preposição** A entra em construções de modalização de obrigação (deôntica):

***Cabe** A você cumprir esse dever.* (CEN)

623

*Isto **não cabe** AOS militares e **sim** AOS sofistas.* (TEG)

*A dita casa da praça fora uma loja; mas uma loja completa, como **competia** A um cidadão tão rico ter.* (LOB)

2.7 A construção A+infinitivo equivale a um **gerúndio**.

2.7.1 com valor adjetivo:

*Uma voz **A desafiar** as técnicas de impostação, mas que jamais desafina.* (IS)

2.7.2 com valor adverbial:

*Naquele formulário não havia uma só informação verdadeira, **A começar** pelo nome dos requerentes.* (OLG)

2.8 A **preposição** A entra em **expressões fixas**:

TER À MÃO	= ter disponível

*Traz sempre na cinta um rabo de tatu que é para **TER À MÃO** na horinha do desabafo da raiva.* (JC)

ESTAR A FIM DE	= estar interessado em

*NÃO **ESTOU A FIM DE** argentino hoje.* (É)

ESTAR A NENHUM	= estar absolutamente sem dinheiro

ESTOU A NENHUM. (DM)

ATÉ

1 A **preposição** ATÉ funciona no **sistema de transitividade**, isto é, introduz **complemento locativo de verbo**:

*Oscilavam entre o real e o irreal: ora nossas carteiras e camas **iam** ATÉ **o campo e ao mar**.* (CF)

*As águas **vinham** ATÉ **os seus pés** e Bertha parecia flutuar sobre elas.* (OE)

*Também se forem tão longe os pais e os pequenos não poderão **chegar** ATÉ **lá**.* (ATR)

Fui ATÉ *ao fogão apanhar um fósforo.* (PL)
*Uns faziam suas notas **subirem** ATÉ **além das nuvens**.* (CF)

2 A preposição ATÉ funciona fora do **sistema de transitividade**, estabelecendo relações semânticas.

2.1 A preposição ATÉ estabelece relações semânticas no **sintagma (adjunto):+ATÉ+sintagma nominal** ou ATÉ+sintagma adverbial.

2.1.1 Circunstanciação

2.1.1.1 De lugar

Na indicação de lugar a que chega um processo ou um movimento, o **substantivo** expressa o ponto de chegada, o termo, o limite final espacial:

> *Em tudo nosso ego se fissura, se dissocia, se **expande** ATÉ **as últimas porosidades permitidas à matéria**.* (CF)

\# A **preposição** *ATÉ* pode ocorrer seguida da **preposição** *a*:

> *Segui-a, ATÉ **a uma mangueira** enorme.* (ID)

2.1.1.2 De tempo

\# Na indicação de momento no tempo a que chega uma ação/processo/estado, o **substantivo** expressa o termo, o limite final temporal:

> *Te **amarei** ATÉ **o último sopro** da moléstia que me deres como última lambada.* (CF)
> *O Afraninho ATÉ **hoje** mal **contém o susto**.* (CF)
> *Tenho ATÉ **hoje a lembrança** de que ingurgitei.* (CF)
> *Os dois rindo, rindo, explorando a rua, **explorando a vida** ATÉ **então sempre igual**.* (CF)

\# Na indicação de tempo, também é possível a estrutura **verbo+*ATÉ*+oração**:

* **oração infinitiva**:

> *Tomávamos um, dois, três, ATÉ **doer o céu da boca**.* (CF)
> *É melhor **escondê**-lo. Pelo menos ATÉ **conseguirmos um local seguro**.* (OAQ)

* *que*+**oração** com **verbo finito**:

> *Esse suplício **durou** anos ATÉ **que um dia** (...) **apareceram os costumeiros algozes**.* (CF)

*Ninguém queria mais **obedecer** nem **sair** ATÉ **que os bedéis impacientes davam nas manivelas** e abriram os vazadouros.* (CF)

2.1.1.3 De limite numérico

Na indicação de quantidade máxima a que se chega, o **substantivo** expressa o limite numérico mais alto:

*A cegonha fóssil tem quase o tamanho de um jaburu, que **atinge** ATÉ **um metro e meio** da pata ao bico.* (VEJ)
*O produto **custa** ATÉ **quatro vezes mais**.* (AGF)
*Vangelio Mondelli, do Frigorífico Frimondelli, principal fornecedor da Bassi, afirma que **paga** ATÉ **trinta por cento mais** pelos novilhos precoces.* (AGF)

\# Em todos os tipos de indicação circunstancial, pode expressar-se, em correlação com o sintagma iniciado por ATÉ, o termo limite inicial (**de/desde+sintagma nominal**):

*Quem vai **do Rio** ATÉ **Brasília** diz, só encontra mata à beira da estrada aqui na Serra de Petrópolis.* (MAN)
*O sistema da Tranzamazônica, que se estende **desde o Atlântico** ATÉ **o Pacífico**, via Peru, está conjugado a essa programação.* (CRU)
*Um seminário sobre a mentira na Cultura será realizado **de hoje** ATÉ **a próxima quinta-feira**.* (CRP)
*Passou a vida no mar, **desde a adolescência** ATÉ **a morte**.* (CRU)
*Este período dura **de quatro** ATÉ **seis semanas**.* (AGF)
*O preço varia **de oitocentos mil** ATÉ **um ponto quatro milhão**.* (AGF)
*O teor em tanino existente na casca varia muito, indo **desde 10** ATÉ **40%**.* (BEB)
*Há preconceitos de toda espécie, **desde a mais baixa** ATÉ **a mais alta**.* (DE)

\# Pode aparecer a **preposição** *a* depois de ATÉ:

*Estendia-se a **escola** obrigatória ATÉ **aos 14 anos*** (NEP)
*Aturou ATÉ **aos oitenta e um anos** mas um dia, Deus me perdoe, ela resolveu estrear o mausoléu que mandara edificar no Caju desde o tempo do Império.* (L)

2.1.2 Circunscrição

Marcando o ponto terminal de uma série, em correlação com um ponto inicial que representa o primeiro da série (precedido por ***desde***):

*Todas as anatomias ali se confundiam: **desde as mais raras** (...) ATÉ **as mais numerosas**.* (CF)

Se o ponto inicial e o final se colocarem num *continuum*, fica implicada uma gradação.

*Há preconceito de toda espécie, **desde a mais baixa** ATÉ **a mais alta**.* (DE)

As Preposições

2.2 A **preposição** *ATÉ* estabelece os mesmos tipos de relações semânticas no **sintagma nominal (adjunto adnominal)**: **sintagma nominal+** *ATÉ***+sintagma nominal.**

2.2.1 Circunstanciação

2.2.1.1 De lugar

*Lembro-me mais particularmente do Aluísio, de nossas **descidas** pelo São Luís Durão, pelo Jockey Club e pelo* São Januário *ATÉ **o centro** da cidade.* (CF)

*Revela-lhe que talvez dê uma **caminhada** ATÉ **o arroio**, ATÉ **o ponto** onde se encontra Leo, pescando.* (DES)

*As longas e cansativas **caminhadas** ATÉ **o cemitério** eram recompensadas com punhados de confeitos.* (ANA)

\# A **preposição** *ATÉ* pode aparecer seguida da **preposição** *a*.

*Seu instinto dizia-lhe que ele era muito pequenino para fazer a **caminhada** ATÉ **ao rio**.* (ARR)

2.2.1.2 De limite numérico

*Em **crianças** pequenas ATÉ **seis anos**, as doses e duração do tratamento poderão ser maiores.* (ANT)

*Loveles investiga a **vegetação** esclerófila de colinas calcárias no litoral da Jamaica, composta de arbustos e arvoretas, ATÉ **4 m de altura**.* (TF)

***Capacidade** ATÉ **2 quilos** de roupa.* (VEJ)

2.2.2 Circunscrição

*Os diversos escritórios da companhia seguradora Previdência do Sul receberam chamados de várias **pessoas** interessadas, **desde donas de casa** ATÉ **industriais**.* (ESP)

2.3 A **preposição** *ATÉ* estabelece os mesmos tipos de relações semânticas no **sintagma adjetivo (adjunto adnominal)**: **sintagma adjetivo+** *ATÉ***+sintagma nominal.**

2.3.1 Circunstanciação

2.3.1.1 De lugar

*A barriga se move, gelatinosa, **debruçada** ATÉ **quase os joelhos**, ocultando parte das pernas grossas e repentinamente curtas.* (CNT)

*As casas começam, poucas, paredes **sujas** ATÉ **meia altura**, depois entramos no calçamento.* (DE)

A JUNÇÃO

Quando ocorre **artigo** antes do **substantivo**, a **preposição** *ATÉ* pode aparecer seguida da **preposição** *a*:

*Eram **polidas** ATÉ **ao couro vivo***. (CF)

*Roupa de brim escuro, alpercatas, camisa também escura, sem colarinho, **abotoada** ATÉ **ao pescoço***. (GCC)

2.3.1.2 De tempo

*É possível que as importações superem as expectativas em cerca de 2,5 milhões de dólares – 1 bilhão a mais que a previsão **vigente** ATÉ **maio**.* (VEJ)

*Este, [filme] **inédito** ATÉ **hoje**, "já que a grana dos produtores só deu pra filmar cinco pecados".* (AMI)

*Getúlio era como um gato, fazia-se **adormecido** ATÉ **o momento de dar o bote** – e sabia dá-lo.* (BP)

Após a **preposição** *ATÉ* pode ocorrer indicação de tempo **passado** feita pelo **verbo** *haver* impessoal:

***Habituados**, ATÉ **há aproximadamente oito anos**, a atacar somente pomares velhos e abandonados, a nova praga agora ataca até plantas em início de produção.* (AGF)

2.3.2 Circunscrição

Marcando o ponto terminal de uma série, em correlação com um ponto inicial que representa o primeiro da série (precedido por *desde*):

*São construções **artificiais** do espírito, **desde os alicerces** ATÉ **a cúpula**.* (D)

*Muito **difundida** nas matas **desde o CE** ATÉ **o PR**.* (BEB)

*Se ocupam dos **assuntos** mais variados, **desde o paraquedismo** ATÉ **a ciência odontológica**.* (DIP)

COM

1 A preposição *COM* funciona no **sistema de transitividade**, isto é, introduz **complemento**.

1.1 A preposição *COM* introduz **complemento de verbo**.

1.1.1 O **complemento** se refere ao **objeto**, ou à **meta**.

As Preposições

1.1.1.1 Com **verbos dinâmicos** que indicam:

a) Confronto, disputa, oposição

> *Ladrões **brigam COM ladrões** e se matam.* (Z)
> *Pequenas usinas não podem **concorrer COM as grandes**.* (TH)

b) Choque, atingimento, aproximação

> ***Chocou**-se o ar noturno **COM o corpo** quente.* (MC)
> *Os marinheiros na proa, assustados, sabem que [a embarcação] **colidirá CONOSCO**.*
> (DM)
> *Coriolano **ombreara COM Lampião!*** (OSD)
> *Na porta de vidro **cruzo COM Olga**.* (CH)

c) Junção, união, combinação

> ***Fundiam**-se seus gritos **COM as vozes** das raparigas.* (ML)
> ***Coordene seus programas COM os demais** programas.* (MT)
> ***Uniremos as tuas COM as nossas** palavras.* (NE-O)
> *A França não interrompeu a sua notável obra de ligar o sistema Sena-Loire-Rodano,*
> *estabelecendo uma rede que já de muito se **conjugava COM o sistema** belga e*
> *alemão.* (DP-O)
> *Hermantina **consorciou**-se **COM Nestor**.* (VN)
> *Como poderá **conciliar sua imagem de mulher moderna COM a de uma concubina***
> *como tantas?* (É)
> *Não só acordou senhores e agregados como despertou coisa muito mais forte, na*
> *hora do almoço de comandante oferecido a Joaquim Zata Freire: **a graça** de*
> *Zefinha Zata Freire **cruzada COM a juventude** sólida e sadia de Raimundo Pais*
> *Barreto.* (PFV)

d) Relacionamento

> *Os países americanos ficavam proibidos de **comerciar COM Cuba**.* (OL)
> *Ele (...) **flertou COM a esquerda**.* (JDB)
> *[O português] foi (...) o colonizador europeu que melhor **confraternizou COM as***
> ***raças** chamadas inferiores.* (CGS)

\# O uso da **preposição** *COM* na complementação do **verbo** *namorar* é condenada pela gramática tradicional normativa, que preceitua o uso de **objeto direto** com esse **verbo**:

> *Pouco depois do escândalo, comecei a **namorar Léo**.* (ASA)
> *Não quero que você se zangue, mas não posso **namorar você**.* (SE)

Entretanto, esse uso é ocorrente:

> *Quem é que vai querer **namorar COM um sujeito** assim?* (DO)

A JUNÇÃO

e) Comparação

*É interessante **cotejar esses dados COM os obtidos** trinta anos depois de Colbachini.* (IAB)

*Um monte de cientistas se juntou em Bocaiúva para espiar o eclipse e **conferir COM o que dizia o Einstein**.* (BPN)

*Ao **ser confrontada COM os padrões** atuais do conhecimento, a estrutura de interpretação da Astrologia é irracional.* (AST)

*Não **me compares COM esses** cafajestes.* (TV)

f) Adaptação, compatibilização, conformação

*As mensalidades **se compatibilizam COM os seus salários**.* (CB)

*Coitado, não se **conforma nunca COM a desgraça**.* (CC)

g) Concordância, condescendência

*Eu **concordei COM ele** que ia ser muito engraçado.* (PL)

*É bom ficar sob a proteção das armas, os militares, através dos subordinados, cuidando da população (...) e todos **comungando COM essa ideia** ainda mais sob o estandarte triunfante da igreja.* (SD)

*[Os brasileiros] **condescendemos** em demasia **COM nossa importância**.* (FSP)

h) Contrato, compromisso, pacto

***Contratei COM Potter** uma visita às docas de Nelson.* (BHN)

*O Edil Maior não se **comprometeu COM ninguém**.* (SD)

*Continuar **pactuando COM a mentira**?* (D)

i) Colaboração

*Osmil e Wilson são os primeiros jogadores a **colaborar COM a caixinha** dos jogadores.* (JC)

j) Cumprimento

*[A ordem] não **cumpriu COM os compromissos** assumidos.* (DM)

k) Desconfiança, implicância

*Ivete **cismou COMIGO** à-toa.* (DM)

*Por que autoridade nenhuma **implica COM eles**?* (R)

l) Preocupação, ocupação

***Preocupavam**-se eles **COM assuntos acadêmicos**, deixando de lado a ação.* (LE-O)

*A partir de 1963, quando Hélio Fernandes comprou a "Tribuna da imprensa", passou a **ocupar-se** com frequência **COM jornais e jornalistas**.* (FSP)

As Preposições

m) Expectativa de colaboração

*A floresta tem que ser nossa de novo e eu **conto COM vocês**.* (BR)
*O técnico só não deverá **contar COM os jogadores** Osmil e Wilson.* (JC)

n) Contágio, contaminação

*Maria Eloy Carvalho de Melo Franco, descontraída e muito eufórica, **contagiou** a todos **COM alegria e brincadeira**.* (CB)
***Contaminei** o turco **COM meus receios**.* (ID)

o) Começo

*Isso que tou sentindo cá, dentro de mim, **começou COM a seca**, faz tempo já.* (GE)
*O estudo científico das bases xantínicas **iniciou-se COM o trabalho** de Runge (1820) que isolou a cafeína das sementes do café.* (FF)

p) Término

*É preciso urgentemente **acabar COM os passeios** alegres pela floresta.* (BR)
*As eleições não podem **terminar COM a celebração** dos vencedores.* (COL-O)

1.1.1.2 Com **verbos não dinâmicos** que indicam:

a) Contraste, oposição

*O sotaque estrangeiro, **contrastando COM a correção** da linguagem, a irrita.* (CC)
*A iniciativa foi torpedeada pelo ministro da Justiça, Maurício Correa, porque **conflitava COM os interesses** de sua classe.* (FSP)
*Tal fenômeno de penetração **colide COM o interesse central** do poder corporativo.* (FSP)

b) Coincidência

*Os depoimentos das testemunhas oculares não **coincidem uns COM os outros**.* (CM)

c) Convivência

*Não posso **conviver COM este problema**.* (OL)

d) Adequação, combinação

*Terno escuro **condiz** muito bem **COM a pessoa** do coronel.* (CL)
*Essa novidade de equivalência débito-produto não se **coaduna COM a livre iniciativa**.* (GAS)
*A manutenção do império não se **compadece COM a missa** extraterrena.* (EV)
*A telha modulada Eternit **casa-se COM o colonial brasileiro** da mesma forma que **COM o moderno funcional**.* (REA)

A JUNÇÃO

A gravata **combina COM a camisa**, *a camisa* **COM o sapato**, *o sapato* **COM o lenço**. (OAQ)

e) Confusão, identificação

Meu corpo se **confunde COM as trevas**. (ML)
A radiação que sofre desvio menor **identifica-se COM núcleos de átomos de hélio** *(partículas)*. (ELT)

1.1.2 O **complemento** se refere ao **destinatário** ou **receptor**, com **verbos dinâmicos** que indicam **elocução**:

a) Interlocução ou comunicação

Mesmo entre os mestres, contados eram os que condescendiam em **conversar COM** *ele*. (TSL)
Era a primeira vez que eu **falava COM ele** *como comandante do Exército*. (NBN)
Benjamim Vargas **conferenciava** *logo a seguir* **COM o Sr. Getúlio Vargas**. (OG)
Jerônimo **confabulava COM os filhos do morto**. (ML)
Um dia, de cabeça quente **boquejei COM Laércio**. (DM)
Fazia propostas amorosas para algumas alunas, se **correspondia COM uma atriz** *de televisão*. (BL)
Brizola (...) **comunicava-se COM o grupo** *através do professor Boiteux*. (CP)
O Delfim Neto vai **conchavar COM o Laudo Natel**. (SC)
É necessário conhecer o modo de pensar de nossos inimigos, para nos defendermos, e para poder **argumentar COM eles**. (SI-O)
Nós mesmos **comentamos** *isso aqui* **COM a turma**. (SMF)

b) Repreensão

[Vamos] exigir que o presidente **bronqueie COM os governos** *policiais do planeta*. (CM)
Ele estava **gritando COM a gente**. (CM)

c) Zombaria, provocação

Não gosto de ninguém **bulindo COMIGO**. (I)

1.1.3 O **complemento** se refere ao **objeto de referência**, com **verbos dinâmicos** que indicam **ocorrência**:

Outro nome cabe ao que **sucedeu COM Diógenes**. (PRO)
Dá-se COM *o comunismo o mesmo que se* **dá COM Satanás**. (SI-O)
Que **há COM ele**? (PFV)
Semelhantemente ao que **ocorreu COM os discípulos**, *necessita a Igreja de hoje de pensadores que reflitam sobre os problemas espirituais e teológicos*. (LE-O)

As Preposições

1.1.4 O **complemento** se refere ao **beneficiário**, com **verbos dinâmicos** que indicam:

a) Compartilhamento, divisão

> *No entanto, ele **compartilha COM os monetaristas** o ceticismo diante das políticas intervencionistas consideradas herança do economista inglês John M. Keynes. (FSP)*
>
> *Não, jamais quis **dividir** sua carga **COM os amigos**, se é que a carregava. (PN)*

b) Colaboração

> *A Assembleia (...) tem condições de **colaborar COM o Executivo**. (CP)*
> *Como poderia eu recusar-me a **cooperar COM um chefe** militar? (OL)*

1.1.5 O **complemento** se refere ao ponto de **origem**, com **verbos** de processo que dependem de uma ação:

> *A rainha Elizabeth I **aconselhava-se COM o famoso John Dee**. (AST)*
> *Que você goste de **aprender COM ele**, vá lá. (PL)*

1.1.6 O **complemento** introduz o **instrumento**, com **verbos dinâmicos**:

> *Rodrigo **bombardeou** Toríbio **COM nomes** que ele evidentemente não conhecia. (TV)*
> *Rubem **brincou COM as luvas** brancas. (TV)*
> *Ao cabo de alguns segundos **buliu COM a mão**, foi-se apalpando. (ED)*

1.2 A **preposição** *COM* introduz **complemento de adjetivo**.

1.2.1 Na complementação dos **adjetivos valenciais** realizada por *COM*+nome aparecem os mesmos tipos de relações indicadas como expressas na complementação dos **verbos**:

> *Quanto ao autor, **condoído COM a situação** dos desvalidos, retrata-as sem retoque em suas peças. (AB)*
> *Experiência análoga à descrita, **realizada COM emissão de nêutrons**, mostra que eles não sofrem desvio. (ELT)*
> *Estavam mais do que quaisquer outros **sintonizados COM o pensamento e o potencial** da moderna Astrologia. (AST)*
> *Se aparecerem sugestões noutros sentidos é bem provável que uma delas seja igual ou **parecida COM aquela do cidadão** que propôs ao governo federal e aos cidadãos paulistas a abertura de uma caderneta de poupança para cada nordestino. (JC)*

A JUNÇÃO

1.2.1.1 Com **adjetivos participiais** o **complemento** iniciado por *COM* pode referir-se ao **causativo** e equivale a *POR* (tradicionalmente **agente da passiva**):

Todos os feridos graves foram submetidos à transfusão de sangue, que (...) **estava contaminado COM o vírus** *da AIDS.* (OLI)

Imaginemos um condutor, **eletrizado COM carga** *positiva, em equilíbrio eletrostático.* (ELT)

Cento e vinte e uma pessoas estariam (...) **ameaçadas COM granadas e revólveres.** (JC)

Nestas férias ele tinha uma pinga com gosto e cor **avivados COM raspa de carvalho** *antigo.* (CF)

1.3 A **preposição** *COM* introduz **complemento não subjetivo de substantivo.**

Na complementação não subjetiva de **substantivo valencial** realizada por **nome+*COM*+sintagma nominal**, aparecem os mesmos tipos de relações indicadas no caso da complementação dos **verbos**:

E no **convívio** *diurno* **COM o papel** *velho do cartório terminou adquirindo a cor de alfarrábio entre o escuro vincado da pele.* (BS)

Religião que se fecha dentro das quatro paredes dos seus templos é religião aliena-da, distante, e, por isso mesmo, sem mensagem e sem **comunicação COM os ho-mens** *do seu tempo.* (LE-O)

Em suas **relações COM ele,** *há sempre um travo de revolta e sarcasmo.* (IN)

O **relacionamento do Brasil COM os países** *de todos os continentes ocuparam a parte final do discurso no congresso.* (COL-O)

Collor renovou seus **compromissos COM a democracia, COM a modernização** *do país,* **COM a reforma** *do Estado.* (COL-O)

Solidariedade COM os parentes *e os amigos!* (PFV)

O ministro Mário Andreazza, do Interior, não esconde sua **preocupação COM a pos-sibilidade de que se repita a falta de chuvas** *nos períodos normais.* (JC)

O permanente **contato COM a natureza** *vegetalizava o homem.* (BS)

"Miragaião morto em **tiroteio COM a polícia."** (PFV)

Afastados contemplaram o fogo, em **luta COM o vento.** (ML)

Reminiscência dessa frase feita ouvi numa **discussão** *da Sinhá Risoleta* **COM a mi-nha mãe.** (CF)

Tenho a impressão que essa tentativa de fixação na capital coincidiu ao fim de seu grande **romance** *amoroso* **COM deleitável senhora** *sertaneja.* (CF)

Mas os proprietários de livrarias e papelarias do centro estão se queixando da **con-corrência COM os supermercados e ambulantes** *do setor de papelaria.* (JC)

A **simbiose** da Psicologia *COM a* **Astrologia** *foi uma concomitância histórica.* (AST)
Seu **conflito** *COM o* **meio** *é flagrante.* (IN)
Se computarmos os **gastos** *COM o* **ensino** *em todos os ministérios, vamos verificar*
que a União dispensou, para esse fim, em 1956, cerca de 7% da receita tributá-
ria. (JL-O)

\# Há construções locativas em que o **complemento** iniciado por *COM* completa
nomes do tipo de **cruzamento, esquina**, podendo esses nomes não vir expressos:

No **cruzamento** *da Santo Amaro* *COM a* **Juscelino Kubitscheck**, *dois caras trocavam*
o pneu de um fusca vermelho. (BB)
Na rua Saturnino de Brito, **esquina** *COM a* **rua** *Francisco de Souza Dantas, há um*
terreno de forma irregular inaproveitável. (ARU)
O prefeito Augusto Rezende inaugura hoje às nove e trinta horas, o primeiro merca-
do municipal no Outeiro, que passa a funcionar na **Avenida Beira-Mar** *COM a*
Rua Alegre. *(AP)*
Terra de primeira, na barra quase do córrego das Marrecas *COM o* **ribeirão da**
Estrela. *(CHA)*

1.4 A **preposição** *COM* introduz **complemento de advérbio: advérbio+***COM***+ sintagma nominal**:

Junto *COM a* **melhoria** *da cidade, estimulariam a migração.* (JC)
E nem se abrigaria atrás dos anjos, atirara-os há pouco pela janela **juntamente**
COM a Bíblia. (CP)

2 A **preposição** *COM* funciona fora do **sistema de transitividade**, estabelecendo relações semânticas.

2.1 A **preposição** *COM* estabelece relações semânticas no **sintagma verbal (adjunto adverbial)**. A estrutura é: **verbo+***COM***+sintagma nominal**.

2.1.1 Especificação:

Diga até palavrão, mas deixe de **encher** *essa cabecinha* *COM* **coisas difíceis**. *(PL)*
*Eu, também, achava ridículo e incompreensível se "***perder tempo***" COM Astrologia.*
    (AST)
A doutrina de nossa revolução **completa-se** *COM* **metodologia** *para a ação.* (ME-O)
Ela **foge** *COM o* **corpo**. *(BO)*
Quando o procuravam, **contribuía** *COM um* **cheque**. *(SA)*
Consideramos uma superfície metálica plana, **eletrizada** *COM uma* **carga**. *(ELT)*

A JUNÇÃO

2.1.2 Circunstanciação:

a) De modo

Localizaríamos **COM** *facilidade* todos os cactos que a tornam agressiva. (ML)

Mostrou ele, **COM razão**, que Senhor Jesus não encorajou seus discípulos à especulação teológica. (LE-O)

Longo, mas **lido COM voz clara** e sem hesitações, o discurso no Congresso arrancou aplausos em várias ocasiões. (COL-O)

Estranhou COM satisfação o velho Simões. (PFV)

Restam as feras que se **apaixonam COM ódio**. (ML)

Reconhecia, **COM agrado**, o próprio coronel Domingos Siqueira. (PFV)

Puxo a porta, **COM força**. (ML)

Gongozinho **acertava-os COM o maior gosto**. (PFV)

João Eusébio **sorriu COM discrição**. (AM)

Discurso emocionado, caloroso, **pronunciado COM a mesma voz e a mesma paixão** dos comícios por todo o Brasil. (COL-O)

b) De instrumento, meio

Cingiu-a **COM as duas mãos**. (PFV)

Abri os braços, **impedindo** a entrada **COM o corpo**. (ML)

Guarda os ingressos **COM ambas as mãos**. (P)

Uma pausa e Bolota **repete, COM o braço esquerdo**, um gesto semelhante. (P)

E se **lava COM sabão de coco**. (AB)

Fazia questão de **acordar** o pessoal do sítio **COM uma clarinada** das suas. (PFV)

Concluiu, **acochando** o fumo da ponta **COM umas batidinhas da unha**. (TR)

Não **quero dizer, COM isso**, que o homem brasileiro apenas preferisse residir nas suas fazendas, em lugar de fazê-lo nas cidades. (ESS)

c) De companhia

Venha COM o menino aos espetáculos de sábado e domingo em Monteiro. (PFV)

Arranchara no sítio de pai Manuel (...) **COM a comitiva de artistas**. (PFV)

Bola Sete **estivera deitado COM Lindalva**. (IN)

Não **saio** mais **COM você**. (PL)

Vá **COM os poderes da sorte**. (ML)

d) De causa

Enfezou-se o homem **COM a insinuação do meu amo**. (TR)

Afinal, **COM o vento, percebi** nuvens baixas e densas. (ML)

Proclamou que a cidade **sofria** (...) **COM os desordeiros atrevidos**. (PFV)

Zé Bastião... ele **tinha vindo COM a seca**, tinha vindo de outras bandas. (GE)

Impacienta-se **COM o cachorro da criança**. (GE)

Todos **ficam meio aflitos COM o esquecimento** da Bruxa-Chefe. (BR)

As Preposições

e) De tempo

COM o tempo sua magreza mais se acentuava. (BS)
COM cinco dias os cabelos apanhavam lustro. (CHA)
O próprio aspecto urbanístico da evolução social brasileira, que é inseparável do aparecimento da burguesia, só o encontramos definido COM a República. (ESS)

f) De fim

Nessa ordem de ideias, tenciono, de fato, seguir as grandes linhas das programações levadas a efeito pelos três últimos governos, notadamente as do atual, COM o propósito básico de assegurar a melhor continuidade de progresso revolucionário que tão corajosamente vem sendo rasgada. (ME-O)
E Camilo disse em voz alta, apenas COM o intuito de cortar o fio de seus pensamentos. (ED)

g) De conformidade

Reconhecemos, COM o ilustre pastor, que o Senhor Jesus enfatizou o cristianismo prático. (LE-O)

h) De lugar

Perdido na distância que o olhar alcança, talvez exista, COM o fim da estrada, o verdadeiro mundo. (ML)

i) De condição

Mas dou porém COM uma condição. (BOC)
COM essa cara de lata de sardinha, o amigo não apanha nem caxumba quanto mais moça endinheirada em São José do Limoeiro. (NI)

j) De consequência

O campo elétrico, sendo mais intenso nas proximidades da ponta, pode provocar a ionização do ar COM formação de íons positivos e elétrons. (ELT)

k) De concessão

Mas, COM tudo isso, a cozinha ainda é uma das grandes atrações da casa de Neiva Rizzotto. (CAA)
COM mais de vinte anos de carreira política, seu patrimônio se resume a dois automóveis modestos. (VEJ)

\# Neste caso, o **complemento** pode ser uma **oração infinitiva**.

Não tendo rezado não se achava com direito à ceia, pois ele COM ser ateu não deixava de ser honesto. (BP)

É comum o emprego de *mesmo* antes da **preposição**:

> *Mas **mesmo** COM **toda torcida** e orientação, se não fosse seu Rosemberg, eu **teria virado picadinho**.* (PEL)

l) De associação

> *E aproveite para experimentar uma deliciosa **pipoca** COM **guaraná**.* (INF)
> *Gosta de **arroz** COM **frango**?* (CV)

m) De carga

> *O bruxo espera e o vice-bruxo sai de cena **voltando** em seguida COM **uma cadeira--trono** que coloca no meio da cena.* (BR)
> *As cinco bruxinhas saem e **voltam** COM **enormes caldeirões**.* (BR)

2.2 A **preposição** *COM* estabelece relações semânticas no **sintagma nominal (adjunto adnominal)**. A estrutura é: **sintagma nominal** com **nome concreto avalente+***COM***+sintagma nominal**

2.2.1 Especificação:

a) de medida

> *O estudo do comportamento dos gases sugere um modelo para o átomo: **esferas** bastante elásticas, COM **diâmetro** da ordem de 10 cm.* (ELT)

b) de conteúdo

> *Cada um deles trouxe um **saco** COM **utensílios** de cozinha.* (GE)
> *Os preços de **cadernos** COM várias **matérias** oscilam muito no comércio.* (JC)
> *A **mobília** clara da sala, COM **os dois dunquerques**, as jarras de Juiz de Fora e um mancebo do Bom Jesus.* (CF)
> *Os **quartos** COM as pesadas **camas**, os toaletes e as cômodas do tempo do Halfeld.* (CF)
> *Até a **filosofia** grega, COM a **doutrina** platônica da pré-existência das almas era invocada como explicação.* (LE-O)

\# A ideia de conteúdo pode vir reforçada com um **advérbio** de lugar:

> *Levava às feiras de São Vicente da Cangalha **cabações** COM **cobra dentro**.* (PFV)
> *O Farol do Dr. Bandeira Filho não era panela, mas caldeirão de **famílias** pernam-bucanistas, COM **queimadistas dentro**.* (PFV)

2.2.2 Caracterização ou tipificação:

> *Não é uma **estrada** como outra qualquer, COM **pássaros** e **ladeada de grama**, mas uma linha sinuosa no chão avermelhado e seco.* (ML)

As Preposições

*Preciso de **fuzil COM alavanca e bala de aço**.* (PFV)

*Espremeu-lhe umas poucas regras de "m" antes de "b" e de "p"; "s" **COM som de** "z", entre vogais.* (PFV)

*Defender uma **política agrária COM regularização fundiária**.* (AP)

*Encheu-se da festa dos **pés de mamona COM suas folhas parecendo de papel recortado**.* (CF)

2.2.3 Qualificação:

*Não estou vendo **ninguém COM pinta de trouxa**.* (AB)

*Nestas férias ele tinha uma **pinga COM gosto e cor avivados com raspa de carvalho antigo**.* (CF)

*Elvira é uma **mulher** de cerca de cinquenta anos, **COM vestígios da beleza** de sua mocidade, ciumenta, e perseguida pela ideia de que o marido tem amantes.* (TB)

*São Paulo é, hoje, o quarto **conglomerado humano** da Terra, **COM problemas gravíssimos** e aparentemente sem solução.* (JC)

*O positivismo era uma **escola filosófica COM caráter social**.* (AST)

2.3 A preposição *COM* introduz **sintagma** em função predicativa (**predicativo do sujeito**): **verbo+*COM*+sintagma nominal**:

*Faço os votos que você **esteja COM saúde** e feliz.* (CM)

*Eu não tinha ovulação, pois **estava COM os ovários cheios de quistos**.* (PFI)

*A esta altura, eu já **estava COM dois anos e meio de casada**, e desesperada.* (PFI)

*Nossos laços **são COM o futuro**.* (AP)

2.4 A preposição *COM* integra construções indicativas de circunstância.

2.4.1 Nas construções *COM*+nome+preposição *a* (tradicionalmente: **locução prepositiva**), *COM* expressa seguintes relações semânticas:

a) De direção

*A maior parte dos passageiros e da tripulação conseguiu escapar do avião, que devia partir de Los Angeles às nove horas e trinta e cinco minutos locais **COM destino a** Phoenix.* (JC)

b) De fim

*Foram liberadas parcelas dos depósitos compulsórios de bancos comerciais, recolhidos ao Banco Central, **COM vistas a** aumentar a participação do setor privado.* (DS)

c) De referência

COM relação à década anterior (1960-1970), verificou-se uma queda no ritmo de crescimento do setor indústria e do setor serviços. (DS)

2.4.2 Nas construções: **preposição *de*+nome+*COM*** (tradicionalmente: **locução prepositiva**), ***COM*** expressa relação semântica de **conformidade**:

*A Astrologia na Caldeia (Mesopotâmia), **de acordo** COM o que sabemos hoje, não era como a grega.* (AST)

*Existiu-se-lhe o sentimento burguês, romântico ou vitalista **de conformidade** COM o qual se fiava do mundo circunstante.* (NE-O)

2.5 A **preposição *COM*** entra em **expressões fixas**:

TER (A VER) COM **(NÃO) TER (ALGO/NADA) COM**	= dizer respeito a

*Hiltom fez questão de dizer que o fato de Amiltom Rocha estar voltando ao time principal nada **TEM A VER COM** as atuações do jovem Zé do Carmo, que foi titular.* (JC)

*Que **TEM** a cor, Simplício, **COM** inferioridade ou superioridade?* (AM)

*Desculpem...os senhores não **TÊM NADA COM** isso.* (P)

VIR COM	= apresentar-se, dizer

*[Margô] é capaz de **VIR COM** aquelas bobagens.* (I)

CONTRA

1 A **preposição *CONTRA*** funciona no **sistema de transitividade**, isto é, introduz **complemento**.

1.1 A **preposição *CONTRA*** introduz **complemento** de **verbo**. O **verbo** indica:

1.1.1 Ataque / investida

*Zefa **investe** CONTRA **Chico** de espanador em punho.* (MD)

*Não há como anistiar, senão indultar quem **atentou** CONTRA **a humanidade**.* (ESP)

*Aqui, a polícia nunca **atirou** CONTRA **ninguém**.* (AR)

As Preposições

1.1.2 Embate (luta / defesa)

*Os urubus **lutam CONTRA as nuvens** sempre negras e baixas.* (ML)
*Achei bom não **ter combatido CONTRA soldados** brasileiros.* (CBC)
*Deteve-se ao ver que **se batia CONTRA mim**.* (ML)
*Os apetites de grandeza, **CONTRA** os quais, de dentro do tubo, o sangue de Dona Gema ainda vem **protestar**.* (CBC)

1.1.3 Choque, encontro violento

*Mas, ao fugir ele [o urubu] **chocou-se CONTRA a linha** do alpendre.* (ED)
*A câmara movia-se para uma lareira, ou para as ondas **batendo CONTRA as pedras**.* (CPO)
*Centenas de asas rijas, **estrepitando umas CONTRA as outras** ou **CONTRA as paredes**... **CONTRA as lâmpadas** acesas.* (CBC)

1.1.4 Aproximação

*Virgínia **apertou** a boneca **CONTRA o peito**.* (CP)
***Esmagou** a boca **CONTRA o livro**, tentando sufocar os soluços.* (CP)

1.1.5 Resistência

***Protege-se CONTRA sua angústia** difusa, na medida em que tem a certeza de que o amanhã será igual a hoje.* (PFI)

1.1.6 Troca

***Caso uma boiada CONTRA dois carneiros** se o galo do amigo Ponciano passar do primeiro refresco.* (CL)
***Casou porco cevado CONTRA uma partida de mandioca**.* (CL)

1.2 A **preposição** *CONTRA* introduz **complemento de substantivo**:

Os mesmos tipos de relações indicadas como expressas na complementação dos **verbos** aparecem na complementação dos **substantivos**.

*Para justificar o quebra-quebra, invocaram-se (...) a necessidade da **luta CONTRA os imperialismos**.* (DE)
*O Brasil entrara na **guerra CONTRA a Alemanha**.* (CBC)
*Nós, que dependíamos de todo mundo, metermo-nos em política e, numa **política CONTRA o governo**, era fazer papel mais idiota possível.* (DE)

*Posso lá admitir que venha um cachorro dos infernos acender **maledicências CON-
TRA mim**?* (FP)
*A filha procurara em mim mais um **refúgio CONTRA o pai**.* (ML)
*Tem **simpatia CONTRA carrapato**.* (R)
*Existe **reza CONTRA trovão**, **CONTRA mau olhado**... você conhece alguma **reza CON-
TRA baile**?* (I)
*Na **campanha CONTRA a lepra**, aplicaram-se 325 milhões de cruzeiros em 1957.* (JK)

2 A preposição *CONTRA* funciona fora do **sistema de transitividade**, estabelecendo relações semânticas.

2.1 A **preposição** *CONTRA* estabelece relações semânticas no **sintagma verbal (adjunto adverbial)**. A estrutura é: **verbo+*CONTRA*+sintagma nominal**.

2.1.1 Relação de lugar

2.1.1.1 Com movimento

2.1.1.1.1 Na indicação de junção ou aproximação

| = | de encontro a |

*Os trapos que carregava **espremidos CONTRA o peito**, à primeira vista, pareciam
somente uma trouxa de roupa suja e velha.* (INQ)
*Na aula fatal, colegas de Fábio viram quando o professor desfechou um **golpe violento CONTRA o peito** do aluno.* (VEJ)

2.1.1.1.2 Na indicação de contiguidade

| = | junto à superfície de |

*A zebra se **coça CONTRA uma árvore**.* (AVE)

2.1.1.1.3 Na indicação de direção contrária

| = | em direção contrária a |

*Pra que ficar aí **remando CONTRA a corrente**?* (MFP)

2.1.1.2 Sem movimento, na indicação de posição fronteira

| = | em posição fronteira a
defronte a |

*Em sua face que **parecia mais rude CONTRA a luz**, o que se refletia não era nojo.* (ML)
(contra a luz = lugar)
***CONTRA a luz**, mais pálida, ela não me **parece morta**.* (ML)

2.1.2 Relação de adversidade

2.1.2.1 Oposição

 em oposição a

*Os homens nada **fizeram CONTRA Deus** que é inatingível.* (BN)

\# A oposição envolve ideia concessiva na expressão *CONTRA (A) VONTADE*:

Executiva quer fazer prévia CONTRA VONTADE do governador e pré-candidatos selam acordo para evitar "decepção". (FSP)
Entrei aqui para não gostar desse homem e, CONTRA VONTADE minha, estou gostando. (CH)

2.1.2.2 Contrariedade ou contradição

= contrariamente a
em contradição com

*Os objetivos do outro eram avançar, colher tudo que estivesse ao seu alcance, estender-se. A qualquer preço, **CONTRA todo escrúpulo**.* (FP)
*É **CONTRA meus princípios fazer**, conscientemente, um serviço mal feito.* (BO)

2.1.2.3 Objeção

 em objeção a

*Agora o juiz Moraes não se recusa a falar de política – e **fala CONTRA o governo**.* (VEJ)

2.2 A **preposição** *CONTRA* estabelece relações semânticas no **sintagma nominal (adjunto adnominal)**. A estrutura é: **sintagma nominal+*CONTRA*+sintagma nominal**.

2.2.1 Relação de cotejo ou comparação

= em cotejo com

*A chapa que encabeçou teve **mil trezentos e sessenta e um votos, CONTRA mil duzentos e sessenta e seis** de chapa que tinha o General Diogo de Figueiredo como candidato.* (OG)

A JUNÇÃO

2.2.2 Relação de lugar (com ou sem movimento)

Chapéu de Panamá CONTRA o peito, seguro por ambas as mãos. (P)

Ninguém mais (...) poderia arrancar das minhas mãos o que conquistara num duelo, corpo CONTRA corpo. (ML)

2.3 A preposição *CONTRA* entra em **expressões fixas**

SER CONTRA, FICAR CONTRA, IR CONTRA	= opor-se a

SOU CONTRA os policiais corruptos. (AGO)

FICAR CONTRA. (OG)

Ninguém pode IR CONTRA a vontade de Deus. (ALE)

FALAR CONTRA	= declarar que está na oposição

Eu acho que estas pessoas FALANDO CONTRA se mostram mais ignorantes do que aquelas. (CI)

\# Substantivado, *CONTRA* entra nas expressões:

DAR O CONTRA	= opor-se a, recusar algo a

Vira O CONTRA que lhe DERA na saída. (PN)

Para ter uma saída, já que ele era meu hóspede, amaciei O CONTRA que lhe DEI. (TS)

SER DO CONTRA ANDAR DO CONTRA	= ser / estar contra tudo

O barbudo hoje É DO CONTRA. Ontem foi a favor. (BPN)

Vestir-se como homem, pensar e agir como um marxista era SER mesmo muito DO CONTRA. (SU)

Pois não tivera a coragem nem de chamar atenção para ele, defendê-lo junto ao filho, o rapaz ANDAVA muito DO CONTRA. (CNT)

DE

1 A **preposição** *DE* funciona no **sistema de transitividade**, isto é, introduz **complemento**.

1.1 A **preposição** *DE* introduz **complemento de verbo**.

644

As Preposições

1.1.1 O **complemento** se refere ao ponto de origem, ponto de partida, ponto inicial de referência, ponto de partida de uma experiência ou mudança (fonte).

1.1.1.1 Com **verbos +dinâmicos** que indicam:

a) afastamento

*Convém que o senhor não **se afaste** DEsta **cidade**.* (AM)
*Não costumo **apear** DO **cavalo** para ficar em pé.* (SE)
*O povo **apeou** DO **poder** um monarca.* (REB)
*Se eu pudesse (...) **arrancar** tua imagem DO **meu espírito**.* (AE)
*Nem acho que a gente deva **se alienar** DE **um papel político** na sociedade.* (FAV)
*Nitidamente [o livro] **se alheia** DE **qualquer compromisso**.* (MA-O)
*Mãe mandou pedir ao senhor para **arredar** DA **cabeça** do pai a raiva com que ele está.* (CAN)
*Qual a lógica de **escamotear** DO público conhecimento de uma verdade que ninguém ignora?* (AB)

b) saída, partida

*****Saía eu** DE **uma beleza** e entrava em outra.* (CL)
*A empresa não pode **ausentar-se** DE **solução** de tão importante problema.* (PT)

c) separação, desligamento

*Lula fez questão de **desassociar o movimento** DE **um fato político**.* (CB)
*As dificuldades peculiares do ministério nas condições de nossa Diocese sejam-lhes [aos Padres] incentivo para **se desapegarem** sempre DAS **coisas terrenas**.* (MA-O)

d) origem, proveniência

*Tudo **vem** DE **nossa experiência**.* (CF)
*O fenômeno **deriva** (...) DE **deficiência do sistema** educacional.* (FM)
*****Decorre** DO **que se vem dizendo sobre Ruy**, que ele contribuiu (...) para a concreção de uma realidade brasileira.* (FI)
*Às vezes eu **filava** o jantar DE **algum amigo**.* (FE)
*****Comprei** o Mimoso DE **seu Neusico**.* (IC)
*****Cobram** entrada DOS **que vão vê-la**.* (CCI)

e) liberação, depuração

*Bastava a alegação de ignorância da lei para **livrar** DE **responsabilidade** os que a violassem.* (DB)
*Há especialistas que pretendem **depurar a sua prática científica** DO **influxo de um compromisso** com a realidade social.* (RS)

*Precisava **desabafar-se** DA **leitura** do último livro do político de Pará de Minas.* (EM)
*A tarefa do jornalista é **filtrar a informação** correta DO **volume** de propaganda que recebe.* (VEJ)

f) privação de posse, desapropriação

*Vieram **tomar** o menino DA **senhora**.* (CBC)
*Foi-se obrigado a recorrer a escravos, **desapropriando-os** DE **seus senhores**.* (H)
*Não havia garimpeiros que escondiam pedras na boca (...) para as **furtar** DOS **sócios**?* (CAS)
*Qualquer pessoa está sujeita a ser tratada como ladrão e **desapossada** DO **veículo** que tem sob sua direção.* (JT)

g) transformação

*O homem **fez** DO **mundo** um vasto arsenal de artefatos.* (SV)
***Fiz** DO **punho** torniquete e espremi o cativo.* (CL)

h) proveito

***Aproveitou**-se DO **meu desmaio** para beijar-me.* (OSA)
*[Sto. Agostinho] soube se **abeberar** DA **herança grega**.* (HF)

i) desejo

*DO **coronel** só **quero** uma prenda.* (CL)

j) triunfo

***Triunfando** DE **grandes dificuldades**, apertou minha mão.* (A)

k) defesa, proteção

*Nossa Senhora me **defenda** DE me **encontrar** com ele.* (CAN)

l) ressarcimento

*Ao cunhar a moeda, a autoridade se **ressarcia** DO **custo** de fabricação ou cunhagem.* (NU)
*Reabilitar aquela criatura, **compensá-la** DE **longos sofrimentos** devia ser o seu sonho.* (BHM)

m) abatimento, redução

*O governo poderia **abater 50 milhões de dólares** DE **sua dívida** pública.* (VEJ)
*Prevê a impossibilidade de **deduzir** DA **receita** tributável **impostos pagos fora do prazo**.* (FSP)

n) inferência

*Não se pode **inferir** DA **situação** marginal desses grupos o caráter anônimo da magia.* (MAG)

As Preposições

*Lela Booher **concluiu DE suas experiências** ser provável que a vitamina G e o pigmento verde-fluorescente do leite fossem idênticos.* (NFN)

*Contudo [ele] **deduziu** essa doutrina exata, a unidade de Deus, **DE um fundamento falso**, o monismo racionalista.* (HF)

o) desistência, renúncia

*Eu é que **desisti DE alguns clientes**.* (GTT)
*Chiquinha **desistiu DE cultivar** tristezas.* (VER)
*Sempre **declinei DOS convites** para fazer parte da Arena.* (TA)
*Valia a pena criar raízes na terra, **abdicar DO seu passado**.* (BHM)

1.1.1.2 Com **verbos -dinâmicos** que indicam:

a) necessidade, carência, escassez

*O Brasil não **necessita DE aval** internacional.* (JC)
*Eles não **precisam DE autoridades**, mas sim **DE cúmplices**.* (CAS)
*Os estudos genealógicos entre nós (...) **carecem DE realismo** e profundidade.* (CGS)

b) distância espacial

*A casa **distava** três quarteirões **DA praia**.* (MP)

c) distância temporal

*Creio que **data DESSA época** o desenho animado.* (CF)

d) descrença

*A gente não deve **descrer DE tudo**.* (ART)
*Aliás, não são poucos os que **desacreditam DA viabilidadade do programa**.* (VEJ)

e) dependência

*Tudo **vai depender DA reação** e **DA estratégia** das grandes potências e **DOS principais países** consumidores.* (ESP)
*Tratador de porcos também é bom, **depende DE gostar**.* (TE)
*A emoção é um sentimento mais ou menos isolado, **independe DOS outros**.* (DI)
*Se não, ai da gente que **vive DISSO**.* (AB)
*Parlamentares bem pagos e cheios de regalias, como se muitos ricos, **vivem DE inventar** mil razões para não irem ao plenário.* (ESP)

f) diferença, desigualdade, discrepância

*É o próprio diálogo o elemento que **difere** o homem **DOS animais** irracionais.* (JC)
*De que serve um conselheiro que não **deve discrepar DA opinião** daqueles que o consultam?* (DC)

A JUNÇÃO

1.1.2 O **complemento** se refere a um ponto de chegada, ou ponto final de referência (**meta**).

Com **verbos +dinâmicos** que indicam **aproximação**:

*Como o ponteiro **abeirasse** DAS **onze**, chamei os amigos para uma vadiagem de beira-rio.* (CL)
*E a disputa pela (...) presidência (...) **avizinha-se** também DE **um desfecho** cercado de suspense.* (VEJ)
*Quilomo **achegou**-se DA **rede** de Caiá.* (ARR)
*Sampaio **aproximava-se** DOS 35 anos.* (BB)

1.1.3 O **complemento** se refere ao objeto da ação. Com **verbos** que indicam:

a)   encargo

*O homem se **encarrega** DE **pequenos transportes**.* (FE)
***Encarregamos** uma firma DE **demolir** a casa velha.* (LM)

b)   trato, cuidado

*Já **cuidei** DE **uma quitanda** no Rio do Braço.* (TE)
***Tratamos** DAS **consultas** médicas.* (CF)

c)   abuso

***Aproveitou**-se DE **uma linha** de crédito especial para as minorias e abriu seu próprio negócio.* (VEJ)
*Eu **abusava** DO **café**.* (MEC)
*Lacerda **abusava** DA **paciência** do presidente.* (OG)

d)   apropriação

*O rei deseja é **apropriar-se** DOS **bens** da nobreza.* (BN)
*Sei que deseja **apoderar-se** DE **metade** do meu reino.* (CEN)
*Árabes mouros foram se **assenhoreando** DA **região**.* (CGS)
*A viúva e os ajudantes se **apossaram** DO **dinheiro**.* (FP)

e)   desconsideração

*O primo ficou político comigo, por achar que **desfez** DA **sua coragem**.* (CL)

f)   vingança, forra

*Agora ela **vingava**-se DO **marido** e sentia prazer nisso.* (AGO)

648

As Preposições

g) elocução

• referência:

*Mas DE casamento nem é bom **falar**.* (CL)
*Eu quero te **contar** DAS **chuvas** que apanhei.* (RV)

• zombaria:

*Pode **zombar** DE **mim**, DA **poesia** e DOS **poetas**.* (BN)
*Sem vergonha está **caçoando** DE **você**.* (BRV)
*Deus abandonou o mundo, **escarnece** DELE.* (DM)
*Você vive **debochando** DA **gente**.* (OPP)
*Meu pai **debicava** DE **Seu Geraldo**.* (CP)

• vanglória:

*Não sabes que os Teixeiras se **vangloriam** DISSO.* (MA)
*Ela firmava o axioma e **jactava-se** DO **conhecimento** que adquirira de si mesma.* (PV)
*[Ângelo] Riu e **blasonou** DAS **ideias**.* (MAP)

1.1.4 O complemento se refere ao **agente (agente da passiva)**. Nesse caso, a **preposição** DE equivale a **por**:

*Morreria ali, onde **era estimado** DE **todos**.* (VER)
*O intercâmbio é **regado** DE **muita comida**.* (FSP)

1.1.5 O complemento se refere ao meio ou ao instrumento da ação. São **verbos +dinâmicos** que indicam utilização, usufruto:

*Vou-me **servir** DO **vosso próprio exemplo**.* (COR-O)
*A moça resolveu **usar** DE **uma esperteza**.* (GT)
***Valemo-nos**, aqui ainda, DA **autoridade** de Ralph Linton.* (AE)
*Às vezes ela **se socorria** DE **um parente**.* (CBC)
*Incerto no que deveria responder, **valeu-se** DE **subterfúgios**.* (AM)

1.1.6 O complemento se refere à matéria. São **verbos -dinâmicos** que indicam composição:

*O Senado Nacional **se compõe** DE **trinta Senadores da República**.* (DB)
*O bilhete **compõe-se** DE **20 vigésimos**.* (Z)
*A membrana plasmática **constitui-se** DE **uma fina película** que envolve o citoplasma de todas as células.* (BC)
*Um quadro não **constava** apenas DE **uma superfície** estranha.* (BHM)

A Junção

1.1.7 O **complemento** se refere à causa do evento. São **verbos** que indicam sensação:

*Marisa não **se agradava** DO **realismo francês**.* (DM)
*Seu Marcelino **padecia** DAQUELE **ataque**.* (MA)
*Manuel **sofria** DE **amor**.* (Q)

1.1.8 O **complemento** se refere à finalidade (com **verbo** que indica utilização):

*Tudo isso **serviu** DE **ingredientes**, DE **alimentos** essenciais ao processo de formação de nossos caracteres.* (AV)
*Refugiei-me atrás da porta de um cubículo que **servia** DE **adega**.* (ANA)
*Os ratos do grupo um que recebiam dieta completa **serviram** DE **controles**.* (NFN)

1.1.9 O **complemento** se refere ao conteúdo da ação ou estado. Por isso, há casos em que ele é oracional (com **verbo** no **infinitivo**)

Com **verbos +dinâmicos** que indicam:

a) simulação

*[Zumba] **brincou** DE **academia**.* (SD)
*Daniel é rapaz de **brincar** DE **jacaré** dentro da banheira.* (CT)
***Fingi-me** DE **surdo**.* (CBC)
*Os atores **fingiram** DE **bonecos**.* (PEL)
*Não se **faça** DE **tolo**.* (SDR)

b) proibição

*O preceito da castidade **proibia** os monges DO contato com mulheres.* (FN)
*O orgulho **proibia-o** DE **avançar**.* (REP)
*A lei **coíbe** o cidadão DE **fazer** o bem, entende.* (CCA)
*Heloísa me **impedira** DE **amar**.* (SE)

c) deliberação

*[Radagásio] **achou** DE **mandar** roscas frescas a Matilde.* (PM)

d) cumulação

*À noite, o hotel se **encheu** DE **gente**.* (AM)
*E teve vontade de se esmurrar nas faces, faces que coravam por qualquer motivo e olhos que facilmente se **enchiam** DE **lágrimas**.* (CP)
*Eram mãos minuciosas que me entravam com os dedos pelas orelhas, me **cumulando** DE **afagos**.* (U)
*Com uma faquinha, o mascate **crivou** o valentão DE **feridas** mortais, se houvesse reação o **crivaria** DE **balas**.* (SA)
*Nós o **crivamos** DE **perguntas** imbecis.* (NE-O)

As Preposições

1.1.10 O **complemento** se refere ao conteúdo de uma elocução. Por isso, o **complemento** pode ser uma **oração**. Com **verbos** que indicam:

a) aviso, advertência

*Não sabia a quem **avisar DO desaparecimento**.* (AVL)
*Falam em golpes para **advertir DA gravidade** da situação.* (ESP)
*Esse mesmo autor nos **acautela DOS perigos** das dúvidas mal solucionadas.* (PE)

b) persuasão

***Persuadi-me DO primeiro alvitre**, e não guardei ressentimento algum.* (ASV)
*Não era sem custo que voltava a **convencer-se DO contrário**.* (HP)
*Andei tentando **convencer** Fonseca **DE que a gente devia entrar** forte no comércio de compra.* (CL)

1.1.11 O **complemento** se refere ao **objeto** ou ao conteúdo de uma experiência. Por isso, em muitos casos o argumento pode ser oracional.

1.1.11.1 Com **verbos +dinâmicos** que indicam:

a) julgamento

*Há reuniões de Conselho, para **julgar DE assuntos** pertinentes à Companhia.* (PE)
*Cabido que **ajuizará DA conveniência** de seus padres.* (TSL)

b) conhecimento, cientificação

*A melhor maneira que tem [o autor] de **cientificar-se DA aceitação de sua obra**.* (MT)
*Quero lá **saber DISSO, DE rotina** de curral.* (CL)
*Com a ajuda do terapeuta [a criança] **se conscientiza DOS seus sentimentos**.* (CB)

c) certificação

*Preciso **certificar-me DUMA coisa** medonha.* (LM)
*Por isso quer ele próprio fazer a reforma, para **assegurar-se DE que a ordem revolucionária será mantida**.* (EM)

d) percepção

*Mal chegara, o Corregedor, homem arguto, **se apercebera DO verdadeiro alcance e sentido** de tudo aquilo.* (PR)
*Falou, sem **se aperceber DE que o pai contraíra o rosto**.* (FR)
*Carlos **advertiu-se DO erro** que cometera.* (VB)
*Depois **desconfiou DAQUELE despropósito de gente** toda noite na enfermaria.* (CF)

A JUNÇÃO

e) sentimento

Apieda-te DOS poderosos. (CHR)
Nenhum homem se condoeu DO Cristo. (NE-O)
Que Deus Nosso Senhor, na sua infinita misericórdia, se compadeça DE nós. (MAC)

f) participação

Carrega-a corajosamente, comparticipando DOS padecimentos do Cristo. (NE-O)
Não compartilhamos ainda DESSE ponto de vista revolucionário. (MH)
Como seu companheiro da Força Expedicionária Brasileira, comungamos DOS mesmos ideais democráticos. (FSP)

g) lembrança / esquecimento

Afinal, lembrou-se DO Rio, DO escritório, DOS negócios. (BH)
Lembrei-me DE que ele, ultimamente, andava meio curioso, me vigiando e fazendo perguntas estranhas. (BU)
Depois, esqueceu-se DO companheiro e nunca mais falou nele. (MAR)
Esqueceram-se DE que o Cristo dos pentecostais pretos era um Cristo negro, libertador da raça negra. (PEN)

1.1.11.2 Com **verbos -dinâmicos** que indicam sentimento:

Se você não gosta DO que faz não aguenta continuar. (EX)
Não gosto DE abuso comigo. (CL)

1.2 A **preposição** *DE* introduz **complemento de adjetivo**.

1.2.1 Os mesmos tipos de relações indicadas como expressas na complementação dos **verbos** aparecem realizadas na complementação dos **adjetivos**:

Mas já se viu uma molecota daquelas, uma iscazinha de gente mal saída DOS cueiros, falando desse jeito? (VPB)
Era um lugar bonito, afastado DA cidade, afastado DE tudo. (BL)
Hélvio Fiedler diz que nem mesmo o feijão está livre DE problemas. (ESP)
E tu é uma bêbada, tuberculosa e cheia DE chato. (AB)
Os maus, nesse passo, não são os governos do Primeiro Mundo; são os bancos: "abarrotados DE petrodólares e assustados com a perspectiva de recessão". (ESP)
Parou admirada DE presenciar tanto ajuntamento de homem em compartimento de cozinha. (CL)
A filha, separada DO marido, enveredara pelo rumo triste do desequilíbrio moral. (PCO)
O Hospital João Batista Caribé registrou três casos suspeitos, originários DO subúrbio ferroviário. (ATA)

652

*E, desde então, os fatos se encadeiam como que **liberados** DA **recordação**.* (A)

*Outros epífitos, são os pteridófitos (...) e os musgos; tais podem-se dessecar (...) e subsistirem longamente com pequena fração de água **tomada** DA **atmosfera**.* (TF)

*A maioria deles viu-se, de dia para a noite, quase que por passe de mágica, **transformada** DE jovens anônimos, para a situação de verdadeiros reis da cidade.* (RR)

*Estimativa – representa um valor de uma característica do universo, **deduzido** DA **amostra**.* (NP)

*Convinha mais encaminhar os imigrantes diretamente para as grandes lavouras **necessitadas** DE **braços**.* (H)

*Marx e Engels concebem o direito como uma variável historicamente **dependente** DA **base econômica** da cultura.* (JU)

*O rapaz **encarregado** DA **piscina** (limpeza, guarda-sóis etc.) acha logo o que fazer exatamente na minha frente.* (CN)

*A tarde de estivada cheia, a vista com a beleza do sol se pondo num céu **carregado** DE **nuvens**.* (CA)

*A ideia que se faz da Europa hoje é de uma comunidade de países **conscientes** DE **suas individualidades**.* (CB)

Condoída** DE **sua sorte, *ela cuidava dele.* (FR)

*Irmão **queridinho** DE **Paulo César**, ele se submeteu a uma operação de cataratas.* (FSP)

Expressam-se também sob a forma *DE*+**sintagma nominal complementos** de **adjetivos** cujo correspondente verbal não se completa com exigência de **preposição**. É o caso do **complemento afetado**:

*O mundo passou por essas duas crises e enfrentou ainda o prolongado conflito entre Teerã e Bagdá, que incendiou o Golfo Pérsico, principal centro **produtor** DE **petróleo** e detentor da maior parte das reservas do combustível.* (ESP)

*O Habacuc das letrinhas e o Habacuc **criador** DE **homúnculos** eram um só.* (CEN)

1.2.2 Certos **adjetivos** têm **complemento** da forma *DE*+**infinitivo** de sentido **passivo**:

*O tempo, nesse ano, ia ser bem **duro** DE **aguentar**.* (ARR)

*Deve ter sido um homem **difícil** DE **entender**, nas suas reações aos eventos banais ou importantes do cotidiano.* (ACM)

*Uma filha moça seria mais **fácil** DE **acompanhar**.* (AF)

1.3 A **preposição** *DE* introduz **complemento de substantivo**.

O sintagma formado pela **preposição** *DE*+**sintagma nominal** é um dos argumentos do nome **valencial** (predicador) e, assim, pode exercer vários papéis semânticos em relação ao **nome** predicador:

A Junção

1.3.1 **Agente**

1.3.1.1 Com **nome abstrato**:

*A constituição que fizeram está aí para ser cumprida, mas, em muitos pontos, não foi ainda regulamentada – graças à **omissão DOS parlamentares**. (ESP)*
*Continuava o **olhar** atento DA **mulher**. (FP)*
*O **ataque DE holandeses**, franceses e ingleses se fez em toda a linha que desce das Antilhas ao nordeste brasileiro. (FEB)*

1.3.1.2 Com **nome concreto**:

*Daí, porém, a ver os ricos, os maus, e nós em desenvolvimento, os bons ou **as vítimas DA conspiração** dos primeiros, vai enorme distância. (ESP)*

1.3.2 **Objeto afetado** (com **nome** de ação):

*A repressão antirreligiosa, a prisão de fiéis e a **destruição DE igrejas** têm provocado o recrudescimento da fé. (FA)*
*Vimos aqueles humildes habitantes ao longo da rodovia agredidos pela **devastação DE suas propriedades**. (VEJ)*
*A data de 1453, **tomada DE Constantinopla** pelos turcos, geralmente costuma assinalar o fim da Idade Média. (HF)*
*Há **redução DO fluxo sanguíneo**. (OBS)*

1.3.3 **Objeto não afetado**.

1.3.3.1 Com **nome** de ação:

*O pensamento científico parte, em última instância, de problemas que surgem da **observação DE fatos** e acontecimentos encontrados na experiência comum. (EC)*
*Voltando ao início deste livro, lá havia o cheque da vizinha que foi conferido através de uma simples **comparação DE assinaturas**. (GFO)*
*Tio Stefan concentrou-se no **exame DE seu cachimbo**. (ASA)*
*Fundado em 1942, [o Ibope] começou fazendo **pesquisa DE mercado** e **verificação DE audiência de rádio**. (ZEA)*
*Vim especialmente fazer uma saudação em **louvor DOS inchados** da meninada do Flor do Resedá (NI)*

1.3.3.2 Com **nome** de processo:

*Qual a lógica de escamotear do público **conhecimento DE uma verdade** que ninguém ignora? (AB)*

As Preposições

*Por mais curto que seja, mesmo a **percepção** DE **um lampejo**, representaria uma alteração cíclica entre diferentes sistemas.* (MH)

*O velho tinha a exata **compreensão** DE **sua simplicidade**.* (RN-O)

*Por contraste pensou em Ondina Alvarenga e a **lembrança** DE **seus olhos mansos** lhe fez algum bem.* (TV)

1.3.3.3 Com **nome** de estado:

*Com a menina se dá o contrário: ela rivaliza com a mãe no **amor** DO **pai**.* (PSC)

*Amigo, não é o **temor** DO **inferno** o que há de levar-me ao céu.* (BOI)

*Sentia ódio e **medo** DO **policial** sentado à sua frente.* (AGO)

1.3.3.4 Com **nome** modalizador:

*Numa cidade imensa como esta, com milhares de cães perdidos, a **probabilidade** DE **encontrar** o seu bichinho é muito limitada.* (BOC)

*É de cinquenta por cento a **probabilidade** DE **que esses casais possam ser identificados** e ajudados.* (FOC)

*Sinto **necessidade** DE **voltar** um pouco mais detidamente sobre a natureza dos meus sentimentos.* (A)

*A educação linguística põe em relevo a **necessidade** DE **que deve ser respeitado o saber** linguístico prévio de cada um.* (DIE)

*Há **possibilidade** DE **se venderem lotes** premiados durante os julgamentos da mostra.* (AGF)

*Existe a **possibilidade** DE **que um ou mais micro-organismos estejam implicados** no estágio inicial da cárie.* (HB)

*Triste é o teatro que se reduz a ter seus textos lidos na **impossibilidade** DE **vê-los encenados**.* (AB)

1.3.4 **Beneficiário**.

1.3.4.1 Com **nome** valencial que indica vantagem ou prejuízo:

*E uma medida de prudência, para o **bem** DE **todos**!* (BB)

*A redução de suas quotas, provocada pelo aumento da capacidade de moagem, provocará a elevação do custo da produção, em **prejuízo** DO **consumidor**.* (ESP)

*Itamar suspeita de um conluio carnal entre o Banco Central e os banqueiros no estabelecimento de uma taxa de juros exorbitantes, para **ganho** DE **ambas as partes** e em prejuízo do Brasil.* (VEJ)

1.3.4.2 Com **nome** concreto designativo de remuneração, ganho ou atividades profissionais:

*Caberia à iniciativa privada assumir o encargo, diminuindo o **lucro** DO **empresário** em favor do operário.* (CH)

A JUNÇÃO

Um censor ganha doze professoras mensais, ou, convertendo em cruzeiros, pelo câmbio oficial, o **salário DE doze professoras**. (CM)

Os **advogados DELE** e **DA outra emissora** onde ele trabalhava provaram que não tinha havido intenção. (BE)

1.3.5 Experimentador (com **nome** valencial de processo ou estado):

A **tristeza DOS componentes de sua equipe** – *pretensos recepcionistas de jupiterianos – era estarrecedora.* (MAN)

Era com inveja que víamos, pelas casas vizinhas, as grandes reuniões de domingo, com macarronada na mesa comprida e os filhos casados chegando com a turbulência dos netos para **alegria DA vovó**. (BH)

O que extravasou as medidas da **satisfação DE Tadeu Gentile** *foi a visão, ainda à distância, da Estação Ferroviária Central.* (GRE)

Me tomava toda a boca, era o **gosto DELE**, *o que ela tinha me dado.* (BE)

1.3.6 Meta (com **nome** de movimento):

Pega o menino pela mão e desce com ele, no **rumo DO Pelourinho**. (CH)

Contornamos a curva do Anhangabaú, os pneus cantando de satisfação, e com perícia admirável entramos na **reta DO vale**. (GTT)

Voltou-se outra vez na **direção DELA**. (SL)

1.3.7 Suporte de estado (com **nome não dinâmico**):

Nem vale a pena também recensear a permanente **ausência DOS parlamentares** *federais.* (ESP)

A **precariedade DA educação**, *em todos os níveis, foi se processando sem o questionamento dos currículos.* (ESP)

Salvei a **honra DOS assustados**. (CL)

Na **gostosura DESSA relembrança**, *não vi que a minha sela já de muito tinha deixado atrás a plantação cheirosa.* (CL)

A **claridade DOS ermos** *sempre foi mestra nessas artimanhas.* (CL)

A **bruteza DO meu falar** *sacudiu o descampado.* (CL)

O que fosse estava bem guardado no **cativeiro DO meu braço**. (CL)

O rebate falso não retirava a **mestria DA manobra**. (CL)

Tive que domar a **má-criação DELE**. (CL)

No **emaranhado DA briga**, *água na cabeça e no pé.* (CL)

Estava sentado sobre o **macio DA boia**. (CF)

1.4 A preposição *DE* introduz **complemento** de **advérbio**.

1.4.1 Com **advérbios** de tempo (**complemento** representado por **sintagma nominal** quantificado ou por **oração infinitiva**):

As Preposições

Depois DE um tempo, *se acalma e pra aliviar a barra, fala em tom macio.* (AB)
Depois DE uma hora de pesquisas inúteis tive de parar, pois a Biblioteca ia fechar. (BU)
Depois DE andar, *andar, andar, num crescendo de pânico, cidade vazia, tinha o alívio de ver os trilhos da Estrada de Ferro.* (CF)
Evapora antes DE bater no chão nosso. (CF)

1.4.2 Com **advérbios** de lugar (**complemento** representado por **sintagma nominal**, e, em alguns poucos casos, por **oração infinitiva**):

Giro leva vantagem e vai pondo Célia para fora DE cena. (AB)
Rente DO charco tirei sentinela. (CL)
Malucos se atiram debaixo DO trem. (AGO)
Alessandro, muito afável, estava sentado num longo degrau atrás DA casa. (ACM)
E nisso ninguém vai adiante DE mim. (CL)
Fiquei dentro DOS regulamentos e estipulações da guerra. (CL)
Longe DE serem um atentado à moral e aos bons costumes suas peças são um bisturi que abre o câncer. (AB)

2 A preposição *DE* funciona fora do **sistema de transitividade**, estabelecendo relações semânticas.

2.1 A preposição *DE* estabelece relações semânticas no **sintagma (adjunto)**: *DE*+sintagma nominal.

2.1.1 Especificação

[Ângela] Precisa corrigir-se DOS ímpetos de fúria. (CC)
Você quer consolar-se DE sua desgraça? (VE)
Alceu se desculpava DA barba comprida. (CE)

2.1.2 **Circunstanciação** (a **preposição** *DE* introduz expressão adverbial):

a) De modo

Às vezes esses lêmures nem sobem à consciência DE modo completo. (CF)
Inventei compromisso de mulata teúda e manteúda DE propósito. (CL)
DE repente, contraí aquela devastação de saudade de Dona Branca dos Anjos. (CL)
E, DE súbito vi-me transpondo o portão do velho solar da Rua São Justino. (A)
Começando tão DE manso. (CF)
Ele agradece e vai saindo DE fininho. (FE)

A Junção

*Temos que **tocar DE leve**. (AB)*
***Tenho DE cor** as façanhas de Pedro Malazarte. (PFV)*
*Nós continuávamos na sala, a **olhar DE soslaio**. (BH)*
*Paulo e Guida **entram DE roldão**. (SER)*
*Ele já **vinha DE fugida** daquela besteira! (J)*

b) De lugar

b.1) localização no espaço

*Claro, de todo jeito e **DE qualquer lado**. (AB)*
*Daí a pouco **aparecia** gente **DE todos os lados**. (AM)*

b.2) ponto inicial de uma extensão no espaço (o ponto final se marca com a **preposição *a***)

*Diante de mim, alumiado **DE ponta a ponta**, rolava o mar. (CL)*
***Era DA cabeça aos pés**, da mesma grossura. (CF)*
*A costa, **DE cabo a rabo, veio apreciar** a rixa. (CL)*

b.3) lugar **de onde** (origem)

*O calor que me **jogou DAQUELA escada** abaixo (...) conheço desde minha primeira invasão gripal. (CF)*
***DO alto da amendoeira, rolou** agouro de coruja. (CL)*
*Reparei que **DO espelho das águas** uma renda esgarçada subia, na certa a respiração do brejal. (CL)*
*Os praças **empurravam DE lá e DE cá**; eu, atrás empurrava também. (SE)*
***Comprei**, ainda com roupa de chegada, **assento vistoso, DE onde** eu pudesse a cômodo medir as vantagens das moças da ribalta. (CL)*

c) De tempo ou aspecto

c.1) localização no tempo

***DE tarde, chegava** povo. (CL)*
***Avisei DE imediato**. (CL)*
*Hoje **DE manhã procuramos** por ele. (A)*
***Adivinhamos DE antemão** que vamos ver um jogo chinfrim, sem alma e sem fogo. (GTT)*

c.2) com datação, horário ou idade, ponto inicial no decurso do tempo (o ponto final se marca com a **preposição *a***)

***DE 21 de fevereiro a** 21 de março o sol **se encontra** em peixes. (AST)*
*A safra do Pará **vai DE julho a** março. (AGF)*
*O setor agrícola **foi capaz de atender** no período **DE 1960 a** 1972, a demanda interna crescente, sem gerar substancial pressão inflacionária. (DS)*

DE sete às sete e quinze. (CF)
Todos os franceses DE 20 a 25 anos deviam cumprir o serviço militar, cuja duração era ilimitada em tempo de guerra. (HG)

d) De instrumento

*Devia ter **cortado** a bicha DE **gilete**.* (AB)
*Apanhava DE **varas de marmelo** e DE **chicote**, daquele trancadinho de couro cru.* (SE)
*Nas famílias mais pobres elas [as mulheres] também vão para o roçado, junto com os homens da casa, limpar DE **enxada**.* (CT)

e) De causa (*DE*+**sintagma nominal** ou **oração infinitiva**)

*O coração de Ponciano logo **pulou** DE **saudades**.* (CL)
*Era cor-de-rosa, **dava aflição** DE **tanta saúde**, DE **dentes tão perfeitos**.* (CF)
*A bicharada **caía** DE **podre**.* (CL)
*Diante do pacote, Ludmila **comichava** DE **curiosidade**.* (E)

\# O *DE* pode seguir-se de uma predicação infinitiva:

*Ele não quis cobrar, **comovido** DE **me ver**.* (CF)
*Dona Branca no mando do Casarão, Francisquinha **feliz** DE **ver** Ponciano pai de filho, tomado de responsabilidade.* (CL)

f) De consequência (*DE*+**oração infinitiva**)

*No denegrido da sala, como coisa vinda das profundezas do mar salgado, cresceu aquele **ronco** DE **gelar** o ânimo mais saído.* (CL)
*Os tais deixados da moça sereia ficavam num **assanhamento** DE **meter medo**.* (CL)
*Nunca quis tomar franquia com a moça do mar, embora fosse ela provida de um par de roliços do maior agrado meu, **coisa vistosa** DE **não caber** na concha das mãos.* (CL)

g) De matéria

***Empanturraram-se** DE **tapiocas** secas e molhadas.* (SD)
*A Chapada dos Veadeiros poderá, em futuro próximo, **abastecer** DE **trigo** toda a região central do País.* (CHU)
*Dona Guigui primeiro puxou o corpo para a corrida dos fundos, **cobriu** DE **jornais** e deixou lá.* (BO)

h) De limite inferior (em correlação com **sintagma** iniciado por *a*)

*A porcentagem **varia** DE **10 a 50**%.* (BF)

i) De posição

*Sempre DE **pé**, abaixei os olhos e nada respondi.* (A)
*Se eu te humilhei no colégio, te peço perdão, DE **joelhos**!* (BO)
*Só depois é que o menino, que estava esperando, DE **cócoras**, grita.* (SA)
*Deito-me DE **bruços**, com o ventre sobre o incômodo colchão de ferro.* (INQ)

A Junção

j) De verificação

Você é DE fato uma excelente atriz. (AFA)
Ele estava só furioso, mas furioso mesmo, DE verdade! (ANA)

k) De intensidade

O luar espichava DE não poder mais a sombra deste Ponciano de Azevedo Furtado na imensidão das águas. (CL)

l) De negação

Não deixaria de ir ao cinema aquela noite DE jeito nenhum. (AC)
Maria Amélia, no dia seguinte, não quisera regressar, DE jeito algum, à vila. (GRO)
Estes quatro fatores de civilização [o telefone, o automóvel, o cinema e a luz elétrica] (...) não quebram DE nenhum modo o bucolismo da paisagem. (DEN)
Não podemos parar, DE modo algum. (GD)

2.2 A **preposição** *DE* estabelece relações semânticas no **sintagma nominal (adjunto adnominal): nome avalente+*DE*+sintagma nominal.**

2.2.1 Relação de posse:

Roubaram a bolsa DE uma mulher num bar aqui perto. (AFA)
É ainda cedo: nove horas no relógio DO seu Ivo. (DES)
Vem sumindo dinheiro da carteira DO senhor Juarez. (TB)
Retira-se a camisa DA vítima. (CCI)
E o gado DO senhor, bem "empastado" como é. (BS)
A harmonia era servida na sala DE Serapião Lorena. (CL)
Ela bebe com o dinheiro DELA. (AB)

2.2.2 Relação de pertença.

2.2.2.1 Constituição de um todo inteiro (pertença inalienável):

Olha dentro dos olhos DE Hans. (P)
Mostrou o rabo DE um corisco no seu denegrido. (CL)
Soltávamos virotes de papel enrolado nas orelhas DOS colegas. (CF)
Quanto mais apertava, mais a vista DO Coronel clareava. (CL)
Ouvia-se a voz fanhosa DO Pires-Ventania. (CF)
Corri na poeira da voz e vi o neto de Simeão água dentro, trabuco no ombro e indagação na ponta DO beiço. (CL)
Estava aclarado um safanão de vento, destramelando a janela DA despensa. (CL)
A lingueta DO lampião alongou e morreu. (CL)

As Preposições

2.2.2.2 Inclusão em um todo abrangente:

*Todos daquela época lembramos de um pedido urgente do Gorilão que queria sair logo, logo, **naquele instante DAQUELE dia**. (CF)*
*Os **meninos doentes DO internato** iam para a enfermaria. (CF)*
*Andava na cidade um Moulin-Rouge que Juju Bezerra, **sujeito DA primeira fila**, asseverava ser bem guarnecido de pernas e caras. (CL)*
*Foi ver a lavadeira e afundar em boa tarde e cortesias, a ponto de ralar a cauda nas **pedras DO rio** e morrer desensanguentado. (CL)*
*Iam para a enfermaria, **fundos DO corredor** do andar de cima. (CF)*
*Vai piar nas **profundas DOS infernos**. (CL)*

2.2.3 Relação de matéria:

*Soltávamos **virotes DE papel enrolado**. (CF)*
*As **placas DE metal amarelo** de cada degrau da escada do saguão do centro (...) eram polidas. (CF)*
*Nessas eras começaram conflitos de que ainda não me dera conta e que me levaram a longas incursões nos círculos do inferno, nos desvãos do Purgatório, nas **capas DE vidro** dos céus cristalinos. (CF)*
*Depois foi um livro grande, não muito grosso, com capa esfolada, **DE couro cru**, e páginas de papel de trapo, muito liso. (ACM)*

2.2.4 Oposição semântica relativa.

2.2.4.1 Assimétrica:

*Em grande risco navegava o **neto DE Simeão**. (CL)*
   NETO $\Rightarrow$ AVÔ
*A Célia precisa subir com o **freguês DELA**. (AB)*
*Esses **filhos DOS infernos** (...) é que fizeram dos dormitórios da primeira e do Estado-maior, zona irreal. (CF)*
*O nosso Cruz era **pai DUM colega**. (CF)*

2.2.4.2 Simétrica:

*Sou sócio do meu cunhado, **irmão DE minha mulher**. (CRV)*
   IRMÃO $\Longleftrightarrow$ IRMÃ
*Rosana era namorada de um **amigo DE Zeca**. (AMI)*
*Sinhazinha Barros Pimentel é **prima DE minha mãe**. (EM)*
*O **irmão e a cunhada DE Eulália** vieram de Madrid para receber-nos. (REP)*

A JUNÇÃO

2.2.4.3 Relação de execução:

*Já lemos quase sem sentir, todo o **livro** DE **Rubem Braga**.* (CV)

*Na Câmara Federal causa grande polêmica o **projeto** DO **deputado Jorge Lacerda**.* (VID)

*Assim será mais fácil achar as **provas** DE **vocês** no meio das outras.* (REA)

*É mister não proibir **obras** como a DESTE **autor**.* (AB)

*Escada que tem de poço e pêndulo e inevitável como no **conto** DE **Poe**.* (CF)

*Uma **teia** DE **aranha** se agarra no seu cabelo.* (CF)

2.2.5 Localização espacial ou temporal:

*José sentava-se à **mesa** DO **fundo**.* (CE)

*A **sala** DA **frente** estava sempre de luz apagada.* (B)

*Deixa eu fechar a janela pro **pessoal** DA **frente** não ficar xeretando o amor de vocês.* (AB)

*Vamos ter um belo assado, regado a vinho, no **almoço** DO **domingo** de Páscoa.* (ANA)

*Alguns, temendo não ser convidado para o **jantar** DO **sábado** (...) esperavam ansiosos o momento da despedida.* (REL)

*O prato era mal lavado, vinha com gordura da **refeição** DO **dia anterior**.* (CNT)

*Começou conquistando a pole-position para a **corrida** DE **amanhã**.* (ESP)

2.2.6 Especificação.

2.2.6.1 **Nome de conjunto, quantidade** ou **valor+*DE*+substantivo contável de medida** ou **de valor**:

*Um **mundaréu** DE **marola** cresceu da altura da amendoeira.* (CL)

*Numa **roça** DE **mangue**, a bicharada caía de podre.* (CL)

*A produção do Kuwait e do Iraque representa hoje, oficialmente, entre **três e três ponto cinco milhões** DE **barris** por dia.* (ESP)

*O mais grave não é a conspiração dos bancos internacionais, empurrando goela abaixo dos países em desenvolvimento alguns **bilhões** DE **dólares**.* (ESP)

*Não vale a pena discorrer sobre o paraíso em que se transformou o legislativo, com **milhares** DE **empregos** milionários distribuídos entre parentes e correligionários.* (ESP)

*Há pressões sobre os preços (...) fixando-se um **preço** DE **vinte e um dólares**.* (ESP)

2.2.6.2 **Nome de conjunto+*DE*+nome de conjunto** ou **nome** plural:

*Um **atropelado** DE **gente** em debandada entupiu o corredor.* (CL)

***Cambada** DE **safadinhos**!* (CF)

As Preposições

*Andei vai não vai para soltar o ferrão da língua nos costados deles todos, cambada de mariquinhas, **magote DE assombrados**. (CL)*

*O pestileno afiava o queixal para destrocar um **par DE inocentes**. (CL)*

*Não deverá necessária e automaticamente contagiar de progresso e prosperidade o **conjunto DE países**. (ESP)*

2.2.6.3 Nome indicativo de continente / recipiente+*DE*+substantivo indicativo de conteúdo:

*Consenti ver minha patente em sítio de tamanho subalternismo como era o **paiol DE mantimentos**. (CL)*

*A revolução no Irã provocou a saída, do mercado, de cerca de seis milhões de **barris DE petróleo** por dia. (ESP)*

*Mas eu ainda prefiro um **prato quente DE comida** pro meu filho. (P)*

*Trazia-a num **bule DE água**. (CF)*

*Tome então um **copo DAQUELE remédio**. (CF)*

2.2.7 Classificação:

*O **Ministro DAS Relações Exteriores do Brasil** teme, e com razão, que o confronto político e ideológico da Guerra Fria seja substituído pela competição econômica e comercial entre os megablocos. (ESP)*

*Era só mesmo **teorema DE geometria**. (CF)*

*Fui indo, escorregando em modo de **sabonete DE moça**. (CL)*

*A **máquina DE costura** nunca parou. (AVI)*

*Era um **véu DE noiva** estendido. (CL)*

*A de ontem foi a quarta pole consecutiva de Emerson em **provas DE quinhentas milhas**. (ESP)*

\#   Em muitos casos, o **léxico** da língua possui um **adjetivo classificador** correspondente ao **sintagma nominal** iniciado por *DE*:

*Interessaram-se todas as companhias de **indústrias ALIMENTÍCIAS** (= DE alimento), que entraram com fortes somas. (BH)*

*Não há **força DE homem** (= HUMANA) que aguente uma sereia desenganada. (CL)*

2.2.8 Qualificação.

2.2.8.1 Nome qualificado+*DE*+substantivo qualificador:

*Conhecia eu que só uma **invenção DE tal peso** podia sanar (...). (CL)*

*Rebaixou os olhos verdes capins como pratica toda **donzela DE primeira mão**. (CL)*

A JUNÇÃO

2.2.8.2 **Nome qualificador+*DE*+substantivo qualificado**:

*Ia ficar uma **beleza** DE **barraco**, com a vista que tem lá em cima.* (IN)
*Com você é diferente, preciso trabalhar, o meu é pouco pro gasto, ainda mais com despesas de livro, um **horror** DE **dinheiro**.* (CR)
*Que **imensidão** DE **brancura**!* (CL)
*Num arranco, sacudia a espingarda fora, no **seco** DA **areia**.* (CL)
*Estava sentado sobre o **macio** DA **poia**.* (CF)
*Avancei os dedos pelos **escorregados** DAS **escamas** até ancorar numa curva desprevinida.* (CL)

2.2.9 Extração de um conjunto (relação partitiva): **quantificador não universal+ *DE*+substantivo plural, nome de conjunto ou nome não contável**:

***Um** DE **nós** mete o braço.* (FP)
***Nenhum** DELES, porém, precisou permanecer internado.* (ESP)
***Vários** DOS **nomes** que estão sendo apontados foram mencionados abaixo.* (OL)
***Muitas** DAS **nossas escolas** ainda não alcançaram o nível necessário que torna a biblioteca um órgão indispensável.* (BIB)
***Alguns** DOS **voluntários** desistiram e os restantes acabaram por jogar a linha no meio da rua.* (FP)
***Uma noite** DEssas, revi Conceição.* (FR)
*Não queria a parte de cima do pão e comia colocando **um pouco** DE **sal**.* (BE)

2.2.10 Extração de uma qualidade (similaridade):

*Muita coisa mudou e **algo** DE **novo** está acontecendo.* (AR-O)
*Vesti-me lentamente, calcei os sapatos como quem faz **algo** DE **estranho**.* (B)
*O encontro com aqueles dois exilados tinha **muito** DE **inesperado e comovente**.* (BH)
*Ele reconhecia, naquele simples rigor, **qualquer coisa** DE **nobre e** DE **fiel**, que agitou uma sombra ou uma chama.* (FP)

2.2.11 Denominação:

*Peguei a mala e fui tirar semana no **Hotel** DAS **Famílias**.* (CL)
*Tinha o alívio de ver os trilhos da Estrada de Ferro, divisar os portões da Quinta, a **paragem** DE **São Cristovão**.* (CF)
*No seu lado oposto as destinações de General Argola, Santa Catarina, **Morro** DO **Observatório**.* (CF)
*Há cinquenta e seis anos penso bem do excelente velho, cada vez que passo à porta do seu consultório: era no **Largo** DA **Carioca**.* (CF)

*Eu estava indo a pé de Haddock Lobo para o colégio, na Praça Bandeira, Senador Furtado, **Quinta DA Boa Vista**. (CF)*
*Descia a **Rua DO Matosol**. (CF)*

\# É muito frequente que a denominação de rua, do logradouro ou do estabelecimento não se inicie por **DE**:

*Fiquei um bom tempo circulando pelo Centro Velho. Pátio do Colégio, **Largo São Bento**, Vale do Anhangabaú. (BL)*
*E, de súbito, vi-me transpondo o portão do velho solar da **Rua São Justino**. (A)*

\# A **preposição DE** não ocorre se a denominação for uma data:

***Rua Nove de Julho**, ao lado da loja de jeans US Top. (GD)*
*É a atual **Praça 15 de novembro** (FI)*
*Não sei há quantos anos existe a Casa Loubet, na **Rua 7 de Setembro**. (AID)*

2.3 A **preposição** *DE* introduz sintagma em função predicativa (**predicativo**), que pode ser:

a) **Predicativo do sujeito**

*É apenas um **sino**, mas é DE **ouro**. (B)*
*O **teto** é DE **zinco**, e tem proteção de rede de arame, para impedir a entrada de ratos. (CS)*
*A **iluminação** a gás do campo era DE **um azul santelmo**. (CF)*
*A **média** de Fitipaldi em sua melhor volta foi DE **trezentos e cinquenta e oito quilômetros por hora**. (ESP)*
*Seu **vestido** era DE **lã verde** e o chapeuzinho era preto com um véu. (CP)*
*O **dia** foi DE **nuvens**, com chuvas finas. (CBC)*
*O **céu** limpo e transparente parece DE **vidro**. (CH)*

b) **Predicativo do objeto**

b.1) com **verbos** que indicam denominação

*A turba horrenda seguia os passos de um homem milagroso **a quem chamavam** DE **santo**. (J)*
*Chamam o **casamento** DE **sacramento**. (DM)*
*Ao **comendador** Fernando Pereira Leite de Toyos (...) [o povo] alcunhou DE **Cavalo Velho** por ser um tanto burro e já idoso. (TSL)*
*Ela o **apelidou** em seguida DE **Tito** e Tito ficou para sempre. (ANA)*
*Se elas soubessem que papai xingava o **cachorro** DE **tudo que é nome**, eram capazes até de cortar relações com a gente. (ESP)*

A JUNÇÃO

b.2) com **verbos** que indicam aquisição de condição

A moça fez-se DE rogada. (ART)
Pensei que fosse fazer-se DE rogado. (SE)

b.3) com **verbos** que indicam inculpação

O paulista acusava o fidalgo DE usurpador da glória de Fernão Dias. (RET)
*O diabo é que, se me decidisse a narrar por miúdo a conversa do capitão, **tachar--me-iam DE fantasista.*** (MEL)

2.4 A **preposição** *DE* integra construções indicativas de circunstâncias

2.4.1 Nas construções *DE*+**nome**+**preposição** (tradicionalmente: **locução prepositiva**), *DE* expressa as seguintes relações semânticas:

a) De modo

*Apeei DE **modo a** apreciar de rente tamanha imensidade junta.* (CL)
*Ramazzini aceitava a ideia das "sementes" infecciosas proposta por Fracastoro, e agia DE **acordo com** ela.* (APA)

b) De lugar

***DO lado de** fora encontraram a enfermeira e o rapaz gordo.* (ARR)
*Sentou-se DE **frente para** Mário e insistiu para que eu me sentasse ao seu lado.* (BL)

2.4.2 Nas construções: **preposição+nome / advérbio+***DE*+**complemento do nome** ou **advérbio** (tradicionalmente: **locução prepositiva**), *DE* expressa as seguintes relações semânticas:

a) De lugar

*Ficava **por cima** DO salão de honra.* (CF)
*Vinham andar **por perto** DA dupla.* (CF)
*Lorena tinha arrepiado pé **na frente** DE um trovão recaído de mau jeito **no derredor** DA casa.* (CL)
*Queria, **em cima** DESSAS prendas, encher as vistas.* (CL)

b) De modo

*Um segundo era o dos que queriam dar sua voltinha para (...) puxarem fumaça extra no saguão das pias – tudo **à custa** DE doencinha inventada.* (CF)
*Deixei **em poder** DO velho a obrigação de levantar a capivara.* (CL)
*Quis botar meus empréstimos e patente **a serviço** DELA.* (CL)

As Preposições

*Foi ver a lavadeira e afundar em boa tarde e cortesias, **a ponto DE** ralar a cauda nas pedras do rio.* (CL)

***Em risco DE** ser ofendida pelo amarelão, demonstrei aos circunstantes que foi outra artimanhosa ideia que tive.* (CL)

*À mercê delas podia frequentá-lo **sem perigo DE** ser purgado.* (CF)

c) De causa

***Em vista DISSO** peguei a mala e fui tirar semana no Hotel das Famílias.* (CL)

*Tal proceder era **por motivo DE** pregar peça.* (CL)

*Vou a Campos **a chamado DOS** doutores da justiça.* (CL)

d) De assunto

*Então lhe contei o que Veríssimo havia dito **a respeito DE** Ritinha.* (DE)

e) De troca

*Joaquim avalizou uma promissória **em troca DE** uma promessa do Antônio de não atacar Fagundes.* (B)

***Em lugar DE** uma refeição, teremos duas.* (AM)

2.5 A **preposição** *DE* entra na construção de **perífrases (+infinitivo)** que indicam:

a) Cessação

*Mas quando a gente entra a garapa **deixa DE mexer**.* (TP)

*O doutor não **cessa DE gracejar**?* (RIR)

*Quando **acabei DE falar** ele balançou a cabeça de modo pensativo.* (CCA)

***Basta DE proteger** vândalos.* (ESP)

\# Neste caso pode ocorrer um **nome abstrato** ao invés do **infinitivo**:

*Vamos **deixar DE exagero**, Sérgio?!* (A)

***Deixa DE fantasias**.* (ACM)

b) Início de ação ou processo

*E, sem mais, **deu DE trançar** cafuné na raiz da minha barba.* (CL)

***Tratei DE ficar** em chão seco.* (CL)

c) Intensificação

*Eu falei, falei, falei, **cansei DE falar**.* (AB)

*O homem não **cansava DE analisar, pesquisar** e **procurar** entender o mundo.* (HG)

d) Repetição de ação ou processo

d.1) com **verbos** de ação

A JUNÇÃO

*A namorada do ateu **deu DE teimar** para que ele a acompanhasse nessa visita obrigatória.* (BP)

*Os médicos se juntaram e nos desenganaram. E ela **deu DE chorar**, chamou padre, se confessou, redobrou o choro, se lamentando.* (ALF)

*Como tomado dos demônios, o povo de Ponta Grossa **deu DE fazer algazarra** e molecagem.* (CL)

***Deu DE falar** sozinho.* (CL)

d.2) com **verbos** de processo ou estado

*Piano já estava enjoado de esperar, quando **deu DE acontecer** que passou pela porteira o seu vigário.* (CBC)

*De lá seu vigário **deu DE estar** banzeiro, meio recolhido no seu silêncio, caçando jeito de acertar quem tinha levado emprestado o ferro.* (CBC)

e) Necessidade

*Ele **precisa DE inventar** o ácido.* (CF)

f) Oportunidade

*O restante (...) **calhou DE caber** todinho no meu colo.* (CL)

g) Efeito

***Era DE comover** aquela gente humilde e humilhada (...) em busca do pequeno presente.* (IS)

***É DE chorar** de raiva.* (VEJ)

*O resultado **é DE matar**.* (VEJ)

2.6 A preposição *DE* constrói-se com o verbo *ser*+adjetivo disfórico+ *DE*+infinitivo:

*Vê se eu **sou besta DE sustentar** homem.* (AB)

*Quando alguém diz "não vou comprar o brinquinho", quer dizer que não **é bobo DE fazer** mau negócio.* (SE)

*Lembrei-me da conversa na piscina, as mulheres comentando que nesta cidade ninguém mais **é louco DE andar** com joias.* (EST)

2.7 A preposição *DE* entra na construção *a*+verbo de início de ação ou processo+*DE*:

*A **partir DOS** dois meses o lactente sadio adquire a capacidade de sorrir.* (SMI)

*Tibúrcio, pensativo e parado, corre o olhar pela fartura do sortimento, **a começar DAS** prateleiras abarrotadas.* (SE)

As Preposições

2.8 A **preposição** *DE*, seguida de alguns infinitivos, compõe expressão intensificadora de adjetivos:

*Espere um nascer do sol **lindo DE morrer**. (REA)*
*A mulher na direção é **linda DE morrer**. (OMT)*
*Todas eram **ruins DE doer**. (FSP)*
*Toda mulher sabe que há duas espécies de beijo, esse que a gente finge que dá ou suporta a cada minuto, e aquele de verdade, **gostoso DE doer**. (BOC)*

2.9 A **preposição** *DE* introduz uma especificação locativa de um **advérbio** pronominal circunstancial:

*Subiu nas partes do corcel e **lá DE cima**, no derradeiro furo da rédea, rinchou feio. (CL)*
*Então o menino não sabe que na sua gestão vamos escolher o mandão de tudo isto que vemos **aqui DE cima**? (VID)*
*Mas é que a maioria dos meus colegas **aqui DE Sorocaba** subiram na vida. (BL)*

2.10 A **preposição** *DE* entra em **expressões** fixas:

DAR DE OMBROS	= não dar atenção, não se tocar

*Sérgio **DEU DE OMBROS**, ostensivamente desinteressado. (A)*

DAR DE CARA **DAR DE FRENTE** **DAR DE TESTA COM**	= encontrar repentinamente

*Ao virar, **DEU DE CARA** com a figura familiar. (GD)*
*Tampouco se constrangeu ao **DAR DE FRENTE** com seu marido, que acompanhava Nini Veiga, o modelo mais belo do Rio. (JM)*
*Esta (...) enxugou-se na saia, e **DEU DE TESTA COM** ele. (CAS)*

CAIR DE CAMA	= enfermar

*Não compareceu o gringo da prestação que **CAÍRA DE CAMA** com febre impiedosa. (SD)*

CAIR DE QUEIXO	= ficar perplexo

*O fiscal **CAIU DE QUEIXO** porque se tratava de uma beleza sem par. (SD)*

CAIR DE QUATRO	= cair com as mãos no chão

*O tabefe do gringo gordo estalou na cara dele, ele **CAIU DE QUATRO**, os homens da polícia da Administração rindo de se torcer. (R)*

CAIR DE QUATRO	= render-se a uma sedução

*Flávio de Souza **CAIU DE QUATRO** pelo cinema. (FSP)*

A JUNÇÃO

FICAR DE QUATRO	= abaixar-se pondo as mãos no chão

Quem acabou pegando o cachorro foi meu companheiro Greaves, que FICOU DE QUATRO no gramado para agarrá-lo. (FSP)

FICAR DE QUATRO	= ficar embevecido

O espectador que já FICOU DE QUATRO por mérito de um amor avassalador (...) irá tirar um peso dos ombros ao constatar que o casal jaboriano (...) desfila no palco um repertório de frases familiares a todo e qualquer coitado que já tinha tido a sina de mergulhar naquela patologia agridoce conhecida por paixão. (FSP)

TER MUITO DE	= ser parecido com

*Mas **tinha muito DO filho**: na testa, nos olhos empapuçados.* (TSL)

EM

1 A **preposição** *EM* funciona no **sistema de transitividade**, introduzindo **complemento** de verbo.

1.1 O **complemento** se refere ao **objeto** transformado, ao resultado (com **verbo** de transformação):

*Os territórios podem **constituir-se EM Províncias**.* (DP)

*Empenhei-me num programa de desenvolvimento, apresentando ao povo brasileiro um conjunto de objetivos concretos que **consubstanciei NAS trinta metas de expansão econômica** que vêm sendo cumpridas.* (JK-O)

*E como convém à célebre entropia de um país subdesenvolvido, [ideologias antiliberais] **degradaram-se EM manifestações folclóricas**.* (CB)

*A questão estudantil (...) **degenerou EM violência**.* (JT)

*A filosofia **convertera-se EM** ciência racional das coisas.* (HF)

*O meu ódio **deu EM remorso**.* (CJ)

*Arrumara-se com artes e seduções, os cabelos em tufos para o alto, **desatando-se EM caracóis** em tom ruivo.* (VB)

*No entanto esse sentimento pode não **descambar NA morbidez** se uma boa orientação chegar a tempo.* (AE)

670

As Preposições

1.2 O **complemento** especifica o novo estado (com **verbo** de ação ou processo que configura surgimento de um novo estado):

*Sinhozinho **desandou** EM **bravatismos**. (CC)*
*A mulher **desatou** NUM **pranto perdido**. (MP)*
*E logo **se derramou** EM **palavras**. (VN)*
*Marinalva **desdobrava-se** EM **gentilezas**. (PN)*
*Eu queria comentar um assunto, **desembestei-me** EM **pedantismos**. (R)*

1.3 O **complemento** indica o processo, atividade ou situação em que há o envolvimento (com **verbo** de envolvimento, engajamento):

*Chegaria muitas vezes tarde demais, depois que o assistente já **se envolveu** EM **maus***
 ***lençóis**. (MA-O)*
*Não admito **envolverem** alguém NISSO. (PA)*
*Judas **engajara-se** NA **milícia apostólica**. (NE-O)*
*A elite procura **engajar-se** NO **processo de massificação de cultura**. (ILC)*
***Empenhei-me** NUM **programa de desenvolvimento**. (JK-O)*

1.4 O **complemento** indica a posição em que algo ou alguém é colocado (com **verbo** de colocação):

*Novamente ele me **colocava** NUMA **posição falsa**. (CCA)*
*A eventual quebra dessas empresas **deixaria** também o sistema bancário mexicano*
 *EM **uma situação** de extrema fragilidade. (FSP)*
*As perdas que a classe empresarial baiana vai sofrer serão punitivas, capazes de **jogar***
 *o Estado NUMA **situação** de inadimplência e desemprego generalizados. (FSP)*

1.5 O **complemento** indica o lugar a que alguém ou algo chega:

*Garotos **subiram** NOS **postes** e árvores. (DE)*
*O padre manco **estendeu-se** NO **chão** umas três vezes. (DE)*
*O pessoal se **debruçava** NOS **rádios**. (DE)*

1.6 O **complemento** se refere ao indivíduo em que surge o novo estado (com **verbo** de surgimento, manifestação):

***Deu** o tangolomango EM **vocês**? (MA)*
***Deu a louca** EM todos. (BH)*

A JUNÇÃO

1.7 O complemento indica o alvo do ataque (com **verbo** de investida, ataque):

*Era a esposa do motorista que se **desforrava** NAS **vidraças**.* (DE)
*Não gosto de **bater** EM **fedelho**.* (PM)
*Para defender-se, [Chico Pereira] **descarregou** NELE a cartucheira que trazia consigo.* (S)
*****Descia a brocha** EM **Totonho** que só vendo.* (CR)
*****Cuspiu**-lhe três vezes NO **rosto**.* (DE)

1.8 O complemento indica o alvo da intervenção ou do toque (com **verbo** de intervenção, toque):

*[Eu] **Bulia**-lhe NAS **saias** que aflavam.* (DM)
*Davi quer ir ao Snobar, não sai de minha mesa, **mexe** NOS **papéis**.* (DE)
*Fechava os olhos e via Dora, seus lábios **cocegando** NOS **meus** como uma fruta comida de vez.* (CR)

1.9 O complemento indica o alvo da sensação, da percepção ou da atividade intelectual (com **verbo** de aplicação dos órgãos do sentido, da percepção ou do intelecto):

*João **reparou** NO **volume** da barriga e deixou cair a arma.* (DE)
*Maria Clara e Lourdes **concentraram**-se NO **trabalho**.* (ES)
*Sentimento confuso apenas (...) para que o Negro Massu, pouco dado a **cogitar** EM **tais coisas**, se desse conta andar o mundo errado.* (PN)
*A constituição **diferençava**, NO **Imperador**, o único delegado do Poder Moderador.* (FI)

1.10 O complemento indica o alvo da alusão (com **verbo** de alusão):

*Que mania de **falar** EM **Deus**.* (DE)
*Eliodora nem podia ouvir **falar** EM **você**.* (A)

1.11 O complemento indica o alvo atingido (com **verbo** de incidência):

*Você foi escolhido, a sorte **caiu** EM **cima de você**.* (DE)
*Pois eu quero **carregar** NUMA **boa centena do bichinho**.* (AM)
*Ficávamos estendidos na cama, deixando o sol **bater** NA **gente**.* (DE)
*Todos esses preços de energia e transportes **incidiram** diretamente NA **cesta de compras**.* (ESP)

AS PREPOSIÇÕES

1.12 O **complemento** indica o alvo do desconto (com **verbo** de desconto, abatimento, dedução):

*Me informaram que a casa paga, mas **desconta NOS ordenados** da moça que fez a escrituração.* (R)
*Há muito que **descontar NAS pretensões de grandeza do português**.* (CGS)

1.13 O **complemento** indica a atividade (com **verbo** de dispêndio de tempo em uma atividade):

***Demorava**-me ainda NA **contagem**.* (DM)
*Infelizmente não **me detivera NAS explicações necessárias**.* (MEC)
*Oliveira **consumiu o resto do dia NO interrogatório**.* (MP)

1.14 O **complemento** indica o objeto da crença/descrença (com **verbo** de crença, descrença, confiança, esperança):

*Não sofram as penas do Inferno os que EM vós **esperaram e creram**.* (TP)
*Mas também não **creio** mais EM **Padre Justino**.* (CCA)
***Acreditamos NO voto** porque **confiamos NO povo**.* (APP)
*Há mais **coisas EM que descreio** do que **coisas EM que creio**.* (DI)
*Ficou de lado, [o João Ramalho] **desacreditando NO que via**.* (CC)

1.15 O **complemento** indica o objeto do consentimento (com **verbo** de concordância, consentimento, conformação):

*A polícia foi severa: **consentir** apenas NA **saída de Sampaio**.* (BB)
*[Renata] **consentira EM ser personagem**.* (LM)
*[Dona Evalda] **condescendeu EM sentar-se à mesa** e servir-se de uma coxinha de peru.* (SD)
*Tenente Pinto Ferreira não **se conformava EM ficar aguardando ordens morosas de Juazeiro**.* (JA)

1.16 O **complemento** indica o objeto de referência (com **verbo** de ajuste, enquadramento):

***Assenta** bem esta arrogância NUM **Macedo** que se dirige a mulheres.* (PM)
*Todas as promessas oficiais, dirigidas especificamente para aquela sofrida região, continuarão a **enquadrar-se EM uma moldura de desalento e até de descrédito**.* (CB)

A JUNÇÃO

1.17 O **complemento** indica o ponto de contato (com **verbo** de aproximação, junção):

*[O operário] sentia a fazenda já **colando NAS costas**.* (VI)
*Realmente o Brasil vai **encostar NA América** daqui a quarenta anos.* (AMI)

1.18 O **complemento** indica o objeto da imersão (com **verbo** de penetração, imersão):

*A frase **calou NO espírito** de Geraldo.* (RIR)
*Aos embalos da rede **caí NUM sono** de pedra.* (MEC)
*O capitão **caiu NA caatinga** não faz duas semanas.* (CAN)

1.19 O **complemento** indica a finalidade (com **verbo** de movimento com uma finalidade):

*Mais de um sujeito **correu NA salvação do pescoço-pelado**.* (CL)

1.20 O **complemento** indica o objeto de referência (com **verbo** de fundamentação):

*A Revolução Francesa **baseava** toda a sua filosofia **NO individualismo**.* (DC)
*A análise ideológica já **se fundamenta NUMA conduta eminentemente redutora**.* (RS)
*O homem (...) **assenta** sua superioridade animal **NA inteligência**, na aptidão dedutora.* (BS)
*O sentimento que nos aproxima se **alicerça NUM ideal de consciência cristã**.* (JK-O)
*O conflito entre ambos **descansa** (...) **NA incapacidade comum de conquistar e viver a liberdade**.* (EV)

1.21 O **complemento** indica o ponto de apoio (com **verbo** de apoio, apego):

*Eis porque um plano racional de ensino deve **apoiar-se NA consideração** de circunstâncias particulares que, a seu modo, alteram as linhas do plano ideal.* (PE)
*[Ivete] **aferra-se NUMA ciumeira dos capetas**.* (DM)

2 A **preposição** *EM* funciona fora do **sistema de transitividade**, estabelecendo relações semânticas.

2.1 A **preposição** *EM* estabelece relações semânticas no **sintagma (adjunto)**: *EM*+**sintagma nominal**.

2.1.1 Relação de circunstanciação:

2.1.1.1 De lugar ***onde*** (locativo, não diretivo)

2.1.1.1.1 Sem movimento

a) Localização na superfície, sem entrar em questão o tipo de contato com essa superfície, embora esse contato seja entendido como de certa duração

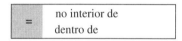

= na superfície de
sobre
em cima de

*O povo se **comprime** NAS **calçadas** e olha.* (DE)
*João **lia** NA **cama** obras pornográficas.* (DE)

b) Interioridade

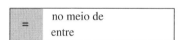

= no interior de
dentro de

Deixamos *Curitiba* NUM ***cargueiro*** *da FAB.* (DE)
*Ela sentiu o coração aflito de João a **bater**-lhe NO próprio **peito**.* (DE)
*Ele **dormiu** NA **sala** até o nascimento da quarta filha.* (DE)

c) Situação medial

= no meio de
entre

Era só ele se afastar de casa, sentia-se dotado da maior potência e, de volta, com a bem querida NOS braços. (DE)
*Agora que ia dar certo – o pobre arrenegou-se, o lindo rosto **enterrado** NAS **mãos**.* (DE)

2.1.1.1.2 Com movimento

a) Localização na superfície

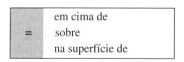

= em cima de
sobre
na superfície de

*Um engraxate **batuca** NA **caixa**.* (MPB)
Sentamo-nos NO ***banco*** *do candelabro e começamos a anotar os achados.* (ACM)

b) Ponto de contato

=	num ponto de

*Os homens se puseram atrás de mim e um deles me **tocou** NO **ombro**, meio bruto, com a coronha da arma.* (MMM)

c) Contiguidade

=	ao longo de

***Passei** a mão EM suas coxas.* (DE)

\# As diversas indicações locativas expressas por *EM*+**sintagma nominal** podem referir-se não a um espaço real, mas a um espaço abstraído (*EM*+**sintagma nominal** com **substantivo abstrato)**:

*Deixava-se **estar** NO **sereno** aconchego.* (DE)
*A **escancarar** a boca NO **concerto** de bocejos sonorosos.* (DE)
*NA **ilusão** de que Maria se arrependesse (...) **construiu** um bangalô muito bonito no Prado Velho.* (DE)
*João NO **meu conceito** não passa de um refinadíssimo canalha.* (DE)

\# A discriminação entre os diversos tipos de localização (por exemplo, entre "na superfície de" e "no interior de") é marcada, em determinados contextos, pelos traços do **substantivo** à direita da **preposição** (o **complemento**) e pelos traços do elemento à esquerda. Assim, a relação de interioridade que está, por exemplo, nas ocorrências de 1.1 fica evidente no esquema:

contido / conteúdo	*EM*	Continente
açúcar	na	Xícara
gelo	no	Copo

Se nem o **substantivo** que é **complemento** da **preposição** nem o elemento à esquerda possuem traços que operam a discriminação, a localização espacial exata não se efetua. É o que ocorre nos exemplos seguintes, em que o **substantivo** à direita é de lugar, mas não se configura como /continente/:

*Uma voz parecida **soou** NA **praça**.* (DE)
*EM **Belo Horizonte** não **vimos** o tempo.* (DE)

A discriminação também pode ser marcada pelo conhecimento do mundo dos interlocutores. Assim, na ocorrência que segue entende-se a relação como de contiguidade (= junto a) e não como de localização na superfície de (= sobre), porque não é hábito dormir-se sobre mesas:

*Chegava a **dormir** NA **mesa** da redação.* (DE)

2.1.1.2 De tempo:

a) Ponto no tempo: o **nome** que é o núcleo do **complemento** da **preposição** indica unidade de tempo, ou evento com certa duração

*NA **mesma tarde** ele **acolheu** a mediação da cunhada.* (DE)
*NA **primeira semana chamara** a irmã viúva em sua companhia.* (DE)
*A ideia perturbou-o tanto que EM **horas mortas passou a vigiar** o portão.* (DE)
*Discursos na Academia EM **sessão realizada** a 1 de outubro de 1974.* (CAR-O)

b) Duração: o **nome** que é núcleo do **complemento** da **preposição** indica período de tempo (determinado por **quantificador**, ou **ordenador**, ou **dêitico**)

*NOS **dois anos** de noivo eu **mal podia dormir** de tão inflamado.* (DE)
*NOS **primeiros** dias tudo **eram** delícias.* (DE)
*A confusão era tanta que EM **duas horas de prosa** o presidente não **formou** uma opinião.* (VEJ)
*Foram sete dias EM **que** a paixão se confundiu com o maior ódio.* (DE)
*Sempre odiei estes períodos vagos e desesperantes EM **que** fico seco por dentro.* (DE)

c) Limite temporal: o **nome** que é **complemento** da **preposição** vem quantificado

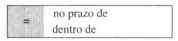

*Maria Clara pediu a caneta, sentou-se no sofá do Tablado e EM **cinco minutos tinha rabiscado** o novo epílogo.* (VEJ)
*Isto, EM **menos de segundos**.* (DE)

d) Espaço de tempo dentro do qual algo ocorre: o **nome** que é **complemento** da **preposição** indica divisão do tempo e vem quantificado

***Jogue** um níquel e EM **dois minutos aparece** o seu retrato.* (CB)

2.1.1.3 De modo:

*EM **lágrimas confessou** à esposa que era rapaz virgem.* (DE)
***Cercava** os olhos – EM **desespero** a evocar os joelhos da primeira professora.* (DE)
*Peça ao Rui para **fazer** as fotos EM **duplicata**.* (DE)
***Marchemos**, irmãos, Santamente. EM **conjunto**.* (DE)
***Buscou** EM **vão** por todas as lojas de Curitiba o famoso mel mágico.* (DE)
***Avançaram** EM **passos iguais e rápidos**.* (DE)
*Antevia uma velhice tranquila, a **regar** suas malvas à janela, EM **mangas de camisa**.* (DE)

2.1.1.4 De fim, destinação:

= para

*João **acariciou** EM **despedida** o maravilhoso corpo nu.* (DE)
*O regime escravocrata nos **deixou** EM **herança** (entre outras coisas) uma visão do trabalho ou como bico ou como privilégio.* (FSP)

2.1.1.5 De instrumento:

= com

*"Faz rascunho, como um colegial", diz, ao me ver **tirar** NA **máquina** outra lauda, corrigir, rasgar, colocar nova folha.* (DE)

2.1.1.6 De meio:

= por meio de

*Cassiano Ricardo, EM **versos** exatos, **falaria** dos dias novos.* (CAR-O)

2.1.1.7 De forma, semelhança:

*Só às vezes, sem aviso, se despenca um maço d'água mal amarrada, ou zoa uma chuva rajada, **flechando** o chão EM **feixe diagonal**.* (SA)
*Que se aproximou, não o fazendo mais porque o pessoal logo **rodeou** o corpo, EM **círculo**.* (BB)
*Isório pega as esteiras já **amarradas** EM **feixe**.* (ATR)

2.1.1.8 De preço, valor:

*Simonsen **estimou** EM **vinte milhões de libras** o valor das mercadorias subtraídas ao comércio lusitano.* (FEB)
*Entra hoje em vigor o IPMF, que **vai taxar** EM **0,25%** todos os saques bancários.* (FSP)

2.1.2 Relação de especificação

*Depois do impeachment, o país já começou a **melhorar** EM **matéria de costumes políticos**.* (VEJ)

*Vai o IBC **economizar** NA **movimentação** dos cafés adquiridos aos produtores.* (JB)
*Tachada de desleixada, a arrumadeira **caprichava** NA **limpeza**.* (BO)
*Tínhamos de **ceder** EM **certas coisas**.* (PT)
*O criador nos **dotou** muito desigualmente EM **inteligência**.* (VEJ)

As Preposições

2.2 A preposição *EM* estabelece relações semânticas no **sintagma nominal (adjunto adnominal): sintagma nominal concreto avalente+*EM*+ sintagma nominal**.

2.2.1 Relação de lugar:

a) Superfície

*Um toque de **caspa NO paletó** ao fim do dia.* (DE)
Moleques NAS árvores. (DE)
*Passaram a usar cassetetes impedindo **agrupamentos NAQUELE local**.* (CB)
*Despedia-se com um **beijo NA boca**.* (DE)

b) Interioridade

*O **resto de açúcar NA xícara** de café.* (DE)
*As **borbulhas do gelo NO copo** de uísque.* (DE)
Brizola NO xadrez. (DE)

c) Contiguidade

*A **faixa NO braço**.* (DE)

2.2.2 Relação de modo:

*O Tunda era o próprio filho da Ernestina do Hilário Tucano, que veio tomar satisfações, trazendo o **menino EM lágrimas** e exigindo a substituição do brinquedo.* (BAL)
*Américo, homem muito ocupado, deixara seus afazeres para socorrer a **irmã EM desespero**.* (PCO)
Balzaquianas EM sapatos da Augusta. (DE)
Minas EM pé de guerra. (DE)

2.2.3 Relação de matéria:

*Leva o **cartaz EM cartolina**.* (DE)
*O professor Porciúncula de Araújo, espécie de **Cândido de Figueiredo EM papel de embrulho**, escrevia neste estilo de renda de bilro ao Inspetor de Ensino de Niterói.* (CAR-O)

2.2.4 Relação de especificação:

*Figueiredo era muito **bom EM contrainformação**.* (NBN)
*Estrategista **hábil NA política externa** (...) ele trabalhou pela paz sem ferir os russos.* (MAN)

2.3 A **preposição** *EM* introduz sintagma em função predicativa (**predicativo**):

a) **Predicativo do sujeito**

> *Estou EM carne viva.* (DE)
> *Agora meu rosto estava EM brasa.* (ACM)

b) **Predicativo do objeto**

> *Levei mais de meia hora para colocar **tudo** EM **ordem** e começar a escrever.* (DE)

2.4 A **preposição** *EM* integra construções indicativas de circunstâncias do tipo de: *EM*+**nome**+**preposição** (tradicionalmente **locução prepositiva**), expressando as seguintes relações semânticas:

a) De lugar

> *Um domingo, Geraldo pescava solitário EM **cima de** umas pedras que adentravam pelo lago.* (BB)
> *Estava brincando EM **frente de** casa e sumiu.* (OMT)
> *Eu tinha amarrado a corda do arpão EM **redor do** corpo, de modo que estava com os braços sem movimento.* (AC)
> *Nada mais natural do que todos se reunirem EM **torno de** uma mesa de pôquer para decidir quem fica com o grande bolo* (AVL)

b) De substituição

> *A gente pode ler a bíblia em casa, quando quiser, EM **lugar de** aprender o catecismo na igreja.* (ASS)
> *Sua atitude de salvar livros EM **vez de** queimá-los foi respeitada.* (ACM)

2.5 A **preposição** *EM* integra a construção indicativa de circunstância de lugar *dentro EM*:

> *Elas ficaram **dentro** EM **mim** resguardadas pelas minhas primeiras impressões do colégio.* (BAL)
> *A polícia encontrou 171 gramas de cocaína **dentro** EM **uma mala** do jogador Wilson Pérez, do América de Cali e da seleção da Colômbia.* (FSP)

2.6 A **preposição** *EM* inicia **oração** de valor adverbial (temporal, condicional, causal) construída com **gerúndio** e com o **pronome** *se* indeterminador de **sujeito**:

EM se tratando de indivíduos com lesões adquiridas, a interpretação dos dados clínicos e experimentais deve ser cuidadosa. (NEU)

Claro que, EM se falando de Brasil, essas características já dão a tônica em determinados ramos industriais, como os da vidraçaria e de calçados e na agricultura. (FSP)

2.7 A preposição *EM* entra em **expressões fixas**:

DAR EM NADA	= não ter nenhum efeito

Essa luta não vai DAR EM NADA, Dona Mocinha. (US)

ENTRE

1 A **preposição** *ENTRE* funciona no **sistema de transitividade**, isto é, introduz **complemento**: indica reciprocidade, com alguns **verbos** ou **nomes** valenciais, introduzindo dois **argumentos** coordenados ou condensados numa forma indicadora de pluralidade.

1.1 A **preposição** *ENTRE* introduz **complemento de verbo**.

O **verbo** indica:

a) interação

Os índios entenderam e conversaram ENTRE si. (ARR)

b) distinção, diferença

O compact disc não capta todas as nuances do som e não permite distinguir ENTRE um violino e uma viola. (SV)

As técnicas de escavação diferem ENTRE si e possuem sua especificidade tendo em vista a satisfação de objetivos diversos. (ARG)

c) conflito

Na falta do que fazer, os congressistas do MDB brigavam ENTRE si. (FSP)

A JUNÇÃO

d) seleção, escolha

O nosso Thiré tinha dificuldade em **selecionar** ENTRE **tantos alunos** *distintos os merecedores da elevação.* (CF)
Escolheu ENTRE **as moças** *solteiras das mais influentes e ricas famílias e começou a agir.* (PCO)
ENTRE **a sua palavra e a minha**, *creio que ela* **aceitará** *muito antes a minha do que a sua, não?* (SEN)

e) separação, divisão

Quer analisar objetivamente aquela massa inerte, mas **divide-se** ENTRE **sentimento e análise**. (COT)
Dividiu *sua preferência* ENTRE **as 10 cores lisas e os 8 padrões-madeira** *de Duraplac, escolhendo o que mais lhe agradar.* (P-REA)

f) combinação, acordo, acerto

Ficou **estabelecido**, ENTRE **os dois**, *o pacto.* (FA)
Foi **acertado** ENTRE **os participantes** *que as discussões acerca de sistemas de combate a assaltos em ônibus prosseguirão na semana que vem.* (APP)

g) ligação, relacionamento

Contribuiu grandemente para **ligar** ENTRE **si** *as diferentes partes do território brasileiro e seus núcleos de povoamento.* (H)

h) distribuição

Dona Laura os [os pacotes] **distribuía**, *intocados,* ENTRE **os pensionistas** *mais pobres.* (BH)
O próprio Sampaio iria **distribuí-los** *[os programas]* ENTRE **os colegas**. (BB)

\# Quando o **complemento** é correferencial ao **sujeito** de **terceira pessoa** do plural, recomenda a norma que só se use a forma recíproca do **pronome** (*si*), a não ser que o **pronome** venha reforçado por *mesmos* (*eles mesmos*):

Os índios *entenderam e conversaram* ENTRE **si**. (ARR)
Os presos *arrecadam* ENTRE **eles mesmos** *as quantias necessárias para beneficiar pessoas autuadas em flagrante por crimes afiançáveis.* (FSP)

Entretanto, a forma não reflexiva do **pronome** também ocorre nesses casos:

Os jurados *ficam isolados enquanto discutem* ENTRE **eles** *o veredicto.* (FSP)

1.2 A preposição *ENTRE* introduz complemento de substantivo.

As mesmas relações indicadas como expressas na complementação dos **verbos** aparecem na complementação dos **substantivos valenciais**, que expressam, por exemplo:

682

As Preposições

a) interação

A troca de ofensas ENTRE Nabi Abi Chedid e o advogado da Portuguesa Santista Gastone Righi, ontem a tarde (...) demonstrava a falta de equilíbrio entre os dirigentes. (FSP)

b) distinção, diferença

*Eu não faço **distinção** ENTRE **os civis** e os militares.* (FSP)
*Quase não se via **diferença** ENTRE **mim e o filho do doutor Gomes.*** (DEN)

c) conflito

*Indagou, sorrindo, pois não era comercial haver **indisposição** ENTRE **hóspedes**, que poderia resultar na perda de um ou dos dois.* (AM)
*Do **conflito** ENTRE **a democracia e a centralização** sairá vitoriosa a democracia.* (JB)

d) seleção, escolha

*O período de carência havia procedido a uma verdadeira **seleção** ENTRE **aqueles que** tentaram se estabelecer na Colônia.* (HIB)
*A **escolha** ENTRE **a ciência e o humanismo** é falsa e, por isso, até ela é feita em termos ideológicos.* (BRO)
*O rei paira acima das paixões políticas, em condições ideais para exercer o papel de **árbitro** ENTRE **os poderes e de representante da nação.*** (VEJ)

e) separação, divisão

*A **separação** ENTRE **atividade manual e atividade intelectual** é uma prática historicamente anterior à sociedade capitalista.* (BRI)
*Na realidade, a **divisão** ENTRE **"otimistas" e "pessimistas"** se estende ao nível epistemológico.* (FSP)

f) combinação, acordo, acerto

*Albuquerque não podia atinar com o **entendimento** ENTRE **Vitoriano e Valério.*** (PFV)
*Foi assinado no dia sete do corrente, em São Paulo, o **contrato** ENTRE **a Cia. Industrial de Rochas Betuminosas e a Cia. Generale de Construction de Four.*** (CRU)
*Diziam que nossas tentativas de **acordo** ENTRE **camponeses e usineiros** visavam à subversão e à intranquilidade.* (AR-O)
*No final do ano, o **casamento** ENTRE **os visitantes temporários e os residentes** costuma deixar Miami com gosto de Angra dos Reis.* (VEJ)
*Tudo depende, como já disse, de um **acerto** ENTRE **o casal.*** (VEJ)

g) comparação, cotejo

*Uma **comparação** ENTRE **as duas imagens** irá revelar o total da deformação.* (EET)

*O cotejo ENTRE o Cravo e Canela e os ótimos discos de Martinho e Neguinho prova
que, em matéria de samba, o Rio tem ainda muito a ensinar a São Paulo.* (VEJ)

h) distribuição

*E mesmo esse que viu primeiro não poderá dispor dela a seu bel-prazer, devendo
submeter-se às regras de sua **distribuição ENTRE os componentes da tribo.** (CTB)

i) ligação, relacionamento

*Parecia que **ENTRE os dois as relações** eram antigas e daí a intimidade.* (AM)

*Hoje, não há mais **associação ENTRE ditadura e economia de mercado,** como se
chegou a fazer totalmente no passado.* (VEJ)

*Foi ele quem autorizou a Cruz Vermelha a visitar os reféns e permitir a **comunicação ENTRE eles e as famílias.** (FSP)

*O Brasil interessa também como plataforma de exportação para os vizinhos do
Mercosul (o acordo de livre **comércio ENTRE Brasil, Argentina, Uruguai e Paraguai).** (VEJ)

\# Se ocorrer **pronome pessoal** após a **preposição** *ENTRE*, preceitua a gramática
normativa que a forma deve ser a de **pronome oblíquo:**

*A **luta ENTRE mim e o Governador** é de igual para igual.* (VP)

*E mais ainda pois noto que hoje não houve **rixa ENTRE ti e meu marido.** (VP)

*Esta **pendência ENTRE mim e ele,** nunca pudemos resolvê-la, nem mesmo depois da
independência.* (CID)

*A **camaradagem ENTRE mim e o garoto** crescera até o ponto de que dava ideia esse
episódio do projétil no espelho.* (MP)

Entretanto, encontram-se construções como:

*Diga só no meu ouvido, só **ENTRE você e eu.** (FSP)

*As **relações ENTRE eu e meu marido** só a mim diziam respeito.* (P)

2 A **preposição** *ENTRE* funciona fora do **sistema de transitividade,** estabelecendo relações semânticas.

2.1 A **preposição** *ENTRE* estabelece relações semânticas no **sintagma verbal (adjunto adverbial): verbo+*ENTRE*+sintagma nominal.**

2.1.1 De lugar

2.1.1.1 Indica situação no espaço intervalar de dois ou mais elementos:

As Preposições

=	no intervalo de

a) *ENTRE*+**sintagma nominal** no plural

*Não fosse o desejo estúpido de **apertar** o passado ENTRE os dedos, não esperaria o sol da manhã.* (ML)
***ENTRE suas árvores**, no fundo de uma sombra que atormenta, **sinto-me** como na infância.* (ML)
*Melhor **acertar** o morredor ENTRE as costelas.* (PFV)
***Perceberão** a lanterna correndo ENTRE os arbustos.* (ML)
*No chão de barro, porém ENTRE pedras, a lenha **alimenta** o fogo.* (ML)

\# A **preposição** *ENTRE* pode vir precedida da **preposição** *por*:

***Repetia** os mesmos movimentos digitais do sargento por ENTRE as páginas.* (PF)

b) *ENTRE*+**sintagmas nominais coordenados**

*No mínimo, **gastariam** doze horas ENTRE cada ida e cada volta.* (ARR)
***Moraria** por ENTRE matos e pés de cana, à margem de um pequeno regato.* (CHI)

\# Como no caso dos **complementos**, se ocorrer **pronome pessoal** após a **preposição** *ENTRE*, a forma deve ser a de **pronome oblíquo**, segundo a gramática normativa:

*Fui salvo pelo próprio Luiz, que **caiu** ENTRE mim e o presidiário.* (FSP)
*Em poucos minutos, estamos no avião e, dessa vez, levando de carona um agente da Fundação Nacional de Saúde, que fica **espremido** ENTRE mim e o guia.* (MEN)

Entretanto, são ocorrentes construções como:

*Mas, reaparecendo, **sentando-se** ENTRE eu e Jerônimo, Rosália não podia esconder o que havia muito sabíamos: crescia no seu ventre o filho do irmão.* (ML)

2.1.1.2 Indica situação no interior de um conjunto de:

2.1.1.2.1 Pessoas: *ENTRE*+**sintagma** com **nome humano coletivo** ou **plural** visto como coletividade, e não como pluralidade de elementos

=	dentro da coletividade de

*E Vitorino intrigado de que sua história **fosse acabar** ENTRE soldados.* (PFV)
***Havia** muita gente, muito alvoroço, muito entusiasmo ENTRE os concorrentes.* (HP)
***Há** ENTRE nós uma falsa impressão de que o cientista é apenas cientista, e só trabalha na ciência pura.* (PT)

2.1.1.2.2 Coisas: ENTRE+sintagma com **nome não animado coletivo** ou **plural**, visto como conjunto

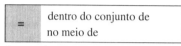
= dentro do conjunto de / no meio de

*Consegui **rever**, como ENTRE **vagas**, o derradeiro rosto de Abílio.* (ML)
*Vi Abílio ENTRE as **ruínas** da casa.* (ML)
***Distingui** ENTRE os **ruídos noturnos**, o som fúnebre do búzio.* (OS)
*E **praguejou**, ENTRE os **gritos** dos filhos, praguejou como um bêbado.* (OS)
*ENTRE **pragas**, com as cobertas tiradas da cama, desatinadamente, **apagou** o fogo.* (OS)
*De longe, numa desastrosa tentativa de dissimular o medo, ENTRE **injúrias**, perguntou.* (OS)

2.1.1.3 Indica situação no espaço interior de elementos: **ENTRE+sintagma** com **nome concreto plural**.

2.1.1.3.1 Sendo os elementos vistos individualmente

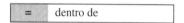
= dentro de

*Mesmo que o sangue **corra** normal ENTRE as **veias**, ainda que se anule a violência de todos os instintos, juro que a minha fisionomia, neste instante, não remove o seu desespero.* (ML)
*Ele diz que o corpo dispõe de mais 15 gramas de glicose **dissolvida** nos líquidos ENTRE as **células**.* (SV)

2.1.1.3.2 Sendo os elementos vistos formando um todo ou um contínuo ou um complexo

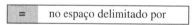
= no espaço delimitado por

*Encerro-me ENTRE as **paredes** que Jerônimo ajudou a construir.* (ML)
*Flávio **dorme**, reclinado no divã, ENTRE **almofadas**.* (HP)

\# Se se seguem à **preposição** dois **sintagmas nominais** coordenados, a indicação se refere à situação dentro do conjunto formado pelos dois grupos de elementos:

*As súplicas de melhor vida, os pedidos de cura **feitos** ENTRE **gemidos e suspiros**, formavam uma estranha música.* (RCM)
*Enquanto seu irmão **surgia** para a vida ENTRE **gritos e risos**, ele murchava a um canto do leito.* (ROM)

2.1.1.4 Indica um intervalo entre dois pontos no espaço, podendo implicar movimento de um ponto de partida a um ponto de chegada (direção+origem), ou movimento nos dois sentidos, indiferentemente: ENTRE+**sintagmas nominais coordenados**

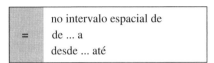

*Como poderei viver **circulando** ENTRE **Rio e São Paulo**?* (MAD)
*A salinização **ocorre** apenas em pontos isolados, como no Mar Morto, ENTRE **Israel e Jordânia**, por não existir escoamento para a água.* (SV)
*Cachoeiras de até 60 metros e lagos de água fria e transparente transformam Carolina, a 880 km de São Luís, numa das mais agradáveis cidades para se **visitar** ENTRE **os rios e as serras** do sul do Maranhão.* (FSP)

2.1.2 De tempo

Indica um intervalo entre dois pontos no tempo: ENTRE+**dois sintagmas coordenados com nomes localizáveis no tempo**

ENTRE **1979 e 1984 foram vendidas** *duzentas e três mil peruas médias e grandes.* (EX)
*O primeiro Período das Sessões Extraordinárias das Partes Contratantes **realizou--se** em Montevidéu, ENTRE **junho de 1961 e março de 1962**.* (CPO)
*Foi ENTRE **a sopa e a galinha** de molho pardo que Sérgio **falou**.* (A)

2.1.3 De quantidade

Indica quantidade situada no intervalo marcado por duas quantidades-limite: ENTRE+**dois sintagmas nominais quantificados coordenados**

| = | no ponto médio de |

*O preço da arroba **vai girar** ENTRE **vinte e oito dólares e trinta dólares** na entressafra deste ano.* (AGF)
*Uma escrita que **seja executada** ENTRE **cem e cento e vinte letras por minuto** teria uma velocidade considerada média.* (GFO)

2.1.4 De companhia

Indica relação comitativa com um grupo de indivíduos: *ENTRE*+sintagma nominal no plural

 na companhia de
no grupo de

*Vivia **ENTRE os humildes**, compartilhando intensamente de seus problemas.* (OAQ)
*Paulino Duarte **crescia ENTRE os cães bravios e os dois bêbados**.* (OS)
*Algumas vezes, **deitava-se ENTRE os cães**, adormecia entre eles como um animal.* (OS)

2.1.5 De troca

Indica relações de troca ou interação entre pessoas: *ENTRE*+sintagmas nominais coordenados no plural

 na troca de
nas relações de

*O outro desentendimento na sessão **foi registrado ENTRE Salomão e o quercista Hélio Rosas (PMDB-SP)**.* (ESP)
*O Irã não **foi mencionado ENTRE Carter e Ford em 1976**.* (RI)
*Também o movimento de transações **realizadas ENTRE comerciantes**, dentro do Estado, através de notas fiscais, se encontra efetuada.* (AR-O)
*O tratado **assinado ENTRE as duas Alemanhas** confere existência jurídica à Alemanha Oriental.* (CRU)

\# Como no caso dos **complementos**, se ocorrer **pronome pessoal** após a **preposição *ENTRE***, a forma deve ser a de **pronome oblíquo**, segundo a gramática normativa:

*Não **há** nada **ENTRE mim e ela**, Armando...* (RIR)
*Sei o que **se passou ENTRE ti e Branca de Neve**.* (BN)

Entretanto, encontram-se construções como:

*Coisas há que devem **ficar ENTRE eu e ela**.* (VI)

2.1.6 De escolha

Indica opções para escolha: *ENTRE*+sintagmas nominais coordenados:

*Os partidários do governo de gabinete podem **escolher ENTRE República e Monarquia**, coisa que não acontece com os presidencialistas.* (AG)
*Conta-nos a literatura francesa, que Jacques Maritain dissera que, se tivesse que **optar ENTRE o homem bom e o homem erudito**, prefeririria o primeiro.* (JL-D)

As Preposições

2.1.7 De número aproximado

Indica quantidade intervalar: *ENTRE*+**dois sintagmas nominais quantificados**:

*A mulher **atinge**, aqui, segundo esse autor, o desenvolvimento definitivo ENTRE de-*
zessete e dezoito anos e os homens ENTRE os vinte e dois e vinte e cinco anos.
(AE)
*Podia **estar** ENTRE os dezoito e vinte anos, a idade da frescura.* (DEN)

2.2 A **preposição** *ENTRE* entra na configuração **sintagma nominal+***ENTRE*+ **sintagma nominal**.

2.2.1 Estabelece no **sintagma nominal (adjunto adnominal)** relações semânticas semelhantes às indicadas no caso do **adjunto adverbial**:

Não foi difícil descobrir um prédio de azulejos que sobrava de outros tempos, com
***espaço** bastante, ENTRE **portas**, para comportar uma descarga concentrada.* (PFV)
*Amarrados dois a dois e **mó** pesada ENTRE **dois pescoços**, uns após outros afundam*
no mar. (PFV)
Reuniam-se nas noites de sábado para tocar Mozart, Beethoven e Schubert, beber
*cerveja e fumar cachimbo nos **intervalos** ENTRE **um e outro quarteto**.* (TV)
*É verdade que, agora, as **questões** ENTRE **Pedro e os Soares** não parecem nada bem*
encaminhadas. (A)
*Vários mecanismos mantêm nos animais **equilíbrio** osmótico ENTRE **as células e os***
***líquidos fisiológicos**.* (BC)
*A **distância** ENTRE **o rancho e o rio ultrapassava** quinhentos metros.* (ARR)
*O **percurso** de 440 quilômetros ENTRE **Rio e São Paulo** é percorrido em nove horas,*
com o trem atingindo a velocidade média de 75 quilômetros por hora. (VEJ)
*A pouca **diferença** de idade ENTRE **eles e suas admiradoras** é mais um fator de*
identificação. (VEJ)
*Era só aquele **chalezinho**, à esquerda ENTRE **o barranco e um chão abandonado**.*
(COT)
*Os **homens** ENTRE **16 e 55 anos** – num total de 2000 foram detidos.* (VEJ)

2.2.2 Introduz um conjunto (**nome plural**) do qual se indica ser tomada uma parte (construções com sentido partitivo):

*O diabo é que para um escritor como eu ... cada maldita palavra, **um oh** ENTRE **cem***
***mil vocábulos**, valia algum dinheirinho.* (BU)
*ENTRE os **174 países pesquisados**, o Brasil continua na mesma 63ª posição em que*
estava no ano passado. (VEJ)
*Apenas **um** ENTRE os **100 clientes** de Ricardo Lopes voltou a seu escritório para*
reclamar da qualidade do serviço. (VEJ)

*Numa aldeia incrustada nos altos picos do Tibé constatou-se que **sete**, ENTRE **dez** pessoas, vivem em permanente receio de ser presas.* (GTT)

2.2.3 Introduz subconjuntos (**nomes coordenados**) de uma totalidade expressa no **sintagma nominal** que vem à sua esquerda:

O número de serviços prestados pelo IRD tem crescido exponencialmente e atende a usuários em todo o país, num total de aproximadamente 200 **instituições ENTRE indústrias, hospitais, empresas governamentais, unidades militares, centros de pesquisa e universidade**. (ENE)
O Partido Comunista e a Aliança Nacional Libertadora contavam, ao todo, com menos de trinta **homens, ENTRE oficiais e soldados**. (OLG)
Separava suas 50 vacas e uns 8 **ENTRE burros e cavalos**. (COB)

2.3 A **preposição** ENTRE introduz sintagma em função **predicativa (predicativo)**, indicando estado intermediário marcado por dois estados-limite:

a) *ENTRE*+sintagmas nominais coordenados

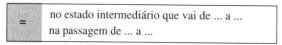
= no estado intermediário que vai de ... a ...
na passagem de ... a ...

*Nosso **Vitorino Lopes** está* **ENTRE a vida e a morte**. (PFV)
Ficou **ENTRE o riso e o choro, ENTRE o conformismo e a indignação**. (CBC)

b) *ENTRE*+adjetivos coordenados:

= no meio termo de

*Emparelhou-se o **chefe** vidalista,* **ENTRE enigmático e acusatório**. (PFV)
*– É você **Nando**? – interrogou-me* **ENTRE calmo e alegre**. (CHI)
***Fernando** olhava tudo aquilo* **ENTRE respeitoso e desconfiado**. (MAD)
Assobiava uma melodia **ENTRE triste e alegre**. (FAB)

2.4 A **preposição** ENTRE entra em **expressões fixas**:

ENTRE OUTRAS COISAS	= entre outros dados que poderiam ter sido mencionados.

*Acredito que – **ENTRE OUTRAS COISAS** – o meu público é fiel a mim porque eu jamais menti para ele.* (MAN)
***ENTRE OUTRAS COISAS**, diziam ainda que os judeus formavam um povo à margem da História.* (MAN)

As Preposições

*Na época, se atribuiu a derrota, **ENTRE OUTRAS COISAS**, à sua afirmação de que era ateu.* (CAA)

ESTAR / FORMAR ENTRE + sintagma nominal	= pertencer a um grupo que tem as mesmas ideias ou o mesmo comportamento.

*Hoje ele [Alencar] **ESTÁ ENTRE OS** tucanos, mas sua última escala política foi no PDT, a célula de Leonel Brizola.* (VEJ)

*Ela **ESTAVA ENTRE OS** que enfrentavam uma nova viagem.* (IS)

*Você também **ESTÁ ENTRE AQUELES** que acreditam que eu não vou voltar.* (VEJ)

***FORMAMOS ENTRE OS** membros da Organização dos Estados Americanos e da Organização das Nações Unidas, empenhados nos melhores propósitos de assegurar a paz e a concórdia entre os povos.* (ME-O)

PARA

1 A preposição *PARA* funciona no **sistema de transitividade**, isto é, introduz **complemento**.

1.1 A preposição *PARA* introduz **complemento de verbo**.

1.1.1 O **complemento** se refere a um ponto de chegada, a um ponto de destino, a um ponto final.

1.1.1.1 Com **verbos +dinâmicos**, que indicam:

a) movimento em direção a

*Toda a sua solidão fica marcada enquanto ele **caminha PARA a porta**.* (TB)

*Assim, quando pensava que **ia PARA Monte Santo**, sem saber como **voltava PARA Canudos**.* (CJ)

*LULA **avança PARA o terreno** à frente do prédio.* (IN)

*O doutor Venturinha se **mandara PARA o Rio de Janeiro**.* (TG)

*Puxou de dentro o canivete que o turco esquecera em cima da cama ao **sair PARA Taquaras**.* (TG)

*Fomos nós que **trouxemos** a indústria **PARA essa terra**!* (TB)

*As duas jovens foram **levadas PARA uma casa** de saúde particular.* (CS)

A JUNÇÃO

*Depois os cangaceiros **vieram PARA cima** de mim.* (CAN)

*Os três amigos **correm PARA junto** de Juarez.* (TB)

*Propôs o arconte, que tinha cargo sua defesa, fosse ela (cidade) evacuada, **retirando-se PARA longe** população e soldados.* (CNS)

*Que desejo imenso de **navegar**, mas **PARA onde**?* (PFV)

*Muito perspicazes, as cunhadas pretenderam **levar** a conversa **PARA onde** a curiosidade lhes servia de bússola.* (VN)

*Assim, **salto** do quarto **PARA o terceiro lugar** no ranking.* (EX)

*Em nome da liberdade, a raça humana **caminha PARA a ruína** total.* (TB)

b) inclinação

*Camila **se inclinou PARA o meu lado**.* (DE)

*A cabeça **pendia PARA a frente**.* (ROM)

*Ganhei um eleitor que **bandeava PARA a oposição**.* (TP)

c) direcionamento, orientação

*[Golda Meier] **canalizou** a mesma energia **PARA a vida** política.* (VEJ)

*Considero-me guardião dessa unidade nacional, e a mim cabe o dever de preservá-la no patriótico objetivo de **orientá-la PARA a realização** dos altos e gloriosos destinos da Pátria Brasileira.* (G-O)

d) conversão

*Foi um típico erro de marketing que nos levou (...) a ir à busca de um nome adequado que **traduzisse** o conceito e seu conteúdo **PARA o vernáculo**.* (MK)

e) aplicação de órgão dos sentidos

*Sob esse critério é que devemos **olhar PARA nossa arquitetura**.* (MH)

f) aplicação da mente

*Ele diminuiu a marcha e **atentou PARA o número** de casas.* (CP)

*Sugiro que a OAB e outras organizações (...) comecem uma campanha buscando **conscientizar** o povo **PARA as atrocidades** cometidas.* (VEJ)

g) providência, cuidado

*Não havendo suplente, o Tribunal Superior Eleitoral **providenciará PARA a eleição** de um novo deputado.* (D)

h) sinalização

*Tonho (**aponta PARA os andares** superiores).* (IN)

i) proveito

*Não tenham em vista **aproveitar-se** da situação **PARA exercer** planos de predomínio.* (G-O)

692

As Preposições

1.1.1.2 Com **verbos -dinâmicos** que indicam:

a) sentido

> *A cena abrange, na realidade, os esqueletos de quatro apartamentos (...) ligados ao fundo, por uma escada, que **continua** PARA **os andares** superiores.* (IN)
> *Embalsamado e sentado na posição de lótus, **estava virado** PARA **o sul**.* (EMB)
> *Foram para a janela que **dava** PARA **o beco**, nos fundos do Teatro.* (BB)

b) inclinação, pendência

> *Seu coração **pende** mais PARA **Eli**.* (SC)

c) permanência

> *A metade do corpo **ficou** PARA **fora** da porta.* (REA)
> ***Ficou** PARA **trás** o jipe.* (CRU)

d) faceamento

> *Funcionava num sobrado com amplas janelas **abrindo-se** PARA **a Praça** da República.* (GI)
> *Vivíamos numa casa espaçosa na Alameda de Cádiz, uma espécie de sobrado e um mirante que **se abria** PARA **o mar**.* (GI)

e) comparação, com condição inferior

> *O Brasil é o quinto país em volume de negócios, **perdendo** apenas PARA **os Estados Unidos, Alemanha, Inglaterra e Japão**.* (EX)

1.1.2 O **complemento** se refere ao receptor.

Com **verbos +dinâmicos** que indicam:

a) elocução

> *Ele **disse** isso PARA **a senhora**?* (ID)
> ***Contei** PARA **Minolta** o meu plano.* (BU)

b) transação

> *O controle acionário **passou** PARA **as suas mãos**.* (SAM)
> *A carabina que seu filho **vendeu** PARA **o meu**.* (FE)
> *Sua única esperança está no filho, **Lula**, PARA o qual **transferiu** toda a sua capacidade de luta.* (IN)

c) entrega, envio

> ***Ficou rico, entregou** o dinheiro PARA **Tia Zulmira** usar como bem entendesse, hoje ambos vivem de rendas.* (RO)

A Junção

*Enviou carta PARA **seu amigo** de Paracatu.* (UB)

*Caso e **remeto** PARA **o organismo** dela o maior balde de veneno que encontrar na praça.* (NI)

*A Secretaria **manda** regularmente materiais de construção PARA **a Sociedade** Amigos do Bairro e Morros do Jabaquara.* (CS)

1.1.3 O **complemento** se refere ao **beneficiário**.

1.1.3.1 Com **verbos +dinâmicos**:

*Tudo aconselha agora para que Posto Novo **fique** PARA **ti**.* (G)

*O violão de Codó, motivo de uma homenagem de Baden Powell, que nos anos sessenta **compôs** PARA **ele** o samba "Um abraço ao Codó".* (IS)

*Orçamento Federal **está consignando** 20% PARA **a educação**.* (PT)

*Nélson também **reserva** uma surpresa PARA **quem** for à Funarte.* (IS)

1.1.3.2 Com **verbos -dinâmicos**:

*Tinha também aquele tipo "Sherlock" (...) mas eu achei que PARA **você ornava** mais este.* (SV)

1.1.4 O **complemento** introduz um ponto de referência no futuro. Com **verbos -dinâmicos**:

*Fica PARA **outra vez**.* (VD)

*Então essa parte **fica** PARA **ser decidida** na presença do doutor!* (PR)

*Faltava ainda tanto tempo PARA **chegar** outra vez o verão.* (IR)

*Ainda vai **demorar** uns vinte e oito anos PARA **eles acabarem** mesmo com a corrupção.* (SC)

1.1.5 O **complemento** introduz a finalidade (*PARA*+nome abstrato, oração infinitiva ou **conjuncional**).

1.1.5.1 Com **verbos +dinâmicos** que indicam:

a) utilização

*Uso seu jornal PARA **denunciar** em carta este crime contra a economia das famílias.* (TB)

*95 por cento dos recursos do PROAGRO têm sido ali **usados** PARA **pagar** tais perdas devido às estiagens.* (JL)

*Utilizou-se ele desse fato PARA **ensinar** alguma lição preciosa aos que o presenciavam.* (LE-O)

As Preposições

b) aliciamento, convocação

*Os madeireiros estão encontrando dificuldade em **aliciar** gente* PARA ***trabalhar** nas matas.* (ALE)
*Todos, sobretudo os que têm uma parcela de liderança, estão **convocados** PARA **a obra** comum.* (G-O)

c) indicação, designação

*Adauto foi **indicado** PARA **governador** do Estado do Ceará.* (VEJ)
*Nós fomos **designados** PARA **receber** da senhora toda a documentação da Legião.* (DZ)

d) contribuição

*Essas atrizes **contribuíram** PARA **o apogeu** do cinema italiano.* (VIE)
*[Os judeus] **concorreram** PARA **a vitória** da burguesia.* (CGS)
*Alí está casualmente o cidadão cujo depoimento **contribuiu** PARA **esclarecer** o crime.* (TV)

e) convite, convocação

*O irmão mais moço **convidou-o** PARA **uma festinha**.* (CH)
*Vou **convidar** Irene PARA **almoçar!*** (BB)
*Urge **convocar** a inteligência e o civismo de todos os brasileiros, PARA **o combate** sem trégua às causas estruturais.* (G-O)

f) disponibilidade

*Os filhos olhavam-no em silêncio, conjuntamente, sem saber se se ofereciam ou se deviam **oferecer-se** PARA **alguma tarefa**.* (ED)
*Não tiveram outro recurso senão **oferecer-se** PARA **fazer propaganda** em verso.* (FI)

g) preparação

*Os discípulos vinham acompanhando o Mestre já algum tempo, sabiam estar sendo **preparados** PARA **uma missão** específica.* (E-O)
*Depois de carregá-la e encher os bolsos de munição, enfiou o chapéu na cabeça e **preparou-se** PARA **sair**.* (ARR)

h) conspiração

*Tudo assim **conspirava** PARA **a fabricação** de uma realidade artificiosa e livresca.* (RB)
*A verdade é que todos parecem **conspirar** em conjunto PARA QUE ao fim da mais aguda recessão já atravessada pela economia brasileira, **o interior de São Paulo esbanjasse opulência**.* (VEJ)

695

A Junção

1.1.5.2 Com **verbos -dinâmicos**:

A grande vantagem da divisão de trabalho é que ela **contribui** PARA **maior eficiência do organismo** *como um todo.* (FIA)
A teoria política **serve** PARA **explicar o Brasil**, *e o Brasil,* PARA **ilustrar** *a teoria com relação à problemática das constituições.* (CNS)

1.2 A **preposição** PARA introduz **complemento de adjetivo**.

Os mesmos tipos de relações indicadas como expressas na complementação dos **verbos** aparecem na complementação dos **adjetivos**:

A empresa destacou-se pela criação de uma estrutura **voltada** PARA **o planejamento** *estratégico.* (EX)
João Galvino calculou que só 20 por cento dos homens são **predestinados** PARA **a salvação.** (LE-O)
Deixou espalhar em Minas que está de malas **prontas** PARA **uma viagem** *de férias à Europa.* (IS)
Ele me deu um olhar indefinido, mas **suficiente** PARA **aumentar meu ritmo cardíaco.** (ACM)
Estava eu assim em plena vigília democrático-explicativa, **louco** PARA **ver** *o Maluf contar tudo.* (SC)
Ao sol, o velho dava a impressão que estava por dentro, **sôfrego** PARA **desabafar**-*se.* (CJ)

\# O **complemento** de alguns **adjetivos** representado por PARA+nome [+animado] faz uma delimitação indicando em relação a quem a finalidade expressa tem validade:

É muito **difícil** PARA **mim** *dizer o que tenho de dizer.* (AGO)

1.3 A **preposição** PARA introduz **complemento de substantivo**.

Os mesmos tipos de relações indicadas como expressas na complementação dos **verbos** aparecem na complementação dos **substantivos**:

A indenização pelos danos que por ventura venham a ocorrer é assunto que só será resolvido pelo prefeito, o que é motivo de **preocupação** PARA **os donos** *dos chalés do Castelo.* (CS)
Vemos apenas um **privilégio** PARA **o exercício** *dos cargos públicos.* (G-O)
Mas o fato é que ele se deu e foi uma **vergonha** PARA **a Nação.** (CJ)
Eu vejo muita esperteza na **escolha** *dele* PARA **ministro.** (IS)
O ensino rabínico dava **interpretações** *diferentes* PARA **essa questão.** (LE-O)
Quase perdi **o prazo** PARA **um agravo** *na Terceira Câmara.* (VN)
Matéria PARA *demorada* **cogitação e muita conversa.** (PN)

As Preposições

*Ainda na faixa de som sofisticado, há os equipamentos da Gygnus (...) com **destaque** PARA **a linha** Micro Profissional.* (EX)
*As linhas de montagens e o poder das máquinas a vapor surgiram como uma garantia de **progresso** e **prosperidade** PARA **todos**.* (FOT)
*E o mais deprimente nisto tudo é a **impotência** dos órgãos competentes PARA **impedir** esta contravenção.* (TB)
*Aparentemente não é necessário nenhuma **habilidade** especial PARA **reproduzir** imagens fotográficas.* (FOT)
*Por que não revelaram um sentimento altruísta, mas, antes, serviram-se daquele homem como um **meio** PARA **compreenderem** melhor os mistérios da religião?* (LE-O)
*Onde e como encontraram esses teólogos os seus **argumentos** PARA **fundamentar** suas ideias é que ninguém conseguirá saber.* (LE-O)
*Fiquei tão feliz que tomei **providências** PARA **telegrafar** ao secretário de cultura.* (SC)
*Afinal de contas, ela tem **motivos** PARA **censurar**-me.* (VN)

\# O argumento de **nome** e de **adjetivo** que representa o objeto ou meta pode aparecer introduzido com a **preposição** PARA seguido de **com** (um complexo prepositivo):

*A filosofia, a teologia, a ciência, a poesia, a história da arte registram as **atitudes** do homem civilizado PARA **com** a natureza.* (OV)
*Antonio Morais veio a mim se queixar de sua **brutalidade** PARA **com** ele.* (AC)
*É uma atitude de indisciplina mental, uma falta de **respeito** PARA **com** um ser humano.* (JA)
*Estou disposto a tudo fazer para apagar ressentimentos ou divergências, que não mais podem subsistir diante dos **deveres** que todos nós temos PARA **com** a Pátria comum.* (G-O)
*Por que é tão **má** PARA **com** ela?* (AQ)

1.4 A preposição PARA introduz complemento de advérbio:

*O nível dos salários não parece ter aumentado **suficientemente** PARA **elevar** o poder de compra da população.* (ESP)
*Nenhum fora robusto **suficientemente** PARA **orar** uma hora com ele.* (NE)

2 A preposição PARA funciona fora do sistema de transitividade, estabelecendo relações semânticas.

2.1 A preposição PARA estabelece relações semânticas no sintagma verbal (adjunto adverbial): verbo+PARA+sintagma nominal ou oração não argumental:

A JUNÇÃO

2.1.1 Relação de especificação

*Esse segmento, que representava nove por cento das vendas de automóveis em mil novecentos e setenta e oito, **aumentou** sua participação no ano passado PARA 14,1 por cento.* (EX)

*Com a Parati, a participação das pequenas **subiu** PARA **sessenta por cento**.* (EX)

2.1.2 Relação de circunstanciação: a **preposição PARA** introduz expressão adverbial

a) de direção

*   **Peguei** *um coche* PARA *a velha estrada do Val-de-Caes.* (GI)
    *Eu **dirigi** PARA *a rua* Asdrubal Nascimento.* (QDE)

b) de tempo

*   PARA *o segundo semestre, dois novos toca-discos laser **deverão chegar** às lojas.* (EX)
    ***Marcamos** agora uma reunião* PARA *o dia 26.* (GI)

c) de duração

*   *A possibilidade de parar o tempo, **retendo** PARA **sempre** uma imagem que jamais se repetirá?* (FOT)

d) de julgamento ou opinião

*   PARA *mim isso não é doença.* (OAQ)
    PARA *ele, o mundo das imagens **existe**, e pronto.* (FOT)
    *Por exemplo, a troca de informações não planejada entre duas agências noticiosas não **tem** PARA **nós** conotação mercadológica.* (MK)
    *A realidade barra-lhe o caminho, **cresce** PARA **ele** estranha, tenebrosa, ameaçadora.* (NE-O)

e) de delimitação ou circunscrição

*   PARA *uma humanidade apaixonada, os frutos da máquina **eram** sempre bem-vindos.* (FOT)
    PARA *esta obra, entretanto, a ninguém é **dado excluir-se**.* (G-O)

f) de finalidade

*   **Uniu-se**, *através de todas as suas forças,* PARA **impedir** *que a decisão soberana fosse desrespeitada.* (G-O)
    *Vamos **tomar** apenas quatro pensamentos desta descrição* PARA **sobre eles meditarmos** *e extrairmos ensinamentos úteis para nossa edificação.* (LE-O)

As Preposições

*Sob essas influências, o conceito **ampliou-se** PARA **abranger** áreas de ordem macro.* (MK)
***Orai** PARA **não sucumbir** no combate!* (NE-O)
*PARA **melhor combater** a corrupção, era necessário **conhecê-la** por dentro.* (SC)

g) de condição

*Uma história, PARA **ser bem entendida**, deve **pontualizar** com clareza os seus começos.* (PN)
*Entregar a Badaró o ministério poderia **ser**, assim, um lance ousado, PARA **não dizer** desesperado, do governo na campanha do PDS mineiro.* (IS)

h) de consequência

*E o que **fez** o biônico senador de tão grave e importante PARA **merecer** um cargo de ministro.* (IS)

i) de lugar

• a indicação de lugar com *PARA* tem ideia acessória de afastamento, segregação:

*Havia um resto de farinha pelo chão e mais PARA **um canto** o mestre reparou num pedaço de jornal.* (CA)

• a construção *DE*+nome+*PARA*+o mesmo nome é simétrica, equivalendo a: *ENTRE*+o nome no plural:

*A armação da fogueira **varia de lugar** PARA **lugar**.* (FN)
(= entre os lugares)
*Sustentou essa ideia dizendo que a justiça era uma instituição humana e que, portanto, **variava de lugar** PARA **lugar** e **de pessoa** PARA **pessoa**.* (CET)

2.2 A preposição *PARA* estabelece relações semânticas no **sintagma nominal (adjunto adnominal)**: nome concreto avalente+*PARA*+sintagma nominal ou oracional.

2.2.1 Relação de finalidade:

*Os rádio-gravadores disputam com os modulares; os **rádios** PARA **carro**, apesar dos roubos, se modernizam.* (EX)
*Entre outros recursos, a linha Esotech possui um amplificador de 340 watts de potência, um **crossover eletrônico** PARA **formação** de sistemas multiamplificados.* (EX)
*Quando a televisão sai do ar, tomo imediatamente um **comprimido** PARA **não dormir**.* (SC)

A JUNÇÃO

2.2.2 Relação de necessidade:

Assuntos PARA serem esclarecidos mais adiante, por ora Otália nem sabia direito quem era Martim. (PN)

2.3 A **preposição** *PARA* integra construções indicativas de circunstância: **preposição+sintagma nominal+***PARA*:

*Delirou de passear em ruas, cruzar pontes, trautear em praças, presenciar os borbotões de gentes, **de um lado PARA outro**.* (PFV)

*Os vultos de Isabel, Benê e Lula se movimentam **da direita PARA a esquerda**.* (IN)

2.4 A **preposição** *PARA* entra na construção de **perífrases (+infinitivo)**, do tipo:

a) **Temporal**. Indicando iminência

*Chiquinho **está PARA roubar** um sanduíche.* (EN)

b) **Modal de obrigação (deôntico)**

***Tenho** tanta coisa PARA fazer amanhã.* (AF)

***Tenho** um freguês PARA visitar.* (CJ)

2.5 A **preposição** *PARA* introduz uma especificação locativa espacial ou temporal de um **advérbio** pronominal:

*Às vezes chegava alguém a cavalo, dizia que **lá PARA cima**, pelo Castelo, tinha caído muita chuva.* (AID)

*Saiu para um passeio **lá PARA os lados da Abissínia**.* (CHI)

*Ribamar está no plantio, só chega **lá PARA as dez da noite**.* (CHI)

2.6 A **preposição** *PARA* entra na construção que completa o **verbo** *SER* na expressão da capacidade do sujeito:

***Precisa ser** bom PARA fazer aquilo.* (REA)

*Ninguém exige que você **seja** músico PARA **gostar** de música e entender muito ou pouco sobre o assunto.* (FOT)

*A Geografia, tantas vezes ao serviço da dominação, **tem de ser** urgentemente reformulada PARA ser o que sempre quis ser: uma ciência do homem.* (PGN)

AS PREPOSIÇÕES

2.7 A preposição *PARA* entra em **expressões fixas**:

PARA O QUE DER E VIER	= para tudo
PARA O QUE DESSE E VIESSE	

As cobras, puseram-se de sobreaviso armando os botes PARA O QUE DESSE E VIES-SE. (TG)

VIR PARA FICAR	= ser definitivo

O marketing VEIO PARA FICAR. (MK)

PARA DAR E VENDER	= enorme

Acho que tem talento PARA DAR E VENDER. (SC)

POR

1 A preposição *POR* funciona no **sistema de transitividade**, isto é, introduz **complemento**.

1.1 A preposição *POR* introduz **complemento de verbo**.

1.1.1 O **complemento** se refere ao objeto da ação. Com **verbos** que indicam:

a) cuidado, zelo

> *Meu pai ficou na porta, uma figura obsoleta, **velando PELO padrão** moral de sua estirpe.* (ELC)
> **Olhe POR ela.** (IN)
> *Ainda bem que tinha parentes **zelando POR ti**.* (TE)

b) escolha, opção

> **Optei PELA luta** *imediata.* (A)
> **Votei PELO senhor.** (TSL)

c) espera

> *Se **esperasse POR melhora** no tempo, mamãe se preocuparia com minha ausência.* (FR)

A JUNÇÃO

d) chamamento, invocação

*Júlia volta-se e **chama POR Clóvis**. (SMF)*
*Juca-diabo mais uma vez **chamou POR Padim Ciço**. (CS)*

e) intercessão

*Era um mestre da escola normal que fora procurá-lo no centro de saúde, para **pedir POR um pobre doente**. (GAT)*
*O Martinez perguntou se eu poderia **interceder POR ele** no Planalto e eu disse que não. (VEJ)*

f) esforço, empenho

*Aqui **batalhamos PELA emancipação** desse órgão auxiliar da justiça. (ESP)*
*Uma conjuntura que **clama POR reformulação** política. (EV)*
*A gente deve **lutar POR aquilo** que acredita. (REB)*

1.1.2 O **complemento** se refere ao objeto da experiência. Com **verbos** que indicam gosto, preferência, tendência, interesse:

*Como não gostar de jaca e **babar-se POR pêras** e maçãs, frutas boas. (PN)*
*O Gentil anda **caído POR você**. (I)*

1.1.3 O **complemento** se refere ao objeto de referência

1.1.3.1 Com **verbos** de ação que indicam orientação, norteamento:

*A benevolência democrática é comparável nisto à polidez, resulta de um comportamento social bem definido, que procura **orientar-se POR um** equilíbrio dos egoísmos. (RB)*
*Sempre me **guiei POR esse pensamento** e é dessa forma que conduzo minha vida profissional. (FSP)*

1.1.3.2 Com **verbos** de estado que indicam:

a) compreensão, entendimento

*Mas o que **entender POR ritual**? (ESI)*

b) equivalência, correspondência de valor

*O vai e vem da moça **vale POR cem garrafas** de Catuaba. (CL)*

c) caracterização

*A área se **caracteriza POR uma incipiente industrialização**. (BF)*

702

As Preposições

1.1.4 O **complemento** se refere a objeto que entra em substituição a outro. Com **verbos** de ação que indicam:

a) troca, transação [= em troca de]

*O coronel não **barganha seu gado** de guerra **POR cem reses** do Piauí.* (CC)
*Pouco sabia ela quem seria de fato aquele Xavier (...) que **tinha trocado** de repente sua **carreira de sertanista POR um trabalho burocrático**.* (CON)

b) substituição [= no lugar de]

*Subiam ou desciam dos carros, **substituídos POR outros** que aguardavam o trem nas plataformas.* (GRE)

c) representação de função [= em nome de, em lugar de]

***Falando POR mim** e **POR delegação**, também, de meu prezado companheiro e amigo Ministro Adalberto Pereira dos Santos, agradeço a aclamação de nossos nomes, por esta Convenção Nacional da Arena, para compor a chapa partidária às próximas eleições presidenciais.* (ME-O)

1.1.5 O **complemento** se refere ao beneficiário da ação verbal. Com **verbos** que indicam empenho, esforço:

*Restrinjo-me a **batalhar PELOS fracos** e oprimidos.* (AM)
*No final, disse que **rezaria POR mim**.* (FAV)

1.1.6 O **complemento** se refere ao **locativo**. Com **verbos** de movimento que indicam percurso:

*Que tinha o senhor que **passar POR lá**, insultando?* (SA)
*Não me cace briga com pessoa nenhuma, e nem **passe POR perto** da casa dos espanhóis.* (SA)

1.1.7 O **complemento** se refere ao **agente** ou **causativo**. Com **verbos** na forma passiva, ou com particípio (agente da passiva):

*O bureau fora **organizado POR Flávio Herzog**.* (GRE)
*Foi **beijada** protocolarmente **POR Suas Excelências**.* (SA)
*Evaristo, forçado a exilar-se, depois de ver toda a família **exterminada POR uma ditadura** sanguinolenta do seu país.* (GRE)
***Alumiado POR inspiração** repentina, o Major vem para a varanda, convocando os bate paus.* (SA)

703

A JUNÇÃO

1.2 A preposição *POR* introduz **complemento de adjetivo**:

*Sentia-me **responsável POR seu destino**.* (FR)
*Os meninos iam ficando cada vez mais **interessados PELAS coisas** da lavoura.* (GT)
*Como toda espécie de guerreiros, os homens do Major eram **louquinhos POR terem**
    as façanhas rimadas e cantadas com boa música.* (SA)
*As religiões não são **culpadas POR essa situação**.* (VEJ)
*Estou **ansioso POR fazer** minha primeira visita.* (Q)

1.3 A preposição *POR* introduz **complemento não subjetivo** e **não agente de substantivo**:

*Não tinha **consideração POR ele**.* (GT)
*Tiãozinho, no entanto, tinha **amizade PELO porquinho**.* (GT)
*O **amor PELA vida**, a capacidade de descobrir riquezas nas menores coisas – como
    num pedaço de pão que dei certa vez, a um menino na Índia e que ele comeu
    migalha por migalha, achando que assim seria melhor, mais gratificante.* (VEJ)
*Quero reiterar a você o que eu disse em Brasília: meu **respeito** particular **POR toda
    a imprensa**, **POR sua nobre função** que cumpre informar a opinião.* (EPA)

2 A preposição *POR* funciona fora do sistema de transitividade, estabelecendo relações semânticas.

2.1 A preposição *POR* estabelece relações semânticas no **sintagma verbal** (**adjunto adverbial**): **verbo+*POR*+sintagma nominal** ou **advérbio pronominal**. Indica circunstanciação:

2.1.1 De lugar

2.1.1.1 Com **verbo** de movimento:

a) Implica consideração de pontos no espaço, entrando como relacionante desses
    pontos, na indicação de percurso (= através de)

*Amarraram uns aos outros com cipós e com o auxílio do burrinho Maracujá, os
    arrastaram PELO campo até a hortinha.* (GT)

b) Indica movimentação dentro do espaço, com ideia de dispersão (= em, em alguns
    pontos de)

*Correndo assim **POR essas brenhas**, quero ver!* (SA)
*Montar-me-ia casa e permitiria que me **exibisse PELAS avenidas**, sentada em esplên-
    dida carruagem.* (CE)

*O velho sátiro **arrastava**-se, ainda de joelhos, **PELO tapete escarlate***. (CE)

***Passando** a mão de leve PELO **meu colo** de brancura imaculada, produziu-me sensações estranhas que me perturbaram*. (CE)

*Seu Benigno **andou POR lá** embromando o povo, convidando o Ananias para ser compadre dele, e o diabo!* (SA)

*Ficou mudo, espiando as três galinhas, que ciscam e **catam POR ali***. (SA)

*Logo as aves descobriram os bichinhos **arrastando**-se **POR ali***. (GT)

***Insinuava**-me **POR entre as árvores**, à espera de algum sinal*. (CE)

*José **avançava** devagar **POR entre as mesas***. (CE)

*Durante dois meses as informações foram vasqueiras e vagas, e nunca **se soube** bem **POR onde então** eles andaram ou **POR** quais lugares foi que deixaram de andar*. (SA)

\# A vaguidade da localização se manifesta, especialmente, com o **advérbio** pronominal **aí**. A expressão adverbial *POR AÍ* é usada geralmente para indicar pontos de lugar bastante espalhados:

*Quem **foi s'embora** foram os moradores: os primeiros para o cemitério, os outros POR aí afora, POR **este mundo** de Deus*. (SA)

*Ainda ficava mais triste, se soubesse que ela **andava penando POR aí** à toa*. (SA)

*A escola dela **é** nos cinemas, nas praças, POR **aí** nas esquinas, com os namorados*. (FR)

c) Indica chegada ou aparecimento em um lugar não muito bem especificado.

*Como é que essa galinhada veio **aparecer POR aqui** assim de uma hora para outra?* (GT)

*Foi preciso até um espantalho para evitar que a passarinhada **viesse POR ali** e comesse tudo*. (GT)

*Se **chegarem POR aqui**, nem água para beber eu não dou, está ouvindo?* (SA)

2.1.1.2 Com **verbos que não indicam movimento**, refere-se a uma localização não pontual, não específica:

*[Teodoro] Escutava o que ele dizia, tamborilando com os dedos no tampo de vidro que, recobrindo sua mesa de trabalho, deixava **ver POR baixo** um vasto mapa do Brasil Central*. (CON)

***Latino, POR detrás**, fazia sinais ao Major, para que mandasse o mensageiro se retirar*. (SA)

*O arado estava descobrindo uma quantidade muito grande de bichinhos que iam **ficando POR ali** na terra*. (GT)

2.1.1.3 Com **verbo** de ação que indica apreensão, refere-se ao ponto de contato:

*Tico apeou, **agarrou**-o PELAS **orelhas** e tentou arrastá-lo*. (GT)

A JUNÇÃO

2.1.1.4 Com **verbo** dos sentidos, refere-se à passagem pela qual se deu a percepção sensorial (= através de):

Espiou POR uma fisga da porta. (SA)

2.1.2 De meio, intermediação, instrumento (= por meio de, com o uso de):

*A nossa grande tarefa é a de não desiludir o povo, e para tanto devemos **promover**, POR **todos os meios** ao nosso alcance, a solução dos seus problemas.* (Q-O)

*A cena abrange, na realidade, os esqueletos de quatro apartamentos, dois no térreo e dois no primeiro andar, **ligados**, ao fundo, POR **uma escada**.* (IN)

*Cassiano cedo **conheceu** a intenção do seleiro, que Dona Silvana lhe transmitiu, POR **quanta boca prestativa faz, na roça, as vezes das radiocomunicações**.* (SA)

*Houve um pequeno engano, um contratempo de última hora que **veio** POR **dois bons sujeitos**.* (SA)

*Qual foi a minha surpresa ao **reconhecer** a chama da paixão na desgraciosa figura PELO **revirar** dos olhos.* (CE)

*A **maneira** PELA qual essas sessões **se organizam e se combinam** pode variar bastante.* (ESI)

2.1.3 De tempo aproximado ou indeterminado:

*Na piscina, PELA **manhã**, você **parecia radiante**.* (CH)

*Até que lá PELAS **duas horas** o filho **chegou**.* (VIC)

*E quando você **aparece**? POR **estes dias**?* (SA)

2.1.4 De duração (= durante):

*Lembrei-me que, POR **um bom tempo**, não **teria** uma relação sexual.* (FAV)

*Saltou e **observou** as obras POR **alguns minutos**.* (EPA)

2.1.5 De causa, motivo:

*Desejo **cumprimentar** D. Sônia PELO **apanhado** extremamente brilhante que fez.* (PT)

*Agradeço, do mesmo modo, ao Excelentíssimo Senhor Presidente da República PELA **extraordinária honra** que nos dá.* (ME-O)

*Aparentava mais idade PELO **abuso de banhos** quentes.* (CE)

*Além do mais, ninguém **nasce** papudo nem **arranja** papo POR **gosto**.* (SA)

*Sem meios de vida, andara de seca a meca, até que, **detido** POR **vagabundagem**, fora por ele interrogado e fornecera valiosas informações.* (GRE)

*Ficou, POR **isso**, mansinho, caseiro e brincalhão.* (GT)

*Foi POR **isso** que acabei com os estilingues.* (GT)

As Preposições

O jacaré-do-papo-amarelo **tem** *o pescoço cor de enxofre* POR **ser mais bravo** *do que os jacarés outros.* (SA)

E, se chegou a se perturbar, é claro que **foi** POR **ter tido inspiração** *nova.* (SA)

\# Essa é a relação expressa nas interrogações com POR que (= por que motivo, razão):

POR que *a gente não pode* **plantar** *logo as hortaliças, sem arar?* (GT)

E agora, Primo Ribeiro não **falou.** POR quê? (SA)

POR quê? *Está* **desfiando** *a beirada do cobertor.* (SA)

2.1.6 De modo:

Pode-se empregar a chamada técnica de aplicação tracionada que consiste em irradiar o corpo POR **partes** *separadamente.* (ELE)

2.1.7 De fim:

Não, **falara** *aquilo* POR **brincadeira**, *de certo.* (SA)

2.1.8 De distribuição:

É empregado de posto de gasolina e **ganha** *Cr$ 90,00* POR **mês.** (BF)

Na época da colheita, o dono do cafezal **pagava** *ao colono e seus familiares* POR **saco** *de café colhido.* (BF)

2.1.9 De troca ou substituição:

O consumidor **está comprando gato** POR **lebre.** (AGF)

2.2 A **preposição** POR estabelece relações semânticas no **sintagma nominal (adjunto adnominal).**

2.2.1 **Quantificador+nome+**POR**+nome.** Indica distribuição:

Queria que meu marido arrumasse **um emprego** POR **mês.** (BF)

Já estava viciado, eram **cinco copos** POR **dia.** (FAV)

De quinze em quinze dias recomenda-se retirar algumas plantas para que a densidade fique **entre cinquenta e sessenta aguapés** POR **metro quadrado**, *deixando espaço para todos crescerem.* (GL)

2.2.2 **Nome+**POR**+mesmo nome.** Indica distribuição:

E foi tirando **menino** POR **menino**, *pela mão ou carregado no braço, o cão sempre preparado para atacar mas sem atacar.* (SD)

707

*Primeiro, é feita uma contagem manual, por mulheres que verificam **nota POR nota**, observando eventuais deformações ou bordas nas folhas.* (SU)

2.2.3 Sintagma nominal+*POR*+nome de lugar. Indica localização de modo vago:

*Manchas **PELO** chão assinalavam grande luta.* (CE)

2.3 A preposição *POR* estabelece relações semânticas no sintagma adjetivo (adjunto adnominal). Indica circunstanciação de causa:

*Devoto **POR hábito** e casto **POR preguiça**, vive enfurnado, na beira do rio, pescando e jogando marimbo, quando encontra parceiros.* (SA)
*Bradava D. Candoca, **satisfeita POR ver** o porquinho.* (GT)

2.4 A preposição *POR* introduz sintagma em função predicativa (predicativo do objeto).

2.4.1 Com **verbos** que indicam denominação:

*Olhe, Xavier, esses nomes ficam tão bonitos quando você **me chama POR eles**.* (CON)

2.4.2 Com **verbos** que denotam consideração, apreciação:

*Neste jogo o rei se move e toma em todas as direções, simbolizando o fato de que tudo o que **o rei** faz é **tido POR justo**, já que o que o apraz tem força de lei.* (X)
*O Senhor não **terá POR inocente aquele** que tomar o seu santo nome em vão...* (DM)

2.5 A preposição *POR* integra construções indicativas de circunstância na predicação. *POR*+nome+preposição (tradicionalmente: **locução prepositiva**), expressa as seguintes relações semânticas:

* De causa, motivo

*Eu estendia a capa no chão, **POR causa do** orvalho.* (CE)
*Tem de ter tento na cabeça e de subjugar a doideira, e sofre o demônio, **POR via disso**.* (SA)
*E nem soube que, **POR artes das** linhas travessas da boa escrita divina, se tinha saído às mil maravilhas da embaixada que Latino Salathiel lhe cometera.* (SA)
*Para lá batera, direitinho, ainda assustado **POR conta do** malfeito.* (SA)

\# Em certos registros populares a expressão *POR CAUSA* vem seguida de **oração** iniciada por *que*; a locução *POR CAUSA QUE* fica valendo, pois, pela **conjunção** subordinativa causal *PORQUE*:

As Preposições

*Demorei a vir, mas foi POR **causa que** não queria chegar aqui com as mãos abanando.* (SA)

*E mais pra uma costura que eu não posso lhe contar agora, POR **causa que** ainda não tenho certeza se vai dar certo.* (SA)

* De lugar

*Aí, primo Argemiro, eu, numa hora dessas... só queria era me deitar POR **riba de** um fogueirão!* (SA)

*Costuma haver uma cisterna profunda, POR **baixo das** folhas dos aguapés.* (SA)

* De intermediação

*[As] demais estruturas parciais (...) compõem o todo diferenciado e hierarquizado POR **intermédio de** relações de exploração econômica e de dominação de classes.* (BF)

* De aproximação

*Estava prevista uma recepção no andar de baixo, POR **volta das** vinte e três horas.* (EPA)

* De responsabilidade

*A cuida dos gêneros ficava POR **conta de** Abade.* (GA)

2.6 A **preposição** POR entra na construção de **perífrases aspectuais verbais (+infinitivo)** que indicam:

* início da ação

*Um dos soldados **começou** POR **indagar**.* (PFV)

* fim da ação

*O delegado bravateou que chamaria os empresários paredistas às falas, mas **terminou** POR **dar** o dito pelo não dito.* (GRE)

2.7 A **preposição** POR pode entrar em construção com um **verbo** de sentido esvaziado, formando com ele uma **locução verbal**:

*Na regulamentação desses preços o legislador deve **tomar** POR **base** o custo real por metro quadrado de construção.* (Q-O)
(= basear-se em)

A JUNÇÃO

2.8 A **preposição** *POR* entra na construção de uma **oração subordinada concessiva**: *POR+MAIS+QUE*, ou *POR*+adjetivo intensificado+*QUE*:

POR mais primitiva que possam nos parecer as representações que esboça, elas estão profundamente vinculadas com tudo que conheceu, aprendeu e experimentou. (PFI)

POR mais justas que em si mesmas o sejam, situam-se, normalmente, bem além das possibilidades imediatas ou próximas, sempre limitadas. (ME)

À missão recebida dedicarei o máximo de minhas forças (...) não permitindo que dela nos desviem impulsos quaisquer, POR mais generosos, de amizade ou do coração. (ME-O)

Nada me importava senão vencer a fome que parecia não se romper nunca, POR mais que comesse. (BE)

É uma gente cheia de vida, POR incrível que possa parecer. (VEJ)

2.9 A **preposição** *POR* entra em **expressões fixas**:

VEZ POR OUTRA	= às vezes

VEZ POR OUTRA examinava de olho vazio as mãos peganhentas. (CE)

NEM POR SONHO(S)	= de modo algum

NEM POR SONHOS pensou em exterminar a esposa. (SA)

NÃO TER POR ONDE	= não ser justificável

NÃO TERIA POR onde tanta afobação. (R)

SOB

1 A **preposição** *SOB* funciona no **sistema de transitividade**, isto é, introduz **complemento locativo**:

Depois ponham essa escada lá em baixo, SOB o pórtico. (ACM)

Mas há um detalhe sobre o alecrim: tem que ser colocado principalmente SOB a pele do faisão. (ACM)

Depois são adornadas com fatias grossas de toucinho e SOB elas colocam-se alguns cravos, não mais de quatro por quilo de carne. (ACM)

Exortou-os a que ouvissem, vissem e aprendessem, que ali estava, SOB seus narizes, que dúvida, aquele que ensinara Mercúrio, o pai dos ladrões, a comerciar. (TR)
Quando me banho com champagne fico SOB o jato acima de quarenta e cinco minutos. (T)

2 A preposição *SOB* funciona fora do **sistema de transitividade**, estabelecendo relações semânticas.

2.1 A preposição *SOB* estabelece relações semânticas no **sintagma verbal (adjunto adverbial)**. A estrutura é: **verbo+*SOB*+sintagma nominal**:

2.1.1 Relação de circunscrição

O papel da inteligência é, SOB este aspecto, passivo. (SI-O)
Portanto, o movimento não o atinge, em toda a extensão de seu ser, mas só SOB um ou outro aspecto. (SI-O)
SOB tal ângulo, o contrato coletivo assume Robin Hood, com tendência a igualação dos desiguais. (EM)
Como o marxismo não reconhece a verdade, não lhe interessam as ideias SOB este ponto de vista. (SI-O)

2.1.2 Relação de circunstanciação

2.1.2.1 De lugar (posição inferior)

 = debaixo de

Mas chegou a aceitar o chofer do ônibus, que faz ponto na esquina SOB o grande tamarindo. (CBC)
SOB a roseira de rosas carnudas e amarelas, encontrei Maria Irma. (SA)
E grandes campos, monótonos, se ondulavam, SOB o céu. (SA)
Sem ele, porém, não me aventuraria jamais SOB os cipós ou entre as moitas. (SA)
Esconda-as SOB aquelas pedras. (OE)

2.1.2.2 De submissão, dependência, subordinação

Que a reunião a iniciar-se em breve SOB a sua esclarecida presidência, Senhor Secretário de Estado, tenha os mais auspiciosos resultados. (JK-O)
Constata-se uma assustadora baixa de qualidade, que resulta no progressivo embotamento da sensibilidade do consumidor, sobretudo aquele que se forma SOB repressão. (VEJ)

A JUNÇÃO

Observou as horas, seduzido pelo ponteiro dos minutos, agora SOB a regência seve-ra da mulher. (REP)

*Que o Governo passe a **tomar** com mais cuidado e com mais desvelo, SOB sua prote-ção, este acervo grandioso.* (JK-O)

*Toda a nossa história, desde a Independência, se **desenvolveu** SOB o signo do café.* (JK-O)

2.1.2.3 De modo

═	com, de

*Condenada muitas vezes pelo julgamento da Igreja, não **tem deixado** de ser pratica-da SOB **outra forma** por homens ávidos de ganância.* (SI-O)

*A comprovação disto só **surgiria** quatro anos depois e ainda assim SOB **a forma de informação** a que raras pessoas tiveram acesso.* (OLG)

*Qualquer escassez só pode **ser enfrentada** SOB **inspiração** de uma virtude moral.* (VEJ)

*O Brasil mesmo **é** um país autoritário, SOB **a aparência de** amável.* (REP)

*Bastava, SOB **pretexto de** arribada forçada, **penetrar** nos portos brasileiros.* (H)

*É Sumé, que **aparece** SOB **várias grafias**: Zomé, Cumé, Somay, Cuma.* (IA)

2.1.2.4 De causa

*Se encontra líderes que resistam, **liquida**-os SOB **acusação de** antipatriotas.* (SI)

*Guedes foi esclarecer se a confissão havia sido **obtida** SOB **tortura**.* (BU)

*Ao dizer que todo metal se **dilata** SOB **a ação do calor**, não se pretende, normalmen-te, apenas dizer que não houve nem haverá metal que deixe de dilatar-se pelo efeito do calor.* (EC)

*Só **pendeu** de banda SOB **ameaça de** desencarnar.* (TR)

*O passo pesado e duro de Piano batendo incerto no chão molhado e escorregadio, **cambaleando** SOB **o peso** dos trinta quilos.* (CBC)

2.1.2.5 De condição

*Não se deve **ficar**, pois, na dependência de um único investimento, SOB **o risco de ser soterrado** pela evolução do tempo.* (REP)

*Que o **fizessem**, SOB **pena de terem eles de comer** outros dois dias a comida servida a bordo.* (TR)

2.2 A **preposição** SOB estabelece relações semânticas no **sintagma nomi-nal (adjunto adnominal)**. A estrutura é: **nome+**SOB**+nome**:

2.2.1 Relação de circunstanciação

712

2.2.1.1 De lugar

*Talvez a **cor da pele** SOB **o tecido**, contanto que não fosse branco, ainda mais ressal-
ta a alvura.* (AV)

2.2.1.2 De sujeição a controle

*À vista de **soldados** SOB **seu comando** e de dezenas de moradores do bairro da Casa
Forte, palco da cena, Vilokq foi à forra.* (VEJ)
*Havia 10.000 km de **estradas** SOB **a responsabilidade** do Governo Federal.* (JK-O)
*Verifica-se que os **atos** SOB **a minha administração** aí estão para exame dos interes-
sados.* (CS)
*O soberano português prometia vagamente cooperar na campanha contra o tráfico,
e restringia a ação de seus súditos aos **territórios** africanos SOB **o domínio de
Portugal**.* (H)

2.2.1.3 De submissão a exame

*A ciência tem mostrado que falhas desse tipo são remediáveis, considerando-se ca-
racterísticas não observáveis do **tema** SOB **exame**.* (EC)

2.3 A **preposição** *SOB* introduz sintagma em função predicativa (**predicati-
vo**):

2.3.1 Como **predicativo do sujeito**

*A **situação** está SOB **controle**.* (CCI)
*O Príncipe estaria plenamente apto a manter [a ordem], não somente pelo fato de
possuir em sua plenitude as funções de Regente do Reino do Brasil, como, igualmente, por estar **D. João VI** SOB **coação**.* (DC)
*Seja excluído do estado efetivo das forças revolucionárias o capitão Filinto Muler,
por haver covardemente se passado para o território argentino, deixando abandonada a localidade de Foz do Iguaçu **que** se achava SOB **sua guarda**.* (OLG)
***Ele** também passou a ficar SOB **a mira do partido**.* (OLG)
***As cidades do interior** continuavam SOB **o controle** do Governo Popular Revolucio-
nário.* (OLG)

2.3.2 Como **predicativo do objeto**

*E eles **me** têm SOB **controle**.* (CCI)

*O Partido agarrou-a, deixando-**a** SOB **a custódia** de Francisco Meirelles.* (OLG)
*Eu tomei **o senhor** SOB **minha proteção**.* (Q)
O principal escopo da política governamental, neste caso, deve consistir em moderá-
*-las e mantê-**las** SOB **constante disciplina**.* (JK-O)

2.4 A preposição *SOB* entra em **expressões fixas**:

VIVER SOB O MESMO TETO	= coabitar

*Vão **VIVER SOB O MESMO TETO**.* (OM)

SOBRE

1 A preposição *SOBRE* funciona no **sistema de transitividade**, isto é, introduz **complemento**.

1.1 A preposição *SOBRE* introduz **complemento de verbo**.

1.1.1 O **complemento** é o **locativo**. Com **verbos** que indicam:

a) situação acima (com ou sem contato)

*Retira primeiro o cavalete, que **está** SOBRE **o tabuleiro**.* (PP)
*Vira-o e ouvira-o no televisor de dez polegadas **que** ESTAVA **sobre sua mesa**.* (GRE)
*O embrulho **fica** SOBRE **a cadeira**.* (OAQ)

b) assentamento, fundamentação, apoio

*Senta-se ao pé da cruz e procura uma maneira de **apoiar** o corpo SOBRE **ela**.* (PP)
*[Lula] **Firmou**-se SOBRE **seus pés** e pôde tentar de novo.* (FSP)
*Na verdade, é SOBRE **as ruínas** das concepções da Antiguidade Clássica que se*
*   **ergue** a modernidade.* (CNS)

c) colocação

*Põe-lhe os braços SOBRE **os ombros**.* (O)
*[Ele] **colocou** uma das mãos SOBRE **meu ombro**.* (CCA)
*Inclinei a cabeça e, **depositando** o livro SOBRE **a mesa**, voltei-me, manifestando*
*   assim que me achava à sua disposição.* (CCA)
***Atirando** o guardanapo SOBRE **a mesa**, e com um temor nos lábios, exclamou:* (CCA)

As Preposições

d) movimento em direção a (com ou sem contato)

*Ele, que se **inclinara** exageradamente SOBRE **a mesa**, voltou a tombar para trás.* (CCA)
***Debrucei**-me ao seu lado, SOBRE **o balcão**.* (CCA)
*Por um segundo pensa que ela vai **desabar** SOBRE **ele** e consegue dar duas braçadas em sua direção.* (B)
*Um olhar de fera acuada, **caí** SOBRE **Bonitão**.* (PP)
*Cumprimentou-me e **saltou** SOBRE **o piano**.* (T)

e) movimento em cima de (com ou sem contato)

*Ela agora **pisava** SOBRE **o que era seu**.* (M)
*E, como eram milhares os (gafanhotos) que **passavam** SOBRE **as nossas cabeças**, todos nós tínhamos a impressão de que estava chovendo.* (GT)

1.1.2 O **complemento** é o **objeto** não afetado

1.1.2.1 Com **verbos dinâmicos** que indicam **investida, agressão**:

*O Profeta larga Pedro e se **atira** SOBRE **Nestor**.* (PED)
*Um boi estava atolado no brejo, aí no córrego. Elas (as formigas) **caíram** SOBRE **ele** e o comeram inteirinho.* (GT)
*Lourenço **precipita**-se impaciente SOBRE **ele**.* (CHU)
*(Mira) **Investe** SOBRE **ela** e as duas se atacam.* (O)

1.1.2.2 Com **verbos não dinâmicos** que indicam **predomínio**:

*A polca **imperou** SOBRE **valsas**.* (PHM)
*Tais fenômenos podem ocorrer simultaneamente, podendo entretanto, um deles **predominar** SOBRE **os demais**.* (OPT)

1.1.3 O **complemento** é o **assunto**

1.1.3.1 Com **verbos não dinâmicos** que indicam:

a) conhecimento

*Eu **sabia** pouco SOBRE **os gafanhotos**.* (GT)

b) incidência

*A segunda dúvida **é** SOBRE **o tamanho** de cada bancada partidária.* (GAS)
*E era SOBRE **literatura** o negócio a tratar.* (T)

715

A JUNÇÃO

1.1.3.2 Com **verbos dinâmicos** que indicam:

a) decisão

> *Nem sempre é fácil* **decidir** *SOBRE o modo mais adequado de fazer.* (AR-O)
>
> *Ao Governo Nacional compete (...)* **resolver** *SOBRE os limites do território nacional.* (D)

b) extração de um conjunto, distinção

> *O fato de participar da vida pública, na condição de cidadão, é uma característica que* **distingue** *alguns homens SOBRE todos os demais.* (CNS)

c) elocução

> *A mulher* **falou** *SOBRE a seca.* (M)
>
> *E não se* **conversa** *SOBRE reposição.* (ZH)
>
> *Muitos me têm* **perguntado** *SOBRE o que vamos fazer.* (AR-O)
>
> *Grace me faria sentar ao lado da Condessa Cigogna que sempre tem coisas maravilhosas a* **contar** *SOBRE Uruburetama e seus habitantes.* (T)
>
> *Ele* **insistiu** *novamente, olhando-me pelo canto dos olhos, SOBRE as ocorrências que deveriam estar preocupando Dona Ana.* (CCA)

1.2 A **preposição** *SOBRE* introduz **complemento de adjetivo.**

1.2.1 O **complemento** é o **assunto**:

> *A verdade é que também o professor não estava bem* **informado** *SOBRE a vida dos gafanhotos.* (GT)

1.2.2 O **complemento** é o **lugar**:

> *Saía ela por essas estradas afora, vestida como um homem, fumando, uma escura capa* **tombada** *SOBRE os ombros.* (CCA)
>
> *Logo em seguida entram os ruídos longínquos de um batuque* **batido** *SOBRE caixas e latas.* (O)

1.3 A **preposição** *SOBRE* introduz **complemento de substantivo valencial.**

1.3.1 O **complemento** é o **lugar**:

> *Essas colunas tinham um ponto de* **apoio** *SOBRE as casas ribeirinhas.* (FSP)
>
> *Só procuro, na vida, estar em paz comigo mesmo, e deixar, como sinal da minha* **passagem** *SOBRE a terra, mercê da minha profissão, um pouco de bem distribuído.* (DEN)

1.3.2 O **complemento** é o **objeto não afetado**:

*De posse dessa pretensa **superioridade** cultural SOBRE **os demais** compositores modinheiros da época (...) Catulo da Paixão Cearense podia aparecer, já a partir dos últimos anos do século.* (PHM)
*Alegam, também, que o aumento no preço da cebola deve-se ainda à **cobrança** do ICM SOBRE **o produto**, estabelecido em dezesseis por cento.* (OP)
*Não haverá **marcação** especial SOBRE **ele**.* (ZH)
*Não se importe com minhas contas – bradou o Sr. Valdo, prestes a perder o **controle** SOBRE **si mesmo**.* (CCA)
*Lá estava ele. Envolvido pelo **poder** que ele tinha SOBRE **ela**.* (M)

1.3.3 O **complemento** é o **objeto afetado**:

*A pesquisa acabou mostrando que a causa da **ação** SOBRE **a luz** polarizada é a assimetria de qualquer espécie, principalmente a molecular.* (GO)

1.3.4 O **complemento** é o **assunto**:

*Achou que seria curioso um **estudo** SOBRE **o disparate**.* (AM)
*O Museu foi criado como resultado da **pesquisa** SOBRE **sindicalismo**.* (ZH)
*Ela vai fazer alguma **pergunta** SOBRE **isso**.* (CHU)
*As primeiras análises matemáticas e as primeiras **conclusões** corretas SOBRE **o comportamento** da luz surgiram somente no século XVII.* (OPT)

2 A **preposição** *SOBRE* funciona fora do **sistema de transitividade**, estabelecendo relações semânticas.

2.1 A **preposição** *SOBRE* estabelece relações semânticas (circunstanciação) no **sintagma verbal (adjunto adverbial)**: **verbo+*SOBRE*+sintagma nominal** ou **oração não argumental**.

2.1.1 Lugar (posição superior, com ou sem contato)

em cima de

*Sozinho, retiro-as (as joias) do seu esconderijo e, quando a insônia me ataca, **brinco** com elas SOBRE **esta cama**.* (CCA)
*Plutão e Proserpina **dançam** também, SOBRE **o estrado**, entre as mulheres que rolam bêbadas.* (O)
*Quando projetamos uma imagem, a luz emergente do sistema óptico **determina** SOBRE **a tela** (ou anteparo) uma figura semelhante ao objeto.* (OPT)

2.1.2 Assunto

SOBRE o zagueiro revelou ser um atleta de muita experiência para um jogo dessa importância. (JC)
*No Galilei, Mauro estava **discutindo** com Tulio SOBRE **concepções antigas** da psicopatologia.* (ACM)

2.2 A preposição SOBRE estabelece relações semânticas no sintagma nominal (adjunto adnominal). A estrutura é: nome+SOBRE+sintagma nominal.

2.2.1 Especificação

*Em apenas onze meses de nova política em nosso governo, faturou dois bilhões e quarenta e cinco milhões de cruzeiros, o que significa um **acréscimo de 832%** SOBRE **os dados** do governo anterior.* (AR-O)
*O técnico só não deverá contar com os jogadores Osmil e Wilson, ambos multados em **trinta por cento** SOBRE **seus salários**, por indisciplina.* (JC)

2.2.2 Circunstanciação

2.2.2.1 De lugar (posição superior, com ou sem contato)

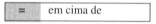
= em cima de

*Olhou as **moscas** SOBRE **a roseira**.* (M)
*Ainda pude descobrir o esplendor que vi naquele dia flutuando, insone e sem guarida, como a **luz** da lua SOBRE **os restos de um naufrágio**.* (CCA)
*Orfeu (as **mãos** SOBRE **os olhos**, como ofuscado).* (O)
*Num instante as **labaredas** acesas SOBRE **a superfície** das águas foram se erguendo e descendo o rio até atingir as formigas.* (GT)

2.2.2.2 De assunto

*Se eu já lera sua trigésima oitava **crônica** SOBRE **o final da novela**?* (T)
*Embora a **bibliografia** SOBRE **o tango brasileiro** seja praticamente inexistente, a maioria dos autores concordam em que o tango ou tanguinho seja uma adaptação da havaneira.* (PHM)
*Surge uma esperança quando a FSP publica o primeiro **artigo** de um intelectual e líder de relevo no Centro-Sul SOBRE **o assunto**.* (JC)
*O Guilherme estava fazendo um **filme** SOBRE **a Unicamp**.* (FAV)
*Dudu depois de ouvir aquela **história** SOBRE **as formigas** ficou muito tempo pensativo.* (GT)
*Já li muita **coisa** SOBRE **o pentecostalismo**.* (PEN)

*Quando falamos em constituição, quase automaticamente nos vem à lembrança os ensinamentos do livro ou a **aula de História SOBRE a independência** dos Estados Unidos ou a Revolução Francesa.* (CNS)

2.2.2.3 De sequência no espaço ou no tempo

Nesse caso, os dois **substantivos** são repetidos.

*Todos construindo **pedra SOBRE pedra, dor SOBRE dor**, a catedral da redenção.* (NE-O)
*Temos preferido acumular **mentiras SOBRE mentiras**.* (AR-O)

2.2.2.4 De superação quantitativa

*Gaviria, ganhador das eleições presidenciais de domingo com larga **margem** de votos **SOBRE os demais candidatos**.* (ZH)

B) AS PREPOSIÇÕES NÃO INTRODUTORAS DE ARGUMENTOS

ANTE

1 A **preposição** *ANTE* estabelece relações semânticas de circunstanciação no **sintagma verbal (adjunto adverbial)**: verbo+*ANTE*+ sintagma nominal.

1.1 De lugar

Na indicação de posição fronteira ou relação espacial de copresença entre dois elementos:

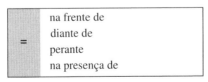

= na frente de
  diante de
  perante
  na presença de

*A caterva desembestada pararia **ANTE** o orador.* (GCA)
*A precipitação é tanta que dezenas de corpos se **detêm** numa aglomeração irresoluta, **ANTE** o único lugar vago.* (CV)

*Muitas vezes sonhei com vivências da infância, e com nitidez, **apareciam** ANTE mim, **as obras** esculpidas por afamados artistas daquele tempo.* (CPO)

Se o nome expresso pelo consequente se refere a um **evento**, pode ficar implicada uma relação causal entre os eventos:

*O "goleiro" pegava a bola com as mãos e, de acordo com seu privilégio, **saía correndo alegremente com ela** ANTE **a estupefação e incapacidade dos outros**.* (FB)

Na indicação de relação de copresença entre os dois elementos, pode estar envolvida uma ascendência do segundo sobre o primeiro; o segundo pode constituir uma instância à qual é remetida a ação, o processo ou o estado em questão:

*Cada casa quer ter sua capela própria, onde os **moradores** se ajoelham ANTE o **padroeiro e protetor**.* (RB)

*A **criança** que se acostuma a levantar os olhos ao céu em procura de auxílio para suas obras meritórias e a inclinar-se respeitosamente ANTE **o poder sobre-humano** (...) será o homem mais bem preparado humana e religiosamente.* (PE)

*A **Polícia Civil** se reabilita parcialmente ANTE a **opinião pública**.* (OP)

*Venho trazer ao **Poder Legislativo**, ANTE o qual, seguindo o preceito da Constituição, acabo de assumir a Presidência da República.* (COL-O)

A copresença pode envolver defrontação, enfrentamento:

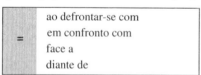

*Se uma atriz não souber **se curvar** ANTE **as exigências da arte**, deve fazer como a Irma Luke: retirar-se da profissão.* (CRU)

*Era um sujeito calmo, ponderado, **reagindo** normalmente ANTE **fatos e situações** que o destino lhe arranjara.* (RO)

*Até hoje **me confundo** ANTE **exigências da vida cotidiana**.* (FE)

*Ele **suspirou**, ANTE **a perspectiva** de ter de ficar sozinho.* (RO)

*Nem mesmo ANTE **o terror se detém** o homem moderno.* (CT)

*A comunicação espiritual, **afirmando-se** ANTE **a evidência dos sentidos**, ganha o estatuto de prova científica.* (ESI)

A copresença pode envolver cotejo:

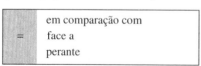

O raciocínio tem pouco prestígio ANTE os músculos aflitos de todo revolucionário. (CBC)

1.2 De causa

Na expressão de causa propriamente dita, o **sintagma de valor adverbial** iniciado por *ANTE* vem sempre posposto ao **predicado** da **oração**:

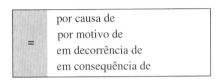

*Mas essas mesmas tendem a **desaparecer** ANTE **as exigências imperativas das novas condições de vida**.* (RB)

*A vida de ambos os assaltados **esteve** por um fio de cabelo de sapo, ANTE **a insensatez suicida de um deles**.* (FE)

*Os tricolores **deixaram escapar** o triunfo, ANTE **uma superior atuação dos santistas**, na fase complementar.* (ESP)

*Os destiladores de álcool ameaçados pela política anti-alcoólica do governo, e os produtores de beterraba, já por ela prejudicados em seus privilégios, foram os que mais sentiram **bater** o coração da Pátria ANTE **o Império esfacelado pelo "abandono"**.* (ESP)

Se a expressão adverbial vem anteposta, seu significado não é propriamente de causa, mas de motivação para reação, retorno, resposta:

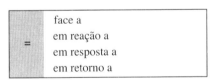

*E ANTE **a resposta afirmativa dos dois**, passou a chorar.* (RO)

*ANTE **a nossa aproximação**, um macho velho **pôs-se a corcovear** grotescamente no terreno aberto.* (CRU)

*ANTE **a perplexidade** com que o outro sacudia a cabeça negativamente, o do charuto **arrematou**, em som modesto.* (FE)

*ANTE **a revelação da mulher**, Corisco **chegou a chorar** arrependido.* (REA)

*Poderia o Presidente da República, ANTE **o clamor do público**, **substituir** seu Primeiro-Ministro por outro.* (D)

*ANTE **os sinais de impaciência** emitidos pela multidão (...) **decidiu abreviar** a duração do velório da família.* (VEJ)

*Então, ANTE **uma tal reticência**, lhe **perguntei** se queria que avisasse você.* (L)

A Junção

2 A **preposição** *ANTE* estabelece no **sintagma nominal** os mesmos tipos de relações semânticas indicadas em 1 (**adjunto adnominal**): sintagma nominal+*ANTE*+sintagma nominal

*[A luta do desenvolvimento] não pode ser um instrumento de apoio ao egoísmo, à injustiça social e à **indiferença** ANTE os que padecem. (CPO)*

*Além disso a polidez é, de algum modo, organização de **defesa** ANTE a sociedade. (RB)*

*Não abrigamos, a propósito, nenhum **preconceito** colonial ANTE o capital estrangeiro. (COL-O)*

*Pretendia agir daquela forma para abreviar-lhes o **sofrimento** ANTE a presença da mãe morta. (ESS)*

*Esse país árabe foi um dos poucos a manifestar sinceras **preocupações** ANTE o inevitável aumento dos preços do petróleo. (CB)*

*O **alarme** ANTE o drama imperativo ecológico do planeta não é para nós uma celeuma artificial. (COL-O)*

*Quando pensamos nos milhões de judeus exterminados pelos nazistas, a nossa **reação** íntima ANTE aquele horror (...) é, acima de tudo, a vergonha (CT)*

*Manifesta o **pesar** ANTE a situação da crise internacional. (CPO)*

3 A **preposição** *ANTE* estabelece todas essas mesmas relações semânticas, no **sintagma adjetivo** (**adjunto adnominal**): sintagma adjetivo+*ANTE*+sintagma nominal:

*Em face da resistência presidencial, a tréplica do governador já estava pronta quando intervieram amigos comuns e líderes udenistas, **perplexos** ANTE aquele processo de entredevoramento. (MAN)*

*A pressão do Sr. Brizola sobre o Catete se tornou **agressiva** ANTE as primeiras notícias referentes à reforma ministerial. (CRU)*

*O escritor francês Stendhal ficou muito **irritado** ANTE a mera proposta de um estudo desse tipo. (DIR)*

*A polícia não pode deixar de revelar um pouco **desapontada** ANTE tanta eficiência gasta inutilmente. (CV)*

*Depois o mundo se interrogou, **desorientado** ANTE o bigode de Stalin. (CV)*

4 A **preposição** *ANTE* entra em **expressões fixas**:

PÉ ANTE PÉ	= devagar, com cuidado

*Enrolou a mão e, **PÉ ANTE PÉ**, aproximou-se do carro amarelo. (GTT)*

*Foi beber água no barril da cozinha e, apagada a luz, voltava **PÉ ANTE PÉ**. (CE)*

APÓS

1 A **preposição** *APÓS* estabelece relações semânticas no **sintagma verbal (adjunto adverbial): verbo+***APÓS***+sintagma nominal.**

O **nome** que se segue a *APÓS* é de **ação** ou de **processo**, e o valor semântico é de posterioridade:

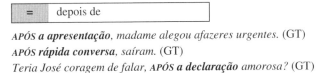

*APÓS **a apresentação**, madame alegou afazeres urgentes.* (GT)
*APÓS **rápida conversa**, saíram.* (GT)
*Teria José coragem de falar, APÓS **a declaração** amorosa?* (GT)

2 A **preposição** *APÓS* estabelece relações semânticas no **sintagma nominal (adjunto adnominal): sintagma nominal+***APÓS***+ sintagma nominal.**

A **preposição** *APÓS* é precedida e seguida de um **sintagma nominal** com o mesmo núcleo, e o valor semântico é de subsequência:

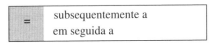

*Uma APÓS **outra** pá de terra (...) enchi a sepultura.* (ML)
*Uns APÓS **outros** afundaram no mar.* (PFV)
*Dia APÓS **dia**, evoluindo como um pesadelo.* (ML)

DESDE

1 A **preposição** *DESDE* estabelece relações semânticas no **sintagma verbal (adjunto adverbial): verbo+***DESDE***+sintagma nominal, adjetivo** ou **adverbial / oração conjuncional.**

1.1 Relação de tempo

1.1.1 Na indicação de tempo ligado a um ponto temporal de origem, indica extensão no tempo a partir desse ponto:

=	a partir de
	a contar de

DESDE os tempos do Seminário de São Joaquim (...) os meninos eram assistidos por cirurgião-barbeiro. (CF)
Por um destes caprichos de zelo e sorte, uma roupa de corte do conquistador do Peru viera de geração guardada DESDE os 1.500. (CF)
O almoço estava secando na panela DESDE as onze. (CBC)
O calor que me jogou daquela escada abaixo que conheço DESDE minha primeira invasão gripal. (CF)
DESDE pequeno, no berço já me olhava assim. (CBC)
DESDE então, passou a aceitar a ideia de tê-la como madrasta. (MAN)

\# Na indicação de tempo, também é possível a estrutura **verbo+*DESDE*+que+oração** com **verbo finito** (tradicionalmente: **locução conjuntiva**):

Acho que este é o dia mais quente DESDE que começou o verão. (CBC)
Creio que, pela primeira vez, chorou DESDE que entrou nesta casa. (AV)

Conforme o aspecto expresso na forma verbal da **oração**, fica implicada a possibilidade de expressão do limite final da extensão no tempo (***até (a)*+sintagma nominal** ou **adverbial**):

Por exemplo, não dissesse sempre que teu primeiro romance ficou numa gaveta durante sete anos, DESDE 1924 até 31, e que com isso te veio vantagens? (L)
A verdade é que vim DESDE meia-noite até de manhã deitado suspenso na treva e na insônia. (L)
Olhem que estive caçando paca DESDE a uma da madrugada até as três da tarde e não matei paca. (ACI)
É ainda um livro sobre a presença dos brasileiros em Roma, DESDE a Independência até a época de Magalhães de Azeredo. (AU)

1.1.2 Com **sintagma nominal** indicativo de período de tempo, indica tempo decorrido a partir de um ponto inicial:

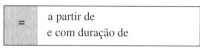

Sua vida DESDE algum tempo era vigiá-lo. (CBC)
Está atualmente no comércio DESDE alguns anos. (BEB)

Nesse caso não fica implicada a possibilidade de um termo final.

1.2 Relação de lugar ligado a um ponto de origem, indicando extensão no espaço a partir desse ponto:

= de

Pois um cântico animado se escutava DESDE ***a ramagem dos jacarandás.*** (G)
O litoral, DESDE ***o Leblon e Copacabana,*** *se achava submetido a blackout.* (L)
Ela já se despede DESDE ***a escada rolante.*** (EST)
Os ataques mais violentos se registraram DESDE ***a rua da Alfândega.*** (EM)
O policiamento foi iniciado cedo, com colaboração de homens DESDE ***a rodoviária.*** (EM)

Fica implicada a possibilidade de expressão do limite final, dada no espaço (*até (a)*+**nome** ou **a+nome**):

No entanto o leitor sente a presença da Sombra e do Mal DESDE ***a primeira até a última página.*** (N)
A técnica de produção do açúcar era relativamente difundida no Mediterrâneo, pois DESDE ***a Síria até a Espanha se produzia*** *esse artigo por toda parte.* (FEB)
O que havia eram núcleos, de maior ou menor importância distribuídos DESDE ***a foz do Rio Amazonas até os confins do Rio Grande do Sul.*** (H)
Passei as mãos bem abertas pelo rosto, DESDE ***a testa até o queixo.*** (L)
Não saiu o sol, não já devia estar tudo praticamente pronto, DESDE ***a pia batismal toda burnida, às flores pela casa, às toalhas de linho branco refulgindo,*** *a festa em todo o ar?* (VPB)

1.3 Relação de condição, com a estrutura **verbo+***DESDE***+***que***+oração** com **verbo** finito (tradicionalmente: **locução conjuntiva**):

A mangueira **pode ser enxertada** *durante todo o ano,* DESDE *que disponha de um porta-enxerto, garfos maduros e borbulas não brotadas.* (AGF)
Acho que toda mulher **deve lutar** *pela sua igualdade,* DESDE *que não interfira com o serviço da casa.* (ANB)
Esta flora é constituída de germes potencialmente patogênicos para o homem DESDE *que a relação de equilíbrio seja alterada, permitindo-se assim o superpovoamento natural por um só germe.* (ANT)

1.4 Relação de causa, com a estrutura **verbo+***DESDE***+***que***+oração** com **verbo** finito (tradicionalmente: **locução conjuntiva**):

DESDE *que nos preocupamos* *com a educação integral* **devemos prestar atenção** *necessária tanto aos hábitos mentais e emocionais quanto aos hábitos físicos.* (AE)

*DESDE que a escola nova baseia o ensino na autoatividade do aluno, na sua própria experiência, na sua capacidade intelectual, **não pode prescindir** do auxílio da biblioteca. (BIB)*

2 A **preposição** *DESDE* estabelece relações semânticas no **sintagma nominal (adjunto adnominal): nome+***DESDE***+sintagma nominal**. Marca-se o ponto inicial de uma série:

2.1 Inserido num conjunto

*DESDE os **clássicos cartolinha, rosa, sapatinha, espada**, todas as **variedades** conhecidas no Brasil. (CF)*

2.2 Relacionado com um segundo **sintagma** que representa o último da série (precedido por *até*)

*Todas as anatomias ali se confundiam: DESDE **as** mais raras (...) **até as** mais numerosas. (CF)*

*O que acontece, na realidade, é um fenômeno de transformação em cadeia que atinge todos os setores da vida, DESDE **a** política **até a** educação nacional. (PT)*

*A Igreja Católica, a serviço do imperialismo, deve ser destruída DESDE **a** cúpula **até o** alicerce. (SI-O)*

PERANTE

1 A **preposição** *PERANTE* estabelece relações semânticas no **sintagma verbal (adjunto adverbial)**. A estrutura é: **verbo+***PERANTE***+sintagma nominal**.

1.1 Na indicação de posição fronteira ou relação simplesmente espacial de copresença entre dois elementos:

=	na frente de
	diante de
	ante

Naquele instante se achava sozinho no salão de doces, PERANTE o Grande Bolo
Iluminado. (B)
A comitiva (...) iniciou o comício, PERANTE dois mil assistentes (...). (ESP)
Havia brilhado, a seu modo, PERANTE só piquetes policiais. (PFV)
Essa candidata se dirige à passarela para se exibir PERANTE a audiência. (CRU)
Mandou o chefe chamar a todos os do seu bando, PERANTE os quais engrandeceu
meu amo. (RD)
O trabalho foi elogiado PERANTE a turma, como dos melhores. (FE)

1.2 Na indicação da relação de copresença entre dois elementos, *PERANTE*
coloca o segundo como instância à qual é remetida a **ação**, o **processo**
ou o **estado** em questão, marcando:

a) algum tipo de ascendência do segundo elemento sobre o primeiro

Os que depuseram PERANTE o juiz Ivaldo Correa de Souza, se ouvidos há 20 anos,
teriam evitado que o tenente passasse oito anos no cárcere. (CRU)
Íntegra do depoimento prestado no dia treze de agosto (...) PERANTE a Comissão
Policial-Militar e Inquérito. (GLO)
Seus pequenos corações fremiam PERANTE os cadetes e os guarda-marinhas. (B)
Um homem do povo intimado a comparecer PERANTE autoridade policial atendia
como se fosse um condenado. (GLO)
Não pede clemência, PERANTE os cossacos do regimento formados em posição de
sentido. (RD)
E essa luta começa exatamente no momento em que PERANTE Deus e a Justiça eles
são declarados marido e mulher. (JO)

b) julgamento ou apreciação do primeiro pelo segundo

No meio militar, a punição em si tem efeito positivo para a modificação do compor-
tamento; sua publicidade estigmatiza o punido PERANTE os colegas e superiores.
(JB)
Alguns dias de indecisão na condução do problema (...) serviram apenas para dar
força ao movimento grevista e desmoralizar o reitor PERANTE os estudantes. (OL)
Era uma decisão inteiramente lógica e teria redimido o Brasil PERANTE os povos
dos novos países de África portuguesa. (OL)
Procurou justificar-se PERANTE seus correligionários. (CR)
Vinham chancelar seu difícil saber PERANTE as bancas do Pedro II. (CF)
Terei de escusar-me logo de início PERANTE os senhores acadêmicos. (AM-O)

c) submissão do primeiro ao segundo

A ótica do herói positivo acabou descartada quando o Absoluto Herói Positivo capi-
tulou, como qualquer não herói PERANTE a morte. (MH)

A JUNÇÃO

2 A **preposição** *PERANTE* estabelece os mesmos tipos de relações semânticas no **sintagma nominal (adjunto adnominal)**. A estrutura é: **nome+***PERANTE***+sintagma nominal**

> Acho que vou escrever a biografia do Vaga-lume, tentar a sua **reabilitação** PERANTE **a sociedade**. (N)
>
> Esta busca de cientificidade é, até certo ponto, um esforço de **legitimação** do intelectual PERANTE **a sociedade** como um todo. (GTC)
>
> O processo de **credenciamento** PERANTE **a História** é longo, além de penoso, nas suas longas modulações. (CB)
>
> O processo é constatado, inclusive, na formação de Academias e Institutos, que sempre revelam uma **tomada de posição**, PERANTE **os problemas** da cultura. (FI)
>
> Esta diferença essencial da Arqueologia em relação a outras ciências humanas (...) acarreta uma **postura** diversa do arqueólogo PERANTE **seu próprio objeto de estudo**. (ARQ)
>
> Em sua mais alta manifestação, o Barroco expressa, ao mesmo tempo, **êxtase e pessimismo** PERANTE **o mundo**. (PER)
>
> Tremíamos de pensar nesses dias de **juízo** PERANTE **as bancas**. (N)
>
> Dizem que os jogadores de PEC entraram de férias no ano passado e nem saudades deixaram, depois das sucessivas **derrotas** PERANTE **agremiações** sem a menor qualificação esportiva. (CB)
>
> A independência da arte significa, para o Renascimento, **independência** PERANTE **a Igreja**. (PER)

3 A **preposição** *PERANTE* estabelece os mesmos tipos de relações semânticas no **sintagma adjetivo**. A estrutura é: **adjetivo+** *PERANTE***+sintagma nominal**

> O neoclassicismo se sentiu dono da realidade; o romântico sentiu-se **indefeso** PE-RANTE **ela**. (PER)
>
> Os mestres são diretamente **responsáveis** PERANTE **a Conferência** e autoridades escolares. (PE)
>
> Todos eram representantes da soberania nacional; mas, PERANTE **quem eram representantes?** (DC)

4 A **preposição** *PERANTE* introduz **sintagma nominal** que restringe o domínio de uma **asserção**, de uma qualificação ou de uma designação (**adjunto de delimitação**):

As Preposições

PERANTE o direito natural, todos os homens são iguais. (DC)
PERANTE Deus não existem diferenças entre os homens. (DC)
O homem do salário-mínimo e o homem dos pequenos biscates são iguais, agora,
  PERANTE o BNH. (CRU)
No plano jurídico institui o princípio da eunomia, igualdade de todos PERANTE a lei.
  (HG)
Realizou-se também uma reforma fiscal com o objetivo de assegurar a igualdade de
  todos PERANTE o tributo. (HG)

SEM

1 A preposição *SEM* estabelece relações semânticas no **sintagma verbal (adjunto adverbial)**. Indica privação ou ausência.

1.1 Estrutura: **verbo+*SEM*+sintagma nominal** ou **oração (não argumental)**.

a) De modo

Abrindo-a SEM aviso, a mulher atirou sobre ele a água fervente da chaleira. (CE)
O último botequim funcionando no domingo, SEM fumaça dos cigarros, SEM
  burburinho de vozes, SEM o bafo azul dos bebedores. (DE)
SEM olhar para o cliente, contava o dinheiro na gaveta. (CE)
Enxugava a louça para a mãe, SEM quebrar um prato. (CE)

\# É possível a estrutura **verbo+*SEM*+que+oração** com **verbo finito** (tradicionalmente: **locução conjuntiva**):

SEM que deparássemos com outro conviva, fomos introduzidos no salão. (CE)
Empurrava a cadeira e saía, SEM que o patrão corresse atrás. (CE)

b) De condição

SEM mate ele não era gente. (CE)
SEM Maria Negra o barco não marcharia. (ANA)
SEM ela você não faz nada. (TRH)
E Jove, que será de Jove, minha noiva, SEM noivo? (PFV)

\# É possível a estrutura **verbo+*SEM*+que+oração** com **verbo finito** (tradicionalmente: **locução conjuntiva**):

A JUNÇÃO

*Esses boatos correm o tempo todo, não **se passa** um dia SEM **que se fale em guerras no sul**, contra os orientais, os portenhos, não sei que mais lá.* (VPB)

*Não **se passava** uma noite SEM QUE **ela assaltasse um palacete**, arrombasse um cofre, mestre no ofício.* (ANA)

*A democracia não será efetiva sem liberdade de informação e não **será exercida SEM QUE esta esteja assegurada a todos os veículos de comunicação social**.* (AP)

1.2 Estrutura: **verbo+sintagma nominal**:

De privação de companhia

*A outra predileta, Beatrice, vinha **chegando** SEM **ele**.* (A)

*Tudo **ia** bem SEM **mim**.* (F)

*Eu vou **começar** SEM **ele**.* (A)

*SEM **Maria Negra** o barco não **marcharia**, ou marcharia mal, e ambas tinham consciência disso.* (ANA)

2 A **preposição** SEM estabelece relações semânticas no **sintagma nominal**, introduzindo **adjunto** (**adjunto adnominal**). A estrutura é: **nome concreto avalente+**SEM**+nome**

*Tragando, a brasa incendiava-lhe o rosto: duro queixo, **olho** SEM **piedade**.* (CE)

*Não é nenhuma vantagem um poderoso todo armado da cabeça aos pés matar um **fraco** SEM **defesa**.* (PFV)

*Que inércia! **Caso**, porém, SEM **esperança**.* (PFV)

3 A **preposição** SEM inicia **sintagma** em função predicativa (**predicativo**): SEM**+sintagma nominal/infinitivo**

*Fiquei só, SEM **parente** que me advertisse das traições do caminho.* (CE)

*Não posso ficar SEM **ela**.* (SL)

*Continuava SEM **desfalecer**.* (PFV)

4 A **preposição** SEM entra na construção indicativa de circunstância SEM EMBARGO DE (tradicionalmente: **locução prepositiva**), que exprime **concessão**:

SEM EMBARGO DE objetivos aparentemente limitados para o livro, Sader problematiza temas que, se não são novos, são encarados de frente. (FSP)

As Preposições

SEM EMBARGO DE novas políticas que precisam e devem ser implementadas, a indústria brasileira tem avançado nessa direção. (FSP)

O povo parece que, SEM EMBARGO DE ter realizado repulsa e manifestação de desagrado com voto em branco e nulo, acertou na convicção da maioria. (FSP)

5 A **preposição** *SEM* entra em **expressões fixas**:

SEM QUÊ NEM PARA QUÊ **SEM QUÊ NEM PRA QUÊ** **SEM QUÊ NEM PORQUÊ**	= sem razão nenhuma

E se lançava outra vez na estrada, SEM QUÊ NEM PARA QUÊ, só por amor de ostentação e de bravata. (AF)
SEM QUÊ NEM PORQUÊ, empreende as apresentações. (AF)

SEM MAIS	= sem outras interveniências

Insensivelmente, e SEM MAIS, a rotina do dia, de mais um dia, começou a se desenrolar. (A)

SEM MAIS	= sem que haja mais nada a acrescentar

SEM MAIS, para o momento, envio-lhe cordiais saudações. (ACM)

SEM MAIS NEM MENOS **SEM MAIS NADA**	= sem explicação

Mudamos para lá, SEM MAIS NEM MENOS. (BL)
Estranhei visita assim SEM MAIS NEM MENOS. (CL)
Levantou-se SEM MAIS NADA e se dirigiu ao telefone. (AFA)

SEM MAIS AQUELA (DE)	= desconsiderando, abolindo uma situação

Os salões acolhem os foliões SEM MAIS AQUELA de arlequins e colombinas. (PO)

SEM ESSA (DE)	= não venha com essa

– *É, pai, SEM ESSA... não sou mais criança.* (REI)

– *É tarde, tenho que ir pra casa.*
  – *SEM ESSA, princesa.* (REI)

– *SEM ESSA DE ídolo ou herói!* (RAP)
SEM ESSA DE Tônia Carreiro, Maria Fernanda, Fernanda Montenegro, Maria Della Costa e outras menos votadas (...). (FA)

C) AS PREPOSIÇÕES ACIDENTAIS

A Nomenclatura Gramatical Brasileira chama **preposições acidentais** certos elementos que se estão gramaticalizando como **preposições** e que se empregam em contextos restritos. Todos esses elementos têm origem em outra classe gramatical:

a) *DURANTE, MEDIANTE, CONSOANTE, NÃO OBSTANTE, TIRANTE* são formas de **verbos** em **particípio presente (-nte)**.
b) *VISTO, SALVO, EXCETO, FEITO* são formas de **verbos** em **particípio passado**.
c) *INCLUSIVE, EXCLUSIVE, FORA, AFORA, MENOS* são formas de **advérbios**.
d) *INCLUSO* e *EXCLUSO* são formas de **adjetivos** (ligadas a particípios passados).
e) *CONFORME* é forma de **adjetivo**.
f) *COMO* é forma de **conjunção**.
g) *SENÃO* é a **conjunção condicional** *se* com o **advérbio de negação** *não*.
h) *SEGUNDO* é forma de **numeral ordinal**.

Esses elementos, com exclusão de *EXCETO* e dos originários de **particípio presente** de **verbos**, funcionam não apenas como **preposição**, mas ainda como elemento da sua classe gramatical de origem, isto é, como **advérbio**, **adjetivo**, **conjunção** e **particípio passado** de **verbo**.

As **preposições acidentais** funcionam fora do **sistema de transitividade**, isto é, não introduzem complemento, mas estabelecem relação semântica adverbial.

a) De tempo

A **preposição** *DURANTE* estabelece relação semântica circunstancial de tempo (duração), introduzindo **sintagma nominal**.

• Com **nome** designativo de período de tempo:

| = | pelo espaço de |

Maria dedicou-lhe toda a ternura **DURANTE** *um mês inteiro.* (CBC)
E aqui vivi eu **DURANTE** *muitos anos.* (ML)
DURANTE *alguns minutos, sem conseguir reprimir as imagens que vibravam, enorme foi o esforço.* (ML)

• Com **nome** de ação / processo:

| = | pelo espaço de duração de |

DURANTE *o jantar, as irmãs falam.* (CBC)

Conheceram Marilda no teatro, DURANTE os laboratórios que Arnaldo fez para os ensaios. (CBC)
Quantos ele acocorou num canto de rinha, DURANTE a vida? (CBC)

b) De meio

A **preposição** *MEDIANTE* estabelece relação semântica adverbial de meio, introduzindo **sintagma nominal**

- Com **nome concreto**:

    = com a utilização de

    Comprei, MEDIANTE o catálogo Globe, o Concerto No. 4 para Piano e Orquestra, de Beethoven (VEJ)
    Nesse caso, um aparelho é ligado à TV e, MEDIANTE uma senha, a pessoa movimenta a conta usando o controle remoto. (VEJ)
    Obteve a dispensa MEDIANTE uma radiografia em que apareciam três desvios na coluna. (VEJ)

- Com **nome humano**:

    = com intermediação de

    A partir desta terça-feira, o Museu Nacional de Belas-Artes, no Rio de Janeiro, exibe 58 esculturas do mestre emprestadas ao Brasil pelo governo francês MEDIANTE o Museu Rodin, de Paris. (VEJ)
    Num território cuja gestão era diretamente vinculada ao governo central MEDIANTE um governador indicado, a nova sociedade local, numa primeira fase, constituiu-se de funcionários do Incra e do governo do então território de Rondônia. (AMN)

- Com **nome abstrato**:

    = com recurso a

    Se os pitagóricos poderiam consegui-lo, MEDIANTE artes mágicas, ele não o sabia. (CEN)
    No Bairro do Recife, as obras foram feitas MEDIANTE uma parceria entre a prefeitura, empresas privadas e a Fundação Roberto Marinho. (VEJ)
    Eles estariam tentando proteger seu Estado e massacrar os outros a golpes de tributo, MEDIANTE o seguinte recurso. (VEJ)
    A atração de indústrias MEDIANTE o oferecimento de facilidades por governos locais funciona em todo o mundo como um estímulo econômico. (VEJ)

c) De concessão

A **preposição** *NÃO OBSTANTE* estabelece relação adverbial de concessão, introduzindo **sintagma nominal** ou **oração infinitiva**:

A JUNÇÃO

> **=** apesar de

*O que tem existência real e efetiva é o indivíduo singular concreto, que tem em si a marca do homem, que procura ser o Homem, NÃO OBSTANTE **a impossibilidade metafísica** que impede ao singular de ser universal. (DC)*

*Tanto assim que, NÃO OBSTANTE **sua morte prematura**, pôde exercer cargos públicos e prestar reais serviços a seu país. (DC)*

*O trabalho de Bento de Ávila, NÃO OBSTANTE **ter sido realizado** entre os alunos de uma escola primária, engloba jovens de doze, treze, quatorze e quinze anos, em geral em plena adolescência. (AE)*

\#   A expressão *NÃO OBSTANTE* pode ser uma **conjunção concessiva** (= *embora*), construindo-se, então, com forma verbal no **subjuntivo**:

*Explica-se, assim, que a importação de mão de obra europeia em regime de servidão temporária tenha continuado nas colônias mais pobres e haja sido excluída das colônias mais ricas, NÃO OBSTANTE **fosse amplamente reconhecido** que o trabalho escravo era mais barato. (FEB)*

\#   *NÃO OBSTANTE* pode ser, ainda, **advérbio de concessão**:

Parece, NÃO OBSTANTE, que havia qualquer coisa de "químico" na Alquimia. (ALQ)

Jamais tivera alunos, ou filhos e, NÃO OBSTANTE, pretendera ensinar dar conselhos. (PV)

Supunha, afinal, que uma tormenta daquela força não pudesse durar para sempre. E, NÃO OBSTANTE, aceitava-a. (AV)

d)   De inclusão

As **preposições** *INCLUSIVE* e *INCLUSO* estabelecem relação semântica adverbial de inclusão, introduzindo **sintagma nominal** ou **oração infinitiva**:

> **=** com a inclusão de

• *INCLUSIVE*

Foi perguntar à dona Arautina, vizinha da frente, que conhecia todos os moradores do bairro, INCLUSIVE os novatos. (ACT)

Muitos poetas e intelectuais amigos de Augusto ameaçaram deixar a Paraíba, em represália à atitude do Joque, INCLUSIVE eu. (UQ)

Você preferiu se fechar outra vez... INCLUSIVE para mim. (RE)

Lá tudo é possível INCLUSIVE criar a vida. (CEN)

• *INCLUSO*

No entanto, permitir-nos-ia dizer que a exploração do senso cromático, INCLUSO o registro gráfico do campo visual para as cores, representa, antes, requinte na acumulação de dados semiológicos do que, propriamente, necessidade de ordem clínica. (AC)

\# Com **INCLUSIVE**, o sintagma nominal pode estar preposicionado.

e) De exclusão

As **preposições** **EXCLUSIVE, EXCLUSO, EXCETO, FORA, AFORA, SALVO, MENOS, SENÃO** e **TIRANTE** estabelecem relação semântica de exclusão, introduzindo **sintagma nominal** ou **oração infinitiva**:

> **=** com a exclusão de

- **EXCLUSIVE**

*A maior parte dos trinta e cinco produtos estudados manteve sua disponibilidade interna per capita para o consumo humano (**EXCLUSIVE**, portanto, exportações, consumo animal e industrial), sem importantes modificações.* (DS)
*A alavancagem operacional é determinada exclusivamente em função de suas operações de produção e comercialização necessárias à venda de cada produto (**EXCLUSIVE** despesas financeiras).* (ANI)

- **EXCETO**

*O consenso era que todos nós, **EXCETO** Beatrice, éramos introvertidos.* (ACM)
*Eu não conhecia ninguém a bordo, **EXCETO** Seu Mota, que tomava conta da loja.* (ASV)
*Todos espionavam para a ex-URSS, **EXCETO** o mais famoso deles.* (VEJ)

- **FORA**

*Praticamente só nós, do Galilei, **FORA** os moradores do local, conhecíamos, agora, a villa do "bispo vermelho".* (ACM)
***FORA** eles, há cinco anos ninguém mais explodiu bombas.* (VEJ)
*Havia gente no quintal, em cima dos muros, a varanda apinhada, **FORA** os que se acotovelavam dentro de casa.* (ACT)

- **AFORA**

***AFORA** o Coronel Moreira, o finado Coronel Exupério e eu, ninguém se interessava por agricultura nestas matas.* (ALE)
*Mas a teoria de Bruno, **AFORA** isso, deixa o nosso bispo muito sem graça.* (ACM)
*A curiosidade de Martim, **AFORA** acrescida de ignorância, aumentou cega, instintiva.* (M)
*O Cabo Luís consultou as altas autoridades e as altas autoridades quiseram saber o que os dois faziam **AFORA** jogar os dados e mover as pedras.* (SD)

- *SALVO*

Os enterros, SALVO raras exceções, jamais passavam pela Avenida Paulista. (ANA)
Sucede que ninguém mais, SALVO esta moça, pode dispor o presépio, arte comunicada por uma tia já morta. (COT)
O programa era enorme e eu não tinha base nenhuma, SALVO dois anos de grupo escolar. (CR)

- *MENOS*

Sinto às vezes que todos já morreram a bordo deste navio, MENOS ele. (DM)
Previra muita coisa, MENOS aquela fraqueza de Sílvio. (A)
Eu continuava assistindo à erosão da minha vida, sem que pudesse fazer nada. Muito MENOS compreender Isabel. (AFA)

- *SENÃO*

i) seguindo-se a **oração negativa**:

Falava-lhe de cobras grandes, de jacarés, de arraias e parques, porém eu nada temia, SENÃO o tempo e o tédio. (ASV)
Ninguém poderia pensar noutra coisa SENÃO no grave problema do assalto civilizado às regiões dos indígenas. (ARR)
Nada lhe restava fazer SENÃO continuar a viagem. (ALE)

ii) dentro de **enunciado interrogativo**:

E quem podia ser esse alguém, essa vítima, SENÃO eu? (ANA)

- *TIRANTE*

TIRANTE as estátuas, só padre é que é feliz. (ALF)
TIRANTE os três, todos, de uma forma ou outra, circulavam a vontade pela caixa. (BB)
TIRANTE o ciúme exagerado de Margarino, tudo ia bem. (VIC)

\# Apenas com *TIRANTE* o **sintagma nominal** não pode estar preposicionado.

f) De conformidade

As **preposições** *CONFORME, SEGUNDO* e *CONSOANTE* estabelecem relação semântica de conformidade, introduzindo **sintagma nominal**:

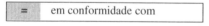

- *CONFORME*

Eram frisos encaracolados, gordos de um nédio enternecedor, que iam e vinham, numa farândola, CONFORME os movimentos da pianista. (DM)
Telefonou para a mãe do Turco Velho, CONFORME o combinado. (AGO)
– Abra, seu Pantaleão, CONFORME o que seja, bem quero dizer, bom seria que a gente soubesse o que é. (AM)

As Preposições

- *SEGUNDO*

SEGUNDO os dados do INCRA, a participação da família na composição da força de trabalho permanente dessas pequenas propriedades é superior a 80%. (AGR)

Tens um marido que te faz feliz, e SEGUNDO você própria, a mais feliz das mulheres. (SER)

Agiu SEGUNDO o que lhe parecia direito, e talvez tenha crido que lhe fez um bem. (JU)

- *CONSOANTE*

Nas nascentes do rio Paranatinga, CONSOANTE o roteiro de um vago Manoel Correia, estava a Serra dos Marbrios, onde o ouro era de empatar a marcha. (VB)

Bem ensinou Santo Tomás, que "os ideais políticos variam CONSOANTE as ideias do homem sobre o destino humano". (FI)

CONSOANTE Case (1696), é o feto produto da precipitação e cristalização do líquido amniótico. (OBS)

\# Os elementos *CONFORME, SEGUNDO* e *CONSOANTE* podem ser **conjunções conformativas**, construindo-se, então, com forma verbal no **indicativo** ou no **subjuntivo**:

*Lorenzo contou nossa conversa com o padre e o conteúdo da carta em que Lanebbia manifestava seu interesse na reativação da villa, para sediar atividades culturais ou de pesquisa histórica, CONFORME as características arquitetônicas **permitissem**.* (ACM)

*SEGUNDO **disse**, a vida pública é feita de decisões.* (JC)

*Bem me lembro dos termos dela, que li na presença de muitos militares, que me passaram ela, CONSOANTE eu **opinar**.* (CJ)

\# O elemento *CONFORME* também pode ser uma **conjunção proporcional**:

*CONFORME **boleava** um animal e ele **caía**, o campeiro chegava-se e passava-lhe o ligar em cima do garrão e apertava, acochava, à moda velha.* (CG)

Vejam o que fazem; eu vou buscar a gente, e, CONFORME chegar, carrego. (CG)

g) De causa

A **preposição** *VISTO* estabelece relação de causa, iniciando **oração não argumental**:

=	em vista de / por causa de

Não é aqui o lugar de comentar as notáveis descobertas de Estevão Pinto, neste setor, VISTO ter este livro um objetivo mais didático. (IA)

Ele não trabalhou tanto com pequenos produtores rurais quanto eu no Sul do Estado, VISTO ter sido gerente do BB em Linhares. (GAZ)

\# As expressões *VISTO QUE* e *VISTO COMO* compõem **locuções conjuntivas**:

*Os dias gastava-os lendo velhas revistas e jornais, **VISTO QUE** durante a noite a iluminação era precária.* (ASV)

*O batalhão embarcaria no dia seguinte, **VISTO COMO** não tinha podido organizar nenhuma resistência.* (CRU)

h) De modo

A **preposição** *COMO* estabelece relação semântica circunstancial de modo, introduzindo **sintagma nominal**:

 na qualidade de

O contexto comum é o de introdução de

- sintagma adnominal atribuidor de qualificação:

    *Inventaram a legítima defesa, porque fora um jornalista célebre, porque estivera, **COMO** bom correspondente, na guerra, prestara bons serviços em desbravamentos.* (ARR)
    *E Domingos, **COMO** bom caçador, sabia deles.* (LOB)

- predicativo do objeto:

    *Sinhazinha, por exemplo, é filha de um peão de estância, e eu **a** considero **COMO** uma irmã.* (CC)
    *Terei de me fingir que não conheço o que **o** aceito **COMO** bom amigo.* (CEN)
    *Não **os** tenho **COMO** modelos para minha literatura.* (VEJ)

i) De comparação

A forma *FEITO*, usada na linguagem coloquial e popular, estabelece comparação modal introduzindo *sintagma nominal*.

 ao modo de

*Falando sozinho, **FEITO** um caduco.* (AM)
***FEITO** padre, metera-se no buraco daquela cidadezinha.* (VER)

\# *FEITO* chega a construir-se como conjunção modal.

- com indicativo (= como):

    *Dava gangrena. **FEITO** deu naquele gado pedrês que a gente teve que cortar a perna dele.* (US)

- com subjuntivo (= como se):

    *Uns diziam "não tenho tempo" e mostravam o relógio, saca? **FEITO** fosse um crucifixo o relógio (...)!* (RC)

AS CONJUNÇÕES COORDENATIVAS

A) AS CONSTRUÇÕES ADITIVAS

A COORDENAÇÃO COM *E*

1 A natureza da relação

Como **conjunção coordenativa**, o *E* evidencia exterioridade entre os dois segmentos coordenados, e, a partir daí, acresce um segundo segmento a um primeiro, recursivamente, seja qual for a direção relativa desses segmentos, determinada pelas variações contextuais.

O *E* marca uma relação de **adição** entre os segmentos **coordenados**, o que indica que esse coordenador possui um caráter mais neutro do que os outros:

> *Eu E meu marido fizemos os exames necessários E constatamos que o problema era meu.* (PFI)

Uma relação aparentemente menos neutra entre os segmentos coordenados pelo *E* pode resultar da adição de segmentos que entre si mantêm uma relação semântica marcada, por exemplo:

• uma relação de **contraste**, como em

> *Depenava frangos E não ganhava nada.* (VEJ)

A imensa maioria dos meninos e meninas pega no batente em casas onde os pais vivem contando as moedinhas no final do mês E descobrem que nem assim o dinheiro vai dar. (VEJ)

- uma relação de **causa-consequência**, como em

Não há uma razão única para isso, mas o país alterou profundamente seu modo de produção capitalista, E esse fato está arrastando toda a sociedade para um mundo novo e não propriamente aconchegante. (VEJ)

O antigo proprietário morreu, E seus herdeiros atuais perderam a mão na condução do hotel. (VEJ)

Superministro arma crise E entra na fritura. (VEJ)

2 O modo de construção

Os segmentos coordenados pelo *E* podem ser:

a) simples **elementos de composição** de uma palavra (palavras que se uniram pelo *E* para formar uma palavra composta)

O homem idealizou e construiu dispositivos que realizam movimentos de vai E vem. (ON)

Era o carvão da cozinha em visita de leva E traz. (CL)

\# Dois prefixos que se ligam a uma mesma base lexical podem também ser coordenados por *E*:

*Os progressos enormes no campo da anestesia e do **pré** E **pós**-operatório permitiram, no Hospital das Clínicas, que se indicasse operação a um número de pessoas idosas muito maior do que acontecia antes.* (CLC)

b) **palavras**

Nunca saio antes das cinco, cinco E meia. (GAT)

Para mim, dois E dois, podem ser até vinte E dois, eu pouco estou me incomodando. (FE)

Podemos, enfim, levar uma vida diferente da de nossas mães E avós. (VEJ)

Mais cedo ou mais tarde, os diretores das grandes empresas de marketing E propaganda vão acordar para essa realidade. (VEJ)

c) **sintagmas**

As questões de higiene pública, de conforto E de segurança da vida E da propriedade, a sociedade representa uma força superior à do indivíduo. (AE)

*O que pensarão as gerações futuras da dramaturgia de nosso tempo sufocada no nascedouro, quando são obrigadas a recorrer a elipses **E** a metáforas inócuas **E** confusas, preço que pagam seus autores para serem representados?* (AB)

*O calão da linguagem de seus personagens **E** a crueza das situações que denuncia são tão chocantes quanto a realidade que elas espelham.* (AB)

d) **orações**

*Eles riem **E** Gioconda vai para dentro.* (ARA)

*Apaga essas velas, Américo, carrega o corpo do teu filho nas costas **E** caminha para a praça.* (AS)

*Fui obrigada a disfarçar lágrimas, sinceras lágrimas que me assaltaram, insistentes, teimosas, **E** que seriam de um péssimo gosto se ali corressem.* (A)

e) **enunciados**

*Nada mais o atingia. **E** raramente consultava o relógio.* (REP)

*Sua irmã também reconhece que o rapaz tem defeitos, mas procura apresentá-los de maneira disfarçada ou, pelo menos, moderada. **E** está certa de que vai modificá-lo para melhor.* (CRU)

*Era preciso amestrar os ouvidos, dizia o professor. **E** nos mandava ler alto, e com atenção, certos clássicos esmerados.* (TA-O)

\# Dentro de um mesmo enunciado, diferentes grupos de elementos coordenados por *E* (**sintagma** e **sintagma**, **oração** e **oração**) podem aparecer lado a lado, compondo uma organização coordenada hierarquizada:

*Temos dois braços **E** uma cabeça **E** somos donos do mundo.* (AS)

Temos	*dois braços*	*E*	*uma cabeça*	*E*	*somos donos do mundo.* (AS)
	SINTAGMA		**SINTAGMA**		
	ORAÇÃO				**ORAÇÃO**

Do mesmo tipo são as ocorrências:

*Passou por nós, deu um "boa tarde" rápido **E** seco e **E** logo desapareceu pela porta entreaberta.* (A)

*Levou-me para ver as coisas dele, os brinquedos, soldados **E** animais ferozes, tanques **E** barcos **E**, em menos de meia hora, deixei de ser a novidade perturbadora **E** obsedante.* (A)

\# Ocorre coordenação pelo *E* entre um **sintagma não oracional** e um **sintagma oracional**, desde que ambos tenham o mesmo estatuto sintático:

Atirando o guardanapo sobre a mesa

   E

   ***com um temor nos lábios**,*

   exclamou: (CCA)

*Um pequeno bloco pesado é ligado a um dos extremos de uma mola helicoidal
disposta verticalmente*

E

que apresenta o outro extremo preso a uma barra rígida e horizontal.

Um tipo diferente de **construções aditivas** são as **correlativas**, do tipo de *NÃO SÓ...MAS TAMBÉM*, *NÃO SÓ ... COMO TAMBÉM*, como se vê nos enunciados:

Pesquisador infatigável, estudava NÃO SÓ o organismo humano, MAS TAMBÉM o animal. (APA)

e

As mulheres também retornavam quase correndo, NÃO SÓ pelo frio COMO TAMBÉM pelo peso dos potes. (ARR)

que se formam com **orações aditivas** binárias e, em princípio, irreversíveis, pela pressuposição que se cria.

Essas construções ficam em meio caminho entre:

a) as **não correlativas aditivas** com *E*, como

Pesquisador infatigável, estudava o organismo humano E o animal.
As mulheres também retornavam quase correndo, pelo frio E pelo peso dos potes.
    (**aditivas** eneárias).

e

b) as **correlativas comparativas**, como

Pesquisador infatigável, estudava TANTO o organismo humano QUANTO o animal.
As mulheres também retornavam quase correndo, TANTO pelo frio QUANTO pelo peso dos potes.
    (**comparativas** binárias)

Na verdade, pode-se dizer que as **correlativas** do tipo **aditivo** mantêm as características da interdependência, aliás, inerentes à correlação, particularmente o binarismo. Da **coordenação**, elas exibem, especialmente, o valor semântico de adição. Essa flutuação entre comparação e adição pode ser muito bem verificada pela própria flutuação entre os marcadores alternantes: *mas também* (*mas*: **coordenador**) e *como também* (*como*: **comparativo**).

3 O **valor semântico** do *E*

Nas relações de **adição** há aspectos especiais marcados pelo uso do *E*. Assim, segundo a distribuição, o **valor semântico** do *E* tem especificações.

AS CONJUNÇÕES COORDENATIVAS

3.1 Iniciando **sintagmas, orações** ou **enunciados**, o *E* pode indicar:

3.1.1 **Adição de unidades do sistema de informação**. Entre os segmentos há ou não uma relação temporal. O elemento *E* constitui uma indicação explícita de que o segundo segmento se acresce ao primeiro:

> *As previsões se confirmaram: após um dia E uma noite arrastados em dura espera, nasceu.* (MAR)
> *Manhã de sol. Sala de paredes nuas E mobiliada com simplicidade. Portas à direita E à esquerda.* (FAN)
> *Ele fuma E toma um cafezinho.* (RE)

\# É especialmente importante, para acentuar esse efeito, uma pausa (que se pode denominar como **pausa dramática**), especialmente a pausa de final de enunciado antes do *E*:

> *– Quero que saiba que fiz o que pude, Virgínia. E que lhe quero muito, ouviu?* (CP)
> *O ar tinha tanta graça excedente que o homem desviou os olhos. No duro chão empinavam-se os arbustos. E as pedras.* (ME)
> *Sentia-se feliz, apesar de tudo. E a vida – agora com uma razão – lhe pesava menos.* (OE)
> *Era preciso amestrar os ouvidos, dizia o professor. E nos mandava ler alto, E com atenção, certos clássicos esmerados.* (TA-O)

\# O efeito de explicitação de acréscimo é ainda mais particularmente notado quando o segundo segmento é uma **frase nominal**:

> *A mulher talvez fosse embora mas o silêncio era bom no cair da tarde. E no silêncio do cercado, os passos vagarosos, a poeira seca sob os cascos secos.* (CBC)

3.1.1.1 **Com efeito de acúmulo**. Geralmente, há multiplicidade de segmentos **coordenados**, o que acentua o efeito de acúmulo:

> *Garçons que passam com pratos E pratos de massas suculentas.* (ARI)
> *Vovó Naninha se esmerava na cozinha e no forno de tijolo do quintal. E eram os sequilhos, as brevidades, as broinhas de fubá, as quitandas todas que ela sabia fazer.* (CBC)
> *E eram os cortes de fazenda, os perfumes, os broches e anéis, ele parecia um cometa mostrando a sua mercadoria.* (CBC)

\# O efeito de acúmulo é particularmente sentido quando a marca **aditiva** *E* se repete (polissíndeto):

> *Afonso, embora morando na chácara, estava presente a tudo. E os assuntos comuns. E os jogos.* (CP)

743

A JUNÇÃO

*A cidade crescia. Vinha italiano, casava italiano, trabalhava italiano, italiano enricava, italiano nascia. **E** turco **E** alemão **E** toda espécie de nação de gente.* (DM)
***E** eram tantas as malas **E** as toaletes **E** as joias **E** a alegria da volta que Dona Laura só dias depois se lembrou de perguntar por Don Ramon de La Barca.* (BH)
***E** são abusados **E** desbocados **E** têm apetite de aproveitadores.* (MPB)

3.1.1.2 **Com restrição ao primeiro segmento.** Entre os segmentos **coordenados** não há relação temporal, e o acréscimo de informação se dá em apenas um ponto do segundo segmento, o que configura uma especificação do primeiro. A parte do primeiro segmento que recebe especificação pode, ou não, vir repetida no segundo segmento.

A informação acrescida consiste em

a) Uma **atribuição (predicativo)**

*Vá com suas filhas, Sara, é seu dever; E vá **descansada**, que passarei muito bem o domingo, trabalhando.* (CC)

b) Um **modo do evento** (**adjunto adverbial de modo**), que é, então, focalizado

*Garçons a respeitavam muito (não por interesse, para ela só dava gorjeta uma vez por ano, no Dia 31 de dezembro), **E de modo especial.*** (GTT)
*– Mas eu não fabrico dinheiro, caramba! Quem fabrica dinheiro é o governo. **E às pampas!*** (DM)

c) Uma **localização espacial** ou **temporal** (**adjunto adverbial de lugar**), que é então, focalizada

*Mas só os guardas me passavam pela cabeça; se me pegassem, não dariam a menor colher de chá, me arrastariam depressinha para o Juizado, não querendo explicação. Escapulir bem escapulido. **E já.*** (DM)
*O rádio falou no discurso do Getúlio. Já é batata, agora. **E ele vai assinar o decreto aqui.*** (GAT)

d) Uma **intensificação** (**adjunto adverbial de intensidade**+parte intensificada)

*Uma exemplificação se torna, de fato, mais "interessante", na medida em que abre possibilidade para as predições – **E tanto mais interessante** quanto mais arriscadas as predições que permite.* (EC)
*Às vezes caminhava até ao cercadinho, voltava – **E tanto mais se movia**, quanto mais rápida era a volta do seu desespero, a persistente sensação de que, em torno dele, um círculo apertava-se.* (FP)
O êxito das realizações nacionais, como todo êxito, não traz em si mesmo a fragilidade das coisas necessariamente perecíveis, mas cria, intrinsecamente, novos

As Conjunções Coordenativas

*problemas ou dilemas, por vezes mais difíceis ainda. **E tanto mais** quanto maior for o dinamismo do processo de mudança social.* (ME-O)

3.1.2 Adição de temas

3.1.2.1 Com subsequência temporal: há uma **progressão temática** que, coincidindo com a subsequência no tempo da narrativa, marca, especialmente, a passagem das ações de uma personagem para as ações de outra, ou a sucessão do relato depois de falas encaixadas no enunciado (discursos das personagens):

A música cresce E o espectador entrevê ao fundo da tela, por entre flores e círios, indistintas e trêmulas figuras vivas da nacionalidade. (TB)

O tempo havia passado, Duval sumira por aí com os seus ressentimentos, E eu continuava assistindo à erosão da minha vida, sem que pudesse fazer nada. (AFA)

Nestor continuou falando: E João Cardoso, como no princípio, olhando para o ar. (FP)

*– Deus lhe acompanhe – dissera-lhe a mulher no dia da viagem. **E** o retirante juntou-se à leva.* (C)

3.1.2.2 Sem subsequência temporal: configura-se uma simples **alternância temática**:

Gritos de Elvira E o olhar de pânico dos familiares que surgem nas portas. (TB)

*Porém respondo: à mulher não entrego, de maneira alguma. **E** os meninos são muito pequenos.* (FP)

*O pai ocupava a cabeceira da mesa. **E** o copeiro de jaqueta engomada vinha trazendo os pratos.* (CP)

*Aicá subiu um calvário de tratamento em sua vida curta – disse Lídia. – **E** o Fontoura subiu outro.* (Q)

3.2 O **E** tem empregos que só ocorrem em início de enunciado, isto é, em início de um novo **ato de fala**, e (muito caracteristicamente, em início de **turno**), obedecendo a determinações pragmáticas. Assim, na construção **coordenada** ocorre:

3.2.1 **Adição** de um pedido de informação. O **E** inicia, portanto, uma **interrogativa** (**direta** ou **indireta**). Informando o desconhecimento e o desejo de obtenção de informação, essa **interrogativa** vem sugerir o acréscimo de uma unidade de informação. A **interrogativa** pode ser

A JUNÇÃO

3.2.1.1 **Interrogativa geral**:

a) Com pedido de informação sobre a verdade da atribuição de um **predicado** a um **sujeito**

> *– Teria dormido comigo, se eu pedisse.*
>> *– E o senhor nunca pediu?*
>> *– Não.*
>> *– E ela era bonita?* (EN)

> *– Crime? ... Crime, como?*
>> *– O senhor investigue, que descobre.*
>> *– E o criminoso entrou pelas paredes?* (FP)

> *– Ao todo foram seis, mas como deram trabalho.*
>> *– Oito, o senhor disse.*
>> *– É verdade, oito. A oitava foi agora mesmo, estou vindo de lá.*
>> *– E está morta?* (IP)

b) Com pedido de informação sobre um **tema** (não necessariamente um **sujeito**). A interrogação consta apenas do **sintagma nominal**, que configura esse **tema**

> *– Homem... Eu só acredito em Deus – respondeu o negro. Mas parece que eu posso contar com o Dr. Marcolino. Ele é quem vai comprar o nosso diamante.*
>> *– Ótimo. E seu Quelézinho?*
>> *– Dr. Marcolino me garantiu por ele.*
>> *Peba tranquilizou-se.*
>> *– E seu Teutônio? perguntou ainda.* (C)

> *– Isso é imprevisível. Sessenta dias é um tempo aceitável.*
>> *– E a alimentação? Ela não quer comer nada, doutor.* (GTT)

\#   O **sintagma nominal** sobre o qual se interroga pode vir marcado como **tema**, com a expressão de relação *quanto a*:

> *Lembra até a anedota do homem que ao ver na lista dos prêmios da loteria o mesmo número do bilhete dele o rasgou, certo de que era empate! Ela riu.*
>> *– E quanto àquelas gravuras, doutor?* (VN)

3.2.1.2 **Interrogativa parcial**: com pedido de informação em um ponto do primeiro segmento:

> *– Então já são dois favores.*
>> *– Exato.*
>> *– E para quê? E por quê?* (CBC)

As Conjunções Coordenativas

\#   A **palavra interrogativa** pode ser extraposta, ou **clivada** (*é que*):

Esse terrão é meu.
*– **E quando é que** você vai se desfazer de tudo?* (FP)

\#   O **tema** pode ser extraposto pela própria ordenação: ele é colocado antes da **palavra interrogativa**:

*Se perguntassem como Piano chegou em casa, ele não sabia informar. **E o dinheirinho da venda da garrafinha de mel**, que destino teria tomado?* (CBC)

– É, mas aquela foi cortada por um navio grande. Só assim afundou.
*– **E sua mãe** como vai, Luiza?* (BR)

– Este – disse o Fontoura batendo com o dedo em cima da área do Parque – é o Estado dos índios (...)
*– **E educar os índios** de que maneira?* (Q)

\#   A busca de informação pode vir lexicalizada por um termo em que o enunciador expressa o seu desconhecimento, testando o conhecimento do interlocutor. É o que se pode ver, por exemplo, no uso da construção **interrogativa negativa** com **verbo epistêmico** (SABER), na ocorrência:

– Estamos ficando velhos, Bernardo.
– É isso mesmo.
*– **E** Marinheiro, rapaz? **Nunca mais soube dele?** (FP)*

3.2.2 **Adição** de uma solicitação sobre a consideração de um **tema**. O **E** inicia, pois, uma **interrogativa geral** que vem acrescer a sugestão de um **tema**.

3.2.2.1 O segundo segmento se restringe ao termo que representa o novo **tema** sugerido:

Distendemo-nos. Seguimos caminho.
*– **E o treino**, hein? – disse nosso quíper bem perto de mim.* (CVP)
*Foram vãos os seus esforços. Não tinha firmeza nem para erguer o braço. **E o cachorro**? Este, durante todo aquele tempo, não mudara de posição, sequer.* (OEJ)
– Ninguém respondeu, ela deve estar dormindo.
*– **E Marcelo**?*
– Não sei, deve estar dormindo também. (CBC)

3.2.2.2 O segundo segmento é um enunciado completo:

Foi uma das mulheres mais inteligentes que conheci. Sempre acreditei que me lesse no íntimo e que soubesse mais de minhas paixões do que eu próprio.

– E ela, Eulália, a dona de meus suspiros, a responsável por meu definhamento e minha languidez, o que fazia, o que sabia de meus padecimentos? (DM)

*– Como é, Sariruá, **E** você, Apucaiaca, aposto que estão comendo o peixe que deviam guardar para o quarup. Os índios riram sem entender, pois Fontoura tinha falado rápido.*

(...)

*– **E você**, Matsune – disse Olavo para a mulher – **está fazendo beiju**?* (Q)

3.2.3 **Adição** de argumentos

3.2.3.1 Em um mesmo sentido de argumentação: o segundo enunciado **coordenado** reitera a direção argumentativa.

3.2.3.1.1 O elemento ***E*** constitui uma indicação explícita de que um segundo argumento se acresce ao primeiro, sendo especialmente importante, para esse efeito, a pausa de final de enunciado (representada, na escrita, por alguma pontuação) antes do ***E***.

– De raça, a galinha?
– Raça nada. Pêlo duro. Caipirinha da silva.
*– **E** gordinha que tá.* (HC)

\# O fato de o argumento vir em acréscimo pode ficar evidente pelo uso de expressões que dão essa ideia, como por exemplo, *além do mais*:

*– Que o quê, o Zoza não é gente de tomar banho aí nessa imundície. E, **além do mais**, medroso como ele só.* (CBC)

\# Esse efeito de acréscimo pode ser acentuado:

a)   pelo ralentamento final do segundo elemento (o que graficamente vem indicado por **reticências**)

*Um banho lava o coração! **E** havia água...* (DM)

b)   pela **entoação exclamativa** (nem sempre registrada por **ponto de exclamação**)

*Defendia-o sempre enquanto ele a atacava, mordaz, implacável: "É afetada, esnobe. **E** como representa, parece que está sempre no palco".* (CBC)

c)   pela explicitação da legitimidade do saber que garante a legitimidade do argumento, como por exemplo, pelo uso de um **verbo epistêmico**

*Chamam-se pessoas experientes às que discorrem sobre o que não entendem. A experiência é a resultante de fatores pessoais formadores de um estilo. **E é sabido** que há estilo para tudo.* (BSS)

As Conjunções Coordenativas

d) pela garantia pessoal que o falante expressa, como se vê no uso do termo ***pala-vra***, nesta ocorrência

> *Que linda manhã! **E** quanta gente na rua... Oh! Aquele senhor que lá vem... Como está bem trajado... que distinção de maneiras... que elegância no caminhar... Correto. **E** não é feio, **palavra**, não é feio... (FAN)*

3.2.3.1.2 O segundo enunciado é uma **interrogativa retórica** (**geral**, **parcial** ou **hipotética**), que solicita a consideração de um argumento e que pode ser considerada um acréscimo, na medida em que traz o argumento à consideração. O enunciado pode configurar o início ou a continuação de um **discurso direto**, de um **discurso indireto livre**, por exemplo de um **monólogo interior**.

A natureza desse segundo segmento varia:

a) Pode ser um enunciado completo

> *Humildade num homem como aquele?... **E** não havia, no tom com que falara, uma oculta armadilha, pronta a disparar se ele dissesse não? (FP)*

b) Pode ser o enunciado reduzido a **palavra** ou **expressão interrogativa**

> *Animou-se ao vê-la tão bem, chegou a acreditar ser mesmo possível... **E** por que não? – pensou tomando entre as suas as mãos descarnadas. (CP)*

c) Pode ser o enunciado reduzido à **prótase**, se for uma **interrogativa hipotética**

> *– Meu Deus – disse Fontoura – só agora é que estou sentindo a coisa... **E** se pernoitarem? (Q)*
> *Aderir à mentira de Valvano ou criar a minha? **E** se as malhas da rede do tenente fossem mais amplas, exigindo aquele tempo todo para ser tecida? (CVP)*

\# Verifica-se nessas ocorrências que, no caso das **hipotéticas**, o que o segundo enunciado sugere é um argumento potencial:

> *E se pernoitarem?*
> (= "Pode ser que não pernoitem")
> *E se as malhas da rede do tenente fossem mais amplas?*
> (= "Pode ser que não sejam")

3.2.3.2 Com inversão do sentido em que vai a argumentação: o segundo enunciado **coordenado** inverte a direção argumentativa.

3.2.3.2.1 O segundo segmento é um enunciado **asseverativo**:

> *Eu podia fazer isso, mas quis dar-lhe uma satisfação, ver se você concorda. **E** você não entende, não agradece. (FP)*

A JUNÇÃO

– *Padre Mateus, recebi o senhor em minha casa como auxiliar. E não como aluno.* (CHC)

3.2.3.2.2 O segundo enunciado é uma **interrogação retórica** de forma **interrogativa** e de entoação **exclamativa**, com função **asseverativa**, e com valor **negativo**:

Vender peixe pros homens de linho e camisa esporte. Pras moças bonitas do well, do fine, do bye-bye, e de outras conversas que ele não entendia mas sorria, que siá dona era capaz de se zangar se ele não sorrisse: podia tomar como ofensa. E ele podia pensar em ofender siá dona? Podia nada. (EN)

4 A questão da **ordem**

4.1 Em termos funcionais, as construções com E são **simétricas**, isto é, os dois membros da **adição** podem facilmente permutar de posição, com resultado de sentido que difere apenas do ponto de vista da distribuição da informação.

Assim, num enunciado como

A vítima está internada no hospital da cidade com febre alta e persistente, dores no corpo E mora no bairro Pedra Branca, onde viviam as três pessoas que morreram em função da doença nos meses de junho e julho. (EM)

tem-se uma construção basicamente equivalente a

A vítima mora no bairro Pedra Branca, onde viviam as três pessoas que morreram em função da doença nos meses de junho e julho, E está internada no hospital da cidade com febre alta e persistente, dores no corpo. (EM)

É óbvio que, quanto ao efeito comunicativo, a **ordem** é pertinente. Para esse enunciado, por exemplo, podem-se encontrar no texto as razões comunicativas que teriam levado o falante a indicar primeiro onde a pessoa está internada e, depois, onde ela mora.

4.2 São **assimétricas**, porém, as construções em que se adicionam elementos que, por alguma razão, devem ser considerados numa ordem necessária, como por exemplo, nos casos em que é necessário que se marque uma sequência de eventos:

*O ex-pugilista **volta** ao volante **E dá a partida**, dirigindo com a cabeça para fora, o ruivo de copiloto.* (EST)

*Suspirou **E morreu**. (CD)*

*O produto **escorreu** pela testa da atriz **E caiu** no olho, deixando uma bolha de sangue perto da pupila. (VEJ)*

*Da gerência me dizem que ainda está no Rio, que deve voltar ao hotel para buscar a correspondência, mas que já **pagou** a conta **E saiu** com a valise de viagem. (A)*

A COORDENAÇÃO COM *NEM*

1 A natureza da construção com *NEM*

1.1 Do mesmo modo que o ***e***, o elemento *NEM* marca uma relação de **adição** entre os segmentos **coordenados**, com a diferença de que o *NEM* adiciona segmentos **negativos** ou **privativos**:

*Detetives **não** acharam rastro de Enrico NEM da Bertolazzi. (VN)*

*Um homem de bem neste estado, **sem** saber como NEM por quê! (PC)*

\# Embora a **conjunção** *NEM* componha por si uma **oração** negativa, pode ocorrer de ela seguir-se de um elemento de negação. Numa ocorrência desse tipo, fica acentuado o caráter negativo do **coordenador** *NEM*:

*Não tenho a menor ideia dos crimes de que me acusa. NEM **nunca** soube que tivesse sido baronete – disse com certa vaidade Beautemps. (BH)*

1.2 Como qualquer **conjunção coordenativa**, o *NEM* só ocorre entre segmentos do mesmo estatuto. Ele pode coordenar:

a) **sintagmas**

Concordo, por aqui nunca passou o Império NEM a República. (PV)

Não tem mais NEM meio mais. (UC)

Não diga nada, Pai. A culpa não é sua, NEM de ninguém desta terra. (GE)

Esta a razão pela qual não se achava necessário ao Brasil NEM a qualquer outro país. (T)

b) **orações**

Não visitava ninguém NEM era visitada pelos vizinhos. (ANA)

Não me arrisco NEM arrisco você. (AVI)

A Junção

> *Não cremos que a pesquisa de análogos aos antibióticos venha a ser incentivada,*
> *NEM que estas substâncias adquiram algum dia, importância terapêutica.* (ANT)
> *O vento sopra onde quer e ouves a sua voz: mas não sabes donde vem NEM para*
> *onde vai.* (LE-O)

c) **enunciados**

> *Por outro lado, não teremos a ingenuidade de considerar a interdisciplinaridade, o*
> *método científico por excelência, o único capaz de resolver todos os problemas.*
> *NEM podemos crer na possibilidade de elaboração, pelo menos no futuro próxi-*
> *mo, de uma verdadeira teoria interdisciplinar.* (IP)
> *Não era tarde. NEM a missa estava marcada para hora muito matinal.* (A)
> *Não sabe para onde vai. NEM lhe importa saber.* (A)
> *Aí ninguém entra. NEM eu.* (CR)

1.3 Como **aditivo**, o *NEM* não apenas acresce um segundo segmento a um primeiro segmento negativo, mas, muito frequentemente, faz esse acréscimo recursivamente:

> *É duro **não** ter pai, NEM mãe, NEM bens e viver às expensas de parente.* (GCC)
> ***Não** há brancos, NEM negros, NEM pobres, NEM condenados.* (SOR)

1.4 Diferentemente do *e*, o *NEM* pode construir-se em **correlação**, e, assim, ocorrer já no primeiro dos (dois ou mais) segmentos negativos postos em relação de **adição**. Nessa primeira posição, o *NEM* compõe com o segundo *NEM* a **correlação aditiva negativa**:

> *NEM a virtude, NEM a modéstia contribuíram para a minha defesa naquele difícil*
> *transe.* (CE)
> *Nos minuciosos relatórios enviados pelos agentes de seguros NEM os homens, NEM*
> *as mulheres, NEM as mulheres despedaçadas foram incluídas.* (SPI)
> *NEM ele pecou NEM seus pais, mas foi assim para que se manifestem nele as obras de*
> *Deus.* (LE-O)
> *NEM ela me ofereceu a mão da amizade e do bom conselho NEM eu jamais respondi*
> *com quatro pedras na mão.* (A)

\# Duas correlações em sequência podem ser vistas em:

> *Eu ficava olhando seu gesto impreciso porque uma bolha de sabão é mesmo impre-*
> *cisa, NEM sólida NEM líquida, NEM realidade NEM sonho.* (CBC)

\# Se o **verbo** do enunciado preceder o conjunto correlacionado por *NEM*, a negação do enunciado tem de marcar-se por algum outro elemento de negação; nesse caso, fica evidente que o *NEM* do primeiro elemento da correlação não é uma **conjunção**:

As Conjunções Coordenativas

*Era quase um menino, **não** tinha NEM pai, NEM mãe, NEM parentes vivos.* (SPI)

*Eu **não** quero **nada** que venha daquele homem, NEM perdão, NEM compreensão, NEM justiça, NEM ódio eu quero!* (PD)

***Jamais**, **em tempo algum**, esteve NEM nas intenções do Palácio do Planalto, NEM nas intenções da maioria.* (JL-O)

*Agora **não** quero NEM saber de negrão, NEM de mercado, NEM de droga nenhuma.* (DO)

\# Também é evidente o estatuto de **advérbio** de *NEM* nas construções em que esse elemento vem precedido de *e*, compondo-se o valor **aditivo** negativo "e também não":

*Os órgãos de segurança já avisaram que **não** permitirão concentrações ou protestos nas ruas em que passar a comitiva oficial **e** NEM na praça da Matriz, onde fica o Palácio do Governo.* (EPA)

*De sorte que **não** podia, **e** NEM deveria vir, no bojo de um mesmo processo, uma matéria fundamental, uma matéria urgente como a que V. Ex. se refere.* (JL-O)

*Quero crer que solidariedade deve ser prestada **não** conforme a conveniência pessoal de cada um, **e** NEM dos partidos.* (JL-O)

*Quando o candidato disse que a gente não estava preparado para votar, porque **não** tomava banho **e** NEM escovava os dentes, pedi uma reunião à sociedade dos amigos do bairro onde moro.* (SC)

\# Menos comum é que ocorra alguma outra palavra de negação no enunciado quando o **verbo** não precede o conjunto correlacionado por *NEM*. Entretanto, isso pode ocorrer, chegando a palavra de negação a ficar contígua ao primeiro *NEM* da correlação:

***Nunca** NEM ele NEM a irmã falaram mais no caso.* (BH)

\# **Sujeitos** correlacionados por *NEM* geralmente levam o **verbo** à **concordância** no **plural**, como está nessa última ocorrência, e como está em

*Sei que ele usa expressões que NEM a senhora, NEM eu **usamos**.* (CM)

*Claro que por estes últimos casos e afecções NEM Gisele NEM Sueli **se responsabilizam**, pois seria exigir demais.* (GTT)

Entretanto, pelo efeito negativo ou privativo da soma de elementos efetuada por *NEM*, o conjunto pode ter efeito singular, e isso ser assinalado no **verbo**:

*Uma vez que NEM a ciência NEM a política NEM a religião **consegue** desembrulhá-las, tive de descobrir o meio de fazer isto sem violência.* (BOC)

Obs.: O elemento *NEM* é estudado também no Apêndice sobre **Negação** em **Advérbios**.

A JUNÇÃO

2 O **valor semântico** do *NEM*

2.1 Marcando uma relação de **adição** entre os segmentos **coordenados** e adicionando segmentos **negativos** ou **privativos,** o elemento *NEM* tem o significado básico de "e também não". Trata-se, pois, de um significado denso, marcado (acréscimo, inclusão e privação), o que favorece o emprego de palavras de reforço:

- seja um reforço da noção de acréscimo, como em

> *Parece-nos incontestável, ademais, que a finalidade do homem não pode mais coincidir com a finalidade da natureza,* NEM **tampouco** *estar na dependência exclusiva daquilo que dela possam dizer as ciências.* (IR)

- seja um reforço da noção de inclusão, como em

> *O Alferes não morreu,* NEM **mesmo** *adoeceu.* (ALF)
> *Nunca tivemos medo,* NEM **mesmo** *pensamos, que um ladrão pudesse invadir nossa casa durante a noite.* (ANA)

- seja um reforço da noção de privação (exclusão), como em

> *Não houve biscoitos, como é de praxe,* NEM **sequer** *uma xícara de café fumegante e aromático.* (AL)
> *Não se confessa,* NEM **ao menos** *reza.* (CC)

Como no caso de qualquer **coordenador,** entretanto, há, ainda, aspectos especiais marcados pelo uso do *NEM*. Assim, segundo a distribuição, o **valor semântico** do *NEM* tem especificações.

2.2 Iniciando **sintagmas, orações** ou enunciados, o *NEM* pode indicar:

2.2.1 Adição de unidades do sistema de informação. O elemento *NEM* constitui uma indicação explícita de que o segundo segmento se acresce ao primeiro

> *Não era muito grande,* NEM *muito fundo.* (GE)
> *O Cristianismo, quando comparado com outras religiões, nada tem a temer pois ele não é uma aurora,* NEM *um sol poente; é sol a pino.* (LE-O)
> *Não farei promoção pessoal,* NEM *permitirei que a façam a minha sombra.* (ME-O)
> *Sérgio correu o olhar em torno e pareceu não ver ninguém com nitidez.* NEM *detalhe algum.* (A)
> *Não havia sofrimento na sua impossibilidade de responder.* NEM *esforço.* (BH)

754

As Conjunções Coordenativas

\# O efeito pode ser de acúmulo, efeito especialmente causado pela multiplicidade de segmentos **coordenados** e pela reiteração da marca explícita de **adição** (polissíndeto):

> *Chico Buarque não vota hoje, NEM Tom Jobim, Baden Powell também não. NEM Roberto Carlos, NEM Maria Bethania, NEM Elis Regina, NEM Elizeth Cardoso. (SC)*
> *Não poderás comer o dízimo do teu cereal, NEM do teu vinho, NEM do teu azeite, NEM os primogênitos das tuas vacas, NEM das tuas ovelhas. (LE-O)*

2.2.2 Adição de argumentos

Numa adição com *NEM*, os argumentos vão em uma mesma direção. O elemento *NEM* constitui uma indicação explícita de que o segundo segmento se acresce ao primeiro, sendo especialmente importante, para esse efeito, a pausa de final de enunciado (representada, na escrita, por alguma pontuação) antes do *NEM*:

> *É bem verdade que não podemos ser tolerantes a tal ponto de abrirmos mão de princípios fundamentais. NEM a nossa tolerância nos deve levar a não reconhecer que temos a verdade e não apenas uma verdade. (LE-O)*
> *Não falaria, em jejum, de forma alguma. NEM lhe ficava bem indagar. (BH)*

B) AS CONSTRUÇÕES ADVERSATIVAS

A COORDENAÇÃO COM *MAS*

1 A natureza da relação

A **conjunção coordenativa** *MAS* marca uma relação de desigualdade entre os segmentos coordenados, e, por essa característica, não há recursividade na construção com *MAS*, que fica, pois, restrita a dois segmentos:

> *Vocês servem mal, MAS a comida é ótima! (A)*
> *Eu estava no quarto MAS não dei o tiro, pois minha missão era amarrar o homem. (ESP)*

Como **coordenador**, o *MAS* evidencia exterioridade entre os dois segmentos coordenados e, a partir daí, coloca o segundo segmento como de algum modo diferente do primeiro, especificando-se essa desigualdade conforme as condições contextuais.

2 O modo de construção

Os segmentos coordenados por *MAS* podem ser

a) **sintagmas**

*Angela riu, **fraca** MAS **ostensivamente**. (A)*
*Forço uma das vinte portas que existem no corredor e que se abre sobre um quarto **modesto** MAS **decente**. (AL)*
*Tudo era **mais simples** MAS em compensação **mais humano**. (AL)*
*O plano tem o apoio de 72% dos entrevistados – **superior aos 68% de setembro**, MAS **inferior aos 75% de janeiro**. (FSP)*

\# Há muitas restrições à coordenação com *MAS*. Dois **sintagmas nominais**, por exemplo, só podem ser coordenados por *MAS* se um deles estiver negado ou minimizado, como em "não o menino mas a mãe".

b) **orações**

A primeira ideia que me ocorreu foi Condillac, MAS não era uma boa resposta. (ACM)
O garçom tem cara de mentecapto, MAS isto não me afeta grande coisa. (AL)
Conheço muito pouco sobre a psiquiatria do século XVIII, MAS acho que, mesmo nesse século, a doutrina psiquiátrica abrange somente uma porção reduzida da psicopatologia. (ACM)
Não tenho ainda plena certeza, MAS gastei mais de uma hora na biblioteca nesta manhã para confirmar minha suspeita. (ACM)

c) **enunciados**

Se se come bem aqui não sei. MAS, que se bebe bem, bebe-se! (A)
A importância do diagnóstico, a fundamentação objetiva das técnicas, isso varia. MAS são questões secundárias, para quem pretende determinar a genealogia das ideias psiquiátricas. (ACM)
Só se enganaria, se quisesse. MAS, certamente, não era o seu desejo. (A)
Exatamente como uma semana antes, em casa. MAS, já não sabia disso? (A)

\# Ocorre coordenação com *MAS* entre **sintagmas não oracionais** e sintagmas **oracionais**, desde que ambos tenham o mesmo estatuto sintático:

Devem ser preferidas as bananas e as laranjas,
ricas em todas as vitaminas,
MAS
que não precisam ser absorvidas em quantidades excessivas. (AE)

Os criadores mostraram que preferiam comprar
menos *animais,*
MAS
que dessem retorno garantido,
a investir na quantidade. (AGF)

3 O **valor semântico** do *MAS*

Nas relações de **desigualdade** há aspectos especiais marcados pelo uso do *MAS*. A desigualdade é utilizada para a **organização da informação** e para a **estruturação da argumentação**. Isso implica a manutenção (em graus diversos) de um dos membros coordenados (em geral, o primeiro) e (também em graus diversos) a sua negação.

Segundo a distribuição do *MAS*, seu **valor semântico** tem especificações.

3.1 Iniciando **sintagmas, orações** ou enunciados em função **atributiva**, o *MAS* pode indicar apenas contraposição (Cf. 3.1.1), ou, mais fortemente, eliminação (Cf. 3.1.2).

3.1.1 **Contraposição**: a **oração** que o *MAS* inicia não elimina o elemento anterior; admite-o explícita ou implicitamente, mas a ele se contrapõe.

Essa contraposição não necessariamente é em direção oposta (Cf. 3.1.1.1), podendo ter a mesma direção (Cf. 3.1.1.2), ou, ainda, direção independente (Cf. 3.1.1.3).

3.1.1.1 Contraposição em direção oposta.

3.1.1.1.1 Marcando contraste

Contraste entre positivo e negativo, ou vice-versa:

Será que pé gasta? Diz que de quem trabalha em salina gasta. MAS eu não; agora sou jornalista. (VI)

Contrastando:

{ (pé) de quem trabalha em salina gasta }	{ *MAS* eu não (gasto) }
POSITIVO	NEGATIVO

Jesus, naquela ocasião, não satisfez a curiosidade dos discípulos, MAS foi à prática: curou o cego. (LE-O)

Contrastando:

{ Jesus não satisfez a curiosidade dos discípulos }	{ *MAS* (Jesus) foi à prática }
NEGATIVO	POSITIVO

Do mesmo tipo são as ocorrências:

*Paulista **não** de quatrocentos anos, **não** do planalto milionário, MAS do litoral, da pobreza.* (RC)

*Se é pecador, **não** sei, MAS uma coisa eu sei: é que eu era cego e agora vejo.* (LE-O)

*Obra que **não** se escreve com a pena, MAS que se realiza com a luta.* (COR-O)

***Não** vos pertence saber os tempos ou as estações – que o Pai estabeleceu pelo seu próprio poder, MAS recebereis o dom do Espírito Santo e sereis minhas testemunhas.* (LE-O)

*Creusa, certamente, **não** se dera ao trabalho de aparecer. MAS lá estavam Gumercindo e os outros empregados.* (FP)

Contraste entre expressões de significação oposta:

*Vou bem. **MAS** você vai mal.* (VN)

Contrastando:

{ eu bem }	X	{ *MAS* você mal }

O atleta pode cair por terra, sob a veemência do impacto, MAS se levanta mais fero, mais temível, mais decidido a vencer. (ME-O)

Contrastando:

{ cair por terra }	X	{ *MAS* levanta-se }

O socialismo como visão utópica bate em retirada, sabiamente substituída pelo socialismo como preocupação ética e humanitária. MAS a ideia republicana, o apego ao civismo e à cidadania, esta perdura no coração dos democratas. (COL-O)

Contrastando:

{ bate em retirada }	X	{ *MAS* perdura }

As Conjunções Coordenativas

Contraste, simplesmente, entre diferentes:

Muitos dos nossos homens dispuseram-se com nobreza e veemência a desfazer, aos poucos MAS constantemente, equívocos passageiros. (JK-O)

Contrastando:

{ aos poucos }	X	{ *MAS* constantemente }

Ficaria na antiga Rua dos Remédios, rua absolutamente fora da zona comercial, MAS o mais largo e melhor caminho para a estátua de Gonçalves Dias. (COR-O)

Contrastando:

{ rua fora da zona comercial }	X	{ *MAS* o mais largo e melhor caminho }

O baiano sorria sem arrogância, MAS sem o menor temor. (AM-O)

Contrastando:

{ sem arrogância }	X	{ *MAS* sem o menor temor }

Outras ocorrências do mesmo tipo são:

Muitos terão descrito do regime democrático; alguns terão desesperado de defendê--lo; outros terão pretendido golpeá-lo; MAS o povo ensinou-nos como sustentá-lo. (G-O)

Em geral costumavam elas ter as suas quatro ou cinco cabeças de galinha, o que lhes dava algum rendimento. MAS na casa de Salu a coisa ia de mal a pior. (CAS)

Era sentimental como um adeus. MAS gostava de parecer de ferro, de aço. (CAR-O)

3.1.1.1.2 Marcando compensação. Essa compensação resulta da diferente direção dos argumentos, e pode, ou não, envolver gradação.

• Não envolvendo gradação

Tinha de resignar-se a tolerar, durante algumas horas, a presença de Susana, seu olhar sardônico, as vingativas perguntas que não deixaria de fazer. MAS havia o menino, conversaria com ele. (FP)

Compensando:

{ tinha de resignar-se a tolerar presença de Susana }	⇒	{ *MAS* (em compensação) havia o menino, conversaria com ele }

Longo, MAS lido com voz clara e sem hesitações, o discurso no Congresso arrancou
aplausos em várias ocasiões. (COL-O)

Compensando:

{ (discurso) longo }	⟹	{ MAS (em compensação) lido com voz clara e sem hesitações }

Nossa posição é, entretanto, intransigente contrária à adoção de meros paliativos,
que poderiam dar-nos a ilusão de alívios passageiros e momentâneos, MAS que
nos roubariam a grande causa e a grande bandeira que levantamos. (JK-O)

Compensando:

{ (os paliativos) poderiam dar-nos a ilusão de alívios passageiros }	⟹	{ MAS (em compensação) nos roubariam a grande causa e a grande bandeira que levantamos }

Outras ocorrências do mesmo tipo são:

"Ora, minha filha, há tantos loucos no hospício, e que é que nós temos com eles?
Loucura não pega." "MAS se herda; há famílias de loucos." (CC)
Curto, MAS com a liberdade do improviso, o discurso no Parlatório chegou a ser
dramático. (COL-O)
A Rússia e os Estados Unidos não tributavam talvez nenhuma glória particular aos
*homens de ciência, MAS **em compensação** davam-lhe condições econômicas e*
materiais de sobra para continuar suas pesquisas, orientando contudo seus tra-
balhos no sentido da procura industrial e do progresso econômico. (PT)

• Envolvendo gradação

Na ordem do argumento mais fraco para o mais forte (que é, então, negado):

E, continuando a andar, por vezes o vento lhe trazia um clamor vago, uma reivindi-
cação mais intensa. Era um alarme de vida que delicadamente alertou o homem.
*MAS com o qual ele **nada** soube fazer como se visse uma flor se entreabrir e*
apenas olhasse. (M)
(= o alarme alertou o homem, mas não passou disso)
E então, não me cansava de chutar o freguês. Malhar, malhava; MAS agora, com
*aquele bicho gordo eu **não** podia.* (DM)
(= malhava, o freguês, mas não chegava a vencê-lo)

Na ordem do argumento mais forte para o mais fraco:

Não é minha inteligência que as cria, MAS elas são objetivas e minha inteligência as
contempla e as conhece. (SI-O)

(= minha inteligência não chega a criá-las, mas em compensação as contempla e conhece)

*Dora afirma que lê as palavras na testa do pai acompanhando a vibração das rugas. Eu não chego a tanto. MAS **em compensação** apanho no ar os pensamentos do senhor.* (M)

(= eu não chego a ler as palavras na testa de meu pai, mas apanho no ar seus pensamentos)

\# Quando o argumento que é desfavorável ou menos favorável vem em segundo lugar, a compensação tem um certo sentido de reparação (= "pelo menos"), o que pode vir lexicalizado (***pelo menos, ao menos, já***):

> *As massas vivem cada vez mais em um clima de violência, MAS, **pelo menos** conscientemente, procuram a paz.* (NEP)
>
> *Eu sei que vai ser difícil alguém dormir tranquilo hoje, depois de tudo que aconteceu... MAS, **pelo menos**, tente!* (DZ)
>
> *Não cabe na passagem do ano o relato de tudo o que pode fazer o povo brasileiro, em cada um dos setores de nossa vida administrativa, MAS aponto, **ao menos**, o notável aumento da produção agrícola.* (ME-O)
>
> *– O Senhor é o senhor mesmo, podia ser um louco.*
>
> *– O catálogo não disse o contrário.*
>
> *– MAS **já** é uma garantia.* (CO)

3.1.1.1.3 Restringindo, por acréscimo de informação, o que acaba de ser enunciado no primeiro membro coordenado. Essa restrição pode significar uma exclusão parcial, estando expressos, por vezes, indicadores de negação, privação, insuficiência.

- Acrescentando um **termo**:

> *Casou-se. MAS **não** foi com a Luizinha.* (BS)

- Acrescentando um **circunstante** limitador:

> *Contemporâneos do Cristo, sim MAS **de forma tremendamente mais realista** do que o formulara Kierkegaard.* (NE-O)
>
> *Couto continuaria a sofrer, e muito, MAS **em verso**.* (AM-O)
>
> *Aliás, a sua (causa) já está ganha há muito tempo. MAS **em segredo**, e isso o aflige.* (VN)
>
> *Dr. Fifinho ficou só, embalado pelo ronronar do aparelho de ar condicionado. MAS foi **por pouco tempo**.* (DM)
>
> *Escrevi, inclusive, poesias, MAS apenas **como diletante**.* (SI-O)
>
> *– Quero falar de um negócio muito sério. (...) MAS **não** quero falar **aqui**.* (FP)

A JUNÇÃO

- Acrescentando uma **qualificação restritiva**:

   Queria que o filho fosse ministro, sim, MAS *ministro* **protestante**. (COR-O)
   Há parecenças MAS **tão submergidas pelas dessemelhanças** *que não vale a pena ao meu conceito demorarmo-nos sobre elas.* (AM-O)
   Em 1917, um diploma legal ofereceu estímulos às novéis indústrias, MAS *o progresso alcançado foi* **de pouca expressão**. (JK-O)

3.1.1.1.4 Negando inferência

Vem contrariada a inferência de um argumento enunciado anteriormente. No primeiro segmento há asseveração, com admissão de um fato; no segundo segmento expressa-se a não aceitação da inferência daquilo que foi asseverado:

   O Bar do Porco era velho e fedia: era muquinfo de um português lá onde, por uns mangos fuleiros, a gente matava a fome, engulindo uma gororoba ruim, preta. MAS *eu ia.* (MJC)
   (= o Bar do Porco tinha tudo para eu não ir (e eu sabia disso), mas (ainda assim) eu ia)
   Cingiu-se, assim, o meu Governo a um plano, certamente amplo, MAS *perfeitamente exequível.* (JK-O)
   (= o plano tinha uma característica que dificultava sua exequibilidade [ser amplo], mas [ainda assim] era exequível)
   Não é este momento para insistir neste assunto, ligado necessariamente a uma série de estudos técnicos, MAS *reputo oportuno proclamar que a ideia de um entendimento fortaleça as nossas economias.* (JK-O)
   Estamos em Brasília agora – de novo em frente ao deserto, contemplando um mundo que é nosso, MAS *que precisamos conquistar.* (JK-O)
   – Você anda perto dos quarenta. Tenho vinte e cinco. – Encarou Bernardo. – há no mundo quem possa ter a casca verde e amadurecer por dentro? MAS *eu dou uma lição a você.* (FP)
   Camisa de seda finíssima (...) Por trás da mesa um grande cofre. Muito dinheiro e a patente de major da Guarda Nacional. MAS *as mãos – aquelas mãos cheias de anéis do atual patrão – conservavam ainda as asperezas das do antigo garimpeiro bafejado pela sorte.* (CAS)

\#   A admissão pode vir lexicalizada (***eu sabia, é verdade***):

   Ora, eu não me chamo José... Esqueci meu nome, é **verdade**, MAS *sei que não era José.* (MP)
   Eu sabia *que não estava direito, pois o coitado do doutor...* MAS *eu não podia deixar a mulher naquele estado, podia?* (VI)

As Conjunções Coordenativas

\# A insuficiência da asseveração para permitir a inferência também pode ser lexicalizada (*apesar disso*, *ainda assim*):

> *Preocupava-se também pelo sobrinho com quem não se afinava muito* MAS *apesar disso, não podia deixar de estimar.* (PCO)
>
> *Já se assinara a proibição do tráfico de escravos,* MAS *ainda assim, a negra mercadoria chegava à Marambaia em barcos de todos os feitios e tamanhos.* (VID)
>
> *Responde: "Biblioteca não é reclusão. Ao contrário. Haverá maneira mais cômoda de uma pessoa viajar no tempo e no espaço?". "Qual! Você daria uma grande advogada. Como sabe argumentar!* MAS *apesar disso, a verdade é que se fosse completamente disponível como todas as moças, teria ensejo para maior convivência."* (VN)
>
> *Era um carrozinho de nada, todo vermelho, camionete, com dois únicos soldados contando o chofer.* MAS *ainda assim animou a disposição dos presentes e atraiu novos curiosos.* (CO)

Vem contrariada a inferência do que vai ser anunciado a seguir. É na primeira **oração** que vem enunciado o contrário do que se deduz da segunda **oração**; e é na segunda **oração** que há asseveração, com admissão de um fato:

> *O gado seria todo baio.* MAS *o gado baio não é bom de leite.* (BS)
>
> (= o gado baio tem uma característica que não o torna indicado para compra [não ser bom de leite], mas [ainda assim] seria comprado)
>
> *Tivemos momentos áureos,* MAS *a conjuntura mundial tem realmente nos levado a alguns tropeços.* (COL)
>
> (= a conjuntura mundial tem tido um comportamento que nos dificulta momentos áureos [ter-nos levado a tropeços], mas [ainda assim] tivemos momentos áureos)

\# A admissão pode vir lexicalizada (*sabia*):

> *E seu coração se apertou, de repente.* MAS *sabia que não devia sentir saudades.* (OJC)

3.1.1.2 Contraposição na mesma direção.
O segundo argumento é superior, ou, pelo menos, não inferior ao primeiro, e a valorização é comparativa ou superlativa:

> *O sertão, para ele, não é uma coisa,* MAS *principalmente uma ideia e um sentimento.* (FI)
>
> *A carga detrítica não provém só da ação abrasiva do rio sobre o fundo e margens,* MAS *principalmente da lavagem sobre as vertentes efetuadas pelo escoamento superficial.* (GEO)
>
> *Não reconhecera aquela voz: se tivesse reconhecido seria fácil saber.* MAS *o pior mesmo fora ele quase dando de cara com Geraldo.* (CO)

A JUNÇÃO

*Os médicos vieram ver Aicá e outras vítimas de fogo selvagem que há no Xingu. MAS vieram **principalmente** para Aicá, que quando adoeceu já vivia nas cercanias do Posto e que sempre foi um índio muito bom.* (AV)

*Esse perigo era maior na hora de atravessar a esquina, quando ficavam esperando uma oportunidade – o trânsito estava muito movimentado – e então se expunha ineramente à vista dos outros. MAS os carros estacionados **não** eram **menos** perigosos.* (CO)

3.1.1.3 Contraposição em direção independente. No segundo membro coordenado, é enunciado um argumento ainda não considerado. O argumento anterior, embora admitido (= "ainda assim"), é considerado menos relevante do que o que vem acrescentado:

Gostaria de ver o Zico na Gávea até a morte, MAS reconheço que ele tem direito a este último contrato milionário. (PLA)

Com que sentido o homem cansado o percebeu, não se sabe dizer, talvez com a aguda sede e com sua derradeira desistência e com a nudez de sua compreensão: MAS havia júbilo no ar. (FP)

Que foi pelos meus olhos acesos e verdes ou pela minha cara de esperto muito acordado; que foi pela mão de Deus ou por uma trampolinagem do capeta. MAS foi a minha maior colher de chá, o meu bem-bom, a minha virada nesta vida andeja. (MJC)

\# Essa desconsideração pode vir lexicalizada (*o importante é, o que importa é*):

*O assunto é polêmico, MAS **o importante é** deixar claro que toda relação estatística precisa ser discutida à luz de outros conhecimentos.* (ETT)

*Foi só então que Martim percebeu que estivera andando no planalto imenso de uma serrania, cujas primeiras ingremidades ele certamente havia galgado durante a noite, julgando dificuldade sua o que fora dificuldade de uma subida nas trevas; e mais tarde tomando como cansaço seu o que na verdade fora uma aproximação gradativa do sol. MAS **o que importava é que** ele chegara.* (M)

3.1.2 Eliminação: a **oração** iniciada pelo *MAS* elimina o membro coordenado anterior. Suposta ou expressa essa eliminação, o elemento eliminado pode ser, ou não, substituído.

3.1.2.1 A eliminação se dá no tempo. Elimina-se a subsequência temporal natural, ou a consecução do que vem enunciado no primeiro membro coordenado.

3.1.2.1.1 Negada a subsequência, nada se põe no lugar.

A negação da subsequência ou consecução é explícita (pelo uso de elementos negativos ou de palavras que indiquem anulação, contenção, protelação, desistência, irrealização):

Pensei em falar, em dizer mil coisas que me ocorrem, MAS **não consegui** *sequer abrir a boca.* (A)

– Posso fumar? – perguntou Augusto. MAS *logo* **anulou o** *gesto.* (VN)

– Ela abriu a boca para responder à insolência. MAS **conteve-se.** (M)

– Quando era sua cliente você a trouxe para conhecer Elvira e chegou a prevenir--nos de que ela tencionava oferecer-nos um jantar, ou um almoço, nem me lembro mais. MAS *o convite* **ficou** *para as calendas gregas.* (VN)

Amedrontado, Naé ergueu-se. MAS **não chegou** *a dar um passo: a porta escancarou--se e dois homens avançaram na sua direção.* (OJC)

– Está morando aqui?

– Não. Pretendia, quando começasse o desquite. MAS *vou morar* **noutro** *canto.* (FP)

A negação da subsequência ou consecução vem implícita. O que vem expresso é a causa dessa eliminação no tempo:

Fê-lo no começo, MAS *logo percebeu que assim afastava os povos do marxismo.* (MA-O)
(= consequentemente, deixou de fazê-lo)

O poço estava seco e era bonito o reflexo do espelhinho correndo como uma lanterna pelas paredes escuras, sabe como é, não? MAS *de repente o espelho caiu e se espatifou lá no fundo.* (CP)
(= consequentemente, deixou de haver o reflexo do espelho)

Era um sono de paz que se espalhava pelo corpo e pelo espírito do velho Naé. MAS, *súbito, acordou ouvindo um ruído.* (OJC)
(= consequentemente, o sono terminou)

3.1.2.1.2 Nega-se a subsequência, mas há uma recolocação, isto é, vem expresso um evento que substitui a subsequência natural eliminada.

A negação da subsequência é explícita e, em seguida, se faz a recolocação:

Experimentou calcular se estaria perto ou longe daquilo que acontecia em algum lugar. MAS *parava, e de novo o silêncio do sol se refazia e o desorientava.* (M)

A negação da subsequência natural vem suposta pela própria recolocação que se efetua:

Já em mangas de camisa, dirige-se ao bispo com os braços largamente abertos, como quem vai abraçá-lo, MAS *o bispo ergue a mão num gesto de desprezo e o palhaço ri amarelo, parando à espera.* (AC)
(= ele deixa de abraçar)

O primeiro contato não traz o prazer esperado. Torres e pedrinhas magoam-lhes os pés. MAS *logo avista, mais adiante, um trecho de lama, boa, lisa, morna, pegajosa.* (CC)
(= as torres e pedrinhas já não vão magoar-lhe os pés)

Os olhares buscavam o meninozinho barrigudo, que só uns poucos pretendiam ter visto. Havia os que nem sequer sabiam o que se procurava. MAS como não se achava sinal do afogado, o bate-boca hasteou bandeiras altas, com o mulherio a especular em torno da identidade da vítima. (CO)
(= deixaram de buscar)

A princípio achou-a sem sentido. MAS certa noite, na escuridão do quarto, ao ouvir os discos, que já sabia fazerem parte do álbum de Beethoven, recebeu-os com um obscuro sentimento de ternura. (CP)
(= passou a ver sentido nela)

3.1.2.2 A eliminação não se refere a uma relação temporal entre os membros coordenados.

3.1.2.2.1 É negado o que é enunciado no primeiro membro.

A negação é explícita e se refere ao que está **posto, pressuposto** ou **subentendido** no primeiro membro coordenado:

Você pensa que sabe, MAS não. (A)
Nem sua mãe se o visse na rua o reconheceria, ele pensou contemplando no espelho aquela triste figura. MAS não, não era assim; tinha gente danada (...) tinha gente que por um pequeno detalhe já descobriria. (CO)
Ia recolher-se aos seus aposentos, quando o telefone tocou. MAS não era Antonieta. (VN)
Hoje pela manhã vieram me avisar: amanhã volto à liberdade. MAS que liberdade? Eu renunciei a ser livre no dia em que me prostrei diante do altar e prometi a Deus que seria padre. (CO)

A negação vem implícita, e ou se nega o preenchimento de uma condição necessária, ou se ratifica uma irrealidade, ou se nega uma potencialidade. O que vem expresso é a causa desse não preenchimento da condição, dessa irrealidade ou dessa não potencialidade:

Eu não queria vir, com medo de que o senhor se zangasse, MAS o major é rico e poderoso e eu trabalho na mina dele. (AC)
(= não vim)

Todo mundo reprovou o procedimento dos compradores e mais ainda o de Estevão, que na qualidade de antigo proprietário e amigo poderia ter dito uma palavra em favor do velho Marcos; MAS Estevão era agora do outro lado, e nada mais se poderia esperar dele. (CBC)
(= não disse)

As Conjunções Coordenativas

Bruna não a perdoaria nunca se a visse assim. **MAS** *Bruna estava longe, "ninguém saberá", Daniel parecia lhe dizer com um olhar de conspiração.* (CP)
(= não mudou)
Se ao menos Conrado tivesse aparecido... Tão bom ele era, tão delicado (...) **MAS** *Conrado estava sempre tão longe!* (CP)
(= não apareceu)
– Irmão cachorro – disse, num desabafo. – Se você tivesse dentes e unhas mais fortes deveria me arranhar e eu não me importava com isso. **MAS** *está velho como eu e já não pode fazer o que deseja.* (OJC)
(= não me arranha)

3.1.2.2.2 É rejeitada a oportunidade do primeiro membro coordenado. Está em questão se é oportuno, e, não, se é verdadeiro, o que vem aí enunciado; isso implica uma desconsideração, mesmo que provisória, desse primeiro enunciado:

Íamos começar o jogo da vida e já mal servidos de corpo, derrotados de nascença. **MAS** *eu não queria insistir nessas coisas para não desanimar os companheiros.* (MP)
E como anunciara a Ermelinda o novo homem, sem que esta ficasse feliz? **MAS** *este seria um problema para resolver mais tarde.* (M)
Chego a me perguntar mesmo – **MAS** *isso não importa muito aqui nesta conversa – se tudo não foi obra do Padre Luís.* (A)

3.2 O **MAS** tem empregos que só ocorrem em início de enunciado (muito caracteristicamente, em início de turno), obedecendo a determinações pragmáticas. Nessas construções, o **MAS** indica:

3.2.1 Contraposição: o enunciado que o **MAS** inicia não elimina o enunciado anterior mas se contrapõe a ele.

3.2.1.1 Em direção oposta, operando-se uma restrição ao que foi enunciado.

3.2.1.1.1 A restrição se faz por refutação a um pressuposto ou a um subentendido do enunciado anterior:

– Os bichos comem a gente.
   – **MAS** *a gente não é só isso.* (CP)
– Você não acha ridículo um velho amar?
   – **MAS** *nem você tem a idade de Goethe, nem ela é jovem como Betina Brentano.* (VN)
– Vá plantar meu arroz já, já.
   – **MAS** *patrãozinho,* **MAS** *plantar sem...* (CBC)

767

A JUNÇÃO

– *Na verdade, nem sequer começamos, e eu me recuso a continuar perdendo tempo com um paciente que me esconde pensamentos e sentimentos.*
– MAS *é que conheci a moça apenas há duas semanas!* (CBC)

3.2.1.1.2 A restrição se faz por pedido de informação a propósito do enunciado anterior. Questiona-se o que foi enunciado, o contexto maior, ou a própria situação:

Isso trouxe uma longa discussão sobre o possível conteúdo dos caixotes, e concordamos que devia ser qualquer coisa muito preciosa, ou muito delicada, a ponto de uma palmada por fora deixar o dono alarmado. MAS *que coisa poderia ser que preenchesse essa ampla hipótese?* (CBC)

Então (...) de novo subiu (...) a vontade de matar – seus olhos molharam-se gratos e negros numa quase felicidade, não era ódio ainda (...) MAS *onde, onde encontrar o animal que lhe ensinasse a ter o seu próprio ódio?* (CBC)

Para onde fugir? Nenhum navio no porto. Restaria entrar num daqueles botes e remar, içar velas. MAS *ir para onde?* (DM)

Pois se não quiser trazê-la não traga (...)
– MAS *por que lhe é tão importante conhecer a moça pessoalmente?* (CO)

*Quando o que se pede é confirmação, pode vir expresso o elemento **mesmo**.*
– *Vitor Hugo estava trabalhando de meia praça.*
– *Qual é Vitor Hugo?*
– *Vitor Hugo músico. Tocador de clarineta. Aquele que tem um filho doido que come barata.*
– MAS *ele era meia-praça de seu Teotônio **mesmo**?* (CAS)

– *Ele já tem feito isso várias vezes.*
– MAS *como foi **mesmo** o negócio?* (CAS)

3.2.1.2 Em direção independente.

3.2.1.2.1 É sugerido um novo argumento para consideração, muito frequentemente por um enunciado hipotético **interrogativo**. O argumento anterior, embora admitido, é considerado insuficiente:

E se a danadinha batesse com a língua nos dentes? Não! A pequena não era boba, era até bem sabida, logo se via. MAS *se começasse a achacá-lo? – estremeceu.* (DM)

Quando sentir que já pode fechar a igreja, é só fechá-la e ir embora. O senhor mora perto? – Moro ao lado. MAS *se entrar um ladrão?* (CO)

\# A condição adicional do novo argumento pode vir lexicalizada pelo *e*:

O senhor quer dizer que a morte para minha mãe seria muito melhor que a vida. MAS... *e se ela sarar?* (CP)

As Conjunções Coordenativas

– *Agora, o resto é com vocês.*
 – MAS *e se ele não me quiser?* (DEL)

3.2.1.2.2 Muda-se o foco da narrativa ou da conversação. Essa mudança vem expressa ou reiterada por certos elementos lexicais, ou sugerida pela modalidade **interrogativa** ou **exclamativa** do enunciado:

A empresa construtora os deixou a ver navios. Tanto que eles, condôminos, é que lhe
 requereram a falência. MAS *como disse você ainda agora, **passemos adiante;***
 onde estão os maridos? (VN)

Nada de subjacente, nada que estivesse lá dentro como na polpa de um fruto se
 esconde o âmago de um duro e imprevisto caroço a determinar, sem que se saiba,
 o volume e a forma exterior da casca... MAS ***tornemos de novo** à sala onde Eulália*
 tocava sua valsa francesa. (MP)

– *Sim, continuará aqui, se quiser. Tem sido tão nossa amiga, não é mesmo? – acres-*
 centou franzindo a testa.
 – MAS *ouça*, *Virgínia, não se preocupe mais com os outros, eu cuidarei da sua*
 mãe. (CP)

As conversas frente a frente se repelem como sulcos na água produzidos por pedras
 atiradas das margens opostas; ao passo que as conversas lado a lado são como
 remos: ajudam a propulsão. MAS *então*, *como vai essa alma? Ela já se desvenci-*
 lhou dos sentidos? (VN)

– *Elvira está ótima, não?*
 – *Felizmente.* MAS *de que é que estavam falando?* (VN)

– *Não. A gleba no Guarujá é uma só, e olhe lá!*
 – MAS, *Augusto, como você está bem disposto!* (VN)

3.2.1.2.3 Introduz-se novo **tema**, que contrasta com o anteriormente selecionado. Não fica implicada necessariamente desconsideração ou desvalorização do enunciado anterior, mas fica marcada uma **progressão temática**:

Olhou as flores vivas, umas despetaladas, outras ainda por abrir em desperdício
 tranquilo: seus olhos piscaram de cobiça. Percebia tudo ao mesmo tempo, gin-
 gando, gozando a limpidez dos olhos que era a da própria luz. MAS, *sem que*
 soubesse de onde, aparecera de alguma parte uma mulata moça de cabelos enro-
 lados em cachos, e que ali se postara com olhos rápidos, rindo. (M)

Depois (as mulheres) falavam de roupas, sem constrangimentos. De roupas, de em-
 pregadas e do zelo com as crianças (...) MAS *os homens permaneciam no outro*
 canto da sala e um deles contava coisas de viagem. (CBC)

Gosta da perspectiva de enfrentar a manhã chuvosa e fria, de caminhar lépida e só
 pela rua. Sair enquanto todos dormem, sem pedir licença, fá-la julgar-se inde-

769

pendente e responsável. MAS a avó ouve-lhe os passos e chama-a; vendo-a vestida, pergunta-lhe onde vai, insiste para que não saia sem café, se não for comungar. (CC)

3.2.2 Eliminação: o enunciado que o *MAS* inicia elimina, de certo modo, o anterior.

3.2.2.1 Sem nenhuma recolocação, rejeita-se a dúvida expressa no primeiro enunciado:

– Terá sido mesmo? MAS não, não pode ter sido. (FP)

A obviedade na rejeição da dúvida pode vir expressa por um modalizador de veredicção. Seria ele mesmo ou algum outro Ranulfo? Não conhecia nenhum ali na vizinhança. MAS claro que podia ser outro. (CO)

Passar ali? Seria um suicídio. Se bem que se sentia tentado: só para provar de novo e com maior risco o seu disfarce. MAS claro que não faria isso: seria cometer uma loucura. (CO)

3.2.2.2 A eliminação implica recolocação.

3.2.2.2.1 Desconsidera-se o **enunciado** anterior, rejeitando-se o próprio **ato de enunciação**. O fato de estar sendo rejeitado o **enunciado** (e a **enunciação** pressuposta no **enunciado**) pode vir explícito:

– Era como as outras pessoas?

– MAS, pelo amor de Deus, minha filhinha, não me faça mais perguntas. (CC)

– É muito ruim ser feio.

– MAS, meu bem, por que você fala assim?

– Eu sou feia. (CP)

3.2.2.2.2 Rejeita-se algum elemento da situação de **enunciação**:

Na portaria do hotel, mal fechei a porta, a dona espantou-se: – MAS o senhor lá fora, com um tempo destes! (MP)

Vira as costas pra lá, Siá Ana. Cria vergonha, mulher. MAS, meu filho, para que foi que você foi fazer isso? Dar uma surra logo no filho do sargento! (VI)

E ela ficava pensando no quintal de seu Teotônio com as suas quarenta e tantas cabeças de galinha.

– MAS a senhora – falava com a mulher do seu Teotônio – com tanta galinha em casa e ainda compra fora? (CAS)

Cravei o olhar nas cerejas (...) Ela desprendeu-as rapidamente:

– Já vi que você gosta, pronto, uma lembrança minha.

– MAS ficam tão lindas aí, lamentou madrinha. (CBC)

C) AS CONSTRUÇÕES ALTERNATIVAS

A COORDENAÇÃO COM *OU*

1 A natureza da relação

A **conjunção coordenativa** *OU* marca **disjunção** ou alternância entre o elemento coordenado no qual ocorre e o elemento anterior.

Uma construção coordenada com *OU* pode indicar:

1.1 Disjunção inclusiva (em que os elementos se somam), como em

Não se trata de semelhança física, mas a forma de pensar, a maneira OU o jeito de dizer alguma coisa são muito parecidos com os dela. (OLG)

O êxito das realizações nacionais, como todo êxito, não traz em si mesmo a fragili-dade das coisas necessariamente perecíveis, mas cria, intrinsecamente, novos problemas OU dilemas, por vezes mais difíceis. (ME-O)

Meu grande empenho continua sendo o da pacificação da família brasileira, e estou disposto a tudo fazer para apagar ressentimentos OU divergências, que não mais podem subsistir diante dos deveres que todos temos para com a Pátria comum. (G-O)

Para repassar em seguida a vida do país e do mundo, com uma expressão no rosto onde não se colhiam sinais de exterioridade OU preocupação. (REP)

1.2 Disjunção exclusiva (em que os elementos se excluem), como em

Posso esperar OU falar depois. (GAT)

Sou OU não sou deputado eleito pelo povo? (HO)

– Nós somos falsos?!!! OU somos poderosos?!!! (VO)

Será que ela vai levar um choque, ter uma grande surpresa? OU estará esperando dia a dia qualquer coisa que a preocupa e me preocupa? (VN)

\# Quando os dois elementos coordenados se iniciam por *OU*, num processo de **cor-relação**, a disjunção é sempre exclusiva:

OU ninguém notara OU tinham pena de nós. (BH)

OU se faz direito OU não se faz. (CCI)

2 O modo de construção

2.1 A questão dos segmentos coordenados

A **conjunção** *OU* pode coordenar simples **elementos de composição** de uma palavra, como em

> *Então vamos tirar a sorte no **par** OU **ímpar**, para ver quem é que vai! Sou par!* (TEL)
> *Jekyll e Hyde eram como almas gêmeas, mas nunca poderiam ter sido parceiros de bridge ou disputar um **cara** OU **coroa**.* (MAN)

\#   Dois **prefixos** que se ligam a uma mesma base lexical podem também ser coordenados por *OU*:

> *Embaixo do mesotélio, na porção parietal, existe uma camada de células gordurosas gouxas, chamada, de acordo com sua localização, gordura **pré** OU **retro**peritoneal.* (CLC)
> *Destruição anatômica ou funcional do parênquima ovariano, na vida embrionária, na **pré** OU **pós**-puberdade.* (DDH)
> *Por outro lado a anoxia, quaisquer que sejam as suas causas (**pré** OU **pós**-natais), diminui a resistência vascular.* (TI)

A alternância pode dar-se também entre **palavras**, desde que elas exerçam funções estruturalmente idênticas e tenham o mesmo papel semântico:

> *Para repassar em seguida a vida do país e do mundo, com uma expressão no rosto onde não se colhiam sinais de*

exterioridade

Substantivo dentro de sintagma de valor adjetivo

OU

preocupação. (REP)

Substantivo dentro do mesmo sintagma de valor adjetivo

A prisão com

quatro

Quantificador dentro de sintagma de valor adjetivo

OU
mais

quantificador dentro do mesmo sintagma de valor adjetivo

lâmpadas que vão divergindo em faíscas dando um belo efeito. (VO)
Era pálido e pertencia ao grupo

arruivascado

> adjetivo dentro de sintagma de valor nominal

ou
alourado. (GAT)

> adjetivo dentro do mesmo sintagma de valor nominal

A alternância pode dar-se ainda entre **sintagmas** que sejam do mesmo estatuto sintático:

- **sintagmas nominais** (preposicionados ou não)

  Não se trata de semelhança física, mas
  a forma de pensar,
  a maneira
  ou
  o jeito de dizer alguma coisa
  são muito parecidos com os dela. (OLG)

  Assim, o sal de cozinha (cloreto de sódio) obtido
  da água do mar
  ou
  de jazidas terrestres *(sal-gema).* (FUN)

- **sintagmas de valor adjetivo**

  Não se trata de ser
  caro
  ou
  barato. (A)

  Pensei que fossem revistas
  de agricultura,
  ou
  de engenharia. (IC)

- **sintagmas verbais**

  Decidia o que, aquela? Tanto lhe fosse
  renegar e debater,
  ou
  se derrubar na vala da amargura. (CBC)

A JUNÇÃO

Posso
> **esperar**
> *OU*
> **falar depois.** (GAT)

- **sintagmas de valor adverbial**

  É a hora em que recebo funcionários que não tiveram tempo de falar comigo
  > **durante o expediente**
  > *OU*
  > **em minha casa.** (GAT)

  Sabia das horas segundo discretos acordos com a realidade.
  > **Pelo apito da fábrica**, *a iniciar a jornada de trabalho,*
  > *OU*
  > **pelo vizinho,**
  > *cujos gritos no portão denunciavam à mulher sua presença na hora do almoço.*
  > (REP)

- **orações**

  > **Ele dará um tiro nele,**
  > *OU*
  > **ele dará um tiro em mim.** (NOD)

  E pouco me importa
  > **que sua mulher esteja doente**
  > *OU*
  > **que os seus filhos comam terra.** (AS)

  Me perguntou se, afinal,
  > **eu fora visitar papai no hotel**
  > *OU*
  > **o recebera aqui em casa.** (A)

- **enunciados**

  Ana sempre foi assim distraída. OU quem sabe, tenha deixado no ar, de propósito! (BE)
  Será que *ela vai levar um choque, ter uma grande surpresa? OU **estará** esperando dia a dia qualquer coisa que a preocupa e me preocupa?* (VN)
  *Pecando a gente mitiga mas não derrota o pecado. OU **seria** preciso pecar muito tenazmente?* (Q)

2.2 A questão do emprego da **conjunção** *ou*. Há três possibilidades de construção **alternativa**, no que diz respeito ao emprego da **conjunção** *ou*.

As Conjunções Coordenativas

2.2.1 Coordenam-se dois ou mais segmentos, e só o último se introduz por *OU*:

> *Em vez do método amplificador e ornamental que ele empregava, dando à **paisagem** OU **às figuras** mais prosaicas um revestimento barroco que as imortalizou, formastes o vosso estilo pelo método machadiano do despojamento.* (AM-O)
>
> *Isto ocorre quando o microrganismo deixa de sofrer a ação do antibiótico **por estar protegido pelo meio ambiente**, OU **por encontrar-se em uma fase de seu ciclo na qual é refratário à droga**.* (ANT)
>
> *O senhor não entende que um homem é sempre um homem **na terra, na lua** OU **no mundo dos loucos**?* (OAQ)
>
> *Não é preciso ser **sociólogo, acadêmico** OU **cientista político** para saber do mérito e autoridade da consulta popular sobre qualquer assunto de governo.* (VEJ)

2.2.2 Coordenam-se mais de dois segmentos, sendo todos, exceto o primeiro, introduzidos por *OU*:

> *É a hora em que **surgem** OU **se desenvolvem**, OU **regridem**, determinadas glândulas, decisivas para a elaboração da maturidade.* (AE)
>
> *Que importava as palavras **lhe ferissem os ouvidos**, OU **morressem lentamente no plano da dúvida e da incerteza**, OU **simplesmente lhe infligissem sofrimento**?* (AV)
>
> *Quem pergunta hoje, e que interessa saber, se **esses homens** OU **seus pais** OU **seus avós** vieram para o Brasil como agricultores, comerciantes, barbeiros ou capitalistas, aventureiros ou vendedores de gravatas?* (B)

2.2.3 Coordenam-se dois ou mais segmentos, todos introduzidos por *ou* (**correlação**). Nesse caso, a **disjunção** é sempre **exclusiva**:

> *Passarinho verde não existe, e quem disse que viu, OU **ensandeceu** OU **mentiu**.* (B)
>
> *Tudo o que dissesse, OU **sobre** OU **contra** Sérgio, seria verdade.* (A)
>
> *OU **tinha saído**, OU **se achava em conferência**, OU **estava preparando um manifesto**, OU **só voltaria na manhã seguinte**, porque fora inspecionar algumas das fazendas que possuía.* (BH)

\# Pode ocorrer um reforço da **correlação**, por exemplo o elemento *bem*:

> *OU **bem** dava de comer aos filhos, OU **bem** comprava milho para as galinhas.* (CAS)

3 As relações expressas

Há três possibilidades básicas de alternância:

a) Alternância entre um fato e uma alteração desse fato.

A JUNÇÃO

b) Alternância entre um fato e uma eventualidade.

c) Alternância entre duas eventualidades.

Além disso, segundo a distribuição do *OU* – se entre **palavras**, entre **sintagmas**, entre **orações** ou entre enunciados – seu **valor semântico** tem especificações.

3.1 Alternância entre um fato e uma alteração desse fato (ou da formulação feita), entre quaisquer tipos de segmentos (**palavras, sintagmas, orações** ou enunciados).

3.1.1 A alternativa vem precisar ou relativizar o que é **posto** no primeiro segmento coordenado, e, então, esse segmento é reavaliado como a primeira de duas alternativas de verdade.

Observe-se que expressões comparativas como *mais precisamente*, *pior / melhor (ainda)*, *pelo menos* aparecem, em geral, lexicalizando essa **precisão** ou **relativização** do que se formulou no primeiro segmento:

> *O passado não existia mais; não havia, portanto, necessidade de recordá-lo. OU,*
> ***mais precisamente****: todo seu empenho estava em enterrá-lo no mais fundo esquecimento.* (OE-JC)
> *Leva sempre as mãos à cabeça, escusando-se. **OU melhor**, não sabe onde pôr as mãos grandes.* (CBC)
> *Como, porém, tem um temperamento muito independente, a irmã mais velha tem receio de aconselhá-la inutilmente OU, **pior ainda**, tem receio de sua reação.* (CRU)
> *Sua irmã também reconhece que o rapaz tem defeitos, mas procura apresentá-los de maneira disfarçada OU, **pelo menos**, moderada.* (CRU)

\# O emprego de *OU melhor*, *OU antes* (ou equivalente), precisando o que acaba de ser dito, pode caracterizar, mesmo, uma **correção**:

> *Foi criada uma comissão de alto nível, constituída por Ministros de Estado, para, com prioridade, tratar do assunto, considerado por todos nós como de capital importância para a vida brasileira, **OU melhor**, para a sobrevivência das nossas instituições democráticas.* (G-O)
> *A proposta, **OU antes**, o pedido não foi aceito.* (ANA)

A **correção** pode ser **metalinguística**:

> *Nós oscilávamos entre o engajamento político, ou acadêmico e a sedução do conhecimento desinteressado, que já então era chamado, nas assembleias de "Via Festa del Perdono", alienação acadêmica, intelectualismo burguês. **OU**, mais cruamente, fascismo.* (ESP)

Não haverá como fugir, OU melhor, como fugirem os torturadores desse princípio geral. (ESP)

3.1.2 A alternativa vem restringir o que é **posto** no primeiro segmento coordenado, anulando, afinal, a **factualidade** nele expressa:

Sorrindo, você vai mostrar que tem todos os dentes, OU quase todos, e isso colocará os repórteres numa situação de inferioridade. (IS)

É, eu sabia de tudo OU quase tudo do que se passava entre mulher e homem. (MMM)

Um dia, Antero percebeu que estava mentindo. OU quase. (DM)

Men: – Quando Sabunde vem aqui?

Zel: – (Corta) Nunca. OU quase nunca. (SEG)

3.1.3 A alternativa vem, simplesmente, substituir um fato ou um elemento por outro:

Daqui a pouco estou calma outra vez. OU muito pior, o que é preferível. (BB)

Ali podia estar implícita uma (OU mais uma) contestação ao dogma. (ACM)

3.2 Alternância entre um fato e uma **eventualidade**

3.2.1 Entre quaisquer tipos de segmentos (**palavras, sintagmas, orações** ou enunciados). Em algum ponto do enunciado oferece-se uma alternativa, marcada como eventual, que potencialmente substituiria o segmento anterior:

E em face do surgimento no cenário, dantes restrito aos Estados-Nações, de novos protagonistas singulares, as grandes empresas multinacionais – cujo potencial para o bem, OU talvez para o mal, ainda não nos é dado avaliar. (ME-O)

Como um refúgio, como uma academia OU, quem sabe, como um ninho de amor? (ACM)

Agora, ali estava no salão do Mickey Mouse, diante de um Sérgio já quase bêbado, como de costume, e de Sílvio coitado, sendo estupidamente lançado naquela mesma esteira de inconsequência e leviandade. OU, quem sabe, ali estaria apenas por tristeza, por amargor... pela decepção que tivera com ela, Angela? (A)

3.2.2 Entre **orações** ou enunciados. Enuncia-se uma declaração, e a segunda **oração** ou enunciado oferece uma alternativa eventual (geralmente com **verbo** no **futuro do pretérito**) que compromete o valor **asseverativo** da primeira ou de parte dela:

E não me casaria com você de maneira alguma, tão certa estou, OU estaria, de que você o faria por interesse e não por amor. (SE)

Aí estava a laçada do tenente. OU aí estaria o dedo coadjutor do datilógrafo. (CVP)

A JUNÇÃO

3.2.3 Entre enunciados

3.2.3.1 O segundo enunciado registra a busca de uma alternativa para a **asserção** que está no primeiro.

3.2.3.1.1 O primeiro enunciado é **declarativo assertivo**, e o segundo lança uma **alternativa eventual** (**interrogação geral**, com **verbo** no **futuro do pretérito** ou qualquer outra marca da eventualidade), para restringir essa asserção. A partir da existência do segundo enunciado, o anterior é reavaliado como portador de uma verdade apenas parcial:

> *Era visível que sofria. (OU **seria** tão consumado artista que imitasse tão bem?)* (A)
> *Tratando de costumes, pareceria uma ciência descritiva. OU **seria** uma ciência de tipo mais especulativo, que tratasse, por exemplo, da questão fundamental da liberdade?* (ET)
> *Recordou-se da frase de Orlando: OU **seria** de Cláudio?* (SEN)
> *Mas eu não posso pagar mais. OU **será que** apertando as despesas posso pagar dois mil e duzentos?* (EL)

3.2.3.1.2 O primeiro enunciado é **declarativo assertivo**, e o segundo lança uma alternativa eventual (**interrogação geral**), com inversão de polaridade, representando, assim, a **negação** da **asserção**:

> *– Atenção! Lá vem ele. OU **não** é ele?* (VN)
> *Mas que é estranho, é!... OU **não** é?* (PD)
> *Eu represento Dom Felipe de Portugal e Castela. OU **não**?* (C)

3.2.3.2 O segundo enunciado oferece uma alternativa para um **pressuposto** do primeiro. No segundo enunciado, aponta-se a possibilidade de um fato que é diferente daquele que é **posto** ou **pressuposto** no primeiro. Assim, acena-se com a eventualidade de que aquele fato estabelecido no primeiro enunciado seja falso, ou apenas aparente. Nesses casos, o primeiro enunciado pode ser **interrogativo**, mas a **interrogação** é do tipo **parcial**, já que uma **interrogação** do tipo **sim / não** (uma **interrogação geral**), pondo em causa a própria atribuição de um **predicado** a um **sujeito**, não estabelece algo como factual. Exatamente por isso, o segundo enunciado, que se oferece como eventual **alternativa**, pelo contrário, assume frequentemente a forma de uma **interrogativa geral**.

3.2.3.2.1 O primeiro enunciado é um pedido de informação (**interrogativa parcial**) sobre **a causa** de algo posto como factual, e o segundo enunciado oferece alternativa (**interrogativa geral**) para esse **posto** cuja causa está sendo investigada. Eventualmente aceito o segundo enunciado, não há mais razão para que se responda ao primeiro:

Por que não incentiva os pretendentes que às vezes a rondam discretamente? OU não se casou até agora porque a vida que leva – adstrita às tarefas que não lhe imponho mas que tomou a seu cargo primeiro para distrair-se, depois por gosto – a impede de pensar em si própria? (VN)

Verifica-se que a alternativa é para um **pressuposto** do primeiro enunciado: se se pergunta a **causa de alguém** não incentivar os pretendentes, está pressuposto que **esse alguém** "pensa em casar-se", "pensa em si próprio", já que a existência de pretendentes é admitida.

3.2.3.2.2 O primeiro enunciado é **declarativo** e o segundo oferece uma alternativa eventual (**interrogativa geral**) para um dos pressupostos do primeiro:

E então começava-se a ouvir, a princípio indistintamente, um assobio vindo de muito longe. João precisava esticar bem os ouvidos para pegar no ar aquele fiapo de assobio. OU era do coração, a gente é que queria ouvir? (CBC)

O **pressuposto** do primeiro enunciado da construção alternativa é "havia um assobio". Eventualmente aceito o segundo enunciado, a asserção posta no primeiro – que é "João precisava esticar bem os ouvidos" – estaria invalidada: "João não precisava esticar os ouvidos, já que não havia assobio".

3.3 Alternância entre duas eventualidades

3.3.1 Entre qualquer tipo de segmento (**palavras, sintagmas, orações** ou enunciados).

3.3.1.1 O enunciado é **não factual**, **modalizado**, de forma **declarativa**.

• **Modalizado** pelo **poder**:

*De fato, em líquidos como a água, cujas moléculas da superfície estão ligadas entre si este efeito **pode** fazer com que cada ponto da superfície atingido pelo pulso realize trajetória elíptica OU mesmo circular.* (ON)
*Ei, Ari. Ei, Pedrinho. Estou interrompendo? **Posso** esperar OU falar depois.* (GAT)
*Ângela bem **poderia** ter sido minha mulher. OU irmã. OU prima. OU mesmo amiguinha.* (AV)
*Maragato: – **Pode** ser o começo de uma guerra...*
Tenório: – OU o início da paz em Caxias... (HO)

A JUNÇÃO

- **Modalizado** pelo **dever**:

> **Deve** *tomar posse amanhã OU depois.* (MI)
> *A administração da droga **deve** ser iniciada um pouco antes OU no momento da exposição ou contaminação pelo microrganismo.* (ANT)
> *É mesmo, dizia Vovó Naninha, é bom você ir pra sua casa. OU então vá brincar na horta.* (CBC)
> *O homem voltou a falar:*
>   *– **Deve** estar morrendo de fome.*
>   *– OU de sede – acrescentou o outro.* (OE-JC)

- Com a **eventualidade**, ou **não factualidade** marcada por uma palavra ou expressão (*talvez*, *provavelmente*, *quem sabe*), e, por vezes, também pelo **subjuntivo**:

> *Lizzy me engana. E por que não num quarto de hotel? **Talvez** numa espelunca de Baltimore. OU num motel de Virginia. Lizzy me engana.* (CBC)
> *Na casa dele havia permanecido a estremecível sensibilidade que o pensamento dá a um rosto: mas ele não pensava em nada. **Talvez** tivesse sido isto o que a horrorizava. OU, **quem sabe**, ela tivesse sido alertada pelo fato de ele ter rido alguma vez.* (ME)
> *Sem saber o que fazer com o pensamento sobre a porta, saiu deste procurando imaginar que o homem devia agora estar adaptando-a com dificuldades nos gonzos enferrujados. **Provavelmente** mantendo aquele mesmo rosto de cansaço e quase riso, e aquela infantilidade impudica que os gigantes têm. OU, **quem sabe**, **talvez** trabalhando na instalação da porta com aquela mesma concentração remota com que engolira, numa minúcia de migalhas, a comida.* (ME)

\# Uma **modalização** que caracteristicamente introduz uma sequência alternativa é a do *saber* **negativo**, que se completa com **oração completiva** iniciada por *se* ("não saber se x *OU* y):

> *Durante a conversa o comandante falou-me de seu plano de emigrar depois da guerra, **não sabia** ainda se para a Austrália, a África do Sul OU a Argentina e pediu minha opinião.* (CBC)
> ***Não sei se** devo entrar agora no assunto, OU se deixo para depois.* (BOC)
> *Maria do Rosário levou a mão direita ao rosto, **sem saber se** tapava a boca OU os olhos. Na cama, a criança iniciou o berreiro.* (GTT)
> *– Mas os índios têm como nós uma alma imortal – disse Nando.*
> *– Os índios não **sei se** têm. OU se ainda têm. Nós eu sei que não temos.* (Q)

3.3.1.2 Os dois segmentos são **interrogações**, ou fazem parte de uma **interrogação geral**, isto é, a informação que se pede é referente à eventual atribuição de um **predicado** a um **sujeito**:

Sou OU não sou deputado eleito pelo povo? (HO)

Pagava aluguel, por acaso, ou comida? Tinha mulher para sustentar? OU filhos?
   Egoísta vinha sendo. (DM)

Mas deixemos de circunlóquios: você não pensa em casar-se? Ela ri. Nunca pen-
   sou? OU não pensa mais? (VN)

– Já está em trajes menores? OU ainda pode receber-nos em embaixada? (VN)

\#   A **eventualidade** pode ser acentuada pela **forma verbal** (**futuro do pretérito** ou **do presente**) e por formas léxicas (***quem sabe, será que***):

> ***Teriam*** *removido o corpo? OU **continuaria** ele no armazém, trancado?* (FP)
>
> *Imagine, logo Geraldo; que diabo, gente, estaria ele fazendo por ali, tão longe de*
>   *onde morava? **Estaria** paquerando alguma mulher? OU **quem sabe teria** ido ao*
>   *seu apartamento procurá-lo?* (CBC)
>
> *Por quê? Receia não ter um nível de vida tão bom como agora? OU **será que** tem*
>   *vivido tão absorvida em prestar assistência, a seu pai que até desistiu de pensar*
>   *em um lar próprio, seu?* (VN)
>
> *Não **terá** Cordélia então o direito de sentir-se aliviada quando souber da minha*
>   *resolução de casar-me? OU, inversamente, **será que** se ele também se casasse eu*
>   *não me **sentiria** aliviado de minha responsabilidade?* (VN)

3.3.2 Entre **orações** ou enunciados

O conjunto das duas **eventualidades** tem valor de uma **construção hipotética** que implica admoestação, ameaça:

> *Abram OU tocamos fogo em tudo!* (CCI)
>   (= se não abrirem, tocamos fogo em tudo)
>
> *OU conta histórias OU não cozinho.* (ANA)
>   (= se não contar histórias, não cozinho)

3.3.3 Entre **atos de fala** (enunciados)

3.3.3.1 O primeiro **enunciado** é **declarativo**, modalizado ou não, e o segundo é uma **interrogativa geral** de **eventualidade**:

> *– Eu sou menino, senhor? Heim? Sou menino? O mano só deixou no mundo, que*
>   *podem zelar por ele, eu e você. A gente não pode deixar de se entender. OU você*
>   *quer que a peste da viúva parta em cima do que o pobre deixou e leve tudo?* (FP)
>
> *Perguntei por que não ficava na Inglaterra para ajudar na reconstrução, ele res-*
>   *pondeu que estava cansado de ser inglês, e que também lá era muito difícil mudar*
>   *de profissão na metade da vida; mas de uma coisa estava certo: não voltaria à*
>   *vida do mar depois da guerra. E acrescentou, brincando:*

A Junção

– *Ou será que você me arranja um lugar de capataz numa fazenda de café no Brasil.* (CBC)

3.3.3.2 O primeiro enunciado é **interrogativo geral de eventualidade** (marcado pelo **subjuntivo** e/ou por um **lexema**, como ***talvez***) e o segundo é **declarativo**, também de **eventualidade** (e também marcado):

> *E agora, limpando a arma com uma concentração mecânica, Vitória de novo se perguntou que demônio a dominara para levá-la ao ponto de questionar a prima.* ***Talvez tivesse*** *sido a chuva que ameaçava sem cair?* ***Ou talvez*** *a insistência daquele rosto que se especializara em esperar, a tivesse enfim exasperado.* (ME)

4 A questão da ordem

4.1 Em termos funcionais, as construções com *ou* são **simétricas**, isto é, os dois membros da **disjunção** podem facilmente permutar de posição, com resultado de sentido que difere apenas do ponto de vista da distribuição da informação.

Assim, num enunciado como

> *Os andaimes estendem-se até o teto, criando uma impressão em todo o apartamento* ***de poleiros*** *ou* ***de esqueleto de uma imensa favela.*** (TB)

tem-se uma construção basicamente equivalente a

> *Os andaimes estendem-se até o teto, criando uma impressão em todo o apartamento* ***de esqueleto de uma imensa favela*** *ou* ***de poleiros.***

Em qualquer dos dois enunciados, o falante oferece duas alternativas, ambas possíveis (e não excludentes entre si) para definir a impressão causada pelos andaimes. Entretanto, é evidente que o efeito comunicativo obtido é diferente, a partir da seleção da posição de um ou de outro dos elementos coordenados.

Com duas alternativas que se excluem, o caso não é diferente: os termos **simples** e **múltiplos** são funcionalmente equivalentes, seja num enunciado como

> *A resistência pode ser simples ou múltipla.* (ANT),

seja num enunciado como

> *A resistência pode ser múltipla ou simples.*

Entretanto, como no exemplo anterior, quanto ao efeito comunicativo, a **ordem** é pertinente.

As Conjunções Coordenativas

Em cada caso pode-se procurar razões comunicativas que teriam levado o falante a optar por uma ou por outra **ordem** dos elementos postos em alternância.

Num enunciado como este

*Recebo funcionários que não tiveram tempo de falar comigo **durante o expediente** OU **em minha casa**.* (GAT),

por exemplo, pode-se entender que o **sintagma** *durante o expediente* está pragmaticamente mais próximo da situação descrita na predicação ("receber funcionários") do que *em minha casa*, e, por isso foi colocado em primeiro lugar.

Mesmo no caso de as **palavras** ou os **sintagmas** serem semanticamente equivalentes (**sinônimos** ou **quase-sinônimos**), a **ordem** não é indiferente: o termo escolhido para a segunda posição aparece como a escolha última, e, portanto, de mais relevância.

*As **casas** OU **residências** dos planetas, de que estamos falando, têm como referência os signos do zodíaco.* (AST)
*As flechas para baixo representam **saídas de caixa** OU **despesas**.* (ANI)
*O **montante**, OU **valor final**, OU **valor futuro** de uma série, é a soma dos montantes de cada um de seus termos, durante os prazos decorridos do evento de cada um, até o vencimento do último termo.* (ANI)
*Esse alguém, logicamente, só pode encarar como uma **saída**, OU uma **solução**, sei lá...* (RAP)

4.2 São **assimétricas**, porém, as construções em que se alternam elementos que, por alguma razão, devem ser considerados numa **ordem** necessária, como por exemplo, nos casos em que, no segundo elemento

a) faz-se uma **correção**:

• seja do conteúdo

*A **proposta**, OU antes, **o pedido** não foi aceito.* (ANA)
*Não se **conformando**, OU antes, **não acreditando na informação que lhe davam**, a mulher resolveu vistoriar a garagem por conta própria.* (ANA)

• seja da forma (correção **metalinguística**)

*– **Leonô** OU **Leonor**? – corrigiu a pressurosa professora, caçoando.* (ANA)

b) faz-se uma indicação mais acurada; dá-se, por exemplo, uma outra palavra ou expressão para indicar melhor algo que se acaba de apresentar:

*Era um ridículo Bergerac aquático, um ser mitológico, com aquele nariz caricato, como um grande **bico**, OU **quilha dianteira**.* (CRU)

Dona Leonor não descansaria enquanto não pusesse Carlos a par da minha "rebel-dia" OU "ousadia". (A)

*Certamente lá encontraria a **fugitiva** (OU a **roubada**).* (ANA)

c) ao contrário, faz-se uma indicação mais **genérica** ou **indefinida**; a maior genericidade ou indefinição do segundo **sintagma** leva à sua colocação em segundo lugar, obtendo-se uma generalização do que acaba de ser indicado no primeiro **sintagma**, o que confere o efeito de ficarem em aberto, ainda, outras indicações:

Vou ser funcionário público, OU outra droga qualquer. (DO)

Digam-me: há cães, gatos, OU outros animais domésticos? (FJG)

Acho que é um viajante OU coisa assim. (DZ)

d) expressam-se quantidades ou valores, e a ordem selecionada é a ordem crescente:

*Quase nem aparecem aqui, se dividindo em **quatro** OU **cinco** empregos.* (OAQ)

*E não falo de **seis** OU **sete** Ivetes mas de uma dúzia.* (ESP)

*Se para um composto puderem ser escritas **duas** OU **mais** estruturas que diferem somente na distribuição dos elétrons, as propriedades do composto em questão não correspondem a nenhuma delas, mas a uma estrutura que é um híbrido de ressonância entre elas.* (QO)

\# Se se tratar de uma correção, obviamente a ordem pode ir do maior para o menor.

e) ordenam-se dois segmentos por subsequência temporal e/ou por relação causa-consequência e/ou condicionante-condicionado, o que constitui um caso típico de **ordem** iconicamente motivada:

Abram OU botamos a porta abaixo! (IC)

Chega OU eu perco a cabeça! (MD)

5 Usos particulares da **conjunção** *ou*

São **expressões** muito usuais:

MAIS OU MENOS	= aproximadamente

Quando minha mãe faleceu, eu devia ter MAIS OU MENOS uns seis anos. (A)

Samuel chegou à praça MAIS OU MENOS às nove e meia. (AF)

UMA VEZ OU OUTRA	= poucas vezes

Havia greves UMA VEZ OU OUTRA na América Fabril, mas eram brandas e rápidas. (ETR)

Nesses muitos anos apenas nos vimos ligeiramente UMA VEZ OU OUTRA. (B)

As Conjunções Coordenativas

ISTO/ISSO OU AQUILO = coisas diversas

Não procurastes nunca ser ISTO OU AQUILO. (AM-O)
E sem muito ISTO OU AQUILO, dormem é aqui mesmo. (REA)
Não sentia necessidade de estudar ISSO OU AQUILO. (BB)

AS CONJUNÇÕES SUBORDINATIVAS ADVERBIAIS

A) AS CONJUNÇÕES *TEMPORAIS*. AS CONSTRUÇÕES *TEMPORAIS*

1 O modo de construção

A construção **temporal** expressa por um **período composto** é constituída pelo conjunto de uma **oração nuclear**, ou **principal**, e uma **temporal**.

Em português, a análise das **construções temporais** pode ser representada na análise das **orações** iniciadas pela **conjunção** *QUANDO*.

A **oração temporal** pode ser **posposta** à principal, na forma

ORAÇÃO PRINCIPAL	QUANDO	ORAÇÃO TEMPORAL
A música de Bach cede	*QUANDO*	*a mãe começa a cantar.* (MAG)

ou **anteposta**, na forma

QUANDO	ORAÇÃO TEMPORAL	ORAÇÃO PRINCIPAL
QUANDO	*os moradores chegarem*	*levarão um susto.* (REA)

A ordem relativa das **orações** é pertinente para interpretação do efeito de sentido. Também tem grande importância a existência ou não de pausa entre a **oração nuclear** e a **oração temporal**. Essa pausa se representa, na língua escrita, por um sinal de pontuação, especialmente pela vírgula. Desse modo, é possível apontar, de início, quatro grandes tipos de **construções temporais** com a **conjunção** *QUANDO*:

a) posposta, sem pausa

> *Sempre aproveito para dormir QUANDO me obrigam a fazer alguma coisa que não quero.* (CCI)

b) anteposta, sem pausa

E QUANDO se chega ao amor eu acho que a técnica não tem a menor importância. (Q)

c) posposta, com pausa

Segundo os órgãos de segurança, Paiva foi sequestrado no Alto da Boa Vista, QUAN-DO era transportado num Volkswagen por oficiais do exército. (VEJ)

d) anteposta, com pausa

QUANDO o resultado esperado não vem, refazem-se os ritos, varia-se a técnica e, no limite, substitui-se o mágico. (MAG)

\# A **oração temporal** pode também vir intercalada na **oração principal**, o que, na verdade, representa posposição a algum dos membros dessa **oração**:

Vala QUANDO NÃO SE TAPA cresce, sabe? (Q)
*Como somos todos carnavalescos **gostamos de fingir**, QUANDO NOS ENCONTRAMOS, que o carnaval está na rua e está conosco.* (Q)

Outras **conjunções** expressam relação temporal:

ENQUANTO

ENQUANTO vês os exércitos e os seus chefes, ENQUANTO contemplas as nações e os seus dominadores, ENQUANTO o teu pensamento abarca o entrebater das entidades coletivas e dos representantes, esqueces o indivíduo. (AM-O)
Bira se apresentou ao comissário, ENQUANTO ela registrava a queixa na outra sala. (AFA)
E agora, ENQUANTO Xaréu se enterra "em latim", imaginemos o que se passa na cidade. (AC)

APENAS

APENAS Ricardo acabou de arrear o burro, surgiu na estrada um homem de calças arregaçadas, trazendo ao ombro um varal de peixes. (ALE)
Casara-se muito jovem, quase uma criança, APENAS completara quinze anos e o noivo dezoito. (ANA)

MAL

E MAL Bentinho deu a volta na estrada os pensamentos ruins chegaram para o aperreio. (CA)
A prova de fogo logo se apresentou, MAL assumiu suas funções, no despejo de uma favela. (CB)

As Conjunções Subordinativas Adverbiais

Algumas **conjunções temporais** são compostas, isto é, constituem o que tradicionalmente se denomina **locuções conjuntivas**, que têm, normalmente, o elemento *QUE* como final, e que envolvem:

a) um **advérbio**, como *antes*, *depois*, *logo*, *assim*

> ANTES QUE

Afonso acode ao apelo, mas Lourenço o chama ANTES QUE chegue à cozinha. (CHU)

> DEPOIS QUE

É aqui que é a sua casa, aqui é que você deverá ficar, DEPOIS QUE eu me tiver ido. (A)
Levantei-me para servi-la, e DEPOIS QUE ela partiu, procurei dormir mais um pouco. (BB)

> LOGO QUE

LOGO QUE ela saiu, levantei-me e fui à janela. (B)
Conhecera-a LOGO QUE retornara de Portugal. (BOI)

> ASSIM QUE

ASSIM QUE nos abraçamos e beijamos, senti-o porém, confuso, sem jeito. (A)
Prometi ir vê-lo ASSIM QUE terminasse o almoço. (A)

> SEMPRE QUE

SEMPRE QUE falava, detinha-me. (BH)
Os técnicos recomendam a exigência de atestado de vacinação contra a doença SEMPRE QUE o produtor comprar animais. (AGF)

b) uma **preposição**, como *até*, *desde*

> ATÉ QUE

O problema fica relegado ao abandono e – ATÉ QUE ocorra nova desgraça – ninguém fala mais no assunto. (CPO)
Se vendesse o anel, o dinheiro daria para o sustento de João Berco ATÉ QUE ele morresse. (BOI)

> DESDE QUE

DESDE QUE te vi meu coração ficou partido, minha alma cheia de fogo. (EN)
A sala de torturas não funciona DESDE QUE subistes ao trono. (BN)

c) o **numeral ordinal** *primeiro*

> | PRIMEIRO QUE |
> |---|

Tu mesmo a disseste, na Cruz, PRIMEIRO QUE expirasses, para que aprendêssemos dos teus lábios. (NE-O)

Terminava e ria PRIMEIRO QUE os ouvintes. (MPB)

d) um **sintagma nominal** de tipo **frequentativo**

> | TODAS AS VEZES QUE |
> |---|

TODAS AS VEZES que aparecia em nossa casa atrasava o jantar. (ANA)

Provava um secreto prazer TODAS AS VEZES que Otávia falava em Daniel. (CP)

> | CADA VEZ QUE |
> |---|

CADA VEZ QUE a Lua completa uma volta no céu, o Sol muda de signo. (AST)

O filme que anunciava o lançamento da nova linha Volkswagen durava trinta segundos e custava 2000 cruzeiros CADA VEZ QUE batia nos olhos do telespectador. (REA)

2 A **correlação** de **tempos verbais** nas construções **temporais**

2.1 Orações com *QUANDO*

2.1.1 As correlações **temporais** mais encontradas são no **indicativo**:

PRINCIPAL (P) TEMPORAL (T)		Ocorrências
P: PRESENTE T: PRESENTE	(1)	*Quando não há vítimas, a RP não atende.* (REA) *Eles recuperam a saúde QUANDO voltam à terra.* (AE) *Sempre demoro e sempre estou cansado QUANDO chego aqui.* (CCI)
P: PRETÉRITO PERFEITO T: PRETÉRITO PERFEITO (2)		a) *Ainda hei de me vingar do que ele e a mulher me fizeram QUANDO estive doente.* (AC) *Não prestou a menor atenção QUANDO combinamos.* (AFA)
		b) *QUANDO voltou para o quarto deu um pequeno grito de susto.* (AF) *Kage começou a trabalhar na lavoura em trinta e seis, QUANDO veio do Japão com a família.* (AGF)

As Conjunções Subordinativas Adverbiais

Continuação	
P: PRETÉRITO IMPERFEITO T: PRETÉRITO IMPERFEITO (3)	*QUANDO nascia um filho, o sacerdote examinava o livro do destino.* (AE) *QUANDO voltava, ou eu ou a gravadora desanimava.* (AMI)
P: PRETÉRITO PERFEITO T: PRETÉRITO IMPERFEITO (4)	*Passamos por lá QUANDO vínhamos.* (CCI) *Recebi uma instrução de que a novela teria noventa capítulos, QUANDO estava escrevendo o capítulo trinta e cinco.* (AMI) *Isso aconteceu QUANDO um sonhozinho mal se iniciava.* (AM)
P: PRETÉRITO IMPERFEITO T: PRETÉRITO PERFEITO (4)	*QUANDO entrei, vocês não estavam conversando.* (AFA) *Os olhos de Ângela já marejavam QUANDO conseguiu responder.* (A) *Poty, o velho amigo, estava por perto QUANDO os jornalistas começaram a pedir cópias dos discursos.* (REA)
P: PRETÉRITO PERFEITO T: PRET. MAIS-QUE-PERFEITO (5)	*QUANDO o carro da Polícia já desaparecera na direção do Palácio do Catete (...) Nando (...) se desgrudou do seu vão sombrio de porta e foi andando rápido, rumo ao hotel.* (Q)

Observações:

(1) A correlação de **presente** com **presente** caracteriza uma perspectiva global **imperfectiva** de **estados de coisas simultâneos** (total ou parcial), o que licencia a indicação de **habitualidade**. Esse complexo favorece uma interpretação **condicional**.

(2) A correlação de **pretérito perfeito** com **pretérito perfeito** configura **telicidade**, ou seja, **aspecto perfectivo** do conjunto da construção, sendo os dois eventos percebidos globalmente como **pontuais** (sem duração) e **simultâneos** (total ou parcialmente) no **passado**, como nas ocorrências marcadas como do tipo a). A simultaneidade parcial pode representar subsequência parcial, como as ocorrências marcadas como do tipo b), complexo que pode favorecer uma interpretação **causal**.

(3) A correlação de **pretérito imperfeito** com **pretérito imperfeito**, do mesmo modo que ocorre no caso da correlação entre duas formas de **presente**, caracteriza uma perspectiva global **imperfectiva** de **estados de coisas simultâneos** (total ou parcialmente). Mais do que de **habitualidade**, porém, a indicação licenciada é, em geral, a de **iteratividade**, já que a **oração temporal** pode determinar que o **estado de coisas** da **oração principal** seja percebido como não contínuo. Esse complexo favorece uma interpretação **condicional**.

(4) A correlação de **pretérito perfeito** com **pretérito imperfeito** (esteja cada uma dessas formas em qualquer das duas orações) configura uma relação temporal em que, dentro do desenvolvimento temporal de um **estado de coisas** (o **imperfeito**), se inscreve um ponto de intersecção (o **perfeito**), o que representa simulta-

neidade parcial: pode haver um período de tempo que anteceda e outro que suceda o ponto representado pelo **pretérito perfeito**.

(5) O uso do **pretérito mais-que-perfeito** na **oração temporal**, correlacionado com o **pretérito perfeito** na **oração principal**, implica subsequência do **estado de coisas** expresso nesta última.

2.1.2 O modo **subjuntivo** pode ser usado na **oração temporal** iniciada por *QUANDO*, o que ocorre especialmente no **futuro**, resultando em expressão de **eventualidade**; a **oração principal** leva o **verbo** em **presente** ou em **futuro**:

*QUANDO você **crescer dará** mais valor a tudo.* (CCI)
*QUANDO você **tiver** a minha idade você **vai ver**.* (CCI)
*QUANDO o ano **acabar**, o país **terá gasto** com sua importação algo em torno de 7,5 bilhões de dólares.* (VEJ)
*Se não esses índios convidam os mil índios do Xingu e QUANDO **chegarem** aqui não **tem** comida para cem.* (Q)

Ocorrências com **imperfeito do subjuntivo** ou **presente** na **oração temporal** são mais raras, e, afinal, existe futuridade na expressão:

*QUANDO **chegasse** o dia, em Petrolina, eles **iam ficar** envergonhados de ter engolido tanta mentira.* (ASS)
*Não sabia como ia encarar o Cancela, menos ainda **sabia** como encarar Irma, ao cabo de alguns dias, QUANDO **tivesse** de dizer alguma coisa, de explicar.* (ASS)

2.2 Orações com *ENQUANTO*

As correlações **temporais** encontradas são:

a) Com modo **indicativo** na **oração temporal**

PRINCIPAL (P)

TEMPORAL (T)	Ocorrências
P: PRESENTE INDICATIVO T: PRESENTE INDICATIVO (1)	a) *ENQUANTO **espera**, o senhor **sofre**.* (BOC) *Ritinha **fala** a custo, ENQUANTO **procura levantar-se**.* (CC) ***Quero** cantar ENQUANTO **posso**.* (CCI)
	b) *Ninguém **fala**, ENQUANTO ele não **abre** a conversa.* (S)
P: PRETÉRITO IMPERF. IND. T: PRETÉRITO IMPERF. IND. (1)	a) *ENQUANTO eles **mourejavam** na matéria jornalística, vós, movido a cafezinho e cigarro de palha, **criáveis** o mundo mítico do Coronel Ponciano de Azeredo Furtado.* (CAR-O)
	b) *Ainda **pensava** em muitas outras coisas ENQUANTO ela não **vinha**.* (U)

As Conjunções Subordinativas Adverbiais

Continuação	
P: FUTURO PRESENTE IND. T: FUTURO PRESENTE IND. (1)	*Na rodada final do torneio **estarão se defrontando** Canadá e Estados Unidos, Itália e Coreia do Sul, **ENQUANTO** o Japão **enfrentará** a França.* (CB)
P: PRESENTE IMPERATIVO T: PRESENTE INDICATIVO (1)	***Bata** no que é seu, **ENQUANTO** é seu* ***Vive, ENQUANTO** o cara não **chega**.* (CI) ***Sente, ENQUANTO** não **partem**.* (GE)
P: PRETÉRITO PERFEITO IND. T: PRETÉRITO PERFEITO IND. (2)	*a) É a mulher da minha vida. **ENQUANTO** me **resistiu** e **continuou** com o Falua me **conformei**.* (Q) *b) Não **se banhou**, aliás, **ENQUANTO** os índios **não foram**.*(Q)
P: PRETÉRITO PERFEITO IND. T: PRETÉRITO IMPERF. IND. (3)	*Carlos **se curvou** sobre a irmã, **ENQUANTO** Dona Leonor se **prostrava** a meu lado como uma sentinela.* (A) *Otávio **se aproximou** do grupo, **ENQUANTO** Nando, preocupado, **se recolhia** à sombra de um edifício.* (Q)
P: PRETÉRITO IMPERF. IND. T: PRET. MAIS-QUE-PERF. IND. (3)	*E **ENQUANTO** ele ali **se deixara ficar** inerte, de braços caídos, o corcunda, que se erguera, **dava**-lhe pontapés nas canelas, **agarrava-se**-lhe às pernas, procurando mordê-las.* (N)
P: PRET.MAIS-QUE-PERF. IND. T: PRET. MAIS-QUE-PERF. IND. (4)	***Escondera**-os, **ENQUANTO pudera**.* (A)

Observações:

(1) A correlação de duas formas verbais **imperfectivas** (**presente** e **presente**, ou **pretérito imperfeito** e **pretérito imperfeito**) configura **coextensão temporal** dos dois **estados de coisas**, sendo a duração desse tempo determinada pela **oração temporal**. O significado básico de *ENQUANTO* é "durante o tempo em que", como se vê nas ocorrências do tipo a). Com a **oração temporal** negativa, como as do tipo b), indica-se "limite máximo" (= "até que").

(2) A correlação de duas formas verbais **perfectivas** (**pretérito perfeito** e **pretérito perfeito**) também pode configurar **coextensão de tempo** entre os dois eventos, como se vê nas ocorrências do tipo a). Com **oração principal** negativa, porém, como ocorre no tipo b), a indicação de tempo da **oração temporal** se refere a um "ponto final" ou "limite máximo" para a duração do evento da **oração principal**. Nesse caso, o significado correspondente de *ENQUANTO* é o de "até que" com **subjuntivo**.

(3) A correlação de uma forma verbal **perfectiva** (**pretérito perfeito** ou **mais-que-perfeito**) na **oração principal** com outra **não perfectiva** (**pretérito imperfeito**)

na **oração temporal** configura **simultaneidade** dos eventos, mas não necessariamente existe **coextensão temporal** entre eles.

(4) A correlação de duas formas de **pretérito mais-que-perfeito** (duas formas verbais **perfectivas**) configura **coextensão de tempo** entre os dois eventos.

b) Com modo **subjuntivo**

PRINCIPAL (P)

TEMPORAL (T)	Ocorrências
	a) *ENQUANTO estivesse pegando mosquito, arranjando negócio de oitenta, cem mil-réis no garimpo, ele **continuava** socado na serra, mandando o sócio fazer o saco.* (CAS)
P: PRETÉRITO IMPERF. IND. T: PRETÉRITO IMPERF. SUBJ.	b) *Fazia as refeições na rua, às vezes filava o jantar de algum amigo e, assim, **ia me aguentando**, ENQUANTO a empregada NÃO voltasse.* (FE) *Na cozinha, ENQUANTO **houvesse** xícara limpa e NÃO **faltassem** os ingredientes necessários, **preparava** eu mesmo o meu café.* (FE)
P: PRESENTE INDICATIVO	a) *ENQUANTO você **estiver** comigo ele não **tem** coragem.* (AFA)
T: FUTURO SUBJUNTIVO	b) *Eles não **descansam** ENQUANTO NÃO **perguntarem** nome do marido e dos filhos – disse Nando do escritório.* (Q)
	a) *ENQUANTO **tiver** oportunidade **vou continuar** escrevendo e falando, pela Rádio Planalto.* (CB) *A atração das grandes cidades **permanecerá** irresistível ENQUANTO as condições de vida do campo **forem** precárias.* (G-O)
P: FUTURO PRESENTE IND. T: FUTURO SUBJUNTIVO	*ENQUANTO **existir** uma praça, um poema, uma briga na rua, ENQUANTO as coisas **estiverem acontecendo**, meu texto **será** aberto às emoções dos que passam.* (DP)
	b) *ENQUANTO NÃO **conhecermos** o criminoso, todos **serão** suspeitos.* (BB) *O tiro não **poderá ser executado** ENQUANTO NÃO **se ouvir** o apito do árbitro.* (FUT)
	a) *Gostava dela, sim, mas porém não podia esquecer que fora infelicitada e que nenhuma união **seria** possível ENQUANTO o cabra **vivesse**.* (FR) *Terminada a guerra do Yom Kippur, em 1967, os árabes juraram que jamais **tomariam** Coca-Cola ENQUANTO ela **fosse vendida** em Israel.* (VEJ)
P: FUTURO PRETÉRITO IND. T: IMPERFEITO SUBJUNTIVO	b) *Dona Leonor não **descansaria** ENQUANTO não **pusesse** Carlos a par da minha "rebeldia" ou "ousadia".* (A) *Esta ação **seria** errada apenas ENQUANTO ela não **fosse** o tipo de um novo comportamento vigente.* (ET)

As Conjunções Subordinativas Adverbiais

P: PRESENTE IMPERATIVO T: FUTURO SUBJUNTIVO	a) *ENQUANTO tiveres força para dizer alguma coisa, não digas que chegou o fim.* (DP) *Não faças frases de espírito ENQUANTO estiveres fingindo de Mercúrio.* (TEG)
	b) *NÃO resolva nada ENQUANTO NÃO tiver certeza.*

A oposição entre a) e b) refere-se a diferentes significados:

a) **temporal afirmativa**: "durante o tempo em que" (duração);
b) **temporal negativa**: "até a hora em que" (limite).

3 As relações expressas

3.1 A expressão do **tempo** sempre se liga a relações muito complexas. Essa complexidade aumenta, obviamente, quando a relação temporal envolve dois **estados de coisas**, isto é, duas **predicações**, como é exatamente o caso das construções com uma **oração principal** e uma **oração temporal**.

Entretanto, basicamente, as **orações** com **conjunções temporais** expressam o tempo em que ocorre o **estado de coisas**, ou seja, o tempo da **predicação** da **oração principal**.

Em primeiro lugar, a relação temporal entre dois **estados de coisas** pode, de um modo geral, envolver

a) Simultaneidade:

ENQUANTO fala, vai fazendo as graças ingênuas de palhaço. (AC)
Tomo meu Sonrisal, ENQUANTO ela tira com um creme a maquilagem da noite. (AF)

\# A simultaneidade, entretanto, pode não envolver concomitância absoluta. Em dependência do **conectivo**, bem como do **tempo** e do **modo verbal** empregados, a simultaneidade pode ser parcial, envolvendo extensões de tempo não coincidentes (precedentes ou subsequentes) associadas a zonas de intersecção (simultaneidade):

A renúncia pegou-o QUANDO estava servindo em Campo Grande: apoiou a posse de Jango. (REA)

ORAÇÃO TEMPORAL		
(QUANDO)	*(ele)*	*estava servindo*

a renúncia pegou-o
ORAÇÃO PRINCIPAL

O coronel Figueiredo, depois de 1964, estava dirigindo a agência carioca do Serviço Nacional de Informações (SNI) QUANDO se preparou o dossiê da cassação do ex-presidente. (VEJ)

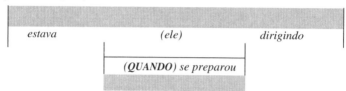

\#   A simultaneidade pode, de uma maneira mais específica, representar **frequência** de ocorrência, ou **habitualidade**. Essa relação pode ser bem geral, como em

> *Esta é a história de um soldado que se sentia em casa somente QUANDO vadiava pelas cidades.* (CCI)

A simultaneidade pode, também, pelo próprio **conectivo** utilizado, ser de um tipo **iterativo** bem explícito:

> *SEMPRE QUE pedirem o socorro, deixem as portas do fundo abertas.* (CRU)
> *O chefe do governo deve mudar SEMPRE QUE a opinião pública assim exigir.* (DC)
> *TODAS AS VEZES QUE via o senhor passar, pensava que era por mim, para me ver.* (BB)
> *Fico triste TODAS AS VEZES QUE ando pelas ruas e vejo a miséria do Brasil.* (FSP)
> *CADA VEZ QUE vinha à cidade, fazia suas sortes e acrobacias.* (GAT)
> *Eu perdia a naturalidade, CADA VEZ QUE Roberto se punha por detrás de mim, de olho no meu jornal.* (T)

\#   A **simultaneidade** que envolve **duração** frequentemente implica **proporcionalidade**:

> *ENQUANTO a vontade enfraquece, a sensibilidade se torna mais viva.* (AE)
> *A população abandonada a si mesma cresce em proporção geométrica ENQUANTO os meios de subsistência aumentam em proporção aritmética.* (APA)

b)   Não simultaneidade:

b.1) precedência do **estado de coisas** da **oração principal** em relação ao da **oração temporal**:

> *Nando ainda lutava com o fim da carta QUANDO entrou Fontoura e mais os curumins serviçais do Posto, Cajabi e Pionim.* (Q)

\#   Essa precedência pode estar marcada no próprio conectivo:

> *ANTES QUE tivesse podido tomar qualquer decisão, Dona Leonor respondeu.* (A)

As Conjunções Subordinativas Adverbiais

ANTES QUE o patrão se recuperasse da afronta sofrida, levantou-se e deu o fora. (ANA)
Vou ter de interromper, ANTES QUE chegue. (A)

b.2) subsequência do **estado de coisas** da **oração principal** em relação ao da **oração temporal**:

Mas evitou dizer como seriam realizadas as provas e mudou de conversa QUANDO alguém perguntou pelas dicas. (REA)
Só QUANDO o Piper ergueu vôo, seguindo viagem para o Diauarum, é que Lídia se abriu num largo sorriso. (Q)

\# Essa subsequência pode estar marcada no próprio conectivo:

Eu fiquei vivo DEPOIS QUE conheci madame Babete. (AB)
DEPOIS QUE voltei, Carlos ainda não me tinha surpreendido escrevendo. (A)

\# A indicação de posterioridade ou de anterioridade da **predicação nuclear** em relação à **predicação adverbial** pode vir particularizada quanto à imediatez dessa relação. Assim, além da posterioridade e da anterioridade indicadas de um modo geral, pode expressar-se, nas **construções temporais**, um tempo ou momento **posterior imediato**. Os **conectivos** que marcam essa relação são: *LOGO QUE, MAL* e *APENAS*

LOGO QUE se possam comunicar entre si, retornarão ao trabalho. (AR-O)
MAL apareceu no pátio da casa-grande notou que a porta do Capitão estava aberta. (CA)
APENAS se abaixou, espantou as moscas do rosto de Salomão e continuou a olhar fixamente o caixeiro viajante deitado, sem sentidos. (VI)

3.2 Outra questão é a existência de relações de tipo lógico-semântico (**causal**, **condicional**, **concessiva**) associadas à relação temporal que se estabelece entre **orações**. Também esse tipo de associação é licenciado por um conectivo de valor bem neutro (como o *QUANDO*) e pela natureza do complexo temporal que se estabelece em dependência do **tempo** e do **modo verbal** empregado em cada uma das **orações**.

3.2.1 Relação temporal com sentido causal

Há combinações de predicações com relação temporal efetuadas por *QUANDO* que propiciam leitura causal, com diferentes nuanças.

Elas são, especialmente, construções que abrigam o traço **télico**, ou seja, o **aspecto perfectivo**, e que têm as seguintes características:

• na **oração principal** e na **temporal** ocorre o **pretérito perfeito**;

797

A JUNÇÃO

- cronologicamente, o **estado de coisas** da **oração temporal** antecede o da **principal**, e pode ser entendido como **causa** dele (numa relação causa-efeito).

> *Mudou de conversa QUANDO alguém **perguntou** pelas dicas.* (REA)
>
> *Taylor reduziu a importância deste livro, julgando que nele se estudavam "as origens de um conflito menor na Europa", um conflito que **terminou** QUANDO a Alemanha "**reacomodou as coisas".** (VEJ)*
>
> *Ontem, acho que foi ontem, eu **tive** um susto QUANDO **vi** em você um lábio... (apontando a sua própria boca) como esse meu.* (CCI)
>
> *Ristes, ristes muito, e **ristes** ainda mais QUANDO eu, com sincera modéstia, **acrescentei: (...)** (CAR-O)*

\# A relação temporal expressa é independente da ordem das **orações** na construção, isto é, embora haja subsequência entre o **estado de coisas** da **oração principal** e o da **oração temporal**, a posição relativa das orações independe de tal relação. Esse fato pode ser descrito em termos de **não iconicidade**.

- posição 1 com subsequência temporal: *mudou de conversa*;
- posição 2 com antecedência temporal: *QUANDO alguém **perguntou** pelas dicas.*

Na ordem contrária, a relação **temporal** – bem como a leitura **causal** – se manteria:

- posição 1 com antecedência temporal: *QUANDO alguém **perguntou** pelas dicas*;
- posição 2 com subsequência temporal: *mudou de conversa.*

3.2.2 Relação temporal com sentido condicional

Algumas combinações de predicações com relação temporal efetuadas por *QUANDO* propiciam leitura condicional, com diferentes nuanças.

Elas são, especialmente, construções que envolvem **simultaneidade** e que abrigam o traço **não télico**, ou seja, o **aspecto imperfectivo**.

3.2.2.1 Sentido condicional eventual

São construções com as seguintes características:

- na **oração principal** e na **temporal** ocorre o **presente** ou o **pretérito imperfeito**;
- o **estado de coisas** da **oração temporal** e o da **principal** são **simultâneos**;
- o **não perfectivo** pode implicar **iteração** (*QUANDO* = "todas as vezes que");
- essa **habitualidade** se dá dentro das condições estabelecidas na **oração adverbial** (condição preenchível).

> *Morro de pena de mim mesmo e de inveja das estepes sem fim QUANDO Sônia **passa** dias sem me falar, tomando chá, de roupão, os olhos vazios de tudo, mas **me irrito** QUANDO **vejo** que aceita a homenagem.* (Q)

As Conjunções Subordinativas Adverbiais

*Vamos mudar de assunto que o Fontoura **se irrita** QUANDO a gente **fala** nele.* (Q)

*Tenho um antigo cliente superneurótico que **implora** que eu venha ao Xingu, QUAN-DO **nota** que minha paciência está encurtando.* (Q)

*Contudo, seu entusiasmo **era** muitas vezes **recebido** com desconfiança e ceticismo pelos companheiros, especialmente QUANDO o objeto do entusiasmo **era** algum desconhecido da equipe.* (CAR-O)

*Esta é a história de um soldado que **se sentia** em casa somente QUANDO **vadiava** pelas cidades.* (CCI)

\# Observe-se, entretanto, que a temporalidade pode associar-se a uma condição preenchível, mesmo havendo indicação de **habitualidade**. O sentido temporal é, então, genérico:

O verdadeiro bem-estar coletivo, o progresso social duradouro só ocorrem QUANDO se assegura e se mantém um nível elevado de desempenho econômico e, por conseguinte, de prosperidade geral. (COL-O)

Torna-se, pois, evidente que tais noções só ganham seu verdadeiro sentido QUANDO apreendidas como uma resultante do próprio funcionamento da vida coletiva. (MAG)

3.2.2.2 Sentido condicional factual

As construções que envolvem **factualidade** têm as seguintes características:

- na **oração principal** e na **temporal** ocorre o **presente** ou o **pretérito imperfeito**;
- a relação temporal entre os dois **estados de coisas** (simultaneidade) é tênue;
- tem relevância a **factualidade** contida na **oração adverbial** (condição preenchida);
- **fato** expresso na **oração temporal** pode ser entendido como **justificativa** para o que se afirma na **oração principal** (= já que, uma vez que).

*Não lhe **ficava bem** observar tanto os outros QUANDO ele próprio **bebia** limonada.* (Q)

*Mas vocês não acham uma loucura **gastar** centenas de contos fazendo uma espécie de hotel na Colônia e outras centenas mantendo o hotel QUANDO os colonos não **têm** escola para as crianças?*(Q)

*Isto **pode parecer estranho**, QUANDO **se sabe** que a SBPC, pela primeira vez em muitos anos, pode reunir-se livremente.* (VEJ)

*Como **é possível** dizer tal coisa QUANDO **se sabe** universalmente que as drogas são depressivas, viciantes e causam distúrbios físicos e mentais?* (Q)

3.2.3 Relação temporal com sentido concessivo

A leitura concessiva é outra das leituras permitidas por **construções temporais** com a **conjunção** QUANDO.

Isso ocorre, especialmente, em construções que se caracterizam pelo traço **não télico**, ou seja, pelo **aspecto imperfectivo** e que têm as seguintes características:

- na **oração principal** e na **temporal** ocorre, caracteristicamente, o **presente**, ou o **futuro do pretérito**;
- o **estado de coisas** da **oração temporal** e o da **principal** são **simultâneos**;
- tem relevância a **factualidade** contida na **oração adverbial** (condição preenchida), mas esse fato está em contraste com o que se apresenta na **oração principal**, e envolve estranhamento, com efeito de "contrário à expectativa".

> *Essa mulher **procura** um trabalho QUANDO centenas de outros **abandonam** seus trabalhos.* (CCI)
>
> *Onde estarão? – pensou Nando procurando de repente com o coração acelerado os vidros de uma lucidez incorruptível que **estariam** em algum canto, condenados apenas ao trabalho mártico de minorar a dorzinha plebeia de uma picada de injeção QUANDO em si **tinham** sabe-se lá que estranho poder de anestesiar as dores do mundo.* (Q)

3.2.4 Relação temporal com sentido adversativo

A característica das relações temporais marcadas por *ENQUANTO* é a simultaneidade. O significado básico de *ENQUANTO* é "ao mesmo tempo que", ou "durante o tempo em que", o que implica **estados de coisas durativos**.

Essa simultaneidade pode favorecer a minimização – ou até a anulação – da relação temporal e a aquisição de um valor de **cotejo** ou **contraste**. Esse valor, em tese, ocorre no caso de todas as correlações possíveis de tempos verbais:

> *ENQUANTO uma lê a Bíblia e se preocupa com o espírito, a outra admira a força física, o vigor corporal, faz desportos.* (AE)
>
> *O Bispo é um personagem medíocre, profundamente enfatuado, ENQUANTO o Frade, a quem todos tratam com desprezo mal disfarçado, é a alegria e bondade em pessoa.* (AC)
>
> *ENQUANTO muitos cacauicultores afirmam que a medida vai trazer benefícios, o presidente do CNPC é de opinião contrária.* (AGF)

\# Para a indicação de **contraste** é muito comum o emprego da locução *ENQUANTO QUE*. Essa locução, diferentemente da **conjunção** *ENQUANTO*, dá, prioritariamente, uma indicação contrastiva, não **temporal**, embora esteja implicada alguma simultaneidade dos **estados de coisas** implicados:

> *A fisionomia austera e pensativa do segundo sossega o ânimo do comprador, ENQUANTO QUE o sorriso meio irônico do primeiro dá a entender ao cliente que o outro advogado age por valorizar seus honorários.* (BS)

*Mas tu tens a certeza da justiça do teu, ENQUANTO QUE eu só conheço a minha
ignorância.* (TEG)

\# O caráter quase coordenado da relação entre as duas orações fica evidenciado pela ocorrência de quebra sintática entre elas, marcada na escrita por pontuação (ponto final):

*O Homem de Botas vai se retirando lentamente. ENQUANTO QUE o interlocutor não
se desloca.* (P)

\# O mesmo significado contrastivo tem a locução *AO PASSO QUE*, que está ainda mais desvinculada da expressão de uma relação **temporal**:

*Método semelhante será adotado para o estímulo à indústria de construção naval,
AO PASSO QUE na indústria de ferro e aço o governo se vem associando a capitais
particulares.* (JK-O)
*Ao lado disso, insufla a grita demagógica de que dois terços da humanidade morre
de fome, AO PASSO QUE o outro terço leva vida regalada e voluptuosa!* (MA-O)
Fico de fora das coisas, AO PASSO QUE essa gente a minha volta se integra. (BE)

\# Há também algumas correlações de formas verbais, como por exemplo, a de **futuro do pretérito** com **futuro do pretérito**, que, mesmo com a **conjunção** *ENQUANTO*, nunca expressam uma relação temporal, apenas a noção de **contraste**. Esse efeito de sentido se liga ao caráter não factual do **futuro do pretérito**:

*A magia se **definiria** como um culto individual, tendendo para o privado, ENQUANTO
a religião **constituiria** um fenômeno coletivo e público.* (MAG)
*A parte superior desse paralelogramo **indicaria** a forma de organização do Estado
(...) ENQUANTO a parte inferior do desenho **significaria** a própria sociedade.* (CNS)

B) AS CONJUNÇÕES *CAUSAIS*. AS CONSTRUÇÕES *CAUSAIS*

1 O modo de construção

Em português, a análise das construções complexas **causais** pode ser representada na análise das orações iniciadas pela **conjunção** *PORQUE*:

ORAÇÃO PRINCIPAL	*PORQUE*	ORAÇÃO CAUSAL
Trabalho aqui	*PORQUE*	*quero.* (ES)

Outras **conjunções** expressam a mesma relação básica entre duas **orações**. São **conjunções causais**, além de *PORQUE*:

> COMO

Dias chegava em casa, no bairro Boa Vista e, *COMO* a rua é estreita, dava marcha à ré no carro, um Volkswagen verde. (ESP)

> POIS

Essa liberação deve ser feita rapidamente *POIS* a vespinha adulta tem apenas quarenta e oito horas de vida. (AGF)

> PORQUANTO

V. Ex.a, inclusive, está tendo prejuízo em vir para cá, *PORQUANTO* é um empresário de amplas atividades no Amazonas. (MIR-O)

Sabia o endereço, *QUE* ele jamais esquece essas coisas. (MPB)

\# Algumas **conjunções causais** são compostas, isto é, constituem o que tradicionalmente se denomina **locuções conjuntivas**, que têm, normalmente, o elemento *QUE* como final, e que envolvem, em geral:

a) um elemento temporal ou um **particípio passado**, como em: *JÁ QUE*, *UMA VEZ QUE*, *DESDE QUE*, *DADO QUE*, *VISTO QUE*, *VISTO COMO*;
b) uma **conjunção**, como em *POIS QUE*;
c) um elemento de intensificação, como em *TANTO MAIS QUE*;
d) uma **preposição** seguida de um **nome**/um **pronome**, como em *POR CAUSA QUE*, *POR ISSO QUE*.

São **locuções causais**:

> JÁ QUE

Nem sabia se iria votar nele, *JÁ QUE* a candidatura dele me pareceu sempre uma grande encenação. (ESP)

> UMA VEZ QUE

Nada pude dizer quanto às ameaças de crescimento desigual, *UMA VEZ QUE* não havia acompanhado o rapaz desde a idade de oito ou dez anos. (AE)

> DADO QUE

DADO QUE boa parte das detentas tem relacionamentos com homens também presos, criou-se uma mecânica de viabilização desses encontros interprisionais. (VEJ)

As Conjunções Subordinativas Adverbiais

> **DESDE QUE**

DESDE QUE ele está sujeito a ser consultado sobre todo e qualquer assunto, deve ter uma base sólida de conhecimento em geral. (BIB)

\# A gramática tradicional já condenou o emprego de **DESDE QUE** em sentido **causal**, só o aceitando com ideia temporal ("assim que") ou condicional. Hoje, a maior parte dos gramáticos já não endossa essa condenação.

> **VISTO QUE**

*A medição da eletricidade é vital para a engenharia elétrica **VISTO QUE** devemos saber o que acontece em um sistema elétrico.* (EET)

> **VISTO COMO**

*Essa diminuição de despesas é estática, isto é, dificilmente ela se acentuará mais, **VISTO COMO**, para que isso acontecesse, necessário seria uma ampliação da capacidade de cada refinaria.* (CRU)

> **POIS QUE**

*É obra de preço incalculável, mas só custou a ideia e a execução, **POIS QUE** em tudo a fé e a natureza obraram com união.* (CJ)

\# A **locução** *POIS QUE* tem uso mais restrito.

> **TANTO MAIS QUE**

*Mas, quanto à rainha D. Amélia, achei que seria mais educado ir avisá-la pessoalmente, **TANTO MAIS QUE** residia ela pertinho da rua de Lubeck, à rua de Longchamps, perto da avenida Kleber.* (IS)

> **POR CAUSA QUE**

*Demorei a vir, mas foi **POR CAUSA QUE** não queria chegar aqui com as mãos abanando.* (SA)

\# A locução *POR CAUSA QUE* pertence a um registro distenso.

> **POR ISSO QUE**

*É um conceito generalizado **POR ISSO QUE** "na vida atual os problemas sociais encerram tal complexidade que não é possível desprezar a colaboração prestimosa dos técnicos".* (CPO)

A JUNÇÃO

2 As relações expressas

2.1 Num sentido estrito, a relação **causal** diz respeito à conexão **causa-consequência**, ou **causa-efeito**, entre dois eventos. Essas relações se dão entre **predicações (estados de coisas)**, indicando "causa real", ou "causa eficiente", ou "causa efetiva". Assim estritamente entendida, a relação **causal** implica subsequência temporal do **efeito** em relação à **causa**:

Tratava-me como criança. Uma vez me passou um pito PORQUE joguei fora o remédio. Outra vez se zangou PORQUE me encontrou fora da cama. (AFA)

Núcleo 1 (efeito 1):	*me passou um pito*	⇒	POSTERIOR
Causal 1 (causa real 1):	*PORQUE joguei fora o remédio*	⇒	ANTERIOR
Núcleo 2 (efeito 2):	*se zangou*	⇒	POSTERIOR
Causal 2 (causa real 2):	*PORQUE me encontrou fora da cama*	⇒	ANTERIOR

Nossa conversa não foi adiante PORQUE, infelizmente, a confissão terminada, o reitor saiu do quarto e o ambiente logo mudou. (A)

Núcleo (efeito):	*Nossa conversa não foi adiante*	⇒	POSTERIOR
Causal (causa real):	*PORQUE, infelizmente, a confissão terminada, o reitor saiu do quarto e o ambiente logo mudou.*	⇒	ANTERIOR

A relação **causal** entre conteúdos (a "causa efetiva"), porém, não necessariamente envolve tempo. Ela pode dar-se entre **estados de coisas não dinâmicos**:

A multiplicação das colônias e sua distribuição pela pastagem é necessária PORQUE as vespas fêmeas não têm asas, o que limita sua dispersão. (AGF)
Mas o caso americano é sui-generis PORQUE não há partidos políticos no país. (FSP)

2.2 Por outro lado, as expressões linguísticas de ligação **causal** – as marcadas pelo conector *PORQUE* ou seus equivalentes semânticos – não se restringem a esse tipo de causalidade efetiva entre conteúdos. A relação **causal**, na verdade, raramente se refere a simples acontecimentos ou situações de um mundo. É necessário considerar que as relações **causais** também podem ser:

a) Relações marcadas por um conhecimento, julgamento ou crença do falante, isto é, existentes no domínio **epistêmico**. Elas não se dão simplesmente entre

As Conjunções Subordinativas Adverbiais

predicações (**estados de coisas**), mas entre **proposições** (**fatos possíveis**), passando, então, pela avaliação do falante. Essa relação é tradicionalmente denominada "causa formal":

*Do leite devemos fazer uso abundante **PORQUE**, além de ter efeito específico sobre o crescimento do organismo, é muito rico em cálcio. (AE)*

*A opção de usar frango para alimentação de peixes pode não ser boa, **PORQUE** há excesso de proteína na carne da ave. (AGF)*

*Não deve ter havido nada **PORQUE** seria a primeira pessoa a tomar conhecimento disto. (AMI)*

b) Relações entre um **ato de fala** e a expressão da causa que motivou esse ato linguístico.

Na **oração principal** ocorre **um ato de fala declarativo**:

*Vamos cantar pra Santa Clara uma reza pra ela não deixar chover hoje de noite. Você canta comigo, **PORQUE** Santa Clara gosta muito de crianças. (ANA)*

*Vou tirar umas férias, **PORQUE** estou cansadíssimo. (AMI)*

*É preciso começar de baixo. Não muito de baixo, **PORQUE** você é meu filho. (MD)*

Na **oração principal** ocorre um **ato de fala interrogativo**:

*Muito conveniente, não é? **PORQUE** aí saiu todo o mundo, você ficou lá, sozinho com o retratista... (PD)*

*Mas onde reencontrar esse paraíso onde a nudez do primeiro homem e a nudez da primeira mulher, eram tão puras que nem sequer permitiam uma serpente? **PORQUE** já não existem mais seres feitos de barro, mas apenas homens e mulheres feitos de carne. (SPI)*

Na **oração principal** ocorre um **ato de fala injuntivo** (**deôntico** ou **imperativo**):

*Você me tem de ser grato! E durante o resto da vida! Sabe? Tem. Tem! **PORQUE** eu abri seus olhos. (A)*

*Vai, vai, **QUE** já vai tarde. (COR)*

*Ande, **QUE** já tocou o primeiro sinal. (FR)*

*Fale, mas fale corajosamente, **PORQUE** só assim poderemos chegar ao fim dos nossos sofrimentos. (FIG)*

*Vamos ser sinceras **PORQUE**, se não fizermos assim, ficaremos a vida inteira como duas estranhas. (A)*

As construções deste subtipo são consideradas, na tradição da gramática, dentro da **coordenação**, o que tem algum sentido: não se articulam simples **orações**, mas **períodos**, cada uma representando um **ato de fala**. Justifica-se, também, a denominação **explicativa** (**oração coordenada explicativa**), ao invés de **causal**, para a **oração** que exprime **causa**, já que na relação de causalidade entre diferentes **atos de fala** nunca está abrigada a causalidade real, efetiva, material, eficiente, e nem mesmo a causalidade emanada da visão dos fatos ("proposições") do falante. Trata-se de uma relação mais frouxa do que uma relação verdadeiramente **causal** (em qualquer de suas subespécies, como **motivo, razão, justificativa** etc.), próximo de uma **explicação**.

A frouxidão dessa relação é sensível na formação de duas **curvas entonacionais** nessas construções, cada uma delas referente a um dos dois **atos de fala**, que se separam por **pausa**, o que, geralmente, é registrado, na escrita, com **sinal de pontuação** (**vírgula, ponto e vírgula** ou mesmo **ponto final**):

> *Depressa, QUE a luz tá indo embora!* (MD)
> *Onofre! Onofre! Abre essa porta! Depressa, QUE eu estou me molhando!* (MMM)
> *Palmas pra ela, QUE ela merece!* (RAP)
> *Dessa forma, nada havia de livre ou de secreto na maneira de votar; PORQUANTO sempre existiu a coerção, inclusive com a presença maciça de capangas do Coronel.* (CRO)
> *Mas não acrediteis, amigos, na falsa euforia dos cinquentões. POIS QUE eles estão apenas no limiar, não chegaram ainda à beata tranquilidade dos autênticos velhos.* (BP)

Nem sempre, entretanto, a separação entonacional entre os dois **atos de fala** é marcada graficamente:

> *Deixe estar QUE eu sirvo.* (FR)
> *Oh robot portátil, fica aí na sua QUE eu estou na minha...* (VO)
> *Não corre QUE é pior.* (EN)

\# Deve-se observar que, especialmente se vistas desvinculadas de seu contexto, as construções **causais** frequentemente permitem diferentes leituras. Assim, em

> *A substituição acontecerá, segundo o pesquisador, PORQUE são altos os custos para a obtenção da matéria-prima do coqueirinho.* (AGF)

pode-se entender:

a) uma relação **causal** entre **conteúdos**, na qual o **estado de coisas**

> *são altos os custos*

constitui **causa efetiva** do **estado de coisas**

> *a substituição acontecerá*

b) uma relação **causal** entre **proposições**, na qual o **fato possível**

> *serem altos os custos*

constitui **causa formal** do **fato possível**

a substituição acontecer

Pode-se dizer que nas relações **causais** intervêm alguns esquemas lógicos ligados à relação condicional, mas a discussão sobre esses esquemas não é determinante no exame gramatical, já que ela implica a consideração do enunciado desvinculado do uso. Com efeito, um exame do tipo lógico, por exemplo, em

> *Nossa conversa não foi adiante PORQUE, infelizmente, a confissão terminada, o reitor saiu do quarto e o ambiente logo mudou.* (A)

mostra que *"a confissão terminar, o reitor sair do quarto e o ambiente logo mudar"* é uma condição necessária e suficiente que, preenchida, consiste numa **causa** eficiente para *"a conversa terminar"*. É a relação que se expõe neste esquema:

SE = DESDE QUE	*a confissão terminou, o reitor saiu do quarto e o ambiente logo mudou*	⇒	CONDIÇÃO PREENCHIDA
	a conversa terminou	⇒	FATO REAL

Entretanto, esse tipo de consideração limitaria extremamente a interpretação das construções **causais**, o que se comprova pelo próprio fato de que é muito rara a ocorrência de **orações** com conectivos do tipo **causal** em que a relação ocorrente possa ser interpretada como a **causal** típica de **causa eficiente**, como a construção já examinada:

> *(Dimas) Tratava-me como criança. Uma vez me passou um pito PORQUE joguei fora o remédio. Outra vez se zangou PORQUE me encontrou fora da cama.* (AFA)

Mesmo no caso de construções com subsequência temporal, como nessa ocorrência, a relação não pode ser unilateralmente interpretada, e restringir-se a análise aos dois **estados de coisas** abstraídos do todo em que foram expressos. Assim, não se pode simplesmente dizer que, dado que *"joguei fora o remédio"*, necessariamente seguiu-se *"ele me passar um pito"*, ou que, dado que *"me encontrou fora da cama"*, ele *"se zangou"*. Não apenas se requerem outras *"causas* reais" (como por exemplo, haver uma determinada relação social que possibilite uma das pessoas repreender a outra) – isto é, a condição preenchida não é **suficiente** – como, ainda, pode discutir-se se, de fato, essa foi uma condição **necessária** para a repreensão, ou se, simplesmente, é o falante que invoca o argumento em seu enunciado.

Na verdade, a comprovação de relações de causalidade lógico-semântica não é a que importa no âmbito da investigação linguística. Em termos de enunciados reais, a noção de causalidade só pode ser investigada com relação à organização do discurso, aí incluídas todas as questões ligadas à distribuição de informação e à orientação argumentativa.

3 A **ordem** nas construções **causais**

3.1 A distribuição da informação é bastante ligada à ordem das palavras, e, no caso das construções **causais**, levados em conta todos os tipos de conectivo, essa questão é complexa.

As **causais** com *PORQUE* – que é a **conjunção** mais usada – são normalmente pospostas, e isso confere a essas **orações causais** um valor informacional ligado a informação **nova**. Os casos de **orações causais** com *PORQUE* antepostas geralmente são marcados, com a anteposição obtida por extraposição, para **focalização**:

- por **correlação**

> *Ou PORQUE sentisse necessidade de primeiro, tomar um pouco de ar, ou PORQUE o seduzisse a calçada larga e bem arborizada da Alameda Ibiruna, pôs-se a caminhar a passos lentos.* (A)

- por **clivagem**

> *Foi PORQUE éramos tecnologicamente adiantados que aprendemos a ganhar terra ao mar.* (AR-O)
>
> *É PORQUE as coisas vão tão mal – sempre andaram, aliás – que a esperteza do indivíduo funciona como uma espécie de saída para a irracionalidade, para a estupidez do sistema social em seu conjunto.* (FSP)
>
> *"Não é PORQUE o TCU disse que havia superfaturamento que eu iria demiti-lo.* (FSP)

Entretanto, a anteposição de oração causal iniciada por *PORQUE* ocorre:

> *PORQUE estou fazendo agora este programa sertanejo, já estão dizendo por aí que de chapéu de couro e botas apeio do cavalo lá na portaria bem cedo.* (AMI)

Observe-se, entretanto, que, mesmo posposta, a **oração** iniciada por *PORQUE* pode aparecer:

a) em **correlação**

> *Esses significados de "acaso" se juntam a um outro, onde se afirma que algo ocorre por acaso não apenas PORQUE estejamos incapacitados de determinar suas causas mas PORQUE se acredita que tais causas não existam.* (EC)

As Conjunções Subordinativas Adverbiais

b) quase **clivada**

Essas provas verbais, baseadas numa lógica em última análise arbitrária, não são científicas, são sofismas, sofismas engenhosos e, pior, voluntaristas. Não é POR-QUE seja assim, é PORQUE se quer que seja assim. (SL)

3.2 A maior parte das outras **conjunções** (ou **locuções conjuntivas**) causais iniciam **orações causais** pospostas:

a) Apenas iniciam **orações causais** pospostas as **conjunções** POIS, QUE, POIS QUE, TANTO MAIS QUE, POR CAUSA QUE, POR ISSO QUE:

Eu estava no quarto mas não dei o tiro, POIS minha missão era amarrar o homem. (ESP)
Mata! Mata o cachorro! Mata QUE ele está doido. (VI)
Não sei dizer se do almoço ou do jantar, POIS QUE o dia estava muito escuro. (AL)
Isto surpreende... TANTO MAIS QUE um compromisso de casamento é mais fácil e custa menos em Hollywood. (CRU)
Disse o nome pra minha tia POR CAUSA QUE ela é uma chata. (REA)
Leo pagaria uma cerveja, POR ISSO QUE descobrira no fundo dum bolso o suficiente para custear uma cerveja. (DES)

b) Iniciam **orações causais** tanto pospostas como antepostas as **conjunções**: POR-QUANTO, JÁ QUE, UMA VEZ QUE, DESDE QUE, DADO QUE, VISTO QUE, VISTO COMO:

PORQUANTO nas condições atuais em que o engajamento político, no sentido lato, dos pesquisadores os lança numa competitividade desvairada (...) o melhor é fechar o pacto com os medíocres a fim de assegurar sombra e água fresca. (FSP)
Não queria que a esposa ou os filhos soubessem dos meus haveres PORQUANTO poderiam abusar nas despesas. (PCO)
JÁ QUE seu marido é tão severo, continue guardando esse segredo que não lhe pertence. (IFE)
Não participarei de nada, JÁ QUE não posso participar de tudo. (FIG)
UMA VEZ QUE julgaram favoravelmente a Deus, assim também ele julga vocês. (PEL)
A grande maioria das doenças decorre do fato de que as pessoas não respiram direito, UMA VEZ QUE vivem estressadas e ansiosas. (CLA)
DESDE QUE você não pode fazer nada por mim, diretamente, não vejo razão nenhuma para escrúpulos tolos. (FIG)
Não vejo razão nenhuma para escrúpulos tolos, DESDE QUE você não pode fazer nada por mim, diretamente.
DADO QUE a metade da população brasileira vive no campo, compreendemos que os propósitos de integração nacional não haverão de prosperar sem o desenvolvimento acelerado da agricultura e da pecuária. (ME-O)
Para escapar de olhos alheios em sua intimidade, a presa pode apenas encostar sua porta, jamais fechá-la pessoalmente, DADO QUE trincos internos são proibidos. (VEJ)

A JUNÇÃO

VISTO QUE as pessoas diferem tanto em tamanho como em conformação, segue-se que uma população deve consistir num número de indivíduos enquadrados dentro de dimensões, mais ou menos definíveis, de tamanho e de forma. (FOS)

Isto é o máximo que se pode esperar, VISTO QUE nenhum medicamento modifica a evolução da doença. (ANT)

VISTO COMO não tinha podido organizar nenhuma resistência, o batalhão embarcaria no dia seguinte.

O batalhão embarcaria no dia seguinte, VISTO COMO não tinha podido organizar nenhuma resistência. (CRU)

Quanto aos elementos de composição das **locuções conjuntivas**, verifica-se que:

a) as **orações** com locuções compostas de um elemento temporal ou um particípio passado tanto precedem a **principal** como a seguem: *UMA VEZ QUE, JÁ QUE, DESDE QUE, DADO QUE, VISTO QUE, VISTO COMO.*

b) as **orações** com as demais locuções causais compostas sempre seguem a **principal**: *TANTO MAIS QUE, POR CAUSA QUE, POR ISSO QUE, POIS QUE.*

3.3 As **orações** com *COMO* são sempre antepostas, e, como no caso das construções **condicionais**, pode-se pensar que, na base dessas **orações**, exista um mecanismo interacional que pode ser invocado para definir o estatuto das diferentes porções do enunciado, em termos de distribuição da informação:

COMO Sílvio esboçasse o movimento de se erguer, Ângela fez sinal para que se detivesse. (A)
  A: Sílvio esboçou o movimento de se erguer (não é)?
  B: (É.)
  A: Então / POR ISSO Ângela fez sinal para que se detivesse.

COMO a notasse junto ao guarda-roupa, D. Odete ergueu-se a custo da cama. (FR)
  A: D. Odete a notou junto ao guarda-roupa (não é)?
  B: (É.)
  A: Então / POR ISSO D. Odete ergueu-se a custo da cama.

Do mesmo modo que ocorre nas construções **condicionais**, pode presumir-se que:

a) a concordância sobre a validade da **proposição** de A, obtida no consentimento (silencioso) de B, funciona como base para o que A diz em seguida (no caso, agora, um enunciado consecutivo);

b) a contraparte **declarativa** da **pergunta** de A constitui um **tópico** (ponto de apoio) para sua declaração em subsequência.

As Conjunções Subordinativas Adverbiais

Dentro desse esquema, a oração **causal** com *COMO* assenta preferentemente a noção sobre a qual o falante assenta a porção seguinte (e preferentemente **nova**) de seu discurso.

Resumindo: informativamente, as **orações principais**

> *Ângela fez sinal para que se detivesse*

e

> *D. Odete ergueu-se a custo da cama*

constituem proposições cuja aplicabilidade foi restringida espacial, temporal e individualmente na porção (anteposta) do enunciado que traz a **causa** (que é a oração **causal** com *COMO*):

> *Sílvio esboçou o movimento de se erguer*

e

> *D. Odete (não) a notou junto ao guarda-roupa*

O mesmo não se pode dizer das construções **causais** com *PORQUE*:

A substituição acontecerá, segundo o pesquisador, PORQUE são altos os custos para a obtenção da matéria-prima do coqueirinho. (AGF)

Há uma identidade quase completa entre os fenômenos da fadiga e os da emoção PORQUE a emoção acarreta fatalmente depressão psicológica. (AE)

Nessas, como no geral das ocorrências com a **conjunção *PORQUE***, o raciocínio pode também conduzir-se em termos de peças de interação, mas o roteiro é outro. A diferença fundamental diz respeito ao próprio **foco** da **interrogação**, isto é, ao segmento que corresponde à informação buscada. O que se verifica é que o foco da interrogação já não é o segmento correspondente à **oração principal**, mas é o correspondente à **oração causal**:

A: A substituição acontecerá (não é)?
   B: (É.)
   A: (Por quê?)
   B: PORQUE, segundo o pesquisador, são altos os custos para a obtenção da matéria-prima do coqueirinho.

A: Há uma identidade quase completa entre os fenômenos da fadiga e os da emoção (não é)?
   B: (É.)
   A: (Por quê?)
   B: PORQUE a emoção acarreta fatalmente depressão psicológica.

A Junção

O artifício logra demonstrar que:

a) a expressão da **causa** introduzida por **porque** é apresentada como não compartilhada, como nova;

b) a proposição constante da **oração principal** é em geral apresentada preferentemente como compartilhada, como não nova.

Daí porque fica favorecida a posposição das **orações** com *PORQUE*.

Não pode deixar de ser acentuado o fato de que as **orações causais** encabeçadas por *PORQUE* constituem exatamente a resposta a uma pergunta – a um **pedido de informação** – encabeçada pelo **advérbio** "*por quê?*". Isso pode ser visto

- tanto em ocorrências em que há apenas um falante

> *Sabem **por quê**? PORQUE a Globo utilizou na Marquês de Sapucaí apenas jornalistas profissionais. (AMI)*
>
> ***Por que** exprimem realidades que aí estão? Não exatamente por isso, mas PORQUE as empregamos de modo uniforme. (EC)*
>
> *E é fácil compreender **por quê**. Foi e é PORQUE os capitais estrangeiros se aplicaram e se aplicam (...) naquelas atividades que oferecem mais vantagens aos investidores privados estrangeiros. (AR-O)*

- quanto em ocorrências em que mais de um falante contribui para a construção **causal**

> *A: E eu lá vou saber se tem ou não tem pó de café?*
> *O: (Mais irritado) E **por que** eu tenho que saber se tem ou não tem?*
> *A: PORQUE é você quem cozinha.*
> *O: (Sempre irritado) PORQUE você é vagabundo.*
> *A: (Nervoso) Não, senhor! PORQUE eu trabalho fora e você não. (DEL)*
>
> *A: **Por que** então não começamos a reunião?*
> *S2: PORQUE essas coisas ficam atravessadas na garganta e temos de botá-las pra fora! (DZ)*
>
> *J: Ele só queria que eu dissesse **por que** não ia à passeata.*
> *AL: Não vai PORQUE não quer, ora! (AS)*

Do mesmo modo que ocorre com os outros **advérbios interrogativos** da língua (de tempo: *quando?*; de modo: *como?*; e de lugar: *onde?*) – todos demandadores de informação na esfera dos **circunstantes** –, a resposta que se obtém com a pergunta encabeçada por ***por que*** constitui, preferentemente, informação **nova**, já que responde a uma solicitação específica, cabendo bem em posição posposta à **oração principal**:

> *– **Quando** você vai ao cinema?*
> *– Vou **amanhã / quando puder**.*
> *– **Amanhã / quando puder** vou.*

As Conjunções Subordinativas Adverbiais

> – *Como você vai ao cinema?*
> – *Vou de carro.*
> ? *De carro vou.*
> – *Aonde você vai?*
> – *Vou ao cinema.*
> ? *Ao cinema vou.*

Apenas no caso da interrogação de **causa** (com *por quê?*), a resposta – que é a **oração causal** – apresenta a **conjunção** com a mesma forma fônica usada para a pergunta (*por quê? PORQUE*).

Como se verificou, a relação **causal** expressa por *COMO* não partilha a mesma característica. Ao invés de constituir resposta a um pedido de informação (isto é, de ser informação **solicitada**, e, portanto, preferentemente, **nova**), a **oração causal** introduzida por *COMO* é entendida como veiculadora de informação partilhada, consensual, e como apoio para a progressão informativa que a **oração principal**, então, realiza.

Na construção:

> *E isto se tem de creditar ao Governo Figueiredo, ainda PORQUE, COMO efetivamente não estamos vivendo uma democracia plena, todas as conquistas têm que ser avalizadas e até indicadas pelo poder central.* (OP)

Estão aí expressas:

1) uma relação **causal** com *PORQUE*

> *A: Isto se tem de creditar ao Governo Figueiredo?*
> *B: (É.)*
> *A: (Por quê?)*
> *B: PORQUE todas as conquistas têm de ser avalizadas e até indicadas pelo poder central.*

2) uma relação **causal** com *COMO*

> *A: Não estamos vivendo uma democracia plena?*
> *B: (É.)*
> *A: ENTÃO / POR ISSO, todas as conquistas têm de ser avalizadas e até indicadas pelo poder central.*

No caso da relação do tipo de *COMO*, a pergunta (que se supõe previamente feita e respondida) pede verificação da proposição de causalidade; no caso da relação do tipo de *PORQUE*, é a proposição **nuclear** que é verificada. A partir daí, no caso da relação *COMO*, é sobre uma proposição causal preferentemente **verificada** (**dada**) que

A JUNÇÃO

se assenta a proposição **nuclear consecutiva** (preferentemente **nova**); no caso da relação *PORQUE*, sobre a proposição **nuclear** preferentemente **verificada (dada)** se assenta a expressão **causal** (preferentemente **nova**). O encaixamento das duas relações, nesse exemplo, cria um jogo de relevâncias informativas no jogo da causalidade (*lato sensu*):

PROPOSIÇÃO NUCLEAR	
A verificar	**A**: *Isto se tem de creditar ao Governo Figueiredo?*
(Verificado)	**B**: *(É.)*
SOBRE A CAUSALIDADE	
Falta informação	**A**: (Por quê?)
Informação nova	**B**: *PORQUE todas as conquistas têm de ser avalizadas e até indicadas pelo poder central.*

PROPOSIÇÃO CAUSAL	
A verificar	**A**: *Não estamos vivendo uma democracia plena?*
(Verificado)	**B**: *(É.)*
SOBRE O EFEITO	
Informação nova	**A**: *ENTÃO / POR ISSO todas as conquistas têm de ser avalizadas e até indicadas pelo poder central.*

As porções da informação vêm enredadas de tal modo que a proposição composta *"todas as conquistas têm de ser avalizadas e até indicadas pelo poder central"*, ao mesmo tempo que, iniciada por *PORQUE*, é apresentada como **causal** de informação **nova**, também é apresentada como **nuclear** de informação **nova** (resultado de uma **causal** com *COMO*). De todo modo, a informação que aí vem é nova, mas ela entra em duas relações **causais**, vindo, em uma delas, na expressão da **causa** (na relação marcada por *PORQUE*), e, na outra, na expressão da **consequência** (na relação com *COMO*).

Todos esses raciocínios evidenciam a relação entre a **posição sintática** e a **organização tópica**.

3.4 Vista a construção do ponto de vista lógico-semântico, verifica-se que a ordem, na maioria das construções **causais**, é **não icônica**, já que primeiro se enuncia o efeito (a **oração principal**) e, depois, a **causa** (**oração causal**).

Não é em nada problemática essa ordenação, tendo em vista que os **enunciados** da língua não são peças lógicas, e que a **iconicidade** pode ser mais eficazmente avaliada em termos discursivos: na maior parte dos casos, primeiro se assenta a informação compartilhada (seja ela um **efeito** ou uma **causa**), e depois se traz a informação nova (seja ela uma **causa** ou um **efeito**), embora a língua tenha mecanismos para marcar diferentemente algumas construções.

4 Os subtipos das construções **causais** quanto ao nível de ocorrência

4.1 As denominações dos diferentes subtipos

Podem considerar-se **construções causais** as que apresentam entre si uma relação **causal** – *lato sensu* considerada. Assim entendida, **causa** abrange não apenas causa real, como também razão, motivo, justificativa ou explicação.

Essa é uma maneira ampla de considerar a relação **causal**, assim como é trabalhando com um conceito bastante amplo de **causa** que se pode abrigar na classe das construções **causais** as que se dão:

a) entre **predicações (estados de coisas)**;
b) entre **proposições (fatos possíveis)**;
c) entre **enunciados (atos de fala)**.

Assim consideradas, as construções *lato sensu* **causais** abrangem as que se fazem com as **orações** tradicionalmente chamadas **coordenadas explicativas**.

É muito difícil tentar-se um refinamento da interpretação semântica, de modo que se consiga uma distinção entre causa, razão, motivo, explicação, justificação etc. que possa responder pela distinção entre esses dois grandes grupos que vêm contrastados, na tradição, sob os rótulos de "**subordinadas causais**" (como **a** e **b**, acima) e "**coordenadas explicativas**" (como **c**, acima). O que se verifica é que também há expressão de explicações:

a) no grupo das chamadas "**subordinadas causais**", como em

> *Sei, PORQUE eu mesmo plantaria um cajueiro ou um imenso pé de fruta-pão.* (B)
> *JÁ QUE por ora trato do período que se seguiu à Revolução de 1964, desejo abrir um parêntese para prestar homenagem a um grande chefe militar.* (OL)

b) e não apenas no grupo das "**coordenadas explicativas**", como em

> *Tem paciência, QUE a sala está cheia e é preciso atender a todos.* (A)

A grande diferença está no fato de que a "explicação" relaciona camadas diferentes:

A JUNÇÃO

- em **a)**, o falante explica por que **deseja praticar** determinada ação (que, no caso, é a de abrir um parênteses);
- em **b)**, o falante explica por que **emitiu** determinado enunciado, ou praticou determinado ato de fala (que, no caso, é uma **injunção**).

4.2 As construções com relação **causal** entre **predicações** ou entre **proposições** (entre **orações**)

É neste tipo de construção que surge a questão da realidade ou efetividade da **causa**. Na verdade, não se trata propriamente de realidade, mas de factualidade da relação **causal**: a questão não é dois **estados de coisas** serem causalmente relacionados, mas é o falante apresentá-los assim. Desse modo, considerando-se que a causalidade é **enunciada**, e não (cientificamente) comprovada, ela deve ser entendida como referente a qualquer zona que se situe no amplo espectro que vai, por exemplo, da **causa** eficiente à **justificação**, passando por relações como razão, motivo e explicação.

Uma verificação superficial da relação causa-efeito, ou causa-consequência, pode induzir à preconização de uma motivação **icônica** que favoreça a anteposição da expressão de causa em relação à de consequência. Não se deve esquecer, porém, que não se pode buscar nos enunciados a pura ordenação cronológica de eventos, já que, por definição, cada enunciado constitui uma versão particular – com base cognitiva – da organização dos fatos. Vistos na sua ordem natural ou lógica, pois os eventos causalmente relacionados – associados, na base, à subsequência temporal, como se observou em 2 – se disporiam na ordem causa-consequência. Examinada, porém, a **construção causal** como a enunciação de fatos possíveis por um falante (que emite proposições), a subsequência se subordina à escolha que esse falante faz da apresentação dos fatos, o que reflete não apenas a percepção dos eventos (perspectiva cognitiva), mas, ainda, a organização de uma porção de fala particular, dentro da qual o aspecto cognitivo é apenas um dos componentes, subordinado à intenção comunicativa.

Nesse ponto de vista, pode-se inverter o raciocínio, quanto à questão da iconicidade nas **construções causais**: com efeito, a ordenação consequência-causa num enunciado pode ser considerada **icônica** no sentido de que reflete a ordem pela qual, de um efeito, se deduz uma causa. Para exprimir essa relação entre causa e consequência, aliás, o falante não dispõe apenas do complexo formado por uma **oração principal** mais uma **oração causal** (com *COMO, PORQUE, JÁ QUE* etc.). Ele pode, por exemplo, fazer um enunciado como

No país não há ultraleves homologados, POR ISSO / ENTÃO não existe essa possibilidade.

que tem uma segunda oração do tipo que tradicionalmente se designa como **coordenada conclusiva**, ao invés de

Não existe essa possibilidade PORQUE no país não há ultraleves homologados. (AGF)

O que ocorre são diferentes estratégias que regem a escolha, com diferentes efeitos informativo-pragmáticos: entre uma e outra formulação muda a distribuição de informação, em termos de progressão informativa, assim como diferentemente se resolve, no nível do texto, a continuidade tópica.

4.3 As construções com relação **causal** entre atos de fala (entre enunciados)

Tradicionalmente chamadas **coordenadas explicativas**, as **orações causais** que entram nessas construções, encabeçadas por *PORQUE*, *QUE* ou *POIS,* são sempre pospostas. A partir daí pode ser invocada, em primeiro lugar, a questão da imobilidade posicional das **orações** envolvidas, a qual favorece, realmente, sua interpretação como **coordenadas**. Além disso, é possível que o desligamento sugerido pela frouxa ligação entre dois enunciados, correspondentes a dois diferentes atos de fala, tenha sido o responsável direto pela interpretação tradicional, com assimilação de independência a **coordenação**.

Esse tipo de ligação, diferente da **subordinação** entre **orações** (que constituem termos sintáticos de um mesmo enunciado), pode visualizar-se com os esquemas que se oferecem, a seguir, para as ocorrências:

E a coitadinha, em casa, como iria sofrer! PORQUE as amigas da vila, as conhecidas da rua, as invejosas da fábrica, todas iriam recortar também. (BH)

Tem paciência, QUE a sala está cheia e é preciso atender a todos. (A)

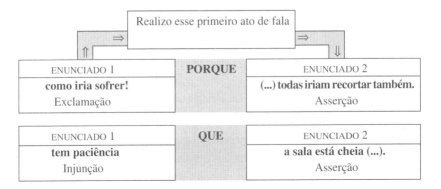

Em quase todos os casos de ocorrência de *QUE*, a substituição por *PORQUE*, sem perda da mesma expressão de causalidade, é possível, como se vê em

Vamos, QUE está ficando tarde. (RIR)
(= Vamos, porque está ficando tarde.)
Vem, QUE nós vamos jantar em casa. (TRH)
(= Vem, porque nós vamos jantar em casa.)

Nem sempre, porém, se pode fazer o inverso, já que o conectivo *QUE* não constitui inequivocamente um elemento **causal**, e seu uso pode provocar ambiguidade, como ocorreria nos enunciados seguintes, se se tentasse substituir *PORQUE* por *QUE*:

"Não quero nem saber, PORQUE vale cada centavo", afirmou. (VEJ)
Isso pensa ele, PORQUE acabou de cumprir o ritual seco e mecânico que chama de:
"amar". (A)

5 O uso dos **modos** e **tempos verbais** nas construções **causais**

As **orações causais** têm, em geral, o **verbo** no modo **indicativo**. O **indicativo** é o modo votado para expressar causa, já que a expressão da causa constitui uma proposição com certo grau de certeza.

5.1 O **modo verbal**

5.1.1 O emprego do **subjuntivo** em **orações causais** ocorre especialmente com a **conjunção** *COMO*:

*COMO Sérgio nada **dissesse**, procurou se despedir.* (A)

5.1.2 As **orações causais** introduzidas por *PORQUE* vêm

a) no **indicativo** se expressam **causa** real:

*E jamais nos livraremos dela (...) **não apenas** pela concorrência de outros centros*
produtores de açúcar, mas, principalmente, PORQUE fomos incapazes de organi-
zar o trabalho em benefício de todos, PORQUE aceitamos, conformados, que per-
sistisse o mau sistema distributivo da terra. (AR-O)

b) no **subjuntivo**, se expressam **causa** possível mas ainda não efetivada, portanto não factual; neste último caso, a **conjunção causal** ocorre numa construção correlativa do tipo aditivo (como por exemplo, *não apenas... mas*) ou alternativo (*ou... ou*):

As Conjunções Subordinativas Adverbiais

*Homens e mulheres solidários com Ele até a morte, completando mesmo na fragili- dade da carne o que por fidelidade de ambos os sexos insistimos, **não tanto POR- QUE** nós outros a **tenhamos** praticado, mas **PORQUE** reconhecemos ser a miseri- córdia de Deus superior às nossas misérias.* (NE-O)

*Esses significados de "acaso" se juntam a um outro, onde se afirma que algo ocorre por acaso **não apenas PORQUE estejamos** incapacitados de determinar suas cau- sas mas **PORQUE** se acredita que tais causas não existam.* (EC)

***Ou PORQUE sentisse** necessidade de, primeiro, tomar um pouco de ar, **ou PORQUE** o **seduzisse** a calçada larga e bem arborizada da Alameda Ibiruna, pôs-se a cami- nhar a passos lentos.* (A)

\# A **oração causal** com **indicativo** também pode vir precedida desses elementos, mas expressa **causa** real:

*Há uma série de canelas cuja utilização não ultrapassa a área de ocorrência, **ou PORQUE** a madeira **é** de qualidade inferior e não encontra mercado exterior **ou PORQUE** a produção **é** limitada.* (BEB)

*Fraca, **não PORQUE** a natureza assim a **fez**, mas **PORQUE** a sujeição atávica a **tor- nou**.* (CH)

5.1.3 Com a **conjunção *PORQUE***, podem ocorrer, ainda, **formas nominais** de **ver- bo** e **sintagmas adjetivos (constituintes)**:

*Escrevíeis esse poema malarmaico três anos antes que a luz do sangue jorrasse de novo das usinas da morte, embebendo uma vez mais esse torrão pisado pelos séculos, mas sempre rejuvenescido pela esperança, por se haver ali fixado, sécu- los antes de se lançar à conquista pacífica do mundo, o único Sangue salvador, **PORQUE derramado** por Amor e não por Ódio.* (AM-O)

*Meu filho Sebastião, o mais sabido de todos, **PORQUE** ainda **solteiro**.* (AM)

5.2 É grande a variedade de combinações temporais nas **construções cau- sais**:

PRINCIPAL (P) CAUSAL (C)	Ocorrências
P: PRESENTE INDICATIVO C: PRESENTE INDICATIVO	*A multiplicação das colônias e sua distribuição pela pastagem **é** necessária **PORQUE** as vespas fêmeas não **têm** asas, o que limita sua dispersão.* (AGF) *A eles **devemos** dar preferência absoluta em todas as rações alimentares, **POIS QUE formam** a base, e já estão aprovados pela alimentação espontânea de nosso povo.* (AE)

A JUNÇÃO

Continuação	
P: PRESENTE INDICATIVO C: PRESENTE INDICATIVO	*DESDE QUE você não **pode** fazer nada por mim, diretamente, não **vejo** razão nenhuma para escrúpulos tolos.* (FIG) *A medição da eletricidade **é** vital para a engenharia elétrica VISTO QUE **devemos** saber o que acontece em um sistema elétrico.* (EET) *JÁ QUE por ora **trato** do período que se seguiu à Revolução de 1964, **desejo** abrir um parêntese para prestar homenagem a um grande chefe militar.* (OL) *Para escapar de olhos alheios em sua intimidade, a presa **pode** apenas encostar sua porta, jamais fechá-las pessoalmente, **DADO QUE** trincos internos **são** proibidos.* (VEJ) *Você não **precisa** se incomodar QUE ela **sabe** o caminho de casa.* (A)
P: PRESENTE CONTÍNUO C: PRESENTE INDICATIVO	*(Mônica) **está me apoiando** PORQUE **gosta** de mim.* (AF) *O manejo adequado da irrigação **está sendo**, UMA VEZ QUE a aplicação correta dessa técnica **é** considerada essencial para o sucesso do programa.* (JL-O) *V. Ex., inclusive, **está tendo** prejuízo em vir para cá, PORQUANTO **é** um empresário de amplas atividades no Amazonas.* (MIR-O)
P: PRESENTE CONTÍNUO C: PRESENTE CONTÍNUO	*PORQUE **estou fazendo** agora este programa sertanejo, já **estão dizendo** por aí que de chapéu de couro e botas apeio do cavalo lá na portaria bem cedo.* (AMI)
P: PRESENTE INDICATIVO C: PRET. PERF. IND.	*Isso não **pode** ser encarado como um fato isolado, PORQUE o mesmo procedimento **tiveram** os que atuam em outros segmentos da economia.* (ESP) *Pela campanha que vem realizando, claro que **possui** um elenco dos melhores, PORQUANTO **venceu** todas as partidas que disputou até aqui.* (OI) *UMA VEZ QUE **julgaram** favoravelmente a Deus, assim também ele **julga** vocês.* (PEL) *DADO QUE as terras da Amazônia **foram** apropriadas fundamentalmente como "reserva de valor", **coloca-se** a questão de como realizar esse valor.* (AGR) *Que bem me **importam** padre Luís e seus problemas, JÁ QUE, desde o dia da "pantomina", **resolvi** cortar definitivamente com ele!* (A) *VISTO QUE a novidade das hipóteses deste trabalho já **foi** amplamente divulgada (...) não me **resta** dúvidas de que alguns sábios se ofenderam bastante por declarar o livro que a Terra se move e que o Sol está em repouso no centro do universo.* (CME) ***Precisamos** retornar aos meus contactos anteriores com os irmãos Geisel, POIS QUE **foram** eles que **levaram** o futuro Presidente Ernesto Geisel a me convidar para um cargo de confiança.* (OL)

As Conjunções Subordinativas Adverbiais

Continuação

P: PRESENTE INDICATIVO C: PRET. IMPERF. IND.	*O gaúcho **é** o que é **PORQUE** a bombacha **dava** espaço.* (ANB) ***COMO** os poderes concedidos aos donatários **eram** muito amplos (...) certos autores **chegam** a afirmar que eles eram verdadeiros reis dentro de suas capitanias.* (HIB) ***UMA VEZ QUE considerava** as leis naturais como inelutáveis, a intervenção do Estado **é** ineficaz ou inútil.* (EG) *O realismo **é** mais cru do que o maquiavelismo, **POIS QUE** nesse último ainda **podiam** ser invocadas certas justificativas com vinculação no interesse coletivo.* (CRU)
P: PRESENTE INDICATIVO C: PRET. MAIS-QUE- -PERF. IND.	*Aprovada a lei, que foi sancionada pelo chefe do executivo, o Museu **encomenda** o projeto ao arquiteto Affonso Eduardo Reidy, **VISTO QUE** a Municipalidade do Distrito Federal lhe **dera** um terreno para construir essa sede.* (VID) *Encabeça o movimento, a Inglaterra, o que **é** tanto mais de admirar **POIS QUE** este país **fora** quem no século anterior se tornara o maior interessado no comércio humano.* (H)
P: PRESENTE INDICATIVO C: FUTURO INDICATIVO	*Isso **gera** uma turbulência entre os turnos das linhas nove e onze justamente **PORQUE** B. **afirmará** em nove que Caetano era ótimo.* (ANC) *Somos os primeiros a reconhecer que todo programa de combate ao subdesenvolvimento **é**, pela sua própria natureza, um programa a longo prazo, **VISTO COMO** sempre **teremos** de assentar previamente as bases técnicas e materiais do fomento econômico.* (JK-O) *O primeiro mestre a se beneficiar deste enriquecimento cultural dos educandos **é** o próprio professor de língua materna, **PORQUANTO**, ampliando os seus conhecimentos numa área de maior extensão, os alunos **terão** primeiro mais assunto para comunicar a seus semelhantes, e depois **estarão** mais aptos a traduzi-los com maior eficiência e com maior precisão idiomática.* (TE) *O diâmetro dos postes **é** menor, **UMA VEZ QUE** eles **suportarão** menos tensão.* (GL) ***DADO QUE** o conjunto do eleitorado brasileiro **será convocado** a votar a cada dois anos daqui por diante (alternando pleitos municipais e gerais), a modernização do sistema **é** um investimento inadiável.* (FSP) *Nós vamos aumentá-las para 150 mil toneladas, o que **é** insuficiente, **POIS QUE** em 1960 o consumo já **terá** alcançado 250 mil toneladas.* (JK-O)
P: PRESENTE INDICATIVO C: FUT. PRET. IND.	*Sei que ela está sonhando em plantar aqui jabuticabeiras de sua infância. **Sei**, **PORQUE** eu mesmo **plantaria** um cajueiro ou um imenso pé de fruta-pão.* (B)

821

A Junção

Continuação	
P: PRESENTE INDICATIVO C: FUT. PRET. IND.	*A inviabilidade de tal procedimento é patente, **UMA VEZ QUE** **exigiria** a determinação de um sistema que por sua natureza é probabilista.* (CIB) *Quem ali **está** só o pode ser por um milagre, **JÁ QUE deveria** estar no cemitério.* (AL) *A coordenação **nasce** do eixo paradigmático, **VISTO QUE** todos os membros de um paradigma **poderiam**, hipoteticamente, comutar com aquele que está presente em um ponto da cadeia sintagmática.* (SUC) *Nesse contexto não **cabem** as leis estatísticas **POIS QUE** elas **refletiriam** apenas a existência de movimentos mais complexos.* (EC)
P: PRET. PERF. IND. C: PRESENTE INDICATIVO	*Mas **ousou** fazê-lo, baseado no escrito popular de sua gente, **PORQUE acredita** que esse povo sofre.* (AC) ***COMO** os dentes da frente **são** fundamentais para dilacerar o alimento, os pesquisadores **concluíram** que o ramapiteco não rasgava comida com os dentes, mas com as mãos.* (DST) *A solicitação de aumento do preço "in natura" **foi** encaminhada no final do ano passado à Superintendência Nacional de Abastecimento, **UMA VEZ QUE** o produto **é** tabelado nacionalmente.* (AP) ***DADO QUE** boa parte das detentas **têm** relacionamentos com homens também presos, **criou-se** uma mecânica de viabilização desses encontros interprisionais.* (VEJ) *Alguns deles já se **passaram** para o PPB, **VISTO QUE**, ao que tudo indica, fazer oposição aí não **dói** quase nada.* (OI) *Levei-o para conhecer melhor a grande unidade e ele **pôde** sentir, por si mesmo, nossas qualidades e deficiências, **POIS QUE** o pára-quedista **é** sobretudo sincero e não **sabe** esconder o que pensa e o que faz.* (OL) ***Disse** nome pra minha tia **POR CAUSA QUE** ela **é** uma chata.* (REA)
P: PRET. PERF. IND. C: PRET. PERF. IND.	***Perdeu** o País, **PORQUE** nos dias em que os portuários cruzaram os braços o prejuízo sofrido pela economia (...) **somou** muitos milhões de cruzeiros.* (ESP) *Neblinava pelos baixos quando Piano entrou na cidade, no outro dia. **COMO chegou**, **procurou** o vigário, mas ele não haverá retornado ainda.* (VER) *Os resultados **beneficiaram** o Nordeste algodoeiro, **PORQUANTO foram conduzidos** estudos de adubação e técnicas de cultivos.* (DS) *O número delas (pequenas propriedades) não **cresceu**, **UMA VEZ QUE**, à decadência da produção cafeeira na região, **seguiu-se** o incremento da produção do algodão, no decorrer dos anos 30.* (BF)

AS CONJUNÇÕES SUBORDINATIVAS ADVERBIAIS

Continuação

P: PRET. PERF. IND. C: PRET. PERF. IND.	*Jamais alguém **pensou** penetrar no grande Museu dos Membros amputados, bens pátrios, e de lá roubar o que perdeu – **VISTO QUE mereceu** que o Estado lhe amputasse um braço.* (CCI) *É obra de preço incalculável, mas só **custou** a ideia e a execução, **POIS QUE** em tudo a fé e a natureza **obraram** com união.* (CJ)
P: PRET. PERF. IND. C: PRET. IMPERF. IND.	***Foi** uma velha que me vendeu barato, **PORQUE ia** se mudar.* (AC) ***COMO falava** para um mundo de acácios, para uma época de acácios – ninguém **percebeu** o óbvio ululante, ou seja, que aquilo era acácio do puro, do legítimo, do escocês.* (ESP) *Rumores de outro aparelho **despertaram-lhe** a atenção para o perigo que ainda corria, **PORQUANTO deviam** estar à sua procura.* (PRE) ***Convidei-o** gentilmente a tomar uma garrafa de vinho no balcão, **JÁ QUE** não **dispúnhamos** de muito tempo para sentar-nos.* (AL) *Mas, quanto à rainha Amélia, **achei** que seria mais educado ir avisá-la pessoalmente, **TANTO MAIS QUE residia** ela pertinho da rua de Lubeck, à rua de Longchamps, perto da avenida Kleber.* (IS) *O governo revolucionário **interveio** nas contas bancárias da companhia, **UMA VEZ QUE** não **considerava** justa a medida.* (ESP) *A partir do surgimento do Penny Black, **VISTO QUE** a etiqueta com a efígie da rainha **tinha** por fim validar a correspondência, isto é, autenticar o pagamento antecipado do porte, por simples analogia, **deu-se** à etiqueta o nome de selo.* (FIL) ***Demorei** a vir, mas **foi POR CAUSA QUE** não **queria** chegar aqui com as mãos abanando.* (SA)
P: PRET. PERF. IND. C: PRET. MAIS- -QUE-PERF. IND.	*Derrotados, (os trutes) **tumultuaram** seu período presidencial, **PORQUE** o Presidente Artur Bernardes, quando governador de Minas Gerais, **recusara-se** a assinar o contrato com a Itabira Iron.* (AR-O) ***COMO** Deodoro **renunciara** depois de apenas oito meses de governo, os opositores a Floriano **entenderam** que ele deveria convocar novas eleições presidenciais.* (HIB) *Depois **foi** o tataraneto Duda (...) quem **surpreendeu** a velha com um pedido de dinheiro, **JÁ QUE** o pai **aplicara** tudo no open e estava desprevenido.* (AVL) *E nunca mais Vírsio **sentiu** no peito opressão, **POIS QUE**, não sabendo chorar, **encontrara** enfim, nos olhos torneados do violino, a lágrima de som que lhe aquietava a alma.* (G)
P: PRET. PERF. IND. C: PRET. MAIS-QUE- -PERF. IND.-COMP.	*Me **senti** abandonado no quarto do hotel, **PORQUE** ela **havia partido**.* (B)

A JUNÇÃO

Continuação	
P: PRET. PERF. IND. C: PRET. MAIS-QUE- -PERF. IND.-COMP.	*Nada **pude** dizer quanto às ameaças de crescimento desigual, **UMA VEZ QUE** não **havia acompanhado** o rapaz desde a idade de oito ou dez anos.* (AE) *Jamais os problemas de adaptação a uma sociedade em mudança **adquiriram**, porém, a feição com que se desenham em nosso tempo, **VISTO QUE** jamais **haviam sido** tão amplas, tão profundas e tão rápidas.* (ME-O)
P: PRET. PERF. IND. C: FUTURO INDICATIVO	*O secretário da Agricultura **salientou** a importância da instalação do Programa de Defesa do Consumidor – Prodec – nos bairros de João Pessoa, **UMA VEZ QUE atenderá** a toda a população sem que seja necessário o seu deslocamento ao centro da cidade.* (AU) *Ambos os problemas **apresentaram-se** como da maior importância, **POIS QUE definirão** a política parlamentar a ser seguida pela Oposição.* (CRU)
P: PRET. PERF. IND. C: FUT. PRET. IND.	*Não **levou PORQUE** meu pai **mataria** você.* (ANB) ***Determinei** todas as medidas necessárias ao aceleramento da montagem da Fábrica de Cabo Frio, **UMA VEZ QUE** qualquer retardamento **poderia** resultar em paralização, talvez, irreparável.* (JK-O) ***Decidi** não pensar mais no caso, **JÁ QUE** não **chegaria** mesmo a conclusão alguma.* (AFA) *Só Tio Laudônio (...) **foi** quem **continuou** calmo, **POIS QUE** coisa alguma **poderia** pô-lo de outro jeito.* (SA)
P: PRET. PERF. IND. C: PRET. IMPERF. SUBJ.	***COMO** Sílvio **esboçasse** o movimento de se erguer, Angela **fez** sinal para que se detivesse.* (A) ***COMO** Sérgio nada **dissesse**, **procurou** se despedir.* (A) *E, desse jeito, **VISTO QUE** Turíbio Todo talvez **fosse** ainda mais ladino e arisco, durante dois meses as informações **foram** vasqueiras e vagas, e nunca se **soube** bem por onde então eles andaram ou por quais lugares foi que deixaram de andar.* (SA)
P: PRET. IMPERF. IND. C: PRESENTE INDICATIVO	*Nem espiar o movimento da rua ela **podia**, **PORQUE** além das grades, que atrapalham, a janela **é** baixinha, a parede **é** grossa e o peitoril **deve** ter quase um metro de fundo.* (AV) *Dias chegava em casa, no bairro Boa Vista e, **COMO** a rua **é** estreita, **dava** marcha à ré no carro, um Volkswagen verde.* (ESP) *Eu estava banhado, penteado e trajado decentemente, mas **continuava** tão pobre quanto antes, se não mais ainda, **JÁ QUE** os planos de um sujeito bem vestido **são** sempre mais astronômicos do que os de um simples mendigo.* (AL)

AS CONJUNÇÕES SUBORDINATIVAS ADVERBIAIS

Continuação	
P: PRET. IMPERF. IND. C: PRESENTE INDICATIVO	*Esse lenço **tinha** uma segunda função, que era a proteção contra a navalhada, **VISTO QUE** dificilmente uma lâmina **corta** seda pura.* (CAP) *O escritor de "Sarças de Fogo" **negava** a existência, entre nós, do parnasianismo, **PORQUANTO** não **há** impassibilidade.* (FI)
P: PRET. IMPERF. IND. C: PRET. PERF. IND.	*Antes dos quinze anos **amava** violentamente, **PORQUE** o beijo **foi** uma descoberta perturbadora.* (AF) *Este problema **decorria** da impossibilidade de utilização da população indígena, aliás escassa, **UMA VEZ QUE** esta se **apresentou** pouco produtiva para o trabalho agrícola.* (HB) ***Deviam** ser apenas dez por dez por cento do efetivo total do exército guarani sob as ordens dos padres, **JÁ QUE** o Padre Sepp mais de uma vez **proclamou** que as missões não teriam muitos problemas em formar, em espaço de pouco tempo, um exército de trinta mil índios.* (BV) *Dessa forma, nada **havia** de livre ou de secreto na maneira de votar; **PORQUANTO** sempre **existiu** a coerção, inclusive com a presença maciça de capangas do Coronel.* (CRO)
P: PRET. IMPERF. IND. C: PRET. IMPERF. IND.	***Sentia-se** protegida **PORQUE** ele **era** muito parecido com ela.* (AF) *O recurso à violência **tornava-se** cada vez mais problemático. **TANTO MAIS QUE** a opinião pública, um pouco desinteressada pelo drama, **começava** a duvidar do alcance da tal operação.* (MAN) *Não **tinha** a menor pressa de falar, **UMA VEZ QUE** o assunto **era** de tão somenos importância.* (A) *As limitações do movimento anarco-sindicalista se **refletiam** nas suas reivindicações exclusivamente econômicas, negando sempre a luta propriamente política e sequer exigindo do Estado uma legislação trabalhista, **DADO QUE** os anarquistas **eram** contrários às leis do estado.* (SIN) *A questão, em 1889, **era** conceder-se o self-government às províncias, **POIS QUE** o povo brasileiro, em conjunto, **governava-se**.* (DC) *De especial só tinha o avarandado, onde todo dia de tarde, depois do almoço, D.a Leonor vinha sentar, e assim **era** vista ali, com a sua almofada de fazer renda. **PORQUANTO era** perita neste serviço, que além do mais a distraía.* (LOB) *– Por que é que ele **estava** te batendo? – **POR CAUSA QUE** ele **queria** tomar de mim estas mandioquinhas ensopadas.* (SA)
P: PRET. IMPERF. IND. C: PRET. MAIS- -QUE-PERF. IND.	*Não lhe **custava** muito **porque** não **tivera** ainda um orgasmo.* (AF) *(O motor) **estava** acionado pela usina de emergência, **uma vez que** a chave geral do Teatro **fora** desligada.* (BB) *Ela e a família **deviam** ter endurecido em Campos ou em Ubatuba, **JÁ QUE** tudo **acontecera** num feriado prolongado.* (BL)

A JUNÇÃO

Continuação

P: PRET. IMPERF. IND. C: FUT. PRET. IND.	*(Os interesses) não **podiam** ser os dele, **PORQUE** nada daquilo ele **poderia** sentir nem realizar com os meios a seu dispor.* (AE) ***COMO** o poder municipal era fraquíssimo e quase nada **poderia** oferecer ou pesar nessa barganha, os coronéis **revestiam-se** da autoridade municipal.* (CRO) *Não **queria** que a esposa ou os filhos soubessem dos meus haveres **PORQUANTO poderiam** abusar nas despesas.* (PCO)
P: PRESENTE CONTÍNUO C: PRET. PERF. IND.	*Os 30.000 francos **estou acabando** de gastá-los ao meu modo (...) **DADO QUE** sempre **vivi** au jour le jour e não me interessa levar nem um cêntimo para o inferno.* (AL)
P: PRESENTE CONTÍNUO C: PRET. PERF. IND. -COMP.	*Nós **estamos** justamente **atravessando** uma crise de relacionamento **PORQUE** ela **tem procurado** experiências extraconjugais.* (ANB)
P: PRESENTE CONTÍNUO C: PRET. IMPERF. IND.	*Só **estou falando**, **PORQUE** o escarro **estava** cheio de sangue.* (AB)
P: FUTURO INDICATIVO C: PRESENTE INDICATIVO	*A substituição **acontecerá**, segundo o pesquisador, **PORQUE são** altos os custos para a obtenção da matéria-prima do coqueirinho.* (AGF) ***COMO** o autor dessas páginas **é** um diplomata, com prazer **aconselhará** os jovens que sintam o chamado da vocação diplomática a escrever ao Instituto Rio Branco.* (DIC) *Reforma esta que não **poderá** ser provisória, **UMA VEZ QUE** a ascensão do futebol local **está** na dependência direta disso.* (CB) ***Guardaremos** essas obras pelo menos como documentos de ordem histórica, que nos tocam em particular, **DADO QUE** as fontes de nossa arte moderna e de nossa arquitetura **passam** certamente por certas pesquisas.* (MH) *E **JÁ QUE** a senhora também **ignora** quais as atividades de seu marido, não **poderá** excluir a hipótese de que ele seja um dos elementos responsáveis pelo Partido.* (AS) *Mais barato **sairá** ao dono dele nutrir três elefantes a pudim de leite antes de tentar manter aquela desgraceira a capim puro, **POIS QUE** no comer **é** ele primeiro sem segundo.* (TR)
P: FUTURO INDICATIVO C: PRET. PERF. IND.	***JÁ QUE** você **saiu**, o que é que **vai** fazer agora?* (COT)
P: FUTURO INDICATIVO C: PRET. IMPERF. IND.	*O resto se diluía e escapava numa singular modéstia de traços, que não **direi** vulgares, **porque** em torno dela o que **perdurava**, como expressão de caráter, de vida interior, era a aparência de virtude.* (AV) ***COMO** o velho reino das Duas Sicílias não **era**, por então, um modelo, **concordaremos** que, talvez, fosse razoável esta crítica universal ao sistema social e econômico da época.* (DC)

As Conjunções Subordinativas Adverbiais

Continuação	
P: FUTURO INDICATIVO C: FUTURO INDICATIVO	*Não **haverá** o problema de dinheiro no tempo, **PORQUE** os recursos disponíveis no início do período 1 **gerarão** os resultados para o final do período 1.* (ANI) *(Na eleição do Presidente da República) **alcançar-se-á** em cheio o objetivo visado, **UMA VEZ QUE** o eleito **será**, efetivamente, o Presidente da República.* (D) *Uma das características essenciais de toda a contestação da juventude **vai ser** a ênfase na afirmação da individualidade, **DADO QUE** (...) **vai afastar** esta população jovem das formas mais tradicionais e disponíveis de luta política.* (CTR) *A esta conspiração se **juntará** o trabalho de propaganda do comunismo entre os intelectuais e estudantes e operários, **POIS QUE** atrás das relações diplomáticas **virão** as relações culturais.* (SI-O) *A vida em tal escola **será** normalmente educativa, **PORQUANTO** a comunidade de trabalho **despertará** o sentimento de solidariedade.* (PE)
P: PRESENTE SUBJUNTIVO C: FUTURO INDICATIVO	*As crianças que se **arrumem**, disse Solange, **JÁ QUE** nós **vamos** nos **encharcar** à toa, por causa dela, não vamos também deixar Basílio nos esperando a perder de vista.* (CON)
P: FUTURO PRETÉRITO IND. C: PRESENTE INDICATIVO	*Aí, se agente superasse isso (...) **haveria**, em seguida, a barreira ideológica. **PORQUE** as pessoas que fazem o dito teatro "de esquerda" (ele frisa as aspas) **são** autoritárias e acham que o outro lado é ruim.* (AMI) *O mesmo **ocorreria** em relação a uma política que incentivasse o processamento local da produção agrícola, **DADO QUE** as agroindústrias também **têm** uma demanda sazonal de força de trabalho, com pico na mesma época das colheitas.* (AGR)
P: FUTURO PRETÉRITO IND. C: PRET. PERF. IND.	***Seria** injusto atribuir a efabulação de Malazarte puramente a influência de O Estrangeiro, **UMA VEZ QUE** a história desse romance malogrado me **foi** sugerida por um fato ocorrido com minha própria família.* (FAN)
P: FUTURO PRETÉRITO IND. C: PRET. IMPERF. IND.	*A candidatura da deputada Lúcia Braga **seria** um contrato de risco **PORQUE estava** possível de ser alcançado pelos limites da Lei.* (CRP) ***COMO** em 1500, quase nenhum produto brasileiro **tinha** importância comercial, Portugal, caso desejasse lucrar com suas novas terras, **precisaria** primeiro produzir alguma mercadoria.* (HIB) *Se ele estivesse dentro do carro, claro está que **teria** ali deixado suas impressões digitais, **UMA VEZ QUE** não **tinha** nenhum motivo para destruí-las.* (CRU) *Para mim ele **poderia** até ter sido um inquisidor por algum tempo, enquanto bispo, **JÁ QUE** não **era** dominicano.* (ACM)

A JUNÇÃO

Continuação

P: FUTURO PRETÉRITO IND. **C: PRET. MAIS-QUE-** **-PERF. IND.**	*Leo **pagaria** uma cerveja, **POR ISSO QUE** descobrira no fundo dum bolso o suficiente para custear uma cerveja.* (DES)
P: FUTURO PRETÉRITO IND. **C: PRET. MAIS-QUE-** **-PERF. IND.-COMP.**	*O batalhão **embarcaria** no dia seguinte, **VISTO COMO** não **tinha podido** organizar nenhuma resistência.* (CRU)
P: FUT. PRET. INDIC. **N: PRET. PERF. CONTÍNUO**	*O Senhor Jesus Cristo **teria** considerado errado o provérbio, **UMA VEZ QUE andou conversando** com os publicanos e as meretrizes.* (LE-O)
P: FUT. PRET. IND. **C: FUT. PRET. IND.**	*Ela nunca **haveria** de me matar, **PORQUE estaria** perdida.* (AFA) *Eu **poderia** até dormir com essa mentirosa, **JÁ QUE teríamos** que representar o papel de felizes "um-ano" de casados.* (FAV) ***Haveria**, assim, uma certa relação entre o bloqueio da transmissão ao longo de um nervo e o bloqueio sináptico na placa motora terminal, **PORQUANTO**, ambos **dependeriam** da ação de drogas possuidoras de uma função amônio quaternário.* (FF) *Nenhum deles, no momento, **poderia** ser posto em termos de candidato oficial do partido, **POIS QUE significariam**, naturalmente, um fortalecimento do partido.* (CRU)
P: PRET. PERF. IND. - COMP. **C: FUT. PRET. IND.**	*Essa menor sensibilidade ao efeito excitativo apresentada por algumas pessoas **tem sido** entendida pelos pesquisadores como um fator capaz de limitar, nesses indivíduos, a tendência ao consumo abusivo de álcool – **UMA VEZ QUE** os efeitos prazerosos da euforia não **poderiam** se fazer sentir.* (FOC)
P: IMPERAT./PRES. SUBJ. **C: PRESENTE** **INDICATIVO**	*Não me **venha** mais com prepotência, **PORQUE** aqui o senhor não **corta** árvore nenhuma.* (ANA) ***Deixemos** uma pequena margem aos inúteis, aos vagabundos, às aventureiras e aos tontos **PORQUE** dentro de algum deles, como sorte grande da fantástica loteria humana, **pode** vir a nossa redenção e a nossa glória.* (B) ***Tomai** sobre vós o meu jugo. **POIS QUE** meu fardo é leve.* (UC)
P: IMPERAT./PRES. SUBJ. **C: PRESENTE INDICATIVO**	*Os que não queiram ouvir a voz da razão, que **paguem** o preço do desespero, **PORQUE** a ordem **será** mantida pelo governo de Pernambuco.* (AR-O) *Mamãe, **prepare** o beliche **QUE vou levar** dois colegas de Brasília.* (VIS)
P: IMPERAT./PRES. SUBJ. **C: FUTURO INDICATIVO**	*Eles que **aguardem porque estão chegando** os Jacomino.* (ARI)

As Conjunções Subordinativas Adverbiais

Continuação	
P: PRET. MAIS-QUE--PERF. IND. **C: PRET. MAIS-QUE--PERF. IND.**	*Mesmo sabendo-a amante de Sérgio, **fora PORQUE** o **quisera**, **PORQUE** fizera questão de imaginá-la vítima de Sérgio.* (A) *Foi o seguinte o depoimento de Fonteyn: que **decidira**, na ante-véspera, dançar Gisele, **UMA VEZ QUE sentira** a plateia fria quando de sua segunda exibição do Lago.* (BB).
P: PRET. MAIS-QUE--PERF. IND. **C: PRET. IMPERF. IND.**	*Dona Zoraide **informara** que minha atitude **causara** surpresa, **POIS QUE** eles me **consideravam** como amigo.* (DE)
P: PRET. MAIS-QUE--PERF. IND. **C: PRET. PERF. IND.**	***Fechara** simplesmente os olhos a tudo, de modo deliberado, **PORQUE** esta lhe **pareceu** a melhor forma de agir.* (AV)
P: PRET. MAIS-QUE--PERF. IND.-COMP. **C: PRET. IMPERF. IND.**	***Tinha sido condicionado** para se esquecer, jamais olhar o fundo dele mesmo, **PORQUE** muito mais agudo **era** o que estava a sua volta.* (BE)
P: PRET. MAIS-QUE--PERF. IND.-COMP. **C: PRET. PERF. IND.**	*Só não **tinha ido** antes **PORQUE concluí** que deixá-los a sós seria pior.* (AFA)

C) AS CONJUNÇÕES *CONDICIONAIS*. AS CONSTRUÇÕES *CONDICIONAIS*

1 O modo de construção

Em português, a análise das construções **condicionais** complexas pode ser representada na análise das orações iniciadas pela conjunção *SE*. **Construções condicionais** são, em princípio, **enunciados** da forma

SE	ORAÇÃO CONDICIONAL	ORAÇÃO PRINCIPAL

ou

ORAÇÃO PRINCIPAL	*SE*	ORAÇÃO CONDICIONAL

Como em

A JUNÇÃO

SE Oração condicional	*SE eu faço isso*
Oração principal	*estou faltando a minha promessa.* (PP)

Oração principal	*Naturalmente esta lista poderia ser aumentada consideravelmente*
SE Oração condicional	*SE quiséssemos.* (BEB)

Outras **conjunções** expressam a mesma relação básica entre duas **orações**. São **conjunções condicionais**:

> *CASO*

CASO a senhora não preste contas, levaremos o problema ao novo Presidente do Estado. (DZ)

Os pais olham para ela, atentos, vigilantes para prestar-lhe auxílio CASO tivesse dificuldade. (BOC)

A paralisação, CASO ocorra, vai pegar o parque industrial do açúcar no início da safra. (JA)

> *QUE*

Você não pode ver flor QUE não corra logo para cheirar. (VB)

\# Algumas **conjunções condicionais** são compostas, isto é, constituem o que tradicionalmente se denomina **locuções conjuntivas**, que têm, normalmente, o elemento *QUE* como final:

> *DESDE QUE*

DESDE QUE não sejam anônimas, as denúncias são apuradas, doa a quem doer. (VEJ)

Aceitava, sem examinar, qualquer caminho, DESDE QUE parecesse mais curto. (PER)

> *CONTANTO QUE*

CONTANTO QUE pudesse ler e escrever – o mais não tinha muita importância. (COR-O)

Tudo servia, tudo era bom, CONTANTO QUE o levasse mais rapidamente ao ponto desejado. (PER)

> *UMA VEZ QUE*

UMA VEZ QUE essa premissa seja absorvida, a política degenera numa função correlativa à administração empresarial. (IS)

A redução não significa prejuízo para os cotistas, UMA VEZ QUE não se altere a rentabilidade da cota. (VIS)

As Conjunções Subordinativas Adverbiais

> **A MENOS QUE**

A MENOS QUE o velho mantenha uma vida produtiva e participante, será condenado à marginalidade. (PFI)

Seja lá o que for, ele o fará, A MENOS QUE eu impeça. (CH)

Pensando melhor, sabia que nenhum psiquiatra, psicanalista nenhum, A MENOS QUE estivesse na frente dele, na hora da bala, o salvaria do destino traçado, cada vez mais destino, cada vez mais fatal. (BH)

> **SEM QUE**

A democracia não será efetiva sem liberdade de informação e não será exercida SEM QUE esta esteja assegurada a todos os veículos de comunicação social. (AP)

> **A NÃO SER QUE**

A NÃO SER QUE você prefira ir a um teatro (olha o relógio de pulso) ainda dá tempo. (E)

Nunca se interessara pela opinião dos outros A NÃO SER QUE fosse a mesma que a sua. (BOI)

\# A conjunção *SE*, colocada em **foco** por um **advérbio de exclusão**, resulta nas expressões conjuntivas *SALVO SE* e *EXCETO SE*, que correspondem a *A NÃO SER QUE*:

> **SALVO SE**

Produtos da Zona não poderão ser reexportados pelos países importadores, SALVO SE houver prévio acordo com o país interessado. (CPO)

O governo pode expulsar do território nacional o estrangeiro nocivo à ordem pública, SALVO SE seu cônjuge for brasileiro e SE tiver filho brasileiro, dependente de economia paterna. (D)

> **EXCETO SE**

O jogo será reiniciado por um tiro livre indireto concedido à equipe adversária, do lugar onde ocorreu a infração EXCETO SE cometida dentro da própria área de meta. (FUT)

\# A noção de condicionalidade pode mesclar-se a uma outra noção expressa por um determinado conectivo. É o que ocorre, por exemplo, com construções **temporais** que, em determinados **tempos verbais**, têm matiz **condicional**:

Mesmo os livros velhos, QUANDO aparecem sob nova encadernação, ou em exemplares novos, encontram leitores. (BIB)

Vamos mudar de assunto que o Fontoura se irrita QUANDO a gente fala nele. (Q)

Obs.: Esta questão é tratada no capítulo sobre **Conjunções temporais**, em 3.2.2.

2 As relações expressas

2.1 As **conjunções condicionais** entram nas construções que exprimem o que genericamente se pode designar como **condição**.

A indicação mais tradicional e comum que se faz para as construções **condicionais** diz respeito às relações lógico-semânticas expressas, que assim se enunciam (nomeando-se **p** à primeira oração e **q** à segunda):

> "se **p, q**" $\Rightarrow$ "**p** verdadeiro e **q** verdadeiro".

Dentro de uma construção **condicional**, a **oração** que exprime condição (tradicionalmente, a **subordinada**) é chamada **prótase**, e a que exprime o que é condicionado (a **nuclear**, ou **principal**) é chamada **apódose**. Diz-se que a construção se apoia basicamente numa hipótese, razão pela qual o termo **período hipotético** é o que está presente, nos estudos clássicos, como designação genérica das construções **condicionais**.

Considera-se que a relação que se instaura entre o conteúdo da **condicionante** (**prótase**) e o conteúdo da **condicionada** (**apódose**) é uma relação do tipo:

> ORAÇÃO 1: **condição para realização** $\Rightarrow$ $\Rightarrow$ $\Rightarrow$ $\Rightarrow$ $\Rightarrow$ $\Rightarrow$ $\Rightarrow$ $\Rightarrow$ $\Rightarrow$ $\Rightarrow$
> ORAÇÃO 2: $\Rightarrow$ $\Rightarrow$**consequência / resultado da resolução da condição enunciada**

É um resultado que se resolve, na ORAÇÃO 2, em

a) **realização/ fato**;
b) ou **não realização / não fato**;
c) ou **realização eventual / fato eventual**.

Assim, nesse tipo de consideração, já se prevêem três grandes grupos de construções ligadas a uma **oração** condicionante:

a) dada a realização / a factualidade da **oração condicionante**, segue-se, necessariamente, a realização / a factualidade da **oração condicionada**:

SE tudo está desse jeito, eu não posso confiar! (PEM)

b) dada a não realização / a não factualidade da **oração condicionante**, segue-se, necessariamente, a não realização / a não factualidade da **oração condicionada**:

Pois olhe, SE o Natel tivesse escolhido o secretariado logo que saiu a indicação, a essas horas ele seria o governador eleito de São Paulo. (BOC)

c) dada a potencialidade da **oração condicionante**, segue-se a eventualidade da **oração condicionada**:

As Conjunções Subordinativas Adverbiais

Quer dizer que, SE eu chegar às nove, a revista vai vender de novo, os anunciantes vão voltar, vai ser uma beleza! (RE)

2.2 Entretanto, não é apenas esse tipo de relação que está expresso nas construções **condicionais**. De um ponto de vista da organização da informação no texto, verifica-se que as **orações condicionais** antepostas, que são as mais frequentes, constituem, em geral, um ponto de apoio para referência, um **tópico** discursivo. Sendo assim, as **orações condicionais** formam uma espécie de **moldura de referência** em relação à qual a **oração principal** é factual, ou apropriada. Além disso, frequentemente nessas **orações** está uma informação que não é dita como novidade.

Para entender-se essa consideração das **orações condicionais** como porções do enunciado em que o falante coloca informações que ele considera que não são novas para o seu ouvinte, é interessante pensar na similaridade existente entre as construções **condicionais** e as **perguntas polares**. Uma aproximação entre **tópicos** e **prótases** é observável nos significados de determinadas interações que podem ser pensadas como explicativas das construções **condicionais**. Tomem-se como exemplo as três ocorrências anteriores.

Inicialmente, as duas primeiras:

SE tudo está desse jeito, eu não posso confiar! (PEM)
A: Tudo está desse jeito, não é?
B: (Concordância)
A: (Então) eu não posso confiar.

Pois olhe, SE o Natel tivesse escolhido o secretariado logo que saiu a indicação, a essas horas ele seria o governador eleito de São Paulo. (BOC)
A: O Natel escolheu o secretariado logo que saiu a indicação?
B: (Discordância)
A: (Então) a essas horas ele não é o governador eleito de São Paulo.

É como se o falante A propusesse uma questão e obtivesse o consentimento – ou o não consentimento – de B para a validade do que ele propôs. Isso significaria que ambos estariam concordando sobre a validade – ou a não validade – dessa **proposição**, e essa concordância (ou discordância) passaria a funcionar como base para o que A diz em seguida. Assim, a contraparte **declarativa** da pergunta de A é estabelecida como um ponto de apoio para a declaração que A faz em seguida.

É algo como:

A Junção

- Para a primeira das ocorrências:

1) Pergunta

   Tudo está desse jeito, não é?

2) Contraparte declarativa dessa pergunta

   (Sim.) Tudo está desse jeito.

3) Estabelecimento dessa declaração como condicionante

   SE tudo está desse jeito, eu não posso confiar! (PEM)

- Para a segunda das ocorrências:

1) Pergunta

   O Natel escolheu o secretariado logo que saiu a indicação?

2) Contraparte declarativa dessa pergunta

   (Não.) O Natel não escolheu o secretariado logo que saiu a indicação.

3) Estabelecimento dessa declaração como condicionante

   SE o Natel tivesse escolhido o secretariado logo que saiu a indicação, a essas horas ele seria o governador eleito de São Paulo. (BOC)

A partir desse raciocínio, o que a **oração condicional** anteposta apresenta, em geral, é uma parte do **conhecimento partilhado** entre o falante e o ouvinte, e, como tal, constitui uma base selecionada pelo falante para assentar a porção seguinte de seu **discurso**. Isso observa-se nos contextos reais mais amplos, nos dois casos.

- Na primeira das ocorrências:

   Que no mundo eu conheço, todos só querem vantagem, só querem tirar pra si. A força está com o dinheiro, palavra não vale nada, honra não paga comida. SE tudo está desse jeito, eu não posso confiar! (PEM)

O que está assentado, aí, entre os dois interlocutores, antes de se iniciar a construção **condicional**, é que *tudo está do seguinte jeito: todos só querem vantagem etc...*

- Na segunda das ocorrências:

   – E quando é então, me diga, que eu devo escolher os secretários?
   – Mas é evidente, logo que você foi indicado pelo Palácio do Planalto.
   – Você está maluco. Veja o caso do Natel.
   – Pois olhe, SE o Natel tivesse escolhido o secretariado logo que saiu a indicação, a essas horas ele seria o governador eleito de São Paulo. (BOC)

O que está assentado, aí, entre os dois interlocutores, antes de se iniciar a construção **condicional**, é que *os secretários devem ser escolhidos logo que o Palácio faz a indicação*, mas que *Natel não escolheu* – como devia – *o secretariado logo que saiu a indicação.*

Verifique-se, agora, a terceira das ocorrências:

> **S**E *eu chegar às nove, a revista vai vender de novo, os anunciantes vão voltar, vai ser uma beleza!* (RE)
> **A:** *Eu vou chegar às nove?*
> **B:** *(Dúvida)*
> **A:** *(Então): (No caso de concordância) a revista vai vender de novo, os anunciantes vão voltar, vai ser uma beleza!*
> (No caso de discordância) *a revista* não *vai vender de novo, os anunciantes* não *vão voltar,* não *vai ser uma beleza!*

Pode-se pensar, neste caso, no estabelecimento de um **tópico** por contraste, por uma interação em que a pergunta seja de alternância, ou **alternativa**:

1) Pergunta

   Vai chegar às nove ou não?

2) Contraparte declarativa dessa pergunta

   Pode ser que chegue às nove.

3) Estabelecimento dessa declaração como condicionante

   > **S**E *chegar às nove, a revista vai vender de novo, os anunciantes vão voltar, vai ser uma beleza!* (RE)

No caso das duas primeiras ocorrências, o **tópico** é estabelecido pelo contexto anterior, e, portanto, carrega informação que não constitui novidade completa para o interlocutor.

Neste terceiro caso, o **tópico** não constitui algo que já tenha sido informado no **discurso**, mas constitui uma informação que resulta de um acordo que o falante solicita de seu ouvinte: a pergunta constitui um pedido para afirmação ou reconhecimento da existência do **tópico**.

3 A **ordem** nas **construções condicionais**

A maior parte das construções **condicionais** traz a **oração** subordinada **antes** da principal. Considerada a construção do ponto de vista lógico-semântico (tratado na Parte 1), pode-se invocar um princípio de **iconicidade** que favoreça essa anteposição da oração condicionante, prevendo-se para a sequência a seguinte configuração:

1) enuncia-se primeiro a ocorrência de um **estado de coisas** como **assentamento de uma condição (prótase)**, que pode ou não ser satisfeita;
2) a partir daí (e, portanto, em subsequência), enuncia-se um **estado de coisas** como **factual / contrafactual / eventual (apódose)**, em dependência do preenchimento daquela condição.

Como os **enunciados** da língua não são peças lógicas, entretanto, supõe-se que a **iconicidade** pode ser muito mais produtivamente avaliada em termos discursivos, já que a natureza de **tópico** que se pode atribuir às **condicionais** responde facilmente pela tendência de sua ocorrência no início do enunciado.

1) enuncia-se primeiro o **tópico**, isto é, aquela porção do discurso sobre a qual se vai dizer alguma coisa;
2) em subsequência, enuncia-se o que se diz sobre esse **tópico**.

4 Os subtipos das **construções condicionais**

4.1 As denominações dos diferentes subtipos

A tradição classifica as construções **condicionais**, ou "períodos hipotéticos", em três tipos: **reais**, **irreais** e **eventuais**.

O que se diz tradicionalmente é que o período "real" repousa sobre a realidade: o **enunciado** da **prótase** é concebido como **real**, e, a partir daí, o **enunciado** da **apódose** é concebido como uma consequência necessária, e, portanto, também **real**. Ocorre que essa generalização, que tem base lógica, não se confirma quando se avaliam usos efetivos da língua.

Em primeiro lugar, não se pode falar em "realidade", em referência ao que aparece num **enunciado**, já que a realidade não se confunde com a linguagem: **real** ou **não real** não é, nunca, o que está dito, mas aquilo que realmente ocorre, ou seja, os **estados de coisas**. Assim, não se pode dizer que, no primeiro exemplo apresentado em 2.1 para construção **condicional** (*Se tudo está desse jeito, eu não posso confiar!*), esteja sendo afirmada a **realidade** de um **estado de coisas**. O que está afirmada, aí, é a **factualidade** do que **é dito**, isto é, da **proposição**. Assim, de um modo mais exato, essas construções podem ser denominadas **factuais**, e não **reais**.

Nesse enunciado, o que ocorre, pois, é que:

a) não está garantido ser realmente **verdade** que "tudo está desse jeito", e que "ele não pode confiar";

b) mas o falante **afirma** que "tudo está desse jeito" (esteja, ou não esteja "desse jeito", na realidade) e que isso condiciona um **fato**, o fato de "ele não poder confiar".

O mesmo raciocínio pode estender-se às construções tradicionalmente denominadas **irreais**, que, consideradas desse ponto de vista, podem ser mais fielmente denominadas **contrafactuais**.

4.2 As **condicionais factuais / reais**

4.2.1 Pode-se dizer que são **factuais** construções **condicionais** do tipo de:

SE meus antepassados vieram, é claro que os dele vieram também. (AC)
Loteria, Padre, que história é esta, SE passo anos sem comprar sequer uma tirinha de bilhete de loteria! (AM)
SE não me encontrou no jornal, por que, ao chegar, não verificou se eu já estava em casa? (AFA)
Parabéns por quê, SE não faço anos; SE não vou ser prefeito; SE continuo a ser apenas aquilo que sempre fui e continuo a ser, isto é, um ninguém? (AM)

Nesses casos, a natureza **factual** da construção **condicional** muitas vezes vem realçada por um elemento conclusivo / resumitivo (*então*) que ocorre na **oração principal**:

SE o senhor não recebeu, eu então vou apurar quem engoliu o telegrama. (AM)
– Pois não vinha da Itália. – Vera castigava a mãe.
  – SE não vinha da Itália, então de onde vinha? (ANA)

Assim se pode indicar o processo de condução dos enunciados:

a) *SE/desde que* (**é um fato que**) *o senhor não recebeu o telegrama,*
b) *então* (**daí, em consequência**) *eu vou apurar quem o engoliu.*

a) *SE/desde que* (**é um fato que**) *não vinha da Itália,*
b) *então* (**daí, em consequência**) *de onde vinha?*

Em todas essas **construções condicionais factuais**, verifica-se que:

a) o elemento *SE* encabeça um fato apresentado como "verificado": diz-se que esse fato **é** ou **não é**, embora colocando-se a **proposição** no âmbito do verificador de factualidade *SE*;

A JUNÇÃO

b) o outro segmento que contrabalança a construção constitui outro fato, do qual, em vista do primeiro fato verificado, também se diz que **é**, ou que **não é**.

Pode-se dizer que existe, aí, uma relação **factual implicativa** entre o fato expresso pela proposição antecedente e o fato expresso pela consequente. Isso significa que um fato, enunciado como condição já preenchida, **implica** outro, simplesmente enunciado.

4.2.2 O universo das construções **condicionais** factuais não se reduz, porém, a esse uso que marca muito evidentemente um valor conclusivo da **oração** principal. Outra construção **condicional factual** muito comum é do tipo de:

SE ela não fala contigo é porque não soubeste dialogar com ela. (BOC)
SE eu digo é porque tem! (PEM)

Também nesses casos há um fato que é assentado, e a **conjunção** *SE* vem lembrar que houve uma "verificação" dessa factualidade, ou que se encarou esse fato pela óptica de um preenchimento de condição. A segunda parte da construção **hipotética**, porém, é diferente dos casos anteriores: ao invés de simplesmente se enunciar um fato como **implicado**, ou **conclusivo**, trazem-se duas indicações:

a) do ponto de vista discursivo, vem uma conclusão;
b) do ponto de vista do encadeamento dos dois fatos, acrescenta-se a **causa** (iniciada com o *porque*).

Na primeira das duas ocorrências:

a) *SE* (**é um fato que**) *ela não fala contigo*;
b) (**então, daí, em consequência**, se conclui que), *é* (isso ocorre) *porque* (**pela seguinte causa**): *não soubeste dialogar com ela*.

Na segunda ocorrência:

a) *SE* (**é um fato que**) *eu digo*;
b) (**então, daí, em consequência**, se conclui que), *é* (isso ocorre) *porque* (**pela seguinte causa**): *tem*.

Verifica-se, pois, que, enquanto o elemento *SE* encabeça uma **proposição** de **factualidade verificada**, o outro segmento que contrabalança a construção traz outra **proposição** que também é **factual**: por exemplo, na primeira ocorrência, afirma-se "ela não fala contigo" (fato que o *SE* indica ter sido verificado), com apoio no fato de que "não soubeste dialogar com ela" (fato que o *porque* registra em termos de causalidade). O que se verifica é que a **oração** introduzida por *SE* expressa uma consequência do fato expresso pela segunda parte do enunciado (a parte que exprime causa).

No entanto, podem confluir, num mesmo enunciado, as duas fórmulas:

> "SE ... *então*"
>
> e
>
> "SE... *é porque*"

o que resulta em uma construção com "SE ... *então é porque* ...", como em possíveis ocorrências do tipo de:

> SE *ela não fala contigo* **então é porque** *não soubeste dialogar com ela.*
> SE *eu digo,* **então é porque** *tem!*

\# É frequente, na conversação, a ocorrência da **apódose** com *então é porque* sem que a **oração condicional** esteja expressa:

> – O Ministro Delfim telefona muito?
> – De vez em quando. E o Ministro Galvéas também. **Então é porque** ele é executivo do primeiro escalão, na esfera privada, mas com prestígio lá em cima. (BOC)
> (= Se o Ministro Delfim telefona muito **então é porque** ele é executivo do primeiro escalão etc.)
> Você não falou agora mesmo que ia largar os estudos? **Então é porque** você não é doutor. (DEL)
> (= Se você falou agora mesmo que ia largar os estudos **então é porque** você não é doutor)

Esse tipo de relação é frequente não apenas entre enunciados diferentes de um mesmo falante, mas também entre enunciados de falantes diferentes:

> – Ficou muito nervoso quando toquei no assunto.
> – **Então é porque** há mesmo alguma coisa sendo tramada. (MD)
>
> – Eu preferia que isso não tivesse acontecido.
> – **Então é porque** você não acredita na pureza do meu gesto. (OSA)
>
> Zé-do-Burro: – Não! Não posso fazer isso! Não posso arriscar a vida do meu burro!
> Padre Olavo: – **Então é porque** você acredita mais na força do Demônio do que na força de Deus! **É porque** tudo que fez foi mesmo por inspiração do Diabo! (PP)

4.2.3 Em todos esses casos, pode-se dizer que a **oração condicional anteposta** se mantém como **moldura de referência** para a **condicionada** (a **principal**), o que, em termos pragmáticos, equivale a dizer que ela tem caráter de **tópico** discursivo.

Pode-se apontar uma motivação **icônica** da ordem no caso das construções **condicionais factuais**, que partem, em geral, da condição (**prótase**) para a consequência/ conclusão (**apódose**). Assim, em

Então SE você acha isso eu vou ficando. (MPF)

1) enuncia-se como existente um fato: *você acha isso* (**prótase**);
2) a partir daí, enuncia-se como **consequentemente** existente outro fato que daquele dependia (**apódose**): *eu vou ficando.*

4.2.4 Outras construções **condicionais factuais**, mesmo iniciadas pela **conjunção SE**, que é o conectivo prototípico de condicionalidade, mesclam com essa noção um matiz de contraste:

SE há pessoas que reagem pouco à correção da dieta, reclamando novas providências, outras reagem de maneira indiscutível. (FOC)
(contrastam-se determinadas pessoas com outras)
SE os homens letrados eram poucos, as mulheres alfabetizadas formavam um número bem reduzido. (IFE)
(contrasta-se o número dos homens letrados com o das mulheres alfabetizadas)
SE a campanha contra a Sachs deu certo, foi completo o malogro daquela organizada contra a siclemia (anemia falciforme). (FOC)
(contrastam-se duas campanhas)

4.3 Condicionais contrafactuais / irreais

4.3.1 Pode-se dizer que são **contrafactuais** construções **condicionais** do tipo de:

SE a pergunta partisse de Irmã Flora, a resposta teria sido outra. (CP)
SE eu estivesse livre – repisou Raul – não tenho dúvida de que me casaria com ela, ainda que mamãe se zangasse. (FR)
SE Gil não tivesse feito as fotos, seria a minha palavra contra a deles. (ORA)

Mantém-se, para as construções **condicionais contrafactuais**, a consideração de que a relação mais ampla expressa é a de **fato** $\Rightarrow$ **conclusão**. O que se observa, porém, é que essa relação conclusiva, diferentemente do que ocorre no caso das construções **factuais**, se dá com inversão da **polaridade** da **prótase** e da **apódose**.

Observe-se, quanto às três ocorrências anteriores:

SE a pergunta partisse de Irmã Flora, a resposta teria sido outra. (CP)

1º) prótase positiva: *se a pergunta partisse de Irmã Flora*
$\Rightarrow$ fato com polaridade negativa: *a pergunta **não partiu** de Irmã Flora.*
2º) apódose positiva: *a resposta teria sido outra*
$\Rightarrow$ conteúdo asseverado negativo: *a resposta **não foi** outra.*

As Conjunções Subordinativas Adverbiais

SE eu estivesse livre – repisou Raul – não tenho dúvida de que me casaria com ela, ainda que mamãe se zangasse. (FR)

1º) prótase positiva: *se eu estivesse livre*
    ⇒ fato com polaridade negativa: ***eu não estou*** *livre.*

2º) apódose positiva: *me casaria com ela*
    ⇒ conteúdo asseverado negativo: ***não me casarei*** *com ela.*

SE Gil não tivesse feito as fotos, seria a minha palavra contra a deles. (ORA)

1º) prótase negativa: *se Gil não tivesse feito as fotos*
    ⇒ fato com polaridade positiva: *Gil **fez** as fotos.*

2º) apódose positiva: *seria a minha palavra contra a deles*
    ⇒ conteúdo asseverado negativo: ***não é*** *a minha palavra contra a deles.*

Como se pode observar, a **contrafactualidade** da primeira das três construções ilustradas é assegurada na própria indicação **modo-temporal** da **apódose**, pelo **futuro do pretérito composto** (*teria sido*), que é, na verdade, uma forma de passado: dizer que, em dependência de uma determinada condição, "*alguém **não teria / teria** feito algo*", é necessariamente dizer que "*alguém **não fez / fez** algo*". Assim, por exemplo, mesmo que os interlocutores não soubessem de antemão que "*a pergunta **não partiu** de Irmã Flora*", só pelo "*teria sido*" a construção se garantiria como **contrafactual**, isto é, estaria garantido que a pergunta não partiu dela.

Já na segunda dessas construções, verifica-se que, com **apódose** em **futuro do pretérito simples** – que é, realmente, um **futuro** (*me casaria*) – e estando a **prótase** em **imperfeito do subjuntivo** (*estivesse*), as indicações morfológicas apenas assinalam uma **contrafactualidade possível**. Para que a contrafactualidade seja assegurada, isto é, para que a leitura seja inequivocamente **contrafactual**, é necessário que o confronto entre o conteúdo da **proposição** e o **contexto**, ou o conhecimento de mundo partilhado, assim o permita. Desse modo, na construção em exame, o que garante a contrafactualidade é a porção de texto anterior, na qual o falante afirmara que *não estava livre para casar-se*: "*estou nas vésperas de noivar oficialmente e não posso romper o compromisso*".

Por outro lado, a contrafactualidade da construção é garantida, independentemente de qualquer asseguração do **contexto** e de qualquer informação prévia, se a **prótase** estiver no **pretérito mais-que-perfeito do subjuntivo** (seja simples, seja composto o **futuro do pretérito** da **apódose**). É o que se pode observar na terceira das ocorrências. O pretérito mais-que-perfeito do subjuntivo (*tivesse feito*) por si só garante que a condição não foi satisfeita: ao dizer-se "*SE Gil não tivesse feito as fotos*", o que se diz é que "*Gil fez as fotos*"; a partir daí, ao dizer-se, na **apódose**, "*seria a minha palavra contra a deles*", o que se afirma é: "***não é** a minha palavra contra a deles*", ou seja, afirma-se que aquilo que está expresso na **apódose** não constitui um fato.

Assim, com uma **prótase** no **pretérito mais-que-perfeito do subjuntivo**, deixa-se de enunciar uma mera hipótese, que poderia, ou não, ser falsa (falsidade provável), mas – pela evidência de um tempo passado – se garante a contrafactualidade das **proposições** postas em relação de condicionalidade.

4.3.2 Parece que, do mesmo modo que no caso das **factuais**, é possível invocar, do ponto de vista lógico-semântico, uma motivação **icônica** para a ordem, nesses enunciados:

1) enuncia-se como não existente um fato: *a pergunta **não partiu** de Irmã Flora* (**prótase**);
2) a partir daí, enuncia-se como **consequentemente** não existente outro fato que daquele dependia: *a resposta **não foi** outra.*

A leitura contrafactual é, afinal, a seguinte: *a pergunta **não partiu** de Irmã Flora*; então, *a resposta **não foi** outra.*

4.3.3 Também nas construções **condicionais contrafactuais** pode ocorrer a expressão de um contraste. São as construções condicionais que expressam uma correlação de pretensos fatos absurdos, do tipo de:

SE *você é Rui do Pajeú, eu sou Virgolino Lampeão.* (GCC)

4.4 Condicionais eventuais / potenciais

4.4.1 Dizem-se **eventuais** as construções **condicionais** cuja **prótase** repousa sobre a eventualidade; o enunciado da **apódose**, no caso, é tido como certo, desde que **eventualmente** satisfeita a condição enunciada:

SE *seu Raul deixar eu mostro.* (FR)
Você sabia que SE *sair daqui não arranja um emprego nem para ganhar a metade do que você ganha?* (RE)
SE *o total de pedidos empatasse com o volume de produção, a receita da empresa seria suculenta.* (AGF)
UMA VEZ QUE *essa premissa seja absorvida, a política degenera numa função correlativa à administração empresarial.* (IS)

As Conjunções Subordinativas Adverbiais

Uma construção **condicional eventual** de valor privativo é marcada pela locução conjuntiva de sentido privativo *SEM QUE*. A oração **principal**, no caso, é negativa:

Ela não pode ser entendida SEM QUE sua religião seja considerada. (BEN)
Não se afastem SEM QUE eu anuncie a celebração de um matrimônio. (NOD)

Com o conectivo *QUE* também se tem uma **condicional** privativa, mas esse valor se obtém pela forma negativa ocorrente nas duas orações da construção **condicional**:

*Você **não** pode ver flor QUE **não** corra logo para cheirar.* (VB)

O que se diz aí é que:

*Você **não** pode ver flor SEM QUE corra para cheirar.*

4.4.2 Com as construções **eventuais** (não privativas) também ocorrem frequentemente marcadores de direcionalidade, como o elemento conclusivo *então*:

*SE se montar a peça com dois cenários, organiza-se **então** a cena para o julgamento que se segue.* (AC)
*SE não concordarem, **então** cada um que lute por si, o que resultará em derrota geral.* (AM)

Essa é uma evidência de que se trata de construções eventuais **implicativas**, já que o preenchimento da condição enunciada **implica** o que se diz na **oração principal** do **período**, embora não se possa dizer que essa implicação signifique causalidade.

4.4.3 A implicação é mais evidente, ainda, quando se trata de uma **condição necessária e suficiente** (= "somente se"), caso em que a **condicional** é geralmente posposta:

Dizer que procuram nisso uma distração para o vício de fumar, proibido durante a viagem, seria admissível SOMENTE SE ao término atirassem fora o chiclet em favor do cigarro (fumam com ele na boca). (CV)
Artes por estas bandas, meu irmão, SÓ SE for a de furtar. (OSD)
Diremos, segundo a tradição, que "a neve é branca" é uma sentença verdadeira SE e SOMENTE SE a neve é branca. (EC)
Diremos que o rato A' espera alimento no ponto p' SE e SOMENTE SE, nas condições fixadas, ele exibe um dado comportamento. (EC)

Essas construções têm sido chamadas **bicondicionais** (ou **condicionais duplas**), e nelas as duas orações se implicam mutuamente. O que está implicado nessas construções é que os conteúdos proposicionais da **prótase** e da **apódose** têm de ser ou ambos verdadeiros, ou ambos falsos (graças à inferência solicitada).

843

Com os seguintes esquemas se pode formalizar a diferença de significado existente entre as construções **condicionais duplas** e as simplesmente **condicionais**:

Condicionais duplas:

> "*SOMENTE SE* **p, q**" $\Rightarrow$ "**p** verdadeiro e **q** verdadeiro" ou "**p** falso e **q** falso".

Compare-se com as **condicionais simples**:

> "*SE* **p, q**" $\Rightarrow$ "**p** verdadeiro e **q** verdadeiro".

Assim, em relação à última das quatro ocorrências citadas, na qual o falante enuncia a condição simples (*SE*) seguida da condição dupla (*SOMENTE SE*), pode-se fazer um desdobramento das duas construções para entender que:

- a construção "o rato **A'** espera alimento no ponto **p'** *SE* ele exibe um dado comportamento" significa que:

> *SE* **p** verdadeiro, **q** verdadeiro;

- enquanto a construção "o rato **A'** espera alimento no ponto p' *SOMENTE SE* ele exibe um dado comportamento" significa que:

> *SE* **p** verdadeiro, **q** verdadeiro e *SE* **p** falso, **q** falso.

O que se diz, neste último caso, é que:

a) se o rato **A'** não exibe um dado comportamento, ele não espera alimento no ponto **p'**;
b) nada que o rato **A'** faça que não seja exibir um dado comportamento faz que ele espere alimento no ponto **p'**.

\# O valor de "se e somente se" está nas **locuções conjuntivas** *DESDE QUE* e *CONTANTO QUE*:

> *Dou tudo de valor que tem em casa, CONTANTO QUE você não toque em ninguém.* (ANB)
> *Pagava os prejuízos, responsabilizava-se pelas nove letras restantes, CONTANTO QUE que eu jurasse nunca mais botar as mãos numa direção.* (BP)
> *DESDE QUE não sejam anônimas, as denúncias são apuradas, doa a quem doer.* (VEJ)
> *Acho fundamental a participação do indivíduo na realidade DESDE QUE ele possa aguentá-la.* (OAQ)
> *A intervenção federal pode ser processada a qualquer instante, DESDE QUE o Catete resolva.* (DZ)

\# As **prótases** pospostas do tipo "somente se" são frequentemente assimiláveis a enunciados independentes:

*Aparício passava despercebido, ou supostamente despercebido. CONTANTO QUE não
prejudicasse os colegas, a estes pouco se lhes dava o que Aparício fizesse.* (ORM)
*A mim não me importa morrer. CONTANTO QUE ele [o bebê esperado] viva e nasça
direitinho.* (JT)

Elas são, por isso mesmo, frequentemente enunciadas por um falante diferente daquele que enuncia a **apódose**:

Pedro: – Santo não liga a dinheiro. Quer é promessa cumprida.
  Gigante: – SÓ SE é esse seu santo. (PEM)
– Esqueci de dizer que vou ficar hoje por aqui, seu Jó só volta amanhã.
  – SÓ SE não reparar na pobreza, moço. (ATR)
– Pelas cinco chagas de Nosso Senhor Jesus Cristo, eu lhe ordeno que vá!
  – SÓ SE a senhora for comigo. (PD)

\# Essa **condição necessária e suficiente** pode manifestar-se com inversão de **polaridade**, isto é, com a **condicional** introduzida por fórmula negativa (*A NÃO SER QUE*, *A MENOS QUE*). A **condicional** é geralmente posposta:

Diálogos longos cansam A NÃO SER QUE possuam indiscutível carga dramática. (ROT)
*Ninguém se interessava pela opinião dos outros A NÃO SER QUE fosse a mesma que a
sua.* (BOI)
*Ninguém pode dissimular tão bem por tanto tempo A NÃO SER QUE seja um grande
ator.* (N)
*Enterrado ou fora da sepultura, o zumbi permanecia como morto, dez horas, A ME-
NOS QUE continuasse sendo alimentado com uma mistura de veneno de sapo e
determinadas substâncias químicas.* (BU)

Na primeira ocorrência, o que se diz, na verdade, inverte a **polaridade** da **oração principal**. Ela é formalmente **afirmativa**, mas na verdade, o que é expresso (invertendo-se a **polaridade** pelo uso do *A NÃO SER QUE*) é o seguinte:

a) diálogos longos **não** cansam, se possuírem indiscutível carga dramática (exatamente como no inverso: *SE não* possuírem indiscutível carga dramática, diálogos longos cansam);

b) nada que não represente "possuir indiscutível carga dramática" fará os diálogos "**não** cansarem".

Na segunda das ocorrências, também o que se diz inverte a **polaridade** da **oração principal**. Mas, como ela, nesse caso, é formalmente negativa, o que se diz (invertendo-se a **polaridade** pelo uso do *A NÃO SER QUE*), é que:

a) todos se interessavam pela opinião dos outros, *SE* fosse a mesma que a sua (exatamente como no inverso: **ninguém** se interessava pela opinião dos outros, *SE* **não** fosse a mesma que a sua);

b) nada que não represente "ser a mesma opinião que a sua" fará as pessoas "se interessarem pela opinião dos outros".

Do mesmo tipo são as construções com *SALVO SE* e *EXCETO SE*:

Não havendo suplente, o tribunal Superior Eleitoral providenciará para a eleição de um novo deputado, SALVO SE faltar menos de dois anos para o termo do período. (D)

A lesão de fibras nervosas está associada à degeneração da camada de células ganglionares da retina e daquela de fibras nervosas, mas as duas camadas externas neuronais da retina geralmente permanecem sem lesões, EXCETO SE oclusões vasculares estão superajuntadas. (GLA)

\# São frequentes **sintagmas** (expressões não oracionais) indicadores de condicionalidade iniciados por *A NÃO SER, SALVO, EXCETO*:

O uso tópico está contraindicado, A NÃO SER em Oftalmologia. (ANT)

Não avançamos, A NÃO SER com certeza e cautela. (ALF)

Eles chegam ao nível de ginásio e não trabalham de outra forma, A NÃO SER em equipe. (PT)

É vedado a menores de quatorze anos assistirem ou participarem de espetáculos em emissoras de rádio e televisão que terminem depois das vinte horas, SALVO com autorização especial. (RR)

É difícil ver namorado na rua, pois moça não deve sair de casa, SALVO para rezar ou visitar parentes. (COT)

Por isso as lideranças políticas procuram não confessá-lo, SALVO em situações excepcionais. (NEP)

A Lei de Diretrizes e Bases da Educação impede a discriminação de crianças, EXCETO por doenças infecto-contagiosas, que são transmitidas com facilidade. (GLO)

Além disso, como o senhor não queria perder qualquer de seus trabalhadores, havia regras estipulando que os servos ou seus filhos não poderiam casar-se fora dos domínios, EXCETO com permissão especial. (HIR)

E um consenso que o nome de batismo fosse Continental, EXCETO para dois anciãos que moram ali desde recém-casados. (EST)

4.4.4 Certas construções **hipotéticas eventuais**, entretanto, não fazem parte do esquema de **implicação**. A relação não implicativa mais geral é a **ressalva**:

• ou com a **condicional** posposta, como em

Confessou que faria as pazes, SE José lhe estendesse a mão. (FR)

As Conjunções Subordinativas Adverbiais

• ou com a **condicional** intercalada (posposta a um termo da **oração principal**), como em

O tempo da espera – SE tal acontecer – preenche com uma conversa. (PRO)

Em qualquer caso, o esquema é este.

Enuncia-se a **oração principal** (a **condicionada**), ou parte dela, para, então, vir a **condicionante** da qual depende o que se enuncia na **condicionada**. Isso funciona como um adendo, um **lembrete** (designação comum em inglês: *afterthought*), que leva a uma relativização do conteúdo da **apódose** (ou da parte dela) enunciada. Mais do que **condicionar** o conteúdo proposicional da **apódose**, a **prótase** posposta parece induzir dúvida sobre a certeza.

\#   A ressalva pode envolver fortemente uma conjetura, expressa por *SE É QUE*. Nesse caso, a **condicional** vem **posposta** ou **anteposta**:

SE É QUE conheço as pessoas à primeira vista, este é um homem sério. (CH)
As musas desse poeta andam por aí encanecidas e murchas, SE É QUE ainda andam e já não desceram todas à escuridão do túmulo. (B)
As coisas não são tão fáceis como antes – SE É QUE um dia foram fáceis. (CCI)

Nessas construções com *SE É QUE*, o que se exprime é uma dúvida maior, quanto à eventualidade expressa, do que nas construções com um simples *SE*.

4.4.5 Há construções **condicionais eventuais**, mesmo iniciadas pelo conectivo condicional prototípico – *SE* – que apresentam a noção de **condicionalidade** mesclada com alguma outra noção:

a)   **Condicional** com matiz **alternativo**: expressam **disjunção** construções como

SE você não consegue se controlar, você não consegue dormir. (VEJ)
    (= Ou você consegue se controlar ou você não consegue dormir.)

b)   **Condicional** com matiz **concessivo**: podem considerar-se como de fronteira entre uma relação **condicional** e uma relação **concessiva** construções em que o elemento **concessivo** *mesmo* precede a **conjunção condicional** *SE*

Mesmo *SE quisesse não conseguiria trair.* (AGO)
A pele, **mesmo** *SE for bem clara, escurece.* (ELL)
Somos vagabundos, **mesmo** *SE trabalhando, e comemos com as mãos.* (CCI)

4.4.6 A condição pode, ainda, vir expressa dentro de uma **comparação**. Nesse caso coexistem a **conjunção comparativa** *como* e a **conjunção condicional** *SE*:

Como *SE tivesse mudado de ideia, apertou a campainha.* (AFA)
Sérgio, porém, prosseguira **como** *SE só ele tivesse o direito de falar.* (A)
É **como** *SE a senhora me tivesse dado um bife estragado e farofa com mofo.* (AM)

A JUNÇÃO

5 O esquema modo-temporal nas **construções condicionais**

5.1 Numa indicação geral, podem fazer-se as observações seguintes.

a)   Quanto ao **modo verbal**.

a.1) Na **oração condicional**

> 1) a **conjunção condicional** básica *SE* inicia tanto **orações** em **indicativo** como em **subjuntivo**.
> 2) outras **conjunções condicionais**, como *CASO, DADO QUE, DESDE QUE, UMA VEZ QUE, SEM QUE, CONTANTO QUE, A MENOS QUE, A NÃO SER QUE* só se constroem com **verbo** no **subjuntivo**.

a.2) Na **oração principal** ocorre o **indicativo**, a não ser que algum tipo de **modalização** leve ao uso do **subjuntivo**, como em

> *SE **tivesse podido** prever o resultado, **talvez** nada **tivesse mandado** dizer.* (A)
> *SE **desse** a autorização, **talvez** as duas famílias SE **reconciliassem**.* (FR)
> *SE Solovieff **tivesse sido** executado, **quem sabe** SE o futuro Lenin **tivesse orientado** de modo diferente a sua atuação.* (AM-O)

b)   Quanto ao **tempo verbal**.

b.1) A **conjunção** *SE* – bem como aquelas em que o *SE* vem focalizado, como *SALVO SE* e *EXCETO SE* – inicia **orações** de **presente**, de **passado** e de **futuro**.

b.2) Todas as outras **conjunções condicionais** iniciam **orações** de **presente** e de **passado**.

5.2 O esquema modo-temporal nas **construções factuais**

Todas as construções **condicionais factuais** têm o **verbo** no modo **indicativo** em ambas as **orações**, o que configura exatamente a **factualidade** das construções. A **oração principal** pode ser de **presente**, de **passado** ou de **futuro**, mas a **oração condicional** só vem no **presente** ou no **passado**, configurando **factual no presente**, ou **factual no passado**, respectivamente.

Quanto às relações temporais, os esquemas mais encontráveis, na expressão da condicionalidade factual, são os seguintes:

As Conjunções Subordinativas Adverbiais

[A1]
CONDICIONAL (C)

PRINCIPAL (P)	Ocorrências
C: PRESENTE INDICATIVO P: PRESENTE INDICATIVO	*E SE ninguém me **responde concluo** que as bolachinhas Vitaflor são irremediavelmente ignoradas do distinto público aqui presente.* (BOC) *SE não **sabe** onde está **sou** o vencedor.* (PEM) *SE você não **confia** em mim, porque é que **está** perguntando?* (RE)
C: PRESENTE INDICATIVO P: PRET. PERF. IND.	*E **ganhei** de quem, SE no momento **estou** parado?* (AM) *Tenho meus papéis em ordem. SE não **tenho**, me **roubaram**.* (CCI) *Como é que você **viu** Mateus de longe, SE a rua é estreita, João?* (PL)
C: PRESENTE INDICATIVO P: PRET. IMPERF. IND.	*SE você não **quer** acreditar nos amigos, **devia**, ao menos, ler a crônica social.* (CB)
C: PRESENTE INDICATIVO P: FUTURO INDICATIVO	*SE ele [o instrumento] não é válido para nós, também não **será** válido para a Oposição.* (JL-O) *SE você **quer** se promover, não **vai ser** às minhas custas, porque eu não vou permitir!* (RE)
C: PRESENTE INDICATIVO P: PRESENTE SUBJUNTIVO	*SE você não é capaz para a literatura, ela que **vá** às favas!* (F) *Seja, SE é preciso!* (PL)
C: PRESENTE INDICATIVO P: IMPERATIVO	*Bom... SE é pra entendido, **fica**.* (PEM)
C: PRET. PERF. IND. P: PRESENTE INDICATIVO	*Ninguém **pode** conduzir um gênio, SE os seus dotes lhe **vieram** do berço.* (HP) *SE já te **afirmei** que esta mulher passou na minha vida, como uma mariposa em volta de um quebra-luz em noite de invernia, é porque isso é a expressão da verdade.* (HP) *SE não me **disse** quem é, não **posso** compreender nada.* (MO)
C: PRET. PERF. IND. P: PRET. PERF. IND.	*Betty, SE a **chamei** aqui, **foi** por outro motivo.* (CCA) *SE eu **fiquei** deste jeito **foi** por culpa exclusiva desta redação!* (RE)
C: PRET. PERF. IND. P: PRET. PERF. -COMP.	*Persisto em não acreditar na tua acusação à sociedade, SE **foi** ingrata contigo no início de tua carreira, **tem** entretanto, ultimamente, batido palmas aos teus triunfos.* (HP)

849

A JUNÇÃO

Continuação

C: PRET. PERF. IND. P: FUTURO INDICATIVO	*SE ele **fez** tudo isso **vai passar** o resto da vida na prisão!* (REB) *SE você já **abriu** o champanha agora, o que é que nós **vamos abrir** à meia-noite?* (ANB)
C: PRET. IMPERF. IND. P: PRESENTE INDICATIVO	*SE a noção de sono **estava** casada à noção de noite, **devo** concluir que estou autorizado a dormir a noite inteira, isso é, a vida inteira?* (BOC)
C: PRET. IMPERF. IND. P: PRET. IMPERF. IND.	*Apenas, senti que cada frase dita, cada evocação dos sentimentos e das ações de Eliodora, **SE** não **era** diretamente dirigida contra mim, pelo menos me **excluía, timbrava** em me fazer sentir quanto e quanto era estranha a família, "aos Soares".* (A) *SE eu **estava** com a verdade, por que **estava** derrotado?* (PEM) *SE os homens letrados **eram** poucos, as mulheres alfabetizadas **formavam** um número bem reduzido.* (IFE)
C: PRET. MAIS- -QUE-PERF. IND. P: PRET. MAIS-QUE- -PERF. IND.	*SE Sílvio **imaginara** diferente do que era, **SE** se **apaixonara, SE** lhe **pusera** sobre a cabeça uma qualquer auréola de martírio e destino, mesmo sabendo-a amante de Sérgio, fora porque o **quisera**, porque **fizera** questão de imaginá-la vítima de Sérgio.* (A) *SE Pedrina **decaíra**, quem a **pusera** a perder?* (FR)

5.3 O esquema modo-temporal nas **construções contrafactuais**

As construções **condicionais contrafactuais** têm o **verbo** da **subordinada** geralmente no modo **subjuntivo**, e numa forma passada (**pretérito imperfeito** e **pretérito mais-que-perfeito**). Assim, só há **contrafactual** no **passado**, já que também o **verbo** da **oração principal** é sempre de **passado**, aí incluído o **futuro do pretérito composto**. Observe-se que a eventual ocorrência de um **verbo** no **presente do indicativo** na **oração condicional**, como em

SE eu não chego a tempo, o senhor bebia todo o rio Paraíba. (OSA)

não invalida essa afirmação, já que apenas a forma é de **presente**, mas o valor é de **passado** (= se eu não tivesse chegado).

Quanto às relações temporais, são esquemas possíveis, na expressão da condicionalidade contrafactual:

As Conjunções Subordinativas Adverbiais

[A2]
CONDICIONAL (C)
PRINCIPAL (P)   **Ocorrências**

C: PRET. IMPERF. SUBJ. P: PRET. IMPERF. IND.	*SE eu não **cuidasse** de mim, hoje **estava** na rua da amargura.* (AB) *Mas **SE** cafezinho **embriagasse**, Panta, você **vivia** aos tombos.* (AM) *– Inglês ou alemão? – Inglês, com muita honra. – Por que o senhor diz "com muita honra"? **SE fosse** alemão, a honra **era** menor, ou nenhuma?* (BOC)
C: PRET. IMPERF. SUBJ. P: PRET.MAIS-QUE- -PERF. IND. COMP.	*SE eu não **tivesse** meu filho, já **tinha feito** um monte de besteiras.* (AB) *SE eu **soubesse** não **tinha dito** nada.* (RE) *SE eu **fosse** ele **tinha ido** também para o serviço de Aparício.* (CA)
C: PRETÉRITO IMPERF. SUBJ. P: FUT. PRET. IND.	***Seria** tão bom **SE fosse** isso!* (A) *SE **fosse** outro, **tomaria** o destino de um bar, de um dancing, de uma boite.* (A) *Vocês acham que eu **poderia** dizer isso **SE** não **estivesse** autorizado por ele?* (TF)
C: PRETÉRITO IMPERFEITO SUBJ. P: FUT. PRET. IND. COMP.	*SE eu não **segurasse** as pontas isto aqui já **teria acabado** há muito tempo!* (RE) *SE sua mãe não **fosse** louca, tudo **teria sido** muito simples.* (CP) *Apenas tudo **teria sido** muito melhor **SE** ele a **recebesse** mesmo sem dizer nada.* (CP)
C: PRET. MAIS-QUE- -PERF. SUBJ. COMP. P: PRET. IMPERF. IND.	*SE o senhor não **tivesse benzido** o bichinho, a essas horas ele ainda **estava** vivo.* (AB) *SE **tivesse aparecido** algum tatu por aqui estas formigas já **estavam** sem casa.* (GT) *SE **tivesse** me **ouvido**, nada disso **acontecia**.* (AS)
C: PRET. MAIS-QUE-PERF. SUBJ. P: FUT. PRET. IND.	*SE você **tivesse nascido** no mesmo dia 22 de março, mas às 18 horas, o seu ascendente **ficaria** assim.* (AST) *Jamais se **permitiria** uma liberdade daquelas na sua frente e na do amigo, **SE** já não **tivesse começado** a perder o controle do pensamento.* (A) *Não há dúvida de que **SE tivéssemos nascido** em outros países ou noutros tempos **seríamos** muito diferentes.* (AE)
C: PRET. MAIS-QUE-PERF. SUBJ. P: FUT. PRET. IND. -COMP.	*SE não **tivesse ido** buscar o advogado, não **teria caído** com a cara na pedra.* (PE)

851

A JUNÇÃO

Continuação	
C: PRET. MAIS-QUE-PERF. SUBJ. **P: FUT. PRET. IND. -COMP.**	*O resultado não **teria sido** muito diverso **SE tivéssemos tido** uma eleição indireta, com votação secreta.* (TF) *Hoje tenho quase a certeza de que, **SE houvesse levado** aquele sangue ao laboratório e **tivesse feito** as pesquisas segundo realmente exigia o estado de Dona Gema, ela não **teria morrido**.* (DE)
C: PRET. PERF. IND. **P: PRESENTE SUBJUNTIVO**	*Eu **morra SE mandei** matar esse novilho!* (PL)
C: PRESENTE INDICATIVO **P: PRET. IMPERF. IND.**	***SE** eu não **chego** a tempo, o senhor **bebia** todo o rio Paraíba.* (OSA)

5.4 O esquema modo-temporal nas **construções eventuais**

As construções **condicionais eventuais** têm o **verbo** da **subordinada** no modo **indicativo** ou no **subjuntivo** (e nos tempos **presente, passado** ou **futuro**), e o **verbo** da **oração principal** em forma de **presente, passado** ou **futuro**. Desse modo, é grande a variedade de combinações modo-temporais nessas construções. São mais frequentes, porém, as construções que têm, na **oração condicional**, o **futuro do subjuntivo**, forma que, aliás, é exclusiva das **condicionais eventuais**:

[A3]
CONDICIONAL (C)
PRINCIPAL (P)   **Ocorrências**

C: PRESENTE INDICATIVO **P: PRESENTE INDICATIVO**	*E **SE** nós as **conservamos** com carinho, **continuam** vivas por tempo indeterminado.* (BOC) *Mas **podemos** viver à custa de seu pai, **SE** você não **tem** preconceitos.* (EL) *Creio que me **matam SE descobrem** que abandonei o quarto.* (CCA)
C: PRESENTE INDICATIVO **P: PRET. PERF. IND.**	*Também **ouvi, SE** não me **engano**.* (AM)
C: PRESENTE INDICATIVO **P: FUTURO INDICATIVO**	***SE** ele **pensa, verá** o erro.* (PH) ***SE** ele **põe** a preocupar-se, não **durará** muito tempo, que a saúde já não é aquela de outros tempos.* (TER) ***SE chegamos** a despi-la, se **escandalizará** apavorada com a sua fealdade, como o pavão se apavora com horror dos pés.* (HP)

As Conjunções Subordinativas Adverbiais

Continuação	
C: PRESENTE INDICATIVO P: FUT. PRET. IND.	*SE lá se **fala** grego, eu **levaria** o prefeito como intérprete.* (AM)
C: PRESENTE INDICATIVO P: PRET. IMPERF. IND.	*SE Pedro não **aparece**, eu **terminava** me casando com você.* (PL) *SE eu **pego** esse desgraçado, a terra **ia** ter comida!* (PEM)
C: PRESENTE INDICATIVO P: IMPERATIVO	***Comecem** a desocupar o prédio, SE não **querem** que mande meus homens atirarem tudo na rua.* (IN) ***Sente-se** aí, SE você ainda me **quer** bem.* (CCA)
C: PRET. PERF. IND. P: PRESENTE INDICATIVO	*SE não me **enganei**, ao todo **somam** cento e três cruzeiros.* (AM)
C: PRET. PERF. IND. P: PRET. PERF. IND.	*SE **foi** assim como Marieta disse, **foi** na Rua Grande.* (PL)
C: PRET. PERF. IND. P: FUTURO INDICATIVO	*SE ele **fez** alguma coisa com a Vera, **vai SE ver** comigo.* (MD) *SE ainda não **ouviu**, ainda **ouvirá**, minha menina.* (CP)
C: PRET. PERF. IND. P: IMPERATIVO	*Tessala: senhor, **perdoai SE** vos **ofendi** ainda há pouco...* (TEG)
C: PRET. IMPERF. IND. P: PRET. IMPERF. IND.	*SE eu **pedia** uma coisa, ele **respondia** trocando o lugar das palavras, sabe como é?* (BOC) *Eu não estou vendo coisa nenhuma, SE João **estava** no bar, **estava** bêbado!* (PL)
C: PRET. MAIS-QUE- **-PERF. IND.*** P: FUT. PRET. IND.	*SE não **fora** o apelo à figura exótica do "Poder Moderador", na República Presidencial, por ele preconizada, **seria** uma das mais notáveis lições de direito constitucional e de política, daquela hora.* (CPO)
C: FUT. INDIC. COMP. P: FUTURO INDICATIVO	*SE você **vai sair** logo, **reavaliaremos** o caso.* (MH)
C: PRES. SUBJ.** P: PRESENTE INDICATIVO	*Sarney **está** pouco mais da metade de seu mandato, CASO ele **seja** de cinco anos.* (VEJ)
C: PRES. SUBJ.** P: FUTURO INDICATIVO	*CASO a senhora o **aceite**, daqui por diante seu nome **será** Olavo.* (DZ)
C: PRET. IMPERF. SUBJ. P: PRES. INDIC.***	*SE **fosse** verdade, por que é que o Ministro Delfim Neto **telefona** para ele?* (BOC)
C: PRET. IMPERF. SUBJ. P: PRET. IMPERF. IND.	*SE eu **soubesse**, **tirava** essa ideia da cabeça dela.* (BOC) *Não sabia se o senhor gostava ou não. SE não **gostasse**, eu **desligava**.* (BOC) *Não **queria** acordá-lo, CASO **estivesse** dormindo.* (VA)

A JUNÇÃO

Continuação

C: PRET. IMPERF. SUBJ. P: FUT. PRET. IND.	*SE **assistisse** a um terremoto, **descobriria** nele alguma vantagem para as vítimas.* (BOC) *SE o ministro **conseguisse** resistir por mais tempo, **acabaria** por se firmar, e **seria** o fim do acalentado sonho de permanência no poder.* (TF) *SE **soubesse** que ele, Pádua, havia matado o Turco Velho **abriria** imediatamente um inquérito.* (AGO)
C: FUTURO SUBJUNTIVO P: PRESENTE INDICATIVO	*Você sabia que SE **sair** daqui não **arranja** um emprego nem para ganhar a metade do que você ganha?* (RE) *Então SE eles **morrerem fica** por sua conta?* (CRU) *Em casa do filho de Fr. Brás Militão não se **agasalham** amantes fugitivos, salvo SE eles **forem** tão desgraçados que não tenham pão nem teto.* (PH)
C: FUTURO SUBJUNTIVO P: FUTURO INDICATIVO	*SE todos os viajantes **pensarem** como ele, **aceitarão** uma travessia.* (PRO) *SE **sair** a homologação do ultraleve para serviços na agricultura, a demanda mensal **vai chegar** a quatro mil aeronaves por ano, prevê Gatão.* (AGF) *Nini me **abandonará** SE **souber** que estou bem.* (FR)
C: FUTURO SUBJUNTIVO P: PRET. PERF. DO IND.	*SE um recém-nascido **apresentar** Aids, o vírus transmissor da doença **foi** transmitido pela mãe.* (FOC)
C: FUTURO SUBJUNTIVO P: INFINITIVO	*Joaquim: Diga à sua irmã para **vir** hoje sem falta, SE não **quiser** que eu vá buscá-la.* (MO)
C: FUT. SUBJ. P: IMPERATIVO	*SE **quiserdes**, **ide dizer** a Creonte que encontre outro general.* (TEG) *SE **quiser** minha ajuda, que **vá estudar**.* (MO) ***Traze-me** Lúcio Sílvio SE o **encontrares**.* (PRO)
C: FUT. SUBJ. COMP. P: FUTURO INDICATIVO	*Irmão, teu caso é difícil, mas a luz **baixará** em tua vida, SE a **tiveres merecido**.* (BOC)

*   Só em forma negativa
**   Impossível com a conjunção *SE*
*** Só em forma interrogativa

As Conjunções Subordinativas Adverbiais

6 Particularidades das **construções condicionais**

6.1 A **elipse** nas **construções condicionais**

6.1.1 **Elipse** da **oração principal**

Nas construções **condicionais** pode ocorrer elipse da **oração principal**. Nesses casos, o falante constitui a **moldura de referência** condicional, que é a **oração** com *SE*, mas deixa a cargo do ouvinte o preenchimento do conteúdo emoldurado (a **oração principal**). O conteúdo da parte nuclear da construção, então, tem de ser resgatado pelo ouvinte segundo seu conhecimento, sua experiência no assunto, ou, mesmo, seu desejo, como em

> – *Bobagem, o CELURB apreender as jardineiras. Os próprios carros liquidam com elas.*
> – *SE fosse só com as jardineiras. Um deles, em cima do passeio, mandou minha tia para o hospital.* (BOC)
> *Hoje eu acreditei no amor dele! Ah, SE fosse sempre assim!* (FEL)

\# Verifica-se que as **condicionais** com **presente** (do **indicativo**) ou **futuro** (do **subjuntivo**) sugerem construções **eventuais**, enquanto as **condicionais** com **passado** (**imperfeito do subjuntivo**) – que são as mais frequentes – sugerem construções **contrafactuais**:

• **Eventuais**

Presente do indicativo:

> *Enfim, SE ele pega o homem...* (PEM)
> *Mas SE o prefeito te ouve acusando o filho dele.* (PEM)

Futuro do subjuntivo:

> *SE olhar bem o jeito dela, quando fica paradinha.* (PEM)

• **Contrafactuais**

Imperfeito do subjuntivo:

> *Quer me dizer o... senhor pergunte para o Delegado. SE fosse por mim... Eu tenho coração de manteiga.* (NOF)
>
> *Também com um nome desse... Ainda SE fosse Operação Falcão...* (MD)
>
> *W: Esse negócio vai mal...*
> *Primeira voz: Vai de mal a pior...*
> *Segunda voz: SE fosse só o trem...* (PED)

Se a **oração condicional** é **interrogativa** (precedida por um **coordenador** como *e*, ou *mas*), a **modalidade** de condição sugerida é a **eventual**, mesmo que a forma verbal seja do **imperfeito do subjuntivo**:

E SE o gigante descobre? (PEM)
Mas, e SE as duas substâncias forem a mesma (ou, não forem as duas)? (FOC)
Ela disse bem. E SE for uma cilada? Não confio nessa velha com cara de feiticeira. (PEM)
– E SE ela te escrevesse então? (PRO)

O valor **contrafactual** favorece a construção de **condicionais optativas**:

Ah, SE fosse sempre assim! (FEL)
Ai. SE eu fosse solteiro! (IC)
C: SE ao menos eu não fosse doente! SE ao menos nós todos não fôssemos doentes! (NOF)

A correspondência pode ser assim explicitada:

* (AFIRMATIVA) *SE* fosse sempre assim = (NEGATIVA) não é sempre assim;
* (AFIRMATIVA) *SE* eu fosse solteiro = (NEGATIVA) não sou solteiro;
* (NEGATIVA) *SE* ao menos eu não fosse doente = (AFIRMATIVA) eu sou doente.

Outra expressão favorecida pela contrafactualidade é a **comparativa**:

Delegado: – Da próxima vez eles desistem antes de começar!
Policial : – COMO SE fosse a primeira vez... (AS)

Só mesmo em teatro! COMO SE a vida não fosse um teatro, teatro onde as prostitutas também têm que desempenhar o seu papel pra poder sobreviver, sem fugir à regra geral! (RAP)

6.1.2 **Elipse** na **oração condicional**

6.1.2.1 **Elipse** total da **oração condicional**

Pode também ocorrer de a **oração condicional** não ser formalizada, ser apenas suposta no **contexto**:

O homem perguntou se eu era da família.
  – Pela cor da pele, o senhor vê que não.
  – Então   vem a título de quê? (CBC)
        ↳ *[SE você não é da família]*

– Quatro rodas, revestido de metal, vidros, volante, freio. O que é?
  O cara perguntou:

– Mas tem cadarço?
Decepcionado o psicólogo respondeu:
– É lógico que não.
– Então já sei: *é um mocassim!* (MAN)
      ✍ *[SE não tem cadarço]*

– Ah! É gozado. Aqui não tem guerra, tem?
– Não.
– Então (...)   *é porque aqui as coisas estão boas, não é?* (PED)
      ✍ *[SE aqui não tem guerra]*

6.1.2.2 **Elipse** do **verbo auxiliar** de uma forma **passiva**, na **oração condicional**.

Pode não ocorrer o **verbo auxiliar** numa **oração condicional** com **verbo** na **voz passiva**, ficando expresso apenas o **particípio passado**:

SE Ø reeleito nas próximas eleições, comprometo-me a apresentar um projeto desapropriando este prédio. (IN)

6.1.3 **Elipse** do **conectivo**

6.1.3.1 Ocorrem construções **condicionais** com formas **finitas** do **verbo**, e sem **conjunção condicional**. As formas verbais das **orações condicionais** são o **imperfeito do subjuntivo** e o **pretérito mais-que-perfeito do indicativo**. Essas **orações condicionais** são:

a) Geralmente antepostas, se forem positivas:

FOSSE a Petrobrás uma empresa privada, não estaria sujeita às ingerências dos políticos. (GL)
TIVESSE eu uma igual, juro que estava gozando a vida em Paris há muito tempo! (JT)
FOSSE você, sabe o que pedia pra tal aranha? (GD)

b) Geralmente pospostas, funcionando como **adendo**, se forem negativas:

*E assim continuava, **não FOSSE** a discussão que acabei de ter com a Dona Leonor.* (A)
*Jamais tornaria a cruzar o umbral da porta, **não FOSSE** o interesse, a necessidade de defender meu neto!* (A)
*E à mesma situação teria reduzido, logo depois da guerra, também a Europa Ocidental, **não FORA** o poderio atômico dos Estados Unidos, então por ela não compartilhado.* (CRN)

A JUNÇÃO

A anteposição da **condicional negativa** é menos comum, mas também ocorre, especialmente quando ela contém referenciação anafórica:

*E **não** FOSSE isso – diz ele que é médico e conhece por dentro a displicência de nossa gente – um parente deixaria que outro fosse providenciar os papéis. (B)*

*Mas confesso; não FOSSE **isto**, certamente casava com ela. (FR)*

Todas essas construções **condicionais** são **contrafactuais**, e a própria escolha da elipse da conjunção já anuncia a **contrafactualidade**. Isso pode ser mais facilmente explicado tomando-se as frequentes construções em que existe uma marca de **coordenação** (com a **conjunção** *e*), como em

*FOSSE a vítima desta ação truculenta uma pessoa cardíaca ou uma gestante, **e** certamente as consequências teriam sido trágicas. (MIR)*

*TIVESSE eu escolhido o cofre **e** certamente a esta hora estaria no fundo do rio com ele. (OSA)*

*TIVESSE vindo outro padre para substituí-lo **e** não haveria de morrer. (NOD)*

Compare-se:

a)   *SE* a vítima desta ação truculenta fosse uma pessoa cardíaca ou uma gestante ...

b)   *FOSSE* a vítima desta ação truculenta uma pessoa cardíaca ou uma gestante ...

Com o início **a)** se poderia formar tanto uma construção **contrafactual**, como

SE a vítima desta ação truculenta fosse uma pessoa cardíaca ou uma gestante, certamente as consequências teriam sido trágicas.

quanto uma construção **eventual**, como

SE a vítima desta ação truculenta fosse uma pessoa cardíaca ou uma gestante as consequências poderiam ser (eventualmente) trágicas.

Já com o início **b)** seria impossível uma construção **eventual**, como

*FOSSE a vítima desta ação truculenta uma pessoa cardíaca ou uma gestante as consequências (eventualmente) seriam trágicas.

6.1.3.2 Um tipo particular de construção de valor condicional sem uso de **conjunção** está na expressão *FOSSE QUAL FOSSE*, que equivale a *"se fosse x ou se fosse y"*, ou *"quer fosse x, quer fosse y"*. Trata-se de uma **condicional eventual**, que pode ser anteposta ou posposta:

FOSSE QUAL FOSSE a resposta, a segunda pergunta era: "Que é que anda fazendo por aqui?" (TV)

FOSSE QUAL FOSSE a razão que impelia, ou obrigava ele a se encarregar do menino, iria assumir papel de pai. (CON)

Xavier tinha resolvido, FOSSE QUAL FOSSE a razão, se tornar invisível. (CON)

Qual seria o destino daquele casamento? FOSSE QUAL FOSSE, ele, Carl Winter, gostaria de ver o desenvolvimento da rústica comédia provinciana. (TV)

6.2 Características especiais da **oração principal**

Embora tradicionalmente se denomine **oração** à porção condicional de uma construção, verifica-se que o **segmento condicionante** também pode construir-se com núcleos que representam **atos de fala**. Na posição nuclear, fica, pois, um enunciado em forma de **discurso direto**, que pode ser de qualquer uma das modalidades de **enunciado (interrogativo, imperativo** etc.).

6.2.1 Um tipo de núcleo naturalmente ligado à construção **condicional** é o enunciado **interrogativo**, tanto **geral**, ou **polar**, como **particular**, e tanto posposto quanto anteposto à condição:

SE morasse em São Conrado, destruiria duas espigas? (BOC)

SE eu sair daqui vou trabalhar onde? (RE)

SE um já fez o trabalho, por que não aproveitar? (PEM)

SE me roubam, como fico? (PEM)

E CASO encontrasse, seria em companhia de quem? (A)

E como quer que eu veja, SE ainda não surgiu? (FR)

E como é que você sabe que essa aí é a sua amiga e não outra qualquer, SE todas as baratas são iguais? (BOC)

Como, porém, fazer-se notado por ela, SE não a deixavam sair? (FR)

Dentro da configuração geral do hipotético – **factual, contrafactual** ou **eventual** – essas interrogações se lançam implicadas por determinadas condições, o que, para cada um dos tipos, assim se pode enunciar, comentando-se as duas primeiras ocorrências do elenco acima:

- **Factual**

  SE (**é fato que**) *eu estava com a verdade*
  (**vem a pergunta**): *por que estava derrotado?*

- **Contrafactual**

  SE (**não é fato que / é fato que não**) *eu estava com a verdade*
  (**vem a pergunta**): *por que estava derrotado?*

A Junção

- **Eventual**

> *SE* (**eventualmente**) *eu sair daqui*
> (**vem a pergunta**) *vou trabalhar onde?*

6.2.2 Outra construção **condicional** comum em que coexistem dois **atos de fala** é a que traz um enunciado **imperativo** ou **exortativo** na posição nuclear (tanto posposto como anteposto):

> *SE sabe quem é seu pai, pede pra lhe tirar dessa!* (PEM)
> *SE tens, Heliodoro, alguma censura a levantar, dirige-a a Nero.* (PRO)
> *SE você está buscando pretexto para matar sua mulher, não me envolva nisso.* (AFA)
> *SE você me ama mesmo, eu disse, SE você me ama mesmo então saia e se mate imediatamente.* (DE)
> *Tucano, SE é meu amigo, me dê uma solução!* (PEM)
> *Me desculpe SE você não tem nada com isso.* (FE)

6.2.3 Também uma **exclamativa** pode constituir o núcleo de uma construção **condicional**:

> *SE você pensa que vou continuar a aguentar sua estupidez, está muito enganado!* (A)
> *SE o senhor cabo garante que eu não vou sofrer vingança eu sei quem é o Malazarte!* (PEM)
> *SE é coisa que valha a pena, pode contar que estou lá!* (PEM)
> *Acho o fim da picada, SE você quer saber!* (RE)

6.2.4 Mais interessante ainda é a verificação de que se pode articular uma **oração condicional** com uma **assertiva não exclamativa**, e, assim mesmo, configurar-se a articulação de dois **atos de fala** (duas **asserções**):

> *SE me permite uma ajuda – sem lhe faltar com o respeito – eu faço a operação.* (PEM)
> *SE esfregar no fundo dele, com muito cuidado e jeito ... garanto que dá um salto e sai daqui mais ligeiro do que corisco e trovão!* (PEM)
> *SE entrarmos em desvantagem, não é bom.* (AMI)

6.3 A expressão da condicionalidade em construções sem **oração condicional**

Existem, na linguagem coloquial, certas construções com duas **orações** que entre si estabelecem relação de **condicionante** ⇒ **condicionado**, sem que exista formalmente uma **oração condicional**. São desse tipo construções com

As Conjunções Subordinativas Adverbiais

a) **imperativo + oração** iniciada por *que*:

Corre que tu ainda pega o pirão no barraco da Marlene. (BH)
(= Se você correr você pega o pirão)

b) as formas verbais *vai* ou *vá* + **oração** iniciada por *que*, com **verbo** no **indicativo** ou no **subjuntivo**:

VAI QUE esse homem leva um tiro. Aí, o Brasil vira de cabeça para baixo de vez, alerta. (VEJ)
(= E se esse homem leva um tiro?)

Tárcio disse, levantando o quepe, VAI QUE não volta, ou então volta furado, disse ele com aquela cara de que estava falando de futebol ou então dizendo que ia fazer uma merendinha, assim como quem não quer nada. (SAR)
(= E se não volta?)

Aparentemente as moças não tomam conhecimento desses grupos de rapazes que as vigiam. VÁ QUE cumprimentem os conhecidos na primeira passada – e os cumprimentam discretamente, com um leve gesto de cabeça e a voz baixa. (AID)
(= E se cumprimentarem?)

Se o prejuízo fosse apenas individual, VÁ QUE negligenciassem, até o ponto dessa deprimente incompetência, as obrigações dos estudos. (CRU)
(= E se negligenciassem?)

VAI QUE eles tivessem recebido o resgate e, com o dinheiro, financiado uma revolução vitoriosa em El Salvador. (VEJ)
(= E se eles tivessem recebido o resgate?)

c) um **sintagma nominal** ou **adverbial** anteposto a um **sintagma nominal**; geralmente, trata-se de expressões, fixas ou semifixas:

*Nos países em desenvolvimento esse percentual é ainda mais alto. **Casa de ferreiro**, espeto de pau.* (FSP)
(= Se a casa é de ferreiro, o espeto é de pau)

***Casa de ferreiro**, espeto de ferro.* (FSP)
(= Se a casa é de ferreiro, o espeto é de ferro)

*Em **casa de ferreiro**, espeto de pau. Vamos ver se muda para casa de ferreiro, espeto não é de pau, disse.* (FSP)
(= Se é em casa de ferreiro, o espeto é de pau)

*O carro foi emprestado à prefeitura, que poderá comprá-lo no futuro. Maia comemorou a aquisição. "**De graça, até** injeção na veia", disse o prefeito.* (FSP)
(= Se é / for de graça, tomo até injeção na veia)

861

A JUNÇÃO

D) AS CONJUNÇÕES *CONCESSIVAS*. AS CONSTRUÇÕES *CONCESSIVAS*

1 O modo de construção

A construção **concessiva** expressa por um **período composto** é constituída pelo conjunto de uma **oração nuclear**, ou **principal**, e uma **concessiva**. As construções **concessivas** correspondem a **enunciados** da forma:

EMBORA	ORAÇÃO CONCESSIVA,	ORAÇÃO PRINCIPAL

ou

ORAÇÃO PRINCIPAL,	*EMBORA*	ORAÇÃO CONCESSIVA

Como em

EMBORA **oração concessiva,** **Oração principal**	*EMBORA ninguém prestasse atenção,* *alisou de novo a saia.* (CBC)

oração principal, *EMBORA* **oração concessiva,**	*As estrelas, muito distantes, são consideradas fixas,* *EMBORA não o sejam.* (AST)

A **conjunção** *CONQUANTO* exprime a mesma relação básica, seja com anteposição seja com posposição da **oração concessiva**:

CONQUANTO

CONQUANTO sofresse restrições pela condição de imigrante, observara que a burguesia brasileira, quase toda de lastro luso, preferia negociar com os ibéricos. (REP)

Pouco demorei, CONQUANTO muitos fossem os agrados. (SA)

\# Algumas **conjunções concessivas** são compostas, isto é, constituem o que tradicionalmente se denomina **locuções conjuntivas**, que têm, normalmente, o elemento *QUE* como final:

MESMO QUE

MESMO QUE nesta época estejamos produzindo muito petróleo, continuaremos a importá-lo nas mesmas quantidades atuais. (CRU)

A planta brotará, MESMO QUE em alguns casos demore um pouco. (JB)

Mudaria os homens, MESMO QUE demorasse alguns séculos. (M)

As Conjunções Subordinativas Adverbiais

> **AINDA QUE**

AINDA QUE se possam preparar vários tipos de pergaminho, costuma-se usar a pele de cordeiro. (CRS)

Essa medicina reparava na superfície os problemas urbanos, AINDA QUE a distribuição da riqueza socialmente produzida se mantivesse inalterada. (BEN)

> **POSTO QUE**

POSTO QUE armados com espingarda, não puderam resistir-lhes com êxito feliz. (CAP)

"Saber português" e "saber gramática", duas capacidades diferentes, POSTO QUE extremamente conexas. (ELD)

> **APESAR (DE) QUE**

APESAR DE QUE uma série de ilustrações seria muito mais eloquente, não resisto à vontade de descrever uma ou outra moeda. (NU)

Tornei-me um aluno exemplar, APESAR DE QUE morria em quase todos os assaltos e emboscadas. (CRE)

> **SE BEM QUE**

SE BEM QUE a base da economia mineira também seja o trabalho escravo, por sua organização geral ela se diferencia amplamente da economia açucareira. (FEB)

O normal é uma respiração para cada ciclo completo dos braços, SE BEM QUE há nadadores que respirem em cada segunda braçada e até alguns de ritmo irregular. (NOL)

> **POR MAIS QUE**

POR MAIS QUE se esforçasse, não conseguia ser completamente ele mesmo. (AV)

De outro modo não se terá a paz, POR MAIS QUE a opressão seja capaz de criar um aspecto de ordem e de legalidade. (CPO)

> **POR MUITO QUE**

POR MUITO QUE sondasse o terreno, não me era possível adivinhar onde iríamos cair. (MEC)

Não conseguirá alcançá-lo, POR MUITO QUE o Imperador serenamente lhes gritasse a esses marotinhos, que o fizessem, sob pena de terem eles de comer outros dois dias a comida servida a bordo. (TR)

> **POR MENOS QUE**

POR MENOS QUE pese, era um "record"! (PP)

A JUNÇÃO

> **NEM QUE**

NEM QUE o quiséssemos, não poderíamos sobreviver conservando-nos nação pastoril e agrícola, no velho estilo. (JK-O)

Ele vai levantar esse cerco NEM QUE Getúlio Vargas venha até aqui para ordenar. (HO)

> **AINDA QUANDO**

AINDA QUANDO haja ninguém no mundo, é capaz de reconstituí-las (as obras humanas). (CBC)

Ele (o governo) tem realmente que cobrar o imposto, AINDA QUANDO isso possa parecer meio desagradável. (REA)

Torna presentes a todos os cristãos, AINDA QUANDO separados pelo espaço e pelo tempo, pela vida e pela morte. (NE-O)

> **NÃO OBSTANTE**

Psaronius alcançou vários metros de altura, NÃO OBSTANTE possuísse tronco relativamente delgado. (AVP)

Explica-se, assim, que a importação de mão de obra europeia em regime de servidão temporária tenha continuado nas colônias mais pobres e haja sido excluída das colônias mais ricas, NÃO OBSTANTE fosse amplamente reconhecido que o trabalho escravo era mais barato. (FEB)

desejo de exercitar-se fisicamente, de colocar-se em forma, é o denominador comum destas atividades, NÃO OBSTANTE predomine, para alguns, o interesse estético do movimento no esporte e na ginástica-dança, ou na contemplação da natureza e das pessoas nas caminhadas. (LAZ)

Obs.: A expressão *NÃO OBSTANTE* ainda integra a classe das **preposições acidentais**.

2 As relações expressas

2.1 As construções **concessivas** têm sido enquadradas, juntamente com as **adversativas**, entre as conexões **contrastivas**, cujo significado básico é "contrário à expectativa", um significado que se origina não apenas do conteúdo do que está sendo dito, mas, ainda, do processo comunicativo e da relação falante-ouvinte. Em muitos dos enunciados concessivos pode-se tornar evidente essa noção fazendo-se uma comparação com enunciados adversativos paralelos:

864

EMBORA fosse sempre um homem silencioso, o seu silêncio, agora, era mais denso e triste. (BB)
Era sempre um homem silencioso, MAS o seu silêncio, agora, era mais denso e triste.

EMBORA ninguém prestasse atenção, alisou de novo a saia. (CBC)
Ninguém prestava atenção, MAS alisou de novo a saia.

As duas acabam brigando, MAS a amizade não termina. (AMI)
EMBORA as duas acabem brigando, a amizade não termina.

Ele diz que é remédio, MAS tenho certeza que é estricnina. (AFA)
EMBORA ele diga que é remédio, tenho certeza que é estricnina.

2.2 Entretanto, se, de um lado, as construções **concessivas** podem ser vistas na sua relação com as construções **adversativas**, de outro lado é necessário verificar também sua relação com as construções **causais** e **condicionais**. Tanto as construções **concessivas** como as **causais** e as **condicionais** expressam, de certo modo, uma conexão "causal" entendida num sentido amplo. Por outro lado, essas construções expressam, também, uma conexão **condicional**, já que são explicáveis em dependência de satisfação (ou não satisfação) de necessidade, ou de suficiência, de determinadas condições.

2.3 Uma das definições mais aceitas para a construção **concessiva** é a que diz que nela se combinam uma **oração principal** e uma **oração concessiva** (ou sintagma **concessivo**) que expressa um fato (ou noção), apesar do qual a proposição principal se mantém. Isso equivale a dizer que, numa construção **concessiva**, o fato (ou a noção) expresso na **oração principal** é asseverado, a despeito da proposição contida na **oração concessiva**.

Numa construção **concessiva**, vista a partir do esquema lógico, pode-se chamar **p** à **oração concessiva** e **q** à principal. Trata-se de uma construção **concessiva** quando **p** não constitui razão suficiente para **não q**:

"embora **p, q**" $\Rightarrow$ "**p** verdadeiro e **q** independente da verdade de **p**"

Em outras palavras, pode-se dizer que, apesar de o fato (ou o evento) expresso em **p** constituir uma condição suficiente para a não realização do fato (ou evento) expresso em **q**, **q** se realiza; e, nesse sentido, se pode dizer que a afirmação de **q** independe do que quer que esteja afirmado em **p**:

A JUNÇÃO

| Oração 1: | "condição (suficiente) para não realização" | Oração 2: | "realização" |

Ou:

| Oração 1: | "condição (suficiente) para realização" | Oração 2: | "não realização" |

Ou:

| Oração 1: | "condição (com potencial) para realização" | Oração 2: | "eventual realização" |

Esse resultado se resolve, pois, na **oração** 2, em

a) **realização**;
b) **não realização**;
c) **eventual realização**.

A partir daí, já se prevêem três grandes grupos de construções ligadas a uma **oração concessiva**:

a) **Factuais/reais**: apesar da realização/da verdade da **oração concessiva**, segue-se, necessariamente, a realização/a verdade da **oração principal (não condicionada)**:

> *EMBORA fosse um amigo recente e reticente, já lhe tinha emprestado pequenas quantias.* (BB)
> *MESMO QUE a questão de saber se o arqueólogo escava coisas (como queria Spaulding) ou pessoas (como contrapôs Wheller) ainda cause divergências no meio acadêmico, pode-se dizer que esta última posição obtém um número crescente de adeptos.* (ARQ)

b) **Contrafactuais/irreais**: apesar da não realização/da falsidade da **oração concessiva**, segue-se, necessariamente, a não realização/a falsidade da **oração principal (não condicionada)**:

> *O semblante sereno de uma vaca, aquele ar bovino imperturbável de quem está sempre filosofando, lhe é simplesmente inevitável, pois MESMO QUE pudesse querer, a vaca não poderia sorrir nem chorar.* (FOT)
> *– Eu não sou acionista da empresa! Sou empregado como vocês! E MESMO QUE fosse o dono, não ia fazer a menor diferença!* (RE)

c) **Eventuais**: dada a potencialidade da **oração concessiva**, não necessariamente se segue a realização/a verdade nem a não realização/a falsidade da **oração principal (condicionada)**:

> *Mas, AINDA QUE eu salve o ratinho branco, outro terá de correr em seu lugar.* (AVE)
> *MESMO QUE ela me abandone, eu preciso ir até o fim.* (PP)

No primeiro caso – **concessivas factuais/reais** –, tanto **p** quanto **q** devem ser verdadeiras para que a asserção global seja também verdadeira. Isso significa que a enunciação de uma factual implicita a realização dos conteúdos tanto de **p** como de **q**.

No segundo caso – **concessivas contrafactuais/irreais** –, tanto **p** quanto **q** devem ser não verdadeiras para que a asserção global seja também não verdadeira. Isso significa que a enunciação de uma contrafactual implicita a não realização dos conteúdos tanto de **p** como de **q**.

No terceiro caso – **concessivas eventuais** –, o conteúdo proposicional da **oração principal** deve ser verdadeiro, mas o da **concessiva** pode ser verdadeiro ou falso. Isso significa que existe uma incerteza **epistêmica** sobre a eventual ocorrência do conteúdo proposicional de **p**.

Os três tipos, entretanto, têm em comum o fato de que em todos eles se instaura uma relação de contraste entre o tipo de evento representado pela proposição **concessiva** e o representado pela proposição **nuclear**.

2.4 Outra questão está no fato de os três tipos implicarem, de algum modo, causa e condicionalidade. Pode-se dizer que, de um ponto de vista semântico, as construções **concessivas** se situam num extremo, já que, quanto às relações **causais**, pode-se propor a seguinte organização:

a) um extremo em que a relação de causa entre a **subordinada** e a **nuclear** é afirmada: **construções causais**;
b) um extremo em que o vínculo causal entre as **orações** envolvidas é negado: **construções concessivas**;
c) um espaço intermediário em que a relação de causa entre as duas **orações** não é nem afirmada nem negada, é simplesmente hipotetizada: **construções condicionais**.

No espaço que medeia entre as **construções condicionais** e as **concessivas**, por outro lado, se situam as **condicionais com matiz concessivo**, do tipo de:

> *MESMO SE eu vencer, não haverá unidade no legislativo a menos que construamos esta coalizão.* (ZH)
> *O Marcelo não terá nada a perder, MESMO SE voltarmos para a fazenda.* (MO)

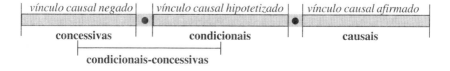

A JUNÇÃO

No sentido geral, o que ocorre numa construção **concessiva** é que uma pretensa **causa** (ou uma **condição**) é expressa na **oração concessiva**, mas aquilo que dela se pode esperar é negado na **oração principal**.

Para uma construção como

EMBORA a febre começasse a ceder, Dulce permanecia debilitada. (FR)

pode-se indicar o esquema

a febre começava a ceder	**A**
Dulce permanecia debilitada	**B**

- **Não A** (a febre não começar a ceder) é condição necessária para **B** (para Dulce permanecer debilitada).

  Ou: **A** (a febre começar a ceder) é condição suficiente para **não B** (para Dulce não permanecer debilitada).

- Entretanto: não ocorre **Não A** (que é a condição necessária para **B**):

  não ocorre de a febre não começar a ceder.

- E (surpreendentemente) ocorre **B**, isto é, **A** não consegue ser causa de **Não B**.

  Dulce permanece debilitada.

- Ou: ocorre **A** (que é a condição suficiente para **não B**)

  ocorre de a febre começar a ceder.

- E (surpreendentemente) ocorre B.

  Dulce permanece debilitada.

  Para uma construção como

  Ninguém a esquece, EMBORA nunca se fale dela. (CC)

  por outro lado, pode-se indicar o esquema

nunca se falar dela	**A**
ninguém a esquecer	**B**

- **A** (nunca se falar dela) é condição necessária para **não B** (para a esquecerem). Ou: **Não A** (sempre se falar dela) é condição suficiente para **B** (para ninguém a esquecer).

- Entretanto: ocorre **A** (que é a condição necessária para não **B**):

  ocorre que nunca se fala dela.

- E (surpreendentemente) não ocorre **não B**, isto é, **A** não consegue ser causa de **não B**:

  não ocorre que a esqueçam.

- Ou: Não ocorre **não A** (que é a condição suficiente para **B**):
  não ocorre que sempre se fala dela.

- E (surpreendentemente) ocorre **B**:
  ninguém a esquece.

Esquemas que envolvem quantificação podem complicar o jogo, pela relação mútua dos conjuntos envolvidos. Veja-se:

> *Essa é a ordem de precedência normal, EMBORA em alguns países católicos se faça uma exceção para o representante papal.* (DIP)

em alguns países católicos se faz uma exceção para o representante papal	**A**
essa é a ordem de precedência normal	**B**

- Países católicos não fazerem uma exceção para o representante papal é condição necessária para **B** (para essa ser a ordem de precedência normal). Ou: países católicos fazerem uma exceção para o representante papal é condição suficiente para **Não B** (para essa não ser a ordem de precedência normal).

- Entretanto: países católicos fazerem uma exceção para o representante papal ocorre (parcialmente) – alguns países católicos fazem uma exceção para o representante papal – e (mesmo assim) não ocorre **Não B** (ocorre **B**).

O que fica bem evidente é que a concessão se liga com a não satisfação de condições e com a frustração de causalidades possíveis. Uma construção **concessiva**, ao mesmo tempo que subentende uma **condicional**, pode ser negada por ela. Assim, para cada **construção concessiva** se pode apresentar uma **condicional** contraditória respectiva. Vejam-se os dois pares que seguem:

> *EMBORA Paulino Duarte falasse alto, quase gritando, **Elisa não o ouviu**.* (OS)
> *Se Paulino Duarte falava alto, quase gritando, **Elisa o ouviu**.*

a **oração nuclear** da relação **concessiva** é negativa / a **oração nuclear** da relação **condicional** contraditória respectiva é positiva

> ***Tem mania de comprar discos**, EMBORA não tenha vitrola.* (RO)
> ***Não tem mania de comprar discos**, se não tem vitrola.*

a **oração nuclear** da relação **concessiva** é positiva / a **oração nuclear** da relação **condicional** contraditória respectiva é negativa.

Essa ligação das construções **concessivas** com o jogo da polaridade facilmente se explica pela natureza contrastiva das construções **concessivas**. Assim, tome-se o seguinte enunciado de relação **concessiva**:

A Junção

> **EMBORA** *não visasse à ocupação do território, Portugal enviou algumas expedições ao Brasil.* (HB)

Pode-se dizer, nesse caso, que, se Portugal não visava à ocupação do território, não se espera que ele tivesse enviado algumas expedições para o Brasil. O que se espera, no caso, seria expresso por uma construção condicional com negação na **apódose**. Desse modo, a expectativa, nesse enunciado, seria assim expressa:

> *Se não visava à ocupação do território, Portugal não enviou (espera-se) algumas expedições ao Brasil.*

Deve apontar-se, porém, que, embora **condicionais** e **concessivas** compartilhem similaridades, há pontos diferenciadores fundamentais, especialmente porque, na **condicional**, em princípio, a escolha de um dos elementos disjuntos contidos implicitamente na **prótase** influi no resultado expresso na **apódose**. Assim, tome-se a ocorrência:

> *SE não escrevo já, é porque preciso de tempo para estudar uma resposta adequada.* (A)

Verifica-se que:

a) na **prótase**, a probabilidade de "eu não escrever já" está oposta à probabilidade de "eu escrever já";

b) a opção do disjunto "eu não escrever já" é compatível com a apódose "preciso de tempo para estudar uma resposta adequada", enquanto a opção "eu escrever já" não é compatível com essa **apódose**;

c) a realização do conteúdo da **apódose** depende da escolha de um dos disjuntos implícitos na **prótase**, ou seja, depende da opção que se faça por um dos disjuntos, havendo sempre uma consequência implicada.

Assim, as opções de **apódose**, segundo a escolha que se faça da **prótase**, são:

a) com escolha pelo disjunto negativo, há

> *SE **não** escrevo já, é porque preciso de tempo para estudar uma resposta adequada.* (A)

b) com escolha pelo disjunto positivo, há

> *SE escrevo já, é porque **não** preciso de tempo para estudar uma resposta adequada.*

A diferença entre as **condicionais** e as **concessivas** está em que:

a) nas **condicionais** a escolha disjuntiva na **prótase** determina o resultado expresso na **apódose**: *se p, q / se não p, não q.*

b) nas **concessivas**, pelo contrário, o resultado contido na **oração principal** é independente da escolha que se faça de qualquer dos elementos disjuntos.

As Conjunções Subordinativas Adverbiais

O que se verifica na construção **concessiva** é que a escolha de qualquer um dos elementos disjuntos não influi no conteúdo da **oração principal**, pois é incapaz de alterá-lo:

> *Acabou embarcando de volta ao Rio, EMBORA pretendesse permanecer mais um mês por lá.* (AMI)

Mecanismo da disjunção:

> *Acabou embarcando de volta ao Rio, **pretendesse, ou não**, permanecer mais um mês por lá.*
> *Acabou embarcando de volta ao Rio, **quer pretendesse, quer não pretendesse**, permanecer mais um mês por lá.*

> *EMBORA o cloranfenicol continue sendo o antibiótico de escolha, a ampicilina constitui-se na melhor alternativa para doentes que não possam usá-lo.* (ANT)

Mecanismo da disjunção:

> ***Continue o cloranfenicol sendo, ou não**, o antibiótico de escolha, a ampicilina constitui-se na melhor alternativa para doentes que não possam usá-lo.*
> ***Quer o cloranfenicol continue, quer não continue** sendo o antibiótico de escolha, a ampicilina constitui-se na melhor alternativa para doentes que não possam usá-lo.*

Para expressar a disjunção entre duas ou mais alternativas usa-se *quer* (*quer... quer*). Além de se combinar com **pronomes relativos** ou **interrogativos** de valor **indefinido** (como em *quem quer que*), o elemento *quer* é usado em várias construções **concessivas**:

> *QUER queiram, QUER não queiram, eu sou um grande escritor!* (F)
> *COMO QUER QUE fosse, valia a pena ter tido uma noite assim.* (FAN)
> *Ao pé de Gestas, vejo Dimas, ou COMO QUER QUE se lhe deva chamar.* (NE-O)
> *Jamais deixou de me cumprimentar, ONDE QUER QUE eu estivesse.* (CNT)
> *ONDE QUER QUE se encontrasse, O QUE QUER QUE estivesse fazendo, não o largava.* (ED)
> *Vindos de QUEM QUER QUE seja e dirigidos a mim, aceito todos esses adjetivos como crítica mais do que justa à minha pessoa.* (CB)
> *Pois então telefonemos para alguém, QUEM QUER QUE seja.* (FE)

Pode-se dizer, pois, que as conexões **contrastivas**, entre as quais se incluem as **concessivas**, se caracterizam por abrigarem eventos cujo curso e cujas propriedades contrariam as expectativas acerca daquilo que é normal em um mundo qualquer. Deve--se observar, entretanto, que não se trata, realmente, de relações lógicas, resolvidas simplesmente em termos de expectativas ditadas pelo que se passa em um determinado mundo. A construção **concessiva**, como todos os enunciados, não pode ser equacionada sem que interfira a relação falante-ouvinte, e sem que se evoquem noções que envolvem conhecimento partilhado, argumentação (plausível ou não), objeção (admissível ou não).

2.5 As relações expressas nas construções **concessivas** variam conforme o nível em que se estabelecem.

2.5.1 Em algumas construções **concessivas** fica mais evidente uma relação entre conteúdos, ou seja, uma relação entre os **estados de coisas** expressos nas duas **orações**:

> *EMBORA seja nativa no centro da Bahia, encontramos lindas colheres de pau, feitas de sebastião-de-arruda, em Congonhas do Campo, MG.* (BEB)

A leitura dessa ocorrência pode ser algo do tipo: "a existência de lindas colheres de pau, feitas de sebastião-de-arruda, em Congonhas do Campo, MG, ocorre, apesar do fato de elas serem nativas no centro da Bahia, fato que, por sua vez, poderia naturalmente ter levado à não existência dessas colheres de pau em Congonhas do Campo".

O que se expressa em construções desse tipo é uma relação entre situações ou eventos de um mundo: um evento, ou uma situação, é apresentado na **oração concessiva** como um obstáculo à realização do evento ou à existência da situação expressa na **oração principal**, porém esse obstáculo não é suficiente para impedir aquela situação ou evento.

2.5.2 Em outras construções, a relação **concessiva** é apresentada como passando pelo julgamento do falante. Trata-se, pois, de uma relação entre **proposições**, não entre simples **estados de coisas**:

> *Eu sou homem muito fraco, doente mesmo, EMBORA não pareça.* (PEM)

A leitura dessa ocorrência é algo como: "é fato que eu sou homem muito fraco e doente, apesar de não ser menos fato que não parece, o que poderia levar à *conclusão* de que "eu não sou homem muito fraco e doente".

Do mesmo tipo é:

> *O diplomata e seus familiares não podem ser atingidos pela lei do país hospedeiro, EMBORA estejam sujeitos a responder perante a lei nacional pelos crimes que venham a cometer.* (DIP)

Nessa ocorrência, é clara a leitura: "é fato que o diplomata e seus familiares não podem ser atingidos pela lei do país hospedeiro, apesar de também ser fato que eles estão sujeitos a responder perante a lei nacional pelos crimes que venham a cometer, o que poderia levar à *conclusão* de que "o diplomata e seus familiares podem ser atingidos pela lei do país hospedeiro".

Nessas construções fica implicado que o que vem expresso na **oração principal** contraria a possível conclusão a que se poderia chegar a partir do que se propõe na **oração concessiva**. Essa relação fica muito evidente nas ocorrências:

> *EMBORA o antibiótico atue contra o gonococo, não temos dúvida em condenar esta prática.* (ANT)
> *[O Ministro de Estado das Relações Exteriores] Não precisa ser um funcionário de carreira, EMBORA possa sê-lo.* (DIP)

2.5.3 Um terceiro tipo de construções **concessivas** é o que relaciona **atos de fala**:

> *E que vale diante dele o Governador e o Padre Inácio, EMBORA tenham, atrás de si, as armas da Espanha e o poder da Igreja?* (VP)
> *AINDA QUE mal pergunte, o senhor é médico?* (N)

Nessas ocorrências, a relação **concessiva** ocorre em um ato ilocutório **interrogativo**. O falante não relaciona, portanto, dois conteúdos (ou **estados de coisas**) nem duas **proposições** (ou **fatos possíveis**), mas dois **atos de fala**. Isso aproxima este terceiro tipo de construção **concessiva** daquelas **construções causais** que, na tradição da gramática, são chamadas de **coordenadas explicativas**.

2.5.4 Nem sempre, porém, o exame da construção **concessiva** permite que se capte a exata natureza da relação que o falante quis expressar. É muito comum que as construções **concessivas** – bem como as **causais** e as **condicionais** – permitam mais de uma leitura, sendo essa aparente ambiguidade, entretanto, geralmente resolvida no **contexto**, tanto linguístico como situacional:

> *A água não constitui fator limitante, EMBORA possa haver certo déficit na estação da seca.* (TF)

Nesse enunciado isolado, a ambiguidade ocorre entre uma leitura de **conteúdo** e uma leitura na qual a relação **concessiva** envolva julgamento do falante, ou seja, leitura epistêmica. Na primeira dessas possíveis leituras, o falante estaria relacionando dois fatos de um mundo: "a água não constituir fator limitante" é um fato que ocorre em um mundo, apesar do fato de que, nesse mundo, "há a possibilidade de déficit de água na estação da seca". Já na segunda leitura, a "possibilidade de déficit de água na estação da seca" não é um fato do mundo, mas uma possibilidade que é fruto da mente do falante, uma possibilidade por ele levantada.

A ambiguidade entre as leituras **epistêmica** e **conversacional** se verifica no enunciado abaixo, tomado isoladamente:

> *A ordem de despejo já foi assinada pelo juiz. Como hoje é domingo não puderam fazer nada. Mas amanhã a polícia deve tá aí de novo. SE BEM QUE o Rafael andou correndo uma lista.* (IN)

Na leitura **epistêmica**, o falante, após concluir o raciocínio a respeito da eventual vinda da polícia para efetuar o despejo, apresenta uma reavaliação sobre a situação, feita por meio da **oração concessiva**. A relação **concessiva** seria, então, entre dois fatos admitidos pelo falante. Na leitura de **atos de fala**, o segundo ato ilocutório **declarativo** contra-argumenta em relação ao anterior.

Uma terceira possível ambiguidade ocorre entre uma leitura de **conteúdo** e uma leitura de **atos de fala**:

> *Existem também antibióticos com as propriedades do grupo mas sem coclitol ou aminociclitol (EMBORA não praticamente de uso clínico).* (ANT)

O fato de se tratar de um texto técnico propicia a leitura **de conteúdo**, na qual a relação **concessiva** é estabelecida entre dois fatos do mundo: "a existência de antibióticos com as propriedades do grupo, mas sem coclitol ou aminociclitol" é um fato que ocorre em um mundo e o fato de "o antibiótico não ser de uso clínico" também ocorre nesse mesmo mundo. Na segunda leitura, não se trata da relação entre fatos, mas entre dois atos de fala afirmativos, sendo que o segundo restringe o primeiro.

2.6 Como construções **contrastivas**, as **concessivas** são essencialmente argumentativas.

2.6.1 Vistas de um ponto de vista **pragmático**, as construções **concessivas** indicam que o falante pressupõe uma objeção à sua asserção, mas que a objeção é por ele refutada, prevalecendo a sua asserção. O que está implicado, aí, é que, nas construções **concessivas** – como nas **condicionais** – existe uma hipótese, que, no caso das **concessivas**, é a hipótese de objeção por parte do interlocutor.

Assim, no caso das construções **concessivas**, o falante:

a) registra na **oração concessiva** uma objeção que ele pressupõe que o ouvinte tenha;

b) deixa prevalecer, entretanto, a ideia expressa na **oração principal**.

Esse esquema pode ser facilmente observado em

*EMBORA pareça absurdo, tenho às vezes sensação de recordar-me do dia do meu
nascimento.* (BB)

*EMBORA as condições fossem bastante favoráveis para o arrendatário, a renda era
de apenas 35 arrobas de algodão por alqueire.* (BF)

Fazia um calor de matar, EMBORA não se visse o sol. (CBC)

2.6.2 Para que as construções **concessivas** sejam entendidas dentro desse mecanismo em que o falante pressupõe a objeção do ouvinte, mas a rejeita,
pode-se pensar em **tópicos** de contraste estabelecidos nessa relação falante-ouvinte. Esse mecanismo pelo qual o conteúdo da **oração concessiva** é
compartilhado por ambos os interlocutores pode ser ilustrado em interações
nas quais as interrogações sejam do tipo de "pedido de confirmação", como
se indica a seguir:

A: Parece absurdo, não é?
  B: (É.)
  A: (Mas) tenho às vezes sensação de recordar-me do dia do meu nascimento.

A: As condições eram bastante favoráveis para o arrendatário, não é?
  B: (É.)
  A: (Mas) a renda era de apenas 35 arrobas de algodão por alqueire.

A: Não se via o sol, não é?
  B: (É.)
  A: (Mas) fazia um calor de matar.

2.6.3 O mecanismo argumentativo das construções **concessivas** em geral pode
resumir-se, afinal, na existência de dois argumentos que conduzem a conclusões implícitas contrárias:

- a **oração concessiva (p)** argumenta em favor da conclusão **r**;
- a **oração principal (q)** argumenta a favor de **não r**:

p	$\Rightarrow$	r
q	$=$	$\sim r$
q	$=$	**argumento mais forte para $\sim r$ do que p é para r**

Alberto era um bom jardineiro, SE BEM QUE moço demais para o cargo. (CCA)

A JUNÇÃO

Imaginando-se um contexto em que Alberto estava sendo avaliado para ocupar o cargo de jardineiro, tem-se:

- *p* ("Alberto era moço demais para o cargo") ARGUMENTA em favor de *r* ("não contratá-lo")
- *q* ("Alberto era um bom jardineiro") ARGUMENTA em favor de ~*r* ("contratá-lo")
- **Resultado final**: *q* é argumento mais forte (para "contratá-lo") do que *p* (para "não contratá-lo")

2.7 Sobre essa ideia de uma base essencialmente argumentativa da construção **concessiva**, podem ser examinadas as similaridades e as diferenças entre **concessivas** e **adversativas**.

2.7.1 O raciocínio pode ser encaminhado com uma correlação

- das formulações **concessivas** abaixo (tradicionalmente, **subordinadas**) – em que o falante *refuta* uma objeção;
- com possíveis formulações do tipo **adversativo** (tradicionalmente, **coordenadas**) – em que o falante *admite* uma proposição:

EMBORA eu não assistisse a todas as aulas, começava também a aprender com elas. (ANA)
POR MAIS QUE me esforce, não consigo reter as suas feições. (CR)
Ele prefere ser lançado contra as pedras, AINDA QUE se arrebente todo. (B)

CONSTRUÇÃO CONCESSIVA (SUBORDINAÇÃO)	
ORAÇÃO CONCESSIVA	ORAÇÃO PRINCIPAL
EMBORA eu não assistisse a todas as aulas	*começava também a aprender com elas.*
POR MAIS QUE me esforce	*não consigo reter as suas feições.*
AINDA QUE se arrebente todo	*ele prefere ser lançado contra as pedras.*

CONSTRUÇÃO ADVERSATIVA CORRESPONDENTE (COORDENAÇÃO)	
PRIMEIRA COORDENADA	COORDENADA ADVERSATIVA
eu não assistia a todas as aulas	*mas começava também a aprender com elas.*
esforço-me	*mas não consigo reter as suas feições.*
(ele) arrebenta-se todo	*mas ele prefere ser lançado contra as pedras.*

A operação argumentativa nesses esquemas pode assim ilustrar-se, usando-se a primeira dessas três ocorrências como padrão:

- **Esquema concessivo**:

a)   alguém/você **pode me objetar** que eu não assistia a todas as aulas, e eu **não desconheço** isso;

As Conjunções Subordinativas Adverbiais

b) (**de qualquer modo/ainda assim**) eu começava também a aprender com elas.

- **Esquema adversativo**:

a) eu **admito** que eu não assistia a todas as aulas;

b) (**de qualquer modo/ainda assim**) eu começava também a aprender com elas.

2.7.2 Esse misto **concessivo-adversativo** fica bem evidente no caso em que ambos os elementos (um **concessivo** e um **adversativo**) vêm expressos:

> *A grande maioria da gente dos Estados Unidos tem vergonha e tem raiva dos racistas e luta contra eles, a começar pelo governo. EMBORA não lute com entusiasmo, **mas** já luta. (CT)*
> *A: Não luta com entusiasmo, não é?*
> *B: (É.)*
> *A: **Mas** já luta.*

> ***EMBORA** a hereditariedade seja um fator relativamente constante, enquanto o meio é mais variável, ambos, **entretanto**, são indispensáveis ao desenvolvimento. (AE)*
> *A: A hereditariedade é um fator relativamente constante, enquanto o meio é mais variável, não é?*
> *B: (É.)*
> *C: **Entretanto** ambos são indispensáveis ao desenvolvimento.*

Nesse caso, o esquema tem de prever que a **oração concessiva**, ao mesmo tempo que expressa a refutação a uma possível objeção (do interlocutor, ou de qualquer pessoa), expressa também o assentimento referente a alguma validade dessa objeção.

Assim, para o primeiro enunciado acima, tem-se

- **Esquema concessivo** (refutação a uma possível objeção):
  embora não lute com entusiasmo (já luta)

- **Esquema adversativo** (admissão/assentimento):
  (não luta com entusiasmo), *mas* já luta

  Para o segundo enunciado, tem-se

- **Esquema concessivo** (refutação a uma possível objeção):
  Embora a hereditariedade seja um fator relativamente constante, enquanto o meio é mais variável (ambos, *entretanto*, são indispensáveis ao desenvolvimento)

- **Esquema adversativo** (admissão/assentimento):
  (a hereditariedade é um fator relativamente constante, enquanto o meio é mais variável) ambos, *entretanto*, são indispensáveis ao desenvolvimento

A JUNÇÃO

3 A ordem nas construções concessivas

3.1 Pode-se considerar que a ordem das construções **concessivas** obedece a propósitos comunicativos.

3.1.1 Nas construções **concessivas** puras (sem o elemento **adversativo** presente), tanto ocorre **posposição** como **anteposição**, e, mesmo, **intercalação** da **oração concessiva**.

3.1.1.1 Entretanto, é mais frequente a **posposição** da **concessiva**, já que é bastante regular o seguinte esquema:

- primeiro se expressa a asserção nuclear;
- depois se expressa a objeção.

Nesse caso, o falante:

- primeiro faz a sua asseveração;
- depois pesa as objeções, utilizando-as, de certo modo, na defesa do ponto de vista expresso.

Como em

Não consegui saber, POR MAIS QUE pesquisasse o coração. (FR)

3.1.1.2 Nas construções com a **concessiva** anteposta, o esquema comunicativo é o seguinte:

a)   primeiro se refuta uma possível ou previsível objeção do interlocutor;
b)   depois se faz uma asseveração

Como em

MESMO QUE ele tivesse passado na outra calçada, era coisa de uns quinze metros. (PEL)
POR MENOR QUE seja a sua parte na exploração das minas, terá o suficiente para considerar-se uns dos homens mais ricos da colônia. (VP)

3.1.1.3 Facilmente se verifica que as **orações concessivas** antepostas carregam informação mais conhecida do interlocutor, ocupando uma posição mais **tópica**:

Como em

As Conjunções Subordinativas Adverbiais

Convencido de que exageráveis em vossa modéstia, imediatamente me propus a reeditar o livro, mesmo sem lê-lo. E, AINDA QUE isto pudesse ser uma temeridade editorial, insisti no meu propósito. (CAR-O)

Eu não sou acionista da empresa! Sou empregado como vocês! E MESMO QUE fosse o dono, não ia fazer a menor diferença! (RE)

Muito EMBORA todos, ou quase todos, os conceitos acima emitidos sejam admissíveis, impõe-se uma recolocação do problema. (DC)

3.1.1.4 Para as **orações concessivas** pospostas não se pode invocar a função de **tópico** discursivo. Elas têm muito de um **adendo**, porção do enunciado em que o falante volta ao que acaba de dizer, pesando *a posteriori* objeções à sua proposição.

Conectivos mais volumosos como *APESAR (DE) QUE*, *SE BEM QUE* são especialmente votados para essa função de aportar conteúdos ou argumentos novos após aparentemente concluída uma primeira porção do enunciado, e após uma quebra marcada no andamento da fala. **Orações concessivas** com as **conjunções** *APESAR DE QUE/ APESAR QUE* e *SE BEM QUE* ocorrem preferentemente pospostas:

Foi a última vez que tivemos alguma coisa, APESAR DE QUE ele era mais bonito do que a maioria dos amigos de Stephen. (MAN)

a) Asseveração: *foi a última vez que tivemos alguma coisa*;
b) Refutação da objeção: (mas tem de ser levado em conta que/*mas não se pode esquecer que* etc.) *ele era mais bonito do que a maioria dos amigos de Stephen.*

Vê-se que os próprios elementos **lexicais** que compõem determinadas **locuções concessivas** (a *pesar* (de) que, se *bem* que) mostram esse tipo de processo.

Por todas essas características, é muito frequente que a **oração concessiva** ocorra depois de pontuação de final de enunciado:

Ter poder. Isso era bom. SE BEM QUE... risco que corre o pau, corre o machado. (PEM)

Orgulho-me de que minha família seja, como a dos Lencastres, uma família em cujo sangue ibérico se instalaram algumas gotas de sangue mais nórdico! SE BEM QUE a minha seja superior. (PR)

Mas se os maus passos eram de tradição, também era costumeiro as mães ralharem e surrarem as filhas erradas. SE BEM QUE Maizé não chegou a apanhar da mãe. (CT)

Mas Mafalda pulou, medonha, de garfo na mão: "O que? NEM QUE eu morra!". (EN)

Como é que vai um homem dormir com essas preocupações? NEM QUE estivesse bêbado. (GTT)

Ninguém me impediria de acompanhá-lo. NEM QUE fosse para fugir de casa e ir sozinha. (ANA)

A JUNÇÃO

3.1.1.5 A posposição é necessária, por outro lado, em casos em que há uma ressalva incidindo num ponto particular do enunciado, como por exemplo:

a) um **sintagma nominal** (preposicionado ou não):

Ele é um homem, AINDA QUE *aleijado.* (CH)
homem – *ainda que* [**homem**] aleijado.
É impossível transformar um jornalista impaciente num militar, AINDA QUE *medíocre.* (TA-O)
num militar – *ainda que* [**num militar**] medíocre.

b) um **sintagma adjetivo**:

As manchas representativas da presença humana no território são repetidas, EMBORA *com nuanças.* (PGN)
repetidas – *embora* [**repetidas**] com nuanças.

c) um **sintagma verbal**:

Carlos não teve de se esforçar muito para me convencer a acompanhá-lo, AINDA QUE, *naturalmente, em caráter provisório.* (A)
acompanhá-lo – *ainda que* [**acompanhar**], naturalmente, em caráter provisório.

3.1.1.6 A questão da posposição da **oração concessiva** pode ser relacionada com a própria natureza argumentativa da construção, em termos de **interação**. Em textos conversacionais podem encontrar-se casos em que os dois interlocutores compõem juntos a construção **concessiva**:

a) um falante emite uma **proposição**;
b) seu interlocutor toma a palavra para fazer o aporte do segmento **concessivo**.

Um caso desse tipo é:

João: *Nessa velocidade?*
Jorge: *A gente tem que pular, compadre.*
Pedro: *Não dá pra pular.*
Deolindo: MESMO QUE *desse.* (VC)

3.1.1.7 As **construções concessivas**, por outro lado, podem ativar o mecanismo de **focalização** de elementos da **oração principal**, isto é, a marcação de uma peça da informação como importante ou saliente. Na seguinte ocorrência, por exemplo, a concessão destaca um **adjetivo**:

Falaremos, então, de um projeto com duas funções distintas, EMBORA **complementares**: *a que se exerce no nível da tarefa concreta, e a que é levada a efeito no domínio da reflexão.* (IP)

880

Na ocorrência a seguir, a **oração concessiva** compõe o jogo iniciado pelo **deslocamento à esquerda** e **topicalização** do **complemento** do **verbo** da **oração principal**:

> *Agora, **a um outro paraibano**, muito mais modesto no seu nome literário, EMBORA não o seja no orgulho de haver nascido na Paraíba, cumpre a grata missão e o dever acadêmico de recordar-lhe a vida.* (TA-O)

3.1.1.8 Muito comum é a concessão vir imediatamente posposta ao **sujeito** da **oração principal**, operando, pois, mais diretamente sobre ele. Nesses casos as duas **orações** têm **sujeito correferencial** e a **concessiva** não explicita o sintagma **sujeito**:

> *A **estratificação arqueológica ou de origem antrópica**, EMBORA Ø apresente uma semelhança aparente com a geológica, difere, radicalmente, daquela por se tratar do resultado de ações humanas variáveis culturalmente.* (ARQ)
>
> *A **conclusão do artigo**, EMBORA Ø já bem tardia, é justa.* (MH)

Essa colocação opera um mecanismo de acentuação do caráter **tópico** do **sujeito**.

4 Os subtipos das **construções concessivas**

As construções **concessivas** podem ser subcategorizadas em **factuais** (ou **reais**), **contrafactuais** (ou **irreais**) e **eventuais**.

4.1 Construções **concessivas factuais**

4.1.1 As construções **factuais** podem configurar um factual no **presente** típico: **verbo** da **oração principal** no **presente** do **indicativo**, e **verbo** da **oração concessiva** no **presente** do **subjuntivo**.

> *EMBORA **sejamos** adversários de Kant, este juízo sumário **parece-nos** inaceitável.* (DIR)
>
> *É quase um botafoguense, EMBORA **torça** pelo Andaraí.* (RO)
>
> *A ambivalência material/humano no artefato, AINDA QUE **pareça** abstrata, **adquire** importância capital.* (ARQ)
>
> *CONQUANTO a glorificação acadêmica não **imponha** maiores deveres ou obrigações ao seu fruidor, **é** evidente que sobre um acadêmico reflete uma luz condicionada pela altura mesma, pela categoria de ordem social em que o público o situa.* (AM-O)

A JUNÇÃO

\# Com o conectivo *AINDA QUANDO*, é possível a ocorrência de **presente do indicativo** na **concessiva**;

> *AINDA QUANDO, na aparência, **estão** a defender objetivos inteiramente de acordo com as exigências e a doutrina da igreja, ainda nessas ocasiões, o que de fato intentam **é** promover a luta de classes.* (MA-O)

4.1.2 Uma outra configuração de factualidade é encontrada em construções com a **oração concessiva** no **presente** e a **oração principal** num **futuro** tido como certo:

> *EMBORA vós **administreis** à maneira suíça, nós **continuaremos** a viver à maneira carioca.* (B)
>
> *É o que **fará** (buscar de novo a comadre Tula) logo ao romper do sol. EMBORA **prejudique** um pouco o trabalho do dia seguinte.* (DES)
>
> *Em nome do Cristo **vou acertar** o que você diz, SE BEM QUE **veja** que, mais uma vez, não estou sendo levado a sério.* (PEL)

Nesse caso, embora se jogue com futuridade na **oração principal**, os fatos enunciados por ambas as **orações** são assegurados, respeitada a ressalva que a **oração concessiva** expressa.

4.1.3 O factual no **presente** pode apresentar-se, ainda, com a **oração concessiva** no **presente** e a **principal** em **passado télico**, ou acabado:

> *EMBORA **pareça** paradoxal, pelo que falei antes, **parei** de fazer teatro.* (AMI)
>
> *Eu nunca **deixei** que você falasse nisso, EMBORA **saiba** que toda a rua sabe, que toda a rua fala e comenta.* (I)

4.1.4 O **factual** no passado, por sua vez, pode ocorrer:

a) tanto com predicação **télica** nuclear, como nos casos de

> *Curió **fugira** até então de uma conversa franca, de uma confissão mútua, EMBORA Marialva por mais de uma vez **buscasse** ficar a sós com ele.* (PN)
>
> ***Soube** respeitá-la até depois de morta. EMBORA o casamento, com aquele filho, **tenha** ido por água abaixo.* (AFA)
>
> *Rosa me **falou** muito bem do senhor, EMBORA **dissesse** que o senhor a tinha expulso de casa.* (EL)

b) quanto com predicação **não télica** nuclear como nos casos de

> *EMBORA já **tivesse** dois compactos gravados pela Chantecler, Carlinhos **compunha** esporadicamente.* (CB)

*EMBORA aquele sumiço geral lhe **pusesse** uma certa arrelia, **atribuía**-o ao receio do povo.* (J)
*EMBORA não **fosse** essa a primeira vez, sempre que Marlene **desmarcava** um programa, o mundo **tremia** sob seus pés.* (BB)

Em ambos os casos, o **verbo** da **oração concessiva** ocorre no **pretérito imperfeito** do **subjuntivo** (**simples** ou **composto**).

4.2 Construções **concessivas eventuais**

4.2.1 Se a **telicidade** se mostra apropriada à expressão tanto do **factual** no **presente** quanto do **factual** no **passado**, nas **eventuais** todas as predicações são do tipo **não télico**, isto é, nenhuma delas representa um **estado de coisas** acabado.

Quanto ao **tempo** e **modo verbal** das construções **eventuais**, a **oração concessiva** apresenta o **verbo** no **presente** ou **pretérito imperfeito**, geralmente no **subjuntivo**, e a **oração principal** tem possibilidade de variação dos tempos verbais (**presente, futuro do presente** e **futuro do pretérito** do **indicativo**):

- **presente** na **oração principal** e **presente** na **concessiva**

   *Talvez você **esteja** mais acostumado a dizer máquina de retrato que câmara fotográfica, ou então, tirar um retrato em vez de fotografar, MESMO QUE o tema **seja** uma paisagem, um prédio ou outra coisa qualquer, e não uma pessoa.* (FOT)
   *MESMO SE o amor **acaba**, ou **deteriora**, ou **parece** acabar (isso nunca fica bem claro, na vida), o homem **sofre**.* (FA)

- **futuro** na **oração principal** e **presente** na **concessiva**

   ***Terás** a tua parte na exploração das minas, MESMO QUE não **aceites** o posto de administrador-geral.* (VP)

- **futuro do pretérito** na **oração principal** e **pretérito imperfeito** na **concessiva**

   *MESMO QUE Olga **quisesse** ter uma aventura, ela não **conseguiria**.* (F)

4.3 Construções **concessivas contrafactuais**

A expressão típica da relação **concessiva contrafactual** não se faz com a **conjunção** *EMBORA*, mas com **conjunções** do tipo de *MESMO QUE, AINDA QUE, NEM QUE*.

A JUNÇÃO

As construções **concessivas contrafactuais** são, em geral, construções de **passado** ou de **presente**, com **pretérito imperfeito** do **subjuntivo** na **oração concessiva** e com **pretérito imperfeito**, **futuro do pretérito** ou **presente do indicativo** na **oração principal**:

> *AINDA QUE a rosa **tivesse** outro nome, seu perfume **seria** o mesmo.* (DIP)
>
> *Estas forças precisam somente de garantias constitucionais para alcançarem a vitória; e, MESMO QUE assim não **fosse**, não **seria** por práticas menos legítimas que deveriam alcançá-la.* (JK-O)
>
> *(Comissário) – Quem deu ordem prá vocês invadirem esta construção?*
> *(Bené) – O presidente da república.*
> *(Comissário) – Não quero graça comigo. E MESMO QUE **fosse** o Presidente da República, vocês **iam** sair daqui agora por bem ou por mal.* (IN)
>
> *Você não tem pena de mim, que não tenho arma nenhuma aqui comigo e, NEM QUE **tivesse**, não **tenho** mais força p'ra lhe matar.* (AS)

E) AS CONJUNÇÕES *FINAIS*. AS CONSTRUÇÕES *FINAIS*

1 O modo de construção

Em português a análise das **construções finais** complexas pode ser representada na análise das **orações** iniciadas por *PARA QUE*, que tradicionalmente se denomina **locução conjuntiva**, nesta forma:

ORAÇÃO PRINCIPAL	PARA QUE	ORAÇÃO FINAL

Como em

> *O governo **devia** ter antes educado o camponês PARA QUE ele melhor aproveitasse a situação que hoje desfruta.* (AR-O)

Trata-se de um **período composto**, constituído pelo conjunto de uma **oração principal**, ou **nuclear**, e uma **final**.

Outra locução conjuntiva que expressa a mesma relação básica entre orações é *A FIM DE QUE*:

> *Mandarei Aristides arear a placa, A FIM DE QUE **a homenagem se renove**.* (MAR)

AS CONJUNÇÕES SUBORDINATIVAS ADVERBIAIS

Na maior parte das vezes, porém, a relação **final** é expressa na forma **infinitiva**, por uma **oração** encabeçada pela **preposição** *para*, ou pela **locução** *a fim de*:

> *Carlos bateu à porta do quarto da mãe PARA ter, com ela, uma conversa preliminar.* (A)
> *A vítima, desesperada, procurou as autoridades policiais da Divisão de Vigilância Geral A FIM DE pedir providências.* (AP)

\# Uma **oração** com *PARA QUE* ou *PARA* e **infinitivo** pode estar ligada a um núcleo **nominal**, e, então, ser **completiva nominal**, caso em que nem mesmo a acepção é de finalidade:

> *É uma **oportunidade** PARA QUE ela possa libertar-se dos seus problemas e sentimentos negativos.* (CB)
> *Terra em que o gênio de Assis Chateaubriand requintado no seu dom encontra **clima** PARA criar o Museu de Arte Moderna.* (AM-O)
> *O entrevero com Maria Mimosa lhe dera **tempo** PARA recuperar a sua famosa calma dos momentos de ação.* (BP)

Geralmente *PARA* e *A FIM DE* são aceitáveis no mesmo contexto, e o mesmo ocorre com *PARA QUE* e *A FIM DE QUE*:

> *À tarde, depois de uma volta pelo Alvear, íamos à Gazeta PARA ver de longe, na roda de Cândido Campos, as celebridades da época: Gilberto Amado, Antônio Torres, Lima Barreto.* (AM-O)
> (= a fim de ver)
> *Já importou duzentos e cinquenta mil larvas de ostras PARA iniciar sua criação experimental.* (AGF)
> (= a fim de iniciar)
> *Tudo o mais não passa de um ardil PARA nos confundir. Querem jogar areia em nossos olhos A FIM DE inocentar a Rainha.* (BN)
> (= a fim de nos confundir; para inocentar)
> *Entretanto, organizou o ataque ao castelo A FIM DE surpreender-me pelas costas, confiante e desarmado.* (BN)
> (= para surpreender-me)
> *Ao saltar do ônibus, de volta do colégio, corre para o portão, A FIM DE QUE as outras meninas se certifiquem de que entra lá.* (CC)
> (= para que se certifiquem)
> *Mas gostaríamos de alertar PARA QUE se estabeleçam grupos de controle e experimental A FIM DE QUE se possa comprovar cientificamente a eficácia da solução em estudo. (ESC)*
> (= a fim de que se estabeleçam; para que se possa comprovar)

\# Entretanto, *A FIM DE QUE* não é usado para introduzir interrogação, como pode ocorrer com *PARA QUE*:

A JUNÇÃO

Sim, *Madalena beijou a espingarda. Mas* **PARA QUÊ?** (SE)
  * Mas, **A FIM DE QUÊ?**

Uma moça aprender a ler – **PARA QUÊ?** *(OSA)*
  * **A FIM DE QUÊ?**

– Você não vem comigo?!
  – **PARA QUÊ?** *ou você está precisando de mim?* (A)
  * **A FIM DE QUÊ?**

Também indicam finalidade, com algum matiz modal, as construções com as locuções **DE MODO QUE, DE MANEIRA QUE**

> *Vamos mobilizar o povo para o desenvolvimento,* **DE MODO QUE** *ele tenha plena consciência da sua missão.* (G-O)
>
> *Desarmem-se os espíritos, eliminem-se prevenções e intolerâncias,* **DE MODO QUE** *possam ser colocadas a serviço da saúde, da educação e do bem-estar dos povos as fabulosas somas que atualmente se empregam e se esterilizam na produção e manutenção de armamentos.* (G-O)
>
> *O que ele almeja é que nas empresas agrícolas haja relações pessoais entre os que nela trabalham,* **DE MANEIRA QUE** *os colonos não se vejam empregados de um poder anônimo que lhes não sente as necessidades e não lhes compreende os desejos.* (MA-O)

2 Modo e tempo verbal nas construções finais

As **orações finais** iniciadas por **conjunção** constroem-se sempre com **subjuntivo**, no **presente** ou no **pretérito imperfeito**:

• **Presente**

> *Vou tornar a procurá-lo* **PARA QUE conversemos**, *livremente.* (A)
> *Vou lutar* **PARA QUE** *os dois se unam novamente.* (CB)

• **Pretérito imperfeito**

> *Angela fez sinal* **PARA QUE se detivesse.** (A)
> *O segredo do avô foi amealhar pão e dinheiro* **A FIM DE QUE** *o respeitassem.* (CNT)

As **orações finais** em **modo finito** diferem das **orações finais infinitivas** quanto à possibilidade de os **sujeitos** de ambas serem **correferenciais**:

a) As **orações finais** iniciadas por **conjunção** (em **modo finito**) constroem-se com **sujeito** diferente do da **oração principal**:

> *A **leitura** serve* **PARA QUE a criança** *aprenda rapidamente o que não poderia alcançar só.* (BIB)

886

As Conjunções Subordinativas Adverbiais

Enquanto isso era preciso festejar o São João PARA QUE a vida não fosse apenas o trabalho, a caça. (TG)

Fingiu *de dorminhoco PARA QUE Sofia se distraísse.* (CE)

b) As **orações finais** iniciadas por **preposição** (em **infinitivo**) não têm restrição quanto ao **sujeito**. Há orações

• com o mesmo **sujeito** da **oração principal**; nesse caso, o **infinitivo** pode, ou não, aparecer flexionado, para concordar com o seu **sujeito**:

> *O prisioneiro foi trazido para a praça PARA ser linchado.* (AM-O)
>
> *O povo, os maiorais da aglomeração, o juiz de Direito, o coronel chefe político, o homem da venda que viera correndo PARA tomar parte na execução, todos se juntaram no estupendo virar da onda emocional brasileira.* (AM-O)
>
> *Veio trazer a notícia da invasão dos Montes dos Guararapes pelo povo, que ali buscava construir os seus mocambos, A FIM DE fugir ao desabrigo e aos aluguéis caros.* (AR-O)
>
> *Estes proprietários venderam suas terras, a fim de se deslocarem para as regiões onde a terra fosse mais barata.* (BF)
>
> *Devemos conter os nossos impulsos A FIM DE não termos de nos arrepender futuramente.* (BN)

• com **sujeito** diferente do da **oração principal**; nesse caso, é comum que o **infinitivo** apareça flexionado, para concordar com o seu **sujeito**:

> **Convém,** *atualmente, subdividir a própria contabilidade, PARA melhor apreendermos a sua finalidade e avaliarmos a sua extrema importância na administração moderna, A FIM DE não nos confundirmos, à vista da ojeriza que alguns empresários nutrem pela contabilidade.* (CTB)
>
> *Vamos deixar a pergunta sem resposta por algum tempo, a fim de estudarmos as teorias.* (EC)

\# Entretanto, se o **sujeito** da **oração final** for correferencial a um outro membro qualquer da **oração principal**, torna-se desnecessário que a flexão indique qual é o **sujeito** da **final**:

> *Comprou oito hectares em Arraial do Cabo, PARA servir de base à criação de gigas.* (AGF)
>
> *O catálogo impresso tem a vantagem de permitir aos leitores levarem-no para casa A FIM DE consultá-lo.* (BIB)

\# Há expedientes, como o uso de **fóricos**, para marcar mais explicitamente o antecedente da **anáfora**:

> *A administração da droga deve ser iniciada um pouco antes ou no momento da exposição ou contaminação pelo micro-organismo A FIM DE QUE, quando o mes-*

A JUNÇÃO

mo penetrar no organismo, já encontre concentrações séricas inibidoras do antimicrobiano escolhido. (ANT)

3 As relações expressas

As **orações finais** se caracterizam semanticamente como expressão da **finalidade**, ou do **propósito** que motiva o evento expresso na **oração principal**.

O contexto mais característico de uma **oração final** é, pois, em ligação com uma **oração principal** que tenha **sujeito** capaz de exercer controle sobre o evento expresso na **final**:

*Vamos **fazer** uma abordagem objetiva e clara PARA QUE todos compreendam esta matéria.* (ANI)
*No princípio, terei de **agir** com prudência A FIM DE não assustá-los.* (BN)
*Os rapazes **faziam** exercícios atléticos PARA mostrar agilidade e resistência.* (AE)
*Assim como me **olho** no espelho, A FIM DE saber se estou em ordem, experimento também a voz.* (AM)

\# Desse modo, não ocorre **oração final** se a **principal** expressar, por exemplo, um fenômeno natural, a não ser que a esse evento esteja ligada, de algum modo, a intencionalidade, como em

*Seu maior **desejo** é de que nada **aconteça**, A FIM DE QUE **nada ele tenha que impor a sua autoridade.*** (PP)

\# Se a **oração principal** indicar necessidade ou obrigação, não é necessário que haja **sujeito** controlador; não há, entretanto, um propósito envolvido na indicação da finalidade:

*Cada período tem suas características precisas, e cada um deles (...) **necessita** ser compreendido e tratado com justeza e a tempo PARA não se constituir em fator irremediável de deformação.* (AE)
*É **necessário**. Sim, PARA QUE você saiba o ambiente que vai encontrar.* (A)
*É **preciso** haver liberdade do espírito PARA QUE possa haver educação intelectual.* (BIB)

4 Os subtipos das **orações finais**

4.1 As construções com **orações finais** podem ser de diferentes tipos quanto à **modalidade** que indicam.

a) Construções **finais factuais**

a.1) Com o **verbo** da **oração principal** no presente:

Vê que alguém, em uma pedra mais alta, lhe faz sinais nervosos PARA QUE saia dali. (B)
***Ficam** em silêncio os processos e sentenças que tiveram lugar em virtude de crimes políticos, A FIM DE QUE não **tenham** efeito contra pessoas neles envolvidos.* (CB)

a.2) Com o **verbo** da **oração principal** no passado:

- no **pretérito perfeito**

*Dona Leonor **fez** sinal PARA QUE me aproximasse.* (A)
*O segredo do avô **foi** amealhar pão e dinheiro A FIM DE QUE o respeitassem.* (CNT)
*Mas a viagem era fretada e nada **foi feito** PARA apurar o mistério.* (GI)

- no **pretérito imperfeito**

***Insistia** PARA QUE ela partisse.* (CCA)

b) Construções **finais hipotéticas**

b.1) Com o **verbo** da **oração principal** no **futuro do presente** ou **do pretérito**:

*Ele **será** muito frágil PARA QUE alguém o possa matar.* (CCI)
*Não **recuaremos** do campo de luta, A FIM DE QUE as reformas exigidas pelo povo possam transformar-se em realidade.* (G-O)
*Somente através de medidas corajosas **poderemos** tirar dos que têm muito, PARA entregar aos que nada têm, A FIM DE criarmos um clima de paz e tranquilidade.* (G-O)
*Prometeu que **tomaria** as providências necessárias PARA QUE Dona Leonor não tornasse a se intrometer na minha vida particular.* (A)

b.2) Com o **verbo** da **oração principal** no **imperativo**:

*E **preste bem atenção**, PARA QUE depois não se assuste.* (CCA)
***Cuidemos** PARA QUE o sol não vos queime a pele.* (BOI)

c) Construções **finais contrafactuais**

Constroem-se com o **verbo** da **oração principal** no **futuro do pretérito composto**:

*Eu não sabia, que diacho, do que é que me acusavam nem o que **teria feito** PARA ser tratado assim.* (LC)

4.2 Do ponto de vista do nível em que estão construídas, as **orações finais** podem ser de dois tipos:

a) as que se ligam ao conteúdo proposicional da **oração principal** (**adverbiais circunstanciais**):

Esboçou um movimento PARA QUE seguíssemos em frente. (A)

É preciso dar de comer a uma criança PARA QUE ela cresça com saúde e amanhã seja um cidadão ou cidadã útil à sua pátria. (BOC)

O sistema educacional deve interagir com o da prestação de serviços, A FIM DE QUE os termos desta equação se equilibrem em contínua interfertilização. (JL-O)

b)   as que modificam o próprio ato linguístico (**adverbiais de enunciação**):

E, PARA não perder a associação que me ocorre: Baudelaire foi durante algum tempo considerado satanista. (AM-O)

O banheiro não tinha chuveiro, o quarto de dormir não tinha cama e, PARA ser sincero, a casa não tinha quarto de dormir. (CV)

PARA dizer a verdade, não sei o que se passa na cabeça do Rei. (BN)

\#   Observem-se, para os dois últimos casos, as seguintes paráfrases:

*A casa não tinha quarto de dormir; **digo isso** PARA ser sincero.*

*Não sei o que se passa na cabeça do Rei; **digo isso** PARA dizer a verdade.*

\#   A diferença entre esses dois tipos pode ser verificada no seu diferente comportamento sintático:

1º)   As **finais circunstanciais** podem ser **clivadas** e **focalizadas**. Assim, a ocorrência exemplificada acima

Esboçou um movimento PARA QUE seguíssemos em frente. (A)

pode ter a **oração final** clivada, como em

Foi PARA QUE seguíssemos em frente que esboçou um movimento. (A)

Têm a oração final focalizada as ocorrências:

É PARA simbolizar essa mensagem de uma maneira assaz sugestiva QUE a Rádio Guaíba vai transmitir, à noite de hoje, a "Missa do Galo". (CPO)

Quando vendi meu iate para a rainha foi PARA QUE ela o usasse em seus passeios particulares e não para que mudasse o nome para "Queen Mary" e o enchesse de turistas. (T)

E por isso mesmo escolhestes bem o vosso antecessor, nessa poltrona, PARA QUE um poeta pudesse com autoridade de nascimento e vocação falar de outro poeta. (AM-O)

2º)   As **finais circunstanciais** correspondem a construções nominais do tipo de *COM A FINALIDADE DE*, do tipo de:

Em algumas empresas, as taxas mínimas exigidas, ou taxas-padrão, são definidas muito claramente, COM A FINALIDADE DE orientar as decisões sobre a fixação de preços e sobre investimentos. (ANI)

As Conjunções Subordinativas Adverbiais

Por mais que o desejemos, a Medicina não é uma ciência exata. A única defesa contra esse fato é a constante vigilância do médico COM A FINALIDADE DE surpreender os primeiros sinais de efeitos tóxicos. (ANT)

3º) As **finais circunstanciais** podem ser objeto de interrogação:

PARA QUE viera, então? (A)
Assim, PARA QUE tornar a ouvi-la? PARA QUE, em represália, acusasse Sergio, fizesse carga contra sua falta de delicadeza e sentimento? (A)
Você acha que esse sujeito vai parar na zona A FIM DE QUÊ? (OM)

4º) Se ocorrerem os dois tipos de **oração final** no mesmo enunciado, a **final** do nível de **ato de fala** é mais externa que a **final circunstancial**.

Examinem-se, por exemplo, os seguintes enunciados, que têm **orações adverbiais finais de enunciação**:

Olhe, Santos, PARA ser franco, não conheço cavalo melhor do que o meu. (AM)
PARA ser franco, estimo o encurtamento de relações com meu compadre. (MAR)
O banheiro não tinha chuveiro, o quarto de dormir não tinha cama e, PARA ser sincero, a casa não tinha quarto de dormir. (CV)

Se nelas ainda ocorresse uma **oração final** do tipo **circunstancial**, como por exemplo,

Olhe, Santos, PARA ser franco, não conheço cavalo melhor do que o meu PARA cavalgar.
PARA ser franco, estimo o encurtamento de relações com meu compadre PARA solidificar a amizade.

facilmente se poderia propor uma interpretação por níveis, do seguinte tipo:

PARA ser franco
      {não conheço cavalo melhor que o meu PARA cavalgar}

PARA ser franco
      {estimo o encurtamento de relações com meu compadre PARA solidificar a amizade}

\# Essa diferença sintática fica comprovada no fato de as **finais** de tipos diferentes não poderem ser coordenadas entre si:

  * PARA ser franco e PARA cavalgar não conheço cavalo melhor que o meu.
  * PARA ser franco e PARA solidificar a amizade estimo o encurtamento de relações com meu compadre.

• **Finais** que sejam do mesmo tipo, entretanto, podem ser coordenadas:

*Governo Federal está sempre pronto a dar a sua contribuição a empreendimentos
como este, que considera fundamental **PARA QUE** o Brasil aproveite plenamente
todos os seus recursos humanos – **e PARA QUE** os brasileiros de amanhã venham
a viver felizes no país forte e poderoso.* (JK-O)

***PARA** não divagar **e** não carregar o discurso com o que não lhe é indispensável, vou
logo dizendo.* (AM-O)

5º) As **finais circunstanciais** podem ser pospostas sem que mude o significado básico da relação. Do ponto de vista comunicativo, entretanto:

a) A anteposição da **final** frequentemente comporta uma interpretação ligada a informação dada:

***PARA** produzir o que está, basta um fotógrafo, não precisa um pintor.* (AM-O)

***A FIM DE QUE** se concretize essa condição extremamente inovadora e profícua na
região de Campinas, basta que se termine o hospital.* (JL-O)

\# Não necessariamente, porém, isso ocorre, já que a **oração final** pode ser deslocada para a esquerda para ser focalizada:

***PARA QUE** tudo isso pudesse caminhar por tal forma, **PARA QUE** os planos tomassem
corpo e **PARA QUE** as ideias se tornassem empreendimentos concluídos, não contei apenas com a cooperação esforçada dos nossos técnicos.* (JK-O)

***PARA QUE** os cabelos cresçam e se desenvolvam melhor, Pantene contém Pantyl,
substância vitamínica exclusiva da Roche.* (REA)

***PARA QUE** se organizasse o pensamento racional (filosofia) foram necessários mais
de 500 anos.* (MOR)

***PARA** fazer a dispersão dos parasitos, o produtor deve escolher duas áreas nas partes mais infestadas da pastagem.* (AGF)

\# Essa focalização por deslocamento frequentemente implica a intercalação da **oração final**:

*E uma Rainha, **PARA QUE** **possa agir sensatamente**, deve ficar a par de tudo o que
se passa.* (BN)

b) A posposição da **final** comporta uma interpretação mais ligada a transmissão de informação nova:

*Não bastam os heróis para imortalizar os sítios, como Troia, ou mesmo a Troia
Negra, é mister que venham os Homeros ou os Euclídes, **PARA QUE** os sítios do
heroísmo se tornem imortais.* (AM-O)

*O Japão não quer depender do exterior **PARA** se abastecer com seu principal alimento na eventualidade de uma crise.* (AGF)

*O Japão já se dispôs a importar arroz, não para o seu consumo, mas **PARA** distribuir
aos países em desenvolvimento nas situações de emergência.* (AGF)

As Conjunções Subordinativas Adverbiais

\# Os dois casos (anteposição e posposição, em ligação com distribuição de informação) são vistos na ocorrência seguinte:

*A **FIM DE** assegurar a continuidade dessa vocação reunimo-nos num gesto de liberalismo, **PARA** fundar um partido que seja expressão daquelas aspirações.* (AP)

F) AS CONJUNÇÕES *COMPARATIVAS.* AS CONSTRUÇÕES *COMPARATIVAS*

1 A natureza das **construções comparativas**

1.1 São características centrais das construções **comparativas**, do ponto de vista sintático, a interdependência de dois elementos, e, do ponto de vista semântico, o estabelecimento de um cotejo entre esses elementos.

1.1.1 Toda construção **comparativa** é uma reunião entre iguais (comparação de igualdade) ou entre diferentes (comparação de desigualdade), enquanto a adição se faz entre iguais; entretanto, tanto as construções aditivas como as comparativas se caracterizam pela redundância.

A proximidade entre **comparativas** e **aditivas** é observável na própria estruturação sintagmática dos enunciados, já que, nas construções **comparativas**, do mesmo modo que ocorre nas coordenadas, o **sujeito** comum a dois **sintagmas verbais** sempre precede os dois **predicados**:

*Maria chora **TANTO QUANTO** ri / Maria **TANTO** chora **QUANTO** ri.*
(= Maria ri e chora. / Maria não só chora como ri.)

Sintaticamente, entretanto, as **aditivas** são **coordenadas**, enquanto as **comparativas** são interdependentes, semelhantemente às demais construções **adverbiais** (**temporais, causais, condicionais, concessivas, finais**). Isso significa que, nas construções **comparativas**, há dois turnos que se fecham numa combinação binária, e de ordenação em princípio irreversível – diferentemente do que ocorre com as **coordenadas aditivas**, nas quais, prototipicamente, se combinam turnos, indefinidamente.

* **Comparativa**:

*Amigos do pessoal lá de casa, **TANTO** dos **Bernardes** **COMO** dos **Vilar**.* (A)

A JUNÇÃO

- **Aditiva**:

  *Amigos do pessoal lá de casa, **dos Bernardes E dos Vilar**.*

  Na comparação, na verdade, fica implicada uma alternância inclusiva, do tipo de "*seja isso seja aquilo*", o que, afinal, constitui uma adição:

  *Amigos do pessoal lá de casa, SEJA **dos Bernardes** SEJA **dos Vilar**.*

  Pode-se apontar como evidência da natureza **aditiva** de construções **comparativas** desse tipo a possibilidade do emprego, no início do segundo termo da comparação, de *COMO TAMBÉM* (isto é, o registro comparativo efetuado pelo *COMO*, seguido do registro aditivo efetuado pelo *TAMBÉM*):

  *Amigos do pessoal lá de casa, (NÃO SÓ) **dos Bernardes** COMO TAMBÉM **dos Vilar**.*

  Afinal, o que se exprime em construções **comparativas** de significado semelhante a "não só ... mas/como também" é um misto de igualdade (comparação) e adição (coordenação), ambas as noções gramaticalizadas nos **advérbios** e **conjunções** utilizados nas construções.

1.1.2 Nas construções **comparativas**, a relação de interdependência entre os termos postos em confronto responde por uma característica altamente ocorrente: a redução de volume do segundo termo da comparação, como se vê em

  Nando apenas sorria, MAIS discreto QUE os outros Ø. (Q)
  Não pense que eu não sofro TANTO quanto VOCÊ Ø. (CNT)

1.2 Um traço essencial da construção **comparativa** é a existência de um elemento comum aos dois membros comparados. Na verdade, numa formulação bem simples, pode-se dizer que, nas construções **comparativas**, dois membros são comparados a respeito de algo que têm em comum.

  Desse modo, na ocorrência

  *O tom, no entanto, era BEM MAIS **brando** DO QUE **o anterior**. (A)*

  o mecanismo de comparação pode ser assim explicitado:

  a) o tom anterior tinha um certo grau de brandura;
  b) o tom do momento tinha um certo grau de brandura;
  c) o tom do momento tinha mais alto grau de brandura do que o anterior.

As Conjunções Subordinativas Adverbiais

Os elementos que se podem apontar são:

- Elemento comum (padrão): **ser brando** (em determinado grau)
- Elemento em contraste: *o tom do momento / o tom anterior*
- Marcador do contraste: *MAIS* (desigualdade, com superioridade)
- Expediente sintático do contraste: *DO QUE*
- Juntura: *o tom anterior MAIS* **profundo** *DO QUE o tom do momento*

A esquematização em um quadro mostrará:

ELEMENTO EM CONTRASTE	ELEMENTO COMUM	MARCADOR DO CONTRASTE	CONJUNÇÃO COMPARATIVA	ELEMENTO EM CONTRASTE
um	ser brando	mais	do que	o outro

O contraste, entretanto, não implica necessariamente desigualdade, e a comparação tanto pode indicar que o contraste se resolve em desigualdade (superioridade ou inferioridade) como pode indicar que ele se resolve em igualdade, como em

*Isso **me** atinge TANTO QUANTO ao **Senhor**.* (MO)

Esquema:

ELEMENTO COMUM	MARCADOR DO CONTRASTE	ELEMENTO EM CONTRASTE	CONJUNÇÃO COMPARATIVA	ELEMENTO EM CONTRASTE
atingir	tanto	a mim	quanto	ao Senhor

Uma questão envolvida nessa explicitação diz respeito ao fato de que a comparação com uma só variável é a mais comum, mas que pode haver mais de um elemento em contraste, como neste possível enunciado:

*Isso **me** atinge **hoje** TANTO QUANTO atingiu **ao Senhor ontem**.*

- Elemento comum (padrão): atingir (em certo grau)
- Elementos em contraste:
  - a) *a mim / ao senhor*
  - b) *hoje / ontem*
- Marcador de contraste: *TANTO* (igualdade)
- Expediente sintático do contraste: *QUANTO*
- Juntura: *atingir TANTO **a mim hoje** QUANTO ao **Senhor ontem***

1.3 A fixação no que é diferente, e não no que é comum permite que se fale em "eventos paralelos", na estrutura semântica da construção **comparativa**, já que os dois membros comparados diferem entre si apenas em dois constituintes:

a) um **sintagma nominal comparado**, que ocupa um dos principais papéis (**sujei-to, objeto direto, objeto indireto, adjunto adverbial**);

b) a **extensão** em que o **sintagma nominal** comparado possui alguma qualidade.

Diz-se, então, que o **sintagma nominal comparado** possui a qualidade em ques-tão numa extensão mais alta ou mais baixa – ou nem mais alta nem mais baixa – do que outro **sintagma nominal** na **oração** (subjacente) paralela. Um exemplo simples se refere a uma situação em que o elemento que tem sua extensão comparada é um **adjetivo**:

*Vai ser um tratamento MAIS **comprido** QUE **bombacha de gringo**.* (ANB)

Padrão: bombacha de gringo é comprida em algum grau;

Comparado: o tratamento vai ser *MAIS* comprido *QUE* isso;

Condensado: o tratamento vai ser *MAIS* comprido *QUE* bombacha de gringo.

1.4 Pode-se invocar a noção de **foco** para explicar a construção **comparati-va**, exemplificando com **enunciados** como:

Maria chora TANTO QUANTO João.

e

*Maria **chora** TANTO QUANTO ri.*

Estão em foco, na construção **comparativa**, os elementos postos em contraste. Constitui-se, na construção, um domínio que assim se compõe:

a) o marcador de foco (M);

b) o foco (F);

c) o resíduo (R).

No primeiro membro da comparação, o marcador de foco é um modificador que indica a dimensão da comparação (*MAIS, MENOS, TANTO / TÃO*). No segundo membro da comparação, a dimensão é omitida, e o marcador de foco é um elemento compara-tivo, colocado na primeira posição (*QUE / DO QUE, QUANTO*):

A música é	uma ciência	*TANTO*	*QUANTO*	uma arte
R	F	M	M	F

A existência de um elemento comum na base da construção propicia a omissão desse elemento na segunda parte da comparação, já que o próprio mecanismo da cons-trução **comparativa** responde por ele, como se explicita em

A música é	uma ciência	*TANTO*	*QUANTO*	(a música é)	uma arte
R	F	M	M	R	F

O que ocorre é que a **elipse** se dá no resíduo. A extensão em que se dá a elipse no segundo membro comparado é variável. Por exemplo, a ocorrência vista mais acima

O tom, no entanto, era BEM MAIS **brando** DO QUE **o anterior.** (A)

que apresenta **elipse** parcial, poderia, sem prejuízo da comparação, apresentar, no segundo membro, **elipse** total do elemento comum, como em

O tom, no entanto, era bem MAIS **brando**.

Diferentemente do que ocorre quando há elipse apenas do elemento comum – em que o processo de recuperação se reduz a ativar a estrutura de comparação – nos casos em que o segundo membro da comparação tem elipse de outros elementos, ou está totalmente elíptico, a recuperação constitui um processo mais complexo e variado que se opera não só no primeiro membro da comparação, mas ainda no texto, na situação, ou no conhecimento partilhado entre falante e ouvinte.

Assim, a reconstrução do segundo elemento da comparação totalmente elíptico tem dois principais modos possíveis:

a)   Recuperação no contexto (cotexto precedente ou situação)

Enfim, nesse zigue-zague de fugas e insistências, não sei quanto tempo teríamos ficado não fosse a intervenção de Carlos, ou melhor: suas tardias e repetidas intervenções. A princípio fracas e indecisas, logo se tornaram MAIS *fortes.* (A)

No entanto, jamais vi agonia mais dolorosa, mais sofrida. Momentaneamente, sem dúvida, houve um pequeno descanso. Em seguida, porém, voltou a se agitar e, desde esse instante, não teve trégua até que exalou o último suspiro, já em plena madrugada. Agora, uma agonia MAIS *triste e difícil, porque não tardou que perdesse o uso da palavra.* (A)

O que será o futuro, não sei. Se continuarei a "enganar" Carlos, como o fiz nesse primeiro momento de "reencontro" carnal, não sei. Se se satisfará com esse pedaço de corpo que, quase como se não fosse coisa minha, posso "atirar as feras", eis o problema... Há anos, quando vivíamos juntos, "felizes", "honrados", "dignos", era o bastante. Nunca me pediu MAIS. (A)

b)   Recuperação no conhecimento compartilhado entre falante e ouvinte

Carlos largou meu braço, o ar me pareceu MAIS *respirável.* (A)

O problema Pedro está em pleno clímax. Soube hoje, por Carlos, em que consiste. Tendo de sair MAIS *cedo e não podendo vir almoçar, achou-se na obrigação de me dar uma pequena explicação, provavelmente à guisa de justificação da sua ausência noturna junto a mim, ontem.* (A)

2 O modo de construção

2.1 As construções **comparativas** oracionais são compostas de uma **oração nuclear**, ou **principal**, e uma **oração comparativa**, que constitui um segundo termo de comparação em relação à **oração principal** (ou, mais especificamente, a um constituinte dela).

O constituinte comparado (presente na **oração principal**) é o primeiro termo da comparação; o constituinte com o qual se faz a comparação (presente na **oração comparativa**) é o segundo termo da comparação.

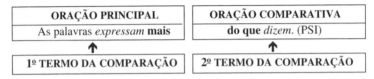

2.2 As construções **comparativas** são de dois tipos principais:

2.2.1 Construções **comparativas correlativas**.

São construções de dois formatos.

2.2.1.1 Um **enunciado** composto de

a) uma **oração principal** que contém:

- intensificação relativa de um processo (**verbo**), uma qualidade (**adjetivo**), uma circunstância (**advérbio**);

    ou

- quantificação relativa de um elemento (**substantivo**);

b) uma **oração comparativa** que expressa um segundo termo da comparação (da mesma natureza que o primeiro):

2.2.1.2 Um enunciado composto de

a) uma **oração principal** na qual um termo é destacado, por uma marca formal, como primeiro membro de um cotejo;
b) uma **oração comparativa** que traz, também destacado por uma marca formal, o segundo termo do cotejo (da mesma natureza que o primeiro).

As **construções comparativas** deste último tipo são sempre de igualdade, implicando uma **adição correlativa** do tipo de: *não só... mas também*, que se soma a uma comparação.

TANTO Dozinho QUANTO Rodopião tinham morrido por vaidade. (ANB)

=	não só	Dozinho
	como também	Rodopião

A situação era de evidente constrangimento TANTO para mim QUANTO para ela. (A)

=	não só	para mim
	como também	para ela

\# Também são **correlativas** desse último tipo construções **comparativas** que têm:

a) na **oração principal**, um elemento de **inclusão** (*TAMBÉM, ASSIM TAMBÉM* etc.);
b) na **oração comparativa**, a **conjunção comparativa** *COMO* precedida pelo indicador **fórico** modal *ASSIM* (*ASSIM COMO*):

> *ASSIM COMO o sistema se diferencia (na modernidade) em dois subsistemas (economia e Estado), TAMBÉM ocorrem diferenciações no interior do "mundo vivido.* (HAB)

Também essas construções implicam uma **adição comparativa**:

=	do mesmo modo que	o sistema se diferencia em dois subsistemas
	do mesmo modo *também*	ocorrem diferenciações no interior do "mundo vivido"

*Assim como a revalorização num ramo tem efeitos sobre outros ramos, além das consequências internas ao próprio ramo, **ASSIM TAMBÉM** a desvalorização gera nos demais ramos um processo de desvalorização.* (GTC)

*Do mesmo modo que nada – nem as contingências, nem o uso do livre arbítrio – poderá destruir a paternidade e a maternidade, **ASSIM TAMBÉM** deve manter-se inatingível e operante, nos limites do justo e do possível, a fraternidade entre filhos de um mesmo pai e de uma mesma mãe.* (MA-O)

2.2.2 Construções **comparativas não correlativas**

São construções que não têm nenhum elemento da **oração principal** marcado por quantificação relativa e têm a **oração comparativa** iniciada por **conjunção** ou **locução conjuntiva** indicadora de comparação de igualdade: *COMO, ASSIM COMO, TANTO QUANTO, TAL QUAL, TAL COMO, DO MESMO MODO QUE*:

*Se nos bailes a Bandeirantes cometeu erros de imagem, no desfile das escolas esteve também, **COMO** a Globo, quase perfeita.* (AMI)

*A neurose, o sintoma, **ASSIM COMO** o lapso e o sonho, apenas se tornam inteligíveis dentro da experiência vivida do sujeito, em que encontram seu sentido.* (PSI)

*Os discípulos de Augusto Comte assistiram desencantados, **TANTO QUANTO** o mundo católico, à experiência do "unionismo".* (EV)

*Uma noite sonhei com papai. Vi-o **TAL QUAL** na barca, quieto, sozinho, olhando as águas.* (BB)

*Os resultados se referem a mercadorias em sua forma primária, **TAL COMO** são apresentados no comércio varejista.* (DS)

*Tiãozinho, no entanto, tinha amizade pelo porquinho, **DO MESMO MODO QUE** Tico apreciava o Fumaça.* (GT)

3 As relações expressas

3.1 A **comparação correlativa** exprime

a) **igualdade**;
b) **desigualdade**.

A comparação de desigualdade pode ser:

a) **de superioridade**;
b) **de inferioridade**.

\# A **igualdade** pode referir-se a:

As Conjunções Subordinativas Adverbiais

a) **quantidade**

É sempre prudente levar na comitiva TANTOS domadores de feras QUANTAS crianças houver. (CRU)

O senhor deve imaginar que é nosso dever – dever da polícia – tomar TANTOS depoimentos QUANTOS sejam necessários para esclarecer a situação. (BB)

b) **intensidade**

O calão da linguagem de seus personagens e a crueza das situações que denuncia são TÃO chocantes QUANTO a realidade que elas espelham. (AB)

Luizinho já sabia rastrear uma caça quase TÃO bem QUANTO o velho. (BP)

Além disso, o efeito semântico de certos enunciados com *TANTO... QUANTO / COMO* pode não ser exatamente comparativo: o elemento *TANTO* não quantifica nem intensifica, mas simplesmente destaca o primeiro membro do cotejo; o elemento *QUANTO / COMO* introduz o segundo membro do cotejo, e o efeito de sentido final é **aditivo correlativo** (= *NÃO SÓ... MAS / COMO TAMBÉM*):

A sucção pode ser feita TANTO por uma seringa com vácuo encaixada no final da câmula QUANTO por um tubo plástico ligado a um aparelho aspirador. (VEJ)

Resta saber se TANTO o ministro do Planejamento, José Serra, COMO o da Fazenda, Pedro Malan, estão incluídos na articulação dos "20% que concentram a renda neste país". (VEJ)

\#   A **superioridade** pode representar uma indicação de preferência – com a correlação *ANTES... QUE / DO QUE*:

ANTES um pássaro na mão, QUE dois voando. (AVE)

ANTES diálogos secos QUE derramados. (ROT)

O "apelo" das cidades seria ANTES social QUE econômico. (BF)

Como esposo e como pai é ANTES um dependente DO QUE um operativo. (PRO)

3.2 A **comparação não correlativa** expressa sempre **igualdade**

a)   seja qualitativa:

Num átimo, o visitante encheu despachadamente o quarto, a falar COMO em catadupa. (PFV)

Isto, porém, só tem graça e faz cócegas se contado por ele mesmo, TAL QUAL está na Arca. (PFV)

\#   Essa comparação pode apresentar-se com independência sintática entre seus membros:

Tem a lâmina serrilhada pelos dois lados, com pontas para trás. TAL QUAL espinho de mandi. (PFV)

b) seja quantitativa:

Tudo isso, TANTO QUANTO a origem e a natureza desses estranhos aparelhos, continua no terreno das hipóteses, das conjecturas. (CRU)

\# O efeito de sentido dos enunciados deste último tipo é de **adição**, com indicação de **igualdade de proporção**:

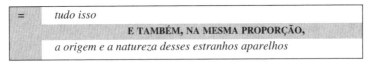

3.3 O processo de comparação pode instituir-se de dois modos:

a) entre indivíduos, em relação a uma propriedade;
b) entre propriedades, em relação a um ou mais indivíduos.

4 Os subtipos de **construções comparativas**

São subtipos das construções **comparativas**.

4.1 Construções **comparativas de igualdade**

4.1.1 Comparação entre indivíduos em relação a uma propriedade

Na comparação entre **sintagmas nominais** referentemente a um **sintagma adjetivo**, ou a um **sintagma adverbial** que qualifique o modo do evento, o segundo termo se inicia:

a) por *COMO, TANTO QUANTO* ou *TAL QUAL*, se o **adjetivo** ou o **advérbio** não é intensificado:

Seu Geraldo tinha o nariz ostensivo e sensível COMO uma antena. Sua força vinha dos olhos, vivos e inquiridores COMO os de um cachorro fiel. (CR)
Uma vez, Pernambuco deixara de ser civilizado e progressista TAL QUAL a Europa, mas salvara um homem. (PFV)

\# Pode haver uma **intensificação** manifestada pela ordem, por um **sufixo** (e, obviamente, pela entoação):

As Conjunções Subordinativas Adverbiais

Papai considera o Mister um ótimo freguês, cuidadoso COMO ele só. (ANA)
Era um velhinho miúdo, a cabeça branquinha COMO algodão. (ANA)

b) por *COMO* ou *QUANTO*, se o **adjetivo**, ou o **advérbio**, é intensificado por *TÃO*:

A ampicilina, apesar de não ser teoricamente uma droga de eleição é, na prática, TÃO eficaz COMO a penicilina G. (ANT)
Sua face se imobilizou sobre mim, TÃO branda e TÃO suave COMO uma coisa que flutuasse. (AV)
Em ar confinado o adolescente perece talvez TÃO rapidamente QUANTO a criança. (AE)

4.1.2 Comparação entre propriedades

Na comparação entre propriedades, representadas em **sintagmas adjetivos**, há dois casos, conforme esteja ou não envolvida uma intensificação relativa dessas propriedades.

4.1.2.1 Se o cotejo implica intensificação, as duas qualidades se referem ao mesmo indivíduo; o primeiro **sintagma adjetivo** vem precedido de *TÃO*, e o segundo de *QUANTO* ou *COMO*:

A integração latino-americana vai deixando de ser um sonho para se tornar uma realidade TÃO concreta QUANTO fecunda. (COL-O)
Era o homem mais ligado ao Conselheiro, seu assistente constante, criado servil, portador e intermediário TÃO asqueroso COMO de confiança. (J)
Eis como descreveis, em vossas reminiscências de infância, esses duros antepassados que moldaram vossa substância humana, TÃO rígida de cerne QUANTO adaptável e compreensiva de polpa. (AM-O)

4.1.2.2 Se o cotejo não implica intensificação, as duas qualidades se entendem como somadas (= não só... como também), e se referem

a) a indivíduos diferentes, dentro de um conjunto:

Chantagens como as que castigaram a Nestlé não são raras entre as grandes companhias, TANTO multinacionais QUANTO brasileiras. (EX)
(= não só as companhias multinacionais como também as brasileiras)
Em uma [reunião], estará representada a superestrutura TANTO governamental COMO empresarial e sindical. (FSP)
(= não só a superestrutura governamental como também a empresarial e sindical)

b) ao mesmo indivíduo:

*Tratava-se de um homem **ameno e ingênuo**, TANTO QUANTO **culto e bem intencionado**.* (DP)

(= um homem não só ameno e ingênuo como também culto e bem intencionado)

Quanto à ordem, como se observa nas ocorrências acima, há duas possibilidades:

a) o elemento *TANTO* precede o primeiro **adjetivo**;

b) o elemento *TANTO* vem depois do primeiro **adjetivo**, ficando contíguo ao elemento de comparação *QUANTO*.

4.1.3 Comparação entre participantes

Na comparação entre indivíduos, representados em **sintagmas nominais** (preposicionados ou não), há dois casos, conforme esteja ou não envolvida uma quantificação relativa desses elementos.

4.1.3.1 Se o cotejo implica quantificação, a construção se faz da seguinte maneira:

a) o primeiro **sintagma nominal** é quantificado com *TANTO* (que concorda com o **nome** núcleo do **sintagma**);

b) o segundo **sintagma nominal** é precedido por *COMO*, ou por *QUANTO* (que concorda com o **nome** núcleo do **sintagma**).

Quanto à ordem:

a) o mais comum é que o elemento *TANTO* preceda o **nome** quantificado:

> *Nosso batalhão, como o exército Malgache, tinha quase TANTOS **comandantes** COMO **comandados**.* (CF)

b) é possível, entretanto, que o quantificador *TANTO* seja posposto ao **nome** quantificado, ficando, então, contíguo ao elemento de comparação *QUANTO*; nesse caso, o efeito de sentido é diferente: a indicação quantitativa de igualdade funciona como um adendo.

> *Ao longo dos seus **cento e cinquenta e seis anos de vida**, TANTOS QUANTOS os deste **tribunal** e tantas vezes correndo em linhas paralelas, as nossas duas cortes supremas constituíram uma história ininterrupta de exercício do atributo mais próprio dos juízes.* (CPO)

\# É possível, também, que o quantificador *TANTO* ocorra em posição predicativa:

> *A divisão de uma ciência depende do seu conceito e TANTAS serão **as divisões**, QUANTOS conceitos podem ser emitidos.* (HF)

4.1.3.2 Se o cotejo não implica quantificação, os dois **sintagmas nominais** se entendem como somados (= não só... como também), e os elementos *TANTO* e *QUANTO* ficam invariáveis.

Quanto à ordem, há duas possibilidades:

a) o elemento *TANTO* precede o primeiro **sintagma nominal**:

TANTO a ética QUANTO o interesse nacional reclamam uma completa mudança de mentalidade nesse terreno. (COL-O)
Sim, *TANTO os dois irmãos de Carlos, COMO o marido de Eliodora*, Pedro, fizeram o possível para me tornar a situação difícil. (A)
Amigos do pessoal lá de casa, *TANTO dos Bernardes QUANTO dos Vilar*. (A)

b) o elemento *TANTO* vem depois do primeiro **sintagma nominal**, ficando contíguo ao elemento de comparação *QUANTO*; nesse caso, a comparação de igualdade implica a consideração de alguma intensificação dos dois **estados de coisas** postos em relação (= na mesma medida em que):

TANTO QUANTO eu, Juliana e Orion não queriam fazer papel feio. (BU)

=	*Juliana e Orion*
	NA MESMA MEDIDA EM QUE
	eu
	não queriam fazer papel feio.

Com efeito, já não se pode dizer que *o futebol, TANTO QUANTO a política e os negócios* (...) seja uma boa escola para os meninos da Funabem. (JB)
Na verdade, *as perturbações funcionais* não lhe incomodavam *TANTO QUANTO a visão do queixo saliente*. (REA)
Os costumes da terra o irritavam *TANTO COMO os habitantes*. (TV)

\# A comparação entre os **sintagmas nominais** pode ser estabelecida por *TAL QUAL*, e, nesse caso, essa comparação é marcadamente qualitativa (= do mesmo modo que):

Morto por um valentão, *[ele] TAL QUAL eu* daqui a pouco. (PFV)

\# O segundo membro da comparação pode ocorrer em outro enunciado:

E foi essa a imagem que *Evandro* criou – e amou! *TAL QUAL Pigmalião*. (PRO)

A JUNÇÃO

4.1.4 Comparação entre **circunstantes**

Na comparação entre circunstâncias, representadas em **sintagmas adverbiais**, há dois casos, conforme esteja ou não envolvida uma quantificação relativa dessas circunstâncias.

4.1.4.1 Se o cotejo implica intensificação, a construção se faz da seguinte maneira:

a) o primeiro **sintagma adverbial** é intensificado com *TÃO*;
b) o segundo **sintagma adverbial** é precedido por *QUANTO* ou *COMO*.

A indicação adverbial frequentemente está apenas implícita

*   tanto na **oração principal**:

> *A via intramuscular é pouco utilizada, devido à excelente absorção oral e por não manter níveis sanguíneos TÃO constantes [por via intramuscular] COMO por via oral.* (ANT)

*   como na **oração comparativa**:

> *Juquinha participa de um e outro meio, TÃO à vontade cá COMO [à vontade] lá.* (CC)
> *Estava TÃO longe dele QUANTO [longe] estaria de uma criança absorvida no brinquedo.* (AM-O)

4.1.4.2 Se o cotejo não implica intensificação, os dois **sintagmas adverbiais** se entendem como somados (= não só... como também).

Quanto à ordem, há duas possibilidades:

a) o elemento *TANTO* precede o primeiro **sintagma adverbial** e os elementos *QUANTO* ou *COMO* precedem o segundo:

> *Nem se tocou no assunto, TANTO no almoço QUANTO no jantar.* (A)

b) o elemento *TANTO* vem depois do primeiro **sintagma nominal**, ficando contíguo ao elemento de comparação *QUANTO*; nesse caso, a comparação de igualdade, implica alguma quantificação dos dois **estados de coisas** postos em relação (= na mesma medida em que):

> *O homem vive no porvir e no pretérito TANTO QUANTO no presente.* (AE)

=	*no porvir e no pretérito*
	NA MESMA MEDIDA EM QUE
	no presente

As Conjunções Subordinativas Adverbiais

> *Creio que tal coisa começa a ser impossível **na Espanha** TANTO QUANTO **na Holanda ou na Inglaterra**.* (VEJ)
>
> ***Nesse período** TANTO QUANTO **no anterior**, o indivíduo necessita de movimento, de ar puro, de boa alimentação.* (AE)

Essa correlação também se marca por **BEM... COMO**:

> *As cifras relativas à produção de açúcar na época colonial, que aparecem **em obras de cronistas, visitantes, informes oficiais portugueses e holandeses** BEM COMO **em trabalhos de estudiosos da matéria, nacionais e estrangeiros**, foram cuidadosamente escrutinadas por Roberto Simonsen.* (FEB)

4.1.5 Comparação entre **predicados**

A comparação de dois **sintagmas verbais** (dois **verbos** com o mesmo **sujeito**) pode ser:

a) **quantitativa**: a **oração comparativa** vem iniciada por *TANTO QUANTO*

> *E elas a **atraem** TANTO QUANTO a **horrorizam**.* (CC)
> *É bem verdade que não **avançamos** TANTO QUANTO **desejávamos**.* (JL-O)

b) **qualitativa**: a **oração comparativa** vem iniciada por *DO MESMO MODO QUE*

> ***Levamos** a nossa técnica, a nossa arte, a nossa civilização, a maneira romana de viver, DO MESMO MODO QUE **buscamos** o que os povos têm de melhor.* (SE)

4.1.6 Comparação entre **predicações**

Na comparação entre duas **orações** (principal e subordinada), há dois casos, conforme esteja ou não envolvida intensificação ou quantificação de algum elemento da **oração** principal. Pode ocorrer ou não **elipse** de algum termo na segunda **oração**.

4.1.6.1 Se o cotejo implica intensificação, normalmente ocorre **elipse** de termos na segunda **oração**, e a construção se faz da seguinte maneira:

a) na **oração** principal ocorre *TÃO* ou *TANTO*;

b) a **oração comparativa**, posposta, se inicia por *QUANTO* ou *COMO*.

> ***A terra, Alexandre, vale** TANTO QUANTO **a mulher**.* (L)
> ***A consciência que prega o sangue assusta-me** TANTO QUANTO **as mãos dos carrascos exalando a carne humana**.* (CNT)
> ***Vós a conheceis** TÃO bem QUANTO **eu**.* (CAR-O)

907

A JUNÇÃO

4.1.6.2 Se o cotejo não envolve intensificação de algum elemento da **oração principal**, a **construção comparativa** pode ser:

a) **qualitativa**, iniciada por *COMO, ASSIM COMO, TAL QUAL, TAL COMO*;

> *Tio Guerrando passaria por lá no dia seguinte, COMO costumava fazer todos os domingos, e apanharia sua roupa.* (ANA)
>
> *Ajo mentalmente, **arrumando os meus propósitos TAL QUAL o sujeito que ao acordar num hotel, minutos antes da viagem, revista os bolsos.*** (L)
>
> *Disse ao General Geisel que **ele naturalmente esperava de mim uma atitude discreta, TAL COMO fora sua própria conduta** quando desempenhou a mesma função durante o governo Castello Branco.* (OL)

b) **quantitativa**, iniciada por *TANTO QUANTO*.

> *TANTO QUANTO o comércio da cidade livre, o hospital centralizava as atenções.* (CB)

\# O efeito de sentido dos enunciados deste último tipo implica **adição**, com indicação de **igualdade de proporção**:

=	*o comércio da cidade livre [centralizava as atenções]*
	NA MESMA PROPORÇÃO EM QUE
	o hospital centralizava as atenções

\# Como se observa, a **oração comparativa** é **anteposta** ou **posposta**, e ela pode apresentar, ou não, **elipse** de algum termo:

São ocorrências sem **elipse** de termos na **oração comparativa**:

> *Acho que a Dorinha já pagou caro e, através de seu trabalho, de suas atitudes estará, de uma certa forma, dando uma satisfação, ou uma compensação para que **as pessoas aceitem, de uma forma normal, COMO nós aceitamos de imediato.*** (AMI)
>
> *ASSIM COMO Sófocles, Eurípedes e outros mais são reflexos de um instante grego, Lulli é bem o Século de Luiz XIV.* (FI)
>
> *As organizações sociais e políticas, porém, abominam a desordem, TANTO QUANTO a natureza detesta o vácuo.* (CIB)

São ocorrências com **elipse** de termos na **oração comparativa**:

> *Angela é esperta COMO [são espertas] todas as mulheres!* (A)
>
> *Fazia parte da nossa paisagem, COMO [faziam parte da nossa paisagem] a igrejinha que nos dava a missa, a lama que nos trazia a doença, a lua que alumiava nossas noites empestiadas de mosquitos.* (CR)
>
> *Não são eles os grandes pecados contra o sexto e o nono mandamentos, TANTO QUANTO [são grandes pecados contra o sexto e o nono mandamentos] a revista sensual, o jornal pornográfico, o cinema e televisão despudorados, os bailes modernos, as vestes imodestas.* (MA-O)

As Conjunções Subordinativas Adverbiais

\# O segundo membro da comparação pode vir noutro enunciado:

O Grêmio também foi à frente, e TANTO QUANTO [foi à frente] o Colorado. (PLA)

Pode ocorrer comparação entre um **sintagma** da **oração nuclear** e a **oração comparativa** em seu todo:

Mauro a admirava **com tanto mais zelo** *QUANTO* **sentia que ela se parecia, numa certa medida moral, com o que ele julgava ser.** (AV)

4.2 As **construções comparativas de desigualdade**

A desigualdade pode representar:

a) superioridade quantitativa do primeiro termo; uma qualidade aparece quantificada por *MAIS*;

b) inferioridade quantitativa do primeiro termo; uma qualidade aparece quantificada por *MENOS*;

Nos dois casos, o segundo termo da comparação inicia-se por *QUE* ou *DO QUE*:

SUPERIORIDADE QUANTITATIVA
Nando apenas sorria, **MAIS discreto**
↑
1º TERMO DA COMPARAÇÃO

QUE os outros. (Q)
↑
2º TERMO DA COMPARAÇÃO

INFERIORIDADE QUANTITATIVA
Mencionar um cadáver ensanguentado causa **MENOS impacto**
↑
1º TERMO DA COMPARAÇÃO

DO QUE mostrá-lo. (LIJ)
↑
2º TERMO DA COMPARAÇÃO

4.2.1 Comparação referente a **sintagmas adjetivos**

4.2.1.1 Comparação entre indivíduos em relação a uma propriedade

Na comparação entre indivíduos referentemente a uma propriedade, o esquema de construção **comparativa** é o seguinte:

1º SINTAGMA NOMINAL	*MAIS* ou *MENOS*	SINTAGMA ADJETIVO	*QUE* ou *DO QUE*	2º SINTAGMA NOMINAL

A **oração comparativa** geralmente apresenta **elipse** de termos.

A JUNÇÃO

O tom, no entanto, era bem MAIS brando DO QUE o anterior. (A)

– Who is he? – perguntou a americana, MAIS aterrorizada DO QUE ele, apontando para o Budum Filho. (ANB)

Em termos absolutos, num mundo absurdo nenhum gesto é MAIS OU MENOS moral DO QUE outro. (ANB)

Vai ser um tratamento MAIS comprido QUE bombacha de gringo. (ANB)

\# Alguns **adjetivos** apresentam forma sintética de comparação de superioridade (em *-OR*) para esse emprego:

Seria preciso um livro bem MAIOR do que este para dar resposta à pergunta. (DIP)
(= mais grande)

A incidência de cárie nas regiões proximais é grande, embora MENOR do que na superfície de mastigação, que é mais difícil de ser higienizada. (HB)
(= mais pequeno)

Com a polícia, é MELHOR fugir do que discutir. (PP)
(= mais bom)

A letra está PIOR do que nunca, quase ilegível. (A)
(= mais mau)

Melhor e *pior* também são formas **comparativas** de **advérbios** (de *bem* e de *mal*, respectivamente):

Demais, os navios talvez tenham uma alma e MELHOR do que eu conheçam seus caminhos. (VES)

O sujeito preso custa um dinheirão à sociedade, cumpre algum tempo de cadeia e sai PIOR do que entrou. (AGO)

4.2.1.2 Comparação entre propriedades em relação a um indivíduo

Na comparação entre propriedades referentemente a um indivíduo, o esquema de construção **comparativa** é o seguinte:

MAIS ou *MENOS*	1º SINTAGMA ADJETIVO	*QUE* ou *DO QUE*	2º SINTAGMA ADJETIVO

Era um menino pacífico, bem comportado, MAIS silencioso DO QUE falador. (COR-O)

Senti a mão de Carlos estalar na minha face e recuei, MAIS apavorada DO QUE machucada. (A)

Devo esclarecer desde já que se tratava de um homem MAIS baixo DO QUE alto, extraordinariamente pálido. (CCA)

Kleper era MAIS astrônomo DO QUE astrólogo, assim preferiu vender os cálculos para quem os quisesse utilizar. (AST)

4.2.2 Comparação entre **participantes**

Na comparação de indivíduos o **quantificador** (*MAIS*, ou *MENOS*) pode

a) anteceder o primeiro **sintagma**:

> *Este opera com a informação, cujo principal atributo é dispender BEM MENOS **energia** **DO QUE a envolvida pelos processos** que controla.* (CIB)

b) anteceder diretamente a **conjunção comparativa** (*QUE*, ou *DO QUE*):

> *E **as neuroses**, não MENOS QUE **os sonhos**, se utilizam francamente das vantagens assim oferecidas pelas palavras para fim de condenação e disfarce.* (PSI)
> *MENOS QUE **uma definição**, suas palavras são **uma redundância, uma imagem espelhada** de algo que... já sabia, visto que acabara de dizê-lo.* (SUC)

\# As mesmas indicações de colocação valem para os **sintagmas nominais** preposicionados:

> *– Quer dizer – disse Nando MAIS **a si mesmo** QUE **a Ramiro** – que os ateus podem ser santos.* (Q)
> *Por uma questão **de método**, MENOS QUE **de cautela**, não anuncia ao causídico sua próxima viagem à Macedônia.* (PRO)

4.2.3 Comparação entre **circunstantes**

Na comparação entre circunstâncias, representadas em **sintagmas adverbiais**, também são possíveis duas ordens:

a) o **quantificador** (*MAIS*, ou *MENOS*) antecede o primeiro **sintagma**:

> *Dentro dessa redoma, no bojo da reunião no terraço, tinham acontecido coisas MENOS **entre as pessoas** DO QUE **dentro das pessoas**, a começar por ela própria.* (CON)

b) o **quantificador** (*MAIS*, ou *MENOS*) antecede diretamente a **conjunção comparativa** (*QUE*, ou *DO QUE*):

> *Como o progresso **aqui** foi **muito** MENOS QUE **no Ocidente**, restam ainda na Alemanha Oriental enormes pedaços de floresta virgem.* (VEJ)

\# Podem comparar-se ao mesmo tempo os dois tipos de **sintagmas**, isto é, dois participantes e dois circunstantes:

> *Você já deve ter-se apercebido de que **dez pedreiros** juntos **em um dia** fazem MUITO MAIS QUE **um em dez dias**.* (MER)

4.2.4 Comparação entre **predicados**

Na comparação de **sintagmas verbais** (dois **verbos** com o mesmo **sujeito**) as mesmas colocações são possíveis:

a)   o **quantificador** (*MAIS*, ou *MENOS*) antecede o primeiro **predicado**

> *Saquei o 38 e atirei no para-brisa* MAIS *para* **estrunchar o vidro** DO QUE **pegar o**
> **sujeito.** (CNT)

b)   o **quantificador** (*MAIS*, ou *MENOS*) segue o primeiro **predicado** e antecede diretamente a **conjunção comparativa** (*QUE* ou *DO QUE*)

> *A ideia de Mauro metido em tais títulos me* **surpreendia** MAIS DO QUE **tornava co-**
> **movido.** (AV)
> *O presente trabalho tem a pretensão de apontar alguns deles [princípios da justiça],*
> *talvez* **interrogando** MAIS QUE **afirmando.** (JU)
> MAIS *vale* **ser direito** DO QUE **ter família fidalga.** (CC)

4.2.5 Comparação entre **predicações**

A comparação entre **orações** se faz

a)   sem **elipse** de termos na segunda **oração**:

> *Pode-se dizer que é* MAIS FÁCIL **um jumento sair de dentro da telinha** DO QUE
> **parlamentares enchendo Brasília.** (ESP)
> **E mencionar um cadáver ensanguentado** *causa* MENOS **impacto** DO QUE **mostrá-lo.**
> (LIJ)
> MAIS **ligeiro** DO QUE **se pode esperar de sua idade, Afonso sobe as escadas.** (CHU)

b)   com elipse do **verbo** (que se entende como igual ao da primeira **oração**), e, possivelmente, de outros termos, na **oração comparativa**:

> **Jó tinha muito** MAIS **anos** DO QUE **Aicá,** *pensou Nando.* (Q)
> **Acreditava num ou noutro prodígio,** COM MENOS **convicção** DO QUE **o seu senhor.**
> (PRO)
> *Animaram-se uns e outros e* **Tomas se entusiasmou** MAIS QUE **todos.** (A)

\#   A **oração comparativa** (segundo termo da comparação) pode estar completamente elíptica. Nesse caso, o segundo termo comparativo tem de ser reconstituído a partir do contexto ou do conhecimento compartilhado entre os interlocutores, e, muitas vezes, sua reconstituição é totalmente subjetiva:

> *Calaram os dois. Sérgio pareceu* MAIS *calmo.* (A)

Eu quero ver o teu sorriso MAIS bonito agora. (ARA)
Não pode refletir MAIS tempo sobre a situação. (A)

\# Uma **oração** pode ser comparada a um **sintagma** do mesmo estatuto sintático:

| *O que eu vou pedir* | *é coisa muito MAIS fácil DO QUE* | *cumprir os mandamentos.* | (AC)
|---|---|---|
| SN | | ORAÇÃO |

G) AS CONJUNÇÕES *CONSECUTIVAS*. AS CONSTRUÇÕES *CONSECUTIVAS*

1 O modo de construção

A construção **consecutiva** expressa por um **período composto** é constituída pelo conjunto de uma **oração nuclear**, ou **principal**, e uma **consecutiva**.

As construções **consecutivas** são de dois tipos principais.

1.1 Construções **consecutivas** com antecedente.

São construções **correlativas** do seguinte formato

a) uma primeira **oração** que contém:

- intensificação do **estado de coisas**, ou seja, da **predicação**, como um todo;
- intensificação ou quantificação de um dos elementos (**substantivo, adjetivo, advérbio**).

b) uma segunda **oração** que expressa uma consequência do **estado de coisas**, ou do elemento intensificado ou quantificado na primeira **oração**:

A JUNÇÃO

| Essa | *Luz* | *é* | *TANTA* | *QUE ele deve sentir sua vibração de algum modo.* | (B)
| ↑ | | ↓ | | ↑ |
| **SUBSTANTIVO** | | **QUANTIFICAÇÃO** | | **CONSEQUÊNCIA** |

\#   São mais restritos os casos em que, na **oração** antecedente da **consecutiva**, não há intensificação ou quantificação, mas **qualificação** (intensiva) de um termo:

> *Os planos de incisão e divulsão **devem ser feitos** DE TAL MODO QUE ocorra uma perfeita cicatrização.* (AGF)
>
> *Levantando-se precipitadamente, **empurrando** o prato no banco DE TAL MODO QUE acabou por cair no chão.* (ML)

1.2 Construções **consecutivas** sem antecedente

São construções que têm a **oração consecutiva** iniciada pelo que tradicionalmente se denomina **locuções conjuntivas consecutivas**: *DE (TAL) MODO QUE, DE (TAL) MANEIRA QUE, DE (TAL) SORTE QUE, A TAL PONTO QUE*. As **orações** desse tipo exprimem, mais especificamente, um **resultado**:

> *Vamos mobilizar o povo para o desenvolvimento, DE MODO QUE ele tenha plena consciência da sua missão.* (G-O)
>
> *E o engraçado foi que ele deixou para morrer bem na entrada de uma vila, DE MODO QUE eu pudesse escapar.* (AC)
>
> *O Daily News sugere que se mude o calendário DE MANEIRA QUE todos os feriados caiam eternamente nos mesmos dias da semana.* (CV)
>
> *Não tomarás como tua mulher outra, DE SORTE QUE lhe seja rival.* (LE-O)
>
> *Escola Única é a organização unitária das instituições educacionais de um povo, DE SORTE QUE elas sejam acessíveis a todos os seus membros.* (PE)
>
> *A porta dos fundos ficava aberta para mim, DE MANEIRA QUE podia entrar e sair à vontade.* (CRE)
>
> *O padeiro vive dizendo que é amigo do homem, DE MODO QUE a diferença é muito pouca.* (AC)
>
> *Ela só afirma o que a ação a obriga a afirmar, DE TAL SORTE QUE não há filosofia sem ação marxista.* (SI-O)
>
> *Já a denteação, como é comum nos dias atuais, utiliza agulhas de diferentes calibres, DE TAL MODO QUE o selo termina circunscrito por furos, facilitando destacá-lo do conjunto.* (FIL)
>
> *A gripe tinha-se assenhoreado de mim, DE TAL MANEIRA QUE eu não podia conciliar o sono, emagrecendo a olhos vistos.* (FR)

\#   As **consecutivas** do tipo não correlativo podem ser construídas como independentes:

*Mas dormir de touca pode acabar em pesadelo, e uma queda no ronco, perigosa, muitas das vezes dá em comoção. **DE MODO QUE** vamos logo ferrando o boi pra o batismo.* (CB)

*Estremecia a cabeça e, revirando os olhos, que o marido a deixou por uma negra, e negra horrorosa era aquela! **DE MANEIRA QUE** nada valia ser bonita.* (CE)

2 As relações expressas

Desse modo, as **orações consecutivas** exprimem o efeito ou o resultado ligado a:

a) um evento expresso na **oração principal** (geralmente intensificado)

*Bebi **TANTO QUE** acabei me cortando numa garrafa quebrada.* (CHU)
*Maltratara-o **DE TAL MODO** mesmo **QUE**, fraco de caráter, fraquíssimo, não resistira.* (A)

b) um elemento que está na **oração principal** (o antecedente da **consecutiva**) e que vem caracteristicamente intensificado

*Eu fiquei **TÃO feliz QUE** nasceu uma flor na lapela e uma namorada no braço.* (B)
*Ângela o julgou **TÃO fraco**, **TÃO triste** e **desanimado**, **QUE** logo percebeu: haviam chegado a um limite além do qual a situação não podia ir.* (A)

3 A ordem nas construções consecutivas

3.1 As construções **consecutivas** constroem-se, geralmente, em uma ordem **icônica**, vindo a consequência depois da causa:

 (AMI)

3.2 No entanto, a consequência, resultado ou efeito do evento também pode ser expresso numa **coordenada**, vindo o elemento intensificado – que expressa a causa – numa coordenada posterior:

*Estava a velha Soares, então, no corredor e não parecia apressada em se afastar **TÃO** certa devia estar de que me fulminara.* (A)
Nem mesmo o disfarce das ajudas externas (...) nem mesmo isso surte mais qualquer efeito, e não merece o crédito de nenhum brasileiro razoavelmente bem informa-

do, DE TAL MODO o imperialismo está sendo obrigado a agir escancaradamente. (AR-O)

Nem Carlos exigiu que o fizesse, DE TAL MODO estava claro o meu pensamento. (A)

É preciso não ter receio de denunciá-la, não perder nenhuma oportunidade de combatê-la, DE TAL MODO necessitamos urgentemente superá-la. (AR-O)

Seja-me permitida uma interrupção determinada por encontro inesperado que devo referir, TAL a importância que teve para quem como eu sente prazer em admirar. (AM-O)

Ninguém pode viver perto dela, TAL é a sua beleza. (LC)

Na seguinte ocorrência estão ilustradas as duas diferentes ordens possíveis:

Há uma crença, muito generalizada e romântica, e TÃO bem configurada na poética denominação de "asas brancas" QUE diz que eles voltam às primeiras notícias de chuva, TAL é o apego que têm à terra. (AR-O)

A primeira **construção consecutiva** tem a consequência posposta:

TÃO bem configurada na poética denominação de "asas brancas"	
CAUSA	*QUE diz que eles voltam às primeiras notícias de chuva*
	CONSEQUÊNCIA

A segunda **construção consecutiva** tem a consequência anteposta:

eles voltam às primeiras notícias de chuva	
CONSEQUÊNCIA	*TAL é o apego que têm à terra*
	CAUSA

\# A consequência também precede a expressão intensificada em casos como:

E quase une as palmas das mãos atrás, às costas, DE TANTO QUE aplaude. (AVE)

4 As construções **consecutivas** com antecedente

4.1 Nas construções **consecutivas** com antecedente, a **oração consecutiva** pode ser

a) introduzida pela **conjunção** *QUE*, estando o **verbo** em um **modo finito**:

O céu descera até perto de sua cabeça, e as nuvens eram TÃO densas QUE comprimiam o ar. (C)

Houve um momento de silêncio TÃO grande, QUE a cidade parecia ter adormecido. (OA)

As Conjunções Subordinativas Adverbiais

b) introduzida pelas **preposições** *PARA ou DE*, ou por uma **locução** do tipo de *A PONTO DE*, estando o **verbo** no **infinitivo**:

> *Era preciso gostar muito* PARA *não desistir.* (PRA)
> *Conhecemo-nos bastante e nos estimamos muito* PARA *nos permitirmos qualquer deslize a esse respeito.* (A)
> *Suas jogadas eram na conta e não costumava florear o jogo: direto, objetivo, avançando, amontoando pontos; costumava pensar muito nas bolas complicadas, mas tudo* **resolvia** DE **dar gosto.** (SD)
> *Passada a zonzura, percebeu que fazia um* **calor** DE **matar**, *embora não se visse o sol.* (CBC)
> *Mas também não há tantas* A PONTO DE **devermos permitir** *que elas sucumbam assim.* (B)

4.2 O **intensificador** ou **quantificador** usado na construção **consecutiva** depende do modo de introdução da **oração consecutiva**.

a) Nas construções em que a **oração consecutiva** é introduzida pela **conjunção** *QUE*, estando o **verbo** em um **modo finito**, usam-se:

- **advérbios** do tipo de *TANTO* e *TÃO*;
- **locuções adverbiais de modo**, do tipo de *DE TAL MODO, DE TAL MANEIRA, DE TAL FORMA*;
- **locuções adverbiais de limite**, do tipo de *A TAL PONTO*;
- **pronomes** do tipo de *TANTO, TAL, TAMANHO, DE TAL MONTA*.

b) Nas construções em que a **oração consecutiva** é introduzida pela **preposição** *PARA*, estando o **verbo** no **infinitivo**, usam-se:

- **advérbios** do tipo de *MUITO, BASTANTE, SUFICIENTEMENTE, DEMAIS*.

c) Nas construções em que a **oração consecutiva** é introduzida pela locução *A PONTO DE*, estando o **verbo** no **infinitivo**, usam-se:

- **advérbios** do tipo de *TANTO* e *TÃO*;
- **pronomes indefinidos** do tipo de *TANTO, TAL, TAMANHO, BASTANTE, SUFICIENTE*.

d) Nas construções em que a **oração consecutiva** é introduzida pela **preposição** *DE*, estando o **verbo** no **infinitivo**, o antecedente (**substantivo, adjetivo, verbo** ou **advérbio**) é intensificado apenas pela entoação:

> *O Lobo, um* **traste** DE **dar pena**, *com o baço do tamanho duma melancia, morre não morre da maleita sem mais jeito.* (V)

*Cada **prédio** DE **dar gosto**.* (TGG)

*Cigana era um belo animal, ruano, de pêlo fino e lustroso, **manso** DE **dar gosto**.* (VER)

*A árvore em q̧ ιestão era uma goiabeira, plantada por mamãe ao lado do terraço, **crescendo** DE **dar gosto**, viçosa, seus primeiros frutos a amadurecer.* (ANA)

*Tuí está de cabeça baixa, **desgraçado** DE **dar dó**.* (R)

\# Nesse caso, a **consecutiva** pode constituir enunciado independente:

*Você ia se deixar enlear, enredar que nem um tolo qualquer! E ia ficar apaixonado. DE **dar** pena!* (A)

4.3 São diversos os elementos que aparecem intensificados ou quantificados, antecedendo a **oração consecutiva**.

a) Nas construções em que a **oração consecutiva** é introduzida pela **conjunção** QUE, são intensificados:

• **adjetivos** (com o intensificador TÃO, sempre anteposto, ou com uma locução adverbial do tipo de DE TAL MODO, anteposta ou posposta)

em função **adnominal**:

*E ao mesmo tempo desce um calor TÃO **súbito** QUE as crianças de colo começam a chorar.* (B)

*E tomei um TÃO **grande** desagrado de política QUE fiquei sem querer mais saber de nada.* (BP)

*Não era raro (...) encontrarem-se adolescentes aparentemente DE TAL MODO **apaixonados** pela leitura ou TÃO **ocupados** em desenhar, QUE não parecia mais possível contar com eles para o exercício físico, os jogos, as excursões.* (AE)

em função **predicativa**:

*A pergunta, concordo agora, era TÃO, TÃO **inconsequente**, QUE não merecia resposta alguma.* (A)

*E seu corpo era TÃO **belo** QUE senti um aperto na garganta, e os olhos úmidos.* (B)

*Senti-me DE TAL MODO **desarvorada**, sem saber o que fazer (...) QUE não me ocorreu outro recurso.* (A)

• **advérbios** (com o intensificador TÃO, sempre anteposto)

*Outros o fazem TÃO **gradualmente** QUE nada de anômalo se evidencia.* (AE)

*A necessidade de mover-se sozinha e a falta dos carinhos habituais a perturbaram TÃO **fortemente** QUE só a morte lhe sorria.* (AE)

As Conjunções Subordinativas Adverbiais

*Essas facilidades vão **TÃO longe**, legalmente, **QUE** todas as férias nas escolas secundárias e nas universidades são reservadas aos estudantes das classes trabalhadoras da cidade.* (AE)

- **substantivos** (com os quantificadores *TANTO* e *TAMANHO*, com locuções **quantificadoras** do tipo de *DE TAL MONTA*, ou com os qualificadores intensivos *TAL*, *DE TAL FORMA*)

com esses elementos em função adnominal (anteposto ou posposto):

*Conhecia demais o velho, havia **TANTOS anos QUE** lhe fazia as vontades.* (ANA)

*O fenômeno é de **relevância TAMANHA QUE** os endocrinologistas e biotipologistas subordinam tudo ao desenvolvimento normal das glândulas de secreção interna.* (AE)

*Deu-lhe **TAMANHO empurrão QUE** Anna teve que se segurar na grade do pátio, para não cair.* (DE)

*O nível de pretensão chegou a um **limite TAL**, **QUE** eu estava com medo de fazer alguma coisa e fracassar.* (AMI)

*Seria de uma **TAL indelicadeza** de sua parte... **QUE** você nem precisa explicar coisa alguma.* (A)

com esses elementos em posição predicativa:

***TANTO** é o **fogo** do pré-carnavalesco **QUE**, quando chega o carnavalesco mesmo, o pessoal já está de motor queimado.* (CT)

*O ouro e a prata era sem número e quase não se estimava o **açúcar**, **TANTO QUE** não havia embarcação para carregar.* (C)

*É como se estes sistemas naturais tivessem uma "finalidade" (...) e o seu **comportamento** fosse **TAL QUE** os conduzisse nesta direção, a despeito das condições desfavoráveis do meio.* (CIB)

*A **influência** da respiração sobre as funções orgânicas é **DE TAL MONTA QUE** se calcula absorver uma criança, correndo, seis vezes e meia mais ar do que quando imóvel.* (AE)

*É **DE TAL FORMA a influência do Espírito das Trevas QUE**, altas horas da noite, ela sai dos aposentos para entregar-se à guarda de palácio.* (BN)

- **verbos** (com o **intensificador** *TANTO*, ou com **locuções adverbiais** indicativas de modo, como *DE TAL MODO*, *DE TAL MANEIRA*, *DE TAL FORMA*, ou indicadoras de limite, como *A TAL PONTO*, antepostos ou pospostos)

*E **TANTO fiz**, reconheço, **QUE** acabei pondo Hélio fora de si.* (A)

*Mas as pernas lhe **tremem DE TAL MODO QUE** ele vai tropeçando.* (AC)

*A princípio **sacudiu-nos DE TAL FORMA** o organismo combalido **QUE** estivemos a ponto de desertar.* (AE)

*Os espíritos desencarnados podem agir sobre os nossos centros nervosos. **Influem A** **TAL PONTO QUE** às vezes o dirigem.* (ESI)

b) Nas construções em que a **oração consecutiva** é introduzida pela **preposição** **PARA**, são intensificados:

- **adjetivos** (com os intensificadores *muito, bastante, suficientemente, demais*)

    *São Tomás possuía uma genialidade filosófica **muito grande PARA** limitar-se simplesmente a seguir fielmente o aristotelismo.* (AM)
    *Quem é ela para conhecer homem **bastante caixa-alta PARA** a levar ao Golden Room?* (BP)
    *O alicerce está **suficientemente forte PARA** sustentar a estrutura – pelo menos por algum tempo.* (EC)
    *O macaco é **social demais, PARA** poder valer.* (AVE)

- **verbos** (com os intensificadores *muito, bastante, suficientemente, demais*)

    ***Gramei muito PARA** ter isso aqui.* (AB)
    *Tem medo de não **amá-lo bastante PARA** aguentar tanta monotonia.* (B)
    *O nível dos salários não parece ter **aumentado suficientemente PARA** elevar o poder de compra da população.* (ESP)
    ***Amava-a demais PARA** permitir que acabasse num hospício.* (CP)

\# O **intensificador** pode aparecer substantivado (*o bastante, o suficiente*):

    *Ela já tomou banho, veste-se agora, é vaidosa **o bastante PARA** pretender aparecer bem.* (SER)
    *Não acreditava **o suficiente PARA** elas se transformarem num motivo.* (DE)
    *Ele deve ser forte **o suficiente PARA** não danificar com o choque de tratores e também para aguentar o peso da produção.* (GL)

- **substantivos** (com os quantificadores *muito, bastante, suficiente, demais*)

    *Ainda hoje tenho **coragem bastante PARA** tomar um ônibus ou mesmo uma lotação e ir dentro dele até o centro da cidade.* (B)
    *Mesmo que tivésseis **bastante prestígio PARA** furar a fila, havia muitos outros livros à frente do vosso.* (CAR-O)
    *Terá **tempo suficiente PARA** treinar as inúmeras receitas de culinária que está levando.* (FA)

\# O **quantificador** pode não vir expresso:

    *Não tive **coragem PARA** olhar fundamente em mim.* (A)

c) Nas construções em que a **oração consecutiva** é introduzida pela **locução prepositiva A PONTO DE**, são intensificados:

As Conjunções Subordinativas Adverbiais

- **adjetivos** (com o intensificador *TÃO*, sempre anteposto)

  *Mas já no mesmo dia, ao cair da noite, uma vez fechadas as urnas, que povo será TÃO **imbecil** A PONTO DE acreditar que, tendo votado, esteja ele no governo?* (D)
  *Não sejamos TÃO **egocêntricos** A PONTO DE querer, quando estamos mal, que esteja todo o mundo péssimo.* (FAV)

- **advérbios** (com o intensificador *TÃO*, sempre anteposto)

  *Sua novela – A vida curta e feliz de Francis Macomber – expressa-se tão bem através das falas, caminha TÃO **velozmente** A PONTO DE tornar desnecessárias as descrições, resumidas ao mínimo.* (ROT)

- **substantivos** (com os quantificadores *TANTO, TAL, TAMANHO, BASTANTE, SUFICIENTE*)

  *Não há TANTAS [**mulheres** louras e rosadas] A PONTO DE devermos permitir que elas sucumbam assim.* (B)
  *Os municípios e os estados brasileiros, em decorrência da reforma constitucional e tributária de 1988, estavam com TAMANHA **disponibilidade de recursos financeiros** A PONTO DE serem os principais agentes inflacionários e da desestabilização econômica do País.* (FOR-O)
  *A **difusão** da cultura artística não tem sido BASTANTE A PONTO DE atingir e beneficiar a maioria de sua população.* (VID)

- **verbos** (com o **intensificador** *TANTO*)

  *Passei a **odiá**-la TANTO, A PONTO DE esquecer o nome.* (BE)
  *Gondin **gostara** TANTO, A PONTO DE querer – num dos seus assomos de entusiasmo – vê-lo reeditado pela Cruzeiro?* (CAR-O)

\# A intensificação pode não ter representação lexical, vindo a ideia de intensificação suposta no próprio elemento que introduz a **oração consecutiva** (*A PONTO DE, A TAL PONTO DE*):

  *Fiquei comovido, A PONTO DE **atirá**-la fora novamente.* (CV)
  *Tinha culpa de ter se habituado a ele, A PONTO DE não **saber** viver fora dele?* (ED)
  *O dia de ontem foi calmo, despido de qualquer interesse marcante. A PONTO DE não **ter** me sentido inclinada a escrever qualquer coisa neste diário.* (A)

\# A noção de excesso pode estar no antecedente:

  *Carlos, evidentemente (confessava), **excedera-se** A PONTO DE me **ter** ameaçado fisicamente de pancada.* (A)

\# Faz indicação semelhante a expressão indicadora de limite *ATÉ + NÃO + **infinitivo** + MAIS*, como em

*Uma pessoa, estava claro, direita, devotada ao Jaci ATÉ NÃO **poder** MAIS.* (CON)
*Bereco que estava encostado na cama, só espiando o lance, vai ficando invocado, ATÉ NÃO **aguentar** MAIS.* (BA)
*A estranha comitiva atravessou célebre a Praça do Mercado, enveredou-se pela Rua do Paço, ATÉ NÃO MAIS **ser ouvida**.* (VID)

4.4 Desse modo, as **orações consecutivas** mais comuns, que são as iniciadas pela **conjunção** *QUE*, têm como antecedentes os seguintes tipos de sintagmas:

- *TÃO, DE TAL MODO / MANEIRA* (incidindo sobre **adjetivo**)

  *Deu um grito, não bem um grito, um gemido TÃO **alto** e **doloroso** QUE ele mesmo acordou.* (B)
  *Não se admite que a atual geração de dirigentes seja DE TAL MODO **flácida** e **pulsilânime** QUE se comprometa até o grau da cumplicidade.* (CRU)
  *O treinamento é DE TAL MANEIRA **absorvente** QUE exige exclusividade na vida do nadador.* (NOL)

- *TANTO, DE TAL MODO / MANEIRA, A TAL PONTO* (incidindo sobre **verbo**)

  *E as mãos **tremiam** TANTO QUE o quepe caiu no chão.* (AM)
  *As discussões e o tumulto entre os presentes **se generalizaram** DE TAL MODO QUE a sessão se dissolveu na maior desordem.* (DE)
  *No mesmo instante ambos **ligaram-se** A TAL PONTO QUE pareciam pertencer ao mesmo corpo.* (PCO)

- *TAL, TANTO, TAMANHO* (incidindo sobre **substantivo**)

em posição adnominal:

  *O Senador Maculan retrucou insinuações do Sr. Herbert Levy, com TAL **veemência**, QUE este fez uma "retirada" tática.* (CRU)
  *Ela nos traz a ilusão duma **certeza** TAL QUE nem achamos necessário demonstrá-la.* (DIR)
  *O Brasil precisa de TANTA **coisa**, QUE não se conseguiu ainda estabelecer, no consenso geral, qual deva ser a prioridade para os assuntos que a Nação tem de resolver.* (JK-O)
  *Seria injusto que morresse tão cedo: fizera TAMANHO **sacrifício** QUE merecia ir até o fim na criação do filho.* (MAR)

em posição predicativa:

  *Sua **força** de expressão deverá ser TAL QUE resista a todo desdém.* (CRU)
  *Imagino que essa **luz** é TANTA QUE ele deve sentir sua vibração de algum modo.* (B)

As Conjunções Subordinativas Adverbiais

- *TÃO* (incidindo sobre **advérbio**)

> *Foi mesmo TÃO **diretamente** ao assunto QUE a preocupava, com tanta precisão e frieza, que me senti bem mais à vontade do que esperava.* (A)

\#   Menos comuns e restritas à linguagem coloquial são as **orações consecutivas** que têm como antecedente um **sintagma nominal** com o elemento *cada*, fazendo **intensificação**, em **posição adnominal**:

> *Ah! Sei lá, Otávio... você tem **cada** coisa que ... QUE realmente não dá pra gente entender.* (DEL)
> *Fiz **cada** coisa QUE hoje nem eu acredito.* (VEJ)

4.5 O **intensificador** que antecede a **consecutiva** pode funcionar não apenas dentro da **predicação** da **oração principal** – como nos casos vistos até aqui –, mas, ainda, externamente à predicação da **oração principal**, como em

> *Bem, isto foi depois, porque ela demorou a concordar, TANTO QUE imaginei: nem acredito, estou diante de uma virgem?* (BE)

Analisando:

- a **oração** que constitui núcleo em relação à **oração consecutiva** é

> *ela demorou a concordar*

- a **oração consecutiva** (com o **intensificador**) é

> *TANTO QUE imaginei: nem acredito, estou diante de uma virgem?*

\#   Essa exterioridade se comprova pelo fato de, nesses casos, ser perfeitamente possível a **consecutiva** constituir um enunciado independente:

> *Bem, isto foi depois, porque ela demorou a concordar. TANTO QUE imaginei: nem acredito, estou diante de uma virgem?*

São desse tipo as ocorrências:

> *Fosse lá como fosse, servia aos meninos, descobrindo logo o gosto de cada um, dona de grande personalidade. TANTO QUE foi ela a decidir a escolha de meu nome.* (ANA)
> *TANTO ASSIM QUE, através da Mensagem n.o 427, de 14 de outubro de 1963, enviei a essa Augusta Assembleia um anteprojeto de Lei autorizando a constituição de uma sociedade mista.* (AR-O)

Nos casos em que o **intensificador** funciona dentro da **predicação** da **oração principal**, isso não poderia ocorrer, sem alteração de significado:

Fala-se TANTO QUE a expressão deixou de ser ~~ ~versiva. (AR-O)
* Fala-se. TANTO QUE a expressão deixou de ser subversiva.

4.6 A expressão **consecutiva** pode reduzir-se a um termo, deixando de haver combinação de **orações**:

*E numa velha figueira os figos **roxos DE TÃO maduros** se racham em bocas vermelhas.* (B)

4.7 Pode haver dois ou mais antecedentes coordenados, com apenas uma **consecutiva**:

- **termos:**

  *No entanto, Angela o julgou TÃO **fraco**, TÃO **triste** e **desanimado**, QUE logo percebeu: haviam chegado a um limite além do qual a situação não podia ir.* (A)

- **sintagmas:**

  *Foi mesmo TÃO **diretamente** ao assunto que a preocupava, **com TANTA precisão e frieza**, QUE me senti bem mais à vontade do que esperava.* (A)

- **orações:**

  *A **fome é tão grande**, **a miséria é tanta** QUE, deve pensar o diretor, nem os mortos escaparão delas.* (JB)

H) AS CONJUNÇÕES *CONFORMATIVAS*. AS CONSTRUÇÕES *CONFORMATIVAS*

1 A construção **conformativa** expressa por um **período composto** é constituída pelo conjunto de uma **oração nuclear**, ou **principal**, e uma **conformativa**.

1.1 Em português, a análise das **construções conformativas** pode ser representada na análise das **orações** iniciadas pela conjunção *CONFORME*.

A **oração conformativa** pode ser **posposta**, na forma:

ORAÇÃO PRINCIPAL	*CONFORME*	ORAÇÃO TEMPORAL
Chicão ligou para o escritório de Lomagno	*CONFORME*	*haviam combinado.* (AGO)

ou **anteposta**, na forma:

CONFORME	ORAÇÃO CONFORMATIVA	ORAÇÃO PRINCIPAL
CONFORME	*seja*	*amanhã lá volto.* (SA)

1.2 Outras **conjunções** expressam relação conformativa:

> *CONSOANTE*

Variando as condições da escola, como variam, CONSOANTE seja ela escola primária, secundária ou superior, variam os objetivos da biblioteca. (BIB)

Até comigo, CONSOANTE já disse, que não estive lá, esse povo trovador resolveu fazer cocoada em verso. (CJ)

> *SEGUNDO*

SEGUNDO se diz, aparece no filme mais um atirador. (AF)

O olhar que lança às pessoas, na rua é, SEGUNDO posso perceber do guarda-chuva (...) o olhar de um alucinado. (CEN)

> *COMO*

COMO se verá, o nosso trabalho, diante desses critérios, era de fulgurante inutilidade. (ACM)

Não constitui novidade para mim, pois várias vezes já ouvi essa "teoria", COMO ele a chama. (A)

*CONFORME*, *SEGUNDO* e *CONSOANTE* são também formas de **preposição**, introduzindo **sintagma nominal** para estabelecer relação semântica circunstancial de conformidade:

Telefonou para a mãe do Turco Velho, CONFORME o combinado. (AGO)

Agiu SEGUNDO o que lhe parecia direito, e talvez tenha crido que lhe fez um bem. (JU)

Bem ensinou Santo Tomás, que "os ideais políticos variam CONSOANTE as ideias do homem sobre o destino humano". (FI)

Obs.: Esses elementos são também estudados nas **Preposições acidentais**.

A JUNÇÃO

1.3 As **construções conformativas** referem-se a **presente, passado** ou **futuro**. Quanto ao modo verbal, elas ocorrem com **verbo** no **indicativo** ou no **subjuntivo**, exceto as iniciadas pela **conjunção** *COMO*, que só se constroem com **indicativo**:

*CONFORME **deve saber**, na maioria são livros de poesia.* (CP)
*E começaram a jantar e almoçar, CONFORME **fosse** o dia e a noite.* (FAB)
*Perenidade impossível quando o poder é consentido pelo escrutínio direto, universal e secreto, em que a alternatividade de partidos é a regra, CONSOANTE **ocorre** nos países civilizados.* (SIM-O)
*Bem me lembro dos termos dela, que li na presença de muitos militares, que me passaram ela, CONSOANTE eu **opinar**.* (CJ)
*SEGUNDO **indicam** as pesquisas, os orangotangos são os únicos primatas antropomorfos com hábitos solitários.* (DST)
*SEGUNDO me **pareceu**, mantinha-se em silêncio passivo.* (AV)
Pertinho da igreja COMO você pediu. (AS)
COMO vê, companheiro, a vida é dura. (AS)

2 As relações expressas

A **oração conformativa** expressa um fato que se dá em conformidade com o que é expresso na **oração principal**. Assim, no enunciado

Vou te contar CONFORME me for possível. (L)

o que o falante diz é que ele vai contar algo, em conformidade com a possibilidade existente.

\# Também podem estar relacionados dois atos de fala. Assim, em

Viver é correr riscos, SEGUNDO disse Zaratustra. (ACM)

o que o falante faz é apresentar uma declaração (*Viver é corr r riscos.*) que ele configurou em conformidade com o que disse outro emissor.

As Conjunções Subordinativas Adverbiais

I) AS CONJUNÇÕES *PROPORCIONAIS*.
AS CONSTRUÇÕES *PROPORCIONAIS*

1 A construção **proporcional** expressa por um **período composto** é constituída pelo conjunto de uma **oração nuclear**, ou **principal**, e uma **proporcional**.

1.1 Em português, a análise das **construções proporcionais** pode ser representada na análise das **orações** iniciadas por *À PROPORÇÃO QUE*.

A **oração proporcional** pode ser **posposta**, na forma:

ORAÇÃO NUCLEAR	*À PROPORÇÃO QUE*	ORAÇÃO PROPORCIONAL
Ele varia diminuindo	*À PROPORÇÃO QUE*	*a gravidez chega ao fim.* (CLO)

ou **anteposta**, na forma:

À PROPORÇÃO QUE	ORAÇÃO PROPORCIONAL	ORAÇÃO NUCLEAR
À PROPORÇÃO QUE	*os dias iam passando*	*os registros eram cada vez mais sucintos.* (COT)

1.2 Do mesmo tipo é a relação estabelecida por *À MEDIDA QUE*:

> *O calor aumentava À MEDIDA QUE a manhã avançava.* (VEJ)
> *Foi-se tranquilizando aos poucos À MEDIDA QUE descobriu que, na verdade, não foi Chico quem as deixou.* (VEJ)

1.3 Outro modo, mais raro, de manifestação de uma **oração proporcional** é com *CONFORME*:

> *CONFORME boleava um animal e ele caía, o campeiro chegava-se e passava-lhe o ligar em cima do garrão e apertava, acochava, à moda velha.* (CG)
> *Vejam o que fazem; eu vou buscar a gente, e, CONFORME chegar, carrego.* (CG)

*CONFORME*, em princípio, é

• uma **preposição** de conformidade:

> *Não houve, a rigor, nem mesmo invasão de domicílio, CONFORME o relato que o próprio doutor Mattos fez.* (AGO)

• uma **conjunção conformativa**:

A Junção

Nas pedras reconstituídas aparecem estrias que se intersectam em várias direções, CONFORME podem ser observadas. (PEP)

1.4 Além disso, é possível a expressão da **relação proporcional** por uma construção **correlativa**: com *TANTO MAIS / MENOS* na principal, e *QUANTO MAIS / MENOS* na **proporcional**

QUANTO MAIS conhecimento o cético adquiria das filosofias, TANTO MAIS conflitantes elas lhe iam parecendo. (CET)

1.5 As **construções proporcionais** referem-se a **presente, passado** ou **futuro**. Quanto ao modo verbal, elas ocorrem com **verbo** no **indicativo** ou no **subjuntivo**:

O terreno melhorava À PROPORÇÃO QUE se iam distanciando das serras. (FR)
Sabemos que o adolescente possui um grande estoque de energias físicas que vai perdendo À PROPORÇÃO QUE chega a maturidade. (BIB)
No Sudeste asiático, a tônica é a mesma, e no Ocidente, À PROPORÇÃO QUE ele vai se difundindo mais e mais, confirma-se a regra, a tolerância. (BUD)
Em segundo lugar, À MEDIDA QUE fui crescendo, desconfiei que o país que ela amava não existia concretamente. (ASA)
Dobraram outra esquina e, À MEDIDA QUE se aproximavam do Pátio da igreja, a frequência nas ruas ia aumentando. (OE)
Só que, em reivindicação, queria pegar a tarefa no ponto em que a mulher a deixara, e pleiteava que nesse instante foi como se todo o futuro ali mesmo se estivesse escoando, e ele só fosse conhecer os detalhes À MEDIDA QUE os criasse. (M)

2 As relações expressas

A **construção proporcional** indica uma proporção entre o que é expresso na oração **principal** e o que é expresso na **proporcional**. Assim, no enunciado

Mas, À PROPORÇÃO QUE os cavaleiros avançam, começam a notar-se diferenças grandes nas fisionomias, nas roupas, no ar geral das pessoas e das coisas. (R)

o que se diz é que as diferenças vão sendo notadas na mesma proporção do avanço dos cavaleiros.

Do mesmo modo um enunciado como

QUANTO MENOS a pessoa se expõe MENOS chance dá à imprensa de falar bobagem. (RI)

o que se diz é que a chance de a imprensa falar bobagem diminui proporcionalmente à falta de exposição da pessoa.

Obviamente, a proporcionalidade pode ser a razão inversa, como em

QUANTO MENOS surpresas enfrentar, MAIS confiante e relaxado se sentirá. (CAA)

J) AS CONJUNÇÕES *MODAIS*. AS CONSTRUÇÕES *MODAIS*

A construção **modal** expressa por um **período composto** é constituída pelo conjunto de uma **oração nuclear**, ou **principal**, e uma **modal**.

Não é muito usual a expressão da relação **adverbial modal** por meio de uma **oração**. Ela se faz especialmente com *SEM QUE*, e com **verbo** no **subjuntivo**:

*Os momentos passaram, todavia, SEM QUE **lograsse coordenar um só pensamento**.*(A)
*Costura-se, passando a agulha por dentro da trança, indo de uma a outra e SEM QUE **os pontos apareçam**.* (CCE)
*Contudo, esse crescimento se realizava SEM QUE **houvesse modificações sensíveis na estrutura do sistema econômico**.* (FEB)

Mais raramente, usa-se a **conjunção** *COMO*, que conserva um matiz **conformativo**. O **modo verbal** é o **indicativo**.

*Se continuarei a "enganar" Carlos, COMO o **fiz nesse primeiro momento** de "reen-contro" carnal, não sei.* (A)

Orações modais com **verbo** no **infinitivo** se constroem com a **preposição** *SEM*:

*O jovem tentou respirar SEM **fazer ruído**.* (BOI)
*Ela continuava em sua busca, SEM **dar confiança a ninguém**.* (ANA)

TEXTOS EXAMINADOS

Sigla	Obra
A	*Angela ou as areias do mundo*. FARIA, O. Rio de Janeiro: José Olímpio.
AB	*Abajur lilás*. MARCOS, P. São Paulo: Global, 1979.
AC	*Auto da compadecida*. SUASSUNA, A. Rio de Janeiro: José Olympio, 1963.
ACI	A cidade e a roça. In: BRAGA, R. *200 crônicas escolhidas*. 2.ed. Rio de Janeiro: Record, 1978.
ACL	*Audiologia Clínica*. LACERDA, A. P. Rio de Janeiro: Guanabara, 1976.
ACM	*Aqueles cães malditos de Arquelau*. PESSOTI, I.
ACQ	*A arte e a ciência do queijo*. FURTADO, M. M. Rio de Janeiro: Globo, 1990.
ACT	*Acontecências*. IGNÁCIO, S. E.
AD	*Administração estratégica*. GAJ, L. São Paulo: Ática, 1987. (Série Fundamentos, 27.)
ADV	*Adubação orgânica*. COSTA, M. B. B. São Paulo: Ícone, 1989. (Agrícola.)
AE	*Adolescência e sua educação*. São Paulo: Ed. C. E. N. 1950. v.52.
AF	*A festa*. ANGELO, I. 1978
AFA	*A faca de dois gumes*. SABINO, F. Rio de Janeiro: Record, 1985.
AG	*A Gazeta*. Vitória. 10.1.1993.
AGF	Agrofolha – *Folha de S.Paulo* – Caderno Agrícola – diversas edições.
AGO	*Agosto*. FONSECA. R. São Paulo: Cia. das Letras, 1990.
AGR	*O que é questão agrária*. SILVA, J. G. 16.ed. São Paulo: Brasiliense, 1980. (Primeiros Passos, 18.)
AID	Ai de ti Copacabana. In: BRAGA, R. *200 crônicas escolhidas*. 2.ed. Rio de Janeiro: Record, 1978.

GRAMÁTICA DE USOS DO PORTUGUÊS

AL   *A lua vem da Ásia.* CARVALHO, C. 3.ed. Rio de Janeiro: Codecri, 1977.

ALE   *Além dos marimbus.* SALLES, H. 1961.

ALF   *O Alferes.* PROENÇA, M. C. Rio de Janeiro: Civ. Brasileira, 1967.

ALQ   *O que é alquimia.* MACHADO, J. São Paulo: Brasiliense, 1991. (Primeiros Passos, 248.)

AM   *Ajudante de mentiroso.* JARDIM, L. Rio de Janeiro: José Olympio, 1980.

AM-O   *Discursos de Gilberto Amado.*

AMI   *Revista Amiga.*

AMN   *A Amazônia no espaço brasileiro.*

ANA   *Anarquistas, graças a Deus.* GATTAI, Z. Rio de Janeiro: Record, 1979.

ANB   *O analista de Bagé.* VERÍSSIMO, J. F. Porto Alegre: LBM, 1982.

ANC   *Análise da conversação.* MARCUSCHI, L. A. São Paulo: Ática, 1986. (n.82/86).

ANI   *Análise de Investimentos e taxa de retorno.* SCHUBERT, P. São Paulo: Ática, 1989. (Princípios, 187.)

ANT   *Antibióticos na clínica diária.* FONSECA, A. L. 2.ed. São Paulo: Epume, 1984.

AP   *A província do Pará* – Belém – diversas edições.

APA   *A paixão transformada. História da medicina na literatura.* SCLIAR, M. São Paulo: Cia. das Letras, 1996.

AQ   Ascensão e queda da família mineira. BOSCHI, R. *Revista de Teatro (Rio de Janeiro)*, jun. 1989.

AQT   *O que é arquitetura.* LEMOS, C. A. C. 3.ed. São Paulo: Brasiliense, 1982. (Primeiros Passos, 16.)

AR-O   *Palavra de Arraes.*

ARA   *A estória de Ana Raio e Zé Trovão.* CARUZO, M., BUZZAR, R. 1991. Novela Rede Manchete.

ARI   *Abismo de rosas.* NOGUEIRA, A. Cap 1. Rede Globo. (Caso Verdade).

ARQ   *Arqueologia.* FUNARI, P. P. A. São Paulo: Ática, 1988. v.145.

ARR   *Arraia de jogo.* VASCONCELOS, J. M. 1.ed. São Paulo: Melhoramentos, 1965.

ARU   *Quadro da Arquitetura no Brasil.* NESTOR, G. R.

AS   *A semente.* GUARNIERI, G. São Paulo: M. Moho, s.d.

ASA   *A asa esquerda do anjo.* LUFT, L. São Paulo: Siciliano, 1981.

ASS   *Assunção de Salviano.* CALLADO, A. 1.ed. Rio de Janeiro: Civ. Brasileira, 1954.

TEXTOS EXAMINADOS

AST   *O que é astrologia.* MÜLLER, J. A. C. São Paulo: Brasiliense, 1983. (Primeiros Passos, 106.)

ASV   *As viagens.* MONTENEGRO, J. B. Rio de Janeiro: Ed. Gavião, 1960.

ATA   *A Tarde* – Salvador – 16.7.1992, 17.7.1992, 20.7.1992.

ATE   *A terra em que vivemos.* CANIATO, R. 4.ed. Campinas: Papirus, 1964.

ATI   A traição das elegantes. In: BRAGA, R. 2.ed. *200 crônicas escolhidas.* Rio de Janeiro: Record, 1978.

ATL   *Atletismo – corridas.* SILVA, J. F., CAMARGO, J. C. Rio de Janeiro: Guanabara, 1978.

ATN   *A temática indígena na escola.* SILVA, A L. Brasília: Grupioni, LDB. Mec/Mari/Unesco, 1965.

ATR   *A transamazônica.* MOTT, O. B. São Paulo: Atual, 1986.

ATT   *Áreas de terras e terrenos.* PARADA, M. O. São Paulo: Edição do Autor.

AV   *A viúva branca.* LEITE, A.

AVE   *Ave, palavra.* ROSA, J. G. Rio de Janeiro: José Olympio, 1970.

AVI   *A vida secreta dos relógios.* CYTRYNOWICZ. São Paulo: Scritta, 1994.

AVL   *A velhinha de Taubaté.* VERÍSSIMO, J. F. Porto Alegre: L&PM, 1983.

AVP   *A vida pré-histórica.* MENDES, J. C. São Paulo: Melhoramentos, 1993.

AZ   *Arroz – O prato do dia na mesa e na lavoura brasileira.* SNSELMI, R. V. 2.ed. São Paulo: Ícone, 1988.

B   *A borboleta amarela.* BRAGA, R. Rio de Janeiro: Record, 1955.

BA   *Barrela.* MARCOS, P. São Paulo: Global, 1976.

BAE   *Ballet Essencial.* SAMPAIO, F. Rio de Janeiro: Sprint, 1996.

BAL   *Balão cativo.* NAVA, P. Rio de Janeiro: Nova Fronteira, 1986.

BAP   *As bases anátomo-patológicas da neuriatria e psiquiatria.* EDGARD, W., MAFFEI, D. M. São Paulo: Metodista, v.1 e 2.

BB   *Balé branco.* CONY, C. H. Rio de Janeiro: Civ. Brasileira, 1966.

BC   *Biologia celular.* PINSET, E. D. São Paulo: Anglo, 1985. (Livro-texto, n.41.)

BE   *O beijo não vem da boca.* BRANDÃO, I. L. Rio de Janeiro: Global, 1985.

BEB   *Botânica econômica brasileira.* MORS, W. B. São Paulo: EPU, Edusp, 1976.

BEN   *O que é benzeção.* OLIVEIRA, E. R. São Paulo: Brasiliense, 1985. (Primeiros Passos, 142.)

BF   *O boia fria.* MELO, M. C. Petrópolis: Vozes, 1975.

BH   *Balbino, O homem do mar ...* Rio de Janeiro: José Olympio, 1970.

GRAMÁTICA DE USOS DO PORTUGUÊS

BIB   *A biblioteca.* FERRAZ, W. 6.ed. Rio de Janeiro: Freitas Bastos, MEC, 1972.

BIO   *Como programar-se pelo biorritmo.* ENNESSE, L. São Paulo: Câmara Bras. do Livro, 1986.

BL   *Blecaute.* PAIVA, M. R. São Paulo: Brasiliense, 1986.

BN   *Branca de Neve.* MONIZ, E. Rio de Janeiro: José Olympio, 1954.

BO   Boca de Ouro. In: RODRIGUES, N. *Teatro quase completo.* Rio de Janeiro: Tempo Brasileiro, 1966.

BOC   *Boca de Luar.* ANDRADE, C. D. Rio de Janeiro: Record, 1984.

BOI   *Boca do inferno.* MIRANDA, A. São Paulo: Cia. das Letras, 1989.

BP   *Brasileiro perplexo.* QUEIROZ, R. Rio de Janeiro: Ed. do Autor, 1963.

BPN   *Bom dia para nascer.* RESENDE, O. L. São Paulo: Cia. das Letras, 1993

BR   *A bruxinha que era boa.* MACHADO, M. C. 2.ed. Rio de Janeiro: Agir, 1954.

BRI   *O que é brinquedo.* OLIVEIRA, P. S. 2.ed. São Paulo: Brasiliense, 1984. (Primeiros Passos, 138.)

BRO   *O que é burocracia.* FERNANDO, C. P. M. São Paulo: Brasiliense, 1981. (Primeiros Passos)

BS   *O boi e sua senhora.* TRAVASSOS, N. P. São Paulo: Edart, 1962.

BU   *Bufo & Spalanzani.* BRAGA, R. Rio de Janeiro: Francisco Alves, 1985.

BUD   *O que é budismo.* ROCHA, A. C. São Paulo: Brasiliense, 1984. (Primeiros Passos, 113.)

C   *Calabar.* HOLLANDA, C. B., GUERRA, R. 12.ed. Rio de Janeiro: Civ. Brasileira, 1979.

C-ATA   *A Tarde* – Correspondência. São Paulo:

C-ESP   *O Estado de S. Paulo* – Correspondência. São Paulo:

C-FSP   *Folha de S.Paulo* – Correspondência. São Paulo:

C-GLO   *O Globo* – Correspondência. Rio de Janeiro: 1992

C-JB   *Jornal do Brasil* – Correspondência.

CA   *Cangaceiros.* REGO, J. L. 5.ed. Rio de Janeiro: José Olympio, 1961.

CAA   *Revista Caras.* Rio de Janeiro: Globo.

CAN   *Candomblés da Bahia.* CARNEIRO, E. 6.ed. Rio de Janeiro: Civ. Brasileira, 1978.

CAP   *O que é capoeira.* AREIAS, A. São Paulo: Brasiliense, 1983. (Primeiros Passos, 96.)

CAR-O   *Discursos na Academia.*

CAS   *Cascalho.* SALLES, H. Rio de Janeiro: O Cruzeiro, 1966.

CAY   *Dorival Caymmy – O culto popular.*

TEXTOS EXAMINADOS

CB   *Correio Brasiliense.*

CBC   *O conto brasileiro contemporâneo.* BOSI, A. São Paulo: Cultrix, 1977.

CC   *Cobra cega.* PEREIRA, L. M. Rio de Janeiro: José Olympio, 1954.

CCA   *Crônica da casa assassinada.* CARDOSO, L. Rio de Janeiro: Editorial Bruguera, 1959.

CCE   *Biblioteca da mulher.* ARAÚJO, L., CRAVO, D. Rio de Janeiro: Victor Publicações, 1969.

CCI   *Caixa de cimento.* ESCOBAR, C. H. Rio de Janeiro: Civ. Brasileira, 1977.

CD   *Contos d'escarnio* – Textos grotescos. HILST, H. São Paulo: Siciliano, 1990.

CDI   *Cem dias entre a terra e o mar.* KLINK, A.

CE   *Cemitério de elefantes.* TREVISAN, D. Rio de Janeiro: Civ. Brasileira, 1975.

CEN   *Cenas da vida minúscula.* SCLIAR, M. Porto Alegre: Ed. LPMF, 1991.

CET   *O que é ceticismo.* SMITH, P. São Paulo: Brasiliense, 1992. (Primeiros Passos, 262.)

CF   *Chão de ferro.* NAVAS, P. Rio de Janeiro: José Olympio, 1976.

CG   *Contos gauchescos.* NETO, S. L. 5.ed. São Paulo: Globo, 1957.

CGA   *Criação de galinhas.* REIS, J. São Paulo: Ibrasa, 1977.

CH   *Chagas, o cabra.* MENDES, S. Rio de Janeiro: Civ. Brasileira, 1965.

CHA   *Chapadão do Bugre.* PALMÉRIO, M.

CHI   *Chão de infância.* DANTAS, P. São Paulo: CEM, 1953.

CHO   *O som nosso de cada dia – Viva o chorinho.*

CHR   *Chico Rei.* AYALA,W. Rio de Janeiro: Civ. Brasileira, 1965.

CHU   *Chuvas de verão.* DIEGUES, C. Rio de Janeiro: Civ. Brasileira 1977. (Roteiro do filme.)

CI   *A cigarra* – n.11 – 1962.

CIB   *Cibernética.* EPSTEIN, I. São Paulo: Ática, 1986. (Série Princípios, 62.)

CID   *A cidade dos padres.* SILVA, D. Rio de Janeiro: Guanabara, 1986.

CJ   *Capitão jagunço.* DANTAS, P. São Paulo: Brasiliense, 1959.

CL   *O coronel e o lobisomem.* CARVALHO, J. C. Rio de Janeiro: José Olympio, 1978.

CLA   *Claudia* – São Paulo – diversas edições.

CLC   Clínica cirúrgica Alípio Correa Netto. RAIA, A. A., ZERBINI, E. J. 4.ed. São Paulo: Sarvier, v.4.

CLI   *Clínica Médica Propedêutica e Fisiopatológica.* MARCONDES, M., RAMOS, D., RAMOS, O. 2.ed. Rio de Janeiro: Guanabara Koogan S/A, 1979.

GRAMÁTICA DE USOS DO PORTUGUÊS

CM   *Cartas às mães.* Henfil, 1980.
CME   *Biblioteca Copernicana* *
CNS   *Constituições Brasileiras e Cidadania.* QUIRINO, C. G. São Paulo: Ática, 1987.
CNT   *Contos da repressão.* ANGELO, I. Rio de Janeiro: Record, 1987.
COB   *Corpo de Baile.* ROSA, G. G. Ed.
COL-O   Discurso de posse do Presidente Collor. Pub. *O Estado de S. Paulo.*
CON   *Concerto Carioca.* CALLADO, A. Rio de Janeiro: Nova Fronteira, 1985.
COR   *Coronel dos coronéis.* SEGALL, M. Rio de Janeiro: MEC, DA, Funarte, Serv., 1978.
COR-O   *Resposta ao novo acadêmico.*
COT   *Contos de aprendiz.* ANDRADE, C. D. de. Rio de Janeiro: José Olympio, 1951.
CP   *Ciranda de pedra.* TELES, L. F. São Paulo: Martins, 1955.
CPO   *Correio do Povo* – maio, out. nov. 1980 – set.1990. Porto Alegre.
CR   *Cabra das Rocas.* HOMEM, H. São Paulo: Ática, 1973.
CRE   *O crepúsculo do macho.* GABEIRA, F. 1980.
CRO   *O coronelismo, uma política de compromissos.* JANOTTI, M. L. M. 8.ed. São Paulo: Brasiliense, 1992. (Tudo é História, 13.)
CRP   *Correio da Paraíba* – João Pessoa, 23.9.1992.
CRS   *Conserve e restaure seus documentos.* CORUJEIRA, L. A. Salvador: Ed. Itapuí, 1971.
CRU   *O Cruzeiro* – jan.1955, ago.1959, set.1959.
CS   *Cidade de Santos* – Santos, ago.1967.
CT   *O caçador de tatu.* QUEIROZ, R. Rio de Janeiro: José Olympio, 1967.
CTB   *O que é contabilidade.* JACINTO, R. São Paulo: Brasiliense, 1983. (Primeiros Passos.)
CTR   *O que é contracultura.* PEREIRA, C. A. M. São Paulo: Nova Cultural Brasiliense, 1986.
CUB   *Curso básico de corte e costura.* DENNER. São Paulo: Rideel Ltda, s. d.
CV   *A cidade vazia.* SABINO, F. Rio de Janeiro: Sabiá, 1950
D   *A democracia no Brasil.* TELLES JUNIOR, G. São Paulo: Rev. dos Tribunais, 1965.
DC   *A democracia coroada.* TORRES, J. C. Rio de Janeiro: José Olympio, 1957.
DCM-O   *Carta-posse de Darcy na Academia Brasileira de Letras – Discurso de Cândido Mendes.* RIBEIRO, D. Brasília: Ed. Senado Federal, 1993.

936

Textos Examinados

DDR-O *Carta-discurso de posse do acadêmico Darcy Ribeiro.* RIBEIRO, D. Brasilia: Ed. Senado Federal. 1983.

DE *Os 18 melhores contos do Brasil.* TREVISAN, D. Rio de Janeiro: Block, 1968.

DEL Desligue o projetor e espie pelo olho mágico. In: HAVE, H. *Revista de Teatro (Rio de Janeiro)*, 463, 1987.

DEN *Dentro da vida.* PRATA, R. São Paulo: Clube do Livro, 1953.

DES *Desolação.* MACHADO, D. São Paulo: Moderna, 1981.

DIE *Dinâmica impulsiva hidrostática.* ANDRADE, L. R. A. et al. São Paulo: Anglo, 1985. (Livro-texto, 25.)

DIP *O que é diplomacia.* BATH, S. São Paulo: Brasiliense, 1989. (Primeiros Passos, 221.)

DIR *O que é direito.* LYRA, F. R. São Paulo: Brasiliense, 1982. (Primeiros Passos, 62.)

DM *Os dez mandamentos.* Vários autores.

DMB-O *Carta-discurso do Senador Mauro Benevides.* RIBEIRO, D. Brasília: Ed. Senado Federal, 1993.

DO *Dois perdidos numa noite suja.* MARCOS, P. São Paulo: Global, 1979.

DP *Diário de Pernambuco.*

DP-O *Discurso* – Dirno Pires

DRO *As drogas.* ROCHA, L. C. 3.ed. São Paulo: Ática, 1991. (Série Princípios.)

DS *Desempenho do setor agrícola.* RIBEIRO, S. W. Brasília: Ipes, 1973.

DST *Destruição e Equilíbrio – O homem e o ambiente no espaço e no tempo.* RODRIGUES, S. A. 4.ed. São Paulo: Atual.

DZ *Domingo Zeppelim.* MORAES, V. Ed. MEC. v II .

E *É.* FERNANDES, M. Porto Alegre. 1977.

EC *Explicações científicas.* HEGENBERG, L. São Paulo: Herder, 1969.

ECG *Ecologia Geral.* DAJOZ, R. 3.ed. São Paulo: Vozes, 1978.

ECO *Ecologia.* UZUNIAN, A. São Paulo: Anglo, 1985. (Livro-texto, 45.)

ED *Emissários do diabo.* LEMOS, G. Rio de Janeiro: Civ. Brasileira, 1968.

EFD *O Estado Federal.*

EFE *Estradas de ferro.* BRINA, H. L. São Paulo: Livros Técnicos e Científicos. 1v.

EG *Estudos de geografia.* ADAS, M. São Paulo: Moderna, 1975.

EGR *Ensino da gramática – Opressão? Liberdade?* BECHARA, E. São Paulo: Ática, 1985.

EL *Um elefante no caos.* FERNANDES, M. Rio de Janeiro: Ed. do Autor, 1955.

ELD *Eletrodinâmica.* SPANI, A. et al. São Paulo: Anglo, 1985. (Livro-texto, 27.)

ELE	*Elementos de Fisioterapia.* LEITÃO, A. 2.ed. Rio de Janeiro: Artenova, 1970. (Medicina Física.)
ELL	*Elle* – São Paulo – diversas edições.
EM	*Estado de Minas* – Belo Horizonte, 1993/1994.
EMB	*Embrulhando o peixe.* SEMLER, R. São Paulo: Best Seller, 1992.
EN	*Eles não usam Black-Tie.* GUARNIERI, G. São Paulo: Brasiliense, 1966.
ENE	*Energia nuclear no Brasil.* BIASI, R. Rio de Janeiro: Artenova, 1979.
ENF	*Enfermagem* – Anatomia e Fisiologia Humana – Kawamoto. São Paulo: EPU, 1988.
EPA	*O Estado do Pará.*
ER	*O que é erotismo.* BRANCO, L. C. São Paulo: Brasiliense, 1980. (Primeiros Passos, 136.)
ES	*A escada.* ANDRADE, J. São Paulo: Brasiliense, 1964.
ESC	*Escara, Problema de hospitalização.* CAMPEDELLI, M. C., GAIDZINSKI, R. R. São Paulo: Ática, 1987. v.146.
ESI	*O que é espiritismo.* CASTRO, M. L. V. São Paulo: Brasiliense, 1985. (Primeiros Passos, 146.)
ESP	*O Estado de S. Paulo.*
ESS	*O Estado de S. Paulo* – Suplemento Literário.
EST	*Estorvo.* HOLLANDA, F. B.
ET	*O que é ética.* VALLS, A. L. M. 8.ed. São Paulo: Brasiliense (Primeiros Passos, 177.)
ETR	*Estrela solitária.* CASTRO, R. São Paulo: Cia. das Letras, 1995.
ETT	*O que é estatística.* VIEIRA, S., WADA, R. 2.ed. São Paulo: Brasiliense, 1987. (Primeiros Passos, 195.)
EV	*Evolução do catolicismo no Brasil.* MONTENEGRO, J. A. Petrópolis: Vozes, 1972.
EVO	*Evolução humana.* LIMA, C. P. São Paulo: Ática, (Série Princípios.)
EX	*Revista Exame.*
F	*O fardão.* PEDROSO, B. Rio de Janeiro: Saga, 1967.
FA	*Fatos e Fotos.*
FAB	*Fábulas Fabulosas.* FERNANDES, M. Rio de Janeiro: Nórdica, 1963.
FAN	*Fantoches* (contos). VERÍSSIMO, E. Porto Alegre: Globo, 1956.
FAV	*Feliz ano velho.* PAIVA, M. R. São Paulo: Brasiliense, 1982.
FB	*O Futebol.* SALDANHA, J. Rio de Janeiro: Block, 1971.

Textos Examinados

FC   *Frutas comestíveis da Amazônia.* CAVALCANTE, P. B. Manaus: CNPQ, INPA, 1976.

FE   *A falta que ela me faz.* SABINO, F. Rio de Janeiro: Record, 1980.

FEB   *Formação econômica do Brasil.* FURTADO, C. Rio de Janeiro: Fundo de Cultura, 1963.

FEL   *Felicidade.* CARLOS, M. Cap.26 e 30, Novela Rede Globo.

FER-O   *Discurso de posse de Fernando Henrique Cardoso.* CARDOSO, F. H. In: *O Estado de S. Paulo.*

FF   *Fundamentos da Farmacologia.* SILVA, M. R. 3.ed. São Paulo: Edart, 1973.

FH   *Favela High-Tech.* LACERDA, M.

FI   *Ficção e ideologia.* CUNHA, F. W. Rio de Janeiro: Pongetti, 1972.

FIA   *Fisiologia Animal Comparada.* PINSETTA, S. E. São Paulo: Anglo, 1985. (Livro-texto, 43.)

FIC   *Filme e Cultura.*

FIG   *Figueira do inferno.*

FIL   *O que é filatelia.* QUEIROZ, R. G. São Paulo: Brasiliense, 1984. (Primeiros Passos, 132.)

FL-O   *Discursos* – Fernando Lyra.

FN   *Folclore nacional.* ARAÚJO, A. M. São Paulo: Melhoramentos, 1964.

FO   *Forró no engenho da Cananeia.* CALLADO, A. Rio de Janeiro: Civ. Brasileira, 1964.

FOC   *Folha de S.Paulo* – Ciência.

FOR-O   *Forum Nacional sobre reforma fiscal.* Brasília. 1991.

FOT   *O que é fotografia.* KUBRUSKI, C. São Paulo: Brasiliense, 1988. (Primeiros Passos, 82.)

FP   *O fiel e a pedra.* LINS, O. Rio de Janeiro: Civ. Brasileira, 1961.

FR   *Ficção reunida.* CARVALHO, O. G. R. Terezina: Meridiano, 1981.

FRE   *Fresador.* 2.ed. São Paulo: Edart, 1968.

FS   *Os fundamentos sociais da ciência.* SANTOS, I. R. São Paulo: Pólis, 1979.

FSP   *Folha de S.Paulo.*

FT   *As frutas silvestres brasileiras.* ANDERSEN, O., ANDERSEN, V. U. 2.ed. Rio de Janeiro: Globo, 1989.

FU   *Aspectos fundamentais da cultura Guarani.* SCHADEN, E. São Paulo: Ática, 1988.

FUN   *Fundamentos numéricos da química geral.* CARVALHO, G. C. São Paulo: Anglo, 1985. (Livro-texto, 32.)

GRAMÁTICA DE USOS DO PORTUGUÊS

FUT   *Futebol de salão*. FERNANDES, L. G. O. São Paulo: Cia. Brasil, 1973. v.11.

G   *Os guaxos*. LESSA, O. Rio de Janeiro: Francisco Alves, 1959.

G-O   *Desenvolvimento e independência* – discurso.

GA   *Gota d'agua*. HOLLANDA, C. B. Rio de Janeiro: Civ. Brasileira, 1980.

JA-O   *Discursos* – Jorge Arbage.

GAI   *Gaia – O planeta vivo* (por um caminho suave). LUTZENBERGER, J. São Paulo: L&PM Editores, 1990.

GAN   *Grupos animais: Embriologia dos cordados*. PINSETA, D. E. São Paulo: Anglo, 1985. (Livro-texto, 39.)

GAT   *Galo das trevas*. NAVA, P. Rio de Janeiro: José Olympio, 1981.

GAZ   *A Gazeta de Vitória do Espírito Santo*.

GCC   *Guerra do Cansa Cavalo*. LUIS, O. São Paulo: Cons. Est. de Cultura, 1965.

GCS   *Geografia, Ciência da sociedade*. ANDRADE, M. C. São Paulo: Atlas, 1987.

GD   *O ganhador*. BRANDÃO, I. L. São Paulo: Global, 1987.

GE   *A grande estiagem*. GONDINI Filho, I. Rio de Janeiro: Dramas e Comédias, 1955.

GEM   *Geomorfologia* – Introdução.

GEN   *Genética*. PINSETA, E. D. São Paulo: Anglo, 1985. (Livro-texto, 42.)

GEO   *Geomorfologia*. CHRISTOFOLETTI, A. São Paulo: Edusp, 1974.

GES   *Gazeta Esportiva*.

GFO   *O que é grafologia*. CAMARGO, P. S. São Paulo: Brasiliense, 1993. (Primeiros Passos, 264.)

GHB   *Geografia humana*. LOBO, R. H. São Paulo: Atlas, 1970.

GI   *Galvez, O imperador do Acre*. SOUZA, M. Rio de Janeiro: Marco Zero, 1983.

GL   *Globo Rural*, 8, 15, 17, 18, 43.

GLA   *Glaucoma*. (Coletânea de trabalhos e notas). GONSAVES, P. São Paulo: Fundo Ed. Procienx, 1966.

GLO   *O Globo*.

GM   *Ginástica para a mulher moderna*. FISCHER, N. G. Rio de Janeiro: Tecnoprint,

GON   *Gonzagão – O monumento do nordeste*

GP   *Gazeta do Povo*. Curitiba.

GPO   *O que geopolítica*. MAGNONI, D. São Paulo: Brasiliense (Primeiros Passos, 183.)

GRE   *A greve dos desempregados*. BELTRÃO, L. São Paulo: Cortez, 1984.

GRO   *Grotão do café amarelo*. MARQUES, R., 1957.

Textos Examinados

GT   *Gafanhotos em Taquara-Poca.* MARTINS, F. São Paulo: Melhoramentos, 1971.

GTC   *Geografia Teoria e Crítica.* MOREIRA, R. Petrópolis: Vozes, 1982.

GTT   *Um gato na terra do tamborim.* DIAFÉRIA, L. São Paulo: Símbolo, 1977.

GU   *Guia Rural.* 2, 8, 11, 12. São Paulo: Abril, 1990.

GUE   *O que é guerra.* NUMERIANO, R. São Paulo: Brasiliense, 1990. (Primeiros Passos, 236.)

GV   *Grupos Vegetais.* BRITO, E. A. São Paulo: Anglo, 1982. (Livro-texto, 40.)

H   *História Econômica do Brasil.* PRADO JUNIOR, C. São Paulo: Brasiliense, 1967.

HA   *Halloween, O dia das bruxas.* GOMIDE, N. Rio de Janeiro: Ed. Mar-88. v.465.

HAB   *Habermas e a teoria crítica.* FREITAG, B.

HAR   *Harmada.* NOLL, G. G. São Paulo: Cia. das Letras, 1993.

HB   *Higiene bucal.* MICHELI, G. São Paulo: Ática, 1986. (Série Princípios, 79.)

HIR

HIB   *História do Brasil.* BORIS, F. São Paulo: Edusp, 1994.

HF   *História da Filosofia, Psicologia e Lógica.* FONTANA, D. F. São Paulo: Saraiva, 1969.

HG   *História Geral* I e II. MARONI. G. T. São Paulo: Anglo, 1985. (Livro--texto, 8 e 9.)

HH   *Halterofilismo pelo método Hércules.* 4.ed. São Paulo: Cia. Brasil Editora, 1958.

HID   *Hidrologia*

HO   *O homem da capa preta.* RESENDE, S. Porto Alegre: Ed.Tcho., 1987.

HOM   *O que é homeopatia.* DANTAS, F. São Paulo: Brasiliense, 1989. (Primeiros Passos, 134.)

HP   *O homem que perdeu a alma.* WANDERLEY, J. C. Rio de Janeiro: MEC, 1960.

I   *Irene.* BLOCK, P. Rio de Janeiro: Talmagráfica, 1953.

IA   *Introdução à antropologia brasileira.* RANOS, A. Rio de Janeiro: Casa do Estudante, 1951. v.51.

IC   *A Ilha de Circe* (Mister Sexo). BETHENCOURT, J. São Paulo: Brasiliense, 1966.

ID   *O Ídolo de Cedro.* BORGES, D. São Paulo: Livres Artes, 1965.

GRAMÁTICA DE USOS DO PORTUGUÊS

IFE   *Imprensa Feminina*. BUITONI, D. S. São Paulo: Ática, 1990. (Série Princípios, 41.)

II-O   *Inserção Internacional do Brasil – Gestão do ministro Celso Lafer no Itamaraty*. LAFER, C. Brasilia: Ed. Gráfica do Senado, 1993.

IN   *A invasão*. GOMES, D. Rio de Janeiro: Civ. Brasileira, 1962.

INC   *Incidente em Antares*. VERÍSSIMO, E.

INQ   *Inquerito em preto e branco*. MAY, N. L. Porto Alegre: Mercado Aberto, 1994.

INT   *Revista Interview* – ed. 157 e 161, 1963

IP   *Interdisciplinaridade e patologia do saber*. JAPIASSU, H. Rio de Janeiro: Imago, 1976.

IS   *Isto é* – São Paulo.

ISO   *Informática e Sociedade*. YOUSSEF, A. N., FERNANDEZ, V. P. São Paulo: Ática, 1988.

ISL   *O que é Islamismo*. HADDAD, J. A. São Paulo: Brasiliense, 1981. (Primeiros Passos, 41.)

J   *João Abade*. SANTOS, J. F. Rio de Janeiro: Agir, 1958.

JA   *Jornal de Alagoas* – Maceió.

JB   *Jornal do Brasil*.

JB-OLI   *Jornal do Brasil*.

JC   *Jornal do Comércio*.

JK-O   *Discursos*.

JL-O   *Discursos no Senado Federal*

JM   *A janela e o morro*. LIMA, G. F. J. Rio de Janeiro: José Olympio, 1988.

JO   *Joia*

JP   *Jardinagem prática*. PEREIRA, A. São Paulo: Melhoramentos, 1978.

JT   *João Ternura*. MACHADO, A.

JU   *O que é justiça*. BARBOSA, J. C. São Paulo: Abril Cultural, 1884. (Primeiros Passos, 6.)

JV-O   *Discursos* – Sr. Júlio Viveiros.

L   *A ladeira da memória*. VIEIRA, J. G. São Paulo: Saraiva, 1950.

LA   *Labirinto de Espelhos*. MONTELLO, G. São Paulo: Martins, 1961.

LAZ   *O que é lazer*. CAMARGO, O. L. São Paulo: Brasiliense, 1986.

LC   *Lobos e cordeiros*. LOPES, E. São Paulo: Moderna, 1983.

LE-O   *Eu era cego e agora eu vejo*

LIJ   *Linguagem jornalística*. LAGE, N. São Paulo: Ática, 1990. (Série Princípios, 37.)

Textos Examinados

LIP	*O que é literatura popular*. LUYTEN, J. M. São Paulo: Brasiliense, 1983. (Primeiros Passos, 98.)
LOB	*O lobisomem e outros contos*. SALES, H. Rio de Janeiro: Civ. Brasileira, 1975.
LS-O	*Discursos* – Lins e Silva
M	*A maçã no escuro*. LISPECTOR, C.
MA-O	*Carta pastoral – Prevenindo os diocesanos...*
MAD	*Madrugada sem Deus*. DONATO, M. 1954
MAG	*Magia e Pensamento Mágico*. MONTEIRO, O. São Paulo: Ática, 1986. (Série Princípios, 43.)
MAN	*Manchete*. 1027 dez. 1971 – 1222 dez.1975.
MAQ	*Mecanização* (Coleção Agrícola)
MAR	*Marcoré*. PEREIRA, A. O. Rio de Janeiro: José Olympio, 1965.
MAT	*Manual do torneiro*. LOUVRET, J. C. São Paulo: Credilep, 1970.
MC	*A Madona de Cedro*. CALLADO, A. Rio de Janeiro: José Olympio, 1957.
MCA	*À moda da casa da amizade – 745 receitas testadas e aprovadas*. FERREIRA, P. Ed. Rotary Distr. 454 1984.
MCO	*Materiais de construção*. BAUER, L. A. F. São Paulo: Livros Técnicos, 1979.
MD	*Mandala*. GOMES, D. Novela Rede Globo.
ME-O	*O jogo da verdade* – Acess. Especial de Relações Públicas da Presidência da República. MÉDICI, E. A.
MEC	*Memórias do Cárcere*. RAMOS, G. Rio de Janeiro: José Olympio, 1954.
MEN	*Meninas da noite*. DIMENSTEIN, G. São Paulo: Ática, 1992
MER	*O que é mercadoria*. SIGNINI, L. R. P. São Paulo: Brasiliense, 1984. (Primeiros Passos, 123.)
MH	*Mundo Homem, arte em crise*. PEDROSA, A. M. São Paulo: Perspectiva, 1975.
MIR-O	*Agenda Parlamentar* – Discursos. Senador Gilbero Miranda. Gráfica do Senado. v.1.
MK	*O que é marqueting*. RICHERS, R. São Paulo: Brasiliense, 1984. (Primeiros Passos, 27.)
ML	*Memórias do Lázaro*. FILHO, A. Rio de Janeiro: Civ. Brasileira, 1974.
MMM	*Memorial de Maria Moura*. QUEIROZ, R. São Paulo: Siciliano, 1992.
MO	*A moratória*. ANDRADE, J. São Paulo: Agir, 1980.
MOR	*O que é moral*. PEREIRA, O. São Paulo: Brasiliense, 1991. (Primeiros Passos, 244.)

GRAMÁTICA DE USOS DO PORTUGUÊS

MP   *A morte da porta-estandarte*. MACHADO, A. Rio de Janeiro: José Olympio, 1959.

MPB   *Malagueta, Perus e Bacanaço*. ANTONIO, J. 4.ed. Rio de Janeiro: Civ. Brasileira, 1976.

MPF   *Murro em ponta de faca*. BOAL, A. São Paulo: Hucitec, 1978.

MPM   *Manual Prático de Marcenaria*. MARCELLINI, D. 3.ed. São Paulo: Melhoramentos.

MRF   *Marafa*. MARABA, M. Ed. revista, 1957.

MS-O   *Discursos* – Milton Steinbruch.

MU   *O mundo do boxe*. QUEIRÓZ, J. São Paulo: Civ. Brasileira, 1969.

N   *Noite*. VERÍSSIMO, E. Porto Alegre: Globo, 1957.

NAM   *Novo Amor*. CARLOS, M. Novela Rede Globo.

NAZ   *Nazismo* – O triunfo da vontade. LENHARO, A. São Paulo: Ática, 1986. (Série Princípios.)

NBN   *Nos bastidores da notícia*, GARCIA, A. São Paulo: Globo, 1991.

NB   *O nome do bispo*. TAVAREZ, Z. ... 1.ed. 1985.

NC   *A navalha na carne*. MARCOS, P. São Paulo: Senzala, 1968.

ND   *Nordeste – Alternativas da agricultura*. ANDRADE, M. C. Campinas: Papirus, 1988.

NE   *Neuroses*. QUILES, I. Q. São Paulo: Ática, 1986. (Série Princípios 76.)

NE-O   *A rua da amargura*.

NEP   *As novas estruturas políticas brasileras*. VALLE, A. 2.ed. Ed. Nórdica.

NEU   *Neurolinguística dos distúrbios da fala*. RODRIGUES, N. São Paulo: Cortez, 1989.

NFN   *Noções de fisiologia da nutrição*. COUTINHO, R. Rio de Janeiro: Cultura Médica, 1981.

NI   *Um ninho de mafagafes*. CARVALHO, J. C. 1972.

NO   *O Norte*

NOD   Nó de quatro pernas. TOURINHO, N. *Revista de Teatro (Rio de Janeiro)* 457, 1986.

NOF   *No fundo do poço*. SILVEIRA, H. São Paulo: Livraria Martins, 1950.

NOL   *Natação Olímpica*. LENK, M. Rio de Janeiro: INL, 1966.

NOR   *O que é Nordeste Brasileiro*. GARCIA, C. 8.ed. São Paulo: Brasiliense, 1990. (Primeiros Passos, 119.)

NOV   *Nova*. São Paulo, jun. 1978.

NP   *Noções práticas de estatísticas*. NUNES, M. R. Rio de Janeiro: 1971.

Textos Examinados

NU	*O que é numismática*. COSTILHES, A. J. São Paulo: Brasiliense, 1985. (Primeiros Passos, 147.)
O	*Orfeu da Conceição*. MORAIS,V. Rio de Janeiro: Ed. S. José, 1960.
OA	*O Alquimista*.
OAQ	*O aquário*. CASTRO, L. P. Rio de Janeiro: Ed. José Álvaro, 1970.
OB	*Os ossos do barão*. ANDRADE, J.
OCE	*O que é oceanografia*. GALLO, J., VERRONE, L. V. São Paulo: Brasiliense, 1993. (Primeiros Passos, 284.)
OD	*O dia* – Rio de Janeiro.
OE	*Os escorpiões*. HOLANDA, G. São Paulo: Ed. Com. do IV Centenário, s. d.
OEP	*O Estado do Pará* – Belém.
OES	*O Estado de Sergipe*.
OG	*O Globo*.
OI	*O Imparcial*.
OL	*O outro lado do poder*. ABREU, H. Rio de Janeiro: Nova Fronteira, 1979.
OLA	*O labirinto de Mariana*. ANTINORI, M. São Paulo: Klaxon, 1990.
OLG	*Olga*
OLI	*O Liberal* – Belém.
OM	*Ópera do Malandro*. HOLLANDA, C. B. de. 3.ed. São Paulo: Livraria Cultura, 1980.
OMA	O *jovem deve saber tudo sobre o mar*. BEKUTI, H., MOREIRA, A. Rio de Janeiro: INL, 1971. (Brasil Hoje 1).
OMT	*O matador*
OMU	*O mundo português* – Rio de Janeiro.
ON	*Ondulatória*. STAVALE, S. et al. São Paulo: Anglo, 1982. (Livro-texto, 26.)
OP	*O Popular*.
OPT	*Óptica*. STAVALE, S. et al. São Paulo: Anglo, 1985. (Livro-texto, 23.)
OPV	*O Povo* – Fortaleza, 23.9.1992.
ORM	*Orminda*. GARCIA, J. B. Capivari: EME, 1994.
OS	*Os servos da morte*. FILHO, A. Rio de Janeiro: GRD, 1965.
OS-O	*Atuação parlamentar do Senador Odacyr Soares 1988*. SOARES, O. Brasilia: Ed. Senado Federal, 1992.
OSA	*O santo inquerito*. GOMES, D. Rio de Janeiro: Civ. Brasileira, 1966.
OSD	*Os desvalidos*. DANTAS, F. G. C. São Paulo: Cia. das Letras, 1993.
OV	*Olhos de ver, ouvidos de ouvir*. LISBOA, L. C. São Paulo: Difel, 1977.
P	*Patética*. CHAVES NETO, J. R. Rio de Janeiro: Civ. Brasileira, 1978.

P-AMI	*Revista Amiga.* Propagandas – São Paulo, 1991.
P-ATA	*A Tarde.* Propagandas – Salvador, 1992.
P-AUT	*Auto-Esporte.* Propagandas.
P-CAR	*Revista Caras.*
P-CLA	*Claudia.* Propagandas – São Paulo, 1990.
P-CRU	*Cruzeiro.* Propagandas – Rio de Janeiro, 1980.
P-ELL	*Revista ELLE.*
P-EM	*O Estado de Minas.* Propagandas, 1992.
P-ESP	*O Estado de S. Paulo.* Propagandas, 1992.
P-EX	*Revista Exame.*
P-FA	*Fatos e Fotos.* Propaganda – Rio de Janeiro, 1990.
P-FSP	*Folha de S.Paulo.* Propagandas, 1993.
P-GLO	*O Globo.* Propagandas – Rio de Janeiro, 1993.
P-INF	*Revista Informática.*
P-IS	*Isto é.* Propaganda – São Paulo, 1992.
P-JB	*Jornal do Brasil.* Propagandas – Rio de Janeiro, 1993.
P-MAN	*Manchete.* Propagandas – Rio de Janeiro.
P-OD	*O Dia.* Propagandas – Rio de Janeiro, 1992.
P-PFI	*Pais e Filhos.* Propagandas, 1989
P-REA	*Realidade.* Propagandas – Rio de Janeiro.
P-VEJ	*Revista Veja.*
P-VIS	*Revista Visão.*
PAN	*Pantanal – Um grito de agonia.* SILVA, S. F. São Paulo: Câmara Bras. do Livro, 1990.
PAO	*O pão de cada dia.* PIÑON, N. Rio de Janeiro: Nova Fronteira, 1994.
PCO	*Pedaços do cotidiano.* GASPARETTO, Z. M. 4.ed. São Paulo: Espaço Vida e Consciência, 1990.
PD	*Pedra sobre pedra.* Novela Rede Globo.
PE	*Práticas escolares.* D'AVILA, A. São Paulo: Saraiva, 1954. 3v.
PED	Pedro pedreiro. PALLOTTINI, R. *Revista de Teatro (Rio de Janeiro),* 458, 1986.
PEL	*A pena e a lei.* SUASSUNA, A. Rio de Janeiro: Agir, 1975.
PEM	Pedro Malazarte. KHNER, M. H. *Revista de Teatro (Rio de Janeiro),* 469, 1989.
PEN	*O que é Pentecostalismo.* ROLIM, F. P. São Paulo: Brasiliense, 1987. (Primeiros Passos, 188.)

Textos Examinados

PEP	*As pedras preciosas.* FRANCO, R. R., CAMPOS, J. E. S. São Paulo Editora. 1965.
PER	*Períodos literários.* CADEMARTORI, L. São Paulo: Ática, 1985. (Série Princípios, 21.)
PEV	*Perigo de vida* – Predadores e presas – Um equilíbrio ameaçado. ALBERTS, C. C. Atual, 1989.
PEX	*A pesquisa experimental em psicologia e educação.* RODRIGUES, H. Petrópolis: Vozes, 1976.
PF	Pluft, O Fantasminha. In: *Teatro infantil.* MACHADO, M. C. Rio de Janeiro: Agir, 1959.
PFI	*Pais & Filhos.*
PFV	*Paixão e fim de Valério Caluete.* ARAÚJO, J. G. Rio de Janeiro: Agir-MEC, 1978.
PGN	*Por uma geografia nova.* SANTOS, M. São Paulo: Hucitec, 1980.
PH	*O período hipotético iniciado por se...* LEÃO, A. V. Belo Horizonte: Ed. Univ. Minas Gerais, 1961.
PHM	*Pequena história da música popular brasileira.* TINHORÃO, J. R. Petrópolis: Vozes, 1978.
PL	*Meu pé de laranja lima*
PLA	*Placar.*
PLT	*M. T. Bid* – O desenvolvimento inicial da geologia.
PM	*Pedro Mico, O zumbi da Catacumba.* CALLADO, A. Rio de Janeiro: Dramas e Comédias, 1957.
PN	*Os pastores da noite*
PO	*O que é pornografia.* MORAES, E. R., LAPEIZ, S. M. São Paulo: Brasiliense, 1984. (Primeiros Passos, 128.)
POL-O	*Políticas de Preços da Energia no Brasil.* Brasilia: Ed. Senado Federal, 1991.
PP	*O pagador de promessas.* GOMES, D. Rio de Janeiro: Civ. Brasileira, 1967.
PQ	*O que é poluição química.* PONTIN, J. A., MASSARO, S. São Paulo: Brasiliense, 1994 (Primeiros Passos, 267.)
PR	*A pedra do reino.*
PRA	*A prática da reportagem.* KOTSCHO, R. São Paulo: Ática, 1986. (Série Fundamentos, 16.)
PRE	*O Presidente.* VEIGA, V. São Paulo: Clube do Livro, 1959.
PRO	*Prodígios*

PRP	*Prospecção Geotécnica do Subsolo.* PORTO, J. C., LIMA, A. Rio de Janeiro: Livros Técnicos, 1979.
PRT	*Prática das pequenas construções.* BORGES, A. C. São Paulo: Edgart Blucher, 1972.
PS	*O que é psicanálise.* CESAROTO, O., LEITE, M. P. S. São Paulo: Brasiliense, 1984 (Primeiros Passos, 133.)
PSC	*O que é psicoterapia.* PORCHAT, L. São Paulo: Brasiliense, 1989. (Primeiros Passos, 224.)
PSI	*Psicanálise e Linguagem.* CASTRO, E. M. São Paulo: Ática, 1986. (Série Princípios, 45.)
PT	*Pesquisa tecnológica na Universidade.* Inst. Roberto Simonsen. São Paulo: Pioneira, 1968.
PTP	*Progressos no tratamento das parasitoses.* CARRERA, P., BARBEITO, A., TESSI, C. São Paulo: Ed. Cia Lit. Ypiranga.
PV	*Plataforma vazia*
Q	*Quarup*
Q-DI	*Dispersões.* CARVALHO, G. C. São Paulo: Anglo, 1985. (Livro-texto, 33.)
QDE	*Quarto de despejos.* JESUS, C. M.
QI	*A questão indígena na sala de aula.* Subsídios para professores de 1º e 2º graus. Prefácio Frei Betto. São Paulo: Brasiliense, 1987.
QUI	*O que é química.* CHRISPINO, A. 3.ed. São Paulo: Brasiliense, 1994. (Primeiros Passos, 226.)
R	*Roteiro da agonia.* ÉLIS, B. Rio de Janeiro: Civ. Brasileira, 1965.
RAP	Os rapazes estão chegando. VIEIRA NETO, G. *Revista de Teatro (Rio de Janeiro)*, 473, 1990.
RB	*Raízes do Brasil.* HOLLANDA, S. B. 3.ed. Rio de Janeiro: José Olympio, 1956.
RC	*Rasga coração.* FILHO, O. V. Rio de Janeiro: MEC, SEAC, Funarte, 1980.
RE	*A resistência.* AMARAL, M. A. S. Rio de Janeiro: MEC, DAC, Funarte, 1978.
REA	*Realidade.*
REB	*A revolução dos beatos.* GOMES, D. Rio de Janeiro: Civ. Brasileira, 1962.
REF	*Reflexões sobre a arte.* BOSI, A. São Paulo: Ática, 1989. (Série Fundamentos, 8.)
REI	*O rei de Ramos.* GOMES, D. Rio de Janeiro: Civ. Brasileira, 1979.
REL	*Relato de um certo Oriente.* HATOUM, M. São Paulo: Cia. das Letras, 1991.
REP	*República dos Sonhos.* PIÑON, N. Rio de Janeiro: Francisco Alves, 1984.

TEXTOS EXAMINADOS

RET	*O retrato do rei.* MIRANDA, A. São Paulo: Cia. das Letras, 1991.
RI	*Revista Imprensa.*
RIR	*Um rio imita o Reno.* VIANNA, M. 8.ed. Rio de Janeiro: Civ. Brasileria, 1966.
RM	*A riqueza mineral do Brasil.* ABREU, S. F. 2.ed. São Paulo: Ed. Nacional, 1975.
RO	*Rosamungo e os outros.*
ROM	*Romances completos.* PENA, C. O.
ROT	*O roteirista profissional: TV e Cinema.* REY, M. São Paulo: Ática, 1989. (Série Fundamentos, 50.)
RR	*Revista do Rádio* – 876/68 633/61
RV	*Roda Viva.* HOLLANDA, C. B. Rio de Janeiro: Sabiá, 1968.
S	*Serras Azuis.* LIMA, G. F. 3.ed. Rio de Janeiro: José Olympio, 1976.
SA	*Sagarana.* ROSA, G. Rio de Janeiro: José Olympio, 1951.
SAM	*Sampa.* DANIEL, M., ASSUNÇÃO, L., AVANCINE,V. cap.10. (Minissérie Rede Globo).
SAR	*Sargento Getúlio.* RIBEIRO, J. U.
SC	*Seria cômico se não fosse trágico*
SD	*Sete dias a cavalo.* BORBA FILHO, H. Porto Alegre: Globo, 1975.
SE	*Os sete pecados capitais.* ROSA, J. G. Rio de Janeiro: Civ. Brasileira, 1964.
SEG	Segura teu homem. CALVET, A. *Revista de Teatro (Rio de Janeiro)*, 468, 1988.
SEN	*O senhor do mundo.* FARIA, O. Rio de Janeiro: José Olympio, 1957.
SER	*A serpente.* RODRIGUES, N. Rio de Janeiro: Nova Fronteira, 1980.
SF-O	*Discursos* – Sr. Santos Filho.
SIG-O	*Carta Pastoral.* SIGAUD, G. P.
SI-O	*Senador Pedro Simom – Discursos e Projetos 1993.* SIMON, P. Brasília, 1995.
SIM-O	*Recordo com a dor de todas as saudades.* Discurso de Pedro Simon dedicado a Ulisses Guimarães. SIMON, P. Brasília: Gráfica do Senado.
SIN	*O que é sindicalismo.* ANTUNES, R. L. C. São Paulo: Brasiliense, 1981. (Primeiros Passos, 3.)
SL	*O sorriso do lagarto.* RIBEIRO, J. U. Rio de Janeiro: Nova Fronteira, 1984.
SM	*Santa Maria Fabril S/A.* ALMEIDA, A. P. São Paulo: Martins, 1955.
SMI	*Semiologia infantil.* PERNETTA, C. Rio de Janeiro: Gráfica Laemmert, 1957.
SO	*Sonho de uma noite de velório.* COSTA, O. R. Rio de Janeiro: Funarte, 1976.
SOC	*Sociedades indígenas.* RAMOS, A. R. São Paulo: Ática, 1988.

GRAMÁTICA DE USOS DO PORTUGUÊS

SOR   *O sorriso de pedra*. BLOCK, P. Rio de Janeiro: Pongetti, 1965.

SPI   *Spiros*.

SS   *Saudaι es do século XX*. CASTRO, R. São Paulo: Cia. das Letras, 1994.

SU   *Super nteressante* 5, 6, 7, ano 6. São Paulo: Abril.

SUC   *Subordinação e Coordenação*. CARONE, F. B. São Paulo: Ática, 1988. (Série Princípios, 138.)

SV   *Sinal de vida*. MUNIZ, L. C. São Paulo: Global, 1979.

T   *O telefone amarelo*.

TA   *O que é tarô*. URBAN, P. 1.ed. São Paulo: Brasiliense, 1992. (Primeiros Passos, 263.)

TA-O   *Discurso do Sr Aurélio de Lyra Tavares* e...

TAF   *Táticas de futebol*. MENDES, L. Rio de Janeiro: Ouro, 1979.

TB   *Tudo bem*. JABOR, A. (Roteiro do filme).

TC   *Toxicologia Clínica e Forense*. ALCÂNTARA, H. R. 2.ed. São Paulo: Org Andrei Edit., 1985.

TEF   *Termo-física*. PIQUEIRA, J. R. C. São Paulo: Anglo, 1985. (Livro-texto, 28.)

TE   *O que é teoria*. PEREIRA, O. 8.ed. São Paulo: Brasiliense, 1985. (Primeiros Passos, 59.)

TEB   *Telefonia Básica*. ROMANO, C., TODDAI, R. São Paulo: Brasiliense, 1977. v.5

TEG   *Teatro de G. Figueiredo*. FIGUEIREDO, G. Rio de Janeiro: Civ. Brasileira, 1964.

TER   *Terra encharcada*.

TF   *Tratado de Fitogeografia no Brasil*. RIZZINI, C. T. São Paulo: Hucitec, 1976.

TG   *Tocaia Grande*. AMADO, J. Rio de Janeiro: Record, 1984.

TGB   *Tratado geral do Brasil*. SCANTIMBURGO, J. São Paulo: Edusp, 1971.

TGG   *Teatro de G.Guarnieri*. GUARNIERI, G. São Paulo: Hucitec, 1988. (Texto para TV.)

TI   *Terapêutica infantil*. PERNETTA, C. 3.ed. Rio de Janeiro: Liv. e Ed. Koogan, 1959.

TL   *Teoria Lexical*. BASÍLIO, M. São Paulo: Ática, 1987. (Série Princípios, 88.)

TPR   *Tragédia para rir*.

TQ   *Termo-química*. CARVALHO, G. C. São Paulo: Anglo, 1985. (Livro-texto, 34.)

Textos Examinados

TR	*Travessias.* LOPES, E. São Paulo: Moderna, 1980.
TRH	*Trilogia do herói grotesco* (A inconveniência de ser esposa. Da necessidade de ser polígamo). SAMPAIO. S. Rio de Janeiro: Civ Brasileira, 1961.
TRI	*Tribuna do Norte* – Natal, 14.1.1993.
TS	*Tambores de São Luís.* MONTELLO, J. Rio de Janeiro: José Olympio, 1975.
TT	*O que é transporte urbano.* WRIGHT, C. L. São Paulo: Brasiliense, 1988. (Primeiros Passos.)
TU	*Tubulações industriais.* TELLES, S. Rio de Janeiro: Ao Livro Técnico, 1968.
TV	*O tempo e o vento – O continente.* VERÍSSIMO, E. Rio de Janeiro: Globo, 1956. t.II.
U	*Um copo de cólera.* NASSAR, R. São Paulo: Ed. Livraria Cultura, 1978.
UC	*O último carro.* NEVES, J. Rio de Janeiro: MEC, 1976.
UE	*Usos da energia – sistemas, fontes e alternativas do fogo aos gradientes de temperaturas oceânicas.* TUNDISI, H. S. F. 4.ed. São Paulo: Atual.
UM	*Umbanda.* MAGNANI, J. G. C. São Paulo: Ática, 1986. (Série Princípios, 34.)
UNM	*Um nome de mulher.* LOVADA, M. C. 1985 (Novela, TV Manchete.)
UQ	*A última quimera.* MIRANDA, A. São Paulo: Cia. das Letras, 1995.
URB	*O que é urbanismo.* GONSALVES, A. J., SANT'ANA, A., CARSTENS, F. São Paulo: Brasiliense, (Primeiros Passos, 246.)
US	Um sábado em 30. MARINHO, L. *Revista de Teatro (Rio de Janeiro),* 453, 1963.
V	*Vila dos Confins.* PALMÉRIO. Rio de Janeiro: José Olympio, 1957.
VA	*Vastas emoções e pensamentos imperfeitos.* FONSECA, R. São Paulo: Cia. das Letras, 1988.
VB	*A vida em flor de Dona Beija.* VASCONCELOS, A. 5.ed. Belo Horizonte: Itatiaia, 1988.
VEJ	*Revista Veja.*
VER	*Veranico de janeiro.* BERNARDO, E. 1976.
VES	*O valete de espadas.* MOURÃO, G. M. Rio de Janeiro: Guanabara, 1986.
VI	*Vinte histórias curtas.* DINES, A.
VIC	*Violetas e caracóis.* DOURADO, A. Rio de Janeiro: Guanabara, 1987.
VID	*Vida doméstica.*
VIE	*Vídeo busines,* 2, 9, 10. Ed. Publi-Vídeo.
VIO	*Paulinho da Viola.*
VIS	*Revista Visão,* 39 e 40. São Paulo: Visão.

VIU	*Viúva porém honesta*. RODRIGUES, N. Rio de Janeiro: Tempo Bras., 1966.
VL	*Volta ao lar*. NOGUEIRA, A. (Caso Verdade Rede Globo)
VN	*A viagem noturna*. TEIXEIRA, M. L. São Paulo: Martins, 1965.
VO	Vovô Clementino contra o planeta cor de prata. NASCIMENTO, J. *Revista de Teatro (Rio de Janeiro)* 467, 1988.
VP	*Vila de Prata*. MONIZ, E. Rio de Janeiro: Ed. S. José, s. d.
VPB	*Viva o povo brasileiro*. RIBEIRO, J. U. Rio de Janeiro: Nova Fronteira, 1984.
X	*O que é xadrez*. 1.ed. São Paulo: Brasiliense, 1993. (Primeiros Passos, 271.)
XA	*O xangô de Baker Street*. SOARES. J. 1.ed. São Paulo: Cia. das Letras, 1995.
ZH	*Zero Hora*.
ZO	*O que é zoologia*. FRANCIS, D. P., MARIA, D. S. A. São Paulo: Brasiliense, 1989. (Primeiros Passos, 154.)

BIBLIOGRAFIA

ABRAHAM, W. (Ed.) *Valence, Semantic Case and Grammatical Relations.* Amsterdam: John Benjamins, 1978.

ALARCOS LLORACH, E. El artículo en español. In: *Estudios de gramática funcional del español.* Madrid: Gredos, 1970. p.166-77.

ALLAN, K. Nouns and Countability. *Language*, v.56, n.3, p.541-67, 1980.

ANSCOMBRE, J. C. Grammaire traditionnelle et grammaire argumentative de la concession. *Revue Internationale de Philosophie*: Langage, argumentation et pédagogie, n.155, p.333-49, 1985.

_____. L'article zéro sous préposition. *Langue Française*, v.91, p.24-39, 1991.

_____. La détermination zéro: quelques propriétés. *Langages*, v.102, p.103-23, 1991.

ANSCOMBRE, J. C., ZACCARIA, G. *Fonctionalisme et pragmatique.* À propos de la notion de thème. Milano: Edizioni Unicopli, 1990.

ANTOINE, G. *La coordination en Français.* Paris: Éditions D'Ártrey, 1958, v.I; 1962, v.II.

APOSTEL, L. The Relation Between Negation in Linguistics, Logic, and Psychology. *Logique et Analyse*, v.15, p.333-401, 1972.

APOTHÉLOZ, D. *Rôle et fonctionnement de l'anaphore dans la dynamique textuele.* Genève: Librairie Droz , 1995.

APOTHÉLOZ, D., BRANDT, P. Y., QUIROZ, G. The Function of Negation in Argumentation. *Journal of Pragmatics*, v.19, n.1, p.23-38, 1993.

APOTHÉLOZ, D., CHANET, C. Défini et démonstratif dans les nominalisations. In: MULDER, W. de et al. (Ed.) *Relations anaphoriques et (in)cohérence.* Amsterdan: Rodopi, 1997. p.159-86.

APOTHÉLOZ, D., REICHLER-BÉGUELIN, M-J. Construction de la reference et stratégies de désignation. *TRANEL (Travaux Neuchâtelois de Linguistique)*, v.23, p.227-71, 1995.

_____. Interpretations and functions of demonstrative NPs in indirect anaphora. *Journal of Pragmatics*, v.31, p.363-97, 1999.

AUWERA, J. van der. Conditionals and Speech Acts. In: TRAUGOTT, E. C. et al. (Ed.) *On Conditionals*. Cambridge: Cambridge University Press, 1986. p.197-214.

_____. Linguistic Pragmatic and its Relevance to the Writing of Grammars. In: GRAUSTEIN, G., LEITNER, G. (Ed.) *Reference Grammars and Modern Linguistic Theory*. Tübingen: Max Niemeyer Verlag, 1989. p.11-32.

AUWERA, J. van der, GOOSSENS, L. (Ed.) *Ins and Outs of the Predication*. Dordrecht-Holland, Cinnaminson-USA: Foris Publications, 1987. p.53-66.

BASILIO, M. Conversão adjetivo / advérbio em português: um estudo de classes de palavras. *Boletim da ABRALIN*, v.11, p.143-52, 1991.

_____. Flutuação categorial de base adjetiva no português falado. In: ILARI, R. (Org.) *Gramática do português falado II*: Níveis de análise linguística. Campinas: Ed. Unicamp, Fapesp, 1992. p.81-98.

BEAMAN, K. Coordination and Subordination Revisited: Syntactic Complexity in Spoken and Written Discourse. In: TANNEN, D. (Ed.) *Coherence in Spoken and Written Discourse*. Norwood, N. J.: Ablex, 1984. v.XII: Advances in Discourse Process, p 45-80.

BEAUGRANDE, R. de. I–*Functionality and textuality*. II– *Introduction to Text Linguistics*. III– *Introduction to the Study of Text and Discourse*. Wien: Universitäts Verlag (pré-impressão), 1993.

_____. *New Foundations for a Science of Text and Discourse: Cognition, Communication, and the Freedom of Access to Knowledge and Society*. New Jersey: Norwood, N. J.: Ablex, 1997.

BECHARA, E. *Estudos sobre os meios de expressão do pensamento concessivo em português*. Rio de Janeiro: Edição do Autor, 1954.

_____. *Moderna gramática portuguesa*. 22.ed. São Paulo: Editora Nacional, 1966.

BELLERT, I. On Semantic and Distributional Properties of Sentential Adverbs. *Linguistic Inquiry*, v.8, n.2, p.337-51, 1977.

_____. Anaphoric Pronouns and Noun Phrases as Text Connectors. In: CONTE, M. E. et al. (Ed.) *Text and Discourse Connectedness*. Amsterdam: John Benjamins, 1989. p.3-21.

BENVENISTE, E. *Problèmes de linguistique générale*. Paris: Gallimard, 1966.

BERRENDONNER. A., REICHLER-BEGUELIN, M. J. (Ed.) *Du syntagme nominal aux objets-de-discours*. SN complexes, nominalisations, anaphores. Neuchatel: Institute de Linguistique de l'Université de Neuchatel, 1995.

BERRY, M. *Introduction to Systemic Linguistics*. Structures and Systems. London: Batsford, 1977.

BIBER, D. *Variation across Speech and Writing*. Cambridge: Cambridge University Press, 1988.

BIDERMAN, M. T. *Teoria linguística*. Linguística quantitativa e computacional. Rio de Janeiro, São Paulo: Livros Técnicos e Científicos, 1978.

BLANCHÉ, R. *Structures textuelles*. Essai sur l'organisation systématique des concepts. 2.ed. Paris: Librairie Philosophique J. Vrin, 1969.

BLOOR, T., BLOOR, M. *The Functional Analysis Of English*. A Hallidayan Approach. London: Arnold, 1995.

BOLINGER, D. L. Pronouns in Discourse. In: GIVÓN, T. *Syntax and Semantics* 12: Discourse and Syntax. New York: Academic Press, 1979. p.289-309.

BOLKESTEIN, A. M., GROOT, C., MACKENZIE, J. L. (Ed.) *Predicates and Terms In Functional Grammar*. Dordrecht-Holland, Cinnaminson-USA: Foris Publications, 1985.

BONFIM, E. R. M. *Advérbios*. São Paulo: Ática, 1988.

BORBA, F. S. *Sistemas de preposições em português*. São Paulo, 1971. Tese (Livre-docência) – Faculdade de Filosofia, Letras e Ciências Humanas, Universidade de São Paulo.

BORBA, F. S. et al. *Dicionário gramatical de verbos do português contemporâneo do Brasil*. São Paulo: Editora UNESP, 1990.

BORGES NETO, J. *Adjetivos*. Predicados extensionais e predicados intensionais. Campinas: Ed. Unicamp, 1991.

BRAGA, M. L. A informação, seu fluxo e as construções clivadas. In: HEYE, J. (Org.) *Flores verbais*. Rio de Janeiro: Editora 34, 1995. p.283-92.

_____. As orações de tempo no discurso oral. *Cadernos de Estudos Linguísticos*, v.28, p.85-97, 1995.

BRANDÃO, C. *Sintaxe clássica portuguesa*. Belo Horizonte: Edição do Autor, Imprensa da Universidade de Minas Gerais, 1963.

BUBLITZ, W. Transferred Negation and Modality. *Journal of Pragmatics*, v.18, p.551-79, 1992.

BURTON-ROBERTS, N. On the Generic Ind finite Article. *Language*, v.52, n.2, p.427-48, 1976.

_____. On Horn's Dilemma: Presupposition and Negation. *Journal of Linguistics*, v.25, p.95-125, 1989.

BUSSE, W., VILELA, M. *Gramática de valências*. Coimbra: Livraria Almedina, 1986.

BYBEE, J., FLEISCHMAN, S. (Ed.) *Modality in Grammar and Discourse*. Amsterdam: John Benjamins, 1995.

BYBEE, J., PERKINS, R., PAGLIUCA, W. *The Evolution of Grammar*. Tense, Aspect and Modality in the Languages of the World. Chicago: Chicago Press, 1994.

CAMACHO, R. G., PEZATTI, E. G. As subcategorias nominais contável e não contável. In: KATO, M. (Org.) *Gramática do português falado V*: Convergências. Campinas: Ed. Unicamp, Fapesp, 1986. p.155-86.

CARONE, F. B. *Morfossintaxe*. São Paulo: Ática, 1986.

_____. *Subordinação e coordenação*. Confrontos e contrastes. São Paulo: Ática, 1988.

CASTELEIRO, J. M. *Sintaxe transformacional do adjetivo*. Lisboa: Instituto Nacional de Investigação Científica, 1981.

_____. Análise gramatical dos advérbios de frase. *Biblos*, v.58, p.99-109, 1982.

CASTILHO, A. T. *A predicação adverbial*. São Paulo, 1993. Tese (Livre-docência) – Faculdade de Filosofia, Letras e Ciências Humanas, Universidade de São Paulo.

_____. Os mostrativos no português falado. In: CASTILHO, A. T. (Org.) *Gramática do português falado III*: As abordagens. Campinas: Ed. Unicamp, Fapesp, 1993. p.119-48.

CASTILHO, A. T., MORAES DE CASTILHO, C. Advérbios modalizadores. In: ILARI, R. (Org.) *Gramática do português falado II*: Níveis de análise linguística. Campinas: Ed. Unicamp, Fapesp, 1992. p.213-60.

CHAFE, W. L. Givenness, Contrastiveness, Definiteness, Subjects, and Point of View. In: LI, C. (Ed.) *Subject and Topic*. New York: Academic Press, 1976. p.25-55.

_____. *Significado e estrutura linguística*. Tradução portuguesa de M. H. M. Neves, O. G. L. A. S. Campos, S. V. Rodrigues. Rio de Janeiro: Ao Livro Técnico, 1979.

_____. How People Use Adverbial Clauses. *Annual Meeting of the Berkeley Linguistics Society*, v.10, p.437-49, Berkeley, 1984.

BIBLIOGRAFIA

CHAFE, W. L. Cognitive Constraints on Information. In: TOMLIN, R. *Coherence and Grounding in Discourse*. Amsterdam: John Benjamins, 1987. p.21-51.

_____. *Discourse, Consciousness and Time*. Chicago: University of Chicago Press, 1994.

CHAPMAN, S. Some Observations on Metalinguistic Negation. *Journal of Linguistics*, v.32, p.387-402, 1996.

CHAROLLES, M. L'anaphore associative. Problèmes de délimitation. *Verbum* XIII, 3, p.119-48, 1990.

_____. Associative Anaphora and its Interpretation. *Journal of Pragmatics*, v.31, p.311-26, 1999.

CHRISTOPHERSON, P. *The Articles*: a Study of their Theory and Use in English. Copenhagen: Munksgaard, 1939.

COATES, J. *The Semantics of the Modal Auxiliares*. London, Canberra: Croom Helm, 1983.

COMRIE, B. Conditionals: A Typology. In: TRAUGOTT, E. C. et al. (Ed.) *On Conditionals*. Cambridge: Cambridge Univ. Press, 1986. p.77-99.

_____. *Language Universals and Linguistic Typology*. Syntax and Morphology. 2.ed. Chicago: The University of Chicago Press, 1989.

COULTHARD, M. (Ed.) *Advances in Written Text Analysis*. London: Routledge, 1994.

CHRISTIAN, L. Towards a Typology of Clause Linkage. In: HAIMAN, J., THOMPSON, S. (Ed.) *Clause Combining in Grammar and Discourse*. Amsterdam: John Benjamins, 1988. p.181-225.

COATES, J. *The Semantics of the Modal Auxiliares*. London , Canberra: Croom Helm, 1983.

COLE, P. (Ed.) *Syntax and Semantics* 9: Pragmatics. New York: Academic Press, 1978.

_____. (Ed.) *Radical Pragmatics*: New York: Academic Press, 1981.

COLLINS *Cobuild English Grammar*. London, Glasgow: Collins Publishers, The University of Birmingham, 1990.

CONNOLY, J. H. et al. (Ed.) *Discourse and Pragmatics In Functional Grammar*. Berlin, New York: Mouton de Gruyter, 1997.

CONTE, M. E. (Ed.) *La linguistica testuale*. Roma: Feltrinelli, 1971.

_____. Dimostrativi nel testo: tra continuità e discontinuità referenziale. *Lingua e Stile*, v.31, n.1, p.135-45, 1996.

CONTE, M. E. et al. (Ed.) *Text and Discourse Connectedness*. Amsterdam: John Benjamins, 1989.

CORBLIN, F. *Indéfini, défini et démonstratif*. Genève: Libraire Droz, 1987.

COSERIU, E. *Sincronia, diacronia e história*. Rio de Janeiro: Presença, EDUSP, 1979.

_____. *Tradição e novidade na ciência da linguagem*. Rio de Janeiro: Presença, EDUSP, 1980.

_____. *Teoria da linguagem e linguística geral*. Tradução de Agostinho Dias Carneiro. Rio de Janeiro: Presença, 1987.

CROFT, W. *Typology and Universals*. Cambridge: Cambridge University Press, 1990.

CULIOLI, A. *Pour une linguistique de l'énonciation*. Paris: Ophrys, 1990.

CUNHA, C. *Gramática do português contemporâneo*. 5.ed. rev. Belo Horizonte: Bernardo Álvares, 1975.

CUNHA, C., CINTRA, L. *Nova gramática do português contemporâneo*. 2.ed. Rio de Janeiro: Nova Fronteira, 1985.

DAHL, Ö. Some Notes on Indefinites. *Language*, v.46, n.1, 1970.

_____. Typology of Sentence Negation. *Linguistics*, v.17, p.79-106, 1979.

_____. Remarques sur le génerique. *Langages*, v.79, p.55-60, 1985.

DALL'AGLIO-HATTNHER, M. M. *A manifestação da modalidade epistêmica*: um exercício de análise nos discursos do ex-presidente Collor. Araraquara, 1995. Tese (Doutorado) – Universidade Estadual Paulista.

DANES, F. Zur Linguistischen Analyse der Textstruktur. *Folia Lingüistica*, v.4, n.1/2, p.72-8, 1970.

_____. De la structure sémantique et thématique du message. *Travaux de Linguistique*, v.4, p.177-200, 1978.

_____. Sentence Patterns and Predicate Classes. In: STEELE, R., THREADGOLD, T. (Ed.) *Language Topics*. Essays in Honour of Michael Ha liday. Amsterdam: John Benjamins, 1988. v.I, p.3-21.

DANLOS, L. Connecteurs et relations causales. *Langue Française*, v.77, p.92-125, 1988.

DANON-BOILEAU, L. La détermination du sujet. *Langages*, v.94, p.30-72, 1989.

DANON-BOILEAU, L. et al. Intégration discursive et intégration syntaxique. *Langages*, v.104, p.111-27, 1991.

DE LANCEY, S. An Interpretation of Split Ergativity and Related Patterns. *Language*, v.57, n.3, p.626-57, 1981.

DECAT, M. B. N. *"Leite com manga, morre!"* Da hipotaxe adverbial no português em uso. São Paulo, 1993. Tese (Doutorado) – Pontifícia Universidade Católica.

DECLERCK, R. Definiteness and Inclusive Reference. *Journal of Literary Semantics*, v.16, p.12-29, 1987.

_____. The Origins of Genericity. *Linguistics*, v.29, p.79-102, 1991.

DEMONTE, V. Papeles temáticos y sujeto sintáctico en el sintagma nominal. *Rivista di Gramática Generativa*, v.10, p.265-331, 1985.

DENNISTON, J. D. *The Greek Particles*. Reprinted. Oxford: Clarendon Press, 1968.

DESAIUIERS, J. C. Quelques problèmes liés à l'emploi de l'article zéro en Français. *Langues et Linguistique*, v.7, p.185-222, 1981.

DIK, S. C. Seventeen Sentences: Basic Principles and Aplication of Function Grammar. In: MORAVCSIK, E., WIRTH, J. R. (Ed.) *Syntax and Semantics* 13: Current Approaches to Syntax. London, New York: Academic Press, 1980.

_____. *Studies in functional grammar*. London: Academic Press, 1980.

_____. *Advances in Functional Grammar*. Dordrecht-Holland, Cinnaminson-USA: Foris Publications, 1983.

_____. Some Principles of Functional Grammar. In: DIRVEN, R., FRIED, V. (Ed.) *Functionalism in Linguistics*. Amsterdam: John Benjamins, 1987. p.81-100.

_____. Functional Grammar and its Relevance to Grammar Writing. In: GRAUSTEIN, G., LEITNER, G. (Ed.) *Reference Grammars and Modern Linguistics Theory*. Tübingen: Max Niemeyer Verlag, 1989. p.33-55.

_____. *The Theory of Funcional Grammar*. Dordrecht-Holland, Cinnaminson-USA. Dordrecht-Holland, Providence RI-USA: Foris Publications, 1989.

_____. On the Semantics of Conditionals. In: NUYTS, J., BOLKESTEIN, A. M., VET, C. (Ed.) *Layers and Levels of Representation in Language Theory*. Amsterdam: John Benjamins, 1990. p.233-61.

_____. *The Theory of Functional Grammar*. Ed. by K. Hengeveld. Berlin, New York: Mouton de Gruyter, 1997.

DIK, S. C. et al. The Hierarchical Structure of the Clause and the Tipology of Adverbial Satellites. In: NUYTS, J., BOLKESTEIN, A. M., VET, C. (Ed.) *Layers and Levels of Representation in Language Theory*. Amsterdam: John Benjamins, 1990. p.25-70.

DIK, S. C., HENGEVELD, K. The Hierarchical Structure of the Clause and the Typology of Perception-Verb Complements. *Linguistics*, v.29, p.231-59, 1991.

DIRVEN, R., FRIED, V. (Ed.) *Functionalism in Linguistics*. Amsterdam: John Benjamins, 1987.

DONNELAN, K. Reference and Definite Descriptions. In: STEINBERG, D., JAKOBOVITS, L. A. (Ed.) *Semantics: an Interdisciplinary Reader in Philosophy, Linguistics and Psychology*. Cambridge: Cambridge University Press, 1971. p.100-14.

DORON, E. Appositive Predicates. *Belgian Journal of Linguistics*, v.7, p.23-33, 1992.

DU BOIS, J. W. Beyond Definiteness: The Trace of Identity in Discourse. In: CHAFE, W. (Ed.) *The Pear Stories: Cognitive, Cultural, and Linguistic Aspects of Narrative Production*. Norwood, N. J.: Ablex, 1980. p.203-74.

_____. Competing motivations. In: HAIMAN. J. (Ed.) *Iconicity in syntax*. Amsterdam: John Benjamins, 1985. p.343-65.

_____. The discourse basis of ergativity. *Language*, v.6, n.4, p.805-55, 1987.

DUCROT, O. *Dire et ne pas dire*. Principes de sémantique linguistique. Paris: Herman, 1972.

_____. *La preuve et le dire*. Paris: Maison Mame, 1973.

_____. *Le dire et le dit*. Paris: Minuit, 1984.

DUCROT, O., VOGT, C. De magis a mais: une hypothèse sémantique. *Revue de Linguistique Romane*, p.171-2, 317-41, 1979.

DUCROT, O. et al. Operateurs argumentatifs et visée argumentative. *Cahiers de Linguistique Française*, v.5, p.7-36. 1983.

EDMONDSON, W. *Spoken Discourse*. A Model of Analysis. London: Longman, 1986.

EGGER, E. *Apollonius Dyscole*. Éssai sur l'histoire des théories grammaticales dans l'antiquité. Paris: Auguste Durant, 1854.

EGGINS, S. *An Introduction to Systemic Functional Linguistics*. London: Pinter Publisher. 1994.

EHLICH, K. Deictic Expressions and the Connexity of Text. In: CONTE, M. E. et al. (Ed.) *Text and Discourse Connectedness*. Amsterdam: John Benjamins, 1989. p.33-50.

ENGEL, V. *Deutsche Grammatik*. Heidelberg: Julius Groos Verlag, 1988.

ERDMANN, P. Factive, Implicative Verbs and the Order of Operators. *Studia-Linguistica*, v.28, p.51-63, 1974.

ESBOZO – Real Academía de la Gramática (Comisión de la Gramática). *Esbozo de una gramática de la lengua española*. 5.a reimpresión. Madrid: Espasa Calpe, 1978.

EZQUERRA, M. A. Diccionario y gramática. *Linguística española actual*. v.4, n.2, p.151-212, 1982.

FANT, L. *Estructura informativa en español. Estudio sintáctico y entonativo*. Uppsala: Uppsala Universitet, 1984.

FIELD, M. The Role of Factive Predicates in Indexicalization of Stance: a Discourse Perspective. *Journal of Pragmatics*. v.27, p.799-814, 1997.

FILLMORE, C. J. Les règles d'inférence dans une théorie sémantique. *Cahiers de Lexicologie*, v.19, n.2, p.3-24, 1971.

_____. Frame Semantics and the Nature of Language. In: HARNARD, S. R. et al. (Ed.) *Origins and Evolution of Language and Speech*. New York: New York Academy of Sciences, 1976. p.20-32.

_____. Frames and the Semantics of Understanding. *Quaderni di Semantica*, v.6, n.2, p.222-53, 1985.

FILLMORE, C. J., LANGENDOEN, D. T. (Ed.) *Studies in Linguistic Semantics*. New York: Holt, Rinehart and Winston, 1971.

FIORIN, J. L. *As astúcias da enunciação*. As categorias de pessoa, espaço e tempo. São Paulo: Ática, 1996.

FOLEY, W., VAN VALIN, R. On the Viability of the Notion of "Subject of" in Universal Grammar. *Berkeley Linguistic Society*, v.3, p.293-520, 1977.

FLEISCHMAN, S., WAUGH, L. R. *Discourse Pragmatics and the Verb*. London: Routledge, Chapman and Hall Inc., 1991.

FORD, C. E. *Grammar in Interaction*. Adverbial Clauses in American English Conversations. Cambridge: Cambridge University Press, 1993.

FORD, C. E., THOMPSON, S. A. Conditionals in Discourse: a Text-based Study from English. In: TRAUGOTT, E. C. et al. (Ed.) *On Conditionals*. Cambridge: Cambridge University Press, 1986. p.353-72.

FORSESCUE, M., HAYDEN, P., KRISTOFFERSEN, L. (Ed.) *Layered Structure and Reference in a Functional Perspective*: Papers from the Functional Grammar Conference in Copenhagen, 1990. Amsterdam: John Benjamins, 1995.

FOX, B. A. *Discourse Structure and Anaphora*. Cambridge: Cambridge University Press, 1987.

FRAJZYNGIER, Z. *Grammaticalization of the Complex Sentence*. A Case Study in Chadic. Amsterdam: John Benjamins, 1996.

FRANCIS, G. Labelling Discourse: an Aspect of Nominal-Group Lexical Cohesion. In: COULTHARD, M. (Org.) *Advances in Written Text Analysis*. Londres: Routhedge, 1994. p.83-101.

FREGE, G. Sobre o sentido e a referência. In: ___. *Lógica e filosofia da linguagem*. Trad. portuguesa de Paulo Alcoforado. São Paulo: Cultrix, 1978.

FRETHEIM, T., GUNDEL, J. (Ed.) *Reference and Referent Accessibility*. Amsterdam: John Benjamins, 1996.

GALMICHE, M. A propos de la définitude. *Langages*, v.94, p.7-37, 1989.

_____. Phrases, syntagmes et articles génériques. *Langages*, v.79, p.2-39, 1985.

GALVES, C. Pronomes e categorias vazias em português do Brasil. *Cadernos de Estudos Linguísticos*, v.7, p.7-136, 1984.

_____. Objeto nulo e predicação: hipóteses para uma caracterização da sintaxe do Português do Brasil. *D.E.L.T.A.*, v.4, n.2, p.273-90, 1988.

GARCIA, E. Discourse without Syntax. In: GIVÓN, T. (Ed.) *Syntax and Semantics* 12: Discourse and Syntax. New York: Academic Press, 1979.

GERALDI, J. W. *Se a semântica fosse também pragmática*... Ou: Para uma análise semântica dos enunciados condicionais. Campinas, 1978. Dissertação (Mestrado) – Unicamp.

GIRY-SCHNEIDER, J. L'article zéro dans le lexique-grammaire des noms prédicatifs. *Langages*, v.102, p.23-35, 1991.

GIVÓN, T. Negation in Language: Pragmatics, Function, Ontology. In: COLE, P. (Ed.) *Syntax and Semantics* 9: Pragmatics. New York: Academic Press, 1978. p.69-112.

_____. *On Understanding Grammar*. New York: Academic Press, 1979.

_____. *Syntax and Semantics* 12: Discourse and Syntax. New York: Academic Press, 1979.

_____. *Syntax* – A Functional-Typological Introduction. Amsterdam: John Benjamins, 1984, v.I; 1990, v.II.

_____. *English Grammar*. Amsterdam: John Benjamins, 1993.

_____. *Functionalism and Grammar*. Amsterdam: John Benjamins, 1995.

GRAUSTEIN, G., LEITNER, G. (Ed.) *Reference Grammars and Modern Linguistics Theory*. Tübingen: Max Niemeyer Verlag, 1989.

GREENBERG, J. H. *Universals of Language*. Cambridge: Mit Press. 1963.

GRICE, H. P. Logic and conversation. In: COLE, P., MORGAN, J. (Ed.) *Syntax and Semantics* 39: Speech Acts. New York: Academic Press, 1975. p.41-58.

GRIMES, J. *The Thread of Discourse*. The Hague: Mouton, 1975.

GROOT, C. *Predicate Structure in a Functional Grammar of Hungarian*. Dordrecht-Holland, Cinnaminson-USA: Foris Publications, 1989.

GROSS, G., VIVÈS, R. Les constructions nominales et l'élaboration d'un lexique-grammaire. *Langue Française*, v.69, p.5-27, 1986.

_____. Syntaxe des noms. *Langue Française*, v.69, p.5-27, 1986.

HAIMAN, J. Concessives, Conditionals, and Verbs of Volition. *Foundations of Language*, n.11, p.341-59, 1974.

_____. Conditionals are Topics. *Language*, v.54, p.512-40, 1978.

_____. The Iconicity of Grammar: Isomorphism and Motivation. *Language*, v.56, n.3, p.515-40, 1980.

_____. Iconic and Economic Motivation. *Language*, v.59, p.781-819, 1983.

_____. (Ed.) *Iconicity in Syntax*. Amsterdam: John Benjamins, 1985.

HAIMAN, J., THOMPSON, S. *Clause Combining in Grammar and Discourse*. Amsterdam: John Benjamins, 1988.

HALLIDAY, M. A. K. Notes on transitivity and theme in English. *Journal of Linguistics*, v.3.1, 3.2 e 4.2, p.37-81, 199-244 e 179-215, 1967/1968.

_____. Language Structure and Language Function. In: LYONS, J. (Ed.) *New Horizonts in Linguistics*. Harmondsworth: Penguin Books, 1970. p.140-65.

_____. *Explorations in the Functions of Language*. London: Edward Arnold, 1973.

_____. The Functional Basis of Language. In: BERNSTEIN, B. (Ed.) *Class, Codes and Control*. London: Routledge and Kegan Paul, 1973. p.343-66.

_____. Text as a Semantic Choice in Social Contexts. In: VAN DIJK, T. A., PETÖFI, J. *Grammars and Descriptions*. Berlin: Walter De Gruyter, 1977. p.176-225.

_____. *Language as a Social Semiotic*. The Social Interpretation of Language and Meaning. London: Univ. Park Press, 1978.

_____. *An Introduction to Functional Grammar*. Baltimore: Edward Arnold, 1985.

_____. *Spoken and Written Language*. 2.ed. Oxford: Oxford University Press, 1989.

HALLIDAY, M. A. K. et al. *Linguistic Sciences and Language Teaching*. London: Longman, 1964.

HALLIDAY, M. A. K., HASAN, H. *Cohesion in English*. London: Longman, 1976.

HARRIS, M. B. Concessive Clauses in English and Romance. In: HAIMAN, J., THOMPSON, S. A. (Ed.) *Clause Combining in Grammar and Discourse*. Amsterdam: John Benjamins, 1988.

HARRIS, A. C., CAMPBELL, L. *Historical Syntax in Cross-Linguistic Perspective*. Cambridge: Cambridge University Press, 1995.

HASS, W. Function and Structure in Linguistic Descriptions. In: DIRVEN, R., FRIED, V. (Ed.) *Functionalism in Linguistics*. Amsterdam: John Benjamins, 1987. p.333-56.

HAWKINS, J. A. *Definiteness and Indefiniteness*. A Study in Reference and Grammaticality Prediction. London: Croom Helm; Atlantic Highlands, N. J.: Humanities Press, 1978.

_____. On (In)Definite Articles: Implicatures and (Un)Grammaticality Prediction. *Linguistics*, v.27, p.405-42, 1991.

HEINE, B. *Auxiliaries*. Cognitive Forces and Grammaticalization. New York, Oxford: Oxford University Press, 1993.

HEINE, B., REH, M. *Grammatical Categories in African Languages*. Hamburg: Helmut Buske, 1984.

HEINE, B. et al. *Grammaticalization*: A Conceptual Framework. Chicago: The University of Chicago Press, 1991.

HELBIG, G. (Org.) *Beiträge zur Valenztheorie*. Halle: Max Niemeyer Verlag, 1971.

HELBIG, G., SCHENKEL, W. *Wörterbuch zur Valenz und Distribution deutscher Verben*. 7.ed. Tübingen: Max Niemeyer Verlag, 1983.

HENGEVELD, K. Clause Structure and Modality in Functional Grammar. In: AUWERA, J. van der, GOOSSENS, L. (Ed.) *Ins and Outs of the Predication*. Dordrecht-Holland, Cinnaminson-USA: Foris Publications, 1987. p.53-66.

_____. Layers and Operators in Functional Grammar. *Journal of Linguistics*, v.25, p.127-57, 1989.

_____. Cohesion in Functional Grammar. In: CONNOLY, J. H. et al. (Ed.) *Discourse and Pragmatics in Functional Grammar*. Berlin, New York: Mouton de Gruyter, 1997. p.1-16.

HERMODSSON, L. Der Begriff "Konzessiv". Terminologie und Analysen. *Studia Neophilologica*, v.66, p.59-75, 1994.

HJELMSLEV, L. *Prolegomena to a Theory of Language*. Madison: The University of Wisconsin Press, 1963.

HJELMSLEV, L. *Principios de gramática general*. Versión española de F. P. Torre. Madrid: Gredos, 1976.

HOFFMAN, L. Towards a Pragmatically Founded Grammar. In: GRAUSTEIN, G., LEITNER, G. (Ed.) *Reference Grammars and Modern Linguistic Theory*. Tübingen: Max Niemeyer Verlag, 1989. p.111-32.

HOPPER, P. J. Aspect and Foregrounding in Discouse. In: GIVÓN, T. (Ed.) *Syntax and Semantics* 12: Discourse and Syntax. New York: Academic Press, 1979. p.213-41.

_____. Emergent Grammar. *Berkeley Linguistic Society*, v.13, p.139-57, 1987.

_____. On Some Principles of Grammaticalization. In: TRAUGOTT, E. C., HEINE, B. (Ed.) *Approaches to Grammaticalization* 1, Amsterdam: John Benjamins, 1991. p.17-35.

HOPPER, P. J., THOMPSON, S. A. Transitivity in Grammar and Discourse. *Language*, v.56. p.251-99, 1980.

HOPPER, P. J., TRAUGOTT, E. C. *Grammaticalization*. Cambridge: Cambridge University Press, 1993.

HORN, L. R. Remarks on Neg-raising. In: COLE, P. (Ed.) *Syntax and Semantics* 9: Pragmatics. New York: Academic Press, 1978. p.129-220.

_____. Metalinguistic Negation and Pragmatic Ambiguity. *Language,* v.61, n.1, p. 121-74, 1985.

_____. *A Natural History of Negation*. Chicago: The University of Chicago Press, 1989.

HOYOS-ANDRADE, R. E. *Introducción a la lingüística funcional*. Santafé de Bogotá: Publicaciones del Instituto Caro y Cuervo, 1992.

_____. Dois funcionalistas franceses em confronto. *Alfa*, v.38, p.97-108, 1997.

HUMBERT, J. *Sintaxe grecque*. 2.ed. Paris: Libraire C. Klincksieck, 1954.

HYMES, D. *Foundations in Sociolinguistics*. Philadelphia: University of Philadelphia Press, 1974.

IGNACIO, S. E. *Para uma tipologia dos complementos verbais do português contemporâneo*. Araraquara, 1984. Tese (Livre-docência) – Universidade Estadual Paulista.

ILARI, R. *Perspectiva funcional da frase portuguesa*. 2.ed. Campinas: Ed. Unicamp, 1992.

_____. Sobre os advérbios aspectuais. In: ILARI, R. (Org.) *Gramática do português falado II*: Níveis de análise linguística. Campinas: Ed. Unicamp, 1992. p.151-92.

ILARI, R. Sobre os advérbios focalizadores. In: ILARI, R. (Org.) *Gramática do português falado II*: Níveis de análise linguística. Campinas: Ed. Unicamp, 1992. p.193-212.

ILARI, R. et al. Considerações sobre a posição dos advérbios. In: CASTILHO, A. T. (Org.) *Gramática do português falado I*: A ordem. Campinas: Ed. Unicamp, Fapesp, 1990. p.63-141.

_____. Os pronomes pessoais do português falado: roteiro para a análise. In: CASTILHO, A. T., KATO, M. (Org.) *Gramática do português falado IV*: Estudos descritivos. Campinas: Ed. Unicamp, Fapesp, 1996. p.79-166.

JACKENDOFF, R. *Language of the Mind*. Cambridge: Cambridge University Press, 1992.

JAKOBSON, R. Adverbs, Prepositions and Conjunctions in English: A Study in Gradience. *Studia Linguistica*, v.31, n.1, p.38-64, 1977.

JESPERSEN, O. *A Modern English Grammar on Historical Principles*, V: Syntax. London: George Allen & Unwim, 1940.

_____. *The Philosophy of Grammar*. New York: Norton, 1965.

KARTTUNEN, L. On the Semantics of Complement Sentences. *Papers from the Sixth Regional Meeting*. Chicago: Chicago Linguistic Society, 1970. p.328-39.

_____. Implicative Verbs. *Language*. v.47, n.2, p.340-58, 1971.

_____. La logique des constructions anglaises à complément prédicatif. *Langages* 30, p.56-80, 1973.

_____. Presuppositions of Compound Sentences. *Linguistic Inquiry*, v.4, n.2, p.171-93, 1973.

KAROLAK, S. *L'article et le valeur du syntagme nominal*. Paris: PUF, 1989.

KATO, M. *A semântica gerativa e o artigo definido*. São Paulo: Ática, 1974.

KATO, M., CASTILHO, A. T. Advérbios modalizadores: um novo núcleo predicador? *D.E.L.T.A.*, v.7, n.1, p.409-24, 1991.

KEMPSON, R. Presupposition and the Delimitation of Semantics. Cambridge: Cambridge University Press, 1975.

KIPARSKY, P., KIPARSKY, C. Fact. In: BIERWISH, M., HEIDOLPH, K. E. (Ed.) *Progress in Linguistics*. The Hague: Mouton, 1970.

KLEIBER, G. Adjectif démonstratif et article défini en anaphore fidèle. *Recherches Linguistiques (Paris)*, n.XI, p.169-85, 1984.

_____. Généricité et typicalité. *Le Français moderne*, v.57, n.3/4, p.127-54, 1989.

KLEIBER, G. Sur l'anaphore associative: article défini et adjectif démonstratif. *Rivista di Linguistica*, v.2, n.1, p.155-74, 1990.

_____. L'anaphore: d'une problème à l'autre. *Le Français moderne*, v.40, n.1, p.1-22, 1992.

_____. Anaphore associative, antécédent et définitude. In: SCHNEDECKER, C. et al. (Ed.) *L'anaphore associative: aspects linguistiques, psycholinguistiques et automatiques*. Paris: Klincksieck, 1994. p.153-74.

KLEIN, E. The Interpretation of Adjectival Comparatives. *Journal of Linguistics*, v.18, p.113-36, 1982.

KLEIN-ANDREU, F. *Discourse Perspectives on Syntax*. New York, London: Academic Press, 1983.

KOCH, I. G. V. *Argumentação e linguagem*. São Paulo: Cortez Editora, 1984.

_____. *O texto e a construção dos sentidos*. São Paulo: Contexto, 1997.

KÖNIG, E. Conditionals, Concessive Conditionals and Concessives: Areas of Contrast, Overlap and Neutralization. In: TRAUGOTT, E. C. et al. (Ed.) *On Conditionals*. Cambridge: Cambridge University Press, 1986. p.229-46.

KOVACCI, O. Modificadores de modalidad. *Romanica*, v.5, p.177-90, 1972.

_____. Cuatro clases de modificadores causales com *porque*. In: *Estudios de gramática española*. Buenos Aires: Hachette, 1986. p.179-203.

_____. Notas sobre adverbios oracionales: dos clases de limitadores del dictum. *Revista Argentina de Lingüística*, v.2, n.2. p.299-316, 1986.

KRESS, G. (Ed.) *Halliday*: *System and Function in Language*. London: Oxford University Press, 1976.

KUNO, S. *Functional Syntax*: *Anaphora, Discourse and Empathy*. Chicago: Chicago University Press, 1987.

KURYLOWICZ, J. The Evolution of Grammatical Categories. In: ___. *Esquisses linguistiques II*. Munich: Fink, 1975. p.38-54.

LAKOFF, G. The Pragmatic of Subordination. In: *Proceedings*. Annual Meeting of the Berkeley Linguistics Society, n.10, 1984. p.481-92.

_____. *Women, Fire and Dangerous Things*. What Categories Reveal about the Mind. Chicago: The University of Chicago Press, 1987.

LAKOFF, G., JOHNSON, M. *Metaphors we Live by*. Chicago: University of Chicago Press, 1980.

LAKOFF, R. If's And's and But's about Conjunction. In: FILLMORE, C. J., LANGENDOEN, D. T. (Ed.) *Studies in Linguistic Semantics*. New York: Holt, Rinehart and Winston, 1971. p.115-49.

LANG, E. *Syntax und Semantik der Adversativkonnektive. Einstieg und Uberblick.* Berlin: Humboldt Universität (Linguistique Studien, Reihe B), 1988.

LANGACKER, R. W. Nouns and Verbs. *Language*, v.63, n.1, p.53-94, 1987.

_____. *Concept, Image and Symbol*. The Cognitive Basis of Grammar. Berlin, New York: Mouton de Gruyter, 1990.

LAPESA, R. Sobre dos tipos de subordinación causal. In: ____. *Estudios oferecidos a Emílio Alarcos Llorach* III. Oviedo, 1978. p.173-205.

LARSON, R. K. Scope and Comparatives. *Linguistics and Philosophy*, v.11 n.1, p.1-26, 1988.

LE BLOND, J. M. *Logique et méthode chez Aristote*. Paris: J. Vrin, 1973.

LEECH, G. *Semantics*. Harmondsworth: Penguin Books, 1974.

_____. *Principles of Pragmatics*. London, New York: Longman, 1983.

LEHMANN, C. A Universal about Conditional Sentences. In: ROMPORTI, M. et al. (Ed.) *Linguistica Generalia I*: Studies in Linguistic Typology. Prague: Charles University, 1974. p.231-41.

_____. *Toughts on Grammaticalization*. A Programmatic Sketch. Köln: Arbeiten des Kölner Universalien – Projekts 48. 1982.

_____. Towards a Tipology of Clause Linkage. In: HAIMAN, J., THOMPSON, S. A. (Ed.) *Clause Combining in Grammar and Discourse*. Amsterdam: John Benjamins, 1988.

LEINFELLNER, E. The Broader Perspective of Negation. *Journal of Literary Semantics*, v.23, n.2, p.77-98, 1994.

LEMLE, M. *Análise sintática*. Teoria geral da descrição do português. São Paulo: Ática, 1984.

LENZ, R. La oración y sus partes. 3.ed. Madrid: Revista de Filologia Española, 1935.

LERSCH, L. *Die Sprachphilosophie der Alten*. Bonn: H. P. König, 1938.

LEVINSON, S. C. *Pragmatics*. Cambridge: Cambridge University Press, 1992.

LI, C. (Ed.) *Subject and Topic*. New York: Academic Press, 1976.

LOBATO, L. M. P. Advérbios e preposições, sintagmas adverbiais e sintagmas pre-posicionais. *D.E.L.T.A.*, v.5, n.1, p.101-20, 1989.

LONGACRE, R. E. Sentences as Combinations of Clauses. In: SHOPEN, T. (Org.) *Language Typology and Syntactic Description* v.II: Complex constructions, Cambridge: Cambridge University Press, 1994. p.235-84.

LONGO, B. N. O., SOUZA, L. R. F. A relativização no português culto. *Alfa*, v.38, p.165-80, 1994.

LONGO, B. N. O. et al. O nome em função adjetiva não predicativa: contrastes. 1997 (Mimeogr.).

LOPES, O. *Construções concessivas*: Algumas reflexões formais lógico-pragmáticas. Universidade do Porto, s. d. (Mimeogr.).

LÓPEZ GARCÍA, A. *Gramática del español* I. La oración compuesta. Madrid: Arco Libros, 1994.

LYONS, J. (Ed.) *New Horizonts in Linguistics*. Harmondsworth: Penguin Books, 1970.

_____. *Semantics*. Cambridge: Cambridge University Press, 1977.

_____. *Introdução à linguística teórica*. Trad. port. de Rosa V. Mattos e Silva e Hélio Pimentel. São Paulo: Ática, 1979.

MACKENZIE, J. L. Nominalization and Valency Reduction. In: BOLKESTEIN, A. M., GROOT, C., MACKENZIE, J. L. (Ed.) *Predicates and Terms in Functional Grammar*. Dordrecht-Holland, Cinnaminson-USA: Foris Publications, 1985. p.29-47.

MANN, W. C., THOMPSON, S. A. *Discourse Description*. Diverse Linguistic Analyses of a Fund-Raising Text. Amsterdam: John Benjamins, 1992.

MANZOTTI, E., RIGAMONTI, A. La negazione. In: RENZI, L., SALVI, G. (Ed.) *Grande grammatica italiana di consultazione*. Bologna: Il Mulino, 1991. v.II, p.245-317.

MARCANTONIO, A., PRETTO, A. M. Il nome. In: RENZI, L. (Ed.) *Grande grammatica italiana di consultazione*. Bologna: Il Mulino, 1991. p.315-32.

MARCUSCHI, L. A. *Linguística de texto*: o que é e como se faz. Recife, 1983. Dissertação (Mestrado) – Universidade Federal de Pernambuco.

_____. Análise da conversação e análise gramatical. In: *Boletim da ABRALIN* , v.10, p.11-34. 1991.

_____. O processo de referenciação na produção discursiva. In: HORA, D., CHRISTIANO, E. (Org.) *Estudos linguísticos: realidade brasileira*. João Pessoa: Idéia, 1999. p.219-29.

MARTINET, A. *Estudios de sintaxis funcional*. Madrid: Gredos, 1978.

_____. Qu'est-ce que la linguistique fonctionelle? *Alfa*, v.38, p.11-8, 1994.

MARTIN, J. R. *The Meaning of Features in Systemic Linguistics*. Sydney: MS, 1978.

MARTINICH, A. P. *Communication and reference*. Berlin, New York: Walter de Gruyter, 1984.

MATHIESSEN, C., THOMPSON, S. The Structure of Discourse and "Subordination". In: HAIMAN, J., THOMPSON, S. *Clause Combining in Grammar and Discourse*. Amsterdam: John Benjamins, 1988. p.275-329.

MATRAS, Y. The Function and Typology of Coordinating Conjunction: Evidence from Discourse and Language-Contact Situations. In: CONNOLY, J. H. et al. (Ed.) *Discourse and Pragmatics in Functional Grammar*. Berlin, New York: Mouton de Gruyter, 1997. p.177-91.

MATTOS e SILVA, R. V. *Tradição gramatical e gramática tradicional*. São Paulo: Contexto, 1989.

MATTOSO CÂMARA JÚNIOR., J. *Dicionário de filologia e gramática*. 2.ed. refundida. Rio de Janeiro: J. Ozon Editor, 1964.

_____. *Problemas de linguística descritiva*. 2.ed. Petrópolis: Vozes, 1969.

_____. *Estrutura da língua portuguesa*. 7.ed. Petrópolis: Vozes, 1976.

_____. *História e estrutura da língua portuguesa*. 4.ed. Rio de Janeiro: Padrão, 1985.

MEILLET, A. *Linguistique historique et linguistique générale*. Paris: Champion, 1948. p.130-48.

MEYER, C. F. *Apposition in Contemporary English. Studies in English Language*. Cambridge: Cambridge University Press, 1992.

MIRA MATEUS, M. H. et al. *Gramática da língua portuguesa*. Coimbra: Livraria Almedina, 1983.

MITHUN, M. The Grammaticization of Coordination. In: HAIMAN, J., THOMPSON, S. *Clause Combining in Grammar and Discourse*. Amsterdam: John Benjamins, 1988. p.331-59.

MOESCHLER, J. Une, deux ou trois négations? In: CALLEBAUT, B. (Org.) *Les négations. Langue Française*, v.94, p.8-25, 1992.

MOESCHLER, J., SPENGLER, N. Quand même: de la concession à la refutacion. *Cahiers de Linguistique Française*, v.2, p.92-111, 1981.

MORAES, L. C. D. *Nexos de coordenação na fala urbana culta de São Paulo*. São Paulo, 1987. Tese (Doutorado) – Faculdade de Filosofia, Letras e Ciências Humanas, Universidade de São Paulo.

MORAES DE CASTILHO, C. Quantificadores indefinidos: observações para uma abordagem sintática. In: CASTILHO, A. T. (Org.) *Gramática do português falado III*: As abordagens. Campinas: Ed. Unicamp, Fapesp, 1993. p.213-34.

MORAVCSIK, E., WIRTH, J. R. (Ed.) *Syntax and Semantics*. London, New York: Academic Press, 1980. v.13: Current Approaches to Syntax.

MÜLLER, A. L. P., NEGRÃO, E. V. O uso do artigo definido antes do nome próprio em português. *Estudos Linguísticos,* v.18, p.530-40, 1989.

NÁPOLI, D. J. *Predication Theory*. A case study for indexing theory. Cambridge: Cambridge University Press, 1989.

NEBRIJA, A. *Gramatica de la lengua castellana*. Edición preparada por Antonio Quilis. Madrid: Editora Nacional, 1980.

NEGRI, L. Artigo uma indefinição da gramática? *Estudos Linguísticos*, v.16, p.287-97, 1986.

_____. Artigo definido: sintaxe ou pragmática? *Letras*, v.37, p.17-28, 1988.

NEVES, M. H. M. Os pronomes pessoais. Notas para um estudo comparativo português-romeno. In: *Estudos de filologia e linguística*. São Paulo: T. A. Queiroz, EDUSP, 1981. p.63-78.

_____. *A coordenação interfrasal em português*. Araraquara, 1984. Tese (Livre-docência) – Universidade Estadual Paulista.

_____. O coordenador interfrasal *mas*. Invariância e variantes. *Alfa* 28, p.21-42, 1984.

_____. O estudo da estrutura argumental dos nomes. In: KATO, M. (Org.) *Gramática do português falado V*: Convergências. Campinas: Ed. Unicamp, Fapesp, 1986. p.119-54.

_____. *A vertente grega da gramática tradicional*. São Paulo: Hucitec, Ed. UnB., FAPESP, 1987.

_____. As classes de palavras. In: IGNACIO, S. E. (Org.) *Estudos gramaticais*. Publicação do Curso de Pós-Graduação em Linguística e Língua Portuguesa, ano III, n.1. Araraquara: UNESP, 1989. p.167-79.

_____. A questão da ordem na gramática tradicional. In: CASTILHO, A. T. (Org.) *Gramática do português falado I*: A ordem. Campinas: Ed. Unicamp, Fapesp, 1990. p.185-316.

_____. *Gramática na escola*. São Paulo: Contexto, 1990.

_____. O ensino da gramática. *Revista Internacional de Língua Portuguesa*, v.4, p.43-52, 1992.

NEVES, M. H. M. Os advérbios circunstanciais de lugar e tempo. In: ILARI, R. (Org.) *Gramática do português falado II*: Níveis de análise linguística. Campinas: Ed. Unicamp, Fapesp, 1992. p.261-96.

_____. Possessivos. In: CASTILHO, A. T. (Org.) *Gramática do português falado III*: As abordagens. Campinas: Ed. Unicamp, Fapesp, 1993. p.149-211.

_____. A gramática e o usuário. *Estudos linguísticos*, v.23, p.7-17, 1994.

_____. Gramática do português falado: os pronomes pessoais. In: *Anais do VII Encontro Nacional da ANPOLL*, v.2 – Linguística. Goiânia, 1994. p.547-56.

_____. Uma visão geral da gramática funcional. *Alfa*, v.38, p.109-27, 1994.

_____. A modalidade. In: KOCH, I. G. V. (Org.) *Gramática do português falado VI*: Desenvolvimentos. Campinas: Ed. Unicamp, Fapesp, 1996. p.163-201.

_____. Estudo da estrutura argumental dos nomes. In: KATO, M. (Org.) *Gramática do português falado V*: Convergências. Campinas: Ed. Unicamp, Fapesp, 1996. p.119-54.

_____. Estudo das construções com verbo-suporte. In: KOCH, I. G. V. (Org.) *Gramática do português falado VI*: Desenvolvimentos. Campinas: Ed. Unicamp, Fapesp, 1996. 201-31.

_____. Reflexões sobre a investigação gramatical: Projeto GPF-Grupo Sintaxe I. In: *Atas do I Congresso Internacional da Associação Brasileira de Linguística*. Conferências. Mesas-redondas. Salvador, ABRALIN-FINEP-UFBA, 1996. p.421-6.

_____. Teorias sintáticas e análises gramaticais. *Estudos linguísticos*, v.25, p.53-62, 1996.

_____. A articulação de orações: reflexões de base funcionalista. In: *Boletim da Associação Brasileira de Linguística-ABRALIN. Actas do I Congresso Nacional da ABRALIN*. Maceió, 1997. p.271-81.

_____. *A gramática funcional*. São Paulo: Martins Fontes, 1997.

_____. A gramaticalização e a articulação de orações. *Estudos linguísticos*, v.27, p.667-73, 1998.

_____. Palavras lexicais e palavras gramaticais. In: *Atas do IX Congresso Internacional da ALFAL*. Campinas, p.79-86, 1998.

_____. Articulação de orações: a questão dos estados de coisas. *Revista de Filologia e Língua Portuguesa (São Paulo)*, p.83-96, 1999.

_____. As construções causais. In: ___. (Org.) *Gramática do português falado VII*: Novos estudos. São Paulo: Humanitas, Ed. Unicamp (no prelo).

NEVES, M. H. M. As construções concessivas. In: ___. (Org.) *Gramática do português falado VII*: Novos estudos. São Paulo: Humanitas, Ed. Unicamp (no prelo).

___. As construções condicionais. In: ___. (Org.) *Gramática do português falado VII*: Novos estudos. São Paulo: Humanitas, Ed. Unicamp (no prelo).

NEVES, M. H. M., BORBA, F. S. A gramática num dicionário de usos: O Dicionário de usos do português contemporâneo do Brasil (DUP). In: *Anais do XX.ᵉ Congrès International de Linguistique et Philologie Romanes*. p.711-21, 1993.

NEVES, M. H. M., BRAGA, M. L. Hipotaxe e gramaticalização: uma análise das construções de tempo e de condição. *D.E.L.T.A.*, v.14, n. esp., p.191-208, 1998.

NEVES, M. H. M., RODRIGUES, S. V. Emprego do artigo em nomes sujeitos. *Estudos linguísticos*, v.2, p.196-206, 1978.

NEVES, M. H. M. et al. O uso das construções de negação transferida em português. *Estudos linguísticos,* v. XXV, p.667-73, 1997.

NOONAN, M. Complementation. In: SHOPEN, T. (Ed.) *Language Typology and Syntactic Description*. v.II: Complex constructions. Cambridge: Cambridge Univ. Press, 1994. p.4-140.

NUYTS, J. Negative-Raising Reconsidered: Arguments for a Cognitive-Pragmatic Approach. *Journal of Pragmatics*, v.14, p.559-88, 1990.

___. Epistemic Modal Adverbs and Adjectives and the Layered Representation of Conceptual and Linguistic Structure. *Linguistics*, v.31, p.933-69, 1993.

NUYTS J., BOLKESTEIN, A. M., VET, C. (Ed.) *Layers and Levels of Representation in Language Theory*. Amsterdam: John Benjamins, 1990.

OLIVEIRA, M. A. Algumas notas sobre a colocação dos advérbios qualificativos no português falado. In: ILARI, R. (Org.) *Gramática do português falado II*: Níveis de análise linguística. Campinas: Ed. Unicamp, Fapesp, 1992. p.297-304.

PAGANO, A. Negatives in Written Text. In: COULTHARD, M. (Ed.) *Advances in Written Text Analysis*. London: Routledge, 1994. p.250-65.

PAGLIUCA, W. (Ed.) *Perspectives on Grammaticalization*. Amsterdam: John Benjamins, 1994.

PAIVA, M. C. A. *Ordenação das cláusulas causais: forma e função*. Rio de Janeiro, 1991. Tese (Doutorado) – Universidade Federal do Rio de Janeiro.

PALACIO, A. P. et al. O artigo: normas e uso. In: CASTILHO, A. T. (Org.) *Português culto falado no Brasil*. Campinas: Ed. Unicamp, 1989. p.57-65.

GRAMÁTICA DE USOS DO PORTUGUÊS

PALMER, F. R. *Mood and Modality*. Cambridge: Cambridge University Press, 1986.

_____. Negation and the Modals of Possibility and Necessity. In: BYBEE, J., FLEISCHMAN, S. (Ed.) *Modality in Grammar and Discourse*. Amsterdam: John Benjamins, 1995. p.453-72.

PARRET, H. *Discussing Language*. The Hague, Paris: Mouton, 1974.

_____. La pragmatique des modalités. *Langages*, v.43, p.47-63, 1976.

PAYNE, J. R. Negation. In: SHOPEN, T. (Ed.) *Language Typology and Syntactic Description* 1: Clause Structure. Cambridge: Cambridge University Press, 1992. p.197-242.

_____. Complex Phrases and Complex Sentences. In: SHOPEN, T. (Org.) *Language Typology and Syntactic Description* II: Complex Constructions, Cambridge: Cambridge University Press, 1994. p.3-41.

PEIRCE, C. S. *Obra lógico-semântica*. Tradução espanhola. Madrid: Taurus, 1987.

PERELMAN, C. *Le champ de l'argumentation*. Bruxelles: Presses Universitaires de Bruxelles, 1970.

PERELMAN, C., OLBRECHTS-TYTECA, L. *Traité de l'argumentation*. Bruxelles: Editions de l'Université de Bruxelles, 1988.

PERES, J. A. *Elementos para uma gramática nova*. Coimbra: Almedina, 1984.

PERES, J. A., MÓIA, T. *Áreas críticas da língua portuguesa*. Lisboa: Editorial Caminho, 1995.

PERINI, M. A. *Gramática descritiva do português*. São Paulo: Ática, 1995.

PERKINS, R. D. *Deixis, Grammar, and Culture*. Amsterdam: John Benjamins, 1992.

PIOT, M. Coordination-subordination: une définition générale. *Langue Française*, v.77, p.5-18, 1988.

PONTES, E. *Sujeito: da sintaxe ao discurso*. São Paulo: Ática, 1986.

_____. *O tópico no português do Brasil*. Campinas: Pontes. 1987.

PRINCE, E. Towards a Taxonomy of Given-New Information. In: COLE, P. (Ed.) *Radical Pragmatics*: New York: Academic Press, 1981. p.223-56.

QUIRK, R. et al. *A Grammar of Contemporary English*. 7.ed. London: Longman, 1978.

_____. *A Comprehensive Grammar of the English Language*. London, New York: Longman, 1985.

RADFORD, A. *Transformational Grammar*. A First Course. Cambridge: Cambridge University Press, 1988.

RENZI, L. (Org.) *Grande grammatica italiana de consultazione*. Bologna: Il Mulino, 1991. v.2.

RENZI, L., SALVI, G. (Org.) *Grande grammatica italiana de consultazione*. Bologna: Il Mulino, 1988. v.1.

RIEGEL, M. Article défini, anaphore intra-phrastique et relations partie-tout. In: SCHNEDECKER, C. et al. *L'anaphore associative*. Paris: Klincksieck. 1994. p.233-51.

RISSO, M. S. "Agora... o que eu acho é o seguinte": um aspecto da articulação do discurso no português culto falado. In: CASTILHO, A. T. (Org.) *Gramática do português falado III*: As abordagens, 1993. p.31-60.

ROBINS, R. H. *General Linguistics*: An Introductory Survey. London: Longman, 1964.

ROCHA LIMA, C. H. *Gramática normativa da língua portuguesa*. 17.ed. Rio de Janeiro: José Olympio, 1974.

ROSCH, E. Natural Categories. In: *Cognitive Psychology*, v.4, 1973.

ROSCH, E., MERVIS, C. B. Family resemblance: Studies in the internal structures of categories. *Cognitive Psychology*, v.7, 1975.

ROUCHOTA, V. On the Referencial/Attributive Distinction. *Lingua*, v.87, p.137-67, 1992.

ROULET, E. Speech Acts, Discourse Structure and Pragmatic Connectives. *Journal of Pragmatics*, v.8, p.31-47, 1984.

_____. et al. *L'articulation du discours en français contemporain*. Bern: Peter Lang, 1985.

RUDOLPH, E. The Role of Conjunctions and Particles for Text Connexity. In: CONTE, M. E. et al. (Ed.) *Text and Discourse Connectedness*. Amsterdam: John Benjamins, 1989. p.175-90.

SAID ALI, M. Meios de expressão e alterações semânticas. 2.ed. rev. Rio de Janeiro: Organizações Simões, 1951.

_____. *Dificuldades da língua portuguesa*. 5.ed. Rio de Janeiro: Liv. Acadêmica, 1957.

_____. *Gramática secundária da língua portuguesa*. São Paulo: Melhoramentos, 1964.

SCHIFFRIN, D. *Meaning, Form and Use in Context*. Linguistic Applications. Washington: Georgetown University Press, 1984.

_____. Multiples Constraints on Discourse Options: a Quantitative Analysis of Causal Sequences. *Discourse Processes*, v.8, p.281-303, 1985.

SCHIFFRIN, D. *Discourse Markers*. Cambridge: Cambridge University Press, 1987.

_____. Conditionals as Topics in Discourse. *Linguistics*, v.30, p.165-97, 1992.

SCHMIDT, S. *Linguística e teoria de texto*. Tradução portuguesa de E. F. Schurmann. São Paulo: Pioneira, 1978.

SCHNEDECKER, C. et al. *L'anaphore associative*. Paris: Klincksieck, 1994. p.67-92.

SCHNEIDER, R., UHLIG, G. *Grammatici graeci*. Leipzig: Teubner, 1867-1910.

SCHWYTZER, E. *Grieschiche Grammatik*. München: C. H. Bech'sch Verlagsbuchhandlung, 1968.

SEARLE, J. R. *Speech-Acts*. An Essay in the Philosophy of Language. Cambridge: Cambridge University Press, 1969.

SHOPEN, T. (Ed.) *Language Typology and Syntactic Description*. Cambridge: Cambridge University Press, 1994. v.II: Complex Constructions.

SIEWIERSKA, A. *Functional Grammar*. London, New York: Routledge, 1991.

SOSA, E. (Ed.) *Causation and Conditionals*, London: Oxford University Press, 1975.

SOUZA, M. S. C. *A hipotaxe adverbial temporal*: uma abordagem funcionalista. Araraquara, 1996. Tese (Doutorado) – Universidade Estadual Paulista.

SOUZA DA SILVEIRA, A. F. *Lições de português*. 5.ed. melhorada. Coimbra: Atlântida; Rio de Janeiro: Livros de Portugal, 1952.

SOUZA LIMA, M. P. *Grammatica expositiva da língua portuguesa* para uso das escolas secundárias. São Paulo: Editora Nacional, 1937.

SPERBER, D., WILSON, D. *Relevance: Communication and Cognition*. Cambridge: Harvard University Press, 1986.

STALNAKER, R. A Theory of Conditionals. In: SOSA, E. (Ed.) *Causation and Conditionals*. London: Oxford University Press, 1975.

STEELE, R., THREADGOLD, T. (Ed.) *Language Topics*. Essays in Honour of Michael Halliday. Amsterdam: John Benjamins, 1988. v.1, p.3-21.

STEINBERG, D. D., JAKOBOVITS, L. A. *Semantics*. Cambridge: Cambridge University Press, 1971.

SWEETSER, E. E. Grammaticalization and Semantic Bleaching. *Berkeley Linguistics Society* 14, p.389-405, 1988.

_____. *From Etymology to Pragmatics*: Metaphorical and Cultural Aspects of Semantic Structure. Cambridge: Cambridge University Press, 1990.

TAGLICHT, J. *Message and Emphasis*. On Focus and Scope in Enghish. London: Longman, 1984.

TALMY, L. Force Dynamics in Language and Cognition. *Cognitive Science*, v.12 n.1, p.49-100, 1988.

TANNEN, D. (Ed.) *Coherence in Spoken and Written Discourse*. Vol. XII: Advances in Discourse Process. Norwood, N. J.: Ablex, 1984.

TAYLOR, J. R. *Linguistic Categorization*. Prototypes in Linguistic Theory. Oxford: Clarendon Press, 1989.

TARALLO, F. *A pesquisa sociolinguística*. São Paulo: Ática, 1986.

TESNIÈRE, L. *Elements de syntaxe structurale*. Paris: Klincksieck, 1966.

THOMPSON, S. Subordination in Formal and Informal Discourse. In: SCHIFFRIN, D. (Ed.) *Meaning, Form, and Use in Context*: Linguistic Applications. Washington: Georgetown University Press, 1984. p.85-95.

THOMPSON, S., LONGACRE, R. E. Adverbial Clauses. In: SHOPEN, T. (Org.) *Language Typology and Syntactic Description* II: Complex Constructions, Cambridge: Cambridge University Press, 1994. p.171-234.

TOMLIN, R. *Coherence and Grounding in Discourse*. Amsterdam: John Benjamins, 1987.

TRAUGOTT, E. C. Pragmatics Strengthening and Grammaticalization. *Berkeley Linguistics Society*, v.14, p.406-16, 1988.

_____. et al. (Ed.) *On Conditionals*. Cambridge: Cambridge University Press, 1986.

TRAUGOTT, E. C., HEINE, B. (Ed.) *Approaches to Grammaticalization*. Amsterdam: John Benjamins, 1991. v.1 e 2.

TRAUGOTT, E. C., KÖNIG, E. The Semantics-pragmatics of Grammaticalization Revisited. In: TRAUGOTT, E. C., HEINE, B. (Ed.) *Approaches to Grammaticalization*. Amsterdam: John Benjamins, 1991. v.1. p.189-217.

TRAVAGLIA, L. C. *Gramática e interação*. Uma proposta para o ensino de gramática no primeiro e segundo graus. São Paulo: Cortez Editora, 1995.

UHLIG, G. *Dyonisii Thracis Ars Grammatica*. Leipzig: Teubner, 1883.

VAN DIJK, T. A. *Text and Context*: Explorations in the Semantics and Pragmatics *of Discourse*. London: Longman, 1977.

VAN DIJK, T. A., PETÖFI, J. *Grammars and Descriptions*. Berlin: Walter De Gruyter, 1977.

VATER, H. On the Possibility of Distinguishing between Complements and Adjuncts. In: ABRAHAM, W. (Ed.) *Valence, Semantic Case and Grammatical Relations.* Amsterdam: John Benjamins, 1978. p.47-53.

VET, C. Predication, Aspect, and Negation. In: FORSESCUE, M., HAYDEN, P., KRISTOFFERSEN, L. (Ed.) *Layered Structure and Reference in a Functional Perspective:* Papers from the Funcional Grammar Conference in Copenhagen. Amsterdam: John Benjamins, 1992. p.57-71.

VIGNAUX, G. *Les discours acteur du monde.* Paris: Ophrys, 1988.

VILELA, M. *Gramática de valências.* Teoria e aplicação. Coimbra: Livraria Almedina, 1992.

VOGT, C. *Linguagem pragmática e ideologia.* São Paulo: Hucitec, Funcamp, 1980.

VON WRIGHT, H. *An Essay on Modal Logic.* Amsterdam: North Holland, 1951.

WAKKER, G. Conditionals and the Layered Structure of Functional Grammar. In: FORSESCUE, M., HAYDEN, P., KRISTOFFERSEN, L. (Ed.) *Layered Structure and Reference in a Functional Perspective*: Papers from the Functional Grammar Conference in Copenhagen, 1990. Amsterdam: John Benjamins, 1995.

WERNER, H., KAPLAN, B. *Symbol-Formation.* An Organismic-developmental Approach to Language and the Expression of Thought. New York: Wiley and Sons, 1963.

WIERZBICKA, A. *The Semantics of Grammar.* Amsterdam: John Benjamins, 1988.

ÍNDICE REMISSIVO

A

a (preposição), 603-24, 627, 628, 658, 659
a gente, 469
a pessoa, 470
adição correlativa, 899
adjetivação, 176
adjetivo, 70, 73, 77, 93, 101, 173-229, 336, 428, 433, 445, 519, 520, 529, 531, 532, 536, 545, 565, 567, 573, 578, 595
    classificador / classificatório, 186, 192, 199, 210, 213, 591
        de delimitação / circunscrição, 193
        de localização no espaço, 194
        de ordem, 195
        endofórico, 196
        exofórico / dêitico, 195
        comparativo, 399, 893
        de desigualdade, 909
        de igualdade, 531, 902
        de inferioridade, 531
        de superioridade, 531
    função de argumento, 183
    função sintática, 180
    qualificador / qualificativo, 176, 184-92, 198-209, 211, 213, 505, 591
        de avaliação, 189
        de atenuação, 191
        de autenticação, 191
        de definição, 191

GRAMÁTICA DE USOS DO PORTUGUÊS

de intensificação, 190
de propriedades intensionais, 189
de relativização, 192
disfórico, 190
eufórico, 190
neutro, 190
de modalização, 188
deôntica, 188, 204
epistêmica, 188, 204
adjunto, 386, 521, 587, 591, 592
adnominal, 384, 385, 435, 441, 493, 497, 535, 564, 622, 627, 638, 643, 660, 679, 689, 707, 708, 712, 718, 722, 723, 726, 728, 730
adverbial, 382, 384, 436, 437, 617, 625, 635, 642, 657, 675, 684, 697, 704, 711, 717, 719, 723, 726, 729
adverbial, valor, 402
advérbio, 70, 231-331, 429, 438, 529, 591, 734, 753
avalente, 261
de enunciação, 890
de enunciado, 251
função argumental, 260
interrogativo, 239
de causa, 242
de lugar, 239
de modo, 242
de tempo, 239
intransitivo, 261
modificador, 236
modalizador, 237
afetivo / atitudinal, 238, 253
interpessoal, 254
subjetivo, 253
epistêmico / asseverativo, 237, 245
afirmativo, 245
negativo, 247
relativo, 247
delimitador / circunscritor, 237, 250
deôntico, 252
de modo, 236, 241
de intensidade, 236
não modificador, 238
circunstancial, 239, 256, 889
de lugar, 256-72

ÍNDICE REMISSIVO

direção, 263
origem, 263
percurso, 263
de tempo, 256-72
fórico, 257, 258, 265, 266, 267, 268, 269, 270, 271
não fórico, 258, 259, 267, 269, 270, 271, 272
de afirmação, 238
de exclusão, 217, 240
de inclusão, 217, 240
de negação, 238
de verificação, 240
juntivo anafórico, 241, 272
adversativo 272
pronominal, 257, 260, 261
transitivo, 261
agente da passiva, 72
agentivo, 78
alcunha, 107
algarismo, 595
algum, 537
alternância temática, 745
ambos, 590
anáfora, 242, 392, 449, 494, 495, 498
anafórico (a), 60, 102, 241, 427, 449, 496, 503, 559, 569
ante (preposição), 719-22
anteposição, 337
antropônimo, 106, 404, 422, 423, 524
apelido, 107
apódose, 832, 870
após (preposição), 723
aposição, 433, 504, 530
aposto, 71, 116, 440, 497, 504, 576, 579
argumentativa, construção, 875
argumento, 25, 90, 260, 335
artigo,
definido, 86, 112, 391-448, 515, 517, 528, 546, 548, 549, 550, 566, 568, 570
indefinido, 85, 370, 393, 513-32, 547, 556
uso pronominal, 521
omissão, 530
zero, 430-43
asserção, 778
aspecto, 27, 59, 199, 263, 270, 798

GRAMÁTICA DE USOS DO PORTUGUÊS

asseverativo / assertivo, enunciado 749, 750, 778
até (preposição), 624-8
ato de fala, 745, 781, 805, 860, 873, 891
    injuntivo (deôntico / imperativo), 805
avalente, 261, 476
-avos, 595

B

beneficiário, 94

C

catáfora, 242, 392, 449, 495, 497, 499, 559
catafórico, 449
cardinal, 85, 403, 516, 517, 524, 549, 587, 594, 595
causal, relação, 797
centena, cento, 589, 590
circunstante, 260, 761
clivada, palavra, 747, 890
clivagem, 248, 303, 331, 808
clítico, 453
cognome, 109
coletivo, 83, 87, 121-43, 547, 598
com (preposição), 628-40
com mim, comigo, 465
comparação, 847
comparativo, 399, 531, 570
    correlativo, 898
    de desigualdade, 909
    de identidade, 103
    de igualdade, 531, 902
    de inferioridade, 531
    de superioridade, 531
    não correlativo, 900
complemento, 61, 104, 335, 382, 384, 400, 433, 451, 454, 456, 498, 574, 588, 603, 615, 616,
    617, 624, 628, 633, 635, 640, 641, 644, 652, 653, 656, 666, 670, 681, 682, 691, 696, 697,
    701, 702, 704, 714, 716

ÍNDICE REMISSIVO

adverbial, 105, 386
especificador, 57
nominal, 72, 94, 96, 183, 338, 368, 381, 384, 385, 441
oracional, 31
partitivo, 369, 542, 545, 553, 564, 574
verbal, 94, 578
concordância, 117, 218, 461, 463, 551, 560, 561, 753
condicional, sentido / valor / matiz, 288, 798
alternativa, 847
concessiva, 847
conjunção, 429, 529, 739-929
adversativa, 241, 755-70
causal, 737, 801-29
comparativa, 893-913
concessiva, 734, 862-84
condicional, 829-61
conformativa, 737, 924-6
consecutiva, 913-23
coordenativa, 241, 273, 287, 739-84
final, 884-93
integrante, 333-63
modal, 929
proporcional, 737, 927-9
temporal, 787-801
construção
aditiva, 739-55
adversativa, 755-70, 865, 876
assimétrica, 750, 783
causal, 801-29, 865, 867
comparativa, 531, 570, 893-913
contrafactual, 314
correlativa, 898
de desigualdade, 909
de igualdade, 902
não correlativa, 900
concessiva, 862-84
contrafactual, 866, 883
eventual, 866, 883
factual, 866, 881, 883
condicional, 829-61, 865, 867
comparação, 847
contrafactual / irreal, 840

GRAMÁTICA DE USOS DO PORTUGUÊS

dupla, 843
eventual / potencial, 842
factual / real, 837
conformativa, 924-6
consecutiva, 913-23
correlativa, 566, 898, 913
final, 884-93
contrafactual, 889
factual, 889
hipotética, 889
hipotética, 781
modal, 929
proporcional, 927-9
simétrica, 750, 782
temporal, 787-801
contra (preposição), 640-4
contrafactual, 314, 840, 866, 883
contrafactualidade, 841
coordenação, 327, 591
cópula, 337
correção, 776, 783
correferencial, 444
correlação, 328, 752, 771, 775, 808
aditiva negativa, 752
de tempos verbais, 790
craseado, a, 441
cujo, 101

D

de (preposição), 541, 554, 644-70
declarativo, enunciado, 538, 540, 779, 782
dêitico, 47, 195, 263, 450, 498
dêixis, 263
delimitador, 193, 217, 237, 250, 728
demonstrativa, referência 60
demonstrativo, 86, 114, 271, 426, 450, 491, 548
deôntico, ato de fala, 805
desde (preposição), 723-6
determinado, sintagma, 516

ÍNDICE REMISSIVO

determinante, 112, 396, 471, 475
discurso
    direto, 47, 344
    indireto, 47, 344
        livre, 504
disjunção, 771, 775, 782
     exclusiva, 771, 775
     inclusiva, 771
dobro, 592
dois-pontos, 338
duplo, 592
duração, 264, 269

E

elemento comparativo, 103
eles, 464
elipse, 94, 537, 855, 856, 857
e (conjunção coordenativa), 739-50
em (preposição), 670-81
endófora, 257
endofórico, uso, 495
entoação exclamativa, 748, 750
entre (preposição), 456, 681-91
enunciação, 268, 270, 770
enunciado, 265, 267, 269, 270, 770
    asseverativo / assertivo, 749, 750, 778
    declarativo, 538
    exclamativo, 219, 540, 573, 769, 860
    exortativo, 860
    interrogativo, 538, 572
    interrogativo negativo, 578
epiceno, 152
epíteto, 109
escopo da negação, 285
especificador, 57, 436
estado de coisas, 260, 872
estrutura argumental, 90, 342
eu, 463
eventual, 321, 842, 846, 866, 883

GRAMÁTICA DE USOS DO PORTUGUÊS

eventualidade, 777, 779, 780, 782
exclamação, 432, 433, 567
exclamativa, palavra / entoação, 335, 750
exclamativo, enunciado, 219, 540, 573, 769, 860
exortativo, enunciado 860
exófora, 257, 499
exofórico / dêitico, 450, 498
experimentador, 343
expressão, 426, 507, 784
    dêitica, 47
    fixa, 507, 624, 640, 644, 669, 681, 690, 701, 710, 714, 722, 731
    interjetiva, 442
    interrogativa, 749
    verbal, 438

F

factividade, 340
factivo, verbo / predicado, 31, 32, 245, 322
factual, 338, 377, 837, 866, 881, 889
factualidade, 799, 836
fazer, 494
feminino,
    do adjetivo, 223-6
    do substantivo, 145-57
final, oração
    contrafactual, 889
    factual, 889
    hipotética, 889
finalidade, 436
focalização, 248, 880, 890
focalizador, 241
foco, 896

G

genérica, indicação, 784
gênero, 451, 560, 590, 592, 596

Índice Remissivo

H

habitualidade, 799
heterônimo, 148
hiperônimo, 571
hipotético (a), 377, 749, 781, 832, 889

I

icônica, motivação 842
iconicidade, 784, 798, 814
imperativo, ato de fala, 805, 860
imperfectivo, 798
implicativo, verbo / predicado, 31, 35, 245, 339
    negativo, 295
impessoal, verbo, 342
indefinido (a), 427, 784
indeterminação, 463
    do sujeito, 464, 465, 470
    numérica, 487
indeterminado, sintagma, 516
indicativo, 247, 334, 345
infinitiva, forma, 340
infinitivo, 334, 341
informação, 329
inicial maiúscula, 111
injunção, 345
instrumental, 78
instrumento, 436, 437
intensificação, 176, 204, 567
intensificador, 567, 917, 923
interação verbal, 457
interrogação, 778
interrogativa, 335, 538, 539, 573, 745, 750, 768, 769
    direta, 745
    geral, 746, 747, 749, 778, 779, 780, 782
    indireta, 345, 745
    hipotética, 749
    negativa, 578
    parcial, 746, 749, 778

GRAMÁTICA DE USOS DO PORTUGUÊS

retórica, 749, 750
    geral, 749
    hipotética, 749
    parcial, 749
interrogativa, palavra, 335, 747, 749
interrogativo, enunciado / construção, 538, 572
intransitivo, 261, 476

J

justaposição, 335

L

léxico, 231
lho, 466
locativo, complemento, 613, 624, 703, 710, 714
locução adjetiva, 173
    adverbial, 231, 398
    conjuntiva, 725, 729
    prepositiva, 730

M

mas (conjunção coordenativa), 756-70
meio, 595
metade, 595
metafonia, 164, 225
metafórico, uso, 199
metalinguístico, 71, 776, 780
mesmo, 492
mo, 466
modal, 247, 288
modalidade / modalização, 62, 78, 188, 204, 237, 780
modificador, 112, 115, 236, 520
modo, 437, 818
    indicativo, 345
    verbal, 818, 848, 883, 886
        finito, 334, 340, 341

ÍNDICE REMISSIVO

modo-temporal, 841, 848, 850, 852
motivação icônica, 842
multiplicativo, 587, 592

N

não factivo, verbo / predicado, 320
não factual, 377, 780
não icônica, ordem, 814
não implicativo, verbo / predicado, 320
não fórico, 258, 259, 267, 269, 270, 271, 272, 513, 533, 587
não referencial, uso, 513
não télico, 798, 883
negação, 285-31, 778
    exclusivo-restritiva, 303
    metalinguística, 330
    predicativa, 294
        oracional, 294
nem (conjunção coordenativa), 751-5
nem um 545
nenhum, 537, 543
nome. *Ver* substantivo
nominalização, 34, 37, 47, 50, 52, 92
nós, 459, 461, 465
numeral, 70, 403, 404, 428, 518, 527, 587-98
    cardinal, 85, 403, 516, 517, 524, 549, 587, 594, 595
        um, 545
    fracionário, 524, 587, 594
    multiplicativo, 587, 592
        invariável, 594
    núcleo de sintagma, 587, 592
    ordinal, 587, 591, 595
    quantidade indeterminada, 590
número, 159, 227, 452, 459, 592, 595, 596
    do substantivo próprio, 110

O

objeto, 432, 433
    direto, 28, 71, 182, 344, 380, 384, 453, 455, 467

preposicionado, 72, 385, 613
indireto, 72, 104, 182, 336, 343-4, 381, 384-5, 454, 455, 467
omissão do artigo
definido, 430
indefinido, 530
oração, 285, 335, 787
adjetiva, 102, 365, 497, 567, 571, 578, 622
explicativa, 116, 375
restritiva, 374, 377, 504
com pressuposição hipotética eventual, 846
apositiva, 338
comparativa, 898, 900
contrafactual, 314
completiva, 344, 780
nominal, 335, 336
verbal, 343
concessiva, 710
condicional, 572
consecutiva, 566
coordenada conclusiva, 241, 817
coordenada explicativa, 805, 815, 817
encaixada, 335
infinitiva, 453
integrada, 335
justaposta, 335
matriz, 335
negativa, 431, 432, 578, 751
principal, 335, 787
objetiva direta, 344
subjetiva, 340
topicalizada, 340
substantiva, 333-63
factual, 338
função argumental, 335
ordem, 340, 343, 750, 782, 783, 808, 835, 915
iconicamente motivada, 784
não icônica, 814
ordinal, 587, 591, 595
origem, 263
ou (conjunção coordenativa), 771-85
outro, 427

ÍNDICE REMISSIVO

P

papéis semânticos, 78, 93
    agentivo, 78
    beneficiário, 94
    experimentador, 343
    instrumental / instrumento, 78, 436, 437
    locativo, 613, 624, 703, 710, 714
para (preposição), 691-701
participante, 26, 260, 335
partitivo, 369, 399, 542, 545, 549, 553, 564, 574
passado télico, 264, 882
passiva, voz / forma, 65, 343, 430
passivo, valor, 465
perante (preposição), 726-9
perfectividade, 27
perífrase, 611, 623, 667, 700, 709
período hipotético, 832
pessoa gramatical, 450
pleonasmo, 467, 614
plural, formação do
    do adjetivo, 227-9
    do pronome pessoal, 452, 459
    do substantivo, 159-72
polaridade, 264, 845
por (preposição), 701-10
posição,
    adnominal, 564
    de complemento, 87
    dos adjetivos, 200, 211
    predicativa, 87
possessiva, relação, 473
possessivo, 100, 114, 397, 425, 450, 455, 471, 529
posto, 776
pouco, 537
predicação, 25
predicado, 25, 90, 181, 341, 778, 780
    nominal, 180
    verbo-nominal, 181
predicativo, 71, 87, 180, 341, 432, 475, 493, 494, 519, 564, 622, 639, 665, 680, 690, 708, 713, 730
    do complemento nominal, 183

GRAMÁTICA DE USOS DO PORTUGUÊS

do objeto, 182
 direto, 182
 indireto, 182
do sujeito, 180, 182, 337, 576
prefixo, 772
preposição, 335-6, 368, 429, 438, 439, 456, 467, 529, 925
 a, 603-24
 ante, 719-22
 após, 723
 até, 624-8
 com, 628-40
 contra, 640-4
 de, 644-70
 desde, 723-6
 em, 670-81
 entre, 681-91
 para, 691-701
 perante, 726-9
 por, 701-10
 sem, 729-31
 sob, 710-4
 sobre, 714-9
preposições
 acidentais, 732-8
 introdutoras de argumento, 603-719
 não introdutoras de argumento, 719-31
pretérito imperfeito, 248
primeiro, 597
primo, 592
principal, oração, 335, 787
proclítico, 454
pronome
 adjetivo, 535, 537
  indefinido, 522
 adverbial, 257
 demonstrativo, 86, 112, 114, 271, 426, 450, 491-508, 548
 de tratamento, 458, 472, 487
 indefinido, 85, 306, 370, 401, 534-85, 587
  de identidade, 534
  de quantidade, 534
 interrogativo, 539, 567, 572
 pessoal, 70, 101, 429, 449-89, 529

992

Índice Remissivo

forma oblíqua átona, 453
recíproco, 452, 455
reflexivo / forma reflexiva, 451, 452, 455
forma tônica, 456
plural, 452, 459
possessivo, 100, 114, 397, 471-89, 529
relativo, 365-86, 548
se, 464
proposição, 32, 805, 872
próprio, 487, 492
prótase, 749, 832, 870

Q

qualificação, 523
restritiva, 762
qualificador, 176, 184, 198, 213, 505, 517, 520, 521, 538, 556, 591
quantificação, 263, 594
quantificador, 85, 86, 233, 270, 300, 312, 917
negativo, 289
qualquer, 537
quase-sinônimo, 783

R

recategorização
base metafórica, 79
base metonímica, 79
recíproco, 452, 455
referência / referenciação
anafórica, 60, 496, 503, 559, 569
catafórica, 60
comparativa, 61
demonstrativa, 60
genérica, 463, 470
referencial, uso, 520
reflexivo, 451, 452, 455
regência, 39, 41
rema, 58
repetição, 443

GRAMÁTICA DE USOS DO PORTUGUÊS

S

satélite, 234
se (conjunção integrante), 345
se (pronome), 464
sem (preposição), 729-31
semântico, valor, 742, 754, 757
sigla, 425
silepse de gênero, 536
sintagma preposicionado, 87, 271
sinônimo, 783
sob (preposição), 710-4
sobre (preposição), 714-9
sobrenome, 110, 525
subcategoria nominal
    contável, 73, 82, 430, 435, 540, 542, 544, 579
    não contável, 73, 82, 86, 400, 430, 432, 523, 532, 540, 542, 547
subjuntivo, 247, 334, 345, 780, 782
substantivação, 537
substantivo / nome, 67-172, 336, 470, 519, 521, 537, 549, 588, 589, 594
    abstrato, 73, 83, 88, 218, 435, 505, 521
    avalente, 476
    coletivo, 83, 87, 121-43, 547, 598
    composto, 73, 76, 80, 592
    comum, 67, 73, 396, 524, 594
    comum de dois, 150
    concreto, 73, 83, 88, 435, 437, 476
    contável, 73, 82, 430, 435, 540, 542, 544, 579
    de ação, 77, 97
        télica, 27
    de estado, 77, 98
    de processo, 77, 97
    derivado, 73, 76, 92
    epiceno, 152
    genérico, 548
    intransitivo, 476
    não concreto, 73
    não contável, 73, 82, 86, 400, 430, 432, 523, 532, 540, 542, 547
    número do, 110
    primitivo, 73, 76
    próprio, 69, 88, 106, 110, 404, 422, 524
        composto, 108

ÍNDICE REMISSIVO

simples, 108
simétrico, 99
simples, 73, 76
sobrecomum, 150
valencial, 90, 93, 479
abstrato, 92
concreto, 92
sujeito, 71, 103, 335, 337, 340, 380, 384, 432-3, 451, 453, 456, 464, 475, 518, 753, 778, 780
indeterminado, 464
oracional, 341
superlativo, valor, 403
relativo, 399, 447, 528, 549, 552

T

telicidade, 27, 883
télico, passado, 264, 882
tema, 58, 745, 746, 747, 769
tempo, 263, 270, 883, 886
natureza dêitica, 263
tempos verbais, 818
terço, 595
termo, 761
valencial, 335
to, 466
todo (a), 401, 402, 403, 537, 549
tópica, organização, 814
topicalização, 303, 340
tópico, 810, 833, 835, 836, 839, 875, 881
topônimo, 106, 407, 423, 525
transitividade, 260, 603
transitivo, 261, 338
turno, 745

U

unidade lexical, 213, 214
unipessoal, verbo 342

V

valência, 91, 94, 260, 261, 342
valencial, 90, 92, 93, 335, 338, 479
verbo, 25-65, 70, 77, 93, 94, 295, 429, 468, 518, 528
    aspectual, 63
    auxiliar, 64
    causativo, 41, 339
    de complemento preposicionado, 465
    de elocução, 33, 47-53, 344
    de ligação, 337, 341
    de ação, 26, 27
    de estado, 26
    de processo, 26
    epistêmico, 320, 748
    factivo, 31, 32, 245, 322
        epistêmico, 32
    forma infinitiva, 340
    forma passiva, 430
    forma télica / pontual, 264, 882
    impessoal, 342
    implicativo, 31, 35, 245, 295
    intransitivo, 430, 465
    modalizador, 62
        deôntico, 62
        epistêmico, 62
    pronominal, 468
    psicológico, 343
    não dinâmico, 260
    não factivo, 320
    não implicativo, 320
    natureza semântica, 77
    "somente se", 46
    subclassificação semântica, 25
    transitivo, 28
    unipessoal, 37, 342
verbo-suporte, 53-61, 399, 431
vírgula, 338
vocativo, 72, 426, 440, 461, 488
você, 458, 460, 463
vós, 460, 461
voz passiva, 65, 343

ÍNDICE GERAL

PARTE I. A formação básica das predicações: os predicados, os argumentos e os satélites 23

O verbo 25
    1 A natureza dos verbos 25
    2 As subclassificações dos verbos que constituem predicados 25
    3 Os verbos que não constituem predicados 61

O substantivo 67
    1 A natureza da classe 67
    2 As funções sintáticas dos substantivos 71
    3 Os substantivos comuns 73
    4 Os substantivos próprios 106
    5 Particularidades de construções com substantivos 116

Apêndice do substantivo 119
    Os substantivos coletivos 121
        1 Subclassificação 121
        2 Particularidades de construção 134
        3 Especificação de composição de alguns coletivos 135
    Formação do feminino dos substantivos 145
        1 Com mudança ou acréscimo na terminação 145
        2 Com palavras diferentes para um e outro sexo (heterônimos) 148
        3 Com auxílio de outra palavra (substantivos comuns de dois) 150
        4 Substantivos com um gênero determinado, designando indiferentemente elemento do sexo masculino ou do sexo feminino 150
        5 Substantivos com significados diferentes conforme o gênero 152

GRAMÁTICA DE USOS DO PORTUGUÊS

6 Substantivos cujo gênero pode oferecer dúvida   154
7 Particularidades de construção   156
Formação do plural dos substantivos   159
   1 Com mudança ou acréscimo na terminação   159
   2 Alguns substantivos não mudam no plural   164
   3 Há substantivos que marcam o plural não apenas pelo acréscimo
     de *s*, mas também por alteração do timbre da vogal tônica,
     que passa de fechada a aberta (metafonia)   164
   4 Há substantivos que mudam a sílaba tônica ao passar para o plural   166
   5 Há substantivos que têm mudança de sentido na mudança
     de número   167
   6 Há substantivos que só se usam no plural (*pluralia tantum*)   167
   7 Plural dos substantivos compostos   168
   8 Particularidades do plural dos substantivos   170

O adjetivo   173
   1 A natureza da classe   173
   2 As funções sintáticas dos adjetivos   180
   3 As subclasses dos adjetivos   184
   4 A posição dos adjetivos   200
   5 Particularidades de construções com adjetivos   213

Apêndice do adjetivo   221
   Formação do feminino dos adjetivos   223
   Formação do plural dos adjetivos   227

O advérbio   231
   1 A forma dos advérbios   231
   2 A natureza do advérbio   233
   3 As subclasses dos advérbios   236
   4 Os advérbios de modo   241
   5 Os advérbios modalizadores   244
   6 Os advérbios circunstanciais   256
   7 Os advérbios juntivos anafóricos   272
   8 Particularidades das construções com advérbios   281

Apêndice do advérbio   283

A negação   285
   1 A natureza do processo   285
   2 O modo de expressão da negação   286
   3 Níveis de manifestação da negação   293

ÍNDICE GERAL

4 A coocorrência com indefinidos na negação predicativa oracional   306
5 Contextos particulares de expressão da polaridade (positivo/negativo)   309
6 A negação em contextos de subordinação   319
7 A negação em contextos de coordenação   327
8 A negação como operação pragmática   329

As conjunções integrantes. As orações substantivas   333
1 Modo de construção   333
2 As funções das orações substantivas   335
3 Os subtipos semânticos de orações substantivas   338
4 Os subtipos funcionais de orações substantivas   340

Os pronomes relativos. As orações adjetivas   365
1 A natureza dos pronomes relativos   365
2 Os subtipos dos pronomes relativos   366
3 A função dos pronomes relativos   373

PARTE II. A referenciação situacional e textual: as palavras fóricas   387

O artigo definido   391
1 O emprego do artigo definido   391
2 A natureza do artigo definido   393
3 A função do artigo definido   396

O pronome pessoal   449
1 A natureza dos pronomes pessoais   449
2 As formas dos pronomes pessoais   450
3 As funções dos pronomes pessoais   452
4 Os empregos dos pronomes pessoais   458
5 Particularidades do emprego de pronomes pessoais   465

O pronome possessivo   471
1 A natureza pessoal da relação possessiva   471
2 O elenco dos possessivos   471
3 Posições sintáticas dos possessivos   474
4 Relações semânticas expressas pelo possessivo   476
5 Particularidades de construções possessivas   486

O pronome demonstrativo   491
1 A natureza dos pronomes demonstrativos   491
2 As formas dos demonstrativos   491
3 As posições sintáticas dos demonstrativos   493
4 O emprego dos demonstrativos   495

GRAMÁTICA DE USOS DO PORTUGUÊS

5 A organização do espaço situacional entre os três demonstrativos   502
6 Particularidades do emprego dos demonstrativos   504
7 Os demonstrativos entram na composição de expressões fixas   507

PARTE III. A quantificação e a indefinição   509

O artigo indefinido   513
  1 O emprego do artigo indefinido   513
  2 A natureza do artigo indefinido   515
  3 A função do artigo indefinido   520

O pronome indefinido   533
  1 A natureza dos pronomes indefinidos   533
  2 A função dos pronomes indefinidos   534
  3 O emprego dos pronomes indefinidos   540

Os numerais   587
  1 A natureza dos numerais   587
  2 As subclasses de numerais e seu emprego   587
  3 Particularidades de emprego dos numerais   596

PARTE IV. A junção   599

As preposições   603
  A) As preposições introdutoras de argumentos   603
    A
      1 A preposição A funciona no sistema de transitividade, isto é,
        introduz complemento   603
      2 A preposição A funciona fora do sistema de transitividade,
        estabelecendo relações semânticas   617
    ATÉ
      1 A preposição ATÉ funciona no sistema de transitividade, isto é,
        introduz complemento locativo de verbo   624
      2 A preposição até funciona fora do sistema de transitividade,
        estabelecendo relações semânticas   625
    COM
      1 A preposição COM funciona no sistema de transitividade, isto é,
        introduz complemento   628
      2 A preposição COM funciona fora do sistema de transitividade,
        estabelecendo relações semânticas   635

CONTRA

1 A preposição CONTRA funciona no sistema de transitividade, isto é, introduz complemento   640

2 A preposição CONTRA funciona fora do sistema de transitividade, estabelecendo relações semânticas   642

DE

1 A preposição DE funciona no sistema de transitividade, isto é, introduz complemento   644

2 A preposição DE funciona fora do sistema de transitividade, estabelecendo relações semânticas   657

EM

1 A preposição EM funciona no sistema de transitividade, introduzindo complemento de verbo   670

2 A preposição EM funciona fora do sistema de transitividade, estabelecendo relações semânticas   674

ENTRE

1 A preposição ENTRE funciona no sistema de transitividade, isto é, introduz complemento   681

2 A preposição ENTRE funciona fora do sistema de transitividade, estabelecendo relações semânticas   684

PARA

1 A preposição PARA funciona no sistema de transitividade, isto é, introduz complemento   691

2 A preposição PARA funciona fora do sistema de transitividade, estabelecendo relações semânticas   697

POR

1 A preposição POR funciona no sistema de transitividade, isto é, introduz complemento   701

2 A preposição POR funciona fora do sistema de transitividade, estabelecendo relações semânticas   704

SOB

1 A preposição SOB funciona no sistema de transitividade, isto é, introduz complemento locativo   710

2 A preposição SOB funciona fora do sistema de transitividade, estabelecendo relações semânticas   711

SOBRE

1 A preposição SOBRE funciona no sistema de transitividade, isto é, introduz complemento   714

GRAMÁTICA DE USOS DO PORTUGUÊS

   2 A preposição SOBRE funciona fora do sistema de transitividade, estabelecendo relações semânticas   717

B) As preposições não introdutoras de argumentos   719

  ANTE

    1 A preposição ANTE estabelece relações semânticas de circunstanciação no sintagma verbal   719

    2 A preposição ANTE estabelece no sintagma nominal os mesmos tipos de relações semânticas indicadas em 1   722

    3 A preposição ANTE estabelece todas essas mesmas relações semânticas, no sintagma adjetivo   722

    4 A preposição ANTE entra em expressões fixas   722

  APÓS

    1 A preposição APÓS estabelece relações semânticas no sintagma verbal   723

    2 A preposição APÓS estabelece relações semânticas no sintagma nominal   723

  DESDE

    1 A preposição DESDE estabelece relações semânticas no sintagma verbal   723

    2 A preposição DESDE estabelece relações semânticas no sintagma nominal   726

  PERANTE

    1 A preposição PERANTE estabelece relações semânticas no sintagma verbal   726

    2 A preposição PERANTE estabelece os memos tipos de relações semânticas no sintagma nominal   728

    3 A preposição PERANTE estabelece os mesmos tipos de relações semânticas no sintagma adjetivo   728

    4 A preposição PERANTE introduz sintagma nominal que restringe o domínio de uma asserção, de uma qualificação ou de uma designação   728

  SEM

    1 A preposição SEM estabelece relações semânticas no sintagma verbal   729

    2 A preposição SEM estabelece relações semânticas no sintagma nominal, introduzindo adjunto   730

    3 A preposição SEM inicia sintagma em função predicativa   730

ÍNDICE GERAL

4 A preposição SEM entra na construção indicativa de circunstância
 SEM EMBARGO DE   730
5 A preposição SEM entra em expressões fixas   731
C) As preposições acidentais   732

As conjunções coordenativas   739

A) As construções aditivas   739
 A coordenação com *E*   739
  1 A natureza da relação   739
  2 O modo de construção   740
  3 O valor semântico do *E*   742
  4 A questão da ordem   750
 A coordenação com *NEM*   751
  1 A natureza da construção com *NEM*   751
  2 O valor semântico do *NEM*   754

B) As construções adversativas   755
 A coordenação com *MAS*   755
  1 A natureza da relação   755
  2 O modo de construção   756
  3 O valor semântico do *MAS*   757

C) As construções alternativas   771
 A coordenação com *OU*   771
  1 A natureza da relação   771
  2 O modo de construção   772
  3 As relações expressas   775
  4 A questão da ordem   782
  5 Usos particulares da conjunção *OU*   784

As conjunções subordinativas adverbiais   787

A) As conjunções *temporais*. As construções *temporais*   787
  1 O modo de construção   787
  2 A correlação de tempos verbais nas construções temporais   790
  3 As relações expressas   795

B) As conjunções *causais*. As construções *causais*   801
  1 O modo de construção   801
  2 As relações expressas   804
  3 A ordem nas construções causais   808
  4 Os subtipos das construções causais quanto ao nível de ocorrência   815
  5 O uso dos modos e tempos verbais nas construções causais   818

GRAMÁTICA DE USOS DO PORTUGUÊS

C) As conjunções *condicionais*. As construções *condicionais* 829
   1 O modo de construção 829
   2 As relações expressas 832
   3 A ordem nas construções condicionais 835
   4 Os subtipos das construções condicionais 836
   5 O esquema modo-temporal nas construções condicionais 848
   6 Particularidades das construções condicionais 855

D) As conjunções *concessivas*. As construções *concessivas* 862
   1 O modo de construção 862
   2 As relações expressas 864
   3 A ordem nas construções concessivas 878
   4 Os subtipos das construções concessivas 881

E) As conjunções *finais*. As construções *finais* 884
   1 O modo de construção 884
   2 Modo e tempo verbal nas construções finais 886
   3 As relações expressas 888
   4 Os subtipos das orações finais 888

F) As conjunções *comparativas*. As construções *comparativas* 893
   1 A natureza das construções comparativas 893
   2 O modo de construção 898
   3 As relações expressas 900
   4 Os subtipos de construções comparativas 902

G) As conjunções *consecutivas*. As construções *consecutivas* 913
   1 O modo de construção 913
   2 As relações expressas 915
   3 A ordem nas construções consecutivas 915
   4 As construções consecutivas com antecedente 916

H) As conjunções *conformativas*. As construções *conformativas* 924
   1 A construção conformativa expressa por um período composto
     é constituída pelo conjunto de uma oração nuclear, ou principal,
     e uma conformativa 924
   2 As relações expressas 926

I) As conjunções *proporcionais*. As construções *proporcionais* 927
   1 A construção proporcional expressa por um período composto
     é constituída pelo conjunto de uma oração nuclear, ou principal,
     e uma proporcional 927
   2 As relações expressas 928

J) As conjunções *modais*. As construções *modais* 929

Índice Geral

Textos examinados   931

Bibliografia   953

Índice remissivo   979

Índice geral   997

SOBRE O LIVRO

Formato: 16 x 23 cm
Mancha: 28 x 45 paicas
Tipologia: Times 10/14
Papel: Offset 75 g/m^2 (miolo)
Couche 150 g/m^2 encartonado (capa)
2ª edição: 2011
7ª reimpressão: 2023

EQUIPE DE REALIZAÇÃO

Produção Gráfica
Edson Francisco dos Santos (Assistente)

Edição de Texto
Fábio Gonçalves (Assistente Editorial)
Nelson Luís Barbosa (Preparação de Original)
Nelson Luís Barbosa
e Solange Scattolini Felix (Revisão)

Editoração Eletrônica
Lourdes Guacira da Silva Simonelli (Supervisão)
José Vicente Pimenta (Diagramação)

Capa
Estúdio Bogari

leem veem preveem voo enjoos antirreligioso antissemita contrarregra contrassenha preveem
rendizagem hiperacidez hiperativo interescolar interestadual interestelar interestudantil superam
chuva paraquedas paraquedista pontapé hiper-requintado super-resistente anti-higiénico anti-h
érico anti-imperialista anti-inflacionário anti-inflamatório auto-observação contra-almirante
acial inter-regional sub-bibliotecário super-racista super-reacionário super-resistente super-ror
aduação pré-história pré-vestibular pró-europeu recém-casado recém-nascido sem-terra amo
de aeroespacial afro-americano afro-asiático afro-brasileiro afrodescendente afro-luso-brasileir
e Saturno anglomania anglo-saxão ano-luz antessala antiaderente antiaéreo antieconômico an
flamatório antirreligioso antissemita antissocial ao deus-dará arco e flecha arco-da-velha ar
tima autoestrada auto-hipnose auto-observação auto-ônibus auto-organização autorregulam
lito bem-dizer bem-estar bem-falante bem-humorado bem-me-quer bem-nascido bem-te-
erer benquisto bico-de-papagaio (planta) bio-histórico biorritmo biossocial blá-blá-blá boa-fé l
-africano circum-murado circum-navegação coabitação coautor cobra-d'água coco-da-baía c
gotas contra-almirante contra-ataque contracheque contraexemplo contraindicação contrai
pante coocupar cooptar cor de café cor de café com leite cor de vinho cor-de-rosa couve-flo
doença de Chagas em cima embaixo entre-eixo euro-asiático eurocêntrico ex-almirante ex-
ficial extrarregular extrassolar extrauterino faz de contas feijão-verde fim de século fim de ser
nestre Grão-Pará guarda-chuva guarda-noturno Guiné-Bissau habeas-corpus hidroelétrico hi
chinês indochinês indo-europeu infra-assinado infra-axilar infraestrutura infrassom inter-hemisf
le-barro joão-ninguém latino-americano lenga-lenga luso-brasileiro lusofobia lusofonia macro
ortunado maleriado malditoso mal-entendido mal-estar malgrado mal-humorado mal-inform
to mandachuva manda-lua manda-tudo maria vai com as outras médico-cirurgião mesa-redond
urrículo minissaia minissérie multissegmentado não agressão não fumante não me toques não
l'água pan-africano pan-americano pan-hispânico para-brisa para-choque para-lama paraquec
e vírgula por baixo de por isso porta-aviões porta-retrato porto-alegrense pós-graduação p
pcial pré-requisito pressupor primeiro-ministro primeiro-sargento pró-ativo proeminente prop
-eleito recém-nascido reco-reco reedição reeleição reescrita reidratar retroalimentação reu
nterno semiobscuridade semirrígido semisselvagem sem-número sem-vergonha sobreaquecer
ultural socioeconômico subalimentação subalugar subaquático subarrendar sub-brigadeiro su
homem super-racional super-resistente super-revista supraocular suprarrenal suprassumo ter
ensível ultrassom ultrassonografia vaga-lume vassoura-de-bruxa verbo-nominal vice-almirante
lcaloide alcateia androide apoia apoio asteroide boia Coreia celuloide claraboia colmeia estreia eur
leem veem preveem voo enjoos antirreligioso antissemita contrarregra contrassenha preveem
rendizagem hiperacidez hiperativo interescolar interestadual interestelar interestudantil superam
achuva paraquedas paraquedista pontapé hiper-requintado super-resistente anti-higiénico anti-h
érico anti-imperialista anti-inflacionário anti-inflamatório auto-observação contra-almirante
acial inter-regional sub-bibliotecário super-racista super-reacionário super-resistente super-ror
aduação pré-história pré-vestibular pró-europeu recém-casado recém-nascido sem-terra am
de aeroespacial afro-americano afro-asiático afro-brasileiro afrodescendente afro-luso-brasileir
e Saturno anglomania anglo-saxão ano-luz antessala antiaderente antiaéreo antieconômico ar
flamatório antirreligioso antissemita antissocial ao deus-dará arco e flecha arco-da-velha ar
stina autoestrada auto-hipnose auto-observação auto-ônibus auto-organização autorregulam
lito bem-dizer bem-estar bem-falante bem-humorado bem-me-quer bem-nascido bem-te-
erer benquisto bico-de-papagaio (planta) bio-histórico biorritmo biossocial blá-blá-blá boa-fé l
-africano circum-murado circum-navegação coabitação coautor cobra-d'água coco-da-baía c
gotas contra-almirante contra-ataque contracheque contraexemplo contraindicação contrai
pante coocupar cooptar cor de café cor de café com leite cor de vinho cor-de-rosa couve-flo
doença de Chagas em cima embaixo entre-eixo euro-asiático eurocêntrico ex-almirante ex-
ficial extrarregular extrassolar extrauterino faz de contas feijão-verde fim de século fim de ser
nestre Grão-Pará guarda-chuva guarda-noturno Guiné-Bissau habeas-corpus hidroelétrico hi
chinês indochinês indo-europeu infra-assinado infra-axilar infraestrutura infrassom inter-hemisf
le-barro joão-ninguém latino-americano lenga-lenga luso-brasileiro lusofobia lusofonia macro
fortunado maleriado malditoso mal-entendido mal-estar malgrado mal-humorado mal-inform
sto mandachuva manda-lua manda-tudo maria vai com as outras médico-cirurgião mesa-redond